THE SERVICES OF
HOLY AND GREAT WEEK

SINGLE VOLUME EDITION

Η ΑΓΙΑ ΚΑΙ ΜΕΓΑΛΗ ΕΒΔΟΜΑΣ

Title: The Services of Holy and Great Week

Subtitle: Single Volume Edition

Translation: Based on the translation of Rev. Archimandrite Ephrem Lash. Adapted to traditional melodies by Arch. Ephrem Lash and David Melling. Paschal Canon adapted to traditional melodies by EIKONA.

ISBN: 978-1939028-14-3

Publisher: Newrome Press LLC, PO Box 30608, Columbia, MO 65205

Design: The Rev. Fr. Michael Monos

All rights reserved. No part of this publication may be reproduced or transmitted in any form or by any means, electronic or mechanical, including photocopying, recording, or any information storage and retrieval system, without permission in writing from the publisher.

Website: http://www.newromepress.com

THE SERVICES OF HOLY AND GREAT WEEK

SINGLE VOLUME EDITION

Η ΑΓΙΑ ΚΑΙ ΜΕΓΑΛΗ ΕΒΔΟΜΑΣ

ΠΕΡΙΕΧΟΜΕΝΑ | CONTENTS

ΟΡΘΡΟΣ Η ΑΓ. ΚΑΙ ΜΕΓ. ΔΕΥΤΕΡΑ
Τελεῖται συνήθως τῇ Κυριακῇ τῶν Βαΐων ἑσπέρας........9

ΟΡΘΡΟΣ Η ΑΓ. ΚΑΙ ΜΕΓ. ΤΡΙΤΗ
Τελεῖται συνήθως τῇ Μ. Δευτέρᾳ ἑσπέρας 55

ΟΡΘΡΟΣ Η ΑΓ. ΚΑΙ ΜΕΓ. ΤΕΤΑΡΤΗ
Τελεῖται συνήθως τῇ Μ. Τρίτῃ ἑσπέρας 101

ΕΣΠΕΡΙΝΟΣ Η ΑΓ. ΚΑΙ ΜΕΓ. ΠΕΜΠΤΗ
Τελεῖται συνήθως τῇ Μ. Τετάρτῃ πρωΐ........................ 149

ΑΚΟΛΟΥΘΙΑ ΤΟΥ ΑΓΙΟΥ ΕΛΑΙΟΥ
Τελεῖται συνήθως τῇ Μ. Τετάρτῃ ἀπόγευμα................197

ΟΡΘΡΟΣ Η ΑΓ. ΚΑΙ ΜΕΓ. ΠΕΜΠΤΗ
Τελεῖται συνήθως τῇ Μ. Τετάρτῃ ἑσπέρας 255

ΕΣΠ. Η ΑΓ. ΚΑΙ ΜΕΓ. ΠΑΡΑΣΚΕΥΗ
Τελεῖται συνήθως τῇ Μ. Πέμπτῃ πρωΐ......................... 309

ΟΡΘΡΟΣ Η ΑΓ. ΚΑΙ ΜΕΓ. ΠΑΡΑΣΚΕΥΗ
Τελεῖται συνήθως τῇ Μ. Πέμπτῃ ἑσπέρας 373

ΑΙ ΜΕΓΑΛΑΙ ΩΡΑΙ
Τελοῦνται τῇ Μ. Παρασκευῇ πρωΐ................. 463

ΕΣΠΕΡΙΝΟΣ — ΑΠΟΚΑΘΗΛΩΣΕΩΣ
Τελεῖται συνήθως τῇ Μ. Παρασκευῇ ἀπόγευμα 519

ORTHROS H. AND G. MONDAY
Commonly celebrated on Palm Sun. Evening.................9

ORTHROS H. AND G. TUESDAY
Commonly celebrated on Holy Mon. Evening 55

ORTHROS H. AND G. WEDNESDAY
Commonly celebrated on Holy Tue. Evening.............. 101

VESPERS H. AND G. THURSDAY
Commonly celebrated on H. Wed. Morning................ 149

MYSTERY OF HOLY OIL
Commonly celebrated on H. Wed. Afternoon............. 197

ORTHROS H. AND G. THURSDAY
Commonly celebrated on H. Wed. Evening 255

VESPERS H. AND G. FRIDAY
Commonly celebrated on H. Thursday Morning...... 309

ORTHROS H. AND G. FRIDAY
Commonly celebrated on H. Thur. Evening.................373

THE GREAT HOURS
Commonly celebrated on H. Fri. Morning 463

VESPERS — OF THE UNNAILING
Commonly celebrated on H. Fri. Afternoon.................519

ΟΡΘΡΟΣ Η ΑΓ. ΚΑΙ ΜΕΓ. ΣΑΒΒΑΤΟ *Τελεῖται συνήθως τῇ Μ. Παρασκευῇ ἑσπέρας............557*	**ORTHROS H. AND G. SATURDAY** *Commonly celebrated on H. Fri. Evening...............557*
ΕΣΠΕΡΙΝΟΣ – ΛΕΙΤ. Μ. ΒΑΣΙΛΕΙΟΥ *Τελεῖται συνήθως τὴν πρωΐαν τοῦ Μ. Σαββάτου.......627*	**VESPERS – LITURGY OF ST. BASIL** *Commonly celebrated on H. Sat. Morning.................627*
Η ΑΓ. ΚΑΙ Μ. ΚΥΡΙΑΚΗ ΤΟΥ ΠΑΣΧΑ *Τελοῦνται περὶ τὸ μεσονύκτιον.......................697*	**THE H. AND G. SUNDAY OF PASCHA** *Commonly celebrated midnight........................697*
ΕΣΠΕΡΙΝΟΣ ΤΗΣ ΑΓΑΠΗΣ *Τελεῖται συνήθως τῇ Μ. Πέμπτῃ πρωΐ.....................795*	**VESPERS OF LOVE** *Commonly celebrated on Pascha afternoon...............795*

Dedicated to our Holy Fathers in the faith who would not step over the ancient bounds or pass beyond the divine tradition.

May their memory be eternal!

Η ΑΓΙΑ ΚΑΙ ΜΕΓΑΛΗ ΔΕΥΤΕΡΑ

ΚΑΘ᾽ ἫΝ ΜΝΕΊΑΝ ΠΟΙΟΎΜΕΘΑ ΤΟῦ ΜΑΚΑΡΊΟΥ ἸΩΣῊΦ ΤΟῦ ΠΑΓΚΆΛΟΥ ΚΑΊ ΤῆΣ ὙΠῸ ΤΟῦ ΚΥΡΊΟΥ ΚΑΤΑΡΑΘΕΊΣΗΣ ΚΑΊ ΞΗΡΑΝΘΕΊΣΗΣ ΣΥΚῆΣ

Τελεῖται συνήθως τῇ Κυριακῇ τῶν Βαΐων ἐσπέρας

HOLY AND GREAT MONDAY

IN COMMEMORATION OF THE BLESSED AND ALL-BEAUTIFUL JOSEPH AND OF THE FIG TREE CURSED AND WITHERED BY THE LORD

Commonly celebrated on Palm Sunday Evening

Ὁ Ἱερεύς, ποίησας τὴν συνήθη μετάνοιαν τῷ Προεστῶτι, εἰσέρχεται ἐν τῷ ἁγίῳ βήματι καὶ προσκυνεῖ τρὶς ἐνώπιον τῆς ἁγίας Τραπέζης· εἶτα βαλὼν ἐπιτραχήλιον ἐκφωνεῖ·

The Priest, having made the customary metania to the Superior, enters the sanctuary and makes three bows before the holy Table. Then, putting on the Epitrachelion, he exclaims:

Εὐλογητὸς ὁ Θεὸς ἡμῶν, πάντοτε, νῦν, καὶ ἀεί, καὶ εἰς τοὺς αἰῶνας τῶν αἰώνων.

Blessed is our God, always, now and for ever, and to the ages of ages.

Ὁ Ἀναγνώστης· Ἀμήν.

Reader: Amen.

Ὁ Ἱερεύς· Δόξα σοι, ὁ Θεὸς ἡμῶν, δόξα σοι. Βασιλεῦ οὐράνιε, Παράκλητε, τὸ Πνεῦμα τῆς ἀληθείας, ὁ πανταχοῦ παρών, καὶ τὰ πάντα πληρῶν, ὁ θησαυρὸς τῶν ἀγαθῶν καὶ ζωῆς χορηγός, ἐλθὲ καὶ σκήνωσον ἐν ἡμῖν καὶ καθάρισον ἡμᾶς ἀπὸ πάσης κηλῖδος καὶ σῶσον ἀγαθέ, τὰς ψυχὰς ἡμῶν.

Priest: Glory to you, our God. Glory to you. Heavenly King, Comforter, Spirit of truth, present everywhere, filling all things, Treasury of blessings and Giver of life, come and abide in us, cleanse us from every stain, and save our souls, O Good One.

Ὁ Ἀναγνώστης· Ἀμήν.

Reader: Amen.

Ὁ Ἀναγνώστης· Ἅγιος ὁ Θεός, Ἅγιος Ἰσχυρός, Ἅγιος Ἀθάνατος, ἐλέησον ἡμᾶς. (γ´)

Reader: Holy God, Holy Mighty, Holy Immortal, have mercy on us. (x3)

Δόξα Πατρί, καὶ Υἱῷ, καὶ Ἁγίῳ Πνεύματι. Καὶ νῦν καὶ ἀεί, καὶ εἰς τοὺς αἰῶνας τῶν αἰώνων. Ἀμήν.

Glory to the Father and the Son and the Holy Spirit, now and forever and to the ages of ages. Amen.

Παναγία Τριάς, ἐλέησον ἡμᾶς. Κύριε, ἱλάσθητι ταῖς ἁμαρτίαις ἡμῶν, Δέσποτα, συγχώρησον τὰς ἀνομίας ἡμῖν. Ἅγιε, ἐπί-

All-holy Trinity, have mercy on us. Lord, forgive our sins. Master, pardon our transgressions. Holy One, visit and

σκέψαι καὶ ἴασαι τὰς ἀσθενείας ἡμῶν, ἕνεκεν τοῦ ὀνόματός σου.

Κύριε, ἐλέησον. *(γ')* Δόξα Πατρί, καὶ Υἱῷ, καὶ Ἁγίῳ Πνεύματι. Καὶ νῦν καὶ ἀεί, καὶ εἰς τοὺς αἰῶνας τῶν αἰώνων. Ἀμήν.

Πάτερ ἡμῶν ὁ ἐν τοῖς οὐρανοῖς, ἁγιασθήτω τὸ ὄνομά σου. Ἐλθέτω ἡ βασιλεία σου. Γενηθήτω τὸ θέλημά σου, ὡς ἐν οὐρανῷ, καὶ ἐπὶ τῆς γῆς. Τὸν ἄρτον ἡμῶν τὸν ἐπιούσιον δὸς ἡμῖν σήμερον. Καὶ ἄφες ἡμῖν τὰ ὀφειλήματα ἡμῶν, ὡς καὶ ἡμεῖς ἀφίεμεν τοῖς ὀφειλέταις ἡμῶν. Καὶ μὴ εἰσενέγκῃς ἡμᾶς εἰς πειρασμόν, ἀλλὰ ῥῦσαι ἡμᾶς ἀπὸ τοῦ πονηροῦ.

Ὁ Ἱερεύς· Ὅτι σοῦ ἐστιν ἡ Βασιλεία, καὶ ἡ δύναμις, καὶ ἡ δόξα, τοῦ Πατρός, καὶ τοῦ Υἱοῦ, καὶ τοῦ ἁγίου Πνεύματος, νῦν καὶ ἀεὶ καὶ εἰς τοὺς αἰῶνας τῶν αἰώνων.

Ὁ Ἀναγνώστης· Ἀμήν. *(χῦμα)*

Κύριε, ἐλέησον. *(ιβ')*

Δόξα Πατρὶ, καὶ Υἱῷ, καὶ Ἁγίῳ Πνεύματι. Καὶ νῦν καὶ ἀεί, καὶ εἰς τοὺς αἰῶνας τῶν αἰώνων. Ἀμήν.

Δεῦτε, προσκυνήσωμεν καὶ προσπέσωμεν τῷ βασιλεῖ ἡμῶν Θεῷ.

Δεῦτε προσκυνήσωμεν καὶ προσπέσωμεν Χριστῷ τῷ βασιλεῖ ἡμῶν Θεῷ.

Δεῦτε προσκυνήσωμεν καὶ προσπέσωμεν αὐτῷ Χριστῷ, τῷ βασιλεῖ καὶ Θεῷ ἡμῶν.

heal our infirmities for the glory of Your name.

Lord, have mercy. *(x3)* Glory to the Father and the Son and the Holy Spirit, now and forever and to the ages of ages. Amen.

Our Father, who art in heaven, hallowed be Thy name. Thy kingdom come. Thy will be done, on earth as it is in heaven. Give us this day our daily bread; and forgive us our trespasses, as we forgive those who trespass against us. And lead us not into temptation, but deliver us from the evil one.

Priest: For Yours is the kingdom and the power and the glory, of the Father and the Son and the Holy Spirit, now and forever and to the ages of ages.

Reader: Amen. *(spoken)*

Lord, have mercy. *(x12)*

Glory to the Father and the Son and the Holy Spirit. Both now and ever and to the ages of ages. Amen.

Come, let us worship and fall down before the King, our God.

Come, let us worship and fall down before Christ the King, our God.

Come, let us worship and fall down before Christ himself, the King, our God.

Καὶ τοὺς ἑξῆς Ψαλμούς, ὧν ἀναγινωσκομένων ὁ ἱερεὺς θυμιᾷ διὰ κατζίου.

And the following Psalms; as they are being read, the Priest censes with the katzion.

ΨΑΛΜΟΣ ΙΘ΄

PSALM 19

Ἐπακούσαι σου Κύριος ἐν ἡμέρᾳ θλίψεως· ὑπερασπίσαι σου τὸ ὄνομα τοῦ Θεοῦ Ἰακώβ. Ἐξαποστείλαι σοι βοήθειαν ἐξ ἁγίου, καὶ ἐκ Σιὼν ἀντιλάβοιτό σου. Μνησθείη πάσης θυσίας σου καὶ τὸ ὁλοκαύτωμά σου πιανάτω. Δῴη σοι Κύριος κατὰ τὴν καρδίαν σου καὶ πᾶσαν τὴν βουλήν σου πληρώσαι. Ἀγαλλιασόμεθα ἐπὶ τῷ σωτηρίῳ σου καὶ ἐν ὀνόματι Κυρίου Θεοῦ ἡμῶν μεγαλυνθησόμεθα. Πληρώσαι Κύριος πάντα τὰ αἰτήματά σου· νῦν ἔγνων, ὅτι ἔσωσε Κύριος τὸν χριστὸν αὐτοῦ. Ἐπακούσεται αὐτοῦ ἐξ οὐρανοῦ ἁγίου αὐτοῦ· ἐν δυναστείαις ἡ σωτηρία τῆς δεξιᾶς αὐτοῦ. Οὗτοι ἐν ἅρμασι καὶ οὗτοι ἐν ἵπποις, ἡμεῖς δὲ ἐν ὀνόματι Κυρίου Θεοῦ ἡμῶν ἐπικαλεσόμεθα. Αὐτοὶ συνεποδίσθησαν καὶ ἔπεσον, ἡμεῖς δὲ ἀνέστημεν καὶ ἀνωρθώθημεν. Κύριε, σῶσον τὸν βασιλέα καὶ ἐπάκουσον ἡμῶν, ἐν ᾗ ἂν ἡμέρᾳ ἐπικαλεσώμεθά σε.

May the Lord hear you in the day of trouble; may the name of the God of Jacob shield you. May he send you his help from the holy place, and support you from Sion. May he remember your every sacrifice, and accept with favor your whole burnt offering. May the Lord give you your heart's desire, and fulfil your every purpose. We shall rejoice in your salvation, and be magnified in the name of our the Lord our God. May the Lord fulfill all your petitions. Now I know that the Lord has saved his Christ. He will hear him from his holy heaven; in mighty acts is the salvation of his right hand. Some put their trust in chariots and some in horses, but we will call on the name of the Lord our God. They were fettered and fell, but we have risen and been set upright. Lord, save the king, and hear us on the day we call upon you.

ΨΑΛΜΟΣ Κ΄

PSALM 20

Κύριε, ἐν τῇ δυνάμει σου εὐφρανθήσεται ὁ βασιλεὺς καὶ ἐπὶ τῷ σωτηρίῳ σου ἀγαλλιάσεται σφόδρα. Τὴν ἐπιθυμίαν τῆς καρδίας αὐτοῦ ἔδωκας αὐτῷ καὶ τὴν θέλησιν τῶν χειλέων αὐτοῦ οὐκ ἐστέρησας αὐτόν. Ὅτι προέφθασας αὐτὸν ἐν εὐλογίαις χρηστότητος· ἔθηκας ἐπὶ τὴν κεφαλὴν αὐτοῦ στέφανον ἐκ λίθου τιμίου. Ζωὴν ᾐτήσατό σε, καὶ ἔδωκας αὐτῷ μακρότητα ἡμερῶν εἰς αἰῶνα αἰῶνος. Μεγάλη ἡ δόξα αὐτοῦ ἐν τῷ σωτηρίῳ σου· δόξαν καὶ μεγαλοπρέπειαν ἐπιθή-

The king will rejoice in your power, O Lord, he will exult exceedingly in your salvation. You gave him his heart's desire; you did not deny him the request of his lips. For you came to meet him with blessings of goodness; you placed a crown of precious stones upon his head. He asked you for life, and you gave him length of days for age on age. Great is his glory because of your salvation; you will place on him glory and majesty. For you will give him a bless-

σεις ἐπ' αὐτόν. Ὅτι δώσεις αὐτῷ εὐλογίαν εἰς αἰῶνα αἰῶνος· εὐφρανεῖς αὐτὸν ἐν χαρᾷ μετὰ τοῦ προσώπου σου. Ὅτι ὁ βασιλεὺς ἐλπίζει ἐπὶ Κύριον καὶ ἐν τῷ ἐλέει τοῦ Ὑψίστου οὐ μὴ σαλευθῇ. Εὑρεθείη ἡ χείρ σου πᾶσι τοῖς ἐχθροῖς σου· ἡ δεξιά σου εὕροι πάντας τοὺς μισοῦντάς σε. Ὅτι θήσεις αὐτοὺς ὡς κλίβανον πυρὸς εἰς καιρὸν τοῦ προσώπου σου. Κύριος ἐν ὀργῇ αὐτοῦ συνταράξει αὐτοὺς καὶ καταφάγεται αὐτοὺς πῦρ. Τὸν καρπὸν αὐτῶν ἀπὸ τῆς γῆς ἀπολεῖς καὶ τὸ σπέρμα αὐτῶν ἀπὸ υἱῶν ἀνθρώπων. Ὅτι ἔκλιναν εἰς σὲ κακά, διελογίσαντο βουλάς, αἷς οὐ μὴ δύνωνται στῆναι. Ὅτι θήσεις αὐτοὺς νῶτον, ἐν τοῖς περιλοίποις σου ἑτοιμάσεις τὸ πρόσωπον αὐτῶν. Ὑψώθητι, Κύριε, ἐν τῇ δυνάμει σου· ᾄσομεν καὶ ψαλοῦμεν τὰς δυναστείας σου.

Ὁ Ἀναγνώστης· Ἅγιος ὁ Θεός, Ἅγιος Ἰσχυρός, Ἅγιος Ἀθάνατος, ἐλέησον ἡμᾶς. (γ')

Δόξα Πατρί, καὶ Υἱῷ, καὶ Ἁγίῳ Πνεύματι. Καὶ νῦν καὶ ἀεί, καὶ εἰς τοὺς αἰῶνας τῶν αἰώνων. Ἀμήν.

Παναγία Τριάς, ἐλέησον ἡμᾶς. Κύριε, ἱλάσθητι ταῖς ἁμαρτίαις ἡμῶν, Δέσποτα, συγχώρησον τὰς ἀνομίας ἡμῖν. Ἅγιε, ἐπίσκεψαι καὶ ἴασαι τὰς ἀσθενείας ἡμῶν, ἕνεκεν τοῦ ὀνόματός σου.

Κύριε, ἐλέησον. (γ') Δόξα Πατρί, καὶ Υἱῷ, καὶ Ἁγίῳ Πνεύματι. Καὶ νῦν καὶ ἀεί, καὶ εἰς τοὺς αἰῶνας τῶν αἰώνων. Ἀμήν.

Πάτερ ἡμῶν ὁ ἐν τοῖς οὐρανοῖς, ἁγιασθήτω τὸ ὄνομά σου. Ἐλθέτω ἡ βασιλεία σου. Γενηθήτω τὸ θέλημά σου, ὡς ἐν

ing for age on age, and make him glad with the joy of your countenance. For the king puts his hope in the Lord, and through the mercy of the Most High he will not be shaken. May your hand light upon all your enemies, and your right hand find out all who hate you. You will make them like a blazing oven at the time of your presence. The Lord will confound them in his wrath and fire will devour them. You will destroy their offspring from the earth, and their seed from among the children of mankind. Because they intended evils against you, and devised plans by which they can in no way succeed. For you will put them to flight; among your remnants you will prepare their presence. Be exalted, Lord, in your power; we will sing and praise your mighty acts.

Reader: Holy God, Holy Mighty, Holy Immortal, have mercy on us. *(x3)*

Glory to the Father and the Son and the Holy Spirit, now and forever and to the ages of ages. Amen.

All-holy Trinity, have mercy on us. Lord, forgive our sins. Master, pardon our transgressions. Holy One, visit and heal our infirmities for the glory of Your name.

Lord, have mercy. *(x3)* Glory to the Father and the Son and the Holy Spirit, now and forever and to the ages of ages. Amen.

Our Father, who art in heaven, hallowed be Thy name. Thy kingdom come. Thy will be done, on earth as it

οὐρανῷ, καὶ ἐπὶ τῆς γῆς. Τὸν ἄρτον ἡμῶν τὸν ἐπιούσιον δὸς ἡμῖν σήμερον. Καὶ ἄφες ἡμῖν τὰ ὀφειλήματα ἡμῶν, ὡς καὶ ἡμεῖς ἀφίεμεν τοῖς ὀφειλέταις ἡμῶν. Καὶ μὴ εἰσενέγκῃς ἡμᾶς εἰς πειρασμόν, ἀλλὰ ῥῦσαι ἡμᾶς ἀπὸ τοῦ πονηροῦ.

Ὁ Ἱερεύς· Ὅτι σοῦ ἐστιν ἡ Βασιλεία, καὶ ἡ δύναμις, καὶ ἡ δόξα, τοῦ Πατρός, καὶ τοῦ Υἱοῦ, καὶ τοῦ ἁγίου Πνεύματος, νῦν καὶ ἀεὶ καὶ εἰς τοὺς αἰῶνας τῶν αἰώνων.

Ὁ Ἀναγνώστης· Ἀμήν.

Σῶσον, Κύριε, τὸν λαόν σου καὶ εὐλόγησον τὴν κληρονομίαν σου, νίκας τοῖς βασιλεῦσι κατὰ βαρβάρων δωρούμενος, καὶ τὸ σὸν φυλάττων διὰ τοῦ Σταυροῦ σου πολίτευμα.

Δόξα Πατρί, καὶ Υἱῷ, καὶ Ἁγίῳ Πνεύματι.

Ὁ ὑψωθεὶς ἐν τῷ Σταυρῷ ἑκουσίως, τῇ ἐπωνύμῳ σου καινῇ πολιτείᾳ τοὺς οἰκτιρμούς σου δώρησαι, Χριστὲ ὁ Θεός· εὔφρανον ἐν τῇ δυνάμει σου τοὺς πιστοὺς βασιλεῖς ἡμῶν, νίκας χορηγῶν αὐτοῖς κατὰ τῶν πολεμίων· τὴν συμμαχίαν ἔχοιεν τὴν σήν, ὅπλον εἰρήνης, ἀήττητον τρόπαιον.

Καὶ νῦν καὶ ἀεί, καὶ εἰς τοὺς αἰῶνας τῶν αἰώνων. Ἀμήν.

Προστασία φοβερὰ καὶ ἀκαταίσχυντε, μὴ παρίδῃς, Ἀγαθή, τὰς ἱκεσίας ἡμῶν, πανύμνητε Θεοτόκε· στήριξον Ὀρθοδόξων πολιτείαν, σῷζε οὓς ἐκέλευσας βασιλεύειν, καὶ χορήγει αὐτοῖς οὐρανόθεν τὴν νίκην· διότι ἔτεκες τὸν Θεόν, μόνη εὐλογημένη.

is in heaven. Give us this day our daily bread; and forgive us our trespasses, as we forgive those who trespass against us. And lead us not into temptation, but deliver us from the evil one.

Priest: For Yours is the kingdom and the power and the glory, of the Father and the Son and the Holy Spirit, now and forever and to the ages of ages.

Reader: Amen.

Save, O Lord, your people, and bless your inheritance, granting victory to the faithful over the enemy, and by your Cross protecting your commonwealth.

Glory to the Father, Son and Holy Spirit.

You who were lifted on the Cross voluntarily, O Christ our God, bestow Your tender compassion upon Your new community to which You gave Your name. Make our faithful leaders to be glad in Your power, granting them the victories against their adversaries. May they have that alliance which is Yours, the shield of peace, the trophy invincible.

Both now and ever, and to the ages of ages. Amen.

O awesome and unashamable Protection, O good and praiseworthy Theotokos, do not despise our petitions; make firm the community of the Orthodox; save those whom you have called to rule; grant them victory from heaven, for you gave birth to God and are truly blessed.

Ὁ Ἱερεύς· Ἐλέησον ἡμᾶς ὁ Θεός, κατὰ τὸ μέγα ἔλεός σου, δεόμεθά σου, ἐπάκουσον καὶ ἐλέησον.

Ὁ Ἀναγνώστης· Κύριε, ἐλέησον. Κύριε, ἐλέησον. Κύριε, ἐλέησον.

Ὁ Ἱερεύς· Ἔτι δεόμεθα ὑπὲρ τῶν εὐσεβῶν καὶ ὀρθοδόξων Χριστιανῶν.

Ὁ Ἀναγνώστης· Κύριε, ἐλέησον. Κύριε, ἐλέησον. Κύριε, ἐλέησον.

Ὁ Ἱερεύς· Ἔτι δεόμεθα ὑπὲρ τοῦ Ἀρχιεπισκόπου ἡμῶν **(δεῖνος)**.

Ὁ Ἀναγνώστης· Κύριε, ἐλέησον. Κύριε, ἐλέησον. Κύριε, ἐλέησον.

Ὁ Ἱερεύς· Ὅτι ἐλεήμων καὶ φιλάνθρωπος Θεὸς ὑπάρχεις, καὶ σοὶ τὴν δόξαν ἀναπέμπομεν, τῷ Πατρὶ καὶ τῷ Υἱῷ καὶ τῷ Ἁγίῳ Πνεύματι, νῦν καὶ ἀεὶ καὶ εἰς τοὺς αἰῶνας τῶν αἰώνων.

Ὁ Ἀναγνώστης· Ἀμήν. Ἐν ὀνόματι Κυρίου εὐλόγησον, Πάτερ.

Ὁ Ἱερεύς· Δόξα τῇ ἁγίᾳ καὶ ὁμοουσίῳ καὶ ζωοποιῷ καὶ ἀδιαιρέτῳ Τριάδι, πάντοτε, νῦν καὶ ἀεὶ καὶ εἰς τοὺς αἰῶνας τῶν αἰώνων.

Ὁ Ἀναγνώστης· Ἀμήν. *(χῦμα)*

Καὶ ἀναγινώσκει ὁ προεστὼς (ἢ ὁ ἀναγνώστης) τὸν Ἑξάψαλμον. (Βλ. 21)

Ὁ δὲ ἱερεὺς ἱστάμενος ἀσκεπὴς ἐνώπιον τῆς ἁγίας Τραπέζης ἀναγινώσκει τὰς εὐχὰς τοῦ Ὄρθρου· μετὰ δὲ τὴν ἀνάγνωσιν τῶν τριῶν πρώτων Ψαλμῶν ἐξελθὼν διὰ τῆς βορείου πύλης ἀναγινώσκει ἐνώπιον τῆς εἰκόνος τοῦ Χριστοῦ τὰς ὑπολοίπους εὐχάς.

Αʹ Εὐχή

Εὐχαριστοῦμέν σοι, Κύριε, ὁ Θεὸς ἡμῶν, τῷ ἐξαναστήσαντι ἡμᾶς ἐκ τῶν κοιτῶν ἡμῶν, καὶ ἐμβάλλοντι εἰς τὸ στόμα ἡμῶν λόγον αἰνέσεως, τοῦ προσκυνεῖν

Priest: Have mercy on us, O God, according to your great mercy, we pray you, hear and have mercy.

Reader: Lord, have mercy. Lord, have mercy. Lord, have mercy.

Priest: Let us pray for pious and Orthodox Christians.

Reader: Lord, have mercy. Lord, have mercy. Lord, have mercy.

Priest: Let us pray for our Archbishop *(Name)*.

Reader: Lord, have mercy. Lord, have mercy. Lord, have mercy.

Priest: For you are a merciful and loving God, and to you we give glory, to the Father and the Son and the Holy Spirit, now and forever and to the ages of ages.

Reader: Amen. In the name of the Lord, Father give the blessing.

Priest: Glory to the holy and consubstantial, and life-giving, and undivided Trinity, always, now and forever and to the ages of ages.

Reader: Amen. *(spoken)*

And the President (or the Reader) reads the Six Psalms. (See p. 21)

The Priest, standing with head uncovered before the Holy Table, reads the prayers of Orthros; after reading the first three Psalms, he exits through the north door and reads the remaining prayers before the icon of Christ.

1st Prayer

We thank you, Lord our God, who have roused us from our beds and placed in our mouth a word of praise, to worship and call upon your Holy Name,

καὶ ἐπικαλεῖσθαι τὸ ὄνομά σου τὸ ἅγιον· καὶ δεόμεθα τοῖς σοῖς οἰκτιρμοῖς, οἷς πάντοτε ἐχρήσω περὶ τὴν ἡμετέραν ζωήν. Καὶ νῦν ἐξαπόστειλον τὴν βοήθειάν σου ἐπὶ τοὺς ἑστῶτας πρὸ προσώπου τῆς ἁγίας δόξης σου καὶ ἀπεκδεχομένους τὸ παρὰ σοῦ πλούσιον ἔλεος καὶ δὸς αὐτοῖς μετὰ φόβου καὶ ἀγάπης πάντοτε σοι λατρεύειν, αἰνεῖν, ὑμνεῖν, προσκυνεῖν, τὴν ἀνεκδιήγητόν σου ἀγαθότητα.

Ὅτι πρέπει σοι, πᾶσα δόξα, τιμὴ καὶ προσκύνησις, τῷ Πατρὶ καὶ τῷ Υἱῷ καὶ τῷ Ἁγίῳ Πνεύματι, νῦν καὶ ἀεὶ καὶ εἰς τοὺς αἰῶνας τῶν αἰώνων. Ἀμήν.

Β΄ Εὐχή

Ἐκ νυκτὸς ὀρθρίζει τὸ πνεῦμα ἡμῶν πρός σέ, ὁ Θεὸς ἡμῶν, διότι φῶς τὰ προστάγματά σου ἐπὶ τῆς γῆς· δικαιοσύνην καὶ ἁγιασμὸν ἐπιτελεῖν ἐν τῷ φόβῳ σου, συνέτισον ἡμᾶς· σὲ γὰρ δοξάζομεν τὸν ὄντως ὄντα Θεὸν ἡμῶν. Κλῖνον τὸ οὖς σου καὶ ἐπάκουσον ἡμῶν· καὶ μνήσθητι, Κύριε, τῶν συμπαρόντων καὶ συνευχομένων ἡμῖν πάντων κατ᾽ ὄνομα καὶ σῶσον αὐτοὺς τῇ δυνάμει σου· εὐλόγησον τὸν λαόν σου καὶ ἁγίασον τὴν κληρονομίαν σου· εἰρήνην τῷ κόσμῳ σου δώρησαι, ταῖς ἐκκλησίαις σου, τοῖς ἱερεῦσι, τοῖς βασιλεῦσιν, ἡμῶν καὶ παντὶ τῷ λαῷ σου.

Ὅτι ηὐλόγηται καὶ δεδόξασται τὸ πάντιμον καὶ μεγαλοπρεπὲς ὄνομά σου, τοῦ Πατρὸς καὶ τοῦ Υἱοῦ καὶ τοῦ Ἁγίου Πνεύματος, νῦν καὶ ἀεὶ καὶ εἰς τοὺς αἰῶνας τῶν αἰώνων. Ἀμήν.

Γ΄ Εὐχή

Ἐκ νυκτὸς ὀρθρίζει τὸ πνεῦμα ἡμῶν πρός σέ ὁ Θεός, διότι φῶς τὰ προστάγματά σου. Δίδαξον ἡμᾶς, ὁ Θεός, τὴν δικαιοσύνην σου, τὰς ἐντολάς σου καὶ τὰ δικαιώματά σου· φώτισον τοὺς ὀφθαλμοὺς τῶν

and we beseech you by your acts of pity, with which you have always treated our life. And now send forth your help on those who stand before the presence of your holy glory and who await the rich mercy which comes from you, and grant that they may always serve, praise, hymn and worship your inexpressible loving-kindness.

For to you belong all glory, honour and worship, to the Father, the Son and the holy Spirit, now and for ever, and to the ages of ages. Amen.

2nd Prayer

At night our spirit rises early to you, our God, for your commandments are light upon the earth. Teach us justice and sanctification in fear of you; for we glorify you who are our God, the One who truly exists. Incline your ear and hear us; and remember, Lord, by name all those who are present and who pray with us, and save them by your power. Bless your people and sanctify your inheritance. Give peace to your world, to the churches, to the priests, to our rulers and to all your people.

For blessed and glorified is your all-honoured and majestic name, of the Father, the Son and the Holy Spirit now and for ever, and to the ages of ages. Amen.

3rd Prayer

At night our spirit rises early to you, O God, for your commandments are light. Teach us your justice, O God, your commands and your statutes. Enlighten the eyes of our understanding,

διανοιῶν ἡμῶν, μήποτε ὑπνώσωμεν ἐν ἁμαρτίαις εἰς θάνατον· ἀπέλασον πάντα ζόφον ἀπὸ τῶν καρδιῶν ἡμῶν· χάρισαι ἡμῖν τὸν τῆς δικαιοσύνης ἥλιον καὶ ἀνεπηρέαστον τὴν ζωὴν ἡμῶν διαφύλαξον ἐν τῇ σφραγῖδι τοῦ ἁγίου σου Πνεύματος· κατεύθυνον τὰ διαβήματα ἡμῶν εἰς ὁδὸν εἰρήνης· δὸς ἡμῖν ἰδεῖν τὸν ὄρθρον καὶ τὴν ἡμέραν ἐν ἀγαλλιάσει, ἵνα σοι τὰς ἑωθινὰς ἀναπέμπωμεν εὐχάς.

Ὅτι σὸν τὸ κράτος καὶ σοῦ ἐστιν ἡ βασιλεία καὶ ἡ δύναμις καὶ ἡ δόξα, τοῦ Πατρὸς καὶ τοῦ Υἱοῦ καὶ τοῦ Ἁγίου Πνεύματος, νῦν καὶ ἀεὶ καὶ εἰς τοὺς αἰῶνας τῶν αἰώνων.

Δ´ Εὐχή

Δέσποτα ὁ Θεός, ὁ ἅγιος καὶ ἀκατάληπτος, ὁ εἰπὼν ἐκ σκότους φῶς λάμψαι, ὁ ἀναπαύσας ἡμᾶς ἐν τῷ τῆς νυκτὸς ὕπνῳ καὶ διαναστήσας πρὸς δοξολογίαν καὶ ἱκεσίαν τῆς σῆς ἀγαθότητος, δυσωπούμενος ὑπὸ τῆς ἰδίας σου εὐσπλαγχνίας, πρόσδεξαι ἡμᾶς καὶ νῦν προσκυνοῦντάς σε καὶ κατὰ δύναμιν εὐχαριστοῦντάς σοι καὶ δώρησαι ἡμῖν πάντα τὰ πρὸς σωτηρίαν αἰτήματα· ἀνάδειξον ἡμᾶς υἱοὺς φωτὸς καὶ ἡμέρας καὶ κληρονόμους τῶν αἰωνίων σου ἀγαθῶν. Μνήσθητι, Κύριε, ἐν τῷ πλήθει τῶν οἰκτιρμῶν σου καὶ παντὸς τοῦ λαοῦ σου, τῶν συμπαρόντων καὶ συνευχομένων ἡμῖν καὶ πάντων τῶν ἀδελφῶν ἡμῶν, τῶν ἐν γῇ, τῶν ἐν θαλάσσῃ, τῶν ἐν παντὶ τόπῳ τῆς δεσποτείας σου δεομένων τῆς σῆς φιλανθρωπίας καὶ βοηθείας, καὶ πᾶσι χορήγησον τὸ μέγα σου ἔλεος.

Ἵνα, σεσωσμένοι ψυχῇ τε καὶ σώματι πάντοτε διαμένοντες, μετὰ παρρησίας δοξάζωμεν τὸ θαυμαστὸν καὶ εὐλογημένον ὄνομά σου, τοῦ Πατρὸς καὶ τοῦ Υἱοῦ καὶ τοῦ Ἁγίου Πνεύματος, νῦν καὶ ἀεὶ καὶ εἰς τοὺς αἰῶνας τῶν αἰώνων. Ἀμήν.

lest we ever sleep unto death in sins. Drive away all gloomy darkness from our hearts. Give us the grace of the sun of justice and by the seal of your Holy Spirit keep our life free from harm. Direct our steps in the way of peace. Grant that we may see the dawn and the day in joy, that we may offer your our morning prayers.

For yours is the might and yours is the kingdom, the power and the glory, of the Father, the Son and the Holy Spirit, now and for ever, and to the ages of ages. Amen.

4th Prayer

Master and God, holy and beyond understanding, who said: Let light shine out of darkness, who have given us rest by the sleep of the night and raised us up to glorify and implore your loving kindness; entreated by your own compassion, accept us who now worship you and give you thanks in the measure of our power, and grant us all our requests that are for salvation. Declare us to be children of light and of the day, and heirs of your eternal blessings. Remember also, Lord, in the greatness of your compassion all your people, those present with us and who pray with us, and all our brethren by land and sea and in every place of your dominion who ask for your love for humankind and your help; and give to all your great mercy.

So that, always kept safe in soul and body, we may glorify with boldness your wondrous and blessed name, of the Father, the Son and the Holy Spirit, now and for ever, and to the ages of ages. Amen.

Ε´ Εὐχή

Ἀγαθῶν θησαυρέ, πηγὴ ἀέναος, Πάτερ ἅγιε, θαυμαστοποιέ, παντοδύναμε καὶ παντοκράτορ, πάντες σὲ προσκυνοῦμεν καὶ σοῦ δεόμεθα, τὰ σὰ ἐλέη καὶ τοὺς σοὺς οἰκτιρμοὺς ἐπικαλούμενοι εἰς βοήθειαν καὶ ἀντίληψιν τῆς ἡμετέρας ταπεινώσεως. Μνήσθητι, Κύριε, τῶν σῶν ἱκετῶν· πρόσδεξαι πάντων ἡμῶν τὰς ἑωθινὰς δεήσεις, ὡς θυμίαμα ἐνώπιόν σου, καὶ μηδένα ἡμῶν ἀδόκιμον ποιήσῃς, ἀλλὰ πάντας ἡμᾶς περιποίησαι διὰ τῶν οἰκτιρμῶν σου. Μνήσθητι, Κύριε, τῶν ἀγρυπνούντων καὶ ψαλλόντων εἰς δόξαν σὴν καὶ τοῦ μονογενοῦς σου Υἱοῦ καὶ Θεοῦ ἡμῶν καὶ τοῦ ἁγίου σου Πνεύματος. Γενοῦ αὐτῶν βοηθὸς καὶ ἀντιλήπτωρ· πρόσδεξαι αὐτῶν τὰς ἱκεσίας εἰς τὸ ὑπερουράνιον καὶ νοερόν σου θυσιαστήριον.

Ὅτι σὺ εἶ ὁ Θεὸς ἡμῶν, καὶ σοὶ τὴν δόξαν ἀναπέμπομεν, τῷ Πατρὶ καὶ τῷ Υἱῷ καὶ τῷ Ἁγίῳ Πνεύματι, νῦν καὶ ἀεὶ καὶ εἰς τοὺς αἰῶνας τῶν αἰώνων. Ἀμήν.

ΣΤ´ Εὐχή

Εὐχαριστοῦμέν σοι, Κύριε ὁ Θεὸς τῶν σωτηρίων ἡμῶν, ὅτι πάντα ποιεῖς εἰς εὐεργεσίαν τῆς ζωῆς ἡμῶν, ἵνα διὰ παντὸς πρὸς σὲ ἀποβλέπωμεν, τὸν σωτῆρα καὶ εὐεργέτην τῶν ἡμετέρων ψυχῶν· ὅτι διανέπαυσας ἡμᾶς ἐν τῷ παρελθόντι τῆς νυκτὸς μέτρῳ καὶ ἐξήγειρας ἡμᾶς ἐκ τῶν κοιτῶν ἡμῶν καὶ ἔστησας εἰς προσκύνησιν τοῦ τιμίου ὀνόματός σου. Διὸ δεόμεθά σου, Κύριε· δὸς ἡμῖν χάριν καὶ δύναμιν, ἵνα καταξιωθῶμεν ψάλλειν σοι συνετῶς καὶ προσεύχεσθαι ἀδιαλείπτως ἐν φόβῳ καὶ τρόμῳ, τὴν ἑαυτῶν σωτηρίαν κατεργαζόμενοι, διὰ τῆς ἀντιλήψεως τοῦ Χριστοῦ σου. Μνήσθητι, Κύριε, καὶ τῶν ἐν νυκτὶ πρὸς σὲ βοώντων· ἐπάκουσον αὐτῶν καὶ ἐλέησον καὶ σύντριψον ὑπὸ

5th Prayer

Treasury of blessings, ever-flowing Source, Holy Father, worker of wonders, all-powerful and almighty, we all worship you and beseech you, as we invoke your acts of mercy and compassion to help and assist our lowliness. Remember your supplicants, Lord; accept the morning prayers of us all like incense before you, and make none of us reprobate, but keep us all through your acts of compassion. Remember, Lord, those who keep vigil and who chant to your glory and that of your Son and our God and of your Holy Spirit. Be their help and their aid; accept their supplications on your heavenly and spiritual altar.

For you are our God and to you we give glory, to the Father, the Son and the Holy Spirit, now and for ever, and to the ages of ages. Amen.

6th Prayer

We give thanks to you, Lord God of our salvation, for you do all things for the well-being of our life, that we may at all times look to you, the Saviour and Benefactor of our souls. We give thanks to you, for you have given us rest in the part of the night which has passed and roused us from our beds and placed us here for the worship of your honoured name. Therefore we beg you, Lord: Give us grace and power, so that we may be counted worthy to chant to you with understanding and to pray without ceasing in fear and trembling, as we work out our salvation through the assistance of your Son. Remember too, Lord, those who cry out to you by

τοὺς πόδας αὐτῶν τοὺς ἀοράτους καὶ πολεμίους ἐχθρούς.

Σὺ γὰρ εἶ ὁ Βασιλεὺς τῆς εἰρήνης καὶ Σωτὴρ τῶν ψυχῶν ἡμῶν, καὶ σοὶ τὴν δόξαν ἀναπέμπομεν, τῷ Πατρὶ καὶ τῷ Υἱῷ καὶ τῷ Ἁγίῳ Πνεύματι, νῦν καὶ ἀεὶ καὶ εἰς τοὺς αἰῶνας τῶν αἰώνων. Ἀμήν.

Ζ΄ Εὐχή

Ὁ Θεὸς καὶ Πατὴρ τοῦ Κυρίου ἡμῶν Ἰησοῦ Χριστοῦ, ὁ ἐξαναστήσας ἡμᾶς ἐκ τῶν κοιτῶν ἡμῶν καὶ ἐπισυναγαγὼν ἐπὶ τὴν ὥραν τῆς προσευχῆς, δὸς ἡμῖν χάριν ἐν ἀνοίξει τοῦ στόματος ἡμῶν καὶ πρόσδεξαι ἡμῶν τὰς κατὰ δύναμιν εὐχαριστίας· καὶ δίδαξον ἡμᾶς τὰ δικαιώματά σου, ὅτι προσεύξασθαι καθ᾽ ὃ δεῖ οὐκ οἴδαμεν, ἐὰν μὴ σύ, Κύριε, τῷ Πνεύματί σου τῷ ἁγίῳ ὁδηγήσῃς ἡμᾶς. Διό, δεόμεθά σου· εἴ τι ἡμάρτομεν μέχρι τῆς παρούσης ὥρας, ἐν λόγῳ ἢ ἔργῳ ἢ κατὰ διάνοιαν, ἑκουσίως ἢ ἀκουσίως, ἄνες, ἄφες, συγχώρησον· ἐὰν γὰρ ἀνομίας παρατηρήσῃς, Κύριε, Κύριε, τίς ὑποστήσεται; ὅτι παρὰ σοὶ ἡ ἀπολύτρωσις. Σὺ εἶ μόνος ἅγιος, βοηθός, κραταιὸς ὑπερασπιστὴς τῆς ζωῆς ἡμῶν καὶ ἐν σοὶ ἡ ὕμνησις ἡμῶν διαπαντός.

Εἴη τὸ κράτος τῆς βασιλείας σου εὐλογημένον καὶ δεδοξασμένον τοῦ Πατρὸς καὶ τοῦ Υἱοῦ καὶ τοῦ Ἁγίου Πνεύματος, νῦν καὶ ἀεὶ καὶ εἰς τοὺς αἰῶνας τῶν αἰώνων. Ἀμήν.

Η΄ Εὐχή

Κύριε ὁ Θεὸς ἡμῶν, ὁ τὴν τοῦ ὕπνου ῥαθυμίαν ἀποσκεδάσας ἀφ᾽ ἡμῶν, καὶ συγκαλέσας ἡμᾶς κλήσει ἁγίᾳ, τοῦ καὶ ἐν νυκτὶ ἐπᾶραι τὰς χεῖρας ἡμῶν καὶ ἐξομολογεῖσθαί σοι ἐπὶ τὰ κρίματα τῆς δικαιοσύνης σου, πρόσδεξαι τὰς δεήσεις ἡμῶν,

night. Hear them and have mercy, and crush beneath their feet their invisible and hostile foes.

For you are the King of peace and the Saviour of our souls, and to you we give glory, to the Father, the Son and the Holy Spirit, now and for ever, and to the ages of ages. Amen.

7th Prayer

God and Father of our Lord Jesus Christ, who have raised us from our beds and gathered us together for this hour of prayer, give us grace by the opening of our mouths and accept our thanksgivings, in the measure of our ability. Teach us your statutes, because we do not know how to pray as we ought, unless you, Lord guide us by your Holy Spirit. Therefore we beg you, if we have sinned in any way until the present hour in word or deed or by thought, voluntarily or involuntarily, remit, forgive, pardon. For if you should regard iniquities, Lord; Lord, who will stand? For there is redemption from you. You alone are holy, a helper, a mighty defender of our life, and in you is our praise at all times.

Blessed and glorified be the might of your Kingdom, of the Father, the Son and the Holy Spirit, now and for ever, and to the ages of ages. Amen.

8th Prayer

Lord our God, who have driven from us the sloth of sleep and called us together with a holy summons to lift up our hands and to give you thanks for the judgements of your justice, accept our supplications, our requests, our

τὰς ἐντεύξεις, τὰς ἐξομολογήσεις, τὰς νυκτερινὰς λατρείας· καὶ χάρισαι ἡμῖν, ὁ Θεός, πίστιν ἀκαταίσχυντον, ἐλπίδα βεβαίαν, ἀγάπην ἀνυπόκριτον· εὐλόγησον ἡμῶν εἰσόδους καὶ ἐξόδους, πράξεις, ἔργα, λόγους, ἐνθυμήσεις· καὶ δὸς ἡμῖν καταντῆσαι εἰς τὰς ἀρχὰς τῆς ἡμέρας, αἰνοῦντας, ὑμνοῦντας, εὐλογοῦντας τῆς σῆς ἀφράστου χρηστότητος τὴν ἀγαθότητα.

Ὅτι ηὐλόγηταί τὸ πανάγιον σου ὄνομα, καὶ δεδόξασταί σου ἡ βασιλεία, τοῦ Πατρὸς καὶ τοῦ Υἱοῦ καὶ τοῦ Ἁγίου Πνεύματος, νῦν καὶ ἀεὶ καὶ εἰς τοὺς αἰῶνας τῶν αἰώνων. Ἀμήν.

Θ′ Εὐχή

Λάμψον, Δέσποτα φιλάνθρωπε, ἐν ταῖς καρδίαις ἡμῶν, τὸ τῆς σῆς θεογνωσίας ἀκήρατον φῶς, καὶ τοὺς τῆς διανοίας ἡμῶν ὀφθαλμοὺς διάνοιξον εἰς τὴν τῶν εὐαγγελικῶν σου κηρυγμάτων κατανόησιν. Ἔνθες ἡμῖν καὶ τὸν τῶν μακαρίων σου ἐντολῶν φόβον, ἵνα πάσας τὰς σαρκικὰς ἐπιθυμίας καταπατήσαντες, πνευματικὴν πολιτείαν μετέλθωμεν, πάντα τὰ πρὸς εὐαρέστησιν τὴν σὴν καὶ φρονοῦντες καὶ πράττοντες.

Ὅτι σὺ εἶ ὁ ἁγιασμὸς ἡμῶν, καὶ σοὶ τὴν δόξαν ἀναπέμπομεν, τῷ Πατρὶ καὶ τῷ Υἱῷ καὶ τῷ Ἁγίῳ Πνεύματι, νῦν καὶ ἀεὶ καὶ εἰς τοὺς αἰῶνας τῶν αἰώνων. Ἀμήν.

Ι′ Εὐχή

Κύριε ὁ Θεὸς ἡμῶν, ὁ τὴν διὰ μετανοίας ἄφεσιν τοῖς ἀνθρώποις δωρησάμενος καὶ τύπον ἡμῖν ἐπιγνώσεως ἁμαρτημάτων καὶ ἐξομολογήσεως τὴν τοῦ προφήτου Δαυΐδ μετάνοιαν πρὸς συγχώρησιν ὑποδείξας· αὐτός, Δέσποτα, πολλοῖς ἡμᾶς καὶ μεγάλοις περιπεπτωκότας πλημμελήμασιν, ἐλέησον κατὰ τὸ μέγα σου ἔλεος,

thanksgivings, our nocturnal worship; and give us, O God, the grace of faith unashamed, sure hope, love without pretence. Bless our comings in and our goings out, our deeds, works, words, desires, and grant that we may meet the beginnings of the day praising, singing, blessing the loving-kindness of your ineffable goodness.

For blessed is your all-holy name and glorified is your kingdom, of the Father, the Son and the Holy Spirit, now and for ever, and to the ages of ages. Amen.

9th Prayer

Light in our hearts, Master, lover of humankind, the unsullied light of your divine knowledge, and open the eyes of our mind to the understanding of the proclamation of your Gospel. Instill in us also the fear of your blessed commandments, so that having trampled down all the desires of the flesh we may pass over to a spiritual way of life, thinking and doing all things that are well-pleasing to you.

For you are our sanctification and to you we give glory, to the Father, the Son and the Holy Spirit, now and for ever, and to the ages of ages. Amen.

10th Prayer

Lord our God, who have granted humankind forgiveness through repentance and shown us an image of acknowledgement and confession of sins: the repentance leading to pardon of the prophet David, in accordance with your great mercy have mercy on us, who have fallen by many and great offences, and,

καί, κατὰ τὸ πλῆθος τῶν οἰκτιρμῶν σου, ἐξάλειψον τὰ ἀνομήματα ἡμῶν· ὅτι σοι ἡμάρτομεν, Κύριε, τῷ καὶ τὰ ἄδηλα καὶ κρύφια τῆς καρδίας τῶν ἀνθρώπων γινώσκοντι καὶ μόνῳ ἔχοντι ἐξουσίαν ἀφιέναι ἁμαρτίας. Καρδίαν δὲ καθαρὰν κτίσας ἐν ἡμῖν καὶ πνεύματι ἡγεμονικῷ στηρίξας ἡμᾶς καὶ τὴν ἀγαλλίασιν τοῦ σωτηρίου σου γνωρίσας ἡμῖν, μὴ ἀπορρίψῃς ἡμᾶς ἀπὸ τοῦ προσώπου σου· ἀλλ' εὐδόκησον, ὡς ἀγαθὸς καὶ φιλάνθρωπος, μέχρι τῆς ἐσχάτης ἡμῶν ἀναπνοῆς προσφέρειν σοι θυσίαν δικαιοσύνης καὶ ἀναφορὰν ἐν τοῖς ἁγίοις σου θυσιαστηρίοις.

Ἐλέει, καὶ οἰκτιρμοῖς, καὶ φιλανθρωπίᾳ τοῦ μονογενοῦς σου Υἱοῦ, μεθ' οὗ εὐλογητὸς εἶ, σὺν τῷ παναγίῳ καὶ ἀγαθῷ καὶ ζωοποιῷ σου Πνεύματι, νῦν καὶ ἀεὶ καὶ εἰς τοὺς αἰῶνας τῶν αἰώνων. Ἀμήν.

ΙΑ' Εὐχή

Ὁ Θεός, ὁ Θεὸς ἡμῶν, ὁ τὰς νοερὰς καὶ λογικὰς ὑποστησάμενος δυνάμεις τῷ σῷ θελήματι, σοῦ δεόμεθα καὶ σὲ ἱκετεύομεν, πρόσδεξαι ἡμῶν μετὰ τῶν κτισμάτων σου πάντων τὴν κατὰ δύναμιν δοξολογίαν καὶ ταῖς πλουσίαις τῆς σῆς ἀγαθότητος ἀντάμειψαι δωρεαῖς· ὅτι σοὶ κάμπτει πᾶν γόνυ ἐπουρανίων καὶ ἐπιγείων καὶ καταχθονίων καὶ πᾶσα πνοὴ καὶ κτίσις ὑμνεῖ τὴν ἀκατάληπτόν σου δόξαν· μόνος γὰρ εἶ Θεὸς ἀληθινὸς καὶ πολυέλεος.

Ὅτι σὲ αἰνοῦσι πᾶσαι αἱ δυνάμεις τῶν οὐρανῶν, καὶ σοὶ τὴν δόξαν ἀναπέμπομεν, τῷ Πατρὶ καὶ τῷ Υἱῷ καὶ τῷ Ἁγίῳ Πνεύματι, νῦν καὶ ἀεὶ καὶ εἰς τοὺς αἰῶνας τῶν αἰώνων. Ἀμήν.

in accordance with the multitude of your pity, wipe away our offences. For we have sinned against you, Lord, who know too the hidden and secret things of the human heart and who alone have authority to forgive sins. Create a clean heart in us and by your sovereign Spirit establish us and make known to us the joy of your salvation. Do not cast us away from your presence, but be well pleased, as you are good and love humankind, for us to offer you until our last breath a sacrifice of justice and an offering on your holy altars.

By the mercy and compassion and love for humankind of your only-begotten Son, with whom you are blessed, together with your all-holy, good and life-giving Spirit, now and for ever, and to the ages of ages. Amen.

11th Prayer

O God, our God, who by your will have brought into being the spiritual and rational Powers, we beseech and implore you, accept with that of all your creatures our hymn of glory in the measure of our power, and grant us in return the rich gifts of your loving-kindness. For to you bends every knee of those in heaven and on earth and under the earth, and everything that has breath and all creation sings the praise of your incomprehensible glory. For you alone are God, true and of great mercy.

For all the Powers of heaven praise you and to you we give glory, to the Father, the Son and the Holy Spirit, now and for ever, and to the ages of ages. Amen.

ΙΒ´ Εὐχή

Αἰνοῦμεν, ὑμνοῦμεν, εὐλογοῦμεν καὶ εὐχαριστοῦμέν σοι, ὁ Θεὸς τῶν πατέρων ἡμῶν, ὅτι παρήγαγες τὴν σκιὰν τῆς νυκτὸς καὶ ἔδειξας ἡμῖν πάλιν τὸ φῶς τῆς ἡμέρας· ἀλλ᾽ ἱκετεύομεν τὴν σὴν ἀγαθότητα· ἱλάσθητι ταῖς ἁμαρτίαις ἡμῶν καὶ πρόσδεξαι τὴν δέησιν ἡμῶν ἐν τῇ μεγάλῃ σου εὐσπλαγχνίᾳ, ὅτι πρὸς σὲ καταφεύγομεν, τὸν ἐλεήμονα καὶ παντοδύναμον Θεόν· λάμψον ἐν ταῖς καρδίαις ἡμῶν τὸν ἀληθινὸν ἥλιον τῆς δικαιοσύνης σου· φώτισον τὸν νοῦν ἡμῶν καὶ τὰς αἰσθήσεις ὅλας διατήρησον, ἵνα ὡς ἐν ἡμέρᾳ εὐσχημόνως περιπατοῦντες τὴν ὁδὸν τῶν ἐντολῶν σου, καταντήσωμεν εἰς τὴν ζωὴν τὴν αἰώνιον· ὅτι παρὰ σοί ἐστιν ἡ πηγὴ τῆς ζωῆς καὶ ἐν ἀπολαύσει γενέσθαι καταξιωθῶμεν τοῦ ἀπροσίτου φωτός.

Ὅτι σὺ εἶ ὁ Θεὸς ἡμῶν, καὶ σοὶ τὴν δόξαν ἀναπέμπομεν, τῷ Πατρὶ καὶ τῷ Υἱῷ καὶ τῷ Ἁγίῳ Πνεύματι, νῦν καὶ ἀεὶ καὶ εἰς τοὺς αἰῶνας τῶν αἰώνων. Ἀμήν.

Καὶ μετὰ τὴν ἀνάγνωσιν τῶν εὐχῶν ὁ ἱερεὺς ἀσπασάμενος τὴν δεσποτικὴν εἰκόνα εἰσέρχεται διὰ τῆς νοτίου πύλης εἰς τὸ Ἱερόν.

Ὁ ΕΞΑΨΑΛΜΟΣ.

Δόξα ἐν ὑψίστοις Θεῷ καὶ ἐπὶ γῆς εἰρήνη, ἐν ἀνθρώποις εὐδοκία. *(γ´)*

Κύριε, τὰ χείλη μου ἀνοίξεις, καὶ τὸ στόμα μου ἀναγγελεῖ τὴν αἴνεσίν σου. *(β´)*

ΨΑΛΜΟΣ Γ´

Κύριε, τί ἐπληθύνθησαν οἱ θλίβοντές με; Πολλοὶ ἐπανίστανται ἐπ᾽ ἐμέ.

Πολλοὶ λέγουσι τῇ ψυχῇ μου· οὐκ ἔστι σωτηρία αὐτῷ ἐν τῷ Θεῷ αὐτοῦ.

12th Prayer

We praise, hymn, bless and give you thanks, O God of our fathers, for you have turned aside the shades of night and shown us again the light of day. But we implore your loving-kindness: Be merciful to our sins and accept our supplication in your great compassion, for we take refuge in you, the merciful and all-powerful God. Make the true sun of justice shine in our hearts; enlighten our mind and guard all our senses, so that, walking uprightly by day in the way of your commandments, we may reach eternal life; for with you is the source of life, and may we be counted worthy to come to the enjoyment of the unapproachable light.

For you are our God and to you we give glory, to the Father, the Son and the Holy Spirit, now and for ever, and to the ages of ages. Amen.

And after the reading of the prayers, the Priest venerates the icon of the Lord and enters through the south door into the sanctuary.

THE SIX PSALMS.

Glory to God in the highest, and on earth peace, goodwill toward men! *(x3)*

O Lord, You shall open my lips, and my mouth will declare Your praise. *(x2)*

PSALM 3

Lord, why are they so many that afflict me? Many are they who rise up against me.

Many say to my soul, "There is no salvation for him in his God."

Σὺ δέ, Κύριε, ἀντιλήπτωρ μου εἶ, δόξα μου καὶ ὑψῶν τὴν κεφαλήν μου.

Φωνῇ μου πρὸς Κύριον ἐκέκραξα, καὶ ἐπήκουσέ μου ἐξ ὄρους ἁγίου αὐτοῦ.

Ἐγὼ δὲ ἐκοιμήθην καὶ ὕπνωσα· ἐξηγέρθην, ὅτι Κύριος ἀντιλήψεταί μου.

Οὐ φοβηθήσομαι ἀπὸ μυριάδων λαοῦ τῶν κύκλῳ συνεπιτιθεμένων μοι.

Ἀνάστα, Κύριε, σῶσόν με ὁ Θεός μου, ὅτι σὺ ἐπάταξας πάντας τοὺς ἐχθραίνοντάς μοι ματαίως, ὀδόντας ἁμαρτωλῶν συνέτριψας.

Τοῦ Κυρίου ἡ σωτηρία, καὶ ἐπὶ τὸν λαόν σου ἡ εὐλογία σου.

Καὶ πάλιν.

Ἐγὼ δὲ ἐκοιμήθην καὶ ὕπνωσα· ἐξηγέρθην, ὅτι Κύριος ἀντιλήψεταί μου. *(β΄)*

ΨΑΛΜΟΣ ΛΖ΄

Κύριε, μὴ τῷ θυμῷ σου ἐλέγξῃς με, μηδὲ τῇ ὀργῇ σου παιδεύσῃς με.

Ὅτι τὰ βέλη σου ἐνεπάγησάν μοι, καὶ ἐπεστήριξας ἐπ᾽ ἐμὲ τὴν χεῖρά σου.

Οὐκ ἔστιν ἴασις ἐν τῇ σαρκί μου ἀπὸ προσώπου τῆς ὀργῆς σου, οὐκ ἔστιν εἰρήνη ἐν τοῖς ὀστέοις μου ἀπὸ προσώπου τῶν ἁμαρτιῶν μου.

Ὅτι αἱ ἀνομίαι μου ὑπερῆραν τὴν κεφαλήν μου, ὡσεὶ φορτίον βαρὺ ἐβαρύνθησαν ἐπ᾽ ἐμέ.

Προσώζεσαν καὶ ἐσάπησαν οἱ μώλωπές μου ἀπὸ προσώπου τῆς ἀφροσύνης μου.

Ἐταλαιπώρησα καὶ κατεκάμφθην ἕως τέλους, ὅλην τὴν ἡμέραν σκυθρωπάζων ἐπορευόμην.

But You, O Lord, are my helper, my glory, who lifts up my head.

With my voice I cried to the Lord, and He heard me from His holy mountain.

As for me, I lay down and slept. I arose, for the Lord will help me.

I will not be afraid of ten thousands of people arrayed against me all around.

Arise, O Lord. Save me, O my God. For You have stricken all who hated me without cause; the teeth of sinners You have shattered.

My salvation is of the Lord; and upon Your people is Your blessing.

And again

I lay down and slept. I arose, for the Lord will help me. *(x2)*

PSALM 37

O Lord, in Your anger rebuke me not, neither in Your wrath chasten me.

For Your arrows are stuck fast in me; and You have brought down Your hand against me.

There is no healing in my flesh because of your wrath. There is no peace in my bones because of my sins.

For my iniquities have risen higher than my head; they have weighed upon me like a heavy burden.

My sores are foul and festering, because of my folly.

I am exhausted and completely bent over; all the day long despondently I carried myself.

Ὅτι αἱ ψόαι μου ἐπλήσθησαν ἐμπαιγμάτων, καὶ οὐκ ἔστιν ἴασις ἐν τῇ σαρκί μου.

Ἐκακώθην καὶ ἐταπεινώθην ἕως σφόδρα, ὠρυόμην ἀπὸ στεναγμοῦ τῆς καρδίας μου.

Κύριε, ἐναντίον σου πᾶσα ἡ ἐπιθυμία μου, καὶ ὁ στεναγμός μου ἀπὸ σοῦ οὐκ ἀπεκρύβη.

Ἡ καρδία μου ἐταράχθη, ἐγκατέλιπέ με ἡ ἰσχύς μου, καὶ τὸ φῶς τῶν ὀφθαλμῶν μου καὶ αὐτὸ οὐκ ἔστι μετ' ἐμοῦ.

Οἱ φίλοι μου καὶ οἱ πλησίον μου ἐξεναντίας μου ἤγγισαν καὶ ἔστησαν, καὶ οἱ ἔγγιστά μου ἀπὸ μακρόθεν ἔστησαν.

Καὶ ἐξεβιάζοντο οἱ ζητοῦντες τὴν ψυχήν μου, καὶ οἱ ζητοῦντες τὰ κακά μοι ἐλάλησαν ματαιότητας, καὶ δολιότητας ὅλην τὴν ἡμέραν ἐμελέτησαν.

Ἐγὼ δὲ ὡσεὶ κωφὸς οὐκ ἤκουον καὶ ὡσεὶ ἄλαλος οὐκ ἀνοίγων τὸ στόμα αὐτοῦ.

Καὶ ἐγενόμην ὡσεὶ ἄνθρωπος οὐκ ἀκούων καὶ οὐκ ἔχων ἐν τῷ στόματι αὐτοῦ ἐλεγμούς.

Ὅτι ἐπὶ σοί, Κύριε, ἤλπισα· σὺ εἰσακούσει, Κύριε ὁ Θεός μου.

Ὅτι εἶπον· Μή ποτε ἐπιχαρῶσί μοι οἱ ἐχθροί μου· καὶ ἐν τῷ σαλευθῆναι πόδας μου ἐπ' ἐμὲ ἐμεγαλορρημόνησαν.

Ὅτι ἐγὼ εἰς μάστιγας ἕτοιμος, καὶ ἡ ἀλγηδών μου ἐνώπιόν μου ἐστὶ διὰ παντός.

Ὅτι τὴν ἀνομίαν μου ἐγὼ ἀναγγελῶ καὶ μεριμνήσω ὑπὲρ τῆς ἁμαρτίας μου.

Οἱ δὲ ἐχθροί μου ζῶσι καὶ κεκραταίωνται ὑπὲρ ἐμέ, καὶ ἐπληθύνθησαν οἱ μισοῦντές με ἀδίκως.

For my loins were filled with delusions; and there is no healing in my flesh.

I afflicted myself and was humbled exceedingly; I roared from the groaning of my heart.

O Lord, all my desire is before You, and my groaning is not hidden from You.

My heart is troubled, my strength has left me—even the light of my eyes is not with me.

My friends and my companions approached and stood up against me; those closest to me stood at a distance.

Those who were after my soul pressed me; and those who wished me ill spoke lies and plotted intrigues all day long.

But I was like one deaf and did not hear, and as one mute who opens not his mouth.

And I became like a man who cannot hear and who has no rebuttals in his mouth.

For in You, O Lord, I have hoped. You will hear, O Lord my God.

For I said, let my enemies never gloat over me, those who, when my feet are shaken, spoke proudly against me.

For I am prepared for scourges, and my anguish is before me always.

For I shall confess my iniquity and tend to my sin.

But my enemies are alive and stronger than I, and those who hate me without cause have been multiplied.

Οἱ ἀνταποδιδόντες μοι κακὰ ἀντὶ ἀγαθῶν ἐνδιέβαλλόν με, ἐπεὶ κατεδίωκον ἀγαθωσύνην.

Μὴ ἐγκαταλίπῃς με, Κύριε ὁ Θεός μου, μὴ ἀποστῇς ἀπ' ἐμοῦ.

Πρόσχες εἰς τὴν βοήθειάν μου, Κύριε τῆς σωτηρίας μου.

Καὶ πάλιν.

Μὴ ἐγκαταλίπῃς με, Κύριε ὁ Θεός μου, μὴ ἀποστῇς ἀπ' ἐμοῦ. Πρόσχες εἰς τὴν βοήθειάν μου, Κύριε τῆς σωτηρίας μου.

ΨΑΛΜΟΣ ΖΒ΄

Ὁ Θεὸς ὁ Θεός μου, πρὸς σὲ ὀρθρίζω. Ἐδίψησέ σε ἡ ψυχή μου, ποσαπλῶς σοι ἡ σάρξ μου, ἐν γῇ ἐρήμῳ καὶ ἀβάτῳ καὶ ἀνύδρῳ.

Οὕτως ἐν τῷ ἁγίῳ ὤφθην σοι τοῦ ἰδεῖν τὴν δύναμίν σου καὶ τὴν δόξαν σου.

Ὅτι κρεῖσσον τὸ ἔλεός σου ὑπὲρ ζωάς· τὰ χείλη μου ἐπαινέσουσί σε.

Οὕτως εὐλογήσω σε ἐν τῇ ζωῇ μου, καὶ ἐν τῷ ὀνόματί σου ἀρῶ τὰς χεῖράς μου.

Ὡς ἐκ στέατος καὶ πιότητος ἐμπλησθείη ἡ ψυχή μου, καὶ χείλη ἀγαλλιάσεως αἰνέσει τὸ στόμα μου.

Εἰ ἐμνημόνευόν σου ἐπὶ τῆς στρωμνῆς μου, ἐν τοῖς ὄρθροις ἐμελέτων εἰς σέ·

Ὅτι ἐγενήθης βοηθός μου, καὶ ἐν τῇ σκέπῃ τῶν πτερύγων σου ἀγαλλιάσομαι.

Ἐκολλήθη ἡ ψυχή μου ὀπίσω σου, ἐμοῦ δὲ ἀντελάβετο ἡ δεξιά σου.

Αὐτοὶ δὲ εἰς μάτην ἐζήτησαν τὴν ψυχήν μου, εἰσελεύσονται εἰς τὰ κατώτατα τῆς γῆς·

Those who render me evil for good slandered me because I pursued goodness.

Forsake me not, O Lord my God, depart not from me.

Attend to my help, O Lord of my salvation.

And again

Forsake me not, O Lord my God, depart not from me. Attend to my help, O Lord of my salvation.

PSALM 62

O God my God, at dawn I rise to you. My soul thirsts for you; my flesh longs for you, in a land that is desolate, trackless and waterless.

Thus would I appear before You in the sanctuary to see Your power and Your glory.

For Your mercy is better than lives; my lips shall praise You.

Thus will I bless You in my life, and in Your name will I lift up my hands.

Let my soul be filled as with suet and fat, and joyful lips will praise your name.

I brought You to mind as I lay on my couch, during the early watches I have meditated on You.

For You have become my helper; and in the shelter of Your wings I will be glad.

My soul clings to You, and Your right hand has laid hold of me.

But they sought my life to no avail; they shall go to the lowest depths of the earth.

Παραδοθήσονται εἰς χεῖρας ῥομφαίας, μερίδες ἀλωπέκων ἔσονται.

Ὁ δὲ βασιλεὺς εὐφρανθήσεται ἐπὶ τῷ Θεῷ, ἐπαινεθήσεται πᾶς ὁ ὀμνύων ἐν αὐτῷ, ὅτι ἐνεφράγη στόμα λαλούντων ἄδικα.

Καὶ πάλιν.

Ἐν τοῖς ὄρθροις ἐμελέτων εἰς σέ· ὅτι ἐγενήθης βοηθός μου, καὶ ἐν τῇ σκέπῃ τῶν πτερύγων σου ἀγαλλιάσομαι. Ἐκολλήθη ἡ ψυχή μου ὀπίσω σου, ἐμοῦ δὲ ἀντελάβετο ἡ δεξιά σου.

Δόξα Πατρὶ καὶ Υἱῷ καὶ Ἁγίῳ Πνεύματι, καὶ νῦν καὶ ἀεὶ καὶ εἰς τοὺς αἰῶνας τῶν αἰώνων. Ἀμήν.

Ἀλληλούϊα, ἀλληλούϊα, ἀλληλούϊα, δόξα σοι ὁ Θεός.

Κύριε, ἐλέησον. (γ΄)

Δόξα Πατρὶ καὶ Υἱῷ καὶ Ἁγίῳ Πνεύματι, καὶ νῦν καὶ ἀεὶ καὶ εἰς τοὺς αἰῶνας τῶν αἰώνων. Ἀμήν.

ΨΑΛΜΟΣ ΠΖ΄

Κύριε ὁ Θεὸς τῆς σωτηρίας μου, ἡμέρας ἐκέκραξα καὶ ἐν νυκτὶ ἐναντίον σου.

Εἰσελθέτω ἐνώπιόν σου ἡ προσευχή μου, κλῖνον τὸ οὖς σου εἰς τὴν δέησίν μου.

Ὅτι ἐπλήσθη κακῶν ἡ ψυχή μου, καὶ ἡ ζωή μου τῷ ᾅδῃ ἤγγισε.

Προσελογίσθην μετὰ τῶν καταβαινόντων εἰς λάκκον, ἐγενήθην ὡσεὶ ἄνθρωπος ἀβοήθητος, ἐν νεκροῖς ἐλεύθερος,

Ὡσεὶ τραυματίαι καθεύδοντες ἐν τάφῳ, ὧν οὐκ ἐμνήσθης ἔτι, καὶ αὐτοὶ ἐκ τῆς χειρός σου ἀπώσθησαν.

They shall be given over to the sword; the portions of foxes they shall be.

But the king shall rejoice in God, and all who swear by him shall be praised, for the mouths of them that spoke unjustly have been stopped.

And again

During the early watches I have meditated on You. For You have become my helper; and in the shelter of Your wings I will be glad. My soul clings to You, and Your right hand has laid hold of me.

Glory to the Father, and the Son, and the Holy Spirit, both now and ever and to the ages of ages. Amen.

Alleluia, alleluia, alleluia, glory to You, O God.

Lord, have mercy. (*x3*)

Glory to the Father, and the Son, and the Holy Spirit, both now and ever and to the ages of ages. Amen.

PSALM 87

Lord God of my salvation, day and night I cried out to You.

Let my prayer come before You; incline Your ear to my supplication.

For my soul has been filled with evils, and my life has drawn near to Hades.

I have been numbered with those who go into the pit. I have become like a man with no help, I, who am free, am among the dead.

I have become like the wounded who lie in a grave, whom You remember no longer, and have been pushed away by Your hand.

Ἔθεντό με ἐν λάκκῳ κατωτάτῳ, ἐν σκοτεινοῖς καὶ ἐν σκιᾷ θανάτου.

Ἐπ' ἐμὲ ἐπεστηρίχθη ὁ θυμός σου, καὶ πάντας τοὺς μετεωρισμούς σου ἐπήγαγες ἐπ' ἐμέ.

Ἐμάκρυνας τοὺς γνωστούς μου ἀπ' ἐμοῦ, ἔθεντό με βδέλυγμα ἑαυτοῖς, παρεδόθην καὶ οὐκ ἐξεπορευόμην.

Οἱ ὀφθαλμοί μου ἠσθένησαν ἀπὸ πτωχείας· ἐκέκραξα πρὸς σέ, Κύριε, ὅλην τὴν ἡμέραν, διεπέτασα πρὸς σὲ τὰς χεῖράς μου.

Μὴ τοῖς νεκροῖς ποιήσεις θαυμάσια; ἢ ἰατροὶ ἀναστήσουσι καὶ ἐξομολογήσονταί σοι;

Μὴ διηγήσεταί τις ἐν τῷ τάφῳ τὸ ἔλεός σου καὶ τὴν ἀλήθειάν σου ἐν τῇ ἀπωλείᾳ;

Μὴ γνωσθήσεται ἐν τῷ σκότει τὰ θαυμάσιά σου καὶ ἡ δικαιοσύνη σου ἐν γῇ ἐπιλελησμένῃ;

Κἀγὼ πρὸς σέ, Κύριε, ἐκέκραξα, καὶ τὸ πρωῒ ἡ προσευχή μου προφθάσει σε.

Ἵνα τί, Κύριε, ἀπωθεῖς τὴν ψυχήν μου, ἀποστρέφεις τὸ πρόσωπόν σου ἀπ' ἐμοῦ;

Πτωχός εἰμι ἐγὼ καὶ ἐν κόποις ἐκ νεότητός μου, ὑψωθεὶς δὲ ἐταπεινώθην καὶ ἐξηπορήθην.

Ἐπ' ἐμὲ διῆλθον αἱ ὀργαί σου, οἱ φοβερισμοί σου ἐξετάραξάν με,

Ἐκύκλωσάν με ὡσεὶ ὕδωρ ὅλην τὴν ἡμέραν, περιέσχον με ἅμα.

Ἐμάκρυνας ἀπ' ἐμοῦ φίλον καὶ πλησίον, καὶ τοὺς γνωστούς μου ἀπὸ ταλαιπωρίας.

They laid me in a very deep pit, in dark places, and in the shadow of death.

Your anger pressed down hard on me, and You brought down on me all Your turmoils.

You stood my acquaintances far off from me; they made me an abomination to themselves. I was handed over and I did not escape.

My eyes weakened from poverty. I cried to You all day, O Lord, I spread out my arms to You.

Will you work wonders for the dead? Or will physicians resuscitate them that they give You thanks?

Will anyone recount Your mercy in the grave, and Your truth in perdition?

Will Your wonders be known in the darkness, and Your justice in a land forgotten?

I, too, have cried out to You, O Lord, and my prayer will reach You at dawn.

Why, Lord, do You still reject my soul? Why do You turn Your face from me?

I am poor and in hardship from my youth. I was exalted, then humbled and impoverished.

Your wrath went through me; Your terrors disquieted me.

They encircled me the whole day like water; they surrounded me together.

You distanced from me friend and neighbor and my acquaintances, because of my misery.

Καὶ πάλιν.   *And again*

Κύριε ὁ Θεὸς τῆς σωτηρίας μου, ἡμέρας ἐκέκραξα καὶ ἐν νυκτὶ ἐναντίον σου. Εἰσελθέτω ἐνώπιόν σου ἡ προσευχή μου, κλῖνον τὸ οὖς σου εἰς τὴν δέησίν μου.

Lord God of my salvation, day and night I cried out to You. Let my prayer come before You; incline Your ear to my supplication.

ΨΑΛΜΟΣ ΡΒ΄

PSALM 102

Εὐλόγει, ἡ ψυχή μου, τὸν Κύριον, καί, πάντα τὰ ἐντός μου, τὸ ὄνομα τὸ ἅγιον αὐτοῦ.

Bless the Lord, O my soul; and all that is within me, bless His holy name.

Εὐλόγει, ἡ ψυχή μου, τὸν Κύριον, καὶ μὴ ἐπιλανθάνου πάσας τὰς ἀνταποδόσεις αὐτοῦ.

Bless the Lord, O my soul, and forget not all His rewards. He is gracious toward all your iniquities,

Τὸν εὐϊλατεύοντα πάσας τὰς ἀνομίας σου, τὸν ἰώμενον πάσας τὰς νόσους σου.

He heals all your infirmities. He rescues your life from corruption;

Τὸν λυτρούμενον ἐκ φθορᾶς τὴν ζωήν σου, τὸν στεφανοῦντά σε ἐν ἐλέει καὶ οἰκτιρμοῖς.

In His mercy and tender love He awards you a crown. He fulfills your desire for good things;

Τὸν ἐμπιπλῶντα ἐν ἀγαθοῖς τὴν ἐπιθυμίαν σου, ἀνακαινισθήσεται ὡς ἀετοῦ ἡ νεότης σου.

Like that of an eagle your youth will be restored.

Ποιῶν ἐλεημοσύνας ὁ Κύριος καὶ κρίμα πᾶσι τοῖς ἀδικουμένοις.

The Lord performs deeds of mercy for all who have suffered injustice.

Ἐγνώρισε τὰς ὁδοὺς αὐτοῦ τῷ Μωϋσῇ, τοῖς υἱοῖς Ἰσραὴλ τὰ θελήματα αὐτοῦ.

He made known His ways to Moses, to the sons of Israel the things that He has willed.

Οἰκτίρμων καὶ ἐλεήμων ὁ Κύριος, μακρόθυμος καὶ πολυέλεος·

The Lord is compassionate and merciful, longsuffering and very merciful.

Οὐκ εἰς τέλος ὀργισθήσεται, οὐδὲ εἰς τὸν αἰῶνα μηνιεῖ.

He will not maintain His anger nor will He forever keep His wrath.

Οὐ κατὰ τὰς ἀνομίας ἡμῶν ἐποίησεν ἡμῖν, οὐδὲ κατὰ τὰς ἁμαρτίας ἡμῶν ἀνταπέδωκεν ἡμῖν,

Not according to our iniquities has He dealt with us, neither according to our sins has He rewarded us.

Ὅτι κατὰ τὸ ὕψος τοῦ οὐρανοῦ ἀπὸ τῆς γῆς ἐκραταίωσε Κύριος τὸ ἔλεος αὐτοῦ ἐπὶ τοὺς φοβουμένους αὐτόν.

For as high as the heaven is from the earth, so has the Lord extended His mercy to those who go in fear of Him.

Καθ' ὅσον ἀπέχουσιν ἀνατολαὶ ἀπὸ δυσμῶν, ἐμάκρυνεν ἀφ' ἡμῶν τὰς ἀνομίας ἡμῶν.

Καθὼς οἰκτίρει πατὴρ υἱούς, ᾠκτίρησε Κύριος τοὺς φοβουμένους αὐτόν,

Ὅτι αὐτὸς ἔγνω τὸ πλάσμα ἡμῶν, ἐμνήσθη ὅτι χοῦς ἐσμεν.

Ἄνθρωπος, ὡσεὶ χόρτος αἱ ἡμέραι αὐτοῦ· ὡσεὶ ἄνθος τοῦ ἀγροῦ, οὕτως ἐξανθήσει.

Ὅτι πνεῦμα διῆλθεν ἐν αὐτῷ, καὶ οὐχ ὑπάρξει, καὶ οὐκ ἐπιγνώσεται ἔτι τὸν τόπον αὐτοῦ.

Τὸ δὲ ἔλεος τοῦ Κυρίου ἀπὸ τοῦ αἰῶνος καὶ ἕως τοῦ αἰῶνος ἐπὶ τοὺς φουβουμένους αὐτόν, καὶ ἡ δικαιοσύνη αὐτοῦ ἐπὶ υἱοῖς υἱῶν,

Τοῖς φυλάσσουσι τὴν διαθήκην αὐτοῦ καὶ μεμνημένοις τῶν ἐντολῶν αὐτοῦ τοῦ ποιῆσαι αὐτάς.

Κύριος ἐν τῷ οὐρανῷ ἡτοίμασε τὸν θρόνον αὐτοῦ, καὶ ἡ βασιλεία αὐτοῦ πάντων δεσπόζει.

Εὐλογεῖτε τὸν Κύριον, πάντες οἱ Ἄγγελοι αὐτοῦ, δυνατοὶ ἰσχύϊ, ποιοῦντες τὸν λόγον αὐτοῦ, τοῦ ἀκοῦσαι τῆς φωνῆς τῶν λόγων αὐτοῦ.

Εὐλογεῖτε τὸν Κύριον, πᾶσαι αἱ Δυνάμεις αὐτοῦ, λειτουργοὶ αὐτοῦ, ποιοῦντες τὸ θέλημα αὐτοῦ.

Εὐλογεῖτε τὸν Κύριον, πάντα τὰ ἔργα αὐτοῦ, ἐν παντὶ τόπῳ τῆς δεσποτείας αὐτοῦ· εὐλόγει, ἡ ψυχή μου, τὸν Κύριον.

Καὶ πάλιν.

Ἐν παντὶ τόπῳ τῆς δεσποτείας αὐτοῦ. Εὐλόγει, ἡ ψυχή μου, τὸν Κύριον.

As far as the East is from the West, so far has He removed our iniquities from us.

As a father has compassion on his sons, so the Lord has compassion on those who go in fear of Him;

For He knows how we were formed, He remembered that we are dust.

Man, like the grass are his days; like a flower of the field, so shall he blossom.

For breath passes from within him and he is no more, and he will not look upon his place again.

But the mercy of the Lord is from eternity, and unto eternity for those who go in fear of Him. And His justice is upon the sons of the sons

Of those who keep His testament and who remember His commandments that they be performed.

The Lord in heaven has prepared His throne, and His kingship has dominion over all.

Bless the Lord, all you His angels, mighty in strength, performing His word, that the voice of His words be heard.

Bless the Lord, all you His powers, His ministers, who perform His will.

Bless the Lord, O all you works of His, in every place of His dominion. Bless the Lord, O my soul.

And again

In every place of His dominion. Bless the Lord, O my soul.

ΨΑΛΜΟΣ ΡΜΒ΄

Κύριε, εἰσάκουσον τῆς προσευχῆς μου, ἐνώτισαι τὴν δέησίν μου ἐν τῇ ἀληθείᾳ σου, εἰσάκουσόν μου ἐν τῇ δικαιοσύνῃ σου·

Καὶ μὴ εἰσέλθῃς εἰς κρίσιν μετὰ τοῦ δούλου σου, ὅτι οὐ δικαιωθήσεται ἐνώπιόν σου πᾶς ζῶν.

Ὅτι κατεδίωξεν ὁ ἐχθρὸς τὴν ψυχήν μου, ἐταπείνωσεν εἰς γῆν τὴν ζωήν μου, ἐκάθισέ με ἐν σκοτεινοῖς ὡς νεκροὺς αἰῶνος·

Καὶ ἠκηδίασεν ἐπ' ἐμὲ τὸ πνεῦμά μου, ἐν ἐμοὶ ἐταράχθη ἡ καρδία μου.

Ἐμνήσθην ἡμερῶν ἀρχαίων, ἐμελέτησα ἐν πᾶσι τοῖς ἔργοις σου, ἐν ποιήμασι τῶν χειρῶν σου ἐμελέτων.

Διεπέτασα πρὸς σὲ τὰς χεῖράς μου· ἡ ψυχή μου ὡς γῆ ἄνυδρός σοι.

Ταχὺ εἰσάκουσόν μου, Κύριε, ἐξέλιπε τὸ πνεῦμά μου. Μὴ ἀποστρέψῃς τὸ πρόσωπόν σου ἀπ' ἐμοῦ, καὶ ὁμοιωθήσομαι τοῖς καταβαίνουσιν εἰς λάκκον.

Ἀκουστὸν ποίησόν μοι τὸ πρωῒ τὸ ἔλεός σου, ὅτι ἐπὶ σοὶ ἤλπισα. Γνώρισόν μοι, Κύριε, ὁδόν, ἐν ᾗ πορεύσομαι, ὅτι πρὸς σὲ ἦρα τὴν ψυχήν μου.

Ἐξελοῦ με ἐκ τῶν ἐχθρῶν μου, Κύριε, ὅτι πρὸς σὲ κατέφυγον.

Δίδαξόν με τοῦ ποιεῖν τὸ θέλημά σου, ὅτι σὺ εἶ ὁ Θεός μου. Τὸ πνεῦμά σου τὸ ἀγαθὸν ὁδηγήσει με ἐν γῇ εὐθείᾳ·

Ἕνεκεν τοῦ ὀνόματός σου, Κύριε, ζήσεις με, ἐν τῇ δικαιοσύνῃ σου ἐξάξεις ἐκ θλίψεως τὴν ψυχήν μου·

Καὶ ἐν τῷ ἐλέει σου ἐξολοθρεύσεις τοὺς ἐχθρούς μου καὶ ἀπολεῖς πάντας τοὺς θλίβοντας τὴν ψυχήν μου, ὅτι ἐγὼ δοῦλός σου εἰμι.

PSALM 142

O Lord, hear my prayer, give ear to my supplication in Your truth; hear me in Your righteousness,

And enter not into judgment with Your servant; for before You, no one living will be justified.

The enemy pursued my soul. He has lowered my life to the ground. He has set me in darkness like those long dead.

My spirit became despondent with me; my heart was agitated within me.

I remembered the days of old. I meditated on all Your deeds; I pondered the works of Your hands.

I have spread out my arms to You; my soul thirsts for You like waterless land.

Quickly hear me, O Lord; my spirit has become faint. Turn not Your face away from me, lest I become like those who go down into the pit.

Let me hear of Your mercy in the morning, for I have hoped in You. Show me, Lord, the way in which I should walk, for I have lifted up my soul to You.

Rescue me from my enemies, O Lord; to You have I fled.

Teach me to do Your will, for You are my God. Your good Spirit will guide me on level ground.

You will quicken me, O Lord, for Your name's sake. In Your righteousness You will bring my soul out of affliction.

And in Your mercy You will exterminate my enemies. And You will destroy all those who afflict my soul, for I am Your servant.

Καὶ πάλιν.	*And again*

Εἰσάκουσόν μου ἐν τῇ δικαιοσύνῃ σου· καὶ μὴ εἰσέλθῃς εἰς κρίσιν μετὰ τοῦ δούλου σου. *(β΄)*

Τὸ πνεῦμά σου τὸ ἀγαθὸν ὁδηγήσει με ἐν γῇ εὐθείᾳ.

Δόξα Πατρὶ καὶ Υἱῷ καὶ Ἁγίῳ Πνεύματι, καὶ νῦν καὶ ἀεὶ καὶ εἰς τοὺς αἰῶνας τῶν αἰώνων. Ἀμήν.

Ἀλληλούϊα, ἀλληλούϊα, ἀλληλούϊα, δόξα σοι ὁ Θεός. *(γ΄)* Ἡ ἐλπὶς ἡμῶν, Κύριε, δόξα σοι.

Ὁ Ἱερεύς· Ἐν εἰρήνῃ τοῦ Κυρίου δεηθῶμεν.

Ὁ Χορός· Κύριε, ἐλέησον. *(Καὶ μεθ' ἑκάστην δέησιν)*

Ὁ Ἱερεύς· Ὑπὲρ τῆς ἄνωθεν εἰρήνης, καὶ τῆς σωτηρίας τῶν ψυχῶν ἡμῶν, τοῦ Κυρίου δεηθῶμεν.

Ὑπὲρ τῆς εἰρήνης τοῦ σύμπαντος κόσμου, εὐσταθείας τῶν ἁγίων τοῦ Θεοῦ Ἐκκλησιῶν, καὶ τῆς τῶν πάντων ἑνώσεως, τοῦ Κυρίου δεηθῶμεν.

Ὑπὲρ τοῦ ἁγίου οἴκου τούτου, καὶ τῶν μετὰ πίστεως, εὐλαβείας καὶ φόβου Θεοῦ εἰσιόντων ἐν αὐτῷ, τοῦ Κυρίου δεηθῶμεν.

Ὑπὲρ τοῦ Ἀρχιεπισκόπου ἡμῶν *(τοῦ δεῖνος)*, τοῦ τιμίου πρεσβυτερίου, τῆς ἐν Χριστῷ διακονίας, παντὸς τοῦ κλήρου καὶ τοῦ λαοῦ, τοῦ Κυρίου δεηθῶμεν.

Ὑπὲρ τοῦ εὐσεβοῦς ἡμῶν ἔθνους, πάσης ἀρχῆς καὶ ἐξουσίας ἐν αὐτῷ, τοῦ Κυρίου δεηθῶμεν.

Ὑπὲρ τῆς ἱερᾶς Μητροπόλεως, ἐνορίας καὶ πόλεως ταύτης, πάσης πόλεως, μο-

Hear me in Your righteousness, and enter not into judgment with Your servant. *(x2)*

Your good Spirit will guide me on level ground.

Glory to the Father, and the Son, and the Holy Spirit, both now and ever and to the ages of ages. Amen.

Alleluia, alleluia, alleluia, glory to You, O God. *(x3)* Our hope, O Lord, glory to You.

Priest: In peace let us pray to the Lord.

Choir: Lord, have mercy. *(And so after each petition.)*

Priest: For the peace from above and the salvation of our souls, let us pray to the Lord.

For peace in the whole world, for the stability of the holy churches of God, and for the unity of all, let us pray to the Lord.

For this holy house and for those who enter it with faith, reverence, and the fear of God, let us pray to the Lord.

For our Archbishop *(Name)*, for the honoured order of presbyters, for the diaconate in Christ, for all the clergy and the people, let us pray to the Lord.

For our country, the president, and all those in public service, let us pray to the Lord.

For this holy Metropolis and parish, and for this city and every city, monas-

νής καὶ χώρας, καὶ τῶν πίστει οἰκούντων ἐν αὐταῖς, τοῦ Κυρίου δεηθῶμεν.

Ὑπὲρ εὐκρασίας ἀέρων, εὐφορίας τῶν καρπῶν τῆς γῆς, καὶ καιρῶν εἰρηνικῶν, τοῦ Κυρίου δεηθῶμεν.

Ὑπὲρ πλεόντων, ὁδοιπορούντων, νοσούντων, καμνόντων, αἰχμαλώτων, καὶ τῆς σωτηρίας αὐτῶν, τοῦ Κυρίου δεηθῶμεν.

Ὑπὲρ τοῦ ῥυσθῆναι ἡμᾶς ἀπὸ πάσης θλίψεως, ὀργῆς, κινδύνου καὶ ἀνάγκης, τοῦ Κυρίου δεηθῶμεν.

Ἀντιλαβοῦ, σῶσον, ἐλέησον, καὶ διαφύλαξον ἡμᾶς, ὁ Θεός, τῇ σῇ χάριτι.

Ὁ Χορός· Κύριε, ἐλέησον.

Ὁ Διάκονος· Τῆς Παναγίας, ἀχράντου, ὑπερευλογημένης, ἐνδόξου Δεσποίνης ἡμῶν Θεοτόκου, καὶ ἀειπαρθένου Μαρίας, μετὰ πάντων τῶν Ἁγίων μνημονεύσαντες, ἑαυτοὺς καὶ ἀλλήλους, καὶ πᾶσαν τὴν ζωὴν ἡμῶν Χριστῷ τῷ Θεῷ παραθώμεθα.

Ὁ Χορός· Σοί, Κύριε.

Ὁ Ἱερεύς·

Ὅτι πρέπει σοι πᾶσα δόξα, τιμὴ καὶ προσκύνησις, τῷ Πατρὶ καὶ τῷ Υἱῷ καὶ τῷ Ἁγίῳ Πνεύματι, νῦν καὶ ἀεὶ καὶ εἰς τοὺς αἰῶνας τῶν αἰώνων.

Ὁ Χορός· Ἀμήν.

Καὶ ψάλλομεν τὸ Ἀλληλούια εἰς ἦχον πλ. δ΄ τετράκις ἀνὰ τρὶς μεθ' ἕκαστον τῶν ἐπομένων στίχων·

Στίχ. α΄. Ἐκ νυκτὸς ὀρθρίζει τὸ πνεῦμά μου πρὸς σέ, ὁ Θεός, διότι φῶς τὰ προστάγματά σου ἐπὶ τῆς γῆς.

tic community, and land and the faithful who live in them, let us pray to the Lord.

For favorable weather, an abundance of the fruits of the earth, and temperate seasons, let us pray to the Lord.

For travelers by land, sea, and air, for the sick, the suffering, the captives, and for their salvation, let us pray to the Lord.

For our deliverance from all affliction, wrath, danger, and distress, let us pray to the Lord.

Take hold of us, save us, have mercy upon us, and protect us, O God, by Your grace.

Choir: Lord, have mercy.

Priest: Commemorating our most holy, most pure, most blessed and glorified Lady the Theotokos and ever-virgin Mary, together with all the saints, let us commit ourselves and one another and all our life unto Christ our God.

Choir: To You, O Lord.

Priest:

For to You belong all glory, honor, and worship to the Father and the Son and the Holy Spirit, now and forever and to the ages of ages.

Choir: Amen.

And we sing the Alleluia in Tone Pl. 4 four times in sets of three with the following verses:

Verse 1. *From nightfall my spirit is awake for you, O God, for your commands are light upon the earth.*

Στίχ. β'. *Δικαιοσύνην μάθετε, οἱ ἐνοικοῦντες ἐπὶ τῆς γῆς.*

Στίχ. γ'. *Ζῆλος λήψεται λαὸν ἀπαίδευτον, καὶ νῦν πῦρ τοὺς ὑπεναντίους ἔδεται.*

Στίχ. δ'. *Πρόσθες αὐτοῖς κακά, Κύριε, πρόσθες αὐτοῖς κακά, τοῖς ἐνδόξοις τῆς γῆς.*

Εἶθ' οὕτω, τὸ παρὸν Τροπάριον, μετὰ μέλους καὶ αὐτό.

Εἴθισται, ὅπως ψαλλομένου τοῦ τροπαρίου τούτου ἐξάγῃ ὁ ἱερεὺς τὴν εἰκόνα τοῦ Νυμφίου καὶ λιτανεύσας αὐτὴν ἐν τῷ Ναῷ, προπορευομένων λαμπάδων καὶ θυμιατοῦ, ἀποθέτῃ αὐτὴν εἰς τὸ μέσον τοῦ ναοῦ, ἔνθα παραμένει μέχρι καὶ τῆς Μεγ. Τετάρτης πρὸς προσκύνησιν ὑπὸ τῶν πιστῶν.

Verse 2. *Learn justice, inhabitants of the earth.*

Verse 3. *Jealousy will seize an untaught people, and now fire devours their adversaries.*

Verse 4. *Bring evils upon them, O Lord, bring evils upon them, the glorious ones of the earth.*

Then the following Troparion is sung solemnly 3 times.

While this is being sung the Priest takes the icon of the Bridegroom and makes a procession inside the Temple, preceded by lights and censer and places it in the middle of the Temple, where it remains until Holy Wednesday for the veneration of the faithful.

Ἦχος πλ. δ'.

Tone Pl. 4.

Ἰδοὺ ὁ Νυμφίος ἔρχεται ἐν τῷ μέσῳ τῆς νυκτός, καὶ μακάριος ὁ δοῦλος, ὃν εὑρήσει γρηγοροῦντα· ἀνάξιος δὲ πάλιν, ὃν εὑρήσει ῥαθυμοῦντα. Βλέπε οὖν, ψυχή μου, μὴ τῷ ὕπνῳ κατενεχθῇς, ἵνα μὴ τῷ θανάτῳ παραδοθῇς, καὶ τῆς βασιλείας ἔξω κλεισθῇς· ἀλλὰ ἀνάνηψον κράζουσα· Ἅγιος, ἅγιος, ἅγιος εἶ ὁ Θεός· *προστασίαις τῶν ἀσωμάτων σῶσον ἡμᾶς.*

Behold, the Bridegroom is coming at the midpoint of the night, and blessed is that servant whom he finds watching; but unworthy is the one whom he finds slothful. Take care then, my soul, not to be overcome with sleep, lest you be given up to death, and be shut out of the kingdom; come now, arouse yourself and cry: Holy, holy, holy indeed are you, O God; *through the prayers of Bodiless Ones, have mercy on us.*

Δόξα Πατρὶ καὶ Υἱῷ καὶ Ἁγίῳ Πνεύματι.

Εἰς τὸ τέλος τοῦ β' λέγομεν τοῦ ἁγίου τοῦ Ναοῦ·

Glory to the Father, Son and holy Spirit.

At the end of the 2nd time, the Saint of the Church:

Ἰδοὺ ὁ Νυμφίος... *πρεσβείαις τοῦ ἁγίου ... (ἢ τοῦ ὁσίου ... ἢ τοῦ ἱεράρχου ...) σῶσον ἡμᾶς.*

Behold, the Bridegroom... *through the prayers of Saint ... (or the Venerable ... or the Hierarch ...) save on us.*

Καὶ νῦν καὶ ἀεὶ καὶ εἰς τοὺς αἰῶνας τῶν αἰώνων. Ἀμήν.

Εἰς τὸ τέλος τοῦ γ' λέγομεν·

Both now and ever, and to the ages of ages. Amen.

At the end of the 3rd time:

Ἰδοὺ ὁ Νυμφίος... *διὰ τῆς Θεοτόκου ἐλέησον ἡμᾶς.*

Behold, the Bridegroom... *through the Theotokos have mercy on us.*

Ὁ Διάκονος· Ἔτι καὶ ἔτι ἐν εἰρήνῃ τοῦ Κυρίου δεηθῶμεν.

Deacon: Again and again in peace let us pray to the Lord.

Ὁ Χορός· Κύριε, ἐλέησον.

Choir: Lord, have mercy.

Ὁ Διάκονος· Ἀντιλαβοῦ, σῶσον, ἐλέησον καὶ διαφύλαξον ἡμᾶς ὁ Θεὸς τῇ σῇ χάριτι.

Ὁ Χορός· Κύριε, ἐλέησον.

Ὁ Διάκονος· Τῆς Παναγίας, ἀχράντου, ὑπερευλογημένης, ἐνδόξου, δεσποίνης ἡμῶν Θεοτόκου καὶ ἀειπαρθένου Μαρίας, μετὰ πάντων τῶν ἁγίων μνημονεύσαντες, ἑαυτοὺς καὶ ἀλλήλους καὶ πᾶσαν τὴν ζωὴν ἡμῶν Χριστῷ τῷ Θεῷ παραθώμεθα.

Ὁ Χορός· Σοί, Κύριε.

Ὁ Ἱερεύς·

Ὅτι σὸν τὸ κράτος καὶ σοῦ ἐστιν ἡ βασιλεία καὶ ἡ δύναμις καὶ ἡ δόξα, τοῦ Πατρὸς καὶ τοῦ Υἱοῦ καὶ τοῦ Ἁγίου Πνεύματος, νῦν καὶ ἀεὶ καὶ εἰς τοὺς αἰῶνας τῶν αἰώνων.

Ὁ Χορός· Ἀμήν.

Καὶ ψάλλομεν τὰ παρόντα καθίσματα·

Ἦχος α΄. Τὸν τάφον σου Σωτήρ.

Τὰ πάθη τὰ σεπτὰ ἡ παροῦσα ἡμέρα, ὡς φῶτα σωστικὰ ἀνατέλλει τῷ κόσμῳ· Χριστὸς γὰρ ἐπείγεται, τοῦ παθεῖν ἀγαθότητι· ὁ τὰ σύμπαντα, ἐν τῇ δρακὶ περιέχων καταδέχεται ἀναρτηθῆναι ἐν ξύλῳ τοῦ σῶσαι τὸν ἄνθρωπον.

Ἦχος α΄. Τὸν τάφον σου Σωτήρ.

Ἀόρατε Κριτά, ἐν σαρκὶ καθωράθης, καὶ ἔρχῃ ὑπ' ἀνδρῶν, παρανόμων κτανθῆναι, ἡμῶν τὸ κατάκριμα, κατακρίνων τῷ πάθει σου. Ὅθεν αἴνεσιν, μεγαλωσύνην καὶ δόξαν, ἀναπέμποντες, τῇ ἐξουσίᾳ σου, Λόγε, συμφώνως προσφέρομεν.

Deacon: Take hold of us, save us, have mercy upon us, and protect us, O God, by Your grace.

Choir: Lord, have mercy.

Deacon: Commemorating our most holy, most pure, most blessed and glorified Lady the Theotokos and ever-virgin Mary, together with all the saints, let us commit ourselves and one another and all our life unto Christ our God.

Choir: To You, O Lord.

Priest:

For yours is the might, and yours the kingdom, the power and the glory, of the Father, the Son and the Holy Spirit, now and for ever, and to the ages of ages.

Choir: Amen.

And we sing the following kathismata:

Tone 1. The soldiers watching.

The present day now makes the holy sufferings dawn for the world like saving lights; for Christ in his goodness now to suffering is hastening; the universe he who holds in the hollow of his hand, he accepts to be hung high upon a Tree to, save the human race.

Tone 1. The soldiers watching.

O Judge invisible, in the flesh you once appeared and are coming now to be slain by lawless men, and thereby you condemn our condemnation by your suffering. Therefore with one accord, O Word, praise we offer, majesty and glory to your authority.

Δόξα Πατρί, καὶ Υἱῷ, καὶ Ἁγίῳ Πνεύματι. Καὶ νῦν καὶ ἀεί, καὶ εἰς τοὺς αἰῶνας τῶν αἰώνων. Ἀμήν.

Ἦχος πλ. δ΄. Τὴν Σοφίαν καὶ Λόγον

Τῶν παθῶν τοῦ Κυρίου τὰς ἀπαρχάς, ἡ παροῦσα ἡμέρα λαμπροφορεῖ. Δεῦτε οὖν φιλέορτοι, ὑπαντήσωμεν ᾄσμασιν· ὁ γὰρ κτίστης ἔρχεται, σταυρὸν καταδέξασθαι, ἐτασμοὺς καὶ μάστιγας, Πιλάτῳ κρινόμενος· ὅθεν καὶ ἐκ δούλου ῥαπισθεὶς ἐπὶ κόρρης, τὰ πάντα προσίεται, ἵνα σώσῃ τὸν ἄνθρωπον. Διὰ τοῦτο βοήσωμεν· Φιλάνθρωπε Χριστὲ ὁ Θεός, τῶν πταισμάτων δώρησαι τὴν ἄφεσιν, τοῖς προσκυνοῦσιν ἐν πίστει, τὰ ἄχραντα πάθη σου.

Ὁ Διάκονος· Καὶ ὑπὲρ τοῦ καταξιωθῆναι ἡμᾶς τῆς ἀκροάσεως τοῦ ἁγίου Εὐαγγελίου Κύριον τὸν Θεὸν ἡμῶν ἱκετεύσωμεν.

Ὁ Χορός· Κύριε, ἐλέησον. *(γ΄)*

Ὁ Διάκονος· Σοφία. Ὀρθοί, ἀκούσωμεν τοῦ ἁγίου Εὐαγγελίου.

Ὁ Ἱερεύς· Εἰρήνη πᾶσι.

Ὁ Χορός· Καὶ τῷ πνεύματί σου.

Ὁ Ἱερεύς· Ἐκ τοῦ κατὰ Ματθαῖον ἁγίου Εὐαγγελίου τὸ ἀνάγνωσμα.

Ὁ Διάκονος· Πρόσχωμεν.

Ὁ Χορός· Δόξα σοι, Κύριε, δόξα σοι.

Ὁ Ἱερεύς·

(κα΄,18-43)

Τῷ καιρῷ ἐκείνῳ, ἐπανάγων ὁ Ἰησοῦς εἰς τὴν πόλιν ἐπείνασεν· καὶ ἰδὼν συκῆν μίαν ἐπὶ τῆς ὁδοῦ ἦλθεν ἐπ᾽ αὐτήν, καὶ οὐδὲν εὗρεν ἐν αὐτῇ εἰ μὴ φύλλα μό-

Glory to the Father, the Son, and Holy Spirit, now and forever and to the ages of ages. Amen.

Tone Pl. 4. The Wisdom and Word.

Resplendent and radiant the present day with the first fruits of the sufferings of the Lord. Come, then lovers of festivals, let us meet it with songs and hymns; for the Creator is coming now to accept the Cross, scourges and afflictions, as by Pilate He is judged; therefore too, struck on the face by a slave, He endures it all that he may save human kind.

Deacon: And that we might be found worthy to hear the holy Gospel, let us pray to the Lord God.

Choir: Lord, have mercy. *(x3)*

Deacon: Wisdom. Arise. Let us hear the holy Gospel.

Priest: Peace to all.

Choir: And to your Spirit.

Priest: The reading is from the holy Gospel according to Matthew.

Deacon: Let us be attentive.

Choir: Glory to you, Lord, glory to you!

Priest:

(21:18-43)

At that time, Jesus was returning to the city, he was hungry. And seeing a fig tree by the wayside he went to it, and found nothing on it but leaves only.

νον, καὶ λέγει αὐτῇ· Μηκέτι ἐκ σοῦ καρπὸς γένηται εἰς τὸν αἰῶνα. Καὶ ἐξηράνθη παραχρῆμα ἡ συκῆ. Καὶ ἰδόντες οἱ μαθηταὶ ἐθαύμασαν λέγοντες· Πῶς παραχρῆμα ἐξηράνθη ἡ συκῆ; Ἀποκριθεὶς δὲ ὁ Ἰησοῦς εἶπεν αὐτοῖς· Ἀμὴν λέγω ὑμῖν, ἐὰν ἔχητε πίστιν καὶ μὴ διακριθῆτε, οὐ μόνον τὸ τῆς συκῆς ποιήσετε, ἀλλὰ κἂν τῷ ὄρει τούτῳ εἴπητε, ἄρθητι καὶ βλήθητι εἰς τὴν θάλασσαν, γενήσεται· καὶ πάντα ὅσα ἂν αἰτήσητε ἐν τῇ προσευχῇ πιστεύοντες, λήψεσθε. Καὶ ἐλθόντι αὐτῷ εἰς τὸ ἱερὸν προσῆλθον αὐτῷ διδάσκοντι οἱ ἀρχιερεῖς καὶ οἱ πρεσβύτεροι τοῦ λαοῦ λέγοντες· Ἐν ποίᾳ ἐξουσίᾳ ταῦτα ποιεῖς, καὶ τίς σοι ἔδωκεν τὴν ἐξουσίαν ταύτην; Ἀποκριθεὶς δὲ ὁ Ἰησοῦς εἶπεν αὐτοῖς· Ἐρωτήσω ὑμᾶς κἀγὼ λόγον ἕνα, ὃν ἐὰν εἴπητέ μοι, κἀγὼ ὑμῖν ἐρῶ ἐν ποίᾳ ἐξουσίᾳ ταῦτα ποιῶ. Τὸ βάπτισμα Ἰωάννου πόθεν ἦν, ἐξ οὐρανοῦ ἢ ἐξ ἀνθρώπων; Οἱ δὲ διελογίζοντο παρ' ἑαυτοῖς λέγοντες· Ἐὰν εἴπωμεν, ἐξ οὐρανοῦ, ἐρεῖ ἡμῖν, διατί οὖν οὐκ ἐπιστεύσατε αὐτῷ; Ἐὰν δὲ εἴπωμεν, ἐξ ἀνθρώπων, φοβούμεθα τὸν ὄχλον· πάντες γὰρ ὡς προφήτην ἔχουσιν τὸν Ἰωάννην ὡς προφήτην. Καὶ ἀποκριθέντες τῷ Ἰησοῦ εἶπον· Οὐκ οἴδαμεν. Ἔφη αὐτοῖς καὶ αὐτός· Οὐδὲ ἐγὼ λέγω ὑμῖν ἐν ποίᾳ ἐξουσίᾳ ταῦτα ποιῶ. Τί δὲ ὑμῖν δοκεῖ; Ἄνθρωπός τις εἶχε τέκνα δύο, καὶ προσελθὼν τῷ πρώτῳ εἶπεν· Τέκνον, ὕπαγε σήμερον ἐργάζου ἐν τῷ ἀμπελῶνί μου. Ὁ δὲ ἀποκριθεὶς εἶπεν· Οὐ θέλω· ὕστερον δὲ μεταμεληθεὶς ἀπῆλθε. Καὶ προσελθὼν τῷ δευτέρῳ εἶπεν ὡσαύτως. Ὁ δὲ ἀποκριθεὶς εἶπεν· Ἐγώ, κύριε· καὶ οὐκ ἀπῆλθε. Τίς ἐκ τῶν δύο ἐποίησε τὸ θέλημα τοῦ πατρός; Λέγουσιν αὐτῷ· Ὁ πρῶτος. Λέγει αὐτοῖς ὁ Ἰησοῦς· Ἀμὴν λέγω ὑμῖν, ὅτι οἱ

And he said to it, "May no fruit ever come from you again!" And the fig tree withered at once. When the disciples saw it they marveled, saying, "How did the fig tree wither at once?" And Jesus answered them, "Truly, I say to you, if you have faith and never doubt, you will not only do what has been done to the fig tree, but even if you say to this mountain, 'Be taken up and cast into the sea,' it will be done. And whatever you ask in prayer, you will receive, if you have faith. " And when he entered the temple, the chief priests and the elders of the people came up to him as he was teaching, and said, "By what authority are you doing these things, and who gave you this authority?" Jesus answered them, "I also will ask you a question; and if you tell me the answer, then I also will tell you by what authority I do these things. The baptism of John, whence was it? From heaven or from men? " And they argued with one another, "If we say, 'From heaven,' he will say to us, 'Why then did you not believe him?' But if we say, 'From men,' we are afraid of the multitude; for all hold that John was a prophet." So they answered Jesus, "We do not know." And he said to them, "Neither will I tell you by what authority I do these things. What do you think? A man had two sons; and he went to the first and said, 'Son, go and work in the vineyard today.' And he answered, 'I will not'; but afterward he repented and went. And he went to the second and said the same; and he answered, 'I go, sir,' but did not go. Which of the two did the will of his father?" They said, "The first." Jesus said

τελῶναι καὶ αἱ πόρναι προάγουσιν ὑμᾶς εἰς τὴν βασιλείαν τοῦ Θεοῦ. Ἦλθεν γὰρ πρὸς ὑμᾶς Ἰωάννης ἐν ὁδῷ δικαιοσύνης, καὶ οὐκ ἐπιστεύσατε αὐτῷ· οἱ δὲ τελῶναι καὶ αἱ πόρναι ἐπίστευσαν αὐτῷ· ὑμεῖς δὲ ἰδόντες οὐ μετεμελήθητε ὕστερον τοῦ πιστεῦσαι αὐτῷ.

"Ἄλλην παραβολὴν ἀκούσατε. Ἄνθρωπός τις ἦν οἰκοδεσπότης, ὅστις ἐφύτευσεν ἀμπελῶνα καὶ φραγμὸν αὐτῷ περιέθηκε καὶ ὤρυξεν ἐν αὐτῷ ληνὸν καὶ ᾠκοδόμησε πύργον, καὶ ἐξέδοτο αὐτὸν γεωργοῖς, καὶ ἀπεδήμησεν. Ὅτε δὲ ἤγγισεν ὁ καιρὸς τῶν καρπῶν, ἀπέστειλε τοὺς δούλους αὐτοῦ πρὸς τοὺς γεωργοὺς λαβεῖν τοὺς καρποὺς αὐτοῦ. Καὶ λαβόντες οἱ γεωργοὶ τοὺς δούλους αὐτοῦ ὃν μὲν ἔδειραν, ὃν δὲ ἀπέκτειναν, ὃν δὲ ἐλιθοβόλησαν. Πάλιν ἀπέστειλεν ἄλλους δούλους πλείονας τῶν πρώτων, καὶ ἐποίησαν αὐτοῖς ὡσαύτως. Ὕστερον δὲ ἀπέστειλεν πρὸς αὐτοὺς τὸν υἱὸν αὐτοῦ λέγων· Ἐντραπήσονται τὸν υἱόν μου. Οἱ δὲ γεωργοὶ ἰδόντες τὸν υἱὸν εἶπον ἐν ἑαυτοῖς· Οὗτός ἐστιν ὁ κληρονόμος· δεῦτε ἀποκτείνωμεν αὐτὸν καὶ κατάσχωμεν τὴν κληρονομίαν αὐτοῦ. Καὶ λαβόντες αὐτὸν ἐξέβαλον ἔξω τοῦ ἀμπελῶνος καὶ ἀπέκτειναν. Ὅταν οὖν ἔλθῃ ὁ κύριος τοῦ ἀμπελῶνος, τί ποιήσει τοῖς γεωργοῖς ἐκείνοις; Λέγουσιν αὐτῷ· Κακοὺς κακῶς ἀπολέσει αὐτούς, καὶ τὸν ἀμπελῶνα ἐκδώσεται ἄλλοις γεωργοῖς, οἵτινες ἀποδώσουσιν αὐτῷ τοὺς καρποὺς ἐν τοῖς καιροῖς αὐτῶν. Λέγει αὐτοῖς ὁ Ἰησοῦς· Οὐδέποτε ἀνέγνωτε ἐν ταῖς γραφαῖς, «Λίθον ὃν ἀπεδοκίμασαν οἱ οἰκοδομοῦντες, οὗτος ἐγενήθη εἰς κεφαλὴν γωνίας· παρὰ Κυρίου ἐγένετο αὕτη, καὶ ἔστιν θαυμαστὴ ἐν ὀφθαλμοῖς ἡμῶν»·

to them, "Truly, I say to you, the tax collectors and the harlots go into the kingdom of God before you. For John came to you in the way of righteousness, and you did not believe him, but the tax collectors and the harlots believed him; and even when you saw it, you did not afterward repent and believe him.

"Hear another parable. There was a householder who planted a vineyard and set a hedge around it, and dug a wine press in it, and built a tower, and let it out to tenants, and went into another country. When the season of fruit drew near, he sent his servants to the tenants, to get his fruit; and the tenants took his servants and beat one, killed another, and stoned another. Again he sent other servants, more than the first; and they did the same to them. Afterward he sent his son to them, saying, 'They will respect my son.' But when the tenants saw the son, they said to themselves, 'This is the heir; come, let us kill him and have his inheritance.' And they took him and cast him out of the vineyard, and killed him. When therefore the owner of the vineyard comes, what will he do to those tenants?" They said to him, "He will put those wretches to a miserable death, and let out the vineyard to other tenants who will give him the fruits in their seasons." Jesus said to them, "Have you never read in the scriptures: 'The very stone which the builders rejected has become the head of the corner; this was the Lord's doing, and it is marvelous in our eyes'? Therefore I tell you, the kingdom of God will be taken away

Διὰ τοῦτο λέγω ὑμῖν ὅτι ἀρθήσεται ἀφ' ὑμῶν ἡ βασιλεία τοῦ Θεοῦ καὶ δοθήσεται ἔθνει ποιοῦντι τοὺς καρποὺς αὐτῆς.

Ὁ Χορός· Δόξα σοι, Κύριε, δόξα σοι.

ΨΑΛΜΟΣ Ν΄

Ὁ Ἀναγνώστης· Ἐλέησόν με, ὁ Θεός, κατὰ τὸ μέγα ἔλεός σου, καὶ κατὰ τὸ πλῆθος τῶν οἰκτιρμῶν σου ἐξάλειψον τὸ ἀνόμημά μου. Ἐπὶ πλεῖον πλῦνόν με ἀπὸ τῆς ἀνομίας μου καὶ ἀπὸ τῆς ἁμαρτίας μου καθάρισόν με. Ὅτι τὴν ἀνομίαν μου ἐγὼ γινώσκω, καὶ ἡ ἁμαρτία μου ἐνώπιόν μού ἐστι διαπαντός. Σοὶ μόνῳ ἥμαρτον καὶ τὸ πονηρὸν ἐνώπιόν σου ἐποίησα. Ὅπως ἂν δικαιωθῇς ἐν τοῖς λόγοις σου καὶ νικήσῃς ἐν τῷ κρίνεσθαί σε. Ἰδοὺ γὰρ ἐν ἀνομίαις συνελήφθην, καὶ ἐν ἁμαρτίαις ἐκίσσησέ με ἡ μήτηρ μου. Ἰδοὺ γὰρ ἀλήθειαν ἠγάπησας· τὰ ἄδηλα καὶ τὰ κρύφια τῆς σοφίας σου ἐδήλωσάς μοι. Ῥαντιεῖς με ὑσσώπῳ καὶ καθαρισθήσομαι· πλυνεῖς με, καὶ ὑπὲρ χιόνα λευκανθήσομαι. Ἀκουτιεῖς μοι ἀγαλλίασιν καὶ εὐφροσύνην, ἀγαλλιάσονται ὀστέα τεταπεινωμένα. Ἀπόστρεψον τὸ πρόσωπόν σου ἀπὸ τῶν ἁμαρτιῶν μου καὶ πάσας τὰς ἀνομίας μου ἐξάλειψον. Καρδίαν καθαρὰν κτίσον ἐν ἐμοί, ὁ Θεός, καὶ πνεῦμα εὐθὲς ἐγκαίνισον ἐν τοῖς ἐγκάτοις μου. Μὴ ἀπορρίψῃς με ἀπὸ τοῦ προσώπου σου καὶ τὸ πνεῦμά σου τὸ ἅγιον μὴ ἀντανέλῃς ἀπ' ἐμοῦ. Ἀπόδος μοι τὴν ἀγαλλίασιν τοῦ σωτηρίου σου καὶ πνεύματι ἡγεμονικῷ στήριξόν με. Διδάξω ἀνόμους τὰς ὁδούς σου, καὶ ἀσεβεῖς ἐπὶ σὲ ἐπιστρέψουσι. Ῥῦσαί με ἐξ αἱμάτων, ὁ Θεός, ὁ Θεὸς τῆς σωτηρίας μου, ἀγαλλιάσεται ἡ γλῶσσά μου τὴν δικαιο-

from you and given to a nation producing the fruits of it."

Choir: Glory to you, Lord, glory to you!

PSALM 50

Reader: Have mercy on me, O God, according to Your great mercy; and according to the magnitude of Your compassion blot out my transgression. Wash me thoroughly from my iniquity, and cleanse me from my sin. For I acknowledge my iniquity, and my sin is continually before me. Against You only have I sinned and done this evil before You, that You might be justified in Your words, and prevail when You are judged. For behold, I was conceived in iniquities, and in sins did my mother bear me. For behold, You have loved truth; the hidden and secret things of Your wisdom You have made clear to me. You will sprinkle me with hyssop, and I will be made clean; You will wash me and I will be made whiter than snow. You will make me to hear joy and gladness; the bones that have been humbled will rejoice. Turn Your face away from my sins, and blot out all my iniquities. Create in me a clean heart, O God, and renew a right spirit within me. Cast me not away from Your presence, and take not Your Holy Spirit from me. Restore to me the joy of Your salvation, and with Your governing spirit establish me. I will teach transgressors Your ways and the ungodly will turn back to You. Deliver me from blood-guiltiness, O God,

σύνην σου. Κύριε, τὰ χείλη μου ἀνοίξεις, καὶ τὸ στόμα μου ἀναγγελεῖ τὴν αἴνεσίν σου. Ὅτι εἰ ἠθέλησας θυσίαν, ἔδωκα ἄν· ὁλοκαυτώματα οὐκ εὐδοκήσεις. Θυσία τῷ Θεῷ πνεῦμα συντετριμμένον, καρδίαν συντετριμμένην καὶ τεταπεινωμένην ὁ Θεὸς οὐκ ἐξουδενώσει. Ἀγάθυνον, Κύριε, ἐν τῇ εὐδοκίᾳ σου τὴν Σιών, καὶ οἰκοδομηθήτω τὰ τείχη Ἱερουσαλήμ. Τότε εὐδοκήσεις θυσίαν δικαιοσύνης, ἀναφορὰν καὶ ὁλοκαυτώματα. Τότε ἀνοίσουσιν ἐπὶ τὸ θυσιαστήριόν σου μόσχους, καὶ ἐλέησόν με ὁ Θεός.

O God of my salvation; my tongue will rejoice in Your righteousness. O Lord, You will open my lips, and my mouth will declare Your praise. For if You had desired sacrifice, I would have given it; with whole burnt offerings You will not be pleased. A sacrifice to God is a broken spirit; a heart that is broken and humbled God will not despise. Do good, O Lord, in Your good pleasure to Zion, and let the walls of Jerusalem be built. Then will You be pleased with a sacrifice of righteousness, with oblation and whole-burnt offerings. Then will they offer bullocks upon Your altar. And have mercy on me, O God.

Καὶ εὐθὺς ψάλλομεν τὸ παρὸν τριῴδιον, οὗ ἡ ἀκροστιχίς·
Τῇ Δευτέρᾳ.

Ποίημα Κοσμᾶ Μοναχοῦ

Ὠδὴ α΄. Ἦχος β΄. Ὁ εἱρμός.

And we sing the following Canon with the acrostic:
On Monday

A Poem by St Kosmas the Monk

Ode 1. Tone 2. Irmos.

Τῷ τὴν ἄβατον, κυμαινομένην θάλασσαν, θείῳ αὐτοῦ προστάγματι, ἀναξηράναντι, καὶ πεζεῦσαι δι' αὐτῆς, τὸν Ἰσραηλίτην λαὸν καθοδηγήσαντι, Κυρίῳ ᾄσωμεν· ἐνδόξως γὰρ δεδόξασται.

Let us sing to the Lord, who by his divine command dried up the pathless, raging sea, and through it guided the people of Israel to march on foot, let us sing to the Lord, who has been greatly glorified.

Τροπάρια.

Δόξα Σοι ὁ Θεὸς ἡμῶν, δόξα Σοι

Troparia.

Glory to You, our God, glory to You.

Ἡ ἀπόρρητος, Λόγου Θεοῦ κατάβασις, ὅπερ Χριστὸς αὐτὸς ἐστι, Θεὸς καὶ ἄνθρωπος, τὸ Θεὸς οὐχ ἁρπαγμόν, εἶναι ἡγησάμενος, ἐν τῷ μορφοῦσθαι δοῦλον, δεικνύει τοῖς μαθηταῖς· ἐνδόξως γὰρ δεδόξασται.

Ineffable the condescension of the Word of God, for Christ himself, being both God and man, and not considering his being God as something to be grasped, showed this to his disciples by being formed as a slave; for he has been greatly glorified.

Δόξα Πατρὶ καὶ Υἱῷ καὶ Ἁγίῳ Πνεύματι. Καὶ νῦν καὶ ἀεὶ καὶ εἰς τοὺς αἰῶνας τῶν αἰώνων. Ἀμήν.

Glory to the Father, and Son, and Holy Spirit. Both now and ever, and to the ages of ages. Amen.

Διακονῆσαι, αὐτὸς ἐλήλυθα, οὐ τὴν μορφὴν ὁ πλαστουργός, ἑκὼν περίκειμαι, τῷ πτωχεύσαντι Ἀδάμ, ὁ πλουτῶν θεότητι, θεῖναι ἐμήν τε αὐτοῦ, ψυχὴν ἀντίλυτρον, ὁ ἀπαθὴς θεότητι.

Myself rich in godhead, Adam I have come to serve who has become poor, whose form I, the Creator, have willingly put on, and to lay down my life as a ransom for his, I who am impassible in my godhead.

Καταβασία.

Katavasia

Τῷ τὴν ἄβατον, κυμαινομένην θάλασσαν, θείῳ αὐτοῦ προστάγματι, ἀναξηράναντι, καὶ πεζεῦσαι δι᾽ αὐτῆς, τὸν Ἰσραηλίτην λαὸν καθοδηγήσαντι, Κυρίῳ ᾄσωμεν· ἐνδόξως γὰρ δεδόξασται.

Let us sing to the Lord, who by his divine command dried up the pathless, raging sea, and through it guided the people of Israel to march on foot, let us sing to the Lord, who has been greatly glorified.

Ὁ Διάκονος· Ἔτι καὶ ἔτι ἐν εἰρήνῃ τοῦ Κυρίου δεηθῶμεν.

Deacon: Again and again in peace let us pray to the Lord.

Ὁ Χορός· Κύριε, ἐλέησον.

Choir: Lord, have mercy.

Ὁ Διάκονος· Ἀντιλαβοῦ, σῶσον, ἐλέησον καὶ διαφύλαξον ἡμᾶς ὁ Θεὸς τῇ σῇ χάριτι.

Deacon: Take hold of us, save us, have mercy upon us, and protect us, O God, by Your grace.

Ὁ Χορός· Κύριε, ἐλέησον.

Choir: Lord, have mercy.

Ὁ Διάκονος· Τῆς Παναγίας, ἀχράντου, ὑπερευλογημένης, ἐνδόξου, δεσποίνης ἡμῶν Θεοτόκου καὶ ἀειπαρθένου Μαρίας, μετὰ πάντων τῶν ἁγίων μνημονεύσαντες, ἑαυτοὺς καὶ ἀλλήλους καὶ πᾶσαν τὴν ζωὴν ἡμῶν Χριστῷ τῷ Θεῷ παραθώμεθα.

Deacon: Commemorating our most holy, most pure, most blessed and glorified Lady the Theotokos and ever-virgin Mary, together with all the saints, let us commit ourselves and one another and all our life unto Christ our God.

Ὁ Χορός· Σοί, Κύριε.

Choir: To You, O Lord.

Ὁ Ἱερεύς·

Priest:

Σὺ γὰρ εἶ ὁ βασιλεὺς τῆς εἰρήνης καὶ σωτὴρ τῶν ψυχῶν ἡμῶν καὶ σοὶ τὴν δόξαν ἀναπέμπομεν, τῷ Πατρὶ καὶ τῷ Υἱῷ καὶ τῷ Ἁγίῳ Πνεύματι, νῦν καὶ ἀεὶ καὶ εἰς τοὺς αἰῶνας τῶν αἰώνων.

For you are the King of peace and the Saviour of our souls, and to you we give glory, Father, Son and Holy Spirit, now and for ever and to the ages of ages.

Ὁ Χορός· Ἀμήν.

Choir: Amen.

Καὶ μετὰ τὴν μικρὰν συναπτήν...

Ὁ Ἀναγνώστης·

Κοντάκιον Ἦχος πλ. δ΄.

Ὁ Ἰακὼβ ὠδύρετο, τοῦ Ἰωσὴφ τὴν στέρησιν, καὶ ὁ γενναῖος ἐκάθητο ἅρματι, ὡς βασιλεὺς τιμώμενος· τῆς Αἰγυπτίας γὰρ τότε ταῖς ἡδοναῖς μὴ δουλεύσας, ἀντεδοξάζετο παρὰ τοῦ βλέποντος τὰς τῶν ἀνθρώπων καρδίας, καὶ νέμοντος στέφος ἄφθαρτον.

Ὁ οἶκος.

Ἐπὶ τῷ ὀδυρμῷ νῦν προσθήσωμεν ὀδυρμόν, καὶ ἐκχέωμεν δάκρυα, μετὰ τοῦ Ἰακὼβ συγκοπτόμενοι, Ἰωσὴφ τὸν ἀοίδιμον καὶ σώφρονα, τὸν δουλωθέντα μὲν τῷ σώματι, τὴν ψυχὴν δὲ ἀδούλωτον συντηροῦντα, καὶ Αἰγύπτου παντὸς κυριεύσαντα· ὁ Θεὸς γὰρ παρέχει τοῖς δούλοις αὐτοῦ, στέφος ἄφθαρτον.

Τὸ συναξάριον τοῦ Μηναίου καὶ τὸ παρόν·

Τῇ ἁγίᾳ καὶ μεγάλῃ Δευτέρᾳ, μνείαν ποιούμεθα τοῦ μακαρίου Ἰωσὴφ τοῦ παγκάλου, καὶ τῆς ὑπὸ τοῦ Κυρίου καταραθείσης καὶ ξηρανθείσης συκῆς.

Στίχοι εἰς τὸν πάγκαλον Ἰωσήφ.

Σώφρων Ἰωσὴφ δίκαιος κράτωρ ὤφθη
καὶ σιτοδότης· ὢ καλῶν θημωνία!

Ἕτεροι, εἰς τὴν ξηρανθεῖσαν συκῆν.

Τὴν Συναγωγὴν συκῆν Χριστὸς Ἑβραίων
καρπῶν ἄμοιρον πνευματικῶν εἰκάζων,
ἀρᾷ ξηραίνει· ἧς φύγωμεν τὸ πάθος.

Ταῖς τοῦ παγκάλου Ἰωσὴφ πρεσβείαις, Χριστὲ ὁ Θεός, ἐλέησον ἡμᾶς. Ἀμήν.

Ὠδὴ Η΄. Ὁ εἱρμός.

Ἔφριξε παίδων εὐαγῶν, τὸ ὁμόστολον ψυχῆς ἄσπιλον σῶμα, καὶ εἶξε

After the small litany...

Reader:

Kontakion. Tone Pl. 4.

Jacob lamented the loss of Joseph, yet the noble one was seated in a chariot, honored like a king; for as he had not been slave to the pleasures of the Egyptian woman, he was glorified in return by the one who sees the hearts of men, and bestows an incorruptible crown.

The Ikos.

Let us now add a lament to his lament and let us shed tears, with Jacob weeping for the revered and temperate Joseph, who though enslaved in body, guarded his soul unenslaved, and became lord of all Egypt; for God grants to his servants an incorruptible crown.

The Synaxarion of the Menaion and the following:

On holy and great Monday we commemorate the blessed and most virtuous Joseph, and the fig tree which was cursed by the Lord and withered.

Verses on the most virtuous Joseph.

Chaste Joseph a just ruler was revealed, and furnisher of corn: O wealth of virtues!

Others on the withered fig-tree.

A fig tree to the Hebrews' congregation devoid of spiritual fruits Christ here compares and cursing withers: let us flee its passion.

At the prayers of the all-virtuous Joseph, Christ God, have mercy on us. Amen.

Ode 8. The Irmos.

The unwearied fire, fed with unlimited fuel, shuddered at the bodies

τὸ τραφέν, ἐν ἀπείρῳ ὕλῃ, ἀκάματον πῦρ. Ἀειζώου δὲ ἐκμαρανθείσης φλογός, διαιωνίζων ὕμνος ἀνεμέλπετο· Τὸν Κύριον, πάντα τὰ ἔργα ὑμνεῖτε, καὶ ὑπερυψοῦτε, εἰς πάντας τοὺς αἰῶνας.

of the shining youths, like their souls undefiled; while as the ever-living flame withered away, an everlasting hymn was sung: All you his works, sing your praise the Lord and highly exalt him to all the ages.

Τροπάρια.

Δόξα Σοι ὁ Θεὸς ἡμῶν, δόξα Σοι.

Troparia.

Glory to Your, our God, glory to You.

Ὑμᾶς μου τότε μαθητάς, πάντες γνώσονται, εἰ τὰς ἐμὰς ἐντολὰς τηρήσητε, φησὶν ὁ Σωτὴρ τοῖς φίλοις πρὸς πάθος μολών. Εἰρηνεύετε ἐν ἑαυτοῖς, καὶ πᾶσι, καὶ ταπεινὰ φρονοῦντες, ἀνυψώθητε, καὶ Κύριον· γινώσκοντές με ὑμνεῖτε, καὶ ὑπερυψοῦτε εἰς πάντας τοὺς αἰῶνας.

Then all will know that you are my disciples, if you keep my commandments, says the Saviour to his friends, as he goes to his passion. 'Be at peace with one another and with all; think humble thoughts and so be exalted; and, acknowledging me as Lord, praise and highly exalt me to all the ages.

Εὐλογοῦμεν Πατέρα, Υἱὸν καὶ Ἅγιον Πνεῦμα τὸν Κύριον.

We bless Father, Son and Holy Spirit, the Lord.

Τάξεως ἔμπαλιν ὑμῖν, ἐθνικῆς ἔστω τὸ κράτος ὁμογενῶν· οὐ κλῆρος γὰρ ἐμός, τυραννὶς δὲ γνώμη αὐθαίρετος. Ὁ οὖν πρόκριτος ἐν ὑμῖν εἶναι θέλων, τῶν ἄλλων ἔστω πάντων ἐσχατώτερος· καὶ Κύριον γινώσκοντές με ὑμνεῖτε, καὶ ὑπερυψοῦτε εἰς πάντας τοὺς αἰῶνας.

Let might over your fellows be for you the opposite of the order of the nations; their self-chosen will is not my lot, but tyranny. The one among you then who wishes to be leader of the rest, let him be the last of all; and acknowledging me as Lord, praise and highly exalt me to all the ages.

Καταβασία.

Αἰνοῦμεν, εὐλογοῦμεν, προσκυνοῦμεν τὸν Κύριον.

Katavasia.

Let us praise, bless and worship the Lord.

Ἔφριξε παίδων εὐαγῶν, τὸ ὁμόστολον ψυχῆς ἄσπιλον σῶμα, καὶ εἶξε τὸ τραφέν, ἐν ἀπείρῳ ὕλῃ, ἀκάματον πῦρ. Ἀειζώου δὲ ἐκμαρανθείσης φλογός, διαιωνίζων ὕμνος ἀνεμέλπετο· Τὸν Κύριον, πάντα τὰ ἔργα ὑμνεῖτε, καὶ ὑπερυψοῦτε, εἰς πάντας τοὺς αἰῶνας.

The unwearied fire, fed with unlimited fuel, shuddered at the bodies of the shining youths, like their souls undefiled; while as the ever-living flame withered away, an everlasting hymn was sung: All you his works, sing your praise the Lord and highly exalt him to all the ages.

Ὁ Διάκονος· Τὴν Θεοτόκον καὶ μητέρα τοῦ φωτὸς ἐν ὕμνοις τιμῶντες μεγαλύνωμεν.

Ὠδὴ Θ´. Ὁ εἱρμός.

Ἐμεγάλυνας Χριστέ, τὴν τεκοῦσάν σε Θεοτόκον, ἀφ᾽ ἧς ὁ πλάστης ἡμῶν, ὁμοιοπαθὲς περιέθου σῶμα, τὸ τῶν ἡμετέρων λυτήριον ἀγνοημάτων· ταύτην μακαρίζοντες, πᾶσαι γενεαὶ σὲ μεγαλύνομεν.

Τροπάρια.

Δόξα Σοι ὁ Θεὸς ἡμῶν, δόξα Σοι.

Ῥύπον πάντα ἐμπαθῆ, ἀπωσάμενοι, ἐπάξιον τῆς θείας βασιλείας, γνώμην ἀναλάβετε ἔμφρονα, τοῖς σοῖς ἀποστόλοις προέφης, ἡ πάντων σοφία, ἐν ᾗ δοξασθήσεσθε, λάμποντες ἡλίου τηλαυγέστερον.

Δόξα Πατρὶ καὶ Υἱῷ καὶ Ἁγίῳ Πνεύματι. Καὶ νῦν καὶ ἀεὶ καὶ εἰς τοὺς αἰῶνας τῶν αἰώνων, ἀμήν.

Ἀφορῶντες εἰς ἐμέ, εἶπας Κύριε τοῖς σεαυτοῦ μαθηταῖς, μὴ φρονεῖτε ὑψηλά, ἀλλὰ συναπάχθητε τοῖς ταπεινοῖς· ἐμὸν ὅπερ πίνω, πίεσθε ποτήριον, ὅτι ἐν τῇ βασιλείᾳ τοῦ Πατρός, ἐμοὶ συνδοξασθήσεσθε.

Καταβασία.

Ἐμεγάλυνας Χριστέ, τὴν τεκοῦσάν σε Θεοτόκον, ἀφ᾽ ἧς ὁ πλάστης ἡμῶν, ὁμοιοπαθὲς περιέθου σῶμα, τὸ τῶν ἡμετέρων λυτήριον ἀγνοημάτων· ταύτην μακαρίζοντες, πᾶσαι γενεαὶ σὲ μεγαλύνομεν.

Ὁ Διάκονος· Ἔτι καὶ ἔτι ἐν εἰρήνῃ τοῦ Κυρίου δεηθῶμεν.

Ὁ Χορός· Κύριε, ἐλέησον.

Deacon: The Theotokos and Mother of the Light, let us honor and magnify in hymns.

Ode 9. The Irmos.

O Christ, our Fashioner, you magnified the Mother of God who gave you birth, from whom you put on a body passible like ours, the atonement of our faults of ignorance; as we call her blessed, all we generations magnify you.

Troparia

Glory to Your, our God, glory to You.

Casting off every stain of passion, take up a prudent intent, worthy of the kingdom of God, you said to your apostles, O Wisdom of all, 'By this you will be glorified, shining more brilliantly that does the sun.'

Glory to the Father, and Son and Holy Spirit. Both now and ever, and to the ages of ages. Amen.

To your own disciples, Lord, You said, 'Looking to me alone, do not have lofty thoughts, rather live with those that are humble. Drink the very cup which I drink, and you shall be glorified in my Father's kingdom.'

Katavasia.

O Christ, our Fashioner, you magnified the Mother of God who gave you birth, from whom you put on a body passible like ours, the atonement of our faults of ignorance; as we call her blessed, all we generations magnify you.

Deacon: Again and again in peace let us pray to the Lord.

Choir: Lord, have mercy.

Ὁ Διάκονος· Ἀντιλαβοῦ, σῶσον, ἐλέησον καὶ διαφύλαξον ἡμᾶς ὁ Θεὸς τῇ σῇ χάριτι.

Ὁ Χορός· Κύριε, ἐλέησον.

Ὁ Διάκονος· Τῆς Παναγίας, ἀχράντου, ὑπερευλογημένης, ἐνδόξου, δεσποίνης ἡμῶν Θεοτόκου καὶ ἀειπαρθένου Μαρίας, μετὰ πάντων τῶν ἁγίων μνημονεύσαντες, ἑαυτοὺς καὶ ἀλλήλους καὶ πᾶσαν τὴν ζωὴν ἡμῶν Χριστῷ τῷ Θεῷ παραθώμεθα.

Ὁ Χορός· Σοί, Κύριε.

Ὁ Ἱερεύς·

Ὅτι σὲ αἰνοῦσι πᾶσαι αἱ δυνάμεις τῶν οὐρανῶν καὶ σοὶ τὴν δόξαν ἀναπέμπομεν, τῷ Πατρὶ καὶ τῷ Υἱῷ καὶ τῷ ἁγίῳ Πνεύματι, νῦν καὶ ἀεὶ καὶ εἰς τοὺς αἰῶνας τῶν αἰώνων.

Ὁ Χορός· Ἀμήν.

Ἐξαποστειλάριον. Ἦχος γ΄. Αὐτόμελον.

Τὸν νυμφῶνά σου βλέπω, Σωτήρ μου κεκοσμημένον, καὶ ἔνδυμα οὐκ ἔχω, ἵνα εἰσέλθω ἐν αὐτῷ· λάμπρυνόν μου τὴν στολὴν τῆς ψυχῆς, φωτοδότα, καὶ σῶσόν με. *(γ΄)*

Καὶ εὐθὺς ψάλλομεν τοὺς Αἴνους καὶ τὰ παρόντα Ἰδιόμελα·

Ψαλμὸς ΡΜΗ΄ (148). Ἦχος α΄.

Πᾶσα πνοὴ αἰνεσάτω τὸν Κύριον. Αἰνεῖτε τὸν Κύριον ἐκ τῶν οὐρανῶν· αἰνεῖτε αὐτὸν ἐν τοῖς ὑψίστοις. Σοὶ πρέπει ὕμνος τῷ Θεῷ.

Αἰνεῖτε αὐτόν, πάντες οἱ ἄγγελοι αὐτοῦ· αἰνεῖτε αὐτόν, πᾶσαι αἱ δυνάμεις αὐτοῦ. Σοὶ πρέπει ὕμνος τῷ Θεῷ.

Deacon: Take hold of us, save us, have mercy upon us, and protect us, O God, by Your grace.

Choir: Lord, have mercy.

Deacon: Commemorating our most holy, most pure, most blessed and glorified Lady the Theotokos and ever-virgin Mary, together with all the saints, let us commit ourselves and one another and all our life unto Christ our God.

Choir: To You, O Lord.

Priest:

For all the Powers of heaven praise you, and to you we give glory, Father, Son and Holy Spirit, now and for ever and to the ages of ages.

Choir: Amen.

Exapostilarion. Tone 3. Model Melody.

Your bridal chamber, my Savior, I see all adorned, but I have no garment so that I may enter. Make bright the mantle of my soul, Giver of light, and save me! *(x3)*

We immediately sing the Praises and the following idiomels:

Psalm 148. Tone 1

Let everything that has breath praise the Lord. Praise the Lord from the heavens; praise him in the highest. To you praise is due, O God.

Praise him, all his angels: Praise him, all his Powers. To you praise is due, O God.

Στίχ. *Αἰνεῖτε αὐτὸν ἐπὶ ταῖς δυναστείαις αὐτοῦ· αἰνεῖτε αὐτὸν κατὰ τὸ πλῆθος τῆς μεγαλωσύνης αὐτοῦ.*

Verse: *Praise him for his mighty acts; praise him according to the greatness of his majesty.*

Κοσμᾶ μοναχοῦ. **Ἦχος α'.**

By Monk Kosmas. **Tone 1.**

Ἐρχόμενος ὁ Κύριος, πρὸς τὸ ἑκούσιον πάθος τοῖς ἀποστόλοις ἔλεγεν ἐν τῇ ὁδῷ· Ἰδοὺ ἀναβαίνομεν εἰς Ἱεροσόλυμα, καὶ παραδοθήσεται ὁ Υἱὸς τοῦ ἀνθρώπου, καθὼς γέγραπται περὶ αὐτοῦ. Δεῦτε οὖν καὶ ἡμεῖς, κεκαθαρμέναις διανοίαις, συμπορευθῶμεν αὐτῷ, καὶ συσταυρωθῶμεν, καὶ νεκρωθῶμεν δι' αὐτόν, ταῖς τοῦ βίου ἡδοναῖς· ἵνα καὶ συζήσωμεν αὐτῷ, καὶ ἀκούσωμεν βοῶντος αὐτοῦ· Οὐκέτι εἰς τὴν ἐπίγειον Ἱερουσαλήμ, διὰ τὸ παθεῖν, ἀλλὰ ἀναβαίνω πρὸς τὸν Πατέρα μου, καὶ Πατέρα ὑμῶν, καὶ Θεόν μου, καὶ Θεὸν ὑμῶν· καὶ συνανυψῶ ὑμᾶς εἰς τὴν ἄνω Ἱερουσαλήμ, ἐν τῇ Βασιλείᾳ τῶν οὐρανῶν.

As the Lord was coming to his voluntary passion, he said to his Apostles on the road, 'See, we are going up to Jerusalem, and the Son of man will be betrayed, as it is written of him'. Come then, let us too, with minds made pure, journey with him, and let us be crucified with him, and for his sake become dead to the pleasures of life, that we may also live with him and hear him as he cries aloud, 'I am no longer going up the earthly Jerusalem to suffer, but it is to my Father and your Father that I go up, and to my God and your God. And I shall raise you up with me to the Jerusalem above, in the kingdom of heaven'.

Στίχ. *Αἰνεῖτε αὐτὸν ἐν ἤχῳ, σάλπιγγος· αἰνεῖτε αὐτὸν ἐν ψαλτηρίῳ καὶ κιθάρᾳ.*

Verse: *Praise him in the blast of the trumpet: praise him upon the lute and harp.*

Τὸ αὐτό.

The Same...

Ἐρχόμενος ὁ Κύριος...

As the Lord was coming...

Στίχ. *Αἰνεῖτε αὐτὸν ἐν τυμπάνῳ καὶ χορῷ· αἰνεῖτε αὐτὸν ἐν χορδαῖς καὶ ὀργάνῳ.*

Verse: *Praise him with the timbrel and dances: praise him upon the strings and pipe.*

Τοῦ αὐτοῦ. **Ἦχος πλ. α'**

By the same. Tone 5

Φθάσαντες πιστοί, τὸ σωτήριον πάθος Χριστοῦ τοῦ Θεοῦ, τὴν ἄφατον αὐτοῦ μακροθυμίαν δοξάσωμεν· ὅπως τῇ αὐτοῦ εὐσπλαγχνίᾳ, συνεγείρῃ καὶ ἡμᾶς, νεκρωθέντας τῇ ἁμαρτίᾳ, ὡς ἀγαθὸς καὶ φιλάνθρωπος.

Believers, having reached the saving passion of Christ our God, let us glorify his ineffable forbearance; so that in his compassion he may, with himself, also raise us up with Himself us, who have been slain by sin, as he is good and loves humankind.

Στίχ. *Αἰνεῖτε αὐτὸν ἐν κυμβάλοις εὐήχοις· αἰνεῖτε αὐτὸν ἐν κυμβάλοις ἀλαλαγμοῦ. Πᾶσα πνοὴ αἰνεσάτω τὸν Κύριον.*

Verse: *Praise him on fine-sounding cymbals: praise him on cymbals of gladness. Let everything that has breath praise the Lord.*

Τὸ αὐτό.

Φθάσαντες πιστοί…

Δόξα Πατρὶ καὶ Υἱῷ καὶ Ἁγίῳ Πνεύματι. Καὶ νῦν καὶ ἀεὶ καὶ εἰς τοὺς αἰῶνας τῶν αἰώνων, ἀμήν.

Τοῦ αὐτοῦ. Ἦχος πλ. α´

Κύριε, ἐρχόμενος πρὸς τὸ πάθος, τοὺς ἰδίους στηρίζων μαθητὰς, ἔλεγες, κατ᾽ ἰδίαν παραλαβὼν αὐτούς· Πῶς τῶν ῥημάτων μου ἀμνημονεῖτε, ὧν πάλαι εἶπον ὑμῖν, ὅτι προφήτην πάντα οὐ γέγραπται, εἰ μὴ ἐν Ἱερουσαλὴμ ἀποκτανθῆναι; Νῦν οὖν καιρὸς ἐφέστηκεν, ὃν εἶπον ὑμῖν, ἰδοὺ γὰρ παραδίδομαι, ἁμαρτωλῶν χερσὶν ἐμπαιχθῆναι, οἳ καὶ σταυρῷ με προσπήξαντες, ταφῇ παραδόντες, ἐβδελυγμένον λογιοῦνται ὡς νεκρόν· ὅμως θαρσεῖτε· τριήμερος γὰρ ἐγείρομαι εἰς ἀγαλλίασιν πιστῶν, καὶ ζωὴν τὴν αἰώνιον.

Ὁ Προεστὼς· Σοὶ δόξα πρέπει, Κύριε, ὁ Θεὸς ἡμῶν, καὶ σοὶ τὴν δόξαν ἀναπέμπομεν τῷ Πατρὶ καὶ τῷ Υἱῷ καὶ τῷ ἁγίῳ Πνεύματι, νῦν καὶ ἀεὶ καὶ εἰς τοὺς αἰῶνας τῶν αἰώνων. Ἀμήν.

Ὁ Προεστὼς ἢ ὁ Ἀναγνώστης χύμα τὸ

Δόξα ἐν ὑψίστοις Θεῷ καὶ ἐπὶ γῆς εἰρήνη ἐν ἀνθρώποις εὐδοκία. Ὑμνοῦμέν σε, εὐλογοῦμέν σε, προσκυνοῦμέν σε, δοξολογοῦμέν σε, εὐχαριστοῦμέν σοι, διὰ τὴν μεγάλην σου δόξαν. Κύριε βασιλεῦ, ἐπουράνιε Θεέ, Πάτερ παντοκράτορ· Κύριε Υἱὲ μονογενές, Ἰησοῦ Χριστέ, καὶ ἅγιον Πνεῦμα. Κύριε ὁ Θεός, ὁ ἀμνὸς τοῦ Θεοῦ, ὁ Υἱός τοῦ Πατρός, ὁ αἴρων τὴν ἁμαρτίαν τοῦ κόσμου, ἐλέησον ἡμᾶς, ὁ αἴρων τὰς ἁμαρτίας τοῦ κόσμου. Πρόσδεξαι τὴν δέησιν ἡμῶν, ὁ

The Same…

Believers, having reached…

Glory to the Father, Son and Holy Spirit. Both now and ever and to the ages of ages. Amen.

By the same. Tone 5

Lord, as you were coming to your passion, you strengthened your disciples, taking them aside and saying, 'How have you not remembered my words, which I spoke to you of old, 'Is it not written no prophet may be killed but in Jerusalem'? Now has the moment come of which I spoke to you. For see, I am being handed over to be mocked by the hands of sinners, who, when they have nailed me to a cross and handed me over for burial, will reckon me a loathsome corpse. Nonetheless, take courage, for on the third day I arise, for the joy of believers and eternal life'.

Superior: To you glory is due, O Lord, our God, and to you we give glory, to the Father and to the Son and to the Holy Spirit, now and for ever and to ages of ages. Amen.

The Superior or the Reader reads:

Glory to God in the highest, and on earth peace, goodwill among men. We praise you, we bless you, we worship you, we glorify you, we thank you for your great glory. O Lord, heavenly King, God the almighty Father. O Lord, only-begotten Son, Jesus Christ and the Holy Spirit. Lord God, lamb of God, Son of the Father, who takes away the sin of the world, have mercy upon us, who takes away the sins of the world. Receive our prayer, you who sit on the right hand of

καθήμενος ἐν δεξιᾷ τοῦ Πατρός, καὶ ἐλέησον ἡμᾶς. Ὅτι σὺ εἶ μόνος ἅγιος, σὺ εἶ μόνος Κύριος, Ἰησοῦς Χριστός, εἰς δόξαν Θεοῦ Πατρός. Ἀμήν.

Καθ' ἑκάστην ἡμέραν εὐλογήσω σε, καὶ αἰνέσω τὸ ὄνομά σου εἰς τὸν αἰῶνα καὶ εἰς τὸν αἰῶνα τοῦ αἰῶνος. Κύριε, καταφυγὴ ἐγενήθης ἡμῖν ἐν γενεᾷ καὶ γενεᾷ. Ἐγὼ εἶπα· Κύριε, ἐλέησόν με· ἴασαι τὴν ψυχήν μου, ὅτι ἥμαρτόν σοι. Κύριε, πρὸς σὲ κατέφυγον, δίδαξόν με τοῦ ποιεῖν τὸ θέλημά σου, ὅτι σὺ εἶ ὁ Θεός μου. Ὅτι παρὰ σοὶ πηγὴ ζωῆς· ἐν τῷ φωτί σου ὀψόμεθα φῶς. Παράτεινον τὸ ἔλεός σου τοῖς γινώσκουσί σε.

Καταξίωσον, Κύριε, ἐν τῇ ἡμέρᾳ ταύτῃ ἀναμαρτήτους φυλαχθῆναι ἡμᾶς. Εὐλογητὸς εἶ, Κύριε, ὁ Θεὸς τῶν πατέρων ἡμῶν, καὶ αἰνετὸν καὶ δεδοξασμένον τὸ ὄνομά σου εἰς τοὺς αἰῶνας. Ἀμήν. Γένοιτο, Κύριε, τὸ ἔλεός σου ἐφ' ἡμᾶς, καθάπερ ἠλπίσαμεν ἐπὶ σέ. Εὐλογητὸς εἶ, Κύριε· δίδαξόν με τὰ δικαιώματά σου. Εὐλογητὸς εἶ, Δέσποτα· συνέτισόν με τὰ δικαιώματά σου. Εὐλογητὸς εἶ, ἅγιε· φώτισόν με τοῖς δικαιώμασί σου. Κύριε, τὸ ἔλεός σου εἰς τὸν αἰῶνα· τὰ ἔργα τῶν χειρῶν σου μὴ παρίδῃς. Σοὶ πρέπει αἶνος, σοὶ πρέπει ὕμνος, σοὶ δόξα πρέπει, τῷ Πατρὶ καὶ τῷ Υἱῷ, καὶ τῷ ἁγίῳ Πνεύματι, νῦν, καὶ ἀεί, καὶ εἰς τοὺς αἰῶνας τῶν αἰώνων. Ἀμήν.

ΤΑ ΠΛΗΡΩΤΙΚΑ

Ὁ Διάκονος· Πληρώσωμεν τὴν ἑωθινὴν δέησιν ἡμῶν τῷ Κυρίῳ.

Ὁ Χορός· Κύριε, ἐλέησον.

the Father and have mercy upon us. For you alone are holy, you alone are Lord, Jesus Christ, to the glory of God the Father. Amen.

Every day I will bless you, and praise your name for ever and ever. I said, Lord, have mercy upon me; heal my soul, for I have sinned against you. Lord, I have run to you for refuge; teach me to do your will for you are my God. For with you is the source of life, and in your light we shall see light. O continue your merciful kindness toward those who know you.

Grant, Lord, this day to keep us without sin. Blessed are you, Lord, the God of our fathers, and praised and glorified is your name to the ages. Amen. May your mercy, Lord, be upon us, as we have hoped in you. Blessed are you, Lord, teach me your statutes. Blessed are you, Master, make me understand your statutes. Blessed are you, Holy One, enlighten me with your statutes. Lord, your mercy is for ever; do not scorn the work of your hands. To you praise is due, to you song is due, to you glory is due, to the Father, and to the Son, and to the Holy Spirit, now and for ever, and to the ages of ages. Amen.

LITANY OF COMPLETION

Deacon: Let us complete our prayer to the Lord.

Choir: Lord, have mercy.

Ἀντιλαβοῦ, σῶσον, ἐλέησον, καὶ διαφύλαξον ἡμᾶς, ὁ Θεός, τῇ σῇ χάριτι.

Ὁ Χορός· Κύριε, ἐλέησον.

Τὴν ἡμέραν πᾶσαν, τελείαν, ἁγίαν, εἰρηνικὴν καὶ ἀναμάρτητον, παρὰ τοῦ Κυρίου αἰτησώμεθα.

Ὁ Χορός· Παράσχου Κύριε, *(καὶ εἰς ὅλας τὰς δεήσεις ταύτας.)*

Ἄγγελον εἰρήνης, πιστὸν ὁδηγόν, φύλακα τῶν ψυχῶν καὶ τῶν σωμάτων ἡμῶν, παρὰ τοῦ Κυρίου αἰτησώμεθα.

Συγγνώμην καὶ ἄφεσιν τῶν ἁμαρτιῶν καὶ τῶν πλημμελημάτων ἡμῶν, παρὰ τοῦ Κυρίου αἰτησώμεθα.

Τὰ καλὰ καὶ συμφέροντα ταῖς ψυχαῖς ἡμῶν, καὶ εἰρήνην τῷ κόσμῳ, παρὰ τοῦ Κυρίου αἰτησώμεθα.

Τὸν ὑπόλοιπον χρόνον τῆς ζωῆς ἡμῶν, ἐν εἰρήνῃ καὶ μετανοίᾳ ἐκτελέσαι, παρὰ τοῦ Κυρίου αἰτησώμεθα.

Χριστιανὰ τὰ τέλη τῆς ζωῆς ἡμῶν, ἀνώδυνα, ἀνεπαίσχυντα, εἰρηνικά, καὶ καλὴν ἀπολογίαν τὴν ἐπὶ τοῦ φοβεροῦ βήματος τοῦ Χριστοῦ, αἰτησώμεθα.

Τῆς Παναγίας, ἀχράντου, ὑπερευλογημένης, ἐνδόξου Δεσποίνης ἡμῶν Θεοτόκου, καὶ ἀειπαρθένου Μαρίας μετὰ πάντων τῶν Ἁγίων μνημονεύσαντες, ἑαυτοὺς καὶ ἀλλήλους, καὶ πᾶσαν τὴν ζωὴν ἡμῶν Χριστῷ τῷ Θεῷ παραθώμεθα.

Ὁ Χορός· Σοί, Κύριε.

Ὁ Ἱερεύς· Ὅτι Θεὸς, οἰκτιρμῶν καὶ φιλανθρωπίας ὑπάρχεις καὶ σοὶ τὴν δόξαν ἀναπέμπομεν, τῷ Πατρὶ καὶ τῷ Υἱῷ καὶ

Take hold of us, save us, have mercy upon us, and protect us, O God, by Your grace.

Choir: Lord, have mercy.

That the whole day may be perfect, holy, peaceful and sinless, let us ask the Lord.

Choir: Grant this, O Lord., *(and this in the remaining petitions.)*

An angel of peace, a faithful guide, a guardian of our souls and bodies, let us ask of the Lord.

Pardon and forgiveness of our sins and offences, let us ask of the Lord.

Those things which are good and profitable for our souls, and peace for the world, let us ask of the Lord.

That we may live out the rest of our days in peace and repentance, let us ask of the Lord.

A Christian end to our life, painless, unashamed and peaceful, and a good defence before the fearful judgement seat of Christ, let us ask.

Commemorating our most holy, most pure, most blessed and glorified Lady the Theotokos and ever-virgin Mary, together with all the saints, let us commit ourselves and one another and all our life unto Christ our God.

Choir: To you, O Lord.

Priest: For you are a God of mercies and of pity, and you love mankind, and to you we give glory, to the Father, the

τῷ ἁγίῳ Πνεύματι, νῦν καὶ ἀεὶ καὶ εἰς τοὺς αἰῶνας τῶν αἰώνων.

Ὁ Χορός· Ἀμήν.

Ὁ Ἱερεύς· Εἰρήνη πᾶσι.

Ὁ Χορός· Καὶ τῷ πνεύματί σου.

Ὁ Διάκονος· Τὰς κεφαλὰς ἡμῶν τῷ Κυρίῳ κλίνωμεν.

Ὁ Χορός· Σοί, Κύριε.

Ὁ Ἱερεύς, ἐπεύχεται χαμηλοφώνως·

Κύριε, ἅγιε, ὁ ἐν ὑψηλοῖς κατοικῶν καὶ τὰ ταπεινὰ ἐφορῶν καὶ τῷ παντεφόρῳ σου ὄμματι ἐπιβλέπων ἐπὶ πᾶσαν τὴν κτίσιν, σοὶ ἐκλίναμεν τὸν αὐχένα τῆς ψυχῆς καὶ τοῦ σώματος καὶ δεόμεθά σου, ἅγιε ἁγίων· Ἔκτεινον τὴν χεῖρά σου τὴν ἀόρατον ἐξ ἁγίου κατοικητηρίου σου καὶ εὐλόγησον πάντας ἡμᾶς· καὶ εἴ τι ἡμάρτομεν ἑκουσίως ἢ ἀκουσίως, ὡς ἀγαθὸς καὶ φιλάνθρωπος Θεὸς συγχώρησον, δωρούμενος ἡμῖν τὰ ἐγκόσμια καὶ ὑπερκόσμια ἀγαθά σου.

Ἐκφώνως·

Σὸν γάρ ἐστι τὸ ἐλεεῖν καὶ σῴζειν ἡμᾶς, ὁ Θεὸς ἡμῶν, καὶ σοὶ τὴν δόξαν ἀναπέμπομεν, τῷ Πατρὶ καὶ τῷ Υἱῷ καὶ τῷ ἁγίῳ Πνεύματι, νῦν καὶ ἀεὶ καὶ εἰς τοὺς αἰῶνας τῶν αἰώνων.

Ὁ Χορός· Ἀμήν.

Μετὰ δὲ τὴν ἐκφώνησιν ψάλλομεν...

ΤΑ ΑΠΟΣΤΙΧΑ

Κοσμᾶ μοναχοῦ. Ἦχος πλ. α΄.

Κύριε, πρὸς τὸ μυστήριον τὸ ἀπόρρητον τῆς σῆς οἰκονομίας, οὐκ ἐξαρκοῦσα ἡ τῶν ἐκ Ζεβεδαίου μήτηρ, ᾐτεῖτο

Son and the Holy Spirit, now and for ever, and to the ages of ages.

Choir: Amen.

Priest: Peace be with all.

Choir: And with your spirit.

Deacon: Let us bow our heads to the Lord.

Choir: To You, O Lord.

The Priest prays, in a low voice:

Holy Lord, dwelling on high and beholding things below and, with your eye that observes all, keeping watch over the whole creation, to you we have bowed the neck of our soul and body, and we beseech you, O Holy of Holies: Stretch forth your invisible hand from your holy dwelling and bless us all. And, as you are good and love humankind, pardon us if we have sinned in anything, voluntarily or involuntarily, granting us your blessings both of this world and of the world above.

Aloud:

For yours it is to show mercy and to save us, O our God, and to you we give glory, to the Father, the Son and the Holy Spirit, now and for ever, and to the ages of ages.

Reader: Amen.

After the exclamation we sing...

THE APOSTICHA

By Monk Kosmas. Tone Pl. 1.

O Lord, the mother of the sons of Zebedee, not understanding the ineffable mystery of your dispensation,

σε προσκαίρου βασιλείας τιμήν, τοῖς ἑαυτῆς δωρήσασθαι τέκνοις· ἀλλ' ἀντὶ ταύτης, ποτήριον θανάτου ἐπηγγείλω πιεῖν τοῖς φίλοις σου· ὃ ποτήριον πρὸ τούτων, πιεῖν ὁ αὐτὸς ἔλεγες, ἁμαρτημάτων καθαρτήριον. Διό σοι βοῶμεν· Ἡ σωτηρία τῶν ψυχῶν ἡμῶν, δόξα σοι.

Στίχ. α'. *Ἐνεπλήσθημεν τὸ πρωΐ τοῦ ἐλέους σου, Κύριε, καὶ ἠγαλλιασάμεθα καὶ εὐφράνθημεν ἐν πάσαις ταῖς ἡμέραις ἡμῶν· εὐφρανθείημεν ἀνθ' ὧν ἡμερῶν ἐταπείνωσας ἡμᾶς, ἐτῶν, ὧν εἴδομεν κακά· καὶ ἴδε ἐπὶ τοὺς δούλους σου καὶ ἐπὶ τὰ ἔργα σου, καὶ ὁδήγησον τοὺς υἱοὺς αὐτῶν.*

Τοῦ αὐτοῦ. Ἦχος ὁ αὐτός.

Κύριε, τὰ τελεώτατα φρονεῖν τοὺς οἰκείους παιδεύων μαθητάς, Μὴ ὁμοιοῦσθε τοῖς ἔθνεσιν ἔλεγες, εἰς τὸ κατάρχειν τῶν ἐλαχιστοτέρων· οὐχ οὕτω γὰρ ἔσται ὑμῖν τοῖς ἐμοῖς μαθηταῖς, ὅτι πτωχὸς θέλων ὑπάρχω· ὁ πρῶτος οὖν ὑμῶν ἔστω πάντων διάκονος, ὁ δὲ ἄρχων ὡς ὁ ἀρχόμενος, ὁ προκριθεὶς δὲ ὡς ὁ ἔσχατος· καὶ γὰρ ἐλήλυθα αὐτὸς τῷ πτωχεύσαντι Ἀδὰμ διακονῆσαι καὶ λύτρον δοῦναι ἀντὶ πολλῶν τὴν ψυχήν, τῶν βοώντων μοι· Δόξα σοι.

Στίχ. β'. *Καὶ ἔστω ἡ λαμπρότης Κυρίου τοῦ Θεοῦ ἡμῶν ἐφ' ἡμᾶς, καὶ τὰ ἔργα τῶν χειρῶν ἡμῶν κατεύθυνον ἐφ' ἡμᾶς, καὶ τὸ ἔργον τῶν χειρῶν ἡμῶν κατεύθυνον.*

Τοῦ αὐτοῦ. Ἦχος πλ. δ'.

Τῆς ξηρανθείσης συκῆς διὰ τὴν ἀκαρπίαν τὸ ἐπιτίμιον φοβηθέντες, ἀδελφοί, καρποὺς ἀξίους τῆς μετανοίας προσάξωμεν Χριστῷ, τῷ παρέχοντι ἡμῖν τὸ μέγα ἔλεος.

Δόξα Πατρὶ καὶ Υἱῷ καὶ Ἁγίῳ Πνεύματι. Καὶ νῦν καὶ ἀεὶ καὶ εἰς τοὺς αἰῶνας τῶν αἰώνων, ἀμήν.

asked you to grant her own children the honor of a temporary kingdom; but instead of this you promised your friends that they would drink cup of death; a cup which you said you would drink before them, a cleansing from sins. And so we cry to you: O Salvation of our souls, glory to you!

Verse 1. *We were filled in the morning with your mercy, O Lord, and we rejoiced and were glad. In all our days, let us be glad, for all the days you have afflicted us, for the years we have suffered adversity. Look upon your servants and your works, and guide their children.*

By the Same. Tone Pl. 1.

O Lord, instructing your own disciples to think thoughts of perfection, to them you said, 'Do not come to resemble the nations, so as to rule over the least strong. It shall not be so with you, my disciples, because my wish is to be poor. The first among you, then, let him be the servant of all; the ruler as the ruled, the leader as the last. For I have come to serve Adam who became poor, and to give my life as a ransom for many, those who cry to me: Glory to you!'

Verse 2. *And may the brightness of the Lord our God be upon us. Direct the work of our hands, O direct the work of our hands.*

By the same. Tone Pl. 4.

Fearing, brethren, the punishment of the fig tree withered, because of its lack of fruit, fruits worthy of repentance let us offer to Christ, who grants to us his great mercy.

Glory to the Father, and Son, and Holy Spirit. Both now and ever and to the ages of ages. Amen.

Τοῦ αὐτοῦ. Ἦχος πλ. δ΄.

Δευτέραν Εὔαν τὴν Αἰγυπτίαν εὑρὼν ὁ δράκων διὰ ῥημάτων, ἔσπευδε κολακείαις ὑποσκελίσαι τὸν Ἰωσήφ· ἀλλ' αὐτὸς καταλιπὼν τὸν χιτῶνα ἔφυγε τὴν ἁμαρτίαν καὶ γυμνὸς οὐκ ᾐσχύνετο, ὡς ὁ πρωτόπλαστος πρὸ τῆς παρακοῆς. Αὐτοῦ ταῖς ἱκεσίαις, Χριστέ, ἐλέησον ἡμᾶς.

Ὁ Ἱερεύς·

Ἀγαθὸν τὸ ἐξομολογεῖσθαι τῷ Κυρίῳ καὶ ψάλλειν τῷ ὀνόματί σου, Ὕψιστε· τοῦ ἀναγγέλλειν τὸ πρωῒ τὸ ἔλεός σου καὶ τὴν ἀλήθειάν σου κατὰ νύκτα.

Ὁ Ἀναγνώστης· Ἅγιος ὁ Θεός, Ἅγιος Ἰσχυρός, Ἅγιος Ἀθάνατος, ἐλέησον ἡμᾶς. (γ΄)

Δόξα Πατρί, καὶ Υἱῷ, καὶ Ἁγίῳ Πνεύματι. Καὶ νῦν καὶ ἀεί, καὶ εἰς τοὺς αἰῶνας τῶν αἰώνων. Ἀμήν.

Παναγία Τριάς, ἐλέησον ἡμᾶς. Κύριε, ἱλάσθητι ταῖς ἁμαρτίαις ἡμῶν, Δέσποτα, συγχώρησον τὰς ἀνομίας ἡμῖν. Ἅγιε, ἐπίσκεψαι καὶ ἴασαι τὰς ἀσθενείας ἡμῶν, ἕνεκεν τοῦ ὀνόματός σου.

Κύριε, ἐλέησον. (γ΄) Δόξα Πατρί, καὶ Υἱῷ, καὶ Ἁγίῳ Πνεύματι. Καὶ νῦν καὶ ἀεί, καὶ εἰς τοὺς αἰῶνας τῶν αἰώνων. Ἀμήν.

Πάτερ ἡμῶν ὁ ἐν τοῖς οὐρανοῖς, ἁγιασθήτω τὸ ὄνομά σου. Ἐλθέτω ἡ βασιλεία σου. Γενηθήτω τὸ θέλημά σου, ὡς ἐν οὐρανῷ, καὶ ἐπὶ τῆς γῆς. Τὸν ἄρτον ἡμῶν τὸν ἐπιούσιον δὸς ἡμῖν σήμερον. Καὶ ἄφες ἡμῖν τὰ ὀφειλήματα ἡμῶν, ὡς καὶ ἡμεῖς ἀφίεμεν τοῖς ὀφειλέταις ἡμῶν. Καὶ

By the same. Tone Pl. 4.

The serpent, having found in the Egyptian woman a second Eve, hastened by words of flattery, by words of flattery to trip up Joseph; but he, abandoning his tunic, fled from sin, and though naked was not ashamed, like the first formed before his disobedience. At his entreaties, O Christ, have mercy on us.

Priest:

How good to give thanks to the Lord, to sing praises to your name, O Most High. To declare your love in the morning, and your truth every night.

Reader: Holy God, Holy Mighty, Holy Immortal, have mercy on us. (*x3*)

Glory to the Father and the Son and the Holy Spirit, now and forever and to the ages of ages. Amen.

All-holy Trinity, have mercy on us. Lord, forgive our sins. Master, pardon our transgressions. Holy One, visit and heal our infirmities for the glory of Your name.

Lord, have mercy. (*x3*) Glory to the Father and the Son and the Holy Spirit, now and forever and to the ages of ages. Amen.

Our Father, who art in heaven, hallowed be Thy name. Thy kingdom come. Thy will be done, on earth as it is in heaven. Give us this day our daily bread; and forgive us our trespasses, as we forgive those who trespass against

μὴ εἰσενέγκῃς ἡμᾶς εἰς πειρασμόν, ἀλλὰ ῥῦσαι ἡμᾶς ἀπὸ τοῦ πονηροῦ.

Ὁ Ἱερεύς· Ὅτι σοῦ ἐστιν ἡ Βασιλεία, καὶ ἡ δύναμις, καὶ ἡ δόξα, τοῦ Πατρός, καὶ τοῦ Υἱοῦ, καὶ τοῦ ἁγίου Πνεύματος, νῦν καὶ ἀεὶ καὶ εἰς τοὺς αἰῶνας τῶν αἰώνων.

Ὁ Ἀναγνώστης· Ἀμήν.

Ὁ Ἀναγνώστης·

Ὁ Ἰακὼβ ὠδύρετο, τοῦ Ἰωσὴφ τὴν στέρησιν, καὶ ὁ γενναῖος ἐκάθητο ἅρματι, ὡς βασιλεὺς τιμώμενος· τῆς Αἰγυπτίας γὰρ τότε ταῖς ἡδοναῖς μὴ δουλεύσας, ἀντεδοξάζετο παρὰ τοῦ βλέποντος τὰς τῶν ἀνθρώπων καρδίας, καὶ νέμοντος στέφος ἄφθαρτον.

Κύριε, ἐλέησον. (μ´)

Δόξα Πατρί, καὶ Υἱῷ, καὶ Ἁγίῳ Πνεύματι. Καὶ νῦν καὶ ἀεί, καὶ εἰς τοὺς αἰῶνας τῶν αἰώνων. Ἀμήν.

Τὴν τιμιωτέραν τῶν Χερουβεὶμ καὶ ἐνδοξοτέραν ἀσυγκρίτως τῶν Σεραφείμ, τὴν ἀδιαφθόρως Θεὸν Λόγον τεκοῦσαν, τὴν ὄντως Θεοτόκον σὲ μεγαλύνομεν.

Ὁ Χορός· Ἐν ὀνόματι Κυρίου εὐλόγησον, Πάτερ.

Ὁ Διάκονος· Σοφία.

Ὁ Ἱερεύς· Ὁ ὢν εὐλογητὸς Χριστὸς ὁ Θεὸς ἡμῶν πάντοτε, νῦν καὶ ἀεὶ καὶ εἰς τοὺς αἰῶνας τῶν αἰώνων.

Ὁ Ἀναγνώστης· Ἀμήν.

us. And lead us not into temptation, but deliver us from the evil one.

Priest: For Yours is the kingdom and the power and the glory, of the Father and the Son and the Holy Spirit, now and forever and to the ages of ages.

Reader: Amen.

Reader:

Jacob lamented the loss of Joseph, and the noble one was seated in a chariot, honored like a king; for as he had not been slave to the pleasures of the Egyptian woman, he was glorified in return by the one who sees the hearts of men, and bestows an incorruptible crown.

Lord, have mercy. (*x40*)

Glory to the Father, and the Son and the Holy Spirit. Both now and ever and to the ages of ages. Amen.

Greater in honor than the Cherubim, and beyond compare more glorious than the Seraphim, without corruption you gave birth to God the Word, truly the Theotokos we magnify you.

Choir: In the name of the Lord, Father give the blessing.

Deacon: Wisdom.

Priest: Blessed be He Who Is, Christ our true God, always, now and for ever, and to the ages of ages.

Reader: Amen.

Ὁ Ἱερεύς·

Ἐπουράνιε Βασιλεῦ, τοὺς πιστοὺς βασιλεῖς ἡμῶν στερέωσον· τὴν πίστιν στήριξον· τὰ ἔθνη πράϋνον· τὸν κόσμον εἰρήνευσον· τὴν ἁγίαν Ἐκκλησίαν καὶ τὴν πόλιν ταύτην καλῶς διαφύλαξον· τοὺς προαπελθόντας πατέρας καὶ ἀδελφοὺς ἡμῶν ἐν σκηναῖς δικαίων τάξον· καὶ ἡμᾶς ἐν μετανοίᾳ καὶ ἐξομολογήσει παράλαβε ὡς ἀγαθὸς καὶ φιλάνθρωπος.

Καὶ ποιοῦμεν μετανοίας μεγάλας τρεῖς λέγοντες καθ᾽ ἑαυτοὺς ἀνὰ ἕνα στίχον τῆς εὐχῆς τοῦ ἁγίου Ἐφραίμ.

Κύριε καὶ Δέσποτα τῆς ζωῆς μου, πνεῦμα ἀργίας, περιεργίας, φιλαρχίας καὶ ἀργολογίας μή μοι δῶς. **(Μετάνοια)**

Πνεῦμα δὲ σωφροσύνης, ταπεινοφροσύνης, ὑπομονῆς καὶ ἀγάπης χάρισαί μοι τῷ σῷ δούλῳ. **(Μετάνοια)**

Ναί, Κύριε βασιλεῦ, δώρησαί μοι τοῦ ὁρᾶν τὰ ἐμὰ πταίσματα, καὶ μὴ κατακρίνειν τὸν ἀδελφόν μου, ὅτι εὐλογητὸς εἶ εἰς τοὺς αἰῶνας τῶν αἰώνων. Ἀμήν. **(Μετάνοια)**

Εἶτα ποιοῦμεν μετανοίας μικρὰς δώδεκα καὶ πάλιν μετάνοιαν μεγάλην μίαν ἐπαναλαμβάνοντες τὸν τελευταῖον στίχον τῆς εὐχῆς.

Ναί, Κύριε βασιλεῦ, δώρησαί μοι τοῦ ὁρᾶν τὰ ἐμὰ πταίσματα, καὶ μὴ κατακρίνειν τὸν ἀδελφόν μου, ὅτι εὐλογητὸς εἶ εἰς τοὺς αἰῶνας τῶν αἰώνων. Ἀμήν. **(Μετάνοια)**

Ὁ Ἱερεὺς ποιεῖ τὴν ἀπόλυσιν.

Ὁ Ἱερεύς· Δόξα σοι, Χριστὲ ὁ Θεὸς ἡ ἐλπὶς ἡμῶν, δόξα σοι.

Ὁ Ἀναγνώστης· Δόξα Πατρὶ καὶ Υἱῷ καὶ Ἁγίῳ Πνεύματι. Καὶ νῦν καὶ ἀεὶ καὶ

Priest:

Heavenly King, establish our rulers: strengthen the faith: calm the nations: make the world peaceful: guard well this holy church assign our fathers and brothers who have gone before us to the tents of the just, and accept us in repentance and confession, as you are good and love mankind.

And we make three great metanoias saying with each one a verse of the Prayer of St. Ephrem.

Lord and Master of my life, do not give me a spirit of sloth, idle curiosity, love of power and useless chatter. **(Prostration)**

Rather accord to me, your servant, a spirit of chastity, humility, patience and love. **(Prostration)**

Yes, Lord and King, grant me to see my own faults, and not to condemn my brother; for you are blessed to the ages of ages. Amen. **(Prostration)**

We then make 12 small metanias, then one further great metania as we repeat the last line of the prayer.

Yes, Lord and King, grant me to see my own faults, and not to condemn my brother; for you are blessed to the ages of ages. Amen. **(Prostration)**

The Priest makes the Dismissal.

Priest: Glory to You, O God, our hope, glory to you.

Reader: Glory to the Father, and the Son and the Holy Spirit. Both now and

εἰς τοὺς αἰῶνας τῶν αἰώνων, Ἀμήν. Κύριε, ἐλέησον *(γ')*. Πάτερ ἅγιε, εὐλόγησον.

Ὁ Ἱερεύς·

Ἐρχόμενος ὁ Κύριος ἐπί τό ἑκούσιον πάθος διὰ τὴν ἡμῶν σωτηρίαν Χριστὸς ὁ ἀληθινὸς Θεὸς ἡμῶν, ταῖς πρεσβείαις τῆς παναχράντου καὶ παναμώμου ἁγίας αὐτοῦ Μητρός· δυνάμει τοῦ τιμίου καὶ ζωοποιοῦ Σταυροῦ· προστασίαις τῶν τιμίων ἐπουρανίων Δυνάμεων Ἀσωμάτων· ἱκεσίαις τοῦ τιμίου, ἐνδόξου, Προφήτου, Προδρόμου καὶ Βαπτιστοῦ Ἰωάννου· τῶν ἁγίων ἐνδόξων καὶ πανευφήμων Ἀποστόλων· τῶν ἁγίων ἐνδόξων καὶ καλλινίκων μαρτύρων· τῶν ὁσίων καὶ θεοφόρων Πατέρων ἡμῶν, τοῦ ἁγίου *(τοῦ Ναοῦ)*, τῶν ἁγίων καὶ δικαίων Θεοπατόρων Ἰωακεὶμ καὶ Ἄννης, τοῦ ἁγίου *(τῆς ἡμέρας)*, οὗ καὶ τὴν μνήμην ἐπιτελοῦμεν, καὶ πάντων τῶν Ἁγίων, ἐλεῆσαι καὶ σώσαι ἡμᾶς, ὡς ἀγαθὸς καὶ φιλάνθρωπος καὶ ἐλεήμων Θεός.

Ὁ Ἱερεύς· Δι᾿ εὐχῶν τῶν ἁγίων Πατέρων ἡμῶν, Κύριε Ἰησοῦ Χριστέ, ὁ Θεός, ἐλέησον καὶ σῶσον ἡμᾶς.

Ὁ Χορός· Ἀμήν.

ever and to the ages of ages. Amen. Lord have mercy *(x3)*. Holy Father, bless.

Priest:

May he who comes to his voluntary passion, Christ our true God, as a good, loving, and merciful God, have mercy upon us and save us, through the intercessions of His most pure and holy Mother; the power of the precious and life giving Cross; the protection of the honorable, bodiless powers of heaven, the supplications of the honorable, glorious prophet and forerunner John the Baptist; the holy, glorious and praiseworthy apostles; the holy, glorious and triumphant martyrs; our holy and God-bearing Fathers *(name of the church)*; the holy and righteous ancestors Joachim and Anna; Saint *(of the day)* whose memory we commemorate today, and all the saints.

Priest: Through the prayers of our holy fathers, Lord Jesus Christ, our God, have mercy on us and save us.

Choir: Amen.

The Five Foolish Virgins

HOLY AND GREAT TUESDAY

IN COMMEMORATION OF THE
PARABLE OF THE
TEN VIRGINS

Commonly celebrated on G. Monday Evening

The Priest, having made the customary metania to the Superior, enters the sanctuary and makes three bows before the holy Table. Then, putting on the Epitrachelion, he exclaims:

Blessed is our God, always, now and for ever, and to the ages of ages.

Reader: Amen.

Priest: Glory to you, our God. Glory to you. Heavenly King, Comforter, Spirit of truth, present everywhere, filling all things, Treasury of blessings and Giver of life, come and abide in us, cleanse us from every stain, and save our souls, O Good One.

Reader: Amen.

Reader: Holy God, Holy Mighty, Holy Immortal, have mercy on us. (*x3*)

Glory to the Father and the Son and the Holy Spirit, now and forever and to the ages of ages. Amen.

All-holy Trinity, have mercy on us. Lord, forgive our sins. Master, pardon our transgressions. Holy One, visit and heal our infirmities for the glory of Your name.

Κύριε, ἐλέησον. *(γ′)* Δόξα Πατρί, καὶ Υἱῷ, καὶ Ἁγίῳ Πνεύματι. Καὶ νῦν καὶ ἀεί, καὶ εἰς τοὺς αἰῶνας τῶν αἰώνων. Ἀμήν.

Πάτερ ἡμῶν ὁ ἐν τοῖς οὐρανοῖς, ἁγιασθήτω τὸ ὄνομά σου. Ἐλθέτω ἡ βασιλεία σου. Γενηθήτω τὸ θέλημά σου, ὡς ἐν οὐρανῷ, καὶ ἐπὶ τῆς γῆς. Τὸν ἄρτον ἡμῶν τὸν ἐπιούσιον δὸς ἡμῖν σήμερον. Καὶ ἄφες ἡμῖν τὰ ὀφειλήματα ἡμῶν, ὡς καὶ ἡμεῖς ἀφίεμεν τοῖς ὀφειλέταις ἡμῶν. Καὶ μὴ εἰσενέγκῃς ἡμᾶς εἰς πειρασμόν, ἀλλὰ ῥῦσαι ἡμᾶς ἀπὸ τοῦ πονηροῦ.

Ὁ Ἱερεύς· Ὅτι σοῦ ἐστιν ἡ Βασιλεία, καὶ ἡ δύναμις, καὶ ἡ δόξα, τοῦ Πατρός, καὶ τοῦ Υἱοῦ, καὶ τοῦ ἁγίου Πνεύματος, νῦν καὶ ἀεὶ καὶ εἰς τοὺς αἰῶνας τῶν αἰώνων.

Ὁ Ἀναγνώστης· Ἀμήν. *(χῦμα)*

Κύριε, ἐλέησον *(ιβ′)*.

Δόξα Πατρὶ, καὶ Υἱῷ, καὶ Ἁγίῳ Πνεύματι. Καὶ νῦν καὶ ἀεὶ, καὶ εἰς τοὺς αἰῶνας τῶν αἰώνων. Ἀμήν.

Δεῦτε, προσκυνήσωμεν καὶ προσπέσωμεν τῷ βασιλεῖ ἡμῶν Θεῷ.

Δεῦτε προσκυνήσωμεν καὶ προσπέσωμεν Χριστῷ τῷ βασιλεῖ ἡμῶν Θεῷ.

Δεῦτε προσκυνήσωμεν καὶ προσπέσωμεν αὐτῷ Χριστῷ, τῷ βασιλεῖ καὶ Θεῷ ἡμῶν.

Lord, have mercy. *(x3)* Glory to the Father and the Son and the Holy Spirit, now and forever and to the ages of ages. Amen.

Our Father, who art in heaven, hallowed be Thy name. Thy kingdom come. Thy will be done, on earth as it is in heaven. Give us this day our daily bread; and forgive us our trespasses, as we forgive those who trespass against us. And lead us not into temptation, but deliver us from the evil one.

Priest: For Yours is the kingdom and the power and the glory, of the Father and the Son and the Holy Spirit, now and forever and to the ages of ages.

Reader: Amen. *(spoken)*

Lord, have mercy *(x12)*.

Glory to the Father and the Son and the Holy Spirit. Both now and ever and to the ages of ages. Amen.

Come, let us worship and fall down before the King, our God.

Come, let us worship and fall down before Christ the King, our God.

Come, let us worship and fall down before Christ himself, the King, our God.

Καὶ τοὺς ἑξῆς Ψαλμοὺς, ὧν ἀναγινωσκομένων ὁ ἱερεὺς θυμιᾷ διὰ κατζίου.

And the following Psalms; as they are being read, the Priest censes with the katzion.

ΨΑΛΜΟΣ ΙΘ´

PSALM 19

Ἐπακούσαι σου Κύριος ἐν ἡμέρᾳ θλίψεως· ὑπερασπίσαι σου τὸ ὄνομα τοῦ Θεοῦ Ἰακώβ. Ἐξαποστείλαι σοι βοήθειαν ἐξ ἁγίου, καὶ ἐκ Σιὼν ἀντιλάβοιτό σου. Μνησθείη πάσης θυσίας σου καὶ τὸ ὁλοκαύτωμά σου πιανάτω. Δῴη σοι Κύριος κατὰ τὴν καρδίαν σου καὶ πᾶσαν τὴν βουλήν σου πληρώσαι. Ἀγαλλιασόμεθα ἐπὶ τῷ σωτηρίῳ σου καὶ ἐν ὀνόματι Κυρίου Θεοῦ ἡμῶν μεγαλυνθησόμεθα. Πληρώσαι Κύριος πάντα τὰ αἰτήματά σου· νῦν ἔγνων, ὅτι ἔσωσε Κύριος τὸν χριστὸν αὐτοῦ. Ἐπακούσεται αὐτοῦ ἐξ οὐρανοῦ ἁγίου αὐτοῦ· ἐν δυναστείαις ἡ σωτηρία τῆς δεξιᾶς αὐτοῦ. Οὗτοι ἐν ἅρμασι καὶ οὗτοι ἐν ἵπποις, ἡμεῖς δὲ ἐν ὀνόματι Κυρίου Θεοῦ ἡμῶν ἐπικαλεσόμεθα. Αὐτοὶ συνεποδίσθησαν καὶ ἔπεσον, ἡμεῖς δὲ ἀνέστημεν καὶ ἀνωρθώθημεν. Κύριε, σῶσον τὸν βασιλέα καὶ ἐπάκουσον ἡμῶν, ἐν ᾗ ἂν ἡμέρᾳ ἐπικαλεσώμεθά σε.

May the Lord hear you in the day of trouble; may the name of the God of Jacob shield you. May he send you his help from the holy place, and support you from Sion. May he remember your every sacrifice, and accept with favor your whole burnt offering. May the Lord give you your heart's desire, and fulfil your every purpose. We shall rejoice in your salvation, and be magnified in the name of our the Lord our God. May the Lord fulfill all your petitions. Now I know that the Lord has saved his Christ. He will hear him from his holy heaven; in mighty acts is the salvation of his right hand. Some put their trust in chariots and some in horses, but we will call on the name of the Lord our God. They were fettered and fell, but we have risen and been set upright. Lord, save the king, and hear us on the day we call upon you.

ΨΑΛΜΟΣ Κ´

PSALM 20

Κύριε, ἐν τῇ δυνάμει σου εὐφρανθήσεται ὁ βασιλεὺς καὶ ἐπὶ τῷ σωτηρίῳ σου ἀγαλλιάσεται σφόδρα. Τὴν ἐπιθυμίαν τῆς καρδίας αὐτοῦ ἔδωκας αὐτῷ καὶ τὴν θέλησιν τῶν χειλέων αὐτοῦ οὐκ ἐστέρησας αὐτόν. Ὅτι προέφθασας αὐτὸν ἐν εὐλογίαις χρηστότητας· ἔθηκας ἐπὶ τὴν κεφαλὴν αὐτοῦ στέφανον ἐκ λίθου τιμίου. Ζωὴν ᾐτήσατό σε, καὶ ἔδωκας αὐτῷ μακρότητα ἡμερῶν εἰς αἰῶνα αἰώνος. Μεγάλη ἡ δόξα αὐτοῦ ἐν τῷ σωτηρίῳ σου· δόξαν καὶ μεγαλοπρέπειαν ἐπιθή-

The king will rejoice in your power, O Lord, he will exult exceedingly in your salvation. You gave him his heart's desire; you did not deny him the request of his lips. For you came to meet him with blessings of goodness; you placed a crown of precious stones upon his head. He asked you for life, and you gave him length of days for age on age. Great is his glory because of your salvation; you will place on him glory and majesty. For you will give him a bless-

σεις ἐπ᾽ αὐτόν. Ὅτι δώσεις αὐτῷ εὐλογίαν εἰς αἰῶνα αἰῶνος· εὐφρανεῖς αὐτὸν ἐν χαρᾷ μετὰ τοῦ προσώπου σου. Ὅτι ὁ βασιλεὺς ἐλπίζει ἐπὶ Κύριον καὶ ἐν τῷ ἐλέει τοῦ Ὑψίστου οὐ μὴ σαλευθῇ. Εὑρεθείη ἡ χείρ σου πᾶσι τοῖς ἐχθροῖς σου· ἡ δεξιά σου εὕροι πάντας τοὺς μισοῦντάς σε. Ὅτι θήσεις αὐτοὺς ὡς κλίβανον πυρὸς εἰς καιρὸν τοῦ προσώπου σου. Κύριος ἐν ὀργῇ αὐτοῦ συνταράξει αὐτοὺς καὶ καταφάγεται αὐτοὺς πῦρ. Τὸν καρπὸν αὐτῶν ἀπὸ τῆς γῆς ἀπολεῖς καὶ τὸ σπέρμα αὐτῶν ἀπὸ υἱῶν ἀνθρώπων. Ὅτι ἔκλιναν εἰς σὲ κακά, διελογίσαντο βουλάς, αἷς οὐ μὴ δύνωνται στῆναι. Ὅτι θήσεις αὐτοὺς νῶτον, ἐν τοῖς περιλοίποις σου ἑτοιμάσεις τὸ πρόσωπον αὐτῶν. Ὑψώθητι, Κύριε, ἐν τῇ δυνάμει σου· ᾄσομεν καὶ ψαλοῦμεν τὰς δυναστείας σου.

ing for age on age, and make him glad with the joy of your countenance. For the king puts his hope in the Lord, and through the mercy of the Most High he will not be shaken. May your hand light upon all your enemies, and your right hand find out all who hate you. You will make them like a blazing oven at the time of your presence. The Lord will confound them in his wrath and fire will devour them. You will destroy their offspring from the earth, and their seed from among the children of mankind. Because they intended evils against you, and devised plans by which they can in no way succeed. For you will put them to flight; among your remnants you will prepare their presence. Be exalted, Lord, in your power; we will sing and praise your mighty acts.

Ὁ Ἀναγνώστης· Ἅγιος ὁ Θεός, Ἅγιος Ἰσχυρός, Ἅγιος Ἀθάνατος, ἐλέησον ἡμᾶς. *(γ΄)*

Reader: Holy God, Holy Mighty, Holy Immortal, have mercy on us. *(x3)*

Δόξα Πατρί, καὶ Υἱῷ, καὶ Ἁγίῳ Πνεύματι. Καὶ νῦν καὶ ἀεί, καὶ εἰς τοὺς αἰῶνας τῶν αἰώνων. Ἀμήν.

Glory to the Father and the Son and the Holy Spirit, now and forever and to the ages of ages. Amen.

Παναγία Τριάς, ἐλέησον ἡμᾶς. Κύριε, ἱλάσθητι ταῖς ἁμαρτίαις ἡμῶν, Δέσποτα, συγχώρησον τὰς ἀνομίας ἡμῖν. Ἅγιε, ἐπίσκεψαι καὶ ἴασαι τὰς ἀσθενείας ἡμῶν, ἕνεκεν τοῦ ὀνόματός σου.

All-holy Trinity, have mercy on us. Lord, forgive our sins. Master, pardon our transgressions. Holy One, visit and heal our infirmities for the glory of Your name.

Κύριε, ἐλέησον. *(γ΄)* Δόξα Πατρί, καὶ Υἱῷ, καὶ Ἁγίῳ Πνεύματι. Καὶ νῦν καὶ ἀεί, καὶ εἰς τοὺς αἰῶνας τῶν αἰώνων. Ἀμήν.

Lord, have mercy. *(x3)* Glory to the Father and the Son and the Holy Spirit, now and forever and to the ages of ages. Amen.

Πάτερ ἡμῶν ὁ ἐν τοῖς οὐρανοῖς, ἁγιασθήτω τὸ ὄνομά σου. Ἐλθέτω ἡ βασιλεία σου. Γενηθήτω τὸ θέλημά σου, ὡς ἐν

Our Father, who art in heaven, hallowed be Thy name. Thy kingdom come. Thy will be done, on earth as it

οὐρανῷ, καὶ ἐπὶ τῆς γῆς. Τὸν ἄρτον ἡμῶν τὸν ἐπιούσιον δὸς ἡμῖν σήμερον. Καὶ ἄφες ἡμῖν τὰ ὀφειλήματα ἡμῶν, ὡς καὶ ἡμεῖς ἀφίεμεν τοῖς ὀφειλέταις ἡμῶν. Καὶ μὴ εἰσενέγκης ἡμᾶς εἰς πειρασμόν, ἀλλὰ ῥῦσαι ἡμᾶς ἀπὸ τοῦ πονηροῦ.

Ὁ Ἱερεύς· Ὅτι σοῦ ἐστιν ἡ Βασιλεία, καὶ ἡ δύναμις, καὶ ἡ δόξα, τοῦ Πατρός, καὶ τοῦ Υἱοῦ, καὶ τοῦ ἁγίου Πνεύματος, νῦν καὶ ἀεὶ καὶ εἰς τοὺς αἰῶνας τῶν αἰώνων.

Ὁ Ἀναγνώστης· Ἀμήν.

Σῶσον, Κύριε, τὸν λαόν σου καὶ εὐλόγησον τὴν κληρονομίαν σου, νίκας τοῖς βασιλεῦσι κατὰ βαρβάρων δωρούμενος, καὶ τὸ σὸν φυλάττων διὰ τοῦ Σταυροῦ σου πολίτευμα.

Δόξα Πατρί, καὶ Υἱῷ, καὶ Ἁγίῳ Πνεύματι.

Ὁ ὑψωθεὶς ἐν τῷ Σταυρῷ ἑκουσίως, τῇ ἐπωνύμῳ σου καινῇ πολιτείᾳ τοὺς οἰκτιρμούς σου δώρησαι, Χριστὲ ὁ Θεός· εὔφρανον ἐν τῇ δυνάμει σου τοὺς πιστοὺς βασιλεῖς ἡμῶν, νίκας χορηγῶν αὐτοῖς κατὰ τῶν πολεμίων· τὴν συμμαχίαν ἔχοιεν τὴν σήν, ὅπλον εἰρήνης, ἀήττητον τρόπαιον.

Καὶ νῦν καὶ ἀεί, καὶ εἰς τοὺς αἰῶνας τῶν αἰώνων. Ἀμήν.

Προστασία φοβερὰ καὶ ἀκαταίσχυντε, μὴ παρίδῃς, Ἀγαθή, τὰς ἱκεσίας ἡμῶν, πανύμνητε Θεοτόκε· στήριξον Ὀρθοδόξων πολιτείαν, σῷζε οὕς ἐκέλευσας βασιλεύειν, καὶ χορήγει αὐτοῖς οὐρανόθεν τὴν νίκην· διότι ἔτεκες τὸν Θεόν, μόνη εὐλογημένη.

is in heaven. Give us this day our daily bread; and forgive us our trespasses, as we forgive those who trespass against us. And lead us not into temptation, but deliver us from the evil one.

Priest: For Yours is the kingdom and the power and the glory, of the Father and the Son and the Holy Spirit, now and forever and to the ages of ages.

Reader: Amen.

Save, O Lord, your people, and bless your inheritance, granting victory to the faithful over the enemy, and by your Cross protecting your commonwealth.

Glory to the Father, Son and Holy Spirit.

You who were lifted on the Cross voluntarily, O Christ our God, bestow Your tender compassion upon Your new community to which You gave Your name. Make our faithful leaders to be glad in Your power, granting them the victories against their adversaries. May they have that alliance which is Yours, the shield of peace, the trophy invincible.

Both now and forever and to the ages of ages. Amen.

O awesome and unashamable Protection, O good and praiseworthy Theotokos, do not despise our petitions; make firm the community of the Orthodox; save those whom you have called to rule; grant them victory from heaven, for you gave birth to God and are truly blessed.

Ὁ Ἱερεύς· Ἐλέησον ἡμᾶς ὁ Θεός, κατὰ τὸ μέγα ἔλεός σου, δεόμεθά σου, ἐπάκουσον καὶ ἐλέησον.

Ὁ Ἀναγνώστης· Κύριε, ἐλέησον. Κύριε, ἐλέησον. Κύριε, ἐλέησον.

Ὁ Ἱερεύς· Ἔτι δεόμεθα ὑπὲρ τῶν εὐσεβῶν καὶ ὀρθοδόξων Χριστιανῶν.

Ὁ Ἀναγνώστης· Κύριε, ἐλέησον. Κύριε, ἐλέησον. Κύριε, ἐλέησον.

Ὁ Ἱερεύς· Ἔτι δεόμεθα ὑπὲρ τοῦ Ἀρχιεπισκόπου ἡμῶν *(δεῖνος)*.

Ὁ Ἀναγνώστης· Κύριε, ἐλέησον. Κύριε, ἐλέησον. Κύριε, ἐλέησον.

Ὁ Ἱερεύς· Ὅτι ἐλεήμων καὶ φιλάνθρωπος Θεὸς ὑπάρχεις, καὶ σοὶ τὴν δόξαν ἀναπέμπομεν, τῷ Πατρὶ καὶ τῷ Υἱῷ καὶ τῷ Ἁγίῳ Πνεύματι, νῦν καὶ ἀεὶ καὶ εἰς τοὺς αἰῶνας τῶν αἰώνων.

Ὁ Ἀναγνώστης· Ἀμήν. Ἐν ὀνόματι Κυρίου εὐλόγησον, Πάτερ.

Ὁ Ἱερεύς· Δόξα τῇ ἁγίᾳ καὶ ὁμοουσίῳ καὶ ζωοποιῷ καὶ ἀδιαιρέτῳ Τριάδι, πάντοτε, νῦν καὶ ἀεὶ καὶ εἰς τοὺς αἰῶνας τῶν αἰώνων.

Ὁ Ἀναγνώστης· Ἀμήν. *(χῦμα)*

Καὶ ἀναγινώσκει ὁ προεστὼς (ἢ ὁ ἀναγνώστης) τὸν Ἑξάψαλμον. (Βλ. σελ. 67)

Ὁ δὲ ἱερεὺς ἱστάμενος ἀσκεπὴς ἐνώπιον τῆς ἁγίας Τραπέζης ἀναγινώσκει τὰς εὐχὰς τοῦ Ὄρθρου· μετὰ δὲ τὴν ἀνάγνωσιν τῶν τριῶν πρώτων Ψαλμῶν ἐξελθὼν διὰ τῆς βορείου πύλης ἀναγινώσκει ἐνώπιον τῆς εἰκόνος τοῦ Χριστοῦ τὰς ὑπολοίπους εὐχάς.

Α΄ Εὐχή

Εὐχαριστοῦμέν σοι, Κύριε, ὁ Θεὸς ἡμῶν, τῷ ἐξαναστήσαντι ἡμᾶς ἐκ τῶν κοιτῶν ἡμῶν, καὶ ἐμβάλλοντι εἰς τὸ στόμα ἡμῶν λόγον αἰνέσεως, τοῦ προσκυνεῖν

Priest: Have mercy on us, O God, according to your great mercy, we pray you, hear and have mercy.

Reader: Lord, have mercy. Lord, have mercy. Lord, have mercy.

Priest: Let us pray for pious and Orthodox Christians.

Reader: Lord, have mercy. Lord, have mercy. Lord, have mercy.

Priest: Let us pray for our Archbishop *(Name)*.

Reader: Lord, have mercy. Lord, have mercy. Lord, have mercy.

Priest: For you are a merciful and loving God, and to you we give glory, to the Father and the Son and the Holy Spirit, now and forever and to the ages of ages.

Reader: Amen. In the name of the Lord, Father give the blessing.

Priest: Glory to the holy and consubstantial, and life-giving, and undivided Trinity, always, now and forever and to the ages of ages.

Reader: Amen. *(spoken)*

And the President (or the Reader) reads the Six Psalms. (See p. 67)

The Priest, standing with head uncovered before the Holy Table, reads the prayers of Orthros; after reading the first three Psalms, he exits through the north door and reads the remaining prayers before the icon of Christ.

1st Prayer

We thank you, Lord our God, who have roused us from our beds and placed in our mouth a word of praise, to worship and call upon your Holy Name,

καὶ ἐπικαλεῖσθαι τὸ ὄνομά σου τὸ ἅγιον· καὶ δεόμεθα τοῖς σοῖς οἰκτιρμοῖς, οἷς πάντοτε ἐχρήσω περὶ τὴν ἡμετέραν ζωήν. Καὶ νῦν ἐξαπόστειλον τὴν βοήθειάν σου ἐπὶ τοὺς ἑστῶτας πρὸ προσώπου τῆς ἁγίας δόξης σου καὶ ἀπεκδεχομένους τὸ παρὰ σοῦ πλούσιον ἔλεος καὶ δὸς αὐτοῖς μετὰ φόβου καὶ ἀγάπης πάντοτε σοι λατρεύειν, αἰνεῖν, ὑμνεῖν, προσκυνεῖν, τὴν ἀνεκδιήγητόν σου ἀγαθότητα.

Ὅτι πρέπει σοι, πᾶσα δόξα, τιμὴ καὶ προσκύνησις, τῷ Πατρὶ καὶ τῷ Υἱῷ καὶ τῷ Ἁγίῳ Πνεύματι, νῦν καὶ ἀεὶ καὶ εἰς τοὺς αἰῶνας τῶν αἰώνων. Ἀμήν.

Β΄ Εὐχή

Ἐκ νυκτὸς ὀρθρίζει τὸ πνεῦμα ἡμῶν πρὸς σέ, ὁ Θεὸς ἡμῶν, διότι φῶς τὰ προστάγματά σου ἐπὶ τῆς γῆς· δικαιοσύνην καὶ ἁγιασμὸν ἐπιτελεῖν ἐν τῷ φόβῳ σου, συνέτισον ἡμᾶς· σὲ γὰρ δοξάζομεν τὸν ὄντως ὄντα Θεὸν ἡμῶν. Κλῖνον τὸ οὖς σου καὶ ἐπάκουσον ἡμῶν· καὶ μνήσθητι, Κύριε, τῶν συμπαρόντων καὶ συνευχομένων ἡμῖν πάντων κατ᾽ ὄνομα καὶ σῶσον αὐτοὺς τῇ δυνάμει σου· εὐλόγησον τὸν λαόν σου καὶ ἁγίασον τὴν κληρονομίαν σου· εἰρήνην τῷ κόσμῳ σου δώρησαι, ταῖς ἐκκλησίαις σου, τοῖς ἱερεῦσι, τοῖς βασιλεῦσιν, ἡμῶν καὶ παντὶ τῷ λαῷ σου.

Ὅτι ηὐλόγηται καὶ δεδόξασται τὸ πάντιμον καὶ μεγαλοπρεπὲς ὄνομά σου, τοῦ Πατρὸς καὶ τοῦ Υἱοῦ καὶ τοῦ Ἁγίου Πνεύματος, νῦν καὶ ἀεὶ καὶ εἰς τοὺς αἰῶνας τῶν αἰώνων. Ἀμήν.

Γ΄ Εὐχή

Ἐκ νυκτὸς ὀρθρίζει τὸ πνεῦμα ἡμῶν πρὸς σέ ὁ Θεός, διότι φῶς τὰ προστάγματα σου. Δίδαξον ἡμᾶς, ὁ Θεός, τὴν δικαιοσύνην σου, τὰς ἐντολάς σου καὶ τὰ δικαιώματά σου· φώτισον τοὺς ὀφθαλμοὺς τῶν

and we beseech you by your acts of pity, with which you have always treated our life. And now send forth your help on those who stand before the presence of your holy glory and who await the rich mercy which comes from you, and grant that they may always serve, praise, hymn and worship your inexpressible loving-kindness.

For to you belong all glory, honour and worship, to the Father, the Son and the holy Spirit, now and for ever, and to the ages of ages. Amen.

2nd Prayer

At night our spirit rises early to you, our God, for your commandments are light upon the earth. Teach us justice and sanctification in fear of you; for we glorify you who are our God, the One who truly exists. Incline your ear and hear us; and remember, Lord, by name all those who are present and who pray with us, and save them by your power. Bless your people and sanctify your inheritance. Give peace to your world, to the churches, to the priests, to our rulers and to all your people.

For blessed and glorified is your all-honoured and majestic name, of the Father, the Son and the Holy Spirit now and for ever, and to the ages of ages. Amen.

3rd Prayer

At night our spirit rises early to you, O God, for your commandments are light. Teach us your justice, O God, your commands and your statutes. Enlighten the eyes of our understanding,

διανοιῶν ἡμῶν, μήποτε ὑπνώσωμεν ἐν ἁμαρτίαις εἰς θάνατον· ἀπέλασον πάντα ζόφον ἀπὸ τῶν καρδιῶν ἡμῶν· χάρισαι ἡμῖν τὸν τῆς δικαιοσύνης ἥλιον καὶ ἀνεπηρέαστον τὴν ζωὴν ἡμῶν διαφύλαξον ἐν τῇ σφραγῖδι τοῦ ἁγίου σου Πνεύματος· κατεύθυνον τὰ διαβήματα ἡμῶν εἰς ὁδὸν εἰρήνης· δὸς ἡμῖν ἰδεῖν τὸν ὄρθρον καὶ τὴν ἡμέραν ἐν ἀγαλλιάσει, ἵνα σοι τὰς ἑωθινὰς ἀναπέμπωμεν εὐχάς.

Ὅτι σὸν τὸ κράτος καὶ σοῦ ἐστιν ἡ βασιλεία καὶ ἡ δύναμις καὶ ἡ δόξα, τοῦ Πατρὸς καί τοῦ Υἱοῦ καί τοῦ Ἁγίου Πνεύματος, νῦν καὶ ἀεὶ καὶ εἰς τοὺς αἰῶνας τῶν αἰώνων.

Δ' Εὐχή

Δέσποτα ὁ Θεός, ὁ ἅγιος καὶ ἀκατάληπτος, ὁ εἰπὼν ἐκ σκότους φῶς λάμψαι, ὁ ἀναπαύσας ἡμᾶς ἐν τῷ τῆς νυκτὸς ὕπνῳ καὶ διαναστήσας πρὸς δοξολογίαν καὶ ἱκεσίαν τῆς σῆς ἀγαθότητος, δυσωπούμενος ὑπὸ τῆς ἰδίας σου εὐσπλαγχνίας, πρόσδεξαι ἡμᾶς καὶ νῦν προσκυνοῦντάς σε καὶ κατὰ δύναμιν εὐχαριστοῦντάς σοι καὶ δώρησαι ἡμῖν πάντα τὰ πρὸς σωτηρίαν αἰτήματα· ἀνάδειξον ἡμᾶς υἱοὺς φωτὸς καὶ ἡμέρας καὶ κληρονόμους τῶν αἰωνίων σου ἀγαθῶν. Μνήσθητι, Κύριε, ἐν τῷ πλήθει τῶν οἰκτιρμῶν σου καὶ παντὸς τοῦ λαοῦ σου, τῶν συμπαρόντων καὶ συνευχομένων ἡμῖν καὶ πάντων τῶν ἀδελφῶν ἡμῶν, τῶν ἐν γῇ, τῶν ἐν θαλάσσῃ, τῶν ἐν παντὶ τόπῳ τῆς δεσποτείας σου δεομένων τῆς σῆς φιλανθρωπίας καὶ βοηθείας, καὶ πᾶσι χορήγησον τὸ μέγα σου ἔλεος.

Ἵνα, σεσωσμένοι ψυχῇ τε καὶ σώματι πάντοτε διαμένοντες, μετὰ παρρησίας δοξάζωμεν τὸ θαυμαστὸν καὶ εὐλογημένον ὄνομά σου, τοῦ Πατρὸς καί τοῦ Υἱοῦ καί τοῦ Ἁγίου Πνεύματος, νῦν καὶ ἀεὶ καὶ εἰς τοὺς αἰώνας τῶν αἰώνων. Ἀμήν.

lest we ever sleep unto death in sins. Drive away all gloomy darkness from our hearts. Give us the grace of the sun of justice and by the seal of your Holy Spirit keep our life free from harm. Direct our steps in the way of peace. Grant that we may see the dawn and the day in joy, that we may offer your our morning prayers.

For yours is the might and yours is the kingdom, the power and the glory, of the Father, the Son and the Holy Spirit, now and for ever, and to the ages of ages. Amen.

4th Prayer

Master and God, holy and beyond understanding, who said: Let light shine out of darkness, who have given us rest by the sleep of the night and raised us up to glorify and implore your loving kindness; entreated by your own compassion, accept us who now worship you and give you thanks in the measure of our power, and grant us all our requests that are for salvation. Declare us to be children of light and of the day, and heirs of your eternal blessings. Remember also, Lord, in the greatness of your compassion all your people, those present with us and who pray with us, and all our brethren by land and sea and in every place of your dominion who ask for your love for humankind and your help; and give to all your great mercy.

So that, always kept safe in soul and body, we may glorify with boldness your wondrous and blessed name, of the Father, the Son and the Holy Spirit, now and for ever, and to the ages of ages. Amen.

Ε΄ Εὐχή

Ἀγαθῶν θησαυρέ, πηγὴ ἀέναος, Πάτερ ἅγιε, θαυμαστοποιέ, παντοδύναμε καὶ παντοκράτορ, πάντες σὲ προσκυνοῦμεν καὶ σοῦ δεόμεθα, τὰ σὰ ἐλέη καὶ τοὺς σοὺς οἰκτιρμοὺς ἐπικαλούμενοι εἰς βοήθειαν καὶ ἀντίληψιν τῆς ἡμετέρας ταπεινώσεως. Μνήσθητι, Κύριε, τῶν σῶν ἱκετῶν· πρόσδεξαι πάντων ἡμῶν τὰς ἑωθινὰς δεήσεις, ὡς θυμίαμα ἐνώπιόν σου, καὶ μηδένα ἡμῶν ἀδόκιμον ποιήσῃς, ἀλλὰ πάντας ἡμᾶς περιποίησαι διὰ τῶν οἰκτιρμῶν σου. Μνήσθητι, Κύριε, τῶν ἀγρυπνούντων καὶ ψαλλόντων εἰς δόξαν σὴν καὶ τοῦ μονογενοῦς σου Υἱοῦ καὶ Θεοῦ ἡμῶν καὶ τοῦ ἁγίου σου Πνεύματος. Γενοῦ αὐτῶν βοηθὸς καὶ ἀντιλήπτωρ· πρόσδεξαι αὐτῶν τὰς ἱκεσίας εἰς τὸ ὑπερουράνιον καὶ νοερόν σου θυσιαστήριον.

Ὅτι σὺ εἶ ὁ Θεὸς ἡμῶν, καὶ σοὶ τὴν δόξαν ἀναπέμπομεν, τῷ Πατρὶ καὶ τῷ Υἱῷ καὶ τῷ Ἁγίῳ Πνεύματι, νῦν καὶ ἀεὶ καὶ εἰς τοὺς αἰῶνας τῶν αἰώνων. Ἀμήν.

ΣΤ΄ Εὐχή

Εὐχαριστοῦμέν σοι, Κύριε ὁ Θεὸς τῶν σωτηρίων ἡμῶν, ὅτι πάντα ποιεῖς εἰς εὐεργεσίαν τῆς ζωῆς ἡμῶν, ἵνα διὰ παντὸς πρὸς σὲ ἀποβλέπωμεν, τὸν σωτῆρα καὶ εὐεργέτην τῶν ἡμετέρων ψυχῶν· ὅτι διανέπαυσας ἡμᾶς ἐν τῷ παρελθόντι τῆς νυκτὸς μέτρῳ καὶ ἐξήγειρας ἡμᾶς ἐκ τῶν κοιτῶν ἡμῶν καὶ ἔστησας εἰς προσκύνησιν τοῦ τιμίου ὀνόματός σου. Διὸ δεόμεθά σου, Κύριε· δὸς ἡμῖν χάριν καὶ δύναμιν, ἵνα καταξιωθῶμεν ψάλλειν σοι συνετῶς καὶ προσεύχεσθαι ἀδιαλείπτως ἐν φόβῳ καὶ τρόμῳ, τὴν ἑαυτῶν σωτηρίαν κατεργαζόμενοι, διὰ τῆς ἀντιλήψεως τοῦ Χριστοῦ σου. Μνήσθητι, Κύριε, καὶ τῶν ἐν νυκτὶ πρὸς σὲ βοώντων· ἐπάκουσον αὐτῶν καὶ ἐλέησον καὶ σύντριψον ὑπὸ

5th Prayer

Treasury of blessings, ever-flowing Source, Holy Father, worker of wonders, all-powerful and almighty, we all worship you and beseech you, as we invoke your acts of mercy and compassion to help and assist our lowliness. Remember your suppliants, Lord; accept the morning prayers of us all like incense before you, and make none of us reprobate, but keep us all through your acts of compassion. Remember, Lord, those who keep vigil and who chant to your glory and that of your Son and our God and of your Holy Spirit. Be their help and their aid; accept their supplications on your heavenly and spiritual altar.

For you are our God and to you we give glory, to the Father, the Son and the Holy Spirit, now and for ever, and to the ages of ages. Amen.

6th Prayer

We give thanks to you, Lord God of our salvation, for you do all things for the well-being of our life, that we may at all times look to you, the Saviour and Benefactor of our souls. We give thanks to you, for you have given us rest in the part of the night which has passed and roused us from our beds and placed us here for the worship of your honoured name. Therefore we beg you, Lord: Give us grace and power, so that we may be counted worthy to chant to you with understanding and to pray without ceasing in fear and trembling, as we work out our salvation through the assistance of your Son. Remember too, Lord, those who cry out to you by

τοὺς πόδας αὐτῶν τοὺς ἀοράτους καὶ πολεμίους ἐχθρούς.

Σὺ γὰρ εἶ ὁ Βασιλεὺς τῆς εἰρήνης καὶ Σωτὴρ τῶν ψυχῶν ἡμῶν, καὶ σοὶ τὴν δόξαν ἀναπέμπομεν, τῷ Πατρὶ καὶ τῷ Υἱῷ καὶ τῷ Ἁγίῳ Πνεύματι, νῦν καὶ ἀεὶ καὶ εἰς τοὺς αἰῶνας τῶν αἰώνων. Ἀμήν.

Ζ΄ Εὐχή

Ὁ Θεὸς καὶ Πατὴρ τοῦ Κυρίου ἡμῶν Ἰησοῦ Χριστοῦ, ὁ ἐξαναστήσας ἡμᾶς ἐκ τῶν κοιτῶν ἡμῶν καὶ ἐπισυναγαγὼν ἐπὶ τὴν ὥραν τῆς προσευχῆς, δὸς ἡμῖν χάριν ἐν ἀνοίξει τοῦ στόματος ἡμῶν καὶ πρόσδεξαι ἡμῶν τὰς κατὰ δύναμιν εὐχαριστίας· καὶ δίδαξον ἡμᾶς τὰ δικαιώματά σου, ὅτι προσεύξασθαι καθ᾽ ὃ δεῖ οὐκ οἴδαμεν, ἐὰν μὴ σύ, Κύριε, τῷ Πνεύματί σου τῷ ἁγίῳ ὁδηγήσῃς ἡμᾶς. Διό, δεόμεθα σου· εἴ τι ἡμάρτομεν μέχρι τῆς παρούσης ὥρας, ἐν λόγῳ ἢ ἔργῳ ἢ κατὰ διάνοιαν, ἑκουσίως ἢ ἀκουσίως, ἄνες, ἄφες, συγχώρησον· ἐὰν γὰρ ἀνομίας παρατηρήσῃς, Κύριε, Κύριε, τίς ὑποστήσεται; ὅτι παρὰ σοὶ ἡ ἀπολύτρωσις. Σὺ εἶ μόνος ἅγιος, βοηθός, κραταιὸς ὑπερασπιστὴς τῆς ζωῆς ἡμῶν καὶ ἐν σοὶ ἡ ὕμνησις ἡμῶν διαπαντός.

Εἴη τὸ κράτος τῆς βασιλείας σου εὐλογημένον καὶ δεδοξασμένον τοῦ Πατρὸς καὶ τοῦ Υἱοῦ καὶ τοῦ Ἁγίου Πνεύματος, νῦν καὶ ἀεὶ καὶ εἰς τοὺς αἰῶνας τῶν αἰώνων. Ἀμήν.

Η΄ Εὐχή

Κύριε ὁ Θεὸς ἡμῶν, ὁ τὴν τοῦ ὕπνου ῥαθυμίαν ἀποσκεδάσας ἀφ᾽ ἡμῶν, καὶ συγκαλέσας ἡμᾶς κλήσει ἁγίᾳ, τοῦ καὶ ἐν νυκτὶ ἐπᾶραι τὰς χεῖρας ἡμῶν καὶ ἐξομολογεῖσθαί σοι ἐπὶ τὰ κρίματα τῆς δικαιοσύνης σου, πρόσδεξαι τὰς δεήσεις ἡμῶν, τὰς ἐντεύξεις, τὰς ἐξομολογήσεις, τὰς

night. Hear them and have mercy, and crush beneath their feet their invisible and hostile foes.

For you are the King of peace and the Saviour of our souls, and to you we give glory, to the Father, the Son and the Holy Spirit, now and for ever, and to the ages of ages. Amen.

7th Prayer

God and Father of our Lord Jesus Christ, who have raised us from our beds and gathered us together for this hour of prayer, give us grace by the opening of our mouths and accept our thanksgivings, in the measure of our ability. Teach us your statutes, because we do not know how to pray as we ought, unless you, Lord guide us by your Holy Spirit. Therefore we beg you, if we have sinned in any way until the present hour in word or deed or by thought, voluntarily or involuntarily, remit, forgive, pardon. For if you should regard iniquities, Lord; Lord, who will stand? For there is redemption from you. You alone are holy, a helper, a mighty defender of our life, and in you is our praise at all times.

Blessed and glorified be the might of your Kingdom, of the Father, the Son and the Holy Spirit, now and for ever, and to the ages of ages. Amen.

8th Prayer

Lord our God, who have driven from us the sloth of sleep and called us together with a holy summons to lift up our hands and to give you thanks for the judgements of your justice, accept our supplications, our requests, our thanksgivings, our nocturnal worship;

νυκτερινὰς λατρείας· καὶ χάρισαι ἡμῖν, ὁ Θεός, πίστιν ἀκαταίσχυντον, ἐλπίδα βεβαίαν, ἀγάπην ἀνυπόκριτον· εὐλόγησον ἡμῶν εἰσόδους καὶ ἐξόδους, πράξεις, ἔργα, λόγους, ἐνθυμήσεις· καὶ δὸς ἡμῖν καταντῆσαι εἰς τὰς ἀρχὰς τῆς ἡμέρας, αἰνοῦντας, ὑμνοῦντας, εὐλογοῦντας τῆς σῆς ἀφράστου χρηστότητος τὴν ἀγαθότητα.

Ὅτι ηὐλόγηταί τὸ πανάγιον σου ὄνομα, καὶ δεδόξασταί σου ἡ βασιλεία, τοῦ Πατρὸς καὶ τοῦ Υἱοῦ καὶ τοῦ Ἁγίου Πνεύματος, νῦν καὶ ἀεὶ καὶ εἰς τοὺς αἰῶνας τῶν αἰώνων. Ἀμήν.

Θ′ Εὐχή

Λάμψον, Δέσποτα φιλάνθρωπε, ἐν ταῖς καρδίαις ἡμῶν, τὸ τῆς σῆς θεογνωσίας ἀκήρατον φῶς, καὶ τοὺς τῆς διανοίας ἡμῶν ὀφθαλμοὺς διάνοιξον εἰς τὴν τῶν εὐαγγελικῶν σου κηρυγμάτων κατανόησιν. Ἔνθες ἡμῖν καὶ τὸν τῶν μακαρίων σου ἐντολῶν φόβον, ἵνα πάσας τὰς σαρκικὰς ἐπιθυμίας καταπατήσαντες, πνευματικὴν πολιτείαν μετέλθωμεν, πάντα τὰ πρὸς εὐαρέστησιν τὴν σὴν καὶ φρονοῦντες καὶ πράττοντες.

Ὅτι σὺ εἶ ὁ ἁγιασμὸς ἡμῶν, καὶ σοὶ τὴν δόξαν ἀναπέμπομεν, τῷ Πατρὶ καὶ τῷ Υἱῷ καὶ τῷ Ἁγίῳ Πνεύματι, νῦν καὶ ἀεὶ καὶ εἰς τοὺς αἰῶνας τῶν αἰώνων. Ἀμήν.

Ι′ Εὐχή

Κύριε ὁ Θεὸς ἡμῶν, ὁ τὴν διὰ μετανοίας ἄφεσιν τοῖς ἀνθρώποις δωρησάμενος καὶ τύπον ἡμῖν ἐπιγνώσεως ἁμαρτημάτων καὶ ἐξομολογήσεως τὴν τοῦ προφήτου Δαυῒδ μετάνοιαν πρὸς συγχώρησιν ὑποδείξας· αὐτός, Δέσποτα, πολλοῖς ἡμᾶς καὶ μεγάλοις περιπεπτωκότας πλημμελήμασιν, ἐλέησον κατὰ τὸ μέγα σου ἔλεος, καί, κατὰ τὸ πλῆθος τῶν οἰκτιρμῶν σου,

and give us, O God, the grace of faith unashamed, sure hope, love without pretence. Bless our comings in and our goings out, our deeds, works, words, desires, and grant that we may meet the beginnings of the day praising, singing, blessing the loving-kindness of your ineffable goodness.

For blessed is your all-holy name and glorified is your kingdom, of the Father, the Son and the Holy Spirit, now and for ever, and to the ages of ages. Amen.

9th Prayer

Light in our hearts, Master, lover of humankind, the unsullied light of your divine knowledge, and open the eyes of our mind to the understanding of the proclamation of your Gospel. Instill in us also the fear of your blessed commandments, so that having trampled down all the desires of the flesh we may pass over to a spiritual way of life, thinking and doing all things that are well-pleasing to you.

For you are our sanctification and to you we give glory, to the Father, the Son and the Holy Spirit, now and for ever, and to the ages of ages. Amen.

10th Prayer

Lord our God, who have granted humankind forgiveness through repentance and shown us an image of acknowledgement and confession of sins: the repentance leading to pardon of the prophet David, in accordance with your great mercy have mercy on us, who have fallen by many and great offences, and, in accordance with the multitude of

ἐξάλειψον τὰ ἀνομήματα ἡμῶν· ὅτι σοι ἡμάρτομεν, Κύριε, τῷ καὶ τὰ ἄδηλα καὶ κρύφια τῆς καρδίας τῶν ἀνθρώπων γινώσκοντι καὶ μόνῳ ἔχοντι ἐξουσίαν ἀφιέναι ἁμαρτίας. Καρδίαν δὲ καθαρὰν κτίσας ἐν ἡμῖν καὶ πνεύματι ἡγεμονικῷ στηρίξας ἡμᾶς καὶ τὴν ἀγαλλίασιν τοῦ σωτηρίου σου γνωρίσας ἡμῖν, μὴ ἀποῤῥίψῃς ἡμᾶς ἀπὸ τοῦ προσώπου σου· ἀλλ' εὐδόκησον, ὡς ἀγαθὸς καὶ φιλάνθρωπος, μέχρι τῆς ἐσχάτης ἡμῶν ἀναπνοῆς προσφέρειν σοι θυσίαν δικαιοσύνης καὶ ἀναφορὰν ἐν τοῖς ἁγίοις σου θυσιαστηρίοις.

Ἐλέει, καὶ οἰκτιρμοῖς, καὶ φιλανθρωπίᾳ τοῦ μονογενοῦς σου Υἱοῦ, μεθ' οὗ εὐλογητὸς εἶ, σὺν τῷ παναγίῳ καὶ ἀγαθῷ καὶ ζωοποιῷ σου Πνεύματι, νῦν καὶ ἀεὶ καὶ εἰς τοὺς αἰῶνας τῶν αἰώνων. Ἀμήν.

ΙΑ' Εὐχή

Ὁ Θεός, ὁ Θεὸς ἡμῶν, ὁ τὰς νοερὰς καὶ λογικὰς ὑποστησάμενος δυνάμεις τῷ σῷ θελήματι, σοῦ δεόμεθα καὶ σὲ ἱκετεύομεν, πρόσδεξαι ἡμῶν μετὰ τῶν κτισμάτων σου πάντων τὴν κατὰ δύναμιν δοξολογίαν καὶ ταῖς πλουσίαις τῆς σῆς ἀγαθότητος ἀντάμειψαι δωρεαῖς· ὅτι σοὶ κάμπτει πᾶν γόνυ ἐπουρανίων καὶ ἐπιγείων καὶ καταχθονίων καὶ πᾶσα πνοὴ καὶ κτίσις ὑμνεῖ τὴν ἀκατάληπτόν σου δόξαν· μόνος γὰρ εἶ Θεὸς ἀληθινὸς καὶ πολυέλεος.

Ὅτι σὲ αἰνοῦσι πᾶσαι αἱ δυνάμεις τῶν οὐρανῶν, καὶ σοὶ τὴν δόξαν ἀναπέμπομεν, τῷ Πατρὶ καὶ τῷ Υἱῷ καὶ τῷ Ἁγίῳ Πνεύματι, νῦν καὶ ἀεὶ καὶ εἰς τοὺς αἰῶνας τῶν αἰώνων. Ἀμήν.

your pity, wipe away our offences. For we have sinned against you, Lord, who know too the hidden and secret things of the human heart and who alone have authority to forgive sins. Create a clean heart in us and by your sovereign Spirit establish us and make known to us the joy of your salvation. Do not cast us away from your presence, but be well pleased, as you are good and love humankind, for us to offer you until our last breath a sacrifice of justice and an offering on your holy altars.

By the mercy and compassion and love for humankind of your only-begotten Son, with whom you are blessed, together with your all-holy, good and life-giving Spirit, now and for ever, and to the ages of ages. Amen.

11th Prayer

O God, our God, who by your will have brought into being the spiritual and rational Powers, we beseech and implore you, accept with that of all your creatures our hymn of glory in the measure of our power, and grant us in return the rich gifts of your loving-kindness. For to you bends every knee of those in heaven and on earth and under the earth, and everything that has breath and all creation sings the praise of your incomprehensible glory. For you alone are God, true and of great mercy.

For all the Powers of heaven praise you and to you we give glory, to the Father, the Son and the Holy Spirit, now and for ever, and to the ages of ages. Amen.

ΙΒ΄ Εὐχή

Αἰνοῦμεν, ὑμνοῦμεν, εὐλογοῦμεν καὶ εὐχαριστοῦμέν σοι, ὁ Θεὸς τῶν πατέρων ἡμῶν, ὅτι παρήγαγες τὴν σκιὰν τῆς νυκτὸς καὶ ἔδειξας ἡμῖν πάλιν τὸ φῶς τῆς ἡμέρας· ἀλλ᾿ ἱκετεύομεν τὴν σὴν ἀγαθότητα· ἱλάσθητι ταῖς ἁμαρτίαις ἡμῶν καὶ πρόσδεξαι τὴν δέησιν ἡμῶν ἐν τῇ μεγάλῃ σου εὐσπλαγχνίᾳ, ὅτι πρὸς σὲ καταφεύγομεν, τὸν ἐλεήμονα καὶ παντοδύναμον Θεόν· λάμψον ἐν ταῖς καρδίαις ἡμῶν τὸν ἀληθινὸν ἥλιον τῆς δικαιοσύνης σου· φώτισον τὸν νοῦν ἡμῶν καὶ τὰς αἰσθήσεις ὅλας διατήρησον, ἵνα ὡς ἐν ἡμέρᾳ εὐσχημόνως περιπατοῦντες τὴν ὁδὸν τῶν ἐντολῶν σου, καταντήσωμεν εἰς τὴν ζωὴν τὴν αἰώνιον· ὅτι παρὰ σοί ἐστιν ἡ πηγὴ τῆς ζωῆς καὶ ἐν ἀπολαύσει γενέσθαι καταξιωθῶμεν τοῦ ἀπροσίτου φωτός.

Ὅτι σὺ εἶ ὁ Θεὸς ἡμῶν, καὶ σοὶ τὴν δόξαν ἀναπέμπομεν, τῷ Πατρὶ καὶ τῷ Υἱῷ καὶ τῷ Ἁγίῳ Πνεύματι, νῦν καὶ ἀεὶ καὶ εἰς τοὺς αἰῶνας τῶν αἰώνων. Ἀμήν.

Καὶ μετὰ τὴν ἀνάγνωσιν τῶν εὐχῶν ὁ ἱερεὺς ἀσπασάμενος τὴν δεσποτικὴν εἰκόνα εἰσέρχεται διὰ τῆς νοτίου πύλης εἰς τὸ Ἱερόν.

Ὁ ΕΞΑΨΑΛΜΟΣ.

Δόξα ἐν ὑψίστοις Θεῷ καὶ ἐπὶ γῆς εἰρήνη, ἐν ἀνθρώποις εὐδοκία. (γ΄)

Κύριε, τὰ χείλη μου ἀνοίξεις, καὶ τὸ στόμα μου ἀναγγελεῖ τὴν αἴνεσίν σου. (β΄)

ΨΑΛΜΟΣ Γ΄

Κύριε, τί ἐπληθύνθησαν οἱ θλίβοντές με; Πολλοὶ ἐπανίστανται ἐπ᾿ ἐμέ.

Πολλοὶ λέγουσι τῇ ψυχῇ μου· οὐκ ἔστι σωτηρία αὐτῷ ἐν τῷ Θεῷ αὐτοῦ.

12th Prayer

We praise, hymn, bless and give you thanks, O God of our fathers, for you have turned aside the shades of night and shown us again the light of day. But we implore your loving-kindness: Be merciful to our sins and accept our supplication in your great compassion, for we take refuge in you, the merciful and all-powerful God. Make the true sun of justice shine in our hearts; enlighten our mind and guard all our senses, so that, walking uprightly by day in the way of your commandments, we may reach eternal life; for with you is the source of life, and may we be counted worthy to come to the enjoyment of the unapproachable light.

For you are our God and to you we give glory, to the Father, the Son and the Holy Spirit, now and for ever, and to the ages of ages. Amen.

And after the reading of the prayers, the Priest venerates the icon of the Lord and enters through the south door into the sanctuary.

THE SIX PSALMS.

Glory to God in the highest, and on earth peace, goodwill toward men! (*x3*)

O Lord, You shall open my lips, and my mouth will declare Your praise. (*x2*)

PSALM 3

Lord, why are they so many that afflict me? Many are they who rise up against me.

Many say to my soul, "There is no salvation for him in his God."

Σὺ δέ, Κύριε, ἀντιλήπτωρ μου εἶ, δόξα μου καὶ ὑψῶν τὴν κεφαλήν μου.

Φωνῇ μου πρὸς Κύριον ἐκέκραξα, καὶ ἐπήκουσέ μου ἐξ ὄρους ἁγίου αὐτοῦ.

Ἐγὼ δὲ ἐκοιμήθην καὶ ὕπνωσα· ἐξηγέρθην, ὅτι Κύριος ἀντιλήψεταί μου.

Οὐ φοβηθήσομαι ἀπὸ μυριάδων λαοῦ τῶν κύκλῳ συνεπιτιθεμένων μοι.

Ἀνάστα, Κύριε, σῶσόν με ὁ Θεός μου, ὅτι σὺ ἐπάταξας πάντας τοὺς ἐχθραίνοντάς μοι ματαίως, ὀδόντας ἁμαρτωλῶν συνέτριψας.

Τοῦ Κυρίου ἡ σωτηρία, καὶ ἐπὶ τὸν λαόν σου ἡ εὐλογία σου.

Καὶ πάλιν.

Ἐγὼ δὲ ἐκοιμήθην καὶ ὕπνωσα· ἐξηγέρθην, ὅτι Κύριος ἀντιλήψεταί μου. *(β΄)*

ΨΑΛΜΟΣ ΛΖ΄

Κύριε, μὴ τῷ θυμῷ σου ἐλέγξῃς με, μηδὲ τῇ ὀργῇ σου παιδεύσῃς με.

Ὅτι τὰ βέλη σου ἐνεπάγησάν μοι, καὶ ἐπεστήριξας ἐπ᾽ ἐμὲ τὴν χεῖρά σου.

Οὐκ ἔστιν ἴασις ἐν τῇ σαρκί μου ἀπὸ προσώπου τῆς ὀργῆς σου, οὐκ ἔστιν εἰρήνη ἐν τοῖς ὀστέοις μου ἀπὸ προσώπου τῶν ἁμαρτιῶν μου.

Ὅτι αἱ ἀνομίαι μου ὑπερῆραν τὴν κεφαλήν μου, ὡσεὶ φορτίον βαρὺ ἐβαρύνθησαν ἐπ᾽ ἐμέ.

Προσώζεσαν καὶ ἐσάπησαν οἱ μώλωπές μου ἀπὸ προσώπου τῆς ἀφροσύνης μου.

Ἐταλαιπώρησα καὶ κατεκάμφθην ἕως τέλους, ὅλην τὴν ἡμέραν σκυθρωπάζων ἐπορευόμην.

But You, O Lord, are my helper, my glory, who lifts up my head.

With my voice I cried to the Lord, and He heard me from His holy mountain.

As for me, I lay down and slept. I arose, for the Lord will help me.

I will not be afraid of ten thousands of people arrayed against me all around.

Arise, O Lord. Save me, O my God. For You have stricken all who hated me without cause; the teeth of sinners You have shattered.

My salvation is of the Lord; and upon Your people is Your blessing.

And again

I lay down and slept. I arose, for the Lord will help me. *(x2)*

PSALM 37

O Lord, in Your anger rebuke me not, neither in Your wrath chasten me.

For Your arrows are stuck fast in me; and You have brought down Your hand against me.

There is no healing in my flesh because of your wrath. There is no peace in my bones because of my sins.

For my iniquities have risen higher than my head; they have weighed upon me like a heavy burden.

My sores are foul and festering, because of my folly.

I am exhausted and completely bent over; all the day long despondently I carried myself.

Ὅτι αἱ ψόαι μου ἐπλήσθησαν ἐμπαιγμάτων, καὶ οὐκ ἔστιν ἴασις ἐν τῇ σαρκί μου.

Ἐκακώθην καὶ ἐταπεινώθην ἕως σφόδρα, ὠρυόμην ἀπὸ στεναγμοῦ τῆς καρδίας μου.

Κύριε, ἐναντίον σου πᾶσα ἡ ἐπιθυμία μου, καὶ ὁ στεναγμός μου ἀπὸ σοῦ οὐκ ἀπεκρύβη.

Ἡ καρδία μου ἐταράχθη, ἐγκατέλιπέ με ἡ ἰσχύς μου, καὶ τὸ φῶς τῶν ὀφθαλμῶν μου καὶ αὐτὸ οὐκ ἔστι μετ' ἐμοῦ.

Οἱ φίλοι μου καὶ οἱ πλησίον μου ἐξεναντίας μου ἤγγισαν καὶ ἔστησαν, καὶ οἱ ἔγγιστά μου ἀπὸ μακρόθεν ἔστησαν.

Καὶ ἐξεβιάζοντο οἱ ζητοῦντες τὴν ψυχήν μου, καὶ οἱ ζητοῦντες τὰ κακά μοι ἐλάλησαν ματαιότητας, καὶ δολιότητας ὅλην τὴν ἡμέραν ἐμελέτησαν.

Ἐγὼ δὲ ὡσεὶ κωφὸς οὐκ ἤκουον καὶ ὡσεὶ ἄλαλος οὐκ ἀνοίγων τὸ στόμα αὐτοῦ.

Καὶ ἐγενόμην ὡσεὶ ἄνθρωπος οὐκ ἀκούων καὶ οὐκ ἔχων ἐν τῷ στόματι αὐτοῦ ἐλεγμούς.

Ὅτι ἐπὶ σοί, Κύριε, ἤλπισα· σὺ εἰσακούσει, Κύριε ὁ Θεός μου.

Ὅτι εἶπον· Μή ποτε ἐπιχαρῶσί μοι οἱ ἐχθροί μου· καὶ ἐν τῷ σαλευθῆναι πόδας μου ἐπ' ἐμὲ ἐμεγαλορρημόνησαν.

Ὅτι ἐγὼ εἰς μάστιγας ἕτοιμος, καὶ ἡ ἀλγηδών μου ἐνώπιόν μου ἐστὶ διὰ παντός.

Ὅτι τὴν ἀνομίαν μου ἐγὼ ἀναγγελῶ καὶ μεριμνήσω ὑπὲρ τῆς ἁμαρτίας μου.

Οἱ δὲ ἐχθροί μου ζῶσι καὶ κεκραταίωνται ὑπὲρ ἐμέ, καὶ ἐπληθύνθησαν οἱ μισοῦντές με ἀδίκως.

For my loins were filled with delusions; and there is no healing in my flesh.

I afflicted myself and was humbled exceedingly; I roared from the groaning of my heart.

O Lord, all my desire is before You, and my groaning is not hidden from You.

My heart is troubled, my strength has left me—even the light of my eyes is not with me.

My friends and my companions approached and stood up against me; those closest to me stood at a distance.

Those who were after my soul pressed me; and those who wished me ill spoke lies and plotted intrigues all day long.

But I was like one deaf and did not hear, and as one mute who opens not his mouth.

And I became like a man who cannot hear and who has no rebuttals in his mouth.

For in You, O Lord, I have hoped. You will hear, O Lord my God.

For I said, let my enemies never gloat over me, those who, when my feet are shaken, spoke proudly against me.

For I am prepared for scourges, and my anguish is before me always.

For I shall confess my iniquity and tend to my sin.

But my enemies are alive and stronger than I, and those who hate me without cause have been multiplied.

Οἱ ἀνταποδιδόντες μοι κακὰ ἀντὶ ἀγαθῶν ἐνδιέβαλλόν με, ἐπεὶ κατεδίωκον ἀγαθωσύνην.

Μὴ ἐγκαταλίπῃς με, Κύριε ὁ Θεός μου, μὴ ἀποστῇς ἀπ᾽ ἐμοῦ.

Πρόσχες εἰς τὴν βοήθειάν μου, Κύριε τῆς σωτηρίας μου.

Καὶ πάλιν.

Μὴ ἐγκαταλίπῃς με, Κύριε ὁ Θεός μου, μὴ ἀποστῇς ἀπ᾽ ἐμοῦ. Πρόσχες εἰς τὴν βοήθειάν μου, Κύριε τῆς σωτηρίας μου.

ΨΑΛΜΟΣ ΖΒ´

Ὁ Θεὸς ὁ Θεός μου, πρὸς σὲ ὀρθρίζω. Ἐδίψησέ σε ἡ ψυχή μου, ποσαπλῶς σοι ἡ σάρξ μου, ἐν γῇ ἐρήμῳ καὶ ἀβάτῳ καὶ ἀνύδρῳ.

Οὕτως ἐν τῷ ἁγίῳ ὤφθην σοι τοῦ ἰδεῖν τὴν δύναμίν σου καὶ τὴν δόξαν σου.

Ὅτι κρεῖσσον τὸ ἔλεός σου ὑπὲρ ζωάς· τὰ χείλη μου ἐπαινέσουσί σε.

Οὕτως εὐλογήσω σε ἐν τῇ ζωῇ μου, καὶ ἐν τῷ ὀνόματί σου ἀρῶ τὰς χεῖράς μου.

Ὡς ἐκ στέατος καὶ πιότητος ἐμπλησθείη ἡ ψυχή μου, καὶ χείλη ἀγαλλιάσεως αἰνέσει τὸ στόμα μου.

Εἰ ἐμνημόνευόν σου ἐπὶ τῆς στρωμνῆς μου, ἐν τοῖς ὄρθροις ἐμελέτων εἰς σέ·

Ὅτι ἐγενήθης βοηθός μου, καὶ ἐν τῇ σκέπῃ τῶν πτερύγων σου ἀγαλλιάσομαι.

Ἐκολλήθη ἡ ψυχή μου ὀπίσω σου, ἐμοῦ δὲ ἀντελάβετο ἡ δεξιά σου.

Αὐτοὶ δὲ εἰς μάτην ἐζήτησαν τὴν ψυχήν μου, εἰσελεύσονται εἰς τὰ κατώτατα τῆς γῆς·

Those who render me evil for good slandered me because I pursued goodness.

Forsake me not, O Lord my God, depart not from me.

Attend to my help, O Lord of my salvation.

And again

Forsake me not, O Lord my God, depart not from me. Attend to my help, O Lord of my salvation.

PSALM 62

O God my God, at dawn I rise to you. My soul thirsts for you; my flesh longs for you, in a land that is desolate, trackless and waterless.

Thus would I appear before You in the sanctuary to see Your power and Your glory.

For Your mercy is better than lives; my lips shall praise You.

Thus will I bless You in my life, and in Your name will I lift up my hands.

Let my soul be filled as with suet and fat, and joyful lips will praise your name.

I brought You to mind as I lay on my couch, during the early watches I have meditated on You.

For You have become my helper; and in the shelter of Your wings I will be glad.

My soul clings to You, and Your right hand has laid hold of me.

But they sought my life to no avail; they shall go to the lowest depths of the earth.

Παραδοθήσονται εἰς χεῖρας ῥομφαίας, μερίδες ἀλωπέκων ἔσονται.

Ὁ δὲ βασιλεὺς εὐφρανθήσεται ἐπὶ τῷ Θεῷ, ἐπαινεθήσεται πᾶς ὁ ὀμνύων ἐν αὐτῷ, ὅτι ἐνεφράγη στόμα λαλούντων ἄδικα.

Καὶ πάλιν.

Ἐν τοῖς ὄρθροις ἐμελέτων εἰς σέ· ὅτι ἐγενήθης βοηθός μου, καὶ ἐν τῇ σκέπῃ τῶν πτερύγων σου ἀγαλλιάσομαι. Ἐκολλήθη ἡ ψυχή μου ὀπίσω σου, ἐμοῦ δὲ ἀντελάβετο ἡ δεξιά σου.

Δόξα Πατρὶ καὶ Υἱῷ καὶ Ἁγίῳ Πνεύματι, καὶ νῦν καὶ ἀεὶ καὶ εἰς τοὺς αἰῶνας τῶν αἰώνων. Ἀμήν.

Ἀλληλούϊα, ἀλληλούϊα, ἀλληλούϊα, δόξα σοι ὁ Θεός.

Κύριε, ἐλέησον. (γ΄)

Δόξα Πατρὶ καὶ Υἱῷ καὶ Ἁγίῳ Πνεύματι, καὶ νῦν καὶ ἀεὶ καὶ εἰς τοὺς αἰῶνας τῶν αἰώνων. Ἀμήν.

ΨΑΛΜΟΣ ΠΖ΄

Κύριε ὁ Θεὸς τῆς σωτηρίας μου, ἡμέρας ἐκέκραξα καὶ ἐν νυκτὶ ἐναντίον σου.

Εἰσελθέτω ἐνώπιόν σου ἡ προσευχή μου, κλῖνον τὸ οὖς σου εἰς τὴν δέησίν μου.

Ὅτι ἐπλήσθη κακῶν ἡ ψυχή μου, καὶ ἡ ζωή μου τῷ ᾅδῃ ἤγγισε.

Προσελογίσθην μετὰ τῶν καταβαινόντων εἰς λάκκον, ἐγενήθην ὡσεὶ ἄνθρωπος ἀβοήθητος, ἐν νεκροῖς ἐλεύθερος,

Ὡσεὶ τραυματίαι καθεύδοντες ἐν τάφῳ, ὧν οὐκ ἐμνήσθης ἔτι, καὶ αὐτοὶ ἐκ τῆς χειρός σου ἀπώσθησαν.

They shall be given over to the sword; the portions of foxes they shall be.

But the king shall rejoice in God, and all who swear by him shall be praised, for the mouths of them that spoke unjustly have been stopped.

And again

During the early watches I have meditated on You. For You have become my helper; and in the shelter of Your wings I will be glad. My soul clings to You, and Your right hand has laid hold of me.

Glory to the Father, and the Son, and the Holy Spirit, both now and ever and to the ages of ages. Amen.

Alleluia, alleluia, alleluia, glory to You, O God.

Lord, have mercy. (*x3*)

Glory to the Father, and the Son, and the Holy Spirit, both now and ever and to the ages of ages. Amen.

PSALM 87

Lord God of my salvation, day and night I cried out to You.

Let my prayer come before You; incline Your ear to my supplication.

For my soul has been filled with evils, and my life has drawn near to Hades.

I have been numbered with those who go into the pit. I have become like a man with no help, I, who am free, am among the dead.

I have become like the wounded who lie in a grave, whom You remember no longer, and have been pushed away by Your hand.

Ἔθεντό με ἐν λάκκῳ κατωτάτῳ, ἐν σκοτεινοῖς καὶ ἐν σκιᾷ θανάτου.

Ἐπ' ἐμὲ ἐπεστηρίχθη ὁ θυμός σου, καὶ πάντας τοὺς μετεωρισμούς σου ἐπήγαγες ἐπ' ἐμέ.

Ἐμάκρυνας τοὺς γνωστούς μου ἀπ' ἐμοῦ, ἔθεντό με βδέλυγμα ἑαυτοῖς, παρεδόθην καὶ οὐκ ἐξεπορευόμην.

Οἱ ὀφθαλμοί μου ἠσθένησαν ἀπὸ πτωχείας· ἐκέκραξα πρὸς σέ, Κύριε, ὅλην τὴν ἡμέραν, διεπέτασα πρὸς σὲ τὰς χεῖράς μου.

Μὴ τοῖς νεκροῖς ποιήσεις θαυμάσια; ἢ ἰατροὶ ἀναστήσουσι καὶ ἐξομολογήσονταί σοι;

Μὴ διηγήσεταί τις ἐν τῷ τάφῳ τὸ ἔλεός σου καὶ τὴν ἀλήθειάν σου ἐν τῇ ἀπωλείᾳ;

Μὴ γνωσθήσεται ἐν τῷ σκότει τὰ θαυμάσιά σου καὶ ἡ δικαιοσύνη σου ἐν γῇ ἐπιλελησμένῃ;

Κἀγὼ πρὸς σέ, Κύριε, ἐκέκραξα, καὶ τὸ πρωΐ ἡ προσευχή μου προφθάσει σε.

Ἵνα τί, Κύριε, ἀπωθεῖς τὴν ψυχήν μου, ἀποστρέφεις τὸ πρόσωπόν σου ἀπ' ἐμοῦ;

Πτωχός εἰμι ἐγὼ καὶ ἐν κόποις ἐκ νεότητός μου, ὑψωθεὶς δὲ ἐταπεινώθην καὶ ἐξηπορήθην.

Ἐπ' ἐμὲ διῆλθον αἱ ὀργαί σου, οἱ φοβερισμοί σου ἐξετάραξάν με,

Ἐκύκλωσάν με ὡσεὶ ὕδωρ ὅλην τὴν ἡμέραν, περιέσχον με ἅμα.

Ἐμάκρυνας ἀπ' ἐμοῦ φίλον καὶ πλησίον, καὶ τοὺς γνωστούς μου ἀπὸ ταλαιπωρίας.

They laid me in a very deep pit, in dark places, and in the shadow of death.

Your anger pressed down hard on me, and You brought down on me all Your turmoils.

You stood my acquaintances far off from me; they made me an abomination to themselves. I was handed over and I did not escape.

My eyes weakened from poverty. I cried to You all day, O Lord, I spread out my arms to You.

Will you work wonders for the dead? Or will physicians resuscitate them that they give You thanks?

Will anyone recount Your mercy in the grave, and Your truth in perdition?

Will Your wonders be known in the darkness, and Your justice in a land forgotten?

I, too, have cried out to You, O Lord, and my prayer will reach You at dawn.

Why, Lord, do You still reject my soul? Why do You turn Your face from me?

I am poor and in hardship from my youth. I was exalted, then humbled and impoverished.

Your wrath went through me; Your terrors disquieted me.

They encircled me the whole day like water; they surrounded me together.

You distanced from me friend and neighbor and my acquaintances, because of my misery.

Καὶ πάλιν.

Κύριε ὁ Θεὸς τῆς σωτηρίας μου, ἡμέρας ἐκέκραξα καὶ ἐν νυκτὶ ἐναντίον σου. Εἰσελθέτω ἐνώπιόν σου ἡ προσευχή μου, κλῖνον τὸ οὖς σου εἰς τὴν δέησίν μου.

ΨΑΛΜΟΣ ΡΒ΄

Εὐλόγει, ἡ ψυχή μου, τὸν Κύριον, καί, πάντα τὰ ἐντός μου, τὸ ὄνομα τὸ ἅγιον αὐτοῦ.

Εὐλόγει, ἡ ψυχή μου, τὸν Κύριον, καὶ μὴ ἐπιλανθάνου πάσας τὰς ἀνταποδόσεις αὐτοῦ.

Τὸν εὐϊλατεύοντα πάσας τὰς ἀνομίας σου, τὸν ἰώμενον πάσας τὰς νόσους σου.

Τὸν λυτρούμενον ἐκ φθορᾶς τὴν ζωήν σου, τὸν στεφανοῦντά σε ἐν ἐλέει καὶ οἰκτιρμοῖς.

Τὸν ἐμπιπλῶντα ἐν ἀγαθοῖς τὴν ἐπιθυμίαν σου, ἀνακαινισθήσεται ὡς ἀετοῦ ἡ νεότης σου.

Ποιῶν ἐλεημοσύνας ὁ Κύριος καὶ κρῖμα πᾶσι τοῖς ἀδικουμένοις.

Ἐγνώρισε τὰς ὁδοὺς αὐτοῦ τῷ Μωϋσῇ, τοῖς υἱοῖς Ἰσραὴλ τὰ θελήματα αὐτοῦ.

Οἰκτίρμων καὶ ἐλεήμων ὁ Κύριος, μακρόθυμος καὶ πολυέλεος·

Οὐκ εἰς τέλος ὀργισθήσεται, οὐδὲ εἰς τὸν αἰῶνα μηνιεῖ.

Οὐ κατὰ τὰς ἀνομίας ἡμῶν ἐποίησεν ἡμῖν, οὐδὲ κατὰ τὰς ἁμαρτίας ἡμῶν ἀνταπέδωκεν ἡμῖν,

Ὅτι κατὰ τὸ ὕψος τοῦ οὐρανοῦ ἀπὸ τῆς γῆς ἐκραταίωσε Κύριος τὸ ἔλεος αὐτοῦ ἐπὶ τοὺς φοβουμένους αὐτόν.

And again

Lord God of my salvation, day and night I cried out to You. Let my prayer come before You; incline Your ear to my supplication.

PSALM 102

Bless the Lord, O my soul; and all that is within me, bless His holy name.

Bless the Lord, O my soul, and forget not all His rewards. He is gracious toward all your iniquities,

He heals all your infirmities. He rescues your life from corruption;

In His mercy and tender love He awards you a crown. He fulfills your desire for good things;

Like that of an eagle your youth will be restored.

The Lord performs deeds of mercy for all who have suffered injustice.

He made known His ways to Moses, to the sons of Israel the things that He has willed.

The Lord is compassionate and merciful, longsuffering and very merciful.

He will not maintain His anger nor will He forever keep His wrath.

Not according to our iniquities has He dealt with us, neither according to our sins has He rewarded us.

For as high as the heaven is from the earth, so has the Lord extended His mercy to those who go in fear of Him.

Καθ' ὅσον ἀπέχουσιν ἀνατολαὶ ἀπὸ δυσμῶν, ἐμάκρυνεν ἀφ' ἡμῶν τὰς ἀνομίας ἡμῶν.

Καθὼς οἰκτίρει πατὴρ υἱούς, ᾠκτίρησε Κύριος τοὺς φοβουμένους αὐτόν,

Ὅτι αὐτὸς ἔγνω τὸ πλάσμα ἡμῶν, ἐμνήσθη ὅτι χοῦς ἐσμεν.

Ἄνθρωπος, ὡσεὶ χόρτος αἱ ἡμέραι αὐτοῦ· ὡσεὶ ἄνθος τοῦ ἀγροῦ, οὕτως ἐξανθήσει.

Ὅτι πνεῦμα διῆλθεν ἐν αὐτῷ, καὶ οὐχ ὑπάρξει, καὶ οὐκ ἐπιγνώσεται ἔτι τὸν τόπον αὐτοῦ.

Τὸ δὲ ἔλεος τοῦ Κυρίου ἀπὸ τοῦ αἰῶνος καὶ ἕως τοῦ αἰῶνος ἐπὶ τοὺς φουβουμένους αὐτόν, καὶ ἡ δικαιοσύνη αὐτοῦ ἐπὶ υἱοῖς υἱῶν,

Τοῖς φυλάσσουσι τὴν διαθήκην αὐτοῦ καὶ μεμνημένοις τῶν ἐντολῶν αὐτοῦ τοῦ ποιῆσαι αὐτάς.

Κύριος ἐν τῷ οὐρανῷ ἡτοίμασε τὸν θρόνον αὐτοῦ, καὶ ἡ βασιλεία αὐτοῦ πάντων δεσπόζει.

Εὐλογεῖτε τὸν Κύριον, πάντες οἱ Ἄγγελοι αὐτοῦ, δυνατοὶ ἰσχύϊ, ποιοῦντες τὸν λόγον αὐτοῦ, τοῦ ἀκοῦσαι τῆς φωνῆς τῶν λόγων αὐτοῦ.

Εὐλογεῖτε τὸν Κύριον, πᾶσαι αἱ Δυνάμεις αὐτοῦ, λειτουργοὶ αὐτοῦ, ποιοῦντες τὸ θέλημα αὐτοῦ.

Εὐλογεῖτε τὸν Κύριον, πάντα τὰ ἔργα αὐτοῦ, ἐν παντὶ τόπῳ τῆς δεσποτείας αὐτοῦ· εὐλόγει, ἡ ψυχή μου, τὸν Κύριον.

Καὶ πάλιν.

Ἐν παντὶ τόπῳ τῆς δεσποτείας αὐτοῦ. Εὐλόγει, ἡ ψυχή μου, τὸν Κύριον.

As far as the East is from the West, so far has He removed our iniquities from us.

As a father has compassion on his sons, so the Lord has compassion on those who go in fear of Him;

For He knows how we were formed, He remembered that we are dust.

Man, like the grass are his days; like a flower of the field, so shall he blossom.

For breath passes from within him and he is no more, and he will not look upon his place again.

But the mercy of the Lord is from eternity, and unto eternity for those who go in fear of Him. And His justice is upon the sons of the sons

Of those who keep His testament and who remember His commandments that they be performed.

The Lord in heaven has prepared His throne, and His kingship has dominion over all.

Bless the Lord, all you His angels, mighty in strength, performing His word, that the voice of His words be heard.

Bless the Lord, all you His powers, His ministers, who perform His will.

Bless the Lord, O all you works of His, in every place of His dominion. Bless the Lord, O my soul.

And again

In every place of His dominion. Bless the Lord, O my soul.

ΨΑΛΜΟΣ ΡΜΒ΄

Κύριε, εἰσάκουσον τῆς προσευχῆς μου, ἐνώτισαι τὴν δέησίν μου ἐν τῇ ἀληθείᾳ σου, εἰσάκουσόν μου ἐν τῇ δικαιοσύνῃ σου·

Καὶ μὴ εἰσέλθῃς εἰς κρίσιν μετὰ τοῦ δούλου σου, ὅτι οὐ δικαιωθήσεται ἐνώπιόν σου πᾶς ζῶν.

Ὅτι κατεδίωξεν ὁ ἐχθρὸς τὴν ψυχήν μου, ἐταπείνωσεν εἰς γῆν τὴν ζωήν μου, ἐκάθισέ με ἐν σκοτεινοῖς ὡς νεκροὺς αἰῶνος·

Καὶ ἠκηδίασεν ἐπ᾿ ἐμὲ τὸ πνεῦμά μου, ἐν ἐμοὶ ἐταράχθη ἡ καρδία μου.

Ἐμνήσθην ἡμερῶν ἀρχαίων, ἐμελέτησα ἐν πᾶσι τοῖς ἔργοις σου, ἐν ποιήμασι τῶν χειρῶν σου ἐμελέτων.

Διεπέτασα πρὸς σὲ τὰς χεῖράς μου· ἡ ψυχή μου ὡς γῆ ἄνυδρός σοι.

Ταχὺ εἰσάκουσόν μου, Κύριε, ἐξέλιπε τὸ πνεῦμά μου. Μὴ ἀποστρέψῃς τὸ πρόσωπόν σου ἀπ᾿ ἐμοῦ, καὶ ὁμοιωθήσομαι τοῖς καταβαίνουσιν εἰς λάκκον.

Ἀκουστὸν ποίησόν μοι τὸ πρωΐ τὸ ἔλεός σου, ὅτι ἐπὶ σοὶ ἤλπισα. Γνώρισόν μοι, Κύριε, ὁδόν, ἐν ᾗ πορεύσομαι, ὅτι πρὸς σὲ ἦρα τὴν ψυχήν μου.

Ἐξελοῦ με ἐκ τῶν ἐχθρῶν μου, Κύριε, ὅτι πρὸς σὲ κατέφυγον.

Δίδαξόν με τοῦ ποιεῖν τὸ θέλημά σου, ὅτι σὺ εἶ ὁ Θεός μου. Τὸ πνεῦμά σου τὸ ἀγαθὸν ὁδηγήσει με ἐν γῇ εὐθείᾳ·

Ἕνεκεν τοῦ ὀνόματός σου, Κύριε, ζήσεις με, ἐν τῇ δικαιοσύνῃ σου ἐξάξεις ἐκ θλίψεως τὴν ψυχήν μου·

Καὶ ἐν τῷ ἐλέει σου ἐξολοθρεύσεις τοὺς ἐχθρούς μου καὶ ἀπολεῖς πάντας τοὺς θλίβοντας τὴν ψυχήν μου, ὅτι ἐγὼ δοῦλός σου εἰμι.

PSALM 142

O Lord, hear my prayer, give ear to my supplication in Your truth; hear me in Your righteousness,

And enter not into judgment with Your servant; for before You, no one living will be justified.

The enemy pursued my soul. He has lowered my life to the ground. He has set me in darkness like those long dead.

My spirit became despondent with me; my heart was agitated within me.

I remembered the days of old. I meditated on all Your deeds; I pondered the works of Your hands.

I have spread out my arms to You; my soul thirsts for You like waterless land.

Quickly hear me, O Lord; my spirit has become faint. Turn not Your face away from me, lest I become like those who go down into the pit.

Let me hear of Your mercy in the morning, for I have hoped in You. Show me, Lord, the way in which I should walk, for I have lifted up my soul to You.

Rescue me from my enemies, O Lord; to You have I fled.

Teach me to do Your will, for You are my God. Your good Spirit will guide me on level ground.

You will quicken me, O Lord, for Your name's sake. In Your righteousness You will bring my soul out of affliction.

And in Your mercy You will exterminate my enemies. And You will destroy all those who afflict my soul, for I am Your servant.

Καὶ πάλιν.

Εἰσάκουσόν μου ἐν τῇ δικαιοσύνῃ σου· καὶ μὴ εἰσέλθῃς εἰς κρίσιν μετὰ τοῦ δούλου σου. *(β´)*

Τὸ πνεῦμά σου τὸ ἀγαθὸν ὁδηγήσει με ἐν γῇ εὐθείᾳ.

Δόξα Πατρὶ καὶ Υἱῷ καὶ Ἁγίῳ Πνεύματι, καὶ νῦν καὶ ἀεὶ καὶ εἰς τοὺς αἰῶνας τῶν αἰώνων. Ἀμήν.

Ἀλληλούϊα, ἀλληλούϊα, ἀλληλούϊα, δόξα σοι ὁ Θεός. *(γ´)* Ἡ ἐλπὶς ἡμῶν, Κύριε, δόξα σοι.

Ὁ Ἱερεύς· Ἐν εἰρήνῃ τοῦ Κυρίου δεηθῶμεν.

Ὁ Χορός· Κύριε, ἐλέησον. *(Καὶ μεθ' ἑκάστην δέησιν)*

Ὁ Ἱερεύς· Ὑπὲρ τῆς ἄνωθεν εἰρήνης, καὶ τῆς σωτηρίας τῶν ψυχῶν ἡμῶν, τοῦ Κυρίου δεηθῶμεν.

Ὑπὲρ τῆς εἰρήνης τοῦ σύμπαντος κόσμου, εὐσταθείας τῶν ἁγίων τοῦ Θεοῦ Ἐκκλησιῶν, καὶ τῆς τῶν πάντων ἑνώσεως, τοῦ Κυρίου δεηθῶμεν.

Ὑπὲρ τοῦ ἁγίου οἴκου τούτου, καὶ τῶν μετὰ πίστεως, εὐλαβείας καὶ φόβου Θεοῦ εἰσιόντων ἐν αὐτῷ, τοῦ Κυρίου δεηθῶμεν.

Ὑπὲρ τοῦ Ἀρχιεπισκόπου ἡμῶν *(τοῦ δεῖνος)*, τοῦ τιμίου πρεσβυτερίου, τῆς ἐν Χριστῷ διακονίας, παντὸς τοῦ κλήρου καὶ τοῦ λαοῦ, τοῦ Κυρίου δεηθῶμεν.

Ὑπὲρ τοῦ εὐσεβοῦς ἡμῶν ἔθνους, πάσης ἀρχῆς καὶ ἐξουσίας ἐν αὐτῷ, τοῦ Κυρίου δεηθῶμεν.

Ὑπὲρ τῆς ἱερᾶς Μητροπόλεως, ἐνορίας καὶ πόλεως ταύτης, πάσης πόλεως, μο-

And again

Hear me in Your righteousness, and enter not into judgment with Your servant. *(x2)*

Your good Spirit will guide me on level ground.

Glory to the Father, and the Son, and the Holy Spirit, both now and ever and to the ages of ages. Amen.

Alleluia, alleluia, alleluia, glory to You, O God. *(x3)* Our hope, O Lord, glory to You.

Priest: In peace let us pray to the Lord.

Choir: Lord, have mercy. *(And so after each petition.)*

Priest: For the peace from above and the salvation of our souls, let us pray to the Lord.

For peace in the whole world, for the stability of the holy churches of God, and for the unity of all, let us pray to the Lord.

For this holy house and for those who enter it with faith, reverence, and the fear of God, let us pray to the Lord.

For our Archbishop *(Name)*, for the honoured order of presbyters, for the diaconate in Christ, for all the clergy and the people, let us pray to the Lord.

For our country, the president, and all those in public service, let us pray to the Lord.

For this holy Metropolis and parish, and for this city and every city, monas-

νῆς καὶ χώρας, καὶ τῶν πίστει οἰκούντων ἐν αὐταῖς, τοῦ Κυρίου δεηθῶμεν.

Ὑπὲρ εὐκρασίας ἀέρων, εὐφορίας τῶν καρπῶν τῆς γῆς, καὶ καιρῶν εἰρηνικῶν, τοῦ Κυρίου δεηθῶμεν.

Ὑπὲρ πλεόντων, ὁδοιπορούντων, νοσούντων, καμνόντων, αἰχμαλώτων, καὶ τῆς σωτηρίας αὐτῶν, τοῦ Κυρίου δεηθῶμεν.

Ὑπὲρ τοῦ ῥυσθῆναι ἡμᾶς ἀπὸ πάσης θλίψεως, ὀργῆς, κινδύνου καὶ ἀνάγκης, τοῦ Κυρίου δεηθῶμεν.

Ἀντιλαβοῦ, σῶσον, ἐλέησον, καὶ διαφύλαξον ἡμᾶς, ὁ Θεός, τῇ σῇ χάριτι.

Ὁ Χορός· Κύριε, ἐλέησον.

Ὁ Διάκονος· Τῆς Παναγίας, ἀχράντου, ὑπερευλογημένης, ἐνδόξου Δεσποίνης ἡμῶν Θεοτόκου, καὶ ἀειπαρθένου Μαρίας, μετὰ πάντων τῶν Ἁγίων μνημονεύσαντες, ἑαυτοὺς καὶ ἀλλήλους, καὶ πᾶσαν τὴν ζωὴν ἡμῶν Χριστῷ τῷ Θεῷ παραθώμεθα.

Ὁ Χορός· Σοί, Κύριε.

Ὁ Ἱερεύς·

Ὅτι πρέπει σοι πᾶσα δόξα, τιμὴ καὶ προσκύνησις, τῷ Πατρὶ καὶ τῷ Υἱῷ καὶ τῷ Ἁγίῳ Πνεύματι, νῦν καὶ ἀεὶ καὶ εἰς τοὺς αἰῶνας τῶν αἰώνων.

Ὁ Χορός· Ἀμήν.

Καὶ ψάλλομεν τὸ Ἀλληλούια εἰς ἦχον πλ. δ΄ τετράκις ἀνὰ τρὶς μεθ᾽ ἕκαστον τῶν ἑπομένων στίχων·

Στίχ. α΄. Ἐκ νυκτὸς ὀρθρίζει τὸ πνεῦμά μου πρὸς σέ, ὁ Θεός, διότι φῶς τὰ προστάγματά σου ἐπὶ τῆς γῆς.

tic community, and land and the faithful who live in them, let us pray to the Lord.

For favorable weather, an abundance of the fruits of the earth, and temperate seasons, let us pray to the Lord.

For travelers by land, sea, and air, for the sick, the suffering, the captives, and for their salvation, let us pray to the Lord.

For our deliverance from all affliction, wrath, danger, and distress, let us pray to the Lord.

Take hold of us, save us, have mercy upon us, and protect us, O God, by Your grace.

Choir: Lord, have mercy.

Priest: Commemorating our most holy, most pure, most blessed and glorified Lady the Theotokos and ever-virgin Mary, together with all the saints, let us commit ourselves and one another and all our life unto Christ our God.

Choir: To You, O Lord.

Priest:

For to You belong all glory, honor, and worship to the Father and the Son and the Holy Spirit, now and forever and to the ages of ages.

Choir: Amen.

And we sing the Alleluia in Tone Pl. 4 four times in sets of three with the following verses:

Verse 1. From nightfall my spirit is awake for you, O God, for your commands are light upon the earth.

Στίχ. β΄. *Δικαιοσύνην μάθετε, οἱ ἐνοικοῦντες ἐπὶ τῆς γῆς.*

Στίχ. γ΄. *Ζῆλος λήψεται λαὸν ἀπαίδευτον, καὶ νῦν πῦρ τοὺς ὑπεναντίους ἔδεται.*

Στίχ. δ΄. *Πρόσθες αὐτοῖς κακά, Κύριε, πρόσθες αὐτοῖς κακά, τοῖς ἐνδόξοις τῆς γῆς.*

Εἶθ' οὕτω, τὸ παρὸν Τροπάριον, μετὰ μέλους καὶ αὐτό.

Ἦχος πλ. δ΄.

Ἰδοὺ ὁ Νυμφίος ἔρχεται ἐν τῷ μέσῳ τῆς νυκτός, καὶ μακάριος ὁ δοῦλος, ὃν εὑρήσει γρηγοροῦντα· ἀνάξιος δὲ πάλιν, ὃν εὑρήσει ῥᾳθυμοῦντα. Βλέπε οὖν, ψυχή μου, μὴ τῷ ὕπνῳ κατενεχθῇς, ἵνα μὴ τῷ θανάτῳ παραδοθῇς, καὶ τῆς βασιλείας ἔξω κλεισθῇς· ἀλλὰ ἀνάνηψον κράζουσα· Ἅγιος, ἅγιος, ἅγιος εἶ ὁ Θεός· *προστασίαις τῶν ἀσωμάτων σῶσον ἡμᾶς.*

Δόξα Πατρὶ καὶ Υἱῷ καὶ Ἁγίῳ Πνεύματι.

Εἰς τὸ τέλος τοῦ β΄ λέγομεν τοῦ ἁγίου τοῦ Ναοῦ·

Ἰδοὺ ὁ Νυμφίος... *πρεσβείαις τοῦ ἁγίου ... (ἢ τοῦ ὁσίου ... ἢ τοῦ ἱεράρχου ...) σῶσον ἡμᾶς.*

Καὶ νῦν καὶ ἀεί, καὶ εἰς τοὺς αἰῶνας τῶν αἰώνων. Ἀμήν.

Εἰς τὸ τέλος τοῦ γ΄ λέγομεν·

Ἰδοὺ ὁ Νυμφίος... *διὰ τῆς Θεοτόκου ἐλέησον ἡμᾶς.*

Ὁ Διάκονος· Ἔτι καὶ ἔτι ἐν εἰρήνῃ τοῦ Κυρίου δεηθῶμεν.

Ὁ Χορός· Κύριε, ἐλέησον.

Ὁ Διάκονος· Ἀντιλαβοῦ, σῶσον, ἐλέησον καὶ διαφύλαξον ἡμᾶς ὁ Θεὸς τῇ σῇ χάριτι.

Ὁ Χορός· Κύριε, ἐλέησον.

Verse 2. *Learn justice, inhabitants of the earth.*

Verse 3. *Jealousy will seize an untaught people, and now fire devours their adversaries.*

Verse 4. *Bring evils upon them, O Lord, bring evils upon them, the glorious ones of the earth.*

Then the following Troparion is sung solemnly 3 times.

Tone Pl. 4.

Behold, the Bridegroom is coming at the midpoint of the night, and blessed is that servant whom he finds watching; but unworthy is the one whom he finds slothful. Take care then, my soul, not to be overcome with sleep, lest you be given up to death, and be shut out of the kingdom; come now, arouse yourself and cry: Holy, holy, holy indeed are you, O God; *through the prayers of Bodiless Ones, have mercy on us.*

Glory to the Father, Son and holy Spirit.

At the end of the 2nd time, the Saint of the Church:

Behold, the Bridegroom... *through the prayers of Saint ... (or the Venerable ... or the Hierarch ...) save on us.*

Both now and ever, and to the ages of ages. Amen.

At the end of the 3rd time:

Behold, the Bridegroom... *through the Theotokos have mercy on us.*

Deacon: Again and again in peace let us pray to the Lord.

Choir: Lord, have mercy.

Deacon: Take hold of us, save us, have mercy upon us, and protect us, O God, by Your grace.

Choir: Lord, have mercy.

Ὁ Διάκονος· Τῆς Παναγίας, ἀχράντου, ὑπερευλογημένης, ἐνδόξου, δεσποίνης ἡμῶν Θεοτόκου καὶ ἀειπαρθένου Μαρίας, μετὰ πάντων τῶν ἁγίων μνημονεύσαντες, ἑαυτοὺς καὶ ἀλλήλους καὶ πᾶσαν τὴν ζωὴν ἡμῶν Χριστῷ τῷ Θεῷ παραθώμεθα.

Ὁ Χορός· Σοί, Κύριε.

Ὁ Ἱερεύς·

Ὅτι σὸν τὸ κράτος καὶ σοῦ ἐστιν ἡ βασιλεία καὶ ἡ δύναμις καὶ ἡ δόξα, τοῦ Πατρὸς καὶ τοῦ Υἱοῦ καὶ τοῦ Ἁγίου Πνεύματος, νῦν καὶ ἀεὶ καὶ εἰς τοὺς αἰῶνας τῶν αἰώνων.

Ὁ Χορός· Ἀμήν.

Καὶ ψάλλομεν τὰ παρόντα καθίσματα·

Ἦχος δ'. Ὁ ὑψωθεὶς ἐν τῷ Σταυρῷ.

Τὸν Νυμφίον, ἀδελφοί, ἀγαπήσωμεν, τὰς λαμπάδας ἑαυτῶν εὐτρεπίσωμεν, ἐν ἀρεταῖς ἐκλάμποντες καὶ πίστει ὀρθῇ, ἵνα ὡς αἱ φρόνιμοι τοῦ Κυρίου παρθένοι ἕτοιμοι εἰσέλθωμεν σὺν αὐτῷ εἰς τοὺς γάμους· ὁ γὰρ Νυμφίος δῶρον ὡς Θεὸς πᾶσι παρέχει τὸν ἄφθαρτον στέφανον.

Ἦχος δ'. Κατεπλάγη Ἰωσήφ.

Βουλευτήριον, Σωτήρ, παρανομίας κατὰ σοῦ ἱερεῖς καὶ γραμματεῖς φθόνῳ ἀθροίσαντες δεινῶς εἰς προδοσίαν ἐκίνησαν τὸν Ἰούδαν· ὅθεν ἀναιδῶς ἐξεπορεύετο, ἐλάλει κατὰ σοῦ τοῖς παρανόμοις λαοῖς· Τί μοι, φησί, παρέχετε, κἀγὼ ὑμῖν αὐτὸν παραδώσω εἰς χεῖρας ὑμῶν; Τῆς κατακρίσεως τούτου ῥῦσαι, Κύριε, τὰς ψυχὰς ἡμῶν.

Deacon: Commemorating our most holy, most pure, most blessed and glorified Lady the Theotokos and ever-virgin Mary, together with all the saints, let us commit ourselves and one another and all our life unto Christ our God.

Choir: To You, O Lord.

Priest:

For yours is the might, and yours the kingdom, the power and the glory, of the Father, the Son and the Holy Spirit, now and for ever, and to the ages of ages.

Choir: Amen.

And we sing the following kathismata:

Tone 4. Lifted up on the Cross.

Let us all love the Bridegroom, O my brethren, come let us trim our lamps and let us keep them trimmed, radiant with virtues and right faith, so that like the prudent virgins of whom the Lord taught us, ready we may enter the marriage feast with Him; for as God the Bridegroom, grants a gift; the incorruptible crown.

Tone 4. Joseph was amazed.

Out of envy priests and scribes most wickedly, assembled a lawless council, O Lord and Savior, against you, and they it was who moved Judas to betrayal; therefore shamelessly he left and went out; he spoke against You to the lawless peoples, 'What will you give me, he says, and Him I will betray into your hands?' From his condemnation, Lord, deliver our souls.

Δόξα Πατρί, καὶ Υἱῷ, καὶ Ἁγίῳ Πνεύματι. Καὶ νῦν καὶ ἀεί, καὶ εἰς τοὺς αἰῶνας τῶν αἰώνων. Ἀμήν.

Ἦχος πλ. δ΄. Τὴν Σοφίαν, καὶ Λόγον

Ὁ Ἰούδας τῇ γνώμῃ φιλαργυρεῖ κατὰ τοῦ διδασκάλου ὁ δυσμενής· κινεῖται βουλεύεται, μελετᾷ τὴν παράδοσιν· τοῦ φωτὸς ἐκπίπτει, τὸ σκότος δεχόμενος· συμφωνεῖ τὴν πρᾶσιν, πωλεῖ τὸν ἀτίμητον· ὅθεν καὶ ἀγχόνην ἀμοιβήν, ὧν περ ἔδρα, εὑρίσκει ὁ ἄθλιος, καὶ ἐπώδυνον θάνατον. Τῆς αὐτοῦ ἡμᾶς λύτρωσαι μερίδος, Χριστὲ ὁ Θεός, τῶν πταισμάτων ἄφεσιν δωρούμενος τοῖς ἑορτάζουσι πόθῳ τὸ ἄχραντον πάθος σου.

Ὁ Διάκονος· Καὶ ὑπὲρ τοῦ καταξιωθῆναι ἡμᾶς τῆς ἀκροάσεως τοῦ ἁγίου Εὐαγγελίου Κύριον τὸν Θεὸν ἡμῶν ἱκετεύσωμεν.

Ὁ Χορός· Κύριε, ἐλέησον. *(γ΄)*

Ὁ Διάκονος· Σοφία. Ὀρθοί, ἀκούσωμεν τοῦ ἁγίου Εὐαγγελίου.

Ὁ Ἱερεύς· Εἰρήνη πᾶσι.

Ὁ Χορός· Καὶ τῷ πνεύματί σου.

Ὁ Ἱερεύς· Ἐκ τοῦ κατὰ Ματθαῖον ἁγίου Εὐαγγελίου τὸ ἀνάγνωσμα.

Ὁ Διάκονος· Πρόσχωμεν.

Ὁ Χορός· Δόξα σοι, Κύριε, δόξα σοι.

Ὁ Ἱερεύς·

(κβ΄,15-κγ΄,39)

Τῷ καιρῷ ἐκείνῳ, συμβούλιον ἔλαβον οἱ Φαρισαῖοι κατὰ τοῦ Ἰησοῦ, ὅπως αὐτὸν παγιδεύσωσιν ἐν λόγῳ. Καὶ ἀπο-

Glory to the Father, Son, and Holy Spirit, now and forever and to the ages of ages. Amen.

Tone Pl. 4. The Wisdom and Word.

As with malice and avaricious intent impious Judas is moved against the Teacher, he plots and he intrigues, he meditates betrayal. Down from light he falls, receiving darkness; he agrees the sale; he sells the One beyond all price. And so the wretch finds as reward for what he did a noose, O the wretched man, and an agonizing death. Rescue us we beg You from his fate, O Christ our God, granting forgiveness of offences to us who celebrate with love your spotless passion.

Deacon: And that we might be found worthy to hear the holy Gospel, let us pray to the Lord God.

Choir: Lord, have mercy. *(x3)*

Deacon: Wisdom. Arise. Let us hear the holy Gospel.

Priest: Peace to all.

Choir: And to your Spirit.

Priest: The reading is from the holy Gospel according to Matthew.

Deacon: Let us be attentive.

Choir: Glory to you, Lord, glory to you!

Priest:

(22:15-23:39)

At that time, the Pharisees went and took counsel how to entangle him in his talk. And they sent their disciples

στέλλουσιν αὐτῷ τοὺς μαθητὰς αὐτῶν μετὰ τῶν Ἡρῳδιανῶν λέγοντες· Διδάσκαλε, οἴδαμεν ὅτι ἀληθὴς εἶ καὶ τὴν ὁδὸν τοῦ Θεοῦ ἐν ἀληθείᾳ διδάσκεις, καὶ οὐ μέλει σοι περὶ οὐδενός· οὐ γὰρ βλέπεις εἰς πρόσωπον ἀνθρώπων· εἰπὲ οὖν ἡμῖν, τί σοι δοκεῖ; Ἔξεστι δοῦναι κῆνσον Καίσαρι ἢ οὔ; Γνοὺς δὲ ὁ Ἰησοῦς τὴν πονηρίαν αὐτῶν εἶπεν· Τί με πειράζετε, ὑποκριταί; Ἐπιδείξατέ μοι τὸ νόμισμα τοῦ κήνσου. Οἱ δὲ προσήνεγκαν αὐτῷ δηνάριον. Καὶ λέγει αὐτοῖς· Τίνος ἡ εἰκὼν αὕτη καὶ ἡ ἐπιγραφή; Λέγουσιν αὐτῷ· Καίσαρος. Τότε λέγει αὐτοῖς· Ἀπόδοτε οὖν τὰ Καίσαρος Καίσαρι καὶ τὰ τοῦ Θεοῦ τῷ Θεῷ. Καὶ ἀκούσαντες ἐθαύμασαν, καὶ ἀφέντες αὐτὸν ἀπῆλθον. Ἐν ἐκείνῃ τῇ ἡμέρᾳ προσῆλθον αὐτῷ Σαδδουκαῖοι, οἱ λέγοντες μὴ εἶναι ἀνάστασιν, καὶ ἐπηρώτησαν αὐτὸν λέγοντες· Διδάσκαλε, Μωσῆς εἶπεν, «Ἐάν τις ἀποθάνῃ μὴ ἔχων τέκνα, ἐπιγαμβρεύσει ὁ ἀδελφὸς αὐτοῦ τὴν γυναῖκα αὐτοῦ καὶ ἀναστήσει σπέρμα τῷ ἀδελφῷ αὐτοῦ». Ἦσαν δὲ παρ' ἡμῖν ἑπτὰ ἀδελφοί· καὶ ὁ πρῶτος γαμήσας ἐτελεύτησε, καὶ μὴ ἔχων σπέρμα ἀφῆκε τὴν γυναῖκα αὐτοῦ τῷ ἀδελφῷ αὐτοῦ· ὁμοίως καὶ ὁ δεύτερος καὶ ὁ τρίτος, ἕως τῶν ἑπτά· ὕστερον δὲ πάντων ἀπέθανεν καὶ ἡ γυνή. Ἐν τῇ οὖν ἀναστάσει τίνος τῶν ἑπτὰ ἔσται ἡ γυνή; Πάντες γὰρ ἔσχον αὐτήν. Ἀποκριθεὶς δὲ ὁ Ἰησοῦς εἶπεν αὐτοῖς· Πλανᾶσθε μὴ εἰδότες τὰς γραφὰς μηδὲ τὴν δύναμιν τοῦ Θεοῦ. Ἐν γὰρ τῇ ἀναστάσει οὔτε γαμοῦσιν οὔτε ἐκγαμίζονται, ἀλλ' ὡς ἄγγελοι ἐν τῷ οὐρανῷ εἰσι. Περὶ δὲ τῆς ἀναστάσεως τῶν νεκρῶν οὐκ ἀνέγνωτε τὸ ῥηθὲν ὑμῖν ὑπὸ τοῦ Θεοῦ λέγοντος, «Ἐγώ εἰμι ὁ Θεὸς Ἀβραὰμ καὶ ὁ Θεὸς Ἰσαὰκ καὶ ὁ Θεὸς Ἰακώβ»; Οὐκ ἔστιν

to him, along with the Herodians, saying, "Teacher, we know that you are true, and teach the way of God truthfully, and care for no man; for you do not regard the position of men. Tell us, then, what do you think. Is it lawful to pay taxes to Caesar, or not?" But Jesus, aware of their malice, said, "Why put me to the test, you hypocrites? Show me the money for the tax." And they brought him a coin. And Jesus said to them, "Whose likeness and inscription is this?" They said, "Caesar's." Then he said to them, "Render, therefore to Caesar the things that are Caesar's, and to God the things that are God's. " When they heard it, they marveled; and they left him and went away. The same day the Sadducees came to him, who say that there is no resurrection; and they asked him a question saying, "Teacher, Moses said, 'If a man dies, having no children, his brother must marry the widow, and raise up children for his brother.' Now there were seven brothers among us; the first married, and died, and having no children left his wife to his brother. So too the second and third, down to the seventh. After them all, the woman died. In the resurrection, therefore, to which of the seven will she be wife? For they all had her." But Jesus answered them, "You are wrong, because you know neither the scriptures nor the power of God. For in the resurrection they neither marry nor are given in marriage, but are like angels in heaven. And as for the resurrection of the dead, have you not read what was said to you by God, 'I am the God of Abraham, and the

ὁ Θεὸς Θεὸς νεκρῶν, ἀλλὰ ζώντων. Καὶ ἀκούσαντες οἱ ὄχλοι ἐξεπλήσσοντο ἐπὶ τῇ διδαχῇ αὐτοῦ. Οἱ δὲ Φαρισαῖοι ἀκούσαντες ὅτι ἐφίμωσε τοὺς Σαδδουκαίους συνήχθησαν ἐπὶ τὸ αὐτό, καὶ ἐπηρώτησεν εἷς ἐξ αὐτῶν, νομικός, πειράζων αὐτὸν καὶ λέγων· Διδάσκαλε, ποία ἐντολὴ μεγάλη ἐν τῷ νόμῳ; Ὁ δὲ Ἰησοῦς ἔφη αὐτῷ· «Ἀγαπήσεις Κύριον τὸν Θεόν σου ἐν ὅλῃ τῇ καρδίᾳ σου καὶ ἐν ὅλῃ τῇ ψυχῇ σου καὶ ἐν ὅλῃ τῇ διανοίᾳ σου». Αὕτη ἐστὶ ἡ πρώτη καὶ μεγάλη ἐντολή. Δευτέρα δὲ ὁμοία αὐτῇ· «Ἀγαπήσεις τὸν πλησίον σου ὡς σεαυτόν». Ἐν ταύταις ταῖς δυσὶν ἐντολαῖς ὅλος ὁ νόμος καὶ οἱ προφῆται κρέμανται. Συνηγμένων δὲ τῶν Φαρισαίων ἐπηρώτησεν αὐτοὺς ὁ Ἰησοῦς λέγων· Τί ὑμῖν δοκεῖ περὶ τοῦ Χριστοῦ; τίνος υἱός ἐστι; Λέγουσι αὐτῷ· Τοῦ Δαυΐδ. Λέγει αὐτοῖς· Πῶς οὖν Δαυΐδ ἐν Πνεύματι Κύριον αὐτὸν καλεῖ λέγων, «Εἶπεν ὁ Κύριος τῷ Κυρίῳ μου, κάθου ἐκ δεξιῶν μου ἕως ἂν θῶ τοὺς ἐχθρούς σου ὑποπόδιον τῶν ποδῶν σου»; Εἰ οὖν Δαυΐδ καλεῖ αὐτὸν Κύριον, πῶς υἱὸς αὐτοῦ ἐστι; Καὶ οὐδεὶς ἐδύνατο αὐτῷ ἀποκριθῆναι λόγον, οὐδὲ ἐτόλμησέ τις ἀπ' ἐκείνης τῆς ἡμέρας ἐπερωτῆσαι αὐτὸν οὐκέτι. Τότε ὁ Ἰησοῦς ἐλάλησε τοῖς ὄχλοις καὶ τοῖς μαθηταῖς αὐτοῦ λέγων· Ἐπὶ τῆς Μωσέως καθέδρας ἐκάθισαν οἱ γραμματεῖς καὶ οἱ Φαρισαῖοι. Πάντα οὖν ὅσα ἐὰν εἴπωσιν ὑμῖν τηρεῖν, τηρεῖτε καὶ ποιεῖτε, κατὰ δὲ τὰ ἔργα αὐτῶν μὴ ποιεῖτε· λέγουσι γάρ, καὶ οὐ ποιοῦσι. Δεσμεύουσιν γὰρ φορτία βαρέα καὶ δυσβάστακτα καὶ ἐπιτιθέασιν ἐπὶ τοὺς ὤμους τῶν ἀνθρώπων, τῷ δὲ δακτύλῳ αὐτῶν οὐ θέλουσιν κινῆσαι αὐτά. Πάντα δὲ τὰ ἔργα αὐτῶν ποιοῦσιν πρὸς τὸ θεαθῆναι τοῖς ἀνθρώποις. Πλατύνουσι γὰρ

God of Isaac, and the God of Jacob?' He is not God of the dead, but of the living. " And when the crowd heard it, they were astonished at his teaching. But when the Pharisees heard that he had silenced the Sadducees, they came together. And one of them, a lawyer, asked him a question, to test him. "Teacher, which is the great commandment in the law?" And he said to him, "You shall love the Lord your God with all your heart, and with all your soul, and with all your mind. This is the great and first commandment. And a second is like it. You shall love your neighbor as yourself. On these two commandments depend all the law and the prophets." Now while the Pharisees were gathered together, Jesus asked them a question, saying: "What do you think of the Christ? Whose son is he?" They said to him, "The son of David." He said to them, "How is it then that David, inspired by the Spirit, calls him Lord, saying, 'The Lord said to my Lord, sit at my right hand, till I put your enemies under your feet?' If David thus calls him Lord, how is he his son?" And no one was able to answer him a word, nor from that day did any one dare to ask him any more questions. Then said Jesus to the crowds and to his disciples, "The scribes and the Pharisees sit on Moses' seat; so practice and observe whatever they tell you, but not what they do; for they preach but do not practice. They bind heavy burdens, hard to bear, and lay them on men's shoulders; but they themselves will not move them with their finger. They do all their deeds to be seen by men; for they make

τὰ φυλακτήρια αὐτῶν καὶ μεγαλύνουσιν τὰ κράσπεδα τῶν ἱματίων αὐτῶν, φιλοῦσιν δὲ τὴν πρωτοκλισίαν ἐν τοῖς δείπνοις καὶ τὰς πρωτοκαθεδρίας ἐν ταῖς συναγωγαῖς καὶ τοὺς ἀσπασμοὺς ἐν ταῖς ἀγοραῖς καὶ καλεῖσθαι ὑπὸ τῶν ἀνθρώπων, ῥαββὶ ῥαββί. Ὑμεῖς δὲ μὴ κληθῆτε ῥαββί· εἷς γάρ ὑμῶν ἐστιν ὁ διδάσκαλος, ὁ Χριστός· πάντες δὲ ὑμεῖς ἀδελφοί ἐστε. Καὶ πατέρα μὴ καλέσητε ὑμῶν ἐπὶ τῆς γῆς· εἷς γάρ ἐστιν ὑμῶν ὁ πατὴρ ὑμῶν, ὁ ἐν τοῖς οὐρανοῖς. Μηδὲ κληθῆτε καθηγηταί· εἷς γὰρ ὑμῶν ἐστιν ὁ καθηγητής, ὁ Χριστός. Ὁ δὲ μείζων ὑμῶν ἔσται ὑμῶν διάκονος. Ὅστις δὲ ὑψώσει ἑαυτὸν ταπεινωθήσεται, καὶ ὅστις ταπεινώσει ἑαυτὸν ὑψωθήσεται. Οὐαὶ δὲ ὑμῖν, γραμματεῖς καὶ Φαρισαῖοι ὑποκριταί, ὅτι κατεσθίετε τὰς οἰκίας τῶν χηρῶν καὶ προφάσει μακρὰ προσευχόμενοι· διὰ τοῦτο λήψεσθε περισσότερον κρῖμα. Οὐαὶ δὲ ὑμῖν, γραμματεῖς καὶ Φαρισαῖοι ὑποκριταί, ὅτι κλείετε τὴν βασιλείαν τῶν οὐρανῶν ἔμπροσθεν τῶν ἀνθρώπων· ὑμεῖς γὰρ οὐκ εἰσέρχεσθε, οὐδὲ τοὺς εἰσερχομένους ἀφίετε εἰσελθεῖν. Οὐαὶ ὑμῖν, γραμματεῖς καὶ Φαρισαῖοι ὑποκριταί, ὅτι περιάγετε τὴν θάλασσαν καὶ τὴν ξηρὰν ποιῆσαι ἕνα προσήλυτον, καὶ ὅταν γένηται ποιεῖτε αὐτὸν υἱὸν γεέννης διπλότερον ὑμῶν. Οὐαὶ ὑμῖν, ὁδηγοὶ τυφλοί, οἱ λέγοντες· Ὃς ἂν ὀμόσῃ ἐν τῷ ναῷ, οὐδέν ἐστιν· ὃς δ' ἂν ὀμόσῃ ἐν τῷ χρυσῷ τοῦ ναοῦ ὀφείλει. Μωροὶ καὶ τυφλοί! τίς γὰρ μείζων ἐστίν, ὁ χρυσὸς ἢ ὁ ναὸς ὁ ἁγιάζων τὸν χρυσόν; καί· ὃς ἂν ὀμόσῃ ἐν τῷ θυσιαστηρίῳ, οὐδέν ἐστιν, ὃς δ' ἂν ὀμόσῃ ἐν τῷ δώρῳ τῷ ἐπάνω αὐτοῦ ὀφείλει. Μωροὶ καὶ Τυφλοί! τί γὰρ μεῖζον, τὸ δῶρον ἢ τὸ θυσιαστήριον τὸ ἁγιάζον τὸ δῶρον; Ὁ οὖν ὀμόσας ἐν τῷ θυσιαστηρίῳ ὀμνύει ἐν

their phylacteries broad and their fringes long, and they love the place of honor at feasts and the best seats in the synagogues, and salutations in the market places, and being called rabbi by men, but you are not to be called rabbi, for you have one teacher, and you are all brethren. And call no man your father on earth, for you have one Father, who is in heaven. Neither be called masters, for you have one master, the Christ. He who is greatest among you shall be your servant; whoever exalts himself will be humbled, and whoever humbles himself will be exalted. "But woe to you, scribes and Pharisees, hypocrites! because you shut the kingdom of heaven against men; for you neither enter yourselves, nor allow those who would enter to go in. Woe to you, scribes and Pharisees, hypocrites! for you traverse sea and land to make a single proselyte, and when he becomes a proselyte, you make him twice as much a child of Gehenna as yourselves. "Woe to you, blind guides, who say, 'If any one swears by the temple, it is nothing; but if any one swears by the gold of the temple, he is bound by his oath.' You blind fools! For which is greater, the gold or the temple that has made the gold sacred? And you say, 'If any one swears by the altar, it is nothing; but if any one swears by the gift that is on the altar, he is bound by his oath.' You blind men! For which is greater, the gift or the altar that makes the gift sacred? So he who swears by the altar, swears by it and by everything on it; and he who swears by the temple, swears by it and by him who dwells in it;

αὐτῷ καὶ ἐν πᾶσι τοῖς ἐπάνω αὐτοῦ· καὶ ὁ ὀμόσας ἐν τῷ ναῷ ὀμνύει ἐν αὐτῷ καὶ ἐν τῷ κατοικήσαντι αὐτόν· καὶ ὁ ὀμόσας ἐν τῷ οὐρανῷ ὀμνύει ἐν τῷ θρόνῳ τοῦ Θεοῦ καὶ ἐν τῷ καθημένῳ ἐπάνω αὐτοῦ. Οὐαὶ ὑμῖν, γραμματεῖς καὶ Φαρισαῖοι ὑποκριταί, ὅτι ἀποδεκατοῦτε τὸ ἡδύοσμον καὶ τὸ ἄνηθον καὶ τὸ κύμινον, καὶ ἀφήκατε τὰ βαρύτερα τοῦ νόμου, τὴν κρίσιν καὶ τὸ ἔλεον καὶ τὴν πίστιν· ταῦτα δὲ ἔδει ποιῆσαι κἀκεῖνα μὴ ἀφιέναι. Ὁδηγοὶ τυφλοί, οἱ διυλίζοντες τὸν κώνωπα, τὴν δὲ κάμηλον καταπίνοντες! Οὐαὶ ὑμῖν, γραμματεῖς καὶ Φαρισαῖοι ὑποκριταί, ὅτι καθαρίζετε τὸ ἔξωθεν τοῦ ποτηρίου καὶ τῆς παροψίδος, ἔσωθεν δὲ γέμουσιν ἐξ ἁρπαγῆς καὶ ἀκρασίας. Φαρισαῖε τυφλέ, καθάρισον πρῶτον τὸ ἐντὸς τοῦ ποτηρίου, καὶ τῆς παροψίδος, ἵνα γένηται καὶ τὸ ἐκτὸς αὐτῶν καθαρόν. Οὐαὶ ὑμῖν, γραμματεῖς καὶ Φαρισαῖοι ὑποκριταί, ὅτι παρομοιάζετε τάφοις κεκονιαμένοις, οἵτινες ἔξωθεν μὲν φαίνονται ὡραῖοι, ἔσωθεν δὲ γέμουσιν ὀστέων νεκρῶν καὶ πάσης ἀκαθαρσίας. Οὕτω καὶ ὑμεῖς ἔξωθεν μὲν φαίνεσθε τοῖς ἀνθρώποις δίκαιοι, ἔσωθεν δὲ μεστοί ἐστε ὑποκρίσεως καὶ ἀνομίας. Οὐαὶ ὑμῖν, γραμματεῖς καὶ Φαρισαῖοι ὑποκριταί, ὅτι οἰκοδομεῖτε τοὺς τάφους τῶν προφητῶν καὶ κοσμεῖτε τὰ μνημεῖα τῶν δικαίων, καὶ λέγετε· Εἰ ἦμεν ἐν ταῖς ἡμέραις τῶν πατέρων ἡμῶν, οὐκ ἂν ἦμεν κοινωνοὶ αὐτῶν ἐν τῷ αἵματι τῶν προφητῶν. Ὥστε μαρτυρεῖτε ἑαυτοῖς ὅτι υἱοί ἐστε τῶν φονευσάντων τοὺς προφήτας. Καὶ ὑμεῖς πληρώσατε τὸ μέτρον τῶν πατέρων ὑμῶν. Ὄφεις γεννήματα ἐχιδνῶν! πῶς φύγητε ἀπὸ τῆς κρίσεως τῆς γεέννης; Διὰ τοῦτο ἰδοὺ ἐγὼ ἀποστέλλω πρὸς ὑμᾶς προφήτας καὶ σοφοὺς καὶ γραμματεῖς, καὶ ἐξ

and he who swears by heaven, swears by the throne of God and by him who sits upon it. "Woe to you, scribes and Pharisees, hypocrites! for you tithe mint and dill and cumin, and have neglected the weightier matters of the law, justice and mercy and faith; these you ought to have done without neglecting the others. You blind guides, straining out a gnat and swallowing a camel! "Woe to you, scribes and Pharisees, hypocrites! for you cleanse the outside of the cup and of the plate, but inside they are full of extortion and rapacity. You blind Pharisee! first cleanse the inside of the cup and of the plate, that the outside also may be clean. "Woe to you, scribes and Pharisees, hypocrites! for you are like white-washed tombs, which outwardly appear beautiful, but within they are full of dead men's bones and all uncleanness. So you also outwardly appear to men, but within you are full of hypocrisy and iniquity. "Woe to you, scribes and Pharisees, hypocrites! for you build the tombs of the prophets and adorn the monuments of the righteous, saying, 'If we had lived in the days of our fathers, we would not have taken part with them in shedding the blood of the prophets.' Thus you witness against yourselves, that you are sons of those who murdered the prophets. Fill up, then, the measure of your fathers. You serpents, you brood of vipers, how are you to escape being sentenced to Gehenna? Therefore I send you prophets and wise men and scribes, some of whom you will kill and crucify, and some you will scourge in your synagogues and perse-

αὐτῶν ἀποκτενεῖτε καὶ σταυρώσετε, καὶ ἐξ αὐτῶν μαστιγώσετε ἐν ταῖς συναγωγαῖς ὑμῶν καὶ διώξετε ἀπὸ πόλεως εἰς πόλιν, ὅπως ἔλθῃ ἐφ᾽ ὑμᾶς πᾶν αἷμα δίκαιον ἐκχυνόμενον ἐπὶ τῆς γῆς ἀπὸ τοῦ αἵματος Ἄβελ τοῦ δικαίου ἕως τοῦ αἵματος Ζαχαρίου υἱοῦ Βαραχίου, ὃν ἐφονεύσατε μεταξὺ τοῦ ναοῦ καὶ τοῦ θυσιαστηρίου. Ἀμὴν λέγω ὑμῖν ὅτι ἥξει ταῦτα πάντα ἐπὶ τὴν γενεὰν ταύτην. Ἱερουσαλήμ, Ἱερουσαλήμ, ἡ ἀποκτέννουσα τοὺς προφήτας καὶ λιθοβολοῦσα τοὺς ἀπεσταλμένους πρὸς αὐτήν! ποσάκις ἠθέλησα ἐπισυναγαγεῖν τὰ τέκνα σου ὃν τρόπον ὄρνις ἐπισυνάγει τὰ νοσσία ἑαυτῆς ὑπὸ τὰς πτέρυγας, καὶ οὐκ ἠθελήσατε. Ἰδοὺ ἀφίεται ὑμῖν ὁ οἶκος ὑμῶν ἔρημος. Λέγω γὰρ ὑμῖν, οὐ μή με ἴδητε ἀπ᾽ ἄρτι ἕως ἂν εἴπητε, «εὐλογημένος ὁ ἐρχόμενος ἐν ὀνόματι Κυρίου».

cute from town to town, that upon you may come all the righteous blood shed on earth, from the blood of innocent Zacharias the son of Barachiah, whom you murdered between the sanctuary and the altar. Truly, I say to you, all this will come upon this generation. "O Jerusalem, Jerusalem, killing the prophets and stoning those who are sent to you! How often would I have gathered your children together as a hen gathers her brood under her wings, and you would not! Behold, your house is forsaken and desolate. For I tell you, you will not see me again, until you say, 'Blessed is he who comes in the name of the Lord.'"

Ὁ Χορός· Δόξα σοι, Κύριε, δόξα σοι.

Choir: Glory to you, Lord, glory to you!

ΨΑΛΜΟΣ Ν´

PSALM 50

Ὁ Ἀναγνώστης· Ἐλέησόν με, ὁ Θεός, κατὰ τὸ μέγα ἔλεός σου, καὶ κατὰ τὸ πλῆθος τῶν οἰκτιρμῶν σου ἐξάλειψον τὸ ἀνόμημά μου. Ἐπὶ πλεῖον πλῦνόν με ἀπὸ τῆς ἀνομίας μου καὶ ἀπὸ τῆς ἁμαρτίας μου καθάρισόν με. Ὅτι τὴν ἀνομίαν μου ἐγὼ γινώσκω, καὶ ἡ ἁμαρτία μου ἐνώπιόν μού ἐστι διαπαντός. Σοὶ μόνῳ ἥμαρτον καὶ τὸ πονηρὸν ἐνώπιόν σου ἐποίησα. Ὅπως ἂν δικαιωθῇς ἐν τοῖς λόγοις σου καὶ νικήσῃς ἐν τῷ κρίνεσθαί σε. Ἰδοὺ γὰρ ἐν ἀνομίαις συνελήφθην, καὶ ἐν ἁμαρτίαις ἐκίσσησέ με ἡ μήτηρ μου. Ἰδοὺ γὰρ ἀλήθειαν ἠγάπησας· τὰ ἄδηλα καὶ τὰ κρύφια τῆς σοφίας σου ἐδήλωσάς μοι. Ῥαντιεῖς με ὑσσώπῳ καὶ καθαρισθήσομαι· πλυνεῖς με,

Reader: Have mercy on me, O God, according to Your great mercy; and according to the magnitude of Your compassion blot out my transgression. Wash me thoroughly from my iniquity, and cleanse me from my sin. For I acknowledge my iniquity, and my sin is continually before me. Against You only have I sinned and done this evil before You, that You might be justified in Your words, and prevail when You are judged. For behold, I was conceived in iniquities, and in sins did my mother bear me. For behold, You have loved truth; the hidden and secret things of Your wisdom You have made clear to

καὶ ὑπὲρ χιόνα λευκανθήσομαι. Ἀκουτιεῖς μοι ἀγαλλίασιν καὶ εὐφροσύνην, ἀγαλλιάσονται ὀστέα τεταπεινωμένα. Ἀπόστρεψον τὸ πρόσωπόν σου ἀπὸ τῶν ἁμαρτιῶν μου καὶ πάσας τὰς ἀνομίας μου ἐξάλειψον. Καρδίαν καθαρὰν κτίσον ἐν ἐμοί, ὁ Θεός, καὶ πνεῦμα εὐθὲς ἐγκαίνισον ἐν τοῖς ἐγκάτοις μου. Μὴ ἀπορρίψης με ἀπὸ τοῦ προσώπου σου καὶ τὸ πνεῦμά σου τὸ ἅγιον μὴ ἀντανέλῃς ἀπ' ἐμοῦ. Ἀπόδος μοι τὴν ἀγαλλίασιν τοῦ σωτηρίου σου καὶ πνεύματι ἡγεμονικῷ στήριξόν με. Διδάξω ἀνόμους τὰς ὁδούς σου, καὶ ἀσεβεῖς ἐπὶ σὲ ἐπιστρέψουσι. Ῥῦσαί με ἐξ αἱμάτων, ὁ Θεός, ὁ Θεὸς τῆς σωτηρίας μου, ἀγαλλιάσεται ἡ γλῶσσά μου τὴν δικαιοσύνην σου. Κύριε, τὰ χείλη μου ἀνοίξεις, καὶ τὸ στόμα μου ἀναγγελεῖ τὴν αἴνεσίν σου. Ὅτι εἰ ἠθέλησας θυσίαν, ἔδωκα ἄν· ὁλοκαυτώματα οὐκ εὐδοκήσεις. Θυσία τῷ Θεῷ πνεῦμα συντετριμμένον, καρδίαν συντετριμμένην καὶ τεταπεινωμένην ὁ Θεὸς οὐκ ἐξουδενώσει. Ἀγάθυνον, Κύριε, ἐν τῇ εὐδοκίᾳ σου τὴν Σιών, καὶ οἰκοδομηθήτω τὰ τείχη Ἱερουσαλήμ. Τότε εὐδοκήσεις θυσίαν δικαιοσύνης, ἀναφορὰν καὶ ὁλοκαυτώματα. Τότε ἀνοίσουσιν ἐπὶ τὸ θυσιαστήριόν σου μόσχους, καὶ ἐλέησόν με ὁ Θεός.

me. You will sprinkle me with hyssop, and I will be made clean; You will wash me and I will be made whiter than snow. You will make me to hear joy and gladness; the bones that have been humbled will rejoice. Turn Your face away from my sins, and blot out all my iniquities. Create in me a clean heart, O God, and renew a right spirit within me. Cast me not away from Your presence, and take not Your Holy Spirit from me. Restore to me the joy of Your salvation, and with Your governing spirit establish me. I will teach transgressors Your ways and the ungodly will turn back to You. Deliver me from blood-guiltiness, O God, O God of my salvation; my tongue will rejoice in Your righteousness. O Lord, You will open my lips, and my mouth will declare Your praise. For if You had desired sacrifice, I would have given it; with whole burnt offerings You will not be pleased. A sacrifice to God is a broken spirit; a heart that is broken and humbled God will not despise. Do good, O Lord, in Your good pleasure to Zion, and let the walls of Jerusalem be built. Then will You be pleased with a sacrifice of righteousness, with oblation and whole-burnt offerings. Then will they offer bullocks upon Your altar. And have mercy on me, O God.

Ὁ Διάκονος· Ἔτι καὶ ἔτι ἐν εἰρήνῃ τοῦ Κυρίου δεηθῶμεν.

Ὁ Χορός· Κύριε, ἐλέησον.

Ὁ Διάκονος· Ἀντιλαβοῦ, σῶσον, ἐλέησον καὶ διαφύλαξον ἡμᾶς ὁ Θεὸς τῇ σῇ χάριτι.

Deacon: Again and again in peace let us pray to the Lord.

Choir: Lord, have mercy.

Deacon: Take hold of us, save us, have mercy upon us, and protect us, O God, by Your grace.

Ὁ Χορός· Κύριε, ἐλέησον.

Ὁ Διάκονος· Τῆς Παναγίας, ἀχράντου, ὑπερευλογημένης, ἐνδόξου, δεσποίνης ἡμῶν Θεοτόκου καὶ ἀειπαρθένου Μαρίας, μετὰ πάντων τῶν ἁγίων μνημονεύσαντες, ἑαυτοὺς καὶ ἀλλήλους καὶ πᾶσαν τὴν ζωὴν ἡμῶν Χριστῷ τῷ Θεῷ παραθώμεθα.

Ὁ Χορός· Σοί, Κύριε.

Ὁ Ἱερεύς·

Σὺ γὰρ εἶ ὁ βασιλεὺς τῆς εἰρήνης καὶ σωτὴρ τῶν ψυχῶν ἡμῶν καὶ σοὶ τὴν δόξαν ἀναπέμπομεν, τῷ Πατρὶ καὶ τῷ Υἱῷ καὶ τῷ Ἁγίῳ Πνεύματι, νῦν καὶ ἀεὶ καὶ εἰς τοὺς αἰῶνας τῶν αἰώνων.

Ὁ Χορός· Ἀμήν.

Καὶ μετὰ τὴν μικρὰν συναπτήν...

Ὁ Ἀναγνώστης·

Κοντάκιον Ἦχος β΄.

Τὴν ὥραν ψυχή, τοῦ τέλους ἐννοήσασα καὶ τὴν ἐκκοπὴν τῆς συκῆς δειλιάσασα, τὸ δοθέν σοι τάλαντον φιλοπόνως ἔργασαι ταλαίπωρε, γρηγοροῦσα καὶ κράζουσα· Μὴ μείνωμεν ἔξω τοῦ νυμφῶνος Χριστοῦ.

Ὁ Οἶκος.

Τί ῥαθυμεῖς, ἀθλία ψυχή μου; τί φαντάζῃ ἀκαίρως μερίμνας ἀφελεῖς; τί ἀσχολῇ πρὸς τὰ ῥέοντα; ἐσχάτη ὥρα ἐστὶν ἀπάρτι, καὶ χωρίζεσθαι μέλλομεν τῶν ἐνταῦθα· ἕως καιρὸν κεκτημένη, ἀνάνηψον κράζουσα· Ἡμάρτηκά σοι, Σωτήρ μου· μὴ ἐκκόψῃς με, ὥσπερ τὴν ἄκαρπον συκῆν, ἀλλ᾽ ὡς εὔσπλαγχνος, Χριστέ, κατοικτείρησον, φόβῳ κραυγάζουσαν· Μὴ μείνωμεν ἔξω τοῦ νυμφῶνος Χριστοῦ.

Choir: Lord, have mercy.

Deacon: Commemorating our most holy, most pure, most blessed and glorified Lady the Theotokos and ever-virgin Mary, together with all the saints, let us commit ourselves and one another and all our life unto Christ our God.

Choir: To You, O Lord.

Priest:

For you are the King of peace and the Saviour of our souls, and to you we give glory, Father, Son and Holy Spirit, now and for ever and to the ages of ages.

Choir: Amen.

After the small litany...

Reader:

Kontakion. Tone 2.

Think, miserable soul, on the hour of the end, and made fearful by the cutting down of the fig tree, work with love of toil at the talent given you, as you watch and cry: May we not be left outside Christ's bridal chamber!

The Ikos.

Why are you slothful, my wretched soul? Why dwell unseasonably on senseless cares? Why busy yourself with what is passing? The last hour is at hand, and we shall soon be parted from what is here. While you still have time, come to your senses and cry out, 'I have sinned against you, my Saviour; do not cut me off like the unfruitful fig tree, but as you are compassionate, O Christ,

take pity on a soul that cries out in fear: 'May we not be left outside Christ's bridal chamber!'

Τὸ συναξάριον τοῦ Μηναίου καὶ τὸ παρόν·

Τῇ ἁγίᾳ καὶ μεγάλῃ Τρίτῃ τῆς τῶν δέκα παρθένων παραβολῆς, τῆς ἐκ τοῦ ἱεροῦ Εὐαγγελίου, μνείαν ποιούμεθα.

Στίχοι.

Τρίτη μεγίστη Παρθένους δέκα φέρει
νίκην φερούσας ἀδεκάστου δεσπότου.

Ἀλλ' ὦ Νυμφίε Χριστέ, μετὰ τῶν φρονίμων ἡμᾶς συναρίθμησον παρθένων καὶ τῇ ἐκλεκτῇ σου σύνταξον ποίμνῃ καὶ ἐλέησον ἡμᾶς. Ἀμήν.

*Καὶ εὐθὺς ψάλλομεν τὸ παρὸν
διῳδιον ἔχον ἀκροστιχίδα·
Τρίτῃ τε.*

Ποίημα Κοσμᾶ Μοναχοῦ

ᾨδὴ η'. Ἦχος β'. Ὁ εἱρμός.

Τῷ δόγματι, τῷ τυραννικῷ οἱ ὅσιοι τρεῖς παῖδες μὴ πεισθέντες, ἐν τῇ καμίνῳ βληθέντες, Θεὸν ὡμολόγουν ψάλλοντες· Εὐλογεῖτε τὰ ἔργα, Κυρίου, τὸν Κύριον.

Τροπάρια.

Δόξα σοι ὁ Θεὸς ἡμῶν, δόξα σοι.

Ῥαθυμίαν ἄπωθεν ἡμῶν βαλλώμεθα, καὶ φαιδραῖς ταῖς λαμπάσι τῷ ἀθανάτῳ Νυμφίῳ Χριστῷ, ὕμνοις συναντήσωμεν· Εὐλογεῖτε, βοῶντες, τὰ ἔργα τὸν Κύριον.

Δόξα Πατρὶ καὶ Υἱῷ καὶ Ἁγίῳ Πνεύματι.

Ἱκανούσθω, τὸ κοινωνικὸν ψυχῆς ἡμῶν ἔλαιον ἐν ἀγγείοις, ὅπως ἐπάθλων μὴ θέντες καιρὸν ἐμπορίας ψάλλω-

The Synaxarion of the Menaion and the following:

On holy and great Tuesday we commemorate the parable of the ten virgins from the sacred Gospel.

Verses.

Great Tuesday now bears with it virgins ten,
Who bear the triumph of the Master just.

But, O Bridegroom Christ, number us with the prudent virgins, range us with the chosen flock and have mercy on us. Amen.

*And we sing the following Canon
with the acrostic:
And on Tuesday.*

A Poem by St Kosmas the Monk

Ode 8. Tone 2. Irmos.

The three holy Youths, did not obey the tyrant's decree and cast into the furnace amidst the flames they cried aloud, confessing God, as they sang: You works of the Lord, bless the Lord!

Troparia.

Glory to You, our God, glory to You.

Let us cast sloth far away from us, and with lamps ablaze with their lights all shining let us meet Christ the immortal Bridegroom with hymns, as we cry: You works of the Lord, bless the Lord.

Glory to the Father, Son, and the Holy Spirit.

May the oil of fellowship in the vessels of our soul be sufficient, that not having spent the moment of the

μεν· Εὐλογεῖτε, τὰ ἔργα Κυρίου τὸν Κύριον.

*Καὶ νῦν καὶ ἀεί,
καὶ εἰς τοὺς αἰῶνας τῶν αἰώνων. Ἀμήν.*

Τὸ τάλαντον, ὅσοι πρὸς Θεοῦ ἐδέξασθε ἰσοδύναμον χάριν, ἐπικουρίᾳ τοῦ δόντος Χριστοῦ αὐξήσατε ψάλλοντες· Εὐλογεῖτε, τὰ ἔργα Κυρίου τὸν Κύριον.

*Αἰνοῦμεν, εὐλογοῦμεν καὶ
προσκυνοῦμεν τὸν Κύριον.*

Καταβασία.

Τῷ δόγματι, τῷ τυραννικῷ οἱ ὅσιοι τρεῖς παῖδες μὴ πεισθέντες, ἐν τῇ καμίνῳ βληθέντες, Θεὸν ὡμολόγουν ψάλλοντες· Εὐλογεῖτε τὰ ἔργα, Κυρίου, τὸν Κύριον.

Ὁ Διάκονος· Τὴν Θεοτόκον καὶ μητέρα τοῦ φωτὸς ἐν ὕμνοις τιμῶντες μεγαλύνωμεν.

Ὠδὴ Θ´. Ὁ εἱρμός.

Ἡ τὸν ἀχώρητον Θεὸν ἐν γαστρὶ χωρήσασα καὶ χαρὰν τῷ κόσμῳ κυήσασα, σὲ ὑμνοῦμεν, Παναγία Παρθένε.

Τροπάρια.

Δόξα Πατρὶ καὶ Υἱῷ καὶ Ἁγίῳ Πνεύματι.

Τοῖς μαθηταῖς ὁ ἀγαθός, γρηγορεῖτε, ἔφησας· ἡ γὰρ ὥρα ἥξει ὁ Κύριος, ἀγνοεῖτε, ἀποδοῦναι ἑκάστῳ.

*Καὶ νῦν καὶ ἀεί,
καὶ εἰς τοὺς αἰῶνας τῶν αἰώνων, ἀμήν.*

Ἐν τῇ δευτέρᾳ σου φρικτῇ παρουσίᾳ, Δέσποτα, δεξιοῖς προβάτοις με σύνταξον, τῶν πταισμάτων παρίδων μου τὰ πλήθη.

prize in commerce we may sing: You works of the Lord, bless the Lord!

*Both now and ever,
and to the ages of ages. Amen.*

You that have all received the talent, grace of equal power from God, increase it with the help of Christ who gave it, as you sing: You works of the Lord, bless the Lord!

*We praise, we bless and
we worship the Lord.*

Katavasia

The three holy Youths, did not obey the tyrant's decree and cast into the furnace amidst the flames they cried aloud, confessing God, as they sang: You works of the Lord, bless the Lord!

Deacon: The Theotokos and Mother of the Light, let us honor and magnify in hymns.

Ode 9. The Irmos.

The uncontainable God, you contained in your womb joy and gladness you bore for all the world, your praise we sing 'All holy Virgin.'

Troparia

Glory to the Father, Son, and the Holy Spirit.

To your disciples, gracious Lord, Keep watch! you said You do not know the hour the Lord will come to reward each one.'

*Both now and forever,
and to the ages of ages, amen.*

At your dread second coming, Master, range me with the sheep as they stand on your right hand, overlooking the multitude of my offences.

Καταβασία.

Ἡ τὸν ἀχώρητον Θεὸν ἐν γαστρὶ χωρήσασα καὶ χαρὰν τῷ κόσμῳ κυήσασα, σὲ ὑμνοῦμεν, Παναγία Παρθένε.

Ὁ Διάκονος· Ἔτι καὶ ἔτι ἐν εἰρήνῃ τοῦ Κυρίου δεηθῶμεν.

Ὁ Χορός· Κύριε, ἐλέησον.

Ὁ Διάκονος· Ἀντιλαβοῦ, σῶσον, ἐλέησον καὶ διαφύλαξον ἡμᾶς ὁ Θεὸς τῇ σῇ χάριτι.

Ὁ Χορός· Κύριε, ἐλέησον.

Ὁ Διάκονος· Τῆς Παναγίας, ἀχράντου, ὑπερευλογημένης, ἐνδόξου, δεσποίνης ἡμῶν Θεοτόκου καὶ ἀειπαρθένου Μαρίας, μετὰ πάντων τῶν ἁγίων μνημονεύσαντες, ἑαυτοὺς καὶ ἀλλήλους καὶ πᾶσαν τὴν ζωὴν ἡμῶν Χριστῷ τῷ Θεῷ παραθώμεθα.

Ὁ Χορός· Σοί, Κύριε.

Ὁ Ἱερεύς·

Ὅτι σὲ αἰνοῦσι πᾶσαι αἱ δυνάμεις τῶν οὐρανῶν καὶ σοὶ τὴν δόξαν ἀναπέμπομεν, τῷ Πατρὶ καὶ τῷ Υἱῷ καὶ τῷ ἁγίῳ Πνεύματι, νῦν καὶ ἀεὶ καὶ εἰς τοὺς αἰῶνας τῶν αἰώνων.

Ὁ Χορός· Ἀμήν.

Ἐξαποστειλάριον. Ἦχος γ΄. Αὐτόμελον.

Τὸν νυμφῶνά σου βλέπω, Σωτήρ μου κεκοσμημένον, καὶ ἔνδυμα οὐκ ἔχω, ἵνα εἰσέλθω ἐν αὐτῷ· λάμπρυνόν μου τὴν στολὴν τῆς ψυχῆς, φωτοδότα, καὶ σῶσόν με. *(γ΄)*

Katavasia.

The uncontainable God, you contained in your womb joy and gladness you bore for all the world, your praise we sing 'All holy Virgin.'

Deacon: Again and again in peace let us pray to the Lord.

Choir: Lord, have mercy.

Deacon: Take hold of us, save us, have mercy upon us, and protect us, O God, by Your grace.

Choir: Lord, have mercy.

Deacon: Commemorating our most holy, most pure, most blessed and glorified Lady the Theotokos and ever-virgin Mary, together with all the saints, let us commit ourselves and one another and all our life unto Christ our God.

Choir: To You, O Lord.

Priest:

For all the Powers of heaven praise you, and to you we give glory, Father, Son and Holy Spirit, now and for ever and to the ages of ages.

Choir: Amen.

Exapostilarion. Tone 3. Model Melody.

Your bridal chamber, my Savior, I see all adorned, but I have no garment so that I may enter. Make bright the mantle of my soul, Giver of light, and save me! *(x3)*

Καὶ εὐθὺς ψάλλομεν τοὺς Αἴνους καὶ τὰ παρόντα Ἰδιόμελα·

Ψαλμὸς ΡΜΗ΄. Ἦχος α΄.

Πᾶσα πνοὴ αἰνεσάτω τὸν Κύριον. Αἰνεῖτε τὸν Κύριον ἐκ τῶν οὐρανῶν· αἰνεῖτε αὐτὸν ἐν τοῖς ὑψίστοις. Σοὶ πρέπει ὕμνος τῷ Θεῷ.

Αἰνεῖτε αὐτόν, πάντες οἱ ἄγγελοι αὐτοῦ· αἰνεῖτε αὐτόν, πᾶσαι αἱ δυνάμεις αὐτοῦ. Σοὶ πρέπει ὕμνος τῷ Θεῷ.

Στίχ. *Αἰνεῖτε αὐτὸν ἐπὶ ταῖς δυναστείαις αὐτοῦ· αἰνεῖτε αὐτὸν κατὰ τὸ πλῆθος τῆς μεγαλωσύνης αὐτοῦ.*

Κοσμᾶ μοναχοῦ. **Ἦχος α΄.**

Ἐν ταῖς λαμπρότησι τῶν ἁγίων σου πῶς εἰσελεύσομαι ὁ ἀνάξιος; ἐὰν γὰρ τολμήσω συνεισελθεῖν εἰς τὸν νυμφῶνα, ὁ χιτών με ἐλέγχει, ὅτι οὐκ ἔστι τοῦ γάμου, καὶ δέσμιος ἐκβαλοῦμαι ὑπὸ τῶν ἀγγέλων· καθάρισον, Κύριε, τὸν ῥύπον τῆς ψυχῆς μου καὶ σῶσόν με ὡς φιλάνθρωπος.

Στίχ. *Αἰνεῖτε αὐτὸν ἐν ἤχῳ, σάλπιγγος· αἰνεῖτε αὐτὸν ἐν ψαλτηρίῳ καὶ κιθάρᾳ.*

Τὸ αὐτό.

Ἐν ταῖς λαμπρότησι…

Στίχ. *Αἰνεῖτε αὐτὸν ἐν τυμπάνῳ καὶ χορῷ· αἰνεῖτε αὐτὸν ἐν χορδαῖς καὶ ὀργάνῳ.*

Τοῦ αὐτοῦ. Ἦχος β΄

Ὀτῇ ψυχῆς ῥαθυμίᾳ νυστάξας οὐ κέκτημαι, Νυμφίε Χριστέ, καιομένην λαμπάδα τὴν ἐξ ἀρετῶν καὶ νεάνισιν ὡμοιώθην μωραῖς, ἐν καιρῷ τῆς ἐργασίας ῥεμβόμενος· τὰ σπλάγχνα τῶν οἰκτιρμῶν σου μὴ κλείσῃς μοι, Δέσποτα· ἀλλ᾽ ἐκτινάξας μου τὸν ζοφερὸν ὕπνον ἐξανάστησον, καὶ ταῖς φρονίμοις συνεισάγαγε

We immediately sing the Praises and the following idiomels:

Psalm 148. Tone 1

Let everything that has breath praise the Lord. Praise the Lord from the heavens; praise him in the highest. To you praise is due, O God.

Praise him, all his angels: Praise him, all his Powers. To you praise is due, O God.

Verse: *Praise him for his mighty acts; praise him according to the greatness of his majesty.*

By Monk John. **Tone 1.**

How shall I, the unworthy, enter among the splendors of your saints? For if I dare to enter the bridal chamber with them, my tunic accuses me, because it is not a wedding garment, and I shall be placed in bonds and cast out by the angels. O Lord, cleanse the filth of my soul, and save me as you love humankind.

Verse: *Praise him in the blast of the trumpet: praise him upon the lute and harp.*

The Same…

How shall I, the unworthy…

Verse: *Praise him with the timbrel and dances: praise him upon the strings and pipe.*

By the same. Tone 2.

Slumbering in sloth of soul, O Bridegroom Christ, no lamp ablaze with virtues have I obtained, and I have become like the foolish maidens, wandering about at the moment for action. Do not shut your compassionate heart against me, Master, but shake off my dark sleep, rouse me, and bring me with

παρθένοις, εἰς νυμφῶνα τὸν σόν, ὅπου ἦχος καθαρὸς ἑορταζόντων καὶ βοώντων ἀπαύστως· Κύριε δόξα σοι.

Στίχ. Αἰνεῖτε αὐτὸν ἐν κυμβάλοις εὐήχοις· αἰνεῖτε αὐτὸν ἐν κυμβάλοις ἀλαλαγμοῦ. Πᾶσα πνοὴ αἰνεσάτω τὸν Κύριον.

Τὸ αὐτό.

Ὁ τῇ ψυχῆς ῥαθυμίᾳ...

Δόξα Πατρὶ καὶ Υἱῷ καὶ Ἁγίῳ Πνεύματι. Καὶ νῦν καὶ ἀεὶ καὶ εἰς τοὺς αἰῶνας τῶν αἰώνων, ἀμήν.

Τοῦ αὐτοῦ. Ἦχος δ΄.

Τοῦ κρύψαντος τὸ τάλαντον τὴν κατάκρισιν ἀκούσασα, ψυχή, μὴ κρύπτε λόγον Θεοῦ· κατάγγελλε τὰ θαυμάσια αὐτοῦ, ἵνα πλεονάζουσα τὸ χάρισμα εἰσέλθῃς εἰς τὴν χαρὰν τοῦ Κυρίου σου.

Ὁ Προεστώς· Σοὶ δόξα πρέπει, Κύριε, ὁ Θεὸς ἡμῶν, καὶ σοὶ τὴν δόξαν ἀναπέμπομεν τῷ Πατρὶ καὶ τῷ Υἱῷ καὶ τῷ ἁγίῳ Πνεύματι, νῦν καὶ ἀεὶ καὶ εἰς τοὺς αἰῶνας τῶν αἰώνων. Ἀμήν.

Ὁ Προεστὼς ἢ ὁ Ἀναγνώστης χύμα τὸ

Δόξα ἐν ὑψίστοις Θεῷ καὶ ἐπὶ γῆς εἰρήνη ἐν ἀνθρώποις εὐδοκία. Ὑμνοῦμέν σε, εὐλογοῦμέν σε, προσκυνοῦμέν σε, δοξολογοῦμέν σε, εὐχαριστοῦμέν σοι, διὰ τὴν μεγάλην σου δόξαν. Κύριε βασιλεῦ, ἐπουράνιε Θεέ, Πάτερ παντοκράτορ· Κύριε Υἱὲ μονογενές, Ἰησοῦ Χριστέ, καὶ ἅγιον Πνεῦμα. Κύριε ὁ Θεός, ὁ ἀμνὸς τοῦ Θεοῦ, ὁ Υἱός τοῦ Πατρός, ὁ αἴρων τὴν ἁμαρτίαν τοῦ κόσμου, ἐλέησον ἡμᾶς, ὁ αἴρων τὰς ἁμαρτίας τοῦ κόσμου. Πρόσδεξαι τὴν δέησιν ἡμῶν, ὁ καθήμενος ἐν δεξιᾷ τοῦ Πατρός, καὶ ἐλέησον ἡμᾶς. Ὅτι σὺ εἶ μόνος ἅγιος, σὺ εἶ

the prudent virgins into your bridal chamber, where there is the pure sound of those who feast and who cry unceasingly, 'Lord, glory to You!'

Verse: *Praise him on fine-sounding cymbals: praise him on cymbals of gladness. Let everything that has breath praise the Lord.*

The Same...

Slumbering in sloth of soul...

Glory to the Father, Son, and the Holy Spirit. Both now and forever and to the ages of ages. Amen.

By the same. Tone 4.

My soul, having heard the condemnation of the one who hid his talent, do not hide God's word. Proclaim his wonders, so that multiplying the gift of grace you may enter the joy of your Lord.

Superior: To you glory is due, O Lord, our God, and to you we give glory, to the Father and to the Son and to the Holy Spirit, now and for ever and to ages of ages. Amen.

The Superior or the Reader reads:

Glory to God in the highest, and on earth peace, goodwill among men. We praise you, we bless you, we worship you, we glorify you, we thank you for your great glory. O Lord, heavenly King, God the almighty Father. O Lord, only-begotten Son, Jesus Christ and the Holy Spirit. Lord God, lamb of God, Son of the Father, who takes away the sin of the world, have mercy upon us, who takes away the sins of the world. Receive our prayer, you who sit on the right hand of the Father and have mercy upon us. For you alone are holy, you alone are Lord,

μόνος Κύριος, Ἰησοῦς Χριστός, εἰς δόξαν Θεοῦ Πατρός. Ἀμήν.

Καθ' ἑκάστην ἡμέραν εὐλογήσω σε, καὶ αἰνέσω τὸ ὄνομά σου εἰς τὸν αἰῶνα καὶ εἰς τὸν αἰῶνα τοῦ αἰῶνος. Κύριε, καταφυγὴ ἐγενήθης ἡμῖν ἐν γενεᾷ καὶ γενεᾷ. Ἐγὼ εἶπα· Κύριε, ἐλέησόν με· ἴασαι τὴν ψυχήν μου, ὅτι ἥμαρτόν σοι. Κύριε, πρὸς σὲ κατέφυγον, δίδαξόν με τοῦ ποιεῖν τὸ θέλημά σου, ὅτι σὺ εἶ ὁ Θεός μου. Ὅτι παρὰ σοὶ πηγὴ ζωῆς· ἐν τῷ φωτί σου ὀψόμεθα φῶς. Παράτεινον τὸ ἔλεός σου τοῖς γινώσκουσί σε.

Καταξίωσον, Κύριε, ἐν τῇ ἡμέρᾳ ταύτῃ ἀναμαρτήτους φυλαχθῆναι ἡμᾶς. Εὐλογητὸς εἶ, Κύριε, ὁ Θεὸς τῶν πατέρων ἡμῶν, καὶ αἰνετὸν καὶ δεδοξασμένον τὸ ὄνομά σου εἰς τοὺς αἰῶνας. Ἀμήν. Γένοιτο, Κύριε, τὸ ἔλεός σου ἐφ' ἡμᾶς, καθάπερ ἠλπίσαμεν ἐπὶ σέ. Εὐλογητὸς εἶ, Κύριε· δίδαξόν με τὰ δικαιώματά σου. Εὐλογητὸς εἶ, Δέσποτα· συνέτισόν με τὰ δικαιώματά σου. Εὐλογητὸς εἶ, ἅγιε· φώτισόν με τοῖς δικαιώμασί σου. Κύριε, τὸ ἔλεός σου εἰς τὸν αἰῶνα· τὰ ἔργα τῶν χειρῶν σου μὴ παρίδῃς. Σοὶ πρέπει αἶνος, σοὶ πρέπει ὕμνος, σοὶ δόξα πρέπει, τῷ Πατρὶ καὶ τῷ Υἱῷ, καὶ τῷ ἁγίῳ Πνεύματι, νῦν, καὶ ἀεί, καὶ εἰς τοὺς αἰῶνας τῶν αἰώνων. Ἀμήν.

ΤΑ ΠΛΗΡΩΤΙΚΑ

Ὁ Διάκονος· Πληρώσωμεν τὴν ἑωθινὴν δέησιν ἡμῶν τῷ Κυρίῳ.

Ὁ Χορός· Κύριε, ἐλέησον.

Ἀντιλαβοῦ, σῶσον, ἐλέησον, καὶ διαφύλαξον ἡμᾶς, ὁ Θεός, τῇ σῇ χάριτι.

Jesus Christ, to the glory of God the Father. Amen.

Every day I will bless you, and praise your name for ever and ever. I said, Lord, have mercy upon me; heal my soul, for I have sinned against you. Lord, I have run to you for refuge; teach me to do your will for you are my God. For with you is the source of life, and in your light we shall see light. O continue your merciful kindness toward those who know you.

Grant, Lord, this day to keep us without sin. Blessed are you, Lord, the God of our fathers, and praised and glorified is your name to the ages. Amen. May your mercy, Lord, be upon us, as we have hoped in you. Blessed are you, Lord, teach me your statutes. Blessed are you, Master, make me understand your statutes. Blessed are you, Holy One, enlighten me with your statutes. Lord, your mercy is for ever; do not scorn the work of your hands. To you praise is due, to you song is due, to you glory is due, to the Father, and to the Son, and to the Holy Spirit, now and for ever, and to the ages of ages. Amen.

LITANY OF COMPLETION

Deacon: Let us complete our prayer to the Lord.

Choir: Lord, have mercy.

Take hold of us, save us, have mercy upon us, and protect us, O God, by Your grace.

Ὁ Χορός· Κύριε, ἐλέησον.

Τὴν ἡμέραν πᾶσαν, τελείαν, ἁγίαν, εἰρηνικὴν καὶ ἀναμάρτητον, παρὰ τοῦ Κυρίου αἰτησώμεθα.

Ὁ Χορός· Παράσχου Κύριε. *(καὶ εἰς ὅλας τὰς δεήσεις ταύτας.)*

Ἄγγελον εἰρήνης, πιστὸν ὁδηγόν, φύλακα τῶν ψυχῶν καὶ τῶν σωμάτων ἡμῶν, παρὰ τοῦ Κυρίου αἰτησώμεθα.

Συγγνώμην καὶ ἄφεσιν τῶν ἁμαρτιῶν καὶ τῶν πλημμελημάτων ἡμῶν, παρὰ τοῦ Κυρίου αἰτησώμεθα.

Τὰ καλὰ καὶ συμφέροντα ταῖς ψυχαῖς ἡμῶν, καὶ εἰρήνην τῷ κόσμῳ, παρὰ τοῦ Κυρίου αἰτησώμεθα.

Τὸν ὑπόλοιπον χρόνον τῆς ζωῆς ἡμῶν, ἐν εἰρήνῃ καὶ μετανοίᾳ ἐκτελέσαι, παρὰ τοῦ Κυρίου αἰτησώμεθα.

Χριστιανὰ τὰ τέλη τῆς ζωῆς ἡμῶν, ἀνώδυνα, ἀνεπαίσχυντα, εἰρηνικά, καὶ καλὴν ἀπολογίαν τὴν ἐπὶ τοῦ φοβεροῦ βήματος τοῦ Χριστοῦ, αἰτησώμεθα.

Τῆς Παναγίας, ἀχράντου, ὑπερευλογημένης, ἐνδόξου Δεσποίνης ἡμῶν Θεοτόκου, καὶ ἀειπαρθένου Μαρίας μετὰ πάντων τῶν Ἁγίων μνημονεύσαντες, ἑαυτοὺς καὶ ἀλλήλους, καὶ πᾶσαν τὴν ζωὴν ἡμῶν Χριστῷ τῷ Θεῷ παραθώμεθα.

Ὁ Χορός· Σοί, Κύριε.

Ὁ Ἱερεύς· Ὅτι Θεὸς, οἰκτιρμῶν καὶ φιλανθρωπίας ὑπάρχεις καὶ σοὶ τὴν δόξαν ἀναπέμπομεν, τῷ Πατρὶ καὶ τῷ Υἱῷ καὶ τῷ ἁγίῳ Πνεύματι, νῦν καὶ ἀεὶ καὶ εἰς τοὺς αἰῶνας τῶν αἰώνων.

Ὁ Χορός· Ἀμήν.

Choir: Lord, have mercy.

That the whole day may be perfect, holy, peaceful and sinless, let us ask the Lord.

Choir: Grant this, O Lord. *(and this in the remaining petitions.)*

An angel of peace, a faithful guide, a guardian of our souls and bodies, let us ask of the Lord.

Pardon and forgiveness of our sins and offences, let us ask of the Lord.

Those things which are good and profitable for our souls, and peace for the world, let us ask of the Lord.

That we may live out the rest of our days in peace and repentance, let us ask of the Lord.

A Christian end to our life, painless, unashamed and peaceful, and a good defence before the fearful judgement seat of Christ, let us ask.

Commemorating our most holy, most pure, most blessed and glorified Lady the Theotokos and ever-virgin Mary, together with all the saints, let us commit ourselves and one another and all our life unto Christ our God.

Choir: To you, O Lord.

Priest: For you are a God of mercies and of pity, and you love mankind, and to you we give glory, to the Father, the Son and the Holy Spirit, now and for ever, and to the ages of ages.

Choir: Amen.

Ὁ Ἱερεύς· Εἰρήνη πᾶσι.

Ὁ Χορός· Καὶ τῷ πνεύματί σου.

Ὁ Διάκονος· Τὰς κεφαλὰς ἡμῶν τῷ Κυρίῳ κλίνωμεν.

Ὁ Χορός· Σοί, Κύριε.

Ὁ Ἱερεύς, ἐπεύχεται χαμηλοφώνως·

Κύριε, ἅγιε, ὁ ἐν ὑψηλοῖς κατοικῶν καὶ τὰ ταπεινὰ ἐφορῶν καὶ τῷ παντεφόρῳ σου ὄμματι ἐπιβλέπων ἐπὶ πᾶσαν τὴν κτίσιν, σοὶ ἐκλίναμεν τὸν αὐχένα τῆς ψυχῆς καὶ τοῦ σώματος καὶ δεόμεθά σου, ἅγιε ἁγίων· Ἔκτεινον τὴν χεῖρά σου τὴν ἀόρατον ἐξ ἁγίου κατοικητηρίου σου καὶ εὐλόγησον πάντας ἡμᾶς· καὶ εἴ τι ἡμάρτομεν ἑκουσίως ἢ ἀκουσίως, ὡς ἀγαθὸς καὶ φιλάνθρωπος Θεὸς συγχώρησον, δωρούμενος ἡμῖν τὰ ἐγκόσμια καὶ ὑπερκόσμια ἀγαθά σου.

Ἐκφώνως·

Σὸν γάρ ἐστι τὸ ἐλεεῖν καὶ σῴζειν ἡμᾶς, ὁ Θεὸς ἡμῶν, καὶ σοὶ τὴν δόξαν ἀναπέμπομεν, τῷ Πατρὶ καὶ τῷ Υἱῷ καὶ τῷ ἁγίῳ Πνεύματι, νῦν καὶ ἀεὶ καὶ εἰς τοὺς αἰῶνας τῶν αἰώνων.

Ὁ Χορός· Ἀμήν.

Μετὰ δὲ τὴν ἐκφώνησιν ψάλλομεν...

ΤΑ ΑΠΟΣΤΙΧΑ

Ἰωάννου μοναχοῦ. Ἦχος πλ. β'.

Δεῦτε, πιστοί, ἐπεργασώμεθα προθύμως τῷ Δεσπότῃ· νέμει γὰρ τοῖς δούλοις τὸν πλοῦτον καὶ ἀναλόγως ἕκαστος, πολυπλασιάσωμεν τὸ τῆς χάριτος τάλαντον· ὁ μὲν σοφίαν κομιείτω δι' ἔργων ἀγαθῶν· ὁ δὲ λειτουργίαν λαμπρότητος ἐπιτελείσθω· κοινωνεί-

Priest: Peace be with all.

Choir: And with your spirit.

Deacon: Let us bow our heads to the Lord.

Choir: To You, O Lord.

The Priest prays, in a low voice:

Holy Lord, dwelling on high and beholding things below and, with your eye that observes all, keeping watch over the whole creation, to you we have bowed the neck of our soul and body, and we beseech you, O Holy of Holies: Stretch forth your invisible hand from your holy dwelling and bless us all. And, as you are good and love humankind, pardon us if we have sinned in anything, voluntarily or involuntarily, granting us your blessings both of this world and of the world above.

Aloud:

For yours it is to show mercy and to save us, O our God, and to you we give glory, to the Father, the Son and the Holy Spirit, now and for ever, and to the ages of ages.

Reader: Amen.

After the exclamation we sing...

THE APOSTICHA

By Monk John. Tone Pl. 2.

Come, believers, let us work eagerly for the Master; for he gives his servants wealth. Let each of us, according to their measure, multiply the talent of grace; let one bring wisdom through good deeds; another accomplish the ministry of splendor; let a believer share

τω δὲ τοῦ λόγου, πιστὸς τῷ ἀμυήτῳ καὶ σκορπιζέτω τὸν πλοῦτον πένησιν ἄλλος· οὕτω γὰρ τὸ δάνειον πολυπλασιάσωμεν, καὶ ὡς οἰκονόμοι πιστοὶ τῆς χάριτος δεσποτικῆς χαρᾶς ἀξιωθῶμεν· αὐτῆς ἡμᾶς καταξίωσον, Χριστὲ ὁ Θεός, ὡς φιλάνθρωπος.

Στίχ. α΄. *Ἐνεπλήσθημεν τὸ πρωῒ τοῦ ἐλέους σου, Κύριε, καὶ ἠγαλλιασάμεθα καὶ εὐφράνθημεν ἐν πάσαις ταῖς ἡμέραις ἡμῶν· εὐφρανθείημεν ἀνθ᾿ ὧν ἡμερῶν ἐταπείνωσας ἡμᾶς, ἐτῶν, ὧν εἴδομεν κακά· καὶ ἴδε ἐπὶ τοὺς δούλους σου καὶ ἐπὶ τὰ ἔργα σου, καὶ ὁδήγησον τοὺς υἱοὺς αὐτῶν.*

Λέοντος τοῦ δεσπότου. Ἦχος ὁ αὐτός.

Ὅταν ἔλθῃς ἐν δόξῃ μετ᾿ ἀγγελικῶν δυνάμεων καὶ καθίσῃς ἐν θρόνῳ, Ἰησοῦ, διακρίσεως, μή με ποιμὴν ἀγαθέ, διαχωρίσῃς· ὁδοὺς δεξιὰς γὰρ οἶδας, διεστραμμέναι δέ εἰσιν αἱ εὐώνυμοι· μὴ οὖν ἐρίφοις με τὸν τραχὺν τῇ ἁμαρτίᾳ συναπολέσῃς, ἀλλὰ τοῖς ἐκ δεξιῶν συναριθμήσας προβάτοις σῶσόν με ὡς φιλάνθρωπος.

Στίχ. β΄. *Καὶ ἔστω ἡ λαμπρότης Κυρίου τοῦ Θεοῦ ἡμῶν ἐφ᾿ ἡμᾶς, καὶ τὰ ἔργα τῶν χειρῶν ἡμῶν κατεύθυνον ἐφ᾿ ἡμᾶς, καὶ τὸ ἔργον τῶν χειρῶν ἡμῶν κατεύθυνον.*

Ἰωάννου μοναχοῦ. Ἦχος ὁ αὐτός.

Ὁ Νυμφίος ὁ κάλλει ὡραῖος παρὰ πάντας ἀνθρώπους, ὁ συγκαλέσας ἡμᾶς πρὸς ἑστίασιν πνευματικὴν τοῦ νυμφῶνός σου, τὴν δυσείμονά μου μορφὴν τῶν πταισμάτων ἀπαμφίασον τῇ μεθέξει τῶν παθημάτων σου καὶ στολὴν δόξης κοσμήσας τῆς σῆς ὡραιότητος, δαιτυμόνα φαιδρὸν ἀνάδειξον τῆς βασιλείας σου ὡς εὔσπλαγχνος.

the word with the uninitiated; and another distribute their wealth to the poor. So let us make the loan increase, and as faithful stewards of grace, become worthy in this way of the Master's joy. Make us worthy of this joy, Christ our God, as you love humankind.

Verse 1. *We were filled in the morning with your mercy, O Lord, and we rejoiced and were glad. In all our days, let us be glad, for all the days you have afflicted us, for the years we have suffered adversity. Look upon your servants and your works, and guide their children.*

Master Leo. Tone Pl. 2.

When you come in glory with the angelic Powers and take your seat, O Jesus, on the throne of judgment, do not separate me from you, good Shepherd; for you know the right hand pathways, while those on the left are twisted. So do not destroy me, hardened in sin, with the goats, but, numbering me with the sheep on the right, save me, as you love humankind.

Verse 2. *And may the brightness of the Lord our God be upon us. Direct the work of our hands, O direct the work of our hands.*

By Monk John. Tone Pl. 2.

O Bridegroom, lovelier in beauty beyond all humankind, who have invited us to the spiritual banquet of your bridal chamber, strip my ill-clad form of faults by participation in your sufferings, and adorning me with the robe of glory of your beauty, show me, Lord, to be a radiant guest of your kingdom, as You are compassionate.

Δόξα Πατρὶ καὶ Υἱῷ καὶ Ἁγίῳ Πνεύματι. Καὶ νῦν καὶ ἀεὶ καὶ εἰς τοὺς αἰῶνας τῶν αἰώνων, ἀμήν.

Κοσμᾶ μοναχοῦ. Ἦχος βαρύς.

Ἰδού σοι τὸ τάλαντον ὁ Δεσπότης ἐμπιστεύει, ψυχή μου· φόβῳ δέξαι τὸ χάρισμα, δάνεισαι τῷ δεδωκότι, διάδος πτωχοῖς καὶ κτῆσαι φίλον τὸν Κύριον· ἵνα στῇς ἐκ δεξιῶν αὐτοῦ ὅταν ἔλθῃ ἐν δόξῃ, καὶ ἀκούσῃς μακαρίας φωνῆς· Εἴσελθε, δοῦλε, εἰς τὴν χαρὰν τοῦ Κυρίου σου. Αὐτῆς ἀξίωσόν με, Σωτήρ, τὸν πλανηθέντα διὰ τὸ μέγα σου ἔλεος.

Ὁ Ἱερεύς·

Ἀγαθὸν τὸ ἐξομολογεῖσθαι τῷ Κυρίῳ καὶ ψάλλειν τῷ ὀνόματί σου, Ὕψιστε· τοῦ ἀναγγέλλειν τὸ πρωῒ τὸ ἔλεός σου καὶ τὴν ἀλήθειάν σου κατὰ νύκτα.

Ὁ Ἀναγνώστης· Ἅγιος ὁ Θεός, Ἅγιος Ἰσχυρός, Ἅγιος Ἀθάνατος, ἐλέησον ἡμᾶς. *(γ΄)*

Δόξα Πατρί, καὶ Υἱῷ, καὶ Ἁγίῳ Πνεύματι. Καὶ νῦν καὶ ἀεί, καὶ εἰς τοὺς αἰῶνας τῶν αἰώνων. Ἀμήν.

Παναγία Τριάς, ἐλέησον ἡμᾶς. Κύριε, ἱλάσθητι ταῖς ἁμαρτίαις ἡμῶν, Δέσποτα, συγχώρησον τὰς ἀνομίας ἡμῖν. Ἅγιε, ἐπίσκεψαι καὶ ἴασαι τὰς ἀσθενείας ἡμῶν, ἕνεκεν τοῦ ὀνόματός σου.

Κύριε, ἐλέησον. *(γ΄)* Δόξα Πατρί, καὶ Υἱῷ, καὶ Ἁγίῳ Πνεύματι. Καὶ νῦν καὶ ἀεί, καὶ εἰς τοὺς αἰῶνας τῶν αἰώνων. Ἀμήν.

Πάτερ ἡμῶν ὁ ἐν τοῖς οὐρανοῖς, ἁγιασθήτω τὸ ὄνομά σου. Ἐλθέτω ἡ βασιλεία σου. Γενηθήτω τὸ θέλημά σου, ὡς ἐν

Glory to the Father, Son, and the Holy Spirit. Both now and ever and to the ages of ages. Amen.

By Monk Kosmas. Tone Varys.

See, my soul, see the Master entrusts you with a talent. Accept the gift with fear, gain interest for the giver by distributing it to the poor, and gain the Lord as a friend, so that you may stand at his right hand when he comes in glory, and may hear, may hear his blessed voice, 'Enter, my servant, into the joy of your Lord'. Make me, who have gone astray, O Savior, worthy of this, because of your great mercy.

Priest:

How good to give thanks to the Lord, to sing praises to your name, O Most High. To declare your love in the morning, and your truth every night.

Reader: Holy God, Holy Mighty, Holy Immortal, have mercy on us. *(x3)*

Glory to the Father and the Son and the Holy Spirit, now and forever and to the ages of ages. Amen.

All-holy Trinity, have mercy on us. Lord, forgive our sins. Master, pardon our transgressions. Holy One, visit and heal our infirmities for the glory of Your name.

Lord, have mercy. *(x3)* Glory to the Father and the Son and the Holy Spirit, now and forever and to the ages of ages. Amen.

Our Father, who art in heaven, hallowed be Thy name. Thy kingdom come. Thy will be done, on earth as it

οὐρανῷ, καὶ ἐπὶ τῆς γῆς. Τὸν ἄρτον ἡμῶν τὸν ἐπιούσιον δὸς ἡμῖν σήμερον. Καὶ ἄφες ἡμῖν τὰ ὀφειλήματα ἡμῶν, ὡς καὶ ἡμεῖς ἀφίεμεν τοῖς ὀφειλέταις ἡμῶν. Καὶ μὴ εἰσενέγκῃς ἡμᾶς εἰς πειρασμόν, ἀλλὰ ῥῦσαι ἡμᾶς ἀπὸ τοῦ πονηροῦ.

Ὁ Ἱερεύς· Ὅτι σοῦ ἐστιν ἡ Βασιλεία, καὶ ἡ δύναμις, καὶ ἡ δόξα, τοῦ Πατρός, καὶ τοῦ Υἱοῦ, καὶ τοῦ ἁγίου Πνεύματος, νῦν καὶ ἀεὶ καὶ εἰς τοὺς αἰῶνας τῶν αἰώνων.

Ὁ Ἀναγνώστης· Ἀμήν.

Ὁ Ἀναγνώστης·

Τὴν ὥραν ψυχή, τοῦ τέλους ἐννοήσασα καὶ τὴν ἐκκοπὴν τῆς συκῆς δειλιάσασα, τὸ δοθέν σοι τάλαντον φιλοπόνως ἔργασαι ταλαίπωρε, γρηγοροῦσα καὶ κράζουσα· Μὴ μείνωμεν ἔξω τοῦ νυμφῶνος Χριστοῦ.

Κύριε, ἐλέησον. *(μ´)*

Δόξα Πατρί, καὶ Υἱῷ, καὶ Ἁγίῳ Πνεύματι. Καὶ νῦν καὶ ἀεί, καὶ εἰς τοὺς αἰῶνας τῶν αἰώνων. Ἀμήν.

Τὴν τιμιωτέραν τῶν Χερουβεὶμ καὶ ἐνδοξοτέραν ἀσυγκρίτως τῶν Σεραφείμ, τὴν ἀδιαφθόρως Θεὸν Λόγον τεκοῦσαν, τὴν ὄντως Θεοτόκον σὲ μεγαλύνομεν.

Ὁ Χορός· Ἐν ὀνόματι Κυρίου εὐλόγησον, Πάτερ.

Ὁ Διάκονος· Σοφία.

Ὁ Ἱερεύς· Ὁ ὢν εὐλογητὸς Χριστὸς ὁ Θεὸς ἡμῶν πάντοτε, νῦν καὶ ἀεὶ καὶ εἰς τοὺς αἰῶνας τῶν αἰώνων.

Ὁ Ἀναγνώστης· Ἀμήν.

is in heaven. Give us this day our daily bread; and forgive us our trespasses, as we forgive those who trespass against us. And lead us not into temptation, but deliver us from the evil one.

Priest: For Yours is the kingdom and the power and the glory, of the Father and the Son and the Holy Spirit, now and forever and to the ages of ages.

Reader: Amen.

Reader:

Think, miserable soul, on the hour of the end, and made fearful by the cutting down of the fig tree, work with love of toil at the talent given you, as you watch and cry: May we not be left outside Christ's bridal chamber!

Lord, have mercy. *(x40)*

Glory to the Father, and the Son and the Holy Spirit. Both now and ever and to the ages of ages. Amen.

Greater in honor than the Cherubim, and beyond compare more glorious than the Seraphim, without corruption you gave birth to God the Word, truly the Theotokos we magnify you.

Choir: In the name of the Lord, Father give the blessing.

Deacon: Wisdom.

Priest: Blessed be He Who Is, Christ our true God, always, now and for ever, and to the ages of ages.

Reader: Amen.

Ὁ Ἱερεύς·

Ἐπουράνιε Βασιλεῦ, τοὺς πιστοὺς βασιλεῖς ἡμῶν στερέωσον· τὴν πίστιν στήριξον· τὰ ἔθνη πράϋνον· τὸν κόσμον εἰρήνευσον· τὴν ἁγίαν Ἐκκλησίαν καὶ τὴν πόλιν ταύτην καλῶς διαφύλαξον· τοὺς προαπελθόντας πατέρας καὶ ἀδελφοὺς ἡμῶν ἐν σκηναῖς δικαίων τάξον· καὶ ἡμᾶς ἐν μετανοίᾳ καὶ ἐξομολογήσει παράλαβε ὡς ἀγαθὸς καὶ φιλάνθρωπος.

Καὶ ποιοῦμεν μετανοίας μεγάλας τρεῖς λέγοντες καθ ἑαυτοὺς ἀνὰ ἕνα στίχον τῆς εὐχῆς τοῦ ἁγίου Ἐφραίμ.

Κύριε καὶ Δέσποτα τῆς ζωῆς μου, πνεῦμα ἀργίας, περιεργίας, φιλαρχίας καὶ ἀργολογίας μή μοι δῶς. **(Μετάνοια)**

Πνεῦμα δὲ σωφροσύνης, ταπεινοφροσύνης, ὑπομονῆς καὶ ἀγάπης χάρισαί μοι τῷ σῷ δούλῳ. **(Μετάνοια)**

Ναί, Κύριε βασιλεῦ, δώρησαί μοι τοῦ ὁρᾶν τὰ ἐμὰ πταίσματα, καὶ μὴ κατακρίνειν τὸν ἀδελφόν μου, ὅτι εὐλογητὸς εἶ εἰς τοὺς αἰῶνας τῶν αἰώνων. Ἀμήν. **(Μετάνοια)**

Εἶτα ποιοῦμεν μετανοίας μικρὰς δώδεκα καὶ πάλιν μετάνοιαν μεγάλην μίαν ἐπαναλαμβάνοντες τὸν τελευταῖον στίχον τῆς εὐχῆς.

Ναί, Κύριε βασιλεῦ, δώρησαί μοι τοῦ ὁρᾶν τὰ ἐμὰ πταίσματα, καὶ μὴ κατακρίνειν τὸν ἀδελφόν μου, ὅτι εὐλογητὸς εἶ εἰς τοὺς αἰῶνας τῶν αἰώνων. Ἀμήν. **(Μετάνοια)**

Ὁ Ἱερεὺς ποιεῖ τὴν ἀπόλυσιν.

Ὁ Ἱερεύς· Δόξα σοι, Χριστὲ ὁ Θεὸς ἡ ἐλπὶς ἡμῶν, δόξα σοι.

Ὁ Ἀναγνώστης· Δόξα Πατρὶ καὶ Υἱῷ καὶ Ἁγίῳ Πνεύματι. Καὶ νῦν καὶ ἀεὶ καὶ

Priest:

Heavenly King, establish our rulers: strengthen the faith: calm the nations: make the world peaceful: guard well this holy church assign our fathers and brothers who have gone before us to the tents of the just, and accept us in repentance and confession, as you are good and love mankind.

And we make three great metanoias saying with each one a verse of the Prayer of St. Ephrem.

Lord and Master of my life, do not give me a spirit of sloth, idle curiosity, love of power and useless chatter. **(Prostration)**

Rather accord to me, your servant, a spirit of chastity, humility, patience and love. **(Prostration)**

Yes, Lord and King, grant me to see my own faults, and not to condemn my brother; for you are blessed to the ages of ages. Amen. **(Prostration)**

We then make 12 small metanias, then one further great metania as we repeat the last line of the prayer.

Yes, Lord and King, grant me to see my own faults, and not to condemn my brother; for you are blessed to the ages of ages. Amen. **(Prostration)**

vvvvvv
The Priest makes the Dismissal.

Priest: Glory to You, O God, our hope, glory to you.

Reader: Glory to the Father, and the Son and the Holy Spirit. Both now and

εἰς τοὺς αἰῶνας τῶν αἰώνων, Ἀμήν. Κύριε, ἐλέησον *(γ')*. Πάτερ ἅγιε, εὐλόγησον.

Ὁ Ἱερεύς·

Ἐρχόμενος ὁ Κύριος ἐπί τό ἑκούσιον πάθος διὰ τὴν ἡμῶν σωτηρίαν Χριστὸς ὁ ἀληθινὸς Θεὸς ἡμῶν, ταῖς πρεσβείαις τῆς παναχράντου καὶ παναμώμου ἁγίας αὐτοῦ Μητρός· δυνάμει τοῦ τιμίου καὶ ζωοποιοῦ Σταυροῦ· προστασίαις τῶν τιμίων ἐπουρανίων Δυνάμεων Ἀσωμάτων· ἱκεσίαις τοῦ τιμίου, ἐνδόξου, Προφήτου, Προδρόμου καὶ Βαπτιστοῦ Ἰωάννου· τῶν ἁγίων ἐνδόξων καὶ πανευφήμων Ἀποστόλων· τῶν ἁγίων ἐνδόξων καὶ καλλινίκων μαρτύρων· τῶν ὁσίων καὶ θεοφόρων Πατέρων ἡμῶν, τοῦ ἁγίου *(τοῦ Ναοῦ)*, τῶν ἁγίων καὶ δικαίων Θεοπατόρων Ἰωακεὶμ καὶ Ἄννης, τοῦ ἁγίου *(τῆς ἡμέρας)*, οὗ καὶ τὴν μνήμην ἐπιτελοῦμεν, καὶ πάντων τῶν Ἁγίων, ἐλεήσαι καὶ σώσαι ἡμᾶς, ὡς ἀγαθὸς καὶ φιλάνθρωπος καὶ ἐλεήμων Θεός.

Ὁ Ἱερεύς· Δι' εὐχῶν τῶν ἁγίων Πατέρων ἡμῶν, Κύριε Ἰησοῦ Χριστέ, ὁ Θεός, ἐλέησον καὶ σῶσον ἡμᾶς.

Ὁ Χορός· Ἀμήν.

ever and to the ages of ages. Amen. Lord have mercy *(x3)*. Holy Father, bless.

Priest:

May he who comes to his voluntary passion, Christ our true God, as a good, loving, and merciful God, have mercy upon us and save us, through the intercessions of His most pure and holy Mother; the power of the precious and life giving Cross; the protection of the honorable, bodiless powers of heaven, the supplications of the honorable, glorious prophet and forerunner John the Baptist; the holy, glorious and praiseworthy apostles; the holy, glorious and triumphant martyrs; our holy and God-bearing Fathers *(name of the church)*; the holy and righteous ancestors Joachim and Anna; Saint *(of the day)* whose memory we commemorate today, and all the saints.

Priest: Through the prayers of our holy fathers, Lord Jesus Christ, our God, have mercy on us and save us.

Choir: Amen.

HOLY AND GREAT WEDNESDAY

Η ΑΓΙΑ ΚΑΙ ΜΕΓΑΛΗ ΤΕΤΑΡΤΗ

ΚΑΘ᾽ ἫΝ ΜΝΕΊΑΝ ΠΟΙΟΎΜΕΘΑ
ΤῆΣ ἈΛΕΙΨΆΣΗΣ
ΤῸΝ ΚΎΡΙΟΝ
ΜΎΡῼ ΓΥΝΑΙΚΌΣ

Τελεῖται συνήθως τῇ Μ. Τρίτῃ ἑσπέρας

IN COMMEMORATION OF THE ANOINTING OF THE LORD WITH MYRRH BY THE SINFUL WOMAN

Commonly celebrated on G. Tuesday Evening

Ὁ Ἱερεύς, ποιήσας τὴν συνήθη μετάνοιαν τῷ Προεστῶτι, εἰσέρχεται ἐν τῷ ἁγίῳ βήματι καὶ προσκυνεῖ τρὶς ἐνώπιον τῆς ἁγίας Τραπέζης· εἶτα βαλὼν ἐπιτραχήλιον ἐκφωνεῖ·

The Priest, having made the customary metania to the Superior, enters the sanctuary and makes three bows before the holy Table. Then, putting on the Epitrachelion, he exclaims:

Εὐλογητὸς ὁ Θεὸς ἡμῶν, πάντοτε, νῦν, καὶ ἀεί, καὶ εἰς τοὺς αἰῶνας τῶν αἰώνων.

Blessed is our God, always, now and for ever, and to the ages of ages.

Ὁ Ἀναγνώστης· Ἀμήν.

Reader: Amen.

Ὁ Ἱερεύς· Δόξα σοι, ὁ Θεὸς ἡμῶν, δόξα σοι. Βασιλεῦ οὐράνιε, Παράκλητε, τὸ Πνεῦμα τῆς ἀληθείας, ὁ πανταχοῦ παρών, καὶ τὰ πάντα πληρῶν, ὁ θησαυρὸς τῶν ἀγαθῶν καὶ ζωῆς χορηγός, ἐλθὲ καὶ σκήνωσον ἐν ἡμῖν καὶ καθάρισον ἡμᾶς ἀπὸ πάσης κηλῖδος καὶ σῶσον ἀγαθέ, τὰς ψυχὰς ἡμῶν.

Priest: Glory to you, our God. Glory to you. Heavenly King, Comforter, Spirit of truth, present everywhere, filling all things, Treasury of blessings and Giver of life, come and abide in us, cleanse us from every stain, and save our souls, O Good One.

Ὁ Ἀναγνώστης· Ἀμήν.

Reader: Amen.

Ὁ Ἀναγνώστης· Ἅγιος ὁ Θεός, Ἅγιος Ἰσχυρός, Ἅγιος Ἀθάνατος, ἐλέησον ἡμᾶς. (γ′)

Reader: Holy God, Holy Mighty, Holy Immortal, have mercy on us. *(x3)*

Δόξα Πατρί, καὶ Υἱῷ, καὶ Ἁγίῳ Πνεύματι, καὶ νῦν καὶ ἀεί, καὶ εἰς τοὺς αἰῶνας τῶν αἰώνων. Ἀμήν.

Glory to the Father and the Son and the Holy Spirit, both now and ever and to the ages of ages. Amen.

Παναγία Τριάς, ἐλέησον ἡμᾶς. Κύριε, ἱλάσθητι ταῖς ἁμαρτίαις ἡμῶν, Δέσποτα, συγχώρησον τὰς ἀνομίας ἡμῖν, Ἅγιε, ἐπίσκεψαι καὶ ἴασαι τὰς ἀσθενείας ἡμῶν, ἕνεκεν τοῦ ὀνόματός σου.

All-holy Trinity, have mercy on us. Lord, forgive our sins. Master, pardon our transgressions. Holy One, visit and heal our infirmities for the glory of Your name.

Κύριε, ἐλέησον. *(γ')* Δόξα Πατρί, καὶ Υἱῷ, καὶ Ἁγίῳ Πνεύματι, καὶ νῦν καὶ ἀεί, καὶ εἰς τοὺς αἰῶνας τῶν αἰώνων. Ἀμήν.

Πάτερ ἡμῶν ὁ ἐν τοῖς οὐρανοῖς, ἁγιασθήτω τὸ ὄνομά σου. Ἐλθέτω ἡ βασιλεία σου. Γενηθήτω τὸ θέλημά σου, ὡς ἐν οὐρανῷ, καὶ ἐπὶ τῆς γῆς. Τὸν ἄρτον ἡμῶν τὸν ἐπιούσιον δὸς ἡμῖν σήμερον. Καὶ ἄφες ἡμῖν τὰ ὀφειλήματα ἡμῶν, ὡς καὶ ἡμεῖς ἀφίεμεν τοῖς ὀφειλέταις ἡμῶν. Καὶ μὴ εἰσενέγκῃς ἡμᾶς εἰς πειρασμόν, ἀλλὰ ῥῦσαι ἡμᾶς ἀπὸ τοῦ πονηροῦ.

Ὁ Ἱερεύς· Ὅτι σοῦ ἐστιν ἡ Βασιλεία, καὶ ἡ δύναμις, καὶ ἡ δόξα, τοῦ Πατρός, καὶ τοῦ Υἱοῦ, καὶ τοῦ ἁγίου Πνεύματος, νῦν καὶ ἀεὶ καὶ εἰς τοὺς αἰῶνας τῶν αἰώνων.

Ὁ Ἀναγνώστης· Ἀμήν. *(χῦμα)*

Κύριε, ἐλέησον *(ιβ')*.

Δόξα Πατρὶ, καὶ Υἱῷ, καὶ Ἁγίῳ Πνεύματι. Καὶ νῦν καὶ ἀεὶ, καὶ εἰς τοὺς αἰῶνας τῶν αἰώνων. Ἀμήν.

Δεῦτε, προσκυνήσωμεν καὶ προσπέσωμεν τῷ βασιλεῖ ἡμῶν Θεῷ.

Δεῦτε προσκυνήσωμεν καὶ προσπέσωμεν Χριστῷ τῷ βασιλεῖ ἡμῶν Θεῷ.

Δεῦτε προσκυνήσωμεν καὶ προσπέσωμεν αὐτῷ Χριστῷ, τῷ βασιλεῖ καὶ Θεῷ ἡμῶν.

<small>Καὶ τοὺς ἑξῆς Ψαλμοὺς, ὧν ἀναγινωσκομένων ὁ ἱερεὺς θυμιᾷ διὰ κατζίου.</small>

ΨΑΛΜΟΣ ΙΘ'.

Ἐπακούσαι σου Κύριος ἐν ἡμέρᾳ θλίψεως· ὑπερασπίσαι σου τὸ ὄνομα τοῦ Θεοῦ Ἰακώβ. Ἐξαποστείλαι σοι βοή-

Lord, have mercy. *(x3)* Glory to the Father and the Son and the Holy Spirit, both now and ever and to the ages of ages. Amen.

Our Father, who art in heaven, hallowed be Thy name. Thy kingdom come. Thy will be done, on earth as it is in heaven. Give us this day our daily bread; and forgive us our trespasses, as we forgive those who trespass against us. And lead us not into temptation, but deliver us from the evil one.

Priest: For Yours is the kingdom and the power and the glory, of the Father and the Son and the Holy Spirit, both now and ever and to the ages of ages.

Reader: Amen. *(spoken)*

Lord, have mercy *(x12)*.

Glory to the Father and the Son and the Holy Spirit, both now and ever and to the ages of ages. Amen.

Come, let us worship and fall down before the King, our God.

Come, let us worship and fall down before Christ the King, our God.

Come, let us worship and fall down before Christ himself, the King, our God.

<small>And the following Psalms; as they are being read, the Priest censes with the katzion.</small>

PSALM 19

May the Lord hear you in the day of trouble; may the name of the God of Jacob shield you. May he send you

θείαν ἐξ ἁγίου, καὶ ἐκ Σιὼν ἀντιλάβοιτό σου. Μνησθείη πάσης θυσίας σου καὶ τὸ ὁλοκαύτωμά σου πιανάτω. Δῴη σοι Κύριος κατὰ τὴν καρδίαν σου καὶ πᾶσαν τὴν βουλήν σου πληρώσαι. Ἀγαλλιασόμεθα ἐπὶ τῷ σωτηρίῳ σου καὶ ἐν ὀνόματι Κυρίου Θεοῦ ἡμῶν μεγαλυνθησόμεθα. Πληρώσαι Κύριος πάντα τὰ αἰτήματά σου· νῦν ἔγνων, ὅτι ἔσωσε Κύριος τὸν χριστὸν αὐτοῦ. Ἐπακούσεται αὐτοῦ ἐξ οὐρανοῦ ἁγίου αὐτοῦ· ἐν δυναστείαις ἡ σωτηρία τῆς δεξιᾶς αὐτοῦ. Οὗτοι ἐν ἅρμασι καὶ οὗτοι ἐν ἵπποις, ἡμεῖς δὲ ἐν ὀνόματι Κυρίου Θεοῦ ἡμῶν ἐπικαλεσόμεθα. Αὐτοὶ συνεποδίσθησαν καὶ ἔπεσον, ἡμεῖς δὲ ἀνέστημεν καὶ ἀνωρθώθημεν. Κύριε, σῶσον τὸν βασιλέα καὶ ἐπάκουσον ἡμῶν, ἐν ᾗ ἂν ἡμέρᾳ ἐπικαλεσώμεθά σε.

ΨΑΛΜΟΣ Κ΄.

Κύριε, ἐν τῇ δυνάμει σου εὐφρανθήσεται ὁ βασιλεὺς καὶ ἐπὶ τῷ σωτηρίῳ σου ἀγαλλιάσεται σφόδρα. Τὴν ἐπιθυμίαν τῆς καρδίας αὐτοῦ ἔδωκας αὐτῷ καὶ τὴν θέλησιν τῶν χειλέων αὐτοῦ οὐκ ἐστέρησας αὐτόν. Ὅτι προέφθασας αὐτὸν ἐν εὐλογίαις χρηστότητας· ἔθηκας ἐπὶ τὴν κεφαλὴν αὐτοῦ στέφανον ἐκ λίθου τιμίου. Ζωὴν ᾐτήσατό σε, καὶ ἔδωκας αὐτῷ μακρότητα ἡμερῶν εἰς αἰῶνα αἰῶνος. Μεγάλη ἡ δόξα αὐτοῦ ἐν τῷ σωτηρίῳ σου· δόξαν καὶ μεγαλοπρέπειαν ἐπιθήσεις ἐπ᾽ αὐτόν. Ὅτι δώσεις αὐτῷ εὐλογίαν εἰς αἰῶνα αἰῶνος· εὐφρανεῖς αὐτὸν ἐν χαρᾷ μετὰ τοῦ προσώπου σου. Ὅτι ὁ βασιλεὺς ἐλπίζει ἐπὶ Κύριον καὶ ἐν τῷ ἐλέει τοῦ Ὑψίστου οὐ μὴ σαλευθῇ. Εὑρεθείη ἡ χείρ σου πᾶσι τοῖς ἐχθροῖς σου· ἡ δεξιά

his help from the holy place, and support you from Sion. May he remember your every sacrifice, and accept with favor your whole burnt offering. May the Lord give you your heart's desire, and fulfil your every purpose. We shall rejoice in your salvation, and be magnified in the name of our the Lord our God. May the Lord fulfill all your petitions. Now I know that the Lord has saved his Christ. He will hear him from his holy heaven; in mighty acts is the salvation of his right hand. Some put their trust in chariots and some in horses, but we will call on the name of the Lord our God. They were fettered and fell, but we have risen and been set upright. Lord, save the king, and hear us on the day we call upon you.

PSALM 20

The king will rejoice in your power, O Lord, he will exult exceedingly in your salvation. You gave him his heart's desire; you did not deny him the request of his lips. For you came to meet him with blessings of goodness; you placed a crown of precious stones upon his head. He asked you for life, and you gave him length of days for age on age. Great is his glory because of your salvation; you will place on him glory and majesty. For you will give him a blessing for age on age, and make him glad with the joy of your countenance. For the king puts his hope in the Lord, and through the mercy of the Most High he will not be shaken. May your hand light upon all your enemies, and your

σου εὕροι πάντας τοὺς μισοῦντάς σε. Ὅτι θήσεις αὐτοὺς ὡς κλίβανον πυρὸς εἰς καιρὸν τοῦ προσώπου σου. Κύριος ἐν ὀργῇ αὐτοῦ συνταράξει αὐτοὺς καὶ καταφάγεται αὐτοὺς πῦρ. Τὸν καρπὸν αὐτῶν ἀπὸ τῆς γῆς ἀπολεῖς καὶ τὸ σπέρμα αὐτῶν ἀπὸ υἱῶν ἀνθρώπων. Ὅτι ἔκλιναν εἰς σὲ κακά, διελογίσαντο βουλάς, αἷς οὐ μὴ δύνωνται στῆναι. Ὅτι θήσεις αὐτοὺς νῶτον, ἐν τοῖς περιλοίποις σου ἑτοιμάσεις τὸ πρόσωπον αὐτῶν. Ὑψώθητι, Κύριε, ἐν τῇ δυνάμει σου· ᾄσομεν καὶ ψαλοῦμεν τὰς δυναστείας σου.

Ὁ Ἀναγνώστης· Ἅγιος ὁ Θεός, Ἅγιος Ἰσχυρός, Ἅγιος Ἀθάνατος, ἐλέησον ἡμᾶς. *(γ΄)*

Δόξα Πατρί, καὶ Υἱῷ, καὶ Ἁγίῳ Πνεύματι, καὶ νῦν καὶ ἀεί, καὶ εἰς τοὺς αἰῶνας τῶν αἰώνων. Ἀμήν.

Παναγία Τριάς, ἐλέησον ἡμᾶς. Κύριε, ἱλάσθητι ταῖς ἁμαρτίαις ἡμῶν, Δέσποτα, συγχώρησον τὰς ἀνομίας ἡμῖν. Ἅγιε, ἐπίσκεψαι καὶ ἴασαι τὰς ἀσθενείας ἡμῶν, ἕνεκεν τοῦ ὀνόματός σου.

Κύριε, ἐλέησον. *(γ΄)* Δόξα Πατρί, καὶ Υἱῷ, καὶ Ἁγίῳ Πνεύματι, καὶ νῦν καὶ ἀεί, καὶ εἰς τοὺς αἰῶνας τῶν αἰώνων. Ἀμήν.

Πάτερ ἡμῶν ὁ ἐν τοῖς οὐρανοῖς, ἁγιασθήτω τὸ ὄνομά σου. Ἐλθέτω ἡ βασιλεία σου. Γενηθήτω τὸ θέλημά σου, ὡς ἐν οὐρανῷ, καὶ ἐπὶ τῆς γῆς. Τὸν ἄρτον ἡμῶν τὸν ἐπιούσιον δὸς ἡμῖν σήμερον. Καὶ ἄφες ἡμῖν τὰ ὀφειλήματα ἡμῶν, ὡς καὶ ἡμεῖς ἀφίεμεν τοῖς ὀφειλέταις ἡμῶν. Καὶ μὴ εἰσενέγκῃς ἡμᾶς εἰς πειρασμόν, ἀλλὰ ῥῦσαι ἡμᾶς ἀπὸ τοῦ πονηροῦ.

right hand find out all who hate you. You will make them like a blazing oven at the time of your presence. The Lord will confound them in his wrath and fire will devour them. You will destroy their offspring from the earth, and their seed from among the children of mankind. Because they intended evils against you, and devised plans by which they can in no way succeed. For you will put them to flight; among your remnants you will prepare their presence. Be exalted, Lord, in your power; we will sing and praise your mighty acts.

Reader: Holy God, Holy Mighty, Holy Immortal, have mercy on us. *(x3)*

Glory to the Father and the Son and the Holy Spirit, both now and ever and to the ages of ages. Amen.

All-holy Trinity, have mercy on us. Lord, forgive our sins. Master, pardon our transgressions. Holy One, visit and heal our infirmities for the glory of Your name.

Lord, have mercy. *(x3)* Glory to the Father and the Son and the Holy Spirit, both now and ever and to the ages of ages. Amen.

Our Father, who art in heaven, hallowed be Thy name. Thy kingdom come. Thy will be done, on earth as it is in heaven. Give us this day our daily bread; and forgive us our trespasses, as we forgive those who trespass against us. And lead us not into temptation, but deliver us from the evil one.

Ὁ Ἱερεύς· Ὅτι σοῦ ἐστιν ἡ Βασιλεία, καὶ ἡ δύναμις, καὶ ἡ δόξα, τοῦ Πατρός, καὶ τοῦ Υἱοῦ, καὶ τοῦ ἁγίου Πνεύματος, νῦν καὶ ἀεὶ καὶ εἰς τοὺς αἰῶνας τῶν αἰώνων.

Ὁ Ἀναγνώστης· Ἀμήν.

Σῶσον, Κύριε, τὸν λαόν σου καὶ εὐλόγησον τὴν κληρονομίαν σου, νίκας τοῖς βασιλεῦσι κατὰ βαρβάρων δωρούμενος, καὶ τὸ σὸν φυλάττων διὰ τοῦ Σταυροῦ σου πολίτευμα.

Δόξα Πατρί, καὶ Υἱῷ, καὶ Ἁγίῳ Πνεύματι.

Ὁ ὑψωθεὶς ἐν τῷ Σταυρῷ ἑκουσίως, τῇ ἐπωνύμῳ σου καινῇ πολιτείᾳ τοὺς οἰκτιρμούς σου δώρησαι, Χριστὲ ὁ Θεός· εὔφρανον ἐν τῇ δυνάμει σου τοὺς πιστοὺς βασιλεῖς ἡμῶν, νίκας χορηγῶν αὐτοῖς κατὰ τῶν πολεμίων· τὴν συμμαχίαν ἔχοιεν τὴν σήν, ὅπλον εἰρήνης, ἀήττητον τρόπαιον.

Καὶ νῦν καὶ ἀεί, καὶ εἰς τοὺς αἰῶνας τῶν αἰώνων. Ἀμήν.

Προστασία φοβερὰ καὶ ἀκαταίσχυντε, μὴ παρίδῃς, Ἀγαθή, τὰς ἱκεσίας ἡμῶν, πανύμνητε Θεοτόκε· στήριξον Ὀρθοδόξων πολιτείαν, σῷζε οὓς ἐκέλευσας βασιλεύειν, καὶ χορήγει αὐτοῖς οὐρανόθεν τὴν νίκην· διότι ἔτεκες τὸν Θεόν, μόνη εὐλογημένη.

Ὁ Ἱερεύς· Ἐλέησον ἡμᾶς ὁ Θεός, κατὰ τὸ μέγα ἔλεός σου, δεόμεθά σου, ἐπάκουσον καὶ ἐλέησον.

Ὁ Ἀναγνώστης· Κύριε, ἐλέησον. Κύριε, ἐλέησον. Κύριε, ἐλέησον.

Priest: For Yours is the kingdom and the power and the glory, of the Father and the Son and the Holy Spirit, both now and ever and to the ages of ages.

Reader: Amen.

Save, O Lord, your people, and bless your inheritance, granting victory to the faithful over the enemy, and by your Cross protecting your commonwealth.

Glory to the Father, Son and Holy Spirit.

You who were lifted on the Cross voluntarily, O Christ our God, bestow Your tender compassion upon Your new community to which You gave Your name. Make our faithful leaders to be glad in Your power, granting them the victories against their adversaries. May they have that alliance which is Yours, the shield of peace, the trophy invincible.

Both now and ever, and to the ages of ages. Amen.

O awesome and unashamable Protection, O good and praiseworthy Theotokos, do not despise our petitions; make firm the community of the Orthodox; save those whom you have called to rule; grant them victory from heaven, for you gave birth to God and are truly blessed.

Priest: Have mercy on us, O God, according to your great mercy, we pray you, hear and have mercy.

Reader: Lord, have mercy. Lord, have mercy. Lord, have mercy.

Ὁ Ἱερεύς· Ἔτι δεόμεθα ὑπὲρ τῶν εὐσεβῶν καὶ ὀρθοδόξων Χριστιανῶν.

Ὁ Ἀναγνώστης· Κύριε, ἐλέησον. Κύριε, ἐλέησον. Κύριε, ἐλέησον.

Ὁ Ἱερεύς· Ἔτι δεόμεθα ὑπὲρ τοῦ Ἀρχιεπισκόπου ἡμῶν **(δεῖνος)**.

Ὁ Ἀναγνώστης· Κύριε, ἐλέησον. Κύριε, ἐλέησον. Κύριε, ἐλέησον.

Ὁ Ἱερεύς· Ὅτι ἐλεήμων καὶ φιλάνθρωπος Θεὸς ὑπάρχεις, καὶ σοὶ τὴν δόξαν ἀναπέμπομεν, τῷ Πατρὶ καὶ τῷ Υἱῷ καὶ τῷ Ἁγίῳ Πνεύματι, νῦν καὶ ἀεὶ καὶ εἰς τοὺς αἰῶνας τῶν αἰώνων.

Ὁ Ἀναγνώστης· Ἀμήν. Ἐν ὀνόματι Κυρίου εὐλόγησον, Πάτερ.

Ὁ Ἱερεύς· Δόξα τῇ ἁγίᾳ καὶ ὁμοουσίῳ καὶ ζωοποιῷ καὶ ἀδιαιρέτῳ Τριάδι, πάντοτε, νῦν καὶ ἀεὶ καὶ εἰς τοὺς αἰῶνας τῶν αἰώνων.

Ὁ Ἀναγνώστης· Ἀμήν. *(χῦμα)*

Καὶ ἀναγινώσκει ὁ προεστὼς (ἢ ὁ ἀναγνώστης) τὸν Ἑξάψαλμον. (Βλ. σελ. 113)

Ὁ δὲ ἱερεὺς ἱστάμενος ἀσκεπὴς ἐνώπιον τῆς ἁγίας Τραπέζης ἀναγινώσκει τὰς εὐχὰς τοῦ Ὄρθρου· μετὰ δὲ τὴν ἀνάγνωσιν τῶν τριῶν πρώτων Ψαλμῶν ἐξελθὼν διὰ τῆς βορείου πύλης ἀναγινώσκει ἐνώπιον τῆς εἰκόνος τοῦ Χριστοῦ τὰς ὑπολοίπους εὐχάς.

Α΄ Εὐχή

Εὐχαριστοῦμέν σοι, Κύριε, ὁ Θεὸς ἡμῶν, τῷ ἐξαναστήσαντι ἡμᾶς ἐκ τῶν κοιτῶν ἡμῶν, καὶ ἐμβάλλοντι εἰς τὸ στόμα ἡμῶν λόγον αἰνέσεως, τοῦ προσκυνεῖν καὶ ἐπικαλεῖσθαι τὸ ὄνομά σου τὸ ἅγιον· καὶ δεόμεθα τοῖς σοῖς οἰκτιρμοῖς, οἷς πάντοτε ἐχρήσω περὶ τὴν ἡμετέραν ζωήν. Καὶ νῦν ἐξαπόστειλον τὴν βοήθειάν σου ἐπὶ τοὺς ἑστῶτας πρὸ προσώπου τῆς ἁγίας δόξης σου καὶ ἀπεκδεχομένους τὸ

Priest: Let us pray for pious and Orthodox Christians.

Reader: Lord, have mercy. Lord, have mercy. Lord, have mercy.

Priest: Let us pray for our Archbishop **(Name)**.

Reader: Lord, have mercy. Lord, have mercy. Lord, have mercy.

Priest: For you are a merciful and loving God, and to you we give glory, to the Father and the Son and the Holy Spirit, both now and ever and to the ages of ages.

Reader: Amen. In the name of the Lord, Father give the blessing.

Priest: Glory to the holy and consubstantial, and life-giving, and undivided Trinity, always, now and forever and to the ages of ages.

Reader: Amen. *(spoken)*

And the President (or the Reader) reads the Six Psalms. (See p. 113)

The Priest, standing with head uncovered before the Holy Table, reads the prayers of Orthros; after reading the first three Psalms, he exits through the north door and reads the remaining prayers before the icon of Christ.

1st Prayer

We thank you, Lord our God, who have roused us from our beds and placed in our mouth a word of praise, to worship and call upon your Holy Name, and we beseech you by your acts of pity, with which you have always treated our life. And now send forth your help on those who stand before the presence of your holy glory and who await the rich mercy which comes from you, and

παρὰ σου πλούσιον ἔλεος καὶ δὸς αὐτοῖς μετὰ φόβου καὶ ἀγάπης πάντοτε σοι λατρεύειν, αἰνεῖν, ὑμνεῖν, προσκυνεῖν, τὴν ἀνεκδιήγητόν σου ἀγαθότητα.

Ὅτι πρέπει σοι, πᾶσα δόξα, τιμὴ καὶ προσκύνησις, τῷ Πατρὶ καὶ τῷ Υἱῷ καὶ τῷ Ἁγίῳ Πνεύματι, νῦν καὶ ἀεὶ καὶ εἰς τοὺς αἰῶνας τῶν αἰώνων. Ἀμήν.

Β΄ Εὐχή

Ἐκ νυκτὸς ὀρθρίζει τὸ πνεῦμα ἡμῶν πρὸς σέ, ὁ Θεὸς ἡμῶν, διότι φῶς τὰ προστάγματά σου ἐπὶ τῆς γῆς· δικαιοσύνην καὶ ἁγιασμὸν ἐπιτελεῖν ἐν τῷ φόβῳ σου, συνέτισον ἡμᾶς· σὲ γὰρ δοξάζομεν τὸν ὄντως ὄντα Θεὸν ἡμῶν. Κλῖνον τὸ οὖς σου καὶ ἐπάκουσον ἡμῶν· καὶ μνήσθητι, Κύριε, τῶν συμπαρόντων καὶ συνευχομένων ἡμῖν πάντων κατ᾽ ὄνομα καὶ σῶσον αὐτοὺς τῇ δυνάμει σου· εὐλόγησον τὸν λαόν σου καὶ ἁγίασον τὴν κληρονομίαν σου· εἰρήνην τῷ κόσμῳ σου δώρησαι, ταῖς ἐκκλησίαις σου, τοῖς ἱερεῦσι, τοῖς βασιλεῦσιν, ἡμῶν καὶ παντὶ τῷ λαῷ σου.

Ὅτι ηὐλόγηται καὶ δεδόξασται τὸ πάντιμον καὶ μεγαλοπρεπὲς ὄνομά σου, τοῦ Πατρὸς καὶ τοῦ Υἱοῦ καὶ τοῦ Ἁγίου Πνεύματος, νῦν καὶ ἀεὶ καὶ εἰς τοὺς αἰῶνας τῶν αἰώνων. Ἀμήν.

Γ΄ Εὐχή

Ἐκ νυκτὸς ὀρθρίζει τὸ πνεῦμα ἡμῶν πρὸς σέ ὁ Θεός, διότι φῶς τὰ προστάγματα σου. Δίδαξον ἡμᾶς, ὁ Θεός, τὴν δικαιοσύνην σου, τὰς ἐντολάς σου καὶ τὰ δικαιώματά σου· φώτισον τοὺς ὀφθαλμοὺς τῶν διανοιῶν ἡμῶν, μήποτε ὑπνώσωμεν ἐν ἁμαρτίαις εἰς θάνατον· ἀπέλασον πάντα ζόφον ἀπὸ τῶν καρδιῶν ἡμῶν· χάρισαι ἡμῖν τὸν τῆς δικαιοσύνης ἥλιον καὶ ἀνεπηρέαστον τὴν ζωὴν ἡμῶν διαφύλαξον ἐν τῇ σφραγῖδι τοῦ ἁγίου σου Πνεύμα-

grant that they may always serve, praise, hymn and worship your inexpressible loving-kindness.

For to you belong all glory, honour and worship, to the Father, the Son and the holy Spirit, now and for ever, and to the ages of ages. Amen.

2nd Prayer

At night our spirit rises early to you, our God, for your commandments are light upon the earth. Teach us justice and sanctification in fear of you; for we glorify you who are our God, the One who truly exists. Incline your ear and hear us; and remember, Lord, by name all those who are present and who pray with us, and save them by your power. Bless your people and sanctify your inheritance. Give peace to your world, to the churches, to the priests, to our rulers and to all your people.

For blessed and glorified is your all-honoured and majestic name, of the Father, the Son and the Holy Spirit now and for ever, and to the ages of ages. Amen.

3rd Prayer

At night our spirit rises early to you, O God, for your commandments are light. Teach us your justice, O God, your commands and your statutes. Enlighten the eyes of our understanding, lest we ever sleep unto death in sins. Drive away all gloomy darkness from our hearts. Give us the grace of the sun of justice and by the seal of your Holy Spirit keep our life free from harm. Direct our steps in the way of peace. Grant

τος· κατεύθυνον τὰ διαβήματα ἡμῶν εἰς ὁδὸν εἰρήνης· δὸς ἡμῖν ἰδεῖν τὸν ὄρθρον καὶ τὴν ἡμέραν ἐν ἀγαλλιάσει, ἵνα σοι τὰς ἑωθινὰς ἀναπέμπωμεν εὐχάς.

Ὅτι σὸν τὸ κράτος καὶ σοῦ ἐστιν ἡ βασιλεία καὶ ἡ δύναμις καὶ ἡ δόξα, τοῦ Πατρὸς καὶ τοῦ Υἱοῦ καὶ τοῦ Ἁγίου Πνεύματος, νῦν καὶ ἀεὶ καὶ εἰς τοὺς αἰῶνας τῶν αἰώνων.

Δ΄ Εὐχή

Δέσποτα ὁ Θεός, ὁ ἅγιος καὶ ἀκατάληπτος, ὁ εἰπὼν ἐκ σκότους φῶς λάμψαι, ὁ ἀναπαύσας ἡμᾶς ἐν τῷ τῆς νυκτὸς ὕπνῳ καὶ διαναστήσας πρὸς δοξολογίαν καὶ ἱκεσίαν τῆς σῆς ἀγαθότητος, δυσωπούμενος ὑπὸ τῆς ἰδίας σου εὐσπλαγχνίας, πρόσδεξαι ἡμᾶς καὶ νῦν προσκυνοῦντάς σε καὶ κατὰ δύναμιν εὐχαριστοῦντάς σοι καὶ δώρησαι ἡμῖν πάντα τὰ πρὸς σωτηρίαν αἰτήματα· ἀνάδειξον ἡμᾶς υἱοὺς φωτὸς καὶ ἡμέρας καὶ κληρονόμους τῶν αἰωνίων σου ἀγαθῶν. Μνήσθητι, Κύριε, ἐν τῷ πλήθει τῶν οἰκτιρμῶν σου καὶ παντὸς τοῦ λαοῦ σου, τῶν συμπαρόντων καὶ συνευχομένων ἡμῖν καὶ πάντων τῶν ἀδελφῶν ἡμῶν, τῶν ἐν γῇ, τῶν ἐν θαλάσσῃ, τῶν ἐν παντὶ τόπῳ τῆς δεσποτείας σου δεομένων τῆς σῆς φιλανθρωπίας καὶ βοηθείας, καὶ πᾶσι χορήγησον τὸ μέγα σου ἔλεος.

Ἵνα, σεσωσμένοι ψυχῇ τε καὶ σώματι πάντοτε διαμένοντες, μετὰ παρρησίας δοξάζωμεν τὸ θαυμαστὸν καὶ εὐλογημένον ὄνομά σου, τοῦ Πατρὸς καὶ τοῦ Υἱοῦ καὶ τοῦ Ἁγίου Πνεύματος, νῦν καὶ ἀεὶ καὶ εἰς τοὺς αἰῶνας τῶν αἰώνων. Ἀμήν.

Ε΄ Εὐχή

Ἀγαθῶν θησαυρέ, πηγὴ ἀέναος, Πάτερ ἅγιε, θαυμαστοποιέ, παντοδύναμε καὶ παντοκράτορ, πάντες σὲ προσκυνοῦμεν καὶ σοῦ δεόμεθα, τὰ σὰ ἐλέη καὶ τοὺς σοὺς

that we may see the dawn and the day in joy, that we may offer your our morning prayers.

For yours is the might and yours is the kingdom, the power and the glory, of the Father, the Son and the Holy Spirit, now and for ever, and to the ages of ages. Amen.

4th Prayer

Master and God, holy and beyond understanding, who said: Let light shine out of darkness, who have given us rest by the sleep of the night and raised us up to glorify and implore your loving kindness; entreated by your own compassion, accept us who now worship you and give you thanks in the measure of our power, and grant us all our requests that are for salvation. Declare us to be children of light and of the day, and heirs of your eternal blessings. Remember also, Lord, in the greatness of your compassion all your people, those present with us and who pray with us, and all our brethren by land and sea and in every place of your dominion who ask for your love for humankind and your help; and give to all your great mercy.

So that, always kept safe in soul and body, we may glorify with boldness your wondrous and blessed name, of the Father, the Son and the Holy Spirit, now and for ever, and to the ages of ages. Amen.

5th Prayer

Treasury of blessings, ever-flowing Source, Holy Father, worker of wonders, all-powerful and almighty, we all worship you and beseech you, as we invoke

οἰκτιρμοὺς ἐπικαλούμενοι εἰς βοήθειαν καὶ ἀντίληψιν τῆς ἡμετέρας ταπεινώσεως. Μνήσθητι, Κύριε, τῶν σῶν ἱκετῶν· πρόσδεξαι πάντων ἡμῶν τὰς ἑωθινὰς δεήσεις, ὡς θυμίαμα ἐνώπιόν σου, καὶ μηδένα ἡμῶν ἀδόκιμον ποιήσης, ἀλλὰ πάντας ἡμᾶς περιποίησαι διὰ τῶν οἰκτιρμῶν σου. Μνήσθητι, Κύριε, τῶν ἀγρυπνούντων καὶ ψαλλόντων εἰς δόξαν σὴν καὶ τοῦ μονογενοῦς σου Υἱοῦ καὶ Θεοῦ ἡμῶν καὶ τοῦ ἁγίου σου Πνεύματος. Γενοῦ αὐτῶν βοηθὸς καὶ ἀντιλήπτωρ· πρόσδεξαι αὐτῶν τὰς ἱκεσίας εἰς τὸ ὑπερουράνιον καὶ νοερόν σου θυσιαστήριον.

Ὅτι σὺ εἶ ὁ Θεὸς ἡμῶν, καὶ σοὶ τὴν δόξαν ἀναπέμπομεν, τῷ Πατρὶ καὶ τῷ Υἱῷ καὶ τῷ Ἁγίῳ Πνεύματι, νῦν καὶ ἀεὶ καὶ εἰς τοὺς αἰῶνας τῶν αἰώνων. Ἀμήν.

ΣΤ΄ Εὐχή

Εὐχαριστοῦμέν σοι, Κύριε ὁ Θεὸς τῶν σωτηρίων ἡμῶν, ὅτι πάντα ποιεῖς εἰς εὐεργεσίαν τῆς ζωῆς ἡμῶν, ἵνα διὰ παντὸς πρὸς σὲ ἀποβλέπωμεν, τὸν σωτῆρα καὶ εὐεργέτην τῶν ἡμετέρων ψυχῶν· ὅτι διανέπαυσας ἡμᾶς ἐν τῷ παρελθόντι τῆς νυκτὸς μέτρῳ καὶ ἐξήγειρας ἡμᾶς ἐκ τῶν κοιτῶν ἡμῶν καὶ ἔστησας εἰς προσκύνησιν τοῦ τιμίου ὀνόματός σου. Διὸ δεόμεθά σου, Κύριε· δὸς ἡμῖν χάριν καὶ δύναμιν, ἵνα καταξιωθῶμεν ψάλλειν σοι συνετῶς καὶ προσεύχεσθαι ἀδιαλείπτως ἐν φόβῳ καὶ τρόμῳ, τὴν ἑαυτῶν σωτηρίαν κατεργαζόμενοι, διὰ τῆς ἀντιλήψεως τοῦ Χριστοῦ σου. Μνήσθητι, Κύριε, καὶ τῶν ἐν νυκτὶ πρὸς σὲ βοώντων· ἐπάκουσον αὐτῶν καὶ ἐλέησον καὶ σύντριψον ὑπὸ τοὺς πόδας αὐτῶν τοὺς ἀοράτους καὶ πολεμίους ἐχθρούς.

Σὺ γὰρ εἶ ὁ Βασιλεὺς τῆς εἰρήνης καὶ Σωτὴρ τῶν ψυχῶν ἡμῶν, καὶ σοὶ τὴν δόξαν ἀναπέμπομεν, τῷ Πατρὶ καὶ τῷ Υἱῷ

your acts of mercy and compassion to help and assist our lowliness. Remember your suppliants, Lord; accept the morning prayers of us all like incense before you, and make none of us reprobate, but keep us all through your acts of compassion. Remember, Lord, those who keep vigil and who chant to your glory and that of your Son and our God and of your Holy Spirit. Be their help and their aid; accept their supplications on your heavenly and spiritual altar.

For you are our God and to you we give glory, to the Father, the Son and the Holy Spirit, now and for ever, and to the ages of ages. Amen.

6th Prayer

We give thanks to you, Lord God of our salvation, for you do all things for the well-being of our life, that we may at all times look to you, the Saviour and Benefactor of our souls. We give thanks to you, for you have given us rest in the part of the night which has passed and roused us from our beds and placed us here for the worship of your honoured name. Therefore we beg you, Lord: Give us grace and power, so that we may be counted worthy to chant to you with understanding and to pray without ceasing in fear and trembling, as we work out our salvation through the assistance of your Son. Remember too, Lord, those who cry out to you by night. Hear them and have mercy, and crush beneath their feet their invisible and hostile foes.

For you are the King of peace and the Saviour of our souls, and to you we

καὶ τῷ Ἁγίῳ Πνεύματι, νῦν καὶ ἀεὶ καὶ εἰς τοὺς αἰῶνας τῶν αἰώνων. Ἀμήν.

Ζ΄ Εὐχή

Ὁ Θεὸς καὶ Πατὴρ τοῦ Κυρίου ἡμῶν Ἰησοῦ Χριστοῦ, ὁ ἐξαναστήσας ἡμᾶς ἐκ τῶν κοιτῶν ἡμῶν καὶ ἐπισυναγαγὼν ἐπὶ τὴν ὥραν τῆς προσευχῆς, δὸς ἡμῖν χάριν ἐν ἀνοίξει τοῦ στόματος ἡμῶν καὶ πρόσδεξαι ἡμῶν τὰς κατὰ δύναμιν εὐχαριστίας· καὶ δίδαξον ἡμᾶς τὰ δικαιώματά σου, ὅτι προσεύξασθαι καθ᾽ ὃ δεῖ οὐκ οἴδαμεν, ἐὰν μὴ σύ, Κύριε, τῷ Πνεύματί σου τῷ ἁγίῳ ὁδηγήσῃς ἡμᾶς. Διό, δεόμεθά σου· εἴ τι ἡμάρτομεν μέχρι τῆς παρούσης ὥρας, ἐν λόγῳ ἢ ἔργῳ ἢ κατὰ διάνοιαν, ἑκουσίως ἢ ἀκουσίως, ἄνες, ἄφες, συγχώρησον· ἐὰν γὰρ ἀνομίας παρατηρήσῃς, Κύριε, Κύριε, τίς ὑποστήσεται; ὅτι παρὰ σοὶ ἡ ἀπολύτρωσις. Σὺ εἶ μόνος ἅγιος, βοηθός, κραταιὸς ὑπερασπιστὴς τῆς ζωῆς ἡμῶν καὶ ἐν σοὶ ἡ ὕμνησις ἡμῶν διαπαντός.

Εἴη τὸ κράτος τῆς βασιλείας σου εὐλογημένον καὶ δεδοξασμένον τοῦ Πατρὸς καὶ τοῦ Υἱοῦ καὶ τοῦ Ἁγίου Πνεύματος, νῦν καὶ ἀεὶ καὶ εἰς τοὺς αἰῶνας τῶν αἰώνων. Ἀμήν.

Η΄ Εὐχή

Κύριε ὁ Θεὸς ἡμῶν, ὁ τὴν τοῦ ὕπνου ῥᾳθυμίαν ἀποσκεδάσας ἀφ᾽ ἡμῶν, καὶ συγκαλέσας ἡμᾶς κλήσει ἁγίᾳ, τοῦ καὶ ἐν νυκτὶ ἐπᾶραι τὰς χεῖρας ἡμῶν καὶ ἐξομολογεῖσθαί σοι ἐπὶ τὰ κρίματα τῆς δικαιοσύνης σου, πρόσδεξαι τὰς δεήσεις ἡμῶν, τὰς ἐντεύξεις, τὰς ἐξομολογήσεις, τὰς νυκτερινὰς λατρείας· καὶ χάρισαι ἡμῖν, ὁ Θεός, πίστιν ἀκαταίσχυντον, ἐλπίδα βεβαίαν, ἀγάπην ἀνυπόκριτον· εὐλόγησον ἡμῶν εἰσόδους καὶ ἐξόδους, πράξεις, ἔργα, λόγους, ἐνθυμήσεις· καὶ δὸς ἡμῖν

give glory, to the Father, the Son and the Holy Spirit, now and for ever, and to the ages of ages. Amen.

7th Prayer

God and Father of our Lord Jesus Christ, who have raised us from our beds and gathered us together for this hour of prayer, give us grace by the opening of our mouths and accept our thanksgivings, in the measure of our ability. Teach us your statutes, because we do not know how to pray as we ought, unless you, Lord guide us by your Holy Spirit. Therefore we beg you, if we have sinned in any way until the present hour in word or deed or by thought, voluntarily or involuntarily, remit, forgive, pardon. For if you should regard iniquities, Lord; Lord, who will stand? For there is redemption from you. You alone are holy, a helper, a mighty defender of our life, and in you is our praise at all times.

Blessed and glorified be the might of your Kingdom, of the Father, the Son and the Holy Spirit, now and for ever, and to the ages of ages. Amen.

8th Prayer

Lord our God, who have driven from us the sloth of sleep and called us together with a holy summons to lift up our hands and to give you thanks for the judgements of your justice, accept our supplications, our requests, our thanksgivings, our nocturnal worship; and give us, O God, the grace of faith unashamed, sure hope, love without pretence. Bless our comings in and our goings out, our deeds, works, words, desires, and grant that we may meet the

καταντῆσαι εἰς τὰς ἀρχὰς τῆς ἡμέρας, αἰνοῦντας, ὑμνοῦντας, εὐλογοῦντας τῆς σῆς ἀφράστου χρηστότητος τὴν ἀγαθότητα.

Ὅτι ηὐλόγηταί τὸ πανάγιον σου ὄνομα, καὶ δεδόξασταί σου ἡ βασιλεία, τοῦ Πατρὸς καὶ τοῦ Υἱοῦ καὶ τοῦ Ἁγίου Πνεύματος, νῦν καὶ ἀεὶ καὶ εἰς τοὺς αἰῶνας τῶν αἰώνων. Ἀμήν.

Θ΄ Εὐχή

Λάμψον, Δέσποτα φιλάνθρωπε, ἐν ταῖς καρδίαις ἡμῶν, τὸ τῆς σῆς θεογνωσίας ἀκήρατον φῶς, καὶ τοὺς τῆς διανοίας ἡμῶν ὀφθαλμοὺς διάνοιξον εἰς τὴν τῶν εὐαγγελικῶν σου κηρυγμάτων κατανόησιν. Ἔνθες ἡμῖν καὶ τὸν τῶν μακαρίων σου ἐντολῶν φόβον, ἵνα πάσας τὰς σαρκικὰς ἐπιθυμίας καταπατήσαντες, πνευματικὴν πολιτείαν μετέλθωμεν, πάντα τὰ πρὸς εὐαρέστησιν τὴν σὴν καὶ φρονοῦντες καὶ πράττοντες.

Ὅτι σὺ εἶ ὁ ἁγιασμὸς ἡμῶν, καὶ σοὶ τὴν δόξαν ἀναπέμπομεν, τῷ Πατρὶ καὶ τῷ Υἱῷ καὶ τῷ Ἁγίῳ Πνεύματι, νῦν καὶ ἀεὶ καὶ εἰς τοὺς αἰῶνας τῶν αἰώνων. Ἀμήν.

Ι΄ Εὐχή

Κύριε ὁ Θεὸς ἡμῶν, ὁ τὴν διὰ μετανοίας ἄφεσιν τοῖς ἀνθρώποις δωρησάμενος καὶ τύπον ἡμῖν ἐπιγνώσεως ἁμαρτημάτων καὶ ἐξομολογήσεως τὴν τοῦ προφήτου Δαυΐδ μετάνοιαν πρὸς συγχώρησιν ὑποδείξας· αὐτός, Δέσποτα, πολλοῖς ἡμᾶς καὶ μεγάλοις περιπεπτωκότας πλημμελήμασιν, ἐλέησον κατὰ τὸ μέγα σου ἔλεος, καί, κατὰ τὸ πλῆθος τῶν οἰκτιρμῶν σου, ἐξάλειψον τὰ ἀνομήματα ἡμῶν· ὅτι σοι ἡμάρτομεν, Κύριε, τῷ καὶ τὰ ἄδηλα καὶ κρύφια τῆς καρδίας τῶν ἀνθρώπων γινώσκοντι καὶ μόνῳ ἔχοντι ἐξουσίαν ἀφιέναι ἁμαρτίας. Καρδίαν δὲ καθαρὰν κτίσας ἐν

beginnings of the day praising, singing, blessing the loving-kindness of your ineffable goodness.

For blessed is your all-holy name and glorified is your kingdom, of the Father, the Son and the Holy Spirit, now and for ever, and to the ages of ages. Amen.

9th Prayer

Light in our hearts, Master, lover of humankind, the unsullied light of your divine knowledge, and open the eyes of our mind to the understanding of the proclamation of your Gospel. Instill in us also the fear of your blessed commandments, so that having trampled down all the desires of the flesh we may pass over to a spiritual way of life, thinking and doing all things that are well-pleasing to you.

For you are our sanctification and to you we give glory, to the Father, the Son and the Holy Spirit, now and for ever, and to the ages of ages. Amen.

10th Prayer

Lord our God, who have granted humankind forgiveness through repentance and shown us an image of acknowledgement and confession of sins: the repentance leading to pardon of the prophet David, in accordance with your great mercy have mercy on us, who have fallen by many and great offences, and, in accordance with the multitude of your pity, wipe away our offences. For we have sinned against you, Lord, who know too the hidden and secret things of the human heart and who alone have authority to forgive sins. Create a clean

ἡμῖν καὶ πνεύματι ἡγεμονικῷ στηρίξας ἡμᾶς καὶ τὴν ἀγαλλίασιν τοῦ σωτηρίου σου γνωρίσας ἡμῖν, μὴ ἀπορρίψῃς ἡμᾶς ἀπὸ τοῦ προσώπου σου· ἀλλ᾽ εὐδόκησον, ὡς ἀγαθὸς καὶ φιλάνθρωπος, μέχρι τῆς ἐσχάτης ἡμῶν ἀναπνοῆς προσφέρειν σοι θυσίαν δικαιοσύνης καὶ ἀναφορὰν ἐν τοῖς ἁγίοις σου θυσιαστηρίοις.

Ἐλέει, καὶ οἰκτιρμοῖς, καὶ φιλανθρωπίᾳ τοῦ μονογενοῦς σου Υἱοῦ, μεθ᾽ οὗ εὐλογητὸς εἶ, σὺν τῷ παναγίῳ καὶ ἀγαθῷ καὶ ζωοποιῷ σου Πνεύματι, νῦν καὶ ἀεὶ καὶ εἰς τοὺς αἰῶνας τῶν αἰώνων. Ἀμήν.

ΙΑ΄ Εὐχή

Ὁ Θεὸς, ὁ Θεὸς ἡμῶν, ὁ τὰς νοερὰς καὶ λογικὰς ὑποστησάμενος δυνάμεις τῷ σῷ θελήματι, σοῦ δεόμεθα καὶ σὲ ἱκετεύομεν, πρόσδεξαι ἡμῶν μετὰ τῶν κτισμάτων σου πάντων τὴν κατὰ δύναμιν δοξολογίαν καὶ ταῖς πλουσίαις τῆς σῆς ἀγαθότητος ἀντάμειψαι δωρεαῖς· ὅτι σοὶ κάμπτει πᾶν γόνυ ἐπουρανίων καὶ ἐπιγείων καὶ καταχθονίων καὶ πᾶσα πνοὴ καὶ κτίσις ὑμνεῖ τὴν ἀκατάληπτόν σου δόξαν· μόνος γὰρ εἶ Θεὸς ἀληθινὸς καὶ πολυέλεος.

Ὅτι σὲ αἰνοῦσι πᾶσαι αἱ δυνάμεις τῶν οὐρανῶν, καὶ σοὶ τὴν δόξαν ἀναπέμπομεν, τῷ Πατρὶ καὶ τῷ Υἱῷ καὶ τῷ Ἁγίῳ Πνεύματι, νῦν καὶ ἀεὶ καὶ εἰς τοὺς αἰῶνας τῶν αἰώνων. Ἀμήν.

ΙΒ΄ Εὐχή

Αἰνοῦμεν, ὑμνοῦμεν, εὐλογοῦμεν καὶ εὐχαριστοῦμέν σοι, ὁ Θεὸς τῶν πατέρων ἡμῶν, ὅτι παρήγαγες τὴν σκιὰν τῆς νυκτὸς καὶ ἔδειξας ἡμῖν πάλιν τὸ φῶς τῆς ἡμέρας· ἀλλ᾽ ἱκετεύομεν τὴν σὴν ἀγαθότητα· ἱλάσθητι ταῖς ἁμαρτίαις ἡμῶν καὶ

heart in us and by your sovereign Spirit establish us and make known to us the joy of your salvation. Do not cast us away from your presence, but be well pleased, as you are good and love humankind, for us to offer you until our last breath a sacrifice of justice and an offering on your holy altars.

By the mercy and compassion and love for humankind of your only-begotten Son, with whom you are blessed, together with your all-holy, good and life-giving Spirit, now and for ever, and to the ages of ages. Amen.

11th Prayer

O God, our God, who by your will have brought into being the spiritual and rational Powers, we beseech and implore you, accept with that of all your creatures our hymn of glory in the measure of our power, and grant us in return the rich gifts of your loving-kindness. For to you bends every knee of those in heaven and on earth and under the earth, and everything that has breath and all creation sings the praise of your incomprehensible glory. For you alone are God, true and of great mercy.

For all the Powers of heaven praise you and to you we give glory, to the Father, the Son and the Holy Spirit, now and for ever, and to the ages of ages. Amen.

12th Prayer

We praise, hymn, bless and give you thanks, O God of our fathers, for you have turned aside the shades of night and shown us again the light of day. But we implore your loving-kindness: Be merciful to our sins and accept our sup-

πρόσδεξαι τὴν δέησιν ἡμῶν ἐν τῇ μεγάλῃ σου εὐσπλαγχνίᾳ, ὅτι πρὸς σὲ καταφεύγομεν, τὸν ἐλεήμονα καὶ παντοδύναμον Θεόν· λάμψον ἐν ταῖς καρδίαις ἡμῶν τὸν ἀληθινὸν ἥλιον τῆς δικαιοσύνης σου· φώτισον τὸν νοῦν ἡμῶν καὶ τὰς αἰσθήσεις ὅλας διατήρησον, ἵνα ὡς ἐν ἡμέρᾳ εὐσχημόνως περιπατοῦντες τὴν ὁδὸν τῶν ἐντολῶν σου, καταντήσωμεν εἰς τὴν ζωὴν τὴν αἰώνιον· ὅτι παρὰ σοί ἐστιν ἡ πηγὴ τῆς ζωῆς καὶ ἐν ἀπολαύσει γενέσθαι καταξιωθῶμεν τοῦ ἀπροσίτου φωτός.

Ὅτι σὺ εἶ ὁ Θεὸς ἡμῶν, καὶ σοὶ τὴν δόξαν ἀναπέμπομεν, τῷ Πατρὶ καὶ τῷ Υἱῷ καὶ τῷ Ἁγίῳ Πνεύματι, νῦν καὶ ἀεὶ καὶ εἰς τοὺς αἰῶνας τῶν αἰώνων. Ἀμήν.

Καὶ μετὰ τὴν ἀνάγνωσιν τῶν εὐχῶν ὁ ἱερεὺς ἀσπασάμενος τὴν δεσποτικὴν εἰκόνα εἰσέρχεται διὰ τῆς νοτίου πύλης εἰς τὸ Ἱερόν.

Ὁ ΕΞΑΨΑΛΜΟΣ.

Δόξα ἐν ὑψίστοις Θεῷ καὶ ἐπὶ γῆς εἰρήνη, ἐν ἀνθρώποις εὐδοκία. *(γ΄)*

Κύριε, τὰ χείλη μου ἀνοίξεις, καὶ τὸ στόμα μου ἀναγγελεῖ τὴν αἴνεσίν σου. *(β΄)*

ΨΑΛΜΟΣ Γ΄

Κύριε, τί ἐπληθύνθησαν οἱ θλίβοντές με; Πολλοὶ ἐπανίστανται ἐπ᾽ ἐμέ.

Πολλοὶ λέγουσι τῇ ψυχῇ μου· οὐκ ἔστι σωτηρία αὐτῷ ἐν τῷ Θεῷ αὐτοῦ.

Σὺ δέ, Κύριε, ἀντιλήπτωρ μου εἶ, δόξα μου καὶ ὑψῶν τὴν κεφαλήν μου.

Φωνῇ μου πρὸς Κύριον ἐκέκραξα, καὶ ἐπήκουσέ μου ἐξ ὄρους ἁγίου αὐτοῦ.

Ἐγὼ δὲ ἐκοιμήθην καὶ ὕπνωσα· ἐξηγέρθην, ὅτι Κύριος ἀντιλήψεταί μου.

plication in your great compassion, for we take refuge in you, the merciful and all-powerful God. Make the true sun of justice shine in our hearts; enlighten our mind and guard all our senses, so that, walking uprightly by day in the way of your commandments, we may reach eternal life; for with you is the source of life, and may we be counted worthy to come to the enjoyment of the unapproachable light.

For you are our God and to you we give glory, to the Father, the Son and the Holy Spirit, now and for ever, and to the ages of ages. Amen.

And after the reading of the prayers, the Priest venerates the icon of the Lord and enters through the south door into the sanctuary.

THE SIX PSALMS.

Glory to God in the highest, and on earth peace, goodwill toward men! *(x3)*

O Lord, You shall open my lips, and my mouth will declare Your praise. *(x2)*

PSALM 3

Lord, why are they so many that afflict me? Many are they who rise up against me.

Many say to my soul, "There is no salvation for him in his God."

But You, O Lord, are my helper, my glory, who lifts up my head.

With my voice I cried to the Lord, and He heard me from His holy mountain.

As for me, I lay down and slept. I arose, for the Lord will help me.

Οὐ φοβηθήσομαι ἀπὸ μυριάδων λαοῦ τῶν κύκλῳ συνεπιτιθεμένων μοι.

Ἀνάστα, Κύριε, σῶσόν με ὁ Θεός μου, ὅτι σὺ ἐπάταξας πάντας τοὺς ἐχθραίνοντάς μοι ματαίως, ὀδόντας ἁμαρτωλῶν συνέτριψας.

Τοῦ Κυρίου ἡ σωτηρία, καὶ ἐπὶ τὸν λαόν σου ἡ εὐλογία σου.

Καὶ πάλιν.

Ἐγὼ δὲ ἐκοιμήθην καὶ ὕπνωσα· ἐξηγέρθην, ὅτι Κύριος ἀντιλήψεταί μου. *(β΄)*

ΨΑΛΜΟΣ ΛΖ΄

Κύριε, μὴ τῷ θυμῷ σου ἐλέγξῃς με, μηδὲ τῇ ὀργῇ σου παιδεύσῃς με.

Ὅτι τὰ βέλη σου ἐνεπάγησάν μοι, καὶ ἐπεστήριξας ἐπ' ἐμὲ τὴν χεῖρά σου.

Οὐκ ἔστιν ἴασις ἐν τῇ σαρκί μου ἀπὸ προσώπου τῆς ὀργῆς σου, οὐκ ἔστιν εἰρήνη ἐν τοῖς ὀστέοις μου ἀπὸ προσώπου τῶν ἁμαρτιῶν μου.

Ὅτι αἱ ἀνομίαι μου ὑπερῆραν τὴν κεφαλήν μου, ὡσεὶ φορτίον βαρὺ ἐβαρύνθησαν ἐπ' ἐμέ.

Προσώζεσαν καὶ ἐσάπησαν οἱ μώλωπές μου ἀπὸ προσώπου τῆς ἀφροσύνης μου.

Ἐταλαιπώρησα καὶ κατεκάμφθην ἕως τέλους, ὅλην τὴν ἡμέραν σκυθρωπάζων ἐπορευόμην.

Ὅτι αἱ ψόαι μου ἐπλήσθησαν ἐμπαιγμάτων, καὶ οὐκ ἔστιν ἴασις ἐν τῇ σαρκί μου.

Ἐκακώθην καὶ ἐταπεινώθην ἕως σφόδρα, ὠρυόμην ἀπὸ στεναγμοῦ τῆς καρδίας μου.

I will not be afraid of ten thousands of people arrayed against me all around.

Arise, O Lord. Save me, O my God. For You have stricken all who hated me without cause; the teeth of sinners You have shattered.

My salvation is of the Lord; and upon Your people is Your blessing.

And again

I lay down and slept. I arose, for the Lord will help me. *(x2)*

PSALM 37

O Lord, in Your anger rebuke me not, neither in Your wrath chasten me.

For Your arrows are stuck fast in me; and You have brought down Your hand against me.

There is no healing in my flesh because of your wrath. There is no peace in my bones because of my sins.

For my iniquities have risen higher than my head; they have weighed upon me like a heavy burden.

My sores are foul and festering, because of my folly.

I am exhausted and completely bent over; all the day long despondently I carried myself.

For my loins were filled with delusions; and there is no healing in my flesh.

I afflicted myself and was humbled exceedingly; I roared from the groaning of my heart.

Κύριε, ἐναντίον σου πᾶσα ἡ ἐπιθυμία μου, καὶ ὁ στεναγμός μου ἀπὸ σοῦ οὐκ ἀπεκρύβη.

Ἡ καρδία μου ἐταράχθη, ἐγκατέλιπέ με ἡ ἰσχύς μου, καὶ τὸ φῶς τῶν ὀφθαλμῶν μου καὶ αὐτὸ οὐκ ἔστι μετ' ἐμοῦ.

Οἱ φίλοι μου καὶ οἱ πλησίον μου ἐξεναντίας μου ἤγγισαν καὶ ἔστησαν, καὶ οἱ ἔγγιστά μου ἀπὸ μακρόθεν ἔστησαν.

Καὶ ἐξεβιάζοντο οἱ ζητοῦντες τὴν ψυχήν μου, καὶ οἱ ζητοῦντες τὰ κακά μοι ἐλάλησαν ματαιότητας, καὶ δολιότητας ὅλην τὴν ἡμέραν ἐμελέτησαν.

Ἐγὼ δὲ ὡσεὶ κωφὸς οὐκ ἤκουον καὶ ὡσεὶ ἄλαλος οὐκ ἀνοίγων τὸ στόμα αὐτοῦ.

Καὶ ἐγενόμην ὡσεὶ ἄνθρωπος οὐκ ἀκούων καὶ οὐκ ἔχων ἐν τῷ στόματι αὐτοῦ ἐλεγμούς.

Ὅτι ἐπὶ σοί, Κύριε, ἤλπισα· σὺ εἰσακούσει, Κύριε ὁ Θεός μου.

Ὅτι εἶπον· Μή ποτε ἐπιχαρῶσί μοι οἱ ἐχθροί μου· καὶ ἐν τῷ σαλευθῆναι πόδας μου ἐπ' ἐμὲ ἐμεγαλορρημόνησαν.

Ὅτι ἐγὼ εἰς μάστιγας ἕτοιμος, καὶ ἡ ἀλγηδών μου ἐνώπιόν μου ἐστὶ διὰ παντός.

Ὅτι τὴν ἀνομίαν μου ἐγὼ ἀναγγελῶ καὶ μεριμνήσω ὑπὲρ τῆς ἁμαρτίας μου.

Οἱ δὲ ἐχθροί μου ζῶσι καὶ κεκραταίωνται ὑπὲρ ἐμέ, καὶ ἐπληθύνθησαν οἱ μισοῦντές με ἀδίκως.

Οἱ ἀνταποδιδόντες μοι κακὰ ἀντὶ ἀγαθῶν ἐνδιέβαλλόν με, ἐπεὶ κατεδίωκον ἀγαθωσύνην.

Μὴ ἐγκαταλίπῃς με, Κύριε ὁ Θεός μου, μὴ ἀποστῇς ἀπ' ἐμοῦ.

Πρόσχες εἰς τὴν βοήθειάν μου, Κύριε τῆς σωτηρίας μου.

O Lord, all my desire is before You, and my groaning is not hidden from You.

My heart is troubled, my strength has left me—even the light of my eyes is not with me.

My friends and my companions approached and stood up against me; those closest to me stood at a distance.

Those who were after my soul pressed me; and those who wished me ill spoke lies and plotted intrigues all day long.

But I was like one deaf and did not hear, and as one mute who opens not his mouth.

And I became like a man who cannot hear and who has no rebuttals in his mouth.

For in You, O Lord, I have hoped. You will hear, O Lord my God.

For I said, let my enemies never gloat over me, those who, when my feet are shaken, spoke proudly against me.

For I am prepared for scourges, and my anguish is before me always.

For I shall confess my iniquity and tend to my sin.

But my enemies are alive and stronger than I, and those who hate me without cause have been multiplied.

Those who render me evil for good slandered me because I pursued goodness.

Forsake me not, O Lord my God, depart not from me.

Attend to my help, O Lord of my salvation.

Καὶ πάλιν.	*And again*

Μὴ ἐγκαταλίπῃς με, Κύριε ὁ Θεός μου, μὴ ἀποστῇς ἀπ' ἐμοῦ. Πρόσχες εἰς τὴν βοήθειάν μου, Κύριε τῆς σωτηρίας μου.

Forsake me not, O Lord my God, depart not from me. Attend to my help, O Lord of my salvation.

ΨΑΛΜΟΣ ΖΒ΄ / PSALM 62

Ὁ Θεὸς ὁ Θεός μου, πρὸς σὲ ὀρθρίζω. Ἐδίψησέ σε ἡ ψυχή μου, ποσαπλῶς σοι ἡ σάρξ μου, ἐν γῇ ἐρήμῳ καὶ ἀβάτῳ καὶ ἀνύδρῳ.

O God my God, at dawn I rise to you. My soul thirsts for you; my flesh longs for you, in a land that is desolate, trackless and waterless.

Οὕτως ἐν τῷ ἁγίῳ ὤφθην σοι τοῦ ἰδεῖν τὴν δύναμίν σου καὶ τὴν δόξαν σου.

Thus would I appear before You in the sanctuary to see Your power and Your glory.

Ὅτι κρεῖσσον τὸ ἔλεός σου ὑπὲρ ζωάς· τὰ χείλη μου ἐπαινέσουσί σε.

For Your mercy is better than lives; my lips shall praise You.

Οὕτως εὐλογήσω σε ἐν τῇ ζωῇ μου, καὶ ἐν τῷ ὀνόματί σου ἀρῶ τὰς χεῖράς μου.

Thus will I bless You in my life, and in Your name will I lift up my hands.

Ὡς ἐκ στέατος καὶ πιότητος ἐμπλησθείη ἡ ψυχή μου, καὶ χείλη ἀγαλλιάσεως αἰνέσει τὸ στόμα μου.

Let my soul be filled as with suet and fat, and joyful lips will praise your name.

Εἰ ἐμνημόνευόν σου ἐπὶ τῆς στρωμνῆς μου, ἐν τοῖς ὄρθροις ἐμελέτων εἰς σέ·

I brought You to mind as I lay on my couch, during the early watches I have meditated on You.

Ὅτι ἐγενήθης βοηθός μου, καὶ ἐν τῇ σκέπῃ τῶν πτερύγων σου ἀγαλλιάσομαι.

For You have become my helper; and in the shelter of Your wings I will be glad.

Ἐκολλήθη ἡ ψυχή μου ὀπίσω σου, ἐμοῦ δὲ ἀντελάβετο ἡ δεξιά σου.

My soul clings to You, and Your right hand has laid hold of me.

Αὐτοὶ δὲ εἰς μάτην ἐζήτησαν τὴν ψυχήν μου, εἰσελεύσονται εἰς τὰ κατώτατα τῆς γῆς·

But they sought my life to no avail; they shall go to the lowest depths of the earth.

Παραδοθήσονται εἰς χεῖρας ῥομφαίας, μερίδες ἀλωπέκων ἔσονται.

They shall be given over to the sword; the portions of foxes they shall be.

Ὁ δὲ βασιλεὺς εὐφρανθήσεται ἐπὶ τῷ Θεῷ, ἐπαινεθήσεται πᾶς ὁ ὀμνύων ἐν αὐτῷ, ὅτι ἐνεφράγη στόμα λαλούντων ἄδικα.

But the king shall rejoice in God, and all who swear by him shall be praised, for the mouths of them that spoke unjustly have been stopped.

Καὶ πάλιν. | *And again*

Ἐν τοῖς ὄρθροις ἐμελέτων εἰς σέ· ὅτι ἐγενήθης βοηθός μου, καὶ ἐν τῇ σκέπῃ τῶν πτερύγων σου ἀγαλλιάσομαι. Ἐκολλήθη ἡ ψυχή μου ὀπίσω σου, ἐμοῦ δὲ ἀντελάβετο ἡ δεξιά σου.

During the early watches I have meditated on You. For You have become my helper; and in the shelter of Your wings I will be glad. My soul clings to You, and Your right hand has laid hold of me.

Δόξα Πατρὶ καὶ Υἱῷ καὶ Ἁγίῳ Πνεύματι, καὶ νῦν καὶ ἀεὶ καὶ εἰς τοὺς αἰῶνας τῶν αἰώνων. Ἀμήν.

Glory to the Father, and the Son, and the Holy Spirit, both now and ever and to the ages of ages. Amen.

Ἀλληλούϊα, ἀλληλούϊα, ἀλληλούϊα, δόξα σοι ὁ Θεός.

Alleluia, alleluia, alleluia, glory to You, O God.

Κύριε, ἐλέησον. *(γ΄)*

Lord, have mercy. *(x3)*

Δόξα Πατρὶ καὶ Υἱῷ καὶ Ἁγίῳ Πνεύματι, καὶ νῦν καὶ ἀεὶ καὶ εἰς τοὺς αἰῶνας τῶν αἰώνων. Ἀμήν.

Glory to the Father, and the Son, and the Holy Spirit, both now and ever and to the ages of ages. Amen.

ΨΑΛΜΟΣ ΠΖ΄

PSALM 87

Κύριε ὁ Θεὸς τῆς σωτηρίας μου, ἡμέρας ἐκέκραξα καὶ ἐν νυκτὶ ἐναντίον σου.

Lord God of my salvation, day and night I cried out to You.

Εἰσελθέτω ἐνώπιόν σου ἡ προσευχή μου, κλῖνον τὸ οὖς σου εἰς τὴν δέησίν μου.

Let my prayer come before You; incline Your ear to my supplication.

Ὅτι ἐπλήσθη κακῶν ἡ ψυχή μου, καὶ ἡ ζωή μου τῷ ᾅδῃ ἤγγισε.

For my soul has been filled with evils, and my life has drawn near to Hades.

Προσελογίσθην μετὰ τῶν καταβαινόντων εἰς λάκκον, ἐγενήθην ὡσεὶ ἄνθρωπος ἀβοήθητος, ἐν νεκροῖς ἐλεύθερος,

I have been numbered with those who go into the pit. I have become like a man with no help, I, who am free, am among the dead.

Ὡσεὶ τραυματίαι καθεύδοντες ἐν τάφῳ, ὧν οὐκ ἐμνήσθης ἔτι, καὶ αὐτοὶ ἐκ τῆς χειρός σου ἀπώσθησαν.

I have become like the wounded who lie in a grave, whom You remember no longer, and have been pushed away by Your hand.

Ἔθεντό με ἐν λάκκῳ κατωτάτῳ, ἐν σκοτεινοῖς καὶ ἐν σκιᾷ θανάτου.

They laid me in a very deep pit, in dark places, and in the shadow of death.

Ἐπ᾽ ἐμὲ ἐπεστηρίχθη ὁ θυμός σου, καὶ πάντας τοὺς μετεωρισμούς σου ἐπήγαγες ἐπ᾽ ἐμέ.

Your anger pressed down hard on me, and You brought down on me all Your turmoils.

Ἐμάκρυνας τοὺς γνωστούς μου ἀπ' ἐμοῦ, ἔθεντό με βδέλυγμα ἑαυτοῖς, παρεδόθην καὶ οὐκ ἐξεπορευόμην.

Οἱ ὀφθαλμοί μου ἠσθένησαν ἀπὸ πτωχείας· ἐκέκραξα πρὸς σέ, Κύριε, ὅλην τὴν ἡμέραν, διεπέτασα πρὸς σὲ τὰς χεῖράς μου.

Μὴ τοῖς νεκροῖς ποιήσεις θαυμάσια; ἢ ἰατροὶ ἀναστήσουσι καὶ ἐξομολογήσονταί σοι;

Μὴ διηγήσεταί τις ἐν τῷ τάφῳ τὸ ἔλεός σου καὶ τὴν ἀλήθειάν σου ἐν τῇ ἀπωλείᾳ;

Μὴ γνωσθήσεται ἐν τῷ σκότει τὰ θαυμάσιά σου καὶ ἡ δικαιοσύνη σου ἐν γῇ ἐπιλελησμένῃ;

Κἀγὼ πρὸς σέ, Κύριε, ἐκέκραξα, καὶ τὸ πρωῒ ἡ προσευχή μου προφθάσει σε.

Ἵνα τί, Κύριε, ἀπωθεῖς τὴν ψυχήν μου, ἀποστρέφεις τὸ πρόσωπόν σου ἀπ' ἐμοῦ;

Πτωχός εἰμι ἐγὼ καὶ ἐν κόποις ἐκ νεότητός μου, ὑψωθεὶς δὲ ἐταπεινώθην καὶ ἐξηπορήθην.

Ἐπ' ἐμὲ διῆλθον αἱ ὀργαί σου, οἱ φοβερισμοί σου ἐξετάραξάν με,

Ἐκύκλωσάν με ὡσεὶ ὕδωρ ὅλην τὴν ἡμέραν, περιέσχον με ἅμα.

Ἐμάκρυνας ἀπ' ἐμοῦ φίλον καὶ πλησίον, καὶ τοὺς γνωστούς μου ἀπὸ ταλαιπωρίας.

Καὶ πάλιν.

Κύριε ὁ Θεὸς τῆς σωτηρίας μου, ἡμέρας ἐκέκραξα καὶ ἐν νυκτὶ ἐναντίον σου. Εἰσελθέτω ἐνώπιόν σου ἡ προσευχή μου, κλῖνον τὸ οὖς σου εἰς τὴν δέησίν μου.

You stood my acquaintances far off from me; they made me an abomination to themselves. I was handed over and I did not escape.

My eyes weakened from poverty. I cried to You all day, O Lord, I spread out my arms to You.

Will you work wonders for the dead? Or will physicians resuscitate them that they give You thanks?

Will anyone recount Your mercy in the grave, and Your truth in perdition?

Will Your wonders be known in the darkness, and Your justice in a land forgotten?

I, too, have cried out to You, O Lord, and my prayer will reach You at dawn.

Why, Lord, do You still reject my soul? Why do You turn Your face from me?

I am poor and in hardship from my youth. I was exalted, then humbled and impoverished.

Your wrath went through me; Your terrors disquieted me.

They encircled me the whole day like water; they surrounded me together.

You distanced from me friend and neighbor and my acquaintances, because of my misery.

And again

Lord God of my salvation, day and night I cried out to You. Let my prayer come before You; incline Your ear to my supplication.

ΨΑΛΜΟΣ ΡΒ΄

Εὐλόγει, ἡ ψυχή μου, τὸν Κύριον, καί, πάντα τὰ ἐντός μου, τὸ ὄνομα τὸ ἅγιον αὐτοῦ.

Εὐλόγει, ἡ ψυχή μου, τὸν Κύριον, καὶ μὴ ἐπιλανθάνου πάσας τὰς ἀνταποδόσεις αὐτοῦ.

Τὸν εὐϊλατεύοντα πάσας τὰς ἀνομίας σου, τὸν ἰώμενον πάσας τὰς νόσους σου.

Τὸν λυτρούμενον ἐκ φθορᾶς τὴν ζωήν σου, τὸν στεφανοῦντά σε ἐν ἐλέει καὶ οἰκτιρμοῖς.

Τὸν ἐμπιπλῶντα ἐν ἀγαθοῖς τὴν ἐπιθυμίαν σου, ἀνακαινισθήσεται ὡς ἀετοῦ ἡ νεότης σου.

Ποιῶν ἐλεημοσύνας ὁ Κύριος καὶ κρῖμα πᾶσι τοῖς ἀδικουμένοις.

Ἐγνώρισε τὰς ὁδοὺς αὐτοῦ τῷ Μωϋσῇ, τοῖς υἱοῖς Ἰσραὴλ τὰ θελήματα αὐτοῦ.

Οἰκτίρμων καὶ ἐλεήμων ὁ Κύριος, μακρόθυμος καὶ πολυέλεος·

Οὐκ εἰς τέλος ὀργισθήσεται, οὐδὲ εἰς τὸν αἰῶνα μηνιεῖ.

Οὐ κατὰ τὰς ἀνομίας ἡμῶν ἐποίησεν ἡμῖν, οὐδὲ κατὰ τὰς ἁμαρτίας ἡμῶν ἀνταπέδωκεν ἡμῖν,

Ὅτι κατὰ τὸ ὕψος τοῦ οὐρανοῦ ἀπὸ τῆς γῆς ἐκραταίωσε Κύριος τὸ ἔλεος αὐτοῦ ἐπὶ τοὺς φοβουμένους αὐτόν.

Καθ᾽ ὅσον ἀπέχουσιν ἀνατολαὶ ἀπὸ δυσμῶν, ἐμάκρυνεν ἀφ᾽ ἡμῶν τὰς ἀνομίας ἡμῶν.

Καθὼς οἰκτίρει πατὴρ υἱούς, ᾠκτίρησε Κύριος τοὺς φοβουμένους αὐτόν,

Ὅτι αὐτὸς ἔγνω τὸ πλάσμα ἡμῶν, ἐμνήσθη ὅτι χοῦς ἐσμεν.

PSALM 102

Bless the Lord, O my soul; and all that is within me, bless His holy name.

Bless the Lord, O my soul, and forget not all His rewards. He is gracious toward all your iniquities,

He heals all your infirmities. He rescues your life from corruption;

In His mercy and tender love He awards you a crown. He fulfills your desire for good things;

Like that of an eagle your youth will be restored.

The Lord performs deeds of mercy for all who have suffered injustice.

He made known His ways to Moses, to the sons of Israel the things that He has willed.

The Lord is compassionate and merciful, longsuffering and very merciful.

He will not maintain His anger nor will He forever keep His wrath.

Not according to our iniquities has He dealt with us, neither according to our sins has He rewarded us.

For as high as the heaven is from the earth, so has the Lord extended His mercy to those who go in fear of Him.

As far as the East is from the West, so far has He removed our iniquities from us.

As a father has compassion on his sons, so the Lord has compassion on those who go in fear of Him;

For He knows how we were formed, He remembered that we are dust.

Ἄνθρωπος, ὡσεὶ χόρτος αἱ ἡμέραι αὐτοῦ· ὡσεὶ ἄνθος τοῦ ἀγροῦ, οὕτως ἐξανθήσει.

Ὅτι πνεῦμα διῆλθεν ἐν αὐτῷ, καὶ οὐχ ὑπάρξει, καὶ οὐκ ἐπιγνώσεται ἔτι τὸν τόπον αὐτοῦ.

Τὸ δὲ ἔλεος τοῦ Κυρίου ἀπὸ τοῦ αἰῶνος καὶ ἕως τοῦ αἰῶνος ἐπὶ τοὺς φουβουμένους αὐτόν, καὶ ἡ δικαιοσύνη αὐτοῦ ἐπὶ υἱοῖς υἱῶν,

Τοῖς φυλάσσουσι τὴν διαθήκην αὐτοῦ καὶ μεμνημένοις τῶν ἐντολῶν αὐτοῦ τοῦ ποιῆσαι αὐτάς.

Κύριος ἐν τῷ οὐρανῷ ἡτοίμασε τὸν θρόνον αὐτοῦ, καὶ ἡ βασιλεία αὐτοῦ πάντων δεσπόζει.

Εὐλογεῖτε τὸν Κύριον, πάντες οἱ Ἄγγελοι αὐτοῦ, δυνατοὶ ἰσχύϊ, ποιοῦντες τὸν λόγον αὐτοῦ, τοῦ ἀκοῦσαι τῆς φωνῆς τῶν λόγων αὐτοῦ.

Εὐλογεῖτε τὸν Κύριον, πᾶσαι αἱ Δυνάμεις αὐτοῦ, λειτουργοὶ αὐτοῦ, ποιοῦντες τὸ θέλημα αὐτοῦ.

Εὐλογεῖτε τὸν Κύριον, πάντα τὰ ἔργα αὐτοῦ, ἐν παντὶ τόπῳ τῆς δεσποτείας αὐτοῦ· εὐλόγει, ἡ ψυχή μου, τὸν Κύριον.

Καὶ πάλιν.

Ἐν παντὶ τόπῳ τῆς δεσποτείας αὐτοῦ. Εὐλόγει, ἡ ψυχή μου, τὸν Κύριον.

ΨΑΛΜΟΣ ΡΜΒ´

Κύριε, εἰσάκουσον τῆς προσευχῆς μου, ἐνώτισαι τὴν δέησίν μου ἐν τῇ ἀληθείᾳ σου, εἰσάκουσόν μου ἐν τῇ δικαιοσύνῃ σου·

Καὶ μὴ εἰσέλθῃς εἰς κρίσιν μετὰ τοῦ δούλου σου, ὅτι οὐ δικαιωθήσεται ἐνώπιόν σου πᾶς ζῶν.

Man, like the grass are his days; like a flower of the field, so shall he blossom.

For breath passes from within him and he is no more, and he will not look upon his place again.

But the mercy of the Lord is from eternity, and unto eternity for those who go in fear of Him. And His justice is upon the sons of the sons

Of those who keep His testament and who remember His commandments that they be performed.

The Lord in heaven has prepared His throne, and His kingship has dominion over all.

Bless the Lord, all you His angels, mighty in strength, performing His word, that the voice of His words be heard.

Bless the Lord, all you His powers, His ministers, who perform His will.

Bless the Lord, O all you works of His, in every place of His dominion. Bless the Lord, O my soul.

And again

In every place of His dominion. Bless the Lord, O my soul.

PSALM 142

O Lord, hear my prayer, give ear to my supplication in Your truth; hear me in Your righteousness,

And enter not into judgment with Your servant; for before You, no one living will be justified.

Ὅτι κατεδίωξεν ὁ ἐχθρὸς τὴν ψυχήν μου, ἐταπείνωσεν εἰς γῆν τὴν ζωήν μου, ἐκάθισέ με ἐν σκοτεινοῖς ὡς νεκροὺς αἰῶνος·

Καὶ ἠκηδίασεν ἐπ᾽ ἐμὲ τὸ πνεῦμά μου, ἐν ἐμοὶ ἐταράχθη ἡ καρδία μου.

Ἐμνήσθην ἡμερῶν ἀρχαίων, ἐμελέτησα ἐν πᾶσι τοῖς ἔργοις σου, ἐν ποιήμασι τῶν χειρῶν σου ἐμελέτων.

Διεπέτασα πρὸς σὲ τὰς χεῖράς μου· ἡ ψυχή μου ὡς γῆ ἄνυδρός σοι.

Ταχὺ εἰσάκουσόν μου, Κύριε, ἐξέλιπε τὸ πνεῦμά μου. Μὴ ἀποστρέψῃς τὸ πρόσωπόν σου ἀπ᾽ ἐμοῦ, καὶ ὁμοιωθήσομαι τοῖς καταβαίνουσιν εἰς λάκκον.

Ἀκουστὸν ποίησόν μοι τὸ πρωῒ τὸ ἔλεός σου, ὅτι ἐπὶ σοὶ ἤλπισα. Γνώρισόν μοι, Κύριε, ὁδόν, ἐν ᾗ πορεύσομαι, ὅτι πρὸς σὲ ἦρα τὴν ψυχήν μου.

Ἐξελοῦ με ἐκ τῶν ἐχθρῶν μου, Κύριε, ὅτι πρὸς σὲ κατέφυγον.

Δίδαξόν με τοῦ ποιεῖν τὸ θέλημά σου, ὅτι σὺ εἶ ὁ Θεός μου. Τὸ πνεῦμά σου τὸ ἀγαθὸν ὁδηγήσει με ἐν γῇ εὐθείᾳ·

Ἕνεκεν τοῦ ὀνόματός σου, Κύριε, ζήσεις με, ἐν τῇ δικαιοσύνῃ σου ἐξάξεις ἐκ θλίψεως τὴν ψυχήν μου·

Καὶ ἐν τῷ ἐλέει σου ἐξολοθρεύσεις τοὺς ἐχθρούς μου καὶ ἀπολεῖς πάντας τοὺς θλίβοντας τὴν ψυχήν μου, ὅτι ἐγὼ δοῦλός σου εἰμι.

Καὶ πάλιν.

Εἰσάκουσόν μου ἐν τῇ δικαιοσύνῃ σου· καὶ μὴ εἰσέλθῃς εἰς κρίσιν μετὰ τοῦ δούλου σου. *(β΄)*

Τὸ πνεῦμά σου τὸ ἀγαθὸν ὁδηγήσει με ἐν γῇ εὐθείᾳ.

The enemy pursued my soul. He has lowered my life to the ground. He has set me in darkness like those long dead.

My spirit became despondent with me; my heart was agitated within me.

I remembered the days of old. I meditated on all Your deeds; I pondered the works of Your hands.

I have spread out my arms to You; my soul thirsts for You like waterless land.

Quickly hear me, O Lord; my spirit has become faint. Turn not Your face away from me, lest I become like those who go down into the pit.

Let me hear of Your mercy in the morning, for I have hoped in You. Show me, Lord, the way in which I should walk, for I have lifted up my soul to You.

Rescue me from my enemies, O Lord; to You have I fled.

Teach me to do Your will, for You are my God. Your good Spirit will guide me on level ground.

You will quicken me, O Lord, for Your name's sake. In Your righteousness You will bring my soul out of affliction.

And in Your mercy You will exterminate my enemies. And You will destroy all those who afflict my soul, for I am Your servant.

And again

Hear me in Your righteousness, and enter not into judgment with Your servant. *(x2)*

Your good Spirit will guide me on level ground.

Δόξα Πατρὶ καὶ Υἱῷ καὶ Ἁγίῳ Πνεύματι, καὶ νῦν καὶ ἀεὶ καὶ εἰς τοὺς αἰῶνας τῶν αἰώνων. Ἀμήν.

Ἀλληλούϊα, ἀλληλούϊα, ἀλληλούϊα, δόξα σοι ὁ Θεός. *(γ´)* Ἡ ἐλπὶς ἡμῶν, Κύριε, δόξα σοι.

Ὁ Ἱερεύς· Ἐν εἰρήνῃ τοῦ Κυρίου δεηθῶμεν.

Ὁ Χορός· Κύριε, ἐλέησον. *(Καὶ μεθ' ἑκάστην δέησιν)*

Ὁ Ἱερεύς· Ὑπὲρ τῆς ἄνωθεν εἰρήνης, καὶ τῆς σωτηρίας τῶν ψυχῶν ἡμῶν, τοῦ Κυρίου δεηθῶμεν.

Ὑπὲρ τῆς εἰρήνης τοῦ σύμπαντος κόσμου, εὐσταθείας τῶν ἁγίων τοῦ Θεοῦ Ἐκκλησιῶν, καὶ τῆς τῶν πάντων ἑνώσεως, τοῦ Κυρίου δεηθῶμεν.

Ὑπὲρ τοῦ ἁγίου οἴκου τούτου, καὶ τῶν μετὰ πίστεως, εὐλαβείας καὶ φόβου Θεοῦ εἰσιόντων ἐν αὐτῷ, τοῦ Κυρίου δεηθῶμεν.

Ὑπὲρ τοῦ Ἀρχιεπισκόπου ἡμῶν *(τοῦ δεῖνος)*, τοῦ τιμίου πρεσβυτερίου, τῆς ἐν Χριστῷ διακονίας, παντὸς τοῦ κλήρου καὶ τοῦ λαοῦ, τοῦ Κυρίου δεηθῶμεν.

Ὑπὲρ τοῦ εὐσεβοῦς ἡμῶν ἔθνους, πάσης ἀρχῆς καὶ ἐξουσίας ἐν αὐτῷ, τοῦ Κυρίου δεηθῶμεν.

Ὑπὲρ τῆς ἱερᾶς Μητροπόλεως, ἐνορίας καὶ πόλεως ταύτης, πάσης πόλεως, μονῆς καὶ χώρας, καὶ τῶν πίστει οἰκούντων ἐν αὐταῖς, τοῦ Κυρίου δεηθῶμεν.

Ὑπὲρ εὐκρασίας ἀέρων, εὐφορίας τῶν καρπῶν τῆς γῆς, καὶ καιρῶν εἰρηνικῶν, τοῦ Κυρίου δεηθῶμεν.

Ὑπὲρ πλεόντων, ὁδοιπορούντων, νοσούντων, καμνόντων, αἰχμαλώτων, καὶ

Glory to the Father, and the Son, and the Holy Spirit, both now and ever and to the ages of ages. Amen.

Alleluia, alleluia, alleluia, glory to You, O God. *(x3)* Our hope, O Lord, glory to You.

Priest: In peace let us pray to the Lord.

Choir: Lord, have mercy. *(And so after each petition.)*

Priest: For the peace from above and the salvation of our souls, let us pray to the Lord.

For peace in the whole world, for the stability of the holy churches of God, and for the unity of all, let us pray to the Lord.

For this holy house and for those who enter it with faith, reverence, and the fear of God, let us pray to the Lord.

For our Archbishop *(Name)*, for the honored order of presbyters, for the diaconate in Christ, for all the clergy and the people, let us pray to the Lord.

For our country, the president, and all those in public service, let us pray to the Lord.

For this holy Metropolis and parish, and for this city and every city, monastic community, and land and the faithful who live in them, let us pray to the Lord.

For favorable weather, an abundance of the fruits of the earth, and temperate seasons, let us pray to the Lord.

For travelers by land, sea, and air, for the sick, the suffering, the captives,

τῆς σωτηρίας αὐτῶν, τοῦ Κυρίου δεηθῶμεν.

Ὑπὲρ τοῦ ῥυσθῆναι ἡμᾶς ἀπὸ πάσης θλίψεως, ὀργῆς, κινδύνου καὶ ἀνάγκης, τοῦ Κυρίου δεηθῶμεν.

Ἀντιλαβοῦ, σῶσον, ἐλέησον, καὶ διαφύλαξον ἡμᾶς, ὁ Θεός, τῇ σῇ χάριτι.

Ὁ Χορός· Κύριε, ἐλέησον.

Ὁ Διάκονος· Τῆς Παναγίας, ἀχράντου, ὑπερευλογημένης, ἐνδόξου Δεσποίνης ἡμῶν Θεοτόκου, καὶ ἀειπαρθένου Μαρίας, μετὰ πάντων τῶν Ἁγίων μνημονεύσαντες, ἑαυτοὺς καὶ ἀλλήλους, καὶ πᾶσαν τὴν ζωὴν ἡμῶν Χριστῷ τῷ Θεῷ παραθώμεθα.

Ὁ Χορός· Σοί, Κύριε.

Ὁ Ἱερεύς·

Ὅτι πρέπει σοι πᾶσα δόξα, τιμὴ καὶ προσκύνησις, τῷ Πατρὶ καὶ τῷ Υἱῷ καὶ τῷ Ἁγίῳ Πνεύματι, νῦν καὶ ἀεὶ καὶ εἰς τοὺς αἰῶνας τῶν αἰώνων.

Ὁ Χορός· Ἀμήν.

Καὶ ψάλλομεν τὸ Ἀλληλούια εἰς ἦχον πλ. δ΄ τετράκις ἀνὰ τρὶς μεθ' ἕκαστον τῶν ἑπομένων στίχων·

Στίχ. α΄. Ἐκ νυκτὸς ὀρθρίζει τὸ πνεῦμά μου πρὸς σέ, ὁ Θεός, διότι φῶς τὰ προστάγματά σου ἐπὶ τῆς γῆς.

Στίχ. β΄. Δικαιοσύνην μάθετε, οἱ ἐνοικοῦντες ἐπὶ τῆς γῆς.

Στίχ. γ΄. Ζῆλος λήψεται λαὸν ἀπαίδευτον, καὶ νῦν πῦρ τοὺς ὑπεναντίους ἔδεται.

Στίχ. δ΄. Πρόσθες αὐτοῖς κακά, Κύριε, πρόσθες αὐτοῖς κακά, τοῖς ἐνδόξοις τῆς γῆς.

and for their salvation, let us pray to the Lord.

For our deliverance from all affliction, wrath, danger, and distress, let us pray to the Lord.

Take hold of us, save us, have mercy upon us, and protect us, O God, by Your grace.

Choir: Lord, have mercy.

Priest: Commemorating our most holy, most pure, most blessed and glorified Lady the Theotokos and ever-virgin Mary, together with all the saints, let us commit ourselves and one another and all our life unto Christ our God.

Choir: To You, O Lord.

Priest:

For to You belong all glory, honor, and worship to the Father and the Son and the Holy Spirit, both now and ever and to the ages of ages.

Choir: Amen.

And we sing the Alleluia in Tone Pl. 4 four times in sets of three with the following verses:

Verse 1. *From nightfall my spirit is awake for you, O God, for your commands are light upon the earth.*

Verse 2. *Learn justice, inhabitants of the earth.*

Verse 3. *Jealousy will seize an untaught people, and now fire devours their adversaries.*

Verse 4. *Bring evils upon them, O Lord, bring evils upon them, the glorious ones of the earth.*

Εἴθ' οὕτω, τὸ παρὸν Τροπάριον, μετὰ μέλους καὶ αὐτό.

Ἦχος πλ. δ'.

Ἰδοὺ ὁ Νυμφίος ἔρχεται ἐν τῷ μέσῳ τῆς νυκτός, καὶ μακάριος ὁ δοῦλος, ὃν εὑρήσει γρηγοροῦντα· ἀνάξιος δὲ πάλιν, ὃν εὑρήσει ῥαθυμοῦντα. Βλέπε οὖν, ψυχή μου, μὴ τῷ ὕπνῳ κατενεχθῇς, ἵνα μὴ τῷ θανάτῳ παραδοθῇς, καὶ τῆς βασιλείας ἔξω κλεισθῇς· ἀλλὰ ἀνάνηψον κράζουσα· Ἅγιος, ἅγιος, ἅγιος εἶ ὁ Θεός· *προστασίαις τῶν ἀσωμάτων σῶσον ἡμᾶς.*

Δόξα Πατρὶ καὶ Υἱῷ καὶ Ἁγίῳ Πνεύματι.

Εἰς τὸ τέλος τοῦ β' λέγομεν τοῦ ἁγίου τοῦ Ναοῦ·

Ἰδοὺ ὁ Νυμφίος... *πρεσβείαις τοῦ ἁγίου ... (ἢ τοῦ ὁσίου ... ἢ τοῦ ἱεράρχου ...) σῶσον ἡμᾶς.*

Καὶ νῦν καὶ ἀεί,
καὶ εἰς τοὺς αἰῶνας τῶν αἰώνων. Ἀμήν.

Εἰς τὸ τέλος τοῦ γ' λέγομεν·

Ἰδοὺ ὁ Νυμφίος... *διὰ τῆς Θεοτόκου ἐλέησον ἡμᾶς.*

Ὁ Διάκονος· Ἔτι καὶ ἔτι ἐν εἰρήνῃ τοῦ Κυρίου δεηθῶμεν.

Ὁ Χορός· Κύριε, ἐλέησον.

Ὁ Διάκονος· Ἀντιλαβοῦ, σῶσον, ἐλέησον καὶ διαφύλαξον ἡμᾶς ὁ Θεὸς τῇ σῇ χάριτι.

Ὁ Χορός· Κύριε, ἐλέησον.

Ὁ Διάκονος· Τῆς Παναγίας, ἀχράντου, ὑπερευλογημένης, ἐνδόξου, δεσποίνης ἡμῶν Θεοτόκου καὶ ἀειπαρθένου Μαρίας, μετὰ πάντων τῶν ἁγίων μνημονεύσαντες, ἑαυτοὺς καὶ ἀλλήλους καὶ

Then the following Troparion is sung solemnly 3 times.

Tone Pl. 4.

Behold, the Bridegroom is coming at the midpoint of the night, and blessed is that servant whom he finds watching; but unworthy is the one whom he finds slothful. Take care then, my soul, not to be overcome with sleep, lest you be given up to death, and be shut out of the kingdom; come now, arouse yourself and cry: Holy, holy, holy indeed are you, O God; *through the prayers of Bodiless Ones, have mercy on us.*

Glory to the Father, Son and holy Spirit.

At the end of the 2nd time, the Saint of the Church:

Behold, the Bridegroom... *through the prayers of Saint ... (or the Venerable ... or the Hierarch ...) save on us.*

Both now and ever,
and to the ages of ages. Amen.

At the end of the 3rd time:

Behold, the Bridegroom... *through the Theotokos have mercy on us.*

Deacon: Again and again in peace let us pray to the Lord.

Choir: Lord, have mercy.

Deacon: Take hold of us, save us, have mercy upon us, and protect us, O God, by Your grace.

Choir: Lord, have mercy.

Deacon: Commemorating our most holy, most pure, most blessed and glorified Lady the Theotokos and ever-virgin Mary, together with all the saints, let us

πᾶσαν τὴν ζωὴν ἡμῶν Χριστῷ τῷ Θεῷ παραθώμεθα.

Ὁ Χορός· Σοί, Κύριε.

Ὁ Ἱερεύς·

Ὅτι σὸν τὸ κράτος καὶ σοῦ ἐστιν ἡ βασιλεία καὶ ἡ δύναμις καὶ ἡ δόξα, τοῦ Πατρὸς καὶ τοῦ Υἱοῦ καὶ τοῦ Ἁγίου Πνεύματος, νῦν καὶ ἀεὶ καὶ εἰς τοὺς αἰῶνας τῶν αἰώνων.

Ὁ Χορός· Ἀμήν.

Καὶ ψάλλομεν τὰ παρόντα καθίσματα·

Ἦχος γ΄. Τὴν ὡραιότητα.

Πόρνη προσῆλθέ σοι μύρα σὺν δάκρυσι, κατακενοῦσά σου ποσί, φιλάνθρωπε, καὶ δυσωδίας τῶν κακῶν λυτροῦται τῇ κελεύσει σου· πνέων δὲ τὴν χάριν σου, μαθητὴς ὁ ἀχάριστος, ταύτην ἀποβάλλεται καὶ βορβόρῳ συμφύρεται, φιλαργυρίᾳ ἀπεμπολῶν σε. Δόξα, Χριστέ, τῇ εὐσπλαγχνίᾳ σου.

Ἦχος δ΄. Ταχὺ προκατάλαβε.

Ἰούδας ὁ δόλιος, φιλαργυρίας ἐρῶν, προδοῦναί σε, Κύριε, τὸν θησαυρὸν τῆς ζωῆς, δολίως ἐμελέτησεν. Ὅθεν καὶ παροινήσας τρέχει πρὸς Ἰουδαίους, λέγει τοῖς παρανόμοις· Τί μοι θέλετε δοῦναι, κἀγὼ παραδώσω ὑμῖν εἰς τὸ σταυρῶσαι αὐτόν;

Δόξα Πατρί, καὶ Υἱῷ, καὶ Ἁγίῳ Πνεύματι, καὶ νῦν καὶ ἀεί, καὶ εἰς τοὺς αἰῶνας τῶν αἰώνων. Ἀμήν.

Ἦχος α΄. Τὸν τάφον σου Σωτήρ.

Ἡ πόρνη ἐν κλαυθμῷ ἀνεβόα, οἰκτίρμον, ἐκμάσσουσα θερμῶς τοὺς

commit ourselves and one another and all our life unto Christ our God.

Choir: To You, O Lord.

Priest:

For yours is the might, and yours the kingdom, the power and the glory, of the Father, the Son and the Holy Spirit, now and for ever, and to the ages of ages.

Choir: Amen.

And we sing the following kathismata:

Tone 3. Awed by the beauty.

To You a harlot came, pouring with tears sweet myrrh upon your all-pure feet, Lover of humankind; and from the foul stench of her sins at your command she was released; but although He breathed your grace, the ungrateful disciple cast, O Lord, your grace away, and with filth he was defiled, by selling you out of avarice. Glory, O Christ, to your compassion!

Tone 4. Your Martyr, O Lord.

Judas the cunning, in his love for gold, cunningly thought to betray you, Lord, the treasury of life. And so like a drunkard he runs swiftly to the Jews, and he says to the lawless: What are you willing to give me, and I shall hand him over to you for you to crucify him?

Glory to the Father, Son, and the Holy Spirit, both now and ever and to the ages of ages. Amen.

Tone 1. The soldiers watching.

The harlot cried aloud as her tears flowed freely and eagerly she wiped

ἀχράντους σου πόδας θριξὶ τῆς κεφαλῆς αὐτῆς καὶ ἐκ βάθους στενάζουσα· Μὴ ἀπώσῃ με, μηδὲ βδελύξῃ, Θεέ μου, ἀλλὰ δέξαι με μετανοοῦσαν καὶ σῶσον ὡς μόνος φιλάνθρωπος.

Ὁ Διάκονος· Καὶ ὑπὲρ τοῦ καταξιωθῆναι ἡμᾶς τῆς ἀκροάσεως τοῦ ἁγίου Εὐαγγελίου Κύριον τὸν Θεὸν ἡμῶν ἱκετεύσωμεν.

Ὁ Χορός· Κύριε, ἐλέησον. *(γ΄)*

Ὁ Διάκονος· Σοφία. Ὀρθοί, ἀκούσωμεν τοῦ ἁγίου Εὐαγγελίου.

Ὁ Ἱερεύς· Εἰρήνη πᾶσι.

Ὁ Χορός· Καὶ τῷ πνεύματί σου.

Ὁ Ἱερεύς· Ἐκ τοῦ κατὰ Ἰωάννην ἁγίου Εὐαγγελίου τὸ ἀνάγνωσμα.

Ὁ Διάκονος· Πρόσχωμεν.

Ὁ Χορός· Δόξα σοι, Κύριε, δόξα σοι.

Ὁ Ἱερεύς·

(ιβ΄,17-50)

Τῷ καιρῷ ἐκείνῳ, ἐμαρτύρει ὁ ὄχλος ὁ ὢν μετὰ τοῦ Ἰησοῦ ὅτε τὸν Λάζαρον ἐφώνησεν ἐκ τοῦ μνημείου καὶ ἤγειρεν αὐτὸν ἐκ νεκρῶν. Διὰ τοῦτο καὶ ὑπήντησεν αὐτῷ ὁ ὄχλος, ὅτι ἤκουσαν τοῦτο αὐτὸν πεποιηκέναι τὸ σημεῖον. Οἱ οὖν Φαρισαῖοι εἶπον πρὸς ἑαυτούς· Θεωρεῖτε ὅτι οὐκ ὠφελεῖτε οὐδέν; ἴδε ὁ κόσμος ὀπίσω αὐτοῦ ἀπῆλθεν. Ἦσαν δέ τινες Ἕλληνες ἐκ τῶν ἀναβαινόντων ἵνα προσκυνήσωσιν ἐν τῇ ἑορτῇ· Οὗτοι οὖν προσῆλθον Φιλίππῳ τῷ ἀπὸ Βηθσαϊδὰ τῆς Γαλιλαίας, καὶ ἠρώτων αὐτὸν λέγοντες· Κύριε, θέλομεν τὸν Ἰησοῦν ἰδεῖν.

your immaculate feet, O Merciful, with the hair of her head, as she groaned from the depth of her heart, 'Do not reject me, do not loathe me, my God, but as I repent, accept me and save me, as you alone love humankind'.

Deacon: And that we might be found worthy to hear the holy Gospel, let us pray to the Lord God.

Choir: Lord, have mercy. *(x3)*

Deacon: Wisdom. Arise. Let us hear the holy Gospel.

Priest: Peace to all.

Choir: And to your Spirit.

Priest: The reading is from the holy Gospel according to John.

Deacon: Let us be attentive.

Choir: Glory to you, Lord, glory to you!

Priest:

(12:17-50)

At that time, the crowd that had been with him when he called Lazarus out of the tomb and raised him from the dead bore witness. The reason why the crowd went to meet him was that they heard he had done this sign. The Pharisees then said to one another, "You see that you can do nothing; look, the world has gone after him." Now among those who went up to worship at the feast were some Greeks. So these came to Philip, who was from Beth-sa'ida in Galilee, and said to him, "Sir, we wish to see Jesus." Philip went and told Andrew;

Ἔρχεται Φίλιππος καὶ λέγει τῷ Ἀνδρέᾳ, καὶ πάλιν Ἀνδρέας καὶ Φίλιππος λέγουσι τῷ Ἰησοῦ· ὁ δὲ Ἰησοῦς ἀπεκρίνατο αὐτοῖς λέγων· Ἐλήλυθεν ἡ ὥρα ἵνα δοξασθῇ ὁ υἱὸς τοῦ ἀνθρώπου. Ἀμὴν ἀμὴν λέγω ὑμῖν, ἐὰν μὴ ὁ κόκκος τοῦ σίτου πεσὼν εἰς τὴν γῆν ἀποθάνῃ, αὐτὸς μόνος μένει· ἐὰν δὲ ἀποθάνῃ, πολὺν καρπὸν φέρει. Ὁ φιλῶν τὴν ψυχὴν αὐτοῦ ἀπολέσει αὐτήν, καὶ ὁ μισῶν τὴν ψυχὴν αὐτοῦ ἐν τῷ κόσμῳ τούτῳ, εἰς ζωὴν αἰώνιον φυλάξει αὐτήν. Ἐὰν ἐμοὶ διακονῇ τις, ἐμοὶ ἀκολουθείτω, καὶ ὅπου εἰμὶ ἐγώ, ἐκεῖ καὶ ὁ διάκονος ὁ ἐμὸς ἔσται· καὶ ἐάν τις ἐμοὶ διακονῇ, τιμήσει αὐτὸν ὁ πατήρ. Νῦν ἡ ψυχή μου τετάρακται, καὶ τί εἴπω; Πάτερ, σῶσόν με ἐκ τῆς ὥρας ταύτης. Ἀλλὰ διὰ τοῦτο ἦλθον εἰς τὴν ὥραν ταύτην. Πάτερ, δόξασόν σου τὸ ὄνομα. Ἦλθεν οὖν φωνὴ ἐκ τοῦ οὐρανοῦ· Καὶ ἐδόξασα καὶ πάλιν δοξάσω. Ὁ οὖν ὄχλος ὁ ἑστὼς καὶ ἀκούσας ἔλεγεν βροντὴν γεγονέναι· ἄλλοι ἔλεγον· Ἄγγελος αὐτῷ λελάληκεν. Ἀπεκρίθη ὁ Ἰησοῦς καὶ εἶπεν· Οὐ δι' ἐμὲ αὕτη ἡ φωνὴ γέγονεν, ἀλλὰ δι' ὑμᾶς. Νῦν κρίσις ἐστὶ τοῦ κόσμου τούτου, νῦν ὁ ἄρχων τοῦ κόσμου τούτου ἐκβληθήσεται ἔξω· κἀγὼ ἐὰν ὑψωθῶ ἐκ τῆς γῆς, πάντας ἑλκύσω πρὸς ἐμαυτόν. Τοῦτο δὲ ἔλεγε, σημαίνων ποίῳ θανάτῳ ἤμελλεν ἀποθνήσκειν. Ἀπεκρίθη αὐτῷ ὁ ὄχλος· Ἡμεῖς ἠκούσαμεν ἐκ τοῦ νόμου ὅτι ὁ Χριστὸς μένει εἰς τὸν αἰῶνα, καὶ πῶς σὺ λέγεις, ὅτι δεῖ ὑψωθῆναι τὸν υἱὸν τοῦ ἀνθρώπου; Τίς ἐστιν οὗτος ὁ υἱὸς τοῦ ἀνθρώπου; Εἶπεν οὖν αὐτοῖς ὁ Ἰησοῦς· Ἔτι μικρὸν χρόνον τὸ φῶς μεθ' ὑμῶν ἐστι· περιπατεῖτε ὡς τὸ φῶς ἔχετε, ἵνα μὴ σκοτία ὑμᾶς καταλάβῃ· καὶ ὁ περιπατῶν ἐν τῇ σκοτίᾳ οὐκ οἶδεν ποῦ ὑπάγει. Ἕως τὸ φῶς ἔχετε, πιστεύετε εἰς τὸ φῶς,

Andrew went with Philip and they told Jesus. And Jesus answered them, "The hour has come for the Son of man to be glorified. Truly, truly, I say to you, unless a grain of wheat falls into the earth and dies, it remains alone; but if it dies, it bears much fruit. He who loves his life loses it, and he who hates his life in this world will keep it for eternal life. If any one serves me, he must follow me; and where I am, there shall my servant be also; if any one serves me, the Father will honor him. "Now is my soul troubled. And what shall I say? ʻFather, save me from this hour'? No, for this purpose I have come to this hour. Father, glorify thy name." Then a voice came from heaven, "I have glorified it, and I will glorify it again." The crowd standing by heard it and said that it had thundered. Others said, "An angel has spoken to him." Jesus answered, "This voice has come for your sake, not for mine. Now is the judgment of this world, now shall the ruler of this world be cast out; and I, when I am lifted up from the earth, will draw all men to myself." He said this to show by what death he was to die. The crowd answered him, "We have heard from the law that the Christ remains for ever. How can you say that the Son of man must be lifted up? Who is this Son of man?" Jesus said to them, "The light is with you for a little longer. Walk while you have the light, lest the darkness overtake you; he who walks in the darkness does not know where he goes. While you have the light, believe in the light, that you may become sons of light." When Jesus had said this, he

ἵνα υἱοὶ φωτὸς γένησθε. Ταῦτα ἐλάλησεν Ἰησοῦς, καὶ ἀπελθὼν ἐκρύβη ἀπ᾽ αὐτῶν. Τοσαῦτα δὲ αὐτοῦ σημεῖα πεποιηκότος ἔμπροσθεν αὐτῶν, οὐκ ἐπίστευον εἰς αὐτόν, ἵνα ὁ λόγος Ἡσαΐου τοῦ προφήτου πληρωθῇ, ὃν εἶπε· «Κύριε, τίς ἐπίστευσε τῇ ἀκοῇ ἡμῶν; καὶ ὁ βραχίων Κυρίου τίνι ἀπεκαλύφθη;» Διὰ τοῦτο οὐκ ἠδύναντο πιστεύειν, ὅτι πάλιν εἶπεν Ἡσαΐας· «Τετύφλωκεν αὐτῶν τοὺς ὀφθαλμοὺς καὶ πεπώρωκεν αὐτῶν τὴν καρδίαν, ἵνα μὴ ἴδωσι τοῖς ὀφθαλμοῖς καὶ νοήσωσι τῇ καρδίᾳ καὶ ἐπιστραφῶσι, καὶ ἰάσομαι αὐτούς». Ταῦτα εἶπεν Ἡσαΐας, ὅτι εἶδε τὴν δόξαν αὐτοῦ καὶ ἐλάλησε περὶ αὐτοῦ. Ὅμως μέντοι καὶ ἐκ τῶν ἀρχόντων πολλοὶ ἐπίστευσαν εἰς αὐτόν, ἀλλὰ διὰ τοὺς Φαρισαίους οὐχ ὡμολόγουν, ἵνα μὴ ἀποσυνάγωγοι γένωνται· ἠγάπησαν γὰρ τὴν δόξαν τῶν ἀνθρώπων μᾶλλον ἤπερ τὴν δόξαν τοῦ Θεοῦ. Ἰησοῦς δὲ ἔκραξε καὶ εἶπεν· Ὁ πιστεύων εἰς ἐμὲ οὐ πιστεύει εἰς ἐμέ, ἀλλ᾽ εἰς τὸν πέμψαντά με, καὶ ὁ θεωρῶν ἐμὲ θεωρεῖ τὸν πέμψαντά με. Ἐγὼ φῶς εἰς τὸν κόσμον ἐλήθυθα, ἵνα πᾶς ὁ πιστεύων εἰς ἐμὲ ἐν τῇ σκοτίᾳ μὴ μείνῃ. Καὶ ἐάν τίς μου ἀκούσῃ τῶν ῥημάτων καὶ μὴ πιστεύσῃ, ἐγὼ οὐ κρίνω αὐτόν· οὐ γὰρ ἦλθον ἵνα κρίνω τὸν κόσμον, ἀλλ᾽ ἵνα σώσω τὸν κόσμον. Ὁ ἀθετῶν ἐμὲ καὶ μὴ λαμβάνων τὰ ῥήματά μου, ἔχει τὸν κρίνοντα αὐτόν· ὁ λόγος ὃν ἐλάλησα, ἐκεῖνος κρινεῖ αὐτὸν ἐν τῇ ἐσχάτῃ ἡμέρᾳ· ὅτι ἐγὼ ἐξ ἐμαυτοῦ οὐκ ἐλάλησα, ἀλλ᾽ ὁ πέμψας με πατὴρ αὐτός μοι ἐντολὴν ἔδωκε τί εἴπω καὶ τί λαλήσω· καὶ οἶδα, ὅτι ἡ ἐντολὴ αὐτοῦ ζωὴ αἰώνιός ἐστιν. Ἃ οὖν λαλῶ ἐγώ, καθὼς εἴρηκέ μοι ὁ πατήρ, οὕτω λαλῶ.

departed and hid himself from them. Though he had done so many signs before them, yet they did not believe in him; it was that the word spoken by the prophet Isaiah might be fulfilled: "Lord, who has believed our report, and to whom has the arm of the Lord been revealed?" Therefore they could not believe. For Isaiah again said, "He has blinded their eyes and hardened their heart, lest they should see with their eyes and perceive with their heart, and turn for me to heal them." Isaiah said this because he saw his glory and spoke of him. Nevertheless many even of the authorities believed in him, but for fear of the Pharisees they did not confess it, lest they should be put out of the synagogue: for they loved the praise of men more than the praise of God. And Jesus cried out and said, "He who believes in me, believes not in me but in him who sent me. And he who sees me sees him who sent me. I have come as light into the world, that whoever believes in me may not remain in darkness. If any one hears my sayings and does not keep them, I do not judge him; for I did not come to judge the world but to save the world. He who rejects me and does not receive my sayings has a judge; the word that I have spoken will be his judge on the last day. For I have not spoken on my own authority; the Father who sent me has himself given me commandment what to say and what to speak. And I know that his commandment is eternal life. What I say, therefore, I say as the Father has bidden me."

Ὁ Χορός· Δόξα σοι, Κύριε, δόξα σοι.

ΨΑΛΜΟΣ Ν´

Ὁ Ἀναγνώστης· Ἐλέησόν με, ὁ Θεός, κατὰ τὸ μέγα ἔλεός σου, καὶ κατὰ τὸ πλῆθος τῶν οἰκτιρμῶν σου ἐξάλειψον τὸ ἀνόμημά μου. Ἐπὶ πλεῖον πλῦνόν με ἀπὸ τῆς ἀνομίας μου καὶ ἀπὸ τῆς ἁμαρτίας μου καθάρισόν με. Ὅτι τὴν ἀνομίαν μου ἐγὼ γινώσκω, καὶ ἡ ἁμαρτία μου ἐνώπιόν μού ἐστι διαπαντός. Σοὶ μόνῳ ἥμαρτον καὶ τὸ πονηρὸν ἐνώπιόν σου ἐποίησα. Ὅπως ἂν δικαιωθῇς ἐν τοῖς λόγοις σου καὶ νικήσῃς ἐν τῷ κρίνεσθαί σε. Ἰδοὺ γὰρ ἐν ἀνομίαις συνελήφθην, καὶ ἐν ἁμαρτίαις ἐκίσσησέ με ἡ μήτηρ μου. Ἰδοὺ γὰρ ἀλήθειαν ἠγάπησας· τὰ ἄδηλα καὶ τὰ κρύφια τῆς σοφίας σου ἐδήλωσάς μοι. Ῥαντιεῖς με ὑσσώπῳ καὶ καθαρισθήσομαι· πλυνεῖς με, καὶ ὑπὲρ χιόνα λευκανθήσομαι. Ἀκουτιεῖς μοι ἀγαλλίασιν καὶ εὐφροσύνην, ἀγαλλιάσονται ὀστέα τεταπεινωμένα. Ἀπόστρεψον τὸ πρόσωπόν σου ἀπὸ τῶν ἁμαρτιῶν μου καὶ πάσας τὰς ἀνομίας μου ἐξάλειψον. Καρδίαν καθαρὰν κτίσον ἐν ἐμοί, ὁ Θεός, καὶ πνεῦμα εὐθὲς ἐγκαίνισον ἐν τοῖς ἐγκάτοις μου. Μὴ ἀπορρίψῃς με ἀπὸ τοῦ προσώπου σου καὶ τὸ πνεῦμά σου τὸ ἅγιον μὴ ἀντανέλῃς ἀπ' ἐμοῦ. Ἀπόδος μοι τὴν ἀγαλλίασιν τοῦ σωτηρίου σου καὶ πνεύματι ἡγεμονικῷ στήριξόν με. Διδάξω ἀνόμους τὰς ὁδούς σου, καὶ ἀσεβεῖς ἐπὶ σὲ ἐπιστρέψουσι. Ῥῦσαί με ἐξ αἱμάτων, ὁ Θεός, ὁ Θεὸς τῆς σωτηρίας μου, ἀγαλλιάσεται ἡ γλῶσσά μου τὴν δικαιοσύνην σου. Κύριε, τὰ χείλη μου ἀνοίξεις, καὶ τὸ στόμα μου ἀναγγελεῖ τὴν αἴνεσίν σου. Ὅτι εἰ ἠθέλησας θυσίαν, ἔδωκα ἄν· ὁλοκαυτώματα οὐκ εὐδοκήσεις. Θυσία

Choir: Glory to you, Lord, glory to you!

PSALM 50

Reader: Have mercy on me, O God, according to Your great mercy; and according to the magnitude of Your compassion blot out my transgression. Wash me thoroughly from my iniquity, and cleanse me from my sin. For I acknowledge my iniquity, and my sin is continually before me. Against You only have I sinned and done this evil before You, that You might be justified in Your words, and prevail when You are judged. For behold, I was conceived in iniquities, and in sins did my mother bear me. For behold, You have loved truth; the hidden and secret things of Your wisdom You have made clear to me. You will sprinkle me with hyssop, and I will be made clean; You will wash me and I will be made whiter than snow. You will make me to hear joy and gladness; the bones that have been humbled will rejoice. Turn Your face away from my sins, and blot out all my iniquities. Create in me a clean heart, O God, and renew a right spirit within me. Cast me not away from Your presence, and take not Your Holy Spirit from me. Restore to me the joy of Your salvation, and with Your governing spirit establish me. I will teach transgressors Your ways and the ungodly will turn back to You. Deliver me from blood-guiltiness, O God, O God of my salvation; my tongue will rejoice in Your righteousness. O Lord, You will open my lips, and my mouth will declare Your praise. For if You had

τῷ Θεῷ πνεῦμα συντετριμμένον, καρδίαν συντετριμμένην καὶ τεταπεινωμένην ὁ Θεὸς οὐκ ἐξουδενώσει. Ἀγάθυνον, Κύριε, ἐν τῇ εὐδοκίᾳ σου τὴν Σιών, καὶ οἰκοδομηθήτω τὰ τείχη Ἱερουσαλήμ. Τότε εὐδοκήσεις θυσίαν δικαιοσύνης, ἀναφορὰν καὶ ὁλοκαυτώματα. Τότε ἀνοίσουσιν ἐπὶ τὸ θυσιαστήριόν σου μόσχους, καὶ ἐλέησόν με ὁ Θεός.

Καὶ εὐθὺς ψάλλομεν τὸ παρὸν τριῴδιον, οὗ ἡ ἀκροστιχίς·
Τετράδι ψαλῶ.

Ποίημα Κοσμᾶ μοναχοῦ.

ᾨδὴ γ΄. Ἦχος β΄. Ὁ εἱρμός.

Τῆς πίστεως ἐν πέτρᾳ με στερεώσας, ἐπλάτυνας τὸ στόμα μου ἐπ᾽ ἐχθρούς μου· εὐφράνθη γὰρ τὸ πνεῦμά μου ἐν τῷ ψάλλειν· Οὐκ ἔστιν ἅγιος ὡς ὁ Θεὸς ἡμῶν καὶ οὐκ ἔστι δίκαιος πλήν σου, Κύριε.

Τροπάρια.

Δόξα σοι ὁ Θεὸς ἡμῶν, δόξα σοι

Ἐν κενοῖς τὸ συνέδριον τῶν ἀνόμων καὶ γνώμῃ συναθροίζεται κακοτρόπῳ, κατάκριτον τὸν ῥύστην σε ἀποφῆναι, Χριστέ, ᾧ ψάλλομεν· Σὺ εἶ Θεὸς ἡμῶν καὶ οὐκ ἔστιν ἅγιος, πλήν σου, Κύριε.

Δόξα Πατρὶ καὶ Υἱῷ καὶ Ἁγίῳ Πνεύματι, καὶ νῦν καὶ ἀεὶ καὶ εἰς τοὺς αἰῶνας τῶν αἰώνων. Ἀμήν.

Τὸ δεινὸν βουλευτήριον τῶν ἀνόμων σκέπτεται, θεομάχου ψυχῆς ὑπάρχον, ὡς δύσχρηστον τὸν δίκαιον ἀποκτεῖναι Χριστόν, ᾧ ψάλλομεν· Σὺ εἶ Θεὸς

desired sacrifice, I would have given it; with whole burnt offerings You will not be pleased. A sacrifice to God is a broken spirit; a heart that is broken and humbled God will not despise. Do good, O Lord, in Your good pleasure to Zion, and let the walls of Jerusalem be built. Then will You be pleased with a sacrifice of righteousness, with oblation and whole-burnt offerings. Then will they offer bullocks upon Your altar. And have mercy on me, O God.

And we sing the following Canon with the acrostic:
On Wednesday I shall sing.

A Poem by St Kosmas the Monk

Ode 3. Tone 2. Irmos.

Establishing me upon the rock of the faith, my mouth you have broadened against my enemies; for my spirit has rejoiced as it sings: There is none holy as our God, and there is none just but you, O Lord.'

Troparia.

Glory to You, our God, glory to You.

In vain is the Sanhedrin of the lawless being assembled with evil intent, to pass sentence of condemnation upon you O Christ the Deliverer, to whom we sing: You are our God, and there is none holy but you, O Lord.

Glory to the Father, Son and the Holy Spirit, both now and ever, and to the ages of ages. Amen.

The dread council of the lawless, their souls making war on God, plans how to slay as a malefactor Christ, the just, to whom we sing: You are our

ἡμῶν καὶ οὐκ ἔστιν ἅγιος πλὴν σοῦ, Κύριε.

Καταβασία.

Τῆς πίστεως ἐν πέτρᾳ με στερεώσας, ἐπλάτυνας τὸ στόμα μου ἐπ' ἐχθρούς μου· εὐφράνθη γὰρ τὸ πνεῦμά μου ἐν τῷ ψάλλειν· Οὐκ ἔστιν ἅγιος ὡς ὁ Θεὸς ἡμῶν καὶ οὐκ ἔστι δίκαιος πλήν σου, Κύριε.

Ὁ Διάκονος· Ἔτι καὶ ἔτι ἐν εἰρήνῃ τοῦ Κυρίου δεηθῶμεν.

Ὁ Χορός· Κύριε, ἐλέησον.

Ὁ Διάκονος· Ἀντιλαβοῦ, σῶσον, ἐλέησον καὶ διαφύλαξον ἡμᾶς ὁ Θεὸς τῇ σῇ χάριτι.

Ὁ Χορός· Κύριε, ἐλέησον.

Ὁ Διάκονος· Τῆς Παναγίας, ἀχράντου, ὑπερευλογημένης, ἐνδόξου, δεσποίνης ἡμῶν Θεοτόκου καὶ ἀειπαρθένου Μαρίας, μετὰ πάντων τῶν ἁγίων μνημονεύσαντες, ἑαυτοὺς καὶ ἀλλήλους καὶ πᾶσαν τὴν ζωὴν ἡμῶν Χριστῷ τῷ Θεῷ παραθώμεθα.

Ὁ Χορός· Σοί, Κύριε.

Ὁ Ἱερεύς·

Σὺ γὰρ εἶ ὁ βασιλεὺς τῆς εἰρήνης καὶ σωτὴρ τῶν ψυχῶν ἡμῶν καὶ σοὶ τὴν δόξαν ἀναπέμπομεν, τῷ Πατρὶ καὶ τῷ Υἱῷ καὶ τῷ Ἁγίῳ Πνεύματι, νῦν καὶ ἀεὶ καὶ εἰς τοὺς αἰῶνας τῶν αἰώνων.

Ὁ Χορός· Ἀμήν.

Καὶ μετὰ τὴν μικρὰν συναπτήν...

God, and there is none holy but you, O Lord.

Katavasia.

Establishing me upon the rock of the faith, my mouth you have broadened against my enemies; for my spirit has rejoiced as it sings: There is none holy as our God, and there is none just but you, O Lord.'

Deacon: Again and again in peace let us pray to the Lord.

Choir: Lord, have mercy.

Deacon: Take hold of us, save us, have mercy upon us, and protect us, O God, by Your grace.

Choir: Lord, have mercy.

Deacon: Commemorating our most holy, most pure, most blessed and glorified Lady the Theotokos and ever-virgin Mary, together with all the saints, let us commit ourselves and one another and all our life unto Christ our God.

Choir: To You, O Lord.

Priest:

For you are the King of peace and the Saviour of our souls, and to you we give glory, Father, Son and Holy Spirit, now and for ever and to the ages of ages.

Choir: Amen.

After the small litany...

Ὁ Ἀναγνώστης·

Κοντάκιον Ἦχος δ΄. *Ὁ ὑψωθεὶς.*

Ὑπὲρ τὴν πόρνην, ἀγαθὲ, ἀνομήσας, δακρύων ὄμβρους οὐδαμῶς σοι προσῆξα· ἀλλὰ σιγῇ δεόμενος προσπίπτω σοι, πόθῳ ἀσπαζόμενος τοὺς ἀχράντους σου πόδας, ὅπως μοι τὴν ἄφεσιν ὡς Δεσπότης παράσχῃς τῶν ὀφλημάτων κράζοντι, Σωτήρ· Ἐκ τοῦ βορβόρου τῶν ἔργων μου ῥῦσαί με.

Ὁ Οἶκος.

Ἡ πρῴην ἄσωτος γυνὴ ἐξαίφνης σώφρων ὤφθη, μισήσασα τὰ ἔργα τῆς αἰσχρᾶς ἁμαρτίας καὶ ἡδονὰς τοῦ σώματος, διενθυμουμένη τὴν αἰσχύνην τὴν πολλὴν καὶ κρίσιν τῆς κολάσεως, ἣν ὑποστῶσι πόρνοι καὶ ἄσωτοι· ὧν περ πρῶτος πέλω καὶ πτοοῦμαι, ἀλλ᾽ ἐμμένω τῇ φαύλῃ συνηθείᾳ ὁ ἄφρων· ἡ πόρνη δὲ γυνή, καὶ πτοηθεῖσα καὶ σπουδάσασα ταχύ, ἦλθε βοῶσα πρὸς τὸν λυτρωτήν· Φιλάνθρωπε καὶ οἰκτίρμον, ἐκ τοῦ βορβόρου τῶν ἔργων μου ῥῦσαί με.

Τὸ συναξάριον τοῦ Μηναίου καὶ τὸ παρόν·

Τῇ ἁγίᾳ καὶ μεγάλῃ Τετάρτῃ τῆς ἀλειψάσης τὸν Κύριον μύρῳ πόρνης γυναικὸς μνείαν ποιεῖσθαι οἱ θειότατοι πατέρες ἐθέσπισαν, ὅτι πρὸ τοῦ σωτηρίου πάθους μικρὸν τοῦτο γέγονε.

Στίχοι.

Γυνὴ βαλοῦσα σώματι Χριστοῦ μύρον·
τὴν Νικοδήμου προὔλαβε σμυρναλόην.

Ἀλλ᾽ ὁ τῷ, νοητῷ μύρῳ χρισθείς, Χριστὲ ὁ Θεός, τῶν ἐπιρρύτων παθῶν ἐλευθέρωσον καὶ ἐλέησον ἡμᾶς ὡς μόνος ἅγιος καὶ φιλάνθρωπος. Ἀμήν.

Reader:

Kontakion. Tone 4. *Lifted up on the Cross*

I have transgressed far more than the harlot, O Good One, yet have never brought you showers of tears; but entreating in silence, I fall before you, as I kiss your immaculate feet with love, that as Master you may grant me forgiveness of offences, as I cry out, O Saviour: deliver me from the filth of my works.

The Ikos.

The woman, who before was dissolute, suddenly appeared temperate, hating the works of shameful sin and the pleasures of the body, as she thought on the great shame and the judgement of punishment, to which harlots and the dissolute bring themselves. Of them I am first, and I tremble, but I continue in my evil way, fool that I am; while the harlot, trembling and hastening with zeal, came crying to the Redeemer, 'Merciful Lover of humankind, deliver me from the filth of my works'.

The Synaxarion of the Menaion and the following:

On holy and great Wednesday the most godly fathers ordered that the commemoration be kept of the harlot who anointed the Lord with sweet myrrh, because this occurred shortly before the saving passion.

Verses.

A woman casting myrrh upon Christ's body:
Anticipates Nikodemos' anointing.

But, Christ our God, anointed with the spiritual myrrh, free us from the flowing passions, and have mercy on

Ὠδὴ η΄. Ὁ εἱρμός.

Ῥῆμα τυράννου ἐπεὶ ὑπερίσχυσεν, ἑπταπλασίως κάμινος ἐξεκαύθη ποτέ· ἐν ᾗ παῖδες οὐκ ἐφλέχθησαν, βασιλέως πατήσαντες δόγμα, ἀλλ' ἐβόων· Πάντα τὰ ἔργα Κυρίου, τὸν Κύριον ὑμνεῖτε καὶ ὑπερυψοῦτε εἰς πάντας τοὺς αἰῶνας.

Τροπάρια.

Δόξα σοι ὁ Θεὸς ἡμῶν, δόξα σοι.

Ἀποκενοῦσα γυνὴ μύρον ἔντιμον δεσποτικῇ καὶ θείᾳ φρικτῇ κορυφῇ, Χριστέ, τῶν ἰχνῶν σου ἐπελάβετο τῶν ἀχράντων κεχραμέναις παλάμαις καὶ ἐβόα· Πάντα τὰ ἔργα Κυρίου, τὸν Κύριον ὑμνεῖτε καὶ ὑπερυψοῦτε εἰς πάντας τοὺς αἰῶνας.

Εὐλογοῦμεν Πατέρα, Υἱὸν καὶ Ἅγιον Πνεῦμα τὸν Κύριον.

Δάκρυσι πλύνει τοὺς πόδας, ὑπεύθυνος ἁμαρτίαις, τοῦ πλάσαντος καὶ ἐκμάσσει θριξί· διὸ τῶν ἐν βίῳ οὐ διήμαρτε πεπραγμένων τῆς ἀπολυτρώσεως, ἀλλ' ἐβόα· Πάντα τὰ ἔργα Κυρίου, τὸν Κύριον ὑμνεῖτε καὶ ὑπερυψοῦτε εἰς πάντας τοὺς αἰῶνας.

Καὶ νῦν καὶ ἀεί, καὶ εἰς τοὺς αἰῶνας τῶν αἰώνων. Ἀμήν.

Ἱερουργεῖται τὸ λύτρον εὐγνώμονι ἐκ σωτηρίων σπλάγχνων τε καὶ δακρύων πηγῆς, ἐν ᾗ διὰ τῆς ἐξαγορεύσεως ἐκπλυθεῖσα οὐ κατησχύνετο, ἀλλ' ἐβόα· Πάντα τὰ ἔργα Κυρίου, τὸν Κύριον ὑμνεῖτε καὶ ὑπερυψοῦτε εἰς πάντας τοὺς αἰῶνας.

---

us, as you alone are good and love mankind. Amen.

Ode 8. The Irmos.

Since the word of the tyrant prevailed, the furnace was once heated seven times. In it the youths, having trampled on the king's decree, were not consumed by flames, but they cried aloud, 'All you works of the Lord praise the Lord, and highly exalt him to all the ages.'

Troparia

Glory to Your, our God, glory to You.

A woman emptied out precious ointment on your royal, divine and awesome head, O Christ; with her polluted palms laid hold on your immaculate feet and cried aloud, 'All you works of the Lord praise the Lord, and highly exalt him to all the ages.'

We bless Father, Son and Holy Spirit, the Lord.

Guilty of sins, she washed with tears the feet of the Creator and wiped them with her hair; and so she did not fail to find redemption of all that she had done in life, but cried aloud, 'All you works of the Lord praise the Lord, and highly exalt him to all the ages.'

Both now and ever, and to the ages of ages. Amen.

Redemption was ministered to the grateful woman from the Saviour's tender love and the fountain of her tears. Washed clean by them, through her confession, she was not ashamed, but she cried aloud, 'All you works of

Καταβασία.

Αἰνοῦμεν, εὐλογοῦμεν, προσκυνοῦμεν τὸν Κύριον.

Ρῆμα τυράννου ἐπεὶ ὑπερίσχυσεν, ἑπταπλασίως κάμινος ἐξεκαύθη ποτέ· ἐν ᾗ παῖδες οὐκ ἐφλέχθησαν, βασιλέως πατήσαντες δόγμα, ἀλλ' ἐβόων· Πάντα τὰ ἔργα Κυρίου, τὸν Κύριον ὑμνεῖτε καὶ ὑπερυψοῦτε εἰς πάντας τοὺς αἰῶνας.

Ὁ Διάκονος· Τὴν Θεοτόκον καὶ μητέρα τοῦ φωτὸς ἐν ὕμνοις τιμῶντες μεγαλύνωμεν.

Ὠδὴ θ'. Ὁ εἱρμός.

Ψυχαῖς καθαραῖς καὶ ἀρρυπώτοις χείλεσι δεῦτε μεγαλύνωμεν τὴν ἀκηλίδωτον καὶ ὑπέραγνον μητέρα τοῦ Ἐμμανουήλ, δι' αὐτῆς τῷ ἐξ αὐτῆς προσφέροντες πρεσβείαν τεχθέντι· Φεῖσαι τῶν ψυχῶν ἡμῶν, Χριστὲ ὁ Θεός, καὶ σῶσον ἡμᾶς.

Τροπάρια.

Δόξα σοι ὁ Θεὸς ἡμῶν, δόξα σοι.

Ἀγνώμων φανεὶς καὶ πονηρὸς ζηλότυπος, δῶρον ἀξιόθεον λογοπραγεῖ, δι' οὗ ὀφειλέσιον ἐλύθη ἁμαρτημάτων, καπηλεύων ὁ δεινός Ἰούδας τὴν φιλόθεον χάριν· Φεῖσαι τῶν ψυχῶν ἡμῶν, Χριστὲ ὁ Θεός, καὶ σῶσον ἡμᾶς.

Δόξα Πατρὶ καὶ Υἱῷ καὶ Ἁγίῳ Πνεύματι.

Λέγει πορευθεὶς τοῖς παρανόμοις ἄρχουσι· Τί μοι δοῦναι θέλετε, κἀγὼ Χριστὸν ὑμῖν τὸν ζητούμενον τοῖς θέλουσι παραδώσω; οἰκειότητα Χριστοῦ,

the Lord praise the Lord, and highly exalt him to all the ages.'

Katavasia.

Let us praise, bless and worship the Lord.

Since the word of the tyrant prevailed, the furnace was once heated seven times. In it the youths, having trampled on the king's decree, were not consumed by flames, but they cried aloud, 'All you works of the Lord praise the Lord, and highly exalt him to all the ages'.

Deacon: The Theotokos and Mother of the Light, let us honor and magnify in hymns.

Ode 9. The Irmos.

With souls that are pure and lips undefiled, come, let us magnify the unsullied and all-pure Mother of Emmanuel, as through her we offer intercession to the one born of her, 'Spare our souls, Christ God, and save us'.

Troparia

Glory to Your, our God, glory to You.

Revealed as ungrateful, wicked and envious, now he calculates the price of a gift befitting God, through which she was released from the debt of her sins, and the wretched Judas traffics in the grace of God's love. Spare our souls, Christ God, and save us.

Glory to the Father, Son, and the Holy Spirit.

Judas goes to the lawless rulers and says, 'What are you willing to give me, and I shall betray to you who him Christ whom you seek?' So it was that

Ἰούδας ἀντωσάμενος χρυσοῦ. Φεῖσαι τῶν ψυχῶν ἡμῶν, Χριστὲ ὁ Θεός, καὶ σῶσον ἡμᾶς.

Καὶ νῦν καὶ ἀεί,
καὶ εἰς τοὺς αἰῶνας τῶν αἰώνων. Ἀμήν.

Ὦ πηρωτικῆς φιλαργυρίας, ἄσπονδε! λήθης ὅθεν ἔτυχες, ὅτι ψυχῆς οὐδ' ὃς ἰσοστάσιος ὁ κόσμος, ὡς ἐδιδάχθης· ἀπογνώσει γὰρ σαυτόν ἐβρόχισας ἀνάψας, προδότα. Φεῖσαι τῶν ψυχῶν ἡμῶν, Χριστὲ ὁ Θεός, καὶ σῶσον ἡμᾶς.

Καταβασία.

Ψυχαῖς καθαραῖς καὶ ἀρρυπώτοις χείλεσι δεῦτε μεγαλύνωμεν τὴν ἀκηλίδωτον καὶ ὑπέραγνον μητέρα τοῦ Ἐμμανουήλ, δι' αὐτῆς τῷ ἐξ αὐτῆς προσφέροντες πρεσβείαν τεχθέντι· Φεῖσαι τῶν ψυχῶν ἡμῶν, Χριστὲ ὁ Θεός, καὶ σῶσον ἡμᾶς.

Ὁ Διάκονος· Ἔτι καὶ ἔτι ἐν εἰρήνῃ τοῦ Κυρίου δεηθῶμεν.

Ὁ Χορός· Κύριε, ἐλέησον.

Ὁ Διάκονος· Ἀντιλαβοῦ, σῶσον, ἐλέησον καὶ διαφύλαξον ἡμᾶς ὁ Θεὸς τῇ σῇ χάριτι.

Ὁ Χορός· Κύριε, ἐλέησον.

Ὁ Διάκονος· Τῆς Παναγίας, ἀχράντου, ὑπερευλογημένης, ἐνδόξου, δεσποίνης ἡμῶν Θεοτόκου καὶ ἀειπαρθένου Μαρίας, μετὰ πάντων τῶν ἁγίων μνημονεύσαντες, ἑαυτοὺς καὶ ἀλλήλους καὶ πᾶσαν τὴν ζωὴν ἡμῶν Χριστῷ τῷ Θεῷ παραθώμεθα.

Ὁ Χορός· Σοί, Κύριε.

he exchanged Christ's fellowship for gold. Spare our souls, Christ God, and save us.

Both now and ever,
and to the ages of ages. Amen.

Unrelenting in blind avarice, why have you forgotten that the world is not equal to the soul, as you were taught; for in despair, traitor, you hanged yourself. Spare our souls, Christ God, and save us.

Katavasia.

With souls that are pure and lips undefiled, come, let us magnify the unsullied and all-pure Mother of Emmanuel, as through her we offer intercession to the one born of her, 'Spare our souls, Christ God, and save us'.

Deacon: Again and again in peace let us pray to the Lord.

Choir: Lord, have mercy.

Deacon: Take hold of us, save us, have mercy upon us, and protect us, O God, by Your grace.

Choir: Lord, have mercy.

Deacon: Commemorating our most holy, most pure, most blessed and glorified Lady the Theotokos and ever-virgin Mary, together with all the saints, let us commit ourselves and one another and all our life unto Christ our God.

Choir: To You, O Lord.

Ὁ Ἱερεύς·

Ὅτι σὲ αἰνοῦσι πᾶσαι αἱ δυνάμεις τῶν οὐρανῶν καὶ σοὶ τὴν δόξαν ἀναπέμπομεν, τῷ Πατρὶ καὶ τῷ Υἱῷ καὶ τῷ ἁγίῳ Πνεύματι, νῦν καὶ ἀεὶ καὶ εἰς τοὺς αἰῶνας τῶν αἰώνων.

Ὁ Χορός· Ἀμήν.

Ἐξαποστειλάριον. Ἦχος γ΄. Αὐτόμελον.

Τὸν νυμφῶνά σου βλέπω, Σωτήρ μου κεκοσμημένον, καὶ ἔνδυμα οὐκ ἔχω, ἵνα εἰσέλθω ἐν αὐτῷ· λάμπρυνόν μου τὴν στολὴν τῆς ψυχῆς, φωτοδότα, καὶ σῶσόν με. *(γ΄)*

Καὶ εὐθὺς ψάλλομεν τοὺς Αἴνους καὶ τὰ παρόντα ἰδιόμελα·

Ψαλμὸς ΡΜΗ΄ (148). Ἦχος α΄.

Πᾶσα πνοὴ αἰνεσάτω τὸν Κύριον. Αἰνεῖτε τὸν Κύριον ἐκ τῶν οὐρανῶν· αἰνεῖτε αὐτὸν ἐν τοῖς ὑψίστοις. Σοὶ πρέπει ὕμνος τῷ Θεῷ.

Αἰνεῖτε αὐτόν, πάντες οἱ ἄγγελοι αὐτοῦ· αἰνεῖτε αὐτόν, πᾶσαι αἱ δυνάμεις αὐτοῦ. Σοὶ πρέπει ὕμνος τῷ Θεῷ.

Στίχ. *Αἰνεῖτε αὐτὸν ἐπὶ ταῖς δυναστείαις αὐτοῦ· αἰνεῖτε αὐτὸν κατὰ τὸ πλῆθος τῆς μεγαλωσύνης αὐτοῦ.*

Κοσμᾶ μοναχοῦ. **Ἦχος α΄.**

Σὲ τὸν τῆς Παρθένου Υἱόν πόρνη ἐπιγνοῦσα Θεὸν ἔλεγεν ἐν κλαυθμῷ δυσωποῦσα ὡς δακρύων ἄξια πράξασα· Διάλυσον τὸ χρέος, ὡς κἀγὼ τοὺς πλοκάμους· ἀγάπησον φιλοῦσαν τὴν δικαίως μισουμένην, καὶ πλησίον τελωνῶν σε κηρύξω, εὐεργέτα φιλάνθρωπε.

Priest:

For all the Powers of heaven praise you, and to you we give glory, Father, Son and Holy Spirit, now and for ever and to the ages of ages.

Choir: Amen.

Exapostilarion. Tone 3. Model Melody.

Your bridal chamber, my Savior, I see all adorned, but I have no garment so that I may enter. Make bright the mantle of my soul, Giver of light, and save me! *(x3)*

We immediately sing the Praises and the following idiomels:

Psalm 148. Tone 1

Let everything that has breath praise the Lord. Praise the Lord from the heavens; praise him in the highest. To you praise is due, O God.

Praise him, all his angels: Praise him, all his Powers. To you praise is due, O God.

Verse: *Praise him for his mighty acts; praise him according to the greatness of his majesty.*

By Monk Kosmas. **Tone 1.**

Recognizing you, the Virgin's Son, recognizing you to be God, a harlot said, imploring you with weeping, for she had done things worthy of tears, 'Loose my debt, as I unloose my hair; love one who kisses you, though justly hated, and along with tax-collectors I shall proclaim you, O Benefactor, who love humankind'.

Στίχ. *Αἰνεῖτε αὐτὸν ἐν ἤχῳ, σάλπιγγος· αἰνεῖτε αὐτὸν ἐν ψαλτηρίῳ καὶ κιθάρᾳ.*

Τὸ αὐτό.

Τὸ πολυτίμητον μύρον ἡ πόρνη ἔμιξε μετὰ δακρύων καὶ ἐξέχεεν εἰς τοὺς ἀχράντους πόδας σου καταφιλοῦσα. Ἐκείνην εὐθὺς ἐδικαίωσας, ἡμῖν δὲ συγχώρησιν δώρησαι, ὁ παθὼν ὑπὲρ ἡμῶν, καὶ σῶσον ἡμᾶς.

Στίχ. *Αἰνεῖτε αὐτὸν ἐν τυμπάνῳ καὶ χορῷ· αἰνεῖτε αὐτὸν ἐν χορδαῖς καὶ ὀργάνῳ.*

Τοῦ αὐτοῦ. Ἦχος β'

Ὅτε ἡ ἁμαρτωλὸς προσέφερε τὸ μύρον, τότε ὁ μαθητὴς συνεφώνει τοῖς παρανόμοις· ἡ μὲν ἔχαιρε κενοῦσα τὸ πολύτιμον, ὁ δὲ ἔσπευδε πωλῆσαι τὸν ἀτίμητον· αὕτη τὸν Δεσπότην ἐπεγίνωσκεν, οὗτος τοῦ Δεσπότου ἐχωρίζετο· αὕτη ἠλευθεροῦτο, καὶ ὁ Ἰούδας δοῦλος ἐγεγόνει τοῦ ἐχθροῦ. Δεινὸν ἡ ῥαθυμία! μεγάλη ἡ μετάνοια! ἣν μοι δώρησαι, Σωτήρ, ὁ παθὼν ὑπὲρ ἡμῶν, καὶ σῶσον ἡμᾶς.

Στίχ. *Αἰνεῖτε αὐτὸν ἐν κυμβάλοις εὐήχοις· αἰνεῖτε αὐτὸν ἐν κυμβάλοις ἀλαλαγμοῦ. Πᾶσα πνοὴ αἰνεσάτω τὸν Κύριον.*

Τὸ αὐτό.

Ὢ τῆς Ἰούδα ἀθλιότητος! ἐθεώρει τὴν πόρνην φιλοῦσαν τὰ ἴχνη καὶ ἐσκέπτετο δόλῳ τῆς προδοσίας τὸ φίλημα· ἐκείνη τοὺς πλοκάμους διέλυσε καὶ οὗτος τῷ θυμῷ ἐδεσμεῖτο, φέρων ἀντὶ μύρου τὴν δυσώδη κακίαν· φθόνος γὰρ οὐκ οἶδε προτιμᾶν τὸ συμφέρον. Ὢ τῆς Ἰούδα ἀθλιότητος! ἀφ' ἧς ῥῦσαι, ὁ Θεὸς τὰς ψυχὰς ἡμῶν.

Verse: *Praise him in the blast of the trumpet: praise him upon the lute and harp.*

The Same...

The sweet myrrh of great price the harlot mixed with her tears, poured it over your immaculate feet and kissed them. Her you justified at once, but grant us pardon who suffered for us and save us.

Verse: *Praise him with the timbrel and dances: praise him upon the strings and pipe.*

By the same. Tone 2.

When the sinful woman offered myrrh, then the disciple made an agreement with the lawless ones. The one rejoiced as she emptied out something of great price, while the other hurried to sell the One beyond price. She acknowledged the Master; he was parted and separated from the Master. She was liberated while Judas became the slave of the enemy. Fearful and dreadful is sloth! Great is repentance! O Savior, grant it to me, Lord, who suffered for us, and save us.

Verse: *Praise him on fine-sounding cymbals: praise him on cymbals of gladness. Let everything that has breath praise the Lord.*

The Same...

O the wretchedness of Judas! He watched the harlot kissing your feet and with cunning and with guile began to plot the kiss of treachery. She untied her locks and set them free, and he was being bound, being bound by rage, bringing foul-smelling wickedness instead of myrrh; for envy does not know how to prefer its advantage. O the

wretchedness of Judas! From it, O God, deliver our souls.

Δόξα Πατρὶ καὶ Υἱῷ καὶ Ἁγίῳ Πνεύματι.

Τοῦ αὐτοῦ. Ἦχος β'

Ἡ ἁμαρτωλὸς ἔδραμε πρὸς τὸ μύρον, πριάσασθαι πολύτιμον μύρον τοῦ μυρίσαι τὸν εὐεργέτην καὶ τῷ μυρεψῷ ἐβόα· Δός μοι τὸ μύρον, ἵνα ἀλείψω κἀγὼ τὸν ἐξαλείψαντά μου πάσας τὰς ἁμαρτίας.

Καὶ νῦν καὶ ἀεί, καὶ εἰς τοὺς αἰῶνας τῶν αἰώνων. Ἀμήν.

Τοῦ αὐτοῦ. Ἦχος πλ. β'

Ἡ βεβυθισμένη τῇ ἁμαρτίᾳ, εὗρέ σε λιμένα τῆς σωτηρίας καὶ μύρον σὺν δάκρυσι κενοῦσά σοι ἐβόα. Ἴδε, ὁ ἔχων ἐξουσίαν συγχωρεῖν ἁμαρτίας· ἴδε, ὁ τῶν ἁμαρτανόντων τὴν μετάνοιαν φέρων. Ἀλλά, Δέσποτα, διάσωσόν με ἐκ τοῦ κλύδωνος τῆς ἁμαρτίας μου, δέομαι, διὰ τὸ μέγα σου ἔλεος.

Ὁ Προεστώς· Σοὶ δόξα πρέπει, Κύριε, ὁ Θεὸς ἡμῶν, καὶ σοὶ τὴν δόξαν ἀναπέμπομεν τῷ Πατρὶ καὶ τῷ Υἱῷ καὶ τῷ ἁγίῳ Πνεύματι, νῦν καὶ ἀεὶ καὶ εἰς τοὺς αἰῶνας τῶν αἰώνων. Ἀμήν.

Ὁ Προεστὼς ἢ ὁ Ἀναγνώστης χῦμα τὸ

Δόξα ἐν ὑψίστοις Θεῷ καὶ ἐπὶ γῆς εἰρήνη ἐν ἀνθρώποις εὐδοκία. Ὑμνοῦμέν σε, εὐλογοῦμέν σε, προσκυνοῦμέν σε, δοξολογοῦμέν σε, εὐχαριστοῦμέν σοι, διὰ τὴν μεγάλην σου δόξαν. Κύριε βασιλεῦ, ἐπουράνιε Θεέ, Πάτερ παντοκράτορ· Κύριε Υἱὲ μονογενές, Ἰησοῦ Χριστέ, καὶ ἅγιον Πνεῦμα. Κύριε ὁ Θεός, ὁ ἀμνὸς τοῦ Θεοῦ, ὁ Υἱὸς τοῦ Πα-

Glory to the Father, Son and the Holy Spirit.

By the same. Tone 2.

The sinful woman ran for the myrrh to buy, myrrh of great price, to anoint with myrrh the Benefactor, and to the myrrh-seller she cried, 'Give me the myrrh, that I may anoint the One who has wiped away, wiped away all my sins'.

Both now and ever, and to the ages of ages. Amen.

By the same. Tone Pl. 2.

The woman who was drowned by sin found you, the harbor of salvation, and emptying out myrrh with tears, she cried out to you, 'See, the one who has authority to pardon sins. See, the One who waits for the repentance of the sinful. But, Master, save me from the tempest of my sin through your great mercy'.

Superior: To you glory is due, O Lord, our God, and to you we give glory, to the Father and to the Son and to the Holy Spirit, now and for ever and to ages of ages. Amen.

The Superior or the Reader reads:

Glory to God in the highest, and on earth peace, goodwill among men. We praise you, we bless you, we worship you, we glorify you, we thank you for your great glory. O Lord, heavenly King, God the almighty Father. O Lord, only-begotten Son, Jesus Christ and the Holy Spirit. Lord God, lamb of God, Son of the Father, who takes away the sin of the

τρός, ὁ αἴρων τὴν ἁμαρτίαν τοῦ κόσμου, ἐλέησον ἡμᾶς, ὁ αἴρων τὰς ἁμαρτίας τοῦ κόσμου. Πρόσδεξαι τὴν δέησιν ἡμῶν, ὁ καθήμενος ἐν δεξιᾷ τοῦ Πατρός, καὶ ἐλέησον ἡμᾶς. Ὅτι σὺ εἶ μόνος ἅγιος, σὺ εἶ μόνος Κύριος, Ἰησοῦς Χριστός, εἰς δόξαν Θεοῦ Πατρός. Ἀμήν.

Καθ' ἑκάστην ἡμέραν εὐλογήσω σε, καὶ αἰνέσω τὸ ὄνομά σου εἰς τὸν αἰῶνα καὶ εἰς τὸν αἰῶνα τοῦ αἰῶνος. Κύριε, καταφυγὴ ἐγενήθης ἡμῖν ἐν γενεᾷ καὶ γενεᾷ. Ἐγὼ εἶπα· Κύριε, ἐλέησόν με· ἴασαι τὴν ψυχήν μου, ὅτι ἥμαρτόν σοι. Κύριε, πρὸς σὲ κατέφυγον, δίδαξόν με τοῦ ποιεῖν τὸ θέλημά σου, ὅτι σὺ εἶ ὁ Θεός μου. Ὅτι παρὰ σοὶ πηγὴ ζωῆς· ἐν τῷ φωτί σου ὀψόμεθα φῶς. Παράτεινον τὸ ἔλεός σου τοῖς γινώσκουσί σε.

Καταξίωσον, Κύριε, ἐν τῇ ἡμέρᾳ ταύτῃ ἀναμαρτήτους φυλαχθῆναι ἡμᾶς. Εὐλογητὸς εἶ, Κύριε, ὁ Θεὸς τῶν πατέρων ἡμῶν, καὶ αἰνετὸν καὶ δεδοξασμένον τὸ ὄνομά σου εἰς τοὺς αἰῶνας. Ἀμήν. Γένοιτο, Κύριε, τὸ ἔλεός σου ἐφ' ἡμᾶς, καθάπερ ἠλπίσαμεν ἐπὶ σέ. Εὐλογητὸς εἶ, Κύριε· δίδαξόν με τὰ δικαιώματά σου. Εὐλογητὸς εἶ, Δέσποτα· συνέτισόν με τὰ δικαιώματά σου. Εὐλογητὸς εἶ, ἅγιε· φώτισόν με τοῖς δικαιώμασί σου. Κύριε, τὸ ἔλεός σου εἰς τὸν αἰῶνα· τὰ ἔργα τῶν χειρῶν σου μὴ παρίδῃς. Σοὶ πρέπει αἶνος, σοὶ πρέπει ὕμνος, σοὶ δόξα πρέπει, τῷ Πατρὶ καὶ τῷ Υἱῷ, καὶ τῷ ἁγίῳ Πνεύματι, νῦν, καὶ ἀεί, καὶ εἰς τοὺς αἰῶνας τῶν αἰώνων. Ἀμήν.

ΤΑ ΠΛΗΡΩΤΙΚΑ

Ὁ Διάκονος· Πληρώσωμεν τὴν ἑωθινὴν δέησιν ἡμῶν τῷ Κυρίῳ.

world, have mercy upon us, who takes away the sins of the world. Receive our prayer, you who sit on the right hand of the Father and have mercy upon us. For you alone are holy, you alone are Lord, Jesus Christ, to the glory of God the Father. Amen.

Every day I will bless you, and praise your name for ever and ever. I said, Lord, have mercy upon me; heal my soul, for I have sinned against you. Lord, I have run to you for refuge; teach me to do your will for you are my God. For with you is the source of life, and in your light we shall see light. O continue your merciful kindness toward those who know you.

Grant, Lord, this day to keep us without sin. Blessed are you, Lord, the God of our fathers, and praised and glorified is your name to the ages. Amen. May your mercy, Lord, be upon us, as we have hoped in you. Blessed are you, Lord, teach me your statutes. Blessed are you, Master, make me understand your statutes. Blessed are you, Holy One, enlighten me with your statutes. Lord, your mercy is for ever; do not scorn the work of your hands. To you praise is due, to you song is due, to you glory is due, to the Father, and to the Son, and to the Holy Spirit, now and for ever, and to the ages of ages. Amen.

LITANY OF COMPLETION

Deacon: Let us complete our prayer to the Lord.

Ὁ Χορός· Κύριε, ἐλέησον.

Ἀντιλαβοῦ, σῶσον, ἐλέησον, καὶ διαφύλαξον ἡμᾶς, ὁ Θεός, τῇ σῇ χάριτι.

Ὁ Χορός· Κύριε, ἐλέησον.

Τὴν ἡμέραν πᾶσαν, τελείαν, ἁγίαν, εἰρηνικὴν καὶ ἀναμάρτητον, παρὰ τοῦ Κυρίου αἰτησώμεθα.

Ὁ Χορός· Παράσχου Κύριε. *(καὶ εἰς ὅλας τὰς δεήσεις ταύτας.)*

Ἄγγελον εἰρήνης, πιστὸν ὁδηγόν, φύλακα τῶν ψυχῶν καὶ τῶν σωμάτων ἡμῶν, παρὰ τοῦ Κυρίου αἰτησώμεθα.

Συγγνώμην καὶ ἄφεσιν τῶν ἁμαρτιῶν καὶ τῶν πλημμελημάτων ἡμῶν, παρὰ τοῦ Κυρίου αἰτησώμεθα.

Τὰ καλὰ καὶ συμφέροντα ταῖς ψυχαῖς ἡμῶν, καὶ εἰρήνην τῷ κόσμῳ, παρὰ τοῦ Κυρίου αἰτησώμεθα.

Τὸν ὑπόλοιπον χρόνον τῆς ζωῆς ἡμῶν, ἐν εἰρήνῃ καὶ μετανοίᾳ ἐκτελέσαι, παρὰ τοῦ Κυρίου αἰτησώμεθα.

Χριστιανὰ τὰ τέλη τῆς ζωῆς ἡμῶν, ἀνώδυνα, ἀνεπαίσχυντα, εἰρηνικά, καὶ καλὴν ἀπολογίαν τὴν ἐπὶ τοῦ φοβεροῦ βήματος τοῦ Χριστοῦ, αἰτησώμεθα.

Τῆς Παναγίας, ἀχράντου, ὑπερευλογημένης, ἐνδόξου Δεσποίνης ἡμῶν Θεοτόκου, καὶ ἀειπαρθένου Μαρίας μετὰ πάντων τῶν Ἁγίων μνημονεύσαντες, ἑαυτοὺς καὶ ἀλλήλους, καὶ πᾶσαν τὴν ζωὴν ἡμῶν Χριστῷ τῷ Θεῷ παραθώμεθα.

Ὁ Χορός· Σοί, Κύριε.

Ὁ Ἱερεύς· Ὅτι Θεὸς, οἰκτιρμῶν καὶ φιλανθρωπίας ὑπάρχεις καὶ σοὶ τὴν δόξαν

Choir: Lord, have mercy.

Take hold of us, save us, have mercy upon us, and protect us, O God, by Your grace.

Choir: Lord, have mercy.

That the whole day may be perfect, holy, peaceful and sinless, let us ask the Lord.

Choir: Grant this, O Lord. *(and this in the remaining petitions.)*

An angel of peace, a faithful guide, a guardian of our souls and bodies, let us ask of the Lord.

Pardon and forgiveness of our sins and offences, let us ask of the Lord.

Those things which are good and profitable for our souls, and peace for the world, let us ask of the Lord.

That we may live out the rest of our days in peace and repentance, let us ask of the Lord.

A Christian end to our life, painless, unashamed and peaceful, and a good defence before the fearful judgement seat of Christ, let us ask.

Commemorating our most holy, most pure, most blessed and glorified Lady the Theotokos and ever-virgin Mary, together with all the saints, let us commit ourselves and one another and all our life unto Christ our God.

Choir: To you, O Lord.

Priest: For you are a God of mercies and of pity, and you love mankind, and

ἀναπέμπομεν, τῷ Πατρὶ καὶ τῷ Υἱῷ καὶ τῷ ἁγίῳ Πνεύματι, νῦν καὶ ἀεὶ καὶ εἰς τοὺς αἰῶνας τῶν αἰώνων.

to you we give glory, to the Father, the Son and the Holy Spirit, now and for ever, and to the ages of ages.

Ὁ Χορός· Ἀμήν.

Choir: Amen.

Ὁ Ἱερεύς· Εἰρήνη πᾶσι.

Priest: Peace be with all.

Ὁ Χορός· Καὶ τῷ πνεύματί σου.

Choir: And with your spirit.

Ὁ Διάκονος· Τὰς κεφαλὰς ἡμῶν τῷ Κυρίῳ κλίνωμεν.

Deacon: Let us bow our heads to the Lord.

Ὁ Χορός· Σοί, Κύριε.

Choir: To You, O Lord.

Ὁ Ἱερεύς, ἐπεύχεται χαμηλοφώνως·

The Priest prays, in a low voice:

Κύριε, ἅγιε, ὁ ἐν ὑψηλοῖς κατοικῶν καὶ τὰ ταπεινὰ ἐφορῶν καὶ τῷ παντεφόρῳ σου ὄμματι ἐπιβλέπων ἐπὶ πᾶσαν τὴν κτίσιν, σοὶ ἐκλίναμεν τὸν αὐχένα τῆς ψυχῆς καὶ τοῦ σώματος καὶ δεόμεθά σου, ἅγιε ἁγίων· Ἔκτεινον τὴν χεῖρά σου τὴν ἀόρατον ἐξ ἁγίου κατοικητηρίου σου καὶ εὐλόγησον πάντας ἡμᾶς· καὶ εἴ τι ἡμάρτομεν ἑκουσίως ἢ ἀκουσίως, ὡς ἀγαθὸς καὶ φιλάνθρωπος Θεὸς συγχώρησον, δωρούμενος ἡμῖν τὰ ἐγκόσμια καὶ ὑπερκόσμια ἀγαθά σου.

Holy Lord, dwelling on high and beholding things below and, with your eye that observes all, keeping watch over the whole creation, to you we have bowed the neck of our soul and body, and we beseech you, O Holy of Holies: Stretch forth your invisible hand from your holy dwelling and bless us all. And, as you are good and love humankind, pardon us if we have sinned in anything, voluntarily or involuntarily, granting us your blessings both of this world and of the world above.

Ἐκφώνως·

Aloud:

Σὸν γάρ ἐστι τὸ ἐλεεῖν καὶ σῴζειν ἡμᾶς, ὁ Θεὸς ἡμῶν, καὶ σοὶ τὴν δόξαν ἀναπέμπομεν, τῷ Πατρὶ καὶ τῷ Υἱῷ καὶ τῷ ἁγίῳ Πνεύματι, νῦν καὶ ἀεὶ καὶ εἰς τοὺς αἰῶνας τῶν αἰώνων.

For yours is to show mercy and to save us, O our God, and to you we give glory, to the Father, the Son and the Holy Spirit, now and for ever, and to the ages of ages.

Ὁ Χορός· Ἀμήν.

Reader: Amen.

Μετὰ δὲ τὴν ἐκφώνησιν ψάλλομεν...

After the exclamation we sing...

ΤΑ ΑΠΟΣΤΙΧΑ

THE APOSTICHA

Βυζαντίνου. Ἦχος πλ. β΄.

By Byzance. Tone Pl. 2.

Σήμερον ὁ Χριστός, παραγίνεται ἐν τῇ οἰκίᾳ τοῦ Φαρισαίου καὶ γυνὴ ἁμαρτωλὸς προσελθοῦσα τοῖς ποσὶν ἐκυ-

Today Christ comes to the house of the Pharisee and a sinful woman draws near and flings herself at his feet,

λινδοῦτο βοῶσα· Ἴδε τὴν βεβυθισμένην τῇ ἁμαρτίᾳ, τὴν ἀπηλπισμένην διὰ τὰς πράξεις, τὴν μὴ βδελυχθεῖσαν παρὰ τῆς σῆς ἀγαθότητος· καὶ δός μοι, Κύριε, τὴν ἄφεσιν τῶν κακῶν καὶ σῶσόν με.

Στίχ. α'. Ἐνεπλήσθημεν τὸ πρωῒ τοῦ ἐλέους σου, Κύριε, καὶ ἠγαλλιασάμεθα καὶ εὐφράνθημεν ἐν πάσαις ταῖς ἡμέραις ἡμῶν· εὐφρανθείημεν ἀνθ' ὧν ἡμερῶν ἐταπείνωσας ἡμᾶς, ἐτῶν, ὧν εἴδομεν κακά· καὶ ἴδε ἐπὶ τοὺς δούλους σου καὶ ἐπὶ τὰ ἔργα σου, καὶ ὁδήγησον τοὺς υἱοὺς αὐτῶν.

Ἰωάννου μοναχοῦ. Ἦχος ὁ αὐτός.

Ἥπλωσεν ἡ πόρνη τὰς τρίχας σοι τῷ Δεσπότῃ· ἥπλωσεν Ἰούδας τὰς χεῖρας τοῖς παρανόμοις· ἡ μὲν λαβεῖν τὴν ἄφεσιν· ὁ δέ, λαβεῖν ἀργύρια. Διό σοι βοῶμεν τῷ πραθέντι καὶ ἐλευθερώσαντι ἡμᾶς· Κύριε δόξα σοι.

Στίχ. β'. Εὐφρανθείημεν ἀνθ' ὧν ἡμερῶν ἐταπείνωσας ἡμᾶς, ἐτῶν, ὧν εἴδομεν κακά· καὶ ἴδε ἐπὶ τοὺς δούλους σου καὶ ἐπὶ τὰ ἔργα σου καὶ ὁδήγησον τοὺς υἱοὺς αὐτῶν.

Βυζαντίνου. Ἦχος ὁ αὐτός.

Προσῆλθε γυνὴ δυσώδης καὶ βεβορβορωμένη, δάκρυα προχέουσα ποσί σου, Σωτήρ, τὸ πάθος καταγγέλλουσα· Πῶς ἀτενίσω σοι τῷ Δεσπότῃ; αὐτὸς γὰρ ἐλήλυθας σῶσαι πόρνην. Ἐκ βυθοῦ θανοῦσάν με ἀνάστησον, ὁ τὸν Λάζαρον ἐγείρας, ἐκ τάφου τετραήμερον. Δέξαι με τὴν τάλαιναν, Κύριε, καὶ σῶσόν με.

Στίχ. γ'. Καὶ ἔστω ἡ λαμπρότης Κυρίου τοῦ Θεοῦ ἡμῶν ἐφ' ἡμᾶς, καὶ τὰ ἔργα τῶν χειρῶν ἡμῶν κατεύθυνον ἐφ' ἡμᾶς, καὶ τὸ ἔργον τῶν χειρῶν ἡμῶν κατεύθυνον.

crying, 'Behold a woman who has been drowned by sin, without hope because of her deeds, yet not rejected with loathing from your goodness, and give me, Lord, forgiveness of my evil deeds and save me'.

Verse 1. *We were filled in the morning with your mercy, O Lord, and we rejoiced and were glad. In all our days, let us be glad, for all the days you have afflicted us, for the years we have suffered adversity. Look upon your servants and your works, and guide their children.*

By Monk John. Tone Pl. 2.

The harlot spread out her hair for you, the Master; Judas spread out his hands to the lawless: she to receive forgiveness, he to receive silver. And so we cry to you, you were sold and you who set us free, 'O Lord, glory to you!'

Verse 2. *Let us be glad, for all the days you have afflicted us, for the years we have suffered adversity. Look upon your servants and your works, and guide their children.*

By Byzance. Tone Pl. 2.

A woman foul-smelling and defiled drew near, pouring tears upon your feet, O Savior, and proclaiming your passion. 'Master, how can I gaze upon you,? For you have come yourself to save a harlot. From the deep raise me who am dead, raise me from the deep, you roused Lazarus from the tomb after four days, Lord, in my misery accept me and save me.'

Verse 3. *And may the brightness of the Lord our God be upon us. Direct the work of our hands, O direct the work of our hands.*

By Monk John. Tone Pl. 2.

Rejected because of her life, well-known because of her ways, she approached you carrying sweet myrrh and crying, 'Do not case me out, who am a harlot, You, who were born of a Virgin, do not despise, do not despise my tears, O Joy of the Angels, but, O Lord, as I repent, accept me, whom you did not thrust from you when I sinned, through your great mercy.'

Glory to the Father, Son and the Holy Spirit, both now and ever and to the ages of ages. Amen.

Nun Kassiani. Tone Pl. 4.

O Lord, the woman who had fallen into many sins, perceiving your divinity, took up the role of myrrh-bearer, and with lamentation brings sweet myrrh to you before your burial. 'Alas!', she says, 'for night is for me a frenzy of lust, a dark and moonless love of sin. Accept the fountains of my tears, you who from the clouds draw out the water of the sea; bow yourself down to the groanings of my heart, you who bowed the heavens by your ineffable self-emptying. I shall kiss your immaculate feet, and wipe them again with the locks of my hair, those feet whose sound Eve heard at dusk in Paradise, whose sound Eve heard and hid herself in fear. Who can search out the multitude of my sins and the depths of your judgments, O my Savior, savior of souls? Do not despise me, your servant, for you have mercy without measure'.

Ὁ Ἱερεύς·

Ἀγαθὸν τὸ ἐξομολογεῖσθαι τῷ Κυρίῳ καὶ ψάλλειν τῷ ὀνόματί σου, Ὕψιστε· τοῦ ἀναγγέλλειν τὸ πρωῒ τὸ ἔλεός σου καὶ τὴν ἀλήθειάν σου κατὰ νύκτα.

Ὁ Ἀναγνώστης· Ἅγιος ὁ Θεός, Ἅγιος Ἰσχυρός, Ἅγιος Ἀθάνατος, ἐλέησον ἡμᾶς. (γ′)

Δόξα Πατρί, καὶ Υἱῷ, καὶ Ἁγίῳ Πνεύματι, καὶ νῦν καὶ ἀεί, καὶ εἰς τοὺς αἰῶνας τῶν αἰώνων. Ἀμήν.

Παναγία Τριάς, ἐλέησον ἡμᾶς. Κύριε, ἱλάσθητι ταῖς ἁμαρτίαις ἡμῶν, Δέσποτα, συγχώρησον τὰς ἀνομίας ἡμῖν. Ἅγιε, ἐπίσκεψαι καὶ ἴασαι τὰς ἀσθενείας ἡμῶν, ἕνεκεν τοῦ ὀνόματός σου.

Κύριε, ἐλέησον. (γ′) Δόξα Πατρί, καὶ Υἱῷ, καὶ Ἁγίῳ Πνεύματι, καὶ νῦν καὶ ἀεί, καὶ εἰς τοὺς αἰῶνας τῶν αἰώνων. Ἀμήν.

Πάτερ ἡμῶν ὁ ἐν τοῖς οὐρανοῖς, ἁγιασθήτω τὸ ὄνομά σου. Ἐλθέτω ἡ βασιλεία σου. Γενηθήτω τὸ θέλημά σου, ὡς ἐν οὐρανῷ, καὶ ἐπὶ τῆς γῆς. Τὸν ἄρτον ἡμῶν τὸν ἐπιούσιον δὸς ἡμῖν σήμερον. Καὶ ἄφες ἡμῖν τὰ ὀφειλήματα ἡμῶν, ὡς καὶ ἡμεῖς ἀφίεμεν τοῖς ὀφειλέταις ἡμῶν. Καὶ μὴ εἰσενέγκῃς ἡμᾶς εἰς πειρασμόν, ἀλλὰ ῥῦσαι ἡμᾶς ἀπὸ τοῦ πονηροῦ.

Ὁ Ἱερεύς· Ὅτι σοῦ ἐστιν ἡ Βασιλεία, καὶ ἡ δύναμις, καὶ ἡ δόξα, τοῦ Πατρός, καὶ τοῦ Υἱοῦ, καὶ τοῦ ἁγίου Πνεύματος, νῦν καὶ ἀεὶ καὶ εἰς τοὺς αἰῶνας τῶν αἰώνων.

Ὁ Ἀναγνώστης· Ἀμήν.

Priest:

How good to give thanks to the Lord, to sing praises to your name, O Most High. To declare your love in the morning, and your truth every night.

Reader: Holy God, Holy Mighty, Holy Immortal, have mercy on us. (*x3*)

Glory to the Father and the Son and the Holy Spirit, both now and ever and to the ages of ages. Amen.

All-holy Trinity, have mercy on us. Lord, forgive our sins. Master, pardon our transgressions. Holy One, visit and heal our infirmities for the glory of Your name.

Lord, have mercy. (*x3*) Glory to the Father and the Son and the Holy Spirit, both now and ever and to the ages of ages. Amen.

Our Father, who art in heaven, hallowed be Thy name. Thy kingdom come. Thy will be done, on earth as it is in heaven. Give us this day our daily bread; and forgive us our trespasses, as we forgive those who trespass against us. And lead us not into temptation, but deliver us from the evil one.

Priest: For Yours is the kingdom and the power and the glory, of the Father and the Son and the Holy Spirit, both now and ever and to the ages of ages.

Reader: Amen.

Ὁ Ἀναγνώστης·

Ὑπὲρ τὴν πόρνην, ἀγαθέ, ἀνομήσας, δακρύων ὄμβρους οὐδαμῶς σοι προσῆξα· ἀλλὰ σιγῇ δεόμενος προσπίπτω σοι, πόθῳ ἀσπαζόμενος τοὺς ἀχράντους σου πόδας, ὅπως μοι τὴν ἄφεσιν ὡς Δεσπότης παράσχῃς τῶν ὀφλημάτων κράζοντι, Σωτήρ· Ἐκ τοῦ βορβόρου τῶν ἔργων μου ῥῦσαί με.

Κύριε, ἐλέησον (μ΄).

Δόξα Πατρί, καὶ Υἱῷ, καὶ Ἁγίῳ Πνεύματι, καὶ νῦν καὶ ἀεί, καὶ εἰς τοὺς αἰῶνας τῶν αἰώνων. Ἀμήν.

Τὴν τιμιωτέραν τῶν Χερουβεὶμ καὶ ἐνδοξοτέραν ἀσυγκρίτως τῶν Σεραφείμ, τὴν ἀδιαφθόρως Θεὸν Λόγον τεκοῦσαν, τὴν ὄντως Θεοτόκον σὲ μεγαλύνομεν.

Ὁ Χορός· Ἐν ὀνόματι Κυρίου εὐλόγησον, Πάτερ.

Ὁ Διάκονος· Σοφία.

Ὁ Ἱερεύς· Ὁ ὢν εὐλογητὸς Χριστὸς ὁ Θεὸς ἡμῶν πάντοτε, νῦν καὶ ἀεὶ καὶ εἰς τοὺς αἰῶνας τῶν αἰώνων.

Ὁ Ἀναγνώστης· Ἀμήν.

Ὁ Ἱερεύς·

Ἐπουράνιε Βασιλεῦ, τοὺς πιστοὺς βασιλεῖς ἡμῶν στερέωσον· τὴν πίστιν στήριξον· τὰ ἔθνη πράϋνον· τὸν κόσμον εἰρήνευσον· τὴν ἁγίαν Ἐκκλησίαν καὶ τὴν πόλιν ταύτην καλῶς διαφύλαξον· τοὺς προαπελθόντας πατέρας καὶ ἀδελφοὺς ἡμῶν ἐν σκηναῖς δικαίων τάξον· καὶ ἡμᾶς ἐν μετανοίᾳ καὶ ἐξομολογήσει παράλαβε ὡς ἀγαθὸς καὶ φιλάνθρωπος.

Reader:

I have transgressed far more than the harlot, O Good One, yet have never brought you showers of tears; but entreating in silence, I fall before you, as I kiss your immaculate feet with love, that as Master you may grant me forgiveness of offences, as I cry out, O Saviour: deliver me from the filth of my works.

Lord have mercy (x40).

Glory to the Father, and the Son and the Holy Spirit, both now and ever and to the ages of ages. Amen.

Greater in honor than the Cherubim, and beyond compare more glorious than the Seraphim, without corruption you gave birth to God the Word, truly the Theotokos we magnify you.

Choir: In the name of the Lord, Father give the blessing.

Deacon: Wisdom.

Priest: Blessed be He Who Is, Christ our true God, always, now and for ever, and to the ages of ages.

Reader: Amen.

Priest:

Heavenly King, establish our rulers: strengthen the faith: calm the nations: make the world peaceful: guard well this holy church assign our fathers and brothers who have gone before us to the tents of the just, and accept us in repentance and confession, as you are good and love mankind.

Καὶ ποιοῦμεν μετανοίας μεγάλας τρεῖς λέγοντες καθ ἑαυτοὺς ἀνὰ ἕνα στίχον τῆς εὐχῆς τοῦ ἁγίου Ἐφραίμ.

Κύριε καὶ Δέσποτα τῆς ζωῆς μου, πνεῦμα ἀργίας, περιεργίας, φιλαρχίας καὶ ἀργολογίας μή μοι δῷς. (**Μετάνοια**)

Πνεῦμα δὲ σωφροσύνης, ταπεινοφροσύνης, ὑπομονῆς καὶ ἀγάπης χάρισαί μοι τῷ σῷ δούλῳ. (**Μετάνοια**)

Ναὶ, Κύριε βασιλεῦ, δώρησαί μοι τοῦ ὁρᾶν τὰ ἐμὰ πταίσματα, καὶ μὴ κατακρίνειν τὸν ἀδελφόν μου, ὅτι εὐλογητὸς εἶ εἰς τοὺς αἰῶνας τῶν αἰώνων. Ἀμήν. (**Μετάνοια**)

Εἶτα ποιοῦμεν μετανοίας μικρὰς δώδεκα καὶ πάλιν μετάνοιαν μεγάλην μίαν ἐπαναλαμβάνοντες τὸν τελευταῖον στίχον τῆς εὐχῆς.

Ναὶ, Κύριε βασιλεῦ, δώρησαί μοι τοῦ ὁρᾶν τὰ ἐμὰ πταίσματα, καὶ μὴ κατακρίνειν τὸν ἀδελφόν μου, ὅτι εὐλογητὸς εἶ εἰς τοὺς αἰῶνας τῶν αἰώνων. Ἀμήν. (**Μετάνοια**)

Ὁ Ἱερεὺς ποιεῖ τὴν ἀπόλυσιν.

Ὁ Ἱερεύς· Δόξα σοι, Χριστὲ ὁ Θεός ἡ ἐλπὶς ἡμῶν, δόξα σοι.

Ὁ Ἀναγνώστης· Δόξα Πατρὶ καὶ Υἱῷ καὶ Ἁγίῳ Πνεύματι, καὶ νῦν καὶ ἀεὶ καὶ εἰς τοὺς αἰῶνας τῶν αἰώνων, Ἀμήν. Κύριε, ἐλέησον (γ΄). Πάτερ ἅγιε, εὐλόγησον.

Ὁ Ἱερεύς·

Ἐρχόμενος ὁ Κύριος ἐπί τό ἑκούσιον πάθος διὰ τὴν ἡμῶν σωτηρίαν Χριστὸς ὁ ἀληθινὸς Θεὸς ἡμῶν, ταῖς πρεσβείαις τῆς παναχράντου καὶ παναμώμου ἁγίας αὐτοῦ Μητρός· δυνάμει τοῦ τιμίου καὶ ζωοποιοῦ Σταυροῦ· προστασίαις τῶν τιμίων ἐπουρανίων Δυνάμεων Ἀσωμά-

And we make three great metanoias saying with each one a verse of the Prayer of St. Ephrem.

Lord and Master of my life, do not give me a spirit of sloth, idle curiosity, love of power and useless chatter. (***Prostration***)

Rather accord to me, your servant, a spirit of chastity, humility, patience and love. (***Prostration***)

Yes, Lord and King, grant me to see my own faults, and not to condemn my brother; for you are blessed to the ages of ages. Amen. (***Prostration***)

We then make 12 small metanias, then one further great metania as we repeat the last line of the prayer.

Yes, Lord and King, grant me to see my own faults, and not to condemn my brother; for you are blessed to the ages of ages. Amen. (***Prostration***)

The Priest makes the Dismissal.

Priest: Glory to You, O God, our hope, glory to you.

Reader: Glory to the Father, and the Son and the Holy Spirit, both now and ever and to the ages of ages. Amen. Lord have mercy (***x3***). Holy Father, bless.

Priest:

May he who comes to his voluntary passion, Christ our true God, as a good, loving, and merciful God, have mercy upon us and save us, through the intercessions of His most pure and holy Mother; the power of the precious and life giving Cross; the protection

των· ἱκεσίαις τοῦ τιμίου, ἐνδόξου, Προφήτου, Προδρόμου καὶ Βαπτιστοῦ Ἰωάννου· τῶν ἁγίων ἐνδόξων καὶ πανευφήμων Ἀποστόλων· τῶν ἁγίων ἐνδόξων καὶ καλλινίκων μαρτύρων· τῶν ὁσίων καὶ θεοφόρων Πατέρων ἡμῶν, τοῦ ἁγίου *(τοῦ Ναοῦ)*, τῶν ἁγίων καὶ δικαίων Θεοπατόρων Ἰωακεὶμ καὶ Ἄννης, τοῦ ἁγίου *(τῆς ἡμέρας)*, οὗ καὶ τὴν μνήμην ἐπιτελοῦμεν, καὶ πάντων τῶν Ἁγίων, ἐλεῆσαι καὶ σῶσαι ἡμᾶς, ὡς ἀγαθὸς καὶ φιλάνθρωπος καὶ ἐλεήμων Θεός.

Ὁ Ἱερεύς· Δι' εὐχῶν τῶν ἁγίων Πατέρων ἡμῶν, Κύριε Ἰησοῦ Χριστέ, ὁ Θεός, ἐλέησον καὶ σῶσον ἡμᾶς.

Ὁ Χορός· Ἀμήν.

of the honorable, bodiless powers of heaven, the supplications of the honorable, glorious prophet and forerunner John the Baptist; the holy, glorious and praiseworthy apostles; the holy, glorious and triumphant martyrs; our holy and God-bearing Fathers *(name of the church)*; the holy and righteous ancestors Joachim and Anna; Saint *(of the day)* whose memory we commemorate today, and all the saints.

Priest: Through the prayers of our holy fathers, Lord Jesus Christ, our God, have mercy on us and save us.

Choir: Amen.

The Anointing of our Lord with Myrrh

Η ΑΓΙΑ ΚΑΙ ΜΕΓΑΛΗ ΠΕΜΠΤΗ

Ὁ ἙΣΠΕΡΙΝΌΣ

Τελεῖται συνήθως τῇ Μ. Τετάρτῃ πρωΐ

ΕΝΑΡΞΙΣ

Μετὰ δὲ τὴν ἀπόλυσιν ὁ διάκονος ἐξελθὼν ἵσταται ἐνώπιον τῆς Ὡραίας Πύλης καὶ ἐκφωνεῖ·

Εὐλόγησον, δέσποτα.

Ὁ ἱερεὺς ὑψῶν τὸ Ἱ. Εὐαγγέλιον καὶ ποιῶν δι' αὐτοῦ τύπον σταυροῦ ἐπὶ τοῦ εἰλητοῦ ἐκφωνεῖ·

Εὐλογημένη ἡ Βασιλεία τοῦ Πατρὸς καὶ τοῦ Υἱοῦ καὶ τοῦ Ἁγίου Πνεύματος, νῦν καὶ ἀεὶ καὶ εἰς τοὺς αἰῶνας τῶν αἰώνων.

Ὁ Χορός· Ἀμήν.

Ὁ προεστὼς (ἢ ὁ ἀναγνώστης) ἀναγινώσκει τὸν Προοιμιακὸν Ψαλμὸν (Βλ. σελ. 151), ὁ δὲ ἱερεὺς ἱστάμενος ἔμπροσθεν τῆς ἁγίας Τραπέζης, μὴ ὄντος Διακόνου, ἀναγινώσκει τὰς τέσσαρας πρώτας εὐχὰς τοῦ λυχνικοῦ ἄνευ τῶν ἐκφωνήσεων αὐτῶν.

ΕΥΧΗ Α΄ ΛΥΧΝΙΚΟΥ

Κύριε, οἰκτίρμον καὶ ἐλεῆμον, μακρόθυμε καὶ πολυέλεε, ἐνώτισαι τὴν προσευχὴν ἡμῶν, καὶ πρόσχες τῇ φωνῇ τῆς δεήσεως ἡμῶν· ποίησον μεθ' ἡμῶν σημεῖον εἰς ἀγαθόν· ὁδήγησον ἡμᾶς ἐν τῇ ὁδῷ σου τοῦ πορεύεσθαι ἐν τῇ ἀληθείᾳ σου· εὔφρανον τὰς καρδίας ἡμῶν, εἰς τὸ φοβεῖσθαι τὸ Ὄνομά σου τὸ ἅγιον· διότι μέγας εἶ σύ, καὶ ποιῶν θαυμάσια· σὺ εἶ Θεὸς μόνος, καὶ οὐκ ἔστιν ὅμοιός σοι ἐν θεοῖς, Κύριε, δυνατὸς ἐν ἐλέει, καὶ ἀγαθὸς ἐν ἰσχύϊ, εἰς τὸ βοηθεῖν καὶ παρακαλεῖν, καὶ σῴζειν πάντας τοὺς ἐλπίζοντας εἰς τὸ Ὄνομά σου τὸ ἅγιον.

HOLY AND GREAT THURSDAY

AT VESPERS

Commonly celebrated on G. Wednesday Morning

ENARXIS

After the dismissal, the Deacon comes and stands before the Beautiful Gate and exclaims:

Bless, Master.

The Priest raises the H. Gospel and makes the sign of the cross with it upon the eilito, exclaiming:

Blessed is the Kingdom of the Father, and of the Son and of the Holy Spirit, now and for ever, and to the ages of ages.

Reader: Amen.

The Superior (or the Reader) reads the Introductory Psalm (See p. 151) as the Priest stands before the H. Table, without the Deacon, and reads the first four of the Lamplighting Prayers without ekphonesis.

FIRST LAMPLIGHTING PRAYER

O Lord, compassionate and merciful, long-suffering and full of mercy, listen to our prayer and attend to the voice of our supplication. Make for us a sign for good. Guide us in your way, to walk in your truth. Make glad our hearts to fear your holy Name, because you are great and do wondrous things. You alone are God, and there is none like you, O Lord, among gods: powerful in mercy and loving in strength to help and to console and to save all who hope in your holy Name.

ΕΥΧΗ Β΄ ΛΥΧΝΙΚΟΥ

Κύριε, μὴ τῷ θυμῷ σου ἐλέγξῃς ἡμᾶς, μηδὲ τῇ ὀργῇ σου παιδεύσῃς ἡμᾶς, ἀλλὰ ποίησον μεθ' ἡμῶν κατὰ τὴν ἐπιείκειάν σου, ἰατρὲ καὶ θεραπευτὰ τῶν ψυχῶν ἡμῶν· ὁδήγησον ἡμᾶς ἐπὶ λιμένα θελήματός σου· φώτισον τοὺς ὀφθαλμοὺς τῶν καρδιῶν ἡμῶν, εἰς ἐπίγνωσιν τῆς σῆς ἀληθείας· καὶ δώρησαι ἡμῖν τὸ λοιπὸν τῆς παρούσης ἡμέρας εἰρηνικὸν καὶ ἀναμάρτητον, καὶ πάντα τὸν χρόνον τῆς ζωῆς ἡμῶν· πρεσβείαις τῆς ἁγίας Θεοτόκου, καὶ πάντων τῶν Ἁγίων σου.

ΕΥΧΗ Γ΄ ΛΥΧΝΙΚΟΥ

Κύριε, ὁ Θεὸς ἡμῶν, μνήσθητι ἡμῶν τῶν ἁμαρτωλῶν καὶ ἀχρείων δούλων σου, ἐν τῷ ἐπικαλεῖσθαι ἡμᾶς τὸ ἅγιον ὄνομά σου, καὶ μὴ καταισχύνῃς ἡμᾶς ἀπὸ τῆς προσδοκίας τοῦ ἐλέους σου, ἀλλὰ χάρισαι ἡμῖν, Κύριε, πάντα τὰ πρὸς σωτηρίαν αἰτήματα· καὶ ἀξίωσον ἡμᾶς ἀγαπᾶν, καὶ φοβεῖσθαί σε ἐξ ὅλης τῆς καρδίας ἡμῶν, καὶ ποιεῖν ἐν πᾶσι τὸ θέλημά σου.

ΕΥΧΗ Δ΄ ΛΥΧΝΙΚΟΥ

Ὁ τοῖς ἀσιγήτοις ὕμνοις καὶ ἀπαύστοις δοξολογίαις ὑπὸ τῶν ἁγίων δυνάμεων ἀνυμνούμενος, πλήρωσον τὸ στόμα ἡμῶν τῆς αἰνέσεώς σου, τοῦ δοῦναι μεγαλωσύνην τῷ ὀνόματί σου τῷ ἁγίῳ· καὶ δὸς ἡμῖν μερίδα καὶ κλῆρον μετὰ πάντων τῶν φοβουμένων σε ἐν ἀληθείᾳ καὶ φυλασσόντων τὰς ἐντολάς σου· πρεσβείαις τῆς ἁγίας Θεοτόκου καὶ πάντων τῶν ἁγίων σου.

SECOND LAMPLIGHTING PRAYER

Lord, do not rebuke us in your anger, nor chastise us in your wrath, but deal with us in accordance with your kindness, physician and healer of our souls. Guide us to the harbour of your will. Enlighten the eyes of our hearts to the knowledge of your truth and grant that the rest of the present day and the whole time of our life may be peaceful and without sin, at the prayers of the holy Mother of God and of all the Saints.

THIRD LAMPLIGHTING PRAYER

Lord our God, remember us, sinners and your unprofitable servants, as we call upon your holy Name, and do not put us to shame from the expectation of your mercy, but graciously grant us, Lord, all the requests that are for salvation, and count us worthy to love and to fear you from our whole heart, and in all things to do your will.

FOURTH LAMPLIGHTING PRAYER

O Lord, who are praised by the holy Powers with never silent hymns and unceasing songs of glory, fill our mouth with your praise to give majesty to your holy Name, and give us a part and an inheritance with all who fear you in truth and who keep your commandments, at the prayers of the holy Mother of God and of all your Saints.

Ο ΠΡΟΟΙΜΙΑΚΟΣ

Εὐλόγει, ἡ ψυχή μου, τὸν Κύριον. Κύριε ὁ Θεός μου, ἐμεγαλύνθης σφόδρα. Ἐξομολόγησιν καὶ μεγαλοπρέπειαν ἐνεδύσω, ἀναβαλλόμενος φῶς ὡς ἱμάτιον. Ἐκτείνων τὸν οὐρανὸν ὡσεὶ δέρριν, ὁ στεγάζων ἐν ὕδασιν τὰ ὑπερῷα αὐτοῦ. Ὁ τιθεὶς νέφη τὴν ἐπίβασιν αὐτοῦ, ὁ περιπατῶν ἐπὶ πτερύγων ἀνέμων. Ὁ ποιῶν τοὺς ἀγγέλους αὐτοῦ πνεύματα καὶ τοὺς λειτουργοὺς αὐτοῦ πυρὸς φλόγα. Ὁ θεμελιῶν τὴν γῆν ἐπὶ τὴν ἀσφάλειαν αὐτῆς· οὐ κλιθήσεται εἰς τὸν αἰῶνα τοῦ αἰῶνος. Ἄβυσσος ὡς ἱμάτιον τὸ περιβόλαιον αὐτοῦ, ἐπὶ τῶν ὀρέων στήσονται ὕδατα. Ἀπὸ ἐπιτιμήσεώς σου φεύξονται, ἀπὸ φωνῆς βροντῆς σου δειλιάσουσιν. Ἀναβαίνουσιν ὄρη καὶ καταβαίνουσι πεδία εἰς τὸν τόπον, ὃν ἐθεμελίωσας αὐτά. Ὅριον ἔθου, ὃ οὐ παρελεύσονται, οὐδὲ ἐπιστρέψουσι καλύψαι τὴν γῆν. Ὁ ἐξαποστέλλων πηγὰς ἐν φάραγξιν, ἀνάμεσον τῶν ὀρέων διελεύσονται ὕδατα. Ποτιοῦσι πάντα τὰ θηρία τοῦ ἀγροῦ, προσδέξονται ὄναγροι εἰς δίψαν αὐτῶν. Ἐπ' αὐτὰ τὰ πετεινὰ τοῦ οὐρανοῦ κατασκηνώσει· ἐκ μέσου τῶν πετρῶν δώσουσι φωνήν. Ποτίζων ὄρη ἐκ τῶν ὑπερῴων αὐτοῦ· ἀπὸ καρποῦ τῶν ἔργων σου χορτασθήσεται ἡ γῆ. Ὁ ἐξανατέλλων χόρτον τοῖς κτήνεσι καὶ χλόην τῇ δουλείᾳ τῶν ἀνθρώπων, τοῦ ἐξαγαγεῖν ἄρτον ἐκ τῆς γῆς. Καὶ οἶνος εὐφραίνει καρδίαν ἀνθρώπου τοῦ ἱλαρῦναι πρόσωπον ἐν ἐλαίῳ· καὶ ἄρτος καρδίαν ἀνθρώπου στηρίζει. Χορτασθήσονται τὰ ξύλα τοῦ πεδίου, αἱ κέδροι τοῦ Λιβάνου, ἃς ἐφύτευσας. Ἐκεῖ στρουθία ἐννοσσεύσουσι, τοῦ ἐρωδιοῦ ἡ κατοικία ἡγεῖται αὐτῶν. Ὄρη τὰ ὑψηλὰ ταῖς ἐλάφοις, πέτρα καταφυγὴ τοῖς λα-

INTRODUCTORY PSALM

Bless the Lord, my soul! O Lord my God, you have been greatly magnified. You have clothed yourself with thanksgiving and majesty, wrapping yourself in light as in a cloak, stretching out the heavens like a curtain, roofing his upper chambers with waters, placing clouds as his mount, walking on the wings of the wind, making spirits his Angels and a flame of fire his Ministers, establishing the earth on its sure base; it will not be moved to age on age. The deep, like a cloak, is its mantle; waters will stand upon the mountains. At your rebuke they will flee; they will quail at the voice of your thunder. The mountains rise and the plains descend to the place which you established for them. You fixed a limit that they will not pass, nor will they return to cover the earth. You send out springs into the valleys; waters will run between the mountains. They will give drink to all the beasts of the field; the wild asses will await them to quench their thirst. Beside them the birds of the air will make their dwelling: and sing among the rocks. He waters the mountains from his upper chambers; the earth will be filled from the fruit of your works. He makes grass spring up for the cattle, and green herb for the service of mankind; to bring food out of the earth, and wine makes glad the human heart; to make the face cheerful with oil, and bread strengthens the human heart. The trees of the plain will be satisfied, the cedars of Lebanon that you planted. There the sparrows will

γωοῖς. Ἐποίησε σελήνην εἰς καιρούς· ὁ ἥλιος ἔγνω τὴν δύσιν αὐτοῦ. Ἔθου σκότος, καὶ ἐγένετο νύξ· ἐν αὐτῇ διελεύσονται πάντα τὰ θηρία τοῦ δρυμοῦ. Σκύμνοι ὠρυόμενοι τοῦ ἁρπάσαι καὶ ζητῆσαι παρὰ τῷ Θεῷ βρῶσιν αὐτοῖς. Ἀνέτειλεν ὁ ἥλιος, καὶ συνήχθησαν καὶ εἰς τὰς μάνδρας αὐτῶν κοιτασθήσονται. Ἐξελεύσεται ἄνθρωπος ἐπὶ τὸ ἔργον αὐτοῦ καὶ ἐπὶ τὴν ἐργασίαν αὐτοῦ ἕως ἑσπέρας. Ὡς ἐμεγαλύνθη τὰ ἔργα σου Κύριε! πάντα ἐν σοφίᾳ ἐποίησας· ἐπληρώθη ἡ γῆ τῆς κτίσεώς σου. Αὕτη ἡ θάλασσα ἡ μεγάλη καὶ εὐρύχωρος· ἐκεῖ ἑρπετά, ὧν οὐκ ἔστιν ἀριθμός, ζῷα μικρὰ μετὰ μεγάλων. Ἐκεῖ πλοῖα διαπορεύονται· δράκων οὗτος, ὃν ἔπλασας ἐμπαίζειν αὐτῇ. Πάντα πρὸς σὲ προσδοκῶσι, δοῦναι τὴν τροφὴν αὐτῶν εἰς εὔκαιρον· δόντος σου αὐτοῖς συλλέξουσιν. Ἀνοίξαντός σου τὴν χεῖρα τὰ σύμπαντα πλησθήσονται χρηστότητος· ἀποστρέψαντος δέ σου τὸ πρόσωπον ταραχθήσονται. Ἀντανελεῖς τὸ πνεῦμα αὐτῶν, καὶ ἐκλείψουσι καὶ εἰς τὸν χοῦν αὐτῶν ἐπιστρέψουσιν. Ἐξαποστελεῖς τὸ πνεῦμά σου, καὶ κτισθήσονται, καὶ ἀνακαινιεῖς τὸ πρόσωπον τῆς γῆς. Ἤτω ἡ δόξα Κυρίου εἰς τοὺς αἰῶνας· εὐφρανθήσεται Κύριος ἐπὶ τοῖς ἔργοις αὐτοῦ. Ὁ ἐπιβλέπων ἐπὶ τὴν γῆν καὶ ποιῶν αὐτὴν τρέμειν· ὁ ἁπτόμενος τῶν ὀρέων, καὶ καπνίζονται. Ἄσω τῷ Κυρίῳ· ἐν τῇ ζωῇ μου, ψαλῶ τῷ Θεῷ μου ἕως ὑπάρχω. Ἡδυνθείη αὐτῷ ἡ διαλογή μου, ἐγὼ δὲ εὐφρανθήσομαι ἐπὶ τῷ Κυρίῳ. Ἐκλείποιεν ἁμαρτωλοὶ ἀπὸ τῆς γῆς καὶ ἄνομοι, ὥστε μὴ ὑπάρχειν αὐτούς. Εὐλόγει, ἡ ψυχή μου, τὸν Κύριον.

build their nests; the heron's dwelling is at their head. The high mountains are for the deer; rocks a refuge for hares. He made the moon to mark the seasons; the sun knew the hour of its setting. You appointed darkness, and it was night, in which all the beasts of the forest will prowl; young lions roaring to plunder and to seek their food from God. The sun rose and they were gathered together and they will lie down in their dens. Man will go out to his labor; and to his laboring until evening. How your works have been magnified, O Lord. With wisdom you have made them all, and the earth has been filled with your creation. Also this great, wide sea; there are creeping things without number, living creatures small and great. There ships go to and fro; this dragon which you fashioned to sport in it. All things look to you to give them their food in due season. When you give it them, they will gather it. When you open your hand all things will be filled with goodness. But when you turn away your face they will be troubled. You will take away their spirit, and they will perish and return to their dust. You will send forth your spirit, and they will be created, and you will renew the face of the earth. May the glory of the Lord endure to the ages. The Lord will rejoice at his works. He looks upon the earth and makes it tremble. He touches the mountains, and they smoke. I will sing to the Lord while I live; I will praise my God while I exist. May my words be pleasing to him. While as for me, I shall rejoice in the Lord. O that sinners might perish from

the earth, and the wicked, so that they are no more. Bless the Lord, my soul!

Καὶ πάλιν.

And again.

Ὁ ἥλιος ἔγνω τὴν δύσιν αὐτοῦ· ἔθου σκότος, καὶ ἐγένετο νύξ.

The sun knew the hour of its setting: you made darkness, and it was night.

Ὡς ἐμεγαλύνθη τὰ ἔργα σου, Κύριε! πάντα ἐν σοφίᾳ ἐποίησας.

How your works have been magnified, O Lord. With wisdom you have made them all!

Δόξα Πατρί, καὶ Υἱῷ, καὶ Ἁγίῳ Πνεύματι. Καὶ νῦν καὶ ἀεί, καὶ εἰς τοὺς αἰῶνας τῶν αἰώνων. Ἀμήν.

Glory to the Father and the Son and the Holy Spirit, both now and ever, and to the ages of ages. Amen.

Ἀλληλούια, Ἀλληλούια, Ἀλληλούια· δόξα σοι ὁ Θεὸς *(γ΄). (Μετὰ δὲ τὸ τρίτον).* Ἡ ἐλπίς ἡμῶν, Κύριε, δόξα σοι.

Alleluia, Alleluia, Alleluia. Glory to you, O God. *(x3) (After the third)* Our hope, O Lord, Glory to you.

Πληρωθέντος τοῦ Προοιμιακοῦ ὁ διάκονος λέγει τὰ Εἰρηνικά.

Completing the Introductory Psalm, the Deacon says the Litany of Peace.

ΕΙΡΗΝΙΚΑ

THE LITANY OF PEACE

Ὁ Διάκονος· Ἐν εἰρήνῃ τοῦ Κυρίου δεηθῶμεν.

Deacon: In peace let us pray to the Lord.

Ὁ Χορός· Κύριε, ἐλέησον. *(Καὶ μεθ᾽ ἑκάστην δέησιν)*

Choir: Lord, have mercy. *(And so after each petition.)*

Ὁ Διάκονος· Ὑπὲρ τῆς ἄνωθεν εἰρήνης, καὶ τῆς σωτηρίας τῶν ψυχῶν ἡμῶν, τοῦ Κυρίου δεηθῶμεν.

Deacon: For the peace from above and the salvation of our souls, let us pray to the Lord.

Ὑπὲρ τῆς εἰρήνης τοῦ σύμπαντος κόσμου, εὐσταθείας τῶν ἁγίων τοῦ Θεοῦ Ἐκκλησιῶν, καὶ τῆς τῶν πάντων ἑνώσεως, τοῦ Κυρίου δεηθῶμεν.

For peace in the whole world, for the stability of the holy churches of God, and for the unity of all, let us pray to the Lord.

Ὑπὲρ τοῦ ἁγίου οἴκου τούτου, καὶ τῶν μετὰ πίστεως, εὐλαβείας καὶ φόβου Θεοῦ εἰσιόντων ἐν αὐτῷ, τοῦ Κυρίου δεηθῶμεν.

For this holy house and for those who enter it with faith, reverence, and the fear of God, let us pray to the Lord.

Ὑπὲρ τοῦ Ἀρχιεπισκόπου ἡμῶν *(τοῦ δεῖνος)*, τοῦ τιμίου πρεσβυτερίου, τῆς ἐν Χριστῷ διακονίας, παντὸς τοῦ κλήρου καὶ τοῦ λαοῦ, τοῦ Κυρίου δεηθῶμεν.

For our Archbishop *(Name)*, for the honored order of presbyters, for the diaconate in Christ, for all the clergy and the people, let us pray to the Lord.

Ὑπὲρ τοῦ εὐσεβοῦς ἡμῶν ἔθνους, πάσης ἀρχῆς καὶ ἐξουσίας ἐν αὐτῷ, τοῦ Κυρίου δεηθῶμεν.

Ὑπὲρ τῆς ἱερᾶς Μητροπόλεως, ἐνορίας καὶ πόλεως ταύτης, πάσης πόλεως, μονῆς καὶ χώρας, καὶ τῶν πίστει οἰκούντων ἐν αὐταῖς, τοῦ Κυρίου δεηθῶμεν.

Ὑπὲρ εὐκρασίας ἀέρων, εὐφορίας τῶν καρπῶν τῆς γῆς, καὶ καιρῶν εἰρηνικῶν, τοῦ Κυρίου δεηθῶμεν.

Ὑπὲρ πλεόντων, ὁδοιπορούντων, νοσούντων, καμνόντων, αἰχμαλώτων, καὶ τῆς σωτηρίας αὐτῶν, τοῦ Κυρίου δεηθῶμεν.

Ὑπὲρ τοῦ ῥυσθῆναι ἡμᾶς ἀπὸ πάσης θλίψεως, ὀργῆς, κινδύνου καὶ ἀνάγκης, τοῦ Κυρίου δεηθῶμεν.

Ἀντιλαβοῦ, σῶσον, ἐλέησον, καὶ διαφύλαξον ἡμᾶς, ὁ Θεός, τῇ σῇ χάριτι.

Ὁ Χορός· Κύριε, ἐλέησον.

Ὁ Διάκονος· Τῆς Παναγίας, ἀχράντου, ὑπερευλογημένης, ἐνδόξου Δεσποίνης ἡμῶν Θεοτόκου, καὶ ἀειπαρθένου Μαρίας, μετὰ πάντων τῶν Ἁγίων μνημονεύσαντες, ἑαυτοὺς καὶ ἀλλήλους, καὶ πᾶσαν τὴν ζωὴν ἡμῶν Χριστῷ τῷ Θεῷ παραθώμεθα.

Ὁ Χορός· Σοί, Κύριε.

Κατὰ τὰ εἰρηνικὰ ὁ Ἱερεὺς ἀναγινώσκει ἐνώπιον τῆς ἁγίας Τραπέζης τὴν εὐχὴν τοῦ α΄ Λυχνικοῦ·

ΕΥΧΗ α΄ ΛΥΧΝΙΚΟΥ

Κύριε, οἰκτίρμον καὶ ἐλεῆμον, μακρόθυμε καὶ πολυέλεε, ἐνώτισαι τὴν προσευχὴν ἡμῶν καὶ πρόσχες τῇ φωνῇ τῆς δεήσεως ἡμῶν· ποίησον μεθ᾽ ἡμῶν

For our country, the president, and all those in public service, let us pray to the Lord.

For this holy Metropolis and parish, and for this city and every city, monastic community, and land and the faithful who live in them, let us pray to the Lord.

For favorable weather, an abundance of the fruits of the earth, and temperate seasons, let us pray to the Lord.

For travelers by land, sea, and air, for the sick, the suffering, the captives, and for their salvation, let us pray to the Lord.

For our deliverance from all affliction, wrath, danger, and distress, let us pray to the Lord.

Take hold of us, save us, have mercy upon us, and protect us, O God, by Your grace.

Choir: Lord, have mercy.

Deacon: Commemorating our most holy, most pure, most blessed and glorified Lady the Theotokos and ever-virgin Mary, together with all the saints, let us commit ourselves and one another and all our life unto Christ our God.

Choir: To You, O Lord.

During the litany, the Priest reads the first Lamplighting prayer before the Holy Table:

FIRST LAMPLIGHTING PRAYER

O Lord, compassionate and merciful, long-suffering and full of mercy, listen to our prayer and attend to the voice of our supplication. Make for us

σημεῖον εἰς ἀγαθόν· ὁδήγησον ἡμᾶς ἐν τῇ ὁδῷ σου τοῦ πορεύεσθαι ἐν τῇ ἀληθείᾳ σου· εὔφρανον τὰς καρδίας ἡμῶν εἰς τὸ φοβεῖσθαι τὸ ὄνομά σου τὸ ἅγιον· διότι μέγας εἶ σὺ καὶ ποιῶν θαυμάσια· σύ εἶ Θεὸς μόνος καὶ οὐκ ἔστιν ὅμοιός σοι ἐν θεοῖς, Κύριε, δυνατὸς ἐν ἐλέει καὶ ἀγαθὸς ἐν ἰσχύϊ, εἰς τὸ βοηθεῖν καὶ παρακαλεῖν καὶ σῴζειν πάντας τοὺς ἐλπίζοντας εἰς τὸ ὄνομά σου τὸ ἅγιον.

a sign for good. Guide us in your way, to walk in your truth. Make glad our hearts to fear your holy Name, because you are great and do wondrous things. You alone are God, and there is none like you, O Lord, among gods: powerful in mercy and loving in strength to help and to console and to save all who hope in your holy Name.

Ὁ Ἱερεύς·

Priest:

Ὅτι πρέπει σοι πᾶσα δόξα, τιμὴ καὶ προσκύνησις, τῷ Πατρὶ καὶ τῷ Υἱῷ καὶ τῷ ἁγίῳ Πνεύματι, νῦν καὶ ἀεὶ καὶ εἰς τοὺς αἰῶνας τῶν αἰώνων.

For to You belong all glory, honor, and worship to the Father and the Son and the Holy Spirit, both now and ever and to the ages of ages.

Ὁ Χορός· Ἀμήν.

Choir: Amen.

Ὁ ἀναγνώστης ἀναγινώσκει τὸ ΙΗ΄ κάθισμα τοῦ Ψαλτηρίου, ἤτοι τὰ Πρὸς Κύριον..., εἰς τρεῖς στάσεις.

The Reader reads the 18th kathisma of the Psalter, that is When I was afflicted..., in three stanzas.

Ἀρχομένης δὲ τῆς στιχολογίας κλείεται ἡ Ὡραία Πύλη. Ὁ δὲ ἱερεὺς ἀσκεπὴς ἀπέρχεται εἰς τὴν Πρόθεσιν καὶ λαμβάνει τὸ δισκάριον, τὸν ἀστερίσκον καὶ τὸ κάλυμμα καὶ φέρει αὐτὰ εἰς τὴν ἁγίαν Τράπεζαν, ἐκτυλίξας δὲ τὸ εἰλητὸν τοποθετεῖ ἐν τῷ μέσῳ αὐτοῦ τὸν ἅγιον δίσκον. Εἶτα θυμιάσας τρὶς τὸ ἀρτοφόριον λαμβάνει ἐξ αὐτοῦ ἕνα τῶν προηγιασμένων Ἄρτων καὶ θέτει αὐτὸν εἰς τὸ δισκάριον μετὰ πάσης προσοχῆς καὶ εὐλαβείας, ἐπιθέτει δὲ τὸν ἀστερίσκον καὶ τὸ κάλυμμα, τοῦ διακόνου θυμιάσαντος αὐτά, μηδὲν λέγων εἰ μὴ τὸ Δι' εὐχῶν... Καὶ λαβὼν τὸ θυμιατήριον θυμιᾷ τρὶς καὶ ποιεῖ μετανοίας μεγάλας τρεῖς. Καὶ εὐθὺς ἐπαίρει τὰ Ἅγια καὶ περιελθὼν τὴν ἁγίαν Τράπεζαν, προπορευομένου τοῦ διακόνου μετὰ λαμπάδος καὶ θυμιατοῦ, ἀπέρχεται εἰς τὴν Πρόθεσιν καὶ ἀποθέτει ἐκεῖ τὸ δισκάριον. Εἶτα ἐγχέει νᾶμα καὶ ὕδωρ εἰς τὸ ἅγιον ποτήριον καὶ καλύπτει καὶ τοῦτο διὰ τοῦ καλύμματος καὶ ἀμφότερα διὰ τοῦ ἀέρος, θυμιᾷ καὶ πάλιν ἐκ γ' τὰ Ἅγια, προσκυνεῖ τρὶς καὶ ἀσπάζεται αὐτά, μηδὲν λέγων τῶν συνήθων, οὔτε εὐχὴν προθέσεως, εἰ μὴ μόνον τὸ Δι' εὐχῶν... Ἐπανελθὼν δὲ εἰς τὴν ἁγίαν Τράπεζαν διπλοῖ τὸ εἰλητὸν καὶ θέτει ἐπ' αὐτοῦ τὸ ἱ. Εὐαγγέλιον.

At the beginning of the stanzas the Beautiful Gate is closed. The Priest, bareheaded, comes before the Prothesis and takes the diskos, the asterisk and the covers and brings them to the Holy Table, unfolding the antimension, he places the holy diskos in the center of it. Then he censes the artophorion (tabernacle) three times and takes one of the pre-sanctified breads and places it on the diskos with the utmost care and piety; he places the asterisk and the covers over it as the Deacon censes these things saying only Through the prayers... And taking the censer he censes three times and makes three great metanoias. And immediately he carries the Holy Things and goes from the Holy Table, preceded by the Deacon with candle and censer, and comes to the Prothesis and places the diskarion there. Then he pours water and wine into the holy chalice and covers it; and covers both of them with the aër. Then he censes the holy things three times, makes three metanoias and kisses them, not reciting the usual things (the prayer of the Prothesis), but simply Through the Prayers... Returning to the Holy Table he folds the antimension and places it beneath the H. Gospel.

ΨΑΛΜΟΣ ΡΙΘ΄

PSALM 119

Πρὸς Κύριον ἐν τῷ θλίβεσθαί με ἐκέκραξα, καὶ εἰσήκουσέ μου. Κύριε, ῥῦσαι τὴν ψυχήν μου ἀπὸ χειλέων ἀδίκων

When I was afflicted I called to the Lord, and he heard me. O Lord, deliver my soul from unjust lips and

καὶ ἀπὸ γλώσσης δολίας. Τί δοθείη σοι καὶ τί προστεθείη σοι πρὸς γλῶσσαν δολίαν; Τὰ βέλη τοῦ δυνατοῦ ἠκονημένα, σὺν τοῖς ἄνθραξι τοῖς ἐρημικοῖς. Οἴμοι! ὅτι ἡ παροικία μου ἐμακρύνθη, κατεσκήνωσα μετὰ τῶν σκηνωμάτων Κηδάρ· πολλὰ παρῴκησεν ἡ ψυχή μου. Μετὰ τῶν μισούντων τὴν εἰρήνην ἤμην εἰρηνικός· ὅταν ἐλάλουν αὐτοῖς, ἐπολέμουν με δωρεάν.

ΨΑΛΜΟΣ ΡΚ΄

Ἦρα τοὺς ὀφθαλμούς μου εἰς τὰ ὄρη, ὅθεν ἥξει ἡ βοήθειά μου. Ἡ βοήθειά μου παρὰ Κυρίου τοῦ ποιήσαντος τὸν οὐρανὸν καὶ τὴν γῆν. Μὴ δῴης εἰς σάλον τὸν πόδα σου, μηδὲ νυστάξῃ ὁ φυλάσσων σε. Ἰδοὺ οὐ νυστάξει, οὐδὲ ὑπνώσει ὁ φυλάσσων τὸν Ἰσραήλ. Κύριος φυλάξει σε, Κύριος σκέπη σοι ἐπὶ χεῖρα δεξιάν σου. Ἡμέρας ὁ ἥλιος οὐ συγκαύσει σε, οὐδὲ ἡ σελήνη τὴν νύκτα, Κύριος φυλάξει σε ἀπὸ παντὸς κακοῦ, φυλάξει τὴν ψυχήν σου ὁ Κύριος. Κύριος φυλάξει τὴν εἴσοδόν σου καὶ τὴν ἔξοδόν σου ἀπὸ τοῦ νῦν καὶ ἕως τοῦ αἰῶνος.

ΨΑΛΜΟΣ ΡΚΑ΄

Εὐφράνθην ἐπὶ τοῖς εἰρηκόσι μοι· εἰς οἶκον Κυρίου πορευσόμεθα. Ἑστῶτες ἦσαν οἱ πόδες ἡμῶν ἐν ταῖς αὐλαῖς σου, Ἱερουσαλήμ. Ἱερουσαλὴμ οἰκοδομουμένη ὡς πόλις, ἧς ἡ μετοχὴ αὐτῆς ἐπὶ τὸ αὐτό. Ἐκεῖ γὰρ ἀνέβησαν αἱ φυλαί, φυλαὶ Κυρίου, μαρτύριον τῷ Ἰσραὴλ τοῦ ἐξομολογήσασθαι τῷ ὀνόματι Κυρίου. Ὅτι ἐκεῖ ἐκάθισαν θρόνοι εἰς κρίσιν, θρόνοι ἐπὶ οἶκον Δαυΐδ. Ἐρωτήσατε δὴ τὰ

from a deceitful tongue. What should be given you, what added to you against a treacherous tongue? The sharpened arrows of the powerful, with the coals of desolation. Woe is me! For my sojourning has been prolonged, I have camped among the encampments of Kedar; my soul has long been a sojourner. With those who hate peace I was peaceable; when I spoke with them, they made war on me for nothing.

PSALM 120

I have lifted up my eyes to the mountains. From where will my help come? My help is from the Lord, who made heaven and earth. Do not let your foot waver; may he who guards you not slumber. See, he who guards Israel will neither slumber nor sleep. The Lord will guard you, the Lord is protection for you on your right hand. By day the sun will not scorch you, nor the moon by night. The Lord will guard you from every evil, the Lord will guard your soul. The Lord will guard your coming in, and your going out, from now and for ever more.

PSALM 121

I rejoiced at those who said to me: we shall go to the house of the Lord. Our feet were standing in your courts, O Jerusalem. Jerusalem built as a city, shared by all together. For there the tribes went up, the tribes of the Lord, a testimony for Israel, to give thanks to the name of the Lord. For there thrones were set for judgement, thrones over the house of David. Ask then for the things which

εἰς εἰρήνην τὴν Ἱερουσαλήμ, καὶ εὐθηνία τοῖς ἀγαπῶσί σε· Γενέσθω δὴ εἰρήνη ἐν τῇ δυνάμει σου καὶ εὐθηνία ἐν ταῖς πυργοβάρεσί σου. Ἕνεκα τῶν ἀδελφῶν μου καὶ τῶν πλησίον μου ἐλάλουν δὴ εἰρήνην περὶ σοῦ· Ἕνεκα τοῦ οἴκου Κυρίου τοῦ Θεοῦ ἡμῶν, ἐξεζήτησα ἀγαθά σοι.

ΨΑΛΜΟΣ ΡΚΒ΄

Πρὸς σὲ ἦρα τοὺς ὀφθαλμούς μου, τὸν κατοικοῦντα ἐν τῷ οὐρανῷ. Ἰδοὺ ὡς ὀφθαλμοὶ δούλων εἰς χεῖρας τῶν κυρίων αὐτῶν, ὡς ὀφθαλμοὶ παιδίσκης εἰς χεῖρας τῆς κυρίας αὐτῆς, οὕτως οἱ ὀφθαλμοὶ ἡμῶν πρὸς Κύριον τὸν Θεὸν ἡμῶν, ἕως οὗ οἰκτειρῆσαι ἡμᾶς. Ἐλέησον ἡμᾶς, Κύριε, ἐλέησον ἡμᾶς, ὅτι ἐπὶ πολὺ ἐπλήσθημεν ἐξουδενώσεως, ἐπὶ πλεῖον ἐπλήσθη ἡ ψυχὴ ἡμῶν. Τὸ ὄνειδος τοῖς εὐθηνοῦσι, καὶ ἡ ἐξουδένωσις τοῖς ὑπερηφάνοις.

ΨΑΛΜΟΣ ΡΚΓ΄

Εἰ μὴ ὅτι Κύριος ἦν ἐν ἡμῖν, εἰπάτω δὴ Ἰσραήλ· Εἰ μὴ ὅτι Κύριος ἦν ἐν ἡμῖν, ἐν τῷ ἐπαναστῆναι ἀνθρώπους ἐφ' ἡμᾶς, ἄρα ζῶντας ἂν κατέπιον ἡμᾶς ἐν τῷ ὀργισθῆναι τὸν θυμὸν αὐτῶν ἐφ' ἡμᾶς. Ἄρα τὸ ὕδωρ ἂν κατεπόντισεν ἡμᾶς· χείμαρρον διῆλθεν ἡ ψυχὴ ἡμῶν· ἄρα διῆλθεν ἡ ψυχὴ ἡμῶν τὸ ὕδωρ τὸ ἀνυπόστατον. Εὐλογητὸς Κύριος, ὃς οὐκ ἔδωκεν ἡμᾶς εἰς θήραν τοῖς ὀδοῦσιν αὐτῶν. Ἡ ψυχὴ ἡμῶν ὡς στρουθίον ἐρρύσθη ἐκ τῆς παγίδος τῶν θηρευόντων· ἡ παγὶς συνετρίβη, καὶ ἡμεῖς ἐρρύσθημεν. Ἡ βοήθεια ἡμῶν ἐν ὀνόματι Κυρίου τοῦ ποιήσαντος τὸν οὐρανὸν καὶ τὴν γῆν.

are for Jerusalem's peace, and prosperity for those who love you. May there be peace then in your power and prosperity in your citadels. For the sake of my brethren and neighbors, I have spoken peace concerning you. For the sake of the house of the Lord our God, I have sought good things for you.

PSALM 122

I have lifted my eyes to you who dwell in heaven. Behold, as the eyes of servants look to their lords' hands; as the eyes of a maid to her mistress' hands, so do our eyes to the Lord our God, until he take pity on us. Have mercy on us, Lord, have mercy on us, for we have had our fill of contempt, our soul has been filled to overflowing. Let reproach be for the prosperous, and contempt for the proud.

PSALM 123

If the Lord had not been among us, let Israel now say: if the Lord had not been among us when men rose up against us, they would have swallowed us down alive. When their fury raged against us; the water would have drowned us, our soul would have passed through the torrent; our soul would have passed through irresistible water. Blessed is the Lord, who has not given us as a prey to their teeth. Our soul was delivered like a sparrow from the snare of the hunters; the snare was shattered, and we were delivered. Our help is in the name of the Lord who made heaven and earth.

Δόξα Πατρὶ καὶ Υἱῷ καὶ Ἁγίῳ Πνεύματι, καὶ νῦν καὶ ἀεὶ καὶ εἰς τοὺς αἰῶνας τῶν αἰώνων, Ἀμήν.

Ἀλληλούια, ἀλληλούια, ἀλληλούια· δόξα σοι ὁ Θεός. (γ΄)

Κύριε, ἐλέησον, Κύριε, ἐλέησον, Κύριε, ἐλέησον.

Δόξα Πατρὶ καὶ Υἱῷ καὶ Ἁγίῳ Πνεύματι, καὶ νῦν καὶ ἀεὶ καὶ εἰς τοὺς αἰῶνας τῶν αἰώνων, Ἀμήν.

Ὁ Διάκονος· Ἔτι καὶ ἔτι ἐν εἰρήνῃ τοῦ Κυρίου δεηθῶμεν.

Ὁ Χορός· Κύριε, ἐλέησον.

Ὁ Διάκονος· Ἀντιλαβοῦ, σῶσον, ἐλέησον καὶ διαφύλαξον ἡμᾶς ὁ Θεὸς τῇ σῇ χάριτι.

Ὁ Χορός· Κύριε, ἐλέησον.

Ὁ Διάκονος· Τῆς Παναγίας, ἀχράντου, ὑπερευλογημένης, ἐνδόξου, δεσποίνης ἡμῶν Θεοτόκου καὶ ἀειπαρθένου Μαρίας, μετὰ πάντων τῶν ἁγίων μνημονεύσαντες, ἑαυτοὺς καὶ ἀλλήλους καὶ πᾶσαν τὴν ζωὴν ἡμῶν Χριστῷ τῷ Θεῷ παραθώμεθα.

Ὁ Χορός· Σοί, Κύριε.

ΕΥΧΗ Β΄ ΛΥΧΝΙΚΟΥ

Κύριε, μὴ τῷ θυμῷ σου ἐλέγξῃς ἡμᾶς, μηδὲ τῇ ὀργῇ σου παιδεύσῃς ἡμᾶς, ἀλλὰ ποίησον μεθ᾿ ἡμῶν κατὰ τὴν ἐπιείκειάν σου, ἰατρὲ καὶ θεραπευτὰ τῶν ψυχῶν ἡμῶν. Ὁδήγησον ἡμᾶς ἐπὶ λιμένα θελήματός σου. Φώτισον τοὺς ὀφθαλμοὺς τῶν καρδιῶν ἡμῶν, εἰς ἐπίγνωσιν τῆς σῆς ἀληθείας· καὶ δώρησαι ἡμῖν τὸ λοιπὸν τῆς παρούσης ἡμέρας εἰρηνικὸν καὶ ἀναμάρ-

Glory to the Father and to the Son and to the Holy Spirit, both now and for ever, and to the ages of ages. Amen.

Alleluia, Alleluia, Alleluia. Glory to you, O God. *(x3)*

Lord have mercy, Lord have mercy, Lord, have mercy.

Glory to the Father and to the Son and to the Holy Spirit, both now and for ever, and to the ages of ages. Amen.

Deacon: Again and again in peace let us pray to the Lord.

Choir: Lord, have mercy.

Deacon: Take hold of us, save us, have mercy upon us, and protect us, O God, by Your grace.

Choir: Lord, have mercy.

Deacon: Commemorating our most holy, most pure, most blessed and glorified Lady the Theotokos and ever-virgin Mary, together with all the saints, let us commit ourselves and one another and all our life unto Christ our God.

Choir: To You, O Lord.

SECOND LAMPLIGHTING PRAYER

Lord, do not rebuke us in your anger, nor chastise us in your wrath, but deal with us in accordance with your kindness, physician and healer of our souls. Guide us to the harbour of your will. Enlighten the eyes of our hearts to the knowledge of your truth and grant that the rest of the present day and the whole time of our life may be peaceful

τητον, καί πάντα τόν χρόνον τῆς ζωῆς ἡμῶν· πρεσβείαις τῆς ἁγίας Θεοτόκου, καί πάντων τῶν Ἁγίων.

Ὁ Ἱερεύς·

Ὅτι σὸν τὸ κράτος καὶ σοῦ ἐστιν ἡ βασιλεία καὶ ἡ δύναμις καὶ ἡ δόξα, τοῦ Πατρὸς καὶ τοῦ Υἱοῦ καὶ τοῦ Ἁγίου Πνεύματος, νῦν καὶ ἀεὶ καὶ εἰς τοὺς αἰῶνας τῶν αἰώνων.

Ὁ Χορός· Ἀμήν.

ΨΑΛΜΟΣ ΡΚΔ΄

Οἱ πεποιθότες ἐπὶ Κύριον, ὡς ὄρος Σιών· οὐ σαλευθήσεται εἰς τὸν αἰῶνα ὁ κατοικῶν Ἱερουσαλήμ. Ὄρη κύκλῳ αὐτῆς, καὶ ὁ Κύριος κύκλῳ τοῦ λαοῦ αὐτοῦ ἀπὸ τοῦ νῦν καὶ ἕως τοῦ αἰῶνος. Ὅτι οὐκ ἀφήσει Κύριος τὴν ῥάβδον τῶν ἁμαρτωλῶν ἐπὶ τὸν κλῆρον τῶν δικαίων, ὅπως ἂν μὴ ἐκτείνωσιν οἱ δίκαιοι ἐν ἀνομίαις χεῖρας αὐτῶν. Ἀγάθυνον, Κύριε, τοῖς ἀγαθοῖς καὶ τοῖς εὐθέσι τῇ καρδίᾳ· τοὺς δὲ ἐκκλίνοντας εἰς τὰς στραγγαλιὰς ἀπάξει Κύριος μετὰ τῶν ἐργαζομένων τὴν ἀνομίαν. Εἰρήνη ἐπὶ τὸν Ἰσραήλ.

ΨΑΛΜΟΣ ΡΚΕ΄

Ἐν τῷ ἐπιστρέψαι Κύριον τὴν αἰχμαλωσίαν Σιὼν ἐγενήθημεν ὡσεὶ παρακεκλημένοι. Τότε ἐπλήσθη χαρᾶς τὸ στόμα ἡμῶν καὶ ἡ γλῶσσα ἡμῶν ἀγαλλιάσεως. Τότε ἐροῦσιν ἐν τοῖς ἔθνεσιν· Ἐμεγάλυνε Κύριος τοῦ ποιῆσαι μετ' αὐτῶν. Ἐμεγάλυνε Κύριος τοῦ ποιῆσαι μεθ' ἡμῶν, ἐγενήθημεν εὐφραινόμενοι. Ἐπίστρεψον, Κύριε, τὴν αἰχμαλωσίαν ἡμῶν ὡς χειμάρρους ἐν τῷ νότῳ. Οἱ σπείροντες ἐν δάκρυσιν, ἐν ἀγαλλιάσει θεριοῦσιν. Πορευόμενοι ἐπορεύοντο καὶ ἔκλαιον βάλ-

and without sin, at the prayers of the holy Theotokos and of all the Saints.

Priest:

For yours is the might, and yours the kingdom, the power and the glory, of the Father, the Son and the Holy Spirit, now and for ever, and to the ages of ages.

Choir: Amen.

PSALM 124

Those who trust in the Lord are as Mount Sion; one who dwells in Jerusalem will never be shaken. Mountains encircle her, and the Lord encircles his people from now and for ever. For the Lord will not leave the rod of sinners upon the heritage of the just, lest the just stretch out their hands in iniquities. Do good, Lord, to the good and to the honest in heart. But the Lord will drive away with those who work iniquity those who turn aside to extortions; peace upon Israel.

PSALM 125

When the Lord turned back the captivity of Sion, we became as those who are comforted. Then was our mouth filled with joy and our tongue with rejoicing. Then they will say among the nations: the Lord has done great things with them. The Lord has done great things with us, we have become joyful. Turn back our captivity, O Lord, like streams in the south. Those who sow with tears, will reap with joy. They went and as they went they wept,

λοντες τὰ σπέρματα αὐτῶν. Ἐρχόμενοι δὲ ἥξουσιν ἐν ἀγαλλιάσει αἴροντες τὰ δράγματα αὐτῶν.

ΨΑΛΜΟΣ ΡΚΣΤ´

Ἐὰν μὴ Κύριος οἰκοδομήσῃ οἶκον, εἰς μάτην ἐκοπίασαν οἱ οἰκοδομοῦντες. Ἐὰν μὴ Κύριος φυλάξῃ πόλιν, εἰς μάτην ἠγρύπνησεν ὁ φυλάσσων· Εἰς μάτην ὑμῖν ἐστι τὸ ὀρθρίζειν, ἐγείρεσθαι μετὰ τὸ καθῆσθαι, οἱ ἐσθίοντες ἄρτον ὀδύνης, ὅταν δῷ τοῖς ἀγαπητοῖς αὐτοῦ ὕπνον. Ἰδοὺ ἡ κληρονομία Κυρίου, υἱοί, ὁ μισθὸς τοῦ καρποῦ τῆς γαστρός. Ὡσεὶ βέλη ἐν χειρὶ δυνατοῦ, οὕτως οἱ υἱοὶ τῶν ἐκτετιναγμένων. Μακάριος ὃς πληρώσει τὴν ἐπιθυμίαν αὐτοῦ ἐξ αὐτῶν· οὐ καταισχυνθήσονται, ὅταν λαλῶσι τοῖς ἐχθροῖς αὐτῶν ἐν πύλαις.

ΨΑΛΜΟΣ ΡΚΖ´

Μακάριοι πάντες οἱ φοβούμενοι τὸν Κύριον, οἱ πορευόμενοι ἐν ταῖς ὁδοῖς αὐτοῦ. Τοὺς πόνους τῶν καρπῶν σου φάγεσαι· μακάριος εἶ, καὶ καλῶς σοι ἔσται. Ἡ γυνή σου ὡς ἄμπελος εὐθηνοῦσα ἐν τοῖς κλίτεσι τῆς οἰκίας σου· οἱ υἱοί σου ὡς νεόφυτα ἐλαιῶν κύκλῳ τῆς τραπέζης σου. Ἰδοὺ οὕτως εὐλογηθήσεται ἄνθρωπος ὁ φοβούμενος τὸν Κύριον. Εὐλογήσαι σε Κύριος ἐκ Σιών, καὶ ἴδοις τὰ ἀγαθὰ Ἱερουσαλὴμ πάσας τὰς ἡμέρας τῆς ζωῆς σου· Καὶ ἴδοις υἱοὺς τῶν υἱῶν σου. Εἰρήνη ἐπὶ τὸν Ἰσραήλ.

ΨΑΛΜΟΣ ΡΚΗ´

Πλεονάκις ἐπολέμησάν με ἐκ νεότητός μου, εἰπάτω δὴ Ἰσραήλ· Πλεονάκις ἐπολέμησάν με ἐκ νεότητός μου, καὶ

while they sowed their seed. But when they come they will come with joy, as they gather up their sheaves.

PSALM 126

Unless the Lord build the house, the builders have toiled for nothing. Unless the Lord guard the city, the watchman has kept vigil for nothing. Your getting up at dawn is for nothing, your rising after sitting, you who eat the bread of sorrow, when he gives sleep to his beloved; see, sons are the Lord's inheritance, the reward of the fruit of the womb. As arrows in the hand of a powerful man, so are the sons of the rejected. Blessed the man who satisfies his desire with them; they will not be shamed when they speak with their enemies in the gates.

PSALM 127

Blessed are all who fear the Lord, who walk in his ways. You will eat the toils of your fruits; you are blest, and it will be well with you. Your wife like a luxuriant vine against the sides of your house. Your sons like new olive shoots around your table. See, that is how one who fears the Lord will be blessed. The Lord bless you from Sion, and may you see the good things of Jerusalem all the days of your life. And may you see your children's children. Peace upon Israel.

PSALM 128

Many times they have made war on me since my youth, let Israel now say. Many times they have made

γὰρ οὐκ ἠδυνήθησάν μοι. Ἐπὶ τὸν νῶτόν μου ἐτέκταινον οἱ ἁμαρτωλοί, ἐμάκρυναν τὴν ἀνομίαν αὐτῶν. Κύριος δίκαιος συνέκοψεν αὐχένας ἁμαρτωλῶν. Αἰσχυνθήτωσαν καὶ ἀποστραφήτωσαν εἰς τὰ ὀπίσω πάντες οἱ μισοῦντες Σιών. Γενηθήτωσαν ὡσεὶ χόρτος δωμάτων, ὃς πρὸ τοῦ ἐκσπασθῆναι ἐξηράνθη· Οὗ οὐκ ἐπλήρωσε τὴν χεῖρα αὐτοῦ ὁ θερίζων καὶ τὸν κόλπον αὐτοῦ ὁ τὰ δράγματα συλλέγων. Καὶ οὐκ εἶπον οἱ παράγοντες· Εὐλογία Κυρίου ἐφ' ὑμᾶς, εὐλογήκαμεν ὑμᾶς ἐν ὀνόματι Κυρίου.

war on me since my youth, and yet they have not prevailed over me. The sinners have wrought upon my back, they have prolonged their iniquity. The Lord is just, he has broken the sinners' necks. Let all those who hate Sion be shamed and turned back. Let them become like grass on the housetops, which withers before it is uprooted: The reaper has not filled his hand with it, nor the one who gathers the sheaves his bosom. Nor have the passers-by said: The Lord's blessing be on you. We have blessed you in the name of the Lord.

Δόξα Πατρὶ καὶ Υἱῷ καὶ Ἁγίῳ Πνεύματι, καὶ νῦν καὶ ἀεὶ καὶ εἰς τοὺς αἰῶνας τῶν αἰώνων, Ἀμήν.

Glory to the Father and to the Son and to the Holy Spirit, both now and for ever, and to the ages of ages. Amen.

Ἀλληλούια, ἀλληλούια, ἀλληλούια· δόξα σοι ὁ Θεός. *(γ´)*

Alleluia, Alleluia, Alleluia. Glory to you, O God. *(x3)*

Κύριε, ἐλέησον, Κύριε, ἐλέησον, Κύριε, ἐλέησον.

Lord have mercy, Lord have mercy, Lord, have mercy.

Δόξα Πατρὶ καὶ Υἱῷ καὶ Ἁγίῳ Πνεύματι, καὶ νῦν καὶ ἀεὶ καὶ εἰς τοὺς αἰῶνας τῶν αἰώνων, Ἀμήν.

Glory to the Father and to the Son and to the Holy Spirit, both now and for ever, and to the ages of ages. Amen.

Ὁ Διάκονος· Ἔτι καὶ ἔτι ἐν εἰρήνῃ τοῦ Κυρίου δεηθῶμεν.

Deacon: Again and again in peace let us pray to the Lord.

Ὁ Χορός· Κύριε, ἐλέησον.

Choir: Lord, have mercy.

Ὁ Διάκονος· Ἀντιλαβοῦ, σῶσον, ἐλέησον καὶ διαφύλαξον ἡμᾶς ὁ Θεὸς τῇ σῇ χάριτι.

Deacon: Take hold of us, save us, have mercy upon us, and protect us, O God, by Your grace.

Ὁ Χορός· Κύριε, ἐλέησον.

Choir: Lord, have mercy.

Ὁ Διάκονος· Τῆς Παναγίας, ἀχράντου, ὑπερευλογημένης, ἐνδόξου, δεσποίνης ἡμῶν Θεοτόκου καὶ ἀειπαρθένου Μαρίας, μετὰ πάντων τῶν ἁγίων μνημονεύσαντες, ἑαυτοὺς καὶ ἀλλήλους καὶ

Deacon: Commemorating our most holy, most pure, most blessed and glorified Lady the Theotokos and ever-virgin Mary, together with all the saints, let us

πᾶσαν τὴν ζωὴν ἡμῶν Χριστῷ τῷ Θεῷ παραθώμεθα.

Ὁ Χορός· Σοί, Κύριε.

ΕΥΧΗ γ΄ ΛΥΧΝΙΚΟΥ

Κύριε, ὁ Θεός ἡμῶν, μνήσθητι ἡμῶν τῶν ἁμαρτωλῶν καί ἀχρείων δούλων σου, ἐν τῷ ἐπικαλεῖσθαι ἡμᾶς τό ἅγιον Ὄνομά σου, καί μή καταισχύνῃς ἡμᾶς ἀπό τῆς προσδοκίας τοῦ ἐλέους σου, ἀλλά χάρισαι ἡμῖν, Κύριε, πάντα τά πρός σωτηρία αἰτήματα· καί ἀξίωσον ἡμᾶς ἀγαπᾶν, καί φοβεῖσθαί σε ἐξ ὅλης τῆς καρδίας ἡμῶν, καί ποιεῖν ἐν πᾶσι τό θέλημά σου.

Ὁ Ἱερεύς·

Ὅτι ἀγαθός καί φιλάνθρωπος Θεός ὑπάρχεις καί σοί τήν δόξαν ἀναπέμπομεν, τῷ Πατρί καί τῷ Υἱῷ καί τῷ Ἁγίῳ Πνεύματι, νῦν καί ἀεί καί εἰς τούς αἰῶνας τῶν αἰώνων.

Ὁ Χορός· Ἀμήν

ΨΑΛΜΟΣ ΡΚΘ΄

Ἐκ βαθέων ἐκέκραξά σοι, Κύριε· Κύριε, εἰσάκουσον τῆς φωνῆς μου· Γενηθήτω τά ὦτά σου προσέχοντα εἰς τήν φωνήν τῆς δεήσεώς μου. Ἐάν ἀνομίας παρατηρήσῃς, Κύριε, Κύριε, τίς ὑποστήσεται; ὅτι παρά σοί ὁ ἱλασμός ἐστιν. Ἕνεκεν τοῦ ὀνόματός σου ὑπέμεινά σε, Κύριε· ὑπέμεινεν ἡ ψυχή μου εἰς τόν λόγον σου. Ἤλπισεν ἡ ψυχή μου ἐπί τόν Κύριον ἀπό φυλακῆς πρωΐας μέχρι νυκτός· ἀπό φυλακῆς πρωΐας ἐλπισάτω Ἰσραήλ ἐπί τόν Κύριον. Ὅτι παρά τῷ Κυρίῳ τό ἔλεος καί πολλή παρ' αὐτῷ λύτρωσις· καί αὐτός λυτρώσεται τόν Ἰσραήλ ἐκ πασῶν τῶν ἀνομιῶν αὐτοῦ.

commit ourselves and one another and all our life unto Christ our God.

Choir: To You, O Lord.

THIRD LAMPLIGHTING PRAYER

Lord our God, remember us, sinners and your unprofitable servants, as we call upon your holy Name, and do not put us to shame from the expectation of your mercy, but graciously grant us, Lord, all the requests that are for salvation, and count us worthy to love and to fear you from our whole heart, and in all things to do your will.

Priest:

For you, O God, are good and love mankind, and to you we give glory, to the Father, and to the Son and to the Holy Spirit, now and for ever, and to the ages of ages.

Choir: Amen.

PSALM 129

Out of the depths I have cried to you, O Lord; Lord, hear my voice; let your ears be attentive to the voice of my supplication. If you note our iniquities, Lord Lord, who will survive? Because forgiveness is with you. For your name's sake I have waited for you, O Lord; my soul has waited for your word, my soul has hoped in the Lord. From the morning watch until night, from the morning watch, let Israel hope in the Lord. Because with the Lord there is mercy and with him abundant redemption; and he will redeem Israel from all his iniquities.

ΨΑΛΜΟΣ ΡΛ΄

Κύριε, οὐχ ὑψώθη ἡ καρδία μου οὐδὲ ἐμετεωρίσθησαν οἱ ὀφθαλμοί μου, οὐδὲ ἐπορεύθην ἐν μεγάλοις, οὐδὲ ἐν θαυμασίοις ὑπὲρ ἐμέ. Εἰ μὴ ἐταπεινοφρόνουν, ἀλλὰ ὕψωσα τὴν ψυχήν μου ὡς τὸ ἀπογεγαλακτισμένον ἐπὶ τὴν μητέρα αὐτοῦ, ὡς ἀνταποδώσεις ἐπὶ τὴν ψυχήν μου. Ἐλπισάτω Ἰσραὴλ ἐπὶ τὸν Κύριον, ἀπὸ τοῦ νῦν καὶ ἕως τοῦ αἰῶνος.

ΨΑΛΜΟΣ ΡΛΑ΄

Μνήσθητι, Κύριε, τοῦ Δαυῒδ καὶ πάσης τῆς πραότητος αὐτοῦ, Ὡς ὤμοσε τῷ Κυρίῳ, ηὔξατο τῷ Θεῷ Ἰακώβ· Εἰ εἰσελεύσομαι εἰς σκήνωμα οἴκου μου, εἰ ἀναβήσομαι ἐπὶ κλίνης στρωμνῆς μου. Εἰ δώσω ὕπνον τοῖς ὀφθαλμοῖς μου καὶ τοῖς βλεφάροις μου νυσταγμὸν καὶ ἀνάπαυσιν τοῖς κροτάφοις μου. Ἕως οὗ εὕρω τόπον τῷ Κυρίῳ, σκήνωμα τῷ Θεῷ Ἰακώβ. Ἰδοὺ ἠκούσαμεν αὐτὴν ἐν Ἐφραθᾷ, εὕρομεν αὐτὴν ἐν τοῖς πεδίοις τοῦ δρυμοῦ. Εἰσελευσόμεθα εἰς τὰ σκηνώματα αὐτοῦ, προσκυνήσομεν εἰς τὸν τόπον, οὗ ἔστησαν οἱ πόδες αὐτοῦ. Ἀνάστηθι, Κύριε, εἰς τὴν ἀνάπαυσίν σου, σὺ καὶ ἡ κιβωτὸς τοῦ ἁγιάσματός σου. Οἱ ἱερεῖς σου ἐνδύσονται δικαιοσύνην καὶ οἱ ὅσιοί σου ἀγαλλιάσονται. Ἕνεκεν Δαυῒδ τοῦ δούλου σου μὴ ἀποστρέψῃς τὸ πρόσωπον τοῦ χριστοῦ σου. Ὤμοσε Κύριος τῷ Δαυῒδ ἀλήθειαν καὶ οὐ μὴ ἀθετήσει αὐτήν· Ἐκ καρποῦ τῆς κοιλίας σου θήσομαι ἐπὶ τοῦ θρόνου σου· Ἐὰν φυλάξωνται οἱ υἱοί σου τὴν διαθήκην μου καὶ τὰ μαρτύριά μου ταῦτα, ἃ διδάξω αὐτούς. Καὶ οἱ υἱοὶ αὐτῶν ἕως τοῦ αἰῶνος καθιοῦνται ἐπὶ τοῦ θρόνου σου. Ὅτι ἐξελέξατο Κύριος τὴν Σιών, ᾑρετίσατο αὐτὴν εἰς κατοικίαν ἑαυτῷ· Αὕτη

PSALM 130

Lord, my heart has not been exalted, nor have my eyes become lofty, I have neither walked among great affairs, nor among marvels beyond me. If I had not been humble-minded but exalted my soul, like a weaned child towards its mother, so You will requite my soul. Let Israel hope in the Lord, from now and for ever.

PSALM 131

Lord remember David and all his meekness, how he swore to the Lord, made a vow to the God of Jacob, I shall not enter the shelter of my house, climb into my bed, give sleep to my eyes, slumber to my eyelids and rest to my temples, until I find a place for the Lord, a tabernacle for the God of Jacob. See, we heard of it in Ephrata, we found it in the woodland fields. We shall enter his tabernacles, we shall worship towards the place where his feet have stood. Arise, Lord, into your rest, you and the ark of your sanctification. Your priests clothe themselves with justice, and your holy ones will rejoice. For David, your servant's sake, do not turn away the face of your Christ. The Lord has sworn truth to David and he will not annul it, From the fruit of your womb I shall place on your throne. If your sons keep my covenant and these testimonies of mine which I shall teach them, their sons too will sit on your throne for ever. For the Lord has elected Sion, has chosen her as a dwelling for himself. This is my resting-place for age on age; here I shall dwell, for I have chosen her.

ἡ κατάπαυσίς μου εἰς αἰῶνα αἰῶνος, ὧδε κατοικήσω, ὅτι ἡρετισάμην αὐτήν. Τὴν θύραν αὐτῆς εὐλογῶν εὐλογήσω, τοὺς πτωχοὺς αὐτῆς χορτάσω ἄρτων. Τοὺς ἱερεῖς αὐτῆς ἐνδύσω σωτηρίαν, καὶ οἱ ὅσιοι αὐτῆς ἀγαλλιάσει ἀγαλλιάσονται. Ἐκεῖ ἐξανατελῶ κέρας τῷ Δαυΐδ· ἡτοίμασα λύχνον τῷ χριστῷ μου. Τοὺς ἐχθροὺς αὐτοῦ ἐνδύσω αἰσχύνην, ἐπὶ δὲ αὐτὸν ἐξανθήσει τὸ ἁγίασμά μου.

Her door I shall bless abundantly, her poor I shall fill with bread. Her priests I shall clothe with salvation, and her holy ones will rejoice with great joy. There I shall make the horn of David flourish; I have prepared a lamp for my Christ. I shall clothe his enemies in shame, my sanctification will flower upon him.

ΨΑΛΜΟΣ ΡΛΒ΄

PSALM 132

Ἰδοὺ δὴ τί καλὸν ἢ τί τερπνόν, ἀλλ' ἢ τὸ κατοικεῖν ἀδελφοὺς ἐπὶ τὸ αὐτό; Ὡς μύρον ἐπὶ κεφαλῆς τὸ καταβαῖνον ἐπὶ πώγωνα, τὸν πώγωνα τοῦ Ἀαρών, τὸ καταβαῖνον ἐπὶ τὴν ᾤαν τοῦ ἐνδύματος αὐτοῦ· Ὡς δρόσος Ἀερμὼν ἡ καταβαίνουσα ἐπὶ τὰ ὄρη Σιών. Ὅτι ἐκεῖ ἐνετείλατο Κύριος τὴν εὐλογίαν, ζωὴν ἕως τοῦ αἰῶνος.

See how good and pleasant it is for brethren to dwell together. Like sweet ointment on the head which runs down upon the beard, Aaron's beard, which runs down to the hem of his garment; like the dew from Hermon, which runs down upon the mountains of Sion; for there the Lord has commanded the blessing: life for ever more.

ΨΑΛΜΟΣ ΡΛΓ΄

PSALM 133

Ἰδοὺ δὴ εὐλογεῖτε τὸν Κύριον, πάντες οἱ δοῦλοι Κυρίου, οἱ ἑστῶτες ἐν οἴκῳ Κυρίου, ἐν αὐλαῖς οἴκου Θεοῦ ἡμῶν. Ἐν ταῖς νυξὶν ἐπάρατε τὰς χεῖρας ὑμῶν εἰς τὰ ἅγια καὶ εὐλογεῖτε τὸν Κύριον. Εὐλογήσαι σε Κύριος ἐκ Σιών, ὁ ποιήσας τὸν οὐρανὸν καὶ τὴν γῆν.

Come, now bless the Lord, all you servants of the Lord, who stand in the house of the Lord, in the courts of the house of our God. Lift up your hands by night to the Holy Place, and bless the Lord. May the Lord bless you from Sion, he who made heaven and earth.

Δόξα Πατρὶ καὶ Υἱῷ καὶ Ἁγίῳ Πνεύματι, καὶ νῦν καὶ ἀεὶ καὶ εἰς τοὺς αἰῶνας τῶν αἰώνων, Ἀμήν.

Glory to the Father and to the Son and to the Holy Spirit, both now and for ever, and to the ages of ages. Amen.

Ἀλληλούια, ἀλληλούια, ἀλληλούια· δόξα σοι ὁ Θεός. *(γ΄)*

Alleluia, Alleluia, Alleluia. Glory to you, O God. *(x3)*

Κύριε, ἐλέησον, Κύριε, ἐλέησον, Κύριε, ἐλέησον.

Lord have mercy, Lord have mercy, Lord, have mercy.

Δόξα Πατρὶ καὶ Υἱῷ καὶ Ἁγίῳ Πνεύματι, καὶ νῦν καὶ ἀεὶ καὶ εἰς τοὺς αἰῶνας τῶν αἰώνων, Ἀμήν.

Ὁ Διάκονος· Ἔτι καὶ ἔτι ἐν εἰρήνῃ τοῦ Κυρίου δεηθῶμεν.

Ὁ Χορός· Κύριε, ἐλέησον.

Ὁ Διάκονος· Ἀντιλαβοῦ, σῶσον, ἐλέησον καὶ διαφύλαξον ἡμᾶς ὁ Θεὸς τῇ σῇ χάριτι.

Ὁ Χορός· Κύριε, ἐλέησον.

Ὁ Διάκονος· Τῆς Παναγίας, ἀχράντου, ὑπερευλογημένης, ἐνδόξου, δεσποίνης ἡμῶν Θεοτόκου καὶ ἀειπαρθένου Μαρίας, μετὰ πάντων τῶν ἁγίων μνημονεύσαντες, ἑαυτοὺς καὶ ἀλλήλους καὶ πᾶσαν τὴν ζωὴν ἡμῶν Χριστῷ τῷ Θεῷ παραθώμεθα.

Ὁ Χορός· Σοί, Κύριε.

ΕΥΧΗ δ΄ ΛΥΧΝΙΚΟΥ

Ὁ τοῖς ἀσιγήτοις ὕμνοις, καὶ ἀπαύστοις δοξολογίαις ὑπὸ τῶν ἁγίων Δυνάμεων ἀνυμνούμενος, πλήρωσον τὸ στόμα ἡμῶν τῆς αἰνέσεώς σου, τοῦ δοῦναι μεγαλωσύνην τῷ Ὀνόματί σου τῷ ἁγίῳ· καὶ δὸς ἡμῖν μερίδα καὶ κλῆρον μετὰ πάντων τῶν φοβουμένων σε ἐν ἀληθείᾳ, καὶ φυλασσόντων τὰς ἐντολάς σου· πρεσβείαις τῆς ἁγίας Θεοτόκου, καὶ πάντων τῶν Ἁγίων σου.

Ὁ Ἱερεύς·

Ὅτι σὺ εἶ ὁ Θεὸς ἡμῶν, Θεὸς τοῦ ἐλεεῖν καὶ σῴζειν, καὶ σοὶ τὴν δόξαν ἀναπέμπομεν, τῷ Πατρὶ καὶ τῷ Υἱῷ καὶ τῷ ἁγίῳ Πνεύματι, νῦν καὶ ἀεὶ καὶ εἰς τοὺς αἰῶνας τῶν αἰώνων.

Glory to the Father and to the Son and to the Holy Spirit, both now and for ever, and to the ages of ages. Amen.

Deacon: Again and again in peace let us pray to the Lord.

Choir: Lord, have mercy.

Deacon: Take hold of us, save us, have mercy upon us, and protect us, O God, by Your grace.

Choir: Lord, have mercy.

Deacon: Commemorating our most holy, most pure, most blessed and glorified Lady the Theotokos and ever-virgin Mary, together with all the saints, let us commit ourselves and one another and all our life unto Christ our God.

Choir: To You, O Lord.

FOURTH LAMPLIGHTING PRAYER

O Lord, who are praised by the holy Powers with never silent hymns and unceasing songs of glory, fill our mouth with your praise to give majesty to your holy Name, and give us a part and an inheritance with all who fear you in truth and who keep your commandments, at the prayers of the holy Theotokos and of all your Saints.

Priest:

For you are our God, the God who has mercy and who saves, and to you we give glory, Father, Son and Holy Spirit, now and for ever, and to the ages of ages.

Ὁ Χορός· Ἀμήν

Μετὰ τὴν ἐκφώνησιν ταύτην ἀνοίγεται τὸ καταπέτασμα τῆς Ὡραίας Πύλης καὶ ψάλλουσιν οἱ χοροὶ τὸ Κύριε, ἐκέκραξα μετὰ τῶν στιχηρῶν τῆς ἡμέρας. Ὁ δὲ διάκονος (ἢ ὁ ἱερεὺς) θυμιᾷ τὸ Ἱερατεῖον καὶ τὸν ναὸν ὅλον κατὰ τὴν συνήθη τάξιν.

ΨΑΛΜΟΣ ΡΜ΄

Κύριε, ἐκέκραξα πρὸς σέ· εἰσάκουσόν μου. Εἰσάκουσόν μου, Κύριε. Κύριε, ἐκέκραξα πρὸς σὲ, εἰσάκουσόν μου· πρόσχες τῇ φωνῇ τῆς δεήσεώς μου, ἐν τῷ κεκραγέναι με πρὸς σέ. Εἰσάκουσόν μου, Κύριε.

Κατευθυνθήτω ἡ προσευχή μου, ὡς θυμίαμα ἐνώπιόν σου· ἔπαρσις τῶν χειρῶν μου θυσία ἑσπερινή. Εἰσάκουσόν μου, Κύριε.

Θοῦ, Κύριε, φυλακὴν τῷ στόματί μου καὶ θύραν περιοχῆς περὶ τὰ χείλη μου.

Μὴ ἐκκλίνῃς τὴν καρδίαν μου εἰς λόγους πονηρίας, τοῦ προφασίζεσθαι προφάσεις ἐν ἁμαρτίαις.

Σὺν ἀνθρώποις ἐργαζομένοις τὴν ἀνομίαν, καὶ οὐ μὴ συνδυάσω μετὰ τῶν ἐκλεκτῶν αὐτῶν.

Παιδεύσει με δίκαιος, ἐν ἐλέει καὶ ἐλέγξει με· ἔλαιον δὲ ἁμαρτωλοῦ μὴ λιπανάτω τὴν κεφαλήν μου.

Ὅτι ἔτι καὶ ἡ προσευχή μου ἐν ταῖς εὐδοκίαις αὐτῶν· κατεπόθησαν ἐχόμενα πέτρας οἱ κριταὶ αὐτῶν.

Ἀκούσονται τὰ ῥήματά μου ὅτι ἡδύνθησαν· ὡσεὶ πάχος γῆς ἐρράγη ἐπὶ τῆς γῆς, διεσκορπίσθη τὰ ὀστᾶ αὐτῶν παρὰ τὸν ᾅδην.

Choir: Amen.

After this exclamation the curtain of the Beautiful Gate is opened and the choirs sing Lord, I have cried with the verses of the day. The Deacon (or the Priest) censes the Sanctuary and the entire Church according to the usual order.

PSALM 140

Lord, I have cried unto You; hear me. Hear me, O Lord. Lord, I have cried unto you; hear me. Attend to the voice of my supplication when I cry unto You; hear me, O Lord.

Let my prayer be set forth as incense before You, the lifting up of my hands as the evening sacrifice; hear me, O Lord.

Set a watch, O Lord, before my mouth and a protecting door about my lips.

Incline not my heart to evil words to make excuses in sins.

With those who work iniquity; and I will not associate with the choicest of them.

Let the righteous man chasten me with mercy and reprove me; as for the oil of the sinner, let it not anoint my head.

For even my prayer is against their good pleasure. Their judges have been swallowed up like a rock.

The shall hear my words, for they are sweet. As a clod of earth is broken on the ground, so their bones are scattered by the side of Hades.

Ὅτι πρὸς σέ, Κύριε, Κύριε, οἱ ὀφθαλμοί μου· ἐπὶ σοὶ ἤλπισα, μὴ ἀντανέλῃς τὴν ψυχήν μου.

Φύλαξόν με ἀπὸ παγίδος, ἧς συνεστήσαντό μοι, καὶ ἀπὸ σκανδάλων τῶν ἐργαζομένων τὴν ἀνομίαν.

Πεσοῦνται ἐν ἀμφιβλήστρῳ αὐτῶν οἱ ἁμαρτωλοί· κατὰ μόνας εἰμὶ ἐγώ, ἕως ἂν παρέλθω.

ΨΑΛΜΟΣ ΡΜΑ΄

Φωνῇ μου πρὸς Κύριον ἐκέκραξα, φωνῇ μου πρὸς Κύριον ἐδεήθην.

Ἐκχεῶ ἐνώπιον αὐτοῦ τὴν δέησίν μου· τὴν θλῖψίν μου ἐνώπιον αὐτοῦ ἀπαγγελῶ.

Ἐν τῷ ἐκλείπειν ἐξ ἐμοῦ τὸ πνεῦμά μου, καὶ σὺ ἔγνως τὰς τρίβους μου.

Ἐν ὁδῷ ταύτῃ, ᾗ ἐπορευόμην, ἔκρυψαν παγίδα μοι.

Κατενόουν εἰς τὰ δεξιὰ καὶ ἐπέβλεπον, καὶ οὐκ ἦν ὁ ἐπιγνώσκων με.

Ἀπώλετο φυγὴ ἀπ' ἐμοῦ, καὶ οὐκ ἔστιν ὁ ἐκζητῶν τὴν ψυχήν μου.

Ἐκέκραξα πρὸς σέ, Κύριε, εἶπα· Σὺ εἶ ἐλπίς μου, μερίς μου εἶ ἐν γῇ ζώντων.

Πρόσχες πρὸς τὴν δέησίν μου, ὅτι ἐταπεινώθην σφόδρα.

Ῥῦσαί με ἐκ τῶν καταδιωκόντων με, ὅτι ἐκραταιώθησαν ὑπὲρ ἐμέ.

For to You, O Lord, O Lord, are my eyes; I have hoped in You; take not away my soul.

Keep me from the snare which they have laid for me, and from the stumbling blocks of those who work iniquity.

The sinners shall fall into their own net. I am apart from them until I pass away.

PSALM 141

With my voice, to the Lord have I cried; with my voice, to the Lord have I made my supplication.

I shall pour out before Him my supplication; my affliction before Him shall I declare,

As my spirit is departing from within me; and You knew my paths.

In this way on which I was walking they hid a snare for me.

I looked to my right and beheld, and there was no one that knew me.

There is no escape for me, and no one searching for my soul.

I cried to You, O Lord; I said: You are my hope, You are my portion in the land of the living.

Attend to my supplication; for I have been greatly humbled.

Deliver me from those who pursue me, for they have become stronger than I.

ΣΤΙΧΗΡΑ.

Στίχ. α΄. *Ἐξάγαγε ἐκ φυλακῆς τὴν ψυχήν μου, τοῦ ἐξομολογήσασθαι τῷ ὀνόματί σου.*

Κοσμᾶ Μοναχοῦ. **Ἦχος α΄.**

Σὲ τὸν τῆς Παρθένου Υἱόν πόρνη ἐπιγνοῦσα Θεὸν ἔλεγεν ἐν κλαυθμῷ δυσωποῦσα ὡς δακρύων ἄξια πράξασα· Διάλυσον τὸ χρέος, ὡς κἀγὼ τοὺς πλοκάμους· ἀγάπησον φιλοῦσαν τὴν δικαίως μισουμένην, καὶ πλησίον τελωνῶν σε κηρύξω, εὐεργέτα φιλάνθρωπε.

Στίχ. β΄. *Ἐμὲ ὑπομενοῦσι δίκαιοι, ἕως οὗ ἀνταποδῷς μοι.*

Τὸ αὐτό.

Τὸ πολυτίμητον μύρον ἡ πόρνη ἔμιξε μετὰ δακρύων καὶ ἐξέχεεν εἰς τοὺς ἀχράντους πόδας σου καταφιλοῦσα. Ἐκείνην εὐθὺς ἐδικαίωσας, ἡμῖν δὲ συγχώρησιν δώρησαι, ὁ παθὼν ὑπὲρ ἡμῶν, καὶ σῶσον ἡμᾶς.

Στίχ. γ΄. *Ἐκ βαθέων ἐκέκραξά σοι, Κύριε· Κύριε, εἰσάκουσον τῆς φωνῆς μου.*

Τοῦ αὐτοῦ. **Ἦχος β΄**

Ὅτε ἡ ἁμαρτωλὸς προσέφερε τὸ μύρον, τότε ὁ μαθητὴς συνεφώνει τοῖς παρανόμοις· ἡ μὲν ἔχαιρε κενοῦσα τὸ πολύτιμον, ὁ δὲ ἔσπευδε πωλῆσαι τὸν ἀτίμητον· αὕτη τὸν Δεσπότην ἐπεγίνωσκεν, οὗτος τοῦ Δεσπότου ἐχωρίζετο· αὕτη ἠλευθεροῦτο, καὶ ὁ Ἰούδας δοῦλος ἐγεγόνει τοῦ ἐχθροῦ. Δεινὸν ἡ ῥαθυμία! μεγάλη ἡ μετάνοια! ἣν μοι δώρησαι, Σωτήρ, ὁ παθὼν ὑπὲρ ἡμῶν, καὶ σῶσον ἡμᾶς.

STICHERA.

Verse 1. *Bring my soul out of prison, that I may confess your name.*

By Monk Kosmas. **Tone 1.**

Recognizing you, the Virgin's Son, recognizing you to be God, a harlot said, imploring you with weeping, for she had done things worthy of tears, 'Loose my debt, as I unloose my hair; love one who kisses you, though justly hated, and along with tax-collectors I shall proclaim you, O Benefactor, who love humankind'.

Verse 2. *The just will await me, until you reward me.*

The Same.

The sweet myrrh of great price the harlot mixed with her tears, poured it over your immaculate feet and kissed them. Her you justified at once, but grant us pardon who suffered for us and save us.

Verse 3. *Out of the depths I have cried to you, O Lord. Lord hear my voice.*

By the same. Tone 2.

When the sinful woman offered myrrh, then the disciple made an agreement with the lawless ones. The one rejoiced as she emptied out something of great price, while the other hurried to sell the One beyond price. She acknowledged the Master; he was parted and separated from the Master. She was liberated while Judas became the slave of the enemy. Fearful and dreadful is sloth! Great is repentance! O Savior, grant it to me, Lord, who suffered for us, and save us.

Στίχ. δ'. *Γενηθήτω τὰ ὦτά σου προσέχοντα εἰς τὴν φωνὴν τῆς δεήσεώς μου.*

Τὸ αὐτό.

Ὢ τῆς Ἰούδα ἀθλιότητος! ἐθεώρει τὴν πόρνην φιλοῦσαν τὰ ἴχνη καὶ ἐσκέπτετο δόλῳ τῆς προδοσίας τὸ φίλημα· ἐκείνη τοὺς πλοκάμους διέλυσε καὶ οὗτος τῷ θυμῷ ἐδεσμεῖτο, φέρων ἀντὶ μύρου τὴν δυσώδη κακίαν· φθόνος γὰρ οὐκ οἶδε προτιμᾶν τὸ συμφέρον. Ὢ τῆς Ἰούδα ἀθλιότητος! ἀφ' ἧς ῥῦσαι, ὁ Θεὸς τὰς ψυχὰς ἡμῶν.

Στίχ. ε'. *Ἐὰν ἀνομίας παρατηρήσῃς, Κύριε, Κύριε, τίς ὑποστήσεται; ὅτι παρὰ σοὶ ὁ ἱλασμός ἐστιν.*

Τοῦ αὐτοῦ. Ἦχος β'

Ἡ ἁμαρτωλὸς ἔδραμε πρὸς τὸ μύρον, πριάσασθαι πολύτιμον μύρον τοῦ μυρίσαι τὸν εὐεργέτην καὶ τῷ μυρεψῷ ἐβόα· Δός μοι τὸ μύρον, ἵνα ἀλείψω κἀγὼ τὸν ἐξαλείψαντά μου πάσας τὰς ἁμαρτίας.

Στίχ. στ'. *Ἕνεκεν τοῦ ὀνόματός σου ὑπέμεινά σε, Κύριε, ὑπέμεινεν ἡ ψυχή μου εἰς τὸν λόγον σου, ἤλπισεν ἡ ψυχή μου ἐπὶ τὸν Κύριον.*

Τοῦ αὐτοῦ. Ἦχος πλ. β'

Ἡ βεβυθισμένη τῇ ἁμαρτίᾳ, εὗρέ σε λιμένα τῆς σωτηρίας καὶ μύρον σὺν δάκρυσι κενοῦσά σοι ἐβόα· Ἴδε, ὁ ἔχων ἐξουσίαν συγχωρεῖν ἁμαρτίας· ἴδε, ὁ τῶν ἁμαρτανόντων τὴν μετάνοιαν φέρων. Ἀλλά, Δέσποτα, διάσωσόν με ἐκ τοῦ κλύδωνος τῆς ἁμαρτίας μου, δέομαι, διὰ τὸ μέγα σου ἔλεος.

Verse 4. *Let your ears be attentive, to the voice of my supplication.*

The Same...

O the wretchedness of Judas! He watched the harlot kissing your feet and with cunning and with guile began to plot the kiss of treachery. She untied her locks and set them free, and he was being bound, being bound by rage, bringing foul-smelling wickedness instead of myrrh; for envy does not know how to prefer its advantage. O the wretchedness of Judas! From it, O God, deliver our souls.

Verse 5. *If you, Lord, should mark iniquities, Lord, who will stand? But there is forgiveness with you.*

By the same. Tone 2.

The sinful woman ran for the myrrh to buy, myrrh of great price, to anoint with myrrh the Benefactor, and to the myrrh-seller she cried, 'Give me the myrrh, that I may anoint the One who has wiped away, wiped away all my sins'.

Verse 6. *For your name's sake I have waited for you, O Lord. My soul has waited on your word. My soul has hoped in the Lord.*

By the same. Tone Pl. 2.

The woman who was drowned by sin found you, the harbor of salvation, and emptying out myrrh with tears, she cried out to you, 'See, the one who has authority to pardon sins. See, the One who waits for the repentance of the sinful. But, Master, save me from the tempest of my sin through your great mercy'.

Στίχ. ζ΄. *Ἀπὸ φυλακῆς πρωΐας μέχρι νυκτός, ἀπὸ φυλακῆς πρωΐας, ἐλπισάτω Ἰσραὴλ ἐπὶ τὸν Κύριον.*

Βυζαντίνου. Ἦχος πλ. α΄.

Σήμερον ὁ Χριστός, παραγίνεται ἐν τῇ οἰκίᾳ τοῦ Φαρισαίου καὶ γυνὴ ἁμαρτωλὸς προσελθοῦσα τοῖς ποσὶν ἐκυλινδοῦτο βοῶσα· Ἴδε τὴν βεβυθισμένην τῇ ἁμαρτίᾳ, τὴν ἀπηλπισμένην διὰ τὰς πράξεις, τὴν μὴ βδελυχθεῖσαν παρὰ τῆς σῆς ἀγαθότητος· καὶ δός μοι, Κύριε, τὴν ἄφεσιν τῶν κακῶν καὶ σῶσόν με.

Στίχ. η΄. *Ὅτι παρὰ τῷ Κυρίῳ τὸ ἔλεος καὶ πολλὴ παρ' αὐτῷ λύτρωσις· καὶ αὐτὸς λυτρώσεται τὸν Ἰσραὴλ ἐκ πασῶν τῶν ἀνομιῶν αὐτοῦ.*

Ἰωάννου μοναχοῦ. Ἦχος ὁ αὐτός.

Ἥπλωσεν ἡ πόρνη τὰς τρίχας σοι τῷ Δεσπότῃ· ἥπλωσεν Ἰούδας τὰς χεῖρας τοῖς παρανόμοις· ἡ μὲν λαβεῖν τὴν ἄφεσιν· ὁ δέ, λαβεῖν ἀργύρια. Διό σοι βοῶμεν τῷ πραθέντι καὶ ἐλευθερώσαντι ἡμᾶς· Κύριε δόξα σοι.

Στίχ. θ΄. *Αἰνεῖτε τὸν Κύριον πάντα τὰ ἔθνη, ἐπαινέσατε αὐτὸν πάντες οἱ λαοί.*

Βυζαντίνου. Ἦχος ὁ αὐτός.

Προσῆλθε γυνὴ δυσώδης καὶ βεβορβορωμένη, δάκρυα προχέουσα ποσί σου, Σωτήρ, τὸ πάθος καταγγέλλουσα· Πῶς ἀτενίσω σοι τῷ Δεσπότῃ; αὐτὸς γὰρ ἐλήλυθας σῶσαι πόρνην. Ἐκ βυθοῦ θανοῦσάν με ἀνάστησον, ὁ τὸν Λάζαρον ἐγείρας, ἐκ τάφου τετραήμερον. Δέξαι με τὴν τάλαιναν, Κύριε, καὶ σῶσόν με.

Στίχ. ι΄. *Ὅτι ἐκραταιώθη τὸ ἔλεος αὐτοῦ ἐφ' ἡμᾶς, καὶ ἡ ἀλήθεια τοῦ Κυρίου μένει εἰς τὸν αἰῶνα.*

Verse 7. *From the morning watch until night, from the morning watch, let Israel hope in the Lord.*

By Vyzantinos. Tone Pl. 2.

Today Christ comes to the house of the Pharisee and a sinful woman draws near and flings herself at his feet, crying, 'Behold a woman who has been drowned by sin, without hope because of her deeds, yet not rejected with loathing from your goodness, and give me, Lord, forgiveness of my evil deeds and save me'.

Verse 8. *For with the Lord there is mercy, and with him plentiful redemption, and he will redeem Israel from all his iniquities.*

By Monk John. Tone Pl. 2.

The harlot spread out her hair for you, the Master; Judas spread out his hands to the lawless: she to receive forgiveness, he to receive silver. And so we cry to you, you were sold and you who set us free, 'O Lord, glory to you!'

Verse 9. *Praise the Lord, all you nations. Praise him all you peoples.*

By Byzance. Tone Pl. 2.

A woman foul-smelling and defiled drew near, pouring tears upon your feet, O Savior, and proclaiming your passion. 'Master, how can I gaze upon you,? For you have come yourself to save a harlot. From the deep raise me who am dead, raise me from the deep, you roused Lazarus from the tomb after four days, Lord, in my misery accept me and save me.'

Verse 10. *For his mercy has been mighty towards us, and the truth of the Lord endures to the ages.*

Ἰωάννου μοναχοῦ. Ἦχος ὁ αὐτός.

Ἡ ἀπεγνωσμένη διὰ τὸν βίον καὶ ἐπεγνωσμένη διὰ τὸν τρόπον τὸ μύρον βαστάζουσα προσῆλθέ σοι βοῶσα· Μή με τὴν πόρνην ἀπορρίψῃς, ὁ τεχθεὶς ἐκ Παρθένου· μή μου τὰ δάκρυα παρίδῃς, ἡ χαρὰ τῶν ἀγγέλων· ἀλλὰ δέξαι με μετανοοῦσαν, ἣν οὐκ ἀπώσω ἁμαρτάνουσαν, Κύριε, διὰ τὸ μέγα σου ἔλεος.

By Monk John. Tone Pl. 2.

Rejected because of her life, well-known because of her ways, she approached you carrying sweet myrrh and crying, 'Do not case me out, who am a harlot, You, who were born of a Virgin, do not despise, do not despise my tears, O Joy of the Angels, but, O Lord, as I repent, accept me, whom you did not thrust from you when I sinned, through your great mercy.'

Δόξα Πατρὶ καὶ Υἱῷ καὶ Ἁγίῳ Πνεύματι, καὶ νῦν καὶ ἀεὶ καὶ εἰς τοὺς αἰῶνας τῶν αἰώνων. Ἀμήν.

Glory to the Father, Son and the Holy Spirit, both now and ever and to the ages of ages. Amen.

Ποίημα Κασσιανῆς Μοναχῆς. Ἦχος πλ. δ΄.

Κύριε, ἡ ἐν πολλαῖς ἁμαρτίαις περιπεσοῦσα γυνή, τὴν σὴν αἰσθομένη Θεότητα, μυροφόρου ἀναλαβοῦσα τάξιν, ὀδυρομένη μύρα σοι πρὸ τοῦ ἐνταφιασμοῦ κομίζει. Οἴμοι! λέγουσα, ὅτι νύξ μοι ὑπάρχει, οἶστρος ἀκολασίας, ζοφώδης τε καὶ ἀσέληνος, ἔρως τῆς ἁμαρτίας. Δέξαι μου τὰς πηγὰς τῶν δακρύων, ὁ νεφέλαις διεξάγων τῆς θαλάσσης τὸ ὕδωρ· κάμφθητί μοι πρὸς τοὺς στεναγμοὺς τῆς καρδίας, ὁ κλίνας τοὺς οὐρανοὺς τῇ ἀφάτῳ σου κενώσει. Καταφιλήσω τοὺς ἀχράντους σου πόδας, ἀποσμήξω τούτους δὲ πάλιν τοῖς τῆς κεφαλῆς μου βοστρύχοις· ὧν ἐν τῷ παραδείσῳ Εὔα τὸ δειλινὸν κρότον τοῖς ὠσὶν ἠχηθεῖσα, τῷ φόβῳ ἐκρύβη. Ἁμαρτιῶν μου τὰ πλήθη καὶ κριμάτων σου ἀβύσσους τίς ἐξιχνιάσει, ψυχοσῶστα Σωτήρ μου; Μή με τὴν σὴν δούλην παρίδῃς, ὁ ἀμέτρητον ἔχων τὸ ἔλεος.

Nun Kassiani. Tone Pl. 4.

O Lord, the woman who had fallen into many sins, perceiving your divinity, took up the role of myrrh-bearer, and with lamentation brings sweet myrrh to you before your burial. 'Alas!', she says, 'for night is for me a frenzy of lust, a dark and moonless love of sin. Accept the fountains of my tears, you who from the clouds draw out the water of the sea; bow yourself down to the groanings of my heart, you who bowed the heavens by your ineffable self-emptying. I shall kiss your immaculate feet, and wipe them again with the locks of my hair, those feet whose sound Eve heard at dusk in Paradise, whose sound Eve heard and hid herself in fear. Who can search out the multitude of my sins and the depths of your judgments, O my Savior, savior of souls? Do not despise me, your servant, for you have mercy without measure'.

Η ΕΙΣΟΔΟΣ

Ψαλλομένου δὲ τοῦ Δόξα, καὶ νῦν γίνεται εἴσοδος μετὰ τοῦ Εὐαγγελίου κατὰ τὴν ἐκτεθεῖσαν ἐν τῷ Ἑσπερινῷ τῶν ἑορτῶν τάξιν, καὶ λέγει ὁ ἱερεὺς μυστικῶς τὴν εὐχὴν ταύτην·

ΕΥΧΗ ΤΗΣ ΕΙΣΟΔΟΥ

Ἑσπέρας καὶ πρωῒ καὶ μεσημβρίας αἰνοῦμεν, εὐλογοῦμεν, εὐχαριστοῦμεν καὶ δεόμεθά σου, Δέσποτα τῶν ἁπάντων, φιλάνθρωπε Κύριε· Κατεύθυνον τὴν προσευχὴν ἡμῶν ὡς θυμίαμα ἐνώπιόν σου καὶ μὴ ἐκκλίνῃς τὰς καρδίας ἡμῶν εἰς λόγους ἢ εἰς λογισμοὺς πονηρίας, ἀλλὰ ῥῦσαι ἡμᾶς ἐκ πάντων τῶν θηρευόντων τὰς ψυχὰς ἡμῶν· ὅτι πρὸς σέ, Κύριε, Κύριε, οἱ ὀφθαλμοὶ ἡμῶν καὶ ἐπὶ σοὶ ἠλπίασμεν· μὴ καταισχύνῃς ἡμᾶς, ὁ Θεὸς ἡμῶν.

Ὅτι πρέπει σοι πᾶσα δόξα, τιμὴ καὶ προσκύνησις, τῷ Πατρὶ καὶ τῷ Υἱῷ καὶ τῷ ἁγίῳ Πνεύματι, νῦν καὶ ἀεὶ καὶ εἰς τοὺς αἰῶνας τῶν αἰώνων. Ἀμήν.

Καὶ μετὰ τὸ Σοφία· ὀρθοί, ἀναγινώσκει ὁ προεστὼς (ἢ ὁ ἀναγνώστης) τὸ Φῶς ἱλαρόν.

Ὁ Διάκονος· Σοφία. Ὀρθοί !

Φῶς ἱλαρὸν ἁγίας δόξης ἀθανάτου Πατρός, οὐρανίου, ἁγίου, μάκαρος, Ἰησοῦ Χριστέ, ἐλθόντες ἐπὶ τὴν ἡλίου δύσιν, ἰδόντες φῶς ἑσπερινόν, ὑμνοῦμεν Πατέρα, Υἱόν καὶ ἅγιον Πνεῦμα, Θεόν. Ἄξιόν σε ἐν πᾶσι καιροῖς, ὑμνεῖσθαι φωναῖς αἰσίαις, Υἱὲ Θεοῦ, ζωὴν ὁ διδούς· διὸ ὁ κόσμος σὲ δοξάζει.

Ὁ Διάκονος· Ἑσπέρας.

Ὁ Ἀναγνώστης· Προκείμενον. Ἦχος δ΄. Ψαλμὸς ΡΛΕ΄.

Ὁ Διάκονος· Πρόσχωμεν.

THE ENTRANCE

At the singing of the Glory, both now, the entrance occurs with the Gospel according to the established order at Vespers for feasts, and the Priest reads this prayer silently:

THE PRAYER OF ENTRANCE

At evening, at morning and at midday we praise, bless and give thanks, and we pray to you, Master of all things, Lord who love mankind: Direct our prayer before you like incense, and do not incline our hearts to words or thoughts of evil, but deliver us from all that hunt down our souls. For our eyes look to you, O Lord, our Lord, and we have hoped in you.

For to you belong all glory, honor and worship, to the Father, the Son and the Holy Spirit, now and for ever, and to the ages of ages. Amen.

And after Wisdom, arise, the Superior (or the Reader) read O Gladsome light.

Deacon: Wisdom. Arise!

O joyful Light of the holy glory of the immortal, heavenly, holy, blessed Father, O Jesus Christ. Now that we have come to the setting of the sun and see the evening light, we sing the praise of God, Father, Son and Holy Spirit. It is right at all times to hymn you with holy voices, Son of God, giver of life. Therefore the world glorifies you.

Deacon: Evening.

Reader: Prokeimenon. Tone 4. Psalm 135.

Deacon: Let us be attentive.

Ὁ Ἀναγνώστης· Ἐξομολογεῖσθε τῷ Θεῷ τοῦ οὐρανοῦ, ὅτι εἰς τὸν αἰῶνα τὸ ἔλεος αὐτοῦ.

Στίχ. *Ἐξομολογεῖσθε τῷ Θεῷ τῶν θεῶν, ὅτι εἰς τὸν αἰῶνα τὸ ἔλεος αὐτοῦ.*

Ὁ Διάκονος· Σοφία.

Ὁ Ἀναγνώστης· Τῆς Ἐξόδου τὸ ἀνάγνωσμα.

Ὁ Διάκονος· Πρόσχωμεν.

(β΄ 11-21, ιη΄ 4)

Ἐν ταῖς ἡμέραις ταῖς πολλαῖς ἐκείναις μέγας γενόμενος Μωϋσῆς, ἐξῆλθε πρὸς τοὺς ἀδελφοὺς αὐτοῦ τοὺς υἱοὺς Ἰσραήλ. Κατανοήσας δὲ τὸν πόνον αὐτῶν, ὁρᾷ ἄνθρωπον Αἰγύπτιον τύπτοντά τινα Ἑβραῖον τῶν ἑαυτοῦ ἀδελφῶν τῶν υἱῶν Ἰσραήλ. Περιβλεψάμενος δὲ ὧδε καὶ ὧδε οὐχ ὁρᾷ οὐδένα· καὶ πατάξας τὸν Αἰγύπτιον ἔκρυψεν αὐτὸν ἐν τῇ ἄμμῳ. Ἐξελθὼν δὲ τῇ ἡμέρᾳ τῇ δευτέρᾳ ὁρᾷ δύο ἄνδρας Ἑβραίους, διαπληκτιζομένους καὶ λέγει τῷ ἀδικοῦντι· Διατί σὺ τύπτεις τὸν πλησίον; Ὁ δὲ εἶπε· Τίς σε κατέστησεν ἄρχοντα καὶ δικαστὴν ἐφ᾽ ἡμᾶς; μὴ ἀνελεῖν με σὺ θέλεις, ὃν τρόπον ἀνεῖλες χθὲς τὸν Αἰγύπτιον; Ἐφοβήθη δὲ Μωϋσῆς, καὶ εἶπεν· Εἰ οὕτως ἐμφανὲς γέγονε τὸ ῥῆμα τοῦτο! Ἤκουσε δὲ Φαραὼ τὸ ῥῆμα τοῦτο καὶ ἐζήτει ἀνελεῖν τὸν Μωϋσῆν. Ἀνεχώρησε δὲ Μωϋσῆς ἀπὸ προσώπου Φαραὼ καὶ ᾤκησεν ἐν γῇ Μαδιάμ· ἐλθὼν δὲ εἰς γῆν Μαδιὰμ ἐκάθισεν ἐπὶ τοῦ φρέατος. Τῷ δὲ ἱερεῖ Μαδιὰμ ἦσαν ἑπτὰ θυγατέρες, ποιμαίνουσαι τὰ πρόβατα τοῦ πατρὸς αὐτῶν Ἰοθόρ· παραγενόμεναι δὲ ἤντλουν, ἕως ἔπλησαν τὰς δεξαμενὰς ποτίσαι τὰ πρόβατα τοῦ πατρὸς αὐτῶν Ἰοθόρ. Παραγενόμενοι δὲ οἱ ποιμένες ἐξέβαλον αὐτάς.

Reader: Give thanks to the God of heaven: for his mercy endures for ever.

Verse: *Give thanks to the God of gods, for his mercy endures for ever.*

Deacon: Wisdom.

Reader: The reading is from the book of Exodus.

Deacon: Let us be attentive.

(2:11-22)

It came to pass in that length of days, after Moses had grown up, he went out to his people, the children of Israel, and saw their forced labour. He saw an Egyptian beating a Hebrew, one of his kinsfolk. He looked this way and that, and seeing no one he killed the Egyptian and hid him in the sand. When he went out the next day, he saw two Hebrews fighting; and he said to the one who was in the wrong, 'Why do you strike your fellow Hebrew?' He answered, 'Who made you a ruler and judge over us? Do you mean to kill me as you killed the Egyptian yesterday?' Then Moses was afraid and thought, 'Surely the thing is known.' When Pharaoh heard of it, he sought to kill Moses. But Moses fled from Pharao. He settled in the land of Madiam. On entering the land of Madiam he sat down by a well. The priest of Madiam had seven daughters, who shepherded the flocks of the father Jethro. They came to draw water, and filled the troughs to water their father Jethro's flock. But some shepherds came and drove them away. Moses got up and came to their defence and watered their

Ἀναστὰς δὲ Μωϋσῆς ἐρρύσατο αὐτάς καὶ ἤντλησεν αὐταῖς καὶ ἐπότισε τὰ πρόβατα αὐτῶν· παρεγένοντο δὲ πρὸς Ῥαγουὴλ τὸν πατέρα αὐτῶν. Ὁ δὲ εἶπεν αὐταῖς· Τί ὅτι ἐταχύνατε τοῦ παραγενέσθαι σήμερον; Αἱ δὲ εἶπον· Ἄνθρωπος Αἰγύπτιος ἐρρύσατο ἡμᾶς ἀπὸ τῶν ποιμένων καὶ ἤντλησεν ἡμῖν καὶ ἐπότισε τὰ πρόβατα ἡμῶν. Ὁ δὲ εἶπε ταῖς θυγατράσιν αὐτοῦ· Καὶ ποῦ ἐστι; καὶ ἵνα τί οὕτω καταλελοίπατε τὸν ἄνθρωπον; καλέσατε οὖν αὐτόν, ὅπως φάγῃ ἄρτον. Κατῳκίσθη δὲ Μωϋσῆς παρὰ τῷ ἀνθρώπῳ καὶ ἐξέδοτο Σεπφώραν τὴν θυγατέρα αὐτοῦ τῷ Μωϋσῇ γυναῖκα. Ἐν γαστρὶ δὲ λαβοῦσα ἡ γυνὴ ἔτεκεν υἱόν· καὶ ἐπωνόμασε Μωϋσῆς τὸ ὄνομα αὐτοῦ Γηρσέμ, λέγων. Ὅτι πάροικός εἰμι ἐν γῇ ἀλλοτρίᾳ. Ἔτι δὲ συλλαβοῦσα ἔτεκεν υἱὸν δεύτερον καὶ ἐκάλεσε τὸ ὄνομα αὐτοῦ Ἐλιέζερ, λέγων. Ὁ γὰρ Θεὸς τοῦ πατρός μου βοηθός μου καὶ ἐρρύσατό με ἐκ χειρὸς Φαραώ.

Ὁ Ἀναγνώστης· Προκείμενον. Ἦχος δ΄. Ψαλμὸς ΡΛΖ΄.

Ὁ Διάκονος· Πρόσχωμεν.

Ὁ Ἀναγνώστης· Κύριε, τὸ ἔλεός σου εἰς τὸν αἰῶνα· τὰ ἔργα τῶν χειρῶν σου μὴ παρίδῃς.

Στίχ. Ἐξομολογήσομαί σοι, Κύριε, ἐν ὅλῃ καρδίᾳ μου καὶ ἐναντίον ἀγγέλων ψαλῶ σοι, ὅτι ἤκουσας πάντα τὰ ῥήματα τοῦ στόματός μου.

Ὁ Ἀναγνώστης· Κέλευσον.

Ὁ δὲ ἱερεὺς κρατῶν ἐν τῇ δεξιᾷ λαμπάδα καὶ θυμιατήριον ἐξηρτημένον ποιεῖ σχῆμα σταυροῦ δι᾽ αὐτῶν ἐνώπιον τῆς ἁγίας Τραπέζης λέγων·

Σοφία· ὀρθοί.

flock. When they returned to their father Jethro, he said, 'How is it that you have come back so soon today?' They said, 'An Egyptian helped us against the shepherds; he even drew water for us and watered the flock.' He said to his daughters, 'Where is he? Why did you leave the man? Invite him to eat bread.' Moses agreed to stay with the man, and he gave Moses his daughter Sephora in marriage. She conceived and bore a son, and Moses named him Gershom; for he said, 'I have been an alien residing in a foreign land.' She conceived again and gave birth to a second son, and he called his name Eliezer, saying, 'For the God of my father is my helper, and has delivered me from the hand of Pharao'.

Reader: Prokeimenon. Tone 4. Psalm 137.

Deacon: Let us be attentive.

Reader: Lord, your mercy is for ever: do not scorn the work of your hands.

Verse: *I will give thanks to you, O Lord, with my whole heart, and I will sing to you in the presence of the angels, for you have the words of my mouth*

Reader: Command.

The Priest, holding a candle and the censer in his right hand makes the sign of the cross with them before the Holy Table saying:

Wisdom, arise.

Καὶ στραφεὶς πρὸς τὸν λαὸν καὶ εὐλογῶν αὐτὸν διὰ τῆς λαμπάδας ἐκφωνεῖ·

Φῶς Χριστοῦ φαίνει πᾶσι.

Ὁ Ἀναγνώστης· Ἰὼβ τὸ ἀνάγνωσμα.

Ὁ Διάκονος· Πρόσχωμεν.

(β':1-10)

Ἐγένετο ὡς ἡ ἡμέρα αὕτη καὶ ἦλθον οἱ ἄγγελοι τοῦ Θεοῦ παραστῆναι ἐναντίον τοῦ Κυρίου· καὶ ὁ διάβολος ἦλθεν ἐν μέσῳ αὐτῶν παραστῆναι ἐναντίον τοῦ Κυρίου. Καὶ εἶπεν ὁ Κύριος τῷ διαβόλῳ· Πόθεν σὺ ἔρχῃ; εἶπε δὲ ὁ διάβολος ἐναντίον Κυρίου· Διαπορευθεὶς τὴν ὑπ' οὐρανόν καὶ ἐμπεριπατήσας τὴν σύμπασαν πάρειμι. Εἶπε δὲ ὁ Κύριος πρὸς τὸν διάβολον· Προσέσχες τὸν θεράποντά μου Ἰώβ, ὅτι οὐκ ἔστι κατ' αὐτόν τῶν ἐπὶ τῆς γῆς ἄνθρωπος ὅμοιος αὐτῷ, ἄκακος, ἀληθινός, ἄμεμπτος, θεοσεβής, ἀπεχόμενος ἀπό παντός κακοῦ; ἔτι δὲ ἔχεται ἀκακίας· σὺ δὲ εἶπας τὰ ὑπάρχοντα αὐτοῦ διακενῆς ἀπολέσαι. Ὑπολαβὼν δὲ ὁ διάβολος εἶπε τῷ Κυρίῳ· Δέρμα ὑπὲρ δέρματος· καὶ πάντα ὅσα ὑπάρχει ἀνθρώπῳ, ὑπὲρ τῆς ψυχῆς αὐτοῦ ἐκτίσει· οὐ μὴν δέ ἀλλὰ ἀποστείλας τὴν χεῖρά σου ἄψαι τῶν ὀστῶν αὐτοῦ καὶ τῶν σαρκῶν αὐτοῦ· ἦ μὴν εἰς πρόσωπόν σε εὐλογήσει. Εἶπε δὲ ὁ Κύριος τῷ διαβόλῳ· Ἰδοὺ παραδίδωμί σοι αὐτόν· μόνον τὴν ψυχὴν αὐτοῦ διαφύλαξον. Καὶ ἐξῆλθεν ὁ διάβολος ἀπὸ προσώπου Κυρίου· καὶ ἔπαισε τὸν Ἰὼβ ἕλκει πονηρῷ ἀπὸ ποδῶν ἕως κεφαλῆς. Καὶ ἔλαβεν ἑαυτῷ ὄστρακον, ἵνα τὸν ἰχῶρα ξύῃ, καὶ ἐκάθητο ἐπὶ τῆς κοπρίας ἔξω τῆς πόλεως. Χρόνου δὲ πολλοῦ προβεβηκότος εἶπεν αὐτῷ ἡ γυνὴ αὐτοῦ· Μέχρι τίνος καρτε-

---

And turning towards the people and blessing them with the candle he exclaims:

The Light of Christ shines for all!

Reader: The reading is from the book of Job.

Deacon: Let us be attentive.

(2:1-10)

One day the angels of God came to present themselves before the Lord, and the devil also came among them to present himself before the Lord. The Lord said to the devil, 'Where have you come from?' The devil answered the Lord, 'From going to and fro on the earth, and from walking up and down through the whole of it.' The Lord said to the devil, 'Have you considered my servant Job? There is no one like him on the earth, an innocent, true, blameless man who fears God and turns away from every evil deed. He still persists in innocence, although you incited me to destroy his property for no reason.' Then the devil answered the Lord, 'Skin for skin! All that people have they will give to save their lives. But stretch out your hand now and touch his bone and his flesh, and he will bless you to your face.' The Lord said to the devil, 'Very well, I hand him over to you; only spare his life.' So the devil went out from the presence of the Lord, and inflicted loathsome sores on Job from the sole of his foot to the crown of his head. Job took a potsherd with which to scrape away the discharge, and sat on the dung heap outside the city. And after a long time had passed his wife said to him, 'How long

ρήσεις λέγων· Ἰδοὺ ἀναμένω χρόνον ἔτι μικρόν, προσδεχόμενος τὴν ἐλπίδα τῆς σωτηρίας μου; ἰδοὺ γὰρ ἠφάνισταί σου τὸ μνημόσυνον ἀπὸ τῆς γῆς, υἱοὶ καὶ θυγατέρες, ἐμῆς κοιλίας ὠδῖνες καὶ πόνοι, οὓς εἰς τὸ κενὸν ἐκοπίασα μετὰ μόχθων· σὺ δὲ αὐτὸς ἐν σαπρίᾳ σκωλήκων κάθησαι, διανυκτερεύων αἴθριος, κἀγὼ πλανῆτις καὶ λάτρις, τόπον ἐκ τόπου περιερχομένη καὶ οἰκίαν ἐξ οἰκίας, προσδεχομένη τὸν ἥλιον πότε δύσεται, ἵνα ἀναπαύσωμαι τῶν μόχθων μου καὶ τῶν ὀδυνῶν, αἵ με νῦν συνέχουσιν· ἀλλὰ εἰπόν τι ῥῆμα πρὸς Κύριον, καὶ τελεύτα. Ὁ δὲ ἐμβλέψας αὐτῇ εἶπεν· Ἵνα τί ὥσπερ μία τῶν ἀφρόνων γυναικῶν ἐλάλησας οὕτως; εἰ τὰ καλὰ ἐδεξάμεθα ἐκ χειρὸς Κυρίου, τὰ κακὰ οὐχ ὑποίσωμεν; Ἐν τούτοις πᾶσι τοῖς συμβεβηκόσιν αὐτῷ οὐδὲν ἥμαρτεν Ἰὼβ τοῖς χείλεσιν ἐναντίον τοῦ Θεοῦ.

Ὁ Ἱερεύς· Εἰρήνη σοι.

Καὶ εὐθὺς ὁ ἱερεὺς θυμιῶν τὴν ἁγίαν Τράπεζαν ψάλλει·

Κατευθυνθήτω ἡ προσευχή μου ὡς θυμίαμα ἐνώπιόν σου· ἔπαρσις τῶν χειρῶν μου θυσία ἑσπερινή.

Οἱ χοροὶ ἐπαναλαμβάνουσι τὸ αὐτὸ τετράκις, τοῦ ἱερέως θυμιῶντος ἑκάστην πλευρὰν τῆς ἁγίας Τραπέζης καὶ λέγοντος τοὺς κάτωθι στίχους.

Στίχ. α΄. *Κύριε, ἐκέκραξα πρὸς σέ, εἰσάκουσόν μου· πρόσχες τῇ φωνῇ τῆς δεήσεώς μου ἐν τῷ κεκραγέναι με πρὸς σέ.*

Στίχ. β΄. *Θοῦ, Κύριε, φυλακὴν τῷ στόματί μου καὶ θύραν περιοχῆς περὶ τὰ χείλη μου.*

Στίχ. γ΄. *Μὴ ἐκκλίνῃς τὴν καρδίαν μου εἰς λόγους πονηρίας τοῦ προφασίζεσθαι προφάσεις ἐν ἁμαρτίαις.*

Στίχ. δ΄. *Δόξα Πατρὶ καὶ Υἱῷ καὶ ἁγίῳ Πνεύματι, καὶ νῦν καὶ ἀεὶ καὶ εἰς τοὺς αἰῶνας τῶν αἰώνων. Ἀμήν.*

will you persist, saying, 'See, I am waiting yet a little while, expecting the hope of my salvation'? For see, your memorial has been abolished from the earth: the sons and daughters, pangs and labours of my womb, which I bore in vain with sorrows; while you sit among the corruption of worms, spending the night under the open sky, and I am a wanderer and a servant, going round from place to place and from house to house, waiting for the sun to set, that I may rest from the sorrows and pains which now beset me. But speak a word against the Lord, and die'. But he looked at her and said, 'Why have you spoken thus, like one of the foolish women? If we have accepted good at the hand of God, shall we not accept bad?' In all this Job did not sin with his lips before God.

Priest: Peace to you.

And immediately the Priest censes the Holy Table singing:

Let my prayer arise like incense before you; and the lifting up of my hands as an evening sacrifice.

The choirs repeat this four times, during which the priest censes each side of the Holy Table saying the verses below.

Verse: *Lord, I have cried to you, hear me; give heed to the voice of my supplication when I cry to you.*

Verse: *Set a guard, O Lord, on my mouth; and a strong door about my lips.*

Verse: *Let not my heart incline to evil words; to make excuses for my sins.*

Verse: *Glory to the Father and to the Son and to the Holy Spirit, both now and ever and to the ages of ages. Amen.*

Καὶ ἐλθὼν ὁ ἱερεὺς πάλιν ἐνώπιον τῆς ἁγίας Τραπέζης ἐπαναλαμβάνει τὸ Κατευθυνθήτω μέχρι τοῦ ἐνώπιόν σου, καὶ ἐξελθὼν εἰς τὴν Ὡραίαν Πύλην θυμιᾷ ἐκεῖθεν τὰς εἰκόνας καὶ τὸν λαόν, τοῦ χοροῦ ψάλλοντος τὸ ἐπίλοιπον τοῦ στίχου καὶ πάντων ποιούντων μετανοίας μεγάλας τρεῖς.

And the Priest comes again before the Holy Table and repeats, Let my prayer arise up to before you, *and he comes out the Beautiful Gate and censes the icons and the people, while the choir sings the rest of the verse and everyone makes three great metanoias.*

Ὁ Διάκονος· Καὶ ὑπὲρ τοῦ καταξιωθῆναι ἡμᾶς τῆς ἀκροάσεως τοῦ ἁγίου Εὐαγγελίου Κύριον τὸν Θεὸν ἡμῶν ἱκετεύσωμεν.

Deacon: And that we might be found worthy to hear the holy Gospel, let us pray to the Lord God.

Ὁ Χορός· Κύριε, ἐλέησον. *(γ΄)*

Choir: Lord, have mercy. *(x3)*

Ὁ Διάκονος· Σοφία. Ὀρθοί, ἀκούσωμεν τοῦ ἁγίου Εὐαγγελίου.

Deacon: Wisdom. Arise. Let us hear the holy Gospel.

Ὁ Ἱερεύς· Εἰρήνη πᾶσι.

Priest: Peace to all.

Ὁ Χορός· Καὶ τῷ πνεύματί σου.

Choir: And to your Spirit.

Ὁ Ἱερεύς· Ἐκ τοῦ κατὰ Ματθαῖον ἁγίου Εὐαγγελίου.

Priest: The reading is from the holy Gospel according to Matthew.

Ὁ Διάκονος· Πρόσχωμεν.

Deacon: Let us be attentive.

Ὁ Χορός· Δόξα σοι, Κύριε, δόξα σοι.

Choir: Glory to you, O Lord, Glory to you.

(κς΄:6-16)

(26:6-16)

Τοῦ Ἰησοῦ γενομένου ἐν Βηθανίᾳ ἐν οἰκίᾳ Σίμωνος τοῦ λεπροῦ, προσῆλθεν αὐτῷ γυνὴ ἀλάβαστρον μύρου ἔχουσα βαρυτίμου, καὶ κατέχεεν ἐπὶ τὴν κεφαλὴν αὐτοῦ ἀνακειμένου. Ἰδόντες δὲ οἱ μαθηταὶ αὐτοῦ ἠγανάκτησαν, λέγοντες· Εἰς τί ἡ ἀπώλεια αὕτη; ἠδύνατο γὰρ τοῦτο τὸ μύρον πραθῆναι πολλοῦ καὶ δοθῆναι τοῖς πτωχοῖς. Γνοὺς δὲ ὁ Ἰησοῦς εἶπεν αὐτοῖς· Τί κόπους παρέχετε τῇ γυναικί; Ἔργον γὰρ καλὸν εἰργάσατο εἰς ἐμέ. Τοὺς πτωχοὺς γὰρ πάντοτε ἔχετε μεθ᾽ ἑαυτῶν, ἐμὲ δὲ οὐ πάντοτε ἔχετε. Βαλοῦσα γὰρ αὕτη τὸ μύρον τοῦτο ἐπὶ τοῦ σώματός μου, πρὸς τὸ ἐνταφιάσαι με ἐποίησεν. Ἀμὴν λέγω ὑμῖν, ὅπου ἐὰν κηρυχθῇ τὸ εὐαγγέλιον τοῦτο ἐν ὅλῳ τῷ κόσμῳ,

When Jesus was in Bethany in the house of Simon the leper, a woman approached him with an alabaster jar of very precious ointment and she poured it on his head as he sat at table. When his disciples saw they were indignant and said, 'Why this waste? For this ointment could have been sold for a great deal and given to the poor.' But Jesus, knowing, said to them, 'Why are you making trouble for the woman? She has performed a good deed for me. For you always have the poor with you; you do not always have me. By pouring this ointment on my body, she has done it for my burial. Amen I say to you, wherever this gospel is proclaimed in

λαληθήσεται καὶ ὃ ἐποίησεν αὕτη εἰς μνημόσυνον αὐτῆς. Τότε πορευθεὶς εἷς τῶν δώδεκα, ὁ λεγόμενος Ἰούδας Ἰσκαριώτης, πρὸς τοὺς ἀρχιερεῖς εἶπε· Τί θέλετέ μοι δοῦναι, κἀγὼ ὑμῖν παραδώσω αὐτόν; Οἱ δὲ ἔστησαν αὐτῷ τριάκοντα ἀργύρια. Καὶ ἀπὸ τότε ἐζήτει εὐκαιρίαν ἵνα αὐτὸν παραδῷ.

the whole world what she has done will be told also in memory of her.' Then one of the twelve, called Judas Iscariot, went to the chief priests and said, 'What are willing to give me if I betray him to you?' They settled with him for thirty pieces of silver. And from then on he was looking for an opportunity to betray him.

Ὁ Χορός· Δόξα σοι, Κύριε, δόξα σοι.

Choir: Glory to you, O Lord, Glory to you.

Η ΕΚΤΕΝΗΣ ΔΕΗΣΙΣ

THE FERVENT LITANY

Ὁ Διάκονος· Εἴπωμεν πάντες ἐξ ὅλης τῆς ψυχῆς καὶ ἐξ ὅλης τῆς διανοίας ἡμῶν εἴπωμεν.

Deacon: Let us all say, with all our soul and with all our mind, let us say.

Ὁ Χορός· Κύριε, ἐλέησον.

Choir: Lord, have mercy.

Ὁ Διάκονος· Κύριε παντοκράτορ ὁ Θεὸς τῶν πατέρων ἡμῶν, δεόμεθά Σου, ἐπάκουσον καὶ ἐλέησον.

Deacon: Lord almighty, the God of our fathers, we pray you, hear and have mercy.

Ὁ Χορός· Κύριε, ἐλέησον.

Choir: Lord, have mercy.

Ὁ Διάκονος· Ἐλέησον ἡμᾶς ὁ Θεὸς κατὰ τὸ μέγα ἔλεός Σου, δεόμεθά Σου, ἐπάκουσον καὶ ἐλέησον.

Deacon: Have mercy on us, O God, according to your great mercy, we pray you, hear and have mercy.

Ὁ Χορός· Κύριε, ἐλέησον. *(γ΄)* *Καὶ μεθ' ἑκάστην δέησιν.*

Choir: Lord, have mercy. *(x3) And so after the remaining petitions.*

Ὁ Διάκονος· Ἔτι δεόμεθα ὑπὲρ τοῦ Ἀρχιεπισκόπου ἡμῶν *(τοῦ δεῖνος)*.

Deacon: Also we pray for our Archbishop **N**.

Ἔτι δεόμεθα ὑπὲρ τῶν ἀδελφῶν ἡμῶν, τῶν ἱερέων, ἱερομονάχων, ἱεροδιακόνων καὶ μοναχῶν, καὶ πάσης τῆς ἐν Χριστῷ ἡμῶν ἀδελφότητος.

Again we pray for our brothers and sisters, the priests, hieromonks, hierodeacons, all monastics and all of our brotherhood in Christ.

Ἔτι δεόμεθα ὑπὲρ ἐλέους, ζωῆς, εἰρήνης, ὑγείας, σωτηρίας, ἐπισκέψεως, συγχωρήσεως καὶ ἀφέσεως τῶν ἁμαρτιῶν τῶν δούλων τοῦ Θεοῦ, πάντων τῶν

Also we pray for mercy, life, peace, health, salvation, visitation, forgiveness and remission of sins for the servants of God, all pious and Orthodox Chris-

εὐσεβῶν καὶ ὀρθοδόξων χριστιανῶν, τῶν κατοικούντων καὶ παρεπιδημούντων ἐν τῇ πόλει ταύτῃ, τῶν ἐνοριτῶν, ἐπιτρόπων, συνδρομητῶν καὶ ἀφιερωτῶν τοῦ ἁγίου ναοῦ τούτου.

Ἔτι δεόμεθα ὑπὲρ τῶν μακαρίων καὶ ἀοιδίμων κτιτόρων τῆς ἁγίας Ἐκκλησίας ταύτης, καὶ ὑπὲρ πάντων τῶν προαναπαυσαμένων πατέρων καὶ ἀδελφῶν ἡμῶν, τῶν ἐνθάδε εὐσεβῶς, κειμένων, καὶ ἁπανταχοῦ ὀρθοδόξων.

Ἔτι δεόμεθα ὑπὲρ τῶν καρποφορούντων καὶ καλλιεργούντων ἐν τῷ ἁγίῳ καὶ πανσέπτῳ ναῷ τούτῳ, κοπιώντων, ψαλλόντων καὶ ὑπὲρ τοῦ περιεστῶτος λαοῦ, τοῦ ἀπεκδεχομένου τὸ παρὰ Σοῦ μέγα καὶ πλούσιον ἔλεος.

Ὁ Ἱερεὺς λέγει μυστικῶς τὴν εὐχὴν τῆς ἐκτενοῦς ἱκεσίας·

Κύριε ὁ Θεὸς ἡμῶν, τὴν ἐκτενῆ ταύτην ἱκεσίαν πρόσδεξαι παρὰ τῶν σῶν δούλων, καὶ ἐλέησον ἡμᾶς κατὰ τὸ πλῆθος τοῦ ἐλέους σου· καὶ τοὺς οἰκτιρμούς σου κατάπεμψον ἐφ' ἡμᾶς, καὶ ἐπὶ πάντα τὸν λαόν σου, τὸν ἀπεκδεχόμενον τὸ παρὰ σοῦ μέγα καὶ πλούσιον ἔλεος.

Ἐκφώνως·

Ὅτι ἐλεήμων καὶ φιλάνθρωπος Θεὸς ὑπάρχεις, καὶ σοὶ τὴν δόξαν ἀναπέμπομεν, τῷ Πατρὶ καὶ τῷ Υἱῷ καὶ τῷ Ἁγίῳ Πνεύματι, νῦν καὶ ἀεὶ καὶ εἰς τοὺς αἰῶνας τῶν αἰώνων.

Ὁ Χορός· Ἀμήν.

Ὁ Διάκονος· Ὅσοι πρὸς τὸ φώτισμα προσέλθετε· εὔξασθε, οἱ πρὸς τὸ φώτισμα, τῷ Κυρίῳ.

tians, those who dwell in or visit this city and parish, the members of this parish, the parish council, those who give help and those who have dedicated gifts in this holy temple.

Also we pray for the blessed and ever-remembered founders of this holy church, and for all our brethren who have gone to their rest before us, and who lie asleep here in the true faith; and for the Orthodox everywhere.

Also we pray for those who strive and bring forth the fruit of good works in this holy and venerable temple, for those who serve, for those who sing, and for the people here present, who await your great and rich mercy.

The Priest quietly says the prayer of the litany of supplication

Lord, our God, accept this fervent supplication from your servants, and have mercy on us according to the multitude of your mercy; and send down your pity on us and on all your people, who await your rich mercy.

Aloud:

For you, O God, are merciful, and love mankind, and to you we give glory, to the Father, the Son and the Holy Spirit, now and for ever, and to the ages of ages.

Choir: Amen.

Deacon: As many as are preparing for Enlightenment, draw near. Those who are preparing for Enlightenment pray to the Lord.

Ὁ Χορός· Κύριε, ἐλέησον. *(Καὶ μεθ' ἑκάστην δέησιν.)*

Οἱ πιστοὶ ὑπὲρ τῶν πρὸς τὸ ἅγιον φώτισμα εὐτρεπιζομένων ἀδελφῶν καὶ τῆς σωτηρίας αὐτῶν τοῦ Κυρίου δεηθῶμεν.

Ὅπως Κύριος ὁ Θεὸς ἡμῶν στηρίξῃ αὐτοὺς καὶ ἐνδυναμώσῃ.

Φωτίσῃ αὐτοὺς φωτισμῷ γνώσεως καὶ εὐσεβείας.

Καταξιώσῃ αὐτοὺς ἐν καιρῷ εὐθέτῳ τοῦ λουτροῦ τῆς παλιγγενεσίας, τῆς ἀφέσεως τῶν ἁμαρτιῶν καὶ τοῦ ἐνδύματος τῆς ἀφθαρσίας.

Ἀναγεννήσῃ αὐτοὺς δι' ὕδατος καὶ Πνεύματος.

Χαρίσηται αὐτοῖς τὴν τελειότητα τῆς πίστεως.

Συγκαταριθμήσῃ αὐτοὺς τῇ ἁγίᾳ αὐτοῦ καὶ ἐκλεκτῇ ποίμνῃ.

Σῶσον, ἐλέησον, ἀντιλαβοῦ καὶ διαφύλαξον αὐτούς, ὁ Θεὸς τῇ σῇ χάριτι.

Οἱ πρὸς τὸ φώτισμα, τὰς κεφαλὰς ὑμῶν τῷ Κυρίῳ κλίνατε.

Ὁ Χορός· Σοὶ Κύριε.

ΕΥΧΗ ΥΠΕΡ ΤΩΝ ΠΡΟΣ ΤΟ ΑΓΙΟΝ ΦΩΤΙΣΜΑ ΕΥΤΡΕΠΙΖΟΜΕΝΩΝ

Ἐπίφανον, Δέσποτα, τὸ πρόσωπόν σου ἐπὶ τοὺς πρὸς τὸ ἅγιον φώτισμα εὐτρεπιζομένους καὶ ἐπιποθοῦντας τὸν τῆς ἁμαρτίας μολυσμὸν ἀποτινάξασθαι· καταύγασον αὐτῶν τὴν διάνοιαν· βεβαίωσον αὐτοὺς ἐν τῇ πίστει· στήριξον

Choir: Lord, have mercy. *(And so after the remaining petitions.)*

Believers, for our brothers who are preparing for holy Enlightenment, let us pray to the Lord.

That the Lord our God may give them strength and power.

Enlighten them with the light of knowledge and true religion.

Count them worthy in due time of the bath of rebirth, the forgiveness of sins and the garment of incorruption.

Give them rebirth through water and Spirit.

Grant them the perfection of the Faith.

Number them with his holy and chosen flock.

Save them, have mercy on them, help them and keep them, O God, by your grace.

Those for Enlightenment, bow your heads to the Lord.

Choir: To you, O Lord.

PRAYER FOR THOSE PREPARING FOR ENLIGHTENMENT

Manifest your countenance, Master, to those preparing for holy Enlightenment and who long to shake off the defilement of sin. Illumine their understanding; confirm them in the Faith; establish them in Hope, perfect them

ἐν ἐλπίδι· τελείωσον ἐν ἀγάπῃ· μέλη τίμια τοῦ Χριστοῦ σου ἀνάδειξον, τοῦ δόντος ἑαυτὸν ἀντίλυτρον ὑπὲρ τῶν ψυχῶν ἡμῶν.

in Love; show them to be honourable members of your Christ, who gave himself as a ransom for our souls.

Ἐκφώνως·

Aloud:

Ὅτι σὺ εἶ ὁ φωτισμὸς ἡμῶν καὶ σοὶ τὴν δόξαν ἀναπέμπομεν, τῷ Πατρὶ καὶ τῷ Υἱῷ καὶ τῷ Ἁγίῳ Πνεύματι, νῦν καὶ ἀεὶ καὶ εἰς τοὺς αἰῶνας τῶν αἰώνων.

For you are our enlightenment, and to you we give glory, to the Father and to the Son, and to the Holy Spirit, now and for ever, and to the ages of ages.

Καὶ ὁ ἱερεὺς ποιήσας διὰ τοῦ ἱ. Εὐαγγελίου σταυρὸν ἐπὶ τοῦ εἰλητοῦ ἀποθέτει αὐτὸ εἰς τὸ ἄνω μέρος τῆς ἁγίας Τραπέζης καὶ ἐξαπλοῖ τὸ εἰλητόν.

And the priest makes the sign of the cross with the H. Gospel upon the antimension and places it at the upper part of the Holy Table and unfolds it.

Ὁ Χορός· Ἀμήν.

Choir: Amen.

Ὁ Διάκονος· Ὅσοι πρὸς τὸ φώτισμα, προέλθετε· οἱ πρὸς τὸ φώτισμα προέλθετε.

Deacon: As many as are for Enlightenment, depart. Those who are for Enlightenment, depart.

Ὁ Διάκονος· Ὅσοι πιστοί, ἔτι καὶ ἔτι ἐν εἰρήνῃ τοῦ Κυρίου δεηθῶμεν.

Deacon: As many as are believers: again and again in peace, let us pray to the Lord.

Ὁ Χορός· Κύριε, ἐλέησον.

Choir: Lord, have mercy.

Ἀντιλαβοῦ, σῶσον, ἐλέησον καὶ διαφύλαξον ἡμᾶς, ὁ Θεός, τῇ σῇ χάριτι.

Take hold of us, save us, have mercy on us, and keep us, O God, by your grace.

Ὁ Χορός· Κύριε, ἐλέησον.

Choir: Lord, have mercy.

Ὁ Διάκονος· Σοφία.

Deacon: Wisdom.

ΕΥΧΗ ΠΙΣΤΩΝ Α΄

FIRST PRAYER OF THE FAITHFUL

Ὁ Θεός, ὁ μέγας καὶ αἰνετός, ὁ τῷ ζωοποιῷ τοῦ Χριστοῦ σου θανάτῳ εἰς ἀφθαρσίαν ἡμᾶς ἐκ φθορᾶς μεταστήσας, σὺ πάσας ἡμῶν τὰς αἰσθήσεις τῆς ἐμπαθοῦς νεκρώσεως ἐλευθέρωσον, ἀγαθὸν ταύταις ἡγεμόνα τὸν ἔνδοθεν λογισμὸν ἐπιστήσας. Καὶ ὀφθαλμὸς μὲν ἀπέστω παντὸς πονηροῦ βλέμματος, ἀκοὴ δὲ

O God, who are great and to be praised, who have brought us from corruption to incorruption by the life-giving death of your Christ, free all our senses from the death of the passions, setting over them as a good leader the thought that comes from within. Let the eye abstain from every evil sight, the

λόγοις ἀργοῖς ἀνεπίβατος, ἡ δὲ γλῶσσα καθαρευέτω ῥημάτων ἀπρεπῶν. Ἅγνισον ἡμῶν τὰ χείλη τὰ αἰνοῦντά σε, Κύριε· τὰς χεῖρας ἡμῶν ποίησον τῶν μὲν φαύλων ἀπέχεσθαι πράξεων, ἐνεργεῖν δὲ μόνα τὰ σοὶ εὐάρεστα, πάντα ἡμῶν τὰ μέλη καὶ τὴν διάνοιαν τῇ σῇ κατασφαλιζόμενος χάριτι.

Ἐκφώνως·

Ὅτι πρέπει σοι πᾶσα δόξα, τιμὴ καὶ προσκύνησις τῷ Πατρὶ καὶ τῷ Υἱῷ καὶ τῷ ἁγίῳ Πνεύματι, νῦν καὶ ἀεὶ καὶ εἰς τοὺς αἰῶνας τῶν αἰώνων.

Ὁ Χορός· Ἀμήν.

Ὁ Διάκονος· Ἔτι καὶ ἔτι ἐν εἰρήνῃ τοῦ Κυρίου δεηθῶμεν.

Ὁ Χορός· Κύριε, ἐλέησον.

Ὁ Διάκονος· Ἀντιλαβοῦ, σῶσον, ἐλέησον καὶ διαφύλαξον ἡμᾶς ὁ Θεὸς τῇ σῇ χάριτι.

Ὁ Χορός· Κύριε, ἐλέησον.

Ὁ Διάκονος· Σοφία.

ΕΥΧΗ ΠΙΣΤΩΝ Βʹ

Δέσποτα ἅγιε, ὑπεράγαθε, δυσωποῦμέν σε, τὸν ἐν ἐλέει πλούσιον, ἵλεων γενέσθαι ἡμῖν τοῖς ἁμαρτωλοῖς καὶ ἀξίους ἡμᾶς ποιῆσαι τῆς ὑποδοχῆς τοῦ μονογενοῦς σου Υἱοῦ καὶ Θεοῦ ἡμῶν, τοῦ Βασιλέως τῆς δόξης. Ἰδοὺ γὰρ τὸ ἄχραντον αὐτοῦ Σῶμα καὶ τὸ ζωοποιὸν Αἷμα, κατὰ τὴν παροῦσαν ὥραν εἰσπορευόμενα, τῇ μυστικῇ ταύτῃ προτίθεσθαι μέλλει τραπέζῃ, ὑπὸ πλήθους στρατιᾶς οὐρανίου ἀοράτως δορυφορούμενα· ὧν τὴν μετά-

hearing give no entrance to idle words, the tongue be cleansed of unfitting speech. Purify our lips, Lord, that praise you. Make our hands keep from base actions, to perform only such things as are well-pleasing to you, making all our limbs and our mind secure by your grace.

Aloud:

For to you are due all glory, honour and worship, Father, Son and Holy Spirit, now and always, and to ages of ages.

Choir: Amen.

Deacon: Again and again in peace let us pray to the Lord.

Choir: Lord, have mercy.

Deacon: Take hold of us, save us, have mercy upon us, and protect us, O God, by Your grace.

Choir: Lord, have mercy.

Deacon: Wisdom.

SECOND PRAYER OF THE FAITHFUL

Holy Master, supremely good, we implore you, the One rich in mercy, to take pity on us sinners and make us worthy of the reception of your only begotten Son and our God, the king of glory. For see, his most pure Body and life-giving Blood, that are entering at this present hour, are about to be set forth on this mystical table, invisibly escorted by a multitude of the heavenly host. Grant us communion in them that

ληψιν ἀκατάκριτον ἡμῖν δώρησαι· ἵνα, δι' αὐτῶν τὸ τῆς διανοίας ὄμμα καταυγαζόμενοι υἱοὶ φωτὸς καὶ ἡμέρας γενώμεθα.

Ἐκφώνως·

Κατὰ τὴν δωρεὰν τοῦ Χριστοῦ σου, μεθ' οὗ εὐλογητὸς εἶ, σὺν τῷ παναγίῳ καὶ ἀγαθῷ καὶ ζωοποιῷ σου Πνεύματι, νῦν καὶ ἀεὶ καὶ εἰς τοὺς αἰῶνας τῶν αἰώνων.

Ὁ Χορός· Ἀμήν.

Η ΕΙΣΟΔΟΣ ΤΩΝ ΠΡΟΗΓΙΑΣΜΕΝΩΝ ΔΩΡΩΝ

Ὁ χορὸς ψάλλει τὸν ὕμνον Νῦν αἱ δυνάμεις τῶν οὐρανῶν. *Εὐχὴ Χερουβικοῦ οὐ λέγεται, ἀλλ' εὐθὺς ὁ Ἱερεὺς καὶ ὁ διάκονος λέγουσιν ἐκ γ' χῦμα τὸν ὕμνον.*

Ὁ Ἱερεύς· Νῦν αἱ δυνάμεις τῶν οὐρανῶν σὺν ἡμῖν ἀοράτως λατρεύουσιν. Ἰδοὺ γὰρ εἰσπορεύεται ὁ βασιλεὺς τῆς δόξης.

Ὁ Διάκονος· Ἰδοὺ θυσία μυστικὴ τετελειωμένη δορυφορεῖται. Πίστει καὶ πόθῳ προσέλθωμεν, ἵνα μέτοχοι ζωῆς αἰωνίου γενώμεθα. Ἀλληλούια, ἀλληλούια, ἀλληλούια.

Ὁ Χορός· Νῦν αἱ δυνάμεις τῶν οὐρανῶν σὺν ἡμῖν ἀοράτως λατρεύουσιν. Ἰδοὺ γὰρ εἰσπορεύεται ὁ Βασιλεὺς τῆς δόξης. Ἰδοὺ θυσία μυστικὴ τετελειωμένη δορυφορεῖται.

Εἶτα ὁ ἱερεὺς θυμιᾷ τὴν ἁγίαν Τράπεζαν καὶ τὴν Πρόθεσιν, τοῦ διακόνου ἱσταμένου ἑκάστοτε κατέναντι αὐτοῦ, καὶ προελθὼν ὀλίγον τῶν βημοθύρων θυμιᾷ τὰς εἰκόνας καὶ τὸν λαόν, λέγων καθ' ἑαυτὸν τὸ Δεῦτε προσκυνήσωμεν *καὶ τὸν Ν' Ψαλμὸν μέχρι τοῦ* ὁ Θεὸς οὐκ ἐξουδενώσει.

Εἶτα προσκυνοῦσι τρὶς ἐνώπιον τῆς ἁγίας Τραπέζης καὶ ἀσπάζονται τὸ εἰλητὸν καὶ τὴν ἁγίαν Τράπεζαν· προσκυνήσαντες δὲ καὶ αὖθις ἅπαξ καὶ αἰτησάμενοι συγγνώμην παρ' ἀλλήλων καὶ παρὰ τοῦ λαοῦ ἀπέρχονται εἰς

is without condemnation, so that, with the eye of our mind illumined through them, we may become children of the light.

Aloud:

According to the gift of your Christ, with whom you are blessed, together with your all-holy, good and life-giving Spirit, now and ever and to the ages of ages.

Choir: Amen.

THE ENTRANCE OF THE PRESANCTIFIED GIFTS

The choir sings the hymn Now the hosts of heaven. *The prayer of the Cherubic Hymn is not say, instead the Priest and Deacon immediately say the hymn three times.*

Priest: Now the hosts of heaven invisibly worship with us; for see, the King of Glory enters.

Deacon: See, the perfected mystical sacrifice is being borne in. With faith and love, let us draw near that we may become partakers of everlasting life. Alleluia, Alleluia, Alleluia.

Choir: Now the hosts of heaven invisibly worship with us; for see, the King of Glory enters. See, the perfected mystical sacrifice is being borne in.

Then the Priest censes the Holy Table and the Prothesis, while the Deacon stands opposite him, and coming a little ways outside the bema doors and censes the icons and the people, saying to himself Come let us bow down *and the 50th Psalm up to* O God will not despise.

Then he makes three metanoias before the Holy Table and venerates the antimension and the Holy Table; then they entreat one another for forgiveness and then from the people; coming to the Prothesis and making a

τὴν Πρόθεσιν καὶ προσκυνήσαντες ἀσπάζονται τὰ ἅγια Δῶρα κεκαλυμμένα λέγοντες καθ' ἑαυτοὺς τὸ Ὁ Θεός, ἱλάσθητί μοι τῷ ἁμαρτωλῷ καὶ ἐλέησόν με.

Ὁ δὲ ἱερεὺς λαβὼν τὸν ἀέρα ἐπιθέτει ἐπὶ τῆς κεφαλῆς αὐτοῦ καὶ λαμβάνει ἐν ταῖς χερσὶν αὐτοῦ τὰ ἅγια Δῶρα. Καὶ τοῦ χοροῦ διακόπτοντος τὸν ὕμνον μετὰ τὰς λέξεις ὁ βασιλεὺς τῆς δόξης καὶ σιγῆς βαθείας γενομένης καὶ πάντων καταπεσόντων ἕως ἐδάφους, ὁ ἱερεὺς μεταφέρει τὰ ἅγια Δῶρα, διοδεύων ἔμπροσθεν τοῦ Τέμπλου, τοῦ διακόνου προπορευομένου μετὰ λαμπάδος καὶ θυμιῶντος, καὶ εἰσάγει αὐτὰ διὰ τῆς Ὡραίας Πύλης εἰς τὸ Ἱερὸν καὶ ἀποθέτει ἐπὶ τῆς ἁγίας Τραπέζης, αἴρει δὲ τὰ καλύμματα ἀπ' αὐτῶν καὶ καλύπτει αὐτὰ μόνον διὰ τοῦ ἀέρος.

Ὁ Διάκονος· Ἀγάθυνον, δέσποτα.

Ὁ Ἱερεύς, θυμιῶν τρὶς τὰ ἅγια, λέγει ἅπαξ·

Ἀγάθυνον, Κύριε, ἐν τῇ εὐδοκίᾳ σου τὴν Σιὼν καὶ οἰκοδομηθήτω τὰ τείχη Ἱερουσαλήμ.

Τότε εὐδοκήσεις θυσίαν δικαιοσύνης, ἀναφορὰν καὶ ὁλοκαυτώματα.

Τότε ἀνοίσουσιν ἐπὶ τὸ θυσαστήριόν σου μόσχους.

Καὶ ποιεῖ μετὰ τοῦ διακόνου τρεῖς μεγάλας μεταοίας, ὁμοίως δὲ καὶ πᾶς ὁ λαός.

Ὁ δὲ χορὸς ἀποπληροῖ τὸν διακοπέντα ὕμνον.

Ὁ Χορός· Πίστει καὶ πόθῳ προσέλθωμεν, ἵνα μέτοχοι ζωῆς αἰωνίου γενώμεθα. Ἀλληλούια, ἀλληλούια, ἀλληλούια.

Ὁ διάκονος λαβὼν εὐλογίαν παρὰ τοῦ ἱερέως ἐξέρχεται καὶ λέγει·

ΤΑ ΠΛΗΡΩΤΙΚΑ

Ὁ Διάκονος· Πληρώσωμεν τὴν δέησιν ἡμῶν τῷ Κυρίῳ.

Ὁ Χορός· Κύριε, ἐλέησον. *(Καὶ μεθ' ἑκάστην δέησιν)*

Ὑπὲρ τῶν προτεθέντων καὶ προαγιασθέντων τιμίων Δώρων, τοῦ Κυρίου δεηθῶμεν.

metanoia he venerates the covered holy Gifts saying to himself: O God be gracious to me a sinner and have mercy upon me.

The Priest, taking the aër, places it upon his head, and takes the holy Gifts into his hands. And when the choir reaches the words the King of glory enter they make the entrance with total silence; everyone falls to the ground while the Priest transfers the holy Gifts, coming around to front of the iconscreen, the Deacon proceeds him with a candle censing, and he enters with the Gifts through the Beautiful Gate into the Sanctuary and places them on the Holy Table. He lifts the covers from the holy things and covers them only with the aër.

Deacon: Do good, Master.

The Priest, censing the holy things three times, says:

Do good to Sion, Lord, in your good pleasure, and let the walls of Jerusalem be rebuilt.

Then you will be well pleased with a sacrifice of righteousness, oblation and whole burnt offerings.

Then they will offer calves upon your altar.

And both he and the Deacon make three great prostrations, together with all the people.

Then the Choir completes the hymn.

Choir: With faith and love, let us draw near that we may become partakers of everlasting life. Alleluia, Alleluia, Alleluia.

The Deacon, receiving the blessing from the Priest, exits and says:

LITANY OF COMPLETION

Deacon: Let us complete our prayer to the Lord.

Choir: Lord, have mercy. *(And so after each petition.)*

For the precious gifts here set forth and presanctified, let us pray to the Lord.

Ὑπὲρ τοῦ ἁγίου οἴκου τούτου καὶ τῶν μετὰ πίστεως, εὐλαβείας καὶ φόβου Θεοῦ εἰσιόντων ἐν αὐτῷ, τοῦ Κυρίου δεηθῶμεν.

For this holy house and for those who enter it with faith, reverence, and the fear of God, let us pray to the Lord.

Ὑπὲρ τοῦ ῥυσθῆναι ἡμᾶς ἀπὸ πάσης θλίψεως, ὀργῆς, κινδύνου καὶ ἀνάγκης, τοῦ Κυρίου δεηθῶμεν.

For our deliverance from all affliction, wrath, danger, and distress, let us pray to the Lord.

Ἀντιλαβοῦ, σῶσον, ἐλέησον, καὶ διαφύλαξον ἡμᾶς, ὁ Θεός, τῇ σῇ χάριτι.

Take hold of us, save us, have mercy upon us, and protect us, O God, by Your grace.

Ὁ Χορός· Κύριε, ἐλέησον.

Choir: Lord, have mercy.

Τὴν ἡμέραν πᾶσαν, τελείαν, ἁγίαν, εἰρηνικὴν καὶ ἀναμάρτητον, παρὰ τοῦ Κυρίου αἰτησώμεθα.

That the whole day may be perfect, holy, peaceful and sinless, let us ask the Lord.

Ὁ Χορός· Παράσχου Κύριε, *(καὶ εἰς ὅλας τὰς δεήσεις ταύτας.)*

Choir: Grant this, O Lord., *(and this in the remaining petitions.)*

Ἄγγελον εἰρήνης, πιστὸν ὁδηγόν, φύλακα τῶν ψυχῶν καὶ τῶν σωμάτων ἡμῶν, παρὰ τοῦ Κυρίου αἰτησώμεθα.

An angel of peace, a faithful guide, a guardian of our souls and bodies, let us ask of the Lord.

Συγγνώμην καὶ ἄφεσιν τῶν ἁμαρτιῶν καὶ τῶν πλημμελημάτων ἡμῶν, παρὰ τοῦ Κυρίου αἰτησώμεθα.

Pardon and forgiveness of our sins and offences, let us ask of the Lord.

Τὰ καλὰ καὶ συμφέροντα ταῖς ψυχαῖς ἡμῶν, καὶ εἰρήνην τῷ κόσμῳ, παρὰ τοῦ Κυρίου αἰτησώμεθα.

Those things which are good and profitable for our souls, and peace for the world, let us ask of the Lord.

Τὸν ὑπόλοιπον χρόνον τῆς ζωῆς ἡμῶν, ἐν εἰρήνῃ καὶ μετανοίᾳ ἐκτελέσαι, παρὰ τοῦ Κυρίου αἰτησώμεθα.

That we may live out the rest of our days in peace and repentance, let us ask of the Lord.

Χριστιανὰ τὰ τέλη τῆς ζωῆς ἡμῶν, ἀνώδυνα, ἀνεπαίσχυντα, εἰρηνικά, καὶ καλὴν ἀπολογίαν τὴν ἐπὶ τοῦ φοβεροῦ βήματος τοῦ Χριστοῦ, αἰτησώμεθα.

A Christian end to our life, painless, unashamed and peaceful, and a good defence before the fearful judgement seat of Christ, let us ask.

Τῆς Παναγίας, ἀχράντου, ὑπερευλογημένης, ἐνδόξου Δεσποίνης ἡμῶν Θεοτόκου, καὶ ἀειπαρθένου Μαρίας μετὰ πάντων τῶν Ἁγίων μνημονεύσαντες, ἑαυ-

Commemorating our most holy, most pure, most blessed and glorified Lady the Theotokos and ever-virgin Mary, together with all the saints, let us

τοὺς καὶ ἀλλήλους, καὶ πᾶσαν τὴν ζωὴν ἡμῶν Χριστῷ τῷ Θεῷ παραθώμεθα.

Ὁ Χορός· Σοί, Κύριε.

Ὁ Ἱερεύς, χαμηλοφώνως·

ΕΥΧΗ ΜΕΤΑ ΤΟ ΑΠΟΤΕΘΗΝΑΙ ΤΑ ΑΓΙΑ ΕΝ ΤΗ ΑΓΙΑ ΤΡΑΠΕΖΗ

Ὁ τῶν ἀρρήτων καὶ ἀθεάτων μυστηρίων Θεός, παρ' ᾧ οἱ θησαυροὶ τῆς σοφίας καὶ τῆς γνώσεως οἱ ἀπόκρυφοι· ὁ τὴν διακονίαν τῆς λειτουργίας ταύτης ἀποκαλύψας ἡμῖν καὶ θέμενος ἡμᾶς τοὺς ἁμαρτωλοὺς διὰ τὴν πολλήν σου φιλανθρωπίαν εἰς τὸ προσφέρειν σοι δῶρά τε καὶ θυσίας ὑπὲρ τῶν ἰδίων ἁμαρτημάτων καὶ τῶν τοῦ λαοῦ ἀγνοημάτων· αὐτός, ἀόρατε βασιλεῦ, ὁ ποιῶν μεγάλα καὶ ἀνεξιχνίαστα, ἔνδοξά τε καὶ ἐξαίσια, ὧν οὐκ ἔστιν ἀριθμός, ἔπιδε ἐφ' ἡμᾶς τοὺς ἀναξίους δούλους σου, τοὺς τῷ ἁγίῳ σου τούτῳ θυσιαστηρίῳ ὡς τῷ χερουβικῷ σου παρισταμένους θρόνῳ, ἐφ' ᾧ ὁ μονογενής σου Υἱὸς καὶ Θεὸς ἡμῶν διὰ τῶν προκειμένων φρικτῶν ἐπαναπαύεται μυστηρίων· καὶ πάσης ἡμᾶς καὶ τὸν πιστόν σου λαὸν ἐλευθερώσας ἀκαθαρσίας, ἁγίασον πάντων ἡμῶν τὰς ψυχὰς καὶ τὰ σώματα ἁγιασμῷ ἀναφαιρέτῳ· ἵνα ἐν καθαρῷ συνειδότι, ἀνεπαισχύντῳ προσώπῳ, καὶ πεφωτισμένῃ καρδίᾳ τῶν θείων τούτων μεταλαμβάνοντες ἁγιασμάτων καὶ ὑπ' αὐτῶν ζωοποιούμενοι, ἑνωθῶμεν αὐτῷ τῷ Χριστῷ σου, τῷ ἀληθινῷ Θεῷ ἡμῶν, τῷ εἰπόντι· Ὁ τρώγων μου τὴν σάρκα, καὶ πίνων μου τὸ αἷμα ἐν ἐμοὶ μένει, κἀγὼ ἐν αὐτῷ· ὅπως, ἐνοικοῦντος ἐν ἡμῖν καὶ ἐμπεριπατοῦντος τοῦ Λόγου σου, Κύριε, γενώμεθα ναὸς τοῦ παναγίου καὶ προσκυνητοῦ σου Πνεύματος, λελυτρωμένοι πάσης διαβολικῆς μεθοδείας ἐν πράξει ἢ λόγῳ ἢ κατὰ διάνοιαν ἐνεργουμένης, καὶ

commit ourselves and one another and all our life unto Christ our God.

Choir: To you, O Lord.

The Priest, in a low voice·

PRAYER AFTER THE PLACEMENT OF THE HOLY THINGS UPON THE HOLY TABLE

O God of ineffable and unseen mysteries, with whom are the hidden treasures of wisdom and knowledge, who have revealed to us the service of this ministry and through your great love for humankind appointed us sinners to offer you gifts and sacrifices for our own sins and those committed in ignorance by the people, do you, invisible king, who do great and unfathomable things, things glorious an extraordinary that are without number, look upon us, your unworthy servants, who stand before this your holy altar, as before the throne of the Cherubim, on which, though the dread mysteries here set forth, rests your Son and our God. And, having freed us and your faithful people from all uncleanness, sanctify the souls and bodies of us all with a sanctification that cannot be taken away, so that receiving communion of these divine and holy things with a pure conscience, a face unashamed, an enlightened heart and being given life them, we may be united to your Christ, our true God, who said, 'One who eats my flesh and drinks my blood abides in me and I in them'. So that, with your Word, Lord, dwelling in us and living among us, we may become a temple of your holy and adorable Spirit, having been rescued from every wile of the devil effected by word or deed or in the mind; and that

τύχωμεν τῶν ἐπηγγελμένων ἡμῖν ἀγαθῶν σὺν πᾶσι τοῖς ἁγίοις σου τοῖς ἀπ᾽ αἰῶνος σοι εὐαρεστήσασιν.

Ἐκφώνως·

Καὶ καταξίωσον ἡμᾶς, Δέσποτα, μετὰ παρρησίας, ἀκατακρίτως τολμᾶν ἐπικαλεῖσθαι σὲ τὸν ἐπουράνιον Θεὸν Πατέρα καὶ λέγειν·

Ὁ Λαός·

Πάτερ ἡμῶν, ὁ ἐν τοῖς οὐρανοῖς· ἁγιασθήτω τὸ ὄνομά σου, ἐλθέτω ἡ βασιλεία σου, γενηθήτω τὸ θέλημά σου, ὡς ἐν οὐρανῷ καὶ ἐπὶ τῆς γῆς. Τὸν ἄρτον ἡμῶν τὸν ἐπιούσιον δὸς ἡμῖν σήμερον. Καὶ ἄφες ἡμῖν τὰ ὀφειλήματα ἡμῶν, ὡς καὶ ἡμεῖς ἀφίεμεν τοῖς ὀφειλέταις ἡμῶν. Καὶ μὴ εἰσενέγκῃς ἡμᾶς εἰς πειρασμόν, ἀλλὰ ῥῦσαι ἡμᾶς ἀπὸ τοῦ πονηροῦ.

Τούτου λεγομένου ὁ διάκονος ζώννυται τὸ ὀράριον σταυροειδῶς.

Ὁ Ἱερεὺς ἐκφώνως·

Ὅτι σοῦ ἐστιν ἡ βασιλεία καὶ ἡ δύναμις καὶ ἡ δόξα, τοῦ Πατρὸς καὶ τοῦ Υἱοῦ καὶ τοῦ Ἁγίου Πνεύματος, νῦν καὶ ἀεὶ καὶ εἰς τοὺς αἰῶνας τῶν αἰώνων.

Ὁ Χορός· Ἀμήν.

ΚΕΦΑΛΟΚΛΙΣΙΑ

Ὁ Ἱερεύς· Εἰρήνη πᾶσι.

Ὁ Χορός· Καὶ τῷ πνεύματί σου.

Ὁ Διάκονος· Τὰς κεφαλὰς ἡμῶν τῷ Κυρίῳ κλίνωμεν.

Ὁ Χορός· Σοί, Κύριε.

we may obtain the good things promised to us, with all your Saints, who have been well-pleasing to you since time began.

Aloud:

And count us worthy, Master, with boldness and without condemnation to dare to call upon you, the God of heaven, as Father, and to say:

People:

Our Father, who art in heaven, hallowed be Thy name. Thy kingdom come. Thy will be done, on earth as it is in heaven. Give us this day our daily bread; and forgive us our trespasses, as we forgive those who trespass against us; and lead us not into temptation, but deliver us from the evil one.

While this is being said, the Deacon arranges his orarion cross-wise.

The Priest aloud:

For Yours is the kingdom and the power and the glory of the Father and the Son and the Holy Spirit, both now and ever and to the ages of ages.

Choir: Amen.

BOWING OF THE HEADS

Priest: Peace be with all.

Choir: And with your spirit.

Deacon: Let us bow our heads to the Lord.

Choir: To You, O Lord.

Ὁ Ἱερεύς, ἐπεύχεται χαμηλοφώνως·

Ὁ Θεός, ὁ μόνος ἀγαθὸς καὶ εὔσπλαγχνος, ὁ ἐν ὑψηλοῖς κατοικῶν καὶ τὰ ταπεινὰ ἐφορῶν, ἔπιδε εὐσπλάγχνῳ ὄμματι ἐπὶ πάντα τὸν λαόν σου καὶ φύλαξον αὐτόν καὶ ἀξίωσον πάντας ἡμᾶς ἀκατακρίτως μετασχεῖν τῶν ζωοποιῶν σου τούτων μυστηρίων· σοὶ γὰρ τὰς ἑαυτῶν ὑπεκλίναμεν κεφαλάς, ἀπεκδεχόμενοι τὸ παρὰ σοῦ πλούσιον ἔλεος.

Ἐκφώνως·

Χάριτι καὶ οἰκτιρμοῖς καὶ φιλανθρωπίᾳ τοῦ μονογενοῦς σου Υἱοῦ, μεθ' οὗ εὐλογητὸς εἶ, σὺν τῷ παναγίῳ καὶ ἀγαθῷ καὶ ζωοποιῷ σου Πνεύματι, νῦν καὶ ἀεὶ καὶ εἰς τοὺς αἰῶνας τῶν αἰώνων.

Ὁ Χορός· Ἀμήν.

ΥΨΩΣΙΣ-ΚΛΑΣΙΣ-ΜΕΤΑΛΗΨΙΣ

Ὁ Ἱερεύς, ἐπεύχεται χαμηλοφώνως·

Πρόσχες Κύριε Ἰησοῦ Χριστέ, ὁ Θεὸς ἡμῶν, ἐξ ἁγίου κατοικητηρίου σου καὶ ἀπὸ θρόνου δόξης τῆς βασιλείας σου, καὶ ἐλθὲ εἰς τὸ ἁγιάσαι ἡμᾶς, ὁ ἄνω τῷ Πατρὶ συγκαθήμενος καὶ ὧδε ἡμῖν ἀοράτως συνών· καὶ καταξίωσον τῇ κραταιᾷ σου χειρὶ μεταδοῦναι ἡμῖν τοῦ ἀχράντου Σώματός σου, καὶ τοῦ τιμίου Αἵματος, καὶ δι' ἡμῶν παντὶ τῷ λαῷ.

Καὶ προσκυνεῖ τρὶς λέγων καθ' ἑαυτόν· Ὁ Θεός, ἱλάσθητί μοι τῷ ἁμαρτωλῷ καὶ ἐλέησόν με.

Ὁ Διάκονος· Πρόσχωμεν.

Ὁ δὲ ἱερεύς, κεκαλυμμένων ὄντων τῶν θείων Δώρων, εἰσαγαγὼν τὴν χεῖρα ἅπτεται μετ' εὐλαβείας τοῦ ζωοποιοῦ Ἄρτου καὶ ἐκφωνεῖ·

The Priest prays, in a low voice:

O God, alone good and compassionate, who dwell on high and watch over lowly things, with a compassionate eye look upon all your people, guard them and make us all worthy to partake uncondemned of these your life-giving mysteries. For to you we have bowed our heads, awaiting from you rich mercy.

Aloud:

Through the grace and compassion and love towards mankind of your only-begotten Son, with whom you are blessed, together with your all-holy, good and life-giving Spirit, now and for ever, and to the ages of ages.

Choir: Amen.

ELEVATION-FRACTURE-COMMUNION

The Priest prays, in a low voice:

Give heed, Lord Jesus Christ our God, from your holy dwelling-place and from the glorious throne of your kingdom; and come to sanctify us, you who are enthroned on high with the Father and invisibly present here with us. And with your mighty hand grant communion in your most pure Body and precious Blood to us, and through us to all the people.

And making three metanoias saying to himself: O God be gracious to me a sinner and have mercy upon me.

Deacon: Let us be attentive.

The Priest, with the Holy Gifts still covered, placing his hand on the life-giving Bread with piety, exclaims:

Ὁ Ἱερεύς· Τὰ προηγιασμένα ἄγια τοῖς ἁγίοις.

Ὁ Χορός· Εἷς Ἅγιος, εἷς Κύριος, Ἰησοῦς Χριστός, εἰς δόξαν Θεοῦ Πατρός. Ἀμήν.

Καὶ ψάλλει τὸ ὡρισμένον κοινωνικόν·

Ὁ Χορός· Γεύσασθε καὶ ἴδετε, ὅτι χρηστὸς ὁ Κύριος. Ἀλληλούια, ἀλληλούια, ἀλληλούια.

Ὁ δὲ ἱερεὺς ἀποκαλύψας τὰ Ἅγια τελεῖ τὸν μελισμὸν καὶ τὰ λοιπά, μεταλαμβάνει καὶ μεταδίδει εἰς τὸν διάκονον, ὡς καὶ ἐν τῇ συνήθει Λειτουργίᾳ· ἀκολούθως δὲ ὁ διάκονος ἐμβάλλει εἰς τὸ ἅγιον ποτήριον τὰς μερίδας τοῦ ἁγίου Ἄρτου.

Ὁ Διάκονος· Μετὰ φόβου Θεοῦ, πίστεως καὶ ἀγάπης προσέλθετε.

Ἐν δὲ τῷ κοινωνεῖν τοὺς πιστούς, ὁ χορὸς ψάλλει· Τοῦ δείπνου σου τοῦ μυστικοῦ, σήμερον Υἱὲ Θεοῦ κοινωνόν με παράλαβε· οὐ μὴ γὰρ τοῖς ἐχθροῖς σου τὸ μυστήριον εἴπω· οὐ φίλημά σοι δώσω, καθάπερ ὁ Ἰούδας· ἀλλ᾽ ὡς ὁ λῃστὴς ὁμολογῶ σοι· Μνήσθητί μου Κύριε ἐν τῇ βασιλείᾳ σου.

Καὶ μετὰ τὸ κοινωνεῖν πάντας, ὁ Ἱερεύς, ὑψῶν τὸ ἅγιον ποτήριον λέγει·

Σῶσον ὁ Θεὸς τὸν λαόν σου,
καὶ εὐλόγησον τὴν κληρονομίαν σου.

Ὁ Χορός· Εὐλογήσω τὸν Κύριον ἐν παντὶ καιρῷ διὰ παντὸς ἡ αἴνεσις αὐτοῦ ἐν τῷ στόματί μου· Ἄρτον οὐράνιον, καὶ ποτήριον ζωῆς γεύσασθε καὶ ἴδετε ὅτι χρηστὸς ὁ Κύριος· Ἀλληλούϊα, ἀλληλούια, ἀλληλούια.

Καὶ ἀποθέτει ὁ Ἱερεὺς τὸ ἅγιον ποτήριον ἐν τῇ ἁγίᾳ Τραπέζῃ, ὁ δὲ διάκονος λέγει·

Ὕψωσον Δέσποτα.

Καὶ ὁ Ἱερεὺς θυμιᾷ τὰ Ἅγια λέγων χαμηλοφώνως ἐκ γ´·

Ὑψώθητι ἐπὶ τοὺς οὐρανούς, ὁ Θεός, καὶ ἐπὶ πᾶσαν τὴν γῆν ἡ δόξα Σου.

Priest: The presanctified Holy Things for the holy.

Choir: One is Holy, one is Lord, Jesus Christ, to the glory of God the Father. Amen.

And the appointed communion hymn is sung:

Choir: O taste and see that the Lord is good. Alleluia, Alleluia, Alleluia.

Then the Priest uncovers the Holy Things and does the breaking and the rest, communing himself and then the Deacon, as is commonly done in the Liturgy. Following this, the Deacon places the portions of the holy Bread into the holy cup.

Deacon: With the fear of God, faith and love, draw near.

During the communion of the faithful, the choir sings: Receive me today, Son of God, as a partaker of Your mystical Supper. I will not reveal Your mystery to Your adversaries. Nor will I give You a kiss as did Judas. But as the thief I confess You: Lord, remember me in Your kingdom.

After all have communed, the Priest elevates the holy Cup and says:

Save, O God, Your people
and bless Your inheritance.

Choir: I will bless the Lord at all times; his praise shall always be in my mouth. Taste the heavenly Bread and the Cup of life, and see that the Lord is good. Alleluia, alleluia, alleluia.

The Priest places the holy Cup on the Holy Table, and the Deacon says:

Exalt, Master.

And the Priest censes the Holy Things saying in a low voice x3:

Be exalted, O God, above the heavens. Let Your glory be over all the earth.

Εἶτα τὸν μὲν δίσκον μετὰ τῶν καλυμμάτων καὶ τοῦ ἀστερίσκου ἐπιδίδει εἰς τὸν διάκονον, ὅστις περιερχόμενος τὴν ἁγίαν Τράπεζαν μεταφέρει καὶ ἀποθέτει αὐτὰ εἰς τὴν Πρόθεσιν. Ὁ δὲ Ἱερεὺς λαμβάνει τὸ ἅγιον ποτήριον καὶ λέγει χαμηλοφώνως·

Εὐλογητὸς ὁ Θεὸς ἡμῶν...

Ἐκφώνως πρὸς τὸν λαόν·

Πάντοτε, νῦν καὶ ἀεὶ καὶ εἰς τοὺς αἰῶνας τῶν αἰώνων.

Καὶ μεταφέρει αὐτὸ εἰς τὴν Πρόθεσιν.

Ὁ Χορός· Ἀμήν.

Ὁ Χορός· Πληρωθήτω τὸ στόμα ἡμῶν αἰνέσεως Κύριε, ὅπως ἀνυμνήσωμεν τὴν δόξαν σου, ὅτι ἠξίωσας ἡμᾶς τῶν ἁγίων σου μετασχεῖν μυστηρίων· τήρησον ἡμᾶς ἐν τῷ σῷ ἁγιασμῷ, ὅλην τὴν ἡμέραν μελετῶντας τὴν δικαιοσύνην σου. Ἀλληλούϊα, ἀλληλούϊα, ἀλληλούϊα.

Ὁ Διάκονος· Ὀρθοί. Μεταλαβόντες τῶν θείων, ἁγίων, ἀχράντων, ἀθανάτων, ἐπουρανίων καὶ ζωοποιῶν, φρικτῶν τοῦ Χριστοῦ μυστηρίων, ἀξίως εὐχαριστήσωμεν τῷ Κυρίῳ.

Ὁ Χορός· Κύριε, ἐλέησον. *(Καὶ μεθ' ἑκάστην δέησιν)*

Ἀντιλαβοῦ, σῶσον, ἐλέησον καὶ διαφύλαξον ἡμᾶς, ὁ Θεός, τῇ Σῇ χάριτι.

Τὴν ἡμέραν πᾶσαν, τελείαν, ἁγίαν, εἰρηνικὴν καὶ ἀναμάρτητον αἰτησάμενοι, ἑαυτοὺς καὶ ἀλλήλους, καὶ πᾶσαν τὴν ζωὴν ἡμῶν, Χριστῷ τῷ Θεῷ παραθώμεθα.

Ὁ Χορός· Σοί, Κύριε.

Ὁ Ἱερεὺς τὴν εὐχαριστήριον εὐχήν.

Then the Deacon, with coverings and the star placed upon the paten, which are on the Holy Table, translates them to the Prothesis and sets them there. The Priest takes the holy Cup and says in a low voice:

Blessed is our God...

Aloud, facing the people:

Always, now and forever and to the ages of ages.

And he translates it to the Prothesis.

Choir: Amen.

Choir: Let our mouths be filled with Your praise, O Lord, that we may sing of Your glory. You have made us worthy to partake of Your holy mysteries. Keep us in Your holiness that all the day long we may meditate upon Your righteousness. Alleluia. Alleluia. Alleluia.

Deacon: Arise. Having received the divine, holy, pure, immortal, heavenly, life-giving and dread Mysteries of Christ, let us give worthy thanks to the Lord.

Choir: Lord, have mercy. *(And so after each petition.)*

Take hold of us, save us, have mercy upon us, and protect us, O God, by Your grace.

Having asked that the whole day may be perfect, holy, peaceful and sinless, let us entrust ourselves and one another and our whole life to Christ our God.

Choir: To You, O Lord.

The Priest says the prayer of Thanksgiving.

ΕΥΧΗ ΜΕΤΑ ΤΟ ΜΕΤΑΛΑΒΕΙΝ ΠΑΝΤΑΣ

Εὐχαριστοῦμέν σοι τῷ σωτῆρι τῶν ὅλων Θεῷ ἐπὶ πᾶσιν οἷς παρέσχου ἡμῖν ἀγαθοῖς καὶ ἐπὶ τῇ μεταλήψει τοῦ ἁγίου Σώματος καὶ Αἵματος τοῦ Χριστοῦ σου. Καὶ δεόμεθά σου Δέσποτα φιλάνθρωπε· φύλαξον ἡμᾶς ὑπὸ τὴν σκέπην τῶν πτερύγων σου· καὶ δὸς ἡμῖν μέχρι τῆς ἐσχάτης ἡμῶν ἀναπνοῆς ἐπαξίως μετέχειν τῶν ἁγιασμάτων σου εἰς φωτισμὸν ψυχῆς καὶ σώματος, εἰς βασιλείας οὐρανῶν κληρονομίαν.

Ἐκφώνως·

Ὅτι σὺ εἶ ὁ ἁγιασμὸς ἡμῶν, καὶ σοὶ τὴν δόξαν ἀναπέμπομεν, τῷ Πατρὶ καὶ τῷ Υἱῷ καὶ τῷ Ἁγίῳ Πνεύματι, νῦν καὶ ἀεὶ καὶ εἰς τοὺς αἰῶνας τῶν αἰώνων.

Καὶ λέγων τοῦτο λαμβάνει τὸ ἱ. Εὐαγγέλιον καὶ ποιήσας δι' αὐτοῦ τὸ σημεῖον τοῦ σταυροῦ ἐπὶ τοῦ ἤδη διπλωθέντος εἰλητοῦ ἐπιθέτει αὐτὸ ἐπ' αὐτοῦ.

Ὁ Χορός· Ἀμήν.

Ὁ Ἱερεύς· Ἐν εἰρήνῃ προέλθωμεν.

Ὁ Χορός· Ἐν ὀνόματι Κυρίου.

Ὁ Διάκονος· Τοῦ Κυρίου δεηθῶμεν.

Ὁ Χορός· Κύριε, ἐλέησον.

Καὶ ὁ ἱερεὺς ἐξελθὼν τῆς Ὡραίας Πύλης ἀναγινώσκει μεγαλοφώνως ἔμπροσθεν τῆς εἰκόνος τοῦ Χριστοῦ τὴν εὐχὴν ταύτην.

ΕΥΧΗ ΟΠΙΣΘΑΜΒΩΝΟΣ

Δέσποτα παντοκράτορ, ὁ πᾶσαν τὴν κτίσιν ἐν σοφίᾳ δημιουργήσας· ὁ διὰ τὴν ἄφατόν σου πρόνοιαν καὶ πολλὴν ἀγαθότητα, ἀγαγὼν ἡμᾶς εἰς τὰς πανσέπτους ἡμέρας ταύτας πρὸς καθαρισμὸν ψυχῶν καὶ σωμάτων, πρὸς ἐγκράτειαν

PRAYER AFTER HOLY COMMUNION

We thank you, God the Saviour of all things, for all the good things you have granted us and for the communion of the holy Body and Blood of your Christ. And we pray you, Master who love mankind, guard us under the shadow of your wings and grant us, until our last breath, to partake worthily of your holy gifts, for enlightenment of soul and body and for inheritance of the kingdom of heaven.

Aloud:

For You are our sanctification and to You we give glory, to the Father and the Son and the Holy Spirit, both now and ever and to the ages of ages.

And while saying this, he takes the H. Gospel and makes the sign of the cross with it upon the already folded eilito and places it on top of it.

Choir: Amen.

Priest: Let us go forth in peace.

Choir: In the name of the Lord.

Deacon: Let us pray to the Lord.

Choir: Lord, have mercy.

And the Priest exits from the Beautiful Gate and reads this prayer in a loud voice in front of the icon of Christ.

PRAYER BEHIND THE AMVON

Master almighty, who fashioned creation with wisdom and through your ineffable forethought and great goodness have brought us to these most holy days for the cleansing of souls and bodies, for mastery of the passions, for

παθῶν, πρὸς ἐλπίδα ἀναστάσεως· ὁ διὰ τεσσαράκοντα ἡμερῶν πλάκας χειρίσας, τὰ θεοχάρακτα γράμματα, τῷ θεράποντί σου Μωσεῖ· παράσχου καὶ ἡμῖν, ἀγαθέ, τὸν ἀγῶνα τὸν καλὸν ἀγωνίσασθαι, τὸν δρόμον τῆς νηστείας ἐκτελέσαι, τὴν πίστιν ἀδιαίρετον τηρῆσαι, τὰς κεφαλὰς τῶν ἀοράτων δρακόντων συνθλάσαι, νικητάς τε τῆς ἁμαρτίας ἀναφανῆναι καὶ ἀκατακρίτως φθάσαι προσκυνῆσαι καὶ τὴν ἁγίαν ἀνάστασιν. Ὅτι ηὐλόγηται καὶ δεδόξασται τὸ πάντιμον καὶ μεγαλοπρεπὲς ὄνομά σου, τοῦ Πατρὸς καὶ τοῦ Υἱοῦ καὶ τοῦ ἁγίου Πνεύματος, νῦν καὶ ἀεὶ καὶ εἰς τοὺς αἰῶνας τῶν αἰώνων. Ἀμήν.

Ὁ Χορός· Ἀμήν.

Ὁ Χορός· Εἴη τὸ ὄνομα Κυρίου εὐλογημένον ἀπὸ τοῦ νῦν καὶ ἕως τοῦ αἰῶνος. *(γ΄)*

Ὁ δὲ ἱερεὺς ἀπέρχεται εἰς τὴν Πρόθεσιν καὶ λέγει χαμηλοφώνως τὴν εὐχὴν ταύτην·

Κύριε, ὁ Θεὸς ἡμῶν, ὁ ἀγαγὼν ἡμᾶς εἰς τὰς πανσέπτους ἡμέρας ταύτας καὶ κοινωνοὺς ἡμᾶς ποιήσας τῶν φρικτῶν σου μυστηρίων, σύναψον τῇ λογικῇ σου ποίμνῃ καὶ κληρονόμους ἀνάδειξον τῆς βασιλείας σου, νῦν καὶ ἀεὶ καὶ εἰς τοὺς αἰῶνας τῶν αἰώνων. Ἀμήν.

Ὁ Διάκονος· Τοῦ Κυρίου δεηθῶμεν.

Ὁ Χορός· Κύριε ἐλέησον.

Ὁ Ἱερεὺς ἀπὸ τῶν ἁγίων Θυρῶν, εὐλογῶν τὸν λαόν λέγει·

Εὐλογία Κυρίου καὶ ἔλεος αὐτοῦ ἔλθοι ἐφ' ὑμᾶς, τῇ αὐτοῦ χάριτι καὶ φιλανθρωπίᾳ, πάντοτε, νῦν καὶ ἀεὶ καὶ εἰς τοὺς αἰῶνας τῶν αἰώνων.

Ὁ Χορός· Ἀμήν.

hope of resurrection; who through forty days entrusted to your servant Moses the Tablets of the Law in letters divinely traced, grant us also, good Master, to fight the good fight, to finish the course of the fast, to keep the faith intact, to smash the heads of invisible serpents and without condemnation to reach and to worship your holy Resurrection. For blessed and glorified is your all-honoured and majestic name, of Father, Son and Holy Spirit, now and for ever, and to the ages of ages.

Choir: Amen.

Choir: Blessed be the name of the Lord, from now and forever more. *(x3)*

The Priest goes to the Prothesis and says, in a low voice, this prayer:

Lord our God, who have brought us to these most holy days, and have made us communicants of your dread mysteries, join us to your rational flock and declare us to be heirs of your kingdom, now and for ever, and to the ages of ages. Amen.

Deacon: Let us pray to the Lord.

Choir: Lord, have mercy.

The Priest, from the Holy Gates, blesses the people saying:

The blessing of the Lord be upon you, by his grace and love for mankind, always, now and for ever, and to the ages of ages.

Choir: Amen.

Ὁ Ἱερεύς· Δόξα σοι ὁ Θεός, ἡ ἐλπὶς ἡμῶν, δόξα σοι.

Ὁ Ἀναγνώστης· Δόξα Πατρὶ καὶ Υἱῷ καὶ Ἁγίῳ Πνεύματι, καὶ νῦν καὶ ἀεὶ καὶ εἰς τοὺς αἰῶνας τῶν αἰώνων, Ἀμήν. Κύριε, ἐλέησον (*γ'*). Πάτερ ἅγιε, εὐλόγησον.

Ὁ Ἱερεὺς τὴν μεγάλην ἀπόλυσιν.

Ἐρχόμενος ὁ Κύριος ἐπὶ τό ἑκούσιον πάθος διὰ τὴν ἡμῶν σωτηρίαν Χριστὸς ὁ ἀληθινὸς Θεὸς ἡμῶν, ταῖς πρεσβείαις τῆς παναχράντου καὶ παναμώμου ἁγίας αὐτοῦ Μητρός· δυνάμει τοῦ τιμίου καὶ ζωοποιοῦ Σταυροῦ· προστασίαις τῶν τιμίων ἐπουρανίων Δυνάμεων Ἀσωμάτων· ἱκεσίαις τοῦ τιμίου, ἐνδόξου, Προφήτου, Προδρόμου καὶ Βαπτιστοῦ Ἰωάννου· τῶν ἁγίων ἐνδόξων καὶ πανευφήμων Ἀποστόλων· τῶν ἁγίων ἐνδόξων καὶ καλλινίκων μαρτύρων· τῶν ὁσίων καὶ θεοφόρων Πατέρων ἡμῶν, τοῦ ἁγίου (***τοῦ Ναοῦ***), τῶν ἁγίων καὶ δικαίων Θεοπατόρων Ἰωακεὶμ καὶ Ἄννης, τοῦ ἁγίου (***τῆς ἡμέρας***), οὗ καὶ τὴν μνήμην ἐπιτελοῦμεν, καὶ πάντων τῶν Ἁγίων, ἐλεήσαι καὶ σώσαι ἡμᾶς, ὡς ἀγαθὸς καὶ φιλάνθρωπος καὶ ἐλεήμων Θεός.

ΨΑΛΜΟΣ ΛΓ΄

Εὐλογήσω τὸν Κύριον ἐν παντὶ καιρῷ, διὰ παντὸς ἡ αἴνεσις αὐτοῦ ἐν τῷ στόματί μου. Ἐν τῷ Κυρίῳ ἐπαινεθήσεται ἡ ψυχή μου· ἀκουσάτωσαν πραεῖς καὶ εὐφρανθήτωσαν. Μεγαλύνατε τὸν Κύριον σὺν ἐμοί, καὶ ὑψώσωμεν τὸ ὄνομα αὐτοῦ ἐπὶ τὸ αὐτό. Ἐξεζήτησα τὸν Κύριον, καὶ ἐπήκουσέ μου καὶ ἐκ πασῶν τῶν θλίψεών μου ἐρρύσατό με. Προσέλθετε πρὸς αὐτόν καὶ φωτίσθητε καὶ τὰ πρόσωπα ὑμῶν οὐ μὴ καταισχυνθῇ, Οὗτος ὁ πτωχὸς ἐκέκραξε, καὶ ὁ Κύριος εἰσήκουσεν αὐτοῦ καὶ ἐκ πασῶν τῶν θλίψεων αὐτοῦ

Priest: Glory to You, O God, our hope, glory to you.

Reader: Glory to the Father, and the Son and the Holy Spirit, both now and ever and to the ages of ages. Amen. Lord have mercy (***x3***). Holy Father, bless.

The Priest makes the Great Dismissal.

May he who comes to his voluntary passion, Christ our true God, as a good, loving, and merciful God, have mercy upon us and save us, through the intercessions of His most pure and holy Mother; the power of the precious and life giving Cross; the protection of the honorable, bodiless powers of heaven, the supplications of the honorable, glorious prophet and forerunner John the Baptist; the holy, glorious and praiseworthy apostles; the holy, glorious and triumphant martyrs; our holy and God-bearing Fathers (***name of the church***); the holy and righteous ancestors Joachim and Anna; Saint (***of the day***) whose memory we commemorate today, and all the saints.

PSALM 33

I will bless the Lord continually, his praise will always be in my mouth. My soul will be praised in the Lord; let the meek hear it and rejoice. Magnify the Lord with me, let us exalt his name together. I sought the Lord and he heard me, and delivered me from all my afflictions. Come to him and be enlightened, and your faces will not be ashamed. This poor man cried, and the Lord heard him, and saved him from all his afflictions. The angel of the Lord will encamp round those who fear him,

ἔσωσεν αὐτόν. Παρεμβαλεῖ ἄγγελος Κυρίου κύκλῳ τῶν φοβουμένων αὐτόν καὶ ῥύσεται αὐτούς. Γεύσασθε καὶ ἴδετε, ὅτι χρηστὸς ὁ Κύριος· μακάριος ἀνήρ, ὃς ἐλπίζει ἐπ' αὐτόν. Φοβήθητε τὸν Κύριον πάντες οἱ ἅγιοι αὐτοῦ· ὅτι οὐκ ἔστιν ὑστέρημα τοῖς φοβουμένοις αὐτόν. Πλούσιοι ἐπτώχευσαν καὶ ἐπείνασαν· οἱ δὲ ἐκζητοῦντες τὸν Κύριον οὐκ ἐλαττωθήσονται παντὸς ἀγαθοῦ. Δεῦτε, τέκνα, ἀκούσατέ μου· φόβον Κυρίου διδάξω ὑμᾶς. Τίς ἐστιν ἄνθρωπος ὁ θέλων ζωήν, ἀγαπῶν ἡμέρας ἰδεῖν ἀγαθάς; Παῦσον τὴν γλῶσσάν σου ἀπὸ κακοῦ καὶ χείλη σου τοῦ μὴ λαλῆσαι δόλον. Ἔκκλινον ἀπὸ κακοῦ καὶ ποίησον ἀγαθόν· ζήτησον εἰρήνην καὶ δίωξον αὐτήν. Ὀφθαλμοὶ Κυρίου ἐπὶ δικαίους καὶ ὦτα αὐτοῦ εἰς δέησιν αὐτῶν. Πρόσωπον δὲ Κυρίου ἐπὶ ποιοῦντας κακά τοῦ ἐξολοθρεῦσαι ἐκ γῆς τὸ μνημόσυνον αὐτῶν. Ἐκέκραξαν οἱ δίκαιοι καὶ ὁ Κύριος εἰσήκουσεν αὐτῶν καὶ ἐκ πασῶν τῶν θλίψεων αὐτῶν ἐρρύσατο αὐτούς. Ἐγγὺς Κύριος τοῖς συντετριμμένοις τὴν καρδίαν καὶ τοὺς ταπεινοὺς τῷ πνεύματι σώσει. Πολλαὶ αἱ θλίψεις τῶν δικαίων· καὶ ἐκ πασῶν αὐτῶν ῥύσεται αὐτοὺς ὁ Κύριος. Φυλάσσει Κύριος πάντα τὰ ὀστᾶ αὐτῶν· ἓν ἐξ αὐτῶν οὐ συντριβήσεται. Θάνατος ἁμαρτωλῶν πονηρός, καὶ οἱ μισοῦντες τὸν δίκαιον πλημμελήσουσι. Λυτρώσεται Κύριος ψυχὰς δούλων αὐτοῦ, καὶ οὐ μὴ πλημμελήσουσι πάντες οἱ ἐλπίζοντες ἐπ' αὐτόν.

ΨΑΛΜΟΣ ΡΜΔ΄

Ὑψώσω σε, ὁ Θεός μου, ὁ βασιλεύς μου, καὶ εὐλογήσω τὸ ὄνομά σου εἰς τὸν αἰῶνα καὶ εἰς τὸν αἰῶνα τοῦ αἰῶνος. Καθ' ἑκάστην ἡμέραν εὐλογήσω σε καὶ αἰνέσω τὸ ὄνομά σου εἰς τὸν αἰῶνα καὶ εἰς τὸν αἰῶνα τοῦ αἰῶνος. Μέγας Κύριος καὶ αἰνετὸς σφόδρα, καὶ τῆς μεγαλωσύνης

and deliver them. Taste and see that the Lord is good. Blessed the one who hopes in him! Fear the Lord, all you his holy ones, for those who fear him never want. The rich have become poor and gone hungry, but those who seek the Lord will not be deprived of any good. Come, children, listen to me, I will teach you the fear of the Lord. Who is there who wants life, loves to see good days? Keep your tongue from evil, and your lips from speaking deceit. Turn away from evil and do good, seek peace and pursue it. The eyes of the Lord are on the just, and his ears towards their supplication. The Lord's face is set against those who do evil, to destroy their memory from the earth. The just cried and the Lord heard them, and delivered them from all their afflictions. The Lord is close to those who are broken-hearted, and will save the humble in spirit. The afflictions of the just are many, but the Lord will deliver them from them all. The Lord guards all their bones, not one of them will be broken. The death of sinners is evil, and those who hate the just will go astray. The Lord will rescue the souls of his servants, and no one of those who hope in him will go astray.

PSALM 144

I will exalt you, my God, my King; and I will bless your name for ever and to age on age. Every day I will bless you; and praise your name for ever and to age on age. The Lord is great and highly to be praised; and there is no limit to his greatness. Generation after generation

αὐτοῦ οὐκ ἔστι πέρας. Γενεὰ καὶ γενεὰ ἐπαινέσει τὰ ἔργα σου καὶ τὴν δύναμίν σου ἀπαγγελοῦσι. Τὴν μεγαλοπρέπειαν τῆς δόξης τῆς ἁγιωσύνης σου λαλήσουσι καὶ τὰ θαυμάσιά σου διηγήσονται. Καὶ τὴν δύναμιν τῶν φοβερῶν σου ἐροῦσι καὶ τὴν μεγαλωσύνην σου διηγήσονται. Μνήμην τοῦ πλήθους τῆς χρηστότητός σου ἐξερεύξονται καὶ τῇ δικαιοσύνῃ σου ἀγαλλιάσονται. Οἰκτίρμων καὶ ἐλεήμων ὁ Κύριος, μακρόθυμος καὶ πολυέλεος. Χρηστὸς Κύριος τοῖς σύμπασι, καὶ οἱ οἰκτιρμοὶ αὐτοῦ ἐπὶ πάντα τὰ ἔργα αὐτοῦ. Ἐξομολογησάσθωσάν σοι, Κύριε, πάντα τὰ ἔργα σου, καὶ οἱ ὅσιοί σου εὐλογησάτωσάν σε. Δόξαν τῆς βασιλείας σου ἐροῦσι, καὶ τὴν δυναστείαν σου λαλήσουσι. Τοῦ γνωρίσαι τοῖς υἱοῖς τῶν ἀνθρώπων τὴν δυναστείαν σου, καὶ τὴν δόξαν τῆς μεγαλοπρεπείας τῆς βασιλείας σου. Ἡ βασιλεία σου βασιλεία πάντων τῶν αἰώνων καὶ ἡ δεσποτεία σου ἐν πάσῃ γενεᾷ καὶ γενεᾷ. Πιστὸς Κύριος ἐν πᾶσι τοῖς λόγοις αὐτοῦ καὶ ὅσιος ἐν πᾶσι τοῖς ἔργοις αὐτοῦ. Ὑποστηρίζει Κύριος πάντας τοὺς καταπίπτοντας καὶ ἀνορθοῖ πάντας τοὺς κατερραγμένους. Οἱ ὀφθαλμοὶ πάντων εἰς σὲ ἐλπίζουσι, καὶ σὺ δίδεις τὴν τροφὴν αὐτῶν ἐν εὐκαιρίᾳ. Ἀνοίγεις σὺ τὴν χεῖρά σου, καὶ ἐμπιπλᾷς πᾶν ζῷον εὐδοκίας. Δίκαιος Κύριος ἐν πάσαις ταῖς ὁδοῖς αὐτοῦ καὶ ὅσιος ἐν πᾶσι τοῖς ἔργοις αὐτοῦ. Ἐγγὺς Κύριος πᾶσι τοῖς ἐπικαλουμένοις αὐτόν, πᾶσι τοῖς ἐπικαλουμένοις αὐτὸν ἐν ἀληθείᾳ. Θέλημα τῶν φοβουμένων αὐτὸν ποιήσει, καὶ τῆς δεήσεως αὐτῶν εἰσακούσεται, καὶ σώσει αὐτούς. Φυλάσσει Κύριος πάντας τοὺς ἀγαπῶντας αὐτὸν καὶ πάντας τοὺς ἁμαρτωλοὺς ἐξολοθρεύσει. Αἴνεσιν Κυρίου λαλήσει τὸ στόμα μου καὶ εὐλογείτω πᾶσα σάρξ τὸ ὄνομα τὸ ἅγιον αὐτοῦ εἰς τὸν αἰῶνα καὶ εἰς τὸν αἰῶνα τοῦ αἰῶνος.

will praise your works; and will declare your power. They will tell of the majesty of the glory of your holiness; and will recount your wonders. They will speak of the power of your dread deeds; and will recount your greatness. They will proclaim the memory of the multitude of your goodness; and rejoice in your justice. The Lord is compassionate and merciful; long-suffering and full of mercy. The Lord is good to all; and his acts of compassion are for all his works. May all your works confess you, Lord; and all your holy ones bless you. They will speak of the glory of your kingdom; and tell of your power. To make known your power and of the glory the majesty of your kingdom to the children of mankind. Your kingdom is a kingdom for all the ages, and your dominion for every generation. The Lord is faithful in all his words, and holy in all his works. The Lord supports all who are falling, and sets upright all who are broken down. The eyes of all hope in you, and you give them their food in due season. You open your hand, and fill every living thing with your good pleasure. The Lord is just in all his ways, and holy in all his works. The Lord is close to those who call on him, to all who call on him in truth. He will do the will of those who fear him, and hear their supplication and save them. The Lord guards all who love him, and all sinners he will destroy. My mouth will tell the praise of the Lord, and let all flesh bless his holy name for ever and to age on age.

Ὁ Ἱερεύς· Δι' εὐχῶν τῶν ἁγίων Πατέρων ἡμῶν, Κύριε Ἰησοῦ Χριστέ, ὁ Θεός, ἐλέησον καὶ σῶσον ἡμᾶς.

Ὁ Χορός· Ἀμήν.

Priest: Through the prayers of our holy fathers, Lord Jesus Christ, our God, have mercy on us and save us.

Choir: Amen.

ΑΚΟΛΟΥΘΙΑ ΤΟΥ ΑΓΙΟΥ ΕΛΑΙΟΥ

THE SERVICE OF HOLY OIL

Συναχθέντες οἱ ἑπτὰ πρεσβύτεροι ἐν τῷ ναῷ ἐν τῷ οἴκῳ, ἐνδύονται τὸ ἐπιτρχήλιον (ὁ πρῶτος τῶν ἱερέων καὶ φελώνιον) καὶ ἵστανται ἔμπροσθεν προευτρεπισθέντος τετραποδίου, ἐν ᾧ τίθεται τὸ ἅγιον Εὐαγγέλιον καὶ ἑπτάφωτος καδύλα ἐξ οἴνου καὶ ἐλαίου μετὰ ἑπτὰ χριαλίδων. Καὶ ἄρχεται ἡ ἀκολουθία οὕτως·

Seven presbyters, having assembled in the Church or a house, vested in Epitrachilion (the first in rank is also vested in the felonion) and standing in front of a table that has been prepared, upon which lies the Holy Gospel and seven vigil lamps with wine, oil, and seven wicks. The service begins as follows:

Ὁ Διάκονος· Εὐλόγησον, δέσποτα.

Deacon: Bless, Master.

Καὶ ὁ πρῶτος τῶν ἱερέων·

The first in rank of the Priests exclaims:

Εὐλογητὸς ὁ Θεὸς ἡμῶν, πάντοτε, νῦν, καὶ ἀεί, καὶ εἰς τοὺς αἰῶνας τῶν αἰώνων.

Blessed is our God, always now and for ever, and to the ages of ages.

Ὁ Ἀναγνώστης· Ἀμήν.

Reader: Amen.

Ὁ Προεστώς· Δόξα σοι, ὁ Θεὸς ἡμῶν, δόξα σοι. Βασιλεῦ οὐράνιε, Παράκλητε, τὸ Πνεῦμα τῆς ἀληθείας, ὁ πανταχοῦ παρὼν, καὶ τὰ πάντα πληρῶν, ὁ θησαυρὸς τῶν ἀγαθῶν καὶ ζωῆς χορηγός, ἐλθὲ καὶ σκήνωσον ἐν ἡμῖν καὶ καθάρισον ἡμᾶς ἀπὸ πάσης κηλῖδος καὶ σῶσον ἀγαθέ, τὰς ψυχὰς ἡμῶν.

Superior: Glory to you, our God. Glory to you. Heavenly King, Comforter, Spirit of truth, present everywhere, filling all things, Treasury of blessings and Giver of life, come and abide in us, cleanse us from every stain, and save our souls, O Good One.

Ὁ Ἀναγνώστης· Ἀμήν.

Reader: Amen.

Ὁ Ἀναγνώστης· Ἅγιος ὁ Θεός, Ἅγιος Ἰσχυρός, Ἅγιος Ἀθάνατος, ἐλέησον ἡμᾶς. *(γ´)*

Reader: Holy God, Holy Mighty, Holy Immortal, have mercy on us. *(x3)*

Δόξα Πατρί, καὶ Υἱῷ, καὶ Ἁγίῳ Πνεύματι, καὶ νῦν καὶ ἀεί, καὶ εἰς τοὺς αἰῶνας τῶν αἰώνων. Ἀμήν.

Glory to the Father and the Son and the Holy Spirit, both now and ever and to the ages of ages. Amen.

Παναγία Τριάς, ἐλέησον ἡμᾶς. Κύριε, ἰλάσθητι ταῖς ἁμαρτίαις ἡμῶν, Δέσποτα, συγχώρησον τὰς ἀνομίας ἡμῖν. Ἅγιε, ἐπί-

All-holy Trinity, have mercy on us. Lord, forgive our sins. Master, pardon our transgressions. Holy One, visit and

σκέψαι καὶ ἴασαι τὰς ἀσθενείας ἡμῶν, ἕνεκεν τοῦ ὀνόματός σου.

Κύριε, ἐλέησον. *(γ′)* Δόξα Πατρὶ, καὶ Υἱῷ, καὶ Ἁγίῳ Πνεύματι, καὶ νῦν καὶ ἀεί, καὶ εἰς τοὺς αἰῶνας τῶν αἰώνων. Ἀμήν.

Πάτερ ἡμῶν ὁ ἐν τοῖς οὐρανοῖς, ἁγιασθήτω τὸ ὄνομά σου. Ἐλθέτω ἡ βασιλεία σου. Γενηθήτω τὸ θέλημά σου, ὡς ἐν οὐρανῷ, καὶ ἐπὶ τῆς γῆς. Τὸν ἄρτον ἡμῶν τὸν ἐπιούσιον δὸς ἡμῖν σήμερον. Καὶ ἄφες ἡμῖν τὰ ὀφειλήματα ἡμῶν, ὡς καὶ ἡμεῖς ἀφίεμεν τοῖς ὀφειλέταις ἡμῶν. Καὶ μὴ εἰσενέγκῃς ἡμᾶς εἰς πειρασμόν, ἀλλὰ ῥῦσαι ἡμᾶς ἀπὸ τοῦ πονηροῦ.

Ὁ Ἱερεύς (α′)· Ὅτι σοῦ ἐστιν ἡ Βασιλεία, καὶ ἡ δύναμις, καὶ ἡ δόξα, τοῦ Πατρός, καὶ τοῦ Υἱοῦ, καὶ τοῦ ἁγίου Πνεύματος, νῦν καὶ ἀεὶ καὶ εἰς τοὺς αἰῶνας τῶν αἰώνων.

Ὁ Χορός· Ἀμήν.

Ὁ Ἀναγνώστης· Κύριε, ἐλέησον. *(ιβ′)*

Δόξα Πατρὶ, καὶ Υἱῷ, καὶ Ἁγίῳ Πνεύματι. Καὶ νῦν καὶ ἀεί, καὶ εἰς τοὺς αἰῶνας τῶν αἰώνων. Ἀμήν.

Δεῦτε, προσκυνήσωμεν καὶ προσπέσωμεν τῷ βασιλεῖ ἡμῶν Θεῷ.

Δεῦτε προσκυνήσωμεν καὶ προσπέσωμεν Χριστῷ τῷ βασιλεῖ ἡμῶν Θεῷ.

Δεῦτε προσκυνήσωμεν καὶ προσπέσωμεν αὐτῷ Χριστῷ, τῷ βασιλεῖ καὶ Θεῷ ἡμῶν.

heal our infirmities for the glory of Your name.

Lord, have mercy. *(x3)* Glory to the Father and the Son and the Holy Spirit, both now and ever and to the ages of ages. Amen.

Our Father, who art in heaven, hallowed be Thy name. Thy kingdom come. Thy will be done, on earth as it is in heaven. Give us this day our daily bread; and forgive us our trespasses, as we forgive those who trespass against us. And lead us not into temptation, but deliver us from the evil one.

Priest (1st): For Yours is the kingdom and the power and the glory, of the Father and the Son and the Holy Spirit, both now and ever and to the ages of ages.

Choir: Amen.

Reader: Lord, have mercy. *(x12)*

Glory to the Father and the Son and the Holy Spirit, both now and ever and to the ages of ages. Amen.

Come, let us worship and fall down before the King, our God.

Come, let us worship and fall down before Christ the King, our God.

Come, let us worship and fall down before Christ himself, the King, our God.

Καὶ ἀναγινώσκεται ὁ Ψαλμὸς ρμβ΄. *And the Reader reads Psalm 142.*

ΨΑΛΜΟΣ ΡΜΒ΄ | PSALM 142

Κύριε, εἰσάκουσον τῆς προσευχῆς μου, ἐνώτισαι τὴν δέησίν μου ἐν τῇ ἀληθείᾳ σου, εἰσάκουσόν μου ἐν τῇ δικαιοσύνῃ σου·

Καὶ μὴ εἰσέλθῃς εἰς κρίσιν μετὰ τοῦ δούλου σου, ὅτι οὐ δικαιωθήσεται ἐνώπιόν σου πᾶς ζῶν.

Ὅτι κατεδίωξεν ὁ ἐχθρὸς τὴν ψυχήν μου, ἐταπείνωσεν εἰς γῆν τὴν ζωήν μου, ἐκάθισέ με ἐν σκοτεινοῖς ὡς νεκροὺς αἰῶνος·

Καὶ ἠκηδίασεν ἐπ᾽ ἐμὲ τὸ πνεῦμά μου, ἐν ἐμοὶ ἐταράχθη ἡ καρδία μου.

Ἐμνήσθην ἡμερῶν ἀρχαίων, ἐμελέτησα ἐν πᾶσι τοῖς ἔργοις σου, ἐν ποιήμασι τῶν χειρῶν σου ἐμελέτων.

Διεπέτασα πρὸς σὲ τὰς χεῖράς μου· ἡ ψυχή μου ὡς γῆ ἄνυδρός σοι.

Ταχὺ εἰσάκουσόν μου, Κύριε, ἐξέλιπε τὸ πνεῦμά μου. Μὴ ἀποστρέψῃς τὸ πρόσωπόν σου ἀπ᾽ ἐμοῦ, καὶ ὁμοιωθήσομαι τοῖς καταβαίνουσιν εἰς λάκκον.

Ἀκουστὸν ποίησόν μοι τὸ πρωῒ τὸ ἔλεός σου, ὅτι ἐπὶ σοὶ ἤλπισα. Γνώρισόν μοι, Κύριε, ὁδόν, ἐν ᾗ πορεύσομαι, ὅτι πρὸς σὲ ἦρα τὴν ψυχήν μου.

Ἐξελοῦ με ἐκ τῶν ἐχθρῶν μου, Κύριε, ὅτι πρὸς σὲ κατέφυγον.

Δίδαξόν με τοῦ ποιεῖν τὸ θέλημά σου, ὅτι σὺ εἶ ὁ Θεός μου. Τὸ πνεῦμά σου τὸ ἀγαθὸν ὁδηγήσει με ἐν γῇ εὐθείᾳ·

Ἕνεκεν τοῦ ὀνόματός σου, Κύριε, ζήσεις με, ἐν τῇ δικαιοσύνῃ σου ἐξάξεις ἐκ θλίψεως τὴν ψυχήν μου.

Καὶ ἐν τῷ ἐλέει σου ἐξολοθρεύσεις τοὺς ἐχθρούς μου καὶ ἀπολεῖς πάντας

O Lord, hear my prayer, give ear to my supplication in Your truth; hear me in Your righteousness,

And enter not into judgment with Your servant; for before You, no one living will be justified.

The enemy pursued my soul. He has lowered my life to the ground. He has set me in darkness like those long dead.

My spirit became despondent with me; my heart was agitated within me.

I remembered the days of old. I meditated on all Your deeds; I pondered the works of Your hands.

I have spread out my arms to You; my soul thirsts for You like waterless land.

Quickly hear me, O Lord; my spirit has become faint. Turn not Your face away from me, lest I become like those who go down into the pit.

Let me hear of Your mercy in the morning, for I have hoped in You. Show me, Lord, the way in which I should walk, for I have lifted up my soul to You.

Rescue me from my enemies, O Lord; to You have I fled.

Teach me to do Your will, for You are my God. Your good Spirit will guide me on level ground.

You will quicken me, O Lord, for Your name's sake. In Your righteousness You will bring my soul out of affliction.

And in Your mercy You will exterminate my enemies. And You will destroy

τοὺς θλίβοντας τὴν ψυχήν μου, ὅτι ἐγὼ δοῦλός σου εἰμι.

Καὶ πάλιν.

Εἰσάκουσόν μου ἐν τῇ δικαιοσύνῃ σου· καὶ μὴ εἰσέλθῃς εἰς κρίσιν μετὰ τοῦ δούλου σου. *(β΄)*

Τὸ πνεῦμά σου τὸ ἀγαθὸν ὁδηγήσει με ἐν γῇ εὐθείᾳ.

Καὶ ψάλλομεν τὸ Ἀλληλούια εἰς ἦχον πλ. β·

Ἀλληλούια, Ἀλληλούια, Ἀλληλούια.

Στίχ. α΄. *Κύριε, μὴ τῷ θυμῷ σου ἐλέγξῃς με, μηδὲ τῇ ὀργῇ σου παιδεύσῃς με.*

Ἀλληλούια, Ἀλληλούια, Ἀλληλούια.

Στίχ. β΄. *Ἐλέησόν με, Κύριε, ὅτι ἀσθενής εἰμι.*

Ἀλληλούια, Ἀλληλούια, Ἀλληλούια.

Καὶ τὰ τροπάρια εἰς·

Ἦχος πλ. β΄.

Ἐλέησον ἡμᾶς, Κύριε, ἐλέησον ἡμᾶς· πάσης γὰρ ἀπολογίας ἀποροῦντες, ταύτην σοι τὴν ἱκεσίαν, ὡς Δεσπότῃ, οἱ ἁμαρτωλοὶ προσφέρομεν· Ἐλέησον ἡμᾶς.

Δόξα Πατρὶ καὶ Υἱῷ καὶ Ἁγίῳ Πνεύματι.

Κύριε, ἐλέησον ἡμᾶς, ἐπὶ σοὶ γὰρ πεποίθαμεν· μὴ ὀργισθῇς ἡμῖν σφόδρα, μηδὲ μνησθῇς τῶν ἀνομιῶν ἡμῶν· ἀλλ᾽ ἐπίβλεψον καὶ νῦν ὡς εὔσπλαγχνος, καὶ λύτρωσαι ἡμᾶς ἐκ τῶν ἐχθρῶν ἡμῶν· σὺ γὰρ εἶ Θεὸς ἡμῶν, καὶ ἡμεῖς λαός σου· πάντες ἔργα χειρῶν σου, καὶ τὸ ὄνομά σου ἐπικεκλήμεθα.

Καὶ νῦν καὶ ἀεί,
καὶ εἰς τοὺς αἰῶνας τῶν αἰώνων. Ἀμήν.

---

all those who afflict my soul, for I am Your servant.

And again

Hear me in Your righteousness, and enter not into judgment with Your servant. *(x2)*

Your good Spirit will guide me on level ground.

And we sing the Alleluia in Tone Pl. 2:

Alleluia, Alleluia, Alleluia.

Verse 1. *O Lord, rebuke me not in your anger, nor chastise me in your wrath.*

Alleluia, Alleluia, Alleluia.

Verse 2. *Have mercy on me, O God, for I am weak.*

Alleluia, Alleluia, Alleluia.

And the following Troparia in:

Tone Pl. 2.

Have mercy on us, Lord, have mercy on us; for we sinners, lacking all defence, offer you, as our Master, this supplication: have mercy on us.

Glory to the Father, and the Son, and the Holy Spirit.

Lord, have mercy on us, for in you we have put our trust. Do not be very angry with us, nor remember our iniquities. But look on us now, as you are compassionate, and rescue us from our enemies. For you are our God, and we are your people; we are all the work of your hands, and we have called on your name.

Both now and ever,
and to the ages of ages. Amen.

Θεοτοκίον.

Τῆς εὐσπλαγχνίας τὴν πύλην, ἄνοιξον ἡμῖν, εὐλογημένη Θεοτόκε· ἐλπίζοντες εἰς σέ, μὴ ἀστοχήσαιμεν· ῥυσθείημεν διὰ σοῦ τῶν περστάσεων· σὺ γὰρ εἶ ἡ σωτηρία τοῦ γένους τῶν Χριστιανῶν.

Εἶτα ὁ Ἀναγνώστης ἀναγινώσκει τὸν ν΄ ψαλμόν.

ΨΑΛΜΟΣ Ν΄

Ἐλέησόν με, ὁ Θεός, κατὰ τὸ μέγα ἔλεός σου, καὶ κατὰ τὸ πλῆθος τῶν οἰκτιρμῶν σου ἐξάλειψον τὸ ἀνόμημά μου.

Ἐπὶ πλεῖον πλῦνόν με ἀπὸ τῆς ἀνομίας μου, καὶ ἀπὸ τῆς ἁμαρτίας μου καθάρισόν με.

Ὅτι τὴν ἀνομίαν μου ἐγὼ γινώσκω, καὶ ἡ ἁμαρτία μου ἐνώπιόν μου ἐστὶ διὰ παντός.

Σοὶ μόνῳ ἥμαρτον, καὶ τὸ πονηρὸν ἐνώπιόν σου ἐποίησα, ὅπως ἂν δικαιωθῇς ἐν τοῖς λόγοις σου, καὶ νικήσῃς ἐν τῷ κρίνεσθαί σε.

Ἰδοὺ γὰρ ἐν ἀνομίαις συνελήφθην, καὶ ἐν ἁμαρτίαις ἐκίσσησέ με ἡ μήτηρ μου.

Ἰδοὺ γὰρ ἀλήθειαν ἠγάπησας· τὰ ἄδηλα καὶ τὰ κρύφια τῆς σοφίας σου ἐδήλωσάς μοι.

Ραντιεῖς με ὑσσώπῳ καὶ καθαρισθήσομαι· πλυνεῖς με, καὶ ὑπὲρ χιόνα λευκανθήσομαι.

Ἀκουτιεῖς μοι ἀγαλλίασιν καὶ εὐφροσύνην· ἀγαλλιάσονται ὀστέα τεταπεινωμένα.

Theotokion.

Open the gate of compassion to us, blessed Theotokos; hoping in you, may we not fail. Through you may we be delivered from adversities, for you are the salvation of the Christian race.

And the Reader reads the 50th Psalm.

PSALM 50

Have mercy on me O God, in your great mercy. In accordance with the multitude of your compassion blot out my offence.

Wash me thoroughly from my wickedness, and cleanse me from my sin.

For I acknowledge my wickedness, and my sin is ever before me.

Against you only I have sinned and done what is evil in your sight, that you may be justified in your words, and win when you are judged.

For see, in wickedness I was conceived, and in sin my mother bore me.

For see, you have loved truth: you have shown me the hidden and secret things of your wisdom.

You will sprinkle me with hyssop and I shall be cleansed; you will wash me, and I shall be made whiter than snow.

You will make me hear of joy and gladness; the bones which have been humbled will rejoice.

Ἀπόστρεψον τὸ πρόσωπόν σου ἀπὸ τῶν ἁμαρτιῶν μου, καὶ πάσας τὰς ἀνομίας μου ἐξάλειψον.

Turn away your face from my sins, and blot out all my iniquities.

Καρδίαν καθαρὰν κτίσον ἐν ἐμοί, ὁ Θεός, καὶ πνεῦμα εὐθὲς ἐγκαίνισον ἐν τοῖς ἐγκάτοις μου.

Create a clean heart in me, O God, and renew a right Spirit within me.

Μὴ ἀπορρίψῃς με ἀπὸ τοῦ προσώπου σου, καὶ τὸ Πνεῦμά σου τὸ ἅγιον μὴ ἀντανέλῃς ἀπ' ἐμοῦ.

Do not cast me out from your presence, and do not take your Holy Spirit from me.

Ἀπόδος μοι τὴν ἀγαλλίασιν τοῦ σωτηρίου σου, καὶ πνεύματι ἡγεμονικῷ στήριξόν με.

Give me back the joy of your salvation, and establish me with a sovereign Spirit.

Διδάξω ἀνόμους τὰς ὁδούς σου, καὶ ἀσεβεῖς ἐπὶ σὲ ἐπιστρέψουσιν.

I will teach transgressors your ways, and sinners will turn to you again.

Ῥῦσαί με ἐξ αἱμάτων, ὁ Θεός, ὁ Θεὸς τῆς σωτηρίας μου· ἀγαλλιάσεται ἡ γλῶσσά μου τὴν δικαιοσύνην σου.

O God, the God of my salvation, deliver me from bloodshed, and my tongue will rejoice at your justice.

Κύριε, τὰ χείλη μου ἀνοίξεις, καὶ τὸ στόμα μου ἀναγγελεῖ τὴν αἴνεσίν σου.

Lord, you will open my lips: and my mouth will declare your praise.

Ὅτι εἰ ἠθέλησας θυσίαν, ἔδωκα ἄν· ὁλοκαυτώματα οὐκ εὐδοκήσεις.

For if you had wanted a sacrifice, I would have given it; you will not take pleasure in burnt offerings.

Θυσία τῷ Θεῷ πνεῦμα συντετριμμένον· καρδίαν συντετριμμένην καὶ τεταπεινωμένην ὁ Θεὸς οὐκ ἐξουδενώσει.

A sacrifice to God is a broken spirit; a broken and a humbled heart God will not despise.

Ἀγάθυνον, Κύριε, ἐν τῇ εὐδοκίᾳ σου τὴν Σιών, καὶ οἰκοδομηθήτω τὰ τείχη Ἰερουσαλήμ.

Do good to Sion, Lord, in your good pleasure; and let the walls of Jerusalem be rebuilt.

Τότε εὐδοκήσεις θυσίαν δικαιοσύνης, ἀναφορὰν καὶ ὁλοκαυτώματα.

Then you will be well pleased with a sacrifice of justice, oblation and whole burnt offerings.

Τότε ἀνοίσουσιν ἐπὶ τὸ θυσιαστήριόν σου μόσχους.

Then they will offer calves upon your altar.

Μεθ᾽ ὃν ψάλλεται ὁ κανών,
οὗ ἡ ἀκροστιχίς:

«Εὐχῆς ἐλ(ε)αίο(θ)υ ψα(π)λμό(π)ς ἐξ(ς) Ἀρσενίου».

Ὠδὴ α´. Ἦχος δ´.
Θαλάσσης τὸ ἐρυθραῖον πέλαγος.

Δέσποτα Χριστέ, ἐλέησον τοὺς δούλους Σου.

Ἐλαίῳ τῆς εὐσπλαγχνίασω, * Δέσποτα, * ὁ ἱλαρύνων ἀεί * ψυχὰς ὁμοῦ καὶ σώματα βροτῶν * καὶ φρουρῶν ἐν Ἐλαίῳ πιστούς, * αὐτὸς καὶ νῦν οἰκτείρησον * τοὺς δι᾽ ἐλαίου προσιόντας σοι.

Δέσποτα Χριστέ, ἐλέησον τοὺς δούλους Σου.

Ὑπάρχει * σου τοῦ ἐλέους Δέσποτα, * πλήρης ἡ σύμπασα γῆ· * ὅθεν ἐλαίῳ θείῳ σου σεπτῷ * οἱ χριόμενοι σήμερον * τὸν ὑπὲρ νοῦν σου ἔλεον * πιστῶς αἰτοῦμέν σε δοθῆναι ἡμῖν.

Δόξα Πατρὶ καὶ Υἱῷ καὶ Ἁγίῳ Πνεύματι.

Χρισμόν σου * τὸν ἱερόν, φιλάνθρωπε, * ὁ ἀποστόλοις τοῖς σοῖς * ἐπ᾽ ἀσθενοῦσι δούλοις σου τελεῖν * συμπαθῶς ἐντειλάμενος, * ταῖς δι᾽ αὐτῶν ἐντεύξεσι * πάντας σφραγῖδί σου ἐλέησον.

Καὶ νῦν καὶ ἀεὶ καὶ εἰς τοὺς αἰῶνας τῶν αἰώνων. Ἀμήν.

Θεοτοκίον.

Ἡ μόνη * τὸ τῆς εἰρήνης πέλαγος, * ἁγνὴ πλουτήσασα, * ταῖς πρὸς Θεὸν πρεσβείαις σου ἀεί * νοσημάτων καὶ θλίψεων * τοὺς σοὺς οἰκέτας λύτρωσαι, * ὅπως ἀπαύστως ἀνυμνῶμέν σε.

Ὠδὴ γ´.
Εὐφραίνεται ἐπὶ σοί.

Δέσποτα Χριστέ, ἐλέησον τοὺς δούλους Σου.

Σὺ μόνος ὢν θαυμαστός * καὶ ἐν ἀνθρώποις τοῖς πιστοῖς ἵλεως, * τοῖς

And after the 50th Psalm the Canon,
of which the Acrostic is:

Psalm of blessing of oil
from Arsenios.

Ode 1. Tone 4.
Through the Red Sea's deep.

O Master Christ, have mercy on your servants.

With the oil of your compassion, Master, you always make glad the souls and bodies of mortals, and guard the faithful by oil; take pity now on your servants who approach you through oil.

O Master Christ, have mercy on your servants.

The whole earth is full of your mercy, Master; and so we ask in faith that we who are today mystically anointed with divine oil, may be granted your mercy which passes understanding.

Glory to the Father, Son and Holy Spirit.

Lover of mankind, in your compassion you ordered your Apostles to perform the sacred anointing on your sick servants; at their intercessions have mercy on us all by your seal.

Both now and ever, and to the ages of ages. Amen.

Theotokion.

O pure one, alone enriched with the ocean of peace, by your prayers to God, ever deliver your servants from diseases and afflictions, that we may unceasingly praise you.

Ode 3.
Your Church, O Christ.

O Master Christ, have mercy on your servants.

You alone, O Christ, are wonderful and pity those who are faithful;

ἀσθενοῦσι δεινῶς * δὸς, Χριστέ, τὴν χάριν σου ἄνωθεν.

Δέσποτα Χριστέ, ἐλέησον τοὺς δούλους Σου.

Ἐλαίας κάρφος ποτὲ * πρὸς ἀνοχὴν κατακλυσμοῦ θείᾳ σου * δείξας ῥοπῇ, Κύριε, * σῶσον ἐν ἐλέει τοὺς κάμνοντας.

Δόξα Πατρὶ καὶ Υἱῷ καὶ Ἁγίῳ Πνεύματι.

Λαμπάδι θείᾳ φωτὸς * ἐν τῷ ἐλέει σου, Χριστέ, φαίδρυνον, * τοὺς ἐν τῇ χρίσει καὶ νῦν * πίστει τοῦ ἐλαίου σου σπεύδοντας.

Καὶ νῦν καὶ ἀεὶ καὶ εἰς τοὺς αἰῶνας τῶν αἰώνων. Ἀμήν.

Θεοτοκίον.

Ἐπίβλεψον εὐμενῶς, * μήτηρ τοῦ πάντων ποιητοῦ ἄνωθεν * καὶ τὴν πικρὰν κάκωσιν * λῦσον τοὺς νοσοῦντων πρεσβείαις σου.

Κάθισμα. Ἦχος πλ. δ΄.
Αὐλῶν ποιμενικῶν.

Ὡς θεῖος ποταμός * τοῦ ἐλέους ὑπάρχων * ὡς ἄβυσσος πολλῆς * συμπαθείας, οἰκτίρμον· * δεῖξον τοῦ σοῦ ἐλέους * τὰ θεῖα ῥεῖθρα * καὶ πάντας ἴασαι· * βλῦσον τάς τῶν θαυμάτων * πηγὰς ἀφθόνως καὶ πλῦνον ἅπαντας· * σοὶ γὰρ ἀεὶ προστρέχοντες θερμῶς, * τὴν χάριν ἐξαιτούμεθα.

Δόξα Πατρὶ καὶ Υἱῷ καὶ Ἁγίῳ Πνεύματι. Καὶ νῦν καὶ ἀεὶ καὶ εἰς τοὺς αἰῶνας τῶν αἰώνων. Ἀμήν.

Ἕτερον. Ἦχος δ΄.
Ὁ ὑψωθεὶς ἐν τῷ Σταυρῷ.

Ὁ ἰατρὸς καὶ βοηθὸς τῶν ἐν πόνοις, * ὁ λυτρωτής τε καὶ σωτὴρ τῶν ἐν νόσοις, * αὐτὸς τῶν ὅλων Δέσποτα καὶ Κύριε, * δώρησαι τὴν ἴασιν τοῖς νοσοῦσί σου δούλοις· * οἴκτειρον, ἐλέησον τοὺς

give your grace from on high to those who are grievously sick.

O Master Christ, have mercy on your servants.

By your divine help, O Lord, you once used an olive branch to show the abatement of the Flood; in mercy save the ailing.

Glory to the Father, Son and Holy Spirit.

With a divine lamp of light, O Christ, in your mercy make bright those who with faith in your mercy now hasten for anointing.

Both now and ever, and to the ages of ages. Amen.

Theotokion.

Look favorably from on high, O Mother of the Maker of all, and do away with the bitter illness of the sick by your prayers.

Kathisma. Tone Pl. 4.
The song of shepherd pipes.

As you, O Merciful, are a divine river of mercy, an abyss of great compassion, show us the divine streams of your mercy, and heal us all; pour out unstintingly the springs of your wonders, and cleanse us all; for ever hastening fervently to you, we implore your grace.

Glory to the Father, Son and Holy Spirit, both now and Ever and to the ages of ages. Amen.

Another. Tone 4.
Lifted up on the Cross.

Physician and helper of those in pains, deliverer and savior of those in sickness, Master and Lord, give healing to your sick servants; have pity, have mercy on those who have often stum-

πολλὰ ἐπταικότας * καὶ τῶν σφαλμάτων λύτρωσαι Χριστέ, * ὅπως ὑμνῶσι τὴν Θείαν σου δύναμιν.

Ὠδὴ δ΄.
Ἐπαρθέντα σε ἰδοῦσα ἡ Ἐκκλησία.

Δέσποτα Χριστέ, ἐλέησον τοὺς δούλους Σου.

Ἀδιάφθορον ὡς μύρον, Σωτὴρ, ὑπάρχων, * τὸ κενωθὲν ἐν χάριτι, * καὶ κόσμον καθαῖρον, * οἴκτειρον, ἐλέησον * τοὺς τῇ θείᾳ πίστει σου * μώλωπας σαρκὸς ἐπαλείφοντας.

Δέσποτα Χριστέ, ἐλέησον τοὺς δούλους Σου.

Ἱλαρότητι σφραγῖδος τοῦ σοῦ ἐλέους * νῦν τὰς αἰσθήσεις Δέσποτα, * σφραγίσας σῶν δούλων, * ἄβατον, ἀπρόσιτον * τὴν εἴσοδον ποίησον * πάσαις ἐναντίαις δυνάμεσιν.

Δόξα Πατρὶ καὶ Υἱῷ καὶ Ἁγίῳ Πνεύματι.

Ὁ προσκαλεῖσθαι κελεύων τοὺς ἀσθενοῦντας * ἱερουργοὺς ἐνθέους σου * καὶ τούτων ἐντεύξει * καὶ χρίσει ἐλαίου σου, * φιλάνθρωπε, σῴζεσθαι, σῶσον σῷ ἐλέει τοὺς κάμνοντας.

Καὶ νῦν καὶ ἀεὶ καὶ εἰς τοὺς αἰῶνας τῶν αἰώνων. Ἀμήν.

Θεοτοκίον.

Θεοτόκε ἀειπάρθενε Παναγία, * σκέπη στερρὰ καὶ φύλαξ, * λιμήν τε καὶ τεῖχος, * κλῖμαξ καὶ προπύργιον, * ἐλέησον, οἴκτειρον * πρὸς σὲ γὰρ καὶ μόνην κατεφύγον.

Ὠδὴ ε΄.
Σὺ Κύριέ μου φῶς.

Δέσποτα Χριστέ, ἐλέησον τοὺς δούλους Σου.

Ὑπάρχων, ἀγαθέ, * τοῦ ἐλέους ἡ ἄβυσσος, * ἐλέησον, ἐλεῆμον, *

bled, and deliver them from their falls, O Christ, that they may hymn your divine power.

Ode 4.
Seeing you, the Sun of justice.

O Master Christ, have mercy on your servants.

As you, O Savior, are an incorruptible ointment, emptied out by grace and purifying the world, have pity, have mercy on those who anoint the bruises of the flesh with divine faith.

O Master Christ, have mercy on your servants.

Master, by now sealing with the gladness of the seal of your mercy your servants' senses, make them impenetrable, unapproachable to the entry of every hostile power.

Glory to the Father, Son and Holy Spirit.

Lover of mankind, you bid the sick to summon your sacred ministers and to be saved by their entreaty and anointing with your Oil; in your mercy save your ailing servants.

Both now and ever, and to the ages of ages. Amen.

Theotokion.

All-holy, ever-virgin, Theotokos, my firm shelter and guard, harbor and wall, ladder and tower, have mercy, have pity; for to you alone have I fled for refuge.

Ode 5.
You, Lord, my light.

O Master Christ, have mercy on your servants.

O Good One, as you are an abyss of mercy, have mercy, O Merciful, on

σοῦ τῷ θείῳ ἐλαίῳ * τοὺς κάμνοντας, ὡς εὔσπλαγχνος.

Δέσποτα Χριστέ, ἐλέησον τοὺς δούλους Σου.

Ψυχὰς ἡμῶν, Χριστέ, * καὶ τὰ σώματα ἄνωθεν * σφραγῖδός σου θείῳ τύπῳ * ἁγιάσας ἀφράστως, * χειρί σου πάντας ἴασαι.

Δόξα Πατρὶ καὶ Υἱῷ καὶ Ἁγίῳ Πνεύματι.

Ἀφάτῳ σου στοργῇ, * ὑπεράγαθε Κύριε, * δεξάμενος τὰς τοῦ μύρου * διὰ πόρνης ἀλείψεις, * οἰκτείρησον τοὺς δούλους σου.

Καὶ νῦν καὶ ἀεὶ καὶ εἰς τοὺς αἰῶνας τῶν αἰώνων. Ἀμήν.

Θεοτοκίον.

Πανύμνητε ἁγνή, * ὑπεραγαθέ, δέσποινα, * ἐλέησον τοὺς τῷ θείῳ * χριομένους ἐλαίῳ * καὶ σῶσον τοὺς οἰκέτας σου.

Ὠδὴ στ´.
Θύσω σοι, μετὰ φωνῆς.

Δέσποτα Χριστέ, ἐλέησον τοὺς δούλους Σου.

Λόγοις σου * ὁ δι᾽ ἐλαίου δείξας, φιλάνθρωπε, * ἐν βασιλεῦσι τὴν χρῖσιν * καὶ ἀρχιερεῦσι ταύτην τελέσας, * σφραγισμῷ σου, * καὶ τοὺς πάσχοντας σῶσον ὡς εὔσπλαγχνος.

Δέσποτα Χριστέ, ἐλέησον τοὺς δούλους Σου.

Μέθεξις * μὴ ἐκ πικρῶν δαιμόνων ἐφάψοιτο * τῶν ἐπ᾽ ἀλείψει ἐνθέῳ * τάς αἰσθήσεις, Σῶτερ, σημειουμένων, * ἀλλ᾽ ἐν σκέπῃ * περιτείχισον τούτους τῆς δόξης Σου.

Δόξα Πατρὶ καὶ Υἱῷ καὶ Ἁγίῳ Πνεύματι.

Ὄρεξον * χεῖρα τὴν σὴν ἐξ ὕψους, φιλάνθρωπε, * καὶ σοῦ τὸ ἔλαιον, Σῶτερ, * ἁγιάσας, δίδου τοῖς σοῖς οἰκέ-

the ailing by your divine oil, as you are compassionate.

O Master Christ, have mercy on your servants.

Having ineffably hallowed our souls and bodies from on high, O Christ, with the divine imprint of your seal, heal us all by your power.

Glory to the Father, Son and Holy Spirit.

O Lord, supremely good, in your ineffable love you accepted the anointing with sweet ointment from a harlot; take pity on your servants.

Both Now, and Ever, and to the ages of ages. Amen.

Theotokion.

Sovereign Lady, pure and allpraised, supremely good, have mercy on those who are anointed with the divine Oil, and save your servants.

Ode 6.
I will sacrifice to you.

O Master Christ, have mercy on your servants.

By your words, Lover of mankind, you ordained anointing with oil for kings, and performed it through high priests; save the suffering also by your sealing as you are compassionate.

O Master Christ, have mercy on your servants.

May no influence of wicked demons touch the senses of those signed by divine anointing, O Savior, but wall them about with the shelter of your glory.

Glory to the Father, Son and Holy Spirit.

Stretch out your hand from on high, Lover of mankind, and by hallow-

ταις * εἰς ὑγείαν * καὶ νοσημάτων πάντων ἐκλύτρωσιν.

Καὶ νῦν καὶ ἀεὶ καὶ εἰς τοὺς αἰῶνας τῶν αἰώνων. Ἀμήν.

Θεοτοκίον.

Πέφηνας * ἐν τῷ Θεοῦ σου οἴκῳ κατάκαρπος, * μήτηρ τοῦ κτίστου ἐλαία, * δι᾽ ἧς πλήρης ὤφθη κόσμος ἐλέους * ὅθεν σῷζε * πρεσβειῶν ἐπαφῆς σου τοὺς κάμνοντας.

Κοντάκιον. Ἦχος β΄.
Τὰ ἄνω ζητῶν.

Ἐλέους πηγὴ ὑπάρχων, ὑπεραγαθέ, * τοὺς πίστει θερμῇ ἐλέῳ τῷ ἀφάτῳ σου· προσπεσόντας, εὔσπλαγχνε, * ἐκ παντοίας λύτρωσαι κακώσεως * καὶ τὰς αὐτῶν νόσους ἀράμενος, * παράσχου τὴν θείαν χάριν ἄνωθεν.

Ὠδὴ ζ΄.
Ἐν τῇ καμίνῳ Ἀβραμιαῖοι.

Δέσποτα Χριστέ, ἐλέησον τοὺς δούλους Σου.

Σὺ ἐν ἐλέει * καὶ οἰκτιρμοῖς σου, Σῶτερ, μόνος Θεός, * πάντων ἰατρεύων πάθη τε τῶν ψυχῶν * καὶ σωμάτων τὰ συντρίμματα, * αὐτὸς θεράπευσον * καὶ τοὺς ἐν νόσοις πάσχοντας εὔσπλαγχνε.

Δέσποτα Χριστέ, ἐλέησον τοὺς δούλους Σου.

Ἐν τῷ λιπαίνειν * ἐλαίου χρίσει πάντων τὰς κεφαλάς, * δίδου εὐφροσύνης τούτοις τὴν χαρμονὴν * τοῖς τὸν ἔλεον ζητοῦσί σου * τῆς ἐκλυτρώσεως, * τῷ πλουσίῳ ἐλέει σου, Κύριε.

Δόξα Πατρὶ καὶ Υἱῷ καὶ Ἁγίῳ Πνεύματι.

Ζίφος ὑπάρχει * κατὰ δαιμόνων, Σῶτέρ, σοῦ ἡ σφραγίς, * πῦρ δὲ ἀνα-

ing your oil give health and deliverance from all diseases to your servants.

Both now and ever, and to the ages of ages. Amen.

Theotokion.

You have been shown to be a fruitful olive tree in the house of your God, Mother of your Creator, though whom the world has appeared full of mercy; save the ailing with the touch of your intercessions.

Kontakion. Tone 2.
Seeking the things on high.

You are a fountain of mercy, O Supremely Good, deliver from every ill those who with fervent faith fall down before your ineffable mercy, O Compassionate, and taking away their diseases, grant them the divine grace from on high.

Ode 7.
The children of Abraham.

O Master Christ, have mercy on your servants.

O Savior, only God, as in your mercy and pity you heal the passions of the soul, the afflictions of the bodies of all, treat and heal too those who are suffering from diseases.

O Master Christ, have mercy on your servants.

By anointing with the anointment of oil the heads of all, give the joy of gladness to those who seek the mercy of your redemption in your rich mercy, O Lord.

Glory to the Father, Son and Holy Spirit.

Your seal, O Savior, is a sword against demons, and a fire consuming the

λίσκον πάθη τὰ τῶν ψυχῶν * ἱερέων ταῖς ἐντεύξεσιν· * ὅθεν πιστῶς ὑμνοῦμέν σε, * οἱ δεδεγμένοι πίστει τὴν ἴασιν.

Καὶ νῦν καὶ ἀεὶ καὶ εἰς τοὺς αἰῶνας τῶν αἰώνων. Ἀμήν.

Θεοτοκίον.

Σὺ τὸν κρατοῦντα * ἐν τῇ δρακὶ πάντα, μήτηρ Θεοῦ, * ἔνδον ἐν κοιλίᾳ σχοῦσα θεοπρεπῶς, * καὶ ἀφράστως σωματώσασα, * ὑπὲρ τῶν δούλων σου * ἐξιλέωσαι τούτουν, δεόμεθα.

Ὠδὴ η΄.
Χεῖρας ἐκπετάσας Δανιήλ.

Δέσποτα Χριστέ, ἐλέησον τοὺς δούλους Σου.

Ἅπαντας ἐλέησον, Σωτήρ, * κατὰ τὸ μέγα σου * καὶ θεῖον ἔλεος· * τούτου τὸν τύπον γὰρ, Δεσπότα, * μυστικῶς ὑπαινιττόμενοι, * τὴν δι' ἐλαίου ἱεροῦ * χρῖσιν προσάγομεν * τοῖς νοσοῦσιν, * οὕσπερ δυνάμει, τῇ σῇ πάντας ἴασαι.

Δέσποτα Χριστέ, ἐλέησον τοὺς δούλους Σου.

Ῥείθροις τοῦ ἐλέους σου, Χριστέ * καὶ ἐπαλείμμασι * τῶν ἱερέων σου * πλῦνον ὡς εὔσπλαγχνος, Κύριε, * τὰς ὀδύνας καὶ τὰ τραύματα * καὶ ἀλγεινῶν ἐπιφορὰς * τῶν ἐν ἀνάγκαις παθῶν * τρυχομένων, * ὅπως ἐν σοὶ καθάρσει ὑμνῶσι σε.

Δόξα Πατρὶ καὶ Υἱῷ καὶ Ἁγίῳ Πνεύματι.

Σύμβολον τῆς ἄνωθεν ῥοπῆς * καὶ ἱλαρότητος * ἔλαιον θεῖον ἡμῖν * τοῖς διαγράφουσι, Δέσποτα * μὴ μακρύνῃς σου τὸ ἔλεος, * μηδὲ παρίδῃς τοὺς πιστῶς * ἀεὶ κραυγάζοντας· * Εὐλογεῖτε, * πάντα τὰ ἔργα Κυρίου τὸν Κύριον.

passions of souls, through the entreaties of priests; as the faithful hymn you, having received healing by faith.

Both now and ever, and to the ages of ages. Amen.

Theotokion.

Mother of God, you carried within your womb, in a manner befitting God, and ineffably gave a body to the One who holds all things in the hollow of his hand; we beg you to have pity on the ailing.

Ode 8.
Stretching out his hands.

O Master Christ, have mercy on your servants.

Have mercy on us all, O Savior, in accordance with your great and divine mercy; for mystically symbolizing its figure, Master, we bring the anointing with sacred oil for the sick; heal them all by your power.

O Master Christ, have mercy on your servants.

With the streams of your mercy, O Christ, and with anointings by your priests, wash away, Lord, as you are compassionate, the pains, the wounds, the attacks of sufferings of those worn down by the constraints of passions, that through your cleansing they hymn you.

Glory to the Father, Son, and Holy Spirit.

Do not withdraw your mercy, Master, from us who depict your divine oil as a symbol of help and joy from on high, nor despise those who cry out with faith: Bless the Lord all you works of the Lord.

Καὶ νῦν καὶ ἀεὶ καὶ εἰς τοὺς αἰῶνας τῶν αἰώνων. Ἀμήν.

Θεοτοκίον.

Ἔνδοξον ὡς στέφανον, ἁγνή, * ἡ φύσις εἴληφε * τὸν θεῖον τόκον σου, * ἐχθρῶν ἀπείργοντα φάλαγγας * καὶ νικῶντα κατὰ κράτος αὐτούς· * διὸ χαρίτων σου φαιδραῖς * καταστεφόμενοι ἀγλαΐαις, * σὲ ἀνυμνοῦμεν, πανύμνητε δέσποινα.

Ὠδὴ θ΄.
Λίθος ἀχειρότμητος ὄρους.

Δέσποτα Χριστέ, ἐλέησον τοὺς δούλους Σου.

Νεῦσον οὐρανόθεν, οἰκτίρμον, * δεῖξόν σου τὸ ἔλεος πᾶσι, * δὸς νῦν τὴν ἀντίληψιν τὴν σήν * καὶ τὴν ἰσχύν σου * τοῖς προσιοῦσί σοι * διὰ τοῦ θείου χρίσματος * τῶν ἱερέων σου, φιλάνθρωπε.

Δέσποτα Χριστέ, ἐλέησον τοὺς δούλους Σου.

Ἴδωμεν, πανάγαθε Σῶτερ, * ἀγαλλιώμενοι τὸ θεῖον * ἔλαιον ῥοπῇ σου ἐνθέῳ * ὑπὲρ μετόχους, * ὅπερ προσείληφας * καὶ τυπικῶς μετέδωκας * λουτροῦ τοῦ θείου τοῖς μετέχουσιν.

Δόξα Πατρὶ καὶ Υἱῷ καὶ Ἁγίῳ Πνεύματι.

Οἴκτειρον, ἐλέησον, Σῶτερ, * ῥῦσαι δεινῶν καὶ ἀλγηδόνων, * λύτρωσαι βελῶν τοῦ πονηροῦ * τοὺς σοὺς οἰκέτας, * ψυχὰς καὶ σώματα, * ὡς ἐλεήμων Κύριος, * χάριτι θείᾳ ἐξιώμενος.

Καὶ νῦν καὶ ἀεὶ καὶ εἰς τοὺς αἰῶνας τῶν αἰώνων. Ἀμήν.

Θεοτοκίον.

Ὕμνους καὶ δεήσεις Παρθένε, * προσδεχομένη τῶν σῶν δούλων, * ῥῦσαι χαλεπῶν παθημάτων * καὶ ἀλγη-

---

Both now and ever, and to the ages of ages. Amen.

Theotokion.

Nature received as a glorious crown, O Pure One, your divine Offspring, who crushed the ranks of foes and mightily defeated them; and so, crowned with the bright rays of your graces, we hymn you, Sovereign Lady, all-praised.

Ode 9.
A stone not cut by human hand.

O Master Christ, have mercy on your servants.

Look down from heaven, O Compassionate, and show to all your mercy; through the divine anointing of your priests now give your help and your strength to those who approach you.

O Master Christ, have mercy on your servants.

Alloving Savior, rejoicing we have seen the divine oil, which by your divine decision beyond the power of the partakers you have accepted, and symbolically shared with those who partake of the divine washing.

Glory to the Father, Son and Holy Spirit.

Have pity, have mercy, Savior, deliver from fears and sufferings, rescue from the arrows of the evil one the souls and bodies of your servants, for you, Lord, are merciful and heal by divine grace.

Both now and ever, and to the ages of ages. Amen.

Theotokion.

Accept, O Virgin, the hymns and supplications of your servants; deliver by your entreaties from harsh pains

δόνων * ταῖς ἱκεσίαις σου * τοὺς δι' ἡμῶν πανάχραντε, * τῇ θείᾳ σκέπῃ σου προστρέχοντας.

Ἄξιόν ἐστιν ὡς ἀληθῶς * μακαρίζειν σε τὴν Θεοτόκον, * τὴν ἀειμακάριστον καὶ παναμώμητον * καὶ μητέρα τοῦ Θεοῦ ἡμῶν.

Τὴν τιμιωτέραν τῶν Χερουβείμ * καὶ ἐνδοξοτέραν * ἀσυγκρίτως τῶν Σεραφείμ, * τὴν ἀδιαφθόρως * Θεὸν Λόγον τεκοῦσαν, * τὴν ὄντως Θεοτόκον, * σὲ μεγαλύνομεν.

Ἐξαποστειλάριον. Ἦχος γ΄.
Ἐπεσκέψατο ἡμᾶς.

Ἐν ἐλέῳ ἀγαθέ, * ἐπίβλεψον σῷ ὄμματι * ἐπὶ τὴν δέησιν ἡμῶν * τῶν συνελθόντων ἐν τῷ ναῷ σου * τῷ ἁγίῳ σήμερον· * χρῖσαι θείῳ ἐλαίῳ * νοσοῦντας τοὺς δούλους σου.

Εἰς τοὺς αἴνους στιχηρὰ προσόμοια.

Ἦχος δ΄.

Πᾶσα πνοὴ αἰνεσάτω τὸν Κύριον. Αἰνεῖτε τὸν Κύριον ἐκ τῶν οὐρανῶν, αἰνεῖτε αὐτὸν ἐν τοῖς ὑψίστοις. Σοὶ πρέπει ὕμνος τῷ Θεῷ.

Αἰνεῖτε αὐτόν, πάντες οἱ ἄγγελοι αὐτοῦ· αἰνεῖτε αὐτὸν πᾶσαι αἱ δυνάμεις αὐτοῦ. Σοὶ πρέπει ὕμνος τῷ Θεῷ.

Ἦχος δ΄.
Ἔδωκας σημείωσιν.

Δέσποτα Χριστέ, ἐλέησον τοὺς δούλους Σου.

Ἔδωκας τὴν χάριν σου * διὰ τῶν σῶν εὐδιάλλακτε, * ἀποστόλων, φιλάνθρωπε, * ἐλαίῳ ἁγίῳ σου * θεραπεύειν πάντων * πληγάς τε καὶ νόσους· * διὸ ἐλαίῳ σου πιστῶς * τοὺς προσιόντας καὶ

and sufferings, O allpure, those who through us flees to your divine protection.

It is truly right to call you blessed, O Theotokos, ever blessed and most pure and the Mother of our God.

Greater in honor than the Cherubim and beyond compare more glorious than the Seraphim, without corruption you gave birth to God the Word; truly the Mother of God, we magnify you.

Exapostilarion. Tone 3.
Our Saviour, the Dayspring.

Look with your merciful eye on our entreaty, loving Lord, as we gather today in your holy Temple, to anoint with divine oil your sick servants.

At Lauds, stichera prosomia.

Tone 4.

Let every breath praise the Lord, praise the Lord from the Heavens. Praise Him in the highest. To You belongs hymns of praise O God.

Praise Him all you His angles. Praise Him all you His powers to You belongs hymns of praise O God.

Tone 4.
You have given as a sign.

O Master Christ, have mercy on your servants.

Lover of mankind, easily placated, through your Apostles you have given your grace by your holy oil to heal all wounds and diseases; and so, as you are compassionate, hallow, have mercy

νῦν, ὡς εὔσπλαγχνος, * ἁγίασον ἐλέησον, * παντοίας νόσου καθάρισον * καὶ τρυφῆς τῆς ἀφθάρτου σου * καταξίωσον Κύριε.

Δέσποτα Χριστέ, ἐλέησον τοὺς δούλους Σου.

Βλέψον, ἀκατάληπτε, * ἐξ οὐρανοῦ σου, ὡς εὔσπλαγχνος, * ἐν χειρὶ ἀοράτῳ σου * σφραγίσας, φιλάνθρωπε, τὰς ἡμῶν αἰσθήσεις * ἐλαίῳ Σου θείῳ * τοὺς προσδραμόντας σοι πιστῶς * καὶ ἐξαιτοῦντας πταισμάτων ἄφεσιν * καὶ δώρησαι τὴν ἴασιν * τὴν τῆς ψυχῆς καὶ τοῦ σώματος, * ἵνα πόθῳ δοξάζοντες, * ἀνυμνῶμεν τὸ κράτος σου.

Δέσποτα Χριστέ, ἐλέησον τοὺς δούλους Σου.

Χρίσει τοῦ ἐλαίου σου * καὶ ἱερέων, φιλάνθρωπε, * ἐπαφῇ τοὺς οἰκέτας σου, * ἁγίασον ἄνωθεν, * νοσημάτων ῥῦσαι, * ψυχῆς τε τὸν ῥύπον * καθαρὸν ἔκπλυνον, Σωτήρ, * καὶ πολυπλόκων σκανδάλων λύτρωσαι, * τοὺς πόνους παραμύθησον, * τὰς περιστάσεις ἐκδίωξον * καὶ τὰς θλίψεις ἀφάνισον, * ὡς οἰκτίρμων καὶ εὔσπλαγχνος.

Δόξα Πατρὶ καὶ Υἱῷ καὶ Ἁγίῳ Πνεύματι, καὶ νῦν καὶ ἀεὶ καὶ εἰς τοὺς αἰῶνας τῶν αἰώνων. Ἀμήν.

Θεοτοκίον.

Σέ, τὸ καθαρώτατον * τοῦ βασιλέως παλάτιον, * δυσωπῶ πολυΰμνητε· τὸν νοῦν μου καθάρισον * τὸν ἐσπιλωμένον * πάσαις ἁμαρτίαις * καὶ καταγώγιον τερπνὸν * τῆς ὑπερθέου Τριάδος ποίησον· * ὅπως τὴν δυναστείαν σου * καὶ τὸ ἀμέτρητον ἔλεος * μεγαλύνω σῳζόμενος * ὁ ἀχρεῖος οἰκέτης σου.

by your oil on those who draw near in faith, cleanse them of every kind of sickness and make them worthy, Lord, of your incorruptible delight.

O Master Christ, have mercy on your servants.

O Incomprehensible, as you are compassionate and seal our senses with your invisible hand by your divine oil, look down from heaven, Lover of mankind, upon those who run to you with faith and ask forgiveness of offences; and grant them healing of soul and body, that with love they may glorify you as they hymn your might.

O Master Christ, have mercy on your servants.

With the anointing of your oil and the touch of your priests, Lover of mankind, hallow your servants from on high, deliver them from diseases, cleanse and wash away their defilement of soul, O Saviour, and deliver them from the manifold occasions of sin; comfort their toils, drive away disasters, and wipe out their afflictions, as you are full of pity and compassion.

Glory to the Father, Son, and the Holy Spirit, both now and ever, and to the ages of ages. Amen.

Theotokion.

O highly praised, all-pure Palace of the King, I entreat you: purify my mind, sullied with every sin, and make it a fair dwelling for the divine Trinity; so that I, your unprofitable servant, may be saved and magnify your power and limitless mercy.

Ὁ Ἀναγνώστης· Ἅγιος ὁ Θεός, Ἅγιος Ἰσχυρός, Ἅγιος Ἀθάνατος, ἐλέησον ἡμᾶς. (γ')

Δόξα Πατρί, καὶ Υἱῷ, καὶ Ἁγίῳ Πνεύματι, καὶ νῦν καὶ ἀεί, καὶ εἰς τοὺς αἰῶνας τῶν αἰώνων. Ἀμήν.

Παναγία Τριάς, ἐλέησον ἡμᾶς. Κύριε, ἱλάσθητι ταῖς ἁμαρτίαις ἡμῶν, Δέσποτα, συγχώρησον τὰς ἀνομίας ἡμῖν. Ἅγιε, ἐπίσκεψαι καὶ ἴασαι τὰς ἀσθενείας ἡμῶν, ἕνεκεν τοῦ ὀνόματός σου.

Κύριε, ἐλέησον. (γ') Δόξα Πατρί, καὶ Υἱῷ, καὶ Ἁγίῳ Πνεύματι, καὶ νῦν καὶ ἀεί, καὶ εἰς τοὺς αἰῶνας τῶν αἰώνων. Ἀμήν.

Πάτερ ἡμῶν ὁ ἐν τοῖς οὐρανοῖς, ἁγιασθήτω τὸ ὄνομά σου. Ἐλθέτω ἡ βασιλεία σου. Γενηθήτω τὸ θέλημά σου, ὡς ἐν οὐρανῷ, καὶ ἐπὶ τῆς γῆς. Τὸν ἄρτον ἡμῶν τὸν ἐπιούσιον δὸς ἡμῖν σήμερον. Καὶ ἄφες ἡμῖν τὰ ὀφειλήματα ἡμῶν, ὡς καὶ ἡμεῖς ἀφίεμεν τοῖς ὀφειλέταις ἡμῶν. Καὶ μὴ εἰσενέγκῃς ἡμᾶς εἰς πειρασμόν, ἀλλὰ ῥῦσαι ἡμᾶς ἀπὸ τοῦ πονηροῦ.

Ὁ Ἱερεύς· Ὅτι σοῦ ἐστιν ἡ Βασιλεία, καὶ ἡ δύναμις, καὶ ἡ δόξα, τοῦ Πατρός, καὶ τοῦ Υἱοῦ, καὶ τοῦ ἁγίου Πνεύματος, νῦν καὶ ἀεὶ καὶ εἰς τοὺς αἰῶνας τῶν αἰώνων.

Ὁ Ἀναγνώστης· Ἀμήν.

Τροπάριον. Ἦχος δ'.
Ταχὺ προκατάλαβε.

Ταχὺς εἰς ἀντίληψιν * μόνος ὑπάρχων, Χριστέ, * ταχεῖαν τὴν ἄνωθεν * δεῖξον ἐπίσκεψιν * τοῖς πάσχουσι δούλοις σου· * λύτρωσαι νοσημάτων * καὶ πικρῶν ἀλγηδόνων, * ἔγειρον τοῦ ὑμνεῖν σε, * καὶ

Reader: Holy God, Holy Mighty, Holy Immortal, have mercy on us. (x3)

Glory to the Father and the Son and the Holy Spirit, both now and ever and to the ages of ages. Amen.

All-holy Trinity, have mercy on us. Lord, forgive our sins. Master, pardon our transgressions. Holy One, visit and heal our infirmities for the glory of Your name.

Lord, have mercy. (x3) Glory to the Father and the Son and the Holy Spirit, both now and ever and to the ages of ages. Amen.

Our Father, who art in heaven, hallowed be Thy name. Thy kingdom come. Thy will be done, on earth as it is in heaven. Give us this day our daily bread; and forgive us our trespasses, as we forgive those who trespass against us. And lead us not into temptation, but deliver us from the evil one.

Priest: For Yours is the kingdom and the power and the glory, of the Father and the Son and the Holy Spirit, both now and ever and to the ages of ages.

Reader: Amen.

Troparion. Tone 4.
Speedily anticipate.

As you alone, O Christ, are quick to help, quickly show your visitation from high to your servants who are suffering; free them from diseases and bitter pains; raise them up to praise you and glorify you unceasingly; at the

δοξάζειν ἀπαύστως, * πρεσβείαις τῆς Θεοτόκου, * μόνε φιλάνθρωπε.

Ὁ Διάκονος· Εὐλόγησον, δέσποτα.

Καὶ ὁ πρῶτος τῶν ἱερέων·

Εὐλογημένη ἡ Βασιλεία τοῦ Πατρὸς καὶ τοῦ Υἱοῦ καὶ τοῦ Ἁγίου Πνεύματος, νῦν καὶ ἀεί καὶ εἰς τοὺς αἰῶνας τῶν αἰώνων.

Ὁ Χορός· Ἀμήν.

Ὁ Διάκονος· Ἐν εἰρήνῃ τοῦ Κυρίου δεηθῶμεν.

Ὁ Χορός· Κύριε, ἐλέησον. *(Καὶ μεθ' ἑκάστην δέησιν)*

Ὁ Διάκονος· Ὑπὲρ τῆς ἄνωθεν εἰρήνης, καὶ τῆς σωτηρίας τῶν ψυχῶν ἡμῶν, τοῦ Κυρίου δεηθῶμεν.

Ὑπὲρ τῆς εἰρήνης τοῦ σύμπαντος κόσμου, εὐσταθείας τῶν ἁγίων τοῦ Θεοῦ Ἐκκλησιῶν, καὶ τῆς τῶν πάντων ἑνώσεως, τοῦ Κυρίου δεηθῶμεν.

Ὑπὲρ τοῦ ἁγίου οἴκου τούτου, καὶ τῶν μετὰ πίστεως, εὐλαβείας καὶ φόβου Θεοῦ εἰσιόντων ἐν αὐτῷ, τοῦ Κυρίου δεηθῶμεν.

Ὑπὲρ τοῦ Ἀρχιεπισκόπου ἡμῶν *(τοῦ δεῖνος)*, τοῦ τιμίου πρεσβυτερίου, τῆς ἐν Χριστῷ διακονίας, παντὸς τοῦ κλήρου καὶ τοῦ λαοῦ, τοῦ Κυρίου δεηθῶμεν.

Ὑπὲρ περιεστῶτος λαοῦ τοῦ ἀπεκδεχομένου τὴν χάριν τοῦ ἁγίου Πνεύματος τοῦ Κυρίου δεηθῶμεν.

Ὑπὲρ τοῦ εὐλογηθῆναι τὸ ἔλαιον τοῦτο τῇ δυνάμει καὶ ἐνεργείᾳ ἐπιφοιτήσει τοῦ ἁγίου Πνεύματος τοῦ Κυρίου δεηθῶμεν.

prayers of the Theotokos, only Lover of mankind.

Deacon: Bless, Master.

The first in rank of the Priests exclaims:

Blessed is the Kingdom of the Father, and of the Son and of the Holy Spirit, now and for ever, and to the ages of ages.

Choir: Amen.

Deacon: In peace let us pray to the Lord.

Choir: Lord, have mercy. *(And so after each petition.)*

Deacon: For the peace from above and the salvation of our souls, let us pray to the Lord.

For peace in the whole world, for the stability of the holy churches of God, and for the unity of all, let us pray to the Lord.

For this holy house and for those who enter it with faith, reverence, and the fear of God, let us pray to the Lord.

For our Archbishop *(Name)*, for the honored order of presbyters, for the diaconate in Christ, for all the clergy and the people, let us pray to the Lord.

For the people gathered here who await your great and rich mercy, let us pray to the Lord.

For the blessing of this oil, through the power, operation and visitation of the Holy Spirit, let us pray to the Lord.

Ὑπὲρ τοῦ δούλου *(ἤ τῶν δούλων)* τοῦ Θεοῦ *(δεῖνος ἤ δείνων)* καὶ τῆς Θεῷ ἐπισκέψεως αὐτοῦ *(ἤ αὐτῶν)* καὶ ὑπὲρ τοῦ ἐλθεῖν ἐπ' αὐτὸν *(ἤ αὐτοὺς)* τὴν χάριν τοῦ ἁγίου Πνεύματος, τοῦ Κυρίου δεηθῶμεν.

Ὑπὲρ τοῦ ῥυσθῆναι ἡμᾶς ἀπὸ πάσης θλίψεως, ὀργῆς, κινδύνου καὶ ἀνάγκης, τοῦ Κυρίου δεηθῶμεν.

Ἀντιλαβοῦ, σῶσον, ἐλέησον, καὶ διαφύλαξον ἡμᾶς, ὁ Θεός, τῇ σῇ χάριτι.

Ὁ Χορός· Κύριε, ἐλέησον.

Ὁ Διάκονος· Τῆς Παναγίας, ἀχράντου, ὑπερευλογημένης, ἐνδόξου Δεσποίνης ἡμῶν Θεοτόκου, καὶ ἀειπαρθένου Μαρίας, μετὰ πάντων τῶν Ἁγίων μνημονεύσαντες, ἑαυτοὺς καὶ ἀλλήλους, καὶ πᾶσαν τὴν ζωὴν ἡμῶν Χριστῷ τῷ Θεῷ παραθώμεθα.

Ὁ Χορός· Σοί, Κύριε.

Ὁ Ἱερεύς·

Ὅτι πρέπει σοι πᾶσα δόξα, τιμὴ καὶ προσκύνησις, τῷ Πατρὶ καὶ τῷ Υἱῷ καὶ τῷ Ἁγίῳ Πνεύματι, νῦν καὶ ἀεὶ καὶ εἰς τοὺς αἰῶνας τῶν αἰώνων.

Ὁ Χορός· Ἀμήν.

Εἶτα ἐλθόντες οἱ Ἱερεῖς μετὰ τοῦ Διακόνου, ἴστανται ἔνθεν καὶ ἔνθεν τῆς κανδήλας, ὁ δὲ πρῶτος τῶν Ἱερέων ἔμπροσθεν αὐτῆς λέγει τὴν εὐχὴν τοῦ ἁγίου ἐλαίου. Καὶ ἐν τῷ λέγειν τὸ αὐτός, Δέσποτα, ἁγίασον τὸ ἔλαιον τοῦτο εὐλογοῦσιν ἅπαντες τὸ ἔλαιον.

Ὁ Διάκονος· Τοῦ Κυρίου δεηθῶμεν.

Ὁ Χορός· Κύριε, ἐλέησον.

Ὁ Ἱερεὺς τὴν εὐχήν·

Κύριε, ὁ ἐν τῷ ἐλέει, καὶ τοῖς οἰκτιρμοῖς Σου ἰώμενος τὰ συντρίμματα τῶν ψυχῶν καὶ τῶν σωμάτων ἡμῶν·

For the servant(s) of God, N.(s), that God visit them and have mercy upon them, through the grace of the Holy Spirit, let us pray to the Lord.

For our deliverance from all affliction, wrath, danger, and distress, let us pray to the Lord.

Take hold of us, save us, have mercy upon us, and protect us, O God, by Your grace.

Choir: Lord, have mercy.

Priest: Commemorating our most holy, most pure, most blessed and glorified Lady the Theotokos and evervirgin Mary, together with all the saints, let us commit ourselves and one another and all our life unto Christ our God.

Choir: To You, O Lord.

Priest:

For to You belong all glory, honor, and worship to the Father and the Son and the Holy Spirit, both now and ever and to the ages of ages.

Choir: Amen.

Then the priests come, with the Deacon, and stand around the oil lamps, and the first among them, stands in front and says the prayer of the Holy Oil. And when he says, Master, sanctify this oil, *they all bless the oil.*

Deacon: Let us pray to the Lord.

Choir: Lord, have mercy.

The Priest says this prayer:

Lord, who in your mercy and pity heal the afflictions of our souls and

αὐτός, Δέσποτα, ἁγίασον καὶ τὸ ἔλαιον τοῦτο, ὥστε γενέσθαι τοῖς χριομένοις ἐξ αὐτοῦ, εἰς θεραπείαν καὶ ἀπαλλαγὴν παντὸς πάθους, νόσου σωματικῆς, μολυσμοῦ σαρκὸς καὶ πνεύματος, καὶ παντὸς κακοῦ· ἵνα καὶ ἐν τούτῳ δοξασθῇ σου τὸ πανάγιον ὄνομα, τοῦ Πατρός, καὶ τοῦ Υἱοῦ, καὶ τοῦ Ἁγίου Πνεύματος, νῦν καὶ ἀεί, καὶ εἰς τοὺς αἰῶνας τῶν αἰώνων. Ἀμήν.

bodies, **sanctify this oil, Master**, that it may be for those who are anointed with it for healing and relief of every passion, bodily disease, stain of flesh and spirit and every evil; that through it your all holy Name, of Father, Son and Holy Spirit, may be glorified now and for ever, and to the ages of ages.

Ὁ Χορός· Ἀμήν.

Choir: Amen.

Καὶ ψάλλονται τὰ τροπάρια ταῦτα·

And the following Troparia are sung:

Ἦχος δ'. *Ταχὺ προκατάλαβε.*

Tone 4. *Speedily anticipate.*

Ταχὺς εἰς ἀντίληψιν * μόνος ὑπάρχων, Χριστέ, * ταχεῖαν τὴν ἄνωθεν * δεῖξον ἐπίσκεψιν * τοῖς πάσχουσι δούλοις σου· * λύτρωσαι νοσημάτων * καὶ πικρῶν ἀλγηδόνων, * ἔγειρον τοῦ ὑμνεῖν σε * καὶ δοξάζειν ἀπαύστως, * πρεσβείαις τῆς Θεοτόκου, * μόνε Φιλάνθρωπε.

You alone, O Christ, are quick to help, quickly show your visitation from on high to your servants who are suffering; free them from diseases and bitter pains; raise them up to praise you and glorify you unceasingly; at the prayers of the Mother of God, only Lover of mankind.

Ἦχος δ'. *Ἐπεφάνης σήμερον.*

Tone 4. *Today you have appeared.*

Τῆς ψυχῆς τὰ ὄμματα * πεπηρωμένος, * σοὶ, Χριστὲ, προσέρχομαι * ὡς ὁ τυφλὸς ἐκ γενετῆς, * ἐν μετανοίᾳ κραυγάζων σοι· * Ἱλάσθητι, μόνε * ἡμῖν εὐδιάλλακτε.

Blinded in the eyes of my soul, I come to you, O Christ, like the man blind from birth, as I cry to you in repentance: You are the shining Light of those in darkness.

Ἦχος γ'. *Ἡ Παρθένος σήμερον.*

Tone 3. *Today the Virgin.*

Τὴν ψυχήν μου, Κύριε, * ἐν ἁμαρτίαις παντοίαις * καὶ ἀτόποις πράξεσι * δεινῶς παραλελυμένην, * ἔγειρον τῇ θεϊκῇ σου ἐπιστασίᾳ, * ὥσπερ καὶ τὸν παράλυτον ἤγειρας πάλαι, * ἵνα κράζω σεσωσμένος· * Οἰκτίρμον δός μοι, * Χριστέ, τῷ κράτει σου.

Raise my soul, grievously paralyzed by every sort of sin and abominable deed, by your divine presence, O Christ, as you raised the paralytic of old, that saved I may cry to you: O merciful Christ, glory to your might!

Ἦχος πλ. δ'.

Tone Pl. 4.

Ὡς τοῦ Κυρίου μαθητὴς * ἀνεδέξω, δίκαιε, τὸ εὐαγγέλιον, * ὡς μάρ-

As the Lord's Disciple, O Just one, you received the Gospel; as a mar-

τυς ἔχεις τὸ ἀπαράτρεπτον, * τὴν παρρησίαν ὡς ἀδελφόθεος, * τὸ πρεσβεύειν ὡς ἱεράρχης· * ἱκέτευε Χριστὸν τὸν Θεὸν * σωθῆναι τὰς ψυχὰς ἡμῶν.

Ἦχος δ΄. Ὁ ὑψωθεὶς ἐν τῷ Σταυρῷ.

Ὁ τοῦ Πατρὸς μονογενὴς Θεὸς Λόγος * ἐπιδημήσας πρὸς ἡμᾶς ἐπ' ἐσχάτων * τῶν ἡμερῶν Ἰάκωβε θεσπέσιε, * πρῶτόν σε ἀνέδειξε * τῶν Ἱεροσολύμων * ποιμένα καὶ διδάσκαλον * καὶ πιστὸν οἰκονόμον * τῶν μυστηρίων τῶν πνευματικῶν· * ὅθεν σε πάντες τιμῶμεν ἀπόστολε.

Ἦχος γ΄. Ἡ Παρθένος σήμερον.

Ἐν τοῖς Μύροις ἅγιε, * ἱερουργὸς ἀνεδείχθης· * τοῦ Χριστοῦ γὰρ ὅσιε, * τὸ εὐαγγέλιον πληρώσας, * ἔθηκας * τὴν ψυχήν σου ὑπὲρ λαοῦ σου, * ἔσωσας * τοὺς ἀθῴους ἐκ τοῦ θανάτου· * διὰ τοῦτο ἡγιάσθης, * ὡς μέγας μύστης * Θεοῦ τῆς χάριτος.

Ἦχος γ΄. Θείας πίστεως.

Μέγαν εὕρατο ἐν τοῖς κινδύνοις * σὲ ὑπέρμαχον ἡ οἰκουμένη, * ἀθλοφόρε, τὰ ἔθνη τροπούμενον· * ὡς οὖν Λυαίου καθεῖλες τὴν ἔπαρσιν, * ἐν τῷ σταδίῳ θαρρύνας τὸν Νέστορα, * οὕτως, ἅγιε, μεγαλομάρτυς Δημήτριε, * Χριστὸν τὸν Θεὸν ἱκέτευε * δωρήσασθαι ἡμῖν τὸ μέγα ἔλεος.

Ἦχος γ΄.

Ἀθλοφόρε ἅγιε * καὶ ἰαματικὲ Παντελεῆμον, * πρέσβευε τῷ ἐλεήμονι Θεῷ, * ἵνα πταισμάτων ἄφεσιν, * παράσχῃ ταῖς ψυχαῖς ἡμῶν.

tyr you cannot be turned away; as God's brother you have freedom to speak; as Hierarch you have the right to intercede. Implore Christ God that our souls may be saved.

Tone 4. *Lifted up on the Cross.*

The Onlybegotten of the Father, God the Word, who dwelt among us in these last days, declared you, venerable James, first shepherd and teacher of Jerusalem, and faithful steward of the spiritual mysteries; therefore, O Apostle, we all honor you.

Tone 3. *Today the Virgin.*

In Myra, O Saint, you were revealed as priest, for having fulfilled Christ's Gospel you laid down your life for your people; you saved the innocent from death; therefore you have been hallowed as a great initiate of God's grace.

Tone 3. *Your confession.*

The world found in you a great champion in dangers, O victor, who routs the nations. As then you humbled Lyaios' pride, by giving courage to Nestor in the stadium, so now great Martyr Demetrios, implore Christ God to grant us his great mercy.

Tone 3.

O holy Champion and Healer, Panteleimon, intercede with the merciful God to grant our souls forgiveness of sins.

Ἦχος πλ. δ΄.

Ἅγιοι Ἀνάργυροι καὶ θαυματουργοί, * ἐπισκέψασθε τάς ἀσθενείας ἡμῶν· * δωρεὰν ἐλάβετε, * δωρεὰν δότε ἡμῖν.

Ἦχος β΄.

Τὰ μεγαλεῖά σου, * Παρθένε, τίς διηγήσεται; * Βρύεις γὰρ θαύματα, * καὶ πηγάζεις ἰάματα * καὶ πρεσβεύεις ὑπὲρ τῶν ψυχῶν ἡμῶν, * ὡς θεολόγος καὶ φίλος Χριστοῦ.

Δόξα Πατρὶ καὶ Υἱῷ καὶ Ἁγίῳ Πνεύματι.

Εἶτα τὰ ἀπολυτίκιον τοῦ ἁγίου τοῦ ναοῦ.

Καὶ νῦν καὶ ἀεὶ καὶ εἰς τοὺς αἰῶνας τῶν αἰώνων. Ἀμήν.

Ἦχος β΄.

Πρεσβεία θερμὴ * καὶ τεῖχος ἀπροσμάχητον, * ἐλέους πηγή, * τοῦ κόσμου καταφύγιον, * ἐκτενῶς βοῶμέν σοι· * Θεοτόκε δέσποινα, πρόφθασον * καὶ ἐκ κινδύνων λύτρωσαι ἡμᾶς, * ἡ μόνη ταχέως προστατεύουσα.

Ὁ Ἀναγνώστης· Προκείμενον. *Ἦχος α΄. Ψαλμὸς λβ΄*

Ὁ Διάκονος· Πρόσχωμεν.

Ὁ Ἀναγνώστης· Γένοιτο, Κύριε, τὸ ἔλεός σου ἐφ' ἡμᾶς * καθάπερ ἠλπίσαμεν ἐπὶ σέ.

Στίχ. Ἀγαλλιᾶσθε δίκαιοι, ἐν Κυρίῳ· τοῖς εὐθέσι ἠλπίσαμεν ἐπὶ σέ.

Ὁ Διάκονος· Σοφία.

Ὁ Ἀναγνώστης· Καθολικῆς ἐπιστολῆς Ἰακώβου τὸ ἀνάγνωσμα.

Ὁ Διάκονος· Πρόσχωμεν.

Tone Pl. 4.

Holy Unmercenaries and Wonderworkers, visit our weaknesses; freely you received, freely give to us.

Tone 2.

Who will recount your mighty works, O Virgin? For you pour out wonders, are a fount of healing, and you intercede on behalf of our souls, as Theologian and friend of Christ.

Glory to the Father, and the Son, and the Holy Spirit.

Then the apolytikion of the saint of the Church.

Both now and ever, and to the ages of ages. Amen.

Tone 2.

Fervent intercession and unshakeable Wall, fount of mercy, refuge of the world, earnestly we cry to you: Mother of God, Sovereign Lady, hasten and deliver us from dangers, who alone are prompt to protect.

Reader: Prokeimenon. *Tone 1. Psalm 32*

Deacon: Let us be attentive.

Reader: May Your mercy, O Lord be upon us, as we have set out hope on you.

Verse: *Rejoice in the Lord, you righteous; praise becomes the upright.*

Deacon: Wisdom

Reader: The Reading is from the Universal Epistle of James

Deacon: Let us be attentive.

Καὶ ἀναγινώσκεται ὑπὸ τοῦ Ἀναγνώστου ὁ·

Αʹ ΑΠΟΣΤΟΛΟΣ

(Κεφ. εʹ 10-16)

Ἀδελφοί, ὑπόδειγμα λάβετε, ἀδελφοί μου, τῆς κακοπαθείας καὶ τῆς μακροθυμίας τοὺς προφήτας, οἳ ἐλάλησαν τῷ ὀνόματι Κυρίου. Ἰδοὺ μακαρίζομεν τοὺς ὑπομένοντας· τὴν ὑπομονὴν Ἰὼβ ἠκούσατε, καὶ τὸ τέλος Κυρίου εἴδετε, ὅτι πολύσπλαγχνός ἐστιν ὁ Κύριος καὶ οἰκτίρμων. Πρὸ πάντων δέ, ἀδελφοί μου, μὴ ὀμνύετε μήτε τὸν οὐρανὸν μήτε τὴν γῆν μήτε ἄλλον τινὰ ὅρκον· ἤτω δὲ ὑμῶν τὸ ναὶ ναί, καὶ τὸ οὒ οὔ, ἵνα μὴ εἰς ὑπόκρισιν πέσητε. Κακοπαθεῖ τις ἐν ὑμῖν; προσευχέσθω· εὐθυμεῖ τις· ψαλλέτω· ἀσθενεῖ τις ἐν ὑμῖν; προσκαλεσάσθω τοὺς πρεσβυτέρους τῆς ἐκκλησίας, καὶ προσευξάσθωσαν ἐπ' αὐτὸν ἀλείψαντες αὐτὸν ἐλαίῳ ἐν τῷ ὀνόματι τοῦ Κυρίου· καὶ ἡ εὐχὴ τῆς πίστεως σώσει τὸν κάμνοντα, καὶ ἐγερεῖ αὐτὸν ὁ Κύριος· κἂν ἁμαρτίας ᾖ πεποιηκώς, ἀφεθήσεται αὐτῷ. Ἐξομολογεῖσθε ἀλλήλοις τὰ παραπτώματα, καὶ εὔχεσθε ὑπὲρ ἀλλήλων, ὅπως ἰαθῆτε· πολὺ ἰσχύει δέησις δικαίου ἐνεργουμένη.

Ὁ Ἱερεύς· Εἰρήνη σοι.

Ὁ Χορός· Ἀλληλούϊα. (γʹ)

Στίχ. Ἔλεος καὶ κρίσιν ᾄσομαί σοι Κύριε, ψαλῶ καὶ συνήσω ἐν ὁδῷ ἀμώμῳ.

Ὁ Διάκονος· Σοφία. Ὀρθοί, ἀκούσωμεν τοῦ ἁγίου Εὐαγγελίου.

Ὁ Ἱερεύς· Εἰρήνη πᾶσι.

And the Reader reads the:

FIRST EPISTLE

(5:10-16)

Brethren, take as an example of suffering and patience the prophets who spoke in the name of the Lord. Behold, we call those happy who were steadfast. You have heard of the steadfastness of Job, and you have seen the purpose of the Lord, how the Lord is compassionate and merciful. But above all, my brethren, do not swear, either by heaven or by earth or with any other oath, but let your yes be yes and your no be no, that you may not fall under condemnation. Is any one among you suffering? Let him pray. Is any cheerful? Let him sing praise. Is any among you sick? Let him call for the elders of the church, and let them pray over him, anointing him with oil in the name of the Lord; and the prayer of faith will save the sick man, and the Lord will raise him up; and if he has committed sins, he will be forgiven. Therefore confess your sins to one another, and pray for one another, that you may be healed. The prayer of a righteous man has great power in its effects.

Priest: Peace be to you.

Choir: Alleluia. *(x3)*

Verse: *I will sing to you of mercy and judgment, O Lord. I will sing a psalm, and I will be wise in a blameless way.*

Deacon: Wisdom, Arise, Let us hear the Holy Gospel.

Priest: Peace be with all.

Ὁ Χορός· Καὶ τῷ πνεύματί σου.

Ὁ Διάκονος· Ἐκ τοῦ κατὰ Λουκᾶν ἁγίου Εὐαγγελίου τὸ ἀνάγνωσμα.

Ὁ Διάκονος· Πρόσχωμεν.

Ὁ Χορός· Δόξα σοι, Κύριε, δόξα σοι.

Καὶ ὁ Α΄ Ἱερεὺς ἀναγινώσκει τό·

Α΄ ΕΥΑΓΓΕΛΙΟΝ

(Κεφ. ι΄ 25-37)

Τῷ καιρῷ ἐκείνῳ, νομικός τις προσῆλθε τῷ Ἰησοῦ πειράζων αὐτὸν καὶ λέγων· Διδάσκαλε, τί ποιήσας ζωὴν αἰώνιον κληρονομήσω; ὁ δὲ εἶπε πρὸς αὐτόν· Ἐν τῷ νόμῳ τί γέγραπται; πῶς ἀναγινώσκεις; ὁ δὲ ἀποκριθεὶς εἶπεν· Ἀγαπήσεις Κύριον τὸν Θεόν σου ἐξ ὅλης τῆς καρδίας σου καὶ ἐξ ὅλης τῆς ψυχῆς σου καὶ ἐξ ὅλης τῆς ἰσχύος σου καὶ ἐξ ὅλης τῆς διανοίας σου, καὶ τὸν πλησίον σου ὡς σεαυτόν· εἶπε δὲ αὐτῷ· Ὀρθῶς ἀπεκρίθης· τοῦτο ποίει καὶ ζήσῃ. Ὁ δὲ θέλων δικαιοῦν ἑαυτὸν εἶπε πρὸς τὸν Ἰησοῦν· Καὶ τίς ἐστί μου πλησίον; ὑπολαβὼν δὲ ὁ Ἰησοῦς εἶπεν· Ἄνθρωπός τις κατέβαινεν ἀπὸ Ἱερουσαλὴμ εἰς Ἱεριχώ, καὶ λῃσταῖς περιέπεσεν· οἳ καὶ ἐκδύσαντες αὐτὸν καὶ πληγὰς ἐπιθέντες ἀπῆλθον ἀφέντες ἡμιθανῆ τυγχάνοντα. Κατὰ συγκυρίαν δὲ ἱερεύς τις κατέβαινεν ἐν τῇ ὁδῷ ἐκείνῃ, καὶ ἰδὼν αὐτὸν ἀντιπαρῆλθεν. Ὁμοίως δὲ καὶ Λευΐτης γενόμενος κατὰ τὸν τόπον, ἐλθὼν καὶ ἰδὼν ἀντιπαρῆλθε. Σαμαρείτης δέ τις ὁδεύων ἦλθε κατ' αὐτόν, καὶ ἰδὼν αὐτὸν ἐσπλαγχνίσθη, καὶ προσελθὼν κατέδησε τὰ τραύματα αὐτοῦ ἐπιχέων ἔλαιον καὶ οἶνον, ἐπιβιβάσας δὲ αὐτὸν ἐπὶ τὸ ἴδιον κτῆνος ἤγαγεν αὐτὸν εἰς πανδοχεῖον

Choir: And to your spirit..

Deacon: The Reading is from the Holy Gospel according to Luke.

Deacon: Let us be attentive.

Choir: Glory to You, Lord, Glory to you.

And the 1st Priest reads the:

FIRST GOSPEL

(20:25-37)

At that time, a lawyer stood up to put Jesus to the test, saying, "Teacher, what shall I do to inherit eternal life?" He said to him, "What is written in the law? How do you read?" And he answered, "You shall love the Lord your God with all your heart, and with all your soul, and with all your strength, and with all your mind; and your neighbor as yourself." And he said to him, "You have answered right; do this, and you will live." But he, desiring to justify himself, said to Jesus, "And who is my neighbor?" Jesus replied, "A man was going down from Jerusalem to Jericho, and he fell among robbers, who stripped him and beat him, and departed, leaving him half dead. Now by chance a priest was going down that road; and when he saw him he passed by on the other side. So likewise a Levite, when he came to the place and saw him, passed by on the other side. But a Samaritan, as he journeyed, came to where he was; and when he saw him, he had compassion, and went to him and bound up his wounds, pouring on oil and wine; then he set him on his own beast and

καὶ ἐπεμελήθη αὐτοῦ· καὶ ἐπὶ τὴν αὔριον ἐξελθών, ἐκβαλὼν δύο δηνάρια ἔδωκε τῷ πανδοχεῖ καὶ εἶπεν αὐτῷ· ἐπιμελήθητι αὐτοῦ, καὶ ὅ,τι ἂν προσδαπανήσῃς, ἐγὼ ἐν τῷ ἐπανέρχεσθαί με ἀποδώσω σοι. Τίς οὖν τούτων τῶν τριῶν πλησίον δοκεῖ σοι γεγονέναι τοῦ ἐμπεσόντος εἰς τοὺς λῃστάς; ὁ δὲ εἶπεν· Ὁ ποιήσας τὸ ἔλεος μετ᾽ αὐτοῦ. εἶπεν οὖν αὐτῷ ὁ Ἰησοῦς· Πορεύου καὶ σὺ ποίει ὁμοίως.

brought him to an inn, and took care of him. And the next day he took out two denarii and gave them to the innkeeper, saying, 'Take care of him; and whatever more you spend, I will repay you when I come back.' Which of these three, do you think, proved neighbor to the man who fell among the robbers?" He said, "The one who showed mercy on him." And Jesus said to him, "Go and do likewise."

Ὁ Χορός· Δόξα σοι, Κύριε, δόξα σοι.

Choir: Glory to You, Lord, Glory to you.

Καὶ ὁ Διάκονος τὴν ἐκτενῆ.

And the Deacon says the litany.

Ὁ Διάκονος· Ἐλέησον ἡμᾶς ὁ Θεὸς κατὰ τὸ μέγα ἔλεός σου, δεόμεθά σου, ἐπάκουσον καὶ ἐλέησον.

Deacon: Have mercy on us, O God, in accordance with your great mercy; we pray you hear and have mercy.

Ὁ Χορός· Κύριε, ἐλέησον *(γ')*

Choir: Lord, have mercy *(x3)*

Ὁ Διάκονος· Ἔτι δεόμεθα ὑπὲρ ἐλέους, ζωῆς, εἰρήνης, ὑγείας, σωτηρίας, ἐπισκέψεως, συγχωρήσεως καὶ ἀφέσεως τῶν ἁμαρτιῶν τῶν δούλων τοῦ Θεοῦ, τοῦ περιστῶτος λαοῦ, καὶ ὑπὲρ τοῦ συγχωρηθῆναι αὐτοῖς πᾶν πλημμέλημα ἑκούσιόν τε καὶ ἀκούσιον.

Deacon: Again we pray mercy, life, peace, health, salvation, visitation and forgiveness of sins for the servants of God here present, and that they may be pardoned every offence both voluntary and involuntary.

Ὁ Χορός· Κύριε, ἐλέησον *(γ')*

Choir: Lord, have mercy *(x3)*

Ὁ Ἱερεύς· Ὅτι ἐλεήμων καὶ φιλάνθρωπος Θεὸς ὑπάρχεις, καὶ σοὶ τὴν δόξαν ἀναπέμπομεν, τῷ Πατρὶ καὶ τῷ Υἱῷ καὶ τῷ Ἁγίῳ Πνεύματι, νῦν καὶ ἀεὶ καὶ εἰς τοὺς αἰῶνας τῶν αἰώνων.

Priest: For you, O God, are merciful and you love mankind, and to you we give glory, to the Father and to the Son and to the Holy Spirit, now and for ever, and to the ages of ages.

Ὁ Χορός· Ἀμήν.

Choir: Amen.

Ὁ Διάκονος· Τοῦ Κυρίου δεηθῶμεν.

Deacon: Let us pray to the Lord.

Ὁ Χορός· Κύριε, ἐλέησον

Reader: Lord, have mercy.

Καὶ ὁ α΄ Ἱερεὺς τὴν πρώτην εὐχήν·

"Ἄναρχε, ἀδιάδοχε, ἅγιε ἁγίων, ὁ τὸν μονογενῆ σου Υἱὸν ἐξαποστείλας, ἰώμενον πᾶσαν νόσον καὶ πᾶσαν μαλακίαν τῶν ψυχῶν καὶ τῶν σωμάτων ἡμῶν, κατάπεμψον τὸ ἅγιόν σου Πνεῦμα καὶ ἁγίασον τὸ ἔλαιον τοῦτο καὶ ποίησον αὐτὸ χριομένοις τοῖς σοῖς δούλοις σου τούτοις εἰς τελείαν ἀπολύτρωσιν τῶν ἁμαρτιῶν αὐτῶν, εἰς Βασιλείας οὐρανῶν κληρονομίαν.

Σὺ γὰρ εἶ ὁ Θεός, ὁ μέγας καὶ θαυμαστός, ὁ φυλάσσων τὴν διαθήκην σου καὶ τὸ ἔλεός σου τοῖς ἀγαπῶσί σε, ὁ διδοὺς λύτρωσιν ἁμαρτιῶν διὰ τοῦ ἁγίου σου παιδὸς Ἰησοῦ Χριστοῦ, ὁ ἀναγεννήσας ἡμᾶς ἀπὸ τῆς ἁμαρτίας, ὁ φωτίζων τοὺς τυφλοὺς καὶ ἀνορθῶν τοὺς κατερραγμένους, ὁ ἀγαπῶν τοὺς δικαίους καὶ τοὺς ἁμαρτωλοὺς ἐλεῶν, ὁ ἀνακαινίσας ἡμᾶς ἐκ σκότους καὶ σκιᾶς θανάτου, λέγων τοῖς ἐν δεσμοῖς· Ἐξέλθετε, καὶ τοῖς ἐν τῷ σκότει· Ἀνακαλύπτεσθε. Ἔλαμψε γὰρ ἐν ταῖς καρδίαις ἡμῶν τὸ φῶς τῆς γνώσεως τοῦ μονογενοῦς σου Υἱοῦ, ἀφ᾽ οὗ δι᾽ ἡμᾶς ἐπὶ τῆς γῆς ὤφθη καὶ τοῖς ἀνθρώποις συνανεστράφη καὶ τοῖς δεξαμένοις αὐτὸν ἔδωκεν ἐξουσίαν τέκνα Θεοῦ γενέσθαι, διὰ λουτροῦ παλιγγενεσίας τὴν υἱοθεσίαν ἡμῖν χαρισάμενος, ἀμετόχους ἡμᾶς ἐποίησεν ἐκ τῆς καταδυναστείας τοῦ διαβόλου· ἐπεὶ οὐκ εὐδόκησεν ἐν αἵματι καθαρίζεσθαι, ἀλλ᾽ ἐν ἐλαίῳ ἁγίῳ ἔδωκε τὸν τύπον τοῦ σταυροῦ αὐτοῦ, εἰς τὸ γενέσθαι ἡμᾶς Χριστοῦ ποίμνιον, βασίλειον ἱεράτευμα, ἔθνος ἅγιον, καθαρίσας ἡμᾶς ἐν ὕδατι, καὶ ἁγιάσας ἐν τῷ ἁγίῳ Πνεύματι. Αὐτός, Δέσποτα Κύριε, δὸς χάριν εἰς τὴν διακονίαν σου ταύτην, ὡς ἔδωκας Μωσεῖ τῷ θεράποντί σου, καὶ Σαμουὴλ τῷ ἠγαπημένῳ σου καὶ Ἰωάννῃ τῷ ἐκλεκτῷ σου, καὶ πᾶσι τοῖς

And the 1st Priest says the first Prayer:

O God without beginning and without end, Holy of Holies, who sent forth your Only begotten Son to heal every disease and every weakness of our souls and bodies, send down your Holy Spirit and hallow this oil; and cause it to be for your servants who are anointed with it for complete deliverance from their sins, for the inheritance of the Kingdom of heaven.

For you are God, great and wonderful, who keep your covenant and your mercy to those who love you. Through your holy child Jesus Christ you give deliverance from sins; you have given us new birth from sin, you give light to the blind, set upright those are cast down; you love the righteous and are merciful to sinners; you have called us back from darkness and the shadow of death, saying to those in chains: Come forth, and to those in darkness reveal yourselves. For in our hearts has shone the light of the knowledge of your Only begotten Son, since for us he appeared on earth and lived among men. And to as many as received him he gave power to become your children, O God, granting us the grace of sonship through the washing of rebirth, and causing us to have no part in the domination of the devil. Since he did not consider it good for there to be cleansing by blood but by holy Oil, he has given us the sign of his Cross for us to become Christ's flock, a royal priesthood, a holy nation, having purified us by water and hallowed us by the holy Spirit. Do you, Master and Lord, give grace for this your service, as you gave Moses your servant, Samuel your beloved,

καθ' ἑκάστην γενεὰν καὶ φενεὰν εὐαρεστήσασί σοι· οὕτω ποίησον καὶ ἡμᾶς γενέσθαι διακόνους τῆς καινῆς τοῦ Υἱοῦ σου διαθήκης ἐπὶ τὸ ἔλαιον τοῦτο, ἣν περιεποιήσω τῷ τιμίῳ αὐτοῦ αἵματι, ἵνα ἀποδυσάμενοι τὰς κοσμικὰς ἐπιθυμίας, ἀποθάνωμεν τῇ ἁμαρτίᾳ καὶ ζήσωμεν τῇ δικαιοσύνῃ, ἐνδυσάμενοι τὸν Κύριον ἡμῶν Ἰησοῦν Χριστόν, διὰ τῆς χρίσεως τοῦ ἁγιασμοῦ τοῦ μέλλοντος ἐλαίου ἐπάγεσθαι. Γένοιτο, Κύριε, τὸ ἔλαιον τοῦτο, ἔλαιον ἀγαλλιάσεως, ἔλαιον ἁγιασμοῦ, ἔνδυμα βασιλικόν, σφραγὶς ἀνεπιβούλευτος, ἀγαλλίαμα καρδίας, εὐφροσύνη αἰώνιος· ἵνα καὶ ἐν τούτῳ οἱ χριόμενοι τῷ τῆς ἀναγεννήσεως ἐλαίῳ, φοβεροὶ ὦσι τοῖς ὑπεναντίοις καὶ λάμψωσιν ἐν ταῖς λαμπρότησι τῶν ἁγίων σου, μὴ ἔχοντες σπῖλον, ἢ ῥυτίδα, καὶ εἰσδεχθῶσιν εἰς τὰς αἰωνίους σου ἀναπαύσεις, καὶ δέξωνται τὸ βραβεῖον τῆς ἄνω κλήσεως.

Σὸν γάρ ἐστι τὸ ἐλεεῖν καὶ σῴζειν ἡμᾶς, ὁ Θεὸς ἡμῶν, καὶ Σοὶ τὴν δόξαν ἀναπέμπομεν, τῷ Πατρί, καὶ τῷ Υἱῷ, καὶ τῷ Ἁγίῳ Πνεύματι, νῦν καὶ ἀεί, καὶ εἰς τοὺς αἰῶνας τῶν αἰώνων.

Ὁ Χορός· Ἀμήν.

Ὁ Ἀναγνώστης· Προκείμενον. Ἦχος β΄. Ψαλμὸς ριζ΄

Ὁ Διάκονος· Πρόσχωμεν.

Ὁ Ἀναγνώστης· Ἰσχύς μου καὶ ὕμνησίς μου ὁ Κύριος * καὶ ἐγένετό μοι εἰς σωτηρίαν.

Στίχ. Παιδεύων ἐπαίδευσέ με ὁ Κύριος καὶ τῷ θανάτῳ οὐ παρέδωκέ με.

Ὁ Διάκονος· Σοφία.

Ὁ Ἀναγνώστης· Ῥωμαίους ἐπιστολῆς Παύλου τὸ ἀνάγνωσμα.

John your chosen one and all those who in each generation have been well pleasing to you. So make us too servants of the new Testament of your Son for this oil, which you have made your own by your precious Blood, that having put off worldly desires we may die to sin and live to righteousness, having put on our Lord Jesus Christ through the anointing of sanctification of the Oil which is about to be applied. May this oil, Lord, be an oil of gladness, an oil of sanctification, a royal garment, an inviolable seal, joy of heart, eternal delight, that all who are anointed with this oil of rebirth may become fearsome to their enemies and shine brightly with the brightness of your Saints, without spot or wrinkle, and that they may be received into your eternal rest and receive the prize of their high calling.

For yours it is to have mercy and to save us, O God, our God, and to you we give glory, to Father, Son and holy Spirit, both now and ever, and to the ages of ages.

Choir: Amen.

Reader: Prokeimenon. *Tone 2. Psalm*

Deacon: Let us be attentive.

Reader: The Lord is my strength and my song, and has become my salvation.

Verse: You have chastened me hard, Lord, but have not handed me over to death.

Deacon: Wisdom.

Reader: The Reading is from the Epistle of Paul to the Romans.

Ὁ Διάκονος· Πρόσχωμεν.

Καὶ ἀναγινώσκεται ὑπὸ τοῦ Ἀναγνώστου ὁ·

Β΄ ΑΠΟΣΤΟΛΟΣ

(Κεφ. ιε΄ 17)

Ἀδελφοί, ὀφείλομεν ἡμεῖς οἱ δυνατοὶ τὰ ἀσθενήματα τῶν ἀδυνάτων βαστάζειν, καὶ μὴ ἑαυτοῖς ἀρέσκειν. Ἕκαστος γὰρ ἡμῶν τῷ πλησίον ἀρεσκέτω εἰς τὸ ἀγαθὸν πρὸς οἰκοδομήν· καὶ γὰρ ὁ Χριστὸς οὐχ ἑαυτῷ ἤρεσεν, ἀλλὰ καθὼς γέγραπται, οἱ ὀνειδισμοὶ τῶν ὀνειδιζόντων σε ἐπέπεσον ἐπ' ἐμέ. Ὅσα γὰρ προεγράφη, εἰς τὴν ἡμετέραν διδασκαλίαν προεγράφη, ἵνα διὰ τῆς ὑπομονῆς καὶ τῆς παρακλήσεως τῶν γραφῶν τὴν ἐλπίδα ἔχωμεν. Ὁ δὲ Θεὸς τῆς ὑπομονῆς καὶ τῆς παρακλήσεως δῴη ὑμῖν τὸ αὐτὸ φρονεῖν ἐν ἀλλήλοις κατὰ Χριστὸν Ἰησοῦν, ἵνα ὁμοθυμαδὸν ἐν ἑνὶ στόματι δοξάζητε τὸν Θεὸν καὶ πατέρα τοῦ Κυρίου ἡμῶν Ἰησοῦ Χριστοῦ. Διὸ προσλαμβάνεσθε ἀλλήλους, καθὼς καὶ ὁ Χριστὸς προσελάβετο ὑμᾶς εἰς δόξαν Θεοῦ.

Ὁ Ἱερεύς· Εἰρήνη σοι.

Ὁ Χορός· Ἀλληλούϊα. (γ΄)

Στίχ. Τὰ ἐλέη σου, Κύριε, εἰς τὸν αἰῶνα ᾄσομαι, εἰς γενεὰν καὶ γενεὰν ἀπαγγελῶ τὴν ἀλήθειάν σου ἐν τῷ στόματί μου.

Ὁ Διάκονος· Σοφία. Ὀρθοί, ἀκούσωμεν τοῦ ἁγίου Εὐαγγελίου.

Ὁ Ἱερεύς· Εἰρήνη πᾶσι.

Ὁ Χορός· Καὶ τῷ πνεύματί σου.

Ὁ Διάκονος· Ἐκ τοῦ κατὰ Λουκᾶν ἁγίου Εὐαγγελίου τὸ ἀνάγνωσμα.

Ὁ Διάκονος· Πρόσχωμεν.

Deacon: Let us be attentive.

And the Reader reads the:

SECOND EPISTLE

(15:17)

Brethren, we who are strong ought to bear with the failings of the weak, and not to please ourselves; let each of us please his neighbor for his good, to edify him. For Christ did not please himself; but, as it is written, "The reproaches of those who reproached thee fell on me." For whatever was written in former days was written for our instruction, that by steadfastness and by the encouragement of the scriptures we might have hope. May the God of steadfastness and encouragement grant you to live in such harmony with one another, in accord with Christ Jesus, that together you may with one voice glorify the God and Father of your Lord Jesus Christ. Welcome one another, therefore, as Christ has welcomed you, for the glory of God.

Priest: Peace be to you.

Choir: Alleluia (x3).

Verse: I will sing of your acts of mercy, Lord, for ever. I will declare your truth with my mouth to all generations.

Deacon: Wisdom, Arise, Let us hear the Holy Gospel.

Priest: Peace be with all.

Choir: And to your spirit..

Deacon: The Reading is from the holy Gospel according to Luke.

Deacon: Let us be attentive.

Ὁ Χορός· Δόξα σοι, Κύριε, δόξα σοι.

Καὶ ὁ β' Ἱερεὺς ἀναγινώσκει τό·

Β' ΕΥΑΓΓΕΛΙΟΝ

(Κεφ. ιθ' 1-10)

Τῷ καιρῷ ἐκείνῳ, διήρχετο ὁ Ἰησοῦς τὴν Ἱεριχώ· καὶ ἰδοὺ ἀνὴρ ὀνόματι καλούμενος Ζακχαῖος, καὶ αὐτὸς ἦν ἀρχιτελώνης, καὶ οὗτος ἦν πλούσιος, καὶ ἐζήτει ἰδεῖν τὸν Ἰησοῦν τίς ἐστι, καὶ οὐκ ἠδύνατο ἀπὸ τοῦ ὄχλου, ὅτι τῇ ἡλικίᾳ μικρὸς ἦν. Καὶ προδραμὼν ἔμπροσθεν ἀνέβη ἐπὶ συκομορέαν, ἵνα ἴδῃ αὐτόν, ὅτι δι' ἐκείνης ἤμελλε διέρχεσθαι. Καὶ ὡς ἦλθεν ἐπὶ τὸν τόπον, ἀναβλέψας ὁ Ἰησοῦς εἶδεν αὐτὸν καὶ εἶπεν πρὸς αὐτόν· Ζακχαῖε, σπεύσας κατάβηθι· σήμερον γὰρ ἐν τῷ οἴκῳ σου δεῖ με μεῖναι. Καὶ σπεύσας κατέβη, καὶ ὑπεδέξατο αὐτὸν χαίρων. Καὶ ἰδόντες πάντες διεγόγγυζον λέγοντες ὅτι παρὰ ἁμαρτωλῷ ἀνδρὶ εἰσῆλθε καταλῦσαι. Σταθεὶς δὲ Ζακχαῖος εἶπε πρὸς τὸν Κύριον· Ἰδοὺ τὰ ἡμίση τῶν ὑπαρχόντων μου, Κύριε, δίδωμι τοῖς πτωχοῖς, καὶ εἴ τινός τι ἐσυκοφάντησα, ἀποδίδωμι τετραπλοῦν. Εἶπε δὲ πρὸς αὐτὸν ὁ Ἰησοῦς ὅτι σήμερον σωτηρία τῷ οἴκῳ τούτῳ ἐγένετο, καθότι καὶ αὐτὸς υἱὸς Ἀβραάμ ἐστιν· ἦλθε γὰρ ὁ υἱὸς τοῦ ἀνθρώπου ζητῆσαι καὶ σῶσαι τὸ ἀπολωλός.

Ὁ Χορός· Δόξα σοι, Κύριε, δόξα σοι.

Καὶ ὁ Διάκονος τὴν ἐκτενή.

Ὁ Διάκονος· Ἐλέησον ἡμᾶς ὁ Θεὸς κατὰ τὸ μέγα ἔλεός σου, δεόμεθά σου, ἐπάκουσον καὶ ἐλέησον.

Ὁ Χορός· Κύριε, ἐλέησον (γ')

Choir: Glory to You, Lord, Glory to you.

And the 2nd Priest reads the:

SECOND GOSPEL

(19: 1-10)

At that time, Jesus entered Jericho and was passing through. And there was a man named Zacchaios; he was a chief collector, and rich. And he sought to see who Jesus was, but could not, on account of the crowd, because he was small of stature. So he ran on ahead and climbed up into a sycamore tree to see him, for he was to pass that way. And when Jesus came to the place, he looked up and said to him, "Zacchaios, make haste and come down; for I must stay at your house today." So he made haste and came down, and received him joyfully. And when they saw it they all murmured, "He has gone in to be the guest of a man who is a sinner." And Zacchaios stood and said to the Lord, "Behold, Lord, the half of my goods I give to the poor; and if I have defrauded any one of anything, I restore it fourfold." And Jesus said to him, "Today salvation has come to this house, since he also is a son of Abraham. For the Son of man came to seek and to save the lost."

Choir: Glory to You, Lord, Glory to you.

And the Deacon says the litany.

Deacon: Have mercy on us, O God, in accordance with your great mercy; we pray you hear and have mercy.

Choir: Lord, have mercy (x3)

Ὁ Διάκονος· Ἔτι δεόμεθα ὑπὲρ ἐλέους, ζωῆς, εἰρήνης, ὑγείας, σωτηρίας, ἐπισκέψεως, συγχωρήσεως καὶ ἀφέσεως τῶν ἁμαρτιῶν τῶν δούλων τοῦ Θεοῦ, τοῦ περιστῶτος λαοῦ, καὶ ὑπὲρ τοῦ συγχωρηθῆναι αὐτοῖς πᾶν πλημμέλημα ἑκούσιόν τε καὶ ἀκούσιον.

Ὁ Χορός· Κύριε, ἐλέησον *(γ')*

Ὁ Ἱερεύς· Ὅτι ἐλεήμων καὶ φιλάνθρωπος Θεὸς ὑπάρχεις, καὶ σοὶ τὴν δόξαν ἀναπέμπομεν, τῷ Πατρὶ καὶ τῷ Υἱῷ καὶ τῷ Ἁγίῳ Πνεύματι, νῦν καὶ ἀεὶ καὶ εἰς τοὺς αἰῶνας τῶν αἰώνων.

Ὁ Χορός· Ἀμήν.

Ὁ Διάκονος· Τοῦ Κυρίου δεηθῶμεν.

Ὁ Χορός· Κύριε, ἐλέησον.

Καὶ ὁ β' Ἱερεὺς τὴν δευτέραν εὐχήν·

Ὁ Θεὸς ὁ μέγας καὶ ὕψιστος, ὁ ὑπὸ πάσης κτίσεως προσκυνούμενος, ἡ τῆς σοφίας πηγή, ἡ τῆς ἀγαθότητος ὄντως ἀνεξιχνίαστος ἄβυσσος, καὶ τῆς εὐσπλαγχνίας ἀπεριόριστον πέλαγος· αὐτός, φιλάνθρωπε Δέσποτα, ὁ τῶν προαιωνίων καὶ θαυμασίων Θεός, ὃν οὐδεὶς ἀνθρώπων ἐννοῶν ἰσχύει καταλαβέσθαι, ἐπίβλεψον, εἰσάκουσον ἡμῶν τῶν ἀναξίων δούλων σου· καὶ ὅπου ἐπὶ τῷ ὀνόματί σου τῷ μεγάλῳ, τὸ ἔλαιον τοῦτο προσάγομεν, κατάπεμψον τῆς σῆς δωρεᾶς τὰ ἰάματα καὶ ἄφεσιν ἁμαρτιῶν, καὶ ἴασαι αὐτοὺς ἐν τῷ πλήθει τοῦ ἐλέους σου.

Ναί, Κύριε εὐδιάλλακτε, ὁ μόνος ἐλεήμων καὶ φιλάνθρωπος, ὁ μετανοῶν ἐπὶ ταῖς κακίαις ἡμῶν, ὁ εἰδὼς ὅτι ἔγκειται ἡ διάνοια τοῦ ἀνθρώπου ἐπὶ τὰ πονηρὰ ἐκ νεότητος αὐτοῦ, ὁ μὴ θέλων τὸν θάνατον τοῦ ἁμαρτωλοῦ, ὡς τὸ ἐπιστρέψαι καὶ ζῆν

Deacon: Again we pray mercy, life, peace, health, salvation, visitation and forgiveness of sins for the servants of God here present, and that they may be pardoned every offence both voluntary and involuntary.

Choir: Lord, have mercy *(x3)*

Priest: For you, O God, are merciful and you love mankind, and to you we give glory, to the Father and to the Son and to the Holy Spirit, now and for ever, and to the ages of ages.

Reader: Amen.

Deacon: Let us pray to the Lord.

Choir: Lord, have mercy.

And the 2nd Priest says the second Prayer.

O God, great and most high, who are worshipped by all creation, the fount of wisdom, the truly unfathomable abyss of goodness and the boundless ocean of compassion, do you, Master who love mankind, God of things eternal and wonderful, whom no person by taking thought is able to grasp, look upon us and hearken to us your unworthy servants, and where we bring this Oil in your great name send down the healings of your gift and forgiveness of sins and heal them in the multitude of your mercy.

Yes, Lord who are easy to be entreated, alone merciful and lover of mankind, who repent over our evil deeds, who know that the mind of men is bent upon wickedness from their youth, who do not want the death of sinners, but that they turn back

αὐτόν, ὁ διὰ τὴν τῶν ἁμαρτωλῶν σωτηρίαν ἐνανθρωπήσας, Θεὸς ὤν, καὶ πλασθεὶς διὰ τὸ πλάσμα σου· σὺ εἶ ὁ εἰπών· Οὐκ ἦλθον καλέσαι δικαίους, ἀλλὰ ἁμαρτωλοὺς εἰς μετάνοιαν· σὺ εἶ ὁ τὸ πρόβατον ζητήσας τὸ ἀπολωλός· σὺ εἶ ὁ τὴν ἀπολομένην δραχμὴν ἐπιμελῶς ζητήσας καὶ εὑρών· σὺ εἶ ὁ εἰπών, ὅτι· Τὸν ἐρχόμενον πρός με οὐ μὴ ἐκβάλλω ἔξω· σὺ εἶ ὁ τὴν πόρνην τοὺς τιμίους σου πόδας δάκρυσι βρέξασαν, μὴ βδελυξάμενος· σὺ εἶ ὁ εἰπών· Ὁσάκις ἂν πέσῃς, ἔγειραι καὶ σωθήσῃ· σὺ εἶ ὁ εἰπών, ὅτι· Χαρὰ γίνεται ἐν οὐρανῷ ἐπὶ ἑνὶ ἁμαρτωλῷ μετανοοῦντι. Αὐτὸς ἔπιδε, εὔσπλαγχνε Δέσποτα, ἐξ ὕψους ἁγίου σου, συνεπισκιάσας ἡμῖν τοῖς ἁμαρτωλοῖς, καὶ ἀναξίοις δούλοις σου ἐν χάριτι τοῦ ἁγίου Πνεύματος ἐν τῇ ὥρᾳ ταύτῃ, καὶ κατασκήνωσον ἐπὶ τοὺς δούλους σου τούτους, τοὺς ἐπεγνωκότας τὰ ἴδια πλημμελήματα καὶ προσιόντας σοι πίστει καὶ προσδεξάμενος τῇ ἰδίᾳ σου φιλανθρωπίᾳ, εἴ τι ἐπλημμέλησαν ἐν λόγῳ ἢ ἔργῳ ἢ κατὰ διάνοιαν, συγχωρήσας ἐξάλειψον καὶ κάθαρον αὐτοὺς ἀπὸ πάσης ἁμαρτίας καὶ ἀεὶ συμπαρὼν αὐτοῖς, διαφύλαξον τὸν ὑπόλοιπον χρόνον τῆς ζωῆς αὐτῶν, πορευομένους ἐν τοῖς δικαιώμασί σου, πρὸς τὸ μηκέτι ἐπίχαρμα γενέσθαι αὐτοὺς τῷ διαβόλῳ, ἵνα καὶ ἐπ' αὐτοῖς δοξασθῇ τὸ πανάγιον ὄνομά σου.

and live, who, being God, for the salvation of sinners became man, for the sake of your creature being made a creature. It is you who said: I have not come to call the righteous but sinners to repentance; you who sought the lost sheep; you who diligently sought the lost coin, and found it; you who said: The one who comes to me I will in no way cast out; you who did not abhor the Harlot when she drenched your honored feet with her tears; you who said: As often as you fall, arise and you will be saved; you who said: There is joy in heaven over one sinner who repents. Look then, compassionate Master, from your holy height, overshadowing us sinners and your unworthy servants with the grace of the holy Spirit at this hour, and make your dwelling in your servants, who acknowledge their own offences and approach you in faith. And receiving them by your own love for mankind, and pardoning them whatever they have offended by word or deed or in thought, cleanse and purify them from every sin. And, being ever present to them, keep them during the remaining time of their life walking in your commandments so as to be no longer a laughing stock to the devil, that your all-holy name may be glorified in them.

Σὸν γάρ ἐστι τὸ ἐλεεῖν καὶ σῴζειν ἡμᾶς, Χριστὲ ὁ Θεὸς ἡμῶν, καὶ σοὶ τὴν δόξαν ἀναπέμπομεν, τῷ Πατρὶ καὶ τῷ Υἱῷ καὶ τῷ ἁγίῳ Πνεύματι, νῦν καὶ ἀεὶ καὶ εἰς τοὺς αἰῶνας τῶν αἰώνων.

For yours it is to have mercy and to save us, Christ our God, and to you we give glory, to the Father and to the Son and to the Holy Spirit, both now and ever and to the ages of ages. Amen.

Ὁ Χορός· Ἀμήν.

Choir: Amen.

Ὁ Ἀναγνώστης· Προκείμενον. Ἦχος γ'. Ψαλμὸς κς'

Reader: Prokeimenon. *Tone 3. Psalm 26*

Deacon: Let us be attentive.

Reader: The Lord is my light and my salvation, whom shall I fear?

Verse: The Lord is the protector of my life, of whom shall I be afraid?

Deacon: Wisdom.

Reader: The Reading is from the First Epistle of Paul to the Corinthians.

Deacon: Let us be attentive.

And the Reader reads the:

THIRD EPISTLE

(12:27-13:8)

Brethren, you are the body of Christ and individually members of it. And God has appointed in the church first apostles, second prophets, third teachers, then workers of miracles, then healers, helpers, administrators, speakers in various kinds of tongues. Are all apostles? Are all prophets? Are all teachers? Do all work miracles? Do all possess gifts of healing? Do all speak with tongues? Do all interpret? But earnestly desire the higher gifts. And I will show you a still more excellent way. If I speak in the tongues of men and of angels, but have not love, I am a noisy gong or a clanging cymbal. And if I have prophetic powers, and understand all mysteries and all knowledge, and if I have all faith, so as to remove mountains, but have not love, I am nothing. If I give away all I have, and if I deliver my body to be burned, but have not love, I gain nothing. Love is patient and kind; love is not jealous or boastful; it is not arrogant or rude. Love does not insist on its own

οὐ φυσιοῦται, οὐκ ἀσχημονεῖ, οὐ ζητεῖ τὰ ἑαυτῆς, οὐ παροξύνεται, οὐ λογίζεται τὸ κακόν, οὐ χαίρει ἐπὶ τῇ ἀδικίᾳ, συγχαίρει δὲ τῇ ἀληθείᾳ· πάντα στέγει, πάντα πιστεύει, πάντα ἐλπίζει, πάντα ὑπομένει. Ἡ ἀγάπη οὐδέποτε ἐκπίπτει.

Ὁ Ἱερεύς· Εἰρήνη σοι.

Ὁ Χορός· Ἀλληλούϊα. *(γ´)* Ἦχος γ´. Ψαλμὸς λ´

Στίχ. *Ἐπί σοί, Κύριε, ἤλπισα, μὴ καταισχυνθείην εἰς τὸν αἰῶνα· ἐν τῇ δικαιοσύνῃ σου ῥῦσαί με καὶ ἐξελοῦ με.*

Ὁ Διάκονος· Σοφία. Ὀρθοί, ἀκούσωμεν τοῦ ἁγίου Εὐαγγελίου.

Ὁ Ἱερεύς· Εἰρήνη πᾶσι.

Ὁ Χορός· Καὶ τῷ πνεύματί σου.

Ὁ Διάκονος· Ἐκ τοῦ κατὰ Ματθαῖον ἁγίου Εὐαγγελίου τὸ ἀνάγνωσμα.

Ὁ Διάκονος· Πρόσχωμεν.

Ὁ Χορός· Δόξα σοι, Κύριε, δόξα σοι.

Καὶ ὁ γ´ Ἱερεὺς ἀναγινώσκει τό·

Γ´ ΕΥΑΓΓΕΛΙΟΝ

(Κεφ. ι´ 1 & 58)

Τῷ καιρῷ ἐκείνῳ, προσκαλεσάμενος ὁ Ἰησοῦς τοὺς δώδεκα μαθητὰς αὐτοῦ ἔδωκεν αὐτοῖς ἐξουσίαν πνευμάτων ἀκαθάρτων ὥστε ἐκβάλλειν αὐτὰ καὶ θεραπεύειν πᾶσαν νόσον καὶ πᾶσαν μαλακίαν. Τούτους ἀπέστειλεν ὁ Ἰησοῦς παραγγείλας αὐτοῖς λέγων· Εἰς ὁδὸν ἐθνῶν μὴ ἀπέλθητε, καὶ εἰς πόλιν Σαμαριτῶν μὴ εἰσέλθητε· πορεύεσθε δὲ μᾶλλον πρὸς τὰ πρόβατα τὰ ἀπολωλότα οἴκου Ἰσραήλ. Πορευόμενοι δὲ κηρύσσετε λέγοντες ὅτι

way; it is not irritable or resentful; it does not rejoice at wrong but rejoices in the right. Love bears all things, believes all things, hopes all things, endures all things. Love never ends.

Priest: Peace be to you.

Choir: Alleluia. *(x3)* Tone 2. **Psalm 30**

Verse: *In you, Lord, I have hoped; let me not be put to shame for ever. Deliver me in your righteousness and rescue me.*

Deacon: Wisdom, Arise, Let us hear the Holy Gospel.

Priest: Peace be with all.

Choir: And to your spirit.

Deacon: The Reading is from the holy Gospel according to Matthew.

Deacon: Let us be attentive.

Choir: Glory to You, Lord, Glory to you.

And the 3rd Priest reads the:

THIRD GOSPEL

(10:1 & 58)

At that time, Jesus called to him his twelve disciples and gave them authority over unclean spirits, to cast them out, and to heal every disease and every infirmity. These twelve Jesus sent out, charging them, "Go nowhere among the Gentiles, and enter no town of the Samaritans, but go rather to the lost sheep of the house of Israel. And preach as you go, saying, 'The kingdom of heaven is at hand.' Heal the sick,

Ἤγγικεν ἡ βασιλεία τῶν οὐρανῶν. Ἀσθενοῦντας θεραπεύετε, λεπροὺς καθαρίζετε, νεκροὺς ἐγείρετε, δαιμόνια ἐκβάλλετε· δωρεὰν ἐλάβετε, δωρεὰν δότε.

Ὁ Χορός· Δόξα σοι, Κύριε, δόξα σοι.

Καὶ ὁ Διάκονος τὴν ἐκτενῆ.

Ὁ Διάκονος· Ἐλέησον ἡμᾶς ὁ Θεὸς κατὰ τὸ μέγα ἔλεός σου, δεόμεθά σου, ἐπάκουσον καὶ ἐλέησον.

Ὁ Χορός· Κύριε, ἐλέησον *(γ′)*

Ὁ Διάκονος· Ἔτι δεόμεθα ὑπὲρ ἐλέους, ζωῆς, εἰρήνης, ὑγείας, σωτηρίας, ἐπισκέψεως, συγχωρήσεως καὶ ἀφέσεως τῶν ἁμαρτιῶν τῶν δούλων τοῦ Θεοῦ, τοῦ περιστῶτος λαοῦ, καὶ ὑπὲρ τοῦ συγχωρηθῆναι αὐτοῖς πᾶν πλημμέλημα ἑκούσιόν τε καὶ ἀκούσιον.

Ὁ Χορός· Κύριε, ἐλέησον *(γ′)*

Ὁ Ἱερεύς· Ὅτι ἐλεήμων καὶ φιλάνθρωπος Θεὸς ὑπάρχεις, καὶ σοὶ τὴν δόξαν ἀναπέμπομεν, τῷ Πατρὶ καὶ τῷ Υἱῷ καὶ τῷ Ἁγίῳ Πνεύματι, νῦν καὶ ἀεὶ καὶ εἰς τοὺς αἰῶνας τῶν αἰώνων.

Ὁ Χορός· Ἀμήν.

Ὁ Διάκονος· Τοῦ Κυρίου δεηθῶμεν.

Ὁ Χορός· Κύριε, ἐλέησον

Καὶ ὁ γ′ Ἱερεὺς τὴν τρίτην εὐχήν·

Δέσποτα παντοκράτορ, ἅγιε βασιλεῦ, ὁ παιδεύων καὶ μὴ θανατῶν, ὁ ὑποστηρίζων τοὺς καταπίπτοντας καὶ ἀνορθῶν τοὺς κατερραγμένους, ὁ τὰς σωματικὰς θλίψεις διορθούμενος τῶν ἀνθρώπων, αἰτούμεθά σου, ὁ Θεὸς ἡμῶν, ὅπως ἐπαγάγῃς τὸ ἔλεός σου ἐπὶ τὸ ἔλαι-

raise the dead, cleanse lepers, cast out demons. You received without paying, give without pay."

Choir: Glory to You, Lord, Glory to you.

And the Deacon says the litany.

Deacon: Have mercy on us, O God, in accordance with your great mercy; we pray you hear and have mercy.

Choir: Lord, have mercy *(x3)*

Deacon: Again we pray mercy, life, peace, health, salvation, visitation and forgiveness of sins for the servants of God here present, and that they may be pardoned every offence both voluntary and involuntary.

Choir: Lord, have mercy *(x3)*

Priest: For you, O God, are merciful and you love mankind, and to you we give glory, to the Father and to the Son and to the Holy Spirit, now and for ever, and to the ages of ages.

Reader: Amen.

Deacon: Let us pray to the Lord.

Choir: Lord, have mercy.

And the 3rd Priest says the third Prayer.

Master almighty, holy King, who chastise and do not put to death, who support those who fall and set upright those who are cast down; who correct the bodily afflictions of mankind, we beseech you, our God, to send your mercy upon this oil and upon those

ον τοῦτο καὶ τοὺς χριομένους ἐξ αὐτοῦ ἐν τῷ ὀνόματί σου, ἵνα γένηται αὐτοῖς εἰς ἴασιν ψυχῆς τε καὶ σώματος καὶ εἰς καθαρισμὸν καὶ ἀπαλλαγὴν παντὸς πάθους καὶ πάσης νόσου καὶ μαλακίας καὶ παντὸς μολυσμοῦ σαρκὸς καὶ πνεύματος.

Ναί, Κύριε, τὴν ἰατρικήν σου δύναμιν οὐρανόθεν ἐξαπόστειλον· ἅψαι τοῦ σώματος, σβέσον τὸν πυρετόν, πράϋνον τὸ πάθος, καὶ πᾶσαν λανθάνουσαν ἀσθένειαν ἀποδίωξον· γενοῦ ἰατρὸς τῶν δούλων σου τούτων· ἐξέγειρον αὐτοὺς ἀπὸ κλίνης ὀδυνηρᾶς καὶ στρωμνῆς κακώσεως· σώους καὶ ὁλοκλήρους χάρισαι αὐτοὺς τῇ Ἐκκλησίᾳ σου, εὐαρεστοῦντας καὶ ποιοῦντας τὸ θέλημά σου.

Σὸν γάρ ἐστι τὸ ἐλεεῖν καὶ σῴζειν ἡμᾶς, Χριστὲ ὁ Θεὸς ἡμῶν, καὶ σοὶ τὴν δόξαν ἀναπέμπομεν, τῷ Πατρὶ καὶ τῷ Υἱῷ καὶ τῷ ἁγίῳ Πνεύματι, νῦν καὶ ἀεὶ καὶ εἰς τοὺς αἰῶνας τῶν αἰώνων.

Ὁ Χορός· Ἀμήν.

Ὁ Ἀναγνώστης· Προκείμενον. *Ἦχος δ΄. Ψαλμὸς ρα΄.*

Ὁ Διάκονος· Πρόσχωμεν.

Ὁ Ἀναγνώστης· Ἐν ᾗ ἂν ἡμέρᾳ ἐπικαλέσωμαί σε, * ταχὺ ἐπάκουσόν μου.

Στίχ. *Κύριος εισάκουσον της προσευχής μου καὶ ἡ κραυγή μου πρὸς σὲ ἐλθέτω.*

Ὁ Διάκονος· Σοφία.

Ὁ Ἀναγνώστης· Πρὸς Κορινθίους Α΄ ἐπιστολῆς Παύλου τὸ ἀνάγνωσμα.

Ὁ Διάκονος· Πρόσχωμεν.

who are anointed from it in your name, that it may become for them for healing of soul and body, and for the cleansing and driving out of every suffering and every disease and every sickness and of every defilement of flesh and spirit.

Yes, Lord, send forth from heaven your healing power; touch the body, quench the fever, calm the suffering and chase away every lurking infirmity. Be the physician of your servants; raise them up from their bed of pain and their couch of distress; give them to your Church safe and sound, well-pleasing to you and doing your will.

For yours it is to have mercy and to save us, O God, our God, and to you we give glory, to Father, Son and holy Spirit, both now and ever, and to the ages of ages.

Choir: Amen.

Reader: Prokeimenon. *Tone 4. Psalm 101*

Deacon: Let us be attentive.

Reader: In the day when I call upon you hear me speedily.

Verse: *Lord, hear my prayer and let my cry come to you.*

Deacon: Wisdom

Reader: The Reading is from the Second Epistle of Paul to the Corinthians.

Deacon: Let us be attentive.

Καὶ ἀναγινώσκεται ὑπὸ τοῦ Ἀναγνώστου ὁ·

Δ΄ ΑΠΟΣΤΟΛΟΣ

(Κεφ. στ΄ 16-ζ΄ 1)

Ἀδελφοί, ὑμεῖς ναὸς Θεοῦ ἐστε ζῶντος, καθὼς εἶπεν ὁ Θεὸς, ὅτι· ἐνοικήσω ἐν αὐτοῖς καὶ ἐμπεριπατήσω, καὶ ἔσομαι αὐτῶν Θεός, καὶ αὐτοὶ ἔσονταί μοι λαός. Διὸ ἐξέλθατε ἐκ μέσου αὐτῶν καὶ ἀφορίσθητε, λέγει Κύριος, καὶ ἀκαθάρτου μὴ ἅπτεσθε· κἀγὼ εἰσδέξομαι ὑμᾶς, καὶ ἔσομαι ὑμῖν εἰς πατέρα, καὶ ὑμεῖς ἔσεσθέ μοι εἰς υἱοὺς καὶ θυγατέρας, λέγει Κύριος παντοκράτωρ. Ταύτας οὖν ἔχοντες τὰς ἐπαγγελίας, ἀγαπητοί, καθαρίσωμεν ἑαυτοὺς ἀπὸ παντὸς μολυσμοῦ σαρκὸς καὶ πνεύματος, ἐπιτελοῦντες ἁγιωσύνην ἐν φόβῳ Θεοῦ.

Ὁ Ἱερεύς· Εἰρήνη σοι.

Ὁ Χορός· Ἀλληλούϊα. *(γ΄)* Ἦχος δ΄. Ψαλμὸς λθ΄

Στίχ. Ὑπομένων ὑπέμεινα τὸν Κύριον, καὶ προσέσχε μοι καὶ εἰσήκουσε τῆς δεήσεώς μου καὶ ἀνήγαγέ με ἐκ λάκκου ταλαιπωρίας καὶ ἀπὸ πηλοῦ ἰλύος.

Ὁ Διάκονος· Σοφία. Ὀρθοί, ἀκούσωμεν τοῦ ἁγίου Εὐαγγελίου.

Ὁ Ἱερεύς· Εἰρήνη πᾶσι.

Ὁ Χορός· Καὶ τῷ πνεύματί σου.

Ὁ Διάκονος· Ἐκ τοῦ κατὰ Ματθαῖον ἁγίου Εὐαγγελίου τὸ ἀνάγνωσμα.

Ὁ Διάκονος· Πρόσχωμεν.

Ὁ Χορός· Δόξα σοι, Κύριε, δόξα σοι.

And the Reader reads the:

FOURTH EPISTLE

(6:16-7:1)

Brethren, you are the temple of the living God; as God said, "I will live in them and move among them, and I will be their God, and they shall be my people. Therefore come out from them, and be separate from them, says the Lord, and touch nothing unclean; then I will welcome you, and I will be a father to you, and you shall be my sons and daughters, says the Lord Almighty." Since we have these promises, beloved, let us cleanse ourselves from every defilement of body and spirit, and make holiness perfect in the fear of God.

Priest: Peace be to you.

Choir: Alleluia. *(x3) Tone 4. Psalm 39*

Verse: Patiently I waited for the Lord, and he heard me, and he brought me up out of a pit of misery, and from muddy clay.

Deacon: Wisdom, Arise, Let us hear the Holy Gospel.

Priest: Peace be with all.

Choir: And to your spirit..

Deacon: The Reading is from the holy Gospel according to Matthew.

Deacon: Let us be attentive.

Choir: Glory to You, Lord, Glory to you.

Καὶ ὁ δ΄ Ἱερεὺς ἀναγινώσκει τό·

Δ΄ ΕΥΑΓΓΕΛΙΟΝ

(Κεφ. η΄ 14-23)

Τῷ καιρῷ ἐκείνῳ, ἐλθὼν ὁ Ἰησοῦς εἰς τὴν οἰκίαν Πέτρου εἶδε τὴν πενθερὰν αὐτοῦ βεβλημένην καὶ πυρέσσουσαν. Καὶ ἥψατο τῆς χειρὸς αὐτῆς, καὶ ἀφῆκεν αὐτὴν ὁ πυρετός· καὶ ἠγέρθη καὶ διηκόνει αὐτῷ. Ὀψίας δὲ γενομένης προσήνεγκαν αὐτῷ δαιμονιζομένους πολλούς, καὶ ἐξέβαλεν τὰ πνεύματα λόγῳ, καὶ πάντας τοὺς κακῶς ἔχοντας ἐθεράπευσεν, ὅπως πληρωθῇ τὸ ῥηθὲν διὰ Ἡσαΐου τοῦ προφήτου λέγοντος· Αὐτὸς τὰς ἀσθενείας ἡμῶν ἔλαβε καὶ τὰς νόσους ἐβάστασεν. Ἰδὼν δὲ ὁ Ἰησοῦς πολλοὺς ὄχλους περὶ αὐτὸν ἐκέλευσεν ἀπελθεῖν εἰς τὸ πέραν. Καὶ προσελθὼν εἷς γραμματεὺς εἶπεν αὐτῷ· Διδάσκαλε, ἀκολουθήσω σοι ὅπου ἐὰν ἀπέρχῃ. Καὶ λέγει αὐτῷ ὁ Ἰησοῦς· Αἱ ἀλώπεκες φωλεοὺς ἔχουσι καὶ τὰ πετεινὰ τοῦ οὐρανοῦ κατασκηνώσεις, ὁ δὲ υἱὸς τοῦ ἀνθρώπου οὐκ ἔχει ποῦ τὴν κεφαλὴν κλίνῃ. Ἕτερος δὲ τῶν μαθητῶν αὐτοῦ εἶπεν αὐτῷ· Κύριε, ἐπίτρεψόν μοι πρῶτον ἀπελθεῖν καὶ θάψαι τὸν πατέρα μου. Ὁ δὲ Ἰησοῦς εἶπεν αὐτῷ· Ἀκολούθει μοι, καὶ ἄφες τοὺς νεκροὺς θάψαι τοὺς ἑαυτῶν νεκρούς. Καὶ ἐμβάντι αὐτῷ εἰς τὸ πλοῖον ἠκολούθησαν αὐτῷ οἱ μαθηταὶ αὐτοῦ.

Ὁ Χορός· Δόξα σοι, Κύριε, δόξα σοι.

Καὶ ὁ Διάκονος τὴν ἐκτενή.

Ὁ Διάκονος· Ἐλέησον ἡμᾶς ὁ Θεὸς κατὰ τὸ μέγα ἔλεός σου, δεόμεθά σου, ἐπάκουσον καὶ ἐλέησον.

Ὁ Χορός· Κύριε, ἐλέησον *(γ΄)*

And the 4th Priest reads the:

FOURTH GOSPEL

(8:14-23)

At that time, when Jesus entered Peter's house, he saw his mother-in-law lying sick with a fever; he touched her hand, and the fever left her, and she rose and served him. That evening they brought to him many who were possessed with demons; and he cast out the spirits with a word, and healed all who were sick. This was to fulfill what was spoken by the prophet Isaiah, "He took our infirmities and bore our diseases." Now when Jesus saw great crowds around him, he gave orders to go over to the other side. And a scribe came up and said to him, "Teacher, I will follow you wherever you go." And Jesus said to him, "Foxes have holes, and birds of the air have nests; but the Son of man has nowhere to lay his head." Another of the disciples said to him, "Lord, let me first go and bury my father." But Jesus said to him, "Follow me, and leave the dead to bury their own dead." And when he entered the boat, his disciples followed him.

Choir: Glory to You, Lord, Glory to you.

And the Deacon says the litany.

Deacon: Have mercy on us, O God, in accordance with your great mercy; we pray you hear and have mercy.

Choir: Lord, have mercy *(x3)*

Ὁ Διάκονος· Ἔτι δεόμεθα ὑπὲρ ἐλέους, ζωῆς, εἰρήνης, ὑγείας, σωτηρίας, ἐπισκέψεως, συγχωρήσεως καὶ ἀφέσεως τῶν ἁμαρτιῶν τῶν δούλων τοῦ Θεοῦ, τοῦ περιστῶτος λαοῦ, καὶ ὑπὲρ τοῦ συγχωρηθῆναι αὐτοῖς πᾶν πλημμέλημα ἑκούσιόν τε καὶ ἀκούσιον.

Ὁ Χορός· Κύριε, ἐλέησον *(γ')*

Ὁ Ἱερεύς· Ὅτι ἐλεήμων καὶ φιλάνθρωπος Θεὸς ὑπάρχεις, καὶ σοὶ τὴν δόξαν ἀναπέμπομεν, τῷ Πατρὶ καὶ τῷ Υἱῷ καὶ τῷ Ἁγίῳ Πνεύματι, νῦν καὶ ἀεὶ καὶ εἰς τοὺς αἰῶνας τῶν αἰώνων.

Ὁ Χορός· Ἀμήν.

Ὁ Διάκονος· Τοῦ Κυρίου δεηθῶμεν.

Ὁ Χορός· Κύριε, ἐλέησον

Καὶ ὁ δ' Ἱερεὺς τὴν τετάρτην εὐχήν·

Ἀγαθὲ καὶ φιλάνθρωπε, εὔσπλαγχνε καὶ πολυέλεε Κύριε, ὁ πολὺς ἐν ἐλέει καὶ πλούσιος ἐν ἀγαθότητι, ὁ Πατὴρ τῶν οἰκτιρμῶν καὶ Θεὸς πάσης παρακλήσεως, ὁ ἐνισχύσας ἡμᾶς διὰ τῶν ἁγίων σου ἀποστόλων ἐλαίῳ μετὰ προσευχῆς τὰς ἀσθενείας τοῦ λαοῦ θεραπεύεσθαι· αὐτός, καὶ τὸ ἔλαιον τοῦτο σύνταξον εἰς ἴασιν τοῖς ἐξ αὐτοῦ χριομένοις, εἰς ἀπαλλαγὴν πάσης νόσου καὶ πάσης μαλακίας, εἰς ἀπολύτρωσιν τῶν κακῶν τῶν ἀπεκδεχομένων τὴν παρὰ σοῦ σωτηρίαν. Ναί, Δέσποτα Κύριε ὁ Θεὸς ἡμῶν, δεόμεθά σου, παντοδύναμε, τοῦ σῴζειν πάντας ἡμᾶς· ὁ μόνος ψυχῶν τε καὶ σωμάτων ἰατρός, ἁγίασον πάντας ἡμᾶς· ὁ πᾶσαν νόσον ἰώμενος, ἴασαι καὶ τοὺς δούλους σου τούτους· ἐξέγειρον αὐτοὺς ἀπὸ κλίνης ὀδυνηρᾶς, διὰ ἐλέους τῆς σῆς χρηστότητος· ἐπίσκεψαι αὐτοὺς ἐν ἐλέει καὶ οἰκτιρμοῖς σου· ἀπο-

Deacon: Again we pray mercy, life, peace, health, salvation, visitation and forgiveness of sins for the servants of God here present, and that they may be pardoned every offence both voluntary and involuntary.

Choir: Lord, have mercy *(x3)*

Priest: For you, O God, are merciful and you love mankind, and to you we give glory, to the Father and to the Son and to the Holy Spirit, now and for ever, and to the ages of ages.

Reader: Amen.

Deacon: Let us pray to the Lord.

Choir: Lord, have mercy.

And the 4th Priest says the fourth Prayer:

O Lord, who are good and love mankind, compassionate and most merciful, who are great in mercy and rich in loving kindness, the Father of mercies and the God of all consolation, who have empowered us through your holy Apostles to cure the infirmities of the people by oil with prayer, do you yourself prescribe this oil for healing for those anointed with it, for the expelling of every disease and every sickness, for deliverance from evils of those who await from you salvation. Yes, Master, Lord our God, we beg you, O all powerful, to save us all. Only physician of souls and bodies hallow us all. You heal every disease, heal your servants also; raise them from their bed of pain through the mercy of your goodness; visit them with your mercy and acts of pity. Drive from

δίωξον ἀπ' αὐτῶν πᾶσαν ἀρρωστίαν καὶ ἀσθένειαν· ἵνα, ἐξαναστάντες τῇ χειρί σου τῇ κραταιᾷ, δουλεύωσί σοι μετὰ πάσης εὐχαριστίας· ὅπως καὶ νῦν, μετέχοντες τῆς σῆς ἀφάτου φιλανθρωπίας, ὑμνῶμεν καὶ δοξάζωμέν σε τὸν ποιοῦντα μεγάλα καὶ θαυμαστά, ἔνδοξά τε καὶ ἐξαίσια.

Σὸν γάρ ἐστι τὸ ἐλεεῖν καὶ σῴζειν ἡμᾶς, Χριστὲ ὁ Θεὸς ἡμῶν, καὶ σοὶ τὴν δόξαν ἀναπέμπομεν, τῷ Πατρὶ καὶ τῷ Υἱῷ καὶ τῷ ἁγίῳ Πνεύματι, νῦν καὶ ἀεὶ καὶ εἰς τοὺς αἰῶνας τῶν αἰώνων.

Ὁ Χορός· Ἀμήν.

Ὁ Ἀναγνώστης· Προκείμενον. *Ἦχος πλ. α'. Ψαλμὸς ια'*

Ὁ Διάκονος· Πρόσχωμεν.

Ὁ Ἀναγνώστης· Σύ Κύριε, φυλάξαις ημάς * καὶ διατηρήσαις ἡμᾶς.

Στίχ. *Σῶσον με, Κύριε, ὅτι εκλέλοιπεν ὅσιος.*

Ὁ Διάκονος· Σοφία.

Ὁ Ἀναγνώστης· Πρὸς Κορινθίους Β' ἐπιστολῆς Παύλου τὸ ἀνάγνωσμα.

Ὁ Διάκονος· Πρόσχωμεν.

Καὶ ἀναγινώσκεται ὑπὸ τοῦ Ἀναγνώστου ὁ·

Ε' ΑΠΟΣΤΟΛΟΣ

(Κεφ. α' 8-11)

Ἀδελφοί, οὐ θέλομεν ὑμᾶς ἀγνοεῖν, ἀδελφοί, ὑπὲρ τῆς θλίψεως ἡμῶν τῆς γενομένης ἡμῖν ἐν τῇ Ἀσίᾳ, ὅτι καθ' ὑπερβολὴν ἐβαρήθημεν ὑπὲρ δύναμιν, ὥστε ἐξαπορηθῆναι ἡμᾶς καὶ τοῦ ζῆν· Ἀλλὰ αὐτοὶ ἐν ἑαυτοῖς τὸ ἀπόκριμα τοῦ

them every ailment and infirmity, so that having risen by your mighty hand they may serve you with all thanksgiving, in order that we also, who share in your ineffable love for mankind, may now praise and glorify you whose actions are great and wondrous, glorious and transcendent.

For yours it is to have mercy and to save us, O God, our God, and to you we give glory, to Father, Son and holy Spirit, both now and ever, and to the ages of ages.

Choir: Amen.

Reader: Prokeimenon. ***Tone Pl. 1. Psalm 11***

Deacon: Let us be attentive.

Reader: Do You, Lord, guard us and keep us.

Verse: *Save me, O Lord, for there is no godly one left.*

Deacon: Wisdom

Reader: The Reading is from the Second Epistle of Paul to the Corinthians.

Deacon: Let us be attentive.

And the Reader reads the:

FIFTH EPISTLE

(1: 8-11)

Brethren, we do not want you to be ignorant of the affliction we experienced in Asia; for we were so utterly, unbearably crushed that we despaired of life itself, Why, we felt that we had received the sentence of death; but that

θανάτου ἐσχήκαμεν, ἵνα μὴ πεποιθότες ὦμεν ἐφ' ἑαυτοῖς, ἀλλ' ἐπὶ τῷ Θεῷ τῷ ἐγείροντι τοὺς νεκρούς· ὃς ἐκ τηλικούτου θανάτου ἐρρύσατο ἡμᾶς καὶ ῥύεται, εἰς ὃν ἠλπίκαμεν ὅτι καὶ ἔτι ῥύσεται, συνυπουργούντων καὶ ὑμῶν ὑπὲρ ἡμῶν τῇ δεήσει, ἵνα ἐκ πολλῶν προσώπων τὸ εἰς ἡμᾶς χάρισμα διὰ πολλῶν εὐχαριστηθῇ ὑπὲρ ἡμῶν.

Ὁ Ἱερεύς· Εἰρήνη σοι.

Ὁ Χορός· Ἀλληλούϊα. *(γ΄)* Ἦχος πλ. α΄. Ψαλμὸς μ΄

Στίχ. *Μακάριος ὁ συνιῶν ἐπὶ πτωχὸν καὶ πένητα, ἐν ἡμέρᾳ πονηρᾷ ῥύσεται αὐτὸν ὁ Κύριος. Κύριος διαφυλάξαι αὐτὸν καὶ ζῆσαι αὐτόν.*

Ὁ Διάκονος· Σοφία. Ὀρθοί, ἀκούσωμεν τοῦ ἁγίου Εὐαγγελίου.

Ὁ Ἱερεύς· Εἰρήνη πᾶσι.

Ὁ Χορός· Καὶ τῷ πνεύματί σου.

Ὁ Διάκονος· Ἐκ τοῦ κατὰ Ματθαῖον ἁγίου Εὐαγγελίου τὸ ἀνάγνωσμα.

Ὁ Διάκονος· Πρόσχωμεν.

Ὁ Χορός· Δόξα σοι, Κύριε, δόξα σοι.

Καὶ ὁ ε΄Ἱερεὺς ἀναγινώσκει τό·

Ε΄ ΕΥΑΓΓΕΛΙΟΝ

(Κεφ. κε΄ 1-13)

Εἶπεν ὁ Κύριος τὴν παραβολὴν ταύτην· ὡμοιώθη ἡ βασιλεία τῶν οὐρανῶν δέκα παρθένοις, αἵτινες λαβοῦσαι τὰς λαμπάδας ἑαυτῶν ἐξῆλθον εἰς ἀπάντησιν τοῦ νυμφίου. Πέντε δὲ ἦσαν ἐξ αὐτῶν φρόνιμοι καὶ αἱ πέντε μωραί. Αἵτινες μωραὶ λαβοῦσαι τὰς λαμπάδας ἑαυτῶν οὐκ ἔλαβον μεθ' ἑαυτῶν ἔλαιον·

was to make us rely not on ourselves but on God who raises the dead; he delivered us from so deadly a peril, and he will deliver us; on him we have set our hope that he will deliver us again. You also must help us by prayer, so that many will give thanks on our behalf for the blessing granted us in answer to many prayers.

Priest: Peace be to you.

Choir: Alleluia. *(x3) Tone Pl. 1.* **Psalm 40**

Verse: *Blessed is the man who thinks, on the poor and needy: the Lord shall deliver him in an evil day. May the Lord preserve him and keep him alive*

Deacon: Wisdom, Arise, Let us hear the Holy Gospel.

Priest: Peace be with all.

Choir: And to your spirit..

Deacon: The Reading is from the holy Gospel according to Matthew.

Deacon: Let us be attentive.

Choir: Glory to You, Lord, Glory to you.

And the 5th Priest reads the:

FIFTH GOSPEL

(25:1-14)

The Lord said this parable, "The kingdom of heaven shall be compared to ten maidens who took their lamps and went to meet the bridegroom. Five of them were foolish, and five were wise. For when the foolish took their lamps, they took no oil with them; but the wise took flasks of oil

Αἱ δὲ φρόνιμοι ἔλαβον ἔλαιον ἐν τοῖς ἀγγείοις αὐτῶν μετὰ τῶν λαμπάδων αὐτῶν. Χρονίζοντος δὲ τοῦ νυμφίου ἐνύσταξαν πᾶσαι καὶ ἐκάθευδον. Μέσης δὲ νυκτὸς κραυγὴ γέγονεν· ἰδοὺ ὁ νυμφίος ἔρχεται, ἐξέρχεσθε εἰς ἀπάντησιν αὐτοῦ. Τότε ἠγέρθησαν πᾶσαι αἱ παρθένοι ἐκεῖναι καὶ ἐκόσμησαν τὰς λαμπάδας αὐτῶν. Αἱ δὲ μωραὶ ταῖς φρονίμοις εἶπον· δότε ἡμῖν ἐκ τοῦ ἐλαίου ὑμῶν, ὅτι αἱ λαμπάδες ἡμῶν σβέννυνται. Ἀπεκρίθησαν δὲ αἱ φρόνιμοι λέγουσαι· μήποτε οὐκ ἀρκέσῃ ἡμῖν καὶ ὑμῖν· πορεύεσθε δὲ μᾶλλον πρὸς τοὺς πωλοῦντας καὶ ἀγοράσατε ἑαυταῖς. Ἀπερχομένων δὲ αὐτῶν ἀγοράσαι ἦλθεν ὁ νυμφίος, καὶ αἱ ἕτοιμοι εἰσῆλθον μετ' αὐτοῦ εἰς τοὺς γάμους, καὶ ἐκλείσθη ἡ θύρα. Ὕστερον δὲ ἔρχονται καὶ αἱ λοιπαὶ παρθένοι λέγουσαι· κύριε κύριε, ἄνοιξον ἡμῖν. Ὁ δὲ ἀποκριθεὶς εἶπεν· ἀμὴν λέγω ὑμῖν, οὐκ οἶδα ὑμᾶς. Γρηγορεῖτε οὖν, ὅτι οὐκ οἴδατε τὴν ἡμέραν οὐδὲ τὴν ὥραν ἐν ᾗ ὁ υἱὸς τοῦ ἀνθρώπου ἔρχεται.

Ὁ Χορός· Δόξα σοι, Κύριε, δόξα σοι.

Καὶ ὁ Διάκονος τὴν ἐκτενῆ.

Ὁ Διάκονος· Ἐλέησον ἡμᾶς ὁ Θεὸς κατὰ τὸ μέγα ἔλεός σου, δεόμεθά σου, ἐπάκουσον καὶ ἐλέησον.

Ὁ Χορός· Κύριε, ἐλέησον (γ')

Ὁ Διάκονος· Ἔτι δεόμεθα ὑπὲρ ἐλέους, ζωῆς, εἰρήνης, ὑγείας, σωτηρίας, ἐπισκέψεως, συγχωρήσεως καὶ ἀφέσεως τῶν ἁμαρτιῶν τῶν δούλων τοῦ Θεοῦ, τοῦ περιστῶτος λαοῦ, καὶ ὑπὲρ τοῦ συγχωρηθῆναι αὐτοῖς πᾶν πλημμέλημα ἑκούσιόν τε καὶ ἀκούσιον.

Ὁ Χορός· Κύριε, ἐλέησον (γ')

with their lamps. As the bridegroom was delayed, they all slumbered and slept. But at midnight there was a cry, 'Behold, the bridegroom! Come out to meet him.' Then all those maidens rose and trimmed their lamps. And the foolish said to the wise, 'Give us some of your oil, for our lamps are going out.' But the wise replied, 'Perhaps there will not be enough for us and for you; go rather to the dealers and buy for yourselves.' And while they went to buy, the bridegroom came, and those who were ready went in with him to the marriage feast; and the door was shut. Afterward the other maidens came also, saying, 'Lord, lord, open to us.' But he replied, 'Truly, I say to you, I do not know you.' Watch therefore, for you know neither the day nor the hour in which the Son of man will come."

Choir: Glory to You, Lord, Glory to you.

And the Deacon says the litany.

Deacon: Have mercy on us, O God, in accordance with your great mercy; we pray you hear and have mercy.

Choir: Lord, have mercy *(x3)*

Deacon: Again we pray mercy, life, peace, health, salvation, visitation and forgiveness of sins for the servants of God here present, and that they may be pardoned every offence both voluntary and involuntary.

Choir: Lord, have mercy *(x3)*

Ὁ Ἱερεύς· Ὅτι ἐλεήμων καὶ φιλάνθρωπος Θεὸς ὑπάρχεις, καὶ σοὶ τὴν δόξαν ἀναπέμπομεν, τῷ Πατρὶ καὶ τῷ Υἱῷ καὶ τῷ Ἁγίῳ Πνεύματι, νῦν καὶ ἀεὶ καὶ εἰς τοὺς αἰῶνας τῶν αἰώνων.

Ὁ Χορός· Ἀμήν.

Ὁ Διάκονος· Τοῦ Κυρίου δεηθῶμεν.

Ὁ Χορός· Κύριε, ἐλέησον

Καὶ ὁ ε΄ Ἱερεὺς τὴν πέμπτην εὐχήν·

Κύριε ὁ Θεὸς ἡμῶν, ὁ παιδεύων καὶ πάλιν ἰώμενος, ὁ ἐγείρων ἀπὸ γῆς πτωχὸν καὶ ἀπὸ κοπρίας ἀνυψῶν πένητα, ὁ τῶν ὀρφανῶν πατὴρ καὶ τῶν χειμαζομένων λιμὴν καὶ τῶν νοσούντων ἰατρός, ὁ τὰς ἀσθενείας ἡμῶν ἀπόνως βαστάζων καὶ τὰς νόσους ἡμῶν λαμβάνων, ὁ ἐν ἱλαρότητι ἐλεῶν, ὁ ὑπερβαίνων ἀνομίας καὶ ἐξαίρων ἀδικίας, ὁ ταχὺς εἰς βοήθειαν καὶ βραδὺς εἰς ὀργήν, ὁ ἐμφυσήσας εἰς τοὺς σεαυτοῦ μαθητὰς καὶ εἰπών· Λάβετε Πνεῦμα ἅγιον· ἄν τινων ἀφῆτε τὰς ἁμαρτίας, ἀφίενται αὐτοῖς, ὁ δεχόμενος τῶν ἁμαρτωλῶν τὴν μετάνοιαν, καὶ ἐξουσίαν ἔχων συγχωρεῖν ἁμαρτίας πολλὰς καὶ χαλεπὰς καὶ ἴασιν παρέχων πᾶσι τοῖς ἐν ἀσθενείᾳ καὶ μακρονοσίᾳ διάγουσιν· ὁ καὶ ἐμὲ τὸν ταπεινὸν καὶ ἁμαρτωλὸν καὶ ἀνάξιον δοῦλόν σου, τὸν ἐν πολλαῖς ἁμαρτίαις συμπεπλεγμένον καὶ πάθεσιν ἡδονῶν συγκυλινδούμενον, καλέσας εἰς τὸν ἅγιον καὶ ὑπερμέγιστον βαθμὸν τῆς ἱερωσύνης καὶ εἰσελθεῖν εἰς τὸ ἐνδότερον τοῦ καταπετάσματος, εἰς τὰ ἅγια τῶν ἁγίων, ὅπου παρακύψαι οἱ ἅγιοι ἄγγελοι ἐπιθυμοῦσι, καὶ ἀκοῦσαι τῆς εὐαγγελικῆς φωνῆς Κυρίου τοῦ Θεοῦ, καὶ θεάσασθαι αὐτοψεὶ τὸ πρόσωπον τῆς ἁγίας ἀναφορᾶς καὶ ἀπολαῦσαι τῆς θείας καὶ ἱερᾶς λειτουργίας· ὁ

Priest: For you, O God, are merciful and you love mankind, and to you we give glory, to the Father and to the Son and to the Holy Spirit, now and for ever, and to the ages of ages.

Reader: Amen.

Deacon: Let us pray to the Lord.

Choir: Lord, have mercy.

And the 5th Priest says the fifth Prayer:

Lord our God, who chasten and heal again, who raise the poor from the earth and exalt the pauper from the dung heap, Father of the orphans, haven of the storm tossed and physician of the sick, who carry our infirmities without pain and take our diseases, who are merciful with gentleness, who pass over transgressions and take away injustice, who are swift to help and slow to anger, who breathed on your own Disciples and said: Receive the Holy Spirit. If you forgive the sins of any, they are forgiven them; who accept the repentance of sinners and have authority to pardon many and grievous sins, and who grant healing to all who live long in infirmity and protracted sickness; who have also called me, your humble, sinful and unworthy servant, who am entangled in many sins and wallow in the passions of pleasures, to the holy and most lofty degree of the Priesthood, and to enter within the veil, into the Holy of Holies, where Angels desire to stoop, and to hear the gospel voice of the Lord God and to see with my own eyes the presence of the holy oblation, and to delight in the divine and sacred Liturgy; who have counted me

καταξιώσας με ἱερουργῆσαι τὰ ἐπουράνιά σου μυστήρια καὶ προσφέρειν σοι δῶρά τε καὶ θυσίας ὑπὲρ τῶν ἡμετέρων ἁμαρτημάτων καὶ τῶν τοῦ λαοῦ ἀγνοημάτων καὶ μεσιτεῦσαι ὑπὲρ τῶν λογικῶν σου προβάτων, ἵνα διὰ τῆς πολλῆς καὶ ἀφάτου σου φιλανθρωπίας τὰ παραπτώματα αὐτῶν ἐξαλείψῃς· Αὐτός, ὑπεράγαθε βασιλεῦ, ἐνώτισαι τὴν προσευχήν μου ἐν ταύτῃ τῇ ὥρᾳ τε καὶ ἁγίᾳ ἡμέρᾳ καὶ ἐν παντὶ καιρῷ καὶ τόπῳ καὶ πρόσχες τῇ φωνῇ τῆς δεήσεώς μου καὶ τῶν δούλων σου τούτων, τῶν ἐν ἀσθενείᾳ ψυχῆς καὶ σώματος ὄντων, τὴν ἴασιν δώρησαι, παρέχων ἄφεσιν ἁμαρτιῶν αὐτοῖς, καὶ συγχώρησιν πλημμελημάτων, ἑκουσίων τε καὶ ἀκουσίων, θεραπεύων αὐτῶν πληγὰς ἀνιάτους, πᾶσάν τε νόσον καὶ πᾶσαν μαλακίαν. Δώρησαι αὐτοῖς ψυχικὴν ἴασιν, ὁ ἁψάμενος τῆς πενθερᾶς τοῦ Πέτρου, καὶ ἀφῆκεν αὐτὴν ὁ πυρετὸς καὶ ἠγέρθη καὶ διηκόνει σοι. Αὐτός, Δέσποτα, καὶ τοῖς δούλοις σου τούτοις παράσχου ἰατρείαν καὶ ἀπαλλαγὴν πάσης φθοροποιοῦ ἀλγηδόνος καὶ μνήσθητι τῶν πλουσίων σου οἰκτιρμῶν καὶ τοῦ ἐλέους σου. Μνήσθητι, ὅτι ἐπιμελῶς ἔγκειται ἡ διάνοια τοῦ ἀνθρώπου ἐπὶ τὰ πονηρὰ ἐκ νεότητος αὐτοῦ καὶ οὐδεὶς εὑρίσκεται ἀναμάρτητος ἐπὶ τῆς γῆς. Σὺ γὰρ μόνος ἐκτὸς ἁμαρτίας ὑπάρχεις, ὁ ἐλθὼν καὶ σώσας τὸ ἀνθρώπινον γένος καὶ ἐλευθερώσας ἡμᾶς ἐκ τῆς δουλείας τοῦ ἐχθροῦ· ἐὰν γὰρ εἰς κρίσιν ἔλθῃς μετὰ τῶν δούλων σου, οὐδεὶς εὑρεθήσεται καθαρὸς ἀπὸ ῥύπου, ἀλλὰ πᾶν στόμα φραγήσεται, μὴ ἔχον τί ἀπολογήσασθαι, ὅτι ὡς ῥάκος ἀποκαθημένης πᾶσα ἡ δικαιοσύνη ἡμῶν ἐνώπιόν σου· διὰ τοῦτο ἁμαρτίας νεότητος ἡμῶν μὴ μνησθῇς, Κύριε.

worthy to celebrate your holy Mysteries and to offer you gifts and sacrifices for our sins and for those committed in ignorance by your people, and to mediate on behalf of your rational sheep, so that through your great and ineffable love for mankind you would wipe away their offences. Do you, O King supremely good, give ear to my prayer at this hour and on this holy day, and at every hour and in every place, and attend to the voice of my supplication; and give healing to your servants who are in infirmity of soul and body, granting them forgiveness of sins and pardon of offences both voluntary and involuntary, healing their incurable wounds and every disease and every sickness. Give them healing of soul, you who touched Peter's mother in law and the fever left her and she arose and began to serve you. Do you yourself, Master, grant healing and alleviation of every pain, and remember your rich acts of pity and your mercy. Remember that the thought of man is constantly bent on wicked deeds from his youth and that none is found sinless on earth, for you alone are without sin, who came and saved the human race and freed us from the slavery of the enemy; for if you enter into judgment with your servants, no one will be found pure of stain; but every mouth will be shut, having nothing with which to make defense, because all our righteousness is like a tattered rag before you. Therefore do not remember the sin of our youth, Lord.

Σὺ γὰρ ὑπάρχεις ἐλπὶς τῶν ἀπηλπισμένων, καὶ ἀνάπαυσις τῶν κοπιώντων καὶ πεφορτισμένων ἐν ἀνομίαις, καὶ Σοὶ τὴν δόξαν ἀναπέμπομεν, σὺν τῷ ἀνάρχῳ σου Πατρί, καὶ τῷ παναγίῳ καὶ ἀγαθῷ, καὶ ζωοποιῷ σου Πνεύματι, νῦν καὶ ἀεί, καὶ εἰς τοὺς αἰῶνας τῶν αἰώνων. Ἀμήν.

Ὁ Χορός· Ἀμήν.

Ὁ Ἀναγνώστης· Προκείμενον. *Ἦχος πλ. β΄. Ψαλμὸς ν΄*

Ὁ Διάκονος· Πρόσχωμεν.

Ὁ Ἀναγνώστης· Ἐλέησον ὁ Θεός, κατὰ τὸ μέγα ἔλεός * καὶ κατὰ τὸ πλῆθος τῶν οἰκτιρμῶν σου ἐξάλειψον τὸ ἀνόμημά μου.

Στίχ. *Ἐπὶ πλεῖον πλῦνόν με ἀπὸ τῆς ἀνομίας μου καὶ ἀπὸ τῆς ἁμαρτίας μου καθάρισόν με.*

Ὁ Διάκονος· Σοφία.

Ὁ Ἀναγνώστης· Πρὸς Γαλάτας ἐπιστολῆς Παύλου τὸ ἀνάγνωσμα.

Ὁ Διάκονος· Πρόσχωμεν.

Καὶ ἀναγινώσκεται ὑπὸ τοῦ Ἀναγνώστου ὁ·

ΣΤ΄ ΑΠΟΣΤΟΛΟΣ

(Κεφ. ε΄ 22-στ΄ 2)

Ἀδελφοί, ὁ καρπὸς τοῦ Πνεύματός ἐστιν ἀγάπη, χαρά, εἰρήνη, μακροθυμία, χρηστότης, ἀγαθωσύνη, πίστις, πραότης, ἐγκράτεια· κατὰ τῶν τοιούτων οὐκ ἔστι νόμος. Οἱ δὲ τοῦ Χριστοῦ τὴν σάρκα ἐσταύρωσαν σὺν τοῖς παθήμασι καὶ ταῖς ἐπιθυμίαις. Εἰ ζῶμεν Πνεύματι, Πνεύματι καὶ στοιχῶμεν. Μὴ γινώμεθα κενόδοξοι, ἀλλήλους προκαλούμενοι, ἀλλήλοις φθονοῦντες. Ἀδελφοί, ἐὰν καὶ προληφθῇ ἄνθρωπος ἔν τινι παραπτώματι, ὑμεῖς οἱ πνευματικοὶ καταρτίζετε τὸν

For you are the hope of the hopeless and the rest of those who toil and are heavy laden with iniquities, and to you we give glory, together with your Father who is without beginning and your all holy, good and lifegiving Spirit, both now and ever, and to the ages of ages.

Choir: Amen.

Reader: Prokeimenon. *Tone Pl. 2. Psalm 50*

Deacon: Let us be attentive.

Reader: Have mercy on me, O God, in accordance with your great mercy, and in the multitude of your compassions, blot out my transgression.

Verse: *Wash me thoroughly from my iniquity, and cleanse me from my sin.*

Deacon: Wisdom

Reader: The Reading is from the Epistle of Paul to the Galatians.

Deacon: Let us be attentive.

And the Reader reads the:

SIXTH EPISTLE

(5:22-6:2)

Brethren, the fruit of the Spirit is love, joy, peace, patience, kindness, goodness, faithfulness, gentleness, selfcontrol; against such there is no law. And those who belong to Christ Jesus have crucified the flesh with its passions and desires. If we live by the Spirit, let us also walk by the Spirit. Let us have no selfconceit, no provoking of one another, no envy of one another. Brethren, if a man is overtaken in any trespass, you who are spiritual should restore him in

τοιοῦτον ἐν πνεύματι πραότητος, σκοπῶν σεαυτόν, μὴ καὶ σὺ πειρασθῆς. Ἀλλήλων τὰ βάρη βαστάζετε, καὶ οὕτως ἀναπληρώσατε τὸν νόμον τοῦ Χριστοῦ.

Ὁ Ἱερεύς· Εἰρήνη σοι.

Ὁ Χορός· Ἀλληλούϊα. *(γ΄)* Ἦχος πλ. β΄. Ψαλμὸς ρια΄.

Στίχ. *Μακάριος ἀνὴρ ὁ φοβούμενος τὸν Κύριον, ἐν ταῖς ἐντολαῖς αὐτοῦ θελήσει σφόδρα.*

Ὁ Διάκονος· Σοφία. Ὀρθοί, ἀκούσωμεν τοῦ ἁγίου Εὐαγγελίου.

Ὁ Ἱερεύς· Εἰρήνη πᾶσι.

Ὁ Χορός· Καὶ τῷ πνεύματί σου.

Ὁ Διάκονος· Ἐκ τοῦ κατὰ Ματθαῖον ἁγίου Εὐαγγελίου τὸ ἀνάγνωσμα.

Ὁ Διάκονος· Πρόσχωμεν.

Ὁ Χορός· Δόξα σοι, Κύριε, δόξα σοι.

Καὶ ὁ στ΄ Ἱερεὺς ἀναγινώσκει τό·

ΣΤ΄ ΕΥΑΓΓΕΛΙΟΝ

(Κεφ. ιε΄ 21-28)

Τῷ καιρῷ ἐκείνῳ, ἐξῆλθεν ὁ Ἰησοῦς εἰς τὰ μέρη Τύρου καὶ Σιδῶνος. Καὶ ἰδοὺ γυνὴ Χαναναία ἀπὸ τῶν ὁρίων ἐκείνων ἐξελθοῦσα ἐκραύγασεν αὐτῷ λέγουσα· Ἐλέησόν με, Κύριε, υἱὲ Δαυΐδ· ἡ θυγάτηρ μου κακῶς δαιμονίζεται. Ὁ δὲ οὐκ ἀπεκρίθη αὐτῇ λόγον. καὶ προσελθόντες οἱ μαθηταὶ αὐτοῦ ἠρώτουν αὐτὸν λέγοντες· Ἀπόλυσον αὐτήν, ὅτι κράζει ὄπισθεν ἡμῶν. Ὁ δὲ ἀποκριθεὶς εἶπεν· Οὐκ ἀπεστάλην εἰ μὴ εἰς τὰ πρόβατα τὰ ἀπολωλότα οἴκου Ἰσραήλ. Ἡ δὲ ἐλθοῦσα προσεκύνησεν αὐτῷ λέγουσα· Κύριε, βοήθει μοι. Ὁ δὲ ἀποκριθεὶς εἶπεν· Οὐκ

a spirit of gentleness. Look to yourself, lest you too be tempted. Bear one another's burdens, and so fulfill the law of Christ.

Priest: Peace be to you.

Choir: Alleluia. *(x3)* Tone Pl. 2. Psalm 111

Verse: *Blessed is the man who fears the Lord, he delights greatly in His commandments.*

Deacon: Wisdom, Arise, Let us hear the Holy Gospel.

Priest: Peace be with all.

Choir: And to your spirit..

Deacon: The Reading is from the holy Gospel according to Matthew.

Deacon: Let us be attentive.

Choir: Glory to You, Lord, Glory to you.

And the 6th Priest reads the:

SIXTH GOSPEL

(15:21-28)

At that time, Jesus went to the district of Tyre and Sidon. And behold, a Canaanite woman from that region came out and cried, "Have mercy on me, O Lord, Son of David; my daughter is severely possessed by a demon." But he did not answer her a word. And his disciples came and begged him, saying, "Send her away, for she is crying after us." He answered, "I was sent only to the lost sheep of the house of Israel." But she came and knelt before him, saying, "Lord, help me." And he answered, "It is not fair to take the children's bread

ἔστι καλὸν λαβεῖν τὸν ἄρτον τῶν τέκνων καὶ βαλεῖν τοῖς κυναρίοις. Ἡ δὲ εἶπε· Ναί, Κύριε, καὶ γὰρ τὰ κυνάρια ἐσθίει ἀπὸ τῶν ψιχίων τῶν πιπτόντων ἀπὸ τῆς τραπέζης τῶν κυρίων αὐτῶν. Τότε ἀποκριθεὶς ὁ Ἰησοῦς εἶπεν αὐτῇ· Ὦ γύναι, μεγάλη σου ἡ πίστις! γενηθήτω σοι ὡς θέλεις. καὶ ἰάθη ἡ θυγάτηρ αὐτῆς ἀπὸ τῆς ὥρας ἐκείνης.

Ὁ Χορός· Δόξα σοι, Κύριε, δόξα σοι.

Καὶ ὁ Διάκονος τὴν ἐκτενῆ.

Ὁ Διάκονος· Ἐλέησον ἡμᾶς ὁ Θεὸς κατὰ τὸ μέγα ἔλεός σου, δεόμεθά σου, ἐπάκουσον καὶ ἐλέησον.

Ὁ Χορός· Κύριε, ἐλέησον (γ')

Ὁ Διάκονος· Ἔτι δεόμεθα ὑπὲρ ἐλέους, ζωῆς, εἰρήνης, ὑγείας, σωτηρίας, ἐπισκέψεως, συγχωρήσεως καὶ ἀφέσεως τῶν ἁμαρτιῶν τῶν δούλων τοῦ Θεοῦ, τοῦ περιστῶτος λαοῦ, καὶ ὑπὲρ τοῦ συγχωρηθῆναι αὐτοῖς πᾶν πλημμέλημα ἑκούσιόν τε καὶ ἀκούσιον.

Ὁ Χορός· Κύριε, ἐλέησον (γ')

Ὁ Ἱερεύς· Ὅτι ἐλεήμων καὶ φιλάνθρωπος Θεὸς ὑπάρχεις, καὶ σοὶ τὴν δόξαν ἀναπέμπομεν, τῷ Πατρὶ καὶ τῷ Υἱῷ καὶ τῷ Ἁγίῳ Πνεύματι, νῦν καὶ ἀεὶ καὶ εἰς τοὺς αἰῶνας τῶν αἰώνων.

Ὁ Χορός· Ἀμήν.

Ὁ Διάκονος· Τοῦ Κυρίου δεηθῶμεν.

Ὁ Χορός· Κύριε, ἐλέησον

and throw it to the dogs." She said, "Yes, Lord, yet even the dogs eat the crumbs that fall from their master's table." Then Jesus answered her, "O woman, great is your faith! Be it done for you as you desire." And her daughter was healed instantly.

Choir: Glory to You, Lord, Glory to you.

And the Deacon says the litany.

Deacon: Have mercy on us, O God, in accordance with your great mercy; we pray you hear and have mercy.

Choir: Lord, have mercy (*x3*)

Deacon: Again we pray mercy, life, peace, health, salvation, visitation and forgiveness of sins for the servants of God here present, and that they may be pardoned every offence both voluntary and involuntary.

Choir: Lord, have mercy (*x3*)

Priest: For you, O God, are merciful and you love mankind, and to you we give glory, to the Father and to the Son and to the Holy Spirit, now and for ever, and to the ages of ages.

Reader: Amen.

Deacon: Let us pray to the Lord.

Choir: Lord, have mercy.

Καὶ ὁ στ' Ἱερεὺς τὴν ἕκτην εὐχήν·

Εὐχαριστοῦμέν σοι, Κύριε ὁ Θεὸς ἡμῶν, ὁ ἀγαθὸς καὶ φιλάνθρωπος καὶ ἰατρὸς τῶν ψυχῶν καὶ τῶν σωμάτων ἡμῶν, ὁ τάς νόσους ἡμῶν ἀπόνως βαστάζων, οὗ τῷ μώλωπι πάντες ἰάθημεν· ὁ ποιμὴν ὁ καλός, ὁ εἰς ἀναζήτησιν ἐλθὼν τοῦ πλανηθέντος προβάτου· ὁ τοῖς ὀλιγοψύχοις διδοὺς παραμυθίαν καὶ ζωὴν τοῖς συντετριμμένοις· ὁ τὴν πηγὴν τῆς αἱμορροούσης, δωδεκαετῆ οὖσαν, ἰασάμενος· ὁ τὴν θυγατέρα τῆς Χαναναίας τοῦ χαλεποῦ δαιμονίου ἐλευθερώσας· ὁ τὸ δάνειον χαρισάμενος τοῖς δυσὶ χρεωφειλέταις, καὶ τῇ ἁμαρτωλῷ τὴν ἄφεσιν δούς· ὁ τὴν ἴασιν τῷ παραλυτικῷ δωρησάμενος σὺν τῇ ἀφέσει τῶν ἁμαρτιῶν αὐτοῦ· ὁ τὸν τελώνην τῷ λόγῳ δικαιώσας, καὶ τὸν λῃστὴν ἐν τῇ ἐσχάτῃ αὐτοῦ ὁμολογίᾳ προσδεξάμενος· ὁ τάς ἁμαρτίας τοῦ κόσμου ἀράμενος καὶ τῷ σταυρῷ προσηλώσας. Σοῦ δεόμεθα καὶ σὲ ἱκετεύομεν· ἐν τῇ ἀγαθότητί σου, αὐτός, ἄνες, ἄφες, συγχώρησον, ὁ Θεός, τάς ἀνομίας καὶ τάς ἁμαρτίας τῶν δούλων σου τούτων, τὰ πλημμελήματα αὐτῶν τὰ ἑκούσια καὶ τὰ ἀκούσια, τὰ ἐν γνώσει καὶ ἐν ἀγνοίᾳ, τὰ ἐν παραβάσει καὶ ἐν παρακοῇ, τὰ ἐν νυκτὶ καὶ ἐν ἡμέρᾳ· ἢ ὑπὸ κατάραν ἱερέως ἢ πατρὸς, ἢ μητρὸς ἐγένοντο, ἢ ὀφθαλμὸν εἱστίασαν ἢ ὄσφρησιν ἐξεθήλυναν, ἢ ἁφῇ κατεμαλακίσθησαν, ἢ γεύσει κατεπόρνευσαν, ἢ ἐν οἱᾳδήποτε κινήσει σαρκὸς καὶ πνεύματος τοῦ σοῦ ἀπηλλοτριώθησαν θελήματος καὶ τῆς σῆς ἁγιότητος· εἴ τι ἥμαρτον αὐτοί τε καὶ ἡμεῖς, ὡς ἀγαθὸς καὶ ἀμνησίκακος Θεὸς καὶ φιλάνθρωπος, συγχώρησον, μὴ ἐῶν αὐτοὺς καὶ ἡμᾶς εἰς τὸν ῥερυπωμένον βίον καταπεσεῖν, μηδὲ εἰς τάς ὀλεθρίους ὁδοὺς ἀποτρέχειν. Ναί, Δέσποτα Κύριε,

And the 6th Priest says the Sixth Prayer:

We thank you, Lord our God, who are good and love mankind, and are the physician of our souls and bodies, who bear our diseases without pain, by whose bruises we have been healed; the good shepherd who came to seek for the sheep that had gone astray, who give comfort to the fainthearted and life to the crushed, who healed the flow of the woman with an issue of blood for twelve years, who healed the daughter of the Canaanite woman of the cruel demon, who forgave the two debtors their debt and gave forgiveness to the sinful woman, who granted healing to the paralysed man with the forgiveness of his sins, who justified the Publican by a word and accepted the Thief by his final confession, who took away the sins of the world and nailed them to the Cross. We beg and implore you: In your lovingkindness loose, forgive, pardon, O God, the iniquities and sins of your servants, their offences both voluntary and involuntary, in knowledge and in ignorance, by transgression and disobedience, by night and by day; or if they are under the curse of a Priest or of father or mother; if they have feasted their eyes, indulged their sense of smell, been seduced by touch or fornicated by taste, or by whatever movement of flesh and spirit have become estranged from your will and from your holiness. Pardon whatever sins they or we have committed, for you, O God, are good, you do not remember evil and you love mankind, and do not let them or us fall into a defiled life or run into ways of de-

ἐπάκουσόν μου τοῦ ἁμαρτωλοῦ ἐν τῇ ὥρᾳ ταύτῃ ὑπὲρ τῶν δούλων σου τούτων· πάριδε, ὡς ἀμνησίκακος Θεὸς τὰ παραπτώματα αὐτῶν ἅπαντα, ἀπάλλαξον αὐτοὺς τῆς αἰωνίου κολάσεως, τὸ στόμα αὐτῶν τῆς σῆς αἰνέσεως πλήρωσον, τὰ χείλη αὐτῶν ἄνοιξον πρὸς δοξολογίαν τοῦ ὀνόματός σου, τὰς χεῖρας αὐτῶν ἔκτεινον πρὸς ἐργασίαν τῶν ἐντολῶν σου, τοὺς πόδας αὐτῶν πρὸς τὸν δρόμον τοῦ εὐαγγελίου σου κατεύθυνον, πάντα αὐτῶν τὰ μέλη καὶ τὴν διάνοιαν τῇ Σῇ κατασφαλιζόμενος χάριτι. Σὺ γὰρ εἶ ὁ Θεὸς ἡμῶν, ὁ διὰ τῶν ἁγίων σου ἀποστόλων ἐντειλάμενος ἡμῖν, λέγων· Ὅσα ἂν δήσητε ἐπὶ τῆς γῆς, ἔσται δεδεμένα ἐν τοῖς οὐρανοῖς καὶ ὅσα ἂν λύσητε ἐπὶ τῆς γῆς, ἔσται λελυμένα ἐν τοῖς οὐρανοῖς· καὶ πάλιν· Ἄν τινων ἀφῆτε τὰς ἁμαρτίας, ἀφίενται αὐτοῖς· ἂν τινων κρατῆτε, κεκράτηνται· καὶ ὡς ἐπήκουσας Ἐζεκίου ἐν τῇ θλίψει τῆς ψυχῆς αὐτοῦ ἐν τῇ ὥρᾳ τοῦ θανάτου αὐτοῦ καὶ οὐ παρεῖδες τὴν δέησιν αὐτοῦ, οὕτω κἀμοῦ τοῦ ταπεινοῦ καὶ ἁμαρτωλοῦ καὶ ἀναξίου δούλου σου ἐπάκουσον ἐν τῇ ὥρᾳ ταύτῃ δεομένου σου. Σὺ γὰρ εἶ, Κύριε Ἰησοῦ Χριστέ, ὁ ἑβδομηκοντάκις ἑπτὰ ἀφιέναι τοῖς περιπίπτουσιν ἐν ἁμαρτίαις κελεύσας, τῇ σῇ ἀγαθότητι καὶ φιλανθρωπίᾳ, καὶ μετανοῶν ἐπὶ ταῖς κακίαις ἡμῶν καὶ χαίρων ἐπὶ τῇ ἐπιστροφῇ τῶν πεπλανημένων, ὅτι ὡς ἡ μεγαλωσύνη σου, οὕτω καὶ τὸ ἔλεός Σου.

Καὶ Σοὶ τὴν δόξαν ἀναπέμπομεν, σὺν τῷ ἀνάρχῳ σου Πατρί, καὶ τῷ παναγίῳ, καὶ ἀγαθῷ, καὶ ζωοποιῷ σου Πνεύματι, νῦν καὶ ἀεί, καὶ εἰς τοὺς αἰῶνας τῶν αἰώνων.

Ὁ Χορός· Ἀμήν.

struction. Yes, Master and Lord, hearken to me a sinner at this hour on behalf of your servants. Overlook all their offences, O God, as you do not remember evil, and free them from eternal punishment, fill their mouths with your praise, open their lips to glorify your name, stretch out their hands to the doing of your commandments, direct their feet to the course of your Gospel, making all their members and their thoughts safe by your grace. For you are our God, who commanded us by your holy Apostles, saying: Whatever you bind on earth will be bound in heaven, and whatever you loose on earth will be loosed in heaven. And again: If you forgive the sins of any they are forgiven them; if you retain the sins of any they are retained. And as you hearkened to Ezechias in the affliction of his soul at the hour of his death and did not disregard his petition, even so hearken to me also, your humble, sinful and unworthy servant at this hour as I entreat you. For you, Lord Jesus Christ, are the one who commanded in your goodness and love for mankind to forgive those who fall seventy times seven, and you repent over our evil deeds and rejoice at the turning back of those who have gone astray.

For as is your majesty so is your mercy, and to you we give glory, together with your Father who is without beginning and your all holy, good and lifegiving Spirit, both now and ever, and to the ages of ages.

Choir: Amen.

Ὁ Ἀναγνώστης· Προκείμενον. Ἦχος πλ. δ΄. Ψαλμὸς ξη΄

Reader: Prokeimenon. *Tone Pl. 4. Psalm 69*

Ὁ Διάκονος· Πρόσχωμεν.

Deacon: Let us be attentive.

Ὁ Ἀναγνώστης· Μὴ ἀποστρέψῃς τὸ πρόσωπόν σου ἀπὸ τοῦ παιδός σου, ὅτι θλίβομαι.

Reader: Do turn not away your face away from your servant; for I am afflicted.

Στίχ. Πτωχὸς καὶ ἀλγῶν εἰμι ἐγώ· ἡ σωτηρία σου, ὁ Θεός, ἀντιλάβοιτό μοι.

Verse: *I am poor and sorrowful; but your salvation has taken hold of me.*

Ὁ Διάκονος· Σοφία.

Deacon: Wisdom

Ὁ Ἀναγνώστης· Πρὸς Θεσσαλονικεῖς Α΄ ἐπιστολῆς Παύλου τὸ ἀνάγνωσμα.

Reader: The Reading is from the first Epistle of Paul to the Thessalonians.

Ὁ Διάκονος· Πρόσχωμεν.

Deacon: Let us be attentive.

Καὶ ἀναγινώσκεται ὑπὸ τοῦ Ἀναγνώστου ὁ·

And the Reader reads the:

Ζ΄ ΑΠΟΣΤΟΛΟΣ

SEVENTH EPISTLE

(Κεφ. ε΄ 14-24)

(5:14-24)

Ἀδελφοί, παρακαλοῦμεν ὑμᾶς, νουθετεῖτε τοὺς ἀτάκτους, παραμυθεῖσθε τοὺς ὀλιγοψύχους, ἀντέχεσθε τῶν ἀσθενῶν, μακροθυμεῖτε πρὸς πάντας. Ὁρᾶτε μή τις κακὸν ἀντὶ κακοῦ τινι ἀποδῷ, ἀλλὰ πάντοτε τὸ ἀγαθὸν διώκετε καὶ εἰς ἀλλήλους καὶ εἰς πάντας. Πάντοτε χαίρετε, ἀδιαλείπτως προσεύχεσθε, ἐν παντὶ εὐχαριστεῖτε· τοῦτο γὰρ θέλημα Θεοῦ ἐν Χριστῷ Ἰησοῦ εἰς ὑμᾶς. Τὸ Πνεῦμα μὴ σβέννυτε, προφητείας μὴ ἐξουθενεῖτε. Πάντα δὲ δοκιμάζετε, τὸ καλὸν κατέχετε· ἀπὸ παντὸς εἴδους πονηροῦ ἀπέχεσθε. Αὐτὸς δὲ ὁ Θεὸς τῆς εἰρήνης ἁγιάσαι ὑμᾶς ὁλοτελεῖς, καὶ ὁλόκληρον ὑμῶν τὸ πνεῦμα καὶ ἡ ψυχὴ καὶ τὸ σῶμα ἀμέμπτως ἐν τῇ παρουσίᾳ τοῦ Κυρίου ἡμῶν Ἰησοῦ Χριστοῦ τηρηθείη.

Brethren, we exhort you, admonish the idlers, encourage the fainthearted, help the weak, be patient with them all. See that none of you repays evil for evil, but always seek to do good to one another and to all. Rejoice always, pray constantly, give thanks in all circumstances; for this is the will of God in Christ Jesus for you. Do not quench the Spirit, do not despise prophesying, but test everything; hold fast what is good, abstain from every form of evil. May the God of peace himself sanctify you wholly; and may your spirit and soul and body be kept sound and blameless at the coming of our Lord Jesus Christ.

Ὁ Ἱερεύς· Εἰρήνη σοι.

Priest: Peace be to you.

Ὁ Χορός· Ἀλληλούϊα. *(γ΄)* Ἦχος πλ. δ΄. Ψαλμὸς ιθ΄

Στίχ. Ἐπακούσαι σου Κύριος ἐν ἡμέρᾳ θλίψεως, ὑπερασπίσαι σου τὸ ὄνομα τοῦ Θεοῦ Ἰακώβ.

Ὁ Διάκονος· Σοφία. Ὀρθοί, ἀκούσωμεν τοῦ ἁγίου Εὐαγγελίου.

Ὁ Ἱερεύς· Εἰρήνη πᾶσι.

Ὁ Χορός· Καὶ τῷ πνεύματί σου.

Ὁ Διάκονος· Ἐκ τοῦ κατὰ Ματθαῖον ἁγίου Εὐαγγελίου τὸ ἀνάγνωσμα.

Ὁ Διάκονος· Πρόσχωμεν.

Ὁ Χορός· Δόξα σοι, Κύριε, δόξα σοι.

Καὶ ὁ ζ΄ Ἱερεὺς ἀναγινώσκει τό·

Ζ΄ ΕΥΑΓΓΕΛΙΟΝ

(Κεφ. θ΄ 9-13)

Τῷ καιρῷ ἐκείνῳ παράγων ὁ Ἰησοῦς εἶδεν ἄνθρωπον καθήμενον ἐπὶ τὸ τελώνιον, Ματθαῖον λεγόμενον, καὶ λέγει αὐτῷ· Ἀκολούθει μοι. καὶ ἀναστὰς ἠκολούθησεν αὐτῷ. Καὶ ἐγένετο αὐτοῦ ἀνακειμένου ἐν τῇ οἰκίᾳ, καὶ ἰδοὺ πολλοὶ τελῶναι καὶ ἁμαρτωλοὶ ἐλθόντες συνανέκειντο τῷ Ἰησοῦ καὶ τοῖς μαθηταῖς αὐτοῦ. Καὶ ἰδόντες οἱ Φαρισαῖοι εἶπον τοῖς μαθηταῖς αὐτοῦ· Διατί μετὰ τῶν τελωνῶν καὶ ἁμαρτωλῶν ἐσθίει ὁ διδάσκαλος ὑμῶν; Ὁ δὲ Ἰησοῦς ἀκούσας εἶπεν αὐτοῖς· Οὐ χρείαν ἔχουσιν οἱ ἰσχύοντες ἰατροῦ, ἀλλ' οἱ κακῶς ἔχοντες. Πορευθέντες δὲ μάθετε τί ἐστιν, Ἔλεον θέλω καὶ οὐ θυσίαν· οὐ γὰρ ἦλθον καλέσαι δικαίους, ἀλλὰ ἁμαρτωλοὺς εἰς μετάνοιαν.

Ὁ Χορός· Δόξα σοι, Κύριε, δόξα σοι.

Choir: Alleluia. *(x3) Tone 2. Psalm 19*

Verse: *May the Lord hear you in the day of trouble; may the God of Jacob shield you.*

Deacon: Wisdom, Arise, Let us hear the Holy Gospel.

Priest: Peace be with all.

Choir: And to your spirit.

Deacon: The Reading is from the holy Gospel according to Matthew.

Deacon: Let us be attentive.

Choir: Glory to You, Lord, Glory to you.

And the 7th Priest reads the:

SEVENTH GOSPEL

(9:9-13)

At that time, as Jesus passed on from there, he saw a man called Matthew sitting at the tax office; and he said to him, "Follow me." And he rose and followed him. And as he sat at table in the house, behold, many tax collectors and sinners came and sat down with Jesus and his disciples. And when the Pharisees saw this, they said to his disciples, "Why does your teacher eat with tax collectors and sinners?" But when he heard it, he said, "Those who are well have no need of a physician, but those who are sick. Go and learn what this means, 'I desire mercy, and not sacrifice.' For I came not to call the righteous, but sinners."

Choir: Glory to You, Lord, Glory to you.

Καὶ ὁ Διάκονος τὴν ἐκτενῆ.

Ὁ Διάκονος· Ἐλέησον ἡμᾶς ὁ Θεὸς κατὰ τὸ μέγα ἔλεός σου, δεόμεθά σου, ἐπάκουσον καὶ ἐλέησον.

Ὁ Χορός· Κύριε, ἐλέησον. *(γ′)*

Ὁ Διάκονος· Ἔτι δεόμεθα ὑπὲρ ἐλέους, ζωῆς, εἰρήνης, ὑγείας, σωτηρίας, ἐπισκέψεως, συγχωρήσεως καὶ ἀφέσεως τῶν ἁμαρτιῶν τῶν δούλων τοῦ Θεοῦ, τοῦ περιστῶτος λαοῦ, καὶ ὑπὲρ τοῦ συγχωρηθῆναι αὐτοῖς πᾶν πλημμέλημα ἑκούσιόν τε καὶ ἀκούσιον.

Ὁ Χορός· Κύριε, ἐλέησον. *(γ′)*

Ὁ Ἱερεύς· Ὅτι ἐλεήμων καὶ φιλάνθρωπος Θεὸς ὑπάρχεις, καὶ σοὶ τὴν δόξαν ἀναπέμπομεν, τῷ Πατρὶ καὶ τῷ Υἱῷ καὶ τῷ Ἁγίῳ Πνεύματι, νῦν καὶ ἀεὶ καὶ εἰς τοὺς αἰῶνας τῶν αἰώνων.

Ὁ Χορός· Ἀμήν.

Ὁ Διάκονος· Τοῦ Κυρίου δεηθῶμεν.

Ὁ Χορός· Κύριε, ἐλέησον.

Καὶ ὁ ζ′ Ἱερεὺς τὴν ἑβδόμην εὐχήν·

Δέσποτα Κύριε ὁ Θεὸς ἡμῶν, ἰατρὲ ψυχῶν καὶ σωμάτων, ὁ τὰ χρόνια πάθη θεραπεύων, ὁ ἰώμενος πᾶσαν νόσον καὶ πᾶσαν μαλακίαν ἐν τῷ λαῷ, ὁ θέλων πάντας ἀνθρώπους σωθῆναι καὶ εἰς ἐπίγνωσιν ἀληθείας ἐλθεῖν, ὁ μὴ βουλόμενος τὸν θάνατον τοῦ ἁμαρτωλοῦ, ὡς τὸ ἐπιστρέψαι καὶ ζῆν αὐτόν. Σὺ γάρ, Κύριε, ἐν τῇ παλαιᾷ διαθήκῃ ἔθου μετάνοιαν τοῖς ἁμαρτωλοῖς, Δαυῒδ καὶ Νινευΐταις, καὶ τοῖς πρὶν καὶ τοῖς μετὰ τούτους· ἀλλὰ καὶ ἐν τῇ ἐπιδημίᾳ τῆς ἐνσάρκου σου οἰκονομίας, οὐκ ἐκάλεσας δικαίους, ἀλλ' ἁμαρτωλοὺς εἰς μετάνοιαν, ὡς τὸν τελώνην, ὡς

And the Deacon says the litany.

Deacon: Have mercy on us, O God, in accordance with your great mercy; we pray you hear and have mercy.

Choir: Lord, have mercy. *(x3)*

Deacon: Again we pray mercy, life, peace, health, salvation, visitation and forgiveness of sins for the servants of God here present, and that they may be pardoned every offence both voluntary and involuntary.

Choir: Lord, have mercy. *(x3)*

Priest: For you, O God, are merciful and you love mankind, and to you we give glory, to the Father and to the Son and to the Holy Spirit, now and for ever, and to the ages of ages.

Reader: Amen.

Deacon: Let us pray to the Lord.

Choir: Lord, have mercy.

And the 7th Priest says the seventh Prayer:

Master, Lord our God, physician of souls and bodies, who cure chronic sufferings and heal every disease and sickness among the people, who wish that all should be saved and come to a knowledge of the truth, who do not desire the death of sinners, but rather that they be converted and live. For it was you, Lord, who in the old Testament established repentance for the sinners, David and the Ninevites, and for those before and for those after them. But also during the course of your incarnate dispensation you did not call the

τὴν πόρνην, ὡς τὸν λῃστήν, ὡς τὸν βλάσφημον καὶ διώκτην, τὸν μέγαν Παῦλον διὰ μετανοίας προσδεξάμενος· Πέτρον τὸν κορυφαῖον καὶ ἀπόστολόν σου, ἀρνησάμενόν σε τρίτον, διὰ μετανοίας προσεδέξω καὶ προσελάβου καὶ ἐπηγγείλω αὐτῷ, λέγων· Σὺ εἶ Πέτρος καὶ ἐπὶ ταύτῃ τῇ πέτρᾳ οἰκοδομήσω μου τὴν Ἐκκλησίαν καὶ πύλαι ᾅδου οὐ κατισχύσουσιν αὐτῆς καὶ δώσω σοι τὰς κλεῖς τῆς βασιλείας τῶν οὐρανῶν. Διόπερ καὶ ἡμεῖς, ἀγαθὲ καὶ φιλάνθρωπε, κατὰ τὰς ἀψευδεῖς σου ἐπαγγελίας θαρροῦντες, δεόμεθα σου καὶ ἱκετεύομεν ἐν τῇ ὥρᾳ ταύτῃ· Ἐπάκουσον τῆς δεήσεως ἡμῶν καὶ πρόσδεξαι αὐτὴν, ὡς θυμίαμα προσφερόμενόν σοι, καὶ ἐπίσκεψαι τοὺς δούλους σου τούτους· καὶ εἴ τι ἐπλημμέλησαν ἐν λόγῳ ἢ ἔργῳ ἢ κατὰ διάνοιαν, ἢ ἐν νυκτὶ ἢ ἐν ἡμέρᾳ ἢ ὑπὸ κατάραν ἱερέως ἐγένοντο ἢ τῷ ἰδίῳ ἀναθέματι ὑπέπεσαν, ἢ ὅρκῳ παρεπίκραναν καὶ ὡρκωμότησαν, παρακαλοῦμέν σε καὶ δεόμεθά σου· ἄνες, ἄφες, συγχώρησον αὐτοῖς, ὁ Θεός, παραβλέπων τὰς ἀνομίας αὐτῶν καὶ τὰς ἁμαρτίας καὶ τὰ ἐν γνώσει καὶ ἀγνοίᾳ γενόμενα παρ' αὐτῶν· καὶ εἴ τι τῶν ἐντολῶν σου παρέβησαν ἢ ἐπλημμέλησαν, ὡς σάρκα φοροῦντες καὶ τὸν κόσμον οἰκοῦντες, ἢ ἐξ ἐνεργείας τοῦ διαβόλου, αὐτός, ὡς ἀγαθὸς καὶ φιλάνθρωπος Θεός, συγχώρησον, ὅτι οὐκ ἔστιν ἄνθρωπος, ὃς ζήσεται καὶ οὐχ ἁμαρτήσει. Σὺ γὰρ μόνος ὑπάρχεις ἀναμάρτητος· ἡ δικαιοσύνη σου, δικαιοσύνη εἰς τὸν αἰῶνα καὶ ὁ λόγος σου ἀλήθεια· οὐ γὰρ ἔπλασας τὸν ἄνθρωπον εἰς ἀπώλειαν, ἀλλ' εἰς περιποίησιν τῶν ἐντολῶν σου καὶ ζωῆς ἀφθάρτου κληρονομίαν·

righteous, but sinners to repentance, like the Publican, the Harlot, the Thief and the blasphemer and great persecutor Paul, whom you received through repentance. Peter, the leader and your Apostle, who had denied you three times, you received through repentance and accepted and made him this promise: You are Peter, and on this rock I will build my Church, and the gates of Hades will not prevail against it. And I will give you the keys of the Kingdom of heaven. Therefore good Master, who love mankind, we too confident in accordance with your faithful promises, beg and implore you at this hour: Hearken to our supplication and accept it like incense offered to you, and visit your servants. And if they have offended in word or deed or by thought, by night or by day, or if they have come under the curse of a Priest, or fallen under their own anathema, or been embittered by a curse and have forsworn themselves, we beg and beseech you: Loose, forgive, pardon them, O God, overlooking their iniquities, their sins and what ever has been committed by them in knowledge and in ignorance. And if they have in anything transgressed your commandments, because they bear flesh and dwell in the world or through the activity of the Devil, as you, O God, are good and love mankind, pardon them. Because there is none who will live and not sin, for you alone are without sin, your righteousness is righteousness forever and your word is truth. Because you did not fashion mankind for destruction, but

Καὶ Σοὶ τὴν δόξαν ἀναπέμπομεν, σὺν τῷ ἀνάρχῳ σου Πατρί, καὶ τῷ παναγίῳ, καὶ ἀγαθῷ, καὶ ζωοποιῷ σου Πνεύματι, νῦν καὶ ἀεί, καὶ εἰς τοὺς αἰῶνας τῶν αἰώνων.

for the keeping of your commandments and the inheritance of incorruptible life.

And to you we give glory, together with your Father who is without beginning and your allholy, good and lifegiving Spirit, both now and ever, and to the ages of ages.

Ὁ Χορός· Ἀμήν.

Choir: Amen.

Εἶτα, ἄραντες οἱ Ἱερεῖς τὸ ἅγιον Εὐαγγέλιον καὶ στρεφόμενοι πρὸς δυσμάς, κρατοῦσιν αὐτὸ ἐπάνω τῆς κεφαλῆς τῶν ποιούντων τὸ εὐχέλαιον καὶ ὑποψάλλουσιν ἀργῶς τὸ Κύριε, ἐλέησον, καὶ τοῦ Διακόνου εἰπόντος τό, Τοῦ Κυρίου δεηθῶμεν ἄρχεται ὁ πρῶτος τῶν Ἱερέων λέγειν τὴν εὐχὴν ταύτην·

Then the Priests, lifting up the Holy Gospel and turning towards the west, hold it above the head(s) of those who make the Evchelaion and singing Lord, have mercy, slowly, the Deacon says, Let us Pray to the Lord, and the first among the Priests begins to says this prayer:

Ὁ Διάκονος· Τοῦ Κυρίου δεηθῶμεν.

Deacon: Let us pray to the Lord.

Ὁ Χορός· Κύριε, ἐλέησον.

Choir: Lord, have mercy.

Ὁ Ἱερεύς·

Priest:

Βασιλεῦ ἅγιε, εὔσπλαγχνε καὶ πολυέλεε, Κύριε Ἰησοῦ Χριστέ, Υἱὲ καὶ Λόγε τοῦ Θεοῦ τοῦ ζῶντος, ὁ μὴ θέλων τὸν θάνατον τοῦ ἁμαρτωλοῦ, ὡς τὸ ἐπιστρέψαι καὶ ζῆν αὐτόν, οὐ τίθημι ἐμὴν χεῖρα ἁμαρτωλὸν ἐπὶ τὴν κεφαλὴν τῶν προσελθόντων σοι ἐν ἁμαρτίαις καὶ αἰτουμένων παρὰ σοῦ δι' ἡμῶν ἄφεσιν ἁμαρτιῶν, ἀλλὰ σὴν χεῖρα κραταιὰν καὶ δυνατήν, τὴν ἐν τῷ ἁγίῳ Εὐαγγελίῳ τούτῳ, ὃ οἱ συλλειτουργοί μου κατέχουσιν ἐπὶ τὰς κεφαλὰς τῶν δούλων σου τούτων ἔκτεινον· καὶ δέομαι σὺν αὐτοῖς καὶ ἱκετεύω τὴν συμπαθεστάτην καὶ ἀμνησίκακόν σου φιλανθρωπίαν· ὁ Θεός, ὁ Σωτὴρ ἡμῶν, ὁ διὰ τοῦ προφήτου σου Νάθαν μετανοήσαντι τῷ Δαυΐδ ἐπὶ τοῖς ἰδίοις ἁμαρτήμασιν ἄφεσιν δωρησάμενος καὶ τοῦ Μανασσῆ τὴν ἐπὶ μετανοίᾳ προσευχὴν δεξάμενος, αὐτὸς καὶ τοὺς δούλους σου τούτους μετανοοῦντας ἐπὶ τοῖς ἰδίοις αὐτῶν πλημμελήμασι, πρόσδεξαι τῇ συ-

Holy King, compassionate and most merciful Lord Jesus Christ, Son and Word of the living God, who do not desire the death of sinners, but that they turn back and live, I do not place my sinful hand on the heads of these who have approached you in sins and who ask from you through us forgiveness of sins, but do you stretch out your mighty and powerful hand in this holy Gospel, which my fellow celebrants hold upon the heads of your servants. And with them I beg and implore your compassionate love for mankind which does not remember evil. O God our Savior, who through your Prophet Nathan granted forgiveness to David of his sins when he repented, and received Manasse's prayer of repentance, do you yourself in your customary love for mankind accept these your servants who repent over

νήθει σου φιλανθρωπίᾳ, παρορῶν αὐτῶν πάντα τὰ παραπτώματα.

Σὺ γὰρ εἶ ὁ Θεὸς ἡμῶν, ὁ καὶ ἑβδομηκοντάκις ἑπτὰ ἀφιέναι κελεύσας τοῖς περιπίπτουσιν ἐν ἁμαρτίαις· ὅτι ὡς ἡ μεγαλωσύνη σου, οὕτω καὶ τὸ ἔλεός σου· καὶ σοὶ πρέπει πᾶσα δόξα, τιμή, καὶ προσκύνησις, νῦν καὶ ἀεὶ καὶ εἰς τοὺς αἰῶνας τῶν αἰώνων.

Ὁ Χορός· Ἀμήν.

Καὶ ἐλθόντες οἱ Ἱερεῖς, ποιοῦσι, κύκλον ἔμπροσθεν τῆς κανδήλας, ὁ δὲ πρῶτος ἐξ αὐτῶν λέγει τὴν εὐχὴν ταύτην·

Ὁ Διάκονος· Τοῦ Κυρίου δεηθῶμεν.

Ὁ Χορός· Κύριε, ἐλέησον.

Ὁ α' Ἱερεύς·

Πάτερ, Ἅγιε, ἰατρὲ τῶν ψυχῶν καὶ τῶν σωμάτων, ὁ πέμψας τὸν μονογενῆ σου Υἱόν, τὸν Κύριον ἡμῶν Ἰησοῦν Χριστόν, πᾶσαν νόσον ἰώμενον καὶ ἐκ θανάτου λυτρούμενον, ἴασαι καὶ τοὺς δούλους σου τούτους, ἐκ τῆς περιεχούσης αὐτῶν σωματικῆς καὶ ψυχικῆς ἀσθενείας, καὶ ζωοποίησον αὐτούς, διὰ τῆς Χάριτος τοῦ Χριστοῦ Σου· πρεσβείαις τῆς ὑπεραγίας, Δεσποίνης ἡμῶν Θεοτόκου καὶ ἀειπαρθένου Μαρίας· δυνάμει τοῦ Τιμίου καὶ Ζωοποιοῦ Σταυροῦ· προστασίαις τῶν τιμίων, ἐπουρανίων Δυνάμεων ἀσωμάτων· τοῦ τιμίου καὶ ἐνδόξου, Προφήτου, Προδρόμου καὶ Βαπτιστοῦ Ἰωάννου· τῶν ἁγίων ἐνδόξων καὶ πανευφήμων Ἀποστόλων· τῶν ἁγίων ἐνδόξων καὶ καλλινίκων Μαρτύρων· τῶν ὁσίων καὶ θεοφόρων Πατέρων ἡμῶν· τῶν ἁγίων καὶ ἰαματικῶν Ἀναργύρων, Κοσμᾶ καὶ Δαμιανοῦ, Κύρου καὶ Ἰωάννου, Σαμψὼν καὶ Διομήδους, Μωκίου καὶ Ἀνικήτου, Παντελεήμονος καὶ Ἑρμο-

their own offences, overlooking all their transgressions.

For you are our God who commanded us to forgive those who fall into sins seventy times seven. Because as is your majesty so is your mercy. And to you belong all glory, honor and worship, now and forever, and to the ages of ages.

Choir: Amen.

And returning, the Priests circle in front of the Candles and the first among them says this prayer:

Deacon: Let us pray to the Lord.

Choir: Lord, have mercy.

1st Priest:

Holy Father, physician of souls and bodies, who sent your Onlybegotten Son our Lord Jesus Christ to heal every disease and to deliver from death, heal also your servants from the weakness of body and soul which holds them fast and give them life through the grace of your Son, at the prayers of our most holy Lady, the Theotokos and ever-virgin Mary, by the might of the precious and lifegiving Cross, at the protection of the honored, heavenly and bodiless Powers, of the honored and glorious Prophet, Forerunner and Baptist John, of the holy, glorious and all-praised Apostles, of the holy, glorious and victorious Martyrs, of our venerable and Godbearing Fathers, of the holy and healing Unmercenaries Kosmas and Damian, Kyros and John, Panteleïmon and Hermolaos, Sampson and Diomedes, Mokios and Akinitos, Thalalaios

λάου, Θαλελαίου καὶ Τρύφωνος· τῶν ἁγίων καὶ δικαίων θεοπατόρων Ἰωακεὶμ καὶ Ἄννης καὶ πάντων τῶν Ἁγίων. Ἀμήν.

Ὅτι Σὺ εἶ ἡ πηγὴ τῶν ἰαμάτων, ὁ Θεός, ὁ Θεὸς ἡμῶν, καὶ Σοὶ τὴν δόξαν ἀναπέμπομεν, τῷ Πατρί, καὶ τῷ Υἱῷ, καὶ τῷ Ἁγίῳ Πνεύματι, νῦν, καὶ ἀεί, καὶ εἰς τοὺς αἰῶνας τῶν αἰώνων.

Ὁ Χορός· Ἀμήν.

<small>Μετὰ ταῦτα λαβὼν ἕκαστος Ἱερεὺς τὴν χριαλίδα καὶ ἐλθὼν ἔμπροσθεν τοῦ ἁγίου Εὐαγγελίου ποιεῖ ἄνωθεν αὐτῆς τρὶς μετ᾽ αὐτῆς τύπον σταυροῦ καὶ ἀσπασάμενος αὐτὸ χρίει τοὺς ἄλλους Ἱερεῖς καὶ χρίεται παρ᾽ αὐτῶν λέγων καθ᾽ ἑκάστην χρῖσιν·</small>

Χρίεται ὁ δοῦλος τοῦ Θεοῦ **(δεῖνα)**, εἰς τὸ ὄνομα τοῦ Πατρὸς καὶ τοῦ Υἱοῦ καὶ τοῦ ἁγίου Πνεύματος, εἰς ἴασιν ψυχῆς τε καὶ σώματος.

<small>Εἶτα χρίουσι σταυροειδῶς εἰς τὸ πρόσωπον (μέτωπον, παρειάς, πώγωνα) καὶ τὰς παλάμας τὸν λαόν. Καὶ ἐν τῷ χρίειν τοὺς Ἱερεῖς τὸν λαὸν ψάλλονται τὰ κάτωθι τροπάρια ἢ ὁ κανὼν τοῦ εὐχελαίου ἢ ἐν τῇ Μ. Τετάρτῃ τὸ τροπάριον Κύριε, ἡ ἐν πολλαῖς ἁμαρτίαις περιπεσοῦσα γυνή.</small>

Ἦχος δ΄.

Πηγὴν ἰαμάτων ἔχοντες, * ἅγιοι Ἀνάργυροι, * τὰς ἰάσεις παρέχετε * πᾶσι τοῖς δεομένοις, * ὡς μεγίστων δωρεῶν ἀξιωθέντες, * παρὰ τῆς ἀενάου πηγῆς * τοῦ Σωτῆρος ἡμῶν. * Φησὶ γὰρ πρὸς ὑμᾶς ὁ Κύριος, * ὡς ὁμοζήλους τῶν ἀποστόλων· * Ἰδοὺ δέδωκα ὑμῖν τὴν ἐξουσίαν * κατὰ πνευμάτων ἀκαθάρτων, * ὥστε αὐτὰ ἐκβάλλειν * καὶ θεραπεύειν πᾶσαν νόσον καὶ πᾶσαν μαλακίαν. * Διὸ τοῖς προστάγμασιν αὐτοῦ * καλῶς πολιτευσάμενοι, * δωρεὰν ἐλάβετε, * δωρεὰν παρέχετε, * ἰατρεύοντες τὰ πάθη * τῶν ψυχῶν, καὶ τῶν σωμάτων ἡμῶν.

and Tryphon, of the holy and righteous Forebears of God, Joachim and Anne, and of all the Saints.

For you are the fount of healings, O God, our God, and to you we give glory, to the Father, the Son and the Holy Spirit, both now and ever, and to the ages of ages.

Choir: Amen.

<small>After this, the Priest takes the anointing oil and comes before the Holy Gospel and makes the sign of the cross above it three times and kisses it and the Priests anoint one another saying as they anoint:</small>

The servant of God **N.** is anointed in the name of the Father and the Son and the Holy Spirit for the healing of soul and body.

<small>Then the faithful are anointed crosswise upon the face (forehead, cheeks and chin) and the palms. And during this anointing, the following troparia are sung or the canon of the Euchelaion, or the Troparia Lord, the woman taken in many sins, from Holy Wednesday.</small>

Tone 4.

Holy Unmercenaries, who possess a fount of healings, as you have been counted worthy of the greatest gifts from the eternal fount, our Savior, grant healings to all who ask. For the Lord says to you, as equal in zeal to the Apostles: See, I have given you authority against unclean spirits, to cast them out, and to cure every disease and every sickness. And so, as you lived well by his commandments, freely you received, freely give, healing the passions and sufferings of our souls and bodies.

Δόξα Πατρὶ καὶ Υἱῷ καὶ Ἁγίῳ Πνεύματι, καὶ νῦν καὶ ἀεὶ καὶ εἰς τοὺς αἰῶνας τῶν αἰώνων. Ἀμήν.

Θεοτοκίον.

Νεῦσον παρακλήσει * σῶν οἰκετῶν πα νάμωμε, * παύουσα δεινῶν ἡμῶν ἐπαναστάσεις, * πάσης θλίψεως ἡμᾶς ἀπαλλάττουσα· * σὲ γὰρ μόνην ἀσφαλῆ, * καὶ βεβαίαν ἄγκυραν ἔχομεν * καὶ τὴν σὴν προστασίαν κεκτήμεθα· μὴ αἰσχυνθῶμεν δέσποινα, * σὲ προσκαλούμενοι· * σπεῦσον εἰς ἱκεσίαν * τῶν σοὶ πιστῶς βοώντων· * Χαῖρε, δέσποινα, * ἡ πάντων βοήθεια, * χαρὰ καὶ σκέπη * καὶ σωτηρία τῶν ψυχῶν ἡμῶν.

Εἶθ' οὕτως ἡ ἀπόλυσις·

Ὁ α΄ Ἱερεύς·

Ὁ Ἱερεύς· Δόξα σοι ὁ Θεός, ἡ ἐλπὶς ἡμῶν, δόξα σοι.

Ὁ Ἀναγνώστης· Δόξα Πατρὶ καὶ Υἱῷ καὶ Ἁγίῳ Πνεύματι, καὶ νῦν καὶ ἀεὶ καὶ εἰς τοὺς αἰῶνας τῶν αἰώνων, Ἀμήν.

Κύριε, ἐλέησον (γ'). Πάτερ ἅγιε, εὐλόγησον.

Ὁ Ἱερεύς·.

Χριστὸς ὁ ἀληθινὸς Θεὸς ἡμῶν, ταῖς πρεσβείαις τῆς παναχράντου καὶ παναμώμου ἁγίας αὐτοῦ Μητρός· δυνάμει τοῦ τιμίου καὶ ζωοποιοῦ Σταυροῦ· τῶν ἁγίων καὶ δικαίων θεοπατόρων Ἰωακεὶμ καὶ Ἄννης, τοῦ ἁγίου ἐνδόξου καὶ πανευφήμου ἀποστόλου Ἰακώβου τοῦ ἀδελφοθέου καὶ πάντων τῶν ἁγίων, ἐλεήσαι καὶ σώσαι ἡμάς, ὡς ἀγαθὸς καὶ φιλάνθρωπος.

Glory to the Father and to the Son and to the Holy Spirit, both now and ever and to the ages of ages. Amen.

Theotokion.

Attend to the entreaties of your suppliants, O All-blameless, putting an end to the assaults of dire evils upon us and freeing us from every affliction. For we have you as our only safe and sure anchor, and we have gained your protection. May we who call upon you, Sovereign Lady, not be put to shame. Hasten to the entreaty of those who cry out to you with faith: Hail, Sovereign Lady, the help, joy and protection of all and the salvation of our souls.

Then the dismissal as follows:

1st Priest:

Glory to you, Christ God, our hope, glory to you.

The Reader: Glory to the Father and the Son and the Holy Spirit, both now and ever and to the ages of ages. Amen.

Lord, have mercy. *(x3)*. Holy Father, Bless.

The Priest:

May Christ our true God, at the prayers of his most pure and holy Mother, our Lady, the Theotokos, and evervirgin Mary; through the power of the precious and livegiving Cross; of the holy and righteous ancestors of God, Joachim and Anne; of the allglorious and allesteemed Apostle James, the brother of God, and of all the Saints,

Ὁ Ἱερεύς· Δι' εὐχῶν τῶν ἁγίων Πατέρων ἡμῶν, Κύριε Ἰησοῦ Χριστέ, ὁ Θεὸς ἡμῶν, ἐλέησον καὶ σῶσον ἡμᾶς.

Ὁ Χορός· Ἀμήν.

have mercy on us and save us, for he is good and loves mankind.

Priest: Through the prayers of our Holy Fathers, Lord Jesus Christ our God, have mercy upon us and save us.

Choir: Amen.

The Washing of the Feet

Η ΑΓΙΑ ΚΑΙ ΜΕΓΑΛΗ ΠΕΜΠΤΗ

ΚΑΘ᾽ ἪΝ ΜΝΕΊΑΝ ΠΟΙΟΎΜΕΘΑ
ΤΟΥ ἹΕΡΟΥ ΝΙΠΤΗΡΟΣ,
ΤΟΥ ΜΥΣΤΙΚΟΥ ΔΕΊΠΝΟΥ,
ΤΗΣ ἘΝ ΓΕΘΣΗΜΑΝῇ ΠΡΟΣΕΥΧΗΣ
ΤΟΥ ΚΥΡΊΟΥ ΚΑῚ ΤΗΣ ὙΠῸ ΤΟΥ
ἸΟΎΔΑ ΠΡΟΔΟΣΊΑΣ ΤΟΥ ΚΥΡΊΟΥ

Τελεῖται συνήθως τῇ Μ. Τετάρτῃ ἑσπέρας

HOLY AND GREAT THURSDAY

IN COMMEMORATION OF THE
SACRED WASHING OF THE FEET,
OF THE MYSTICAL SUPPER,
THE LORD'S PRAYER IN
GETHSEMANE AND
JUDAS' BETRAYAL OF THE LORD

Commonly celebrated on G. Wednesday Evening

Ὁ Ἱερεύς, ποιήσας τὴν συνήθη μετάνοιαν τῷ Προεστῶτι, εἰσέρχεται ἐν τῷ ἁγίῳ βήματι καὶ προσκυνεῖ τρὶς ἐνώπιον τῆς ἁγίας Τραπέζης· εἶτα βαλὼν ἐπιτραχήλιον ἐκφωνεῖ·

The Priest, having made the customary metania to the Superior, enters the sanctuary and makes three bows before the holy Table. Then, putting on the Epitrachelion, he exclaims:

Εὐλογητὸς ὁ Θεὸς ἡμῶν, πάντοτε, νῦν, καὶ ἀεί, καὶ εἰς τοὺς αἰῶνας τῶν αἰώνων.

Blessed is our God, always, now and for ever, and to the ages of ages.

Ὁ Ἀναγνώστης· Ἀμήν.

Reader: Amen.

Ὁ Ἱερεύς· Δόξα σοι, ὁ Θεὸς ἡμῶν, δόξα σοι. Βασιλεῦ οὐράνιε, Παράκλητε, τὸ Πνεῦμα τῆς ἀληθείας, ὁ πανταχοῦ παρών, καὶ τὰ πάντα πληρῶν, ὁ θησαυρὸς τῶν ἀγαθῶν καὶ ζωῆς χορηγός, ἐλθὲ καὶ σκήνωσον ἐν ἡμῖν καὶ καθάρισον ἡμᾶς ἀπὸ πάσης κηλῖδος καὶ σῶσον ἀγαθέ, τὰς ψυχὰς ἡμῶν.

Priest: Glory to you, our God. Glory to you. Heavenly King, Comforter, Spirit of truth, present everywhere, filling all things, Treasury of blessings and Giver of life, come and abide in us, cleanse us from every stain, and save our souls, O Good One.

Ὁ Ἀναγνώστης· Ἀμήν.

Reader: Amen.

Ὁ Ἀναγνώστης· Ἅγιος ὁ Θεός, Ἅγιος Ἰσχυρός, Ἅγιος Ἀθάνατος, ἐλέησον ἡμᾶς. *(γ´)*

Reader: Holy God, Holy Mighty, Holy Immortal, have mercy on us. *(x3)*

Δόξα Πατρί, καὶ Υἱῷ, καὶ Ἁγίῳ Πνεύματι, καὶ νῦν καὶ ἀεί, καὶ εἰς τοὺς αἰῶνας τῶν αἰώνων. Ἀμήν.

Glory to the Father and the Son and the Holy Spirit, both now and ever and to the ages of ages. Amen.

Παναγία Τριάς, ἐλέησον ἡμᾶς. Κύριε, ἱλάσθητι ταῖς ἁμαρτίαις ἡμῶν, Δέσποτα,

All-holy Trinity, have mercy on us. Lord, forgive our sins. Master, pardon

συγχώρησον τὰς ἀνομίας ἡμῖν. Ἅγιε, ἐπίσκεψαι καὶ ἴασαι τὰς ἀσθενείας ἡμῶν, ἕνεκεν τοῦ ὀνόματός σου.

Κύριε, ἐλέησον. *(γ΄)* Δόξα Πατρί, καὶ Υἱῷ, καὶ Ἁγίῳ Πνεύματι, καὶ νῦν καὶ ἀεί, καὶ εἰς τοὺς αἰῶνας τῶν αἰώνων. Ἀμήν.

Πάτερ ἡμῶν ὁ ἐν τοῖς οὐρανοῖς, ἁγιασθήτω τὸ ὄνομά σου. Ἐλθέτω ἡ βασιλεία σου. Γενηθήτω τὸ θέλημά σου, ὡς ἐν οὐρανῷ, καὶ ἐπὶ τῆς γῆς. Τὸν ἄρτον ἡμῶν τὸν ἐπιούσιον δὸς ἡμῖν σήμερον. Καὶ ἄφες ἡμῖν τὰ ὀφειλήματα ἡμῶν, ὡς καὶ ἡμεῖς ἀφίεμεν τοῖς ὀφειλέταις ἡμῶν. Καὶ μὴ εἰσενέγκῃς ἡμᾶς εἰς πειρασμόν, ἀλλὰ ῥῦσαι ἡμᾶς ἀπὸ τοῦ πονηροῦ.

Ὁ Ἱερεύς· Ὅτι σοῦ ἐστιν ἡ Βασιλεία, καὶ ἡ δύναμις, καὶ ἡ δόξα, τοῦ Πατρός, καὶ τοῦ Υἱοῦ, καὶ τοῦ ἁγίου Πνεύματος, νῦν καὶ ἀεὶ καὶ εἰς τοὺς αἰῶνας τῶν αἰώνων.

Ὁ Ἀναγνώστης· Ἀμήν. *(χῦμα)*

Κύριε, ἐλέησον *(ιβ΄)*.

Δόξα Πατρὶ, καὶ Υἱῷ, καὶ Ἁγίῳ Πνεύματι. Καὶ νῦν καὶ ἀεί, καὶ εἰς τοὺς αἰῶνας τῶν αἰώνων. Ἀμήν.

Δεῦτε, προσκυνήσωμεν καὶ προσπέσωμεν τῷ βασιλεῖ ἡμῶν Θεῷ.

Δεῦτε προσκυνήσωμεν καὶ προσπέσωμεν Χριστῷ τῷ βασιλεῖ ἡμῶν Θεῷ.

Δεῦτε προσκυνήσωμεν καὶ προσπέσωμεν αὐτῷ Χριστῷ, τῷ βασιλεῖ καὶ Θεῷ ἡμῶν.

our transgressions. Holy One, visit and heal our infirmities for the glory of Your name.

Lord, have mercy. *(x3)* Glory to the Father and the Son and the Holy Spirit, both now and ever and to the ages of ages. Amen.

Our Father, who art in heaven, hallowed be Thy name. Thy kingdom come. Thy will be done, on earth as it is in heaven. Give us this day our daily bread; and forgive us our trespasses, as we forgive those who trespass against us. And lead us not into temptation, but deliver us from the evil one.

Priest: For Yours is the kingdom and the power and the glory, of the Father and the Son and the Holy Spirit, both now and ever and to the ages of ages.

Reader: Amen. *(spoken)*

Lord, have mercy *(x12)*.

Glory to the Father and the Son and the Holy Spirit, both now and ever and to the ages of ages. Amen.

Come, let us worship and fall down before the King, our God.

Come, let us worship and fall down before Christ the King, our God.

Come, let us worship and fall down before Christ himself, the King, our God.

Καὶ τοὺς ἑξῆς Ψαλμούς, ὧν ἀναγινωσκομένων ὁ ἱερεὺς θυμιᾷ διὰ κατζίου.

And the following Psalms; as they are being read, the Priest censes with the katzion.

ΨΑΛΜΟΣ ΙΘ´

Ἐπακούσαι σου Κύριος ἐν ἡμέρᾳ θλίψεως· ὑπερασπίσαι σου τὸ ὄνομα τοῦ Θεοῦ Ἰακώβ. Ἐξαποστείλαι σοι βοήθειαν ἐξ ἁγίου, καὶ ἐκ Σιὼν ἀντιλάβοιτό σου. Μνησθείη πάσης θυσίας σου καὶ τὸ ὁλοκαύτωμά σου πιανάτω. Δῴη σοι Κύριος κατὰ τὴν καρδίαν σου καὶ πᾶσαν τὴν βουλήν σου πληρώσαι. Ἀγαλλιασόμεθα ἐπὶ τῷ σωτηρίῳ σου καὶ ἐν ὀνόματι Κυρίου Θεοῦ ἡμῶν μεγαλυνθησόμεθα. Πληρώσαι Κύριος πάντα τὰ αἰτήματά σου· νῦν ἔγνων, ὅτι ἔσωσε Κύριος τὸν χριστὸν αὐτοῦ. Ἐπακούσεται αὐτοῦ ἐξ οὐρανοῦ ἁγίου αὐτοῦ· ἐν δυναστείαις ἡ σωτηρία τῆς δεξιᾶς αὐτοῦ. Οὗτοι ἐν ἅρμασι καὶ οὗτοι ἐν ἵπποις, ἡμεῖς δὲ ἐν ὀνόματι Κυρίου Θεοῦ ἡμῶν ἐπικαλεσόμεθα. Αὐτοὶ συνεποδίσθησαν καὶ ἔπεσον, ἡμεῖς δὲ ἀνέστημεν καὶ ἀνωρθώθημεν. Κύριε, σῶσον τὸν βασιλέα καὶ ἐπάκουσον ἡμῶν, ἐν ᾗ ἂν ἡμέρᾳ ἐπικαλεσώμεθά σε.

ΨΑΛΜΟΣ Κ´

Κύριε, ἐν τῇ δυνάμει σου εὐφρανθήσεται ὁ βασιλεὺς καὶ ἐπὶ τῷ σωτηρίῳ σου ἀγαλλιάσεται σφόδρα. Τὴν ἐπιθυμίαν τῆς καρδίας αὐτοῦ ἔδωκας αὐτῷ καὶ τὴν θέλησιν τῶν χειλέων αὐτοῦ οὐκ ἐστέρησας αὐτόν. Ὅτι προέφθασας αὐτὸν ἐν εὐλογίαις χρηστότητος· ἔθηκας ἐπὶ τὴν κεφαλὴν αὐτοῦ στέφανον ἐκ λίθου τιμίου. Ζωὴν ᾐτήσατό σε, καὶ ἔδωκας αὐτῷ μακρότητα ἡμερῶν εἰς αἰῶνα αἰῶνος. Μεγάλη ἡ δόξα αὐτοῦ ἐν τῷ σωτηρίῳ σου· δόξαν καὶ μεγαλοπρέπειαν ἐπιθή-

PSALM 19

May the Lord hear you in the day of trouble; may the name of the God of Jacob shield you. May he send you his help from the holy place, and support you from Sion. May he remember your every sacrifice, and accept with favor your whole burnt offering. May the Lord give you your heart's desire, and fulfil your every purpose. We shall rejoice in your salvation, and be magnified in the name of our the Lord our God. May the Lord fulfill all your petitions. Now I know that the Lord has saved his Christ. He will hear him from his holy heaven; in mighty acts is the salvation of his right hand. Some put their trust in chariots and some in horses, but we will call on the name of the Lord our God. They were fettered and fell, but we have risen and been set upright. Lord, save the king, and hear us on the day we call upon you.

PSALM 20

The king will rejoice in your power, O Lord, he will exult exceedingly in your salvation. You gave him his heart's desire; you did not deny him the request of his lips. For you came to meet him with blessings of goodness; you placed a crown of precious stones upon his head. He asked you for life, and you gave him length of days for age on age. Great is his glory because of your salvation; you will place on him glory and majesty. For you will give him a bless-

σεις ἐπ' αὐτόν. Ὅτι δώσεις αὐτῷ εὐλογίαν εἰς αἰῶνα αἰῶνος· εὐφρανεῖς αὐτὸν ἐν χαρᾷ μετὰ τοῦ προσώπου σου. Ὅτι ὁ βασιλεὺς ἐλπίζει ἐπὶ Κύριον καὶ ἐν τῷ ἐλέει τοῦ Ὑψίστου οὐ μὴ σαλευθῇ. Εὑρεθείη ἡ χείρ σου πᾶσι τοῖς ἐχθροῖς σου· ἡ δεξιά σου εὕροι πάντας τοὺς μισοῦντάς σε. Ὅτι θήσεις αὐτοὺς ὡς κλίβανον πυρὸς εἰς καιρὸν τοῦ προσώπου σου. Κύριος ἐν ὀργῇ αὐτοῦ συνταράξει αὐτοὺς καὶ καταφάγεται αὐτοὺς πῦρ. Τὸν καρπὸν αὐτῶν ἀπὸ τῆς γῆς ἀπολεῖς καὶ τὸ σπέρμα αὐτῶν ἀπὸ υἱῶν ἀνθρώπων. Ὅτι ἔκλιναν εἰς σὲ κακά, διελογίσαντο βουλάς, αἷς οὐ μὴ δύνωνται στῆναι. Ὅτι θήσεις αὐτοὺς νῶτον, ἐν τοῖς περιλοίποις σου ἑτοιμάσεις τὸ πρόσωπον αὐτῶν. Ὑψώθητι, Κύριε, ἐν τῇ δυνάμει σου· ᾄσομεν καὶ ψαλοῦμεν τὰς δυναστείας σου.

Ὁ Ἀναγνώστης· Ἅγιος ὁ Θεός, Ἅγιος Ἰσχυρός, Ἅγιος Ἀθάνατος, ἐλέησον ἡμᾶς. (γ')

Δόξα Πατρί, καὶ Υἱῷ, καὶ Ἁγίῳ Πνεύματι, καὶ νῦν καὶ ἀεί, καὶ εἰς τοὺς αἰῶνας τῶν αἰώνων. Ἀμήν.

Παναγία Τριάς, ἐλέησον ἡμᾶς. Κύριε, ἱλάσθητι ταῖς ἁμαρτίαις ἡμῶν, Δέσποτα, συγχώρησον τὰς ἀνομίας ἡμῖν. Ἅγιε, ἐπίσκεψαι καὶ ἴασαι τὰς ἀσθενείας ἡμῶν, ἕνεκεν τοῦ ὀνόματός σου.

Κύριε, ἐλέησον. (γ') Δόξα Πατρί, καὶ Υἱῷ, καὶ Ἁγίῳ Πνεύματι, καὶ νῦν καὶ ἀεί, καὶ εἰς τοὺς αἰῶνας τῶν αἰώνων. Ἀμήν.

Πάτερ ἡμῶν ὁ ἐν τοῖς οὐρανοῖς, ἁγιασθήτω τὸ ὄνομά σου. Ἐλθέτω ἡ βασιλεία σου. Γενηθήτω τὸ θέλημά σου, ὡς ἐν

ing for age on age, and make him glad with the joy of your countenance. For the king puts his hope in the Lord, and through the mercy of the Most High he will not be shaken. May your hand light upon all your enemies, and your right hand find out all who hate you. You will make them like a blazing oven at the time of your presence. The Lord will confound them in his wrath and fire will devour them. You will destroy their offspring from the earth, and their seed from among the children of mankind. Because they intended evils against you, and devised plans by which they can in no way succeed. For you will put them to flight; among your remnants you will prepare their presence. Be exalted, Lord, in your power; we will sing and praise your mighty acts.

Reader: Holy God, Holy Mighty, Holy Immortal, have mercy on us. (*x3*)

Glory to the Father and the Son and the Holy Spirit, both now and ever and to the ages of ages. Amen.

All-holy Trinity, have mercy on us. Lord, forgive our sins. Master, pardon our transgressions. Holy One, visit and heal our infirmities for the glory of Your name.

Lord, have mercy. (*x3*) Glory to the Father and the Son and the Holy Spirit, both now and ever and to the ages of ages. Amen.

Our Father, who art in heaven, hallowed be Thy name. Thy kingdom come. Thy will be done, on earth as it

οὐρανῷ, καὶ ἐπὶ τῆς γῆς. Τὸν ἄρτον ἡμῶν τὸν ἐπιούσιον δὸς ἡμῖν σήμερον. Καὶ ἄφες ἡμῖν τὰ ὀφειλήματα ἡμῶν, ὡς καὶ ἡμεῖς ἀφίεμεν τοῖς ὀφειλέταις ἡμῶν. Καὶ μὴ εἰσενέγκῃς ἡμᾶς εἰς πειρασμόν, ἀλλὰ ῥῦσαι ἡμᾶς ἀπὸ τοῦ πονηροῦ.

Ὁ Ἱερεύς· Ὅτι σοῦ ἐστιν ἡ Βασιλεία, καὶ ἡ δύναμις, καὶ ἡ δόξα, τοῦ Πατρός, καὶ τοῦ Υἱοῦ, καὶ τοῦ ἁγίου Πνεύματος, νῦν καὶ ἀεὶ καὶ εἰς τοὺς αἰῶνας τῶν αἰώνων.

Ὁ Ἀναγνώστης· Ἀμήν.

Σῶσον, Κύριε, τὸν λαόν σου καὶ εὐλόγησον τὴν κληρονομίαν σου, νίκας τοῖς βασιλεῦσι κατὰ βαρβάρων δωρούμενος, καὶ τὸ σὸν φυλάττων διὰ τοῦ Σταυροῦ σου πολίτευμα.

Δόξα Πατρί, καὶ Υἱῷ, καὶ Ἁγίῳ Πνεύματι.

Ὁ ὑψωθεὶς ἐν τῷ Σταυρῷ ἑκουσίως, τῇ ἐπωνύμῳ σου καινῇ πολιτείᾳ τοὺς οἰκτιρμούς σου δώρησαι, Χριστὲ ὁ Θεός· εὔφρανον ἐν τῇ δυνάμει σου τοὺς πιστοὺς βασιλεῖς ἡμῶν, νίκας χορηγῶν αὐτοῖς κατὰ τῶν πολεμίων· τὴν συμμαχίαν ἔχοιεν τὴν σήν, ὅπλον εἰρήνης, ἀήττητον τρόπαιον.

Καὶ νῦν καὶ ἀεί, καὶ εἰς τοὺς αἰῶνας τῶν αἰώνων. Ἀμήν.

Προστασία φοβερὰ καὶ ἀκαταίσχυντε, μὴ παρίδῃς, Ἀγαθή, τὰς ἱκεσίας ἡμῶν, πανύμνητε Θεοτόκε· στήριξον Ὀρθοδόξων πολιτείαν, σῷζε οὓς ἐκέλευσας βασιλεύειν, καὶ χορήγει αὐτοῖς οὐρανόθεν τὴν νίκην· διότι ἔτεκες τὸν Θεόν, μόνη εὐλογημένη.

is in heaven. Give us this day our daily bread; and forgive us our trespasses, as we forgive those who trespass against us. And lead us not into temptation, but deliver us from the evil one.

Priest: For Yours is the kingdom and the power and the glory, of the Father and the Son and the Holy Spirit, both now and ever and to the ages of ages.

Reader: Amen.

Save, O Lord, your people, and bless your inheritance, granting victory to the faithful over the enemy, and by your Cross protecting your commonwealth.

Glory to the Father, Son and Holy Spirit.

You who were lifted on the Cross voluntarily, O Christ our God, bestow Your tender compassion upon Your new community to which You gave Your name. Make our faithful leaders to be glad in Your power, granting them the victories against their adversaries. May they have that alliance which is Yours, the shield of peace, the trophy invincible.

Both now and ever, and to the ages of ages. Amen.

O awesome and unashamable Protection, O good and praiseworthy Theotokos, do not despise our petitions; make firm the community of the Orthodox; save those whom you have called to rule; grant them victory from heaven, for you gave birth to God and are truly blessed.

Ὁ Ἱερεύς· Ἐλέησον ἡμᾶς ὁ Θεός, κατὰ τὸ μέγα ἔλεός σου, δεόμεθά σου, ἐπάκουσον καὶ ἐλέησον.

Ὁ Ἀναγνώστης· Κύριε, ἐλέησον. Κύριε, ἐλέησον. Κύριε, ἐλέησον.

Ὁ Ἱερεύς· Ἔτι δεόμεθα ὑπὲρ τῶν εὐσεβῶν καὶ ὀρθοδόξων Χριστιανῶν.

Ὁ Ἀναγνώστης· Κύριε, ἐλέησον. Κύριε, ἐλέησον. Κύριε, ἐλέησον.

Ὁ Ἱερεύς· Ἔτι δεόμεθα ὑπὲρ τοῦ Ἀρχιεπισκόπου ἡμῶν *(δεῖνος)*.

Ὁ Ἀναγνώστης· Κύριε, ἐλέησον. Κύριε, ἐλέησον. Κύριε, ἐλέησον.

Ὁ Ἱερεύς· Ὅτι ἐλεήμων καὶ φιλάνθρωπος Θεὸς ὑπάρχεις, καὶ σοὶ τὴν δόξαν ἀναπέμπομεν, τῷ Πατρὶ καὶ τῷ Υἱῷ καὶ τῷ Ἁγίῳ Πνεύματι, νῦν καὶ ἀεὶ καὶ εἰς τοὺς αἰῶνας τῶν αἰώνων.

Ὁ Ἀναγνώστης· Ἀμήν. Ἐν ὀνόματι Κυρίου εὐλόγησον, Πάτερ.

Ὁ Ἱερεύς· Δόξα τῇ ἁγίᾳ καὶ ὁμοουσίῳ καὶ ζωοποιῷ καὶ ἀδιαιρέτῳ Τριάδι, πάντοτε, νῦν καὶ ἀεὶ καὶ εἰς τοὺς αἰῶνας τῶν αἰώνων.

Ὁ Ἀναγνώστης· Ἀμήν. *(χῦμα)*

Καὶ ἀναγινώσκει ὁ προεστὼς (ἢ ὁ ἀναγνώστης) τὸν Ἐξάψαλμον. (Βλ. σελ. 267)

Ὁ δὲ ἱερεὺς ἱστάμενος ἀσκεπὴς ἐνώπιον τῆς ἁγίας Τραπέζης ἀναγινώσκει τὰς εὐχὰς τοῦ Ὄρθρου· μετὰ δὲ τὴν ἀνάγνωσιν τῶν τριῶν πρώτων Ψαλμῶν ἐξελθὼν διὰ τῆς βορείου πύλης ἀναγινώσκει ἐνώπιον τῆς εἰκόνος τοῦ Χριστοῦ τὰς ὑπολοίπους εὐχάς.

Α΄ Εὐχή

Εὐχαριστοῦμεν σοι, Κύριε, ὁ Θεὸς ἡμῶν, τῷ ἐξαναστήσαντι ἡμᾶς ἐκ τῶν κοιτῶν ἡμῶν, καὶ ἐμβάλλοντι εἰς τὸ στόμα ἡμῶν λόγον αἰνέσεως, τοῦ προσκυνεῖν

Priest: Have mercy on us, O God, according to your great mercy, we pray you, hear and have mercy.

Reader: Lord, have mercy. Lord, have mercy. Lord, have mercy.

Priest: Let us pray for pious and Orthodox Christians.

Reader: Lord, have mercy. Lord, have mercy. Lord, have mercy.

Priest: Let us pray for our Archbishop *(Name)*.

Reader: Lord, have mercy. Lord, have mercy. Lord, have mercy.

Priest: For you are a merciful and loving God, and to you we give glory, to the Father and the Son and the Holy Spirit, both now and ever and to the ages of ages.

Reader: Amen. In the name of the Lord, Father give the blessing.

Priest: Glory to the holy and consubstantial, and life-giving, and undivided Trinity, always, now and forever and to the ages of ages.

Reader: Amen. *(spoken)*

And the President (or the Reader) reads the Six Psalms. (See p. 267)

The Priest, standing with head uncovered before the Holy Table, reads the prayers of Orthros; after reading the first three Psalms, he exits through the north door and reads the remaining prayers before the icon of Christ.

1st Prayer

We thank you, Lord our God, who have roused us from our beds and placed in our mouth a word of praise, to worship and call upon your Holy Name,

καὶ ἐπικαλεῖσθαι τὸ ὄνομά σου τὸ ἅγιον· καὶ δεόμεθα τοῖς σοῖς οἰκτιρμοῖς, οἷς πάντοτε ἐχρήσω περὶ τὴν ἡμετέραν ζωήν. Καὶ νῦν ἐξαπόστειλον τὴν βοήθειάν σου ἐπὶ τοὺς ἑστῶτας πρὸ προσώπου τῆς ἁγίας δόξης σου καὶ ἀπεκδεχομένους τὸ παρὰ σοῦ πλούσιον ἔλεος καὶ δὸς αὐτοῖς μετὰ φόβου καὶ ἀγάπης πάντοτέ σοι λατρεύειν, αἰνεῖν, ὑμνεῖν, προσκυνεῖν, τὴν ἀνεκδιήγητόν σου ἀγαθότητα.

Ὅτι πρέπει σοι, πᾶσα δόξα, τιμὴ καὶ προσκύνησις, τῷ Πατρὶ καὶ τῷ Υἱῷ καὶ τῷ Ἁγίῳ Πνεύματι, νῦν καὶ ἀεὶ καὶ εἰς τοὺς αἰῶνας τῶν αἰώνων. Ἀμήν.

Β΄ Εὐχή

Ἐκ νυκτὸς ὀρθρίζει τὸ πνεῦμα ἡμῶν πρός σέ, ὁ Θεὸς ἡμῶν, διότι φῶς τὰ προστάγματά σου ἐπὶ τῆς γῆς· δικαιοσύνην καὶ ἁγιασμὸν ἐπιτελεῖν ἐν τῷ φόβῳ σου, συνέτισον ἡμᾶς· σὲ γὰρ δοξάζομεν τὸν ὄντως ὄντα Θεὸν ἡμῶν. Κλῖνον τὸ οὖς σου καὶ ἐπάκουσον ἡμῶν· καὶ μνήσθητι, Κύριε, τῶν συμπαρόντων καὶ συνευχομένων ἡμῖν πάντων κατ᾽ ὄνομα καὶ σῶσον αὐτοὺς τῇ δυνάμει σου· εὐλόγησον τὸν λαόν σου καὶ ἁγίασον τὴν κληρονομίαν σου· εἰρήνην τῷ κόσμῳ σου δώρησαι, ταῖς ἐκκλησίαις σου, τοῖς ἱερεῦσι, τοῖς βασιλεῦσιν, ἡμῶν καὶ παντὶ τῷ λαῷ σου.

Ὅτι ηὐλόγηται καὶ δεδόξασται τὸ πάντιμον καὶ μεγαλοπρεπὲς ὄνομά σου, τοῦ Πατρὸς καὶ τοῦ Υἱοῦ καὶ τοῦ Ἁγίου Πνεύματος, νῦν καὶ ἀεὶ καὶ εἰς τοὺς αἰῶνας τῶν αἰώνων. Ἀμήν.

Γ΄ Εὐχή

Ἐκ νυκτὸς ὀρθρίζει τὸ πνεῦμα ἡμῶν πρός σέ ὁ Θεός, διότι φῶς τὰ προστάγματα σου. Δίδαξον ἡμᾶς, ὁ Θεός, τὴν δικαιοσύνην σου, τὰς ἐντολάς σου καὶ τὰ δικαιώματά σου· φώτισον τοὺς ὀφθαλμοὺς τῶν

and we beseech you by your acts of pity, with which you have always treated our life. And now send forth your help on those who stand before the presence of your holy glory and who await the rich mercy which comes from you, and grant that they may always serve, praise, hymn and worship your inexpressible loving-kindness.

For to you belong all glory, honour and worship, to the Father, the Son and the holy Spirit, now and for ever, and to the ages of ages. Amen.

2nd Prayer

At night our spirit rises early to you, our God, for your commandments are light upon the earth. Teach us justice and sanctification in fear of you; for we glorify you who are our God, the One who truly exists. Incline your ear and hear us; and remember, Lord, by name all those who are present and who pray with us, and save them by your power. Bless your people and sanctify your inheritance. Give peace to your world, to the churches, to the priests, to our rulers and to all your people.

For blessed and glorified is your all-honoured and majestic name, of the Father, the Son and the Holy Spirit now and for ever, and to the ages of ages. Amen.

3rd Prayer

At night our spirit rises early to you, O God, for your commandments are light. Teach us your justice, O God, your commands and your statutes. Enlighten the eyes of our understanding,

διανοιῶν ἡμῶν, μήποτε ὑπνώσωμεν ἐν ἁμαρτίαις εἰς θάνατον· ἀπέλασον πάντα ζόφον ἀπὸ τῶν καρδιῶν ἡμῶν· χάρισαι ἡμῖν τὸν τῆς δικαιοσύνης ἥλιον καὶ ἀνεπηρέαστον τὴν ζωὴν ἡμῶν διαφύλαξον ἐν τῇ σφραγῖδι τοῦ ἁγίου σου Πνεύματος· κατεύθυνον τὰ διαβήματα ἡμῶν εἰς ὁδὸν εἰρήνης· δὸς ἡμῖν ἰδεῖν τὸν ὄρθρον καὶ τὴν ἡμέραν ἐν ἀγαλλιάσει, ἵνα σοι τὰς ἑωθινὰς ἀναπέμπωμεν εὐχάς.

Ὅτι σὸν τὸ κράτος καὶ σοῦ ἐστιν ἡ βασιλεία καὶ ἡ δύναμις καὶ ἡ δόξα, τοῦ Πατρὸς καὶ τοῦ Υἱοῦ καὶ τοῦ Ἁγίου Πνεύματος, νῦν καὶ ἀεὶ καὶ εἰς τοὺς αἰῶνας τῶν αἰώνων.

Δ΄ Εὐχή

Δέσποτα ὁ Θεός, ὁ ἅγιος καὶ ἀκατάληπτος, ὁ εἰπὼν ἐκ σκότους φῶς λάμψαι, ὁ ἀναπαύσας ἡμᾶς ἐν τῷ τῆς νυκτὸς ὕπνῳ καὶ διαναστήσας πρὸς δοξολογίαν καὶ ἱκεσίαν τῆς σῆς ἀγαθότητος, δυσωπούμενος ὑπὸ τῆς ἰδίας σου εὐσπλαγχνίας, πρόσδεξαι ἡμᾶς καὶ νῦν προσκυνοῦντάς σε καὶ κατὰ δύναμιν εὐχαριστοῦντάς σοι καὶ δώρησαι ἡμῖν πάντα τὰ πρὸς σωτηρίαν αἰτήματα· ἀνάδειξον ἡμᾶς υἱοὺς φωτὸς καὶ ἡμέρας καὶ κληρονόμους τῶν αἰωνίων σου ἀγαθῶν. Μνήσθητι, Κύριε, ἐν τῷ πλήθει τῶν οἰκτιρμῶν σου καὶ παντὸς τοῦ λαοῦ σου, τῶν συμπαρόντων καὶ συνευχομένων ἡμῖν καὶ πάντων τῶν ἀδελφῶν ἡμῶν, τῶν ἐν γῇ, τῶν ἐν θαλάσσῃ, τῶν ἐν παντὶ τόπῳ τῆς δεσποτείας σου δεομένων τῆς σῆς φιλανθρωπίας καὶ βοηθείας, καὶ πᾶσι χορήγησον τὸ μέγα σου ἔλεος.

Ἵνα, σεσωσμένοι ψυχῇ τε καὶ σώματι πάντοτε διαμένοντες, μετὰ παρρησίας δοξάζωμεν τὸ θαυμαστὸν καὶ εὐλογημένον ὄνομά σου, τοῦ Πατρὸς καὶ τοῦ Υἱοῦ καὶ τοῦ Ἁγίου Πνεύματος, νῦν καὶ ἀεὶ καὶ εἰς τοὺς αἰῶνας τῶν αἰώνων. Ἀμήν.

lest we ever sleep unto death in sins. Drive away all gloomy darkness from our hearts. Give us the grace of the sun of justice and by the seal of your Holy Spirit keep our life free from harm. Direct our steps in the way of peace. Grant that we may see the dawn and the day in joy, that we may offer your our morning prayers.

For yours is the might and yours is the kingdom, the power and the glory, of the Father, the Son and the Holy Spirit, now and for ever, and to the ages of ages. Amen.

4th Prayer

Master and God, holy and beyond understanding, who said: Let light shine out of darkness, who have given us rest by the sleep of the night and raised us up to glorify and implore your loving kindness; entreated by your own compassion, accept us who now worship you and give you thanks in the measure of our power, and grant us all our requests that are for salvation. Declare us to be children of light and of the day, and heirs of your eternal blessings. Remember also, Lord, in the greatness of your compassion all your people, those present with us and who pray with us, and all our brethren by land and sea and in every place of your dominion who ask for your love for humankind and your help; and give to all your great mercy.

So that, always kept safe in soul and body, we may glorify with boldness your wondrous and blessed name, of the Father, the Son and the Holy Spirit, now and for ever, and to the ages of ages. Amen.

Ε′ Εὐχή

Ἀγαθῶν θησαυρέ, πηγὴ ἀέναος, Πάτερ ἅγιε, θαυμαστοποιέ, παντοδύναμε καὶ παντοκράτορ, πάντες σὲ προσκυνοῦμεν καὶ σοῦ δεόμεθα, τὰ σὰ ἐλέη καὶ τοὺς σοὺς οἰκτιρμοὺς ἐπικαλούμενοι εἰς βοήθειαν καὶ ἀντίληψιν τῆς ἡμετέρας ταπεινώσεως. Μνήσθητι, Κύριε, τῶν σῶν ἱκετῶν· πρόσδεξαι πάντων ἡμῶν τὰς ἑωθινὰς δεήσεις, ὡς θυμίαμα ἐνώπιον σου, καὶ μηδένα ἡμῶν ἀδόκιμον ποιήσῃς, ἀλλὰ πάντας ἡμᾶς περιποίησαι διὰ τῶν οἰκτιρμῶν σου. Μνήσθητι, Κύριε, τῶν ἀγρυπνούντων καὶ ψαλλόντων εἰς δόξαν σὴν καὶ τοῦ μονογενοῦς σου Υἱοῦ καὶ Θεοῦ ἡμῶν καὶ τοῦ ἁγίου σου Πνεύματος. Γενοῦ αὐτῶν βοηθὸς καὶ ἀντιλήπτωρ· πρόσδεξαι αὐτῶν τὰς ἱκεσίας εἰς τὸ ὑπερουράνιον καὶ νοερόν σου θυσιαστήριον.

Ὅτι σὺ εἶ ὁ Θεὸς ἡμῶν, καὶ σοὶ τὴν δόξαν ἀναπέμπομεν, τῷ Πατρὶ καὶ τῷ Υἱῷ καὶ τῷ Ἁγίῳ Πνεύματι, νῦν καὶ ἀεὶ καὶ εἰς τοὺς αἰῶνας τῶν αἰώνων. Ἀμήν.

ΣΤ′ Εὐχή

Εὐχαριστοῦμέν σοι, Κύριε ὁ Θεὸς τῶν σωτηρίων ἡμῶν, ὅτι πάντα ποιεῖς εἰς εὐεργεσίαν τῆς ζωῆς ἡμῶν, ἵνα διὰ παντὸς πρὸς σὲ ἀποβλέπωμεν, τὸν σωτῆρα καὶ εὐεργέτην τῶν ἡμετέρων ψυχῶν· ὅτι διανέπαυσας ἡμᾶς ἐν τῷ παρελθόντι τῆς νυκτὸς μέτρῳ καὶ ἐξήγειρας ἡμᾶς ἐκ τῶν κοιτῶν ἡμῶν καὶ ἔστησας εἰς προσκύνησιν τοῦ τιμίου ὀνόματός σου. Διὸ δεόμεθά σου, Κύριε· δὸς ἡμῖν χάριν καὶ δύναμιν, ἵνα καταξιωθῶμεν ψάλλειν σοι συνετῶς καὶ προσεύχεσθαι ἀδιαλείπτως ἐν φόβῳ καὶ τρόμῳ, τὴν ἑαυτῶν σωτηρίαν κατεργαζόμενοι, διὰ τῆς ἀντιλήψεως τοῦ Χριστοῦ σου. Μνήσθητι, Κύριε, καὶ τῶν ἐν νυκτὶ πρὸς σὲ βοώντων· ἐπάκουσον αὐτῶν καὶ ἐλέησον καὶ σύντριψον ὑπὸ

5th Prayer

Treasury of blessings, ever-flowing Source, Holy Father, worker of wonders, all-powerful and almighty, we all worship you and beseech you, as we invoke your acts of mercy and compassion to help and assist our lowliness. Remember your suppliants, Lord; accept the morning prayers of us all like incense before you, and make none of us reprobate, but keep us all through your acts of compassion. Remember, Lord, those who keep vigil and who chant to your glory and that of your Son and our God and of your Holy Spirit. Be their help and their aid; accept their supplications on your heavenly and spiritual altar.

For you are our God and to you we give glory, to the Father, the Son and the Holy Spirit, now and for ever, and to the ages of ages. Amen.

6th Prayer

We give thanks to you, Lord God of our salvation, for you do all things for the well-being of our life, that we may at all times look to you, the Saviour and Benefactor of our souls. We give thanks to you, for you have given us rest in the part of the night which has passed and roused us from our beds and placed us here for the worship of your honoured name. Therefore we beg you, Lord: Give us grace and power, so that we may be counted worthy to chant to you with understanding and to pray without ceasing in fear and trembling, as we work out our salvation through the assistance of your Son. Remember too, Lord, those who cry out to you by

τοὺς πόδας αὐτῶν τοὺς ἀοράτους καὶ πολεμίους ἐχθρούς.

Σὺ γὰρ εἶ ὁ Βασιλεὺς τῆς εἰρήνης καὶ Σωτὴρ τῶν ψυχῶν ἡμῶν, καὶ σοὶ τὴν δόξαν ἀναπέμπομεν, τῷ Πατρὶ καὶ τῷ Υἱῷ καὶ τῷ Ἁγίῳ Πνεύματι, νῦν καὶ ἀεὶ καὶ εἰς τοὺς αἰῶνας τῶν αἰώνων. Ἀμήν.

Ζ΄ Εὐχή

Ὁ Θεὸς καὶ Πατὴρ τοῦ Κυρίου ἡμῶν Ἰησοῦ Χριστοῦ, ὁ ἐξαναστήσας ἡμᾶς ἐκ τῶν κοιτῶν ἡμῶν καὶ ἐπισυναγαγὼν ἐπὶ τὴν ὥραν τῆς προσευχῆς, δὸς ἡμῖν χάριν ἐν ἀνοίξει τοῦ στόματος ἡμῶν καὶ πρόσδεξαι ἡμῶν τὰς κατὰ δύναμιν εὐχαριστίας· καὶ δίδαξον ἡμᾶς τὰ δικαιώματά σου, ὅτι προσεύξασθαι καθ᾽ ὃ δεῖ οὐκ οἴδαμεν, ἐὰν μὴ σύ, Κύριε, τῷ Πνεύματί σου τῷ ἁγίῳ ὁδηγήσῃς ἡμᾶς. Διό, δεόμεθά σου· εἴ τι ἡμάρτομεν μέχρι τῆς παρούσης ὥρας, ἐν λόγῳ ἢ ἔργῳ ἢ κατὰ διάνοιαν, ἑκουσίως ἢ ἀκουσίως, ἄνες, ἄφες, συγχώρησον· ἐὰν γὰρ ἀνομίας παρατηρήσῃς, Κύριε, Κύριε, τίς ὑποστήσεται; ὅτι παρὰ σοὶ ἡ ἀπολύτρωσις. Σὺ εἶ μόνος ἅγιος, βοηθός, κραταιὸς ὑπερασπιστὴς τῆς ζωῆς ἡμῶν καὶ ἐν σοὶ ἡ ὕμνησις ἡμῶν διαπαντός.

Εἴη τὸ κράτος τῆς βασιλείας σου εὐλογημένον καὶ δεδοξασμένον τοῦ Πατρὸς καὶ τοῦ Υἱοῦ καὶ τοῦ Ἁγίου Πνεύματος, νῦν καὶ ἀεὶ καὶ εἰς τοὺς αἰῶνας τῶν αἰώνων. Ἀμήν.

Η΄ Εὐχή

Κύριε ὁ Θεὸς ἡμῶν, ὁ τὴν τοῦ ὕπνου ῥαθυμίαν ἀποσκεδάσας ἀφ᾽ ἡμῶν, καὶ συγκαλέσας ἡμᾶς κλήσει ἁγίᾳ, τοῦ καὶ ἐν νυκτὶ ἐπᾶραι τὰς χεῖρας ἡμῶν καὶ ἐξομολογεῖσθαί σοι ἐπὶ τὰ κρίματα τῆς δικαιοσύνης σου, πρόσδεξαι τὰς δεήσεις ἡμῶν, τὰς ἐντεύξεις, τὰς ἐξομολογήσεις, τὰς

night. Hear them and have mercy, and crush beneath their feet their invisible and hostile foes.

For you are the King of peace and the Saviour of our souls, and to you we give glory, to the Father, the Son and the Holy Spirit, now and for ever, and to the ages of ages. Amen.

7th Prayer

God and Father of our Lord Jesus Christ, who have raised us from our beds and gathered us together for this hour of prayer, give us grace by the opening of our mouths and accept our thanksgivings, in the measure of our ability. Teach us your statutes, because we do not know how to pray as we ought, unless you, Lord guide us by your Holy Spirit. Therefore we beg you, if we have sinned in any way until the present hour in word or deed or by thought, voluntarily or involuntarily, remit, forgive, pardon. For if you should regard iniquities, Lord; Lord, who will stand? For there is redemption from you. You alone are holy, a helper, a mighty defender of our life, and in you is our praise at all times.

Blessed and glorified be the might of your Kingdom, of the Father, the Son and the Holy Spirit, now and for ever, and to the ages of ages. Amen.

8th Prayer

Lord our God, who have driven from us the sloth of sleep and called us together with a holy summons to lift up our hands and to give you thanks for the judgements of your justice, accept our supplications, our requests, our thanksgivings, our nocturnal worship;

νυκτερινὰς λατρείας· καὶ χάρισαι ἡμῖν, ὁ Θεός, πίστιν ἀκαταίσχυντον, ἐλπίδα βεβαίαν, ἀγάπην ἀνυπόκριτον· εὐλόγησον ἡμῶν εἰσόδους καὶ ἐξόδους, πράξεις, ἔργα, λόγους, ἐνθυμήσεις· καὶ δὸς ἡμῖν καταντῆσαι εἰς τὰς ἀρχὰς τῆς ἡμέρας, αἰνοῦντας, ὑμνοῦντας, εὐλογοῦντας τῆς σῆς ἀφράστου χρηστότητος τὴν ἀγαθότητα.

Ὅτι ηὐλόγηταί τὸ πανάγιόν σου ὄνομα, καὶ δεδόξασταί σου ἡ βασιλεία, τοῦ Πατρὸς καὶ τοῦ Υἱοῦ καὶ τοῦ Ἁγίου Πνεύματος, νῦν καὶ ἀεὶ καὶ εἰς τοὺς αἰῶνας τῶν αἰώνων. Ἀμήν.

Θ´ Εὐχή

Λάμψον, Δέσποτα φιλάνθρωπε, ἐν ταῖς καρδίαις ἡμῶν, τὸ τῆς σῆς θεογνωσίας ἀκήρατον φῶς, καὶ τοὺς τῆς διανοίας ἡμῶν ὀφθαλμοὺς διάνοιξον εἰς τὴν τῶν εὐαγγελικῶν σου κηρυγμάτων κατανόησιν. Ἔνθες ἡμῖν καὶ τὸν τῶν μακαρίων σου ἐντολῶν φόβον, ἵνα πάσας τὰς σαρκικὰς ἐπιθυμίας καταπατήσαντες, πνευματικὴν πολιτείαν μετέλθωμεν, πάντα τὰ πρὸς εὐαρέστησιν τὴν σὴν καὶ φρονοῦντες καὶ πράττοντες.

Ὅτι σὺ εἶ ὁ ἁγιασμὸς ἡμῶν, καὶ σοὶ τὴν δόξαν ἀναπέμπομεν, τῷ Πατρὶ καὶ τῷ Υἱῷ καὶ τῷ Ἁγίῳ Πνεύματι, νῦν καὶ ἀεὶ καὶ εἰς τοὺς αἰῶνας τῶν αἰώνων. Ἀμήν.

Ι´ Εὐχή

Κύριε ὁ Θεὸς ἡμῶν, ὁ τὴν διὰ μετανοίας ἄφεσιν τοῖς ἀνθρώποις δωρησάμενος καὶ τύπον ἡμῖν ἐπιγνώσεως ἁμαρτημάτων καὶ ἐξομολογήσεως τὴν τοῦ προφήτου Δαυΐδ μετάνοιαν πρὸς συγχώρησιν ὑποδείξας· αὐτός, Δέσποτα, πολλοῖς ἡμᾶς καὶ μεγάλοις περιπεπτωκότας πλημμελήμασιν, ἐλέησον κατὰ τὸ μέγα σου ἔλεος, καί, κατὰ τὸ πλῆθος τῶν οἰκτιρμῶν σου,

and give us, O God, the grace of faith unashamed, sure hope, love without pretence. Bless our comings in and our goings out, our deeds, works, words, desires, and grant that we may meet the beginnings of the day praising, singing, blessing the loving-kindness of your ineffable goodness.

For blessed is your all-holy name and glorified is your kingdom, of the Father, the Son and the Holy Spirit, now and for ever, and to the ages of ages. Amen.

9th Prayer

Light in our hearts, Master, lover of humankind, the unsullied light of your divine knowledge, and open the eyes of our mind to the understanding of the proclamation of your Gospel. Instill in us also the fear of your blessed commandments, so that having trampled down all the desires of the flesh we may pass over to a spiritual way of life, thinking and doing all things that are well-pleasing to you.

For you are our sanctification and to you we give glory, to the Father, the Son and the Holy Spirit, now and for ever, and to the ages of ages. Amen.

10th Prayer

Lord our God, who have granted humankind forgiveness through repentance and shown us an image of acknowledgement and confession of sins: the repentance leading to pardon of the prophet David, in accordance with your great mercy have mercy on us, who have fallen by many and great offences, and, in accordance with the multitude of

ἐξάλειψον τὰ ἀνομήματα ἡμῶν· ὅτι σοι ἡμάρτομεν, Κύριε, τῷ καὶ τὰ ἄδηλα καὶ κρύφια τῆς καρδίας τῶν ἀνθρώπων γινώσκοντι καὶ μόνῳ ἔχοντι ἐξουσίαν ἀφιέναι ἁμαρτίας. Καρδίαν δὲ καθαρὰν κτίσας ἐν ἡμῖν καὶ πνεύματι ἡγεμονικῷ στηρίξας ἡμᾶς καὶ τὴν ἀγαλλίασιν τοῦ σωτηρίου σου γνωρίσας ἡμῖν, μὴ ἀπορρίψῃς ἡμᾶς ἀπὸ τοῦ προσώπου σου· ἀλλ᾿ εὐδόκησον, ὡς ἀγαθὸς καὶ φιλάνθρωπος, μέχρι τῆς ἐσχάτης ἡμῶν ἀναπνοῆς προσφέρειν σοι θυσίαν δικαιοσύνης καὶ ἀναφορὰν ἐν τοῖς ἁγίοις σου θυσιαστηρίοις.

Ἐλέει, καὶ οἰκτιρμοῖς, καὶ φιλανθρωπίᾳ τοῦ μονογενοῦς σου Υἱοῦ, μεθ᾿ οὗ εὐλογητὸς εἶ, σὺν τῷ παναγίῳ καὶ ἀγαθῷ καὶ ζωοποιῷ σου Πνεύματι, νῦν καὶ ἀεὶ καὶ εἰς τοὺς αἰῶνας τῶν αἰώνων. Ἀμήν.

ΙΑ' Εὐχή

Ὁ Θεός, ὁ Θεὸς ἡμῶν, ὁ τὰς νοερὰς καὶ λογικὰς ὑποστησάμενος δυνάμεις τῷ σῷ θελήματι, σοῦ δεόμεθα καὶ σὲ ἱκετεύομεν, πρόσδεξαι ἡμῶν μετὰ τῶν κτισμάτων σου πάντων τὴν κατὰ δύναμιν δοξολογίαν καὶ ταῖς πλουσίαις τῆς σῆς ἀγαθότητος ἀντάμειψαι δωρεαῖς· ὅτι σοὶ κάμπτει πᾶν γόνυ ἐπουρανίων καὶ ἐπιγείων καὶ καταχθονίων καὶ πᾶσα πνοὴ καὶ κτίσις ὑμνεῖ τὴν ἀκατάληπτόν σου δόξαν· μόνος γὰρ εἶ Θεὸς ἀληθινὸς καὶ πολυέλεος.

Ὅτι σὲ αἰνοῦσι πᾶσαι αἱ δυνάμεις τῶν οὐρανῶν, καὶ σοὶ τὴν δόξαν ἀναπέμπομεν, τῷ Πατρὶ καὶ τῷ Υἱῷ καὶ τῷ Ἁγίῳ Πνεύματι, νῦν καὶ ἀεὶ καὶ εἰς τοὺς αἰῶνας τῶν αἰώνων. Ἀμήν.

your pity, wipe away our offences. For we have sinned against you, Lord, who know too the hidden and secret things of the human heart and who alone have authority to forgive sins. Create a clean heart in us and by your sovereign Spirit establish us and make known to us the joy of your salvation. Do not cast us away from your presence, but be well pleased, as you are good and love humankind, for us to offer you until our last breath a sacrifice of justice and an offering on your holy altars.

By the mercy and compassion and love for humankind of your only-begotten Son, with whom you are blessed, together with your all-holy, good and life-giving Spirit, now and for ever, and to the ages of ages. Amen.

11th Prayer

O God, our God, who by your will have brought into being the spiritual and rational Powers, we beseech and implore you, accept with that of all your creatures our hymn of glory in the measure of our power, and grant us in return the rich gifts of your loving-kindness. For to you bends every knee of those in heaven and on earth and under the earth, and everything that has breath and all creation sings the praise of your incomprehensible glory. For you alone are God, true and of great mercy.

For all the Powers of heaven praise you and to you we give glory, to the Father, the Son and the Holy Spirit, now and for ever, and to the ages of ages. Amen.

ΙΒ΄ Εὐχή

Αἰνοῦμεν, ὑμνοῦμεν, εὐλογοῦμεν καὶ εὐχαριστοῦμέν σοι, ὁ Θεὸς τῶν πατέρων ἡμῶν, ὅτι παρήγαγες τὴν σκιὰν τῆς νυκτὸς καὶ ἔδειξας ἡμῖν πάλιν τὸ φῶς τῆς ἡμέρας· ἀλλ' ἱκετεύομεν τὴν σὴν ἀγαθότητα· ἱλάσθητι ταῖς ἁμαρτίαις ἡμῶν καὶ πρόσδεξαι τὴν δέησιν ἡμῶν ἐν τῇ μεγάλῃ σου εὐσπλαγχνίᾳ, ὅτι πρὸς σὲ καταφεύγομεν, τὸν ἐλεήμονα καὶ παντοδύναμον Θεόν· λάμψον ἐν ταῖς καρδίαις ἡμῶν τὸν ἀληθινὸν ἥλιον τῆς δικαιοσύνης σου· φώτισον τὸν νοῦν ἡμῶν καὶ τὰς αἰσθήσεις ὅλας διατήρησον, ἵνα ὡς ἐν ἡμέρᾳ εὐσχημόνως περιπατοῦντες τὴν ὁδὸν τῶν ἐντολῶν σου, καταντήσωμεν εἰς τὴν ζωὴν τὴν αἰώνιον· ὅτι παρὰ σοί ἐστιν ἡ πηγὴ τῆς ζωῆς καὶ ἐν ἀπολαύσει γενέσθαι καταξιωθῶμεν τοῦ ἀπροσίτου φωτός.

Ὅτι σὺ εἶ ὁ Θεὸς ἡμῶν, καὶ σοὶ τὴν δόξαν ἀναπέμπομεν, τῷ Πατρὶ καὶ τῷ Υἱῷ καὶ τῷ Ἁγίῳ Πνεύματι, νῦν καὶ ἀεὶ καὶ εἰς τοὺς αἰῶνας τῶν αἰώνων. Ἀμήν.

Καὶ μετὰ τὴν ἀνάγνωσιν τῶν εὐχῶν ὁ ἱερεὺς ἀσπασάμενος τὴν δεσποτικὴν εἰκόνα εἰσέρχεται διὰ τῆς νοτίου πύλης εἰς τὸ Ἱερόν.

Ὁ ΕΞΑΨΑΛΜΟΣ.

Δόξα ἐν ὑψίστοις Θεῷ καὶ ἐπὶ γῆς εἰρήνη, ἐν ἀνθρώποις εὐδοκία. *(γ΄)*

Κύριε, τὰ χείλη μου ἀνοίξεις, καὶ τὸ στόμα μου ἀναγγελεῖ τὴν αἴνεσίν σου. *(β΄)*

ΨΑΛΜΟΣ Γ΄

Κύριε, τί ἐπληθύνθησαν οἱ θλίβοντές με; Πολλοὶ ἐπανίστανται ἐπ' ἐμέ.

Πολλοὶ λέγουσι τῇ ψυχῇ μου· οὐκ ἔστι σωτηρία αὐτῷ ἐν τῷ Θεῷ αὐτοῦ.

12th Prayer

We praise, hymn, bless and give you thanks, O God of our fathers, for you have turned aside the shades of night and shown us again the light of day. But we implore your loving-kindness: Be merciful to our sins and accept our supplication in your great compassion, for we take refuge in you, the merciful and all-powerful God. Make the true sun of justice shine in our hearts; enlighten our mind and guard all our senses, so that, walking uprightly by day in the way of your commandments, we may reach eternal life; for with you is the source of life, and may we be counted worthy to come to the enjoyment of the unapproachable light.

For you are our God and to you we give glory, to the Father, the Son and the Holy Spirit, now and for ever, and to the ages of ages. Amen.

And after the reading of the prayers, the Priest venerates the icon of the Lord and enters through the south door into the sanctuary.

THE SIX PSALMS.

Glory to God in the highest, and on earth peace, goodwill toward men! *(x3)*

O Lord, You shall open my lips, and my mouth will declare Your praise. *(x2)*

PSALM 3

Lord, why are they so many that afflict me? Many are they who rise up against me.

Many say to my soul, "There is no salvation for him in his God."

Σὺ δέ, Κύριε, ἀντιλήπτωρ μου εἶ, δόξα μου καὶ ὑψῶν τὴν κεφαλήν μου.

Φωνῇ μου πρὸς Κύριον ἐκέκραξα, καὶ ἐπήκουσέ μου ἐξ ὄρους ἁγίου αὐτοῦ.

Ἐγὼ δὲ ἐκοιμήθην καὶ ὕπνωσα· ἐξηγέρθην, ὅτι Κύριος ἀντιλήψεταί μου.

Οὐ φοβηθήσομαι ἀπὸ μυριάδων λαοῦ τῶν κύκλῳ συνεπιτιθεμένων μοι.

Ἀνάστα, Κύριε, σῶσόν με ὁ Θεός μου, ὅτι σὺ ἐπάταξας πάντας τοὺς ἐχθραίνοντάς μοι ματαίως, ὀδόντας ἁμαρτωλῶν συνέτριψας.

Τοῦ Κυρίου ἡ σωτηρία, καὶ ἐπὶ τὸν λαόν σου ἡ εὐλογία σου.

Καὶ πάλιν.

Ἐγὼ δὲ ἐκοιμήθην καὶ ὕπνωσα· ἐξηγέρθην, ὅτι Κύριος ἀντιλήψεταί μου. *(β´)*

ΨΑΛΜΟΣ ΛΖ´

Κύριε, μὴ τῷ θυμῷ σου ἐλέγξῃς με, μηδὲ τῇ ὀργῇ σου παιδεύσῃς με.

Ὅτι τὰ βέλη σου ἐνεπάγησάν μοι, καὶ ἐπεστήριξας ἐπ᾽ ἐμὲ τὴν χεῖρά σου.

Οὐκ ἔστιν ἴασις ἐν τῇ σαρκί μου ἀπὸ προσώπου τῆς ὀργῆς σου, οὐκ ἔστιν εἰρήνη ἐν τοῖς ὀστέοις μου ἀπὸ προσώπου τῶν ἁμαρτιῶν μου.

Ὅτι αἱ ἀνομίαι μου ὑπερῆραν τὴν κεφαλήν μου, ὡσεὶ φορτίον βαρὺ ἐβαρύνθησαν ἐπ᾽ ἐμέ.

Προσώζεσαν καὶ ἐσάπησαν οἱ μώλωπές μου ἀπὸ προσώπου τῆς ἀφροσύνης μου.

Ἐταλαιπώρησα καὶ κατεκάμφθην ἕως τέλους, ὅλην τὴν ἡμέραν σκυθρωπάζων ἐπορευόμην.

But You, O Lord, are my helper, my glory, who lifts up my head.

With my voice I cried to the Lord, and He heard me from His holy mountain.

As for me, I lay down and slept. I arose, for the Lord will help me.

I will not be afraid of ten thousands of people arrayed against me all around.

Arise, O Lord. Save me, O my God. For You have stricken all who hated me without cause; the teeth of sinners You have shattered.

My salvation is of the Lord; and upon Your people is Your blessing.

And again

I lay down and slept. I arose, for the Lord will help me. *(x2)*

PSALM 37

O Lord, in Your anger rebuke me not, neither in Your wrath chasten me.

For Your arrows are stuck fast in me; and You have brought down Your hand against me.

There is no healing in my flesh because of your wrath. There is no peace in my bones because of my sins.

For my iniquities have risen higher than my head; they have weighed upon me like a heavy burden.

My sores are foul and festering, because of my folly.

I am exhausted and completely bent over; all the day long despondently I carried myself.

Ὅτι αἱ ψόαι μου ἐπλήσθησαν ἐμπαιγμάτων, καὶ οὐκ ἔστιν ἴασις ἐν τῇ σαρκί μου.

Ἐκακώθην καὶ ἐταπεινώθην ἕως σφόδρα, ὠρυόμην ἀπὸ στεναγμοῦ τῆς καρδίας μου.

Κύριε, ἐναντίον σου πᾶσα ἡ ἐπιθυμία μου, καὶ ὁ στεναγμός μου ἀπὸ σοῦ οὐκ ἀπεκρύβη.

Ἡ καρδία μου ἐταράχθη, ἐγκατέλιπέ με ἡ ἰσχύς μου, καὶ τὸ φῶς τῶν ὀφθαλμῶν μου καὶ αὐτὸ οὐκ ἔστι μετ' ἐμοῦ.

Οἱ φίλοι μου καὶ οἱ πλησίον μου ἐξεναντίας μου ἤγγισαν καὶ ἔστησαν, καὶ οἱ ἐγγιστά μου ἀπὸ μακρόθεν ἔστησαν.

Καὶ ἐξεβιάζοντο οἱ ζητοῦντες τὴν ψυχήν μου, καὶ οἱ ζητοῦντες τὰ κακά μοι ἐλάλησαν ματαιότητας, καὶ δολιότητας ὅλην τὴν ἡμέραν ἐμελέτησαν.

Ἐγὼ δὲ ὡσεὶ κωφὸς οὐκ ἤκουον καὶ ὡσεὶ ἄλαλος οὐκ ἀνοίγων τὸ στόμα αὐτοῦ.

Καὶ ἐγενόμην ὡσεὶ ἄνθρωπος οὐκ ἀκούων καὶ οὐκ ἔχων ἐν τῷ στόματι αὐτοῦ ἐλεγμούς.

Ὅτι ἐπὶ σοί, Κύριε, ἤλπισα· σὺ εἰσακούσει, Κύριε ὁ Θεός μου.

Ὅτι εἶπον· Μή ποτε ἐπιχαρῶσί μοι οἱ ἐχθροί μου· καὶ ἐν τῷ σαλευθῆναι πόδας μου ἐπ' ἐμὲ ἐμεγαλορρημόνησαν.

Ὅτι ἐγὼ εἰς μάστιγας ἕτοιμος, καὶ ἡ ἀλγηδών μου ἐνώπιόν μου ἐστὶ διὰ παντός.

Ὅτι τὴν ἀνομίαν μου ἐγὼ ἀναγγελῶ καὶ μεριμνήσω ὑπὲρ τῆς ἁμαρτίας μου.

Οἱ δὲ ἐχθροί μου ζῶσι καὶ κεκραταίωνται ὑπὲρ ἐμέ, καὶ ἐπληθύνθησαν οἱ μισοῦντές με ἀδίκως.

For my loins were filled with delusions; and there is no healing in my flesh.

I afflicted myself and was humbled exceedingly; I roared from the groaning of my heart.

O Lord, all my desire is before You, and my groaning is not hidden from You.

My heart is troubled, my strength has left me—even the light of my eyes is not with me.

My friends and my companions approached and stood up against me; those closest to me stood at a distance.

Those who were after my soul pressed me; and those who wished me ill spoke lies and plotted intrigues all day long.

But I was like one deaf and did not hear, and as one mute who opens not his mouth.

And I became like a man who cannot hear and who has no rebuttals in his mouth.

For in You, O Lord, I have hoped. You will hear, O Lord my God.

For I said, let my enemies never gloat over me, those who, when my feet are shaken, spoke proudly against me.

For I am prepared for scourges, and my anguish is before me always.

For I shall confess my iniquity and tend to my sin.

But my enemies are alive and stronger than I, and those who hate me without cause have been multiplied.

Οἱ ἀνταποδιδόντες μοι κακὰ ἀντὶ ἀγαθῶν ἐνδιέβαλλόν με, ἐπεὶ κατεδίωκον ἀγαθωσύνην.

Μὴ ἐγκαταλίπῃς με, Κύριε ὁ Θεός μου, μὴ ἀποστῇς ἀπ' ἐμοῦ.

Πρόσχες εἰς τὴν βοήθειάν μου, Κύριε τῆς σωτηρίας μου.

Καὶ πάλιν.

Μὴ ἐγκαταλίπῃς με, Κύριε ὁ Θεός μου, μὴ ἀποστῇς ἀπ' ἐμοῦ. Πρόσχες εἰς τὴν βοήθειάν μου, Κύριε τῆς σωτηρίας μου.

ΨΑΛΜΟΣ ΖΒ'

Ὁ Θεὸς ὁ Θεός μου, πρὸς σὲ ὀρθρίζω. Ἐδίψησέ σε ἡ ψυχή μου, ποσαπλῶς σοι ἡ σάρξ μου, ἐν γῇ ἐρήμῳ καὶ ἀβάτῳ καὶ ἀνύδρῳ.

Οὕτως ἐν τῷ ἁγίῳ ὤφθην σοι τοῦ ἰδεῖν τὴν δύναμίν σου καὶ τὴν δόξαν σου.

Ὅτι κρεῖσσον τὸ ἔλεός σου ὑπὲρ ζωάς· τὰ χείλη μου ἐπαινέσουσί σε.

Οὕτως εὐλογήσω σε ἐν τῇ ζωῇ μου, καὶ ἐν τῷ ὀνόματί σου ἀρῶ τὰς χεῖράς μου.

Ὡς ἐκ στέατος καὶ πιότητος ἐμπλησθείη ἡ ψυχή μου, καὶ χείλη ἀγαλλιάσεως αἰνέσει τὸ στόμα μου.

Εἰ ἐμνημόνευόν σου ἐπὶ τῆς στρωμνῆς μου, ἐν τοῖς ὄρθροις ἐμελέτων εἰς σέ·

Ὅτι ἐγενήθης βοηθός μου, καὶ ἐν τῇ σκέπῃ τῶν πτερύγων σου ἀγαλλιάσομαι.

Ἐκολλήθη ἡ ψυχή μου ὀπίσω σου, ἐμοῦ δὲ ἀντελάβετο ἡ δεξιά σου.

Αὐτοὶ δὲ εἰς μάτην ἐζήτησαν τὴν ψυχήν μου, εἰσελεύσονται εἰς τὰ κατώτατα τῆς γῆς·

Those who render me evil for good slandered me because I pursued goodness.

Forsake me not, O Lord my God, depart not from me.

Attend to my help, O Lord of my salvation.

And again

Forsake me not, O Lord my God, depart not from me. Attend to my help, O Lord of my salvation.

PSALM 62

O God my God, at dawn I rise to you. My soul thirsts for you; my flesh longs for you, in a land that is desolate, trackless and waterless.

Thus would I appear before You in the sanctuary to see Your power and Your glory.

For Your mercy is better than lives; my lips shall praise You.

Thus will I bless You in my life, and in Your name will I lift up my hands.

Let my soul be filled as with suet and fat, and joyful lips will praise your name.

I brought You to mind as I lay on my couch, during the early watches I have meditated on You.

For You have become my helper; and in the shelter of Your wings I will be glad.

My soul clings to You, and Your right hand has laid hold of me.

But they sought my life to no avail; they shall go to the lowest depths of the earth.

Παραδοθήσονται εἰς χεῖρας ῥομφαίας, μερίδες ἀλωπέκων ἔσονται.

Ὁ δὲ βασιλεὺς εὐφρανθήσεται ἐπὶ τῷ Θεῷ, ἐπαινεθήσεται πᾶς ὁ ὀμνύων ἐν αὐτῷ, ὅτι ἐνεφράγη στόμα λαλούντων ἄδικα.

Καὶ πάλιν.

Ἐν τοῖς ὄρθροις ἐμελέτων εἰς σέ· ὅτι ἐγενήθης βοηθός μου, καὶ ἐν τῇ σκέπῃ τῶν πτερύγων σου ἀγαλλιάσομαι. Ἐκολλήθη ἡ ψυχή μου ὀπίσω σου, ἐμοῦ δὲ ἀντελάβετο ἡ δεξιά σου.

Δόξα Πατρὶ καὶ Υἱῷ καὶ Ἁγίῳ Πνεύματι, καὶ νῦν καὶ ἀεὶ καὶ εἰς τοὺς αἰῶνας τῶν αἰώνων. Ἀμήν.

Ἀλληλούϊα, ἀλληλούϊα, ἀλληλούϊα, δόξα σοι ὁ Θεός.

Κύριε, ἐλέησον. *(γ΄)*

Δόξα Πατρὶ καὶ Υἱῷ καὶ Ἁγίῳ Πνεύματι, καὶ νῦν καὶ ἀεὶ καὶ εἰς τοὺς αἰῶνας τῶν αἰώνων. Ἀμήν.

ΨΑΛΜΟΣ ΠΖ΄

Κύριε ὁ Θεὸς τῆς σωτηρίας μου, ἡμέρας ἐκέκραξα καὶ ἐν νυκτὶ ἐναντίον σου.

Εἰσελθέτω ἐνώπιόν σου ἡ προσευχή μου, κλῖνον τὸ οὖς σου εἰς τὴν δέησίν μου.

Ὅτι ἐπλήσθη κακῶν ἡ ψυχή μου, καὶ ἡ ζωή μου τῷ ᾅδῃ ἤγγισε.

Προσελογίσθην μετὰ τῶν καταβαινόντων εἰς λάκκον, ἐγενήθην ὡσεὶ ἄνθρωπος ἀβοήθητος, ἐν νεκροῖς ἐλεύθερος,

Ὡσεὶ τραυματίαι καθεύδοντες ἐν τάφῳ, ὧν οὐκ ἐμνήσθης ἔτι, καὶ αὐτοὶ ἐκ τῆς χειρός σου ἀπώσθησαν.

They shall be given over to the sword; the portions of foxes they shall be.

But the king shall rejoice in God, and all who swear by him shall be praised, for the mouths of them that spoke unjustly have been stopped.

And again

During the early watches I have meditated on You. For You have become my helper; and in the shelter of Your wings I will be glad. My soul clings to You, and Your right hand has laid hold of me.

Glory to the Father, and the Son, and the Holy Spirit, both now and ever and to the ages of ages. Amen.

Alleluia, alleluia, alleluia, glory to You, O God.

Lord, have mercy. *(x3)*

Glory to the Father, and the Son, and the Holy Spirit, both now and ever and to the ages of ages. Amen.

PSALM 87

Lord God of my salvation, day and night I cried out to You.

Let my prayer come before You; incline Your ear to my supplication.

For my soul has been filled with evils, and my life has drawn near to Hades.

I have been numbered with those who go into the pit. I have become like a man with no help, I, who am free, am among the dead.

I have become like the wounded who lie in a grave, whom You remember no longer, and have been pushed away by Your hand.

Ἐθεντό με ἐν λάκκῳ κατωτάτῳ, ἐν σκοτεινοῖς καὶ ἐν σκιᾷ θανάτου.

Ἐπ' ἐμὲ ἐπεστηρίχθη ὁ θυμός σου, καὶ πάντας τοὺς μετεωρισμούς σου ἐπήγαγες ἐπ' ἐμέ.

Ἐμάκρυνας τοὺς γνωστούς μου ἀπ' ἐμοῦ, ἔθεντό με βδέλυγμα ἑαυτοῖς, παρεδόθην καὶ οὐκ ἐξεπορευόμην.

Οἱ ὀφθαλμοί μου ἠσθένησαν ἀπὸ πτωχείας· ἐκέκραξα πρὸς σέ, Κύριε, ὅλην τὴν ἡμέραν, διεπέτασα πρὸς σὲ τὰς χεῖράς μου.

Μὴ τοῖς νεκροῖς ποιήσεις θαυμάσια; ἢ ἰατροὶ ἀναστήσουσι καὶ ἐξομολογήσονταί σοι;

Μὴ διηγήσεταί τις ἐν τῷ τάφῳ τὸ ἔλεός σου καὶ τὴν ἀλήθειάν σου ἐν τῇ ἀπωλείᾳ;

Μὴ γνωσθήσεται ἐν τῷ σκότει τὰ θαυμάσιά σου καὶ ἡ δικαιοσύνη σου ἐν γῇ ἐπιλελησμένῃ;

Κἀγὼ πρὸς σέ, Κύριε, ἐκέκραξα, καὶ τὸ πρωῒ ἡ προσευχή μου προφθάσει σε.

Ἵνα τί, Κύριε, ἀπωθεῖς τὴν ψυχήν μου, ἀποστρέφεις τὸ πρόσωπόν σου ἀπ' ἐμοῦ;

Πτωχός εἰμι ἐγὼ καὶ ἐν κόποις ἐκ νεότητός μου, ὑψωθεὶς δὲ ἐταπεινώθην καὶ ἐξηπορήθην.

Ἐπ' ἐμὲ διῆλθον αἱ ὀργαί σου, οἱ φοβερισμοί σου ἐξετάραξάν με,

Ἐκύκλωσάν με ὡσεὶ ὕδωρ ὅλην τὴν ἡμέραν, περιέσχον με ἅμα.

Ἐμάκρυνας ἀπ' ἐμοῦ φίλον καὶ πλησίον, καὶ τοὺς γνωστούς μου ἀπὸ ταλαιπωρίας.

Καὶ πάλιν.

Κύριε ὁ Θεὸς τῆς σωτηρίας μου, ἡμέρας ἐκέκραξα καὶ ἐν νυκτὶ ἐναντί-

They laid me in a very deep pit, in dark places, and in the shadow of death.

Your anger pressed down hard on me, and You brought down on me all Your turmoils.

You stood my acquaintances far off from me; they made me an abomination to themselves. I was handed over and I did not escape.

My eyes weakened from poverty. I cried to You all day, O Lord, I spread out my arms to You.

Will you work wonders for the dead? Or will physicians resuscitate them that they give You thanks?

Will anyone recount Your mercy in the grave, and Your truth in perdition?

Will Your wonders be known in the darkness, and Your justice in a land forgotten?

I, too, have cried out to You, O Lord, and my prayer will reach You at dawn.

Why, Lord, do You still reject my soul? Why do You turn Your face from me?

I am poor and in hardship from my youth. I was exalted, then humbled and impoverished.

Your wrath went through me; Your terrors disquieted me.

They encircled me the whole day like water; they surrounded me together.

You distanced from me friend and neighbor and my acquaintances, because of my misery.

And again

Lord God of my salvation, day and night I cried out to You. Let my prayer

ον σου. Εἰσελθέτω ἐνώπιόν σου ἡ προσευχή μου, κλῖνον τὸ οὖς σου εἰς τὴν δέησίν μου.

ΨΑΛΜΟΣ ΡΒ΄

Εὐλόγει, ἡ ψυχή μου, τὸν Κύριον, καί, πάντα τὰ ἐντός μου, τὸ ὄνομα τὸ ἅγιον αὐτοῦ.

Εὐλόγει, ἡ ψυχή μου, τὸν Κύριον, καὶ μὴ ἐπιλανθάνου πάσας τὰς ἀνταποδόσεις αὐτοῦ.

Τὸν εὐϊλατεύοντα πάσας τὰς ἀνομίας σου, τὸν ἰώμενον πάσας τὰς νόσους σου.

Τὸν λυτρούμενον ἐκ φθορᾶς τὴν ζωήν σου, τὸν στεφανοῦντά σε ἐν ἐλέει καὶ οἰκτιρμοῖς.

Τὸν ἐμπιπλῶντα ἐν ἀγαθοῖς τὴν ἐπιθυμίαν σου, ἀνακαινισθήσεται ὡς ἀετοῦ ἡ νεότης σου.

Ποιῶν ἐλεημοσύνας ὁ Κύριος καὶ κρῖμα πᾶσι τοῖς ἀδικουμένοις.

Ἐγνώρισε τὰς ὁδοὺς αὐτοῦ τῷ Μωϋσῆ, τοῖς υἱοῖς Ἰσραὴλ τὰ θελήματα αὐτοῦ.

Οἰκτίρμων καὶ ἐλεήμων ὁ Κύριος, μακρόθυμος καὶ πολυέλεος·

Οὐκ εἰς τέλος ὀργισθήσεται, οὐδὲ εἰς τὸν αἰῶνα μηνιεῖ.

Οὐ κατὰ τὰς ἀνομίας ἡμῶν ἐποίησεν ἡμῖν, οὐδὲ κατὰ τὰς ἁμαρτίας ἡμῶν ἀνταπέδωκεν ἡμῖν,

Ὅτι κατὰ τὸ ὕψος τοῦ οὐρανοῦ ἀπὸ τῆς γῆς ἐκραταίωσε Κύριος τὸ ἔλεος αὐτοῦ ἐπὶ τοὺς φοβουμένους αὐτόν.

Καθ᾿ ὅσον ἀπέχουσιν ἀνατολαὶ ἀπὸ δυσμῶν, ἐμάκρυνεν ἀφ᾿ ἡμῶν τὰς ἀνομίας ἡμῶν.

come before You; incline Your ear to my supplication.

PSALM 102

Bless the Lord, O my soul; and all that is within me, bless His holy name.

Bless the Lord, O my soul, and forget not all His rewards. He is gracious toward all your iniquities,

He heals all your infirmities. He rescues your life from corruption;

In His mercy and tender love He awards you a crown. He fulfills your desire for good things;

Like that of an eagle your youth will be restored.

The Lord performs deeds of mercy for all who have suffered injustice.

He made known His ways to Moses, to the sons of Israel the things that He has willed.

The Lord is compassionate and merciful, longsuffering and very merciful.

He will not maintain His anger nor will He forever keep His wrath.

Not according to our iniquities has He dealt with us, neither according to our sins has He rewarded us.

For as high as the heaven is from the earth, so has the Lord extended His mercy to those who go in fear of Him.

As far as the East is from the West, so far has He removed our iniquities from us.

Καθὼς οἰκτίρει πατὴρ υἱούς, ᾠκτίρησε Κύριος τοὺς φοβουμένους αὐτόν,	As a father has compassion on his sons, so the Lord has compassion on those who go in fear of Him;
Ὅτι αὐτὸς ἔγνω τὸ πλάσμα ἡμῶν, ἐμνήσθη ὅτι χοῦς ἐσμεν.	For He knows how we were formed, He remembered that we are dust.
Ἄνθρωπος, ὡσεὶ χόρτος αἱ ἡμέραι αὐτοῦ· ὡσεὶ ἄνθος τοῦ ἀγροῦ, οὕτως ἐξανθήσει.	Man, like the grass are his days; like a flower of the field, so shall he blossom.
Ὅτι πνεῦμα διῆλθεν ἐν αὐτῷ, καὶ οὐχ ὑπάρξει, καὶ οὐκ ἐπιγνώσεται ἔτι τὸν τόπον αὐτοῦ.	For breath passes from within him and he is no more, and he will not look upon his place again.
Τὸ δὲ ἔλεος τοῦ Κυρίου ἀπὸ τοῦ αἰῶνος καὶ ἕως τοῦ αἰῶνος ἐπὶ τοὺς φουβουμένους αὐτόν, καὶ ἡ δικαιοσύνη αὐτοῦ ἐπὶ υἱοῖς υἱῶν,	But the mercy of the Lord is from eternity, and unto eternity for those who go in fear of Him. And His justice is upon the sons of the sons
Τοῖς φυλάσσουσι τὴν διαθήκην αὐτοῦ καὶ μεμνημένοις τῶν ἐντολῶν αὐτοῦ τοῦ ποιῆσαι αὐτάς.	Of those who keep His testament and who remember His commandments that they be performed.
Κύριος ἐν τῷ οὐρανῷ ἡτοίμασε τὸν θρόνον αὐτοῦ, καὶ ἡ βασιλεία αὐτοῦ πάντων δεσπόζει.	The Lord in heaven has prepared His throne, and His kingship has dominion over all.
Εὐλογεῖτε τὸν Κύριον, πάντες οἱ Ἄγγελοι αὐτοῦ, δυνατοὶ ἰσχύϊ, ποιοῦντες τὸν λόγον αὐτοῦ, τοῦ ἀκοῦσαι τῆς φωνῆς τῶν λόγων αὐτοῦ.	Bless the Lord, all you His angels, mighty in strength, performing His word, that the voice of His words be heard.
Εὐλογεῖτε τὸν Κύριον, πᾶσαι αἱ Δυνάμεις αὐτοῦ, λειτουργοὶ αὐτοῦ, ποιοῦντες τὸ θέλημα αὐτοῦ.	Bless the Lord, all you His powers, His ministers, who perform His will.
Εὐλογεῖτε τὸν Κύριον, πάντα τὰ ἔργα αὐτοῦ, ἐν παντὶ τόπῳ τῆς δεσποτείας αὐτοῦ· εὐλόγει, ἡ ψυχή μου, τὸν Κύριον.	Bless the Lord, O all you works of His, in every place of His dominion. Bless the Lord, O my soul.
Καὶ πάλιν.	*And again*
Ἐν παντὶ τόπῳ τῆς δεσποτείας αὐτοῦ. Εὐλόγει, ἡ ψυχή μου, τὸν Κύριον.	In every place of His dominion. Bless the Lord, O my soul.

ΨΑΛΜΟΣ ΡΜΒ΄

Κύριε, εἰσάκουσον τῆς προσευχῆς μου, ἐνώτισαι τὴν δέησίν μου ἐν τῇ ἀληθείᾳ σου, εἰσάκουσόν μου ἐν τῇ δικαιοσύνῃ σου·

Καὶ μὴ εἰσέλθῃς εἰς κρίσιν μετὰ τοῦ δούλου σου, ὅτι οὐ δικαιωθήσεται ἐνώπιόν σου πᾶς ζῶν.

Ὅτι κατεδίωξεν ὁ ἐχθρὸς τὴν ψυχήν μου, ἐταπείνωσεν εἰς γῆν τὴν ζωήν μου, ἐκάθισέ με ἐν σκοτεινοῖς ὡς νεκροὺς αἰῶνος·

Καὶ ἠκηδίασεν ἐπ᾽ ἐμὲ τὸ πνεῦμά μου, ἐν ἐμοὶ ἐταράχθη ἡ καρδία μου.

Ἐμνήσθην ἡμερῶν ἀρχαίων, ἐμελέτησα ἐν πᾶσι τοῖς ἔργοις σου, ἐν ποιήμασι τῶν χειρῶν σου ἐμελέτων.

Διεπέτασα πρὸς σὲ τὰς χεῖράς μου· ἡ ψυχή μου ὡς γῆ ἄνυδρός σοι.

Ταχὺ εἰσάκουσόν μου, Κύριε, ἐξέλιπε τὸ πνεῦμά μου. Μὴ ἀποστρέψῃς τὸ πρόσωπόν σου ἀπ᾽ ἐμοῦ, καὶ ὁμοιωθήσομαι τοῖς καταβαίνουσιν εἰς λάκκον.

Ἀκουστὸν ποίησόν μοι τὸ πρωῒ τὸ ἔλεός σου, ὅτι ἐπὶ σοὶ ἤλπισα. Γνώρισόν μοι, Κύριε, ὁδόν, ἐν ᾗ πορεύσομαι, ὅτι πρὸς σὲ ἦρα τὴν ψυχήν μου.

Ἐξελοῦ με ἐκ τῶν ἐχθρῶν μου, Κύριε, ὅτι πρὸς σὲ κατέφυγον.

Δίδαξόν με τοῦ ποιεῖν τὸ θέλημά σου, ὅτι σὺ εἶ ὁ Θεός μου. Τὸ πνεῦμά σου τὸ ἀγαθὸν ὁδηγήσει με ἐν γῇ εὐθείᾳ·

Ἕνεκεν τοῦ ὀνόματός σου, Κύριε, ζήσεις με, ἐν τῇ δικαιοσύνῃ σου ἐξάξεις ἐκ θλίψεως τὴν ψυχήν μου·

Καὶ ἐν τῷ ἐλέει σου ἐξολοθρεύσεις τοὺς ἐχθρούς μου καὶ ἀπολεῖς πάντας τοὺς θλίβοντας τὴν ψυχήν μου, ὅτι ἐγὼ δοῦλός σου εἰμι.

PSALM 142

O Lord, hear my prayer, give ear to my supplication in Your truth; hear me in Your righteousness,

And enter not into judgment with Your servant; for before You, no one living will be justified.

The enemy pursued my soul. He has lowered my life to the ground. He has set me in darkness like those long dead.

My spirit became despondent with me; my heart was agitated within me.

I remembered the days of old. I meditated on all Your deeds; I pondered the works of Your hands.

I have spread out my arms to You; my soul thirsts for You like waterless land.

Quickly hear me, O Lord; my spirit has become faint. Turn not Your face away from me, lest I become like those who go down into the pit.

Let me hear of Your mercy in the morning, for I have hoped in You. Show me, Lord, the way in which I should walk, for I have lifted up my soul to You.

Rescue me from my enemies, O Lord; to You have I fled.

Teach me to do Your will, for You are my God. Your good Spirit will guide me on level ground.

You will quicken me, O Lord, for Your name's sake. In Your righteousness You will bring my soul out of affliction.

And in Your mercy You will exterminate my enemies. And You will destroy all those who afflict my soul, for I am Your servant.

Καὶ πάλιν. / *And again*

Εἰσάκουσόν μου ἐν τῇ δικαιοσύνῃ σου· καὶ μὴ εἰσέλθῃς εἰς κρίσιν μετὰ τοῦ δούλου σου. *(β΄)*

Τὸ πνεῦμά σου τὸ ἀγαθὸν ὁδηγήσει με ἐν γῇ εὐθείᾳ.

Δόξα Πατρὶ καὶ Υἱῷ καὶ Ἁγίῳ Πνεύματι, καὶ νῦν καὶ ἀεὶ καὶ εἰς τοὺς αἰῶνας τῶν αἰώνων. Ἀμήν.

Ἀλληλούϊα, ἀλληλούϊα, ἀλληλούϊα, δόξα σοι ὁ Θεός. *(γ΄)* Ἡ ἐλπὶς ἡμῶν, Κύριε, δόξα σοι.

Ὁ Ἱερεύς· Ἐν εἰρήνῃ τοῦ Κυρίου δεηθῶμεν.

Ὁ Χορός· Κύριε, ἐλέησον. *(Καὶ μεθ' ἑκάστην δέησιν)*

Ὁ Ἱερεύς· Ὑπὲρ τῆς ἄνωθεν εἰρήνης, καὶ τῆς σωτηρίας τῶν ψυχῶν ἡμῶν, τοῦ Κυρίου δεηθῶμεν.

Ὑπὲρ τῆς εἰρήνης τοῦ σύμπαντος κόσμου, εὐσταθείας τῶν ἁγίων τοῦ Θεοῦ Ἐκκλησιῶν, καὶ τῆς τῶν πάντων ἑνώσεως, τοῦ Κυρίου δεηθῶμεν.

Ὑπὲρ τοῦ ἁγίου οἴκου τούτου, καὶ τῶν μετὰ πίστεως, εὐλαβείας καὶ φόβου Θεοῦ εἰσιόντων ἐν αὐτῷ, τοῦ Κυρίου δεηθῶμεν.

Ὑπὲρ τοῦ Ἀρχιεπισκόπου ἡμῶν *(τοῦ δεῖνος)*, τοῦ τιμίου πρεσβυτερίου, τῆς ἐν Χριστῷ διακονίας, παντὸς τοῦ κλήρου καὶ τοῦ λαοῦ, τοῦ Κυρίου δεηθῶμεν.

Ὑπὲρ τοῦ εὐσεβοῦς ἡμῶν ἔθνους, πάσης ἀρχῆς καὶ ἐξουσίας ἐν αὐτῷ, τοῦ Κυρίου δεηθῶμεν.

Ὑπὲρ τῆς ἱερᾶς Μητροπόλεως, ἐνορίας καὶ πόλεως ταύτης, πάσης πόλεως, μο-

Hear me in Your righteousness, and enter not into judgment with Your servant. *(x2)*

Your good Spirit will guide me on level ground.

Glory to the Father, and the Son, and the Holy Spirit, both now and ever and to the ages of ages. Amen.

Alleluia, alleluia, alleluia, glory to You, O God. *(x3)* Our hope, O Lord, glory to You.

Priest: In peace let us pray to the Lord.

Choir: Lord, have mercy. *(And so after each petition.)*

Priest: For the peace from above and the salvation of our souls, let us pray to the Lord.

For peace in the whole world, for the stability of the holy churches of God, and for the unity of all, let us pray to the Lord.

For this holy house and for those who enter it with faith, reverence, and the fear of God, let us pray to the Lord.

For our Archbishop *(Name)*, for the honored order of presbyters, for the diaconate in Christ, for all the clergy and the people, let us pray to the Lord.

For our country, the president, and all those in public service, let us pray to the Lord.

For this holy Metropolis and parish, and for this city and every city, monas-

νῆς καὶ χώρας, καὶ τῶν πίστει οἰκούντων ἐν αὐταῖς, τοῦ Κυρίου δεηθῶμεν.

Ὑπὲρ εὐκρασίας ἀέρων, εὐφορίας τῶν καρπῶν τῆς γῆς, καὶ καιρῶν εἰρηνικῶν, τοῦ Κυρίου δεηθῶμεν.

Ὑπὲρ πλεόντων, ὁδοιπορούντων, νοσούντων, καμνόντων, αἰχμαλώτων, καὶ τῆς σωτηρίας αὐτῶν, τοῦ Κυρίου δεηθῶμεν.

Ὑπὲρ τοῦ ῥυσθῆναι ἡμᾶς ἀπὸ πάσης θλίψεως, ὀργῆς, κινδύνου καὶ ἀνάγκης, τοῦ Κυρίου δεηθῶμεν.

Ἀντιλαβοῦ, σῶσον, ἐλέησον, καὶ διαφύλαξον ἡμᾶς, ὁ Θεός, τῇ σῇ χάριτι.

Ὁ Χορός· Κύριε, ἐλέησον.

Ὁ Διάκονος· Τῆς Παναγίας, ἀχράντου, ὑπερευλογημένης, ἐνδόξου Δεσποίνης ἡμῶν Θεοτόκου, καὶ ἀειπαρθένου Μαρίας, μετὰ πάντων τῶν Ἁγίων μνημονεύσαντες, ἑαυτοὺς καὶ ἀλλήλους, καὶ πᾶσαν τὴν ζωὴν ἡμῶν Χριστῷ τῷ Θεῷ παραθώμεθα.

Ὁ Χορός· Σοί, Κύριε.

Ὁ Ἱερεύς·

Ὅτι πρέπει σοι πᾶσα δόξα, τιμὴ καὶ προσκύνησις, τῷ Πατρὶ καὶ τῷ Υἱῷ καὶ τῷ Ἁγίῳ Πνεύματι, νῦν καὶ ἀεὶ καὶ εἰς τοὺς αἰῶνας τῶν αἰώνων.

Ὁ Χορός· Ἀμήν.

Καὶ ψάλλομεν τὸ Ἀλληλούια εἰς ἦχον πλ. δ΄ τετράκις ἀνὰ τρὶς μεθ᾽ ἕκαστον τῶν ἑπομένων στίχων·

Στίχ. α΄. Ἐκ νυκτὸς ὀρθρίζει τὸ πνεῦμά μου πρὸς σέ, ὁ Θεός, διότι φῶς τὰ προστάγματά σου ἐπὶ τῆς γῆς.

tic community, and land and the faithful who live in them, let us pray to the Lord.

For favorable weather, an abundance of the fruits of the earth, and temperate seasons, let us pray to the Lord.

For travelers by land, sea, and air, for the sick, the suffering, the captives, and for their salvation, let us pray to the Lord.

For our deliverance from all affliction, wrath, danger, and distress, let us pray to the Lord.

Take hold of us, save us, have mercy upon us, and protect us, O God, by Your grace.

Choir: Lord, have mercy.

Priest: Commemorating our most holy, most pure, most blessed and glorified Lady the Theotokos and ever-virgin Mary, together with all the saints, let us commit ourselves and one another and all our life unto Christ our God.

Choir: To You, O Lord.

Priest:

For to You belong all glory, honor, and worship to the Father and the Son and the Holy Spirit, both now and ever and to the ages of ages.

Choir: Amen.

And we sing the Alleluia in Tone Pl. 4 four times in sets of three with the following verses:

Verse 1. *From nightfall my spirit is awake for you, O God, for your commands are light upon the earth.*

Στίχ. β'. *Δικαιοσύνην μάθετε, οἱ ἐνοικοῦντες ἐπὶ τῆς γῆς.*

Στίχ. γ'. *Ζῆλος λήψεται λαὸν ἀπαίδευτον, καὶ νῦν πῦρ τοὺς ὑπεναντίους ἔδεται.*

Στίχ. δ'. *Πρόσθες αὐτοῖς κακά, Κύριε, πρόσθες αὐτοῖς κακά, τοῖς ἐνδόξοις τῆς γῆς.*

Εἴθ' οὕτω, τὸ παρὸν Τροπάριον, μετὰ μέλους καὶ αὐτό.

Εἴθισται, ὅπως ψαλλομένου τοῦ τροπαρίου τούτου ἐξάγῃ ὁ ἱερεὺς τὴν εἰκόνα τοῦ Νιπτῆρος καὶ λιτανεύσας αὐτὴν ἐν τῷ Ναῷ, προπορευομένων λαμπάδων καὶ θυμιατοῦ, ἀποθέτῃ αὐτὴν εἰς τὸ μέσον τοῦ ναοῦ.

Ἦχος πλ. δ'.

Ὅτε οἱ ἔνδοξοι μαθηταὶ ἐν τῷ νιπτῆρι τοῦ δείπνου ἐφωτίζοντο, τότε Ἰούδας ὁ δυσσεβής, φιλαργυρίαν νοσήσας, ἐσκοτίζετο· καὶ ἀνόμοις κριταῖς σὲ τὸν δίκαιον κριτὴν παραδίδωσι. Βλέπε χρημάτων ἐραστά, τὸν διὰ ταῦτα ἀγχόνῃ χρησάμενον· φεῦγε ἀκόρεστον ψυχὴν τὴν διδασκάλῳ τοιαῦτα τολμήσασαν. Ὁ περὶ πάντας ἀγαθός, Κύριε δόξα σοι. *(γ')*

Ὁ Διάκονος· Καὶ ὑπὲρ τοῦ καταξιωθῆναι ἡμᾶς τῆς ἀκροάσεως τοῦ ἁγίου Εὐαγγελίου Κύριον τὸν Θεὸν ἡμῶν ἱκετεύσωμεν.

Ὁ Χορός· Κύριε, ἐλέησον. *(γ')*

Ὁ Διάκονος· Σοφία. Ὀρθοί, ἀκούσωμεν τοῦ ἁγίου Εὐαγγελίου.

Ὁ Ἱερεύς· Εἰρήνη πᾶσι.

Ὁ Χορός· Καὶ τῷ πνεύματί σου.

Ὁ Ἱερεύς· Ἐκ τοῦ κατὰ Λουκᾶν ἁγίου Εὐαγγελίου τὸ ἀνάγνωσμα.

Ὁ Διάκονος· Πρόσχωμεν.

Ὁ Χορός· Δόξα σοι, Κύριε, δόξα σοι.

Verse 2. *Learn justice, inhabitants of the earth.*

Verse 3. *Jealousy will seize an untaught people, and now fire devours their adversaries.*

Verse 4. *Bring evils upon them, O Lord, bring evils upon them, the glorious ones of the earth.*

Then the following Troparion is sung solemnly 3 times.

While this is being sung the Priest takes the icon of the Washing of the Feet and makes a procession inside the Temple, preceded by lights and censer and places it in the middle of the Temple.

Tone Pl. 4.

When the glorious disciples were enlightened at the washing of the feet, then was Judas the godless one stricken and darkened by the love of money; and to lawless judges he delivered you, the just Judge. Lover of money, look on him who for its sake went and hanged himself; flee from the insatiable soul, which against the Teacher dared to do such things. O you who are good to all, Lord, glory to you. *(x3)*

Deacon: And that we might be found worthy to hear the holy Gospel, let us pray to the Lord God.

Choir: Lord, have mercy. *(x3)*

Deacon: Wisdom. Arise. Let us hear the holy Gospel.

Priest: Peace to all.

Choir: And to your Spirit.

Priest: The reading is from the holy Gospel according to Luke.

Deacon: Let us be attentive.

Choir: Glory to you, Lord, glory to you!

Ὁ Ἱερεύς·

(κβ´, 1-39)

Τῷ καιρῷ ἐκείνῳ, ἤγγιζεν ἡ ἑορτὴ τῶν ἀζύμων ἡ λεγομένη πάσχα. Καὶ ἐζήτουν οἱ ἀρχιερεῖς καὶ οἱ γραμματεῖς τὸ πῶς ἀνέλωσι τὸν Ἰησοῦν· ἐφοβοῦντο γὰρ τὸν λαόν. Εἰσῆλθε δὲ ὁ σατανᾶς εἰς Ἰούδαν τὸν ἐπικαλούμενον Ἰσκαριώτην, ὄντα ἐκ τοῦ ἀριθμοῦ τῶν δώδεκα, καὶ ἀπελθὼν συνελάλησε τοῖς ἀρχιερεῦσι καὶ γραμματεῦσι καὶ στρατηγοῖς τὸ πῶς αὐτόν παραδῷ αὐτοῖς. Καὶ ἐχάρησαν, καὶ συνέθεντο αὐτῷ ἀργύρια δοῦναι· καὶ ἐξωμολόγησε, καὶ ἐζήτει εὐκαιρίαν τοῦ παραδοῦναι αὐτὸν αὐτοῖς ἄτερ ὄχλου. Ἦλθε δὲ ἡ ἡμέρα τῶν ἀζύμων, ἐν ᾗ ἔδει θύεσθαι τὸ πάσχα, καὶ ἀπέστειλε Πέτρον καὶ Ἰωάννην εἰπών· Πορευθέντες ἑτοιμάσατε ἡμῖν τὸ πάσχα ἵνα φάγωμεν. Οἱ δὲ εἶπον αὐτῷ· Ποῦ θέλεις ἑτοιμάσωμεν; Ὁ δὲ εἶπεν αὐτοῖς· Ἰδοὺ εἰσελθόντων ὑμῶν εἰς τὴν πόλιν συναντήσει ὑμῖν ἄνθρωπος κεράμιον ὕδατος βαστάζων· ἀκολουθήσατε αὐτῷ εἰς τὴν οἰκίαν οὗ εἰσπορεύεται, καὶ ἐρεῖτε τῷ οἰκοδεσπότῃ τῆς οἰκίας· Λέγει σοι ὁ διδάσκαλος, ποῦ ἐστι τὸ κατάλυμα ὅπου τὸ πάσχα μετὰ τῶν μαθητῶν μου φάγω; Κἀκεῖνος ὑμῖν δείξει ἀνώγαιον μέγα ἐστρωμένον· ἐκεῖ ἑτοιμάσατε. Ἀπελθόντες δὲ εὗρον καθὼς εἴρηκεν αὐτοῖς, καὶ ἡτοίμασαν τὸ πάσχα. Καὶ ὅτε ἐγένετο ἡ ὥρα, ἀνέπεσε, καὶ οἱ δώδεκα ἀπόστολοι σὺν αὐτῷ. Καὶ εἶπε πρὸς αὐτούς· Ἐπιθυμίᾳ ἐπεθύμησα τοῦτο τὸ πάσχα φαγεῖν μεθ᾽ ὑμῶν πρὸ τοῦ με παθεῖν· λέγω γὰρ ὑμῖν ὅτι οὐκέτι οὐ μὴ φάγω ἐξ αὐτοῦ ἕως ὅτου πληρωθῇ ἐν τῇ βασιλείᾳ τοῦ Θεοῦ. Καὶ δεξάμενος τὸ ποτήριον εὐχαριστήσας εἶπε· Λάβετε τοῦτο καὶ διαμερίσα-

Priest:

(22:1-39)

At that time, the feast of Unleavened Bread drew near, which is called the Passover. And the chief priests and the scribes were seeking how to put him to death. For they feared the people. Then Satan entered into Judas called Iscariot, who was of the number of the twelve; he went away and conferred with the chief priests and officers how he might betray him to them. And they were glad, and engaged to give him money. So he agreed, and sought an opportunity to betray him to them in the absence of the multitude. Then came the day of Unleavened Bread, on which the passover lamb had to be sacrificed. So Jesus sent Peter and John, saying, "Go and prepare the passover for us, that we may eat it." They said to him, "Where will you have us prepare it?" He said to them, "Behold, when you have entered the city, a man carrying a jar of water will meet you; follow him into the house which he enters, and tell the householder, 'The Teacher says to you, Where is the guest room, where I am to eat the passover with my disciples?' And he will show you a large upper room furnished; there make ready." And they went, and found it as he had told them; and they prepared the passover. And when the hour came, he sat at table, and the apostles with him. And he said to them. "I have earnestly desired to eat this passover with you before I suffer; for I tell you I shall not eat it until it is fulfilled in the kingdom of God." And he took a cup, and when

τε ἑαυτοῖς· λέγω γὰρ ὑμῖν ὅτι οὐ μὴ πίω ἀπὸ τοῦ γενήματος τῆς ἀμπέλου ἕως ὅτου ἡ βασιλεία τοῦ Θεοῦ ἔλθῃ. Καὶ λαβὼν ἄρτον εὐχαριστήσας ἔκλασε καὶ ἔδωκεν αὐτοῖς λέγων· Τοῦτό ἐστι τὸ σῶμά μου τὸ ὑπὲρ ὑμῶν διδόμενον· τοῦτο ποιεῖτε εἰς τὴν ἐμὴν ἀνάμνησιν. Ὡσαύτως καὶ τὸ ποτήριον μετὰ τὸ δειπνῆσαι λέγων· Τοῦτο τὸ ποτήριον ἡ καινὴ διαθήκη ἐν τῷ αἵματί μου, τὸ ὑπὲρ ὑμῶν ἐκχυνόμενον. Πλὴν ἰδοὺ ἡ χεὶρ τοῦ παραδιδόντος με μετ' ἐμοῦ ἐπὶ τῆς τραπέζης. Καὶ ὁ μὲν υἱὸς τοῦ ἀνθρώπου πορεύεται κατὰ τὸ ὡρισμένον· πλὴν οὐαὶ τῷ ἀνθρώπῳ ἐκείνῳ δι' οὗ παραδίδοται. Καὶ αὐτοὶ ἤρξαντο συζητεῖν πρὸς ἑαυτοὺς τὸ τίς ἄρα εἴη ἐξ αὐτῶν ὁ τοῦτο μέλλων πράσσειν. Ἐγένετο δὲ καὶ φιλονεικία ἐν αὐτοῖς, τὸ τίς αὐτῶν δοκεῖ εἶναι μείζων. Ὁ δὲ εἶπεν αὐτοῖς· Οἱ βασιλεῖς τῶν ἐθνῶν κυριεύουσιν αὐτῶν, καὶ οἱ ἐξουσιάζοντες αὐτῶν εὐεργέται καλοῦνται· ὑμεῖς δὲ οὐχ οὕτως, ἀλλ' ὁ μείζων ἐν ὑμῖν γινέσθω ὡς ὁ νεώτερος, καὶ ὁ ἡγούμενος ὡς ὁ διακονῶν. Τίς γὰρ μείζων, ὁ ἀνακείμενος ἢ ὁ διακονῶν; Οὐχὶ ὁ ἀνακείμενος; Ἐγὼ δὲ εἰμι ἐν μέσῳ ὑμῶν ὡς ὁ διακονῶν. Ὑμεῖς δέ ἐστε οἱ διαμεμενηκότες μετ' ἐμοῦ ἐν τοῖς πειρασμοῖς μου· κἀγὼ διατίθεμαι ὑμῖν καθὼς διέθετό μοι ὁ πατήρ μου βασιλείαν, ἵνα ἐσθίητε καὶ πίνητε ἐπὶ τῆς τραπέζης μου ἐν τῇ βασιλείᾳ μου, καὶ καθίσεσθε ἐπὶ θρόνων κρίνοντες τὰς δώδεκα φυλὰς τοῦ Ἰσραήλ. Εἶπε δὲ ὁ Κύριος· Σίμων Σίμων, ἰδοὺ ὁ σατανᾶς ἐξῃτήσατο ὑμᾶς τοῦ σινιάσαι ὡς τὸν σῖτον· ἐγὼ δὲ ἐδεήθην περὶ σοῦ ἵνα μὴ ἐκλίπῃ ἡ πίστις σου· καὶ σύ ποτε ἐπιστρέψας στήριξον τοὺς ἀδελφούς σου. Ὁ δὲ εἶπεν αὐτῷ· Κύριε, μετὰ σοῦ ἕτοιμός εἰμι καὶ εἰς φυλακὴν καὶ εἰς θάνατον πορεύεσθαι.

he had given thanks he said, "Take this, and divide it among yourselves; for I tell you that from now on I shall not drink of the fruit of the vine until the kingdom of God comes." And he took bread, and when he had given thanks he broke it and gave it to them, saying, "This is my body which is given for you. Do this in remembrance of me." And likewise the cup after supper, saying, "This cup which is poured out for you is the new covenant in my blood. But behold the hand of him who betrays me is with me on the table. For the Son of man goes as it has been determined; but woe to that man by whom he is betrayed!" And they began to question one another, which of them it was that would do this. A dispute also arose among them, which of them was to be regarded as the greatest. And he said to them, "The kings of the Gentiles exercise lordship over them; and those in authority over them are called benefactors. But not so with you; rather let the greatest among you become as the youngest, and the leader as one who serves. For which is the greater, one who sits at table, or one who serves? Is it not the one who sits at table? But I am among you as one who serves. You are those who have continued with me in my trials; and I assign to you, as my Father assigned to me, a kingdom, that you may eat and drink at my table in my Kingdom, and sit on thrones judging the twelve tribes of Israel. Simon, Simon, behold, Satan demanded to have you, that he might sift you like wheat, but I have prayed for you that your faith may not fail; and when

Ὁ δὲ εἶπε· Λέγω σοι, Πέτρε, οὐ φωνήσει σήμερον ἀλέκτωρ πρὶν ἢ τρὶς ἀπαρνήσῃ μὴ εἰδέναι με. Καὶ εἶπεν αὐτοῖς· Ὅτε ἀπέστειλα ὑμᾶς ἄτερ βαλλαντίου καὶ πήρας καὶ ὑποδημάτων, μή τινος ὑστερήθητε; Οἱ δὲ εἶπον· Οὐδενός. Εἶπεν οὖν αὐτοῖς· Ἀλλὰ νῦν ὁ ἔχων βαλλάντιον ἀράτω, ὁμοίως καὶ πήραν, καὶ ὁ μὴ ἔχων, πωλήσει τὸ ἱμάτιον αὐτοῦ καὶ ἀγοράσει μάχαιραν. Λέγω γὰρ ὑμῖν ὅτι ἔτι τοῦτο τὸ γεγραμμένον δεῖ τελεσθῆναι ἐν ἐμοί, τὸ «καὶ μετὰ ἀνόμων ἐλογίσθη». Καὶ γὰρ τὰ περὶ ἐμοῦ τέλος ἔχει. Οἱ δὲ εἶπον· Κύριε, ἰδοὺ μάχαιραι ὧδε δύο. Ὁ δὲ εἶπεν αὐτοῖς· Ἱκανόν ἐστι. Καὶ ἐξελθὼν ἐπορεύθη κατὰ τὸ ἔθος εἰς τὸ ὄρος τῶν ἐλαιῶν· ἠκολούθησαν δὲ αὐτῷ καὶ οἱ μαθηταὶ αὐτοῦ.

you have turned again, strengthen your brethren." And he said to him, "Lord, I am ready to go with you to prison and to death." He said, "I tell you, Peter, the cock will not crow this day, until you three times deny that you know me. " And he said to them, "When I sent you out with no purse or bag or sandals, did you lack anything?" They said, "Nothing." He said to them, "But now, let him who has a purse take it, and likewise a bag. And let him who has no sword sell his mantle and buy one. For I tell you that this scripture must be fulfilled in me, 'And he was reckoned with transgressors'; for what is written about me has its fulfillment." And they said, "Look, Lord, here are two swords. " And he said to them, "It is enough." And he came out, and went, as was his custom, to the Mount of Olives; and the disciples followed him.

Ὁ Χορός· Δόξα σοι, Κύριε, δόξα σοι.

Choir: Glory to you, Lord, glory to you!

ΨΑΛΜΟΣ Ν΄

PSALM 50

Ὁ Ἀναγνώστης· Ἐλέησόν με, ὁ Θεός, κατὰ τὸ μέγα ἔλεός σου, καὶ κατὰ τὸ πλῆθος τῶν οἰκτιρμῶν σου ἐξάλειψον τὸ ἀνόμημά μου. Ἐπὶ πλεῖον πλῦνόν με ἀπὸ τῆς ἀνομίας μου καὶ ἀπὸ τῆς ἁμαρτίας μου καθάρισόν με. Ὅτι τὴν ἀνομίαν μου ἐγὼ γινώσκω, καὶ ἡ ἁμαρτία μου ἐνώπιόν μού ἐστι διαπαντός. Σοὶ μόνῳ ἥμαρτον καὶ τὸ πονηρὸν ἐνώπιόν σου ἐποίησα. Ὅπως ἂν δικαιωθῇς ἐν τοῖς λόγοις σου καὶ νικήσῃς ἐν τῷ κρίνεσθαί σε. Ἰδοὺ γὰρ ἐν ἀνομίαις συνελήφθην, καὶ ἐν ἁμαρτίαις ἐκίσσησέ με ἡ μήτηρ μου. Ἰδοὺ γὰρ ἀλή-

Reader: Have mercy on me, O God, according to Your great mercy; and according to the magnitude of Your compassion blot out my transgression. Wash me thoroughly from my iniquity, and cleanse me from my sin. For I acknowledge my iniquity, and my sin is continually before me. Against You only have I sinned and done this evil before You, that You might be justified in Your words, and prevail when You are judged. For behold, I was conceived in iniquities, and in sins did my mother

θειαν ἠγάπησας· τὰ ἄδηλα καὶ τὰ κρύφια τῆς σοφίας σου ἐδήλωσάς μοι. Ῥαντιεῖς με ὑσσώπῳ καὶ καθαρισθήσομαι· πλυνεῖς με, καὶ ὑπὲρ χιόνα λευκανθήσομαι. Ἀκουτιεῖς μοι ἀγαλλίασιν καὶ εὐφροσύνην, ἀγαλλιάσονται ὀστέα τεταπεινωμένα. Ἀπόστρεψον τὸ πρόσωπόν σου ἀπὸ τῶν ἁμαρτιῶν μου καὶ πάσας τὰς ἀνομίας μου ἐξάλειψον. Καρδίαν καθαρὰν κτίσον ἐν ἐμοί, ὁ Θεός, καὶ πνεῦμα εὐθὲς ἐγκαίνισον ἐν τοῖς ἐγκάτοις μου. Μὴ ἀπορρίψῃς με ἀπὸ τοῦ προσώπου σου καὶ τὸ πνεῦμά σου τὸ ἅγιον μὴ ἀντανέλῃς ἀπ' ἐμοῦ. Ἀπόδος μοι τὴν ἀγαλλίασιν τοῦ σωτηρίου σου καὶ πνεύματι ἡγεμονικῷ στήριξόν με. Διδάξω ἀνόμους τὰς ὁδούς σου, καὶ ἀσεβεῖς ἐπὶ σὲ ἐπιστρέψουσι. Ῥῦσαί με ἐξ αἱμάτων, ὁ Θεός, ὁ Θεὸς τῆς σωτηρίας μου, ἀγαλλιάσεται ἡ γλῶσσά μου τὴν δικαιοσύνην σου. Κύριε, τὰ χείλη μου ἀνοίξεις, καὶ τὸ στόμα μου ἀναγγελεῖ τὴν αἴνεσίν σου. Ὅτι εἰ ἠθέλησας θυσίαν, ἔδωκα ἄν· ὁλοκαυτώματα οὐκ εὐδοκήσεις. Θυσία τῷ Θεῷ πνεῦμα συντετριμμένον, καρδίαν συντετριμμένην καὶ τεταπεινωμένην ὁ Θεὸς οὐκ ἐξουδενώσει. Ἀγάθυνον, Κύριε, ἐν τῇ εὐδοκίᾳ σου τὴν Σιών, καὶ οἰκοδομηθήτω τὰ τείχη Ἱερουσαλήμ. Τότε εὐδοκήσεις θυσίαν δικαιοσύνης, ἀναφορὰν καὶ ὁλοκαυτώματα. Τότε ἀνοίσουσιν ἐπὶ τὸ θυσιαστήριόν σου μόσχους, καὶ ἐλέησόν με ὁ Θεός.

bear me. For behold, You have loved truth; the hidden and secret things of Your wisdom You have made clear to me. You will sprinkle me with hyssop, and I will be made clean; You will wash me and I will be made whiter than snow. You will make me to hear joy and gladness; the bones that have been humbled will rejoice. Turn Your face away from my sins, and blot out all my iniquities. Create in me a clean heart, O God, and renew a right spirit within me. Cast me not away from Your presence, and take not Your Holy Spirit from me. Restore to me the joy of Your salvation, and with Your governing spirit establish me. I will teach transgressors Your ways and the ungodly will turn back to You. Deliver me from blood-guiltiness, O God, O God of my salvation; my tongue will rejoice in Your righteousness. O Lord, You will open my lips, and my mouth will declare Your praise. For if You had desired sacrifice, I would have given it; with whole burnt offerings You will not be pleased. A sacrifice to God is a broken spirit; a heart that is broken and humbled God will not despise. Do good, O Lord, in Your good pleasure to Zion, and let the walls of Jerusalem be built. Then will You be pleased with a sacrifice of righteousness, with oblation and whole-burnt offerings. Then will they offer bullocks upon Your altar. And have mercy on me, O God.

*Καὶ εὐθὺς ψάλλομεν τὸ παρὸν
τριῴδιον, οὗ ἡ ἀκροστιχίς:
Τῇ μακρᾷ Πέμπτῃ μακρὸν ὕμνον ἐξᾴδω.*

Ποίημα Κοσμᾶ μοναχοῦ

Ὠδὴ α΄. Ἦχος πλ. β΄. Ὁ εἱρμὸς.

Τμηθείσῃ τμᾶται πόντος ἐρυθρός, κυματοτρόφος δὲ ξηραίνεται βυθός, ὁ αὐτὸς ὁμοῦ ἀόπλοις γεγονὼς βατὸς καὶ πανοπλίταις τάφος. Ὠιδὴ δὲ θεοτερπὴς ἀνεμέλπετο· Ἐνδόξως δεδόξασται Χριστὸς ὁ Θεὸς ἡμῶν.

Τροπάρια.

Ἡ πανταιτία καὶ παρεκτικὴ ζωῆς, ἡ ἄπειρος Σοφία τοῦ Θεοῦ, ᾧ κοδόμησε τὸν οἶκον ἑαυτῆς ἁγνῆς ἐξ ἀπειράνδρου μητρός· ναὸν γὰρ σωματικὸν περιθέμενος, ἐνδόξως δεδόξασται Χριστὸς ὁ Θεὸς ἡμῶν.

Δόξα Πατρὶ καὶ Υἱῷ καὶ Ἁγίῳ Πνεύματι.

Μυσταγωγοῦσα φίλους ἑαυτῆς, τὴν ψυχοτρόφον ἑτοιμάζει τράπεζαν, ἀμβροσίας δὲ ἡ ὄντως Σοφία τοῦ Θεοῦ κιρνᾷ κρατῆρα πιστοῖς. Προσέλθωμεν εὐσεβῶς καὶ βοήσωμεν· Ἐνδόξως δεδόξασται Χριστὸς ὁ Θεὸς ἡμῶν.

*Καὶ νῦν καὶ ἀεὶ,
καὶ εἰς τοὺς αἰῶνας τῶν αἰώνων. Ἀμήν.*

Ἀκουτισθῶμεν πάντες οἱ πιστοί, συγκαλουμένης ὑψηλῷ κηρύγματι τῆς ἀκτίστου καὶ ἐμφύτου Σοφίας τοῦ Θεοῦ· βοᾷ γάρ· Γεύσασθε καὶ γνότες, ὅτι χρηστὸς ἐγώ, κράξατε· Ἐνδόξως δεδόξασται Χριστὸς ὁ Θεὸς ἡμῶν.

Καταβασία.

Τμηθείσῃ τμᾶται πόντος ἐρυθρός, κυματοτρόφος δὲ ξηραίνεται βυθός, ὁ αὐτὸς ὁμοῦ ἀόπλοις γεγονὼς βατὸς καὶ

---

*And we sing the following Canon
with the acrostic:
On great Thursday a great hymn I sing.*

A Poem by St Kosmas the Monk

Ode 1. Tone Pl. 2. Irmos.

The Red Sea by a cut staff is cut, the deep, source of waves, grows dry, itself becomes pathway for the unarmed and a tomb for the fully armed. A song pleasing to God was raised, 'Christ our God has been greatly glorified'.

Troparia.

The cause of all and source of life, the infinite Wisdom of God, has built himself a house from a pure mother who did not know man; for putting on the temple of his body Christ our God has been greatly glorified.

Glory to the Father, and the Son and the Holy Spirit.

Instructing his friends in the mysteries, the true Wisdom of God prepares a table to nourish souls, mixes the bowl of immortality for believers. Let us draw near with reverence and let us cry, 'Christ our God has been greatly glorified'.

*Both now and ever,
and to the ages of ages. Amen.*

All we believers, let us listen as with loud proclamation the uncreated, natural Wisdom of God invites us, for he cries, 'Taste and know that I am good. Shout aloud, 'Christ our God has been greatly glorified''.

Katavasia.

The Red Sea by a cut staff is cut, the deep, source of waves, grows dry, itself becomes pathway for the unarmed

πανοπλίταις τάφος. Ὠιδὴ δὲ θεοτερπὴς ἀνεμέλπετο· Ἐνδόξως δεδόξασται Χριστὸς ὁ Θεὸς ἡμῶν.

Ὠδὴ γ'. Ὁ εἱρμός.

Κύριος ὢν πάντων καὶ κτίστης Θεός, τὸ κτιστὸν ὁ ἀπαθὴς πτωχεύσας σεαυτῷ ἥνωσας· καὶ τὸ πάσχα, οἷς ἔμελλες θανεῖν, αὐτὸς ὢν σεαυτὸν προετίθης, Φάγετε, βοῶν τὸ σῶμά μου καὶ πίστει στερεωθήσεσθε.

Τροπάρια.

Δόξα Πατρὶ καὶ Υἱῷ καὶ Ἁγίῳ Πνεύματι.

Ῥύσιον παντὸς τοῦ βροτείου γένους τὸ οἰκεῖον ἀγαθέ, τοὺς σοὺς μαθητὰς ἐπότισας εὐφροσύνης ποτήριον πλήσας· αὐτὸς γὰρ σεαυτὸν ἱερούργεις, Πίετε, βοῶν, τὸ αἷμά μου καὶ πίστει στερεωθήσεσθε.

Καὶ νῦν καὶ ἀεί,
καὶ εἰς τοὺς αἰῶνας τῶν αἰώνων. Ἀμήν.

Ἄφρων ἀνήρ, ὃς ἐν ὑμῖν προδότης, τοῖς οἰκείοις μαθηταῖς προέφης ὁ ἀνεξίκακος οὐ μὴ γνώσηται ταῦτα, καὶ οὗτος ἀσύνετος ὤν, οὐ μὴ συνήσει· ὅμως ἐν ἐμοὶ μείνατε καὶ πίστει στερεωθήσεσθε.

Καταβασία.

Κύριος ὢν πάντων καὶ κτίστης Θεός, τὸ κτιστὸν ὁ ἀπαθὴς πτωχεύσας σεαυτῷ ἥνωσας· καὶ τὸ πάσχα, οἷς ἔμελλες θανεῖν, αὐτὸς ὢν σεαυτὸν προετίθης, Φάγετε, βοῶν τὸ σῶμά μου καὶ πίστει στερεωθήσεσθε.

and a tomb for the fully armed. A song pleasing to God was raised, 'Christ our God has been greatly glorified'.

Ode 3. Irmos.

Though Lord and creator of all, O God, you, the impassible, becoming poor, united the created to yourself; and being the Passover, you offered yourself to those for whom you were about to die, crying, 'Eat my body, and you will be established by faith'.

Troparia.

Glory to the Father, Son and the Holy Spirit.

Filling your own cup of gladness, pledge of all the mortal race, you gave it to your disciples to drink, loving Lord; for you offer yourself in sacrifice, crying, 'Drink my blood, and you will be established by faith'.

Both now and ever,
and to the ages of ages. Amen.

Foolish the man who is the traitor among you', you declared, forbearing Lord, to your own disciples, 'He will not know, and being without understanding, will not understand these things; but abide in me, and you will be established by faith'.

Katavasia.

Though Lord and creator of all, O God, you, the impassible, becoming poor, united the created to yourself; and being the Passover, you offered yourself to those for whom you were about to die, crying, 'Eat my body, and you will be established by faith'.

Ὁ Διάκονος· Ἔτι καὶ ἔτι ἐν εἰρήνῃ τοῦ Κυρίου δεηθῶμεν.

Ὁ Χορός· Κύριε, ἐλέησον.

Ὁ Διάκονος· Ἀντιλαβοῦ, σῶσον, ἐλέησον καὶ διαφύλαξον ἡμᾶς ὁ Θεὸς τῇ σῇ χάριτι.

Ὁ Χορός· Κύριε, ἐλέησον.

Ὁ Διάκονος· Τῆς Παναγίας, ἀχράντου, ὑπερευλογημένης, ἐνδόξου, δεσποίνης ἡμῶν Θεοτόκου καὶ ἀειπαρθένου Μαρίας, μετὰ πάντων τῶν ἁγίων μνημονεύσαντες, ἑαυτοὺς καὶ ἀλλήλους καὶ πᾶσαν τὴν ζωὴν ἡμῶν Χριστῷ τῷ Θεῷ παραθώμεθα.

Ὁ Χορός· Σοί, Κύριε.

Ὁ Ἱερεύς·

Ὅτι σὺ εἶ ὁ Θεὸς ἡμῶν, καὶ σοὶ τὴν δόξαν ἀναπέμπομεν, τῷ Πατρὶ καὶ τῷ Υἱῷ καὶ τῷ Ἁγίῳ Πνεύματι, νῦν καὶ ἀεὶ καὶ εἰς τοὺς αἰῶνας τῶν αἰώνων. Ἀμήν.

Ὁ Χορός· Ἀμήν.

Καὶ ψάλλομεν τὰ παρόντα καθίσματα·

Ἦχος α΄. Τὸν τάφον σου Σωτήρ.

Ὁ λίμνας καὶ πηγὰς καὶ θαλάσσας ποιήσας, ταπείνωσιν ἡμᾶς ἐκπαιδεύων ἀρίστην, λεντίῳ ζωννύμενος μαθητῶν πόδας ἔνιψε, ταπεινούμενος ὑπερβολῇ εὐσπλαγχνίας καὶ ὑψῶν ἡμᾶς ἀπὸ βαράθρων κακίας, ὁ μόνος φιλάνθρωπος.

Δόξα Πατρί, καὶ Υἱῷ, καὶ Ἁγίῳ Πνεύματι.

Ἦχος γ΄. Θείας πίστεως.

Ταπεινούμενος δι᾽ εὐσπλαγχνίαν πόδας ἔνιψας τῶν μαθητῶν σου καὶ

Deacon: Again and again in peace let us pray to the Lord.

Choir: Lord, have mercy.

Deacon: Take hold of us, save us, have mercy upon us, and protect us, O God, by Your grace.

Choir: Lord, have mercy.

Deacon: Commemorating our most holy, most pure, most blessed and glorified Lady the Theotokos and ever-virgin Mary, together with all the saints, let us commit ourselves and one another and all our life unto Christ our God.

Choir: To You, O Lord.

Priest:

For you are our God, and to you we give glory, to the Father, and to the Son and to the Holy Spirit, now and for ever and to the ages of ages.

Choir: Amen.

And we sing the following kathismata:

Tone 1. The soldiers watching.

The One who made lakes and springs and seas, instructing us in surpassing humility, girding himself with a towel, washed his disciples' feet, humbling himself in the abundance of his compassion and exalting us from the depths of wickedness, he who alone loves humankind.

Glory to the Father, Son and the Holy Spirit.

Tone 3. Divine faith.

Humbling yourself through compassion, you washed your disciples'

πρὸς δρόμον θεῖον τούτους κατεύθυνας· ἀπαναινόμενος Πέτρος δὲ νίπτεσθαι αὖθις τῷ θείῳ ὑπείκει προστάγματι, ἐκνιπτόμενος καὶ σοῦ ἐκτενῶς δεόμενος δωρήσασθαι ἡμῖν τὸ μέγα ἔλεος.

*Καὶ νῦν καὶ ἀεί,
καὶ εἰς τοὺς αἰῶνας τῶν αἰώνων. Ἀμήν.*

Ἦχος δ΄. Ἐπεφάνης σήμερον.

Συνεσθίων, Δέσποτα, τοῖς μαθηταῖς σου, μυστικῶς ἐδήλωσας τὴν παναγίαν σου σφαγήν, δι' ἧς φθορᾶς ἐλυτρώθημεν οἱ τὰ σεπτά σου τιμῶντες παθήματα.

Ὠδὴ δ΄. Ὁ εἱρμός.

Προκατιδὼν ὁ προφήτης τοῦ μυστηρίου σου τὸ ἀπόρρητον, Χριστὲ προανεφώνησεν· Ἔθου κραταιὰν ἀγάπησιν ἰσχύος, Πάτερ οἰκτίρμον· τὸν μονογενῆ Υἱὸν γὰρ, ἀγαθέ, ἱλασμὸν εἰς τὸν κόσμον ἀπέστειλας.

Τροπάρια.

Ἐπὶ τὸ πάθος τὸ πᾶσι τοῖς ἐξ Ἀδὰμ πηγάσαν ἀπάθειαν, Χριστὲ μολών, τοῖς φίλοις σου εἶπας· Μεθ' ὑμῶν τοῦ πάσχα μετασχεῖν τούτου ἐπεθύμησα· τὸν μονογενῆ ἐπεί με ἱλασμὸν ὁ Πατὴρ εἰς τὸν Κόσμον ἀπέστειλε.

Δόξα Πατρί, καὶ Υἱῷ, καὶ Ἁγίῳ Πνεύματι.

Μεταλαμβάνων κρατῆρος, τοῖς μαθηταῖς ἐβόας ἀθάνατε· Γενήματος ἀμπέλου δέ πίομαι λοιπὸν οὐκέτι, μεθ' ὑμῶν βιοτεύων· τὸν μονογενῆ ἐπεί με ἱλασμὸν ὁ Πατὴρ εἰς τὸν κόσμον ἀπέστειλε.

feet, set them straight on the course of God. Peter, though he refused to be washed, submitted in turn to the divine command, was washed and begged you insistently to grant us your great mercy.

*Both now and ever,
and to the ages of ages. Amen.*

Tone 4. Today you have appeared.

As you ate with your disciples, Master, you mystically revealed your all-holy slaughter, through which we, who honour your revered sufferings, were rescued from corruption.

Ode 4. Irmos.

The Prophet, foreseeing your ineffable mystery, O Christ, proclaimed beforehand, 'You revealed the mighty love of your strength, merciful Father; for you sent the Only-Begotten, O Good One, to the world as atonement'.

Troparia.

As you went to your passion, the source of dispassion for all the descendants of Adam, you said to your friends, O Christ, 'I have desired to share this Passover with you, since the Father has sent me, the Only-Begotten, to the world as atonement'.

Glory to the Father, Son and the Holy Spirit.

As you partook of the cup with the Disciples, O Immortal, you cried, 'Now I drink no more of the fruit of the vine with you in this life; since the Father has sent me, the Only-Begotten, to the world as atonement'.

Καὶ νῦν καὶ ἀεί,
καὶ εἰς τοὺς αἰῶνας τῶν αἰώνων. Ἀμήν.

Πόμα καινὸν ὑπὲρ λόγον ἐγώ φημι ἐν τῇ βασιλείᾳ μου, Χριστέ, τοῖς φίλοις πίομαι· ὥς τε γὰρ θεοῖς Θεὸς ὑμῖν συνέσομαι, εἶπας· τὸν μονογενῆ καὶ γάρ με ἱλασμὸν ὁ Πατὴρ εἰς τὸν κόσμον ἀπέστειλε.

Καταβασία.

Προκατιδὼν ὁ προφήτης τοῦ μυστηρίου σου τὸ ἀπόρρητον, Χριστὲ προανεφώνησεν· Ἔθου κραταιὰν ἀγάπησιν ἰσχύος, Πάτερ οἰκτίρμον· τὸν μονογενῆ Υἱὸν γάρ, ἀγαθέ, ἱλασμὸν εἰς τὸν κόσμον ἀπέστειλας.

Ὠδὴ ε'. Ὁ εἱρμός.

Τῷ συνδέσμῳ τῆς ἀγάπης συνδεόμενοι οἱ ἀπόστολοι, τῷ δεσπόζοντι τῶν ὅλων ἑαυτοὺς Χριστῷ, ἀναθέμενοι ὡραίους πόδας ἐξαπενίζοντο, εὐαγγελιζόμενοι πᾶσιν εἰρήνην.

Τροπάρια.

Δόξα Πατρί, καὶ Υἱῷ, καὶ Ἁγίῳ Πνεύματι.

Ἡ τὸ ἄσχετον κρατοῦσα καὶ ὑπερῷον ἐν αἰθέρι ὕδωρ, ἡ ἀβύσσους χαλινοῦσα καὶ θαλάσσας ἀναχαιτίζουσα Θεοῦ Σοφία, ὕδωρ νιπτῆρι βάλλει, πόδας ἀποπλύνει δὲ δούλων Δεσπότης.

Καὶ νῦν καὶ ἀεί,
καὶ εἰς τοὺς αἰῶνας τῶν αἰώνων. Ἀμήν.

Μαθηταῖς ὑποδεικνύει ταπεινώσεως ὁ Δεσπότης τύπον· ὁ νεφέλαις δὲ τὸν πόλον περιβάλλων ζώννυται λέντιον καὶ κάμπτει γόνυ δούλων ἐκπλῦναι πόδας, οὗ ἐν τῇ χειρὶ πνοὴ πάντων τῶν ὄντων.

Both now and ever,
and to the ages of ages. Amen.

O Christ, you said to your friends, 'I say that in my kingdom I am drinking a new drink beyond understanding; for I shall be with you, God as among gods; for the Father has sent me, the Only-Begotten, to the world as atonement.

Katavasia.

The Prophet, foreseeing your ineffable mystery, O Christ, proclaimed beforehand, 'You revealed the mighty love of your strength, merciful Father; for you sent the Only-Begotten, O Good One, to the world as atonement'.

Ode 5. Irmos.

Bound with the bond of love, the Apostles offered themselves to Christ the Master of all things; when their beautiful feet had been washed clean they bring good tidings of peace to all.

Troparia.

Glory to the Father, Son and the Holy Spirit.

The Wisdom of God who restrains the ungovernable upper water in the air, bridles the deeps and holds back the sea, pours water in a basin; the Master washes the feet of servants.

Both now and ever,
and to the ages of ages. Amen.

The Master shows his Disciples a model of humility; he who wraps the sky in clouds and whose his hand is the breath of all that is, girds himself

with a towel and bends the knee to wash the feet of servants.

Καταβασία.

Katavasia.

Τῷ συνδέσμῳ τῆς ἀγάπης συνδεόμενοι οἱ ἀπόστολοι, τῷ δεσπόζοντι τῶν ὅλων ἑαυτοὺς Χριστῷ, ἀναθέμενοι ὡραίους πόδας ἐξαπενίζοντο, εὐαγγελιζόμενοι πᾶσιν εἰρήνην.

Bound with the bond of love, the Apostles offered themselves to Christ the Master of all things; when their beautiful feet had been washed clean they bring good tidings of peace to all.

Ὠδὴ στ'. Ὁ εἱρμός.

Ode 6. Irmos.

Ἄβυσσος ἐσχάτη ἁμαρτημάτων ἐκύκλωσέ με, καὶ τὸν κλύδωνα μηκέτι φέρων, ὡς ὁ Ἰωνᾶς, τῷ Δεσπότῃ βοῶ σοι· Ἐκ φθορᾶς με ἀνάγαγε.

The lowest deep of sins has closed round me, and no longer able to endure its tempest, like Jonas I cry out to you, Master, 'Bring me up from corruption'.

Τροπάρια.

Troparia.

Δόξα Πατρί, καὶ Υἱῷ, καὶ Ἁγίῳ Πνεύματι.

Glory to the Father, Son and the Holy Spirit.

Κύριον φωνεῖτε, ὦ μαθηταί, καὶ διδάσκαλόν με· καὶ γὰρ πέφυκα, Σωτὴρ, ἐβόας· διὸ μιμεῖσθε τὸν τύπον, ὃν τρόπον ἐν ἐμοὶ ἐθεάσασθε.

You call me Lord and Teacher, my disciples, for so I am, you cried, O Savior. 'And so imitate the example, the way you have seen in me'.

Καὶ νῦν καὶ ἀεί, καὶ εἰς τοὺς αἰῶνας τῶν αἰώνων. Ἀμήν.

Both now and ever, and to the ages of ages. Amen.

Ῥύπον τις μὴ ἔχων ἀπορρυφθῆναι οὐ δεῖται πόδας· καθαροί, ὦ μαθηταί, ὑμεῖς, δέ, ἀλλ' οὐχὶ πάντες, ῥοπὴ γὰρ ἀτάκτως ἐξ ὑμῶν ἑνὸς μαίνεται.

One who has no stain does not need his feet washed. You, my disciples, are clean, but not all; for the inclination of one of you is to insane folly.

Καταβασία.

Katavasia.

Ἄβυσσος ἐσχάτη ἁμαρτημάτων ἐκύκλωσέ με, καὶ τὸν κλύδωνα μηκέτι φέρων, ὡς ὁ Ἰωνᾶς, τῷ Δεσπότῃ βοῶ σοι· Ἐκ φθορᾶς με ἀνάγαγε.

The lowest deep of sins has closed round me, and no longer able to endure its tempest, like Jonas I cry out to you, Master, 'Bring me up from corruption'.

Ὁ Διάκονος· Ἔτι καὶ ἔτι ἐν εἰρήνῃ τοῦ Κυρίου δεηθῶμεν.

Deacon: Again and again in peace let us pray to the Lord.

Ὁ Χορός· Κύριε, ἐλέησον.

Choir: Lord, have mercy.

Ὁ Διάκονος· Ἀντιλαβοῦ, σῶσον, ἐλέησον καὶ διαφύλαξον ἡμᾶς ὁ Θεὸς τῇ σῇ χάριτι.

Ὁ Χορός· Κύριε, ἐλέησον.

Ὁ Διάκονος· Τῆς Παναγίας, ἀχράντου, ὑπερευλογημένης, ἐνδόξου, δεσποίνης ἡμῶν Θεοτόκου καὶ ἀειπαρθένου Μαρίας, μετὰ πάντων τῶν ἁγίων μνημονεύσαντες, ἑαυτοὺς καὶ ἀλλήλους καὶ πᾶσαν τὴν ζωὴν ἡμῶν Χριστῷ τῷ Θεῷ παραθώμεθα.

Ὁ Χορός· Σοί, Κύριε.

Ὁ Ἱερεύς·

Σὺ γὰρ εἶ ὁ βασιλεὺς τῆς εἰρήνης καὶ σωτὴρ τῶν ψυχῶν ἡμῶν καὶ σοὶ τὴν δόξαν ἀναπέμπομεν, τῷ Πατρὶ καὶ τῷ Υἱῷ καὶ τῷ Ἁγίῳ Πνεύματι, νῦν καὶ ἀεὶ καὶ εἰς τοὺς αἰῶνας τῶν αἰώνων.

Ὁ Χορός· Ἀμήν.

Καὶ μετὰ τὴν μικρὰν συναπτήν...

Ὁ Ἀναγνώστης·

Κοντάκιον. Ποίημα Ῥωμανοῦ τοῦ μελῳδοῦ. Ἦχος β΄. *Τὰ ἄνω ζητῶν.*

Τὸν ἄρτον λαβὼν εἰς χεῖρας ὁ προδότης, κρυφίως αὐτὰς ἐκτείνει καὶ λαμβάνει τὴν τιμὴν τοῦ πλάσαντος ταῖς οἰκείαις χερσὶ τὸν ἄνθρωπον· καὶ ἀδιόρθωτος ἔμεινεν Ἰούδας ὁ δοῦλος καὶ δόλιος.

Ὁ Οἶκος.

Τῇ μυστικῇ ἐν φόβῳ τραπέζῃ προσεγγίσαντες πάντες, καθαραῖς ταῖς ψυχαῖς τὸν ἄρτον ὑποδεξώμεθα, συμπαραμένοντες τῷ Δεσπότῃ, ἵνα ἴδωμεν τοὺς πόδας πῶς ἀπονίπτει τῶν μαθητῶν καὶ ἐκμάσσει τῷ λεντίῳ, καὶ ποιήσωμεν

Deacon: Take hold of us, save us, have mercy upon us, and protect us, O God, by Your grace.

Choir: Lord, have mercy.

Deacon: Commemorating our most holy, most pure, most blessed and glorified Lady the Theotokos and ever-virgin Mary, together with all the saints, let us commit ourselves and one another and all our life unto Christ our God.

Choir: To You, O Lord.

Priest:

For you are the King of peace and the Saviour of our souls, and to you we give glory, Father, Son and Holy Spirit, now and for ever and to the ages of ages.

Choir: Amen.

After the small litany...

Reader:

Kontakion. A Poem of Romanos the Melodist. Tone 2. *Seeking the heights.*

After taking the bread into his hands the traitor secretly stretches them out and takes the price of the One who fashioned humankind with his own hands; and he remained unrepentant, Judas the slave and deceiver.

The Ikos.

As we all draw near with fear to the mystic table, let us receive the Bread with pure souls, remaining beside the Master that we may see how he washes the feet of the Disciples and dries them with the towel, and let us do

ὥσπερ κατίδομεν, ἀλλήλοις ὑποταγέντες καὶ ἀλλήλων τοὺς πόδας ἐκπλύνοντες· αὐτὸς γὰρ ὁ Χριστὸς οὕτως ἐκέλευσε τοῖς αὐτοῦ μαθηταῖς, ὡς προέφησεν· ἀλλ᾽ οὐκ ἤκουσεν Ἰούδας ὁ δοῦλος καὶ δόλιος.

Τὸ συναξάριον τοῦ Μηναίου καὶ τὸ παρόν·

Τῇ ἁγίᾳ καὶ μεγάλῃ Πέμπτῃ οἱ τὰ πάντα καλῶς διαταξάμενοι θεῖοι πατέρες, ἀλληλοδιαδόχως ἔκ τε τῶν θείων ἀποστόλων καὶ τῶν ἱερῶν Εὐαγγελίων παραδεδώκασιν ἡμῖν τέσσαρά τινα ἑορτάζειν· τὸν ἱερὸν Νιπτῆρα, τὸν μυστικὸν Δεῖπνον (δηλαδὴ τὴν παράδοσιν τῶν καθ᾽ ἡμᾶς φρικτῶν μυστηρίων), τὴν ὑπερφυᾶ προσευχὴν καὶ τὴν προδοσίαν αὐτήν.

Στίχοι εἰς τὸν ἱερὸν Νιπτῆρα.

Νίπτει μαθητῶν ἑσπέρας Θεὸς πόδας,
οὗ πούς πατῶν ἦν εἰς Ἐδὲμ δείλης πάλαι.

Εἰς τὸν Μυστικὸν Δεῖπνον..

Διπλοῦς ὁ Δεῖπνος· πάσχα γὰρ νόμου φέρει
καὶ πάσχα καινόν, αἷμα, σῶμα Δεσπότου.

Εἰς τὴν ὑπερφυᾶ προσευχήν.

Προσεύχῃ· καὶ φόβητρα, θρόμβοι αἱμάτων,
Χριστέ, προσώπου· παραιτούμενος δῆθεν
θάνατον, ἐχθρὸν ἐν τούτοις φενακίζων.

Εἰς τὴν προδοσίαν.

Τί δεῖ μαχαιρῶν, τί ξύλων, λαοπλάνοι,
πρὸς τὸ θανεῖν πρόθυμον εἰς κόσμου λύτρον;

Τῇ ἀφάτῳ σου εὐσπλαγχνίᾳ, Χριστὲ ὁ Θεὸς ἡμῶν, ἐλέησον ἡμᾶς. Ἀμήν.

Ὠδὴ ζ'. Ὁ εἱρμός.

Οἱ Παῖδες ἐν Βαβυλῶνι καμίνου φλόγα οὐκ ἔπτηξαν, ἀλλ᾽ ἐν μέσῳ φλογὸς ἐμβληθέντες δροσιζόμενοι ἔψαλλον· Εὐλογητὸς εἶ, Κύριε, ὁ Θεὸς τῶν πατέρων ἡμῶν.

as we have seen, being subject to one another and washing one another's feet; for Christ himself so ordered his disciples, as he declared; but he did not listen, Judas the slave and deceiver.

The Synaxarion of the Menaion and the following:

On holy and great Thursday the godlike Fathers have arranged all things well and have handed on to us that we should celebrate in turn four events from the godlike Apostles and sacred Gospels: the sacred Washing, the mystical Supper (that is the handing on for us of the dread Mysteries), the transcendent Prayer and the Betrayal itself.

Verses on the sacred Washing.

At evening God washed the Disciples' feet,
whose foot once walked in Eden before dusk.

For the Mystical Supper.

Double the Supper that Law's Pascha brings
And Pascha new: the Master's Body, Blood.

For the Transcendent Prayer.

Prayer; and great terror, drops of blood,
O Christ, drop from your face, as pleading to escape
from death, by this you cheat the foe.

For the Betrayal.

What need of swords, of staves, O erring folk,
'Gainst one who longs to die for world's release?

In your ineffable compassion, Christ our God, have mercy on us. Amen.

Ode 7. The Irmos.

The Youths in Babylon did not tremble at the flame of the furnace, but when cast into the midst of the flame, refreshed with dew they sang: Blessed are you, O Lord, the God of our fathers.

Τροπάρια.

Νευστάζων κάραν Ἰούδας κακὰ προβλέπων ἐκίνησεν, εὐκαιρίαν ζητῶν παραδοῦναι τὸν κριτὴν εἰς κατάκρισιν· ὃς πάντων ἐστὶ Κύριος καὶ Θεὸς τῶν πατέρων ἡμῶν.

Δόξα Πατρὶ καὶ Υἱῷ καὶ Ἁγίῳ Πνεύματι.

Ὑμῶν ὁ Χριστὸς τοῖς φίλοις ἐβόα· εἷς παραδώσει με· εὐφροσύνης λαθόντες, ἀγωνίᾳ καὶ λύπῃ συνείχοντο. Τίς οὗτος; φράσον, λέγοντες, ὁ Θεὸς τῶν πατέρων ἡμῶν.

Καὶ νῦν καὶ ἀεί,
καὶ εἰς τοὺς αἰῶνας τῶν αἰώνων. Ἀμήν.

Μεθ' ὅστις ἐμοῦ τὴν χεῖρα τρυβλίῳ βάλλει θρασύτητι, τούτῳ πλὴν καλὸν ἦν πύλας βίου περάσαι μηδέποτε· τοῦτον ὃς ἦν ἐδήλου δὲ ὁ Θεὸς τῶν πατέρων ἡμῶν.

Καταβασία.

Οἱ Παῖδες ἐν Βαβυλῶνι καμίνου φλόγα οὐκ ἔπτηξαν, ἀλλ' ἐν μέσῳ φλογὸς ἐμβληθέντες δροσιζόμενοι ἔψαλλον· Εὐλογητὸς εἶ, Κύριε, ὁ Θεὸς τῶν πατέρων ἡμῶν.

Ὠδὴ η'. Ὁ εἱρμός.

Νόμων πατρῴων οἱ μακαριστοὶ ἐν Βαβυλῶνι νέοι προκινδυνεύοντες, βασιλεύοντος κατέπτυξαν προσταγῆς ἀλογίστου· καὶ συνημμένοι ᾧ οὐκ ἐχωνεύθησαν πυρί, τοῦ κρατοῦντος ἐπάξιον ἀνέμελπον τὸν ὕμνον· Τὸν Κύριον ὑμνεῖτε, τὰ ἔργα, καὶ ὑπερυψοῦτε εἰς πάντας τοὺς αἰῶνας.

Troparia.

Shaking his head Judas foresaw and set in motion evils, seeking an opportunity to betray to condemnation the Judge, who is Lord of all and God of our fathers.

Glory to the Father, Son and the Holy Spirit.

To you, his friends, Christ cried, 'One will betray me.' Forgetting gladness, they were gripped by grief and anguish. 'Who is it?' they said, 'Tell us, God of our fathers'.

Both now and ever,
and to the ages of ages. Amen.

The one who audaciously puts his hand in the dish with me, it were better for him that he had never passed through the gates of life. This is the one he showed it to be, he the God of our fathers.

Katavasia.

The Youths in Babylon did not tremble at the flame of the furnace, but when cast into the midst of the flame, refreshed with dew they sang: Blessed are you, O Lord, the God of our fathers.

Ode 8. The Irmos.

The blessed young men in Babylon, accepting danger for the sake of their ancestral laws, spat on the irrational order of the king; and united in the fire which did not smelt them, they raised a hymn worthy of the Mighty One: You works praise the Lord, and highly exalt him to all the ages.

Τροπάρια.

Οἱ δαιτυμόνες οἱ μακαριστοὶ ἐν τῇ Σιὼν τῷ Λόγῳ προσκαρτερήσαντες, οἱ Ἀπόστολοι παρείποντο τῷ Ποιμένι ὡς ἄρνες· καὶ συνημμένοι ᾧ οὐκ ἐχωρίσθησαν Χριστῷ, θείῳ λόγῳ τρεφόμενοι, εὐχαρίστως ἐβόων· Τὸν Κύριον ὑμνεῖτε, τὰ ἔργα, καὶ ὑπερυψοῦτε εἰς πάντας τοὺς αἰῶνας.

Εὐλογοῦμεν Πατέρα, Υἱὸν καὶ Ἅγιον Πνεῦμα τὸν Κύριον.

Νόμου φιλίας ὁ δυσώνυμος Ἰσκαριώτης γνώμῃ ἐπιλαθόμενος, οὓς ἐνίψατο ηὐτρέπισε πρὸς προδοσίαν πόδας· καὶ σοῦ ἐσθίων ἄρτον, σῶμα θεῖον, ἐπῆρε πτερνισμὸν ἐπὶ σέ, Χριστέ, καὶ βοᾶν οὐ συνῆκε· Τὸν Κύριον ὑμνεῖτε, τὰ ἔργα, καὶ ὑπερυψοῦτε εἰς πάντας τοὺς αἰῶνας.

Καὶ νῦν καὶ ἀεί, καὶ εἰς τοὺς αἰῶνας τῶν αἰώνων. Ἀμήν.

Ἐδεξιοῦτο τὸ λυτήριον τῆς ἁμαρτίας σῶμα, ὁ ἀσυνείδητος καὶ τὸ αἷμα τὸ χεόμενον ὑπὲρ κόσμου τὸ θεῖον· ἀλλ' οὐκ ᾐδεῖτο πίνων, ὃ ἐπίπρασκε τιμῆς, οὐ κακίᾳ προσώχθισε καὶ βοᾶν οὐ συνῆκε· Τὸν Κύριον ὑμνεῖτε, τὰ ἔργα, καὶ ὑπερυψοῦτε εἰς πάντας τοὺς αἰῶνας.

Καταβασία.

Αἰνοῦμεν, εὐλογοῦμεν, προσκυνοῦμεν τὸν Κύριον.

Νόμων πατρῴων οἱ μακαριστοὶ ἐν Βαβυλῶνι νέοι προκινδυνεύοντες, βασιλεύοντος κατέπτυξαν προσταγῆς ἀλογίστου· καὶ συνημμένοι ᾧ οὐκ ἐχωνεύθησαν πυρί, τοῦ κρατοῦντος ἐπάξι-

Troparia.

The blessed banqueters in Sion, remaining faithful to the Word, the Apostles followed the Shepherd like sheep, and united to Christ, from whom they were not parted, being nourished with the divine Word, with thanksgiving they cried: You his works praise the Lord, and highly exalt him to all the ages.

We bless the Lord, Father, Son and Holy Spirit.

The hateful Iscariot intentionally forgetting the law of friendship, made ready for betrayal the feet that he had washed. And having eaten your bread, your divine Body, he lifted up his heel against you, O Christ, and knew not how to cry: You his works praise the Lord, and highly exalt him to all the ages.

Both now and ever, and to the ages of ages. Amen.

The one without conscience received the Body, release from sin, and the divine Blood, poured out on behalf of the world. He did not flinch from drinking what he had sold for a price, he was not angered by evil and he knew not how to cry: You works praise the Lord, and highly exalt him to all the ages.

Katavasia.

We praise, we bless and we worship the Lord.

The blessed young men in Babylon, accepting danger for the sake of their ancestral laws, spat on the irrational order of the king; and united in the fire which did not smelt them, they

ον ἀνέμελπον τὸν ὕμνον· Τὸν Κύριον ὑμνεῖτε, τὰ ἔργα, καὶ ὑπερυψοῦτε εἰς πάντας τοὺς αἰῶνας.

Ὁ Διάκονος· Τὴν Θεοτόκον καὶ μητέρα τοῦ φωτὸς ἐν ὕμνοις τιμῶντες μεγαλύνωμεν.

Ὠδὴ Θ′. Ὁ εἱρμός.

Ζενίας δεσποτικῆς καὶ ἀθανάτου τραπέζης, ἐν ὑπερῴῳ τόπῳ ταῖς ὑψηλαῖς φρεσί, πιστοί, δεῦτε ἀπολαύσωμεν, ἐπαναβεβηκότα Λόγον ἐκ τοῦ λόγου μαθόντες, ὃν μεγαλύνομεν.

Τροπάρια.

Δόξα Σοι ὁ Θεὸς ἡμῶν, δόξα Σοι.

Ἄπιτε τοῖς μαθηταῖς ὁ Λόγος ἔφη, τὸ πάσχα ἐν ὑπερῴῳ τόπῳ, ᾧ νοῦς ἐνίδρυται, οἷς μυσταγωγῶ, σκευάσατε ἀζύμῳ ἀληθείας λόγῳ, τὸ στερρὸν δὲ τῆς χάριτος μεγαλύνατε.

Δόξα Πατρὶ καὶ Υἱῷ καὶ Ἁγίῳ Πνεύματι.

Δημιουργὸν ὁ Πατὴρ πρὸ τῶν αἰώνων Σοφίαν γεννᾷ· ἀρχὴν ὁδῶν με εἰς ἔργα ἔκτισε τὰ νῦν μυστικῶς τελούμενα· Λόγος γὰρ ἄκτιστος ὢν φύσει, τὰς φωνὰς οἰκειοῦμαι, οὗ νῦν προσείληφα.

Καὶ νῦν καὶ ἀεί, καὶ εἰς τοὺς αἰῶνας τῶν αἰώνων. Ἀμήν.

Ὡς ἄνθρωπος ὑπάρχω οὐσίᾳ οὐ φαντασίᾳ, οὕτω Θεὸς τῷ τρόπῳ τῆς ἀντιδόσεως ἡ φύσις ἡ ἑνωθεῖσά μοι· Χριστὸν ἕνα διὸ με γνῶτε τὰ ἐξ ὧν, ἐν οἷς, ἅπερ πέφυκα σῴζοντα.

raised a hymn worthy of the Mighty One: You works praise the Lord, and highly exalt him to all the ages.

Deacon: The Theotokos and Mother of the Light, let us honor and magnify in hymns.

Ode 9. The Irmos.

Come believers, let us enjoy the Master's welcome and the immortal table in the upper place, with minds raised high, having learnt a transcendent word from the Word, whom we magnify.

Troparia

Glory to Your, our God, glory to You.

Go, said the Word to the Disciples, prepare for those whom I initiate the Passover in an upper place, in which the mind is established, with the unleavened word of truth; magnify the strength of grace.

Glory to the Father, Son and the Holy Spirit.

The Father before the ages begets the creative Wisdom, the beginning of his ways. He created me for the works which are now being mystically accomplished; for I the Word, being by nature uncreated, make my own the speech of that which I have assumed.

Both now and ever, and to the ages of ages. Amen.

As I am man in reality and not in mere appearance, so the nature united to me by way of exchange is God; and so recognise me to be one single Christ who saves the things from which and in which I have come to be.

Καταβασία. / Katavasia.

Ζενίας δεσποτικῆς καὶ ἀθανάτου τραπέζης, ἐν ὑπερῴῳ τόπῳ ταῖς ὑψηλαῖς φρεσί, πιστοί, δεῦτε ἀπολαύσωμεν, ἐπαναβεβηκότα Λόγον ἐκ τοῦ λόγου μαθόντες, ὃν μεγαλύνομεν.

Come believers, let us enjoy the Master's welcome and the immortal table in the upper place, with minds raised high, having learnt a transcendent word from the Word, whom we magnify.

Ὁ Διάκονος· Ἔτι καὶ ἔτι ἐν εἰρήνῃ τοῦ Κυρίου δεηθῶμεν.

Deacon: Again and again in peace let us pray to the Lord.

Ὁ Χορός· Κύριε, ἐλέησον.

Choir: Lord, have mercy.

Ὁ Διάκονος· Ἀντιλαβοῦ, σῶσον, ἐλέησον καὶ διαφύλαξον ἡμᾶς ὁ Θεὸς τῇ σῇ χάριτι.

Deacon: Take hold of us, save us, have mercy upon us, and protect us, O God, by Your grace.

Ὁ Χορός· Κύριε, ἐλέησον.

Choir: Lord, have mercy.

Ὁ Διάκονος· Τῆς Παναγίας, ἀχράντου, ὑπερευλογημένης, ἐνδόξου, δεσποίνης ἡμῶν Θεοτόκου καὶ ἀειπαρθένου Μαρίας, μετὰ πάντων τῶν ἁγίων μνημονεύσαντες, ἑαυτοὺς καὶ ἀλλήλους καὶ πᾶσαν τὴν ζωὴν ἡμῶν Χριστῷ τῷ Θεῷ παραθώμεθα.

Deacon: Commemorating our most holy, most pure, most blessed and glorified Lady the Theotokos and ever-virgin Mary, together with all the saints, let us commit ourselves and one another and all our life unto Christ our God.

Ὁ Χορός· Σοί, Κύριε.

Choir: To You, O Lord.

Ὁ Ἱερεύς·

Priest:

Ὅτι σὲ αἰνοῦσι πᾶσαι αἱ δυνάμεις τῶν οὐρανῶν καὶ σοὶ τὴν δόξαν ἀναπέμπομεν, τῷ Πατρὶ καὶ τῷ Υἱῷ καὶ τῷ ἁγίῳ Πνεύματι, νῦν καὶ ἀεὶ καὶ εἰς τοὺς αἰῶνας τῶν αἰώνων.

For all the Powers of heaven praise you, and to you we give glory, Father, Son and Holy Spirit, now and for ever and to the ages of ages.

Ὁ Χορός· Ἀμήν.

Choir: Amen.

Ἐξαποστειλάριον. Ἦχος γ΄. Αὐτόμελον.

Exapostilarion. Tone 3. Model Melody.

Τὸν νυμφῶνά σου βλέπω, Σωτήρ μου κεκοσμημένον, καὶ ἔνδυμα οὐκ ἔχω, ἵνα εἰσέλθω ἐν αὐτῷ· λάμπρυνόν μου τὴν στολὴν τῆς ψυχῆς, φωτοδότα, καὶ σῶσόν με. (γ΄)

Your bridal chamber, my Savior, I see all adorned, but I have no garment so that I may enter. Make bright the mantle of my soul, Giver of light, and save me! (x3)

We immediately sing the Praises and the following idiomels:

Psalm 148. Tone 1

Let everything that has breath praise the Lord. Praise the Lord from the heavens; praise him in the highest. To you praise is due, O God.

Praise him, all his angels: Praise him, all his Powers. To you praise is due, O God.

Verse: *Praise him for his mighty acts; praise him according to the greatness of his majesty.*

By Monk Kosmas. **Tone 2.**

The Sanhedrin of the Jews now hurries together that it may hand over to Pilate the Creator and Fashioner of all things. Oh, the transgressors! Oh, the faithless! Because they are making ready for judgment the One who is coming to judge the living and the dead; they are preparing for the passion the One who cures the passions. Long-suffering Lord, great is your mercy. Glory to you!

Verse: *Praise him in the blast of the trumpet: praise him upon the lute and harp.*

By Monk John. **Tone 2.**

Judas the transgressor, Lord, having dipped his hand with you in the dish at the supper, stretched out his hands to take the silver pieces; and having reckoned up the price of the myrrh, he did not flinch from selling you, who are beyond price; the one who stretched out his feet to be washed, deceitfully kissed the Master to betray him to the transgressors; cast from the choir of Apostles, and having cast down the thirty

Στίχ. *Αἰνεῖτε αὐτὸν ἐν τυμπάνῳ καὶ χορῷ· αἰνεῖτε αὐτὸν ἐν χορδαῖς καὶ ὀργάνῳ.*

Τοῦ αὐτοῦ. Ἦχος ὁ αὐτός.

Ἰούδας ὁ προδότης δόλιος ὤν, δολίῳ φιλήματι παρέδωκε τὸν Σωτῆρα Κύριον· τὸν Δεσπότην τῶν ἁπάντων ὡς δοῦλον πέπρακε τοῖς παρανόμοις· καὶ ὡς πρόβατον ἐπὶ σφαγήν, οὕτως ἠκολούθει ὁ Ἀμνὸς ὁ τοῦ Θεοῦ, ὁ Υἱὸς ὁ τοῦ Πατρός, ὁ μόνος πολυέλεος.

Στίχ. *Αἰνεῖτε αὐτὸν ἐν κυμβάλοις εὐήχοις· αἰνεῖτε αὐτὸν ἐν κυμβάλοις ἀλαλαγμοῦ. Πᾶσα πνοὴ αἰνεσάτω τὸν Κύριον.*

Τοῦ αὐτοῦ. Ἦχος ὁ αὐτός.

Ἰούδας ὁ δοῦλος καὶ δόλιος, ὁ μαθητὴς καὶ ἐπίβουλος, ὁ φίλος καὶ διάβολος, ἐκ τῶν ἔργων ἀπεφάνθη· ἠκολούθει γὰρ τῷ διδασκάλῳ καὶ καθ' ἑαυτὸν ἐμελέτησε τὴν προδοσίαν· ἔλεγεν ἐν ἑαυτῷ· Παραδώσω τοῦτον καὶ κερδήσω τὰ συναχθέντα χρήματα. Ἐπεζήτει δὲ καὶ τὸ μύρον πραθῆναι καὶ τὸν Ἰησοῦν δόλῳ κρατηθῆναι· ἀπέδωκεν ἀσπασμόν, παρέδωκε τὸν Χριστόν· καὶ ὡς πρόβατον ἐπὶ σφαγήν, οὕτως ἠκολούθει ὁ μόνος εὔσπλαγχνος καὶ φιλάνθρωπος.

Δόξα Πατρὶ καὶ Υἱῷ καὶ Ἁγίῳ Πνεύματι, καὶ νῦν καὶ ἀεὶ καὶ εἰς τοὺς αἰῶνας τῶν αἰώνων. Ἀμήν.

Τοῦ αὐτοῦ. Ἦχος ὁ αὐτός.

Ὃν ἐκήρυξεν Ἀμνὸν Ἡσαΐας ἔρχεται ἐπὶ σφαγὴν ἑκούσιον καὶ τὸν νῶτον δίδωσιν εἰς μάστιγας, τὰς σιαγόνας εἰς ῥαπίσματα, τὸ δὲ πρόσωπον οὐκ ἀπεστράφη ἀπὸ αἰσχύνης ἐμπτυσμάτων· θανάτῳ δὲ ἀσχήμονι καταδικάζεται· πάντα ὁ ἀναμάρτητος ἑκουσίως καταδέχεται, ἵνα

silver pieces, he did not see your Resurrection on the third day. Through it have mercy on us

Verse: *Praise him with the timbrel and dances: praise him upon the strings and pipe.*

By the same. Tone 2

Judas the deceitful traitor handed over the Saviour and Lord with a deceitful kiss; he sold to the transgressors like a slave the Master of all things; and like a sheep to the slaughter, so the Lamb of God, the Son of the Father, followed.

Verse: *Praise him on fine-sounding cymbals: praise him on cymbals of gladness. Let everything that has breath praise the Lord.*

By the same. Tone 2

Judas the slave and deceiver, the disciple and plotter, the friend and accuser, was revealed by his deeds; for he followed the Teacher and inwardly he plotted the betrayal; he said to himself, 'I shall hand him over and gain the money that has been contracted'; he wanted the myrrh to be sold and Jesus to be taken by guile; he gave a kiss; he handed over Christ; and like a sheep to the slaughter so he followed, the only compassionate lover of humankind.

Glory to the Father, Son and the Holy Spirit, both now and ever and to the ages of ages. Amen.

By the same. Tone 2.

The Lamb which Isaias proclaimed is coming willingly to the slaughter, and gives his back to scourges, his cheeks to blows; he did not turn away his face from the shame of spittings; he is being condemned to a disgraceful death; the Sinless accepts all things will-

πᾶσι δωρήσηται τὴν ἐκ νεκρῶν ἀνάστασιν.

Ὁ Προεστώς· Σοὶ δόξα πρέπει, Κύριε, ὁ Θεὸς ἡμῶν, καὶ σοὶ τὴν δόξαν ἀναπέμπομεν τῷ Πατρὶ καὶ τῷ Υἱῷ καὶ τῷ ἁγίῳ Πνεύματι, νῦν καὶ ἀεὶ καὶ εἰς τοὺς αἰῶνας τῶν αἰώνων. Ἀμήν.

Ὁ Προεστὼς ἢ ὁ Ἀναγνώστης χύμα τὸ

Δόξα ἐν ὑψίστοις Θεῷ καὶ ἐπὶ γῆς εἰρήνη ἐν ἀνθρώποις εὐδοκία. Ὑμνοῦμέν σε, εὐλογοῦμέν σε, προσκυνοῦμέν σε, δοξολογοῦμέν σε, εὐχαριστοῦμέν σοι, διὰ τὴν μεγάλην σου δόξαν. Κύριε βασιλεῦ, ἐπουράνιε Θεέ, Πάτερ παντοκράτορ· Κύριε Υἱὲ μονογενές, Ἰησοῦ Χριστέ, καὶ ἅγιον Πνεῦμα. Κύριε ὁ Θεός, ὁ ἀμνὸς τοῦ Θεοῦ, ὁ Υἱός τοῦ Πατρός, ὁ αἴρων τὴν ἁμαρτίαν τοῦ κόσμου, ἐλέησον ἡμᾶς, ὁ αἴρων τὰς ἁμαρτίας τοῦ κόσμου. Πρόσδεξαι τὴν δέησιν ἡμῶν, ὁ καθήμενος ἐν δεξιᾷ τοῦ Πατρός, καὶ ἐλέησον ἡμᾶς. Ὅτι σὺ εἶ μόνος ἅγιος, σὺ εἶ μόνος Κύριος, Ἰησοῦς Χριστός, εἰς δόξαν Θεοῦ Πατρός. Ἀμήν. Καθ' ἑκάστην ἡμέραν εὐλογήσω σε, καὶ αἰνέσω τὸ ὄνομά σου εἰς τὸν αἰῶνα καὶ εἰς τὸν αἰῶνα τοῦ αἰῶνος. Κύριε, καταφυγὴ ἐγενήθης ἡμῖν ἐν γενεᾷ καὶ γενεᾷ. Ἐγὼ εἶπα· Κύριε, ἐλέησόν με· ἴασαι τὴν ψυχήν μου, ὅτι ἥμαρτόν σοι. Κύριε, πρὸς σὲ κατέφυγον, δίδαξόν με τοῦ ποιεῖν τὸ θέλημά σου, ὅτι σὺ εἶ ὁ Θεός μου. Ὅτι παρὰ σοὶ πηγὴ ζωῆς· ἐν τῷ φωτί σου ὀψόμεθα φῶς. Παράτεινον τὸ ἔλεός σου τοῖς γινώσκουσί σε. Καταξίωσον, Κύριε, ἐν τῇ ἡμέρᾳ ταύτῃ ἀναμαρτήτους φυλαχθῆναι ἡμᾶς. Εὐλογητὸς εἶ, Κύριε, ὁ Θεὸς τῶν πατέρων ἡμῶν, καὶ αἰνετὸν καὶ δεδοξασμένον τὸ ὄνομά σου εἰς τοὺς αἰῶνας. Ἀμήν. Γένοιτο, Κύριε, τὸ

Superior: To you glory is due, O Lord, our God, and to you we give glory, to the Father and to the Son and to the Holy Spirit, now and for ever and to ages of ages. Amen.

The Superior or the Reader reads:

Glory to God in the highest, and on earth peace, goodwill among men. We praise you, we bless you, we worship you, we glorify you, we thank you for your great glory. O Lord, heavenly King, God the almighty Father. O Lord, only-begotten Son, Jesus Christ and the Holy Spirit. Lord God, lamb of God, Son of the Father, who takes away the sin of the world, have mercy upon us, who takes away the sins of the world. Receive our prayer, you who sit on the right hand of the Father and have mercy upon us. For you alone are holy, you alone are Lord, Jesus Christ, to the glory of God the Father. Amen. Every day I will bless you, and praise your name for ever and ever. I said, Lord, have mercy upon me; heal my soul, for I have sinned against you. Lord, I have run to you for refuge; teach me to do your will for you are my God. For with you is the source of life, and in your light we shall see light. O continue your merciful kindness toward those who know you. Grant, Lord, this day to keep us without sin. Blessed are you, Lord, the God of our fathers, and praised and glorified is your name to the ages. Amen. May your mercy, Lord, be upon us, as we have hoped in you. Blessed are you, Lord, teach me your statutes.

ἔλεός σου ἐφ' ἡμᾶς, καθάπερ ἠλπίσαμεν ἐπὶ σέ. Εὐλογητὸς εἶ, Κύριε· δίδαξόν με τὰ δικαιώματά σου. Εὐλογητὸς εἶ, Δέσποτα· συνέτισόν με τὰ δικαιώματά σου. Εὐλογητὸς εἶ, ἅγιε· φώτισόν με τοῖς δικαιώμασί σου. Κύριε, τὸ ἔλεός σου εἰς τὸν αἰῶνα· τὰ ἔργα τῶν χειρῶν σου μὴ παρίδῃς. Σοὶ πρέπει αἶνος, σοὶ πρέπει ὕμνος, σοὶ δόξα πρέπει, τῷ Πατρὶ καὶ τῷ Υἱῷ, καὶ τῷ ἁγίῳ Πνεύματι, νῦν, καὶ ἀεί, καὶ εἰς τοὺς αἰῶνας τῶν αἰώνων. Ἀμήν.

Blessed are you, Master, make me understand your statutes. Blessed are you, Holy One, enlighten me with your statutes. Lord, your mercy is for ever; do not scorn the work of your hands. To you praise is due, to you song is due, to you glory is due, to the Father, and to the Son, and to the Holy Spirit, now and for ever, and to the ages of ages. Amen.

ΤΑ ΠΛΗΡΩΤΙΚΑ

LITANY OF COMPLETION

Ὁ Διάκονος· Πληρώσωμεν τὴν ἑωθινὴν δέησιν ἡμῶν τῷ Κυρίῳ.

Deacon: Let us complete our prayer to the Lord.

Ὁ Χορός· Κύριε, ἐλέησον.

Choir: Lord, have mercy.

Ἀντιλαβοῦ, σῶσον, ἐλέησον, καὶ διαφύλαξον ἡμᾶς, ὁ Θεός, τῇ σῇ χάριτι.

Take hold of us, save us, have mercy upon us, and protect us, O God, by Your grace.

Ὁ Χορός· Κύριε, ἐλέησον.

Choir: Lord, have mercy.

Τὴν ἡμέραν πᾶσαν, τελείαν, ἁγίαν, εἰρηνικὴν καὶ ἀναμάρτητον, παρὰ τοῦ Κυρίου αἰτησώμεθα.

That the whole day may be perfect, holy, peaceful and sinless, let us ask the Lord.

Ὁ Χορός· Παράσχου Κύριε. *(καὶ εἰς ὅλας τὰς δεήσεις ταύτας.)*

Choir: Grant this, O Lord. *(and this in the remaining petitions.)*

Ἄγγελον εἰρήνης, πιστὸν ὁδηγόν, φύλακα τῶν ψυχῶν καὶ τῶν σωμάτων ἡμῶν, παρὰ τοῦ Κυρίου αἰτησώμεθα.

An angel of peace, a faithful guide, a guardian of our souls and bodies, let us ask of the Lord.

Συγγνώμην καὶ ἄφεσιν τῶν ἁμαρτιῶν καὶ τῶν πλημμελημάτων ἡμῶν, παρὰ τοῦ Κυρίου αἰτησώμεθα.

Pardon and forgiveness of our sins and offences, let us ask of the Lord.

Τὰ καλὰ καὶ συμφέροντα ταῖς ψυχαῖς ἡμῶν, καὶ εἰρήνην τῷ κόσμῳ, παρὰ τοῦ Κυρίου αἰτησώμεθα.

Those things which are good and profitable for our souls, and peace for the world, let us ask of the Lord.

Τὸν ὑπόλοιπον χρόνον τῆς ζωῆς ἡμῶν, ἐν εἰρήνῃ καὶ μετανοίᾳ ἐκτελέσαι, παρὰ τοῦ Κυρίου αἰτησώμεθα.

Χριστιανὰ τὰ τέλη τῆς ζωῆς ἡμῶν, ἀνώδυνα, ἀνεπαίσχυντα, εἰρηνικά, καὶ καλὴν ἀπολογίαν τὴν ἐπὶ τοῦ φοβεροῦ βήματος τοῦ Χριστοῦ, αἰτησώμεθα.

Τῆς Παναγίας, ἀχράντου, ὑπερευλογημένης, ἐνδόξου Δεσποίνης ἡμῶν Θεοτόκου, καὶ ἀειπαρθένου Μαρίας μετὰ πάντων τῶν Ἁγίων μνημονεύσαντες, ἑαυτοὺς καὶ ἀλλήλους, καὶ πᾶσαν τὴν ζωὴν ἡμῶν Χριστῷ τῷ Θεῷ παραθώμεθα.

Ὁ Χορός· Σοί, Κύριε.

Ὁ Ἱερεύς· Ὅτι Θεὸς, οἰκτιρμῶν καὶ φιλανθρωπίας ὑπάρχεις καὶ σοὶ τὴν δόξαν ἀναπέμπομεν, τῷ Πατρὶ καὶ τῷ Υἱῷ καὶ τῷ ἁγίῳ Πνεύματι, νῦν καὶ ἀεὶ καὶ εἰς τοὺς αἰῶνας τῶν αἰώνων.

Ὁ Χορός· Ἀμήν.

Ὁ Ἱερεύς· Εἰρήνη πᾶσι.

Ὁ Χορός· Καὶ τῷ πνεύματί σου.

Ὁ Διάκονος· Τὰς κεφαλὰς ἡμῶν τῷ Κυρίῳ κλίνωμεν.

Ὁ Χορός· Σοί, Κύριε.

Ὁ Ἱερεύς, ἐπεύχεται χαμηλοφώνως·

Κύριε, ἅγιε, ὁ ἐν ὑψηλοῖς κατοικῶν καὶ τὰ ταπεινὰ ἐφορῶν καὶ τῷ παντεφόρῳ σου ὄμματι ἐπιβλέπων ἐπὶ πᾶσαν τὴν κτίσιν, σοὶ ἐκλίναμεν τὸν αὐχένα τῆς ψυχῆς καὶ τοῦ σώματος καὶ δεόμεθά σου, ἅγιε ἁγίων· Ἔκτεινον τὴν χεῖρά σου τὴν ἀόρατον ἐξ ἁγίου κατοικητηρίου σου καὶ εὐλόγησον πάντας ἡμᾶς· καὶ εἴ τι ἡμάρτομεν ἑκουσίως ἢ ἀκουσίως, ὡς ἀγαθὸς καὶ φιλάνθρωπος Θεὸς συγχώρησον, δωρού-

That we may live out the rest of our days in peace and repentance, let us ask of the Lord.

A Christian end to our life, painless, unashamed and peaceful, and a good defence before the fearful judgement seat of Christ, let us ask.

Commemorating our most holy, most pure, most blessed and glorified Lady the Theotokos and ever-virgin Mary, together with all the saints, let us commit ourselves and one another and all our life unto Christ our God.

Choir: To you, O Lord.

Priest: For you are a God of mercies and of pity, and you love mankind, and to you we give glory, to the Father, the Son and the Holy Spirit, now and for ever, and to the ages of ages.

Choir: Amen.

Priest: Peace be with all.

Choir: And with your spirit.

Deacon: Let us bow our heads to the Lord.

Choir: To You, O Lord.

The Priest prays, in a low voice:

Holy Lord, dwelling on high and beholding things below and, with your eye that observes all, keeping watch over the whole creation, to you we have bowed the neck of our soul and body, and we beseech you, O Holy of Holies: Stretch forth your invisible hand from your holy dwelling and bless us all. And, as you are good and love humankind, pardon us if we have sinned in

μενος ἡμῖν τὰ ἐγκόσμια καὶ ὑπερκόσμια ἀγαθά σου.

Ἐκφώνως·

Σὸν γάρ ἐστι τὸ ἐλεεῖν καὶ σῴζειν ἡμᾶς, ὁ Θεὸς ἡμῶν, καὶ σοὶ τὴν δόξαν ἀναπέμπομεν, τῷ Πατρὶ καὶ τῷ Υἱῷ καὶ τῷ ἁγίῳ Πνεύματι, νῦν καὶ ἀεὶ καὶ εἰς τοὺς αἰῶνας τῶν αἰώνων.

Ὁ Χορός· Ἀμήν.

Μετὰ δὲ τὴν ἐκφώνησιν ψάλλομεν...

ΤΑ ΑΠΟΣΤΙΧΑ

Μεθοδίου πατριάρχου. Ἦχος πλ. δ΄.

Σήμερον τὸ κατὰ τοῦ Χριστοῦ πονηρὸν συνήχθη συνέδριον καὶ κατ' αὐτοῦ κενὰ ἐβουλεύσατο, παραδοῦναι Πιλάτῳ εἰς θάνατον τὸν ἀνεύθυνον. Σήμερον τὴν τῶν χρημάτων ἀγχόνην Ἰούδας ἑαυτῷ περιτίθησι, καὶ στερεῖται κατ' ἄμφω ζωῆς, προσκαίρου καὶ θείας. Σήμερον Καϊάφας ἄκων προφητεύει, Συμφέρει, λέγων, ὑπὲρ τοῦ λαοῦ ἕνα ἀπολέσθαι. Ἦλθε γὰρ ὑπὲρ τῶν ἁμαρτιῶν ἡμῶν τοῦ παθεῖν, ἵνα ἡμᾶς ἐλευθερώσῃ ἐκ τῆς δουλείας τοῦ ἐχθροῦ ὡς ἀγαθὸς καὶ φιλάνθρωπος.

Στίχ. α'. Ὁ ἐσθίων ἄρτους μου ἐμεγάλυνεν ἐπ' ἐμὲ πτερνισμόν.

Τοῦ αὐτοῦ. Ἦχος ὁ αὐτός.

Σήμερον ὁ Ἰούδας τὸ τῆς φιλοπτωχείας κρύπτει προσωπεῖον καὶ τῆς πλεονεξίας ἀνακαλύπτει τὴν μορφήν· οὐκέτι τῶν πενήτων φροντίζει· οὐκέτι τὸ μύρον πιπράσκει τὸ τῆς ἁμαρτωλοῦ, ἀλλὰ τὸ οὐράνιον μύρον καὶ ἐξ αὐτοῦ νοσφίζεται τὰ ἀργύρια· τρέχει πρὸς Ἰουδαίους, λέγει τοῖς παρανόμοις· Τί μοι θέλετε δοῦναι,

anything, voluntarily or involuntarily, granting us your blessings both of this world and of the world above.

Aloud:

For yours it is to show mercy and to save us, O our God, and to you we give glory, to the Father, the Son and the Holy Spirit, now and for ever, and to the ages of ages.

Reader: Amen.

After the exclamation we sing...

THE APOSTICHA

Methodios the Patriarch. Tone Pl. 4.

Today the wicked Sanhedrin against Christ has assembled, and devised vain things against him, to hand the innocent over to Pilate for death. Today Judas places round his neck the noose of money, and is deprived of both this transient life and of life divine. Today Caiaphas involuntarily prophesies, saying, 'It is expedient that one man perish for the people'; for he has come to suffer for our sins, that he may free us from the slavery of the enemy, as he is good and loves humankind.

Verse 1. He who ate my bread has lifted up his heel against me.

By the Same. Tone Pl. 4.

Today Judas conceals his pretence of love for the poor, and reveals the form of his greed; no longer does he care for the needy, no longer does he sell the myrrh of the sinful woman, but the heavenly Myrrh, and from it purloins the pieces of silver; he runs to the Jews, says to the transgressors, 'What are you

κἀγὼ ὑμῖν παραδώσω αὐτόν; Ὢ φιλαργυρίας προδότου! εὔωνον ποιεῖται τὴν πρᾶσιν· πρὸς τὴν γνώμην τῶν ἀγοραζόντων τοῦ πωλουμένου τὴν πραγματείαν ποιεῖται· οὐκ ἀκριβολογεῖται πρὸς τὴν τιμήν, ἀλλ' ὡς δοῦλον φυγάδα ἀπεμπολεῖ· ἔθος γὰρ τοῖς κλέπτουσι, ῥίπτειν τὰ τίμια· νῦν ἔβαλε τὰ ἅγια τοῖς κυσὶν ὁ μαθητής· ἡ γὰρ λύσσα τῆς φιλαργυρίας κατὰ τοῦ ἰδίου Δεσπότου, μαίνεσθαι ἐποίησεν αὐτόν· ἧς τὴν πεῖραν φύγωμεν, κράζοντες· Μακρόθυμε Κύριε, δόξα σοι.

willing to give me, and I will hand him over to you?' O avarice of the traitor! He concludes the sale to be profitable; in accordance with the intention of the purchasers he concludes the business of the One being sold; he does not haggle over the price, but sells him like a runaway slave; for it is the custom of thieves to cast away what is valuable; now the disciple throws what is holy to the dogs; for the rage of avarice made him rave against the Master; let us flee his enterprise, as we cry, 'Long-suffering Lord, glory to you!'

Στίχ. β'. Ἐξεπορεύετο ἔξω καὶ ἐλάλει ἐπὶ τὸ αὐτό. Κατ' ἐμοῦ ἐψιθύριζον πάντες οἱ ἐχθροί μου, κατ' ἐμοῦ ἐλογίζοντο κακά μοι.

Verse 2. *He went out and spoke. All my enemies whispered against me; against me they devised evils for me.*

Ἰωάννου μοναχοῦ. Ἦχος ὁ αὐτός.

Monk John. Tone Pl. 4.

Ὁ τρόπος σου δολιότητος γέμει, παράνομε Ἰούδα· νοσῶν γὰρ φιλαργυρίαν ἐκέρδησας μισανθρωπίαν· εἰ γὰρ πλοῦτον ἠγάπας, τί τῷ περὶ πτωχείας διδάσκοντι ἐφοίτας; εἰ δὲ καὶ ἐφίλεις, ἵνα τί ἐπώλεις τὸν ἀτίμητον, προδιδοὺς εἰς μιαιφονίαν. Φρῖξον, ἥλιε, στέναξον ἡ γῆ καὶ κλονουμένη βόησον· Ἀνεξίκακε Κύριε δόξα σοι.

Your manner is full of deceit, lawless Judas, for sick with avarice, you have acquired hatred for humankind. If you loved wealth, why did you frequent the One who taught of poverty? But if you loved him, why did you sell the One who is beyond price, betraying him to be murdered? Tremble sun, earth groan, and quaking cry aloud, 'Long-suffering Lord, glory to you!'

Στίχ. γ'. Λόγον παράνομον κατέθεντο κατ' ἐμοῦ· μὴ ὁ κοιμώμενος οὐχὶ προσθήσει τοῦ ἀναστῆναι;

Verse 3. *They spoke a lawless word against me, 'Now that he sleeps, will he rise again?'*

Μεθοδίου πατριάρχου. Ἦχος ὁ αὐτός.

Monk John. Tone Pl. 4.

Μηδεὶς ὦ πιστοί, τοῦ δεσποτικοῦ δείπνου ἀμύητος, μηδεὶς ὅλως ὡς ὁ Ἰούδας δολίως προσίτω τῇ τραπέζῃ· ἐκεῖνος γὰρ τὸν ψωμὸν δεξάμενος κατὰ τοῦ ἄρτου ἐχώρησε, σχήματι μὲν ὢν μαθητής, πράγματι δὲ παρὼν φονευτής, τοῖς μὲν Ἰουδαίοις συναγαλλόμενος, τοῖς δὲ ἀπο-

Let no one who is uninitiated, O believers, let no one draw near deceitfully to the table of the Master's supper, like Judas; for he, having received the morsel, turned against the Bread; in appearance a disciple, but in reality present as a murderer, rejoicing with

στόλοις συναυλιζόμενος· μισῶν ἐφίλει, φιλῶν ἐπώλει τόν ἐξαγοράσαντα ἡμᾶς τῆς κατάρας, τὸν Θεὸν καὶ Σωτῆρα τῶν ψυχῶν ἡμῶν.

Δόξα Πατρὶ καὶ Υἱῷ καὶ Ἁγίῳ Πνεύματι.

Ἰωάννου μοναχοῦ. Ἦχος ὁ αὐτός.

Ὁ τρόπος σου δολιότητος γέμει, παράνομε Ἰούδα· νοσῶν γὰρ φιλαργυρίαν ἐκέρδησας μισανθρωπίαν· εἰ γὰρ πλοῦτον ἠγάπας, τί τῷ περὶ πτωχείας διδάσκοντι ἐφοίτας; εἰ δὲ καὶ ἐφίλεις, ἵνα τί ἐπώλεις τὸν ἀτίμητον, προδιδοὺς εἰς μιαιφονίαν; Φρῖξον, ἥλιε, στέναξον ἡ γῆ καὶ κλονουμένη βόησον· Ἀνεξίκακε Κύριε, δόξα σοι.

Καὶ νῦν καὶ ἀεὶ καὶ εἰς τοὺς αἰῶνας τῶν αἰώνων. Ἀμήν.

Ἰωάννου μοναχοῦ. Ἦχος πλ. α΄.

Μυσταγωγῶν σου Κύριε, τοὺς μαθητάς, ἐδίδασκες λέγων· Ὦ φίλοι, ὁρᾶτε, μηδεὶς ὑμᾶς χωρίσει μου φόβος· εἰ γὰρ πάσχω, ἀλλ' ὑπὲρ τοῦ κόσμου· Μὴ οὖν σκανδαλίζεσθε ἐν ἐμοί· οὐ γὰρ ἦλθον διακονηθῆναι, ἀλλὰ διακονῆσαι καὶ δοῦναι τὴν ψυχήν μου λύτρον ὑπὲρ τοῦ κόσμου. Εἰ οὖν ὑμεῖς φίλοι μου ἐστέ, ἐμὲ μιμεῖσθε· ὁ θέλων πρῶτος εἶναι ἔστω ἔσχατος· ὁ δεσπότης ὡς ὁ διάκονος· μείνατε ἐν ἐμοί, ἵνα βότρυν φέρητε· ἐγὼ γὰρ εἰμι τῆς ζωῆς ἡ ἄμπελος.

Ὁ Ἱερεύς·

Ἀγαθὸν τὸ ἐξομολογεῖσθαι τῷ Κυρίῳ καὶ ψάλλειν τῷ ὀνόματί σου, Ὕψιστε· τοῦ ἀναγγέλλειν τὸ πρωῒ τὸ ἔλεός σου καὶ τὴν ἀλήθειάν σου κατὰ νύκτα.

the Jews, while supping with the Apostles; hating he kissed, kissing he sold the One who redeemed us from the curse, the God and Saviour of our souls.

Glory to the Father, Son and the Holy Spirit.

Methodios the Patriarch. Tone Pl. 4.

Your manner is full of deceit, lawless Judas, for sick with avarice, you have acquired hatred for humankind. If you loved wealth, why did you frequent the One who taught of poverty? But if you loved him, why did you sell the One who is beyond price, betraying him to be murdered? Tremble sun, earth groan, and quaking cry aloud, 'Long-suffering Lord, glory to you!'

Both now and ever, and to the ages of ages. Amen.

Monk John. Tone Pl. 1.

Initiating your disciples, Lord, you taught them, saying, 'My friends, see that no fear separates you from me. For though I suffer, yet it is for the sake of the world. Do not then be scandalized because of me; for I did not come to be served, but to serve and to give my life as a ransom for the world. If then you are my friends, imitate me. The one who wishes to be first, let him be last; the master like the servant. Abide in me, that you may bear a cluster of grapes, for I am the Vine of life.

Priest:

How good to give thanks to the Lord, to sing praises to your name, O Most High. To declare your love in the morning, and your truth every night.

Ὁ Ἀναγνώστης· Ἅγιος ὁ Θεός, Ἅγιος Ἰσχυρός, Ἅγιος Ἀθάνατος, ἐλέησον ἡμᾶς. *(γ´)*

Δόξα Πατρί, καὶ Υἱῷ, καὶ Ἁγίῳ Πνεύματι, καὶ νῦν καὶ ἀεί, καὶ εἰς τοὺς αἰῶνας τῶν αἰώνων. Ἀμήν.

Παναγία Τριάς, ἐλέησον ἡμᾶς. Κύριε, ἱλάσθητι ταῖς ἁμαρτίαις ἡμῶν, Δέσποτα, συγχώρησον τὰς ἀνομίας ἡμῖν. Ἅγιε, ἐπίσκεψαι καὶ ἴασαι τὰς ἀσθενείας ἡμῶν, ἕνεκεν τοῦ ὀνόματός σου.

Κύριε, ἐλέησον. *(γ´)* Δόξα Πατρί, καὶ Υἱῷ, καὶ Ἁγίῳ Πνεύματι, καὶ νῦν καὶ ἀεί, καὶ εἰς τοὺς αἰῶνας τῶν αἰώνων. Ἀμήν.

Πάτερ ἡμῶν ὁ ἐν τοῖς οὐρανοῖς, ἁγιασθήτω τὸ ὄνομά σου. Ἐλθέτω ἡ βασιλεία σου. Γενηθήτω τὸ θέλημά σου, ὡς ἐν οὐρανῷ, καὶ ἐπὶ τῆς γῆς. Τὸν ἄρτον ἡμῶν τὸν ἐπιούσιον δὸς ἡμῖν σήμερον. Καὶ ἄφες ἡμῖν τὰ ὀφειλήματα ἡμῶν, ὡς καὶ ἡμεῖς ἀφίεμεν τοῖς ὀφειλέταις ἡμῶν. Καὶ μὴ εἰσενέγκῃς ἡμᾶς εἰς πειρασμόν, ἀλλὰ ῥῦσαι ἡμᾶς ἀπὸ τοῦ πονηροῦ.

Ὁ Ἱερεύς· Ὅτι σοῦ ἐστιν ἡ Βασιλεία, καὶ ἡ δύναμις, καὶ ἡ δόξα, τοῦ Πατρός, καὶ τοῦ Υἱοῦ, καὶ τοῦ ἁγίου Πνεύματος, νῦν καὶ ἀεὶ καὶ εἰς τοὺς αἰῶνας τῶν αἰώνων.

Ὁ Ἀναγνώστης· Ἀμήν.

Ὁ Ἀναγνώστης·

Ὅτε οἱ ἔνδοξοι μαθηταὶ ἐν τῷ νιπτῆρι τοῦ δείπνου ἐφωτίζοντο, τότε Ἰούδας ὁ δυσσεβής, φιλαργυρίαν νοσήσας, ἐσκοτίζετο· καὶ ἀνόμοις κριταῖς σὲ τὸν δίκαιον κριτὴν παραδίδωσι. Βλέπε χρημάτων ἐραστά, τὸν διὰ ταῦτα ἀγχό-

Reader: Holy God, Holy Mighty, Holy Immortal, have mercy on us. *(x3)*

Glory to the Father and the Son and the Holy Spirit, both now and ever and to the ages of ages. Amen.

All-holy Trinity, have mercy on us. Lord, forgive our sins. Master, pardon our transgressions. Holy One, visit and heal our infirmities for the glory of Your name.

Lord, have mercy. *(x3)* Glory to the Father and the Son and the Holy Spirit, both now and ever and to the ages of ages. Amen.

Our Father, who art in heaven, hallowed be Thy name. Thy kingdom come. Thy will be done, on earth as it is in heaven. Give us this day our daily bread; and forgive us our trespasses, as we forgive those who trespass against us. And lead us not into temptation, but deliver us from the evil one.

Priest: For Yours is the kingdom and the power and the glory, of the Father and the Son and the Holy Spirit, both now and ever and to the ages of ages.

Reader: Amen.

Reader:

When the glorious disciples were enlightened at the washing of the feet, then was Judas the godless one stricken and darkened by the love of money; and to lawless judges he delivered you, the just Judge. Lover of mon-

νῃ χρησάμενον· φεῦγε ἀκόρεστον ψυχὴν τὴν διδασκάλῳ τοιαῦτα τολμήσασαν. Ὁ περὶ πάντας ἀγαθός, Κύριε δόξα σοι.

Κύριε, ἐλέησον *(μ΄)*.

Ὁ Διάκονος· Ἐλέησον ἡμᾶς ὁ Θεὸς κατὰ τὸ μέγα ἔλεός Σου, δεόμεθά Σου, ἐπάκουσον καὶ ἐλέησον.

Ὁ Χορός· Κύριε, ἐλέησον. *(γ΄) Καὶ μεθ᾽ ἑκάστην δέησιν.*

Ὁ Διάκονος· Ἔτι δεόμεθα ὑπὲρ τοῦ Ἀρχιεπισκόπου ἡμῶν *(τοῦ δεῖνος)*.

Ἔτι δεόμεθα ὑπὲρ τῶν ἀδελφῶν ἡμῶν, τῶν ἱερέων, ἱερομονάχων, ἱεροδιακόνων καὶ μοναχῶν, καὶ πάσης τῆς ἐν Χριστῷ ἡμῶν ἀδελφότητος.

Ἔτι δεόμεθα ὑπὲρ ἐλέους, ζωῆς, εἰρήνης, ὑγείας, σωτηρίας, ἐπισκέψεως, συγχωρήσεως καὶ ἀφέσεως τῶν ἁμαρτιῶν τῶν δούλων τοῦ Θεοῦ, πάντων τῶν εὐσεβῶν καὶ ὀρθοδόξων χριστιανῶν, τῶν κατοικούντων καὶ παρεπιδημούντων ἐν τῇ πόλει ταύτῃ, τῶν ἐνοριτῶν, ἐπιτρόπων, συνδρομητῶν καὶ ἀφιερωτῶν τοῦ ἁγίου ναοῦ τούτου.

Ἔτι δεόμεθα ὑπὲρ τῶν μακαρίων καὶ ἀοιδίμων κτιτόρων τῆς ἁγίας Ἐκκλησίας ταύτης, καὶ ὑπὲρ πάντων τῶν προαναπαυσαμένων πατέρων καὶ ἀδελφῶν ἡμῶν, τῶν ἐνθάδε εὐσεβῶς, κειμένων, καὶ ἁπανταχοῦ ὀρθοδόξων.

Ἔτι δεόμεθα ὑπέρ τῶν καρποφορούντων καὶ καλλιεργούντων ἐν τῷ ἁγίῳ καὶ πανσέπτῳ ναῷ τούτῳ, κοπιώντων, ψαλλόντων καὶ ὑπὲρ τοῦ περιεστῶτος

ey, look on him who for its sake went and hanged himself; flee from the insatiable soul, which against the Teacher dared to do such things. O you who are good to all, Lord, glory to you.

Lord, have mercy *(x40)*.

Deacon: Have mercy on us, O God, according to your great mercy, we pray you, hear and have mercy.

Choir: Lord, have mercy. *(x3) And so after the remaining petitions.*

Deacon: Also we pray for our Archbishop **N**.

Again we pray for our brothers and sisters, the priests, hieromonks, hierodeacons, all monastics and all of our brotherhood in Christ.

Also we pray for mercy, life, peace, health, salvation, visitation, forgiveness and remission of sins for the servants of God, all pious and Orthodox Christians, those who dwell in or visit this city and parish, the members of this parish, the parish council, those who give help and those who have dedicated gifts in this holy temple.

Also we pray for the blessed and ever-remembered founders of this holy church, and for all our brethren who have gone to their rest before us, and who lie asleep here in the true faith; and for the Orthodox everywhere.

Also we pray for those who strive and bring forth the fruit of good works in this holy and venerable temple, for those who serve, for those who sing,

λαοῦ, τοῦ ἀπεκδεχομένου τὸ παρὰ Σοῦ μέγα καὶ πλούσιον ἔλεος.

Ὁ Ἱερεὺς τὴν Ἐκφώνησιν·

Ὅτι ἐλεήμων καὶ φιλάνθρωπος Θεὸς ὑπάρχεις, καὶ σοὶ τὴν δόξαν ἀναπέμπομεν, τῷ Πατρὶ καὶ τῷ Υἱῷ καὶ τῷ Ἁγίῳ Πνεύματι, νῦν καὶ ἀεὶ καὶ εἰς τοὺς αἰῶνας τῶν αἰώνων.

Ὁ Ἱερεὺς ποιεῖ τὴν ἀπόλυσιν.

Ὁ Διάκονος· Σοφία.

Ὁ Ἱερεὺς· Ὁ ὢν εὐλογητὸς Χριστὸς ὁ Θεὸς ἡμῶν πάντοτε, νῦν καὶ ἀεὶ καὶ εἰς τοὺς αἰῶνας τῶν αἰώνων.

Ὁ Χορὸς· Ἀμήν.

Ὁ Ἀναγνώστης·

Στερεώσαι Κύριος ὁ Θεὸς τὴν ἁγίαν καὶ ἀμώμητον πίστιν τῶν εὐσεβῶν καὶ ὀρθοδόξων Χριστιανῶν σὺν τῇ ἁγίᾳ αὐτοῦ ἐκκλησίᾳ καὶ τῇ πόλει ταύτῃ εἰς αἰῶνας αἰώνων.

Ὁ Χορὸς· Ἀμήν.

Ὁ Ἱερεὺς· Ὑπεραγία Θεοτόκε, σῶσον ἡμᾶς.

Ὁ Ἀναγνώστης λέγει·

Τὴν τιμιωτέραν τῶν Χερουβεὶμ καὶ ἐνδοξοτέραν ἀσυγκρίτως τῶν Σεραφείμ, τὴν ἀδιαφθόρως Θεὸν Λόγον τεκοῦσαν, τὴν ὄντως Θεοτόκον σὲ μεγαλύνομεν.

Ὁ Ἱερεὺς· Δόξα σοι ὁ Θεός, ἡ ἐλπὶς ἡμῶν, δόξα σοι.

Ὁ Ἀναγνώστης· Δόξα Πατρὶ καὶ Υἱῷ καὶ Ἁγίῳ Πνεύματι, καὶ νῦν καὶ ἀεὶ καὶ εἰς

and for the people here present, who await your great and rich mercy.

The Priest Exclaims:

For you, O God, are merciful, and love mankind, and to you we give glory, to the Father, the Son and the Holy Spirit, now and for ever, and to the ages of ages.

The Priest makes the Dismissal.

Deacon: Wisdom.

Priest: Blessed is he who is Christ our God, always now and forever, and to the ages of ages.

Choir: Amen.

Reader:

May the Lord God strengthen the holy and pure faith of devout and orthodox Christians, with his holy Church and this city, unto ages of ages.

Choir: Amen.

The Priest: Most Holy Theotokos, save us.

The Reader says:

Greater in honor than the Cherubim, and beyond compare more glorious than the Seraphim, without corruption you gave birth to God the Word; truly the Theotokos, we magnify you.

Priest: Glory to You, O God, our hope, glory to you.

Reader: Glory to the Father, and the Son and the Holy Spirit, both now and ever and to the ages of ages. Amen.

τοὺς αἰῶνας τῶν αἰώνων, Ἀμήν. Κύριε, ἐλέησον (γ'). Πάτερ ἅγιε, εὐλόγησον.

Ὁ δι' ὑπερβάλλουσαν ἀγαθότητα ὁδὸν ἀρίστην τὴν ταπείνωσιν ὑποδείξας ἐν τῷ νίψαι τοὺς πόδας τῶν μαθητῶν καὶ μέχρι σταυροῦ καὶ ταφῆς συγκαταβὰς ἡμῖν Χριστὸς ὁ ἀληθινὸς Θεὸς ἡμῶν, ταῖς πρεσβείαις τῆς παναχράντου καὶ παναμώμου ἁγίας αὐτοῦ Μητρός· δυνάμει τοῦ τιμίου καὶ ζωοποιοῦ Σταυροῦ· προστασίαις τῶν τιμίων ἐπουρανίων Δυνάμεων Ἀσωμάτων· ἱκεσίαις τοῦ τιμίου, ἐνδόξου, Προφήτου, Προδρόμου καὶ Βαπτιστοῦ Ἰωάννου· τῶν ἁγίων ἐνδόξων καὶ πανευφήμων Ἀποστόλων· τῶν ἁγίων ἐνδόξων καὶ καλλινίκων μαρτύρων· τῶν ὁσίων καὶ θεοφόρων Πατέρων ἡμῶν, τοῦ ἁγίου *(τοῦ Ναοῦ)*, τῶν ἁγίων καὶ δικαίων Θεοπατόρων Ἰωακεὶμ καὶ Ἄννης, τοῦ ἁγίου *(τῆς ἡμέρας)*, οὗ καὶ τὴν μνήμην ἐπιτελοῦμεν, καὶ πάντων τῶν Ἁγίων, ἐλεῆσαι καὶ σῶσαι ἡμᾶς, ὡς ἀγαθὸς καὶ φιλάνθρωπος καὶ ἐλεήμων Θεός.

Ὁ Ἱερεύς· Δι' εὐχῶν τῶν ἁγίων Πατέρων ἡμῶν, Κύριε Ἰησοῦ Χριστέ, ὁ Θεός, ἐλέησον καὶ σῶσον ἡμᾶς.

Ὁ Χορός· Ἀμήν.

Lord, have mercy *(x3)*. Holy Father, bless.

May he who, in his exceeding goodness, showed us the virtuous way of humility at the washing of the disciples feet, and condescended even to the cross and the tomb, Christ our true God, as a good, loving, and merciful God, have mercy upon us and save us, through the intercessions of His most pure and holy Mother; the power of the precious and life giving Cross; the protection of the honorable, bodiless powers of heaven, the supplications of the honorable, glorious prophet and forerunner John the Baptist; the holy, glorious and praiseworthy apostles; the holy, glorious and triumphant martyrs; our holy and God-bearing Fathers *(name of the church)*; the holy and righteous ancestors Joachim and Anna; Saint *(of the day)* whose memory we commemorate today, and all the saints.

Priest: Through the prayers of our holy fathers, Lord Jesus Christ, our God, have mercy on us and save us.

Choir: Amen.

The Mystical Supper

Η ΑΓΙΑ ΚΑΙ ΜΕΓΑΛΗ ΠΑΡΑΣΚΕΥΗ

Ὁ ΕΣΠΕΡΙΝΟΣ

Τελεῖται συνήθως τῇ Μ. Πέμπτῃ πρωΐ

ΕΝΑΡΞΙΣ

Μετὰ δὲ τὴν ἀπόλυσιν ὁ διάκονος ἐξελθὼν ἵσταται ἐνώπιον τῆς Ὡραίας Πύλης καὶ ἐκφωνεῖ·

Εὐλόγησον, δέσποτα.

Ὁ ἱερεὺς ὑψῶν τὸ ἱ. Εὐαγγέλιον καὶ ποιῶν δι' αὐτοῦ τύπον σταυροῦ ἐπὶ τοῦ εἰλητοῦ ἐκφωνεῖ·

Εὐλογημένη ἡ Βασιλεία τοῦ Πατρὸς καὶ τοῦ Υἱοῦ καὶ τοῦ Ἁγίου Πνεύματος, νῦν καὶ ἀεὶ καὶ εἰς τοὺς αἰῶνας τῶν αἰώνων.

Ὁ Χορός· Ἀμήν.

Ὁ Ἀναγνώστης· Δεῦτε, προσκυνήσωμεν καὶ προσπέσωμεν τῷ βασιλεῖ ἡμῶν Θεῷ.

Δεῦτε προσκυνήσωμεν καὶ προσπέσωμεν Χριστῷ τῷ βασιλεῖ ἡμῶν Θεῷ.

Δεῦτε προσκυνήσωμεν καὶ προσπέσωμεν αὐτῷ Χριστῷ, τῷ βασιλεῖ καὶ Θεῷ ἡμῶν.

Ὁ προεστὼς (ἢ ὁ ἀναγνώστης) ἀναγινώσκει τὸν Προοικιακὸν Ψαλμόν (Βλ. σελ. 313), ὁ δὲ ἱερεὺς τὰς εὐχὰς τοῦ Λυχνικοῦ πλήν.

ΕΥΧΗ Α΄ ΛΥΧΝΙΚΟΥ

Κύριε, οἰκτίρμον καὶ ἐλεῆμον, μακρόθυμε καὶ πολυέλεε, ἐνώτισαι τὴν προσευχὴν ἡμῶν, καὶ πρόσχες τῇ φωνῇ τῆς δεήσεως ἡμῶν· ποίησον μεθ' ἡμῶν σημεῖον εἰς ἀγαθόν· ὁδήγησον ἡμᾶς ἐν τῇ ὁδῷ σου τοῦ πορεύεσθαι ἐν τῇ ἀληθείᾳ

HOLY AND GREAT FRIDAY

AT VESPERS

Commonly celebrated on Thursday morning

ENARXIS

After the dismissal, the Deacon comes and stands before the Beautiful Gate and exclaims:

Bless, Master.

The Priest raises the H. Gospel and makes the sign of the cross with it upon the eilito, exclaiming:

Blessed is the Kingdom of the Father, and of the Son and of the Holy Spirit, now and for ever, and to the ages of ages.

Choir: Amen.

Reader: Come, let us worship and fall down before the King, our God.

Come, let us worship and fall down before Christ the King, our God.

Come, let us worship and fall down before Christ himself, the King, our God.

The Superior (or the Reader) reads the Introductory Psalm (See pg. 313) as the Priest reads the Lamplighting Prayers.

FIRST LAMPLIGHTING PRAYER

O Lord, compassionate and merciful, long-suffering and full of mercy, listen to our prayer and attend to the voice of our supplication. Make for us a sign for good. Guide us in your way, to walk in your truth. Make glad our

σου· εὔφρανον τὰς καρδίας ἡμῶν, εἰς τὸ φοβεῖσθαι τὸ Ὄνομά σου τὸ ἅγιον· διότι μέγας εἶ σὺ, καὶ ποιῶν θαυμάσια· σὺ εἶ Θεὸς μόνος, καὶ οὐκ ἔστιν ὅμοιός σοι ἐν θεοῖς, Κύριε, δυνατὸς ἐν ἐλέει, καὶ ἀγαθὸς ἐν ἰσχύϊ, εἰς τὸ βοηθεῖν καὶ παρακαλεῖν, καὶ σῴζειν πάντας τοὺς ἐλπίζοντας εἰς τὸ Ὄνομά σου τὸ ἅγιον.

Ὅτι πρέπει σοι πᾶσα δόξα τιμή, καὶ προσκύνησις, τῷ Πατρὶ καὶ τῷ Υἱῷ καὶ τῷ Ἁγίῳ Πνεύματι νῦν καὶ ἀεὶ καὶ εἰς τοὺς αἰῶνας τῶν αἰώνων. Ἀμήν.

ΕΥΧΗ Β΄ ΛΥΧΝΙΚΟΥ

Κύριε, μὴ τῷ θυμῷ σου ἐλέγξῃς ἡμᾶς, μηδὲ τῇ ὀργῇ σου παιδεύσῃς ἡμᾶς, ἀλλὰ ποίησον μεθ᾽ ἡμῶν κατὰ τὴν ἐπιείκειάν σου, ἰατρὲ καὶ θεραπευτὰ τῶν ψυχῶν ἡμῶν· ὁδήγησον ἡμᾶς ἐπὶ λιμένα θελήματός σου· φώτισον τοὺς ὀφθαλμοὺς τῶν καρδιῶν ἡμῶν, εἰς ἐπίγνωσιν τῆς σῆς ἀληθείας· καὶ δώρησαι ἡμῖν τὸ λοιπὸν τῆς παρούσης ἡμέρας εἰρηνικὸν καὶ ἀναμάρτητον, καὶ πάντα τὸν χρόνον τῆς ζωῆς ἡμῶν· πρεσβείαις τῆς ἁγίας Θεοτόκου, καὶ πάντων τῶν Ἁγίων σου.

Ὅτι σὸν τὸ κράτος, καὶ σοῦ ἐστιν ἡ Βασιλεία καὶ ἡ δύναμις καὶ ἡ δόξα τοῦ Πατρὸς καὶ τοῦ Υἱοῦ καὶ τοῦ Ἁγίου Πνεύματος, νῦν καὶ ἀεὶ καὶ εἰς τοὺς αἰῶνας τῶν αἰώνων. Ἀμήν.

ΕΥΧΗ Γ΄ ΛΥΧΝΙΚΟΥ

Κύριε, ὁ Θεὸς ἡμῶν, μνήσθητι ἡμῶν τῶν ἁμαρτωλῶν καὶ ἀχρείων δούλων σου, ἐν τῷ ἐπικαλεῖσθαι ἡμᾶς τὸ ἅγιον ὄνομά σου, καὶ μὴ καταισχύνῃς ἡμᾶς ἀπὸ τῆς προσδοκίας τοῦ ἐλέους σου, ἀλλὰ

hearts to fear your holy Name, because you are great and do wondrous things. You alone are God, and there is none like you, O Lord, among gods: powerful in mercy and loving in strength to help and to console and to save all who hope in your holy Name.

For to you belong all glory, honour and worship, to the Father, the Son and the Holy Spirit, now and for ever, and to the ages of ages. Amen.

SECOND LAMPLIGHTING PRAYER

Lord, do not rebuke us in your anger, nor chastise us in your wrath, but deal with us in accordance with your kindness, physician and healer of our souls. Guide us to the harbour of your will. Enlighten the eyes of our hearts to the knowledge of your truth and grant that the rest of the present day and the whole time of our life may be peaceful and without sin, at the prayers of the holy Mother of God and of all the Saints.

For yours is the might and yours is the kingdom and the power and the glory of the Father, the Son and the Holy Spirit, now and for ever, and to the ages of ages. Amen.

THIRD LAMPLIGHTING PRAYER

Lord our God, remember us, sinners and your unprofitable servants, as we call upon your holy Name, and do not put us to shame from the expectation of your mercy, but graciously grant

χάρισαι ἡμῖν, Κύριε, πάντα τὰ πρὸς σωτηρίαν αἰτήματα· καὶ ἀξίωσον ἡμᾶς ἀγαπᾶν, καὶ φοβεῖσθαί σε ἐξ ὅλης τῆς καρδίας ἡμῶν, καὶ ποιεῖν ἐν πᾶσι τὸ θέλημά σου.

Ὅτι ἀγαθὸς καὶ Φιλάνθρωπος Θεὸς ὑπάρχεις καὶ σοὶ τὴν δόξαν ἀναπέμπομεν, τῷ Πατρὶ καὶ τῷ Υἱῷ καὶ τῷ Ἁγίῳ Πνεύματι νῦν καὶ ἀεὶ καὶ εἰς τοὺς αἰῶνας τῶν αἰώνων. Ἀμήν.

ΕΥΧΗ Δ΄ ΛΥΧΝΙΚΟΥ

Ὁ τοῖς ἀσιγήτοις ὕμνοις καὶ ἀπαύστοις δοξολογίαις ὑπὸ τῶν ἁγίων δυνάμεων ἀνυμνούμενος, πλήρωσον τὸ στόμα ἡμῶν τῆς αἰνέσεώς σου, τοῦ δοῦναι μεγαλωσύνην τῷ ὀνόματί σου τῷ ἁγίῳ· καὶ δὸς ἡμῖν μερίδα καὶ κλῆρον μετὰ πάντων τῶν φοβουμένων σε ἐν ἀληθείᾳ καὶ φυλασσόντων τὰς ἐντολάς σου· πρεσβείαις τῆς ἁγίας Θεοτόκου καὶ πάντων τῶν ἁγίων σου.

Ὅτι πρέπει σοι πᾶσα δόξα, τιμή καὶ προσκύνησις, τῷ Πατρὶ καὶ τῷ Υἱῷ καὶ τῷ Ἁγίῳ Πνεύματι, νῦν καὶ ἀεὶ καὶ εἰς τοὺς αἰῶνας τῶν αἰώνων. Ἀμήν.

ΕΥΧΗ Ε΄ ΛΥΧΝΙΚΟΥ

Κύριε, Κύριε, ὁ τῇ ἀχράντῳ σου παλάμῃ συνέχων τὰ σύμπατα, ὁ μακροθυμῶν ἐπὶ πάντας ἡμᾶς καὶ μετανοῶν ἐπὶ ταῖς κακίαις ἡμῶν, μνήσθητι τῶν οἰκτιρμῶν σου καὶ τοῦ ἐλέους σου· ἐπίσκεψαι ἡμᾶς ἐν τῇ σῇ ἀγαθότητι· καὶ δὸς ἡμῖν διαφυγεῖν καὶ τὸ λοιπὸν τῆς παρούσης ἡμέρας, ἐκ τῶν τοῦ πονηροῦ ποικίλων μηχανημάτων, καὶ ἀνεπιβούλευτον τὴν ζωὴν ἡμῶν διαφύλαξον, τῇ χάριτι τοῦ Παναγίου σου Πνεύματος.

us, Lord, all the requests that are for salvation, and count us worthy to love and to fear you from our whole heart, and in all things to do your will.

For you, O God, are good and love mankind, and to you we give glory, to the Father, the Son and the Holy Spirit, now and for ever, and to the ages of ages. Amen.

FOURTH LAMPLIGHTING PRAYER

O Lord, who are praised by the holy Powers with never silent hymns and unceasing songs of glory, fill our mouth with your praise to give majesty to your holy Name, and give us a part and an inheritance with all who fear you in truth and who keep your commandments, at the prayers of the holy Mother of God and of all your Saints.

For to you belong all glory, honour and worship, to the Father, the Son and the Holy Spirit, now and for ever, and to the ages of ages. Amen.

FIFTH LAMPLIGHTING PRAYER

Lord, Lord, who uphold the universe by your immaculate hand, who are long-suffering towards us all and who repent of evils, remember your acts of compassion and your mercy. Visit us in your loving kindness and grant that for the rest of the present day we may escape the manifold wiles of the evil one, and, by the grace of your All-holy Spirit, keep our life free from assault.

Ἐλέει καὶ φιλανθρωπίᾳ τοῦ Μονογενοῦς σου Υἱοῦ μεθ' οὗ εὐλογητὸς εἶ, σὺν τῷ παναγίῳ καὶ ἀγαθῷ, καὶ ζωοποιῷ σου Πνεύματι, νῦν καὶ ἀεὶ καὶ εἰς τοὺς αἰῶνας τῶν αἰώνων. Ἀμήν.

ΕΥΧΗ ΣΤ΄ ΛΥΧΝΙΚΟΥ

Ὁ Θεὸς, ὁ μέγας καὶ θαυμαστός, ὁ ἀνεκδιηγήτῳ ἀγαθωσύνῃ καὶ πλουσίᾳ προνοίᾳ διοικῶν τὰ σύμπαντα· ὁ καὶ τὰ ἐγκόσμια ἀγαθὰ ἡμῖν δωρησάμενος, καὶ κατεγγυήσας ἡμῖν τὴν ἐπηγγελμένην βασιλείαν, διὰ τῶν ἤδη κεχαρισμένων ἡμῖν ἀγαθῶν· ὁ ποιήσας ἡμᾶς καὶ τῆς νῦν ἡμέρας τὸ παρελθὸν μέρος ἀπὸ παντὸς ἐκκλῖναι κακοῦ, δώρησαι ἡμῖν καὶ τὸ ὑπόλοιπον ἀμέμπτως ἐκτελέσαι, ἐνώπιον τῆς ἁγίας δόξης σου, ὑμνοῦντάς σε τὸν μόνον ἀγαθὸν, καὶ φιλάνθρωπον Θεὸν ἡμῶν.

Ὅτι σὺ εἶ ὁ Θεὸς ἡμῶν, καὶ σοὶ τὴν δόξαν ἀναπέμπομεν, τῷ Πατρὶ καὶ τῷ Υἱῷ καὶ τῷ Ἁγίῳ Πνεύματι, νῦν καὶ ἀεὶ καὶ εἰς τοὺς αἰῶνας τῶν αἰώνων. Ἀμήν.

ΕΥΧΗ Ζ΄ ΛΥΧΝΙΚΟΥ

Ὁ Θεὸς ὁ μέγας καὶ ὕψιστος, ὁ μόνος ἔχων ἀθανασίαν, φῶς οἰκῶν ἀπρόσιτον, ὁ πᾶσαν τὴν κτίσιν ἐν σοφίᾳ δημιουργήσας. Ὁ διαχωρήσας ἀνὰ μέσον τοῦ φωτός, καὶ ἀνὰ μέσον τοῦ σκότους, καὶ τὸν μὲν ἥλιον θέμενος εἰς ἐξουσίαν τῆς ἡμέρας, σελήνην δὲ καὶ ἀστέρας εἰς ἐξουσίαν τῆς νυκτός· ὁ καταξιώσας ἡμᾶς τοὺς ἁμαρτωλοὺς καὶ ἐπὶ τῆς παρούσης ὥρας προφθάσαι τὸ πρόσωπόν σου ἐν ἐξομολο-

By the mercy and love for mankind of your Only-begotten Son, with whom you are blessed, together with your all-holy, good and life-giving Spirit, now and for ever, and to the ages of ages. Amen.

SIXTH LAMPLIGHTING PRAYER

O God, great and wonderful, who order the universe with inexpressible loving-kindness and rich providence; who have granted us also the blessings of this world and brought us near to the promised Kingdom through the blessings that have been bestowed on us already; who have made us turn aside from every evil during that part of the present day which is now over, grant us also to complete what remains without blame in the presence of your holy glory, as we sing your praise, who alone are our God, good and the Lover of mankind.

For you are our God, and to you we give glory, to the Father, the Son and the Holy Spirit, now and for ever, and to the ages of ages. Amen.

SEVENTH LAMPLIGHTING PRAYER

Great and most high God, who alone possess immortality, who dwell in unapproachable light, who fashioned all creation with wisdom, who made the separation between the light and the darkness and who placed the sun to have authority over the day and the moon and the stars to have authority over the night, who have counted us sinners worthy even at this present

γήσει, καὶ τὴν ἑσπερινήν σοι δοξολογίαν προσαγαγεῖν· αὐτός, φιλάνθρωπε Κύριε, κατεύθυνον τὴν προσευχὴν ἡμῶν ὡς θυμίαμα ἐνώπιόν σου καὶ πρόσδεξαι αὐτὴν εἰς ὀσμὴν εὐωδίας. Παράσχου δὲ ἡμῖν τὴν παροῦσαν ἑσπέραν καὶ τὴν ἐπιοῦσαν νύκτα εἰρηνικήν· ἔνδυσον ἡμᾶς ὅπλα φωτός· ῥῦσαι ἡμᾶς ἀπὸ φόβου νυκτερινοῦ καὶ ἀπὸ παντὸς πράγματος ἐν σκότει διαπορευομένου· καὶ δὸς ἡμῖν τὸν ὕπνον, ὃν εἰς ἀνάπαυσιν τῇ ἀσθενείᾳ ἡμῶν ἐδωρήσω, πάσης διαβολικῆς φαντασίας ἀπηλλαγμένον. Ναί, Δέσποτα τῶν ἁπάντων, τῶν ἀγαθῶν χορηγέ· ἵνα, καὶ ἐπὶ ταῖς κοίταις ἡμῶν κατανυγόμενοι, μνημονεύωμεν ἐν νυκτὶ τοῦ ὀνόματός σου, καὶ τῇ μελέτῃ τῶν σῶν ἐντολῶν καταυγαζόμενοι, ἐν ἀγαλλιάσει ψυχῆς διανιστῶμεν πρὸς δοξολογίαν τῆς σῆς ἀγαθότητος, δεήσεις καὶ ἱκεσίας τῇ σῇ εὐσπλαγχνίᾳ προσάγοντες ὑπὲρ τῶν ἰδίων ἁμαρτημάτων καὶ παντὸς τοῦ λαοῦ σου, ὃν ταῖς πρεσβείαις τῆς ἁγίας Θεοτόκου ἐν ἐλέει ἐπίσκεψαι.

Ὅτι ἀγαθὸς καὶ Φιλάνθρωπος Θεὸς ὑπάρχεις καὶ σοὶ τὴν δόξαν ἀναπέμπομεν, τῷ Πατρὶ καὶ τῷ Υἱῷ καὶ τῷ Ἁγίῳ Πνεύματι, νῦν καὶ ἀεὶ καὶ εἰς τοὺς αἰῶνας τῶν αἰώνων. Ἀμήν.

hour to come into your presence with confession and thanksgiving and to offer you our evening hymn of glory; do you, O Lord who love mankind, direct our prayer like incense before you and accept it as a savour of sweet fragrance. Grant us that the present evening and the coming night may be peaceful, clothe us with weapons of light, deliver us from every night-time fear and from every deed that walks in darkness. And give us sleep, which you have bestowed on us for our rest in our weakness, freed from every fantasy of the devil. Yes, Master of all things, giver of blessings, may we also be filled with compunction on our beds and call to mind your Name in the night, and enlightened by meditation on your commandments may we rise with gladness of soul to give glory to your loving-kindness, as we bring to your compassion supplications and entreaties on behalf of our own sins and those of all your people. At the prayers of the holy Mother of God visit them with mercy.

For you, O God, are good and love mankind, and to you we give glory, to the Father, the Son and the Holy Spirit, now and for ever, and to the ages of ages. Amen.

Ο ΠΡΟΟΙΜΙΑΚΟΣ

Εὐλόγει, ἡ ψυχή μου, τὸν Κύριον. Κύριε ὁ Θεός μου, ἐμεγαλύνθης σφόδρα. Ἐξομολόγησιν καὶ μεγαλοπρέπειαν ἐνεδύσω, ἀναβαλλόμενος φῶς ὡς ἱμάτιον. Ἐκτείνων τὸν οὐρανὸν ὡσεὶ δέρριν, ὁ στεγάζων ἐν ὕδασιν τὰ ὑπερῷα αὐτοῦ.

INTRODUCTORY PSALM

Bless the Lord, my soul! O Lord my God, you have been greatly magnified. You have clothed yourself with thanksgiving and majesty, wrapping yourself in light as in a cloak, stretching out the heavens like a curtain, roofing

Ὁ τιθεὶς νέφη τὴν ἐπίβασιν αὐτοῦ, ὁ περιπατῶν ἐπὶ πτερύγων ἀνέμων. Ὁ ποιῶν τοὺς ἀγγέλους αὐτοῦ πνεύματα καὶ τοὺς λειτουργοὺς αὐτοῦ πυρὸς φλόγα. Ὁ θεμελιῶν τὴν γῆν ἐπὶ τὴν ἀσφάλειαν αὐτῆς· οὐ κλιθήσεται εἰς τὸν αἰῶνα τοῦ αἰῶνος. Ἄβυσσος ὡς ἱμάτιον τὸ περιβόλαιον αὐτοῦ, ἐπὶ τῶν ὀρέων στήσονται ὕδατα. Ἀπὸ ἐπιτιμήσεώς σου φεύξονται, ἀπὸ φωνῆς βροντῆς σου δειλιάσουσιν. Ἀναβαίνουσιν ὄρη καὶ καταβαίνουσι πεδία εἰς τὸν τόπον, ὃν ἐθεμελίωσας αὐτά. Ὅριον ἔθου, ὃ οὐ παρελεύσονται, οὐδὲ ἐπιστρέψουσι καλύψαι τὴν γῆν. Ὁ ἐξαποστέλλων πηγὰς ἐν φάραγξιν, ἀνάμεσον τῶν ὀρέων διελεύσονται ὕδατα. Ποτιοῦσι πάντα τὰ θηρία τοῦ ἀγροῦ, προσδέξονται ὄναγροι εἰς δίψαν αὐτῶν. Ἐπ' αὐτὰ τὰ πετεινὰ τοῦ οὐρανοῦ κατασκηνώσει· ἐκ μέσου τῶν πετρῶν δώσουσι φωνήν. Ποτίζων ὄρη ἐκ τῶν ὑπερῴων αὐτοῦ· ἀπὸ καρποῦ τῶν ἔργων σου χορτασθήσεται ἡ γῆ. Ὁ ἐξανατέλλων χόρτον τοῖς κτήνεσι καὶ χλόην τῇ δουλείᾳ τῶν ἀνθρώπων, τοῦ ἐξαγαγεῖν ἄρτον ἐκ τῆς γῆς. Καὶ οἶνος εὐφραίνει καρδίαν ἀνθρώπου τοῦ ἱλαρῦναι πρόσωπον ἐν ἐλαίῳ· καὶ ἄρτος καρδίαν ἀνθρώπου στηρίζει. Χορτασθήσονται τὰ ξύλα τοῦ πεδίου, αἱ κέδροι τοῦ Λιβάνου, ἃς ἐφύτευσας. Ἐκεῖ στρουθία ἐννοσσεύσουσι, τοῦ ἐρωδιοῦ ἡ κατοικία ἡγεῖται αὐτῶν. Ὄρη τὰ ὑψηλὰ ταῖς ἐλάφοις, πέτρα καταφυγὴ τοῖς λαγωοῖς. Ἐποίησε σελήνην εἰς καιρούς· ὁ ἥλιος ἔγνω τὴν δύσιν αὐτοῦ. Ἔθου σκότος, καὶ ἐγένετο νύξ· ἐν αὐτῇ διελεύσονται πάντα τὰ θηρία τοῦ δρυμοῦ. Σκύμνοι ὠρυόμενοι τοῦ ἁρπάσαι καὶ ζητῆσαι παρὰ τῷ Θεῷ βρῶσιν αὐτοῖς. Ἀνέτειλεν ὁ ἥλιος, καὶ συνήχθησαν καὶ εἰς τὰς μάνδρας αὐτῶν κοιτα-

his upper chambers with waters, placing clouds as his mount, walking on the wings of the wind, making spirits his Angels and a flame of fire his Ministers, establishing the earth on its sure base; it will not be moved to age on age. The deep, like a cloak, is its mantle; waters will stand upon the mountains. At your rebuke they will flee; they will quail at the voice of your thunder. The mountains rise and the plains descend to the place which you established for them. You fixed a limit that they will not pass, nor will they return to cover the earth. You send out springs into the valleys; waters will run between the mountains. They will give drink to all the beasts of the field; the wild asses will await them to quench their thirst. Beside them the birds of the air will make their dwelling: and sing among the rocks. He waters the mountains from his upper chambers; the earth will be filled from the fruit of your works. He makes grass spring up for the cattle, and green herb for the service of mankind; to bring food out of the earth, and wine makes glad the human heart; to make the face cheerful with oil, and bread strengthens the human heart. The trees of the plain will be satisfied, the cedars of Lebanon that you planted. There the sparrows will build their nests; the heron's dwelling is at their head. The high mountains are for the deer; rocks a refuge for hares. He made the moon to mark the seasons; the sun knew the hour of its setting. You appointed darkness, and it was night, in which all the beasts of the forest will prowl; young lions roaring to plunder

σθήσονται. Ἐξελεύσεται ἄνθρωπος ἐπὶ τὸ ἔργον αὐτοῦ καὶ ἐπὶ τὴν ἐργασίαν αὐτοῦ ἕως ἑσπέρας. Ὡς ἐμεγαλύνθη τὰ ἔργα σου Κύριε! πάντα ἐν σοφίᾳ ἐποίησας· ἐπληρώθη ἡ γῆ τῆς κτίσεώς σου. Αὕτη ἡ θάλασσα ἡ μεγάλη καὶ εὐρύχωρος· ἐκεῖ ἑρπετά, ὧν οὐκ ἔστιν ἀριθμός, ζῷα μικρὰ μετὰ μεγάλων. Ἐκεῖ πλοῖα διαπορεύονται· δράκων οὗτος, ὃν ἔπλασας ἐμπαίζειν αὐτῇ. Πάντα πρὸς σὲ προσδοκῶσι, δοῦναι τὴν τροφὴν αὐτῶν εἰς εὔκαιρον· δόντος σου αὐτοῖς συλλέξουσιν. Ἀνοίξαντός σου τὴν χεῖρα τὰ σύμπαντα πλησθήσονται χρηστότητος· ἀποστρέψαντος δέ σου τὸ πρόσωπον ταραχθήσονται. Ἀντανελεῖς τὸ πνεῦμα αὐτῶν, καὶ ἐκλείψουσι καὶ εἰς τὸν χοῦν αὐτῶν ἐπιστρέψουσιν. Ἐξαποστελεῖς τὸ πνεῦμά σου, καὶ κτισθήσονται, καὶ ἀνακαινιεῖς τὸ πρόσωπον τῆς γῆς. Ἤτω ἡ δόξα Κυρίου εἰς τοὺς αἰῶνας· εὐφρανθήσεται Κύριος ἐπὶ τοῖς ἔργοις αὐτοῦ. Ὁ ἐπιβλέπων ἐπὶ τὴν γῆν καὶ ποιῶν αὐτὴν τρέμειν· ὁ ἁπτόμενος τῶν ὀρέων, καὶ καπνίζονται. Ἄσω τῷ Κυρίῳ· ἐν τῇ ζωῇ μου, ψαλῶ τῷ Θεῷ μου ἕως ὑπάρχω. Ἡδυνθείη αὐτῷ ἡ διαλογή μου, ἐγὼ δὲ εὐφρανθήσομαι ἐπὶ τῷ Κυρίῳ. Ἐκλείποιεν ἁμαρτωλοὶ ἀπὸ τῆς γῆς καὶ ἄνομοι, ὥστε μὴ ὑπάρχειν αὐτούς. Εὐλόγει, ἡ ψυχή μου, τὸν Κύριον.

and to seek their food from God. The sun rose and they were gathered together and they will lie down in their dens. Man will go out to his labor; and to his laboring until evening. How your works have been magnified, O Lord. With wisdom you have made them all, and the earth has been filled with your creation. Also this great, wide sea; there are creeping things without number, living creatures small and great. There ships go to and fro; this dragon which you fashioned to sport in it. All things look to you to give them their food in due season. When you give it them, they will gather it. When you open your hand all things will be filled with goodness. But when you turn away your face they will be troubled. You will take away their spirit, and they will perish and return to their dust. You will send forth your spirit, and they will be created, and you will renew the face of the earth. May the glory of the Lord endure to the ages. The Lord will rejoice at his works. He looks upon the earth and makes it tremble. He touches the mountains, and they smoke. I will sing to the Lord while I live; I will praise my God while I exist. May my words be pleasing to him. While as for me, I shall rejoice in the Lord. O that sinners might perish from the earth, and the wicked, so that they are no more. Bless the Lord, my soul!

Καὶ πάλιν.

Ὁ ἥλιος ἔγνω τὴν δύσιν αὐτοῦ· ἔθου σκότος, καὶ ἐγένετο νύξ.

And again.

The sun knew the hour of its setting: you made darkness, and it was night.

Ὡς ἐμεγαλύνθη τὰ ἔργα σου, Κύριε! πάντα ἐν σοφίᾳ ἐποίησας.

Δόξα Πατρί, καὶ Υἱῷ, καὶ Ἁγίῳ Πνεύματι. Καὶ νῦν καὶ ἀεί, καὶ εἰς τοὺς αἰῶνας τῶν αἰώνων. Ἀμήν.

Ἀλληλούια, Ἀλληλούια, Ἀλληλούια· δόξα σοι ὁ Θεὸς (γ΄). *(Μετὰ δὲ τὸ τρίτον).* Ἡ ἐλπίς ἡμῶν, Κύριε, δόξα σοι.

Πληρωθέντος τοῦ Προοιμιακοῦ ὁ διάκονος λέγει τὰ Εἰρηνικά.

ΕΙΡΗΝΙΚΑ

Ὁ Διάκονος· Ἐν εἰρήνῃ τοῦ Κυρίου δεηθῶμεν.

Ὁ Χορός· Κύριε, ἐλέησον. *(Καὶ μεθ' ἑκάστην δέησιν)*

Ὁ Διάκονος· Ὑπὲρ τῆς ἄνωθεν εἰρήνης, καὶ τῆς σωτηρίας τῶν ψυχῶν ἡμῶν, τοῦ Κυρίου δεηθῶμεν.

Ὑπὲρ τῆς εἰρήνης τοῦ σύμπαντος κόσμου, εὐσταθείας τῶν ἁγίων τοῦ Θεοῦ Ἐκκλησιῶν, καὶ τῆς τῶν πάντων ἑνώσεως, τοῦ Κυρίου δεηθῶμεν.

Ὑπὲρ τοῦ ἁγίου οἴκου τούτου, καὶ τῶν μετὰ πίστεως, εὐλαβείας καὶ φόβου Θεοῦ εἰσιόντων ἐν αὐτῷ, τοῦ Κυρίου δεηθῶμεν.

Ὑπὲρ τοῦ Ἀρχιεπισκόπου ἡμῶν *(τοῦ δεῖνος)*, τοῦ τιμίου πρεσβυτερίου, τῆς ἐν Χριστῷ διακονίας, παντὸς τοῦ κλήρου καὶ τοῦ λαοῦ, τοῦ Κυρίου δεηθῶμεν.

Ὑπὲρ τοῦ εὐσεβοῦς ἡμῶν ἔθνους, πάσης ἀρχῆς καὶ ἐξουσίας ἐν αὐτῷ, τοῦ Κυρίου δεηθῶμεν.

How your works have been magnified, O Lord. With wisdom you have made them all!

Glory to the Father and the Son and the Holy Spirit, both now and ever, and to the ages of ages. Amen.

Alleluia, Alleluia, Alleluia. Glory to you, O God. *(x3) (After the third)* Our hope, O Lord, Glory to you.

Completing the Introductory Psalm, the Deacon says the Litany of Peace.

THE LITANY OF PEACE

Deacon: In peace let us pray to the Lord.

Choir: Lord, have mercy. *(And so after each petition.)*

Deacon: For the peace from above and the salvation of our souls, let us pray to the Lord.

For peace in the whole world, for the stability of the holy churches of God, and for the unity of all, let us pray to the Lord.

For this holy house and for those who enter it with faith, reverence, and the fear of God, let us pray to the Lord.

For our Archbishop *(Name)*, for the honored order of presbyters, for the diaconate in Christ, for all the clergy and the people, let us pray to the Lord.

For our country, the president, and all those in public service, let us pray to the Lord.

Ὑπὲρ τῆς ἱερᾶς Μητροπόλεως, ἐνορίας καὶ πόλεως ταύτης, πάσης πόλεως, μονῆς καὶ χώρας, καὶ τῶν πίστει οἰκούντων ἐν αὐταῖς, τοῦ Κυρίου δεηθῶμεν.

Ὑπὲρ εὐκρασίας ἀέρων, εὐφορίας τῶν καρπῶν τῆς γῆς, καὶ καιρῶν εἰρηνικῶν, τοῦ Κυρίου δεηθῶμεν.

Ὑπὲρ πλεόντων, ὁδοιπορούντων, νοσούντων, καμνόντων, αἰχμαλώτων, καὶ τῆς σωτηρίας αὐτῶν, τοῦ Κυρίου δεηθῶμεν.

Ὑπὲρ τοῦ ῥυσθῆναι ἡμᾶς ἀπὸ πάσης θλίψεως, ὀργῆς, κινδύνου καὶ ἀνάγκης, τοῦ Κυρίου δεηθῶμεν.

Ἀντιλαβοῦ, σῶσον, ἐλέησον, καὶ διαφύλαξον ἡμᾶς, ὁ Θεός, τῇ σῇ χάριτι.

Ὁ Χορός· Κύριε, ἐλέησον.

Ὁ Διάκονος· Τῆς Παναγίας, ἀχράντου, ὑπερευλογημένης, ἐνδόξου Δεσποίνης ἡμῶν Θεοτόκου, καὶ ἀειπαρθένου Μαρίας, μετὰ πάντων τῶν Ἁγίων μνημονεύσαντες, ἑαυτοὺς καὶ ἀλλήλους, καὶ πᾶσαν τὴν ζωὴν ἡμῶν Χριστῷ τῷ Θεῷ παραθώμεθα.

Ὁ Χορός· Σοί, Κύριε.

ΨΑΛΜΟΣ ΡΜ΄

Κύριε, ἐκέκραξα πρὸς σέ· εἰσάκουσόν μου. Εἰσάκουσόν μου, Κύριε. Κύριε, ἐκέκραξα πρὸς σὲ, εἰσάκουσόν μου· πρόσχες τῇ φωνῇ τῆς δεήσεώς μου, ἐν τῷ κεκραγέναι με πρὸς σέ. Εἰσάκουσόν μου, Κύριε.

Κατευθυνθήτω ἡ προσευχή μου, ὡς θυμίαμα ἐνώπιόν σου· ἔπαρσις τῶν

For this holy Metropolis and parish, and for this city and every city, monastic community, and land and the faithful who live in them, let us pray to the Lord.

For favorable weather, an abundance of the fruits of the earth, and temperate seasons, let us pray to the Lord.

For travelers by land, sea, and air, for the sick, the suffering, the captives, and for their salvation, let us pray to the Lord.

For our deliverance from all affliction, wrath, danger, and distress, let us pray to the Lord.

Take hold of us, save us, have mercy upon us, and protect us, O God, by Your grace.

Choir: Lord, have mercy.

Deacon: Commemorating our most holy, most pure, most blessed and glorified Lady the Theotokos and ever-virgin Mary, together with all the saints, let us commit ourselves and one another and all our life unto Christ our God.

Choir: To You, O Lord.

PSALM 140

Lord, I have cried unto You; hear me. Hear me, O Lord. Lord, I have cried unto you; hear me. Attend to the voice of my supplication when I cry unto You; hear me, O Lord.

Let my prayer be set forth as incense before You, the lifting up of my

χειρῶν μου θυσία ἑσπερινή. Εἰσάκουσόν μου, Κύριε.

Θοῦ, Κύριε, φυλακὴν τῷ στόματί μου καὶ θύραν περιοχῆς περὶ τὰ χείλη μου.

Μὴ ἐκκλίνῃς τὴν καρδίαν μου εἰς λόγους πονηρίας, τοῦ προφασίζεσθαι προφάσεις ἐν ἁμαρτίαις.

Σὺν ἀνθρώποις ἐργαζομένοις τὴν ἀνομίαν, καὶ οὐ μὴ συνδυάσω μετὰ τῶν ἐκλεκτῶν αὐτῶν.

Παιδεύσει με δίκαιος, ἐν ἐλέει καὶ ἐλέγξει με· ἔλαιον δὲ ἁμαρτωλοῦ μὴ λιπανάτω τὴν κεφαλήν μου.

Ὅτι ἔτι καὶ ἡ προσευχή μου ἐν ταῖς εὐδοκίαις αὐτῶν· κατεπόθησαν ἐχόμενα πέτρας οἱ κριταὶ αὐτῶν.

Ἀκούσονται τὰ ῥήματά μου ὅτι ἡδύνθησαν· ὡσεὶ πάχος γῆς ἐρράγη ἐπὶ τῆς γῆς, διεσκορπίσθη τὰ ὀστᾶ αὐτῶν παρὰ τὸν ᾅδην.

Ὅτι πρὸς σέ, Κύριε, Κύριε, οἱ ὀφθαλμοί μου· ἐπὶ σοὶ ἤλπισα, μὴ ἀντανέλῃς τὴν ψυχήν μου.

Φύλαξόν με ἀπὸ παγίδος, ἧς συνεστήσαντό μοι, καὶ ἀπὸ σκανδάλων τῶν ἐργαζομένων τὴν ἀνομίαν.

Πεσοῦνται ἐν ἀμφιβλήστρῳ αὐτῶν οἱ ἁμαρτωλοί· κατὰ μόνας εἰμὶ ἐγώ, ἕως ἂν παρέλθω.

ΨΑΛΜΟΣ ΡΜΑ΄

Φωνῇ μου πρὸς Κύριον ἐκέκραξα, φωνῇ μου πρὸς Κύριον ἐδεήθην.

hands as the evening sacrifice; hear me, O Lord.

Set a watch, O Lord, before my mouth and a protecting door about my lips.

Incline not my heart to evil words to make excuses in sins.

With those who work iniquity; and I will not associate with the choicest of them.

Let the righteous man chasten me with mercy and reprove me; as for the oil of the sinner, let it not anoint my head.

For even my prayer is against their good pleasure. Their judges have been swallowed up like a rock.

The shall hear my words, for they are sweet. As a clod of earth is broken on the ground, so their bones are scattered by the side of Hades.

For to You, O Lord, O Lord, are my eyes; I have hoped in You; take not away my soul.

Keep me from the snare which they have laid for me, and from the stumbling blocks of those who work iniquity.

The sinners shall fall into their own net. I am apart from them until I pass away.

PSALM 141

With my voice, to the Lord have I cried; with my voice, to the Lord have I made my supplication.

Ἐκχεῶ ἐνώπιον αὐτοῦ τὴν δέησίν μου· τὴν θλῖψίν μου ἐνώπιον αὐτοῦ ἀπαγγελῶ.

I shall pour out before Him my supplication; my affliction before Him shall I declare,

Ἐν τῷ ἐκλείπειν ἐξ ἐμοῦ τὸ πνεῦμά μου, καὶ σὺ ἔγνως τὰς τρίβους μου.

As my spirit is departing from within me; and You knew my paths.

Ἐν ὁδῷ ταύτῃ, ᾗ ἐπορευόμην, ἔκρυψαν παγίδα μοι.

In this way on which I was walking they hid a snare for me.

Κατενόουν εἰς τὰ δεξιὰ καὶ ἐπέβλεπον, καὶ οὐκ ἦν ὁ ἐπιγνώσκων με.

I looked to my right and beheld, and there was no one that knew me.

Ἀπώλετο φυγὴ ἀπ' ἐμοῦ, καὶ οὐκ ἔστιν ὁ ἐκζητῶν τὴν ψυχήν μου.

There is no escape for me, and no one searching for my soul.

Ἐκέκραξα πρὸς σέ, Κύριε, εἶπα· Σὺ εἶ ἐλπίς μου, μερίς μου εἶ ἐν γῇ ζώντων.

I cried to You, O Lord; I said: You are my hope, You are my portion in the land of the living.

Πρόσχες πρὸς τὴν δέησίν μου, ὅτι ἐταπεινώθην σφόδρα.

Attend to my supplication; for I have been greatly humbled.

Ῥῦσαί με ἐκ τῶν καταδιωκόντων με, ὅτι ἐκραταιώθησαν ὑπὲρ ἐμέ.

Deliver me from those who pursue me, for they have become stronger than I.

Ἐξάγαγε ἐκ φυλακῆς τὴν ψυχήν μου τοῦ ἐξομολογήσασθαι τῷ ὀνόματί σου.

Bring my soul out of prison, that I may confess your name.

Ἐμὲ ὑπομενοῦσι δίκαιοι, ἕως οὗ ἀνταποδῷς μοι.

The just will await me, until you reward me.

Ἐκ βαθέων ἐκέκραξά σοι, Κύριε· Κύριε, εἰσάκουσον τῆς φωνῆς μου.

Out of the depths I have cried to you, O Lord. Lord hear my voice.

Γενηθήτω τὰ ὦτά σου προσέχοντα εἰς τὴν φωνὴν τῆς δεήσεώς μου.

Let your ears be attentive, to the voice of my supplication.

ΣΤΙΧΗΡΑ.

STICHERA.

Στίχ. α'. *Ἐὰν ἀνομίας παρατηρήσῃς, Κύριε Κύριε, τίς ὑποστήσεται; ὅτι παρὰ σοὶ ὁ ἱλασμός ἐστιν.*

Verse 1. *If you, Lord, should mark iniquities, Lord, who will stand? But there is forgiveness with you.*

Κοσμᾶ μοναχοῦ. **Ἦχος β'.**

By Monk Kosmas. **Tone 2.**

Συντρέχει λοιπὸν τὸ συνέδριον τῶν Ἰουδαίων, ἵνα τὸν δημιουργὸν καὶ

The Sanhedrin of the Jews now hurries together that it may hand over

κτίστην τῶν ἁπάντων Πιλάτῳ παραδώσῃ· ὢ τῶν ἀνόμων! ὢ τῶν ἀπίστων! ὅτι τὸν ἐρχόμενον κρῖναι ζῶντας καὶ νεκροὺς εἰς κρίσιν εὐτρεπίζουσι· τὸν ἰώμενον τὰ πάθη, πρὸς πάθος ἑτοιμάζουσι. Κύριε μακρόθυμε, μέγα σου τὸ ἔλεος· δόξα σοι.

to Pilate the Creator and Fashioner of all things. Oh, the transgressors! Oh, the faithless! Because they are making ready for judgment the One who is coming to judge the living and the dead; they are preparing for the passion the One who cures the passions. Long-suffering Lord, great is your mercy. Glory to you!

Στίχ. β΄. *Ἕνεκεν τοῦ ὀνόματός σου ὑπέμεινά σε, Κύριε· ὑπέμεινεν ἡ ψυχή μου εἰς τὸν λόγον σου, ἤλπισεν ἡ ψυχή μου ἐπὶ τὸν Κύριον.*

Τὸ αὐτό.

Verse 2. *For your name's sake I have waited for you, O Lord. My soul has waited on your word. My soul has hoped in the Lord.*

The same.

Συντρέχει λοιπὸν…

Στίχ. γ΄. *Ἀπὸ φυλακῆς πρωΐας μέχρι νυκτός, ἀπὸ φυλακῆς πρωΐας, ἐλπισάτω Ἰσραὴλ ἐπὶ τὸν Κύριον.*

Ἰωάννου μοναχοῦ. **Ἦχος β΄.**

The Sanhedrin of the Jews…

Verse 3. *From the morning watch until night, from the morning watch, let Israel hope in the Lord.*

By Monk John. **Tone 2.**

Ἰούδας ὁ παράνομος, Κύριε, ὁ βάψας ἐν τῷ δείπνῳ τὴν χεῖρα ἐν τῷ τρυβλίῳ μετὰ σοῦ, ἐξέτεινεν ἀνόμοις τὰς χεῖρας τοῦ λαβεῖν ἀργύρια· καὶ ὁ τοῦ μύρου λογισάμενος τιμὴν σὲ τὸν ἀτίμητον οὐκ ἔφριξε πωλῆσαι· ὁ τοὺς πόδας ὑφαπλώσας ἐπὶ τὸ νίψαι τὸν Δεσπότην κατεφίλησε δολίως εἰς τὸ προδοῦναι τοῖς ἀνόμοις· χοροῦ δὲ ἀποστόλων ῥιφεὶς καὶ τὰ τριάκοντα ῥίψας ἀργύρια, σοῦ τὴν τριήμερον ἀνάστασιν οὐκ εἶδε· δι' ἧς ἐλέησον ἡμᾶς.

Judas the transgressor, Lord, having dipped his hand with you in the dish at the supper, stretched out his hands to take the silver pieces; and having reckoned up the price of the myrrh, he did not flinch from selling you, who are beyond price; the one who stretched out his feet to be washed, deceitfully kissed the Master to betray him to the transgressors; cast from the choir of Apostles, and having cast down the thirty silver pieces, he did not see your Resurrection on the third day. Through it have mercy on us

Στίχ. δ΄. *Ὅτι παρὰ τῷ Κυρίῳ τὸ ἔλεος καὶ πολλὴ παρ' αὐτῷ λύτρωσις, καὶ αὐτὸς λυτρώσεται τὸν Ἰσραὴλ ἐκ πασῶν τῶν ἀνομιῶν αὐτοῦ.*

Τοῦ αὐτοῦ. **Ἦχος ὁ αὐτός.**

Verse 4. *For with the Lord there is mercy, and with him plentiful redemption, and he will redeem Israel from all his iniquities.*

By the same. Tone 2.

Ἰούδας ὁ προδότης δόλιος ὤν, δολίῳ φιλήματι παρέδωκε τὸν Σωτῆρα Κύριον· τὸν Δεσπότην τῶν ἁπάντων ὡς δοῦλον πέπρακε τοῖς παρανόμοις· καὶ ὡς

Judas the deceitful traitor handed over the Saviour and Lord with a deceitful kiss; he sold to the transgressors like a slave the Master of all things;

πρόβατον ἐπὶ σφαγήν, οὕτως ἠκολούθει ὁ Ἀμνὸς ὁ τοῦ Θεοῦ, ὁ Υἱὸς ὁ τοῦ Πατρός, ὁ μόνος πολυέλεος.

Στίχ. ε′. *Αἰνεῖτε τὸν Κύριον, πάντα τὰ ἔθνη· ἐπαινέσατε αὐτόν πάντες οἱ λαοί.*

Τοῦ αὐτοῦ. Ἦχος ὁ αὐτός.

Ἰούδας ὁ δοῦλος καὶ δόλιος, ὁ μαθητὴς καὶ ἐπίβουλος, ὁ φίλος καὶ διάβολος, ἐκ τῶν ἔργων ἀπεφάνθη· ἠκολούθει γὰρ τῷ διδασκάλῳ καὶ καθ' ἑαυτὸν ἐμελέτησε τὴν προδοσίαν· ἔλεγεν ἐν ἑαυτῷ· Παραδώσω τοῦτον καὶ κερδήσω τὰ συναχθέντα χρήματα. Ἐπεζήτει δὲ καὶ τὸ μύρον πραθῆναι καὶ τὸν Ἰησοῦν δόλῳ κρατηθῆναι· ἀπέδωκεν ἀσπασμόν, παρέδωκε τὸν Χριστόν· καὶ ὡς πρόβατον ἐπὶ σφαγήν, οὕτως ἠκολούθει ὁ μόνος εὔσπλαγχνος καὶ φιλάνθρωπος.

Στίχ. στ′. *Ὅτι ἐκραταιώθη τὸ ἔλεος αὐτοῦ ἐφ' ἡμᾶς καὶ ἡ ἀλήθεια τοῦ Κυρίου μένει εἰς τὸν αἰῶνα.*

Τοῦ αὐτοῦ. Ἦχος ὁ αὐτός.

Ὂν ἐκήρυξεν Ἀμνὸν Ἠσαΐας ἔρχεται ἐπὶ σφαγὴν ἑκούσιον καὶ τὸν νῶτον δίδωσιν εἰς μάστιγας, τὰς σιαγόνας εἰς ῥαπίσματα, τὸ δὲ πρόσωπον οὐκ ἀπεστράφη ἀπὸ αἰσχύνης ἐμπτυσμάτων· θανάτῳ δὲ ἀσχήμονι καταδικάζεται· πάντα ὁ ἀναμάρτητος ἑκουσίως καταδέχεται, ἵνα πᾶσι δωρήσηται τὴν ἐκ νεκρῶν ἀνάστασιν.

Δόξα Πατρὶ καὶ Υἱῷ καὶ Ἁγίῳ Πνεύματι, καὶ νῦν καὶ ἀεὶ καὶ εἰς τοὺς αἰῶνας τῶν αἰώνων. Ἀμήν.

Ἦχος πλ. β′.

Γέννημα ἐχιδνῶν ἀληθῶς ὁ Ἰούδας, φαγόντων τὸ μάννα ἐν τῇ ἐρήμῳ καὶ γογγυζόντων κατὰ τοῦ τροφέως· ἔτι γὰρ τῆς βρώσεως οὔσης ἐν τῷ στόματι αὐτῶν, κατελάλουν τοῦ Θεοῦ οἱ ἀχάριστοι· καὶ

and like a sheep to the slaughter, so the Lamb of God, the Son of the Father, followed.

Verse 5. *Praise the Lord, all you nations. Praise him all you peoples.*

By the same. Tone 2.

Judas the slave and deceiver, the disciple and plotter, the friend and accuser, was revealed by his deeds; for he followed the Teacher and inwardly he plotted the betrayal; he said to himself, 'I shall hand him over and gain the money that has been contracted'; he wanted the myrrh to be sold and Jesus to be taken by guile; he gave a kiss; he handed over Christ; and like a sheep to the slaughter so he followed, the only compassionate lover of humankind.

Verse 6. *For his mercy has been mighty towards us, and the truth of the Lord endures to the ages.*

By the same. Tone 2.

The Lamb which Isaias proclaimed is coming willingly to the slaughter, and gives his back to scourges, his cheeks to blows; he did not turn away his face from the shame of spittings; he is being condemned to a disgraceful death; the Sinless accepts all things willingly, that he may grant to all the resurrection from the dead.

Glory to the Father, Son and the Holy Spirit, both now and ever and to the ages of ages. Amen.

Tone Pl. 2.

Judas is truly of the brood of vipers who ate the Manna in the desert and murmured against their Nourisher; for while the food was still in their mouths the ungrateful ones

οὗτος ὁ δυσσεβής, τὸν οὐράνιον ἄρτον ἐν τῷ στόματι βαστάζων, κατὰ τοῦ Σωτῆρος τὴν προδοσίαν εἰργάσατο. Ὢ γνώμης ἀκορέστου καὶ τόλμης ἀπανθρώπου! τὸν τρέφοντα ἐπώλει καὶ ὃν ἐφίλει Δεσπότην παρεδίδου εἰς θάνατον. Ὄντως ἐκείνων υἱὸς ὁ παράνομος καὶ σὺν αὐτοῖς τὴν ἀπώλειαν ἐκληρώσατο. Ἀλλὰ ῥῦσαι, Κύριε, τοιαύτης ἀπανθρωπίας τὰς ψυχὰς ἡμῶν, ὁ μόνος ἐν μακροθυμίᾳ ἀνείκαστος.

Η ΕΙΣΟΔΟΣ

Ψαλλομένου δὲ τοῦ Δόξα, καὶ νῦν γίνεται εἴσοδος μετὰ τοῦ Εὐαγγελίου κατὰ τὴν ἐκτεθεῖσαν ἐν τῷ Ἑσπερινῷ τῶν ἑορτῶν τάξιν, καὶ λέγει ὁ ἱερεὺς μυστικῶς τὴν εὐχὴν ταύτην·

ΕΥΧΗ ΤΗΣ ΕΙΣΟΔΟΥ

Ἑσπέρας καὶ πρωῒ καὶ μεσημβρίας αἰνοῦμεν, εὐλογοῦμεν, εὐχαριστοῦμεν καὶ δεόμεθά σου, Δέσποτα τῶν ἁπάντων, φιλάνθρωπε Κύριε· Κατεύθυνον τὴν προσευχὴν ἡμῶν ὡς θυμίαμα ἐνώπιόν σου καὶ μὴ ἐκκλίνῃς τὰς καρδίας ἡμῶν εἰς λόγους ἢ εἰς λογισμοὺς πονηρίας, ἀλλὰ ῥῦσαι ἡμᾶς ἐκ πάντων τῶν θηρευόντων τὰς ψυχὰς ἡμῶν· ὅτι πρὸς σέ, Κύριε Κύριε, οἱ ὀφθαλμοὶ ἡμῶν, καὶ ἐπὶ σοὶ ἠλπίσαμεν· μὴ καταισχύνῃς ἡμᾶς, ὁ Θεὸς ἡμῶν.

Ὅτι πρέπει σοι πᾶσα δόξα, τιμὴ καὶ προσκύνησις, τῷ Πατρὶ καὶ τῷ Υἱῷ καὶ τῷ ἁγίῳ Πνεύματι, νῦν καὶ ἀεὶ καὶ εἰς τοὺς αἰῶνας τῶν αἰώνων. Ἀμήν.

Διάκονος· Σοφία. Ὀρθοί!

spoke against God; and he, the impious, while bearing in his mouth the heavenly Bread, devised betrayal against the Saviour. O insatiable intent, and inhuman daring! He sold the one who nourished him and handed over to death the Master whom he kissed; truly the transgressor is their son, and with them he has inherited destruction. But, Lord, spare our souls from such inhumanity, who alone are boundless in long-suffering.

THE ENTRANCE

At the singing of the Glory, both now, the entrance occurs with the Gospel according to the established order at Vespers for feasts, and the Priest reads this prayer silently:

THE PRAYER OF ENTRANCE

At evening, at morning and at midday we praise, bless and give thanks, and we pray to you, Master of all things, Lord who love mankind: Direct our prayer before you like incense, and do not incline our hearts to words or thoughts of evil, but deliver us from all that hunt down our souls. For our eyes look to you, O Lord, our Lord, and we have hoped in you.

For to you belong all glory, honor and worship, to the Father, the Son and the Holy Spirit, now and for ever, and to the ages of ages. Amen.

Deacon: Wisdom. Arise!

Φῶς ἱλαρὸν ἁγίας δόξης ἀθανάτου Πατρός, οὐρανίου, ἁγίου, μάκαρος, Ἰησοῦ Χριστέ, ἐλθόντες ἐπὶ τὴν ἡλίου δύσιν, ἰδόντες φῶς ἑσπερινόν, ὑμνοῦμεν Πατέρα, Υἱόν, καὶ ἅγιον Πνεῦμα, Θεόν. Ἄξιόν σε ἐν πᾶσι καιροῖς ὑμνεῖσθαι φωναῖς αἰσίαις, Υἱὲ Θεοῦ, ζωὴν ὁ διδούς· διὸ ὁ κόσμος σὲ δοξάζει.

Ὁ Διάκονος· Ἑσπέρας Προκείμενον.

Ὁ Ἀναγνώστης· Προκείμενον. Ἦχος α΄. Ψαλμὸς ΠΛΘ΄.

Ὁ Διάκονος· Πρόσχωμεν.

Ὁ Ἀναγνώστης· Ἐξελοῦ με, Κύριε, ἐξ ἀνθρώπου πονηροῦ, ἀπὸ ἀνδρὸς ἀδίκου ῥῦσαί με.

Στίχ. *Οἵτινες ἐλογίσαντο ἀδικίαν ἐν καρδίᾳ, ὅλην τὴν ἡμέραν παρετάσσοντο πολέμους.*

Ὁ Διάκονος· Σοφία.

Ὁ Ἀναγνώστης· Τῆς Ἐξόδου τὸ ἀνάγνωσμα.

Ὁ Διάκονος· Πρόσχωμεν.

(ιθ΄ 10-19)

Εἶπε Κύριος πρὸς Μωϋσῆν· καταβὰς διαμάρτυραι τῷ λαῷ τούτῳ καὶ ἅγνισον αὐτοὺς σήμερον καὶ αὔριον· καὶ πλυνάτωσαν τὰ ἱμάτια αὐτῶν καὶ ἔστωσαν ἕτοιμοι εἰς τὴν ἡμέραν τὴν τρίτην· τῇ γὰρ ἡμέρᾳ τῇ τρίτῃ καταβήσεται Κύριος ἐπὶ τὸ ὄρος τὸ Σινᾶ ἐναντίον παντὸς τοῦ λαοῦ. Καὶ ἀφοριεῖς τὸν λαὸν κύκλῳ λέγων· Προσέχετε ἑαυτοῖς τοῦ ἀναβῆναι εἰς τὸ ὄρος καὶ θίγειν τι αὐτοῦ· πᾶς ὁ ἁψάμενος τοῦ ὄρους θανάτῳ τελευτήσει· οὐχ ἅψεται αὐτοῦ χείρ· ἐν γὰρ λίθοις λιθοβοληθήσεται, ἢ βολίδι κατατοξευθήσε-

O joyful Light of the holy glory of the immortal, heavenly, holy, blessed Father, O Jesus Christ. Now that we have come to the setting of the sun and see the evening light, we sing the praise of God, Father, Son and Holy Spirit. It is right at all times to hymn you with holy voices, Son of God, giver of life. Therefore the world glorifies you.

Deacon: Evening Prokeimenon.

Reader: Prokeimenon. Tone 1. Psalm 139.

Deacon: Let us be attentive.

Reader: Rescue me, Lord, from an evil man; deliver me from an unjust man.

Verse: *Who have devised injustice in their heart; prepared wars all the day.*

Deacon: Wisdom.

Reader: The reading is from the book of Exodus.

Deacon: Let us be attentive.

(19:10-19)

The Lord said to Moses: Go down, solemnly charge the people and purify them to-day and tomorrow, and let them wash their garments; and let them stand ready on the third day; for on the third day the Lord will come down onto mount Sinai before all the people. And you shall separate the round about, saying: Watch yourselves not to ascend the mountain and to touch any of it; anyone who touches the mountain will die the death. A hand shall not touch it; for with stones he shall be stoned, or with

ται· ἐάν τε κτῆνος, ἐάν τε ἄνθρωπος, οὐ ζήσεται. Ὅταν δὲ αἱ φωναὶ καὶ αἱ σάλπιγγες καὶ ἡ νεφέλη ἀπέλθῃ ἀπὸ τοῦ ὄρους, ἐκεῖνοι ἀναβήσονται ἐπὶ τὸ ὄρος. Κατέβη δὲ Μωϋσῆς ἐκ τοῦ ὄρους πρὸς τὸν λαὸν καὶ ἡγίασεν αὐτούς· καὶ ἔπλυναν τὰ ἱμάτια αὐτῶν. Καὶ εἶπε τῷ λαῷ· Γίνεσθε ἕτοιμοι, τρεῖς ἡμέρας μὴ προσέλθητε γυναικί. Ἐγένετο δὲ τῇ ἡμέρᾳ τῇ τρίτῃ γενηθέντος πρὸς ὄρθρον, ἐγένοντο φωναὶ καὶ ἀστραπαὶ καὶ νεφέλη γνοφώδης ἐπὶ ὄρους Σινᾶ· φωνὴ τῆς σάλπιγγος ἤχει μέγα· καὶ ἐπτοήθη πᾶς ὁ λαός, ὃς ἦν ἐν τῇ παρεμβολῇ. Καὶ ἐξήγαγε Μωϋσῆς τὸν λαὸν εἰς συνάντησιν τοῦ Θεοῦ ἐκ τῆς παρεμβολῆς, καὶ παρέστησαν ὑπὸ τὸ ὄρος. Τὸ ὄρος τὸ Σινᾶ ἐκαπνίζετο ὅλον διὰ τὸ καταβεβηκέναι τὸν Θεὸν ἐπ' αὐτὸ ἐν πυρί· ἀνέβαινε δὲ ὁ καπνὸς ὡσεὶ ἀτμὶς καμίνου· καὶ ἐξέστη πᾶς ὁ λαὸς σφόδρα. Ἐγένοντο δὲ αἱ φωναὶ τῆς σάλπιγγος προβαίνουσαι ἰσχυρότεραι σφόδρα. Μωϋσῆς ἐλάλει, ὁ δὲ Θεὸς ἀπεκρίνατο αὐτῷ φωνῇ.

a arrow he shall shot down; whether beast or human, he shall not live. But when the sounds and the trumpets and the cloud depart from the mountain, they shall ascend the mountain. Moses came down from the mountain to the people and hallowed them, and they washed their garments. And he said to the people: Get ready for three days, do not approach a woman. It came to pass on the third day, when it was towards dawn, and there were sounds and lightnings and a dark cloud on mount Sinai, the sound of the trumpet echoed loudly; and all the people in the camp trembled. And Moses led the people to the meeting with God outside the camp, and they took their stand beneath the mountain. The whole of mount Sinai smoked because God had come down upon it in fire, and the smoke went up like the steam from a furnace; and all the people was greatly amazed; and the sounds of the trumpet increased, growing louder and louder. Moses spoke, while God answered him with a sound.

Ὁ Ἀναγνώστης· Προκείμενον. Ἦχος βαρύς. Ψαλμὸς ΝΗ΄.

Ὁ Διάκονος· Πρόσχωμεν.

Ὁ Ἀναγνώστης· Ἐξελοῦ με ἐκ τῶν ἐχθρῶν μου, ὁ Θεός, καὶ ἐκ τῶν ἐπανισταμένων ἐπ' ἐμὲ λύτρωσαί με.

Στίχ. *Ῥῦσαί με ἐκ τῶν ἐργαζομένων τὴν ἀνομίαν καὶ ἐξ ἀνδρῶν αἱμάτων σῶσόν με.*

Ὁ Διάκονος· Σοφία.

Ὁ Ἀναγνώστης· Ἰὼβ τὸ ἀνάγνωσμα.

Reader: Prokeimenon. Tone Varys. Psalm 58.

Deacon: Let us be attentive.

Reader: Rescue me from my enemies, O God; redeem me from those who rise up against me.

Verse: *Deliver me from those who work iniquity; and save me from men of bloodshed.*

Deacon: Wisdom.

Reader: The reading is from the book of Job.

Ὁ Διάκονος· Πρόσχωμεν.

(λη´, 1-21, μβ´, 1-5)

Εἶπε Κύριος τῷ Ἰώβ, διὰ λαίλαπος καὶ νεφῶν· Τίς οὗτος ὁ κρύπτων με βουλήν, συνέχων δὲ ῥήματα ἐν καρδίᾳ, ἐμὲ δὲ οἴεται κρύπτειν; Ζῶσαι ὥσπερ ἀνὴρ τὴν ὀσφύν σου, ἐρωτήσω δέ σε, σὺ δέ μοι ἀποκρίθητι. Ποῦ ἦς ἐν τῷ θεμελιοῦν με τὴν γῆν; ἀπάγγειλον δέ μοι, εἰ ἐπίστασαι σύνεσιν. Τίς ἔθετο τὰ μέτρα αὐτῆς, εἰ οἶδας; ἢ τίς ὁ ἐπαγαγὼν σπαρτίον ἐπ᾽ αὐτῆς; ἐπὶ τίνος οἱ κρίκοι αὐτῆς πεπήγασι; τὶς δὲ ἐστιν ὁ βαλὼν λίθον γωνιαῖον ἐπ᾽ αὐτῆς; ὅτε ἐγενήθησαν ἄστρα, ᾔνεσάν με φωνῇ μεγάλῃ πάντες ἄγγελοί μου. Ἔφραξα δὲ θάλασσαν πύλαις, ὅτε ἐμαιοῦτο ἐκ κοιλίας μητρὸς αὐτῆς ἐκπορευομένη· ἐθέμην δὲ αὐτῇ νέφος ἀμφίασιν, ὁμίχλῃ δὲ αὐτὴν ἐσπαργάνωσα· ἐθέμην δὲ αὐτῇ ὅρια, περιθεὶς κλεῖθρα καὶ πύλας. Εἶπον δὲ αὐτῇ· Μέχρι τούτου ἐλεύσῃ καὶ οὐχ ὑπερβήσῃ, ἀλλ᾽ ἐν σεαυτῇ συντριβήσονταί σου τὰ κύματα. Ἡ ἐπὶ σοῦ συντέταχα φέγγος πρωϊνόν; ἑωσφόρος δὲ εἶδε τὴν ἑαυτοῦ τάξιν, ἐπιλαβέσθαι πτερύγων γῆς, ἐκτινάξαι ἀσεβεῖς ἐξ αὐτῆς; Ἢ σὺ λαβὼν πηλὸν ἔπλασας ζῷον καὶ λαλητὸν αὐτὸν ἔθου ἐπὶ τῆς γῆς; ἀφεῖλες δὲ ἀπὸ ἀσεβῶν τὸ φῶς, βραχίονα δὲ ὑπερηφάνων συνέτριψας; ἦλθες δὲ ἐπὶ πηγὴν θαλάσσης, ἐν δὲ ἴχνεσιν ἀβύσσου περιεπάτησας; ἀνοίγονται δέ σοι φόβῳ πύλαι θανάτου, πυλωροὶ δὲ ᾅδου ἰδόντες σε ἔπτηξαν; νενουθέτησαι δὲ τὸ εὖρος τῆς ὑπ᾽ οὐρανόν. Ἀνάγγειλον δέ μοι· πόση τίς ἐστι; ποίᾳ δὲ γῇ αὐλίζεται τὸ φῶς; σκότους δὲ ποῖος τόπος; Εἰ ἀγάγοις με εἰς ὅρια αὐτῶν; εἰ καὶ ἐπίστασαι τρίβους αὐτῶν; οἶδας ἄρα, ὅτι τότε γεγέννησαι, ἀριθμὸς δὲ ἐτῶν σου πολύς; Ὑπο-

Deacon: Let us be attentive.

(39:1-21, 42:1-5)

The Lord said to Job out of whirlwind and clouds: Who is this that hides counsel from me, keeping words in the heart, while he thinks to hide them from me? Gird your loins like a man, while I shall question you; but you answer me! Where were you when I founded the earth? Tell me, if you possess understanding. Who laid its measures, if you know? Or who drew out a line upon it? On what are its rings fixed? Who is the one who placed a cornerstone upon it? When the stars came into being, all my angels praised me with a loud voice; I fenced the sea with gates, when it was being delivered, coming out of its mother's womb; I placed a cloud for it as clothing, I swaddled it in mist; I placed limits for it, placing bars and gates round it. I said to it: As far as this you shall go, and you shall not go further, but your waves shall break in yourself. Or did I order the morning light in your time? the morning star to see its place, to lay hold on the wings of the earth, to shake off the ungodly from it? Or have you taken earth and clay and fashioned a living and speaking being, have you placed him on the earth? Have you taken light from the ungodly, and smashed the arm of the proud? Have you come to the source of the sea, trodden in the steps of the abyss? Do the gates of death open to you in fear, when they saw you did Hell's gate-keepers tremble? Have you been instructed in the breadth of it beneath heaven? Tell

λαβὼν δὲ Ἰὼβ τῷ Κυρίῳ λέγει· Οἶδα ὅτι πάντα δύνασαι, ἀδυνατεῖ δὲ σοι οὐδέν. Τίς γὰρ ἐστιν ὁ κρύπτων σε βουλήν; φειδόμενος δὲ ῥημάτων, καὶ σὲ οἴεται κρύπτειν; τίς δὲ ἀναγγελεῖ μοι, ἃ οὐκ ᾔδειν, μεγάλα καὶ θαυμαστά, ἃ οὐκ ἐπιστάμην; Ἄκουσον δέ μου, Κύριε, ἵνα κἀγὼ λαλήσω· ἐρωτήσω δὲ σε, σὺ δέ με δίδαξον. Ἀκοὴν μὲν ὠτὸς ἤκουόν σου τὸ πρότερον, νυνὶ δὲ ὁ ὀφθαλμός μου,ἑώρακέ σε.

me, how great is it? In what land does the light pitch camp? What is the place of darkness? If you could bring me to its bounds, if you knew its paths, would you know it because you had been born then, because the number of your years is great? Job answered the Lord and said: I know that you can do all things, while nothing is impossible for you. For who is he that hides counsel from you? Being sparing of words and thinks to hide them from you? Who will declare to me what I did not know, great and wonderful things what I did not understand? Hear me, Lord, and I shall speak; I shall ask you, but do you teach me; I have heard of your report by ear before, but now my eye has seen you.

Ὁ Διάκονος· Σοφία.

Deacon: Wisdom.

Ὁ Ἀναγνώστης· Προφητείας Ἡσαΐου τὸ ἀνάγνωσμα.

Reader: The reading from the Prophecy of Isaias.

Ὁ Διάκονος· Πρόσχωμεν.

Deacon: Let us be attentive.

(ν΄, 4-11)

(50:4-11)

Κύριος δίδωσί μοι γλῶσσαν παιδείας τοῦ γνῶναι ἡνίκα δεῖ εἰπεῖν λόγον· ἔθηκέ με πρωΐ πρωΐ, προσέθηκέ μοι ὠτίον τοῦ ἀκούειν, καὶ παιδεία Κυρίου Κυρίου ἀνοίγει μου τὰ ὦτα· ἐγὼ δὲ οὐκ ἀπειθῶ, οὐδὲ ἀντιλέγω. Τὸν νῶτόν μου ἔδωκα εἰς μάστιγας, τὰς δὲ σιαγόνας μου εἰς ῥαπίσματα, τὸ δὲ πρόσωπόν μου οὐκ ἀπέστρεψα ἀπὸ αἰσχύνης ἐμπτυσμάτων· καὶ Κύριος Κύριος βοηθός μοι ἐγενήθη. Διὰ τοῦτο οὐκ ἐνετράπην, ἀλλὰ ἔθηκα τὸ πρόσωπόν μου ὡς στερεὰν πέτραν· καὶ ἔγνων, ὅτι οὐ μὴ αἰσχυνθῶ, ὅτι ἐγγίζει ὁ δικαιώσας με. Τίς ὁ κρινόμενός μοι; ἀντιστήτω μοι ἅμα· καὶ τίς ὁ κρινόμενός μοι; ἐγγισάτω μοι.

The Lord gives me a tongue of instruction to know when it is right to say a word; he has set me early, early, he has given me a ear for hearing; and the instruction of the Lord, the Lord, opens my ears, while I neither disobey nor gainsay. I gave my back to the scourges, my cheeks to blows, my face I did not turn away from the shame of spittings; and the Lord, the Lord became my helper, therefore I was not turned back, but set my face as a firm rock and I knew that I would in no way be shamed, because he who justifies me is near. Who the one who contends

Ἰδοὺ Κύριος Κύριος βοηθήσει μοι· τίς κακώσει με; ἰδοὺ πάντες ὑμεῖς ὡς ἱμάτιον, παλαιωθήσεσθε, καὶ ὡς σὴς καταφάγεται ὑμᾶς. Τίς ἐν ὑμῖν ὁ φοβούμενος τὸν Κύριον; ὑπακουσάτω τῆς φωνῆς τοῦ παιδὸς αὐτοῦ. Οἱ πορευόμενοι ἐν σκότει καὶ οὐκ ἔστιν αὐτοῖς φῶς, πεποίθατε ἐπὶ τῷ ὀνόματι Κυρίου καὶ ἀντιστηρίσασθε ἐπὶ τῷ Θεῷ. Ἰδοὺ πάντες ὑμεῖς ὡς πῦρ καίετε καὶ κατισχύετε φλόγα· πορεύεσθε τῷ φωτὶ τοῦ πυρὸς ὑμῶν καὶ τῇ φλογί, ᾗ ἐξεκαύσατε· δι' ἐμὲ ἐγένετο ταῦτα ὑμῖν· ἐν λύπῃ κοιμηθήσεσθε.

with me? Let him stand up with me together. Who is the one who contends with me? Let him come near me. See, the Lord, the Lord, will help me; who will do me wrong? See, you will all grow old as a garment, and as a moth he devours you. Who among you fears the Lord? Let him obey the voice of his servant. You who walk in darkness and in whom there is no light, trust in the name of the Lord and rely upon God. See, all of you, kindle a fire and make a flame strong; walk in the light of your fire, and in the flame which you have set burning; through me all these things have befallen you; in grief you will sleep.

Ὁ Διάκονος· Τοῦ Κυρίου δεηθῶμεν.

Deacon: Let us pray to the Lord.

Ὁ χορός· Κύριε, ἐλέησον.

Choir: Lord, have mercy.

Ὁ Ἱερεύς· Ὅτι ἅγιος εἶ ὁ Θεὸς ἡμῶν καὶ σοὶ τὴν δόξαν ἀναπέμπομεν, τῷ Πατρὶ καὶ τῷ Υἱῷ καὶ τῷ Ἁγίῳ Πνεύματι, νῦν καὶ ἀεί...

Priest: For You are holy, our God, and to You we give glory, to the Father and the Son and the Holy Spirit, both now and ever...

Ὁ Διάκονος· Καὶ εἰς τοὺς αἰῶνας τῶν αἰώνων.

Deacon: and to the ages of ages.

Ὁ Χορός· Ἀμήν.

Choir: Amen.

Ὁ Χορός· Ἅγιος ὁ Θεός, Ἅγιος ἰσχυρός, Ἅγιος ἀθάνατος, ἐλέησον ἡμᾶς. (*γ'*)

Choir: Holy God, Holy Mighty, Holy Immortal, have mercy on us. (*x3*)

Δόξα Πατρί, καὶ Υἱῷ, καὶ Ἁγίῳ Πνεύματι, καὶ νῦν καὶ ἀεί, καὶ εἰς τοὺς αἰῶνας τῶν αἰώνων. Ἀμήν.

Glory to the Father and the Son and the Holy Spirit, both now and ever and to the ages of ages. Amen.

Ἅγιος ἀθάνατος, ἐλέησον ἡμᾶς.

Holy Immortal, have mercy on us.

Ὁ διάκονος πρὸς τὸν λαόν·

Deacon, to the people:

Δύναμις.

With strength.

Ὁ Χορός· Ἅγιος ὁ Θεός, Ἅγιος ἰσχυρός, Ἅγιος ἀθάνατος, ἐλέησον ἡμᾶς.

Choir: Holy God, Holy Mighty, Holy Immortal, have mercy on us.

Εἶτα λέγει ὁ διάκονος πρὸς τὸν Ἱερέα·

Κέλευσον, Δέσποτα.

*Ὁ Ἱερεὺς στρέφεται πρὸς
τὴν ἁγίαν Πρόθεσιν λέγων·*

Εὐλογημένος ὁ ἐρχόμενος ἐν ὀνόματι Κυρίου.

Ὁ Διάκονος· Εὐλόγησον, Δέσποτα, τὴν ἄνω καθέδραν.

Ὁ Ἱερεὺς εὐλογῶν πρὸς ἀνατολάς·

Εὐλογημένος εἶ, ὁ ἐπὶ θρόνου δόξης τῆς βασιλείας σου, ὁ καθήμενος ἐπὶ τῶν Χερουβείμ, πάντοτε· νῦν καὶ ἀεὶ καὶ εἰς τοὺς αἰῶνας τῶν αἰώνων. Ἀμήν.

ΤΑ ΑΝΑΓΝΩΣΜΑΤΑ

Μετὰ τὴν συμπλήρωσιν τοῦ Τρισαγίου ὁ διάκονος ἐλθὼν ἐν τῷ μέσῳ τοῦ ναοῦ.

Ὁ Διάκονος· Πρόσχωμεν.

Ὁ Ἀναγνώστης· Οἱ ἄρχοντες συνήχθησαν ἐπὶ τὸ αὐτὸ κατὰ τοῦ Κυρίου καὶ κατὰ τοῦ Χριστοῦ αὐτοῦ.

Στίχ. Ἵνα τί ἐφρύαξαν ἔθνη, καὶ λαοὶ ἐμελέτησαν κενά;

Ὁ Διάκονος· Σοφία.

Ὁ Ἀναγνώστης· Πρὸς Κορινθίους Α΄ ἐπιστολῆς Παύλου τὸ Ἀνάγνωσμα.

Ὁ Διάκονος· Πρόσχωμεν.

(ιαʹ, 23-32)

Ἀδελφοί, ἐγὼ παρέλαβον ἀπὸ τοῦ Κυρίου ὃ καὶ παρέδωκα ὑμῖν, ὅτι ὁ Κύριος Ἰησοῦς ἐν τῇ νυκτὶ ᾗ παρεδίδοτο ἔλαβεν ἄρτον καὶ εὐχαριστήσας ἔκλασε, καὶ εἶπε· Λάβετε, φάγετε· τοῦτό μού ἐστι τὸ σῶμα τὸ ὑπὲρ ὑμῶν κλώμενον· τοῦτο ποιεῖτε εἰς τὴν ἐμὴν ἀνάμνησιν. Ὡσαύτως καὶ τὸ ποτήριον μετὰ τὸ δειπνῆσαι λέγων. Τοῦτο τὸ ποτήριον ἡ καινὴ διαθήκη ἐστὶν

Then the Deacon says to the Priest:

Give the Command, Master.

*The Priest, turning towards
the Holy Prothesis says:*

Blessed is He who comes in the name of the Lord.

Deacon: Bless, Master, the throne on High.

The Priest blessing towards the East:

Blessed are you on the throne of glory of your Kingdom, who are seated upon the Cherubim, always, now and for ever, and to the ages of ages.

THE READINGS

After the completion of the Trisagion the Deacon comes to the center of the Temple.

Deacon: Let us be attentive.

Reader: The rulers were gathered together against the Lord and against his Christ.

Verse: *Why did the nations rage, and the peoples meditate vain things?*

Deacon: Wisdom.

Reader: The Reading is from the First Epistle of Paul to the Corinthians.

Deacon: Let us be attentive.

(11:23-32)

Brethren, I received from the Lord what I also delivered to you, that the Lord Jesus on the night when he was betrayed took bread, and when he had given thanks, he broke it, and said, "This is my body which is for you. Do this in remembrance of me." In the same way also the cup, after supper, saying, "This cup is the new covenant in my

ἐν τῷ ἐμῷ αἵματι· τοῦτο ποιεῖτε, ὁσάκις ἂν πίνητε, εἰς τὴν ἐμὴν ἀνάμνησιν. Ὁσάκις γὰρ ἂν ἐσθίητε τὸν ἄρτον τοῦτον καὶ τὸ ποτήριον τοῦτο πίνητε, τὸν θάνατον τοῦ Κυρίου καταγγέλλετε, ἄχρις οὗ ἂν ἔλθῃ. Ὥστε ὃς ἂν ἐσθίῃ τὸν ἄρτον τοῦτον ἢ πίνῃ τὸ ποτήριον τοῦ Κυρίου ἀναξίως, ἔνοχος ἔσται τοῦ σώματος καὶ αἵματος τοῦ Κυρίου. Δοκιμαζέτω δὲ ἄνθρωπος ἑαυτόν, καὶ οὕτως ἐκ τοῦ ἄρτου ἐσθιέτω, καὶ ἐκ τοῦ ποτηρίου πινέτω· ὁ γὰρ ἐσθίων καὶ πίνων ἀναξίως κρῖμα ἑαυτῷ ἐσθίει καὶ πίνει, μὴ διακρίνων τὸ σῶμα τοῦ Κυρίου. Διὰ τοῦτο ἐν ὑμῖν πολλοὶ ἀσθενεῖς καὶ ἄρρωστοι, καὶ κοιμῶνται ἱκανοί. Εἰ γὰρ ἑαυτοὺς διεκρίνομεν, οὐκ ἂν ἐκρινόμεθα. Κρινόμενοι δέ ὑπὸ τοῦ Κυρίου παιδευόμεθα, ἵνα μὴ σὺν τῷ κόσμῳ κατακριθῶμεν.

<small>Ὁ διάκονος λαβὼν τὸ θυμιατήριον προσέρχεται πρὸς τὸν Ἱερέα λέγων· Εὐλόγησον, δέσποτα, τὸ θυμίαμα. Καί, τοῦ Ἱερέως εὐλογήσαντος αὐτό, λέγει τὴν Εὐχὴν τοῦ θυμιάματος· Θυμίαμά σοι προσφέρομεν, Χριστὲ ὁ Θεὸς ἡμῶν, εἰς ὀσμὴν εὐωδίας πνευματικῆς· ὁ προσδεξάμενος εἰς τὸ ὑπερουράνιόν σου θυσιαστήριον, ἀντικατάπεμψον ἡμῖν τὴν χάριν τοῦ παναγίου σου Πνεύματος, θυμιᾷ τὴν ἁγίαν Τράπεζαν, τὸ Ἱερατεῖον καὶ ἀπὸ τῆς Ὡραίας Πύλης τὰς εἰκόνας καὶ τὸν λαόν.</small>

Ὁ Διάκονος· Τοῦ Κυρίου δεηθῶμεν. Κύριε, ἐλέησον.

<small>Ὁ δὲ ἱερεὺς λέγει χαμηλοφώνως τὴν εὐχήν.</small>

ΕΥΧΗ ΤΟΥ ΕΥΑΓΓΕΛΙΟΥ

"Ἔλλαμψον ἐν ταῖς καρδίαις ἡμῶν, φιλάνθρωπε Δέσποτα, τὸ τῆς Σῆς θεογνωσίας ἀκήρατον φῶς, καὶ τοὺς τῆς διανοίας ἡμῶν διάνοιξον ὀφθαλμοὺς εἰς τὴν τῶν εὐαγγελικῶν Σου κηρυγμάτων κατανόησιν. Ἔνθες ἡμῖν καὶ τὸν τῶν μακαρίων Σου ἐντολῶν φόβον, ἵνα τὰς σαρκικὰς ἐπιθυμίας πάσας καταπατήσαντες, πνευματικὴν πολιτείαν μετέλθωμεν,

blood. Do this, as often as you drink it, in remembrance of me." For as often as you eat this bread and drink the cup, you proclaim the Lord's death until he comes. Whoever, therefore, eats the bread or drinks the cup of the Lord in an unworthy manner will be guilty of profaning the body and blood of the Lord. Let a man examine himself, and so eat of the bread and drink of the cup. For any one who eats and drinks without discerning the body eats and drinks judgment upon himself. That is why many of you are weak and ill, and some have died. But if we judged ourselves truly, we should not be judged. But when we are judged by the Lord, we are chastened so that we may not be condemned along with the world.

<small>*The Deacon takes the Censer and comes to the Priest saying:* Bless, Master, the incense. *And the Priest blessing it, says the Prayer of the Incense:* We offer incense to you, Christ our God, as an offering of spiritual fragrance· may it be received upon your heavenly altar, and send us in return the grace of your all-holy Spirit, *and then he censes the Holy Table, the Sanctuary, and from the Beautiful Gate, the icons and the people.*</small>

Deacon: Let us pray to the Lord. Lord, have mercy.

<small>*Then the Priest says the prayer in a low voice.*</small>

PRAYER OF THE GOSPEL

Master, Lover of mankind, make the pure light of your divine knowledge shine in our hearts and open the eyes of our mind to understand the message of your Gospel. Implant in us the fear of your blessed commandments, so that, having trampled down all carnal desires, we may change to a spiritual way of life, thinking and doing all things

πάντα τὰ πρὸς εὐαρέστησιν τὴν Σὴν καὶ φρονοῦντες καὶ πράττοντες. Σὺ γὰρ εἶ ὁ φωτισμὸς τῶν ψυχῶν καὶ τῶν σωμάτων ἡμῶν, Χριστὲ ὁ Θεός, καὶ Σοὶ τὴν δόξαν ἀναπέμπομεν, σὺν τῷ ἀνάρχῳ Σου Πατρὶ καὶ τῷ παναγίῳ καὶ ἀγαθῷ καὶ ζωοποιῷ Σου Πνεύματι, νῦν καὶ ἀεὶ καὶ εἰς τοὺς αἰῶνας τῶν αἰώνων. Ἀμήν.

Μετὰ δὲ τὸ θυμιᾶσαι, κλίνας τὸ γόνυ ἐνώπιον τῆς ἁγίας Τραπέζης, λέγει μυστικῶς·

Εὐλόγησον, δέσποτα, τὸν εὐαγγελιστὴν τοῦ ἁγίου ἐνδόξου Ἀποστόλου καὶ Εὐαγγελιστοῦ Ματθαίου.

Ὁ δὲ Ἱερεὺς σφραγίζων αὐτόν λέγει·

Ὁ Θεός, διὰ πρεσβειῶν τοῦ ἁγίου ἐνδόξου Ἀποστόλου καὶ Εὐαγγελιστοῦ **(δεῖνος)**, δῴη σοι ῥῆμα τῷ εὐαγγελιζομένῳ δυνάμει πολλῇ, εἰς ἐκπλήρωσιν τοῦ Εὐαγγελίου τοῦ ἀγαπητοῦ Υἱοῦ Αὐτοῦ, Κυρίου δὲ ἡμῶν Ἰησοῦ Χριστοῦ.

Καὶ ἐπιδίδει εἰς αὐτὸν τὸ ἱ. Εὐαγγέλιον. Ὁ δὲ διάκονος παραλαμβάνει αὐτὸ λέγων·

Ἀμήν. Ἀμήν. Ἀμήν. Γένοιτό μοι κατὰ τὸ ῥῆμά σου.

Καὶ ἀσπασάμενος τὴν χεῖρα τοῦ Ἱερέως ἀπέρχεται εἰς τὸν ἄμβωνα.

Μετὰ δὲ τὴν ἀνάγνωσιν τοῦ Ἀποστόλου, ὁ Ἱερεὺς εὐλογεῖ αὐτὸν λέγων·

Εἰρήνη σοι.

Καὶ μετὰ τὸ Ἀλληλούϊα λέγει ὁ διάκονος ἀπὸ τῆς Ὡραίας Πύλης·

Σοφία. Ὀρθοί, ἀκούσωμεν τοῦ ἁγίου Εὐαγγελίου.

Ὁ Ἱερεύς· Εἰρήνη πᾶσι.

Ὁ Χορός· Καὶ τῷ πνεύματί σου.

Ὁ Διάκονος· Ἐκ τοῦ κατὰ Ματθαῖον ἁγίου Εὐαγγελίου τὸ ἀνάγνωσμα.

Ὁ Ἱερεύς· Πρόσχωμεν.

that are pleasing to you. For you are the illumination of our souls and bodies, Christ God, and to you we give glory, together with your Father who is without beginning, and your all-holy, good and life-giving Spirit, now and for ever, and to the ages of ages. Amen.

After censing, the Deacon kneels before the Holy Table, saying quietly:

Master, bless the herald of the Good Tidings of the Holy Apostle and Evangelist Matthew.

The Priest seals him saying:

May God, through the prayers of the holy, glorious Apostle and Evangelist **N.**, grant you to proclaim the word with much power, for the fulfilling of the Gospel of his Beloved Son, our Lord Jesus Christ.

And he offers to him the H. Gospel. Then the Deacon, receives it saying:

Amen, Amen, Amen. Be it done unto me according to your word.

And he kisses the hand of the Priest and leaves to the Amvon.

After the reading of the Epistle, the Priest blesses the Reader saying:

Peace be to you.

And after the Alleluia the Deacon says from the Beautiful Gate:

Wisdom. Arise, let us hear the Holy Gospel.

Priest: Peace be to all.

Choir: And to your spirit.

Deacon: The reading is according to the Holy Gospel of Matthew.

Priest: Let us be attentive.

Ὁ Χορός· Δόξα σοι, Κύριε, δόξα σοι.

(κστ' 2 -20, Ἰω. ιγ' 3 -17, Ματθ. κστ' 21-39, Λουκ. κβ' 43-44, Ματθ. κστ' 40-κζ'' 1-2)

Εἶπεν ὁ Κύριος τοῖς ἑαυτοῦ μαθηταῖς· Οἴδατε ὅτι μετὰ δύο ἡμέρας τὸ πάσχα γίνεται, καὶ ὁ υἱὸς τοῦ ἀνθρώπου παραδίδοται εἰς τὸ σταυρωθῆναι. Τότε συνήχθησαν οἱ ἀρχιερεῖς καὶ οἱ γραμματεῖς καὶ οἱ πρεσβύτεροι τοῦ λαοῦ εἰς τὴν αὐλὴν τοῦ ἀρχιερέως τοῦ λεγομένου Καϊάφα, καὶ συνεβουλεύσαντο ἵνα τὸν Ἰησοῦν δόλῳ κρατήσωσι καὶ ἀποκτείνωσιν. Ἔλεγον δέ· Μὴ ἐν τῇ ἑορτῇ, ἵνα μὴ θόρυβος γένηται ἐν τῷ λαῷ. Τοῦ δὲ Ἰησοῦ γενομένου ἐν Βηθανίᾳ ἐν οἰκίᾳ Σίμωνος τοῦ λεπροῦ, προσῆλθεν αὐτῷ γυνὴ ἀλάβαστρον μύρου ἔχουσα βαρυτίμου, καὶ κατέχεεν ἐπὶ τὴν κεφαλὴν αὐτοῦ ἀνακειμένου. Ἰδόντες δὲ οἱ μαθηταὶ αὐτοῦ ἠγανάκτησαν λέγοντες· Εἰς τί ἡ ἀπώλεια αὕτη; Ἠδύνατο γὰρ τοῦτο τὸ μύρον πραθῆναι πολλοῦ καὶ δοθῆναι τοῖς πτωχοῖς. Γνοὺς δὲ ὁ Ἰησοῦς εἶπεν αὐτοῖς· Τί κόπους παρέχετε τῇ γυναικί; Ἔργον γὰρ καλὸν εἰργάσατο εἰς ἐμέ. Τοὺς πτωχοὺς γὰρ πάντοτε ἔχετε μεθ᾽ ἑαυτῶν, ἐμὲ δὲ οὐ πάντοτε ἔχετε. Βαλοῦσα γὰρ αὕτη τὸ μύρον τοῦτο ἐπὶ τοῦ σώματός μου, πρὸς τὸ ἐνταφιάσαι με ἐποίησεν. Ἀμὴν λέγω ὑμῖν, ὅπου ἐὰν κηρυχθῇ τὸ εὐαγγέλιον τοῦτο ἐν ὅλῳ τῷ κόσμῳ, λαληθήσεται καὶ ὃ ἐποίησεν αὕτη εἰς μνημόσυνον αὐτῆς. Τότε πορευθεὶς εἷς τῶν δώδεκα, ὁ λεγόμενος Ἰούδας Ἰσκαριώτης, πρὸς τοὺς ἀρχιερεῖς εἶπε· Τί θέλετέ μοι δοῦναι, καὶ ἐγὼ ὑμῖν παραδώσω αὐτόν; Οἱ δὲ ἔστησαν αὐτῷ τριάκοντα ἀργύρια. Καὶ ἀπὸ τότε ἐζήτει εὐκαιρίαν ἵνα αὐτὸν παραδῷ. Τῇ δὲ πρώτῃ τῶν ἀζύμων προσῆλθον οἱ μαθηταὶ τῷ Ἰησοῦ λέ-

Choir: Glory to You, Lord, glory to you.

(26:2-20, John 13:3-17, Matt. 26:21-39, Luke 22:43-44, Matt. 26:40-27:2)

The Lord said to his disciples, 'You know that it is Passover in two days, and the Son of Man will be handed over to be crucified.' Then the chief priests and scribes and elders of the people assembled at the court of the chief priest, who was called Caiaphas, and took counsel together to seize Jesus by trickery and kill him. But they said, 'Not during the feast, lest there be a riot among the people.' Now when Jesus was in Bethany in the house of Simon the leper, a woman approached him with an alabaster jar of very precious ointment and she poured it on his head as he sat at table. When his disciples saw they were indignant and said, 'Why this waste? For this ointment could have been sold for a great deal and given to the poor.' But Jesus, knowing, said to them, 'Why are you making trouble for the woman? She has performed a good deed for me. For you always have the poor with you; you do not always have me. By pouring this ointment on my body, she has done it for my burial. Amen I say to you, wherever this gospel is proclaimed in the whole world what she has done will be told also in memory of her.' Then one of the twelve, called Judas Iscariot, went to the chief priests and said, 'What are willing to give me if I betray him to you?' They settled with him for thirty pieces of silver. And from then on he was looking for an opportunity to betray him. On the first day of unleavened

γοντες αὐτῷ· Ποῦ θέλεις ἑτοιμάσωμέν σοι φαγεῖν τὸ πάσχα; Ὁ δὲ εἶπεν· Ὑπάγετε εἰς τὴν πόλιν πρὸς τὸν δεῖνα καὶ εἴπατε αὐτῷ· Ὁ διδάσκαλος λέγει, ὁ καιρός μου ἐγγύς ἐστι· πρὸς σὲ ποιῶ τὸ πάσχα μετὰ τῶν μαθητῶν μου. Καὶ ἐποίησαν οἱ μαθηταὶ ὡς συνέταξεν αὐτοῖς ὁ Ἰησοῦς, καὶ ἡτοίμασαν τὸ πάσχα. Ὀψίας δὲ γενομένης ἀνέκειτο μετὰ τῶν δώδεκα. Εἰδὼς ὁ δὲ ὁ Ἰησοῦς ὅτι πάντα δέδωκεν αὐτῷ ὁ πατὴρ εἰς τὰς χεῖρας, καὶ ὅτι ἀπὸ Θεοῦ ἐξῆλθε καὶ πρὸς τὸν Θεὸν ὑπάγει, ἐγείρεται ἐκ τοῦ δείπνου καὶ τίθησι τὰ ἱμάτια, καὶ λαβὼν λέντιον διέζωσεν ἑαυτόν· εἶτα βάλλει ὕδωρ εἰς τὸν νιπτῆρα, καὶ ἤρξατο νίπτειν τοὺς πόδας τῶν μαθητῶν καὶ ἐκμάσσειν τῷ λεντίῳ ᾧ ἦν διεζωσμένος. Ἔρχεται οὖν πρὸς Σίμωνα Πέτρον, καὶ λέγει αὐτῷ ἐκεῖνος· Κύριε, σύ μου νίπτεις τοὺς πόδας; Ἀπεκρίθη Ἰησοῦς καὶ εἶπεν αὐτῷ· Ὃ ἐγὼ ποιῶ, σὺ οὐκ οἶδας ἄρτι, γνώσῃ δὲ μετὰ ταῦτα. Λέγε αὐτῷ Πέτρος· Οὐ μὴ νίψῃς τοὺς πόδας μου εἰς τὸν αἰῶνα. Ἀπεκρίθη αὐτῷ ὁ Ἰησοῦς· Ἐὰν μὴ νίψω σε, οὐκ ἔχεις μέρος μετ' ἐμοῦ. Λέγει αὐτῷ Σίμων Πέτρος· Κύριε, μὴ τοὺς πόδας μου μόνον, ἀλλὰ καὶ τὰς χεῖρας καὶ τὴν κεφαλήν. Λέγει αὐτῷ ὁ Ἰησοῦς· Ὁ λελουμένος οὐ χρείαν ἔχει ἢ τοὺς πόδας νίψασθαι, ἀλλ' ἔστι καθαρὸς ὅλος· καὶ ὑμεῖς καθαροί ἐστε, ἀλλ' οὐχὶ πάντες. Ἤιδει γὰρ τὸν παραδιδόντα αὐτόν· διὰ τοῦτο εἶπεν· Οὐχὶ πάντες καθαροί ἐστε. Ὅτε οὖν ἔνιψε τοὺς πόδας αὐτῶν καὶ ἔλαβε τὰ ἱμάτια αὐτοῦ, ἀναπεσὼν πάλιν εἶπεν αὐτοῖς· Γινώσκετε τί πεποίηκα ὑμῖν; Ὑμεῖς φωνεῖτέ με, ὁ Διδάσκαλος καὶ ὁ Κύριος, καὶ καλῶς λέγετε· εἰμὶ γάρ. Εἰ οὖν ἐγὼ ἔνιψα ὑμῶν τοὺς πόδας, ὁ Κύριος καὶ ὁ Διδάσκαλος, καὶ ὑμεῖς ὀφείλετε ἀλλήλων νίπτειν τοὺς

bread the disciples came to Jesus and said to him, 'Where do you wish us to make ready for you to eat the Passover?' He said, 'Go into the city to a certain man and say to him, 'The teacher says, 'My time is near. At your house I must celebrate the Passover with my disciples.''' And the disciples did as Jesus had ordered them and they made ready the Passover. When evening came he sat down with the twelve. Jesus, knowing that the Father had given all things into his hands and that he had come forth from God and was going back to God, rises from supper and lays aside his outer garments; and taking a towel he ties it round his waist. Then he puts water in the basin and began to wash the disciples' feet and wipe them with the towel which was tied round his waist. He comes to Simon Peter, who says to him, 'Lord, are you going to wash my feet?' Jesus answered and said to him, 'What I am doing you do not understand now, but you will understand later.' Peter says to him, 'You shall never wash my feet.' Jesus answered him, 'Unless I wash you, you have no part in me.' Peter says to him, 'Lord, not only my feet, but my hands and my head also.' Jesus says to him, 'One who has washed has no need except to wash their feet, but they are wholly clean. And you are clean, but not all of you.' For he knew the one who would betray him; that is why he said, 'You are not all clean.' So when he had washed their feet he put on his outer garments, sat down again and said to them, 'Do you know what I have done to you? You call me 'Teacher' and 'Lord',

πόδας. Ὑπόδειγμα γὰρ δέδωκα ὑμῖν, ἵνα καθὼς ἐγὼ ἐποίησα ὑμῖν, καὶ ὑμεῖς ποιῆτε. Ἀμὴν ἀμὴν λέγω ὑμῖν, οὐκ ἔστι δοῦλος μείζων τοῦ κυρίου αὐτοῦ, οὐδὲ ἀπόστολος μείζων τοῦ πέμψαντος αὐτόν. Εἰ ταῦτα οἴδατε, μακάριοί ἐστε ἐὰν ποιῆτε αὐτά. Καὶ ἐσθιόντων αὐτῶν εἶπεν· Ἀμὴν λέγω ὑμῖν ὅτι εἷς ἐξ ὑμῶν παραδώσει με. Καὶ λυπούμενοι σφόδρα ἤρξαντο λέγειν αὐτῷ ἕκαστος αὐτῶν· Μήτι ἐγώ εἰμι, Κύριε; Ὁ δὲ ἀποκριθεὶς εἶπεν· Ὁ ἐμβάψας μετ' ἐμοῦ ἐν τῷ τρυβλίῳ τὴν χεῖρα, οὗτός με παραδώσει. Ὁ μὲν υἱὸς τοῦ ἀνθρώπου ὑπάγει καθὼς γέγραπται περὶ αὐτοῦ· οὐαὶ δὲ τῷ ἀνθρώπῳ ἐκείνῳ δι' οὗ ὁ υἱὸς τοῦ ἀνθρώπου παραδίδοται· καλὸν ἦν αὐτῷ εἰ οὐκ ἐγεννήθη ὁ ἄνθρωπος ἐκεῖνος. Ἀποκριθεὶς δὲ Ἰούδας ὁ παραδιδοὺς αὐτὸν εἶπε· Μήτι ἐγώ εἰμι, ῥαββί; Λέγει αὐτῷ· Σὺ εἶπας. Ἐσθιόντων δὲ αὐτῶν λαβὼν ὁ Ἰησοῦς τὸν ἄρτον καὶ εὐχαριστήσας ἔκλασε καὶ ἐδίδου τοῖς μαθηταῖς καὶ εἶπε· Λάβετε φάγετε· τοῦτό ἐστι τὸ σῶμά μου· καὶ λαβὼν τὸ ποτήριον καὶ εὐχαριστήσας ἔδωκεν αὐτοῖς λέγων· Πίετε ἐξ αὐτοῦ πάντες· τοῦτο γάρ ἐστι τὸ αἷμά μου τὸ τῆς καινῆς διαθήκης τὸ περὶ πολλῶν ἐκχυνόμενον εἰς ἄφεσιν ἁμαρτιῶν. Λέγω δὲ ὑμῖν ὅτι οὐ μὴ πίω ἀπ' ἄρτι ἐκ τούτου τοῦ γεννήματος τῆς ἀμπέλου ἕως τῆς ἡμέρας ἐκείνης ὅταν αὐτὸ πίνω μεθ' ὑμῶν καινὸν ἐν τῇ βασιλείᾳ τοῦ πατρός μου. Καὶ ὑμνήσαντες ἐξῆλθον εἰς τὸ ὄρος τῶν ἐλαιῶν. Τότε λέγει αὐτοῖς ὁ Ἰησοῦς· Πάντες ὑμεῖς σκανδαλισθήσεσθε ἐν ἐμοὶ ἐν τῇ νυκτὶ ταύτῃ· γέγραπται γάρ, «πατάξω τὸν ποιμένα, καὶ διασκορπισθήσονται τὰ πρόβατα τῆς ποίμνης»· μετὰ δὲ τὸ ἐγερθῆναί με προάξω ὑμᾶς εἰς τὴν Γαλιλαίαν. Ἀποκριθεὶς δὲ ὁ Πέτρος εἶπεν αὐτῷ· Εἰ πάντες σκανδα-

and you do well, for I am. So if I, your Lord and Teacher, have washed your feet, you too should wash one another's feet. For I have given you an example, that as I have done to you, you should do also. Amen, amen, I say to you, a slave is not greater than his lord, nor one who is sent greater than the one who sent him. If you know all this, blessed are you, if you do it.' And as they were eating he said, 'Amen I say to you, one of you is going to betray me.' Deeply distressed they began to ask him one by one, 'Surely not me, Lord?' He answered and said, 'The one who dips his hand with me in the dish is the one who is going to betray me. The Son of Man is going as is written of him; but woe to that man through whom the Son of Man is betrayed. It would have been better for that man not to have been born.' Judas his betrayer said, 'Surely not me, Rabbi?' He said to him, 'You have said so.' While they were eating Jesus took bread and having blessed and broken it gave it to his disciples and said, 'Take, eat; this is my body.' He took the cup and having given thanks gave it to them saying, 'Drink from this all of you; for this is my blood of the new testament which is shed for many for the forgiveness of sins. But I tell you that from now on I shall not drink from this fruit of the vine until the day when I drink it with you new in the kingdom of my father. And when they had sung a hymn they went out to the mount of olives. Then Jesus said to them, 'You will all stumble and fall away from me this night. For it is written, 'I will strike the shepherd, and

λισθήσονται ἐν σοί, ἐγὼ δὲ οὐδέποτε σκανδαλισθήσομαι. Ἔφη αὐτῷ ὁ Ἰησοῦς· Ἀμὴν λέγω σοι ὅτι ἐν ταύτῃ τῇ νυκτὶ πρὶν ἀλέκτορα φωνῆσαι, τρὶς ἀπαρνήσῃ με. Λέγει αὐτῷ ὁ Πέτρος· Κἂν δέῃ με σὺν σοὶ ἀποθανεῖν, οὐ μή σε ἀπαρνήσομαι. Ὁμοίως δὲ καὶ πάντες οἱ μαθηταὶ εἶπον. Τότε ἔρχεται μετ' αὐτῶν ὁ Ἰησοῦς εἰς χωρίον λεγόμενον Γεθσημανῆ, καὶ λέγει τοῖς μαθηταῖς· Καθίσατε αὐτοῦ ἕως οὗ ἀπελθὼν προσεύξωμαι ἐκεῖ. Καὶ παραλαβὼν τὸν Πέτρον καὶ τοὺς δύο υἱοὺς Ζεβεδαίου ἤρξατο λυπεῖσθαι καὶ ἀδημονεῖν. Τότε λέγει αὐτοῖς ὁ Ἰησοῦς· Περίλυπός ἐστιν ἡ ψυχή μου ἕως θανάτου· μείνατε ὧδε καὶ γρηγορεῖτε μετ' ἐμοῦ. Καὶ προελθὼν μικρὸν ἔπεσεν ἐπὶ πρόσωπον αὐτοῦ προσευχόμενος καὶ λέγων· Πάτερ μου, εἰ δυνατόν ἐστι, παρελθέτω ἀπ' ἐμοῦ τὸ ποτήριον τοῦτο· πλὴν οὐχ ὡς ἐγὼ θέλω, ἀλλ' ὡς σύ. Ὤφθη δὲ αὐτῷ ἄγγελος ἀπ' οὐρανοῦ ἐνισχύων αὐτόν. Καὶ γενόμενος ἐν ἀγωνίᾳ ἐκτενέστερον προσηύχετο. Ἐγένετο δὲ ὁ ἱδρὼς αὐτοῦ ὡσεὶ θρόμβοι αἵματος καταβαίνοντες ἐπὶ τὴν γῆν. Καὶ ἀναστὰς ἀπὸ τῆς προσευχῆς, ἔρχεται πρὸς τοὺς μαθητὰς καὶ εὑρίσκει αὐτοὺς καθεύδοντας, καὶ λέγει τῷ Πέτρῳ· Οὕτως οὐκ ἰσχύσατε μίαν ὥραν γρηγορῆσαι μετ' ἐμοῦ! Γρηγορεῖτε καὶ προσεύχεσθε, ἵνα μὴ εἰσέλθητε εἰς πειρασμόν· τὸ μὲν πνεῦμα πρόθυμον, ἡ δὲ σὰρξ ἀσθενής. Πάλιν ἐκ δευτέρου ἀπελθὼν προσηύξατο λέγων· Πάτερ μου, εἰ οὐ δύναται τοῦτο τὸ ποτήριον παρελθεῖν ἀπ' ἐμοῦ ἐὰν μὴ αὐτὸ πίω, γενηθήτω τὸ θέλημά σου. Καὶ ἐλθὼν εὑρίσκει αὐτοὺς πάλιν καθεύδοντας· ἦσαν γὰρ αὐτῶν οἱ ὀφθαλμοὶ βεβαρημένοι. Καὶ ἀφεὶς αὐτοὺς ἀπελθὼν πάλιν προσηύξατο ἐκ τρίτου τὸν αὐτὸν λόγον εἰπών. Τότε ἔρ-

the sheep of the flock will be scattered.' But after I have been raised I shall go before you into Galilee.' Peter answered and said, 'Even if all stumble and fall from you, I will never stumble.' Jesus said to him, 'Amen I say to you, this very night before a cock crows you will deny me three times.' Peter says to him, 'Even if I have to die with you, I will never deny you.' And all the disciples said the same. Then Jesus went with them to a place called Gethsemane and said to the disciples, 'Sit here while I go over there and pray.' And taking Peter and the two sons of Zebedee he began to grow sorrowful and distressed. Then Jesus said to them, 'My soul is very sorrowful, even to death. Stay here and watch with me.' And going forward a little way he fell on his face and prayed, saying, 'My father, if it is possible let this cup pass me by. But not as I wish, but as you do.' An angel appeared to him from heaven to strengthen him. And being in agony he prayed more fervently; while his sweat became like drops of blood falling to the ground. And rising from prayer he came to his disciples and found them asleep, and he said to Peter, 'So, were you unable to watch with me for one hour? Watch and pray that you may not enter the time of trial. The spirit is willing, but the flesh is weak.' Then he went away a second time and prayed, saying, 'If this cup cannot pass me by unless I drink it, your will be done.' And he came and found them sleeping again, for their eyes were heavy. And leaving them he went away again and prayed a third time, saying the same words. Then he

χεται πρὸς τοὺς μαθητὰς αὐτοῦ καὶ λέγει αὐτοῖς· Καθεύδετε τὸ λοιπὸν καὶ ἀναπαύεσθε! Ἰδοὺ ἤγγικεν ἡ ὥρα καὶ ὁ υἱὸς τοῦ ἀνθρώπου παραδίδοται εἰς χεῖρας ἁμαρτωλῶν. Ἐγείρεσθε ἄγωμεν· ἰδοὺ ἤγγικεν ὁ παραδιδούς με. Καὶ ἔτι αὐτοῦ λαλοῦντος ἰδοὺ Ἰούδας εἷς τῶν δώδεκα ἦλθε, καὶ μετ᾽ αὐτοῦ ὄχλος πολὺς μετὰ μαχαιρῶν καὶ ξύλων ἀπὸ τῶν ἀρχιερέων καὶ πρεσβυτέρων τοῦ λαοῦ. Ὁ δὲ παραδιδοὺς αὐτὸν ἔδωκεν αὐτοῖς σημεῖον λέγων· Ὃν ἂν φιλήσω, αὐτός ἐστι· κρατήσατε αὐτόν. Καὶ εὐθέως προσελθὼν τῷ Ἰησοῦ εἶπε· Χαῖρε, ῥαββί, καὶ κατεφίλησεν αὐτόν. Ὁ δὲ Ἰησοῦς εἶπεν αὐτῷ· Ἑταῖρε, ἐφ᾽ ὃ πάρει; τότε προσελθόντες ἐπέβαλον τὰς χεῖρας ἐπὶ τὸν Ἰησοῦν καὶ ἐκράτησαν αὐτόν. Καὶ ἰδοὺ εἷς τῶν μετὰ Ἰησοῦ ἐκτείνας τὴν χεῖρα ἀπέσπασε τὴν μάχαιραν αὐτοῦ, καὶ πατάξας τὸν δοῦλον τοῦ ἀρχιερέως ἀφεῖλεν αὐτοῦ τὸ ὠτίον. Τότε λέγει αὐτῷ ὁ Ἰησοῦς· Ἀπόστρεψον σου τὴν μάχαιραν εἰς τὸν τόπον αὐτῆς· πάντες γὰρ οἱ λαβόντες μάχαιραν ἐν μαχαίρῃ ἀποθανοῦνται. Ἢ δοκεῖς ὅτι οὐ δύναμαι ἄρτι παρακαλέσαι τὸν πατέρα μου, καὶ παραστήσει μοι πλείους ἢ δώδεκα λεγεῶνας ἀγγέλων; Πῶς οὖν πληρωθῶσιν αἱ γραφαὶ ὅτι οὕτω δεῖ γενέσθαι; Ἐν ἐκείνῃ τῇ ὥρᾳ εἶπεν ὁ Ἰησοῦς τοῖς ὄχλοις· Ὡς ἐπὶ λῃστὴν ἐξήλθετε μετὰ μαχαιρῶν καὶ ξύλων συλλαβεῖν με· καθ᾽ ἡμέραν πρὸς ὑμᾶς ἐκαθεζόμην διδάσκων ἐν τῷ ἱερῷ, καὶ οὐκ ἐκρατήσατέ με. Τοῦτο δὲ ὅλον γέγονεν ἵνα πληρωθῶσιν αἱ γραφαὶ τῶν προφητῶν. Τότε οἱ μαθηταὶ πάντες ἀφέντες αὐτὸν ἔφυγον. Οἱ δὲ κρατήσαντες τὸν Ἰησοῦν ἀπήγαγον πρὸς Καϊάφαν τὸν ἀρχιερέα, ὅπου οἱ γραμματεῖς καὶ οἱ πρεσβύτεροι συνήχθησαν. Ὁ δὲ Πέτρος ἠκολούθει αὐτῷ ἀπὸ

comes to his disciples and says to them, 'Sleep now, and rest! See, the moment has come and the Son of Man is being betrayed into the hands of sinners. Rise up, let us be going. See, the one who betrays me has come.' While he was still speaking, Judas, one of the twelve, came, and with him a large crowd with swords and clubs from the chief priests and elders of the people. The one who was betraying him had given them a sign, saying, 'The one I kiss is the man; seize hold of him.' And he came straight up to Jesus and said, 'Hail, Rabbi,' and he kissed him. Jesus said to him, 'Friend, for what purpose are you here?' Then they came forward, took hold of Jesus and seized him. And one of those with Jesus stretched out his hand, drew his sword and struck the high priest's slave and cut off his ear. Then Jesus said to him, 'Put your sword back in its place. For all who take the sword will die by the sword. Or do you imagine that I cannot ask my Father, and he will furnish me here and now with more than twelve legions of angels? But then how would the Scriptures be fulfilled that it must happen like this?' At that hour Jesus said to the crowds, 'You have come out to arrest me with swords and clubs, like a thief. Day by day I used to sit with you in the temple, and you did not seize me. But all this has happened so that the writings of the prophets may be fulfilled.' Then all his disciples abandoned him and fled. But those who had seized him led him away to Caiaphas the chief priest, where the scribes and elders had assembled. While Peter was following

μακρόθεν ἕως τῆς αὐλῆς τοῦ ἀρχιερέως, καὶ εἰσελθὼν ἔσω ἐκάθητο μετὰ τῶν ὑπηρετῶν ἰδεῖν τὸ τέλος. Οἱ δὲ ἀρχιερεῖς οἱ πρεσβύτεροι καὶ τὸ συνέδριον ὅλον ἐζήτουν ψευδομαρτυρίαν κατὰ τοῦ Ἰησοῦ ὅπως θανατώσωσιν αὐτόν, καὶ οὐχ εὗρον· καὶ πολλῶν ψευδομαρτύρων προσελθόντων, οὐχ εὗρον. Ὕστερον δὲ προσελθόντες δύο ψευδομάρτυρες εἶπον· Οὗτος ἔφη, δύναμαι καταλῦσαι τὸν ναὸν τοῦ Θεοῦ καὶ διὰ τριῶν ἡμερῶν οἰκοδομῆσαι αὐτόν. Καὶ ἀναστὰς ὁ ἀρχιερεὺς εἶπεν αὐτῷ· Οὐδὲν ἀποκρίνῃ; τί οὗτοί σου καταμαρτυροῦσιν; Ὁ δὲ Ἰησοῦς ἐσιώπα. καὶ ἀποκριθεὶς ὁ ἀρχιερεὺς εἶπεν αὐτῷ· Ἐξορκίζω σε κατὰ τοῦ Θεοῦ τοῦ ζῶντος ἵνα ἡμῖν εἴπῃς εἰ σὺ εἶ ὁ Χριστὸς ὁ υἱὸς τοῦ Θεοῦ. Λέγει αὐτῷ ὁ Ἰησοῦς· Σὺ εἶπας· πλὴν λέγω ὑμῖν, ἀπ' ἄρτι ὄψεσθε τὸν υἱὸν τοῦ ἀνθρώπου καθήμενον ἐκ δεξιῶν τῆς δυνάμεως καὶ ἐρχόμενον ἐπὶ τῶν νεφελῶν τοῦ οὐρανοῦ. Τότε ὁ ἀρχιερεὺς διέρρηξε τὰ ἱμάτια αὐτοῦ λέγων ὅτι ἐβλασφήμησε· τί ἔτι χρείαν ἔχομεν μαρτύρων; Ἴδε νῦν ἠκούσατε τὴν βλασφημίαν αὐτοῦ· Τί ὑμῖν δοκεῖ; Οἱ δὲ ἀποκριθέντες εἶπον· Ἔνοχος θανάτου ἐστί. Τότε ἐνέπτυσαν εἰς τὸ πρόσωπον αὐτοῦ καὶ ἐκολάφισαν αὐτόν, οἱ δὲ ἐρράπισαν λέγοντες· Προφήτευσον ἡμῖν, Χριστέ, τίς ἐστιν ὁ παίσας σε; Ὁ δὲ Πέτρος ἔξω ἐκάθητο ἐν τῇ αὐλῇ· καὶ προσῆλθεν αὐτῷ μία παιδίσκη λέγουσα· Καὶ σὺ ἦσθα μετὰ Ἰησοῦ τοῦ Γαλιλαίου. Ὁ δὲ ἠρνήσατο ἔμπροσθεν αὐτῶν πάντων λέγων· Οὐκ οἶδα τί λέγεις. Ἐξελθόντα δὲ αὐτὸν εἰς τὸν πυλῶνα εἶδεν αὐτὸν ἄλλη καὶ λέγει αὐτοῖς· Ἐκεῖ καὶ οὗτος ἦν μετὰ Ἰησοῦ τοῦ Ναζωραίου. Καὶ πάλιν ἠρνήσατο μεθ' ὅρκου ὅτι οὐκ οἶδα τὸν ἄνθρωπον. Μετὰ μικρὸν δὲ προσελθόντες οἱ ἑστῶτες εἶπον

him at a distance as far as the courtyard of the high priest, and he went in and sat with the servants to see the end. The chief priests and the elders and the whole Sanhedrin were seeking false testimony against Jesus, so that they might put him to death, but they found none. Though many false witnesses came forward, they found none. Finally two false witnesses came forward and said, 'This man said, 'I am able to destroy God's temple and rebuild it in three days.'' The chief priest arose and said to him, 'Have you no answer? What are these men testifying against you?' But Jesus was silent. The chief priest answered and said to him, 'I put you under oath before the living God to tell us if you are the Christ, the son of God?' Jesus says to him, 'It is you who have said it. But I tell you all, from now on you will see the Son of Man seated at the right hand of the Power and coming on the clouds of heaven.' Then the chief priest rent his garments and said, 'He has blasphemed. What further need do we have of witnesses? See, you have now heard his blasphemy. What is your verdict?' They answered and said, 'He deserves death.' Then they spat in his face and hit him, while others slapped him as they said, 'Prophesy, Christ: who it is that struck you?' But Peter was sitting outside in the courtyard. And a servant girl came up to him and said, 'You were with Jesus the Galilean too.' But he denied it in front of them all and said, 'I do not know what you are talking about.' As he was going out into the gatehouse another servant girl saw him and said to the

τῷ Πέτρῳ· Ἀληθῶς καὶ σὺ ἐξ αὐτῶν εἶ· καὶ γὰρ ἡ λαλιά σου δῆλόν σε ποιεῖ. Τότε ἤρξατο καταθεματίζειν καὶ ὀμνύειν ὅτι οὐκ οἶδα τὸν ἄνθρωπον· καὶ εὐθέως ἀλέκτωρ ἐφώνησε. Καὶ ἐμνήσθη ὁ Πέτρος τοῦ ῥήματος Ἰησοῦ εἰρηκότος ὅτι, πρὶν ἀλέκτορα φωνῆσαι, τρὶς ἀπαρνήσῃ με· καὶ ἐξελθὼν ἔξω ἔκλαυσε πικρῶς. Πρωΐας δὲ γενομένης συμβούλιον ἔλαβον πάντες οἱ ἀρχιερεῖς καὶ οἱ πρεσβύτεροι τοῦ λαοῦ κατὰ τοῦ Ἰησοῦ ὥστε θανατῶσαι αὐτόν· καὶ δήσαντες αὐτὸν ἀπήγαγον καὶ παρέδωκαν αὐτὸν Ποντίῳ Πιλάτῳ τῷ ἡγεμόνι.

people there, 'This one too was with Jesus the Nazorean.' And again he denied it with an oath, 'I do not know the man.' Shortly after the bystanders came up and said to Peter, 'Truly you are one of them. For even your speech gives you away.' Then he began to call down curses and to swear, 'I do not know the man.' And immediately a cock crowed. And Peter remembered the word that Jesus had said to him, 'Before a cock crows, you will deny me three times.' And he went out and wept bitterly. Now when morning came all the chief priests and the elders of the people took counsel against Jesus, so as to put him to death. They bound him and led him away and handed him over to Pontius Pilate, the governor.

Ὁ Ἱερεύς· Εἰρήνη σοι τῷ εὐαγγελιζομένῳ.

Priest: Peace be to you, the herald of the Gospel.

Ὁ Χορός· Δόξα Σοι, Κύριε, δόξα Σοι.

Choir: Glory to You, Lord, glory to you.

Ὁ Διάκονος λέγει τὴν μεγάλην ἐκτενῆ·

The Deacon says the Great Ektenia:

Ὁ Διάκονος· Εἴπωμεν πάντες ἐξ ὅλης τῆς ψυχῆς καὶ ἐξ ὅλης τῆς διανοίας ἡμῶν εἴπωμεν.

Deacon: Let us all say, with all our soul and with all our mind, let us say.

Ὁ Χορός· Κύριε, ἐλέησον.

Choir: Lord, have mercy.

Ὁ Διάκονος· Κύριε παντοκράτορ ὁ Θεὸς τῶν πατέρων ἡμῶν, δεόμεθά Σου, ἐπάκουσον καὶ ἐλέησον.

Deacon: Lord almighty, the God of our fathers, we pray you, hear and have mercy.

Ὁ Χορός· Κύριε, ἐλέησον.

Choir: Lord, have mercy.

Ὁ Διάκονος· Ἐλέησον ἡμᾶς ὁ Θεὸς κατὰ τὸ μέγα ἔλεός Σου, δεόμεθά Σου, ἐπάκουσον καὶ ἐλέησον.

Deacon: Have mercy on us, O God, according to your great mercy, we pray you, hear and have mercy.

Ὁ Χορός· Κύριε, ἐλέησον. *(γ')* *(Καὶ μεθ' ἑκάστην δέησιν)*

Ὁ Διάκονος· Ἔτι δεόμεθα ὑπέρ τοῦ Ἀρχιεπισκόπου ἡμῶν *(τοῦ δεῖνος)*.

Ἔτι δεόμεθα ὑπέρ τῶν ἀδελφῶν ἡμῶν, τῶν ἱερέων, ἱερομονάχων, ἱεροδιακόνων καὶ μοναχῶν, καὶ πάσης τῆς ἐν Χριστῷ ἡμῶν ἀδελφότητος.

Ἔτι δεόμεθα ὑπὲρ ἐλέους, ζωῆς, εἰρήνης, ὑγείας, σωτηρίας, ἐπισκέψεως, συγχωρήσεως καὶ ἀφέσεως των ἁμαρτιῶν τῶν δούλων τοῦ Θεοῦ, πάντων τῶν εὐσεβῶν καὶ ὀρθοδόξων χριστιανῶν, τῶν κατοικούντων καὶ παρεπιδημούντων ἐν τῇ πόλει ταύτῃ, τῶν ἐνοριτῶν, ἐπιτρόπων, συνδρομητῶν καὶ ἀφιερωτῶν τοῦ ἁγίου ναοῦ τούτου.

Ἔτι δεόμεθα ὑπὲρ τῶν μακαρίων καὶ ἀοιδίμων κτιτόρων τῆς ἁγίας Ἐκκλησίας ταύτης, καὶ ὑπὲρ πάντων τῶν προαναπαυσαμένων πατέρων καὶ ἀδελφῶν ἡμῶν, τῶν ἐνθάδε εὐσεβῶς, κειμένων, καὶ ἁπανταχοῦ ὀρθοδόξων.

Ἔτι δεόμεθα ὑπὲρ τῶν καρποφορούντων καὶ καλλιεργούντων ἐν τῷ ἁγίῳ καὶ πανσέπτῳ ναῷ τούτῳ, κοπιώντων, ψαλλόντων καὶ ὑπὲρ τοῦ περιεστῶτος λαοῦ, τοῦ ἀπεκδεχομένου τὸ παρὰ Σοῦ μέγα καὶ πλούσιον ἔλεος.

Ὁ Ἱερεὺς λέγει μυστικῶς τὴν εὐχὴν τῆς ἐκτενοῦς ἱκεσίας·

Κύριε ὁ Θεὸς ἡμῶν, τὴν ἐκτενὴ ταύτην ἱκεσίαν πρόσδεξαι παρὰ τῶν σῶν δούλων, καὶ ἐλέησον ἡμᾶς κατὰ τὸ πλῆθος τοῦ ἐλέους σου· καὶ τοὺς οἰκτιρμούς σου κατάπεμψον ἐφ' ἡμᾶς, καὶ ἐπὶ πάντα τὸν λαόν σου, τὸν ἀπεκδεχόμενον τὸ παρὰ σοῦ μέγα καὶ πλούσιον ἔλεος.

Choir: Lord, have mercy. *(x3) And so after the remaining petitions.*

Deacon: Also we pray for our Archbishop N.

Again we pray for our brothers and sisters, the priests, hieromonks, hierodeacons, all monastics and all of our brotherhood in Christ.

Also we pray for mercy, life, peace, health, salvation, visitation, forgiveness and remission of sins for the servants of God, all pious and Orthodox Christians, those who dwell in or visit this city and parish, the members of this parish, the parish council, those who give help and those who have dedicated gifts in this holy temple.

Also we pray for the blessed and ever-remembered founders of this holy church, and for all our brethren who have gone to their rest before us, and who lie asleep here in the true faith; and for the Orthodox everywhere.

Also we pray for those who strive and bring forth the fruit of good works in this holy and venerable temple, for those who serve, for those who sing, and for the people here present, who await your great and rich mercy.

The Priest quietly says the prayer of the litany of supplication

Lord, our God, accept this fervent supplication from your servants, and have mercy on us according to the multitude of your mercy; and send down your pity on us and on all your people, who await your rich mercy.

Ὁ Ἱερεὺς τὴν Ἐκφώνησιν·

Ὅτι ἐλεήμων καὶ φιλάνθρωπος Θεὸς ὑπάρχεις, καὶ σοὶ τὴν δόξαν ἀναπέμπομεν, τῷ Πατρὶ καὶ τῷ Υἱῷ καὶ τῷ Ἁγίῳ Πνεύματι, νῦν καὶ ἀεὶ καὶ εἰς τοὺς αἰῶνας τῶν αἰώνων.

Ὁ Χορός· Ἀμήν.

Ὁ Διάκονος· Εὔξασθε οἱ κατηχούμενοι τῷ Κυρίῳ.

Ὁ Χορός· Κύριε, ἐλέησον. *(Καὶ μεθ' ἑκάστην δέησιν.)*

Οἱ πιστοί, ὑπὲρ τῶν κατηχουμένων δεηθῶμεν.

Ἵνα ὁ Κύριος αὐτοὺς ἐλεήσῃ.

Κατηχήσῃ αὐτοὺς τὸν λόγον τῆς ἀληθείας.

Ἀποκαλύψῃ αὐτοῖς τὸ Εὐαγγέλιον τῆς δικαιοσύνης.

Ἑνώσῃ αὐτοὺς τῇ ἁγίᾳ αὐτοῦ Καθολικῇ καὶ Ἀποστολικῇ Ἐκκλησίᾳ.

Σῶσον, ἐλέησον, ἀντιλαβοῦ, καὶ διαφύλαξον αὐτούς, ὁ Θεός, τῇ σῇ χάριτι.

Οἱ κατηχούμενοι τὰς κεφαλὰς ὑμῶν τῷ Κυρίῳ κλίνατε.

Ὁ Χορός· Σοί Κύριε.

Τούτων λεγομένων ὁ Ἱερεύς, λαβὼν τὸ ἅγιον Εὐαγγέλιον καὶ ποιήσας μετ' αὐτοῦ τύπον σταυροῦ ἐπὶ τοῦ ἀντιμηνσίου, τίθησι τοῦτο ἐν τῷ ἄνω μέρει τῆς ἁγίας Τραπέζης καὶ λέγει τὴν πρὸ τοῦ ἀπλωθῆναι τὸ εἰλητὸν εὐχὴν ὑπὲρ τῶν κατηχουμένων·

ΕΥΧΗ ΤΩΝ ΚΑΤΗΧΟΥΜΕΝΩΝ

Κύριε ὁ Θεὸς ἡμῶν, ὁ ἐν οὐρανοῖς κατοικῶν καὶ ἐπιβλέπων ἐπὶ πάντα τὰ

The Priest Exclaims:

For you, O God, are merciful, and love mankind, and to you we give glory, to the Father, the Son and the Holy Spirit, now and for ever, and to the ages of ages.

Choir: Amen.

Deacon: Catechumens, pray to the Lord.

Choir: Lord, have mercy. *(And so to each petition.)*

Believers, let us pray for the catechumens.

That the Lord will have mercy on them.

Instruct them in the word of truth.

Reveal to them the Gospel of righteousness.

Unite them to his Holy, Catholic and Apostolic Church.

Save them, have mercy on them, take hold of them and keep them, O God, by your grace.

Catechumens, bow your heads to the Lord.

Choir: To You, O Lord.

Saying these things, the Priest takes the Holy Gospel and makes the sign of the cross with it over the Antimension, and places it on the upper part of the Holy Table, and says, prior unfolding the eilito, the prayer of the catechumens:

PRAYER OF THE CATECHUMENS

Lord, our God, who dwell in heaven and look on all your works, look on

ἔργα σου, ἐπίβλεψον ἐπὶ τοὺς δούλους σου τοὺς κατηχουμένους, τοὺς ὑποκεκλικότας τοὺς ἑαυτῶν αὐχένας ἐνώπιόν σου, καὶ δὸς αὐτοῖς τὸν ἐλαφρὸν ζυγόν σου· ποίησον αὐτοὺς μέλη τίμια τῆς ἁγίας σου Ἐκκλησίας καὶ καταξίωσον αὐτοὺς τοῦ λουτροῦ τῆς παλιγγενεσίας, τῆς ἀφέσεως τῶν ἁμαρτιῶν καὶ τοῦ ἐνδύματος τῆς ἀφθαρσίας εἰς ἐπίγνωσιν σοῦ τοῦ ἀληθινοῦ Θεοῦ ἡμῶν.

your servants the Catechumens, who have bowed their necks before you and grant them your light yoke; make them honoured members of your holy church, and count them worthy of the bath of rebirth, the forgiveness of sins and the garment of incorruption for knowledge of you, our true God.

Ὁ Ἱερεύς, ἐκφώνως·

The Priest, aloud:

Ἵνα καὶ αὐτοὶ σὺν ἡμῖν δοξάζωσι τὸ πάντιμον καὶ μεγαλοπρεπὲς ὄνομά σου, τοῦ Πατρὸς καὶ τοῦ Υἱοῦ καὶ τοῦ Ἁγίου Πνεύματος, νῦν καὶ ἀεὶ καὶ εἰς τοὺς αἰῶνας τῶν αἰώνων.

That they also with us may glorify your all-honoured and majestic name, of Father, Son and Holy Spirit, now and for ever, and to the ages of ages.

Ὁ Χορός· Ἀμήν.

Choir: Amen.

Καὶ ἐξαπλοῖ ὁ Ἱερεὺς τὸ εἰλητόν.

The Priest unfolds the Antimension on the Holy Table.

Ὁ Διάκονος· Ὅσοι κατηχούμενοι, προέλθετε· οἱ κατηχούμενοι, προέλθετε· ὅσοι κατηχούμενοι, προέλθετε. Μή τις τῶν κατηχουμένων.

Deacon: As many as are catechumens, depart; catechumens, depart; as many as are catechumens, depart. None of the catechumens remain!

Η ΛΕΙΤΟΥΡΓΙΑ ΤΩΝ ΠΙΣΤΩΝ

LITURGY OF THE FAITHFUL

Ὁ Διάκονος· Ὅσοι πιστοί, ἔτι καὶ ἔτι ἐν εἰρήνῃ τοῦ Κυρίου δεηθῶμεν.

Deacon: As many as are believers: again and again in peace, let us pray to the Lord.

Ὁ Χορός· Κύριε, ἐλέησον.

Choir: Lord, have mercy.

Ὁ Διάκονος· Ἀντιλαβοῦ, σῶσον, ἐλέησον καὶ διαφύλαξον ἡμᾶς, ὁ Θεός, τῇ σῇ χάριτι.

Deacon: Take hold of us, save us, have mercy on us, and keep us, O God, by your grace.

Ὁ Χορός· Κύριε, ἐλέησον.

Choir: Lord, have mercy.

Ὁ Διάκονος· Σοφία.

Deacon: Wisdom.

*Ὁ δὲ Ἱερεὺς λέγει τὴν μετὰ τὸ ἁπλωθῆναι τὸ εἰλητὸν
α' εὐχὴν τῶν πιστῶν·*

Σύ Κύριε, κατέδειξας ἡμῖν τὸ μέγα τοῦτο τῆς σωτηρίας μυστήριον· σὺ κατηξίωσας ἡμᾶς τοὺς ταπεινοὺς καὶ ἀναξίους δούλους σου γενέσθαι λειτουργοὺς τοῦ ἁγίου σου θυσιαστηρίου· σὺ ἱκάνωσον ἡμᾶς τῇ δυνάμει τοῦ ἁγίου σου Πνεύματος εἰς τὴν διακονίαν ταύτην· ἵνα, ἀκατακρίτως στάντες ἐνώπιον τῆς ἁγίας δόξης σου, προσάγωμέν σοι θυσίαν αἰνέσεως· σὺ γὰρ εἶ ὁ ἐνεργῶν τὰ πάντα ἐν πᾶσι. Δός, Κύριε, καὶ ὑπὲρ τῶν ἡμετέρων ἁμαρτημάτων καὶ τῶν τοῦ λαοῦ ἀγνοημάτων δεκτὴν γενέσθαι τὴν θυσίαν ἡμῶν καὶ εὐπρόσδεκτον ἐνώπιόν σου.

Ὁ Ἱερεύς, ἐκφώνως·

Ὅτι πρέπει σοι πᾶσα δόξα, τιμὴ καὶ προσκύνησις τῷ Πατρὶ καὶ τῷ Υἱῷ καὶ τῷ Ἁγίῳ Πνεύματι, νῦν καὶ ἀεὶ καὶ εἰς τοὺς αἰῶνας τῶν αἰώνων.

Ὁ Χορός· Ἀμήν.

Ὁ Διάκονος· Ἔτι καὶ ἔτι ἐν εἰρήνῃ τοῦ Κυρίου δεηθῶμεν.

Ὁ Χορός· Κύριε, ἐλέησον.

Ὁ Διάκονος· Ἀντιλαβοῦ, σῶσον, ἐλέησον καὶ διαφύλαξον ἡμᾶς ὁ Θεὸς τῇ σῇ χάριτι.

Ὁ Χορός· Κύριε, ἐλέησον.

Ὁ Διάκονος· Σοφία.

*Ὁ δὲ Ἱερεὺς λέγει τὴν μετὰ τὸ ἁπλωθῆναι τὸ εἰλητὸν
β' εὐχὴν τῶν πιστῶν·*

Ὁ Θεός, ὁ ἐπισκεψάμενος ἐν ἐλέει καὶ οἰκτιρμοῖς τὴν ταπείνωσιν ἡμῶν· ὁ στήσας ἡμᾶς τοὺς ταπεινοὺς καὶ ἁμαρτωλοὺς καὶ ἀναξίους δούλους σου κατενώπιον τῆς ἁγίας δόξης σου λειτουργεῖν τῷ ἁγίῳ σου θυσιαστηρίῳ· σὺ ἐνίσχυστον

*Then the Priest says, after unfolding the eiliton,
the 1st Prayer of the Faithful:*

It is you, Lord, who have revealed to us this great mystery of salvation; who have made us, your humble and unworthy servants, worthy to be ministers of your holy altar; by the power of your Holy Spirit enable us for this service, so that, standing uncondemned in the presence of your holy glory, we may offer you a sacrifice of praise for it is you who effect all in all. Grant, Lord, that our sacrifice both for our sins and for those committed in ignorance by the people may be acceptable and well-pleasing before you.

The Priest, aloud:

For to you belong all glory, honor and worship, to the Father, and to the Son and to the Holy Spirit, now and for ever, and to the ages of ages.

Choir: Amen.

Deacon: Again and again in peace let us pray to the Lord.

Choir: Lord, have mercy.

Deacon: Take hold of us, save us, have mercy upon us, and protect us, O God, by Your grace.

Choir: Lord, have mercy.

Deacon: Wisdom.

*Then the Priest says, after unfolding the eiliton,
the 2nd Prayer of the Faithful:*

O God, who with mercy and pity have visited our lowliness; who have placed us, your humble, sinful and unworthy servants, in the presence of your holy glory to minister at your holy altar; strengthen us for this service by

ἡμᾶς τῇ δυνάμει τοῦ ἁγίου σου Πνεύματος εἰς τὴν διακονίαν ταύτην καὶ δὸς ἡμῖν λόγον ἐν ἀνοίξει τοῦ στόματος ἡμῶν εἰς τὸ ἐπικαλεῖσθαι τὴν χάριν τοῦ ἁγίου σου Πνεύματος ἐπὶ τῶν μελλόντων προτίθεσθαι δώρων.

Ἐκφώνως·

Ὅπως, ὑπὸ τοῦ κράτους Σου πάντοτε φυλαττόμενοι, Σοὶ δόξαν ἀναπέμπωμεν, τῷ Πατρὶ καὶ τῷ Υἱῷ καὶ τῷ Ἁγίῳ Πνεύματι, νῦν καὶ ἀεὶ καὶ εἰς τοὺς αἰῶνας τῶν αἰώνων.

Ὁ Χορός· Ἀμήν.

Καὶ ἄρχεται ψάλλων τὸν Χερουβικὸν ὕμνον.

Τοῦ Δείπνου σου τοῦ μυστικοῦ σήμερον, Υἱὲ Θεοῦ, κοινωνόν με παράλαβε· οὐ μὴ γὰρ τοῖς ἐχθροῖς σου τὸ μυστήριον εἴπω, οὐ φίλημά σοι δώσω, καθάπερ ὁ Ἰούδας· ἀλλ᾽ ὡς ὁ λῃστὴς ὁμολογῶ σοι· Μνήσθητί μου, Κύριε, ὅταν ἔλθῃς ἐν τῇ βασιλείᾳ σου. Ἀλληλούια. Ἀλληλούια. Ἀλληλούια.

Η ΕΙΣΟΔΟΣ ΤΩΝ ΤΙΜΙΩΝ ΔΩΡΩΝ

Τοῦ Χερουβικοῦ ψαλλομένου, Ὁ Ἱερεύς, κλίνας τὴν κεφαλήν, λέγει χαμηλοφώνως ἐνώπιον τῆς ἁγίας Τραπέζης τὴν εὐχὴν ταύτην.

Οὐδεὶς ἄξιος τῶν συνδεδεμένων ταῖς σαρκικαῖς ἐπιθυμίαις καὶ ἡδοναῖς προσέρχεσθαι ἢ προσεγγίζειν ἢ λειτουργεῖν Σοι, Βασιλεῦ τῆς δόξης· τὸ γὰρ διακονεῖν Σοι μέγα καὶ φοβερὸν καὶ αὐταῖς ταῖς ἐπουρανίοις Δυνάμεσιν. Ἀλλ᾽ ὅμως, διὰ τὴν ἄφατον καὶ ἀμέτρητόν Σου φιλανθρωπίαν, ἀτρέπτως καὶ ἀναλλοιώτως γέγονας ἄνθρωπος, καὶ Ἀρχιερεὺς ἡμῶν ἐχρημάτισας, καὶ τῆς λειτουργικῆς ταύτης καὶ ἀναιμάκτου θυσίας τὴν ἱερουργίαν παρέδωκας ἡμῖν, ὡς Δεσπότης τῶν

the power of your Holy Spirit, and grant us a word, so that our mouths may be opened to invoke the grace of your Holy Spirit on the gifts that are about to be set forth.

Aloud:

That being always guarded by your might, we may give glory to you, Father, Son and Holy Spirit, now and for ever, and to the ages of ages.

Choir: Amen.

The Cherubic Hymn begins to be chanted.

Of your mystical Supper, Son of God, receive me today as a communicant; for I will not tell of the Mystery to your enemies; I will not give you a kiss, like Judas; but like the Thief I confess you: Remember me, Lord, in your Kingdom. Alleluia, Alleluia, Alleluia.

THE ENTRANCE OF THE PRECIOUS GIFTS

While the Cherubic Hymn is being chanted, the Priest bows his head and says in a low voice, in front of the Holy Table, this prayer:

None of those who are entangled in carnal desires and pleasures is worthy to approach or draw near or minister to you, King of glory; for to serve you is great and awesome even for the heavenly powers. Yet on account of your inexpressible and boundless love for mankind you became man without change or alteration and were named our High Priest; and as Master of all you have committed to us the sacred ministry of this liturgical and unbloody

ἁπάντων. Σὺ γὰρ μόνος, Κύριος ὁ Θεὸς ἡμῶν, δεσπόζεις τῶν ἐπουρανίων καὶ τῶν ἐπιγείων, ὁ ἐπὶ θρόνου χερουβικοῦ ἐποχούμενος, ὁ τῶν Σεραφεὶμ Κύριος καὶ Βασιλεὺς τοῦ Ἰσραήλ, ὁ μόνος Ἅγιος καὶ ἐν ἁγίοις ἀναπαυόμενος. Σὲ τοίνυν δυσωπῶ, τὸν μόνον ἀγαθὸν καὶ εὐήκοον. Ἐπίβλεψον ἐπ' ἐμὲ τὸν ἁμαρτωλὸν καὶ ἀχρεῖον δοῦλόν Σου, καὶ καθάρισόν μου τὴν ψυχὴν καὶ τὴν καρδίαν ἀπὸ συνειδήσεως πονηρᾶς, καὶ ἱκάνωσόν με τῇ δυνάμει τοῦ Ἁγίου Σου Πνεύματος, ἐνδεδυμένον τὴν τῆς Ἱερατείας χάριν, παραστῆναι τῇ ἁγίᾳ Σου ταύτῃ τραπέζῃ καὶ ἱερουργῆσαι τὸ ἅγιον καὶ ἄχραντόν Σου Σῶμα καὶ τὸ τίμιον Αἷμα. Σοὶ γὰρ προσέρχομαι, κλίνας τὸν ἐμαυτοῦ αὐχένα, καὶ δέομαί Σου. Μὴ ἀποστρέψῃς τὸ πρόσωπόν Σου ἀπ' ἐμοῦ, μηδὲ ἀποδοκιμάσῃς με ἐκ παίδων Σου· ἀλλ' ἀξίωσον προσενεχθῆναί Σοι ὑπ' ἐμοῦ τοῦ ἁμαρτωλοῦ καὶ ἀναξίου δούλου Σου τὰ δῶρα ταῦτα. Σὺ γὰρ εἶ ὁ προσφέρων καὶ προσφερόμενος καὶ προσδεχόμενος καὶ διαδιδόμενος, Χριστὲ ὁ Θεὸς ἡμῶν, καὶ Σοὶ τὴν δόξαν ἀναπέμπομεν, σὺν τῷ ἀνάρχῳ Σου Πατρὶ καὶ τῷ παναγίῳ καὶ ἀγαθῷ καὶ ζωοποιῷ Σου Πνεύματι, νῦν καὶ ἀεί, καὶ εἰς τοὺς αἰῶνας τῶν αἰώνων. Ἀμήν.

Ὅταν δὲ ὁ χορὸς εἴπῃ τὰς λέγεις Μνήσθητί μου, Κύριε, ἐξέρχονται διὰ τῆς βορείου πύλης, προπορευομένων λαμπάδων καὶ θυμιατοῦ· καὶ διακοπτομένου τοῦ ὕμνου ἐκφωνοῦσιν ἀλληλοδιαδόχως·

Πάντων ὑμῶν, μνησθείη Κύριος ὁ Θεὸς ἐν τῇ βασιλείᾳ αὐτοῦ· πάντοτε· νῦν καὶ ἀεὶ καὶ εἰς τοὺς αἰῶνας τῶν αἰώνων.

Ὁ Χορός· Ἀμήν.

Ὁ Ἱερεύς, θυμιῶν τρὶς τὰ ἅγια, λέγει ἅπαξ·

Ἀγάθυνον, Κύριε, ἐν τῇ εὐδοκίᾳ σου τὴν Σιὼν καὶ οἰκοδομηθήτω τὰ τείχη Ἱερουσαλήμ.

Τότε εὐδοκήσεις θυσίαν δικαιοσύνης, ἀναφορὰν καὶ ὁλοκαυτώματα.

sacrifice. For you alone, Lord our God, are Ruler over all things in heaven and on earth, mounted on the throne of the Cherubim, Lord of the Seraphim and King of Israel, the only Holy One, resting in the holy place. Therefore I entreat you, who alone are good and ready to hear: Look upon me, your sinful and unprofitable servant, and purify my soul and heart from an evil conscience. By the power of your Holy Spirit enable me, clothed with the grace of the priesthood, to stand at this your Holy Table and celebrate the mystery of your holy and most pure Body and your precious Blood. For to you I come, bending my neck and praying: Do not turn away your face from me, nor reject me from among your children, but count me, your sinful and unworthy servant, worthy to offer these gifts to you. For you are the one who offers and is offered, who receives and is distributed, Christ our God, and to you we give glory, together with your Father, who is without beginning, and your all-holy, good and life-giving Spirit, now and for ever, and to the ages of ages. Amen.

When the Choir says the words Remember me, Lord, *they exit from the North gate, preceded in procession by the lamp-bearer and the censer, and the hymn interrupted, the following is exclaimed successively:*

May the Lord God remember all of you, in His Kingdom, always now and forever, and to the ages of ages.

Choir: Amen.

The Priest, censing the Holy things three times, says·

Do good to Sion, Lord, in your good pleasure, and let the walls of Jerusalem be rebuilt.

Then you will be well pleased with a sacrifice of righteousness, oblation and whole burnt offerings.

Τότε ἀνοίσουσιν ἐπὶ τὸ θυσιαστήριόν σου μόσχους.

Then they will offer calves upon your altar.

Καί, ἐπειπὼν τὸ Ἀμὴν ὁ Διάκονος καὶ ἀσπασάμενος τὴν τοῦ Ἱερέως δεξιάν, λέγει τὰ πληρωτικά·

And having said Amen, the Deacon, venerating the right hand of the Priest, says the Litany of Completion:

ΤΑ ΠΛΗΡΩΤΙΚΑ

LITANY OF COMPLETION

Ὁ Διάκονος· Πληρώσωμεν τὴν δέησιν ἡμῶν τῷ Κυρίῳ.

Deacon: Let us complete our prayer to the Lord.

Ὁ Χορός· Κύριε, ἐλέησον. *(Καὶ μεθ' ἑκάστην δέησιν)*

Choir: Lord, have mercy. *(And so after each petition.)*

Ὑπὲρ τῶν προτεθέντων τιμίων Δώρων, τοῦ Κυρίου δεηθῶμεν.

For the precious gifts here set forth, let us pray to the Lord.

Ὑπὲρ τοῦ ἁγίου οἴκου τούτου καὶ τῶν μετὰ πίστεως, εὐλαβείας καὶ φόβου Θεοῦ εἰσιόντων ἐν αὐτῷ, τοῦ Κυρίου δεηθῶμεν.

For this holy house and for those who enter it with faith, reverence, and the fear of God, let us pray to the Lord.

Ὑπὲρ τοῦ ῥυσθῆναι ἡμᾶς ἀπὸ πάσης θλίψεως, ὀργῆς, κινδύνου καὶ ἀνάγκης, τοῦ Κυρίου δεηθῶμεν.

For our deliverance from all affliction, wrath, danger, and distress, let us pray to the Lord.

Ἀντιλαβοῦ, σῶσον, ἐλέησον, καὶ διαφύλαξον ἡμᾶς, ὁ Θεός, τῇ σῇ χάριτι.

Take hold of us, save us, have mercy upon us, and protect us, O God, by Your grace.

Ὁ Χορός· Κύριε, ἐλέησον.

Choir: Lord, have mercy.

Τὴν ἡμέραν πᾶσαν, τελείαν, ἁγίαν, εἰρηνικὴν καὶ ἀναμάρτητον, παρὰ τοῦ Κυρίου αἰτησώμεθα.

That the whole day may be perfect, holy, peaceful and sinless, let us ask the Lord.

Ὁ Χορός· Παράσχου Κύριε, *(καὶ εἰς ὅλας τὰς δεήσεις ταύτας.)*

Choir: Grant this, O Lord., *(and this in the remaining petitions.)*

Ἄγγελον εἰρήνης, πιστὸν ὁδηγόν, φύλακα τῶν ψυχῶν καὶ τῶν σωμάτων ἡμῶν, παρὰ τοῦ Κυρίου αἰτησώμεθα.

An angel of peace, a faithful guide, a guardian of our souls and bodies, let us ask of the Lord.

Συγγνώμην καὶ ἄφεσιν τῶν ἁμαρτιῶν καὶ τῶν πλημμελημάτων ἡμῶν, παρὰ τοῦ Κυρίου αἰτησώμεθα.

Pardon and forgiveness of our sins and offences, let us ask of the Lord.

Τὰ καλὰ καὶ συμφέροντα ταῖς ψυχαῖς ἡμῶν, καὶ εἰρήνην τῷ κόσμῳ, παρὰ τοῦ Κυρίου αἰτησώμεθα.

Those things which are good and profitable for our souls, and peace for the world, let us ask of the Lord.

Τὸν ὑπόλοιπον χρόνον τῆς ζωῆς ἡμῶν, ἐν εἰρήνῃ καὶ μετανοίᾳ ἐκτελέσαι, παρὰ τοῦ Κυρίου αἰτησώμεθα.

Χριστιανὰ τὰ τέλη τῆς ζωῆς ἡμῶν, ἀνώδυνα, ἀνεπαίσχυντα, εἰρηνικά, καὶ καλὴν ἀπολογίαν τὴν ἐπὶ τοῦ φοβεροῦ βήματος τοῦ Χριστοῦ, αἰτησώμεθα.

Τῆς Παναγίας, ἀχράντου, ὑπερευλογημένης, ἐνδόξου Δεσποίνης ἡμῶν Θεοτόκου, καὶ ἀειπαρθένου Μαρίας μετὰ πάντων τῶν Ἁγίων μνημονεύσαντες, ἑαυτοὺς καὶ ἀλλήλους, καὶ πᾶσαν τὴν ζωὴν ἡμῶν Χριστῷ τῷ Θεῷ παραθώμεθα.

Ὁ Χορὸς· Σοί, Κύριε.

Ὁ Ἱερεύς, χαμηλοφώνως·

Η ΕΥΧΗ
ΤΗΣ ΠΡΟΣΚΟΜΙΔΗΣ

Κύριε ὁ Θεὸς ἡμῶν, ὁ κτίσας ἡμᾶς καὶ ἀγαγὼν εἰς τὴν ζωὴν ταύτην, ὁ ὑποδείξας ἡμῖν ὁδοὺς εἰς σωτηρίαν, ὁ χαρισάμενος ἡμῖν οὐρανίων μυστηρίων ἀποκάλυψιν· σὺ εἶ ὁ θέμενος ἡμᾶς εἰς τὴν διακονίαν ταύτην ἐν τῇ δυνάμει τοῦ Πνεύματός σου τοῦ ἁγίου. Εὐδόκησον δή, Κύριε, τοῦ γενέσθαι ἡμᾶς διακόνους τῆς καινῆς σου διαθήκης, λειτουργοὺς τῶν ἁγίων σου μυστηρίων· πρόσδεξαι ἡμᾶς προσεγγίζοντας τῷ ἁγίῳ σου θυσιαστηρίῳ κατὰ τὸ πλῆθος τοῦ ἐλέους σου, ἵνα γενώμεθα ἄξιοι τοῦ προσφέρειν σοι τὴν λογικὴν ταύτην καὶ ἀναίμακτον θυσίαν ὑπὲρ τῶν ἡμετέρων ἁμαρτημάτων καὶ τῶν τοῦ λαοῦ ἀγνοημάτων· ἣν προσδεξάμενος εἰς τὸ ἅγιον καὶ ὑπερουράνιον καὶ νοερόν σου θυσιαστήριον εἰς ὀσμὴν εὐωδίας, ἀντικατάπεμψον ἡμῖν τὴν χάριν τοῦ ἁγίου σου Πνεύματος.

That we may live out the rest of our days in peace and repentance, let us ask of the Lord.

A Christian end to our life, painless, unashamed and peaceful, and a good defence before the fearful judgement seat of Christ, let us ask.

Commemorating our most holy, most pure, most blessed and glorified Lady the Theotokos and ever-virgin Mary, together with all the saints, let us commit ourselves and one another and all our life unto Christ our God.

Choir: To you, O Lord.

The Priest, in a low voice·

THE PRAYER
OF THE PROSKOMIDE

Lord, our God, who created us and brought us into this life, who showed us ways to salvation, and granted us a revelation of heavenly mysteries; it is you who have appointed us for this service by the power of your Holy Spirit. Be well pleased, then, Lord, for us to become servants of your new covenant, ministers of your holy mysteries; according to the multitude of your mercy accept us as we approach your holy altar, so that we may become worthy to offer you this reasonable sacrifice without shedding of blood, for our sins and for those committed in ignorance by the people; accept it on your holy and spiritual altar above the heavens, for a sweet-smelling fragrance, and send down to us in return the grace of your Holy Spirit.

Ἐπίβλεψον ἐφ' ἡμᾶς, ὁ Θεός, καὶ ἔπιδε ἐπὶ τὴν λατρείαν ἡμῶν ταύτην καὶ πρόσδεξαι αὐτήν, ὡς προσεδέξω Ἄβελ τὰ δῶρα, Νῶε τὰς θυσίας, Ἀβραὰμ τὰς ὁλοκαρπώσεις, Μωσέως καὶ Ἀαρὼν τὰς ἱερωσύνας, Σαμουὴλ τὰς εἰρηνικάς. Ὡς προσεδέξω ἐκ τῶν ἁγίων σου ἀποστόλων τὴν ἀληθινὴν ταύτην λατρείαν, οὕτω καὶ ἐκ τῶν χειρῶν ἡμῶν τῶν ἁμαρτωλῶν πρόσδεξαι τὰ δῶρα ταῦτα ἐν τῇ χρηστότητί σου, Κύριε· ἵνα, καταξιωθέντες λειτουργεῖν ἀμέμπτως τῷ ἁγίῳ σου θυσιαστηρίῳ, εὕρωμεν τὸν μισθὸν τῶν πιστῶν καὶ φρονίμων οἰκονόμων, ἐν τῇ ἡμέρᾳ τῇ φοβερᾷ τῆς ἀνταποδόσεώς σου τῆς δικαίας.

Ἐκφώνως·

Διὰ τῶν οἰκτιρμῶν τοῦ μονογενοῦς σου Υἱοῦ, μεθ' οὗ εὐλογητὸς εἶ, σὺν τῷ παναγίῳ καὶ ἀγαθῷ καὶ ζωοποιῷ σου Πνεύματι, νῦν καὶ ἀεὶ καὶ εἰς τοὺς αἰῶνας τῶν αἰώνων.

Ὁ Χορός· Ἀμήν.

ΑΣΠΑΣΜΟΣ
ΚΑΙ ΟΜΟΛΟΓΙΑ

Ὁ Ἱερεύς· Εἰρήνη πᾶσι.

Ὁ Χορός· Καὶ τῷ πνεύματί σου.

Ὁ Διάκονος· Ἀγαπήσωμεν ἀλλήλους, ἵνα ἐν ὁμονοίᾳ ὁμολογήσωμεν.

Ὁ Χορός· Πατέρα, Υἱὸν καὶ Ἅγιον Πνεῦμα, Τριάδα ὁμοούσιον καὶ ἀχώριστον.

Ὁ Ἱερεὺς προσκυνήσας τρὶς ἀσπάζεται τὰ κεκαλυμμένα ἅγια, πρῶτον τὸν ἅγιον δίσκον, εἶτα τὸ ἅγιον ποτήριον καὶ τὸ ἔμπροσθεν αὐτοῦ ἄκρον τῆς ἁγίας Τραπέζης λέγων καθ' ἑαυτὸν τό· Ἀγαπήσω σε, Κύριε, ἡ ἰσχύς μου, Κύριος στερέωμά μου, καὶ καταφυγή μου καὶ ῥύστης μου.

Καί, ἐν συλλειτούργῳ, διδόασιν οἱ Ἱερεῖς τὸν ἀσπασμὸν τῆς εἰρήνης, ἀσπαζόμενοι ἀλλήλους, ἀρχόμενοι ἐξ

Look on us, O God, have regard for this our worship and accept it, as you accepted the gifts of Abel, the sacrifices of Noë, the whole burnt offerings of Abraham, the priestly ministry of Moses and Aaron, the peace offerings of Samuel. As you accepted from your holy Apostles this true worship, so too, Lord, in your goodness accept these gifts from the hands of us sinners, so that we may be counted worthy to minister without blame before your holy altar and obtain the reward of faithful and prudent stewards on the dread day of your just recompense.

Aloud:

Through the compassion of your only-begotten Son, with whom you are blessed, together with your all-holy, good and life-giving Spirit, now and for ever, and to the ages of ages.

Choir: Amen.

THE KISS OF PEACE
AND THE CREED

Priest: Peace be with all.

Choir: And with your spirit.

Deacon: Let us love one another that with one mind we may confess.

Choir: Father, Son, and Holy Spirit, the Trinity one in essence and inseparable.

The Priest makes three bows and venerates the covered holy things, first the holy diskos and then the holy cup, and the edge of the holy Table, saying to himself: I love You, Lord, my strength. The Lord is my rock, and my fortress, and my deliverer.

And in concelebrations, the Priests give each other the kiss of peace, kissing one another, from left to right, and finishing with the right hand of the other, saying

ἀριστερῶν πρὸς τὰς δεξιά, καὶ τέλος τὴν τοῦ ἑτέρου δεξιὰν χεῖρα, λέγοντες διαλογικῶς ὁ εἷς· Ὁ Χριστὸς ἐν τῷ μέσῳ ἡμῶν... καὶ ὁ ἕτερος· Καὶ ἔστι καὶ ἔσται.

dialogically: Christ is in our midst... *and to which the other responds* He is and will be.

Ὁ Διάκονος· Τὰς θύρας, τὰς θύρας. Ἐν σοφίᾳ πρόσχωμεν.

Deacon: The doors, the doors. In wisdom, let us be attentive.

Ὁ Ἱερεύς, ἄρας καὶ κατὰ μικρὸν ὑψῶν τὸν ἀέρα, ἀνασείει αὐτὸν ἀνοικτὸν ἠρέμως ὑπεράνω τῶν τιμίων δώρων· εἶτα, διπλώσας καὶ ἀσπασάμενος, ἀποτίθησι μετὰ τῶν ἑτέρων καλυμμάτων.

The Priest, lifts and elevates the aër and waves it above the precious gifts; then he folds it and kisses it, placing it with the other covers.

ΤΟ ΣΥΜΒΟΛΟΝ ΤΗΣ ΠΙΣΤΕΩΣ

THE SYMBOL OF FAITH

Πιστεύω εἰς ἕνα Θεόν, Πατέρα, Παντοκράτορα, ποιητὴν οὐρανοῦ καὶ γῆς, ὁρατῶν τε πάντων καὶ ἀοράτων.

I believe in one God, Father Almighty, Creator of heaven and earth and of all things visible and invisible.

Καὶ εἰς ἕνα Κύριον Ἰησοῦν Χριστόν, τὸν Υἱὸν τοῦ Θεοῦ τὸν μονογενῆ, τὸν ἐκ τοῦ Πατρὸς γεννηθέντα πρὸ πάντων τῶν αἰώνων· φῶς ἐκ φωτός, Θεὸν ἀληθινὸν ἐκ Θεοῦ ἀληθινοῦ, γεννηθέντα οὐ ποιηθέντα, ὁμοούσιον τῷ Πατρί, δι' οὗ τὰ πάντα ἐγένετο.

And in one Lord Jesus Christ, the only-begotten Son of God, begotten of the Father before all ages. Light of Light, true God of true God, begotten not created, of one essence with the Father through Whom all things were made.

Τὸν δι' ἡμᾶς τοὺς ἀνθρώπους καὶ διὰ τὴν ἡμετέραν σωτηρίαν κατελθόντα ἐκ τῶν οὐρανῶν καὶ σαρκωθέντα ἐκ Πνεύματος Ἁγίου καὶ Μαρίας τῆς Παρθένου καὶ ἐνανθρωπήσαντα.

Who for us men and for our salvation came down from heaven and was incarnate of the Holy Spirit and the Virgin Mary and became man.

Σταυρωθέντα τε ὑπὲρ ἡμῶν ἐπὶ Ποντίου Πιλάτου, καὶ παθόντα καὶ ταφέντα.

He was crucified for us under Pontius Pilate. He suffered and was buried.

Καὶ ἀναστάντα τῇ τρίτῃ ἡμέρᾳ κατὰ τὰς Γραφάς.

And He rose on the third day, according to the Scriptures.

Καὶ ἀνελθόντα εἰς τοὺς οὐρανοὺς καὶ καθεζόμενον ἐκ δεξιῶν τοῦ Πατρός.

He ascended into heaven and is seated at the right hand of the Father.

Καὶ πάλιν ἐρχόμενον μετὰ δόξης κρῖναι ζῶντας καὶ νεκρούς, οὗ τῆς βασιλείας οὐκ ἔσται τέλος.

And He will come again with glory to judge the living and dead. His kingdom shall have no end.

Καὶ εἰς τὸ Πνεῦμα τὸ Ἅγιον, τὸ κύριον, τὸ ζωοποιόν, τὸ ἐκ τοῦ Πατρὸς ἐκπορευό-

And in the Holy Spirit, the Lord, the Creator of life, Who proceeds from the

μενον, τὸ σὺν Πατρὶ καὶ Υἱῷ συμπροσκυνούμενον καὶ συνδοξαζόμενον, τὸ λαλῆσαν διὰ τῶν προφητῶν.

Εἰς μίαν, Ἁγίαν, Καθολικὴν καὶ Ἀποστολικὴν Ἐκκλησίαν.

Ὁμολογῶ ἓν βάπτισμα εἰς ἄφεσιν ἁμαρτιῶν.

Προσδοκῶ ἀνάστασιν νεκρῶν. Καὶ ζωὴν τοῦ μέλλοντος αἰῶνος. Ἀμήν.

Η ΑΓΙΑ ΑΝΑΦΟΡΑ

Ὁ Διάκονος· Στῶμεν καλῶς· στῶμεν μετὰ φόβου· πρόσχωμεν τὴν ἁγίαν Ἀναφορὰν ἐν εἰρήνῃ προσφέρειν.

Ὁ Χορός· Ἔλεον εἰρήνης, θυσίαν αἰνέσεως.

Ὁ Ἱερεύς· Ἡ χάρις τοῦ Κυρίου ἡμῶν Ἰησοῦ Χριστοῦ καὶ ἡ ἀγάπη τοῦ Θεοῦ καὶ Πατρὸς καὶ ἡ κοινωνία τοῦ Ἁγίου Πνεύματος εἴη μετὰ πάντων ὑμῶν.

Ὁ Χορός· Καὶ μετὰ τοῦ πνεύματός σου.

Ὁ Ἱερεύς· Ἄνω σχῶμεν τὰς καρδίας.

Ὁ Χορός· Ἔχομεν πρὸς τὸν Κύριον.

Ὁ Ἱερεύς· Εὐχαριστήσωμεν τῷ Κυρίῳ.

Ὁ Χορός· Ἄξιον καὶ δίκαιον.

Ὁ Ἱερεύς, ἐπεύχεται χαμηλοφώνως·

Ὁ ὤν, Δέσποτα, Κύριε Θεέ, Πάτερ παντοκράτορ προσκυνητέ, ἄξιον ὡς ἀληθῶς καὶ δίκαιον καὶ πρέπον τῇ μεγαλοπρεπείᾳ τῆς ἁγιωσύνης σου σὲ αἰνεῖν, σὲ ὑμνεῖν, σὲ εὐλογεῖν, σὲ προσκυνεῖν, σοὶ εὐχαριστεῖν, σὲ δοξάζειν τὸν μόνον ὄντως ὄντα Θεόν, καὶ σοὶ προσφέρειν ἐν καρδίᾳ

Father, Who together with the Father and the Son is worshipped and glorified, Who spoke through the prophets.

In one, holy, catholic, and apostolic Church.

I confess one baptism for the forgiveness of sins.

I look for the resurrection of the dead and the life of the age to come. Amen.

THE HOLY ANAPHORA

Deacon: Let us stand well; let us stand with fear; let us attend, that we may offer the holy oblation in peace.

Choir: Mercy and peace, a sacrifice of praise.

Priest: The grace of our Lord Jesus Christ, and the love of God the Father, and the communion of the Holy Spirit, be with all of you.

Choir: And with your spirit.

Priest: Let us lift up our hearts.

Choir: We lift them up to the Lord.

Priest: Let us give thanks to the Lord.

Choir: It is proper and right.

The Priest prays in a low voice:

Master, the One who Is, Lord God, Father Almighty, who are to be worshipped, it is truly right and proper, and fitting the majesty of your holiness to praise you, to hymn you, to bless you, to worship you, to thank you, to glorify you, the only God who truly exists; to

συντετριμμένῃ καὶ πνεύματι ταπεινώσεως τὴν λογικὴν ταύτην λατρείαν ἡμῶν· ὅτι σὺ εἶ ὁ χαρισάμενος ἡμῖν τὴν ἐπίγνωσιν τῆς σῆς ἀληθείας. Καὶ τίς ἱκανὸς λαλῆσαι τὰς δυναστείας σου, ἀκουστὰς ποιῆσαι πάσας τὰς αἰνέσεις σου ἢ διηγήσασθαι πάντα τὰ θαυμάσιά σου ἐν παντὶ καιρῷ;

Δέσποτα τῶν ἁπάντων, Κύριε οὐρανοῦ καὶ γῆς καὶ πάσης κτίσεως, ὁρωμένης τε καὶ οὐχ ὁρωμένης, ὁ καθήμενος ἐπὶ θρόνου δόξης καὶ ἐπιβλέπων ἀβύσσους, ἄναρχε, ἀόρατε, ἀκατάληπτε, ἀπερίγραπτε, ἀναλλοίωτε, ὁ Πατὴρ τοῦ Κυρίου ἡμῶν Ἰησοῦ Χριστοῦ, τοῦ μεγάλου Θεοῦ καὶ Σωτῆρος, τῆς ἐλπίδος ἡμῶν· ὅς ἐστιν εἰκὼν τῆς σῆς ἀγαθότητος, σφραγὶς ἰσότυπος, ἐν ἑαυτῷ δεικνὺς σε τὸν Πατέρα, Λόγος ζῶν, Θεὸς ἀληθινός, ἡ πρὸ αἰώνων σοφία, ζωή, ἁγιασμός, δύναμις, τὸ φῶς τὸ ἀληθινόν, παρ᾽ οὗ τὸ Πνεῦμα τὸ ἅγιον ἐξεφάνη, τὸ τῆς ἀληθείας Πνεῦμα, τὸ τῆς υἱοθεσίας χάρισμα, ὁ ἀρραβὼν τῆς μελλούσης κληρονομίας, ἡ ἀπαρχὴ τῶν αἰωνίων ἀγαθῶν, ἡ ζωοποιὸς δύναμις, ἡ πηγὴ τοῦ ἁγιασμοῦ· παρ᾽ οὗ πᾶσα κτίσις λογική τε καὶ νοερά, δυναμουμένη, σοὶ λατρεύει καὶ σοὶ τὴν ἀΐδιον ἀναπέμπει δοξολογίαν, ὅτι τὰ σύμπαντα δοῦλα σά·

Σὲ γὰρ αἰνοῦσιν ἄγγελοι, ἀρχάγγελοι, θρόνοι, κυριότητες, ἀρχαί, ἐξουσίαι, δυνάμεις, καὶ τὰ πολυόμματα Χερουβείμ· σοὶ παρίστανται κύκλῳ τὰ Σεραφείμ, ἓξ πτέρυγες τῷ ἑνὶ καὶ ἓξ πτέρυγες τῷ ἑνί· καὶ ταῖς μὲν δυσὶ κατακαλύπτουσι τὰ πρόσωπα ἑαυτῶν, ταῖς δὲ δυσὶ τοὺς πόδας καὶ ταῖς δυσὶ πετόμενα, κέκραγεν ἕτερον πρὸς τὸ ἕτερον ἀκαταπαύστοις στόμασιν, ἀσιγήτοις δοξολογίαις.

offer you with a broken heart and a spirit of humility this our reasonable worship. For it is you who have granted us the knowledge of your truth. And who is able to tell of all your acts of power? To make all your praises heard or to recount all your wonders at every moment?

Master of all things, Lord of heaven and earth and all creation, seen and unseen, who are seated on a throne of glory and look upon the deeps, without beginning, invisible, unsearchable, uncircumscribed, unchangeable, the Father of our Lord, Jesus Christ, the great God and Saviour, our hope; who is the image of your goodness, perfect seal of your likeness, revealing you the Father in himself, living Word, true God, Wisdom before the ages, Life, Sanctification, Power, the true Light; through whom the Holy Spirit was made manifest, the Spirit of truth, the grace of sonship, the pledge of the inheritance to come, the first fruits of the eternal good things, the life-giving power, the source of sanctification; through whom every rational and intelligent creature is empowered, worships you and ascribes to you the everlasting hymn of glory, because all things are your servants.

For Angels, Archangels, Thrones, Dominions, Principalities, Authorities, Powers, and the many-eyed Cherubim praise you. Around you stand the Seraphim; the one has six wings and the other has six wings, and with two they cover their faces, with two their feet, and with two they fly, as they cry to one another with unceasing voices and never silent hymns of glory.

Ἐκφώνως·

Τὸν ἐπινίκιον ὕμνον ᾄδοντα, βοῶντα, κεκραγότα καὶ λέγοντα.

Ὁ Χορός· Ἅγιος, ἅγιος, ἅγιος Κύριος Σαβαώθ· πλήρης ὁ οὐρανὸς καὶ ἡ γῆ τῆς δόξης σου, ὡσαννὰ ἐν τοῖς ὑψίστοις. Εὐλογημένος ὁ ἐρχόμενος ἐν ὀνόματι Κυρίου. Ὡσαννὰ ὁ ἐν τοῖς ὑψίστοις.

Τούτου λεγομένου ὁ διάκονος ἄρας τὸν ἀστερίσκον ἐκ τοῦ ἁγίου δίσκου καὶ ποιήσας δι' αὐτοῦ τύπον σταυροῦ ἐπ' αὐτοῦ ἀσπάζεται αὐτὸν καὶ ἀποθέτει μετὰ τῶν καλυμμάτων.

Ὁ δὲ Ἱερεὺς, κλινόμενος ἐπεύχεται·

Μετὰ τούτων τῶν μακαρίων δυνάμεων, Δέσποτα φιλάνθρωπε, καὶ ἡμεῖς οἱ ἁμαρτωλοὶ βοῶμεν καὶ λέγομεν· Ἅγιος εἶ, ὡς ἀληθῶς, καὶ πανάγιος καὶ οὐκ ἔστι μέτρον τῇ μεγαλοπρεπείᾳ τῆς ἁγιωσύνης σου, καὶ ὅσιος ἐν πᾶσι τοῖς ἔργοις σου, ὅτι ἐν δικαιοσύνῃ καὶ κρίσει ἀληθινῇ πάντα ἐπήγασες ἡμῖν· πλάσας γὰρ τὸν ἄνθρωπον, χοῦν λαβὼν ἀπὸ τῆς γῆς, καὶ εἰκόνι τῇ σῇ, ὁ Θεός, τιμήσας, τέθεικας αὐτὸν ἐν τῷ παραδείσῳ τῆς τρυφῆς, ἀθανασίαν ζωῆς καὶ ἀπόλαυσιν αἰωνίων ἀγαθῶν ἐν τῇ τηρήσει τῶν ἐντολῶν σου ἐπαγγειλάμενος αὐτῷ· ἀλλὰ παρακούσαντα σοῦ τοῦ ἀληθινοῦ Θεοῦ τοῦ κτίσαντος αὐτὸν καὶ τῇ ἀπάτῃ τοῦ ὄφεως ὑπαχθέντα, νεκρωθέντα τε τοῖς οἰκείοις αὐτοῦ παραπτώμασιν, ἐξωρίσας αὐτὸν ἐν τῇ δικαιοκρισίᾳ σου, ὁ Θεός, ἐκ τοῦ παραδείσου εἰς τὸν κόσμον τοῦτον καὶ ἀπέστρεψας εἰς τὴν γῆν, ἐξ ἧς ἐλήφθη, οἰκονομῶν αὐτῷ τὴν ἐκ παλιγγενεσίας σωτηρίαν, τὴν ἐν αὐτῷ τῷ Χριστῷ σου.

Οὐ γὰρ ἀπεστράφης τὸ πλάσμα σου εἰς τέλος, ὃ ἐποίησας, ἀγαθέ, οὐδὲ ἐπελάθου ἔργου χειρῶν σου, ἀλλ' ἐπεσκέψω πολυτρόπως διὰ σπλάγχνα ἐλέους σου.

Aloud:

Singing, crying, shouting the triumphal hymn, and saying…

Choir: Holy, holy, holy, Lord of Sabaoth, heaven and earth are full of Your glory. Hosanna in the highest. Blessed is He that comes in the name of the Lord. Hosanna in the highest.

Saying this, the Deacon takes the Star from the Paten, making the sign of the Cross with it over the Paten, kisses it and lays it aside with the covers.

The Priest, bowing prays:

With these blessed Powers, Master who loves mankind, we sinners also cry aloud and say: Holy you are in truth, and All-holy, and there is no measure to the majesty of your holiness; and you are holy in all your works, because you have brought all things to pass for us in justice and true judgement. For you fashioned man by taking dust from the earth, and honoured him, O God, with your own image. You placed him the Paradise of pleasure and promised him immortal life and the enjoyment of eternal good things if he kept your commandments. But when he disobeyed you, the true God, who had created him, and when he had been led astray by the deception of the serpent and put to death by his own transgressions, you banished him by your just judgement, O God, from Paradise into this world, and returned him to the earth, from which he had been taken; while, in your Christ himself, you established for him the salvation which comes through rebirth.

For you did not finally turn away from your creature, O Good One, nor

Προφήτας ἐξαπέστειλας· ἐποίησας δυνάμεις διὰ τῶν ἁγίων σου, τῶν καθ᾽ ἑκάστην γενεὰν εὐαρεστησάντων σοι· ἐλάλησας ἡμῖν διὰ στόματος τῶν δούλων σου τῶν προφητῶν, προκαταγγέλλων ἡμῖν τὴν μέλλουσαν ἔσεσθαι σωτηρίαν· νόμον ἔδωκας εἰς βοήθειαν· ἀγγέλους ἐπέστησας φύλακας.

Ὅτε δὲ ἦλθε τὰ πλήρωμα τῶν καιρῶν, ἐλάλησας ἡμῖν ἐν αὐτῷ τῷ Υἱῷ σου, δι᾽ οὗ καὶ τοὺς αἰῶνας ἐποίησας· ὅς, ὢν ἀπαύγασμα τῆς δόξης σου καὶ χαρακτὴρ τῆς ὑποστάσεώς σου, φέρων τε τὰ πάντα τῷ ῥήματι τῆς δυνάμεως αὐτοῦ, οὐχ ἁρπαγμὸν ἡγήσατο τὸ εἶναι ἴσα σοὶ τῷ Θεῷ καὶ Πατρί· ἀλλά, Θεὸς ὢν προαιώνιος, ἐπὶ τῆς γῆς ὤφθη καὶ τοῖς ἀνθρώποις συνανεστράφη· καὶ ἐκ Παρθένου ἁγίας σαρκωθείς, ἐκένωσεν ἑαυτόν, μορφὴν δούλου λαβών, σύμμορφος γενόμενος τῷ σώματι τῆς ταπεινώσεως ἡμῶν, ἵνα ἡμᾶς συμμόρφους ποιήσῃ τῆς εἰκόνος τῆς δόξης αὐτοῦ.

Ἐπειδὴ γὰρ δι᾽ ἀνθρώπου ἡ ἁμαρτία εἰσῆλθεν εἰς τὸν κόσμον, καὶ διὰ τῆς ἁμαρτίας ὁ θάνατος, ηὐδόκησεν ὁ μονογενής σου Υἱός, ὁ ὢν ἐν τοῖς κόλποις σοῦ τοῦ Θεοῦ καὶ Πατρός, γενόμενος ἐκ γυναικός, τῆς ἁγίας Θεοτόκου καὶ ἀειπαρθένου Μαρίας, γενόμενος ὑπὸ νόμον, κατακρῖναι τὴν ἁμαρτίαν ἐν τῇ σαρκὶ αὐτοῦ, ἵνα οἱ ἐν τῷ Ἀδὰμ ἀποθνήσκοντες ζωοποιηθῶσιν ἐν αὐτῷ τῷ Χριστῷ σου· καὶ ἐμπολιτευσάμενος τῷ κόσμῳ τούτῳ, δοὺς προστάγματα σωτηρίας, ἀποστήσας ἡμᾶς τῆς πλάνης τῶν εἰδώλων, προσήγαγε τῇ ἐπιγνώσει σοῦ τοῦ ἀληθινοῦ Θεοῦ καὶ Πατρός, κτησάμενος ἡμᾶς ἑαυτῷ λαὸν περιούσιον, βασίλειον ἱεράτευμα, ἔθνος ἅγιον· καὶ καθαρίσας ἐν ὕδατι καὶ ἁγιάσας τῷ Πνεύματι τῷ ἁγίῳ, ἔδωκεν ἑαυτὸν ἀντάλλαγμα τῷ θανάτῳ, ἐν ᾧ κατειχόμεθα πεπραμένοι ὑπὸ τὴν ἁμαρτίαν· καὶ

forget the work of your hands, but you visited us in divers manners through your compassionate mercy. You sent Prophets, you performed deeds of power through your saints, who have been well-pleasing to you in every generation; you spoke to us through the mouth of your servants, the Prophets, announcing to us beforehand the salvation that was to come; you gave the law as a help; you appointed Angels as guardians.

But when the fullness of time had come, you spoke to us through your Son himself, through whom you had also made the ages. He, who is the brightness of your glory and the express imprint of your substance, who bears all things by the word of his power, did not consider equality with you, God and Father, as a thing to grasped; but, though he is God before the ages, he appeared on earth and lived among men; and taking flesh of a holy Virgin, he emptied himself, taking the form of a servant, being made in the likeness of the body of our humiliation, so that he might make us in the likeness of the image of his glory.

For since sin entered the world through a man, and through sin death, your only-begotten Son, who is in your bosom, God and Father, being born of a woman, the holy Mother of God and ever-virgin Mary, being born under the law, was well-pleased to condemn sin in his flesh , so that all those who die in Adam might be given life in your Christ himself. And when he had lived in this world, given us saving commandments, turned us from the error of idols, he brought us to the knowledge of you, the true God and Father, having acquired us for himself as a people of his own, a royal

κατελθὼν διὰ τοῦ σταυροῦ εἰς τόν, ᾅδην, ἵνα πληρώσῃ ἑαυτοῦ τὰ πάντα, ἔλυσε τὰς ὀδύνας τοῦ θανάτου· καὶ ἀναστὰς τῇ τρίτῃ ἡμέρᾳ καὶ ὁδοποιήσας πάσῃ σαρκὶ τὴν ἐκ νεκρῶν ἀνάστασιν, καθότι οὐκ ἦν δυνατὸν κρατεῖσθαι ὑπὸ τῆς φθορᾶς τὸν ἀρχηγὸν τῆς ζωῆς, ἐγένετο ἀπαρχὴ τῶν κεκοιμημένων, πρωτότοκος ἐκ τῶν νεκρῶν, ἵνα ᾖ αὐτὸς τὰ πάντα ἐν πᾶσι πρωτεύων· καὶ ἀνελθὼν εἰς τοὺς οὐρανοὺς ἐκάθισεν ἐν δεξιᾷ τῆς μεγαλωσύνης σου ἐν ὑψηλοῖς· ὃς καὶ ἥξει ἀποδοῦναι ἑκάστῳ κατὰ τὰ ἔργα αὐτοῦ.

Κατέλιπε δὲ ἡμῖν ὑπομνήματα τοῦ σωτηρίου αὐτοῦ πάθους ταῦτα, ἃ προτεθείκαμεν ἐνώπιόν σου κατὰ τὰς αὐτοῦ ἐντολάς. Μέλλων γὰρ ἐξιέναι ἐπὶ τὸν ἑκούσιον, καὶ ἀοίδιμον καὶ ζωοποιὸν αὐτοῦ θάνατον, τῇ νυκτί, ᾗ παρεδίδου ἑαυτὸν ὑπὲρ τῆς τοῦ κόσμου ζωῆς, λαβὼν ἄρτον ἐπὶ τῶν ἁγίων αὐτοῦ καὶ ἀχράντων χειρῶν καὶ ἀναδείξας σοὶ τῷ Θεῷ καὶ Πατρί, εὐχαριστήσας, εὐλογήσας, ἁγιάσας, κλάσας·

Ἐκφώνως·

Ἔδωκε τοῖς ἁγίοις αὐτοῦ μαθηταῖς καὶ ἀποστόλοις εἰπών· Λάβετε, φάγετε· τοῦτό μού ἐστι τὸ Σῶμα, τὸ ὑπὲρ ὑμῶν κλώμενον εἰς ἄφεσιν ἁμαρτιῶν.

Ὁ Χορός· Ἀμήν.

priesthood, a holy nation. And when he had cleansed us by water and sanctified us by the Holy Spirit, he gave himself as an exchange to death, by which we were held captive, sold under sin. And when he had descended through the Cross into Hell, so that he might fill all things with himself, he loosed the pangs of death. And when he had risen on the third day and made a way for all flesh to the resurrection of the dead (for it was not possible for the author of life to be mastered by corruption), he became the first fruits of the those that sleep, the first-born of the dead, so that he might have the pre-eminence in all things. And ascending into heaven he took his seat at the right hand of your majesty on high; and he will come to reward each according to their works.

But he has left behind for us these memorials of his saving passion, which we have set forth according to his commandments. For when he was about to go forth to his voluntary, ever-memorable and life-giving death, on the night in which he gave himself up for the life of the world, he took bread into his holy and spotless hands, and when he had shown it to you, his God and Father, given thanks, blessed, hallowed and broken it:

Aloud:

He gave it to his holy disciples and apostles, saying: Take, eat, this is my body, broken for you, for the forgiveness of sins.

Choir: Amen.

The Priest, in a low voice:

Likewise, when he had also taken the Cup of the fruit of the vine, mixed it, given thanks, blessed and hallowed it ...

Aloud:

He gave it to his holy disciples and apostles, saying: Drink of this all of you; this is my blood of the new testament, shed for you and for many for the forgiveness of sins.

Choir: Amen.

The Priest, in a low voice:

Do this in memory of me; for as often as you eat this bread and drink this cup, you proclaim my death and confess my Resurrection. Therefore, Master, as we too remember his saving passion, the life-giving Cross, the burial for three days, the resurrection from the dead, the ascension into heaven, the sitting at your right hand, God and Father, and his glorious and dread Second Coming.

Aloud:

Offering to You Your own of Your own—in all things and for all things

Choir: We praise You, we bless You, we give thanks to You, and we pray unto You, O Lord our God.

The Priest prays in a low voice:

Therefore, we also, All-holy Master, sinners and your unworthy servants, whom you have counted worthy to minister at your holy altar, not because

ἡμῶν (οὐ γὰρ ἐποιήσαμέν τι ἀγαθὸν ἐπὶ τῆς γῆς), ἀλλὰ διὰ τὰ ἐλέη σου καὶ τοὺς οἰκτιρμούς σου, οὓς ἐξέχεας πλουσίως ἐφ' ἡμᾶς, θαρροῦντες προσεγγίζομεν τῷ ἁγίῳ σου θυσιαστηρίῳ· καὶ προθέντες τὰ ἀντίτυπα τοῦ ἁγίου Σώματος καὶ Αἵματος τοῦ Χριστοῦ σου, σοῦ δεόμεθα καὶ σὲ παρακαλοῦμεν, ἅγιε ἁγίων, εὐδοκίᾳ τῆς σῆς ἀγαθότητος, ἐλθεῖν τὸ Πνεῦμά σου τὸ ἅγιον ἐφ' ἡμᾶς καὶ ἐπὶ τὰ προκείμενα δῶρα ταῦτα καὶ εὐλογῆσαι αὐτὰ καὶ ἁγιάσαι καὶ ἀναδεῖξαι·

Ὁ Διάκονος· Εὐλόγησον, δέσποτα, τὸν ἅγιον ἄρτον.

<small>Ὁ Ἱερεὺς σγραφίζων τῷ τύπῳ τοῦ Σταυροῦ τὸν ἅγιον ἄρτον.</small>

Ὁ Ἱερεύς·

Τὸν μὲν ἄρτον τοῦτον αὐτὸ τὸ τίμιον Σῶμα τοῦ Κυρίου καὶ Θεοῦ καὶ Σωτῆρος ἡμῶν Ἰησοῦ Χριστοῦ.

Ὁ Διάκονος· Ἀμήν. Εὐλόγησον, δέσποτα, τὸ ἅγιον ποτήριον.

<small>Ὁ Ἱερεὺς σφραγίζων ὁμοίως τὸ ἅγιον ποτήριον.</small>

Ὁ Ἱερεύς·

Τὸ δὲ ποτήριον τοῦτο αὐτὸ τὸ τίμιον Αἷμα τοῦ Κυρίου καὶ Θεοῦ καὶ Σωτῆρος ἡμῶν Ἰησοῦ Χριστοῦ.

Ὁ Διάκονος· Ἀμήν. Εὐλόγησον, δέσποτα, ἀμφότερα τὰ ἅγια.

<small>Ὁ Ἱερεὺς σφραγίζων ἅμα τόν τε ἅγιον ἄρτον καὶ τὸ ἅγιον ποτήριον.</small>

Ὁ Ἱερεύς·

...Τὸ ἐκχυθέν ὑπὲρ τῆς τοῦ κόσμου ζωῆς καὶ σωτηρίας.

Ὁ Διάκονος· Ἀμήν, ἀμήν, ἀμήν.

of our own justice (for we have done nothing good on earth), but because of your mercies and pities, which you have richly poured out on us, boldly approach your holy altar; and as we set forth the antitypes of the holy body and blood of your Christ, we beg and implore you, O Holy of Holies, that by the good pleasure of your goodness, your Holy Spirit may come upon us and upon these gifts here set forth, and that he may bless, hallow them and declare:

Deacon: Bless, Master, the holy Bread.

<small>The Priest seals the holy Bread with the sign of the cross.</small>

Priest:

...This bread to be the precious body of our Lord and God and Saviour, Jesus Christ.

Deacon: Amen. Bless, Master, the holy Cup.

<small>The Priest seals, in the same way, the holy Cup.</small>

Priest:

...This cup the precious blood of our Lord and God and Saviour, Jesus Christ.

Deacon: Amen. Bless, Master, both the holy things.

<small>The Priest seals the holy Bread and the holy Cup together.</small>

Priest:

...Poured out for the life and salvation of the world..

Deacon: Amen. Amen. Amen.

Ὁ Ἱερεύς, ἐπεύχεται χαμηλοφώνως·

Ἡμᾶς δὲ πάντας, τοὺς ἐκ τοῦ ἑνὸς ἄρτου καὶ τοῦ ποτηρίου μετέχοντας, ἑνώσαις ἀλλήλοις εἰς ἑνὸς Πνεύματος ἁγίου κοινωνίαν, καὶ μηδένα ἡμῶν εἰς κρῖμα ἢ εἰς κατάκριμα ποιήσαις μετασχεῖν τοῦ ἁγίου Σώματος καὶ Αἵματος τοῦ Χριστοῦ σου· ἀλλ᾿ ἵνα εὕρωμεν ἔλεον καὶ χάριν μετὰ πάντων τῶν ἁγίων τῶν ἀπ᾿ αἰῶνός σοι εὐαρεστησάντων, προπατόρων, πατέρων, πατριαρχῶν, προφητῶν, ἀποστόλων, κηρύκων, εὐαγγελιστῶν, μαρτύρων, ὁμολογητῶν, διδασκάλων καὶ παντὸς πνεύματος δικαίου ἐν πίστει τετελειωμένου.

Ὁ Ἱερεὺς θυμιᾷ τρὶς ἐπὶ τρίτον τὰ ἅγια. Εἶτα δοὺς τὸ θυμιατὸν τῷ διακόνῳ.

Ἐκφώνως·

Ἐξαιρέτως τῆς Παναγίας, ἀχράντου, ὑπερευλογημένης, ἐνδόξου, Δεσποίνης ἡμῶν Θεοτόκου καὶ ἀειπαρθένου Μαρίας.

Ὁ Χορός· Ἐπὶ σοὶ χαίρει, Κεχαριτωμένη, πᾶσα ἡ κτίσις. Ἀγγέλων τὸ σύστημα καὶ ἀνθρώπων τὸ γένος, ἡγιασμένε ναὲ καὶ παράδεισε λογικέ, παρθενικὸν καύχημα, ἐξ ἧς Θεὸς ἐσαρκώθη καὶ παιδίον γέγονεν, ὁ πρὸ αἰώνων ὑπάρχων Θεὸς ἡμῶν· τὴν γὰρ σὴν μήτραν θρόνον ἐποίησε, καὶ τὴν σὴν γαστέρα πλατυτέραν οὐρανῶν ἀπειργάσατο. Ἐπὶ σοὶ χαίρει, Κεχαριτωμένη, πᾶσα ἡ κτίσις δόξα σοι!

Ὁ Ἱερεύς, ἐπεύχεται χαμηλοφώνως·

Τοῦ ἁγίου Ἰωάννου, προφήτου, προδρόμου καὶ βαπτιστοῦ· τῶν ἁγίων, ἐνδόξων καὶ πανευφήμων ἀποστόλων· τοῦ ἁγίου **(δεῖνος)**, οὗ καὶ τὴν μνήμην ἐπιτελοῦμεν, καὶ πάντων σου τῶν ἁγίων, ὧν ταῖς ἱκεσίαις ἐπίσκεψαι ἡμᾶς ὁ Θεός.

The Priest prays, in a low voice:

To unite all of us, who share in this one bread and cup, with one another for communion of the one Holy Spirit, and to let none of us share in the holy body and blood of your Christ to judgement or condemnation; but that we may find mercy and grace with all the saints, who have been well-pleasing to you since time began, ancestors, forebears, patriarchs, prophets, preachers, evangelists, martyrs, confessors, teachers, and every just spirit made perfect by faith.

The Priest censes the Holy Things three times in sets of three. Then he gives the censer to the Deacon.

Aloud:

Especially for our most holy, pure, blessed, and glorious Lady, the Theotokos and ever virgin Mary.

Choir: In you, O full of grace, all creation rejoices, the ranks of Angels and the human race: hallowed temple and spiritual Paradise, pride of virgins, from whom God was made flesh; and he, who is our God before the ages, became a little Child; for he made your womb a throne; and made it wider than the heavens. In you, O full of grace, all creation rejoices. Glory to you!

The Priest prays, in a low voice:

With the holy prophet, forerunner and Baptist, John, the holy, glorious and all-praised Apostles, Saint **N.**, whose memory we celebrate, and all your Saints, at whose intercessions visit us, O God.

Καὶ μνήσθητι πάντων τῶν προκεκοιμημένων ἐπ' ἐλπίδι ἀναστάσεως ζωῆς αἰωνίου· *(μνημονεύει ἐνταῦθα ὧν βούλεται τεθνεώτων)* καὶ ἀνάπαυσον αὐτούς, ὅπου ἐπισκοπεῖ τὸ φῶς τοῦ προσώπου σου.

Ἔτι σοῦ δεόμεθα· Μνήσθητι, Κύριε, τῆς ἁγίας, καθολικῆς καὶ ἀποστολικῆς Ἐκκλησίας τῆς ἀπὸ περάτων ἕως περάτων τῆς οἰκουμένης, καὶ εἰρήνευσον αὐτήν, ἣν περιεποιήσω τῷ τιμίῳ Αἵματι τοῦ Χριστοῦ σου, καὶ τὸν ἅγιον οἶκον τοῦτον στερέωσον μέχρι τῆς συντελείας τοῦ αἰῶνος.

Μνήσθητι, Κύριε, τῶν τὰ δῶρά σοι ταῦτα προσκομισάντων καὶ ὑπὲρ ὧν καὶ δι' ὧν καὶ ἐφ' οἷς αὐτὰ προσεκόμισαν. Μνήσθητι, Κύριε, τῶν καρποφορούντων καὶ καλλιεργούντων ἐν ταῖς ἁγίαις σου Ἐκκλησίαις καὶ μεμνημένων τῶν πενήτων. Ἄμειψαι αὐτοὺς τοῖς πλουσίοις σου καὶ ἐπουρανίοις χαρίσμασι· χάρισαι αὐτοῖς ἀντὶ τῶν ἐπιγείων τὰ ἐπουράνια, ἀντὶ τῶν προσκαίρων τὰ αἰώνια, ἀντὶ τῶν φθαρτῶν τὰ ἄφθαρτα. Μνήσθητι, Κύριε, τῶν ἐν ἐρημίαις καὶ ὄρεσι καὶ σπηλαίοις καὶ ταῖς ὀπαῖς τῆς γῆς. Μνήσθητι, Κύριε, τῶν ἐν παρθενίᾳ καὶ εὐλαβείᾳ καὶ ἀσκήσει καὶ σεμνῇ πολιτείᾳ διαγόντων.

Μνήσθητι, Κύριε, τῶν εὐσεβεστάτων καὶ πιστοτάτων ἡμῶν βασιλέων, οὓς ἐδικαίωσας βασιλεύειν ἐπὶ τῆς γῆς· ὅπλῳ ἀληθείας, ὅπλῳ εὐδοκίας στεφάνωσον αὐτούς· ἐπισκίασον ἐπὶ τὴν κεφαλὴν αὐτῶν ἐν ἡμέρᾳ πολέμου· ἐνίσχυσον αὐτῶν τὸν βραχίονα· ὕψωσον αὐτῶν τὴν δεξιάν· κράτυνον αὐτῶν τὴν βασιλείαν· ὑπόταξον αὐτοῖς πάντα τὰ βάρβαρα ἔθνη τὰ τοὺς πελέμους θέλοντα· χάρισαι αὐτοῖς βαθεῖαν καὶ ἀναφαίρετον εἰρήνην· λάλησον εἰς τὴν καρδίαν αὐτῶν ἀγαθὰ ὑπὲρ

And remember all who have fallen asleep in hope of resurrection and eternal life *(and he remembers here by name also those whom wishes of the dead)*; and give them rest where the light of your face keeps watch.

Again we pray you: remember, Lord, your holy, catholic and apostolic church, from end to end of the inhabited world, and give peace to her, that you have made your own by the precious blood of your Christ, and establish this holy house until the consummation of the world.

Remember, Lord, those who have offered these gifts, and those for whom, through whom, and on behalf of whom they have offered them. Remember, Lord, those who bring offerings and those who care for the beauty of your holy churches, and who remember the poor. Reward them with your riches and heavenly gifts of grace; grant them for earthly things, heavenly; for temporary ones, eternal, for corruptible, incorruptible. Remember, Lord, those in deserts and mountains and caves and in the hollows of the earth. Remember, Lord, those who pass their lives in virginity, piety, asceticism and holy living.

Remember, Lord, our most devout and faithful Rulers, whom you have set to rule on the earth. Crown them with a weapon of truth, a weapon of good pleasure; overshadow their head in the day of war; strengthen their arm, exalt their right, establish their kingdom; subdue beneath them all barbarous nations that seek for wars; grant them deep and untroubled peace; speak good things to their heart for your Church

τῆς Ἐκκλησίας σου καὶ παντὸς τοῦ λαοῦ σου, ἵνα ἐν τῇ γαλήνῃ αὐτῶν ἤρεμον καὶ ἡσύχιον βίον διάγωμεν, ἐν πάσῃ εὐσεβείᾳ καὶ σεμνότητι. Μνήθητι, Κύριε, πάσης ἀρχῆς καὶ ἐξουσίας καὶ τῶν ἐν τῷ παλατίῳ ἀδελφῶν ἡμῶν καὶ παντὸς τοῦ στρατοπέδου. Τοὺς ἀγαθοὺς ἐν τῇ ἀγαθότητί σου διατήρησον· τοὺς πονηροὺς ἀγαθοὺς ποίησον ἐν τῇ χρηστότητί σου.

Μνήσθητι, Κύριε, τοῦ περιεστῶτος λαοῦ καὶ τῶν δι᾽ εὐλόγους αἰτίας ἀπολειφθέντων καὶ ἐλέησον αὐτοὺς καὶ ἡμᾶς κατὰ τὸ πλῆθος τοῦ ἐλέους σου· τὰ ταμεῖα αὐτῶν ἔμπλησον παντὸς ἀγαθοῦ· τὰς συζυγίας αὐτῶν ἐν εἰρήνῃ καὶ ὁμονοίᾳ διατήρησον· τὰ νήπια ἔκθρεψον· τὴν νεότητα παιδαγώγησον· τὸ γῆρας περικράτησον· τοὺς ὀλιγοψύχους παραμύθησαι· τοὺς ἐσκορπισμένους ἐπισυνάγαγε· τοὺς πεπλανημένους ἐπανάγαγε καὶ σύναψον τῇ ἁγίᾳ σου καθολικῇ καὶ ἀποστολικῇ Ἐκκλησίᾳ. Τοὺς ὀχλουμένους ὑπὸ πνευμάτων ἀκαθάρτων ἐλευθέρωσον· τοῖς πλέουσι σύμπλευσον· τοῖς ὁδοιποροῦσι συνόδευσον· χηρῶν πρόστηθι· ὀρφανῶν ὑπεράσπισον· αἰχμαλώτους ῥῦσαι· νοσοῦντας ἴασαι. Τῶν ἐν βήμασι καὶ μετάλλοις καὶ ἐξορίαις καὶ πικραῖς δουλείαις καὶ πάσῃ θλίψει καὶ ἀνάγκῃ καὶ περιστάσει ὄντων μνημόνευσον, ὁ Θεός, καὶ πάντων τῶν δεομένων τῆς μεγάλης σου εὐσπλαγχνίας· καὶ τῶν ἀγαπώντων ἡμᾶς καὶ τῶν μισούντων καὶ τῶν ἐντειλαμένων ἡμῖν τοῖς ἀναξίοις εὔχεσθαι ὑπὲρ αὐτῶν. Καὶ παντὸς τοῦ λαοῦ σου μνήσθητι, Κύριε ὁ Θεὸς ἡμῶν, καὶ ἐπὶ πάντας ἔκχεον τὸ πλούσιόν σου ἔλεος, πᾶσι παρέχων τὰ πρὸς σωτηρίαν αἰτήματα. Καὶ ὧν ἡμεῖς οὐκ ἐμνημονεύσαμεν, δι᾽ ἄγνοιαν ἢ λήθην ἢ πλῆθος ὀνομάτων, αὐτὸς μνημόνευσον, ὁ Θεός, ὁ εἰδὼς ἑκάστου τὴν ἡλικίαν

and for all your people; so that by their tranquillity we may pass our life in quiet and calm, in all piety and holiness. Remember, Lord, every rule and authority, our brethren in the palace (and all the armed forces). In your goodness, keep those who are good. In your kindness, make those who are wicked good.

Remember, Lord, the people here present and those who are absent for good reason, and have mercy on them and on us according to the multitude of your mercy. Fill their storehouses with every good thing; preserve their marriages in peace and concord; nourish the infants, guide the young, strengthen the aged; comfort the fainthearted; gather the scattered; bring back those who have gone astray, and join them to your holy, catholic and apostolic Church. Free those who are troubled by unclean spirits; sail with those who sail; journey with those who journey; champion widows; protect orphans; deliver prisoners; heal the sick. Remember, O God, those under trial, in mines, exile, bitter slavery and every tribulation, constraint and trouble, and all who entreat your great compassion; and those who love us, those who hate us and those who have asked us, unworthy though we are, to pray for them. And remember all your people, Lord our God, and pour out on all your rich mercy, granting to all their petitions unto salvation. And those whom we have not remembered, through ignorance or forgetfulness or the number of the names, do you yourself remember, O God, who know the age and appellation of each, who know each from their mother's womb.

καὶ τὴν προσηγορίαν, ὁ εἰδὼς ἕκαστον ἐκ κοιλίας μητρὸς αὐτοῦ.

Σὺ γὰρ εἶ, Κύριε, ἡ βοήθεια τῶν ἀβοηθήτων, ἡ ἐλπὶς τῶν ἀπηλπισμένων, ὁ τῶν χειμαζομένων σωτήρ, ὁ τῶν πλεόντων λιμήν, ὁ τῶν νοσούντων ἰατρός. Αὐτὸς τοῖς πᾶσι τὰ πάντα γενοῦ, ὁ εἰδὼς ἕκαστον καὶ τὸ αἴτημα αὐτοῦ, οἶκον καὶ τὴν χρείαν αὐτοῦ. Ῥῦσαι, Κύριε, τὴν πόλιν ταύτην , καὶ πᾶσαν πόλιν, καὶ πᾶσαν πόλιν καὶ χώραν, ἀπὸ λοιμοῦ, λιμοῦ, σεισμοῦ, καταποντισμοῦ, πυρός, μαχαίρας, ἐπιδρομῆς ἀλλοφύλων, καὶ ἐμφυλίου πολέμου.

Ἐκφώνως·

Ἐν πρώτοις μνήσθητι, Κύριε, τοῦ Ἀρχιεπισκόπου ἡμῶν *(Ὄνομα)*, ὃν χάρισαι ταῖς ἁγίαις σου Ἐκκλησίαις ἐν εἰρήνῃ, σῷον, ἔντιμον, ὑγιᾶ, μακροημερεύοντα καὶ ὀρθοτομοῦντα τὸν λόγον τῆς σῆς ἀληθείας.

Ὁ Διάκονος· Καὶ ὧν ἕκαστος κατὰ διάνοιαν ἔχει, καὶ πάντων καὶ πασῶν.

Ὁ Χορός· Καὶ πάντων καὶ πασῶν.

Ὁ Ἱερεύς, ἐπεύχεται χαμηλοφώνως·

Μνήσθητι, Κύριε, πάσης ἐπισκοπῆς ὀρθοδόξων, τῶν ὀρθοτομούντων τὸν λόγον τῆς σῆς ἀληθείας. Μνήσθητι, Κύριε, κατὰ τὸ πλῆθος τῶν οἰκτιρμῶν σου καὶ τῆς ἐμῆς ἀναξιότητος· συγχώρησόν μοι πᾶν πλημμέλημα ἑκούσιόν τε καὶ ἀκούσιον· καὶ μὴ διὰ τὰς ἐμὰς ἁμαρτίας κωλύσῃς τὴν χάριν τοῦ ἁγίου σου Πνεύματος ἀπὸ τῶν προκειμένων δώρων. Μνήσθητι, Κύριε, τοῦ πρεσβυτερίου, τῆς ἐν Χριστῷ διακονίας καὶ παντὸς ἱερατικοῦ καὶ μοναχικοῦ τάγματος· καὶ μηδένα

For you, Lord, are the help of the helpless, the hope of those without hope, the Saviour of the storm-tossed, the Physician of the sick. Be all things to all people, you who know each and the request of each, their household and their need. Deliver, Lord, this city, and every city, town and village, from famine, plague, earthquake, flood, fire, sword, invasion by enemies and from civil war.

Aloud:

First of all, remember, Lord, our Archbishop *(Name)*, and grant that he may serve your holy churches in peace, safety, honour, health, and length of days, rightly discerning the word of your truth.

Deacon: Remember also, Lord, those whom each of us calls to mind and all your people.

Choir: And all Your people.

The Priest prays, in a low voice:

Remember, Lord, the whole Orthodox episcopate which rightly proclaims the word of your truth. Remember, Lord, according to the multitude of your pities, me, your unworthy servant; pardon me every offence, willing and unwilling; and do not, because of my sins, withhold the grace of your Holy Spirit from the gifts here set forth. Remember, Lord, the order of presbyters, the diaconate in Christ and every order of clergy; put none of us to shame, who stand around your altar.

ἡμῶν καταισχύνης τῶν κυκλούντων τὸ ἅγιόν σου θυσιαστήριον.

Ἐπίσκεψαι ἡμᾶς ἐν τῇ χρηστότητί σου, Κύριε· ἐπιφάνηθι ἡμῖν ἐν τοῖς πλουσίοις σου οἰκτιρμοῖς· εὐκράτους καὶ ἐπωφελεῖς τοὺς ἀέρας ἡμῖν χάρισαι· ὄμβρους εἰρηνικοὺς τῇ γῇ πρὸς καρποφορίαν δώρησαι· εὐλόγησον τὸν στέφανον τοῦ ἐνιαυτοῦ τῆς χρηστότητός σου. Παῦσον τὰ σχίσματα τῶν Ἐκκλησιῶν· σβέσον τὰ φρυάγματα τῶν ἐθνῶν· τὰς τῶν αἱρέσεων ἐπαναστάσεις ταχέως κατάλυσον τῇ δυνάμει τοῦ ἁγίου σου Πνεύματος. Πάντας ἡμᾶς πρόσδεξαι εἰς τὴν βασιλείαν σου, υἱοὺς φωτὸς καὶ υἱοὺς ἡμέρας ἀναδείξας. Τὴν σὴν εἰρήνην καὶ τὴν σὴν ἀγάπην χάρισαι ἡμῖν, Κύριε ὁ Θεὸς ἡμῶν· πάντα γὰρ ἀπέδωκας ἡμῖν.

Ἐκφώνως·

Καὶ δὸς ἡμῖν, ἐν ἑνὶ στόματι καὶ μιᾷ καρδίᾳ, δοξάζειν καὶ ἀνυμνεῖν τὸ πάντιμον καὶ μεγαλοπρεπὲς ὄνομά σου, τοῦ Πατρὸς καὶ τοῦ Υἱοῦ καὶ τοῦ Ἁγίου Πνεύματος, νῦν καὶ ἀεὶ καὶ εἰς τοὺς αἰῶνας τῶν αἰώνων.

Ὁ Χορός· Ἀμήν.

Ὁ Ἱερεύς· Καὶ ἔσται τὰ ἐλέη τοῦ μεγάλου Θεοῦ καὶ Σωτῆρος ἡμῶν Ἰησοῦ Χριστοῦ μετὰ πάντων ἡμῶν.

Ὁ Χορός· Καὶ μετὰ τοῦ πνεύματός σου.

Η ΚΥΡΙΑΚΗ ΠΡΟΣΕΥΧΗ

Ὁ Διάκονος· Πάντων τῶν ἁγίων μνημονεύσαντες, ἔτι καὶ ἔτι ἐν εἰρήνῃ τοῦ Κυρίου δεηθῶμεν.

Ὁ Χορός· Κύριε ἐλέησον. (*Καὶ μεθ' ἑκάστην δέησιν*)

Visit us in your goodness, Lord. Shine on us with your rich mercies; grant us temperate and fruitful weather; bestow on the earth moderate rains to bring forth fruit. Bless the crown of the year with your goodness; end the schisms of the churches; quench the ragings of the nations; speedily put down the uprisings of heresies by the power of your Holy Spirit. Receive us all into your kingdom, declaring us to be children of the light and children of the day. Grant us your peace and your love, O Lord, our God; for you have given us all things.

Aloud:

And grant that with one voice and one heart we may glorify and praise Your most honored and majestic name, of the Father and the Son and the Holy Spirit, both now and ever and to the ages of ages.

Choir: Amen.

Priest: And the mercies of our great God and Saviour, Jesus Christ, shall be with all of you.

Choir: And with your spirit.

THE LORD'S PRAYER

Deacon: Having commemorated all the saints, let us again and again in peace pray to the Lord.

Choir: Lord, have mercy. (*And so after each petition*)

Ὁ Διάκονος· Ὑπὲρ τῶν προσκομισθέντων καὶ ἁγιασθέντων τιμίων Δώρων, τοῦ Κυρίου δεηθῶμεν.

Ὅπως ὁ φιλάνθρωπος Θεὸς ἡμῶν, ὁ προσδεξάμενος αὐτὰ εἰς τὸ ἅγιον καὶ ὑπερουράνιον καὶ νοερὸν αὐτοῦ θυσιαστήριον, εἰς ὀσμὴν εὐωδίας πνευματικῆς, ἀντικαταπέμψῃ ἡμῖν τὴν θείαν χάριν καὶ τὴν δωρεὰν τοῦ Ἁγίου Πνεύματος, δεηθῶμεν.

Τὴν ἑνότητα τῆς πίστεως, καὶ τὴν κοινωνίαν τοῦ Ἁγίου Πνεύματος αἰτησάμενοι, ἑαυτοὺς καὶ ἀλλήλους καὶ πᾶσαν τὴν ζωὴν ἡμῶν Χριστῷ τῷ Θεῷ παραθώμεθα.

Ὁ Χορός· Σοί, Κύριε.

Ὁ Ἱερεύς, ἐπεύχεται χαμηλοφώνως·

Ὁ Θεὸς ἡμῶν, ὁ Θεὸς τοῦ σῴζειν, σὺ ἡμᾶς δίδαξον εὐχαριστεῖν σοι ἀξίως ὑπὲρ τῶν εὐεργεσιῶν σου, ὧν ἐποίησας καὶ ποιεῖς μεθ' ἡμῶν. Σύ, ὁ Θεὸς ἡμῶν, ὁ προσδεξάμενος τὰ δῶρα ταῦτα, καθάρισον ἡμᾶς ἀπὸ παντὸς μολυσμοῦ σαρκὸς καὶ πνεύματος καὶ δίδαξον ἐπιτελεῖν ἁγιωσύνην ἐν φόβῳ σου, ἵνα ἐν καθαρῷ τῷ μαρτυρίῳ τῆς συνειδήσεως ἡμῶν ὑποδεχόμενοι τὴν μερίδα τῶν ἁγιασμάτων σου, ἑνωθῶμεν τῷ ἁγίῳ Σώματι καὶ Αἵματι τοῦ Χριστοῦ σου. Καὶ ὑποδεξάμενοι αὐτὰ ἀξίως, σχῶμεν τὸν Χριστόν, κατοικοῦντα ἐν ταῖς καρδίαις ἡμῶν καὶ γενώμεθα ναὸς τοῦ ἁγίου σου Πνεύματος.

Ναί, ὁ Θεὸς ἡμῶν, καὶ μηδένα ἡμῶν ἔνοχον ποιήσῃς τῶν φρικτῶν σου τούτων καὶ ἐπουρανίων μυστηρίων, μηδὲ ἀσθενῆ ψυχῇ καὶ σώματι ἐκ τοῦ ἀναξίως αὐτῶν μεταλαμβάνειν· ἀλλὰ δὸς ἡμῖν μέχρι τῆς ἐσχάτης ἡμῶν ἀναπνοῆς ἀξίως ὑποδέχεσθαι τὴν μερίδα τῶν ἁγιασμάτων σου

Deacon: For the precious gifts here set forth and sanctified, let us pray to the Lord.

That our God, who loves mankind, having accepted them on his holy and immaterial Altar above the heavens, as a savor of spiritual fragrance, may send down upon us in return his divine grace and the gift of the Holy Spirit, let us pray.

Having prayed for the unity of the faith and for the communion of the Holy Spirit, let us commit ourselves, and one another, and our whole life to Christ our God.

Choir: To You, O Lord.

The Priest prays in a low voice:

Our God, the God who saves, teach us to thank you worthily for all the benefits, which you have done and do for us. Do you, our God, receive these gifts and cleanse us from every defilement of flesh and spirit, and teach us to accomplish holiness in fear of you, so that, receiving a part of your holy gifts with the witness of a good conscience, we may be made one with the holy body and blood of your Christ. And when we have received them worthily may we have Christ dwelling in our hearts, and become a temple of your Holy Spirit.

Yes, our God, make none of us guilty of these your dread and heavenly Mysteries, nor weak in soul and body through partaking of them unworthily; but grant us, until our last breath, to receive our part of your holy things as provision for the journey of eternal life, for an acceptable defence before the

εἰς ἐφόδιον ζωῆς αἰωνίου, εἰς ἀπολογίαν εὐπρόσδεκτον τὴν ἐπὶ τοῦ φοβεροῦ βήματος τοῦ Χριστοῦ σου· ὅπως ἂν καὶ ἡμεῖς μετὰ πάντων τῶν ἁγίων τῶν ἀπ' αἰῶνός σοι εὐαρεστησάντων γενώμεθα μέτοχοι τῶν αἰωνίων σου ἀγαθῶν, ἃ ἡτοίμασας τοῖς ἀγαπῶσί σε, Κύριε.

dread judgement seat of your Christ; so that we too, with all the Saints, who have been well-pleasing to you since time began, may become partakers of your eternal good things, which you have prepared for those who love you, O Lord.

Ἐκφώνως·

Καὶ καταξίωσον ἡμᾶς, Δέσποτα, μετὰ παρρησίας, ἀκατακρίτως τολμᾶν ἐπικαλεῖσθαι Σὲ τὸν ἐπουράνιον Θεὸν Πατέρα καὶ λέγειν·

Aloud:

And count us worthy, Master, with boldness and without condemnation to dare to call upon you, the God of heaven, as Father, and to say:

Ὁ Λαός·

Πάτερ ἡμῶν, ὁ ἐν τοῖς οὐρανοῖς· ἁγιασθήτω τὸ ὄνομά σου, ἐλθέτω ἡ βασιλεία σου, γενηθήτω τὸ θέλημά σου, ὡς ἐν οὐρανῷ καὶ ἐπὶ τῆς γῆς. Τὸν ἄρτον ἡμῶν τὸν ἐπιούσιον δὸς ἡμῖν σήμερον. Καὶ ἄφες ἡμῖν τὰ ὀφειλήματα ἡμῶν, ὡς καὶ ἡμεῖς ἀφίεμεν τοῖς ὀφειλέταις ἡμῶν. Καὶ μὴ εἰσενέγκῃς ἡμᾶς εἰς πειρασμόν, ἀλλὰ ῥῦσαι ἡμᾶς ἀπὸ τοῦ πονηροῦ.

People:

Our Father, who art in heaven, hallowed be Thy name. Thy kingdom come. Thy will be done, on earth as it is in heaven. Give us this day our daily bread; and forgive us our trespasses, as we forgive those who trespass against us; and lead us not into temptation, but deliver us from the evil one.

Τούτου λεγομένου ὁ διάκονος ζώννυται τὸ ὀράριον σταυροειδῶς.

While this is being said, the Deacon arranges his orarion cross-wise.

Ὁ Ἱερεὺς ἐκφώνως·

Ὅτι σοῦ ἐστιν ἡ βασιλεία καὶ ἡ δύναμις καὶ ἡ δόξα, τοῦ Πατρὸς καὶ τοῦ Υἱοῦ καὶ τοῦ Ἁγίου Πνεύματος, νῦν καὶ ἀεὶ καὶ εἰς τοὺς αἰῶνας τῶν αἰώνων.

The Priest aloud:

For Yours is the kingdom and the power and the glory of the Father and the Son and the Holy Spirit, both now and ever and to the ages of ages.

Ὁ Χορός· Ἀμήν.

Choir: Amen.

ΚΕΦΑΛΟΚΛΙΣΙΑ

BOWING OF THE HEADS

Ὁ Ἱερεύς· Εἰρήνη πᾶσι.

Priest: Peace be with all.

Ὁ Χορός· Καὶ τῷ πνεύματί σου.

Choir: And with your spirit.

Ὁ Διάκονος· Τὰς κεφαλὰς ἡμῶν τῷ Κυρίῳ κλίνωμεν.

Deacon: Let us bow our heads to the Lord.

Ὁ Χορός· Σοὶ, Κύριε.

Ὁ Ἱερεύς, ἐπεύχεται χαμηλοφώνως·

Δέσποτα Κύριε, ὁ Πατὴρ τῶν οἰκτιρμῶν, καὶ Θεὸς πάσης παρακλήσεως, τοὺς ὑποκεκλικότας σοι τὰς ἑαυτῶν κεφαλὰς εὐλόγησον, ἁγίασον, φρούρησον, ὀχύρωσον, ἐνδυνάμωσον, ἀπὸ παντὸς ἔργου πονηροῦ ἀπόστησον, παντὶ δὲ ἔργῳ ἀγαθῷ σύναψον, καὶ καταξίωσον ἀκατακρίτως μετασχεῖν τῶν ἀχράντων σου τούτων καὶ ζωοποιῶν μυστηρίων εἰς ἄφεσιν ἁμαρτιῶν, εἰς Πνεύματος ἁγίου κοινωνίαν.

Ἐκφώνως·

Χάριτι καὶ οἰκτιρμοῖς καὶ φιλανθρωπίᾳ τοῦ μονογενοῦς σου Υἱοῦ, μεθ' οὗ εὐλογητὸς εἶ, σὺν τῷ παναγίῳ καὶ ἀγαθῷ καὶ ζωοποιῷ σου Πνεύματι, νῦν καὶ ἀεὶ καὶ εἰς τοὺς αἰῶνας τῶν αἰώνων.

Ὁ Χορός· Ἀμήν.

ΥΨΩΣΙΣ-ΚΛΑΣΙΣ-ΜΕΤΑΛΗΨΙΣ

Ὁ Ἱερεύς, ἐπεύχεται χαμηλοφώνως·

Πρόσχες Κύριε Ἰησοῦ Χριστέ, ὁ Θεὸς ἡμῶν, ἐξ ἁγίου κατοικητηρίου σου καὶ ἀπὸ θρόνου δόξης τῆς βασιλείας σου καὶ ἐλθὲ εἰς τὸ ἁγιάσαι ἡμᾶς, ὁ ἄνω τῷ Πατρὶ συγκαθήμενος καὶ ὧδε ἡμῖν ἀοράτως συνών· καὶ καταξίωσον τῇ κραταιᾷ σου χειρὶ μεταδοῦναι ἡμῖν τοῦ ἀχράντου Σώματός σου, καὶ τοῦ τιμίου Αἵματος καὶ δι' ἡμῶν παντὶ τῷ λαῷ.

Ὁ Διάκονος· Πρόσχωμεν.

Ὁ Ἱερεύς· Τὰ Ἅγια τοῖς ἁγίοις.

Choir: To You, O Lord.

The Priest prays, in a low voice:

Master, Lord, the Father of pities and God of every consolation, bless, hallow, guard, strengthen and empower those who have bowed their heads to you. Keep them away from every wicked work, join them to every good work, and make them worthy without condemnation to share in these your most pure and life-giving Mysteries, for forgiveness of sins, for communion in the Holy Spirit.

Aloud:

Through the grace and compassion and love towards mankind of your only-begotten Son, with whom you are blessed, together with your all-holy, good and life-giving Spirit, now and for ever, and to the ages of ages.

Choir: Amen.

ELEVATION-FRACTURE-COMMUNION

The Priest prays, in a low voice:

Give heed, Lord Jesus Christ our God, from your holy dwelling-place and from the glorious throne of your kingdom; and come to sanctify us, you who are enthroned on high with the Father and invisibly present here with us. And with your mighty hand grant communion in your most pure Body and precious Blood to us, and through us to all the people.

Deacon: Let us be attentive.

Priest: The Holy Things for the holy.

Ὁ Χορός· Εἷς Ἅγιος, εἷς Κύριος, Ἰησοῦς Χριστός, εἰς δόξαν Θεοῦ Πατρός. Ἀμήν.

Καὶ ψάλλει τὸ ὡρισμένον κοινωνικόν.:

Ὁ Χορός· Τοῦ Δείπνου σου τοῦ μυστικοῦ σήμερον, Υἱὲ Θεοῦ, κοινωνόν με παράλαβε· οὐ μὴ γὰρ τοῖς ἐχθροῖς σου τὸ μυστήριον εἴπω, οὐ φίλημά σοι δώσω, καθάπερ ὁ Ἰούδας· ἀλλ' ὡς ὁ λῃστὴς ὁμολογῶ σοι· Μνήσθητί μου, Κύριε, ὅταν ἔλθῃς ἐν τῇ βασιλείᾳ σου. Ἀλληλούια. Ἀλληλούια. Ἀλληλούια.

Ὁ Διάκονος· Μέλισον, δέσποτα, τὸν ἅγιον ἄρτον.

Ὁ Ἱερεὺς μελίζει αὐτὸν εἰς τέσσαρας μερίδας λέγων·

Μελίζεται καὶ διαμερίζεται ὁ Ἀμνὸς τοῦ Θεοῦ, ὁ μελιζόμενος καὶ μὴ διαιρούμενος· ὁ πάντοτε ἐσθιόμενος καὶ μηδέποτε δαπανώμενος ἀλλὰ τοὺς μετέχοντας ἁγιάζων.

Καὶ θέτει αὐτὰς ἐν τῷ ἁγίῳ δίσκῳ σταυροειδῶς οὕτως·

Ὁ Διάκονος· Πλήρωσον, δέσποτα, τὸ ἅγιον ποτήριον.

Καὶ ὁ ἱερεὺς λαβὼν τὴν ἄνω μερίδα τὴν ἔχουσαν τοῦ ΙΣ χαρακτῆρα ποιεῖ δι' αὐτῆς σταυρὸν ἐπάνω τοῦ ἁγίου ποτηρίου λέγων·

Πλήρωμα Πνεύματος ἁγίου.

Ὁ Διάκονος· Ἀμήν.

Καὶ ἐμβάλλει αὐτὴν εἰς τὸ ἅγιον ποτήριον.

Καὶ λαβὼν τὸ ζέον λέγει πρὸς τὸν ἱερέα·

Εὐλόγησον, δέσποτα, τὸ ζέον.

Ὁ Ἱερεὺς εὐλογεῖ αὐτὸ λέγων·

Εὐλογημένη ἡ ζέσις τῶν ἁγίων σου πάντοτε, νῦν καὶ ἀεὶ καὶ εἰς τοὺς αἰῶνας τῶν αἰώνων.

Ὁ Διάκονος· Ἀμήν.

Choir: One is Holy, one is Lord, Jesus Christ, to the glory of God the Father. Amen.

And the appointed communion hymn is sung.:

Choir: Of your mystical Supper, Son of God, receive me today as a communicant; for I will not tell of the Mystery to your enemies; I will not give you a kiss, like Judas; but like the Thief I confess you: Remember me, Lord, in your Kingdom. Alleluia, Alleluia, Alleluia.

Deacon: Break, Master, the Holy bread.

The Priest breaks it into four parts saying:

The Lamb of God is broken and distributed; broken but not divided. He is forever eaten yet is never consumed, but He sanctifies those who partake of Him.

And he places them on the holy discus cross-wise:

Deacon: Fill, Master, the Holy cup.

And the Priest takes the top portion which has the characteristic ΙΣ and makes the sign of the cross with it over the holy Cup saying:

The fullness of the Holy Spirit.

Deacon: Amen.

And he places it into the holy Cup.

And offering the Zeon to the Priest he says:

Bless, Master, the hot water.

The Priest blesses it saying:

Blessed is the fervor of your holy things, always, now and for ever, and to the ages of ages. Amen.

Deacon: Amen.

Καὶ ἐγχέει ἐκ τοῦ ζέοντος τὸ ἀρκοῦν εἰς τὸ ἅγιον ποτήριον λέγων·

Ζέσις Πνεύματος ἁγίου. Ἀμήν.

Καὶ κλίναντες ἀμφότεροι τὰς κεφαλὰς προσεύχονται μετὰ δέους καὶ εὐλαβείας.

Εἴθισται, ὅπως λέγωνται ἐνταῦθα ὑπὸ τῶν ἱερέων καὶ τοῦ διακόνου τὰ κάτωθι ἐκ τῆς ἀκολουθίας τῆς Θείας Μεταλήψεως.

Πιστεύω, Κύριε, καὶ ὁμολογῶ, ὅτι σὺ εἶ ἀληθῶς ὁ Χριστός, ὁ Υἱὸς τοῦ Θεοῦ τοῦ ζῶντος, ὁ ἐλθὼν εἰς τὸν κόσμον ἁμαρτωλοὺς σῶσαι, ὧν πρῶτός εἰμι ἐγώ. Ἔτι πιστεύω, ὅτι τοῦτο αὐτό ἐστι τὸ ἄχραντον Σῶμά σου καὶ τοῦτο αὐτό ἐστι τὸ τίμιον Αἷμά σου. Δέομαι οὖν σου· ἐλέησόν με καὶ συγχώρησόν μοι τὰ παραπτώματά μου, τὰ ἑκούσια καὶ τὰ ἀκούσια, τὰ ἐν λόγῳ, τὰ ἐν ἔργῳ, τὰ ἐν γνώσει καὶ ἀγνοίᾳ· καὶ ἀξίωσόν με ἀκατακρίτως μετασχεῖν τῶν ἀχράντων σου μυστηρίων, εἰς ἄφεσιν ἁμαρτιῶν καὶ εἰς ζωὴν αἰώνιον. Ἀμήν.

Ἰδού, βαδίζω πρὸς θείαν κοινωνίαν. Πλαστουργὲ μὴ φλέξῃς με τῇ μετουσίᾳ. Πῦρ γὰρ ὑπάρχεις τοὺς ἀναξίους φλέγον. Ἀλλ᾽ οὖν κάθαρον ἐκ πάσης με κηλῖδος.

Τοῦ δείπνου σου τοῦ μυστικοῦ, σήμερον Υἱὲ Θεοῦ κοινωνόν με παράλαβε· οὐ μὴ γὰρ τοῖς ἐχθροῖς σου τὸ μυστήριον εἴπω· οὐ φίλημά σοι δώσω, καθάπερ ὁ Ἰούδας· ἀλλ᾽ ὡς ὁ λῃστὴς ὁμολογῶ σοι· Μνήσθητί μου Κύριε ἐν τῇ βασιλείᾳ σου.

Θεουργὸν αἷμα φρῖξον, ἄνθρωπε, βλέπων· Ἄνθραξ γάρ ἐστι τοὺς ἀναξίους φλέγων· Θεοῦ τὸ σῶμα καὶ θεοῖ με καὶ τρέφει· Θεοῖ τὸ πνεῦμα, τὸν δὲ νοῦν τρέφει ξένως.

And he pours the hot water into the holy Cup saying:

The fervor of the Holy Spirit. Amen.

And both bowing their heads, they pray with awe and piety.

It is customary at this point for the Priests and the Deacon to say the following from the service of Divine Communion.

I believe, Lord, and I confess, that you are truly the Christ, the Son of the living God, who came into the world to save sinners, of whom I am the first. Also I believe that this is indeed your most pure Body, and this indeed your precious Blood. Therefore I beseech you, have mercy on me and forgive me my offenses, voluntary and involuntary, in word and in deed, in knowledge and in ignorance, and count me worthy to partake uncondemned of your most pure Mysteries for forgiveness of sins and eternal life. Amen.

See, to divine Communion I draw near; my Maker, burn me not as I partake, for you are fire consuming the unworthy, but therefore make me clean from every stain.

Of your mystical Supper, Son of God, receive me today as a communicant; for I will not tell of the Mysteries to your enemies; I will not give you a kiss, like Judas; but like the Thief I confess you; Remember me, Lord in your kingdom.

Tremble before the Blood that deifies. A fiery coal it is that burns up the unworthy. God's own body deifies and feeds me. Deifies the spirit and the mind it nourishes in manner strange.

Ἐθέλξας πόθῳ με Χριστέ, καὶ ἠλλοίωσας τῷ θείῳ σου ἔρωτι· ἀλλὰ κατάφλεξον πυρὶ ἀΰλῳ τὰς ἁμαρτίας μου, καὶ ἐμπλησθῆναι τῆς ἐν σοὶ τρυφῆς καταξίωσον, ἵνα τὰς δύο σκιρτῶν μεγαλύνω, Ἀγαθέ, παρουσίας σου.

Ἐν ταῖς λαμπρότησι τῶν ἁγίων σου πῶς εἰσελεύσομαι ὁ ἀνάξιος; Ἐὰν γὰρ τολμήσω συνεισελθεῖν εἰς τὸν Νυμφῶνα, ὁ χιτών με ἐλέγχει ὅτι οὔκ ἐστι τοῦ γάμου, καὶ δέσμιος ἐκβαλοῦμαι ὑπὸ τῶν ἀγγέλων. Καθάρισον, Κύριε, τὸν ῥύπον τῆς ψυχῆς μου καὶ σῶσόν με ὡς φιλάνθρωπος.

Δέσποτα φιλάνθρωπε, Κύριε Ἰησοῦ Χριστέ, ὁ Θεός μου, μὴ εἰς κρίμά μοι γένοιτο τὰ ἅγια ταῦτα, διὰ τὸ ἀνάξιον εἶναί με, ἀλλ' εἰς κάθαρσιν καὶ ἁγιασμὸν ψυχῆς τε καὶ σώματος, καὶ εἰς ἀρραβῶνα τῆς μελλούσης ζωῆς καὶ βασιλείας. Ἐμοὶ δὲ τὸ προσκολλᾶσθαι τῷ Θεῷ ἀγαθόν ἐστι, τίθεσθαι ἐν τῷ Κυρίῳ τὴν ἐλπίδα τῆς σωτηρίας μου.

Τοῦ δείπνου σου τοῦ μυστικοῦ...

Τῶν τιμίων δώρων μεταλαμβάνει Ὁ Ἱερεύς, ἔπειτα δὲ μεταδίδει κατὰ σειρὰν εἰς τοὺς ἱερεῖς καὶ τοὺς διακόνους πρῶτον ἐκ τοῦ ἁγίου Ἄρτου καὶ εἶτα ἐκ τοῦ Ποτηρίου.

Ὁ Διάκονος· Μετὰ φόβου Θεοῦ, πίστεως καὶ ἀγάπης προσέλθετε.

Ὁ Ἱερεὺς μεταδιδοὺς τοῖς πιστοῖς, ἐπὶ ἑνὶ ἑκάστῳ λέγει· Μεταδίδοταί σοι τὸ Σῶμα καὶ τὸ Αἷμα τοῦ Κυρίου ἡμῶν Ἰησοῦ Χριστοῦ, εἰς ἄφεσιν ἁμαρτιῶν καὶ εἰς ζωὴν αἰώνιον. Ἀμήν.

Ἐν δὲ τῷ κοινωνεῖν τοὺς πιστούς, ὁ χορὸς ψάλλει· Τοῦ δείπνου σου τοῦ μυστικοῦ, σήμερον Υἱὲ Θεοῦ κοινωνόν με παράλαβε· οὐ μὴ γὰρ τοῖς ἐχθροῖς σου τὸ μυστήριον εἴπω· οὐ φίλημά σοι δώσω, καθάπερ ὁ Ἰούδας· ἀλλ' ὡς ὁ λῃστὴς ὁμολογῶ σοι· Μνήσθητί μου Κύριε ἐν τῇ βασιλείᾳ σου. ἢ Σῶμα Χριστοῦ μεταλάβετε...

You have smitten me with longing, O Christ, and changed me by your divine love, but with immaterial fire burn up my sins and count me worthy to be filled with delight in you, that as I leap for joy, O Good One, I may magnify your first and second Comings

How shall I, the unworthy, enter among the splendors of your Saints? For if I dare to enter with them into the bridal chamber, my dress convicts me, for it is not a wedding garment, and I shall be bound and cast out by the Angels. Cleanse the stain of my soul, Lord, and save me, as you love mankind.

Master, lover of mankind, Lord Jesus Christ, my God, do not let these holy Mysteries be for my condemnation because of my unworthiness, but rather for the cleansing and sanctification of both soul and body, and as a pledge of the life and the kingdom to come. It is good for me to cleave to God, to place in the Lord the hope of my salvation.

Of your mystical Supper...

The Priest communes of the Holy Gifts, then according to rank, the Priests and the Deacons, first of the holy Bread and then of the holy Cup.

Deacon: With the fear of God, faith and love, draw near.

The Priest communes the faithful, and to each one he says You are granted communion of the Body and Blood of our Lord, God and Savior Jesus Christ, for the remission of sins and for life everlasting. Amen.

During the communion of the faithful, the choir sings: Receive me today, Son of God, as a partaker of Your mystical Supper. I will not reveal Your mystery to Your adversaries. Nor will I give You a kiss as did Judas. But as the thief I confess You: Lord, remember me in Your kingdom. *or* Receive the Body of Christ...

Καὶ μετὰ τὸ κοινωνεῖν πάντας, Ὁ Ἱερεύς, ὑψῶν τὸ ἅγιον ποτήριον λέγει·

Σῶσον ὁ Θεὸς τὸν λαόν σου,
καὶ εὐλόγησον τὴν κληρονομίαν σου.

Ὁ Χορός· Τοῦ Δείπνου σου τοῦ μυστικοῦ σήμερον, Υἱὲ Θεοῦ, κοινωνόν με παράλαβε· οὐ μὴ γὰρ τοῖς ἐχθροῖς σου τὸ μυστήριον εἴπω, οὐ φιλημά σοι δώσω, καθάπερ ὁ Ἰούδας· ἀλλ' ὡς ὁ λῃστὴς ὁμολογῶ σοι· Μνήσθητί μου, Κύριε, ὅταν ἔλθῃς ἐν τῇ βασιλείᾳ σου.

Καὶ ἀποθέτει ὁ Ἱερεὺς τὸ ἅγιον ποτήριον ἐν τῇ ἁγίᾳ Τραπέζῃ, ὁ δὲ διάκονος λέγει·

Ὕψωσον Δέσποτα.

Καὶ ὁ Ἱερεὺς θυμιᾷ τὰ Ἅγια λέγων χαμηλοφώνως ἐκ γ'·

Ὑψώθητι ἐπὶ τοὺς οὐρανούς, ὁ Θεός, καὶ ἐπὶ πᾶσαν τὴν γῆν ἡ δόξα Σου.

Εἶτα τὸν μὲν δίσκον μετὰ τῶν καλυμμάτων καὶ τοῦ ἀστερίσκου ἐπιδίδει εἰς τὸν διάκονον, ὅστις περιερχόμενος τὴν ἁγίαν Τράπεζαν μεταφέρει καὶ ἀποθέτει αὐτὰ εἰς τὴν Πρόθεσιν. Ὁ δὲ Ἱερεὺς λαμβάνει τὸ ἅγιον ποτήριον καὶ λέγει χαμηλοφώνως·

Εὐλογητὸς ὁ Θεὸς ἡμῶν...

Ἐκφώνως πρὸς τὸν λαόν·

Πάντοτε, νῦν καὶ ἀεὶ καὶ εἰς τοὺς αἰῶνας τῶν αἰώνων.

Καὶ μεταφέρει αὐτὸ εἰς τὴν Πρόθεσιν.

Ὁ Χορός· Ἀμήν.

Ὁ Χορός· Πληρωθήτω τὸ στόμα ἡμῶν αἰνέσεως Κύριε, ὅπως ἀνυμνήσωμεν τὴν δόξαν σου, ὅτι ἠξίωσας ἡμᾶς τῶν ἁγίων σου μετασχεῖν μυστηρίων· τήρησον ἡμᾶς ἐν τῷ σῷ ἁγιασμῷ, ὅλην τὴν ἡμέραν μελετῶντας τὴν δικαιοσύνην σου. Ἀλληλούϊα, ἀλληλούϊα, ἀλληλούϊα.

Ὁ Διάκονος· Ὀρθοί. Μεταλαβόντες τῶν θείων, ἁγίων, ἀχράντων, ἀθανάτων,

After all have communed, the Priest elevates the holy Cup and says:

Save, O God, Your people
and bless Your inheritance.

Choir: Of your mystical Supper, Son of God, receive me today as a communicant; for I will not tell of the Mystery to your enemies; I will not give you a kiss, like Judas; but like the Thief I confess you: Remember me, Lord, in your Kingdom.

The Priest places the holy Cup on the Holy Table, and the Deacon says:

Exalt, Master.

And the Priest censes the Holy Things saying in a low voice x3:

Be exalted, O God, above the heavens. Let Your glory be over all the earth.

Then the Deacon, with coverings and the star placed upon the paten, which are on the Holy Table, translates them to the Prothesis and sets them there. The Priest takes the holy Cup and says in a low voice:

Blessed is our God...

Aloud, facing the people:

Always, now and forever and to the ages of ages.

And he translates it to the Prothesis.

Choir: Amen.

Choir: Let our mouths be filled with Your praise, O Lord, that we may sing of Your glory. You have made us worthy to partake of Your holy mysteries. Keep us in Your holiness that all the day long we may meditate upon Your righteousness. Alleluia, alleluia, alleluia.

Deacon: Arise. Having received the divine, holy, pure, immortal, heav-

ἐπουρανίων καὶ ζωοποιῶν, φρικτῶν τοῦ Χριστοῦ μυστηρίων, ἀξίως εὐχαριστήσωμεν τῷ Κυρίῳ.

Ὁ Χορός· Κύριε, ἐλέησον. *(Καὶ μεθ' ἑκάστην δέησιν)*

Ἀντιλαβοῦ, σῶσον, ἐλέησον καὶ διαφύλαξον ἡμᾶς, ὁ Θεός, τῇ Σῇ χάριτι.

Τὴν ἡμέραν πᾶσαν, τελείαν, ἁγίαν, εἰρηνικὴν καὶ ἀναμάρτητον αἰτησάμενοι, ἑαυτοὺς καὶ ἀλλήλους, καὶ πᾶσαν τὴν ζωὴν ἡμῶν, Χριστῷ τῷ Θεῷ παραθώμεθα.

Ὁ Χορός· Σοί, Κύριε.

Ὁ Ἱερεὺς τὴν εὐχαριστήριον εὐχήν.

ΕΥΧΗ ΜΕΤΑ
ΤΟ ΜΕΤΑΛΑΒΕΙΝ ΠΑΝΤΑΣ

Εὐχαριστοῦμέν σοι, Κύριε ὁ Θεὸς ἡμῶν, ἐπὶ τῇ μεταλήψει τῶν ἁγίων, ἀχράντων, ἀθανάτων, καὶ ἐπουρανίων σου μυστηρίων, ἃ ἔδωκας ἡμῖν ἐπ' εὐεργεσίᾳ, καὶ ἁγιασμῷ καὶ ἰάσει τῶν ψυχῶν καὶ τῶν σωμάτων ἡμῶν. Αὐτός, Δέσποτα τῶν ἁπάντων, δὸς γενέσθαι ἡμῖν τὴν κοινωνίαν τοῦ ἁγίου Σώματος καὶ Αἵματος τοῦ Χριστοῦ σου εἰς πίστιν ἀκαταίσχυντον, εἰς ἀγάπην ἀνυπόκριτον, εἰς πλησμονὴν σοφίας, εἰς ἴασιν ψυχῆς καὶ σώματος, εἰς ἀποτροπὴν παντὸς ἐναντίου, εἰς περιποίησιν τῶν ἐντολῶν σου, εἰς ἀπολογίαν εὐπρόσδεκτον τὴν ἐπὶ τοῦ φοβεροῦ βήματος τοῦ Χριστοῦ σου.

Ἐκφώνως·

Ὅτι σὺ εἶ ὁ ἁγιασμὸς ἡμῶν, καὶ σοὶ τὴν δόξαν ἀναπέμπομεν, τῷ Πατρὶ καὶ τῷ Υἱῷ καὶ τῷ Ἁγίῳ Πνεύματι, νῦν καὶ ἀεὶ καὶ εἰς τοὺς αἰῶνας τῶν αἰώνων.

enly, life-giving and dread Mysteries of Christ, let us give worthy thanks to the Lord.

Choir: Lord, have mercy. *(And so after each petition.)*

Take hold of us, save us, have mercy upon us, and protect us, O God, by Your grace.

Having asked that the whole day may be perfect, holy, peaceful and sinless, let us entrust ourselves and one another and our whole life to Christ our God.

Choir: To You, O Lord.

The Priest says the prayer of Thanksgiving.

PRAYER AFTER
HOLY COMMUNION

We thank you, Lord, our God, for the communion of your holy, most pure, immortal and heavenly Mysteries, which you have given us for the benefit, sanctification and healing of our souls and bodies. Do you, Master of all things, grant that the communion of the holy body and blood of your Christ may become for us for faith unashamed, love without pretence, fullness of wisdom, healing of soul and body, routing of every adversary, carrying out of your commandments, and an acceptable defence before the dread tribunal of your Christ.

Aloud:

For You are our sanctification and to You we give glory, to the Father and the Son and the Holy Spirit, both now and ever and to the ages of ages.

Καὶ λέγων τοῦτο λαμβάνει τὸ ἱ. Εὐαγγέλιον καὶ ποιήσας δι' αὐτοῦ τὸ σημεῖον τοῦ σταυροῦ ἐπὶ τοῦ ἤδη διπλαωθέντος εἰλητοῦ ἐπιθέτει αὐτὸ ἐπ' αὐτοῦ.

Ὁ Χορός· Ἀμήν.

Ὁ Ἱερεύς· Ἐν εἰρήνῃ προέλθωμεν.

Ὁ Χορός· Ἐν ὀνόματι Κυρίου.

Ὁ Διάκονος· Τοῦ Κυρίου δεηθῶμεν.

Ὁ Χορός· Κύριε, ἐλέησον.

Καὶ ὁ ἱερεὺς ἐξελθὼν τῆς Ὡραίας Πύλης ἀναγινώσκει μεγαλοφώνως ἔμπροσθεν τῆς εἰκόνος τοῦ Χριστοῦ τὴν εὐχὴν ταύτην.

ΕΥΧΗ ΟΠΙΣΘΑΜΒΩΝΟΣ

Ὁ θυσίαν αἰνέσεως καὶ λατρείαν εὐάρεστον, τὴν λογικὴν ταύτην καὶ ἀναίμακτον θυσίαν προσδεχόμενος παρὰ τῶν ἐπικαλουμένων σε ἐν ὅλῃ καρδίᾳ, Χριστὲ ὁ Θεὸς ἡμῶν, ὁ, ἀμνὸς καὶ Υἱὸς τοῦ Θεοῦ ὁ αἴρων τὴν ἁμαρτίαν τοῦ κόσμου, ὁ μόσχος ὁ ἄμωμος, ὁ μὴ δεχόμενος ἁμαρτίας ζυγὸν καὶ τυθεὶς δι' ἡμᾶς ἑκών· ὁ μελιζόμενος καὶ μὴ διαιρούμενος, ὁ ἐσθιόμενος καὶ μηδέποτε δαπανώμενος, τοὺς δὲ ἐσθίοντας ἁγιάζων· ὁ εἰς ἀνάμνησιν τοῦ ἑκουσίου πάθους σου καὶ τῆς ζωοποιοῦ τριημέρου ἐγέρσεώς σου κοινωνοὺς ἡμᾶς ἀναδείξας τῶν ἀρρήτων καὶ ἐπουρανίων καὶ φρικτῶν σου μυστηρίων, τοῦ ἁγίου σου Σώματος καὶ τοῦ τιμίου σου Αἵματος· τήρησον ἡμᾶς τοὺς δούλους σου, τοὺς διακόνους καὶ τοὺς πιστοὺς ἡμῶν βασιλεῖς καὶ τὸν φιλόχριστον στρατὸν καὶ τὸν περιεστῶτα λαὸν ἐν τῷ σῷ ἁγιασμῷ. Καὶ δὸς ἡμῖν ἐν παντὶ χρόνῳ καὶ καιρῷ μελετᾶν τὴν σὴν δικαιοσύνην, ὅπως, πρὸς τὸ σὸν θέλημα ὁδηγηθέντες καὶ τὰ εὐάρεστά σοι ποιήσαντες, ἄξιοι γενώμεθα καὶ τῆς ἐκ δεξιῶν σου παρα-

And while saying this, he takes the H. Gospel and makes the sign of the cross with it upon the already folded eilito and places it on top of it.

Choir: Amen.

Priest: Let us go forth in peace.

Choir: In the name of the Lord.

Deacon: Let us pray to the Lord.

Choir: Lord, have mercy.

And the Priest exits from the Beautiful Gate and reads this prayer in a loud voice in front of the icon of Christ.

PRAYER BEHIND THE AMVON

Christ our God, who receive as a sacrifice of praise and acceptable worship this reasonable sacrifice without shedding of blood from those who call upon you with their whole heart, Lamb and Son of God, who take away the sin of the world, the unblemished calf, who did not bear the yoke of sin and was willingly sacrificed for us; who are broken, yet not divided, eaten, yet never consumed, but who hallow those who eat; who in memory of your voluntary passion and life-giving Rising on the third day have declared us to be partakers of your ineffable, heavenly and dread Mysteries of your holy Body and precious Blood; preserve us, your servants, the deacons, our faithful Rulers, the armed forces and the people here present in your sanctification. And grant us at every time and moment to meditate on your justice, so that, guided to your will and doing what is acceptable to you, we may become worthy of the place at your right hand, when you come to judge the

living and the dead. Deliver our brethren in captivity, visit the sick, pilot those in dangers on the sea and give rest to the souls which have gone ahead to their rest in hope of eternal life, where the light of your face watches, and hearken to all who implore your help. For you are the giver of good things, and to you we give glory, together with your Father, who is without beginning, and your all-holy, good and life-giving Spirit, now and ever and to the ages of ages.

Choir: Amen.

Choir: Blessed be the name of the Lord, from now and forever more. *(x3)*

The Priest goes to the Prothesis and says, in a low voice, this prayer:

Finished and perfected, as far as is in our power, is the mystery of your dispensation, Christ, our God; for we have remembered your death; we have seen the figure of your Resurrection; we have been filled with your unending light; we have enjoyed your inexhaustible delight. In your good pleasure make us all worthy of it in the age to come, by the grace of your Father, who is without beginning, and your holy, good and life-giving Spirit, now and ever, and to the ages of ages. Amen.

Deacon: Let us pray to the Lord.

Choir: Lord, have mercy.

The Priest, from the Holy Gates, blesses the people saying:

The blessing of the Lord be upon you, by his grace and love for mankind,

θρωπία, πάντοτε, νῦν καὶ ἀεὶ καὶ εἰς τοὺς αἰῶνας τῶν αἰώνων.

Ὁ Χορός· Ἀμήν.

Ὁ Ἱερεύς· Δόξα σοι ὁ Θεός, ἡ ἐλπὶς ἡμῶν, δόξα σοι.

Ὁ Ἀναγνώστης· Δόξα Πατρὶ καὶ Υἱῷ καὶ Ἁγίῳ Πνεύματι, καὶ νῦν καὶ ἀεὶ καὶ εἰς τοὺς αἰῶνας τῶν αἰώνων, Ἀμήν. Κύριε, ἐλέησον (*γ′*). Πάτερ ἅγιε, εὐλόγησον.

Ὁ Ἱερεὺς τὴν μεγάλην ἀπόλυσιν.

Ὁ δι' ὑπερβάλλουσαν ἀγαθότητα ὁδὸν ἀρίστην τὴν ταπείνωσιν ὑποδείξας ἐν τῳ νῖψαι τοὺς πόδας τῶν Μαθητῶν καὶ μέχρι Σταυροῦ καὶ ταφῆς συγκαταβὰς ἡμῖν, Χριστὸς ὁ ἀληθινὸς Θεὸς ἡμῶν, ταῖς πρεσβείαις τῆς παναχράντου καὶ παναμώμου ἁγίας αὐτοῦ Μητρός· δυνάμει τοῦ τιμίου καὶ ζωοποιοῦ Σταυροῦ· προστασίαις τῶν τιμίων ἐπουρανίων Δυνάμεων Ἀσωμάτων· ἱκεσίαις τοῦ τιμίου, ἐνδόξου, Προφήτου, Προδρόμου καὶ Βαπτιστοῦ Ἰωάννου· τῶν ἁγίων ἐνδόξων καὶ πανευφήμων Ἀποστόλων· τῶν ἁγίων ἐνδόξων καὶ καλλινίκων μαρτύρων· τῶν ὁσίων καὶ θεοφόρων Πατέρων ἡμῶν, τοῦ ἁγίου (***τοῦ Ναοῦ***), τῶν ἁγίων καὶ δικαίων Θεοπατόρων Ἰωακεὶμ καὶ Ἄννης, τοῦ ἁγίου (***τῆς ἡμέρας***), οὗ καὶ τὴν μνήμην ἐπιτελοῦμεν, καὶ πάντων τῶν Ἁγίων, ἐλεῆσαι καὶ σῶσαι ἡμᾶς, ὡς ἀγαθὸς καὶ φιλάνθρωπος καὶ ἐλεήμων Θεός.

Ὁ Ἱερεύς· Δι' εὐχῶν τῶν ἁγίων Πατέρων ἡμῶν, Κύριε Ἰησοῦ Χριστέ, ὁ Θεός, ἐλέησον καὶ σῶσον ἡμᾶς.

Ὁ Χορός· Ἀμήν.

always, now and for ever, and to the ages of ages.

Choir: Amen.

Priest: Glory to You, O God, our hope, glory to you.

Reader: Glory to the Father, and the Son and the Holy Spirit, both now and ever and to the ages of ages. Amen. Lord have mercy (*x3*). Holy Father, bless.

The Priest makes the Great Dismissal.

May he who, in his exceeding goodness, showed us the virtuous way of humility at the washing of the disciples feet, and condescended even to the cross and the tomb, Christ our true God, through the intercessions of His most pure and holy Mother; the power of the precious and life giving Cross; the protection of the honorable, bodiless powers of heaven, the supplications of the honorable, glorious prophet and forerunner John the Baptist; the holy, glorious and praiseworthy apostles; the holy, glorious and triumphant martyrs; our holy and God-bearing Fathers (***name of the church***); the holy and righteous ancestors Joachim and Anna; Saint (***of the day***) whose memory we commemorate today, and all the saints.

Priest: Through the prayers of our holy fathers, Lord Jesus Christ, our God, have mercy on us and save us.

Choir: Amen.

The Betrayal of our Lord

Η ΑΓΙΑ Κ. ΜΕΓΑΛΗ ΠΑΡΑΣΚΕΥΗ

ΚΑΘ᾽ ἫΝ ἘΠΙΤΕΛΟῦΜΕΝ
ἈΝΑΜΝΗΣΙΝ ΤῶΝ ἉΓΙΩΝ ΚΑὶ
ΣΩΤΗΡΙΩΝ ΠΑΘῶΝ ΤΟῦ ΚΥΡΙΟΥ
ἩΜῶΝ ἸΗΣΟῦ ΧΡΙΣΤΟῦ

Τελεῖται συνήθως τῇ Μ. Πέμπτῃ ἑσπέρας

HOLY AND GREAT FRIDAY

IN COMMEMORATION OF THE
REMEMBERANCE OF THE HOLY
AND SAVING SUFFERINGS OF
OUR LORD JESUS CHRIST

Commonly celebrated on G. Thursday Evening

Εὐλογητὸς ὁ Θεὸς ἡμῶν, πάντοτε, νῦν, καὶ ἀεί, καὶ εἰς τοὺς αἰῶνας τῶν αἰώνων.

Ὁ Ἀναγνώστης· Ἀμήν.

Ὁ Ἱερεύς· Δόξα σοι, ὁ Θεὸς ἡμῶν, δόξα σοι. Βασιλεῦ οὐράνιε, Παράκλητε, τὸ Πνεῦμα τῆς ἀληθείας, ὁ πανταχοῦ παρών, καὶ τὰ πάντα πληρῶν, ὁ θησαυρὸς τῶν ἀγαθῶν καὶ ζωῆς χορηγός, ἐλθὲ καὶ σκήνωσον ἐν ἡμῖν καὶ καθάρισον ἡμᾶς ἀπὸ πάσης κηλῖδος καὶ σῶσον ἀγαθέ, τὰς ψυχὰς ἡμῶν.

Ὁ Ἀναγνώστης· Ἀμήν.

Ὁ Ἀναγνώστης· Ἅγιος ὁ Θεός, Ἅγιος Ἰσχυρός, Ἅγιος Ἀθάνατος, ἐλέησον ἡμᾶς. *(γ´)*

Δόξα Πατρί, καὶ Υἱῷ, καὶ Ἁγίῳ Πνεύματι, καὶ νῦν καὶ ἀεί, καὶ εἰς τοὺς αἰῶνας τῶν αἰώνων. Ἀμήν.

Παναγία Τριάς, ἐλέησον ἡμᾶς. Κύριε, ἱλάσθητι ταῖς ἁμαρτίαις ἡμῶν, Δέσποτα, συγχώρησον τὰς ἀνομίας ἡμῖν. Ἅγιε, ἐπίσκεψαι καὶ ἴασαι τὰς ἀσθενείας ἡμῶν, ἕνεκεν τοῦ ὀνόματός σου.

Βlessed is our God, always, now and for ever, and to the ages of ages.

Reader: Amen.

Priest: Glory to you, our God. Glory to you. Heavenly King, Comforter, Spirit of truth, present everywhere, filling all things, Treasury of blessings and Giver of life, come and abide in us, cleanse us from every stain, and save our souls, O Good One.

Reader: Amen.

Reader: Holy God, Holy Mighty, Holy Immortal, have mercy on us. *(x3)*

Glory to the Father and the Son and the Holy Spirit, both now and ever and to the ages of ages. Amen.

All-holy Trinity, have mercy on us. Lord, forgive our sins. Master, pardon our transgressions. Holy One, visit and heal our infirmities for the glory of Your name.

Κύριε, ἐλέησον. *(γ΄)* Δόξα Πατρί, καὶ Υἱῷ, καὶ Ἁγίῳ Πνεύματι, καὶ νῦν καὶ ἀεί, καὶ εἰς τοὺς αἰῶνας τῶν αἰώνων. Ἀμήν.

Πάτερ ἡμῶν ὁ ἐν τοῖς οὐρανοῖς, ἁγιασθήτω τὸ ὄνομά σου. Ἐλθέτω ἡ βασιλεία σου. Γενηθήτω τὸ θέλημά σου, ὡς ἐν οὐρανῷ, καὶ ἐπὶ τῆς γῆς. Τὸν ἄρτον ἡμῶν τὸν ἐπιούσιον δὸς ἡμῖν σήμερον. Καὶ ἄφες ἡμῖν τὰ ὀφειλήματα ἡμῶν, ὡς καὶ ἡμεῖς ἀφίεμεν τοῖς ὀφειλέταις ἡμῶν. Καὶ μὴ εἰσενέγκῃς ἡμᾶς εἰς πειρασμόν, ἀλλὰ ῥῦσαι ἡμᾶς ἀπὸ τοῦ πονηροῦ.

Ὁ Ἱερεύς· Ὅτι σοῦ ἐστιν ἡ Βασιλεία, καὶ ἡ δύναμις, καὶ ἡ δόξα, τοῦ Πατρός, καὶ τοῦ Υἱοῦ, καὶ τοῦ ἁγίου Πνεύματος, νῦν καὶ ἀεὶ καὶ εἰς τοὺς αἰῶνας τῶν αἰώνων.

Ὁ Ἀναγνώστης· Ἀμήν. *(χῦμα)*

Κύριε, ἐλέησον *(ιβ΄)*.

Δόξα Πατρὶ, καὶ Υἱῷ, καὶ Ἁγίῳ Πνεύματι. Καὶ νῦν καὶ ἀεὶ, καὶ εἰς τοὺς αἰῶνας τῶν αἰώνων. Ἀμήν.

Δεῦτε, προσκυνήσωμεν καὶ προσπέσωμεν τῷ βασιλεῖ ἡμῶν Θεῷ.

Δεῦτε προσκυνήσωμεν καὶ προσπέσωμεν Χριστῷ τῷ βασιλεῖ ἡμῶν Θεῷ.

Δεῦτε προσκυνήσωμεν καὶ προσπέσωμεν αὐτῷ Χριστῷ, τῷ βασιλεῖ καὶ Θεῷ ἡμῶν.

Lord, have mercy. *(x3)* Glory to the Father and the Son and the Holy Spirit, both now and ever and to the ages of ages. Amen.

Our Father, who art in heaven, hallowed be Thy name. Thy kingdom come. Thy will be done, on earth as it is in heaven. Give us this day our daily bread; and forgive us our trespasses, as we forgive those who trespass against us. And lead us not into temptation, but deliver us from the evil one.

Priest: For Yours is the kingdom and the power and the glory, of the Father and the Son and the Holy Spirit, both now and ever and to the ages of ages.

Reader: Amen. *(spoken)*

Lord, have mercy *(x12)*.

Glory to the Father and the Son and the Holy Spirit, both now and ever and to the ages of ages. Amen.

Come, let us worship and fall down before the King, our God.

Come, let us worship and fall down before Christ the King, our God.

Come, let us worship and fall down before Christ himself, the King, our God.

And the following Psalms; as they are being read, the Priest censes with the katzion.

PSALM 19

May the Lord hear you in the day of trouble; may the name of the God of Jacob shield you. May he send you his help from the holy place, and support you from Sion. May he remember your every sacrifice, and accept with favor your whole burnt offering. May the Lord give you your heart's desire, and fulfil your every purpose. We shall rejoice in your salvation, and be magnified in the name of our the Lord our God. May the Lord fulfill all your petitions. Now I know that the Lord has saved his Christ. He will hear him from his holy heaven; in mighty acts is the salvation of his right hand. Some put their trust in chariots and some in horses, but we will call on the name of the Lord our God. They were fettered and fell, but we have risen and been set upright. Lord, save the king, and hear us on the day we call upon you.

PSALM 20

The king will rejoice in your power, O Lord, he will exult exceedingly in your salvation. You gave him his heart's desire; you did not deny him the request of his lips. For you came to meet him with blessings of goodness; you placed a crown of precious stones upon his head. He asked you for life, and you gave him length of days for age on age. Great is his glory because of your salvation; you will place on him glory and majesty. For you will give him a bless-

σεις ἐπ' αὐτόν. Ὅτι δώσεις αὐτῷ εὐλογίαν εἰς αἰῶνα αἰῶνος· εὐφρανεῖς αὐτὸν ἐν χαρᾷ μετὰ τοῦ προσώπου σου. Ὅτι ὁ βασιλεὺς ἐλπίζει ἐπὶ Κύριον καὶ ἐν τῷ ἐλέει τοῦ Ὑψίστου οὐ μὴ σαλευθῇ. Εὑρεθείη ἡ χείρ σου πᾶσι τοῖς ἐχθροῖς σου· ἡ δεξιά σου εὕροι πάντας τοὺς μισοῦντάς σε. Ὅτι θήσεις αὐτοὺς ὡς κλίβανον πυρὸς εἰς καιρὸν τοῦ προσώπου σου. Κύριος ἐν ὀργῇ αὐτοῦ συνταράξει αὐτοὺς καὶ καταφάγεται αὐτοὺς πῦρ. Τὸν καρπὸν αὐτῶν ἀπὸ τῆς γῆς ἀπολεῖς καὶ τὸ σπέρμα αὐτῶν ἀπὸ υἱῶν ἀνθρώπων. Ὅτι ἔκλιναν εἰς σὲ κακά, διελογίσαντο βουλάς, αἷς οὐ μὴ δύνωνται στῆναι. Ὅτι θήσεις αὐτοὺς νῶτον, ἐν τοῖς περιλοίποις σου ἑτοιμάσεις τὸ πρόσωπον αὐτῶν. Ὑψώθητι, Κύριε, ἐν τῇ δυνάμει σου· ᾄσομεν καὶ ψαλοῦμεν τὰς δυναστείας σου.

Ὁ Ἀναγνώστης· Ἅγιος ὁ Θεός, Ἅγιος Ἰσχυρός, Ἅγιος Ἀθάνατος, ἐλέησον ἡμᾶς. *(γ')*

Δόξα Πατρί, καὶ Υἱῷ, καὶ Ἁγίῳ Πνεύματι, καὶ νῦν καὶ ἀεί, καὶ εἰς τοὺς αἰῶνας τῶν αἰώνων. Ἀμήν.

Παναγία Τριάς, ἐλέησον ἡμᾶς. Κύριε, ἱλάσθητι ταῖς ἁμαρτίαις ἡμῶν, Δέσποτα, συγχώρησον τὰς ἀνομίας ἡμῖν. Ἅγιε, ἐπίσκεψαι καὶ ἴασαι τὰς ἀσθενείας ἡμῶν, ἕνεκεν τοῦ ὀνόματός σου.

Κύριε, ἐλέησον. *(γ')* Δόξα Πατρί, καὶ Υἱῷ, καὶ Ἁγίῳ Πνεύματι, καὶ νῦν καὶ ἀεί, καὶ εἰς τοὺς αἰῶνας τῶν αἰώνων. Ἀμήν.

Πάτερ ἡμῶν ὁ ἐν τοῖς οὐρανοῖς, ἁγιασθήτω τὸ ὄνομά σου. Ἐλθέτω ἡ βασιλεία σου. Γενηθήτω τὸ θέλημά σου, ὡς ἐν

ing for age on age, and make him glad with the joy of your countenance. For the king puts his hope in the Lord, and through the mercy of the Most High he will not be shaken. May your hand light upon all your enemies, and your right hand find out all who hate you. You will make them like a blazing oven at the time of your presence. The Lord will confound them in his wrath and fire will devour them. You will destroy their offspring from the earth, and their seed from among the children of mankind. Because they intended evils against you, and devised plans by which they can in no way succeed. For you will put them to flight; among your remnants you will prepare their presence. Be exalted, Lord, in your power; we will sing and praise your mighty acts.

Reader: Holy God, Holy Mighty, Holy Immortal, have mercy on us. *(x3)*

Glory to the Father and the Son and the Holy Spirit, both now and ever and to the ages of ages. Amen.

All-holy Trinity, have mercy on us. Lord, forgive our sins. Master, pardon our transgressions. Holy One, visit and heal our infirmities for the glory of Your name.

Lord, have mercy. *(x3)* Glory to the Father and the Son and the Holy Spirit, both now and ever and to the ages of ages. Amen.

Our Father, who art in heaven, hallowed be Thy name. Thy kingdom come. Thy will be done, on earth as it

οὐρανῷ, καὶ ἐπὶ τῆς γῆς. Τὸν ἄρτον ἡμῶν τὸν ἐπιούσιον δὸς ἡμῖν σήμερον. Καὶ ἄφες ἡμῖν τὰ ὀφειλήματα ἡμῶν, ὡς καὶ ἡμεῖς ἀφίεμεν τοῖς ὀφειλέταις ἡμῶν. Καὶ μὴ εἰσενέγκῃς ἡμᾶς εἰς πειρασμόν, ἀλλὰ ῥῦσαι ἡμᾶς ἀπὸ τοῦ πονηροῦ.

Ὁ Ἱερεύς· Ὅτι σοῦ ἐστιν ἡ Βασιλεία, καὶ ἡ δύναμις, καὶ ἡ δόξα, τοῦ Πατρός, καὶ τοῦ Υἱοῦ, καὶ τοῦ ἁγίου Πνεύματος, νῦν καὶ ἀεὶ καὶ εἰς τοὺς αἰῶνας τῶν αἰώνων.

Ὁ Ἀναγνώστης· Ἀμήν.

Σῶσον, Κύριε, τὸν λαόν σου καὶ εὐλόγησον τὴν κληρονομίαν σου, νίκας τοῖς βασιλεῦσι κατὰ βαρβάρων δωρούμενος, καὶ τὸ σὸν φυλάττων διὰ τοῦ Σταυροῦ σου πολίτευμα.

Δόξα Πατρί, καὶ Υἱῷ, καὶ Ἁγίῳ Πνεύματι.

Ὁ ὑψωθεὶς ἐν τῷ Σταυρῷ ἑκουσίως, τῇ ἐπωνύμῳ σου καινῇ πολιτείᾳ τοὺς οἰκτιρμούς σου δώρησαι, Χριστὲ ὁ Θεός· εὔφρανον ἐν τῇ δυνάμει σου τοὺς πιστοὺς βασιλεῖς ἡμῶν, νίκας χορηγῶν αὐτοῖς κατὰ τῶν πολεμίων· τὴν συμμαχίαν ἔχοιεν τὴν σήν, ὅπλον εἰρήνης, ἀήττητον τρόπαιον.

Καὶ νῦν καὶ ἀεί,
καὶ εἰς τοὺς αἰῶνας τῶν αἰώνων. Ἀμήν.

Προστασία φοβερὰ καὶ ἀκαταίσχυντε, μὴ παρίδῃς, Ἀγαθή, τὰς ἱκεσίας ἡμῶν, πανύμνητε Θεοτόκε· στήριξον Ὀρθοδόξων πολιτείαν, σῷζε οὓς ἐκέλευσας βασιλεύειν, καὶ χορήγει αὐτοῖς οὐρανόθεν τὴν νίκην· διότι ἔτεκες τὸν Θεόν, μόνη εὐλογημένη.

is in heaven. Give us this day our daily bread; and forgive us our trespasses, as we forgive those who trespass against us. And lead us not into temptation, but deliver us from the evil one.

Priest: For Yours is the kingdom and the power and the glory, of the Father and the Son and the Holy Spirit, both now and ever and to the ages of ages.

Reader: Amen.

Save, O Lord, your people, and bless your inheritance, granting victory to the faithful over the enemy, and by your Cross protecting your commonwealth.

Glory to the Father, Son and Holy Spirit.

You who were lifted on the Cross voluntarily, O Christ our God, bestow Your tender compassion upon Your new community to which You gave Your name. Make our faithful leaders to be glad in Your power, granting them the victories against their adversaries. May they have that alliance which is Yours, the shield of peace, the trophy invincible.

Both now and ever,
and to the ages of ages. Amen.

O awesome and unashamable Protection, O good and praiseworthy Theotokos, do not despise our petitions; make firm the community of the Orthodox; save those whom you have called to rule; grant them victory from heaven, for you gave birth to God and are truly blessed.

Ὁ Ἱερεύς· Ἐλέησον ἡμᾶς ὁ Θεός, κατὰ τὸ μέγα ἔλεός σου, δεόμεθά σου, ἐπάκουσον καὶ ἐλέησον.

Ὁ Ἀναγνώστης· Κύριε, ἐλέησον. Κύριε, ἐλέησον. Κύριε, ἐλέησον.

Ὁ Ἱερεύς· Ἔτι δεόμεθα ὑπὲρ τῶν εὐσεβῶν καὶ ὀρθοδόξων Χριστιανῶν.

Ὁ Ἀναγνώστης· Κύριε, ἐλέησον. Κύριε, ἐλέησον. Κύριε, ἐλέησον.

Ὁ Ἱερεύς· Ἔτι δεόμεθα ὑπὲρ τοῦ Ἀρχιεπισκόπου ἡμῶν **(δεῖνος)**.

Ὁ Ἀναγνώστης· Κύριε, ἐλέησον. Κύριε, ἐλέησον. Κύριε, ἐλέησον.

Ὁ Ἱερεύς· Ὅτι ἐλεήμων καὶ φιλάνθρωπος Θεὸς ὑπάρχεις, καὶ σοὶ τὴν δόξαν ἀναπέμπομεν, τῷ Πατρὶ καὶ τῷ Υἱῷ καὶ τῷ Ἁγίῳ Πνεύματι, νῦν καὶ ἀεὶ καὶ εἰς τοὺς αἰῶνας τῶν αἰώνων.

Ὁ Ἀναγνώστης· Ἀμήν. Ἐν ὀνόματι Κυρίου εὐλόγησον, Πάτερ.

Ὁ Ἱερεύς· Δόξα τῇ ἁγίᾳ καὶ ὁμοουσίῳ καὶ ζωοποιῷ καὶ ἀδιαιρέτῳ Τριάδι, πάντοτε, νῦν καὶ ἀεὶ καὶ εἰς τοὺς αἰῶνας τῶν αἰώνων.

Ὁ Ἀναγνώστης· Ἀμήν. *(χῦμα)*

Καὶ ἀναγινώσκει ὁ προεστὼς (ἢ ὁ ἀναγνώστης) τὸν Ἑξάψαλμον. (Βλ. σελ. 385)

Ὁ δὲ ἱερεὺς ἱστάμενος ἀσκεπὴς ἐνώπιον τῆς ἁγίας Τραπέζης ἀναγινώσκει τὰς εὐχὰς τοῦ Ὄρθρου· μετὰ δὲ τὴν ἀνάγνωσιν τῶν τριῶν πρώτων Ψαλμῶν ἐξελθὼν διὰ τῆς βορείου πύλης ἀναγινώσκει ἐνώπιον τῆς εἰκόνος τοῦ Χριστοῦ τὰς ὑπολοίπους εὐχάς.

Α΄ Εὐχή

Εὐχαριστοῦμέν σοι, Κύριε, ὁ Θεὸς ἡμῶν, τῷ ἐξαναστήσαντι ἡμᾶς ἐκ τῶν κοιτῶν ἡμῶν, καὶ ἐμβάλλοντι εἰς τὸ στόμα ἡμῶν λόγον αἰνέσεως, τοῦ προσκυνεῖν

Priest: Have mercy on us, O God, according to your great mercy, we pray you, hear and have mercy.

Reader: Lord, have mercy. Lord, have mercy. Lord, have mercy.

Priest: Let us pray for pious and Orthodox Christians.

Reader: Lord, have mercy. Lord, have mercy. Lord, have mercy.

Priest: Let us pray for our Archbishop *(Name)*.

Reader: Lord, have mercy. Lord, have mercy. Lord, have mercy.

Priest: For you are a merciful and loving God, and to you we give glory, to the Father and the Son and the Holy Spirit, both now and ever and to the ages of ages.

Reader: Amen. In the name of the Lord, Father give the blessing.

Priest: Glory to the holy and consubstantial, and life-giving, and undivided Trinity, always, now and forever and to the ages of ages.

Reader: Amen. *(spoken)*

And the President (or the Reader) reads the Six Psalms. (See p. 385)

The Priest, standing with head uncovered before the Holy Table, reads the prayers of Orthros; after reading the first three Psalms, he exits through the north door and reads the remaining prayers before the icon of Christ.

1ˢᵗ Prayer

We thank you, Lord our God, who have roused us from our beds and placed in our mouth a word of praise, to worship and call upon your Holy Name,

καὶ ἐπικαλεῖσθαι τὸ ὄνομά σου τὸ ἅγιον· καὶ δεόμεθα τοῖς σοῖς οἰκτιρμοῖς, οἷς πάντοτε ἐχρήσω περὶ τὴν ἡμετέραν ζωήν. Καὶ νῦν ἐξαπόστειλον τὴν βοήθειάν σου ἐπὶ τοὺς ἑστῶτας πρὸ προσώπου τῆς ἁγίας δόξης σου καὶ ἀπεκδεχομένους τὸ παρὰ σοῦ πλούσιον ἔλεος καὶ δὸς αὐτοῖς μετὰ φόβου καὶ ἀγάπης πάντοτε σοι λατρεύειν, αἰνεῖν, ὑμνεῖν, προσκυνεῖν, τὴν ἀνεκδιήγητόν σου ἀγαθότητα.

Ὅτι πρέπει σοι, πᾶσα δόξα, τιμὴ καὶ προσκύνησις, τῷ Πατρὶ καὶ τῷ Υἱῷ καὶ τῷ Ἁγίῳ Πνεύματι, νῦν καὶ ἀεὶ καὶ εἰς τοὺς αἰῶνας τῶν αἰώνων. Ἀμήν.

Β΄ Εὐχή

Ἐκ νυκτὸς ὀρθρίζει τὸ πνεῦμα ἡμῶν πρὸς σέ, ὁ Θεὸς ἡμῶν, διότι φῶς τὰ προστάγματά σου ἐπὶ τῆς γῆς· δικαιοσύνην καὶ ἁγιασμὸν ἐπιτελεῖν ἐν τῷ φόβῳ σου, συνέτισον ἡμᾶς· σὲ γὰρ δοξάζομεν τὸν ὄντως ὄντα Θεὸν ἡμῶν. Κλῖνον τὸ οὖς σου καὶ ἐπάκουσον ἡμῶν· καὶ μνήσθητι, Κύριε, τῶν συμπαρόντων καὶ συνευχομένων ἡμῖν πάντων κατ' ὄνομα καὶ σῶσον αὐτοὺς τῇ δυνάμει σου· εὐλόγησον τὸν λαόν σου καὶ ἁγίασον τὴν κληρονομίαν σου· εἰρήνην τῷ κόσμῳ σου δώρησαι, ταῖς ἐκκλησίαις σου, τοῖς ἱερεῦσι, τοῖς βασιλεῦσιν, ἡμῶν καὶ παντὶ τῷ λαῷ σου.

Ὅτι ηὐλόγηται καὶ δεδόξασται τὸ πάντιμον καὶ μεγαλοπρεπὲς ὄνομά σου, τοῦ Πατρὸς καὶ τοῦ Υἱοῦ καὶ τοῦ Ἁγίου Πνεύματος, νῦν καὶ ἀεὶ καὶ εἰς τοὺς αἰῶνας τῶν αἰώνων. Ἀμήν.

Γ΄ Εὐχή

Ἐκ νυκτὸς ὀρθρίζει τὸ πνεῦμα ἡμῶν πρὸς σέ ὁ Θεός, διότι φῶς τὰ προστάγματα σου. Δίδαξον ἡμᾶς, ὁ Θεός, τὴν δικαιοσύνην σου, τὰς ἐντολάς σου καὶ τὰ δικαιώματά σου· φώτισον τοὺς ὀφθαλμοὺς τῶν

and we beseech you by your acts of pity, with which you have always treated our life. And now send forth your help on those who stand before the presence of your holy glory and who await the rich mercy which comes from you, and grant that they may always serve, praise, hymn and worship your inexpressible loving-kindness.

For to you belong all glory, honour and worship, to the Father, the Son and the holy Spirit, now and for ever, and to the ages of ages. Amen.

2nd Prayer

At night our spirit rises early to you, our God, for your commandments are light upon the earth. Teach us justice and sanctification in fear of you; for we glorify you who are our God, the One who truly exists. Incline your ear and hear us; and remember, Lord, by name all those who are present and who pray with us, and save them by your power. Bless your people and sanctify your inheritance. Give peace to your world, to the churches, to the priests, to our rulers and to all your people.

For blessed and glorified is your all-honoured and majestic name, of the Father, the Son and the Holy Spirit now and for ever, and to the ages of ages. Amen.

3rd Prayer

At night our spirit rises early to you, O God, for your commandments are light. Teach us your justice, O God, your commands and your statutes. Enlighten the eyes of our understanding,

διανοιῶν ἡμῶν, μήποτε ὑπνώσωμεν ἐν ἁμαρτίαις εἰς θάνατον· ἀπέλασον πάντα ζόφον ἀπὸ τῶν καρδιῶν ἡμῶν· χάρισαι ἡμῖν τὸν τῆς δικαιοσύνης ἥλιον καὶ ἀνεπηρέαστον τὴν ζωὴν ἡμῶν διαφύλαξον ἐν τῇ σφραγῖδι τοῦ ἁγίου σου Πνεύματος· κατεύθυνον τὰ διαβήματα ἡμῶν εἰς ὁδὸν εἰρήνης· δὸς ἡμῖν ἰδεῖν τὸν ὄρθρον καὶ τὴν ἡμέραν ἐν ἀγαλλιάσει, ἵνα σοι τὰς ἑωθινὰς ἀναπέμπωμεν εὐχάς.

Ὅτι σὸν τὸ κράτος καὶ σοῦ ἐστιν ἡ βασιλεία καὶ ἡ δύναμις καὶ ἡ δόξα, τοῦ Πατρὸς καὶ τοῦ Υἱοῦ καὶ τοῦ Ἁγίου Πνεύματος, νῦν καὶ ἀεὶ καὶ εἰς τοὺς αἰῶνας τῶν αἰώνων.

Δ΄ Εὐχή

Δέσποτα ὁ Θεός, ὁ ἅγιος καὶ ἀκατάληπτος, ὁ εἰπὼν ἐκ σκότους φῶς λάμψαι, ὁ ἀναπαύσας ἡμᾶς ἐν τῷ τῆς νυκτὸς ὕπνῳ καὶ διαναστήσας πρὸς δοξολογίαν καὶ ἱκεσίαν τῆς σῆς ἀγαθότητος, δυσωπούμενος ὑπὸ τῆς ἰδίας σου εὐσπλαγχνίας, πρόσδεξαι ἡμᾶς καὶ νῦν προσκυνοῦντάς σε καὶ κατὰ δύναμιν εὐχαριστοῦντάς σοι καὶ δώρησαι ἡμῖν πάντα τὰ πρὸς σωτηρίαν αἰτήματα· ἀνάδειξον ἡμᾶς υἱοὺς φωτὸς καὶ ἡμέρας καὶ κληρονόμους τῶν αἰωνίων σου ἀγαθῶν. Μνήσθητι, Κύριε, ἐν τῷ πλήθει τῶν οἰκτιρμῶν σου καὶ παντὸς τοῦ λαοῦ σου, τῶν συμπαρόντων καὶ συνευχομένων ἡμῖν καὶ πάντων τῶν ἀδελφῶν ἡμῶν, τῶν ἐν γῇ, τῶν ἐν θαλάσσῃ, τῶν ἐν παντὶ τόπῳ τῆς δεσποτείας σου δεομένων τῆς σῆς φιλανθρωπίας καὶ βοηθείας, καὶ πᾶσι χορήγησον τὸ μέγα σου ἔλεος.

Ἵνα, σεσωσμένοι ψυχῇ τε καὶ σώματι πάντοτε διαμένοντες, μετὰ παρρησίας δοξάζωμεν τὸ θαυμαστὸν καὶ εὐλογημένον ὄνομά σου, τοῦ Πατρὸς καὶ τοῦ Υἱοῦ καὶ τοῦ Ἁγίου Πνεύματος, νῦν καὶ ἀεὶ καὶ εἰς τοὺς αἰῶνας τῶν αἰώνων. Ἀμήν.

lest we ever sleep unto death in sins. Drive away all gloomy darkness from our hearts. Give us the grace of the sun of justice and by the seal of your Holy Spirit keep our life free from harm. Direct our steps in the way of peace. Grant that we may see the dawn and the day in joy, that we may offer your our morning prayers.

For yours is the might and yours is the kingdom, the power and the glory, of the Father, the Son and the Holy Spirit, now and for ever, and to the ages of ages. Amen.

4th Prayer

Master and God, holy and beyond understanding, who said: Let light shine out of darkness, who have given us rest by the sleep of the night and raised us up to glorify and implore your loving kindness; entreated by your own compassion, accept us who now worship you and give you thanks in the measure of our power, and grant us all our requests that are for salvation. Declare us to be children of light and of the day, and heirs of your eternal blessings. Remember also, Lord, in the greatness of your compassion all your people, those present with us and who pray with us, and all our brethren by land and sea and in every place of your dominion who ask for your love for humankind and your help; and give to all your great mercy.

So that, always kept safe in soul and body, we may glorify with boldness your wondrous and blessed name, of the Father, the Son and the Holy Spirit, now and for ever, and to the ages of ages. Amen.

Ε´ Εὐχή

Ἀγαθῶν θησαυρέ, πηγὴ ἀέναος, Πάτερ ἅγιε, θαυμαστοποιέ, παντοδύναμε καὶ παντοκράτορ, πάντες σὲ προσκυνοῦμεν καὶ σοῦ δεόμεθα, τὰ σὰ ἐλέη καὶ τοὺς σοὺς οἰκτιρμοὺς ἐπικαλούμενοι εἰς βοήθειαν καὶ ἀντίληψιν τῆς ἡμετέρας ταπεινώσεως. Μνήσθητι, Κύριε, τῶν σῶν ἱκετῶν· πρόσδεξαι πάντων ἡμῶν τὰς ἑωθινὰς δεήσεις, ὡς θυμίαμα ἐνώπιον σου, καὶ μηδένα ἡμῶν ἀδόκιμον ποιήσῃς, ἀλλὰ πάντας ἡμᾶς περιποίησαι διὰ τῶν οἰκτιρμῶν σου. Μνήσθητι, Κύριε, τῶν ἀγρυπνούντων καὶ ψαλλόντων εἰς δόξαν σὴν καὶ τοῦ μονογενοῦς σου Υἱοῦ καὶ Θεοῦ ἡμῶν καὶ τοῦ ἁγίου σου Πνεύματος. Γενοῦ αὐτῶν βοηθὸς καὶ ἀντιλήπτωρ· πρόσδεξαι αὐτῶν τὰς ἱκεσίας εἰς τὸ ὑπερουράνιον καὶ νοερόν σου θυσιαστήριον.

Ὅτι σὺ εἶ ὁ Θεὸς ἡμῶν, καὶ σοὶ τὴν δόξαν ἀναπέμπομεν, τῷ Πατρὶ καὶ τῷ Υἱῷ καὶ τῷ Ἁγίῳ Πνεύματι, νῦν καὶ ἀεὶ καὶ εἰς τοὺς αἰῶνας τῶν αἰώνων. Ἀμήν.

ΣΤ´ Εὐχή

Εὐχαριστοῦμέν σοι, Κύριε ὁ Θεὸς τῶν σωτηρίων ἡμῶν, ὅτι πάντα ποιεῖς εἰς εὐεργεσίαν τῆς ζωῆς ἡμῶν, ἵνα διὰ παντὸς πρὸς σὲ ἀποβλέπωμεν, τὸν σωτῆρα καὶ εὐεργέτην τῶν ἡμετέρων ψυχῶν· ὅτι διανέπαυσας ἡμᾶς ἐν τῷ παρελθόντι τῆς νυκτὸς μέτρῳ καὶ ἐξήγειρας ἡμᾶς ἐκ τῶν κοιτῶν ἡμῶν καὶ ἔστησας εἰς προσκύνησιν τοῦ τιμίου ὀνόματός σου. Διὸ δεόμεθά σου, Κύριε· δὸς ἡμῖν χάριν καὶ δύναμιν, ἵνα καταξιωθῶμεν ψάλλειν σοι συνετῶς καὶ προσεύχεσθαι ἀδιαλείπτως ἐν φόβῳ καὶ τρόμῳ, τὴν ἑαυτῶν σωτηρίαν κατεργαζόμενοι, διὰ τῆς ἀντιλήψεως τοῦ Χριστοῦ σου. Μνήσθητι, Κύριε, καὶ τῶν ἐν νυκτὶ πρὸς σὲ βοώντων· ἐπάκουσον αὐτῶν καὶ ἐλέησον καὶ σύντριψον ὑπὸ

5th Prayer

Treasury of blessings, ever-flowing Source, Holy Father, worker of wonders, all-powerful and almighty, we all worship you and beseech you, as we invoke your acts of mercy and compassion to help and assist our lowliness. Remember your suppliants, Lord; accept the morning prayers of us all like incense before you, and make none of us reprobate, but keep us all through your acts of compassion. Remember, Lord, those who keep vigil and who chant to your glory and that of your Son and our God and of your Holy Spirit. Be their help and their aid; accept their supplications on your heavenly and spiritual altar.

For you are our God and to you we give glory, to the Father, the Son and the Holy Spirit, now and for ever, and to the ages of ages. Amen.

6th Prayer

We give thanks to you, Lord God of our salvation, for you do all things for the well-being of our life, that we may at all times look to you, the Saviour and Benefactor of our souls. We give thanks to you, for you have given us rest in the part of the night which has passed and roused us from our beds and placed us here for the worship of your honoured name. Therefore we beg you, Lord: Give us grace and power, so that we may be counted worthy to chant to you with understanding and to pray without ceasing in fear and trembling, as we work out our salvation through the assistance of your Son. Remember too, Lord, those who cry out to you by

τοὺς πόδας αὐτῶν τοὺς ἀοράτους καὶ πολεμίους ἐχθρούς.

Σὺ γὰρ εἶ ὁ Βασιλεὺς τῆς εἰρήνης καὶ Σωτὴρ τῶν ψυχῶν ἡμῶν, καὶ σοὶ τὴν δόξαν ἀναπέμπομεν, τῷ Πατρὶ καὶ τῷ Υἱῷ καὶ τῷ Ἁγίῳ Πνεύματι, νῦν καὶ ἀεὶ καὶ εἰς τοὺς αἰῶνας τῶν αἰώνων. Ἀμήν.

Ζ΄ Εὐχή

Ὁ Θεὸς καὶ Πατὴρ τοῦ Κυρίου ἡμῶν Ἰησοῦ Χριστοῦ, ὁ ἐξαναστήσας ἡμᾶς ἐκ τῶν κοιτῶν ἡμῶν καὶ ἐπισυναγαγὼν ἐπὶ τὴν ὥραν τῆς προσευχῆς, δὸς ἡμῖν χάριν ἐν ἀνοίξει τοῦ στόματος ἡμῶν καὶ πρόσδεξαι ἡμῶν τὰς κατὰ δύναμιν εὐχαριστίας· καὶ δίδαξον ἡμᾶς τὰ δικαιώματά σου, ὅτι προσεύξασθαι καθ᾿ ὃ δεῖ οὐκ οἴδαμεν, ἐὰν μὴ σύ, Κύριε, τῷ Πνεύματί σου τῷ ἁγίῳ ὁδηγήσῃς ἡμᾶς. Διό, δεόμεθά σου· εἴ τι ἡμάρτομεν μέχρι τῆς παρούσης ὥρας, ἐν λόγῳ ἢ ἔργῳ ἢ κατὰ διάνοιαν, ἑκουσίως ἢ ἀκουσίως, ἄνες, ἄφες, συγχώρησον· ἐὰν γὰρ ἀνομίας παρατηρήσῃς, Κύριε, Κύριε, τίς ὑποστήσεται; ὅτι παρὰ σοὶ ἡ ἀπολύτρωσις. Σὺ εἶ μόνος ἅγιος, βοηθός, κραταιὸς ὑπερασπιστὴς τῆς ζωῆς ἡμῶν καὶ ἐν σοὶ ἡ ὕμνησις ἡμῶν διαπαντός.

Εἴη τὸ κράτος τῆς βασιλείας σου εὐλογημένον καὶ δεδοξασμένον τοῦ Πατρὸς καὶ τοῦ Υἱοῦ καὶ τοῦ Ἁγίου Πνεύματος, νῦν καὶ ἀεὶ καὶ εἰς τοὺς αἰῶνας τῶν αἰώνων. Ἀμήν.

Η΄ Εὐχή

Κύριε ὁ Θεὸς ἡμῶν, ὁ τὴν τοῦ ὕπνου ῥᾳθυμίαν ἀποσκεδάσας ἀφ᾿ ἡμῶν, καὶ συγκαλέσας ἡμᾶς κλήσει ἁγίᾳ, τοῦ καὶ ἐν νυκτὶ ἐπᾶραι τὰς χεῖρας ἡμῶν καὶ ἐξομολογεῖσθαί σοι ἐπὶ τὰ κρίματα τῆς δικαιοσύνης σου, πρόσδεξαι τὰς δεήσεις ἡμῶν, τὰς ἐντεύξεις, τὰς ἐξομολογήσεις, τὰς

night. Hear them and have mercy, and crush beneath their feet their invisible and hostile foes.

For you are the King of peace and the Saviour of our souls, and to you we give glory, to the Father, the Son and the Holy Spirit, now and for ever, and to the ages of ages. Amen.

7th Prayer

God and Father of our Lord Jesus Christ, who have raised us from our beds and gathered us together for this hour of prayer, give us grace by the opening of our mouths and accept our thanksgivings, in the measure of our ability. Teach us your statutes, because we do not know how to pray as we ought, unless you, Lord guide us by your Holy Spirit. Therefore we beg you, if we have sinned in any way until the present hour in word or deed or by thought, voluntarily or involuntarily, remit, forgive, pardon. For if you should regard iniquities, Lord; Lord, who will stand? For there is redemption from you. You alone are holy, a helper, a mighty defender of our life, and in you is our praise at all times.

Blessed and glorified be the might of your Kingdom, of the Father, the Son and the Holy Spirit, now and for ever, and to the ages of ages. Amen.

8th Prayer

Lord our God, who have driven from us the sloth of sleep and called us together with a holy summons to lift up our hands and to give you thanks for the judgements of your justice, accept our supplications, our requests, our thanksgivings, our nocturnal worship;

νυκτερινὰς λατρείας· καὶ χάρισαι ἡμῖν, ὁ Θεός, πίστιν ἀκαταίσχυντον, ἐλπίδα βεβαίαν, ἀγάπην ἀνυπόκριτον· εὐλόγησον ἡμῶν εἰσόδους καὶ ἐξόδους, πράξεις, ἔργα, λόγους, ἐνθυμήσεις· καὶ δὸς ἡμῖν καταντῆσαι εἰς τὰς ἀρχὰς τῆς ἡμέρας, αἰνοῦντας, ὑμνοῦντας, εὐλογοῦντας τῆς σῆς ἀφράστου χρηστότητος τὴν ἀγαθότητα.

Ὅτι ηὐλόγηταί τὸ πανάγιόν σου ὄνομα, καὶ δεδόξασταί σου ἡ βασιλεία, τοῦ Πατρὸς καὶ τοῦ Υἱοῦ καὶ τοῦ Ἁγίου Πνεύματος, νῦν καὶ ἀεὶ καὶ εἰς τοὺς αἰῶνας τῶν αἰώνων. Ἀμήν.

Θ′ Εὐχή

Λάμψον, Δέσποτα φιλάνθρωπε, ἐν ταῖς καρδίαις ἡμῶν, τὸ τῆς σῆς θεογνωσίας ἀκήρατον φῶς, καὶ τοὺς τῆς διανοίας ἡμῶν ὀφθαλμοὺς διάνοιξον εἰς τὴν τῶν εὐαγγελικῶν σου κηρυγμάτων κατανόησιν. Ἔνθες ἡμῖν καὶ τὸν τῶν μακαρίων σου ἐντολῶν φόβον, ἵνα πάσας τὰς σαρκικὰς ἐπιθυμίας καταπατήσαντες, πνευματικὴν πολιτείαν μετέλθωμεν, πάντα τὰ πρὸς εὐαρέστησιν τὴν σὴν καὶ φρονοῦντες καὶ πράττοντες.

Ὅτι σὺ εἶ ὁ ἁγιασμὸς ἡμῶν, καὶ σοὶ τὴν δόξαν ἀναπέμπομεν, τῷ Πατρὶ καὶ τῷ Υἱῷ καὶ τῷ Ἁγίῳ Πνεύματι, νῦν καὶ ἀεὶ καὶ εἰς τοὺς αἰῶνας τῶν αἰώνων. Ἀμήν.

Ι′ Εὐχή

Κύριε ὁ Θεὸς ἡμῶν, ὁ τὴν διὰ μετανοίας ἄφεσιν τοῖς ἀνθρώποις δωρησάμενος καὶ τύπον ἡμῖν ἐπιγνώσεως ἁμαρτημάτων καὶ ἐξομολογήσεως τὴν τοῦ προφήτου Δαυῒδ μετάνοιαν πρὸς συγχώρησιν ὑποδείξας· αὐτός, Δέσποτα, πολλοῖς ἡμᾶς καὶ μεγάλοις περιπεπτωκότας πλημμελήμασιν, ἐλέησον κατὰ τὸ μέγα σου ἔλεος, καί, κατὰ τὸ πλῆθος τῶν οἰκτιρμῶν σου,

and give us, O God, the grace of faith unashamed, sure hope, love without pretence. Bless our comings in and our goings out, our deeds, works, words, desires, and grant that we may meet the beginnings of the day praising, singing, blessing the loving-kindness of your ineffable goodness.

For blessed is your all-holy name and glorified is your kingdom, of the Father, the Son and the Holy Spirit, now and for ever, and to the ages of ages. Amen.

9th Prayer

Light in our hearts, Master, lover of humankind, the unsullied light of your divine knowledge, and open the eyes of our mind to the understanding of the proclamation of your Gospel. Instill in us also the fear of your blessed commandments, so that having trampled down all the desires of the flesh we may pass over to a spiritual way of life, thinking and doing all things that are well-pleasing to you.

For you are our sanctification and to you we give glory, to the Father, the Son and the Holy Spirit, now and for ever, and to the ages of ages. Amen.

10th Prayer

Lord our God, who have granted humankind forgiveness through repentance and shown us an image of acknowledgement and confession of sins: the repentance leading to pardon of the prophet David, in accordance with your great mercy have mercy on us, who have fallen by many and great offences, and, in accordance with the multitude of

ἐξάλειψον τὰ ἀνομήματα ἡμῶν· ὅτι σοι ἡμάρτομεν, Κύριε, τῷ καὶ τὰ ἄδηλα καὶ κρύφια τῆς καρδίας τῶν ἀνθρώπων γινώσκοντι καὶ μόνῳ ἔχοντι ἐξουσίαν ἀφιέναι ἁμαρτίας. Καρδίαν δὲ καθαρὰν κτίσας ἐν ἡμῖν καὶ πνεύματι ἡγεμονικῷ στηρίξας ἡμᾶς καὶ τὴν ἀγαλλίασιν τοῦ σωτηρίου σου γνωρίσας ἡμῖν, μὴ ἀποῤῥίψῃς ἡμᾶς ἀπὸ τοῦ προσώπου σου· ἀλλ᾽ εὐδόκησον, ὡς ἀγαθὸς καὶ φιλάνθρωπος, μέχρι τῆς ἐσχάτης ἡμῶν ἀναπνοῆς προσφέρειν σοι θυσίαν δικαιοσύνης καὶ ἀναφορὰν ἐν τοῖς ἁγίοις σου θυσιαστηρίοις.

Ἐλέει, καὶ οἰκτιρμοῖς, καὶ φιλανθρωπίᾳ τοῦ μονογενοῦς σου Υἱοῦ, μεθ᾽ οὗ εὐλογητὸς εἶ, σὺν τῷ παναγίῳ καὶ ἀγαθῷ καὶ ζωοποιῷ σου Πνεύματι, νῦν καὶ ἀεὶ καὶ εἰς τοὺς αἰῶνας τῶν αἰώνων. Ἀμήν.

ΙΑ΄ Εὐχή

Ὁ Θεός, ὁ Θεὸς ἡμῶν, ὁ τὰς νοερὰς καὶ λογικὰς ὑποστησάμενος δυνάμεις τῷ σῷ θελήματι, σοῦ δεόμεθα καὶ σὲ ἱκετεύομεν, πρόσδεξαι ἡμῶν μετὰ τῶν κτισμάτων σου πάντων τὴν κατὰ δύναμιν δοξολογίαν καὶ ταῖς πλουσίαις τῆς σῆς ἀγαθότητος ἀντάμειψαι δωρεαῖς· ὅτι σοὶ κάμπτει πᾶν γόνυ ἐπουρανίων καὶ ἐπιγείων καὶ καταχθονίων καὶ πᾶσα πνοὴ καὶ κτίσις ὑμνεῖ τὴν ἀκατάληπτόν σου δόξαν· μόνος γὰρ εἶ Θεὸς ἀληθινὸς καὶ πολυέλεος.

Ὅτι σὲ αἰνοῦσι πᾶσαι αἱ δυνάμεις τῶν οὐρανῶν, καὶ σοὶ τὴν δόξαν ἀναπέμπομεν, τῷ Πατρὶ καὶ τῷ Υἱῷ καὶ τῷ Ἁγίῳ Πνεύματι, νῦν καὶ ἀεὶ καὶ εἰς τοὺς αἰῶνας τῶν αἰώνων. Ἀμήν.

your pity, wipe away our offences. For we have sinned against you, Lord, who know too the hidden and secret things of the human heart and who alone have authority to forgive sins. Create a clean heart in us and by your sovereign Spirit establish us and make known to us the joy of your salvation. Do not cast us away from your presence, but be well pleased, as you are good and love humankind, for us to offer you until our last breath a sacrifice of justice and an offering on your holy altars.

By the mercy and compassion and love for humankind of your only-begotten Son, with whom you are blessed, together with your all-holy, good and life-giving Spirit, now and for ever, and to the ages of ages. Amen.

11th Prayer

O God, our God, who by your will have brought into being the spiritual and rational Powers, we beseech and implore you, accept with that of all your creatures our hymn of glory in the measure of our power, and grant us in return the rich gifts of your loving-kindness. For to you bends every knee of those in heaven and on earth and under the earth, and everything that has breath and all creation sings the praise of your incomprehensible glory. For you alone are God, true and of great mercy.

For all the Powers of heaven praise you and to you we give glory, to the Father, the Son and the Holy Spirit, now and for ever, and to the ages of ages. Amen.

ΙΒ´ Εὐχή

Αἰνοῦμεν, ὑμνοῦμεν, εὐλογοῦμεν καὶ εὐχαριστοῦμέν σοι, ὁ Θεὸς τῶν πατέρων ἡμῶν, ὅτι παρήγαγες τὴν σκιὰν τῆς νυκτὸς καὶ ἔδειξας ἡμῖν πάλιν τὸ φῶς τῆς ἡμέρας· ἀλλ' ἱκετεύομεν τὴν σὴν ἀγαθότητα· ἱλάσθητι ταῖς ἁμαρτίαις ἡμῶν καὶ πρόσδεξαι τὴν δέησιν ἡμῶν ἐν τῇ μεγάλῃ σου εὐσπλαγχνίᾳ, ὅτι πρὸς σὲ καταφεύγομεν, τὸν ἐλεήμονα καὶ παντοδύναμον Θεόν· λάμψον ἐν ταῖς καρδίαις ἡμῶν τὸν ἀληθινὸν ἥλιον τῆς δικαιοσύνης σου· φώτισον τὸν νοῦν ἡμῶν καὶ τὰς αἰσθήσεις ὅλας διατήρησον, ἵνα ὡς ἐν ἡμέρᾳ εὐσχημόνως περιπατοῦντες τὴν ὁδὸν τῶν ἐντολῶν σου, καταντήσωμεν εἰς τὴν ζωὴν τὴν αἰώνιον· ὅτι παρὰ σοί ἐστιν ἡ πηγὴ τῆς ζωῆς καὶ ἐν ἀπολαύσει γενέσθαι καταξιωθῶμεν τοῦ ἀπροσίτου φωτός.

Ὅτι σὺ εἶ ὁ Θεὸς ἡμῶν, καὶ σοὶ τὴν δόξαν ἀναπέμπομεν, τῷ Πατρὶ καὶ τῷ Υἱῷ καὶ τῷ Ἁγίῳ Πνεύματι, νῦν καὶ ἀεὶ καὶ εἰς τοὺς αἰῶνας τῶν αἰώνων. Ἀμήν.

Καὶ μετὰ τὴν ἀνάγνωσιν τῶν εὐχῶν ὁ ἱερεὺς ἀσπασάμενος τὴν δεσποτικὴν εἰκόνα εἰσέρχεται διὰ τῆς νοτίου πύλης εἰς τὸ Ἱερόν.

Ὁ ΕΞΑΨΑΛΜΟΣ.

Δόξα ἐν ὑψίστοις Θεῷ καὶ ἐπὶ γῆς εἰρήνη, ἐν ἀνθρώποις εὐδοκία. *(γ´)*

Κύριε, τὰ χείλη μου ἀνοίξεις, καὶ τὸ στόμα μου ἀναγγελεῖ τὴν αἴνεσίν σου. *(β´)*

ΨΑΛΜΟΣ Γ´

Κύριε, τί ἐπληθύνθησαν οἱ θλίβοντές με; Πολλοὶ ἐπανίστανται ἐπ' ἐμέ.

Πολλοὶ λέγουσι τῇ ψυχῇ μου· οὐκ ἔστι σωτηρία αὐτῷ ἐν τῷ Θεῷ αὐτοῦ.

12th Prayer

We praise, hymn, bless and give you thanks, O God of our fathers, for you have turned aside the shades of night and shown us again the light of day. But we implore your loving-kindness: Be merciful to our sins and accept our supplication in your great compassion, for we take refuge in you, the merciful and all-powerful God. Make the true sun of justice shine in our hearts; enlighten our mind and guard all our senses, so that, walking uprightly by day in the way of your commandments, we may reach eternal life; for with you is the source of life, and may we be counted worthy to come to the enjoyment of the unapproachable light.

For you are our God and to you we give glory, to the Father, the Son and the Holy Spirit, now and for ever, and to the ages of ages. Amen.

And after the reading of the prayers, the Priest venerates the icon of the Lord and enters through the south door into the sanctuary.

THE SIX PSALMS.

Glory to God in the highest, and on earth peace, goodwill toward men! *(x3)*

O Lord, You shall open my lips, and my mouth will declare Your praise. *(x2)*

PSALM 3

Lord, why are they so many that afflict me? Many are they who rise up against me.

Many say to my soul, "There is no salvation for him in his God."

Σὺ δέ, Κύριε, ἀντιλήπτωρ μου εἶ, δόξα μου καὶ ὑψῶν τὴν κεφαλήν μου.

Φωνῇ μου πρὸς Κύριον ἐκέκραξα, καὶ ἐπήκουσέ μου ἐξ ὄρους ἁγίου αὐτοῦ.

Ἐγὼ δὲ ἐκοιμήθην καὶ ὕπνωσα· ἐξηγέρθην, ὅτι Κύριος ἀντιλήψεταί μου.

Οὐ φοβηθήσομαι ἀπὸ μυριάδων λαοῦ τῶν κύκλῳ συνεπιτιθεμένων μοι.

Ἀνάστα, Κύριε, σῶσόν με ὁ Θεός μου, ὅτι σὺ ἐπάταξας πάντας τοὺς ἐχθραίνοντάς μοι ματαίως, ὀδόντας ἁμαρτωλῶν συνέτριψας.

Τοῦ Κυρίου ἡ σωτηρία, καὶ ἐπὶ τὸν λαόν σου ἡ εὐλογία σου.

Καὶ πάλιν.

Ἐγὼ δὲ ἐκοιμήθην καὶ ὕπνωσα· ἐξηγέρθην, ὅτι Κύριος ἀντιλήψεταί μου. *(β΄)*

ΨΑΛΜΟΣ ΛΖ΄

Κύριε, μὴ τῷ θυμῷ σου ἐλέγξῃς με, μηδὲ τῇ ὀργῇ σου παιδεύσῃς με.

Ὅτι τὰ βέλη σου ἐνεπάγησάν μοι, καὶ ἐπεστήριξας ἐπ' ἐμὲ τὴν χεῖρά σου.

Οὐκ ἔστιν ἴασις ἐν τῇ σαρκί μου ἀπὸ προσώπου τῆς ὀργῆς σου, οὐκ ἔστιν εἰρήνη ἐν τοῖς ὀστέοις μου ἀπὸ προσώπου τῶν ἁμαρτιῶν μου.

Ὅτι αἱ ἀνομίαι μου ὑπερῆραν τὴν κεφαλήν μου, ὡσεὶ φορτίον βαρὺ ἐβαρύνθησαν ἐπ' ἐμέ.

Προσώζεσαν καὶ ἐσάπησαν οἱ μώλωπές μου ἀπὸ προσώπου τῆς ἀφροσύνης μου.

Ἐταλαιπώρησα καὶ κατεκάμφθην ἕως τέλους, ὅλην τὴν ἡμέραν σκυθρωπάζων ἐπορευόμην.

But You, O Lord, are my helper, my glory, who lifts up my head.

With my voice I cried to the Lord, and He heard me from His holy mountain.

As for me, I lay down and slept. I arose, for the Lord will help me.

I will not be afraid of ten thousands of people arrayed against me all around.

Arise, O Lord. Save me, O my God. For You have stricken all who hated me without cause; the teeth of sinners You have shattered.

My salvation is of the Lord; and upon Your people is Your blessing.

And again

I lay down and slept. I arose, for the Lord will help me. *(x2)*

PSALM 37

O Lord, in Your anger rebuke me not, neither in Your wrath chasten me.

For Your arrows are stuck fast in me; and You have brought down Your hand against me.

There is no healing in my flesh because of your wrath. There is no peace in my bones because of my sins.

For my iniquities have risen higher than my head; they have weighed upon me like a heavy burden.

My sores are foul and festering, because of my folly.

I am exhausted and completely bent over; all the day long despondently I carried myself.

Ὅτι αἱ ψόαι μου ἐπλήσθησαν ἐμπαιγμάτων, καὶ οὐκ ἔστιν ἴασις ἐν τῇ σαρκί μου.

Ἐκακώθην καὶ ἐταπεινώθην ἕως σφόδρα, ὠρυόμην ἀπὸ στεναγμοῦ τῆς καρδίας μου.

Κύριε, ἐναντίον σου πᾶσα ἡ ἐπιθυμία μου, καὶ ὁ στεναγμός μου ἀπὸ σοῦ οὐκ ἀπεκρύβη.

Ἡ καρδία μου ἐταράχθη, ἐγκατέλιπέ με ἡ ἰσχύς μου, καὶ τὸ φῶς τῶν ὀφθαλμῶν μου καὶ αὐτὸ οὐκ ἔστι μετ' ἐμοῦ.

Οἱ φίλοι μου καὶ οἱ πλησίον μου ἐξεναντίας μου ἤγγισαν καὶ ἔστησαν, καὶ οἱ ἔγγιστά μου ἀπὸ μακρόθεν ἔστησαν.

Καὶ ἐξεβιάζοντο οἱ ζητοῦντες τὴν ψυχήν μου, καὶ οἱ ζητοῦντες τὰ κακά μοι ἐλάλησαν ματαιότητας, καὶ δολιότητας ὅλην τὴν ἡμέραν ἐμελέτησαν.

Ἐγὼ δὲ ὡσεὶ κωφὸς οὐκ ἤκουον καὶ ὡσεὶ ἄλαλος οὐκ ἀνοίγων τὸ στόμα αὐτοῦ.

Καὶ ἐγενόμην ὡσεὶ ἄνθρωπος οὐκ ἀκούων καὶ οὐκ ἔχων ἐν τῷ στόματι αὐτοῦ ἐλεγμούς.

Ὅτι ἐπὶ σοί, Κύριε, ἤλπισα· σὺ εἰσακούσει, Κύριε ὁ Θεός μου.

Ὅτι εἶπον· Μή ποτε ἐπιχαρῶσί μοι οἱ ἐχθροί μου· καὶ ἐν τῷ σαλευθῆναι πόδας μου ἐπ' ἐμὲ ἐμεγαλορρημόνησαν.

Ὅτι ἐγὼ εἰς μάστιγας ἕτοιμος, καὶ ἡ ἀλγηδών μου ἐνώπιόν μου ἐστὶ διὰ παντός.

Ὅτι τὴν ἀνομίαν μου ἐγὼ ἀναγγελῶ καὶ μεριμνήσω ὑπὲρ τῆς ἁμαρτίας μου.

Οἱ δὲ ἐχθροί μου ζῶσι καὶ κεκραταίωνται ὑπὲρ ἐμέ, καὶ ἐπληθύνθησαν οἱ μισοῦντές με ἀδίκως.

For my loins were filled with delusions; and there is no healing in my flesh.

I afflicted myself and was humbled exceedingly; I roared from the groaning of my heart.

O Lord, all my desire is before You, and my groaning is not hidden from You.

My heart is troubled, my strength has left me—even the light of my eyes is not with me.

My friends and my companions approached and stood up against me; those closest to me stood at a distance.

Those who were after my soul pressed me; and those who wished me ill spoke lies and plotted intrigues all day long.

But I was like one deaf and did not hear, and as one mute who opens not his mouth.

And I became like a man who cannot hear and who has no rebuttals in his mouth.

For in You, O Lord, I have hoped. You will hear, O Lord my God.

For I said, let my enemies never gloat over me, those who, when my feet are shaken, spoke proudly against me.

For I am prepared for scourges, and my anguish is before me always.

For I shall confess my iniquity and tend to my sin.

But my enemies are alive and stronger than I, and those who hate me without cause have been multiplied.

Οἱ ἀνταποδιδόντες μοι κακὰ ἀντὶ ἀγαθῶν ἐνδιέβαλλόν με, ἐπεὶ κατεδίωκον ἀγαθωσύνην.

Μὴ ἐγκαταλίπῃς με, Κύριε ὁ Θεός μου, μὴ ἀποστῇς ἀπ' ἐμοῦ.

Πρόσχες εἰς τὴν βοήθειάν μου, Κύριε τῆς σωτηρίας μου.

Καὶ πάλιν.

Μὴ ἐγκαταλίπῃς με, Κύριε ὁ Θεός μου, μὴ ἀποστῇς ἀπ' ἐμοῦ. Πρόσχες εἰς τὴν βοήθειάν μου, Κύριε τῆς σωτηρίας μου.

ΨΑΛΜΟΣ ΖΒ´

Ὁ Θεὸς ὁ Θεός μου, πρὸς σὲ ὀρθρίζω. Ἐδίψησέ σε ἡ ψυχή μου, ποσαπλῶς σοι ἡ σάρξ μου, ἐν γῇ ἐρήμῳ καὶ ἀβάτῳ καὶ ἀνύδρῳ.

Οὕτως ἐν τῷ ἁγίῳ ὤφθην σοι τοῦ ἰδεῖν τὴν δύναμίν σου καὶ τὴν δόξαν σου.

Ὅτι κρεῖσσον τὸ ἔλεός σου ὑπὲρ ζωάς· τὰ χείλη μου ἐπαινέσουσί σε.

Οὕτως εὐλογήσω σε ἐν τῇ ζωῇ μου, καὶ ἐν τῷ ὀνόματί σου ἀρῶ τὰς χεῖράς μου.

Ὡς ἐκ στέατος καὶ πιότητος ἐμπλησθείη ἡ ψυχή μου, καὶ χείλη ἀγαλλιάσεως αἰνέσει τὸ στόμα μου.

Εἰ ἐμνημόνευόν σου ἐπὶ τῆς στρωμνῆς μου, ἐν τοῖς ὄρθροις ἐμελέτων εἰς σέ·

Ὅτι ἐγενήθης βοηθός μου, καὶ ἐν τῇ σκέπῃ τῶν πτερύγων σου ἀγαλλιάσομαι.

Ἐκολλήθη ἡ ψυχή μου ὀπίσω σου, ἐμοῦ δὲ ἀντελάβετο ἡ δεξιά σου.

Αὐτοὶ δὲ εἰς μάτην ἐζήτησαν τὴν ψυχήν μου, εἰσελεύσονται εἰς τὰ κατώτατα τῆς γῆς·

Those who render me evil for good slandered me because I pursued goodness.

Forsake me not, O Lord my God, depart not from me.

Attend to my help, O Lord of my salvation.

And again

Forsake me not, O Lord my God, depart not from me. Attend to my help, O Lord of my salvation.

PSALM 62

O God my God, at dawn I rise to you. My soul thirsts for you; my flesh longs for you, in a land that is desolate, trackless and waterless.

Thus would I appear before You in the sanctuary to see Your power and Your glory.

For Your mercy is better than lives; my lips shall praise You.

Thus will I bless You in my life, and in Your name will I lift up my hands.

Let my soul be filled as with suet and fat, and joyful lips will praise your name.

I brought You to mind as I lay on my couch, during the early watches I have meditated on You.

For You have become my helper; and in the shelter of Your wings I will be glad.

My soul clings to You, and Your right hand has laid hold of me.

But they sought my life to no avail; they shall go to the lowest depths of the earth.

Παραδοθήσονται εἰς χεῖρας ρομφαίας, μερίδες ἀλωπέκων ἔσονται.

Ὁ δὲ βασιλεὺς εὐφρανθήσεται ἐπὶ τῷ Θεῷ, ἐπαινεθήσεται πᾶς ὁ ὀμνύων ἐν αὐτῷ, ὅτι ἐνεφράγη στόμα λαλούντων ἄδικα.

Καὶ πάλιν.

Ἐν τοῖς ὄρθροις ἐμελέτων εἰς σέ· ὅτι ἐγενήθης βοηθός μου, καὶ ἐν τῇ σκέπῃ τῶν πτερύγων σου ἀγαλλιάσομαι. Ἐκολλήθη ἡ ψυχή μου ὀπίσω σου, ἐμοῦ δὲ ἀντελάβετο ἡ δεξιά σου.

Δόξα Πατρὶ καὶ Υἱῷ καὶ Ἁγίῳ Πνεύματι, καὶ νῦν καὶ ἀεὶ καὶ εἰς τοὺς αἰῶνας τῶν αἰώνων. Ἀμήν.

Ἀλληλούϊα, ἀλληλούϊα, ἀλληλούϊα, δόξα σοι ὁ Θεός.

Κύριε, ἐλέησον. *(γ΄)*

Δόξα Πατρὶ καὶ Υἱῷ καὶ Ἁγίῳ Πνεύματι, καὶ νῦν καὶ ἀεὶ καὶ εἰς τοὺς αἰῶνας τῶν αἰώνων. Ἀμήν.

ΨΑΛΜΟΣ ΠΖ΄

Κύριε ὁ Θεὸς τῆς σωτηρίας μου, ἡμέρας ἐκέκραξα καὶ ἐν νυκτὶ ἐναντίον σου.

Εἰσελθέτω ἐνώπιόν σου ἡ προσευχή μου, κλῖνον τὸ οὖς σου εἰς τὴν δέησίν μου.

Ὅτι ἐπλήσθη κακῶν ἡ ψυχή μου, καὶ ἡ ζωή μου τῷ ᾅδῃ ἤγγισε.

Προσελογίσθην μετὰ τῶν καταβαινόντων εἰς λάκκον, ἐγενήθην ὡσεὶ ἄνθρωπος ἀβοήθητος, ἐν νεκροῖς ἐλεύθερος,

Ὡσεὶ τραυματίαι καθεύδοντες ἐν τάφῳ, ὧν οὐκ ἐμνήσθης ἔτι, καὶ αὐτοὶ ἐκ τῆς χειρός σου ἀπώσθησαν.

They shall be given over to the sword; the portions of foxes they shall be.

But the king shall rejoice in God, and all who swear by him shall be praised, for the mouths of them that spoke unjustly have been stopped.

And again

During the early watches I have meditated on You. For You have become my helper; and in the shelter of Your wings I will be glad. My soul clings to You, and Your right hand has laid hold of me.

Glory to the Father, and the Son, and the Holy Spirit, both now and ever and to the ages of ages. Amen.

Alleluia, alleluia, alleluia, glory to You, O God.

Lord, have mercy. *(x3)*

Glory to the Father, and the Son, and the Holy Spirit, both now and ever and to the ages of ages. Amen.

PSALM 87

Lord God of my salvation, day and night I cried out to You.

Let my prayer come before You; incline Your ear to my supplication.

For my soul has been filled with evils, and my life has drawn near to Hades.

I have been numbered with those who go into the pit. I have become like a man with no help, I, who am free, am among the dead.

I have become like the wounded who lie in a grave, whom You remember no longer, and have been pushed away by Your hand.

Ἔθεντό με ἐν λάκκῳ κατωτάτῳ, ἐν σκοτεινοῖς καὶ ἐν σκιᾷ θανάτου.

Ἐπ' ἐμὲ ἐπεστηρίχθη ὁ θυμός σου, καὶ πάντας τοὺς μετεωρισμούς σου ἐπήγαγες ἐπ' ἐμέ.

Ἐμάκρυνας τοὺς γνωστούς μου ἀπ' ἐμοῦ, ἔθεντό με βδέλυγμα ἑαυτοῖς, παρεδόθην καὶ οὐκ ἐξεπορευόμην.

Οἱ ὀφθαλμοί μου ἠσθένησαν ἀπὸ πτωχείας· ἐκέκραξα πρὸς σέ, Κύριε, ὅλην τὴν ἡμέραν, διεπέτασα πρὸς σὲ τὰς χεῖράς μου.

Μὴ τοῖς νεκροῖς ποιήσεις θαυμάσια; ἢ ἰατροὶ ἀναστήσουσι καὶ ἐξομολογήσονταί σοι;

Μὴ διηγήσεταί τις ἐν τῷ τάφῳ τὸ ἔλεός σου καὶ τὴν ἀλήθειάν σου ἐν τῇ ἀπωλείᾳ;

Μὴ γνωσθήσεται ἐν τῷ σκότει τὰ θαυμάσιά σου καὶ ἡ δικαιοσύνη σου ἐν γῇ ἐπιλελησμένῃ;

Κἀγὼ πρὸς σέ, Κύριε, ἐκέκραξα, καὶ τὸ πρωῒ ἡ προσευχή μου προφθάσει σε.

Ἵνα τί, Κύριε, ἀπωθεῖς τὴν ψυχήν μου, ἀποστρέφεις τὸ πρόσωπόν σου ἀπ' ἐμοῦ;

Πτωχός εἰμι ἐγὼ καὶ ἐν κόποις ἐκ νεότητός μου, ὑψωθεὶς δὲ ἐταπεινώθην καὶ ἐξηπορήθην.

Ἐπ' ἐμὲ διῆλθον αἱ ὀργαί σου, οἱ φοβερισμοί σου ἐξετάραξάν με,

Ἐκύκλωσάν με ὡσεὶ ὕδωρ ὅλην τὴν ἡμέραν, περιέσχον με ἅμα.

Ἐμάκρυνας ἀπ' ἐμοῦ φίλον καὶ πλησίον, καὶ τοὺς γνωστούς μου ἀπὸ ταλαιπωρίας.

Καὶ πάλιν.

Κύριε ὁ Θεὸς τῆς σωτηρίας μου, ἡμέρας ἐκέκραξα καὶ ἐν νυκτὶ ἐναντί-

They laid me in a very deep pit, in dark places, and in the shadow of death.

Your anger pressed down hard on me, and You brought down on me all Your turmoils.

You stood my acquaintances far off from me; they made me an abomination to themselves. I was handed over and I did not escape.

My eyes weakened from poverty. I cried to You all day, O Lord, I spread out my arms to You.

Will you work wonders for the dead? Or will physicians resuscitate them that they give You thanks?

Will anyone recount Your mercy in the grave, and Your truth in perdition?

Will Your wonders be known in the darkness, and Your justice in a land forgotten?

I, too, have cried out to You, O Lord, and my prayer will reach You at dawn.

Why, Lord, do You still reject my soul? Why do You turn Your face from me?

I am poor and in hardship from my youth. I was exalted, then humbled and impoverished.

Your wrath went through me; Your terrors disquieted me.

They encircled me the whole day like water; they surrounded me together.

You distanced from me friend and neighbor and my acquaintances, because of my misery.

And again

Lord God of my salvation, day and night I cried out to You. Let my prayer

ον σου. Εἰσελθέτω ἐνώπιόν σου ἡ προσευχή μου, κλῖνον τὸ οὖς σου εἰς τὴν δέησίν μου.

ΨΑΛΜΟΣ ΡΒ´

Εὐλόγει, ἡ ψυχή μου, τὸν Κύριον, καί, πάντα τὰ ἐντός μου, τὸ ὄνομα τὸ ἅγιον αὐτοῦ.

Εὐλόγει, ἡ ψυχή μου, τὸν Κύριον, καὶ μὴ ἐπιλανθάνου πάσας τὰς ἀνταποδόσεις αὐτοῦ.

Τὸν εὐϊλατεύοντα πάσας τὰς ἀνομίας σου, τὸν ἰώμενον πάσας τὰς νόσους σου.

Τὸν λυτρούμενον ἐκ φθορᾶς τὴν ζωήν σου, τὸν στεφανοῦντά σε ἐν ἐλέει καὶ οἰκτιρμοῖς.

Τὸν ἐμπιπλῶντα ἐν ἀγαθοῖς τὴν ἐπιθυμίαν σου, ἀνακαινισθήσεται ὡς ἀετοῦ ἡ νεότης σου.

Ποιῶν ἐλεημοσύνας ὁ Κύριος καὶ κρῖμα πᾶσι τοῖς ἀδικουμένοις.

Ἐγνώρισε τὰς ὁδοὺς αὐτοῦ τῷ Μωϋσῇ, τοῖς υἱοῖς Ἰσραὴλ τὰ θελήματα αὐτοῦ.

Οἰκτίρμων καὶ ἐλεήμων ὁ Κύριος, μακρόθυμος καὶ πολυέλεος·

Οὐκ εἰς τέλος ὀργισθήσεται, οὐδὲ εἰς τὸν αἰῶνα μηνιεῖ.

Οὐ κατὰ τὰς ἀνομίας ἡμῶν ἐποίησεν ἡμῖν, οὐδὲ κατὰ τὰς ἁμαρτίας ἡμῶν ἀνταπέδωκεν ἡμῖν,

Ὅτι κατὰ τὸ ὕψος τοῦ οὐρανοῦ ἀπὸ τῆς γῆς ἐκραταίωσε Κύριος τὸ ἔλεος αὐτοῦ ἐπὶ τοὺς φοβουμένους αὐτόν.

Καθ᾽ ὅσον ἀπέχουσιν ἀνατολαὶ ἀπὸ δυσμῶν, ἐμάκρυνεν ἀφ᾽ ἡμῶν τὰς ἀνομίας ἡμῶν.

come before You; incline Your ear to my supplication.

PSALM 102

Bless the Lord, O my soul; and all that is within me, bless His holy name.

Bless the Lord, O my soul, and forget not all His rewards. He is gracious toward all your iniquities,

He heals all your infirmities. He rescues your life from corruption;

In His mercy and tender love He awards you a crown. He fulfills your desire for good things;

Like that of an eagle your youth will be restored.

The Lord performs deeds of mercy for all who have suffered injustice.

He made known His ways to Moses, to the sons of Israel the things that He has willed.

The Lord is compassionate and merciful, longsuffering and very merciful.

He will not maintain His anger nor will He forever keep His wrath.

Not according to our iniquities has He dealt with us, neither according to our sins has He rewarded us.

For as high as the heaven is from the earth, so has the Lord extended His mercy to those who go in fear of Him.

As far as the East is from the West, so far has He removed our iniquities from us.

Καθὼς οἰκτίρει πατὴρ υἱούς, ᾠκτίρησε Κύριος τοὺς φοβουμένους αὐτόν,

Ὅτι αὐτὸς ἔγνω τὸ πλάσμα ἡμῶν, ἐμνήσθη ὅτι χοῦς ἐσμεν.

Ἄνθρωπος, ὡσεὶ χόρτος αἱ ἡμέραι αὐτοῦ· ὡσεὶ ἄνθος τοῦ ἀγροῦ, οὕτως ἐξανθήσει.

Ὅτι πνεῦμα διῆλθεν ἐν αὐτῷ, καὶ οὐχ ὑπάρξει, καὶ οὐκ ἐπιγνώσεται ἔτι τὸν τόπον αὐτοῦ.

Τὸ δὲ ἔλεος τοῦ Κυρίου ἀπὸ τοῦ αἰῶνος καὶ ἕως τοῦ αἰῶνος ἐπὶ τοὺς φουβουμένους αὐτόν, καὶ ἡ δικαιοσύνη αὐτοῦ ἐπὶ υἱοῖς υἱῶν,

Τοῖς φυλάσσουσι τὴν διαθήκην αὐτοῦ καὶ μεμνημένοις τῶν ἐντολῶν αὐτοῦ τοῦ ποιῆσαι αὐτάς.

Κύριος ἐν τῷ οὐρανῷ ἡτοίμασε τὸν θρόνον αὐτοῦ, καὶ ἡ βασιλεία αὐτοῦ πάντων δεσπόζει.

Εὐλογεῖτε τὸν Κύριον, πάντες οἱ Ἄγγελοι αὐτοῦ, δυνατοὶ ἰσχύϊ, ποιοῦντες τὸν λόγον αὐτοῦ, τοῦ ἀκοῦσαι τῆς φωνῆς τῶν λόγων αὐτοῦ.

Εὐλογεῖτε τὸν Κύριον, πᾶσαι αἱ Δυνάμεις αὐτοῦ, λειτουργοὶ αὐτοῦ, ποιοῦντες τὸ θέλημα αὐτοῦ.

Εὐλογεῖτε τὸν Κύριον, πάντα τὰ ἔργα αὐτοῦ, ἐν παντὶ τόπῳ τῆς δεσποτείας αὐτοῦ· εὐλόγει, ἡ ψυχή μου, τὸν Κύριον.

Καὶ πάλιν.

Ἐν παντὶ τόπῳ τῆς δεσποτείας αὐτοῦ. Εὐλόγει, ἡ ψυχή μου, τὸν Κύριον.

As a father has compassion on his sons, so the Lord has compassion on those who go in fear of Him;

For He knows how we were formed, He remembered that we are dust.

Man, like the grass are his days; like a flower of the field, so shall he blossom.

For breath passes from within him and he is no more, and he will not look upon his place again.

But the mercy of the Lord is from eternity, and unto eternity for those who go in fear of Him. And His justice is upon the sons of the sons

Of those who keep His testament and who remember His commandments that they be performed.

The Lord in heaven has prepared His throne, and His kingship has dominion over all.

Bless the Lord, all you His angels, mighty in strength, performing His word, that the voice of His words be heard.

Bless the Lord, all you His powers, His ministers, who perform His will.

Bless the Lord, O all you works of His, in every place of His dominion. Bless the Lord, O my soul.

And again

In every place of His dominion. Bless the Lord, O my soul.

ΨΑΛΜΟΣ ΡΜΒ΄

Κύριε, εἰσάκουσον τῆς προσευχῆς μου, ἐνώτισαι τὴν δέησίν μου ἐν τῇ ἀληθείᾳ σου, εἰσάκουσόν μου ἐν τῇ δικαιοσύνῃ σου·

Καὶ μὴ εἰσέλθῃς εἰς κρίσιν μετὰ τοῦ δούλου σου, ὅτι οὐ δικαιωθήσεται ἐνώπιόν σου πᾶς ζῶν.

Ὅτι κατεδίωξεν ὁ ἐχθρὸς τὴν ψυχήν μου, ἐταπείνωσεν εἰς γῆν τὴν ζωήν μου, ἐκάθισέ με ἐν σκοτεινοῖς ὡς νεκροὺς αἰῶνος·

Καὶ ἠκηδίασεν ἐπ' ἐμὲ τὸ πνεῦμά μου, ἐν ἐμοὶ ἐταράχθη ἡ καρδία μου.

Ἐμνήσθην ἡμερῶν ἀρχαίων, ἐμελέτησα ἐν πᾶσι τοῖς ἔργοις σου, ἐν ποιήμασι τῶν χειρῶν σου ἐμελέτων.

Διεπέτασα πρὸς σὲ τὰς χεῖράς μου· ἡ ψυχή μου ὡς γῆ ἄνυδρός σοι.

Ταχὺ εἰσάκουσόν μου, Κύριε, ἐξέλιπε τὸ πνεῦμά μου. Μὴ ἀποστρέψῃς τὸ πρόσωπόν σου ἀπ' ἐμοῦ, καὶ ὁμοιωθήσομαι τοῖς καταβαίνουσιν εἰς λάκκον.

Ἀκουστὸν ποίησόν μοι τὸ πρωῒ τὸ ἔλεός σου, ὅτι ἐπὶ σοὶ ἤλπισα. Γνώρισόν μοι, Κύριε, ὁδόν, ἐν ᾗ πορεύσομαι, ὅτι πρὸς σὲ ἦρα τὴν ψυχήν μου.

Ἐξελοῦ με ἐκ τῶν ἐχθρῶν μου, Κύριε, ὅτι πρὸς σὲ κατέφυγον.

Δίδαξόν με τοῦ ποιεῖν τὸ θέλημά σου, ὅτι σὺ εἶ ὁ Θεός μου. Τὸ πνεῦμά σου τὸ ἀγαθὸν ὁδηγήσει με ἐν γῇ εὐθείᾳ·

Ἕνεκεν τοῦ ὀνόματός σου, Κύριε, ζήσεις με, ἐν τῇ δικαιοσύνῃ σου ἐξάξεις ἐκ θλίψεως τὴν ψυχήν μου·

Καὶ ἐν τῷ ἐλέει σου ἐξολοθρεύσεις τοὺς ἐχθρούς μου καὶ ἀπολεῖς πάντας τοὺς θλίβοντας τὴν ψυχήν μου, ὅτι ἐγὼ δοῦλός σου εἰμι.

PSALM 142

O Lord, hear my prayer, give ear to my supplication in Your truth; hear me in Your righteousness,

And enter not into judgment with Your servant; for before You, no one living will be justified.

The enemy pursued my soul. He has lowered my life to the ground. He has set me in darkness like those long dead.

My spirit became despondent with me; my heart was agitated within me.

I remembered the days of old. I meditated on all Your deeds; I pondered the works of Your hands.

I have spread out my arms to You; my soul thirsts for You like waterless land.

Quickly hear me, O Lord; my spirit has become faint. Turn not Your face away from me, lest I become like those who go down into the pit.

Let me hear of Your mercy in the morning, for I have hoped in You. Show me, Lord, the way in which I should walk, for I have lifted up my soul to You.

Rescue me from my enemies, O Lord; to You have I fled.

Teach me to do Your will, for You are my God. Your good Spirit will guide me on level ground.

You will quicken me, O Lord, for Your name's sake. In Your righteousness You will bring my soul out of affliction.

And in Your mercy You will exterminate my enemies. And You will destroy all those who afflict my soul, for I am Your servant.

Καὶ πάλιν.

Εἰσάκουσόν μου ἐν τῇ δικαιοσύνῃ σου· καὶ μὴ εἰσέλθῃς εἰς κρίσιν μετὰ τοῦ δούλου σου. *(β΄)*

Τὸ πνεῦμά σου τὸ ἀγαθὸν ὁδηγήσει με ἐν γῇ εὐθείᾳ.

Δόξα Πατρὶ καὶ Υἱῷ καὶ Ἁγίῳ Πνεύματι, καὶ νῦν καὶ ἀεὶ καὶ εἰς τοὺς αἰῶνας τῶν αἰώνων. Ἀμήν.

Ἀλληλούϊα, ἀλληλούϊα, ἀλληλούϊα, δόξα σοι ὁ Θεός. *(γ΄)* Ἡ ἐλπὶς ἡμῶν, Κύριε, δόξα σοι.

Ὁ Ἱερεύς· Ἐν εἰρήνῃ τοῦ Κυρίου δεηθῶμεν.

Ὁ Χορός· Κύριε, ἐλέησον. *(Καὶ μεθ' ἑκάστην δέησιν)*

Ὁ Ἱερεύς· Ὑπὲρ τῆς ἄνωθεν εἰρήνης, καὶ τῆς σωτηρίας τῶν ψυχῶν ἡμῶν, τοῦ Κυρίου δεηθῶμεν.

Ὑπὲρ τῆς εἰρήνης τοῦ σύμπαντος κόσμου, εὐσταθείας τῶν ἁγίων τοῦ Θεοῦ Ἐκκλησιῶν, καὶ τῆς τῶν πάντων ἑνώσεως, τοῦ Κυρίου δεηθῶμεν.

Ὑπὲρ τοῦ ἁγίου οἴκου τούτου, καὶ τῶν μετὰ πίστεως, εὐλαβείας καὶ φόβου Θεοῦ εἰσιόντων ἐν αὐτῷ, τοῦ Κυρίου δεηθῶμεν.

Ὑπὲρ τοῦ Ἀρχιεπισκόπου ἡμῶν *(τοῦ δεῖνος)*, τοῦ τιμίου πρεσβυτερίου, τῆς ἐν Χριστῷ διακονίας, παντὸς τοῦ κλήρου καὶ τοῦ λαοῦ, τοῦ Κυρίου δεηθῶμεν.

Ὑπὲρ τοῦ εὐσεβοῦς ἡμῶν ἔθνους, πάσης ἀρχῆς καὶ ἐξουσίας ἐν αὐτῷ, τοῦ Κυρίου δεηθῶμεν.

Ὑπὲρ τῆς ἱερᾶς Μητροπόλεως, ἐνορίας καὶ πόλεως ταύτης, πάσης πόλεως, μο-

And again

Hear me in Your righteousness, and enter not into judgment with Your servant. *(x2)*

Your good Spirit will guide me on level ground.

Glory to the Father, and the Son, and the Holy Spirit, both now and ever and to the ages of ages. Amen.

Alleluia, alleluia, alleluia, glory to You, O God. *(x3)* Our hope, O Lord, glory to You.

Priest: In peace let us pray to the Lord.

Choir: Lord, have mercy. *(And so after each petition.)*

Priest: For the peace from above and the salvation of our souls, let us pray to the Lord.

For peace in the whole world, for the stability of the holy churches of God, and for the unity of all, let us pray to the Lord.

For this holy house and for those who enter it with faith, reverence, and the fear of God, let us pray to the Lord.

For our Archbishop *(Name)*, for the honored order of presbyters, for the diaconate in Christ, for all the clergy and the people, let us pray to the Lord.

For our country, the president, and all those in public service, let us pray to the Lord.

For this holy Metropolis and parish, and for this city and every city, monas-

tic community, and land and the faithful who live in them, let us pray to the Lord.

For favorable weather, an abundance of the fruits of the earth, and temperate seasons, let us pray to the Lord.

For travelers by land, sea, and air, for the sick, the suffering, the captives, and for their salvation, let us pray to the Lord.

For our deliverance from all affliction, wrath, danger, and distress, let us pray to the Lord.

Take hold of us, save us, have mercy upon us, and protect us, O God, by Your grace.

Choir: Lord, have mercy.

Priest: Commemorating our most holy, most pure, most blessed and glorified Lady the Theotokos and ever-virgin Mary, together with all the saints, let us commit ourselves and one another and all our life unto Christ our God.

Choir: To You, O Lord.

Priest:

For to You belong all glory, honor, and worship to the Father and the Son and the Holy Spirit, both now and ever and to the ages of ages.

Choir: Amen.

And we sing the Alleluia in Tone Pl. 4 four times in sets of three with the following verses:

Verse 1. *From nightfall my spirit is awake for you, O God, for your commands are light upon the earth.*

Στίχ. β΄. *Δικαιοσύνην μάθετε, οἱ ἐνοικοῦντες ἐπὶ τῆς γῆς.*

Στίχ. γ΄. *Ζῆλος λήψεται λαὸν ἀπαίδευτον, καὶ νῦν πῦρ τοὺς ὑπεναντίους ἔδεται.*

Στίχ. δ΄. *Πρόσθες αὐτοῖς κακά, Κύριε, πρόσθες αὐτοῖς κακά, τοῖς ἐνδόξοις τῆς γῆς.*

Εἶθ' οὕτω, τὸ παρὸν Τροπάριον, μετὰ μέλους καὶ αὐτό.

Ἦχος πλ. δ΄.

Ὅτε οἱ ἔνδοξοι μαθηταὶ ἐν τῷ νιπτῆρι τοῦ δείπνου ἐφωτίζοντο, τότε Ἰούδας ὁ δυσσεβής, φιλαργυρίαν νοσήσας, ἐσκοτίζετο· καὶ ἀνόμοις κριταῖς σὲ τὸν δίκαιον κριτὴν παραδίδωσι. Βλέπε χρημάτων ἐραστά, τὸν διὰ ταῦτα ἀγχόνῃ χρησάμενον· φεῦγε ἀκόρεστον ψυχὴν τὴν διδασκάλῳ τοιαῦτα τολμήσασαν. Ὁ περὶ πάντας ἀγαθός, Κύριε δόξα σοι. *(γ΄)*

Ὁ Διάκονος· Καὶ ὑπὲρ τοῦ καταξιωθῆναι ἡμᾶς τῆς ἀκροάσεως τοῦ ἁγίου Εὐαγγελίου Κύριον τὸν Θεὸν ἡμῶν ἱκετεύσωμεν.

Ὁ Χορός· Κύριε, ἐλέησον. *(γ΄)*

Ὁ Διάκονος· Σοφία. Ὀρθοί, ἀκούσωμεν τοῦ ἁγίου Εὐαγγελίου.

Ὁ Ἱερεύς· Εἰρήνη πᾶσι.

Ὁ Χορός· Καὶ τῷ πνεύματί σου.

Ὁ Ἱερεύς· Ἐκ τοῦ κατὰ Ἰωάννην Ἁγίου Εὐαγγελίου τὸ ἀνάγνωσμα.

Ὁ Διάκονος· Πρόσχωμεν.

Ὁ Χορός· Δόξα σοι, Κύριε, δόξα σοι.

Verse 2. *Learn justice, inhabitants of the earth.*

Verse 3. *Jealousy will seize an untaught people, and now fire devours their adversaries.*

Verse 4. *Bring evils upon them, O Lord, bring evils upon them, the glorious ones of the earth.*

Then the following Troparion is sung solemnly 3 times.

Tone Pl. 4.

When the glorious disciples were enlightened at the washing of the feet, then was Judas the godless one stricken and darkened by the love of money; and to lawless judges he delivered you, the just Judge. Lover of money, look on him who for its sake went and hanged himself; flee from the insatiable soul, which against the Teacher dared to do such things. O you who are good to all, Lord, glory to you. *(x3)*

Deacon: And that we might be found worthy to hear the holy Gospel, let us pray to the Lord God.

Choir: Lord, have mercy. *(x3)*

Deacon: Wisdom. Arise. Let us hear the holy Gospel.

Priest: Peace to all.

Choir: And to your Spirit.

Priest: The reading is from the holy Gospel according to John.

Deacon: Let us be attentive.

Choir: Glory to you, Lord, glory to you!

ΕΥΑΓΓΕΛΙΟΝ Α΄

Ὁ Ἱερεὺς·

(ιγ΄, 31-η΄, 1)

Εἶπεν ὁ Κύριος τοῖς ἑαυτοῦ Μαθηταῖς· Νῦν ἐδοξάσθη ὁ Υἱὸς τοῦ ἀνθρώπου, καὶ ὁ Θεὸς ἐδοξάσθη ἐν αὐτῷ. Εἰ ὁ Θεὸς ἐδοξάσθη ἐν αὐτῷ, καὶ ὁ Θεὸς δοξάσει αὐτὸν ἐν ἑαυτῷ, καὶ εὐθὺς δοξάσει αὐτόν. Τεκνία, ἔτι μικρὸν μεθ᾿ ὑμῶν εἰμι· ζητήσετέ με, καὶ καθὼς εἶπον τοῖς Ἰουδαίοις· ὅτι ὅπου ἐγὼ ὑπάγω, ὑμεῖς οὐ δύνασθε ἐλθεῖν· καὶ ὑμῖν λέγω ἄρτι. Ἐντολὴν καινὴν δίδωμι ὑμῖν, ἵνα ἀγαπᾶτε ἀλλήλους, καθὼς ἠγάπησα ὑμᾶς ἵνα καὶ ὑμεῖς ἀγαπᾶτε ἀλλήλους. Ἐν τούτῳ γνώσονται πάντες ὅτι ἐμοὶ Μαθηταί ἐστε, ἐὰν ἀγάπην ἔχητε ἐν ἀλλήλοις. Λέγει αὐτῷ Σίμων Πέτρος· Κύριε, ποῦ ὑπάγεις; Ἀπεκρίθη αὐτῷ ὁ Ἰησοῦς· Ὅπου ἐγὼ ὑπάγω, οὐ δύνασαί μοι νῦν ἀκολουθῆσαι, ὕστερον δὲ ἀκολουθήσεις μοι. Λέγει αὐτῷ ὁ Πέτρος· Κύριε, διατί οὐ δύναμαί σοι ἀκολουθῆσαι ἄρτι; τὴν ψυχήν μου ὑπὲρ σοῦ θήσω. Ἀπεκρίθη αὐτῷ ὁ Ἰησοῦς· Τὴν ψυχήν σου ὑπὲρ ἐμοῦ θήσεις! Ἀμὴν ἀμὴν λέγω σοι, οὐ μὴ ἀλέκτωρ φωνήσει, ἕως οὗ ἀπαρνήσῃ με τρίς. Μὴ ταρασσέσθω ὑμῶν ἡ καρδία· πιστεύετε εἰς τὸν Θεόν, καὶ εἰς ἐμὲ πιστεύετε. Ἐν τῇ οἰκίᾳ τοῦ Πατρός μου μοναὶ πολλαί εἰσιν· εἰ δὲ μή, εἶπον ἂν ὑμῖν· πορεύομαι ἑτοιμάσαι τόπον ὑμῖν. Καὶ ἐὰν πορευθῶ, καὶ ἑτοιμάσω ὑμῖν τόπον, πάλιν ἔρχομαι, καὶ παραλήψομαι ὑμᾶς πρὸς ἐμαυτόν, ἵνα ὅπου εἰμὶ ἐγώ, καὶ ὑμεῖς ἦτε· καὶ ὅπου ἐγὼ ὑπάγω οἴδατε, καὶ τὴν ὁδὸν οἴδατε. Λέγει αὐτῷ Θωμᾶς· Κύριε, οὐκ οἴδαμεν ποῦ ὑπάγεις· καὶ πῶς δυνάμεθα τὴν ὁδὸν εἰδέναι; Λέγει αὐτῷ ὁ Ἰησοῦς· Ἐγώ εἰμι ἡ ὁδός, καὶ ἡ ἀλήθεια, καὶ ἡ ζωή· οὐδεὶς ἔρχεται πρὸς τὸν Πατέρα, εἰμὴ δι᾿ ἐμοῦ. Εἰ ἐγνώκειτέ με, καὶ τὸν Πατέρα

FIRST GOSPEL

Priest:

(13:31-18:1)

The Lord said to his disciples, "Now is the Son of man glorified, and in him God is glorified; if God is glorified in him, God will also glorify him in himself, and glorify him at once. Little children, yet a little while I am with you. You will seek me; and as I said to the Jews so now I say to you, 'Where I am going you cannot come.' A new commandment I give to you, that you love one another; even as I have loved you, that you also love one another. By this all men will know that you are my disciples, if you have love for one another." Simon Peter said to him, "Lord, where are you going?" Jesus answered, "Where I am going you cannot follow me now; but you shall follow afterward." Peter said to him, "Lord, why cannot I follow you now? I will lay down my life for you." Jesus answered, "Will you lay down your life for me? Truly, truly, I say to you, the cock will not crow, till you have denied me three times. Let not your hearts be troubled; believe in God, believe also in me. In my Father's house are many rooms; if it were not so, would I have told you that I go to prepare a place for you? And when I go and prepare a place for you, I will come again and will take you to myself, that where I am you may be also. And you know the way where I am going." Thomas said to him, "Lord, we do not know where you are going; how can we know the way?" Jesus said to him, "I am the way, and the truth, and the life; no one comes to the Father, but by me. If you had known me,

μου ἐγνώκειτε ἄν· καὶ ἀπ' ἄρτι γινώσκετέ αὐτὸν, καὶ ἑωράκατε αὐτόν. Λέγει αὐτῷ Φίλιππος· Κύριε, δεῖξον ἡμῖν τὸν Πατέρα, καὶ ἀρκεῖ ἡμῖν. Λέγει αὐτῷ ὁ Ἰησοῦς· Τοσοῦτον χρόνον μεθ' ὑμῶν εἰμι, καὶ οὐκ ἔγνωκάς με, Φίλιππε; ὁ ἑωρακὼς ἐμὲ, ἑώρακε τὸν Πατέρα· καὶ πῶς σὺ λέγεις, δεῖξον ἡμῖν τὸν Πατέρα; Οὐ πιστεύεις ὅτι ἐγὼ ἐν τῷ Πατρὶ, καὶ ὁ Πατὴρ ἐν ἐμοί ἐστι; Τὰ ῥήματα, ἃ ἐγὼ λαλῶ ὑμῖν, ἀπ' ἐμαυτοῦ οὐ λαλῶ· ὁ δὲ Πατὴρ ὁ ἐν ἐμοὶ μένων, αὐτὸς ποιεῖ τὰ ἔργα. Πιστεύετέ μοι, ὅτι ἐγὼ ἐν τῷ Πατρὶ, καὶ ὁ Πατὴρ ἐν ἐμοί ἐστιν· εἰ δὲ μή, διὰ τὰ ἔργα αὐτὰ πιστεύετέ μοι. Ἀμὴν ἀμὴν λέγω ὑμῖν, ὁ πιστεύων εἰς ἐμέ, τὰ ἔργα ἃ ἐγὼ ποιῶ, κἀκεῖνος ποιήσει, καὶ μείζονα τούτων ποιήσει· ὅτι ἐγὼ πρὸς τὸν Πατέρα μου πορεύομαι, καὶ ὅ, τι ἂν αἰτήσητε ἐν τῷ ὀνόματί μου, τοῦτο ποιήσω, ἵνα δοξασθῇ ὁ Πατὴρ ἐν τῷ Υἱῷ. Ἐάν τι αἰτήσητε ἐν τῷ ὀνόματί μου, ἐγὼ ποιήσω. Ἐὰν ἀγαπᾶτέ με, τὰς ἐντολὰς τὰς ἐμὰς τηρήσατε. Καὶ ἐγὼ ἐρωτήσω τὸν Πατέρα, καὶ ἄλλον Παράκλητον δώσει ὑμῖν, ἵνα μένῃ μεθ' ὑμῶν εἰς τὸν αἰῶνα· τὸ Πνεῦμα τῆς ἀληθείας, ὃ ὁ κόσμος οὐ δύναται λαβεῖν, ὅτι οὐ θεωρεῖ αὐτὸ, οὐδὲ γινώσκει αὐτό· ὑμεῖς δὲ γινώσκετε αὐτό, ὅτι παρ' ὑμῖν μένει, καὶ ἐν ὑμῖν ἔσται. Οὐκ ἀφήσω ὑμᾶς ὀρφανούς· ἔρχομαι πρὸς ὑμᾶς. Ἔτι μικρὸν, καὶ ὁ κόσμος με οὐκέτι θεωρεῖ, ὑμεῖς δὲ θεωρεῖτέ με, ὅτι ἐγὼ ζῶ, καὶ ὑμεῖς ζήσεσθε. Ἐν ἐκείνῃ τῇ ἡμέρᾳ γνώσεσθε ὑμεῖς, ὅτι ἐγὼ ἐν τῷ Πατρί μου, καὶ ὑμεῖς ἐν ἐμοὶ, κἀγὼ ἐν ὑμῖν. Ὁ ἔχων τὰς ἐντολάς μου, καὶ τηρῶν αὐτάς, ἐκεῖνός ἐστιν ὁ ἀγαπῶν με· ὁ δὲ ἀγαπῶν με, ἀγαπηθήσεται ὑπὸ τοῦ Πατρός μου, καὶ ἐγὼ ἀγαπήσω αὐτὸν καὶ ἐμφανίσω αὐτῷ ἐμαυτόν. Λέγει αὐτῷ Ἰούδας, οὐχ ὁ Ἰσκαριώτης· Κύριε, καὶ τί γέγονεν, ὅτι ἡμῖν μέλλεις ἐμφανίζειν σεαυτόν, καὶ οὐχὶ τῷ κόσμῳ; Ἀπεκρίθη ὁ

you would have known my Father also; henceforth you know him and have seen him." Philip said to him, "Lord, show us the Father, and we shall be satisfied." Jesus said to him, "Have I been with you so long, and yet you do not know me, Philip? He who has seen me has seen the Father; how can you say, 'Show us the Father'? Do you not believe that I am in the Father and the Father in me? The words that I say to you I do not speak on my own authority; but the Father who dwells in me does his works. Believe me that I am in the Father and the Father in me; or else believe me for the sake of the works themselves. Truly, truly, I say to you, he who believes in me will also do the works that I do; and greater works than these will he do, because I go to the Father. Whatever you ask in my name, I will do it, that the Father may be glorified in the Son; if you ask anything in my name, I will do it. If you love me, you will keep my commandments. And I will ask the Father, and he will give you another Counselor, to be with you for ever, even the Spirit of truth, whom the world cannot receive, because it neither sees him nor knows him; you know him, for he dwells with you, and will be in you. I will not leave you desolate; I will come to you. Yet a little while, and the world will see me no more, but you will see me; because I live, you will live also. In that day you will know that I am in my Father, and you in me, and I in you. He who has my commandments and keeps them, he it is who loves me; and he who loves me will be loved by my Father, and I will love him and manifest myself to him." Judas (not Iscariot) said to him, "Lord, how is it that you will manifest

Ἰησοῦς καὶ εἶπεν αὐτῷ· Ἐάν τις ἀγαπᾷ με, τὸν λόγον μου τηρήσει· καὶ ὁ Πατήρ μου ἀγαπήσει αὐτόν, καὶ πρὸς αὐτὸν ἐλευσόμεθα, καὶ μονὴν παρ' αὐτῷ ποιήσομεν. Ὁ μὴ ἀγαπῶν με, τοὺς λόγους μου οὐ τηρεῖ· καὶ ὁ λόγος ὃν ἀκούετε, οὐκ ἔστιν ἐμός, ἀλλὰ τοῦ πέμψαντός με Πατρός. Ταῦτα λελάληκα ὑμῖν, παρ' ὑμῖν μένων· ὁ δὲ Παράκλητος, τὸ Πνεῦμα τὸ Ἅγιον, ὃ πέμψει ὁ Πατὴρ ἐν τῷ ὀνόματί μου, ἐκεῖνος ὑμᾶς διδάξει πάντα, καὶ ὑπομνήσει ὑμᾶς πάντα, ἃ εἶπον ὑμῖν. Εἰρήνην ἀφίημι ὑμῖν, εἰρήνην τὴν ἐμὴν δίδωμι ὑμῖν· οὐ καθὼς ὁ κόσμος δίδωσιν, ἐγὼ δίδωμι ὑμῖν. Μὴ ταρασσέσθω ὑμῶν ἡ καρδία, μηδὲ δειλιάτω. Ἠκούσατε ὅτι ἐγὼ εἶπον ὑμῖν· Ὑπάγω, καὶ ἔρχομαι πρὸς ὑμᾶς. Εἰ ἠγαπᾶτέ με, ἐχάρητε ἂν ὅτι εἶπον, πορεύομαι πρὸς τὸν Πατέρα· ὅτι ὁ Πατήρ μου μείζων μού ἐστι. Καὶ νῦν εἴρηκα ὑμῖν, πρὶν γενέσθαι, ἵνα ὅταν γένηται πιστεύσητε. Οὐκ ἔτι πολλὰ λαλήσω μεθ' ὑμῶν· ἔρχεται γὰρ ὁ τοῦ κόσμου τούτου ἄρχων, καὶ ἐν ἐμοὶ οὐκ ἔχει οὐδέν· Ἀλλ' ἵνα γνῷ ὁ κόσμος, ὅτι ἀγαπῶ τὸν Πατέρα, καὶ καθὼς ἐνετείλατό μοι ὁ Πατήρ, οὕτω ποιῶ· ἐγείρεσθε, ἄγωμεν ἐντεῦθεν. Ἐγώ εἰμι ἡ ἄμπελος ἡ ἀληθινή, καὶ ὁ Πατήρ μου ὁ γεωργός ἐστι. Πᾶν κλῆμα ἐν ἐμοὶ μὴ φέρον καρπόν, αἴρει αὐτό, καὶ πᾶν τὸ καρπὸν φέρον, καθαίρει αὐτό, ἵνα πλείονα καρπὸν φέρῃ. Ἤδη ὑμεῖς καθαροί ἐστε διὰ τὸν λόγον, ὃν λελάληκα ὑμῖν. Μείνατε ἐν ἐμοί, κἀγὼ ἐν ὑμῖν. Καθὼς τὸ κλῆμα οὐ δύναται καρπὸν φέρειν ἀφ' ἑαυτοῦ, ἐὰν μὴ μείνῃ ἐν τῇ ἀμπέλῳ, οὕτως οὐδὲ ὑμεῖς, ἐὰν μὴ ἐν ἐμοὶ μείνητε. Ἐγώ εἰμι ἡ ἄμπελος, ὑμεῖς τὰ κλήματα. Ὁ μένων ἐν ἐμοί, κἀγὼ ἐν αὐτῷ, οὗτος φέρει καρπὸν πολύν, ὅτι χωρὶς ἐμοῦ οὐ δύνασθε ποιεῖν οὐδέν. Ἐὰν μή τις μείνῃ ἐν ἐμοί, ἐβλήθη ἔξω ὡς τὸ κλῆμα, καὶ ἐξηράνθη, καὶ συνάγουσιν αὐτὰ, καὶ εἰς τὸ πῦρ βάλλουσι, καὶ καίεται. Ἐὰν μείνητε ἐν

yourself to us, and not to the world?" Jesus answered him, "If a man loves me, he will keep my word, and my Father will love him, and we will come to him and make our home with him. He who does not love me does not keep my words; and the word which you hear is not mine but the Father's who sent me. These things I have spoken to you, while I am still with you. But the Counselor, the Holy Spirit, whom the Father will send in my name, he will teach you all things, and bring to your remembrance all that I have said to you. Peace I leave with you; my peace I give to you; not as the world gives do I give to you. Let not your hearts be troubled, neither let them be afraid. You heard me say to you, 'I go away, and I will come to you.' If you loved me, you would have rejoiced, because I go to the Father; for the Father is greater than 1. And now I have told you before it takes place, so that when it does take place, you may believe. I will no longer talk much with you, for the ruler of this world is coming. He has no power over me; but I do as the Father has commanded me, so that the world may know that I love the Father. Rise, let us go hence. I am the true vine, and my Father is the vinedresser. Every branch of mine that bears no fruit, he takes away, and every branch that does bear fruit he prunes, that it may bear more fruit. You are already made clean by the word which I have spoken to you. Abide in me, and I in you. As the branch cannot bear fruit by itself, unless it abides in the vine, neither can you, unless you abide in me. I am the vine, you are the branches. He who abides in me, and I in him, he it is that bears much fruit, for apart from me

ἐμοί, καὶ τὰ ῥήματά μου ἐν ὑμῖν μείνῃ, ὃ ἐὰν θέλητε αἰτήσασθε, καὶ γενήσεται ὑμῖν. Ἐν τούτῳ ἐδοξάσθη ὁ Πατήρ μου, ἵνα καρπὸν πολὺν φέρητε, καὶ γενήσεσθε ἐμοὶ Μαθηταί. Καθὼς ἠγάπησέ με ὁ Πατήρ, κἀγὼ ἠγάπησα ὑμᾶς· μείνατε ἐν τῇ ἀγάπῃ τῇ ἐμῇ. Ἐὰν τὰς ἐντολάς μου τηρήσετε, μενεῖτε ἐν τῇ ἀγάπῃ μου, καθὼς ἐγὼ τὰς ἐντολὰς τοῦ Πατρός μου τετήρηκα, καὶ μένω αὐτοῦ ἐν τῇ ἀγάπῃ. Ταῦτα λελάληκα ὑμῖν, ἵνα ἡ χαρὰ ἡ ἐμὴ ἐν ὑμῖν μείνῃ, καί ἡ χαρὰ ὑμῶν πληρωθῇ. Αὕτη ἐστὶν ἡ ἐντολὴ ἡ ἐμή, ἵνα ἀγαπᾶτε ἀλλήλους, καθὼς ἠγάπησα ὑμᾶς. Μείζονα ταύτης ἀγάπην οὐδεὶς ἔχει, ἵνα τις τὴν ψυχὴν αὐτοῦ θῇ ὑπὲρ τῶν φίλων αὐτοῦ. Ὑμεῖς φίλοι μού ἐστε, ἐὰν ποιῆτε ὅσα ἐγὼ ἐντέλλομαι ὑμῖν. Οὐκέτι ὑμᾶς λέγω δούλους, ὅτι ὁ δοῦλος οὐκ οἶδε τί ποιεῖ αὐτοῦ ὁ κύριος· ὑμᾶς δὲ εἴρηκα φίλους, ὅτι πάντα ἃ ἤκουσα παρὰ τοῦ Πατρός μου, ἐγνώρισα ὑμῖν. Οὐχ ὑμεῖς με ἐξελέξασθε, ἀλλ' ἐγὼ ἐξελεξάμην ὑμᾶς, καὶ ἔθηκα ὑμᾶς, ἵνα ὑμεῖς ὑπάγητε, καὶ καρπὸν φέρητε, καὶ ὁ καρπὸς ὑμῶν μένῃ· ἵνα ὅ,τι ἂν αἰτήσητε τὸν Πατέρα ἐν τῷ ὀνόματί μου, δῷ ὑμῖν. Ταῦτα ἐντέλλομαι ὑμῖν, ἵνα ἀγαπᾶτε ἀλλήλους. Εἰ ὁ κόσμος ὑμᾶς μισεῖ, γινώσκετε ὅτι ἐμὲ πρῶτον ὑμῶν μεμίσηκεν. Εἰ ἐκ τοῦ κόσμου ἦτε, ὁ κόσμος ἂν τὸ ἴδιον ἐφίλει· ὅτι δὲ ἐκ τοῦ κόσμου οὐκ ἐστέ, ἀλλ' ἐγὼ ἐξελεξάμην ὑμᾶς ἐκ τοῦ κόσμου, διὰ τοῦτο μισεῖ ὑμᾶς ὁ κόσμος. Μνημονεύετε τοῦ λόγου, οὗ ἐγὼ εἶπον ὑμῖν· Οὐκ ἔστι δοῦλος μείζων τοῦ κυρίου αὐτοῦ. Εἰ ἐμὲ ἐδίωξαν, καὶ ὑμᾶς διώξουσιν· εἰ τὸν λόγον μου ἐτήρησαν, καὶ τὸν ὑμέτερον τηρήσουσιν. Ἀλλὰ ταῦτα πάντα ποιήσουσιν ὑμῖν διὰ τὸ ὄνομά μου, ὅτι οὐκ οἴδασι τὸν πέμψαντά με. Εἰ μὴ ἦλθον, καὶ ἐλάλησα αὐτοῖς, ἁμαρτίαν οὐκ εἶχον· νῦν δὲ πρόφασιν οὐκ ἔχουσι περὶ τῆς ἁμαρτίας αὐτῶν. Ὁ ἐμὲ μισῶν, καὶ τὸν Πατέρα μου

you can do nothing. If a man does not abide in me, he is cast forth as a branch and withers; and the branches are gathered, thrown into the fire and burned. If you abide in me, and my words abide in you, ask whatever you will, and it shall be done for you. By this my Father is glorified, that you bear much fruit, and so prove to be my disciples. As the Father has loved me, so have I loved you; abide in my love. If you keep my commandments, you will abide in my love, just as I have kept my Father's commandments and abide in his love. These things I have spoken to you, that my joy may be in you, and that your joy may be full. This is my commandment, that you love one another as I have loved you. Greater love has no man than this, that a man lay down his life for his friends. You are my friends if you do what I command you. No longer do I call you servants, for the servant does not know what his master is doing; but I have called you friends, for all that I have heard from my Father I have made known to you. You did not choose me, but I chose you and appointed you that you should go and bear fruit and that your fruit should abide; so that whatever you ask the Father in my name, he may give it to you. This I command you, to love one another. If the world hates you, know that it has hated me before it hated you. If you were of the world, the world would love its own; but because you are not of the world, but I chose you out of the world, therefore the world hates you. Remember the word that I said to you, 'A servant is not greater than his master.' If they persecuted me, they will persecute you; if they kept my word, they will keep yours also. But all

μισεῖ. Εἰ τὰ ἔργα μὴ ἐποίησα ἐν αὐτοῖς, ἃ οὐδεὶς ἄλλος πεποίηκεν, ἁμαρτίαν οὐκ εἶχον· νῦν δὲ καὶ ἑωράκασι, καὶ μεμισήκασι καὶ ἐμὲ καὶ τὸν Πατέρα μου. Ἀλλ᾽ ἵνα πληρωθῇ ὁ λόγος ὁ γεγραμμένος ἐν τῷ νόμῳ αὐτῶν· «ὅτι ἐμίσησάν με δωρεάν». Ὅταν δὲ ἔλθῃ ὁ Παράκλητος, ὃν ἐγὼ πέμψω ὑμῖν παρὰ τοῦ Πατρός, τὸ Πνεῦμα τῆς ἀληθείας, ὃ παρὰ τοῦ Πατρὸς ἐκπορεύεται, ἐκεῖνος μαρτυρήσει περὶ ἐμοῦ· καὶ ὑμεῖς δὲ μαρτυρεῖτε, ὅτι ἀπ᾽ ἀρχῆς μετ᾽ ἐμοῦ ἐστε. Ταῦτα λελάληκα ὑμῖν, ἵνα μὴ σκανδαλισθῆτε. Ἀποσυναγώγους ποιήσουσιν ὑμᾶς· ἀλλ᾽ ἔρχεται ὥρα, ἵνα πᾶς ὁ ἀποκτείνας ὑμᾶς, δόξῃ λατρείαν προσφέρειν τῷ Θεῷ. Καὶ ταῦτα ποιήσουσιν ὑμῖν, ὅτι οὐκ ἔγνωσαν τὸν Πατέρα, οὐδὲ ἐμέ. Ἀλλὰ ταῦτα λελάληκα ὑμῖν, ἵνα ὅταν ἔλθῃ ἡ ὥρα, μνημονεύητε αὐτῶν, ὅτι ἐγὼ εἶπον ὑμῖν. Ταῦτα δὲ ὑμῖν ἐξ ἀρχῆς οὐκ εἶπον, ὅτι μεθ᾽ ὑμῶν ἤμην. Νῦν δὲ ὑπάγω πρὸς τὸν πέμψαντά με, καὶ οὐδεὶς ἐξ ὑμῶν ἐρωτᾷ με· ποῦ ὑπάγεις; ἀλλ᾽ ὅτι ταῦτα λελάληκα ὑμῖν, ἡ λύπη πεπλήρωκεν ὑμῶν τὴν καρδίαν. Ἀλλ᾽ ἐγὼ τὴν ἀλήθειαν λέγω ὑμῖν· συμφέρει ὑμῖν ἵνα ἐγὼ ἀπέλθω· ἐὰν γὰρ ἐγὼ μὴ ἀπέλθω, ὁ Παράκλητος οὐκ ἐλεύσεται πρὸς ὑμᾶς· ἐὰν δὲ πορευθῶ, πέμψω αὐτὸν πρὸς ὑμᾶς· Καὶ ἐλθὼν ἐκεῖνος, ἐλέγξει τὸν κόσμον περὶ ἁμαρτίας, καὶ περὶ δικαιοσύνης, καὶ περὶ κρίσεως. Περὶ ἁμαρτίας μέν, ὅτι οὐ πιστεύουσιν εἰς ἐμέ· περὶ δικαιοσύνης δέ, ὅτι πρὸς τὸν Πατέρα μου ὑπάγω, καὶ οὐκ ἔτι θεωρεῖτέ με· περὶ δὲ κρίσεως, ὅτι ὁ ἄρχων τοῦ κόσμου τούτου κέκριται. Ἔτι πολλὰ ἔχω λέγειν ὑμῖν, ἀλλ᾽ οὐ δύνασθε βαστάζειν ἄρτι. Ὅταν δὲ ἔλθῃ ἐκεῖνος, τὸ Πνεῦμα τῆς ἀληθείας, ὁδηγήσει ὑμᾶς εἰς πᾶσαν τὴν ἀλήθειαν· οὐ γὰρ λαλήσει ἀφ᾽ ἑαυτοῦ, ἀλλ᾽ ὅσα ἂν ἀκούσῃ, λαλήσει, καὶ τὰ ἐρχόμενα ἀναγγελεῖ ὑμῖν. Ἐκεῖνος ἐμὲ δοξάσει, ὅτι ἐκ τοῦ ἐμοῦ λήψεται, καὶ

this they will do to you on my account, because they do not know him who sent me. If I had not come and spoken to them, they would not have sin; but now they have no excuse for their sin. He who hates me hates my Father also. If I had not done among them the works which no one else did, they would not have sin; but now they have seen and hated both me and my Father. It is to fulfill the word that is written in their law, 'They hated me without a cause.' But when the Counselor comes, whom I shall send to you from the Father, even the Spirit of truth, who proceeds from the Father, he will bear witness to me; and you also are witnesses, because you have been with me from the beginning. I have said all this to you to keep you from falling away. They will put you out of the synagogues; indeed, the hour is coming when whoever kills you will think he is offering service to God. And they will do this because they have not known the Father, nor me. But I have said these things to you, that when their hour comes you may remember that I told you of them. I did not say these things to you from the beginning, because I was with you. But now I am going to him who sent me; yet none of you asks me, 'Where are you going?' But because I have said these things to you, sorrow has filled your hearts. Nevertheless I tell you the truth: it is to your advantage that I go away, for if I do not go away, the Counselor will not come to you; but if I go, I will send him to you. And when he comes, he will convince the world concerning sin and righteousness and judgment: concerning sin, because they do not believe in me; concerning righteousness, because I go to

ἀναγγελεῖ ὑμῖν. Πάντα ὅσα ἔχει ὁ Πατὴρ, ἐμά ἐστι· διὰ τοῦτο εἶπον, ὅτι ἐκ τοῦ ἐμοῦ λήψεται, καὶ ἀναγγελεῖ ὑμῖν. Μικρὸν, καὶ οὐ θεωρεῖτέ με, καὶ πάλιν μικρὸν, καὶ ὄψεσθέ με, ὅτι ἐγὼ ὑπάγω πρὸς τὸν Πατέρα. Εἶπον οὖν ἐκ τῶν Μαθητῶν αὐτοῦ πρὸς ἀλλήλους· Τί ἐστι τοῦτο, ὃ λέγει ἡμῖν, Μικρὸν, καὶ οὐ θεωρεῖτέ με; καὶ πάλιν μικρὸν, καὶ ὄψεσθέ με; καὶ, Ὅτι ἐγὼ ὑπάγω πρὸς τὸν Πατέρα; Ἔλεγον οὖν· Τοῦτο τί ἐστιν ὃ λέγει, τὸ, Μικρόν; οὐκ οἴδαμεν τί λαλεῖ. Ἔγνω οὖν ὁ Ἰησοῦς, ὅτι ἤθελον αὐτὸν ἐρωτᾶν, καί εἶπεν αὐτοῖς· Περὶ τούτου ζητεῖτε μετ᾿ ἀλλήλων, ὅτι εἶπον· Μικρὸν, καὶ οὐ θεωρεῖτέ με, καὶ πάλιν μικρὸν, καὶ ὄψεσθέ με; Ἀμὴν ἀμὴν λέγω ὑμῖν, ὅτι κλαύσετε καὶ θρηνήσετε ὑμεῖς, ὁ δὲ κόσμος χαρήσεται· ὑμεῖς δὲ λυπηθήσεσθε, ἀλλ᾿ ἡ λύπη ὑμῶν εἰς χαρὰν γενήσεται. Ἡ γυνὴ ὅταν τίκτῃ, λύπην ἔχει, ὅτι ἦλθεν ἡ ὥρα αὐτῆς· ὅταν δὲ γεννήσῃ τὸ παιδίον, οὐκ ἔτι μνημονεύει τῆς θλίψεως, διὰ τὴν χαρὰν ὅτι ἐγεννήθη ἄνθρωπος εἰς τὸν κόσμον. Καὶ ὑμεῖς οὖν λύπην μὲν νῦν ἔχετε· πάλιν δὲ ὄψομαι ὑμᾶς, καὶ χαρήσεται ὑμῶν ἡ καρδία, καὶ τὴν χαρὰν ὑμῶν οὐδεὶς αἴρει ἀφ᾿ ὑμῶν. Καὶ ἐν ἐκείνῃ τῇ ἡμέρᾳ, ἐμὲ οὐκ ἐρωτήσετε οὐδέν. Ἀμὴν ἀμὴν λέγω ὑμῖν, ὅτι ὅσα ἂν αἰτήσητε τὸν Πατέρα ἐν τῷ ὀνόματί μου, δώσει ὑμῖν. Ἕως ἄρτι οὐκ ᾐτήσατε οὐδὲν ἐν τῷ ὀνόματί μου· αἰτεῖτε, καὶ λήψεσθε, ἵνα ἡ χαρὰ ὑμῶν ᾖ πεπλη-ρωμένη. Ταῦτα ἐν παροιμίαις λελάληκα ὑμῖν· ἀλλ᾿ ἔρχεται ὥρα, ὅτε οὐκέτι ἐν παροιμίαις λαλήσω ὑμῖν, ἀλλὰ παρρησίᾳ περὶ τοῦ Πατρὸς ἀναγγελῶ ὑμῖν. Ἐν ἐκείνῃ τῇ ἡμέρᾳ ἐν τῷ ὀνόματί μου αἰτήσεσθε· καὶ οὐ λέγω ὑμῖν, ὅτι ἐγὼ ἐρωτήσω τὸν Πατέρα περὶ ὑμῶν· αὐτὸς γὰρ ὁ Πατὴρ φιλεῖ ὑμᾶς, ὅτι ὑμεῖς ἐμὲ πεφιλήκατε, καὶ πεπιστεύκατε, ὅτι ἐγὼ παρὰ τοῦ Θεοῦ ἐξῆλθον. Ἐξῆλθον παρὰ τοῦ Πατρὸς, καὶ ἐλήλυθα εἰς τὸν κόσμον· πά-

the Father, and you will see me no more; concerning judgment, because the ruler of this world is judged. I have yet many things to say to you, but you cannot bear them now. When the Spirit of truth comes, he will guide you into all the truth; for he will not speak on his own authority, but whatever he hears he will speak, and he will declare to you the things that are to come. He will glorify me, for he will take what is mine and declare it to you. All that the Father has is mine; therefore I said that he will take what is mine and declare it to you. A little while, and you will see me no more; again a little while, and you will see me." Some of his disciples said to one another, "What is this that he says to us, 'A little while, and you will not see me, and again a little while, and you will see me'; and, 'because I go to the Father'? " They said, "What does he mean by 'a little while'? We do not know what he means." Jesus knew that they wanted to ask him; so he said to them, "Is this what you are asking yourselves, what I meant by saying, 'A little while, and you will not see me, and again a little while, and you will see me'? Truly, truly, I say to you, you will weep and lament, but the world will rejoice; you will be sorrowful, but your sorrow will turn into joy. When a woman is in travail she has sorrow, because her hour has come; but when she is delivered of the child, she no longer remembers the anguish, for joy that a child is born into the world. So you have sorrow now, but I will see you again and your hearts will rejoice, and no one will take your joy from you. In that day you will ask nothing of me. Truly, truly, I say to you, if you ask anything of the Father, he will give it to you

λιν ἀφίημι τὸν κόσμον, καὶ πορεύομαι πρὸς τὸν Πατέρα. Λέγουσιν αὐτῷ οἱ Μαθηταὶ αὐτοῦ· Ἴδε, νῦν παρρησίᾳ λαλεῖς, καὶ παροιμίαν οὐδεμίαν λέγεις. Νῦν οἴδαμεν ὅτι οἶδας πάντα, καὶ οὐ χρείαν ἔχεις ἵνα τίς σε ἐρωτᾷ· ἐν τούτῳ πιστεύομεν ὅτι ἀπὸ Θεοῦ ἐξῆλθες. Ἀπεκρίθη αὐτοῖς ὁ Ἰησοῦς· Ἄρτι πιστεύετε; ἰδοὺ ἔρχεται ὥρα, καὶ νῦν ἐλήλυθεν, ἵνα σκορπισθῆτε ἕκαστος εἰς τὰ ἴδια, καὶ ἐμὲ μόνον ἀφῆτε· καὶ οὐκ εἰμὶ μόνος, ὅτι ὁ Πατὴρ μετ᾿ ἐμοῦ ἐστι. Ταῦτα λελάληκα ὑμῖν, ἵνα ἐν ἐμοὶ εἰρήνην ἔχητε· ἐν τῷ κόσμῳ θλῖψιν ἕξετε· ἀλλὰ θαρσεῖτε, ἐγὼ νενίκηκα τὸν κόσμον. Ταῦτα ἐλάλησεν, ὁ Ἰησοῦς, καὶ ἐπῆρε τοὺς ὀφθαλμοὺς αὐτοῦ εἰς τὸν οὐρανόν, καὶ εἶπε· Πάτερ, ἐλήλυθεν ἡ ὥρα· δόξασόν σου τὸν Υἱόν, ἵνα καὶ ὁ Υἱός σου δοξάσῃ σε, καθὼς ἔδωκας αὐτῷ ἐξουσίαν πάσης σαρκός, ἵνα πᾶν ὃ δέδωκας αὐτῷ, δώσῃ αὐτοῖς ζωὴν αἰώνιον. Αὕτη δέ ἐστιν ἡ αἰώνιος ζωή, ἵνα γινώσκωσί σε τὸν μόνον ἀληθινὸν Θεόν, καὶ ὃν ἀπέστειλας Ἰησοῦν Χριστόν. Ἐγώ σε ἐδόξασα ἐπὶ τῆς γῆς, τὸ ἔργον ἐτελείωσα ὃ δέδωκάς μοι ἵνα ποιήσω· καὶ νῦν δόξασόν με σύ, Πάτερ, παρὰ σεαυτῷ τῇ δόξῃ ᾗ εἶχον, πρὸ τοῦ τὸν κόσμον εἶναι παρὰ σοί. Ἐφανέρωσά σου τὸ ὄνομα τοῖς ἀνθρώποις, οὓς δέδωκάς μοι ἐκ τοῦ κόσμου· σοὶ ἦσαν, καὶ ἐμοὶ αὐτοὺς δέδωκας, καὶ τὸν λόγον σου τετηρήκασι. Νῦν ἔγνωκαν, ὅτι πάντα ὅσα δέδωκάς μοι παρὰ σοῦ ἐστιν· ὅτι τὰ ῥήματα ἃ δέδωκάς μοι, δέδωκα αὐτοῖς, καὶ αὐτοὶ ἔλαβον, καὶ ἔγνωσαν ἀληθῶς, ὅτι παρὰ σοῦ ἐξῆλθον, καὶ ἐπίστευσαν ὅτι σύ με ἀπέστειλας. Ἐγὼ περὶ αὐτῶν ἐρωτῶ· οὐ περὶ τοῦ κόσμου ἐρωτῶ, ἀλλὰ περὶ ὧν δέδωκάς μοι, ὅτι σοί εἰσι, καὶ τὰ ἐμὰ πάντα σά ἐστι, καὶ τὰ σὰ ἐμά, καὶ δεδόξασμαι ἐν αὐτοῖς. Καὶ οὐκέτι εἰμὶ ἐν τῷ κόσμῳ, καὶ οὗτοι ἐν τῷ κόσμῳ εἰσί, καὶ ἐγὼ πρὸς σὲ ἔρχομαι. Πάτερ ἅγιε, τήρησον αὐτοὺς ἐν

in my name. Hitherto you have asked nothing in my name; ask, and you will receive, that your joy may be full. I have said this to you in figures; the hour is coming when I shall no longer speak to you in figures but tell you plainly of the Father. In that day you will ask in my name; and I do not say to you that I shall ask the Father for you; for the Father himself loves you, because you have loved me and have believed that I came from the Father. I came from the Father and have come into the world; again, I am leaving the world and going to the Father." His disciples said, "Ah, now you are speaking plainly, not in any figure! Now we know that you know all things, and need none to question you; by this we believe that you came from God." Jesus answered them, "Do you now believe? The hour is coming, indeed it has come, when you will be scattered, every man to his home, and will leave me alone; yet I am not alone, for the Father is with me. I have said this to you, that in me you may have peace. In the world you have tribulation; but be of good cheer, I have overcome the world." When Jesus had spoken these words, he lifted up his eyes to heaven and said, "Father, the hour has come; glorify your Son that the Son may glorify you, since you have given him power over all flesh, to give eternal life to all whom you have given him. And this is eternal life, that they know you the only true God, and Jesus Christ whom you have sent. I glorified you on earth, having accomplished the work which you gave me to do; and now, Father, glorify me in your own presence with the glory which I had with you before the world was made. I have manifested your name to

τῷ ὀνόματί σου ᾧ δέδωκάς μοι, ἵνα ὦσιν ἓν, καθὼς ἡμεῖς. Ὅτε ἤμην μετ' αὐτῶν ἐν τῷ κόσμῳ, ἐγὼ ἐτήρουν αὐτοὺς ἐν τῷ ὀνόματί σου· οὓς δέδωκάς μοι ἐφύλαξα, καὶ οὐδεὶς ἐξ αὐτῶν ἀπώλετο, εἰ μὴ ὁ υἱὸς τῆς ἀπωλείας, ἵνα ἡ Γραφὴ πληρωθῇ. Νῦν δὲ πρὸς σὲ ἔρχομαι, καὶ ταῦτα λαλῶ ἐν τῷ κόσμῳ, ἵνα ἔχωσι τὴν χαρὰν τὴν ἐμὴν πεπληρωμένην ἐν αὐτοῖς. Ἐγὼ δέδωκα αὐτοῖς τὸν λόγον σου, καὶ ὁ κόσμος ἐμίσησεν αὐτούς, ὅτι οὐκ εἰσὶν ἐκ τοῦ κόσμου, καθὼς ἐγὼ οὐκ εἰμὶ ἐκ τοῦ κόσμου. Οὐκ ἐρωτῶ ἵνα ἄρῃς αὐτοὺς ἐκ τοῦ κόσμου, ἀλλ' ἵνα τηρήσῃς αὐτοὺς ἐκ τοῦ πονηροῦ· ἐκ τοῦ κόσμου οὐκ εἰσί, καθὼς ἐγὼ ἐκ τοῦ κόσμου οὐκ εἰμί. Ἁγίασον αὐτοὺς ἐν τῇ ἀληθείᾳ σου· ὁ λόγος ὁ σὸς ἀλήθειά ἐστι. Καθὼς ἐμὲ ἀπέστειλας εἰς τὸν κόσμον, κἀγὼ ἀπέστειλα αὐτοὺς εἰς τὸν κόσμον, καὶ ὑπὲρ αὐτῶν ἐγὼ ἁγιάζω ἐμαυτόν, ἵνα καὶ αὐτοὶ ὦσιν ἡγιασμένοι ἐν ἀληθείᾳ. Οὐ περὶ τούτων δὲ ἐρωτῶ μόνον, ἀλλὰ καὶ περὶ τῶν πιστευόντων διὰ τοῦ λόγου αὐτῶν εἰς ἐμέ, ἵνα πάντες ἓν ὦσι, καθὼς σύ Πάτερ, ἐν ἐμοί, κἀγὼ ἐν σοί, ἵνα καὶ αὐτοὶ ἐν ἡμῖν ἓν ὦσιν, ἵνα ὁ κόσμος πιστεύσῃ, ὅτι σύ με ἀπέστειλας. Καὶ ἐγὼ τὴν δόξαν, ἣν δέδωκάς μοι, δέδωκα αὐτοῖς, ἵνα ὦσιν ἓν, καθὼς ἡμεῖς ἕν ἐσμεν. Ἐγὼ ἐν αὐτοῖς, καὶ σὺ ἐν ἐμοί, ἵνα ὦσι τετελειωμένοι εἰς ἕν, καὶ ἵνα γινώσκῃ ὁ κόσμος, ὅτι σύ με ἀπέστειλας, καὶ ἠγάπησας αὐτούς, καθὼς ἐμὲ ἠγάπησας. Πάτερ, οὓς δέδωκάς μοι, θέλω ἵνα ὅπου εἰμὶ ἐγώ, κἀκεῖνοι ὦσι μετ' ἐμοῦ, ἵνα θεωρῶσι τὴν δόξαν τὴν ἐμήν, ἣν δέδωκάς μοι, ὅτι ἠγάπησάς με πρὸ καταβολῆς κόσμου. Πάτερ δίκαιε, καὶ ὁ κόσμος σε οὐκ ἔγνω, ἐγὼ δέ σε ἔγνων, καὶ οὗτοι ἔγνωσαν, ὅτι σύ με ἀπέστειλας· καὶ ἐγνώρισα αὐτοῖς τὸ ὄνομά σου, καὶ γνωρίσω, ἵνα ἡ ἀγάπη ἣν ἠγάπησάς με, ἐν αὐτοῖς ᾖ, κἀγὼ ἐν αὐτοῖς. Ταῦτα εἰπὼν ὁ Ἰησοῦς ἐξῆλθε σὺν τοῖς

the men whom you gave me out of the world; yours they were, and you gave them to me, and they have kept your word. Now they know that everything that you have given me is from you; for I have given them the words which you gave me, and they have received them and know in truth that I came from you; and they have believed that you did send me. I am praying for them; I am not praying for the world but for those whom you have given me, for they are yours; all mine are yours, and yours are mine, and I am glorified in them. And now I am no more in the world, but they are in the world, and I am coming to you. Holy Father, keep them in your name, which you have given me, that they may be one, even as we are one. While I was with them, I kept them in your name, which you have given me; I have guarded them, and none of them is lost but the son of perdition, that the scripture might be fulfilled. But now I am coming to you; and these things I speak in the world, that they may have my joy fulfilled in themselves. I have given them your word; and the world has hated them because they are not of the world, even as I am not of the world. I do not pray that you should take them out of the world, but that you should keep them from the evil one. They are not of the world, even as I am not of the world. Sanctify them in the truth; your word is truth. As you did send me into the world, so I have sent them into the world. And for their sake I consecrate myself, that they also may be consecrated in truth. I do not pray for these only, but also for those who believe in me through their word, that they may all be one; even as you, Father, are in me, and

Μαθηταῖς αὐτοῦ πέραν τοῦ χειμάρρου τῶν Κέδρων, ὅπου ἦν κῆπος, εἰς ὃν εἰσῆλθεν αὐτός, καὶ οἱ Μαθηταὶ αὐτοῦ.

I in you, that they also may be in us, so that the world may believe that you have sent me. The glory which you have given me I have given to them, that they may be one even as we are one, I in them and you in me, that they may become perfectly one, so that the world may know that you have sent me and have loved them even as you have loved me. Father, I desire that they also, whom you have given me, may be with me where I am, to behold my glory which you have given me in your love for me before the foundation of the world. O righteous Father, the world has not known you, but I have known you; and these know that you have sent me. I made known to them your name, and I will make it known, that the love with which you have loved me may be in them, and I in them. When Jesus had spoken these words, he went forth with his disciples across the Kidron valley, where there was a garden, which he and his disciples entered.

Ὁ Χορός· Δόξα τῇ μακροθυμίᾳ σου, Κύριε, δόξα σοι.

Choir: Glory to your long-suffering, Lord; glory to you!

ΑΝΤΙΦΩΝΟΝ Α΄

Ἦχος πλ. δ΄.

ANTIPHON 1

Tone Pl. 4.

Ἄρχοντες λαῶν συνήχθησαν κατὰ τοῦ Κυρίου καὶ κατὰ τοῦ Χριστοῦ αὐτοῦ.

Rulers of the peoples were gathered together against the Lord and against his Christ.

Λόγον παράνομον κατέθεντο κατ' ἐμοῦ. Κύριε, Κύριε, μὴ ἐγκαταλίπῃς με.

They laid a lawless charge against me, Lord, Lord do not abandon me.

Τὰς αἰσθήσεις ἡμῶν καθαρὰς τῷ Χριστῷ παραστήσωμεν καὶ ὡς φίλοι αὐτοῦ τὰς ψυχὰς ἡμῶν θύσωμεν δι' αὐτὸν καὶ μὴ ταῖς μερίμναις τοῦ βίου συμπνι-

Let us bring out senses pure to Christ and as his friends let us sacrifice our souls for him, and let us not be suffocated by the cares of this life, like Judas;

γῶμεν, ὡς ὁ Ἰούδας· ἀλλ᾽ ἐν τοῖς ταμείοις ἡμῶν κράξωμεν· Πάτερ ἡμῶν ὁ ἐν τοῖς οὐρανοῖς, ἀπὸ τοῦ πονηροῦ ῥῦσαι ἡμᾶς.

Δόξα Πατρὶ καὶ Υἱῷ καὶ Ἁγίῳ Πνεύματι, καὶ νῦν καὶ ἀεὶ καὶ εἰς τοὺς αἰῶνας τῶν αἰώνων. Ἀμήν.

Θεοτοκίον.

Παρθένος ἔτεκες, ἀπειρόγαμε, καὶ παρθένος ἔμεινας, μήτηρ ἀνύμφευτε, Θεοτόκε Μαρία· Χριστὸν τὸν Θεὸν ἡμῶν ἱκέτευε, σωθῆναι ἡμᾶς.

ΑΝΤΙΦΩΝΟΝ Β´

Ἦχος πλ. β´.

Ἔδραμε λέγων ὁ Ἰούδας τοῖς παρανόμοις γραμματεῦσι· Τί μοι θέλετε δοῦναι, κἀγὼ ὑμῖν παραδώσω αὐτόν; Ἐν μέσῳ δὲ τῶν συμφωνούντων αὐτὸς εἱστήκεις ἀοράτως συμφωνούμενος. Καρδιογνῶστα, φεῖσαι τῶν ψυχῶν ἡμῶν.

Ἐν ἐλέει τὸν Θεὸν θεραπεύσωμεν, ὥσπερ Μαρία ἐπὶ τοῦ δείπνου, καὶ μὴ κτησώμεθα φιλαργυρίαν, ὡς ὁ Ἰούδας, ἵνα πάντοτε μετὰ Χριστοῦ τοῦ Θεοῦ ἐσώμεθα.

Δόξα Πατρὶ καὶ Υἱῷ καὶ Ἁγίῳ Πνεύματι, καὶ νῦν καὶ ἀεὶ καὶ εἰς τοὺς αἰῶνας τῶν αἰώνων. Ἀμήν.

Θεοτοκίον.

Ὃν ἔτεκες, Παρθένε ἀνερμηνεύτως, διὰ παντὸς ὡς φιλάνθρωπον μὴ διαλίπῃς δυσωποῦσα, ἵνα κινδύνων σώσῃ τοὺς εἰς σὲ καταφεύγοντας.

ΑΝΤΙΦΩΝΟΝ Γ´

Ἦχος β´.

Διὰ Λαζάρου τὴν ἔγερσιν, Κύριε τὸ Ὡσαννά σοι ἐκραύγαζον παῖδες τῶν

but in our inner chambers let us cry: Our Father in heaven, deliver us from the evil one.

Glory to the Father, Son, and the Holy Spirit, both now and ever and to the ages of ages. Amen.

Theotokion.

A virgin you gave birth, O unwedded, and a virgin you remained, O Mother without bridegroom, Mary Mother of God implore Christ our God, that we may be saved.

ANTIPHON 2

Tone Pl. 2.

Judas ran saying to the lawless scribes: What are you willing to give me and I will hand him over to you? While as they were agreeing you were standing invisibly in the midst of them. O you who know the heart, spare our souls.

Let us serve God with mercy, as did Mary at the supper, and let us not acquire avarice as did Judas, that we may be ever with Christ God.

Glory to the Father, Son, and the Holy Spirit, both now and ever and to the ages of ages. Amen.

Theotokion.

Never cease to intercede, O Virgin, with him to whom you gave birth beyond explanation that he may save from dangers those who have recourse to you.

ANTIPHON 3

Tone 2.

Because, O Lord, of the raising of Lazarus, Hosanna the children of

Ἑβραίων, φιλάνθρωπε· ὁ δὲ παράνομος Ἰούδας οὐκ ἠβουλήθη συνιέναι.

Ἐν τῷ δείπνῳ σου, Χριστὲ ὁ Θεός, τοῖς μαθηταῖς σου προέλεγες· Εἷς ἐξ ὑμῶν παραδώσει με· ὁ δὲ παράνομος Ἰούδας οὐκ ἠβουλήθη συνιέναι.

Ἰωάννῃ ἐρωτήσαντι, Κύριε, ὁ παραδιδούς σε τίς ἐστι; τοῦτον διὰ τοῦ ἄρτου ὑπέδειξας· ὁ δὲ παράνομος Ἰούδας οὐκ ἠβουλήθη συνιέναι.

Εἰς τριάκοντα ἀργύρια, Κύριε, καὶ εἰς φίλημα δόλιον ἐζήτουν Ἰουδαῖοι ἀποκτεῖναί σε· ὁ δὲ παράνομος Ἰούδας οὐκ ἠβουλήθη συνιέναι.

Ἐν τῷ νιπτῆρί σου, Χριστὲ ὁ Θεός, τοῖς μαθηταῖς σου προέτρεπες· Οὕτω ποιεῖτε, ὥσπερ εἴδετε· ὁ δὲ παράνομος Ἰούδας οὐκ ἠβουλήθη συνιέναι.

Γρηγορεῖτε καὶ προσεύχεσθε, ἵνα μὴ πειρασθῆτε, τοῖς μαθηταῖς σου, ὁ Θεὸς ἡμῶν, ἔλεγες· ὁ δὲ παράνομος Ἰούδας οὐκ ἠβουλήθη συνιέναι.

Δόξα Πατρὶ καὶ Υἱῷ καὶ Ἁγίῳ Πνεύματι, καὶ νῦν καὶ ἀεὶ καὶ εἰς τοὺς αἰῶνας τῶν αἰώνων. Ἀμήν.

Θεοτοκίον.

Διάσωσον ἀπὸ κινδύνων τοὺς δούλους σου, Θεοτόκε, ὅτι πάντες μετὰ Θεὸν εἰς σὲ καταφεύγομεν ὡς ἄρρηκτον τεῖχος καὶ προστασίαν.

Κάθισμα. Ἦχος βαρύς.

Ἐν τῷ δείπνῳ τοὺς μαθητὰς διατρέφων καὶ τὴν σκῆψιν τῆς προδοσίας γινώσκων, ἐν αὐτῷ τὸν Ἰούδαν διήλεγξας, ἀδιόρθωτον μὲν τοῦτον ἐπιστάμενος,

the Hebrews cried out to you O lover of humankind, but Judas the transgressor did not want to understand.

At your supper, O Christ God, you foretold to your disciples one of you will betray me; but Judas the transgressor did not want to understand.

To John, when he asked you: Who is the one who betrays you? You indicated him through the bread; but Judas the transgressor did not want to understand.

For thirty silver pieces, Lord, and a deceitful kiss, the Jews sought to slay you; but Judas the transgressor did not want to understand.

At your Washing of the Feet, Christ God, you in instructed your disciples: Do thus as you have seen; but Judas the transgressor did not want to understand.

Watch and pray, that you may not be tested, you said to your disciples, O our God; but Judas the transgressor did not want to understand.

Glory to the Father, Son, and the Holy Spirit, both now and ever and to the ages of ages. Amen.

Theotokion.

Save your servants from dangers, O Mother who gave birth to God, for after God we all take refuge in you, as an unbreakable wall and protection.

Kathisma. Tone Varys.

At the Supper you nourished the Disciples and, knowing the plan of the betrayal, you exposed Judas during it. You knew he was incorrigible, but

γνωρίσαι δὲ πᾶσι βουλόμενος, ὅτι θέλων παρεδόθης, ἵνα κόσμον ἁρπάσῃς τοῦ ἀλλοτρίου. Μακρόθυμε δόξα σοι.

Ὁ Διάκονος· Καὶ ὑπὲρ τοῦ καταξιωθῆναι ἡμᾶς τῆς ἀκροάσεως τοῦ ἁγίου Εὐαγγελίου Κύριον τὸν Θεὸν ἡμῶν ἱκετεύσωμεν.

Ὁ Χορός· Κύριε, ἐλέησον. *(γ΄)*

Ὁ Διάκονος· Σοφία. Ὀρθοί, ἀκούσωμεν τοῦ ἁγίου Εὐαγγελίου.

Ὁ Ἱερεύς· Εἰρήνη πᾶσι.

Ὁ Χορός· Καὶ τῷ πνεύματί σου.

Ὁ Ἱερεύς· Ἐκ τοῦ κατὰ Ἰωάννην Ἁγίου Εὐαγγελίου τὸ ἀνάγνωσμα. Πρόσχωμεν.

Ὁ Διάκονος· Πρόσχωμεν.

Ὁ Χορός· Δόξα σοι, Κύριε, δόξα σοι.

ΕΥΑΓΓΕΛΙΟΝ Β΄

Ὁ Ἱερεὺς·

(ιη΄, 1-28)

Τῷ καιρῷ ἐκείνῳ, ἐξῆλθεν ὁ Ἰησοῦς σὺν τοῖς Μαθηταῖς αὐτοῦ πέραν τοῦ χειμάρρου τῶν Κέδρων, ὅπου ἦν κῆπος, εἰς ὃν εἰσῆλθεν αὐτὸς καὶ οἱ Μαθηταὶ αὐτοῦ. Ἤδει δὲ καὶ Ἰούδας, ὁ παραδιδοὺς αὐτόν, τὸν τόπον, ὅτι πολλάκις συνήχθη ἐκεῖ ὁ Ἰησοῦς μετὰ τῶν Μαθητῶν αὐτοῦ. Ὁ οὖν Ἰούδας, λαβὼν τὴν σπεῖραν, καὶ ἐκ τῶν Ἀρχιερέων καὶ Φαρισαίων ὑπηρέτας, ἔρχεται ἐκεῖ μετὰ φανῶν καὶ λαμπάδων καὶ ὅπλων. Ἰησοῦς οὖν εἰδὼς πάντα τὰ ἐρχόμενα ἐπ᾽ αὐτόν, ἐξελθὼν εἶπεν αὐτοῖς· Τίνα ζητεῖτε; Ἀπεκρίθησαν αὐτῷ· Ἰησοῦν

you wished to make known to all that you had been handed over willingly, that you might snatch the world from the Stranger. Long-suffering Lord, glory to you!

Deacon: And that we might be found worthy to hear the holy Gospel, let us pray to the Lord God.

Choir: Lord, have mercy. *(x3)*

Deacon: Wisdom. Arise. Let us hear the holy Gospel.

Priest: Peace to all.

Choir: And to your Spirit.

Priest: The reading is from the holy Gospel according to John.

Deacon: Let us be attentive.

Choir: Glory to you, Lord, glory to you!

SECOND GOSPEL

Priest:

(18:1-28)

At that time, Jesus went forth with his disciples across the Kidron valley, where there was a garden, which he and his disciples entered. Now Judas, who betrayed him, also knew the place; for Jesus often met there with his disciples. So Judas, procuring a band of soldiers and some officers from the chief priests and the Pharisees, went there with lanterns and torches and weapons. Then Jesus, knowing all that was to befall him, came forward and said to them, "Whom do you seek?" They

τὸν Ναζωραῖον. Λέγει αὐτοῖς ὁ Ἰησοῦς· Ἐγώ εἰμι. Εἱστήκει δὲ καὶ Ἰούδας, ὁ παραδιδοὺς αὐτὸν, μετ' αὐτῶν. Ὡς οὖν εἶπεν αὐτοῖς· ὅτι ἐγώ εἰμι, ἀπῆλθον εἰς τὰ ὀπίσω, καὶ ἔπεσον χαμαί. Πάλιν οὖν αὐτοὺς ἐπηρώτησε· Τίνα ζητεῖτε; Οἱ δὲ εἶπον· Ἰησοῦν τὸν Ναζωραῖον. Ἀπεκρίθη ὁ Ἰησοῦς· εἶπον ὑμῖν, ὅτι ἐγώ εἰμι· εἰ οὖν ἐμὲ ζητεῖτε, ἄφετε τούτους ὑπάγειν· ἵνα πληρωθῇ ὁ λόγος ὃν εἶπεν· ὅτι οὓς δέδωκάς μοι, οὐκ ἀπώλεσα ἐξ αὐτῶν οὐδένα. Σίμων οὖν Πέτρος ἔχων μάχαιραν, εἵλκυσεν αὐτήν, καὶ ἔπαισε τὸν τοῦ Ἀρχιερέως δοῦλον, καὶ ἀπέκοψεν αὐτοῦ τὸ ὠτίον τὸ δεξιόν· ἦν δὲ ὄνομα τῷ δούλῳ Μάλχος. Εἶπεν οὖν ὁ Ἰησοῦς τῷ Πέτρῳ· βάλε τὴν μάχαιραν εἰς τὴν θήκην· τὸ ποτήριον ὃ δέδωκέ μοι ὁ Πατήρ, οὐ μὴ πίω αὐτό; Ἡ οὖν σπεῖρα καὶ ὁ χιλίαρχος, καὶ οἱ ὑπηρέται τῶν Ἰουδαίων συνέλαβον τὸν Ἰησοῦν, καὶ ἔδησαν αὐτόν, καὶ ἀπήγαγον αὐτὸν πρὸς Ἄνναν πρῶτον· ἦν γὰρ πενθερὸς τοῦ Καϊάφα, ὃς ἦν ἀρχιερεὺς τοῦ ἐνιαυτοῦ ἐκείνου. Ἦν δὲ Καϊάφας ὁ συμβουλεύσας τοῖς Ἰουδαίοις, ὅτι συμφέρει ἕνα ἄνθρωπον ἀπολέσθαι ὑπὲρ τοῦ λαοῦ. Ἠκολούθει δὲ τῷ Ἰησοῦ Σίμων Πέτρος, καὶ ὁ ἄλλος μαθητής· ὁ δὲ Μαθητὴς ἐκεῖνος ἦν γνωστὸς τῷ Ἀρχιερεῖ, καὶ συνεισῆλθε τῷ Ἰησοῦ εἰς τὴν αὐλὴν τοῦ Ἀρχιερέως· ὁ δὲ Πέτρος εἱστήκει πρὸς τῇ θύρᾳ ἔξω. Ἐξῆλθεν οὖν ὁ Μαθητὴς ὁ ἄλλος, ὃς ἦν γνωστὸς τῷ Ἀρχιερεῖ, καὶ εἶπε τῇ θυρωρῷ, καὶ εἰσήγαγε τὸν Πέτρον. Λέγει οὖν ἡ παιδίσκη ἡ θυρωρὸς τῷ Πέτρῳ· μὴ καὶ σὺ ἐκ τῶν Μαθητῶν εἶ τοῦ ἀνθρώπου τούτου; Λέγει ἐκεῖνος· οὐκ εἰμί. Εἱστήκεισαν δὲ οἱ δοῦλοι καὶ οἱ ὑπηρέται ἀνθρακιὰν πεποιηκότες, ὅτι ψῦχος ἦν, καὶ ἐθερμαίνοντο· ἦν δὲ μετ' αὐτῶν ὁ Πέτρος, ἑστὼς καὶ θερμαινόμενος. Ὁ οὖν Ἀρχιερεὺς ἠρώτησε τὸν Ἰησοῦν περὶ τῶν Μαθητῶν αὐτοῦ, καὶ περὶ τῆς διδαχῆς αὐτοῦ. Ἀπεκρίθη αὐτῷ ὁ Ἰησοῦς·

answered him, "Jesus of Nazareth." Jesus said to them, "I am he." Judas, who betrayed him, was standing with them. When he said to them, "I am he," they drew back and fell to the ground. Again he asked them, "Whom do you seek?" And they said, "Jesus of Nazareth." Jesus answered, "I told you that I am he; so, if you seek me, let these men go. " This was to fulfill the word which he had spoken, "Of those whom you gave me I lost not one." Then Simon Peter, having a sword, drew it and struck the high priest's slave and cut off his right ear. The slave's name was Malchos. Jesus said to Peter, "Put your sword into its sheath; shall I not drink the cup which the Father has given me?" So the band of soldiers and their captain and the officers of the Jews seized Jesus and bound him. First they led him to Annas; for he was the father-in-law of Caiaphas, who was high priest that year. It was Caiaphas who had given counsel to the Jews that it was expedient that one man should die for the people. Simon Peter followed Jesus, and so did another disciple. As this disciple was known to the high priest, he entered the court of the high priest along with Jesus, while Peter stood outside at the door. So the other disciple, who was known to the high priest, went out and spoke to the maid who kept the door, and brought Peter in. The maid who kept the door said to Peter, "Are not you also one of this man's disciples?" He said, "I am not." Now the servants and officers had made a charcoal fire, because it was cold, and they were standing and warming themselves; Peter also was with them, standing and warming himself. The high priest then questioned Jesus about his disciples

Ἐγὼ παρρησίᾳ ἐλάλησα τῷ κόσμῳ· ἐγὼ πάντοτε ἐδίδαξα ἐν Συναγωγῇ καὶ ἐν τῷ Ἱερῷ, ὅπου πάντοτε οἱ Ἰουδαῖοι συνέρχονται, καὶ ἐν κρυπτῷ ἐλάλησα οὐδέν. Τί με ἐπερωτᾷς; ἐπερώτησον τοὺς ἀκηκοότας, τί ἐλάλησα αὐτοῖς· ἴδε, οὗτοι οἴδασιν ἃ εἶπον ἐγώ. Ταῦτα δὲ αὐτοῦ εἰπόντος, εἷς τῶν ὑπηρετῶν παρεστηκὼς, ἔδωκε ῥάπισμα τῷ Ἰησοῦ, εἰπών· οὕτως ἀποκρίνη τῷ Ἀρχιερεῖ; Ἀπεκρίθη αὐτῷ ὁ Ἰησοῦς· εἰ κακῶς ἐλάλησα, μαρτύρησον περὶ τοῦ κακοῦ· εἰ δὲ καλῶς, τί με δέρεις; Ἀπέστειλεν οὖν αὐτὸν ὁ Ἄννας δεδεμένον πρὸς Καϊάφαν τὸν Ἀρχιερέα. Ἦν δὲ Σίμων Πέτρος ἑστὼς καὶ θερμαινόμενος. Εἶπον οὖν αὐτῷ οἱ ὑπηρέται· μὴ καὶ σὺ ἐκ τῶν Μαθητῶν αὐτοῦ εἶ; Ἠρνήσατο ἐκεῖνος καὶ εἶπεν· οὐκ εἰμί. Λέγει εἷς ἐκ τῶν δούλων τοῦ Ἀρχιερέως, συγγενὴς ὢν οὗ ἀπέκοψε Πέτρος τὸ ὠτίον· οὐκ ἐγώ σε εἶδον ἐν τῷ κήπῳ μετ᾽ αὐτοῦ; Πάλιν οὖν ἠρνήσατο ὁ Πέτρος· καὶ εὐθέως ἀλέκτωρ ἐφώνησεν. Ἄγουσιν οὖν τὸν Ἰησοῦν ἀπὸ τοῦ Καϊάφα εἰς τὸ Πραιτώριον· ἦν δὲ πρωΐα· καὶ αὐτοὶ οὐκ εἰσῆλθον εἰς τὸ Πραιτώριον, ἵνα μὴ μιανθῶσιν, ἀλλ᾽ ἵνα φάγωσι τὸ Πάσχα.

and his teaching. Jesus answered him, "I have spoken openly to the world; I have always taught in synagogues and in the temple, where all Jews come together; I have said nothing secretly. Why do you ask me? Ask those who have heard me, what I said to them; they know what I said." When he had said this, one of the officers standing by struck Jesus with his hand, saying, "Is that how you answer the high priest?" Jesus answered him, "If I have spoken wrongly, bear witness to the wrong; but if I have spoken rightly, why do you strike me?" Annas then sent him bound to Caiaphas the high priest. Now Simon Peter was standing and warming himself. They said to him, "Are not you also one of his disciples?" He denied it and said, "I am not." One of the servants of the high priest, a kinsman of the man whose ear Peter had cut off, asked, "Did I not see you in the garden with him?" Peter again denied it; and at once the cock crowed. Then they led Jesus from the house of Caiaphas to the praetorium. It was early. They themselves did not enter the praetorium, so that they might not be defiled, but might eat the passover.

Ὁ Χορός· Δόξα τῇ μακροθυμίᾳ σου, Κύριε, δόξα σοι.

Choir: Glory to your long-suffering, Lord; glory to you!

ΑΝΤΙΦΩΝΟΝ Δ΄

Ἦχος πλ. α΄.

ANTIPHON 4

Tone Pl. 1.

Σήμερον ὁ Ἰούδας καταλιμπάνει τὸν διδάσκαλον καὶ παραλαμβάνει τὸν διάβολον· τυφλοῦται τῷ πάθει τῆς φιλαργυρίας, ἐκπίπτει τοῦ φωτὸς ὁ ἐσκοτισμένος· πῶς γὰρ ἠδύνατο βλέπειν ὁ τὸν φωστῆρα πωλήσας τριάκοντα ἀργυρίων; ἀλλ᾽ ἡμῖν ἀνέτειλεν ὁ παθὼν ὑπὲρ τοῦ κό-

Today Judas abandons the Teacher and takes up with the devil; he is blinded by the passion of avarice darkened he falls from the light; for how could the one who sold the beacon of light for thirty pieces of silver see? But the one who suffered for the world has

…σμοῦ· πρὸς ὃν βοήσωμεν· Ὁ παθὼν καὶ συμπαθῶν ἀνθρώποις, δόξα σοι.

…dawned for us; to him let us cry: You who suffered and who suffer with mankind, glory to you.

Σήμερον ὁ Ἰούδας παραποιεῖται θεοσέβειαν καὶ ἀλλοτριοῦται τοῦ χαρίσματος· ὑπάρχων μαθητής, γίνεται προδότης· ἐν ἤθει φιλικῷ δόλον ὑποκρύπτει καὶ προτιμᾶται ἀφρόνως τῆς τοῦ Δεσπότου ἀγάπης τριάκοντα ἀργύρια, ὁδηγὸς γενόμενος συνεδρίου παρανόμου. Ἡμεῖς δὲ, ἔχοντες σωτηρίαν τὸν Χριστόν, αὐτὸν δοξάσωμεν.

Today Judas feigns godliness and is estranged from the gift of grace, though a disciple he becomes a traitor. In friendship's guise, he conceals his deceit and insanely values thirty silver pieces more than the love of the Master, becoming the guide of the lawless Sanhedrin. But we who have Christ as salvation, let us glorify him.

Τὴν φιλαδελφίαν κτησώμεθα, ὡς ἐν Χριστῷ ἀδελφοί, καὶ μὴ τὸ ἀσυμπαθὲς πρὸς τοὺς πλησίον ἡμῶν, ἵνα μὴ ὡς ὁ δοῦλος κατακριθῶμεν ὁ ἀνελεήμων διὰ τὰ δηνάρια καὶ ὡς ὁ Ἰούδας μεταμεληθέντες μηδὲν ὠφελήσωμεν.

Let us, as brothers in Christ, gain brotherly love, and not lack of compassion for our neighbor, lest we be condemned like the merciless slave because of the few pence, and repenting like Judas gain nothing.

Δόξα Πατρὶ καὶ Υἱῷ καὶ Ἁγίῳ Πνεύματι, καὶ νῦν καὶ ἀεὶ καὶ εἰς τοὺς αἰῶνας τῶν αἰώνων. Ἀμήν.

Glory to the Father, Son, and the Holy Spirit, both now and ever and to the ages of ages. Amen.

Ἦχος α΄. Θεοτοκίον.

Tone 1. Theotokion.

Δεδοξασμένα περὶ σοῦ ἐλαλήθη πανταχοῦ, ὅτι ἐκύησας σαρκὶ τὸν τῶν ὅλων ποιητήν, Θεοτόκε Μαρία, πανύμνητε καὶ ἀπειρόγαμε.

Glorious things have been spoken of you in every place, because you bore in the flesh the Maker of all, Mary Mother of God, all praised and without wedlock.

ΑΝΤΙΦΩΝΟΝ Ε΄

ANTIPHON 5

Ἦχος πλ. β΄.

Tone Pl. 2.

Ὁ μαθητὴς τοῦ διδασκάλου συνεφώνει τὴν τιμὴν καὶ τριάκοντα ἀργυρίοις πέπρακε τὸν Κύριον, φιλήματι δολίῳ παραδοὺς αὐτὸν τοῖς ἀνόμοις εἰς θάνατον.

The teacher's disciple agreed the price and sold the Lord for thirty pieces of silver with a deceitful kiss handing him over for death to the transgressors.

Σήμερον ἔλεγεν ὁ κτίστης οὐρανοῦ καὶ γῆς τοῖς ἑαυτοῦ μαθηταῖς· "Ἤγγικεν ἡ ὥρα καὶ ἔφθασεν Ἰούδας ὁ παραδιδούς με· μή τις με ἀρνήσηται βλέπων

Today the Creator of heaven and earth said to his own disciples: The hour has drawn near and Judas who betrays me is at hand; let none deny

με ἐν τῷ σταυρῷ ἐν μέσῳ δύο λῃστῶν· πάσχω γὰρ ὡς ἄνθρωπος καὶ σῴζω ὡς φιλάνθρωπος τοὺς εἰς ἐμὲ πιστεύοντας.

Δόξα Πατρὶ καὶ Υἱῷ καὶ Ἁγίῳ Πνεύματι, καὶ νῦν καὶ ἀεὶ καὶ εἰς τοὺς αἰῶνας τῶν αἰώνων. Ἀμήν.

Ἦχος πλ. β΄. Θεοτοκίον.

Ηἀρρήτως ἐπ᾽ ἐσχάτων συλλαβοῦσα καὶ τεκοῦσα τὸν κτίστην τὸν ἴδιον, Παρθένε, σῷζε τοὺς σὲ μεγαλύνοντας.

ΑΝΤΙΦΩΝΟΝ ΣΤ΄

Ἦχος βαρύς.

Σήμερον γρηγορεῖ ὁ Ἰούδας παραδοῦναι τὸν Κύριον, τὸν πρὸ τῶν αἰώνων Σωτῆρα τοῦ κόσμου, τὸν ἐκ πέντε ἄρτων χορτάσαντα πλήθη. Σήμερον ὁ ἄνομος ἀρνεῖται τὸν διδάσκαλον· μαθητὴς γενόμενος, Δεσπότην παρέδωκεν· ἀργυρίῳ πέπρακε τὸν μάννα χορτάσαντα τὸν ἄνθρωπον.

Σήμερον τῷ σταυρῷ προσήλωσαν Ἰουδαῖοι τὸν Κύριον, τὸν διατεμόντα τὴν θάλασσαν ῥάβδῳ καὶ διαγαγόντα αὐτοὺς ἐν ἐρήμῳ. Σήμερον τῇ λόγχῃ τὴν πλευρὰν αὐτοῦ ἐκέντησαν, τοῦ πληγαῖς μαστίξαντος ὑπὲρ αὐτῶν τὴν Αἴγυπτον, καὶ χολὴν ἐπότισαν τὸν μάννα τροφὴν αὐτοῖς ὀμβρήσαντα.

Κύριε, ἐπὶ τὸ πάθος τὸ ἑκούσιον παραγενόμενος, ἐβόας τοῖς μαθηταῖς σου· Κἂν μίαν ὥραν οὐκ ἰσχύσατε ἀγρυπνῆσαι μετ᾽ ἐμοῦ, πῶς ἐπηγγείλασθε ἀποθνήσκειν δι᾽ ἐμέ; κἂν τὸν Ἰούδαν θεάσασθε, πῶς οὐ καθεύδει, ἀλλὰ σπουδάζει προδοῦναί με τοῖς παρανόμοις· Ἐγείρεσθε, προσεύξασθε, μή τίς με ἀρνήσηται βλέ-

me when they see me on the Cross, between two thieves; for as man I suffer and as lover of mankind I save those who believe in me.

Glory to the Father, Son, and the Holy Spirit, both now and ever and to the ages of ages. Amen.

Tone Pl. 2. Theotokion.

Virgin who in the last times ineffably conceived and gave birth to your own Creator, save those who magnify you.

ANTIPHON 6

Tone Varys.

Today Judas is keeping watch to betray the Lord, the Savior of the world before the ages, who satisfied multitudes from five loaves. Today the lawless denies the Teacher; though a disciple he betrayed the Master; he sold for silver the One who satisfied mankind with manna.

Today the Jews nailed to the Cross the Lord who parted the sea with a staff and led them through the desert. Today with a lance they pierced the side of the One who with plagues scourged Egypt for their sake, and they gave vinegar as drink to the One who rained down manna as food.

Lord, as you came to your voluntary passion, you cried to your disciples; if you do not even have the strength to keep vigil with me for one hour, how did you promise to die for me? Do you see Judas? He does not sleep, but hurried to betray me to the transgressor. Rouse yourselves; pray, let none deny

πων με ἐν τῷ σταυρῷ. Μακρόθυμε δόξα σοι.

Δόξα Πατρὶ καὶ Υἱῷ καὶ Ἁγίῳ Πνεύματι, καὶ νῦν καὶ ἀεὶ καὶ εἰς τοὺς αἰῶνας τῶν αἰώνων. Ἀμήν.

Ἦχος γ΄. Θεοτοκίον.

Χαῖρε, Θεοτόκε, ἡ τὸν ἀχώρητον ἐν οὐρανοῖς χωρήσασα ἐν μήτρᾳ σου· χαῖρε Παρθένε, τῶν προφητῶν τὸ κήρυγμα, δι' ἧς ἡμῖν ἔλαμψεν, ὁ Ἐμμανουήλ· χαῖρε, μήτηρ Χριστοῦ τοῦ Θεοῦ.

Κάθισμα. Ἦχος βαρύς.

Ποῖός σε τρόπος, Ἰούδα, προδότην τοῦ Σωτῆρος εἰργάσατο; μὴ τοῦ χοροῦ σε τῶν ἀποστόλων ἐχώρισε; μὴ, τοῦ χαρίσματος τῶν ἰαμάτων ἐστέρησε; μὴ, συνδειπνήσας ἐκείνοις, σὲ τῆς τραπέζης ἀπώσατο; μὴ, τῶν ἄλλων νίψας τοὺς πόδας, τοὺς σοὺς ὑπερεῖδεν; ὢ πόσων ἀγαθῶν, ἀμνήμων ἐγένου! καὶ σοῦ μὲν ἡ ἀχάριστος, στηλιτεύεται γνώμη, αὐτοῦ δὲ ἡ ἀνείκαστος μακροθυμία κηρύττεται καὶ τὸ μέγα ἔλεος.

Ὁ Διάκονος· Καὶ ὑπὲρ τοῦ καταξιωθῆναι ἡμᾶς τῆς ἀκροάσεως τοῦ ἁγίου Εὐαγγελίου Κύριον τὸν Θεὸν ἡμῶν ἱκετεύσωμεν.

Ὁ Χορός· Κύριε, ἐλέησον. *(γ΄)*

Ὁ Διάκονος· Σοφία. Ὀρθοί, ἀκούσωμεν τοῦ ἁγίου Εὐαγγελίου.

Ὁ Ἱερεύς· Εἰρήνη πᾶσι.

Ὁ Χορός· Καὶ τῷ πνεύματί σου.

Ὁ Ἱερεύς· Ἐκ τοῦ κατὰ Ματθαῖον ἁγίου Εὐαγγελίου τὸ ἀνάγνωσμα.

Ὁ Διάκονος· Πρόσχωμεν.

me when they see me on the Cross. Longsuffering Lord, glory to you.

Glory to the Father, Son, and the Holy Spirit, both now and ever and to the ages of ages. Amen.

Tone 3. Theotokion.

Hail Mother of God, who contained in your womb the One the heavens cannot contain; Hail Virgin, the proclamation of the prophets, through whom has soon forth to us Emmanuel; Hail Mother of Christ God.

Kathisma Tone Varys.

What reason, O Judas, made you the betrayer of the Savior? Did he separate you from the choir of the Apostles? Did he deprive you of the gift of healings? When he supped with them, did he thrust you from the table? When he washed the others' feet, did he despise yours? Oh, of how many good things have you become forgetful! Your ungrateful intent is condemned while his measureless long-suffering is proclaimed, and his great mercy.

Deacon: And that we might be found worthy to hear the holy Gospel, let us pray to the Lord God.

Choir: Lord, have mercy. *(x3)*

Deacon: Wisdom. Arise. Let us hear the holy Gospel.

Priest: Peace to all.

Choir: And to your Spirit.

Priest: The reading is from the holy Gospel according to Matthew.

Deacon: Let us be attentive.

Ὁ Χορός· Δόξα σοι, Κύριε, δόξα σοι.

ΕΥΑΓΓΕΛΙΟΝ Γ΄

Ὁ Ἱερεὺς·

(κστ΄, 57-75)

Τῷ καιρῷ ἐκείνῳ, οἱ στρατιῶται κρατήσαντες τὸν Ἰησοῦν, ἀπήγαγον πρὸς Καϊάφαν τὸν ἀρχιερέα, ὅπου οἱ Γραμματεῖς καὶ οἱ Πρεσβύτεροι συνήχθησαν. Ὁ δὲ Πέτρος ἠκολούθει αὐτῷ ἀπὸ μακρόθεν, ἕως τῆς αὐλῆς τοῦ Ἀρχιερέως· καὶ εἰσελθὼν ἔσω, ἐκάθητο μετὰ τῶν ὑπηρετῶν, ἰδεῖν τὸ τέλος. Οἱ δὲ Ἀρχιερεῖς καὶ οἱ Πρεσβύτεροι καὶ τὸ συνέδριον ὅλον ἐζήτουν ψευδομαρτυρίαν κατὰ τοῦ Ἰησοῦ, ὅπως θανατώσωσι αὐτόν· καὶ οὐχ εὗρον· καὶ πολλῶν ψευδομαρτύρων προσελθόντων, οὐχ εὗρον. Ὕστερον δὲ προσελθόντες δύο ψευδομάρτυρες, εἶπον· Οὗτος ἔφη· Δύναμαι καταλῦσαι τὸν ναὸν τοῦ Θεοῦ, καὶ διὰ τριῶν ἡμερῶν οἰκοδομῆσαι αὐτόν. Καὶ ἀναστὰς ὁ Ἀρχιερεὺς, εἶπεν αὐτῷ· Οὐδὲν ἀποκρίνῃ; τί οὗτοί σου καταμαρτυροῦσιν; Ὁ δὲ Ἰησοῦς ἐσιώπα. Καὶ ἀποκριθεὶς ὁ Ἀρχιερεὺς, εἶπεν αὐτῷ· Ἐξορκίζω σε κατὰ τοῦ Θεοῦ τοῦ ζῶντος, ἵνα ἡμῖν εἴπῃς, εἰ σὺ εἶ ὁ Χριστὸς, ὁ Υἱὸς τοῦ Θεοῦ. Λέγει αὐτῷ ὁ Ἰησοῦς· Σὺ εἶπας· πλὴν λέγω ὑμῖν, ἀπ᾽ ἄρτι ὄψεσθε τὸν Υἱὸν τοῦ ἀνθρώπου καθήμενον ἐκ δεξιῶν τῆς δυνάμεως καὶ ἐρχόμενον ἐπὶ τῶν νεφελῶν τοῦ οὐρανοῦ. Τότε ὁ Ἀρχιερεὺς διέρρηξε τὰ ἱμάτια αὐτοῦ, λέγων· ὅτι ἐβλασφήμησε· τί ἔτι χρείαν ἔχομεν μαρτύρων; ἴδε, νῦν ἠκούσατε τὴν βλασφημίαν αὐτοῦ· τί ὑμῖν δοκεῖ; Οἱ δὲ ἀποκριθέντες, εἶπον· ἔνοχος θανάτου ἐστί. Τότε ἐνέπτυσαν εἰς τὸ πρόσωπον αὐτοῦ, καὶ ἐκολάφισαν αὐτόν, οἱ δὲ ἐρράπισαν, λέγοντες· Προφήτευσον ἡμῖν, Χριστέ, τίς ἐστιν ὁ παίσας σε; Ὁ δὲ Πέτρος ἔξω ἐκάθητο ἐν

Choir: Glory to you, Lord, glory to you!

THIRD GOSPEL

Priest:

(26:57-75)

At that time, the soldiers seized Jesus and led him to Caiaphas the high priest, where the scribes and the elders had gathered. But Peter followed him at a distance, as far as the courtyard of the high priest, and going inside he sat with the guards to see the end. Now the chief priests and the whole council sought false testimony against Jesus that they might put him to death, but they found none, though many false witnesses came forward. At last two came forward and said, "This fellow said, 'I am able to destroy the temple of God, and to build it in three days.'" And the high priest stood up and said, "Have you no answer to make? What is it that these men testify against you?" But Jesus was silent. And the high priest said to him, "I adjure you by the living God, tell us if you are the Christ, the Son of God." Jesus said to him, "You have said so. But I tell you, hereafter you will see the Son of man seated at the right hand of Power, and coming on the clouds of heaven." Then the high priest tore his robes, and said, "He has uttered blasphemy. Why do we still need witnesses? You have now heard his blasphemy. What is your judgment?" They answered, "He deserves death." Then they spat in his face, and struck him; and some slapped him, saying, "Prophesy to us, you Christ! Who is it that struck you?" Now Peter was sitting outside in the courtyard. And a maid came up to him, and said,

τῇ αὐλῇ· καὶ προσῆλθεν αὐτῷ μία παιδίσκη, λέγουσα· Καὶ σὺ ἦσθα μετὰ Ἰησοῦ τοῦ Γαλιλαίου. Ὁ δὲ ἠρνήσατο ἔμπροσθεν αὐτῶν πάντων, λέγων· Οὐκ οἶδα τί λέγεις. Ἐξελθόντα δὲ αὐτὸν εἰς τὸν πυλῶνα, εἶδεν αὐτὸν ἄλλη, καὶ λέγει τοῖς ἐκεῖ· καὶ οὗτος ἦν μετὰ Ἰησοῦ τοῦ Ναζωραίου. Καὶ πάλιν ἠρνήσατο μεθ᾽ ὅρκου ὅτι οὐκ οἶδα τὸν ἄνθρωπον. Μετὰ μικρὸν δὲ προσελθόντες, οἱ ἑστῶτες, εἶπον τῷ Πέτρῳ· ἀληθῶς καὶ σὺ ἐξ αὐτῶν εἶ· καὶ γὰρ ἡ λαλιά σου δῆλόν σε ποιεῖ. Τότε ἤρξατο καταναθεματίζειν καὶ ὀμνύειν, ὅτι οὐκ οἶδα τὸν ἄνθρωπον. Καὶ εὐθέως ἀλέκτωρ ἐφώνησε. Καὶ ἐμνήσθη ὁ Πέτρος τοῦ ῥήματος Ἰησοῦ εἰρηκότος αὐτῷ· ὅτι πρὶν ἀλέκτορα φωνῆσαι, τρὶς ἀπαρνήσῃ με. Καὶ ἐξελθὼν ἔξω, ἔκλαυσε πικρῶς.

Ὁ Χορός· Δόξα τῇ μακροθυμίᾳ σου, Κύριε, δόξα σοι.

ΑΝΤΙΦΩΝΟΝ Ζ´

Ἦχος πλ. δ´.

Τοῖς συλλαβοῦσί σε παρανόμοις ἀνεχόμενος οὕτως ἐβόας Κύριε· Εἰ καὶ ἐπατάξατε τὸν ποιμένα καὶ διεσκορπίσατε τὰ δώδεκα πρόβατα, τοὺς μαθητάς μου, ἠδυνάμην πλείους ἢ δώδεκα λεγεῶνας παραστῆσαι ἀγγέλων· ἀλλὰ μακροθυμῶ, ἵνα πληρωθῇ, ἃ ἐδήλωσα ὑμῖν διὰ τῶν προφητῶν μου ἄδηλα καὶ κρύφια· Κύριε, δόξα σοι.

Τρίτον ἀρνησάμενος ὁ Πέτρος, εὐθέως τὸ ῥηθὲν αὐτῷ συνῆκεν· ἀλλὰ προσήγαγέ σοι δάκρυα μετανοίας· Ὁ Θεός, ἱλάσθητί μοι καὶ σῶσόν με.

Δόξα Πατρὶ καὶ Υἱῷ καὶ Ἁγίῳ Πνεύματι, καὶ νῦν καὶ ἀεὶ καὶ εἰς τοὺς αἰῶνας τῶν αἰώνων. Ἀμήν.

"You also were with Jesus the Galilean." But he denied it before them all, saying, "I do not know what you mean." And when he went out to the porch, another maid saw him, and she said to the bystanders, "This man was with Jesus of Nazareth." And again he denied it with an oath, "I do not know the man." After a little while the bystanders came up and said to Peter, "Certainly you are also one of them, for your accent betrays you." Then he began to invoke a curse on himself and to swear, "I do not know the man." And immediately the cock crowed. And Peter remembered the saying of Jesus, "Before the cock crows, you will deny me three times." And he went out and wept bitterly.

Choir: Glory to your long-suffering, Lord; glory to you!

ANTIPHON 7

Tone Pl. 4.

Suffering the transgressors to arrest you, Lord you cried out thus: Though you strike the Shepherd and scatter the twelve sheep, my Disciples, I could have summoned to my side more than twelve legions of angels; but I endure, that the hidden and secret things, which I showed you through my Prophets, may be fulfilled. Lord, glory to you.

When he denied you a third time, Peter at once understood what had been said to him, but he brought you tears of repentance: O God have mercy on me and save me.

Glory to the Father, Son, and the Holy Spirit, both now and ever and to the ages of ages. Amen.

Ἦχος πλ. δ΄. Θεοτοκίον.

Ὡς πύλην σωτήριον καὶ παράδεισον τερπνὸν καὶ φωτὸς ἀϊδίου νεφέλην ὑπάρχουσαν, τὴν ἁγίαν Παρθένον ὑμνήσωμεν ἅπαντες, λέγοντες τὸ Χαῖρε αὐτῇ.

ΑΝΤΙΦΩΝΟΝ Η΄

Ἦχος β΄.

Εἴπατε παράνομοι, τί ἠκούσατε παρὰ τοῦ Σωτῆρος ἡμῶν; οὐ νόμον ἐξέθετο καὶ τῶν προφητῶν τὰ διδάγματα; πῶς οὖν ἐλογίσασθε Πιλάτῳ παραδοῦναι τὸν ἐκ Θεοῦ Θεὸν Λόγον καὶ λυτρωτὴν τῶν ψυχῶν ἡμῶν;

Σταυρωθήτω ἔκραζον οἱ τῶν σῶν χαρισμάτων ἀεὶ ἐντρυφῶντες καὶ κακοῦργον ἀντ᾽ εὐεργέτου ᾐτοῦντο λαβεῖν οἱ τῶν δικαίων φονευταί· ἐσιώπας δέ, Χριστέ, φέρων αὐτῶν τὴν προπέτειαν, παθεῖν θέλων καὶ σῶσαι ἡμᾶς ὡς φιλάνθρωπος.

Δόξα Πατρὶ καὶ Υἱῷ καὶ Ἁγίῳ Πνεύματι, καὶ νῦν καὶ ἀεὶ καὶ εἰς τοὺς αἰῶνας τῶν αἰώνων. Ἀμήν.

Ἦχος πλ. β΄. Θεοτοκίον.

Ὅτι οὐκ ἔχομεν παρρησίαν διὰ τὰ πολλὰ ἡμῶν ἁμαρτήματα, σὺ τὸν ἐκ σοῦ γεννηθέντα δυσώπησον, Θεοτόκε Παρθένε· πολλὰ γὰρ ἰσχύει δέησις μητρὸς πρὸς εὐμένειαν Δεσπότου· μὴ παρίδῃς ἁμαρτωλῶν ἱκεσίας, ἡ πάνσεμνος, ὅτι ἐλεήμων ἐστὶ καὶ σῷζειν δυνάμενος ὁ καὶ παθεῖν ὑπὲρ ἡμῶν καταδεξάμενος.

Tone Pl. 4. Theotokion.

As Gate of salvation, Paradise of delight and Cloud of everlasting light, let us all praise the holy Virgin, as we say to her: Hail!

ANTIPHON 8

Tone 2.

Speak, transgressors: What did you hear from our Savior? Did he not expound the Law and teachings of the Prophets? How then could you have taken counsel to hand over to Pilate the Word, God from God and the Redeemer of our souls?

Let him be crucified, they cried, those who ever enjoyed your gifts of grace, and in stead of a benefactor the murderers of the just asked to receive a malefactor; but you were silent, O Christ, bearing their impudence, as you willed to suffer and to save us, for you love mankind.

Glory to the Father, Son, and the Holy Spirit, both now and ever and to the ages of ages. Amen.

Tone Pl. 2. Theotokion.

Since we have no freedom of speech because of our many sins, Virgin Mother of God, entreat the One born of you, for the prayers of a mother have great force for the kindness of the Master; do not despise the supplications of sinners, O all Holy, because he is merciful and able to save, he who even accepted to suffer for us.

ΑΝΤΙΦΩΝΟΝ Θ΄

Ἦχος γ΄.

Ἔστησαν τὰ τριάκοντα ἀργύρια, τὴν τιμὴν τοῦ τετιμημένου, ὃν ἐτιμήσαντο ἀπὸ υἱῶν Ἰσραήλ. Γρηγορεῖτε καὶ προσεύχεσθε, ἵνα μὴ εἰσέλθητε εἰς πειρασμόν· τὸ μὲν πνεῦμα πρόθυμον, ἡ δὲ σὰρξ ἀσθενής· διὰ τοῦτο γρηγορεῖτε.

Ἔδωκαν εἰς τὸ βρῶμά μου χολὴν καὶ εἰς τὴν δίψαν μου ἐπότισάν με ὄξος· σὺ δὲ Κύριε, ἀνάστησόν με, καὶ ἀνταποδώσω αὐτοῖς.

Δόξα Πατρὶ καὶ Υἱῷ καὶ Ἁγίῳ Πνεύματι, καὶ νῦν καὶ ἀεὶ καὶ εἰς τοὺς αἰῶνας τῶν αἰώνων. Ἀμήν.

Ἦχος γ΄. Θεοτοκίον.

Οἱ ἐξ ἐθνῶν ὑμνοῦμέν σε, Θεοτόκε ἁγνή, ὅτι Χριστὸν τὸν Θεὸν ἡμῶν ἔτεκες, τὸν ἐκ τῆς κατάρας τοὺς ἀνθρώπους διὰ σοῦ ἐλευθερώσαντα.

Κάθισμα. Ἦχος πλ. δ΄.

Ὢ πῶς Ἰούδας ὁ ποτέ σου μαθητὴς τὴν προδοσίαν ἐμελέτα κατὰ σοῦ! Συνεδείπνησε δολίως ὁ ἐπίβουλος καὶ ἄδικος· πορευθεὶς εἶπε τοῖς ἱερεῦσι· Τί μοι παρέχετε, καὶ παραδώσω ὑμῖν ἐκεῖνον, τὸν νόμον λύσαντα καὶ βεβηλοῦντα τὸ Σάββατον; Μακρόθυμε Κύριε δόξα σοι.

Ὁ Διάκονος· Καὶ ὑπὲρ τοῦ καταξιωθῆναι ἡμᾶς τῆς ἀκροάσεως τοῦ ἁγίου Εὐαγγελίου Κύριον τὸν Θεὸν ἡμῶν ἱκετεύσωμεν.

Ὁ Χορός· Κύριε, ἐλέησον. *(γ΄)*

ANTIPHON 9

Tone 3.

They paid thirty pieces of silver as the price of him who was valued, on whom some of the sons of Israel had set a price. Watch and pray that you may not enter in temptation; the spirit is willing, but the flesh is weak; therefore keep watch.

They gave me gall for my food, and for my thirst they gave me vinegar to drink; but do you, Lord, raise me up, and I shall repay them.

Glory to the Father, Son, and the Holy Spirit, both now and ever and to the ages of ages. Amen.

Tone 3. Theotokion.

We from the nations hymn you, pure Mother of God, because you gave birth to Christ our God, who through you have freed mankind from the curse.

Kathisma. Tone Pl. 4.

Oh how did Judas, once your disciple, meditate betrayal against you! Deceitfully he supped with the treacherous and unjust; and he went and said to the priests: What do you give me, and I will hand over to you that man who breaks the Law and violates the Sabbath? Longsuffering Lord, glory to you.

Deacon: And that we might be found worthy to hear the holy Gospel, let us pray to the Lord God.

Choir: Lord, have mercy. *(x3)*

Ὁ Διάκονος· Σοφία. Ὀρθοί, ἀκούσωμεν τοῦ ἁγίου Εὐαγγελίου.

Ὁ Ἱερεύς· Εἰρήνη πᾶσι.

Ὁ Χορός· Καὶ τῷ πνεύματί σου.

Ὁ Ἱερεύς· Ἐκ τοῦ κατὰ Ἰωάννην Ἁγίου Εὐαγγελίου τὸ ἀνάγνωσμα.

Ὁ Διάκονος· Πρόσχωμεν.

Ὁ Χορός· Δόξα σοι, Κύριε, δόξα σοι.

ΕΥΑΓΓΕΛΙΟΝ Δ΄

Ὁ Ἱερεύς·

(ιη΄, 28-ιθ΄, 16)

Τῷ καιρῷ ἐκείνῳ, ἄγουσιν τὸν Ἰησοῦν ἀπὸ τοῦ Καϊάφα εἰς τὸ Πραιτώριον· ἦν δὲ πρωΐα· καὶ αὐτοὶ οὐκ εἰσῆλθον εἰς τὸ Πραιτώριον, ἵνα μὴ μιανθῶσιν, ἀλλ᾽ ἵνα φάγωσι τὸ Πάσχα. Ἐξῆλθεν οὖν ὁ Πιλᾶτος πρὸς αὐτούς, καὶ εἶπε· Τίνα κατηγορίαν φέρετε κατὰ τοῦ ἀνθρώπου τούτου; Ἀπεκρίθησαν καὶ εἶπον αὐτῷ· εἰ μὴ ἦν οὗτος κακοποιός, οὐκ ἄν σοι παρεδώκαμεν αὐτόν. Εἶπεν οὖν αὐτοῖς ὁ Πιλᾶτος· λάβετε αὐτὸν ὑμεῖς καὶ κατὰ τὸν νόμον ὑμῶν κρίνατε αὐτόν. Εἶπον οὖν αὐτῷ οἱ Ἰουδαῖοι· Ἡμῖν οὐκ ἔξεστιν ἀποκτεῖναι οὐδένα· ἵνα ὁ λόγος τοῦ Ἰησοῦ πληρωθῇ, ὃν εἶπε, σημαίνων ποίῳ θανάτῳ ἤμελλεν ἀποθνήσκειν. Εἰσῆλθεν οὖν εἰς τὸ Πραιτώριον πάλιν ὁ Πιλᾶτος, καὶ ἐφώνησε τὸν Ἰησοῦν, καὶ εἶπεν αὐτῷ· Σὺ εἶ ὁ Βασιλεὺς τῶν Ἰουδαίων; Ἀπεκρίθη αὐτῷ ὁ Ἰησοῦς· ἀφ᾽ ἑαυτοῦ σὺ τοῦτο λέγεις, ἢ ἄλλοι σοι εἶπον περὶ ἐμοῦ; Ἀπεκρίθη ὁ Πιλᾶτος· Μήτι ἐγὼ Ἰουδαῖός εἰμι; τὸ ἔθνος τὸ σόν, καὶ οἱ Ἀρχιερεῖς παρέδωκάν σε ἐμοί· τί ἐποίησας; Ἀπεκρίθη ὁ Ἰησοῦς· Ἡ βασιλεία ἡ ἐμὴ οὐκ ἔστιν ἐκ τοῦ κόσμου τούτου· εἰ ἐκ τοῦ κόσμου τούτου ἦν ἡ βασιλεία

Deacon: Wisdom. Arise. Let us hear the holy Gospel.

Priest: Peace to all.

Choir: And to your Spirit.

Priest: The reading is from the holy Gospel according to John.

Deacon: Let us be attentive.

Choir: Glory to you, Lord, glory to you!

FOURTH GOSPEL

Priest:

(18:28-19:16)

At that time, they led Jesus from the house of Caiaphas to the praetorium. It was early. They themselves did not enter the praetorium, so that they might not be defiled, but might eat the passover. So Pilate went out to them and said, "What accusation do you bring against this man?" They answered him, "If this man were not an evildoer, we would not have handed him over." Pilate said to them, "Take him yourselves and judge him by your own law." The Jews said to him, "It is not lawful for us to put any man to death." This was to fulfil the word which Jesus had spoken to show by what death he was to die. Pilate entered the praetorium again and called Jesus, and said to him, "Are you the King of the Jews?" Jesus answered, "Do you say this of your own accord, or did others say it to you about me?" Pilate answered, "Am I a Jew? Your own nation and the chief priests have handed you over to me; what have you done?" Jesus answered, "My kingship is not of this world; if my kingship were of this

ἡ ἐμή, οἱ ὑπηρέται ἂν οἱ ἐμοὶ ἠγωνίζοντο, ἵνα μὴ παραδοθῶ τοῖς Ἰουδαίοις· νῦν δὲ ἡ βασιλεία ἡ ἐμὴ οὐκ ἔστιν ἐντεῦθεν. Εἶπεν οὖν αὐτῷ ὁ Πιλᾶτος· Οὐκοῦν βασιλεὺς εἶ σύ; Ἀπεκρίθη ὁ Ἰησοῦς· Σὺ λέγεις, ὅτι βασιλεύς εἰμι ἐγώ. Ἐγὼ εἰς τοῦτο γεγέννημαι, καὶ εἰς τοῦτο ἐλήλυθα εἰς τὸν κόσμον, ἵνα μαρτυρήσω τῇ ἀληθείᾳ. Πᾶς ὁ ὢν ἐκ τῆς ἀληθείας, ἀκούει μου τῆς φωνῆς. Λέγει αὐτῷ ὁ Πιλᾶτος· τί ἐστιν ἀλήθεια; Καὶ τοῦτο εἰπών, πάλιν ἐξῆλθε πρὸς τοὺς Ἰουδαίους, καὶ λέγει αὐτοῖς· Ἐγὼ οὐδεμίαν αἰτίαν εὑρίσκω ἐν αὐτῷ· ἔστι δὲ συνήθεια ὑμῖν, ἵνα ἕνα ὑμῖν ἀπολύσω ἐν τῷ Πάσχα· βούλεσθε οὖν ὑμῖν ἀπολύσω τὸν Βασιλέα τῶν Ἰουδαίων; Ἐκραύγασαν οὖν πάλιν πάντες, λέγοντες· Μὴ τοῦτον, ἀλλὰ τὸν Βαραββᾶν. ἦν δὲ ὁ Βαραββᾶς λῃστής. Τότε οὖν ἔλαβεν ὁ Πιλᾶτος τὸν Ἰησοῦν, καὶ ἐμαστίγωσε· καὶ οἱ στρατιῶται πλέξαντες στέφανον ἐξ ἀκανθῶν, ἐπέθηκαν αὐτοῦ τῇ κεφαλῇ, καὶ ἱμάτιον πορφυροῦν περιέβαλον αὐτόν, καὶ ἔλεγον· Χαῖρε ὁ Βασιλεὺς τῶν Ἰουδαίων· καὶ ἐδίδουν αὐτῷ ῥαπίσματα. Ἐξῆλθεν οὖν πάλιν ἔξω ὁ Πιλᾶτος, καὶ λέγει αὐτοῖς· ἴδε, ἄγω ὑμῖν αὐτὸν ἔξω, ἵνα γνῶτε ὅτι ἐν αὐτῷ οὐδεμίαν αἰτίαν εὑρίσκω. Ἐξῆλθεν οὖν ὁ Ἰησοῦς ἔξω, φορῶν τὸν ἀκάνθινον στέφανον, καὶ τὸ πορφυροῦν ἱμάτιον. Καὶ λέγει αὐτοῖς· Ἴδε ὁ ἄνθρωπος. Ὅτε οὖν εἶδον αὐτὸν οἱ Ἀρχιερεῖς καὶ οἱ ὑπηρέται, ἐκραύγασαν, λέγοντες· σταύρωσον, σταύρωσον αὐτόν. Λέγει αὐτοῖς ὁ Πιλᾶτος· Λάβετε αὐτὸν ὑμεῖς, καὶ σταυρώσατε· ἐγὼ γὰρ οὐχ εὑρίσκω ἐν αὐτῷ αἰτίαν. Ἀπεκρίθησαν αὐτῷ οἱ Ἰουδαῖοι· Ἡμεῖς νόμον ἔχομεν, καὶ κατὰ τὸν νόμον ἡμῶν ὀφείλει ἀποθανεῖν, ὅτι ἑαυτὸν Υἱὸν τοῦ Θεοῦ ἐποίησεν. Ὅτε οὖν ἤκουσεν ὁ Πιλᾶτος τοῦτον τὸν λόγον, μᾶλλον ἐφοβήθη, καὶ εἰσῆλθεν εἰς τὸ Πραιτώριαν πάλιν, καὶ λέγει τῷ Ἰησοῦ· Πόθεν εἶ σύ; Ὁ δὲ Ἰησοῦς ἀπόκρισιν οὐκ

world, my servants would fight, that I might not be handed over to the Jews; but my kingship is not of this world." Pilate said to him, "So you are a king?" Jesus answered, "You say that I am a king. For this I was born, and for this I have come into the world, to bear witness to the truth. Every one who is of the truth hears my voice." Pilate said to him, "What is truth?" After he had said this, he went out to the Jews again, and told them, "I find no crime in him. But you have a custom that I should release one man for you at the Passover; will you have me release for you the King of the Jews?" They cried out again, "Not this man, but Barabbas!" Now Barabbas was a robber. Then Pilate took Jesus and scourged him. And the soldiers plaited a crown of thorns, and put it on his head, and arrayed him in a purple robe; they came up to him, saying, "Hail, King of the Jews!" and struck him with their hands. Pilate went out again, and said to them, "See, I am bringing him out to you, that you may know that I find no crime in him." So Jesus came out, wearing the crown of thorns and the purple robe. Pilate said to them, "Behold the man!" When the chief priests and the officers saw him, they cried out, "Crucify him, crucify him!" Pilate said to them, "Take him yourselves and crucify him, for I find no crime in him." The Jews answered him, "We have a law, and by that law he ought to die, because he has made himself the Son of God." When Pilate heard these words, he was the more afraid; he entered the praetorium again and said to Jesus, "Where are you from?" But Jesus gave no answer. Pilate therefore said to him, "You will not speak to me? Do you not know that I

ἔδωκεν αὐτῷ. Λέγει οὖν αὐτῷ ὁ Πιλᾶτος· ἐμοὶ οὐ λαλεῖς; οὐκ οἶδας ὅτι ἐξουσίαν ἔχω σταυρῶσαί σε, καὶ ἐξουσίαν ἔχω ἀπολῦσαί σε; Ἀπεκρίθη ὁ Ἰησοῦς· οὐκ εἶχες ἐξουσίαν οὐδεμίαν κατ᾽ ἐμοῦ, εἰ μὴ ἦν σοι δεδομένον ἄνωθεν· διὰ τοῦτο ὁ παραδιδούς μέ σοι, μείζονα ἁμαρτίαν ἔχει. Ἐκ τούτου ἐζήτει ὁ Πιλᾶτος ἀπολῦσαι αὐτόν. Οἱ δὲ Ἰουδαῖοι ἔκραζον, λέγοντες· ἐὰν τοῦτον ἀπολύσῃς, οὐκ εἶ φίλος τοῦ Καίσαρος· πᾶς ὁ βασιλέα ἑαυτὸν ποιῶν, ἀντιλέγει τῷ Καίσαρι. Ὁ οὖν Πιλᾶτος ἀκούσας τοῦτον τὸν λόγον, ἤγαγεν ἔξω τὸν Ἰησοῦν, καὶ ἐκάθισεν ἐπὶ τοῦ βήματος, εἰς τόπον λεγόμενον Λιθόστρωτον, ἑβραϊστὶ δὲ Γαββαθᾶ· ἦν δὲ Παρασκευὴ τοῦ Πάσχα, ὥρα δὲ ἕκτη· καὶ λέγει τοῖς Ἰουδαίοις· Ἴδε ὁ Βασιλεὺς ὑμῶν. Οἱ δὲ ἐκραύγασαν· ἆρον, ἆρον, σταύρωσον αὐτόν. Λέγει αὐτοῖς ὁ Πιλᾶτος· Τὸν Βασιλέα ὑμῶν σταυρώσω; Ἀπεκρίθησαν οἱ Ἀρχιερεῖς· οὐκ ἔχομεν βασιλέα εἰ μὴ Καίσαρα. Τότε οὖν παρέδωκεν αὐτὸν αὐτοῖς, ἵνα σταυρωθῇ.

Ὁ Χορός· Δόξα τῇ μακροθυμίᾳ σου, Κύριε, δόξα σοι.

ΑΝΤΙΦΩΝΟΝ Ι΄

Ἦχος πλ. β΄.

Ὁ ἀναβαλλόμενος φῶς ὡς ἱμάτιον γυμνὸς εἰς κρίσιν ἵστατο καὶ ἐν σιαγόνι ῥάπισμα ἐδέξατο ὑπὸ χειρῶν ὧν ἔπλασεν· ὁ δὲ παράνομος λαὸς τῷ σταυρῷ προσήλωσε τὸν Κύριον τῆς δόξης· τότε τὸ καταπέτασμα τοῦ ναοῦ ἐσχίσθη· ὁ ἥλιος ἐσκότασε, μὴ φέρων θεάσασθαι Θεὸν ὑβριζόμενον, ὃν τρέμει τὰ σύμπαντα. Αὐτὸν προσκυνήσωμεν.

have power to release you, and power to crucify you?" Jesus answered him, "You would have no power over me unless it had been given you from above; therefore he who delivered me to you has the greater sin." Upon this Pilate sought to release him, but the Jews cried out, "If you release this man, you are not Caesar's friend; every one who makes himself a king sets himself against Caesar." When Pilate heard these words, he brought Jesus out and sat down on the judgment seat at a place called The Pavement, and in Hebrew, Gabbatha. Now it was the day of Preparation of the Passover; it was about the sixth hour. He said to the Jews, "Behold your King!" They cried out, "Away with him, away with him, crucify him!" Pilate said to them, "Shall I crucify your King?" The chief priests answered, "We have no king but Caesar." Then he handed him over to be crucified.

Choir: Glory to your long-suffering, Lord; glory to you!

ANTIPHON 10

Tone Pl. 2.

He who wraps himself in light as a garment stands naked for judgement, and accepts a blow on the cheek by the hands of the those he fashioned; while the lawless people nailed to the Cross the Lord of glory. Then the veil of the Temple was rent asunder; the sun was darkened, unable to endure seeing God insulted, before whom all things tremble. Him let us worship.

Ὁ μαθητὴς ἠρνήσατο, ὁ λῃστὴς ἐβόησε· Μνήσθητί μου Κύριε, ἐν τῇ βασιλείᾳ σου.

Δόξα Πατρὶ καὶ Υἱῷ καὶ Ἁγίῳ Πνεύματι, καὶ νῦν καὶ ἀεὶ καὶ εἰς τοὺς αἰῶνας τῶν αἰώνων. Ἀμήν.

Ἦχος πλ. β΄. Θεοτοκίον.

Εἰρήνευσον τὸν κόσμον, ὁ ἐκ Παρθένου καταδεξάμενος, Κύριε, σάρκα φορέσαι ὑπὲρ δούλων, ἵνα συμφώνως σὲ δοξολογοῦμεν, φιλάνθρωπε.

ΑΝΤΙΦΩΝΟΝ ΙΑ΄

Ἦχος πλ. β΄.

Ἀντὶ ἀγαθῶν, ὧν ἐποίησας Χριστέ, τῷ γένει τῶν Ἑβραίων, σταυρωθῆναί σε κατεδίκασαν, ὄξος καὶ χολήν σε ποτίσαντες. Ἀλλὰ δὸς αὐτοῖς, Κύριε, κατὰ τὰ ἔργα αὐτῶν, ὅτι οὐ συνῆκαν τὴν σὴν συγκατάβασιν.

Ἐπὶ τῇ προδοσίᾳ οὐκ ἠρκέσθησαν, Χριστέ, τὰ γένη τῶν Ἑβραίων, ἀλλ' ἐκίνουν τὰς κεφαλὰς αὐτῶν, μυκτηρισμὸν καὶ χλεύην προσάγοντες. Ἀλλὰ δὸς αὐτοῖς Κύριε, κατὰ τὰ ἔργα αὐτῶν, ὅτι κενὰ κατὰ σοῦ ἐμελέτησαν.

Οὔτε γῆ ὡς ἐσείσθη, οὔτε πέτραι ὡς ἐρράγησαν, Ἑβραίους, ἔπεισαν, οὔτε τοῦ ναοῦ τὸ καταπέτασμα, οὔτε τῶν νεκρῶν ἡ ἀνάστασις. Ἀλλὰ δὸς αὐτοῖς, Κύριε, κατὰ τὰ ἔργα αὐτῶν, ὅτι κενὰ κατὰ σοῦ ἐμελέτησαν.

Δόξα Πατρὶ καὶ Υἱῷ καὶ Ἁγίῳ Πνεύματι, καὶ νῦν καὶ ἀεὶ καὶ εἰς τοὺς αἰῶνας τῶν αἰώνων. Ἀμήν.

The disciple denied, the Thief cried out: Remember me Lord in your kingdom.

Glory to the Father, Son, and the Holy Spirit, both now and ever and to the ages of ages. Amen.

Tone Pl. 2. Theotokion.

Give peace to the world, Lord, who accepted to put on flesh from a virgin for the sake of your servants, that with on accord we may glorify you, only lover of mankind.

ANTIPHON 11

Tone Pl. 2.

In return for the good things you had done for the Hebrew race, O Christ, they condemned you to be crucified, giving you vinegar and gall to drink. But give them, Lord, according to their works, because they did not understand your condescension.

The Hebrew race was not content with your betrayal O Christ, but they waged their heads, bringing scoffing and derision. But give them, Lord according to their works, because they have meditated vain things against you.

Neither the earth when it shook nor the rocks when they were split convinced the Hebrews, nor did the Temple veil, nor the resurrection of the dead, but give them, Lord, according to their works because they meditated vain things against you.

Glory to the Father, Son, and the Holy Spirit, both now and ever and to the ages of ages. Amen.

Ἦχος πλ. β'. Θεοτοκίον.

Θεὸν ἐκ σοῦ σαρκωθέντα ἔγνωμεν, Θεοτόκε Παρθένε, μόνη ἁγνή, μόνη εὐλογημένη· διὸ ἀπαύστως, σὲ ἀνυμνοῦντες μεγαλύνομεν.

ΑΝΤΙΦΩΝΟΝ ΙΒ'

Ἦχος πλ. δ'.

Τάδε λέγει Κύριος τοῖς Ἰουδαίοις· Λαός μου, τί ἐποίησά σοι ἢ τί σοι παρηνώχλησα; τοὺς τυφλούς σου ἐφώτισα, τοὺς λεπρούς σου ἐκαθάρισα, ἄνδρα ὄντα ἐπὶ κλίνης ἠνωρθωσάμην. Λαός μου, τί ἐποίησά σοι καὶ τί μοι ἀνταπέδωκας; ἀντὶ τοῦ μάννα χολήν· ἀντὶ τοῦ ὕδατος ὄξος· ἀντὶ τοῦ ἀγαπᾶν με σταυρῷ με προσηλώσατε. Οὐκέτι στέγω λοιπόν· καλέσω μου τὰ ἔθνη, κἀκεῖνα με δοξάσουσι σὺν τῷ Πατρὶ καὶ τῷ Πνεύματι· κἀγὼ αὐτοῖς δωρήσομαι ζωὴν τὴν αἰώνιον.

Σήμερον τοῦ Ναοῦ τὸ καταπέτασμα, εἰς ἔλεγχον ῥήγνυται τῶν παρανόμων, καὶ τὰς ἰδίας ἀκτῖνας, ὁ ἥλιος κρύπτει, Δεσπότην ὁρῶν σταυρούμενον.

Οἱ νομοθέται τοῦ Ἰσραήλ, Ἰουδαῖοι καὶ Φαρισαῖοι, ὁ χορὸς τῶν ἀποστόλων βοᾷ πρὸς ὑμᾶς. Ἴδε ναός, ὃν ὑμεῖς ἐλύσατε· Ἴδε ἀμνός, ὃν ὑμεῖς ἐσταυρώσατε· τάφῳ παρεδώκατε, ἀλλ' ἐξουσίᾳ ἑαυτοῦ ἀνέστη. Μὴ πλανᾶσθε, Ἰουδαῖοι· αὐτὸς γάρ ἐστιν ὁ ἐν θαλάσσῃ σώσας καὶ ἐν ἐρήμῳ θρέψας· αὐτός ἐστιν ἡ ζωὴ καὶ τὸ φῶς καὶ ἡ εἰρήνη τοῦ κόσμου.

Δόξα Πατρὶ καὶ Υἱῷ καὶ Ἁγίῳ Πνεύματι, καὶ νῦν καὶ ἀεὶ καὶ εἰς τοὺς αἰῶνας τῶν αἰώνων. Ἀμήν.

Tone Pl. 2. Theotokion.

We know that God took flesh from you, Virgin Mother of God, alone pure, alone blessed; and so as we praise you without ceasing, we magnify you.

ANTIPHON 12

Tone Pl. 4.

Thus says the Lord to the Jews: My people, what have I done to you? Or in what have I wearied you? I gave light to your blind, I cleansed your lepers, I set upright a man lying on a bed. My people, what have I done to you and how have you repaid me? Instead of manna gall; instead of water vinegar, instead of loving me, you have mailed me to a Cross. I can endure it no longer: I will call my nations, and they will glorify me, with the Father and the Spirit; and I shall grant to them life eternal.

Today the veil of the Temple is rent as a reproof to the transgressor; and the sun hides its own rays; as it sees the Master crucified.

Lawgivers of Israel, Jews and Pharisees, the choir of the Apostles cries out to you: See a Temple, which you have destroyed; see a Lamb, whom you have crucified. You handed him over to a tomb, but by his own authority he has risen. Do not be deceived, O Jews, for it is he who saved you in the sea, and fed you in the desert; he is the life and the light and the peace of the world.

Glory to the Father, Son, and the Holy Spirit, both now and ever and to the ages of ages. Amen.

Tone Pl. 4. Theotokion.

Hail Gate of the King of glory, through which the Most High alone has passed, and left it sealed again, for the salvation of the our souls.

Kathisma. Tone Pl. 4.

When you stood before Caiaphas, O God, and were handed over to Pilate, O Judge, the powers of Heaven were shaken for fear; but then you were raised up on the Tree between two thieves and were numbered with the transgressor, O Sinless One, to save mankind. Longsuffering Lord, glory to you.

Deacon: And that we might be found worthy to hear the holy Gospel, let us pray to the Lord God.

Choir: Lord, have mercy. *(x3)*

Deacon: Wisdom. Arise. Let us hear the holy Gospel.

Priest: Peace to all.

Choir: And to your Spirit.

Priest: The reading is from the holy Gospel according to Matthew.

Deacon: Let us be attentive.

Choir: Glory to you, Lord, glory to you!

FIFTH GOSPEL

Priest:

(27:3-32)

At that time, when Judas, his betrayer, saw that he was condemned, he

ἀπέστρεψε τὰ τριάκοντα ἀργύρια τοῖς Ἀρχιερεῦσι καὶ τοῖς Πρεσβυτέροις, λέγων· Ἥμαρτον παραδοὺς αἷμα ἀθῷον. Οἱ δὲ εἶπον· Τί πρὸς ἡμᾶς; σὺ ὄψει. Καὶ ῥίψας τὰ ἀργύρια ἐν τῷ ναῷ, ἀνεχώρησε, καὶ ἀπελθὼν, ἀπήγξατο. Οἱ δὲ Ἀρχιερεῖς, λαβόντες τὰ ἀργύρια, εἶπον· Οὐκ ἔξεστι βαλεῖν αὐτὰ εἰς τὸν κορβανᾶν, ἐπεὶ τιμὴ αἵματός ἐστι. Συμβούλιον δὲ λαβόντες, ἠγόρασαν ἐξ αὐτῶν τὸν ἀγρὸν τοῦ Κεραμέως, εἰς ταφὴν τοῖς ξένοις· διὸ ἐκλήθη ὁ ἀγρὸς ἐκεῖνος, ἀγρὸς αἵματος ἕως τῆς σήμερον. Τότε ἐπληρώθη τὸ ῥηθὲν διὰ Ἰερεμίου τοῦ προφήτου λέγοντος· «Καὶ ἔλαβον τὰ τριάκοντα ἀργύρια, τὴν τιμὴν τοῦ τετιμημένου, ὃν ἐτιμήσαντο ἀπὸ υἱῶν Ἰσραήλ, καὶ ἔδωκαν αὐτὰ εἰς τὸν ἀγρὸν τοῦ Κεραμέως, καθὰ συνέταξέ μοι Κύριος.» Ὁ δὲ Ἰησοῦς ἔστη ἔμπροσθεν τοῦ Ἡγεμόνος, καὶ ἐπηρώτησεν αὐτὸν ὁ Ἡγεμὼν, λέγων· Σὺ εἶ ὁ Βασιλεὺς τῶν Ἰουδαίων; ὁ δὲ Ἰησοῦς ἔφη αὐτῷ· Σὺ λέγεις. Καὶ ἐν τῷ κατηγορεῖσθαι αὐτὸν ὑπὸ τῶν Ἀρχιερέων καὶ τῶν Πρεσβυτέρων, οὐδὲν ἀπεκρίνατο. Τότε λέγει αὐτῷ ὁ Πιλᾶτος· Οὐκ ἀκούεις πόσα σου καταμαρτυροῦσι; Καὶ οὐκ ἀπεκρίθη αὐτῷ πρὸς οὐδὲ ἓν ῥῆμα· ὥστε θαυμάζειν τὸν Ἡγεμόνα λίαν. Κατὰ δὲ ἑορτὴν, εἰώθει ὁ Ἡγεμὼν ἀπολύειν ἕνα τῷ ὄχλῳ δέσμιον, ὃν ἤθελον. Εἶχον δὲ τότε δέσμιον ἐπίσημον, λεγόμενον Βαραββᾶν. Συνηγμένων οὖν αὐτῶν, εἶπεν αὐτοῖς ὁ Πιλᾶτος· Τίνα θέλετε ἀπολύσω ὑμῖν; Βαραββᾶν, ἢ Ἰησοῦν τὸν λεγόμενον Χριστόν; ᾔδει γὰρ, ὅτι διὰ φθόνον, παρέδωκαν αὐτόν. Καθημένου δὲ αὐτοῦ ἐπὶ τοῦ βήματος, ἀπέστειλε πρὸς αὐτὸν ἡ γυνὴ αὐτοῦ λέγουσα· Μηδὲν σοὶ καὶ τῷ δικαίῳ ἐκείνῳ· πολλὰ γὰρ ἔπαθον σήμερον κατ᾽ ὄναρ δι᾽ αὐτόν. Οἱ δὲ Ἀρχιερεῖς καὶ οἱ Πρεσβύτεροι ἔπεισαν τοὺς ὄχλους, ἵνα αἰτήσωνται τὸν Βαραββᾶν, τὸν δὲ Ἰησοῦν ἀπολέσωσιν. Ἀποκριθεὶς δὲ

repented and brought back the thirty pieces of silver to the chief priests and the elders, saying, "I have sinned in betraying innocent blood." They said, "What is that to us? See to it yourself." And throwing down the pieces of silver in the temple, he departed; and he went and hanged himself. But the chief priests, taking the pieces of silver, said, "It is not lawful to put them into the treasury, since they are blood money." So they took counsel, and bought with them the potter's field, to bury strangers in. Therefore that field has been called the Field of Blood to this day. Then was fulfilled what had been spoken by the prophet Jeremiah, saying, "And they took the thirty pieces of silver, the price of him on whom a price had been set by some of the sons of Israel, and they gave them for the potter's field, as the Lord directed me." Now Jesus stood before the governor; and the governor asked him, "Are you the King of the Jews?" Jesus said, "You have said so." But when he was accused by the chief priests and elders, he made no answer. Then Pilate said to him, "Do you not hear how many things they testify against you?" But he gave him no answer, not even to a single charge; so that the governor wondered greatly. Now at the feast the governor was accustomed to release for the crowd any one prisoner whom they wanted. And they had then a notorious prisoner, called Barabbas. So when they had gathered, Pilate said to them, "Whom do you want me to release for you, Barabbas or Jesus who is called Christ?" For he knew that it was out of envy that they had delivered him up. Besides, while he was sitting on the judgment seat, his wife sent word to him,

ὁ Ἡγεμών, εἶπεν αὐτοῖς· Τίνα θέλετε ἀπὸ τῶν δύο ἀπολύσω ὑμῖν; Οἱ δὲ εἶπον· Βαραββᾶν. Λέγει αὐτοῖς ὁ Πιλᾶτος· τί οὖν ποιήσω Ἰησοῦν, τὸν λεγόμενον Χριστόν; Λέγουσιν αὐτῷ πάντες· Σταυρωθήτω. Ὁ δὲ Ἡγεμὼν ἔφη· Τί γὰρ κακὸν ἐποίησεν; Οἱ δὲ περισσῶς ἔκραζον, λέγοντες· Σταυρωθήτω. Ἰδὼν δὲ ὁ Πιλᾶτος, ὅτι οὐδὲν ὠφελεῖ, ἀλλὰ μᾶλλον θόρυβος γίνεται, λαβὼν ὕδωρ, ἀπενίψατο τὰς χεῖρας ἀπέναντι τοῦ ὄχλου, λέγων· Ἀθῷός εἰμι ἀπὸ τοῦ αἵματος τοῦ δικαίου τούτου· ὑμεῖς ὄψεσθε. Καὶ ἀποκριθεὶς πᾶς ὁ λαός, εἶπε· Τὸ αἷμα αὐτοῦ ἐφ᾽ ἡμᾶς, καὶ ἐπὶ τὰ τέκνα ἡμῶν. Τότε ἀπέλυσεν αὐτοῖς τὸν Βαραββᾶν, τὸν δὲ Ἰησοῦν φραγελλώσας, παρέδωκεν ἵνα σταυρωθῇ. Τότε οἱ στρατιῶται τοῦ Ἡγεμόνος παραλαβόντες τὸν Ἰησοῦν εἰς τὸ Πραιτώριον, συνήγαγον ἐπ᾽ αὐτὸν ὅλην τὴν σπεῖραν· καὶ ἐκδύσαντες αὐτόν, περιέθηκαν αὐτῷ χλαμύδα κοκκίνην, καὶ πλέξαντες στέφανον ἐξ ἀκανθῶν, ἐπέθηκαν ἐπὶ τὴν κεφαλὴν αὐτοῦ, καὶ κάλαμον ἐπὶ τὴν δεξιὰν αὐτοῦ, καὶ γονυπετήσαντες ἔμπροσθεν αὐτοῦ, ἐνέπαιζον αὐτῷ, λέγοντες· Χαῖρε ὁ Βασιλεὺς τῶν Ἰουδαίων· Καὶ ἐμπτύσαντες εἰς αὐτόν, ἔλαβον τὸν κάλαμον καὶ ἔτυπτον εἰς τὴν κεφαλὴν αὐτοῦ. Καὶ ὅτε ἐνέπαιξαν αὐτῷ, ἐξέδυσαν αὐτὸν τὴν χλαμύδα καὶ ἐνέδυσαν αὐτὸν τὰ ἱμάτια αὐτοῦ, καὶ ἀπήγαγον αὐτὸν εἰς τὸ σταυρῶσαι. Ἐξερχόμενοι δέ, εὗρον ἄνθρωπον Κυρηναῖον, ὀνόματι Σίμωνα· τοῦτον ἠγγάρευσαν, ἵνα ἄρῃ τὸν Σταυρὸν αὐτοῦ.

"Have nothing to do with that righteous man, for I have suffered much over him today in a dream." Now the chief priests and the elders persuaded the people to ask for Barabbas and destroy Jesus. The governor again said to them, "Which of the two do you want me to release for you? " And they said, "Barabbas." Pilate said to them, "Then what shall I do with Jesus who is called Christ?" They all said, "Let him be crucified." And he said, "Why, what evil has he done?" But they shouted all the more, "Let him be crucified." So when Pilate saw that he was gaining nothing, but rather that a riot was beginning, he took water and washed his hands before the crowd, saying, "I am innocent of this man's blood; see to it yourselves." And all the people answered, "His blood be on us and on our children!" Then he released for them Barabbas, and having scourged Jesus, delivered him to be crucified. Then the soldiers of the governor took Jesus into the praetorium, and they gathered the whole battalion before him. And they stripped him and put a scarlet robe upon him, and plaiting a crown of thorns they put it on his head, and put a reed in his right hand. And kneeling before him they mocked him, saying, "Hail, King of the Jews!" And they spat upon him, and took the reed and struck him on the head. And when they had mocked him, they stripped him of the robe, and put his own clothes on him, and led him away to crucify him. As they went out, they came upon a man of Cyrene, Simon by name; this man they compelled to carry his cross.

Ὁ Χορός· Δόξα τῇ μακροθυμίᾳ σου, Κύριε, δόξα σοι.

Choir: Glory to your long-suffering, Lord; glory to you!

ΑΝΤΙΦΩΝΟΝ ΙΓ΄

Ἦχος πλ. β΄.

Τὸ ἄθροισμα τῶν Ἰουδαίων τῷ Πιλάτῳ ᾐτήσαντο σταυρωθῆναί σε, Κύριε· αἰτίαν γὰρ ἐν σοὶ μὴ εὑρόντες, τὸν ὑπεύθυνον Βαραββᾶν ἠλευθέρωσαν καὶ σὲ τὸν δίκαιον κατεδίκασαν, μιαιφονίας ἔγκλημα κληρωσάμενοι. Ἀλλὰ δὸς αὐτοῖς Κύριε, τὸ ἀνταπόδομα αὐτῶν, ὅτι κενὰ κατὰ σοῦ ἐμελέτησαν.

Ὃν πάντα φρίσσει καὶ τρέμει καὶ πᾶσα γλῶσσα ὑμνεῖ, Χριστὸν Θεοῦ δύναμιν, καὶ Θεοῦ σοφίαν, οἱ ἱερεῖς ἐρράπισαν καὶ ἔδωκαν αὐτῷ χολήν· καὶ πάντα παθεῖν κατεδέξατο, σῶσαι θέλων ἡμᾶς ἐκ τῶν ἀνομιῶν ἡμῶν τῷ ἰδίῳ αἵματι ὡς φιλάνθρωπος.

Δόξα Πατρὶ καὶ Υἱῷ καὶ Ἁγίῳ Πνεύματι, καὶ νῦν καὶ ἀεὶ καὶ εἰς τοὺς αἰῶνας τῶν αἰώνων. Ἀμήν.

Ἦχος πλ. β΄. Θεοτοκίον.

Θεοτόκε ἡ τεκοῦσα διὰ λόγου ὑπὲρ λόγον τὸν κτίστην τὸν ἴδιον, αὐτὸν δυσώπει σῶσαι τὰς ψυχὰς ἡμῶν.

ΑΝΤΙΦΩΝΟΝ ΙΔ΄

Ἦχος πλ. δ΄.

Κύριε, ὁ τὸν λῃστὴν συνοδοιπόρον λαβών, τὸν ἐν αἵματι χεῖρας μολύναντα, καὶ ἡμᾶς σὺν αὐτῷ καταρίθμησον ὡς ἀγαθὸς καὶ φιλάνθρωπος.

Μικρὰν φωνὴν ἀφῆκεν ὁ λῃστὴς ἐν τῷ σταυρῷ, μεγάλην πίστιν εὗρε, μιᾷ ῥοπῇ ἐσώθη καὶ πρῶτος παραδείσου

ANTIPHON 13

Tone Pl. 2.

The assembly of the Hews asked Pilate for you to be crucified, O Lord; for having found no cause in you, they freed the guilty Barabas, and condemned you, the Just, so incurring the guilt of murder. But give them their recompense, O Lord, for they meditated vain things against you.

The one before whom all things quake and tremble, whom every tongue praises, Christ the Power of God and the Wisdom of God, the priests struck on the face and gave him gall. And he accepted to suffer all things, as he wished to save us from our iniquities with his own blood, for he loves humankind.

Glory to the Father, Son, and the Holy Spirit, both now and ever and to the ages of ages. Amen.

Tone Pl. 2. Theotokion.

Mother of God, who through a word beyond reason gave birth to your own Creator, implore him to save our souls.

ANTIPHON 14

Tone Pl. 4.

Lord, as a companion for the journey you took the Thief, the Thief whose hands were defiled with blood. Number us too, we pray, together with him, as you are good an doling humankind.

So few the words that the Thief uttered on the cross, yet he found

πύλας ἀνοίξας εἰσῆλθεν. Ὁ αὐτοῦ τὴν μετάνοιαν προσδεξάμενος, Κύριε, δόξα σοι.

Δόξα Πατρὶ καὶ Υἱῷ καὶ Ἁγίῳ Πνεύματι, καὶ νῦν καὶ ἀεὶ καὶ εἰς τοὺς αἰῶνας τῶν αἰώνων. Ἀμήν.

Ἦχος πλ. δ΄. Θεοτοκίον.

Χαῖρε ἡ δι᾽ ἀγγέλου τὴν χαρὰν τοῦ κόσμου δεξαμένη· χαῖρε, ἡ τεκοῦσα τὸν ποιητήν σου καὶ Κύριον· χαῖρε, ἡ ἀξιωθεῖσα γενέσθαι μήτηρ Χριστοῦ τοῦ Θεοῦ.

Μετὰ τὸ τέλος τοῦ ιδ΄ ἀντιφώνου ὁ ἱερεὺς ἐνδεδυμένος ἐπιτραχήλιον καὶ φελώνιον αἴρει τὸν Σταυρὸν καὶ περιελθὼν τὴν ἁγίαν Τράπεζαν ἐξέρχεται διὰ τῆς βορείας πύλης τοῦ ἱεροῦ βήματος καί, προπορευομένων λαμπάδων καὶ τῶν ἐξαπτερύγων καὶ τοῦ διακόνου μετὰ τοῦ θυμιατοῦ διασχίζει τὸ βόρειον καὶ τὸ κεντρικὸν κλίτος τοῦ ναοῦ ἀπαγγέλων ἐμμελῶς τὸ Σήμερον κρεμᾶται ἐπὶ ξύλου· ἐλθὼν δὲ εἰς τὸ μέσον τοῦ ναοῦ πήγνυσι τὸν Σταυρὸν καὶ θυμιάσας αὐτὸν καὶ ποιήσας τρεῖς μετανοίας ἀσπάζεται αὐτὸν καὶ εἰσέρχεται μετὰ τοῦ διακόνου εἰς τὸ ἱερόν· ὁ δὲ χορὸς ψάλλει τὸ αὐτὸ τροπάριον.

ΑΝΤΙΦΩΝΟΝ ΙΕ΄

Ἦχος πλ. β΄.

Σήμερον κρεμᾶται ἐπὶ ξύλου ὁ ἐν ὕδασι τὴν γῆν κρεμάσας. (γ΄)

Στέφανον ἐξ ἀκανθῶν περιτίθεται ὁ τῶν Ἀγγέλων βασιλεύς.

Ψευδῆ πορφύραν περιβάλλεται ὁ περιβάλλων τὸν οὐρανὸν ἐν νεφέλαις.

Ῥάπισμα κατεδέξατο ὁ ἐν Ἰορδάνῃ ἐλευθερώσας τὸν Ἀδάμ.

Ἥλοις προσηλώθη ὁ Νυμφίος τῆς Ἐκκλησίας.

Λόγχῃ ἐκεντήθη ὁ Υἱὸς τῆς Παρθένου.

---

great faith. He was saved in one instant, and having opened the gates of Paradise was the first to enter. Lord, who accepted his repentance, glory to you!

Glory to the Father, Son, and the Holy Spirit, both now and ever and to the ages of ages. Amen.

Tone Pl. 4. Theotokion.

Hail, you who received the joy of the world through an Angel. Hail, you who gave birth to your Maker and your Lord. Hail, you who were found worthy to become the Mother of Christ our God.

After the end of 14th Antiphon, the Priest, vested in epitrachilion and felonion lifts up the Cross and encircles the Holy Table and exits the north door of the sacred bema preceded by lights and exapteryga, and the Deacon with the censer, traverses the northern side of the temple melodiously reciting Today is hung upon the tree; *coming to the center of the temple he sets the cross down and censes it and makes three metanoias, venerates it and re-enters the sanctuary after the Deacon; then the choir sings the same troparion.*

ANTIPHON 15

Tone Pl. 2.

Today is hung upon a tree, He who hung the earth upon the waters. (x3)

A crown of thorns is placed on Him, who is the King of the Angels.

In false purple He is wrapped, who wraps the heavens in clouds.

He receives a blow in the face, He who freed Adam in the Jordan.

With nails is transfixed the Bridegroom of the Church.

With a lance He is pierced, the Son of the Virgin.

Προσκυνοῦμέν σου τὰ πάθη, Χριστέ. *(γ΄)*

Δεῖξον ἡμῖν, καὶ τὴν ἔνδοξόν σου ἀνάστασιν.

Μὴ ὡς Ἰουδαῖοι ἑορτάσωμεν· καὶ γὰρ τὸ πάσχα ἡμῶν ὑπὲρ ἡμῶν ἐτύθη Χριστὸς ὁ Θεός· ἀλλ' ἐκκαθάρωμεν ἑαυτοὺς ἀπὸ παντὸς μολυσμοῦ καὶ εἰλικρινῶς δεηθῶμεν αὐτῷ· Ἀνάστα, Κύριε, σῶσον ἡμᾶς ὡς φιλάνθρωπος.

Ὁ σταυρός σου, Κύριε, ζωὴ καὶ ἀνάστασις ὑπάρχει τῷ λαῷ σου καὶ ἐπ' αὐτῷ πεποιθότες, σὲ τὸν σταυρωθέντα Θεὸν ἡμῶν ὑμνοῦμεν· ἐλέησον ἡμᾶς.

Δόξα Πατρὶ καὶ Υἱῷ καὶ Ἁγίῳ Πνεύματι, καὶ νῦν καὶ ἀεὶ καὶ εἰς τοὺς αἰῶνας τῶν αἰώνων. Ἀμήν.

Ἦχος πλ. β΄. Θεοτοκίον.

Ὁρῶσά σε κρεμάμενον, Χριστέ, ἡ σὲ κυήσασα ἀνεβόα. Τί τὸ ξένον, ὃ ὁρῶ, μυστήριον, Υἱέ μου; πῶς ἐπὶ ξύλου θνῄσκεις σαρκὶ πηγνύμενος, ζωῆς χορηγὲ;

Κάθισμα. Ἦχος δ΄.

Ἐξηγόρασας ἡμᾶς ἐκ τῆς κατάρας τοῦ νόμου τῷ τιμίῳ σου αἵματι· τῷ σταυρῷ προσηλωθεὶς καὶ τῇ λόγχῃ κεντηθεὶς τὴν ἀθανασίαν ἐπήγασας ἀνθρώποις· Σωτὴρ ἡμῶν, δόξα σοι.

Ὁ Διάκονος· Καὶ ὑπὲρ τοῦ καταξιωθῆναι ἡμᾶς τῆς ἀκροάσεως τοῦ ἁγίου Εὐαγγελίου Κύριον τὸν Θεὸν ἡμῶν ἱκετεύσωμεν.

Ὁ Χορός· Κύριε, ἐλέησον. *(γ΄)*

We worship your sufferings, O Christ. *(x3)*

Show us also Your glorious Resurrection.

Let us not celebrate the Jewish festival, for our Passover too has been sacrificed for us, Christ God. But let us purify ourselves from all defilement, and sincerely beseech him, 'Arise, O Lord, save us as you love humankind!'.

Your Cross, O Lord, is life and resurrection for your people; and putting our trust in it, hymns of praise we raise to you our crucified God. Have mercy on us.

Glory to the Father, Son, and the Holy Spirit, both now and ever and to the ages of ages. Amen.

Tone Pl. 2. Theotokion.

When she who bore you saw you hanging on the Cross, O Christ, she cried aloud, 'What is this strange mystery that I behold, O my Son? How are you dying on a tree, nailed in the flesh, O Giver of Life?'

Kathisma. Tone 4.

From the curse of the Law you have redeemed us by your precious blood nailed, O our Savior, to the Cross and pierced by the lance, you have become a source of immortality for humankind, glory to you!

Deacon: And that we might be found worthy to hear the holy Gospel, let us pray to the Lord God.

Choir: Lord, have mercy. *(x3)*

Ὁ Διάκονος· Σοφία. Ὀρθοί, ἀκούσωμεν τοῦ ἁγίου Εὐαγγελίου.

Ὁ Ἱερεύς· Εἰρήνη πᾶσι.

Ὁ Χορός· Καὶ τῷ πνεύματί σου.

Ὁ Ἱερεύς· Ἐκ τοῦ κατὰ Μᾶρκον Ἁγίου Εὐαγγελίου τὸ ἀνάγνωσμα.

Ὁ Διάκονος· Πρόσχωμεν.

Ὁ Χορός· Δόξα σοι, Κύριε, δόξα σοι.

ΕΥΑΓΓΕΛΙΟΝ ΣΤ´

Ὁ Ἱερεύς·

(ιε´, 16-32)

Τῷ καιρῷ ἐκείνῳ, οἱ στρατιῶται ἀπήγαγον τὸν Ἰησοῦν ἔσω τῆς αὐλῆς, ὅ ἐστι πραιτώριον, καὶ συγκαλοῦσιν ὅλην τὴν σπεῖραν· καὶ ἐνδύουσιν αὐτὸν πορφύραν, καὶ περιτιθέασιν αὐτῷ πλέξαντες ἀκάνθινον στέφανον, καὶ ἤρξαντο ἀσπάζεσθαι αὐτόν καὶ λέγειν· Χαῖρε ὁ Βασιλεὺς τῶν Ἰουδαίων. Καὶ ἔτυπτον αὐτοῦ τὴν κεφαλὴν καλάμῳ, καὶ ἐνέπτυον αὐτῷ, καὶ τιθέντες τὰ γόνατα, προσεκύνουν αὐτῷ. Καὶ ὅτε ἐνέπαιξαν αὐτῷ, ἐξέδυσαν αὐτὸν τὴν πορφύραν, καὶ ἐνέδυσαν αὐτὸν τὰ ἱμάτια τὰ ἴδια, καὶ ἐξάγουσιν αὐτόν, ἵνα σταυρώσωσιν αὐτόν. Καὶ ἀγγαρεύουσι παράγοντά τινα Σίμωνα Κυρηναῖον, ἐρχόμενον ἀπ᾽ ἀγροῦ, τὸν πατέρα Ἀλεξάνδρου καὶ Ῥούφου, ἵνα ἄρῃ τὸν Σταυρὸν αὐτοῦ. Καὶ φέρουσιν αὐτὸν ἐπὶ Γολγοθᾶ τόπον, ὅ ἐστι μεθερμηνευόμενον, Κρανίου τόπος. Καὶ ἐδίδουν αὐτῷ πιεῖν ἐσμυρνισμένον οἶνον· ὁ δὲ οὐκ ἔλαβε. Καὶ σταυρώσαντες αὐτόν, διαμερίζονται τὰ ἱμάτια αὐτοῦ, βάλλοντες κλῆρον ἐπ᾽ αὐτά, τίς τί ἄρῃ. Ἦν δὲ ὥρα τρίτη, καὶ ἐσταύρωσαν αὐτόν. Καὶ ἦν ἡ ἐπιγραφὴ τῆς αἰτίας αὐτοῦ ἐπιγεγραμμένη· Ὁ βασιλεὺς τῶν

SIXTH GOSPEL

Priest:

(15:16-32)

At that time, the soldiers led Jesus away inside the palace (that is, the praetorium); and they called together the whole battalion. And they clothed him in a purple cloak, and plaiting a crown of thorns they put it on him. And they began to salute him, "Hail, King of the Jews!" And they struck his head with a reed, and spat upon him, and they knelt down in homage to him. And when they had mocked him, they stripped him of the purple cloak, and put his own clothes on him. And they led him out to crucify him. And they compelled a passerby, Simon of Cyrene, who was coming in from the country, the father of Alexander and Rufus, to carry his cross. And they brought him to the place called Golgotha (which means the place of a skull). And they offered him wine mingled with myrrh; but he did not take it. And they crucified him, and divided his garments among them, casting lots for them, to decide what each should take. And it was the third hour, when they crucified him. And the

Ἰουδαίων. Καὶ σὺν αὐτῷ σταυροῦσι δύο λῃστάς, ἕνα ἐκ δεξιῶν, καὶ ἕνα ἐξ εὐωνύμων αὐτοῦ. Καὶ ἐπληρώθη ἡ Γραφή, ἡ λέγουσα· «Καὶ μετὰ ἀνόμων ἐλογίσθη». Καὶ οἱ παραπορευόμενοι ἐβλασφήμουν αὐτὸν, κινοῦντες τὰς κεφαλὰς αὐτῶν, καὶ λέγοντες· Οὐά, ὁ καταλύων τὸν ναὸν, καὶ ἐν τρισὶν ἡμέραις οἰκοδομῶν! σῶσον σεαυτὸν, καὶ κατάβα ἀπὸ τοῦ Σταυροῦ. Ὁμοίως δὲ καὶ οἱ Ἀρχιερεῖς ἐμπαίζοντες πρὸς ἀλλήλους, μετὰ τῶν Γραμματέων, ἔλεγον· ἄλλους ἔσωσεν, ἑαυτὸν οὐ δύναται σῶσαι. Ὁ Χριστὸς, ὁ Βασιλεὺς τοῦ Ἰσραήλ, καταβάτω νῦν ἀπὸ τοῦ Σταυροῦ, ἵνα ἴδωμεν, καὶ πιστεύσωμεν αὐτῷ.

Ὁ Χορός· Δόξα τῇ μακροθυμίᾳ σου, Κύριε, δόξα σοι.

Ἦχος δ΄.

Ἐν τῇ Βασιλείᾳ σου μνήσθητι ἡμῶν Κύριε, ὅταν ἔλθῃς ἐν τῇ Βασιλείᾳ σου.

Μακάριοι οἱ πτωχοὶ τῷ πνεύματι, ὅτι αὐτῶν ἐστιν ἡ βασιλεία τῶν οὐρανῶν.

Μακάριοι οἱ πενθοῦντες, ὅτι αὐτοὶ παρακληθήσονται.

Μακάριοι οἱ πραεῖς, ὅτι αὐτοὶ κληρονομήσουσι τὴν γῆν.

Διὰ ξύλου ὁ Ἀδὰμ παραδείσου γέγονεν ἄποικος· διὰ ξύλου δὲ σταυροῦ ὁ λῃστὴς παράδεισον ᾤκησεν· ὁ μὲν γὰρ γευσάμενος ἐντολὴν ἠθέτησε τοῦ ποιήσαντος· ὁ δὲ συσταυρούμενος Θεὸν ὡμολόγησε τὸν κρυπτόμενον. Μνήσθητι καὶ ἡμῶν, Σωτήρ, ἐν τῇ βασιλείᾳ σου.

Μακάριοι οἱ πεινῶντες καὶ διψῶντες τὴν δικαιοσύνην, ὅτι αὐτοὶ χορτασθήσονται.

inscription of the charge against him read, "The King of the Jews." And with him they crucified two robbers, one on his right and one on his left. And those who passed by derided him, wagging their heads, and saying, "Aha! You who would destroy the temple and build it in three days, save yourself, and come down from the cross!" So also the chief priests mocked him to one another with the scribes, saying, "He saved others; he cannot save himself. Let the Christ, the King of Israel, come down now from the cross, that we may see and believe." Those who were crucified with him also reviled him.

Choir: Glory to your long-suffering, Lord; glory to you!

Tone 4.

In your kingdom, remember us, O Lord, when you come in your kingdom.

Blessed are the poor in spirit, for theirs is the kingdom of heaven.

Blessed are those who mourn, for they shall be comforted.

Blessed are the meek, for they shall inherit the earth.

Adam through a tree became an exile from Paradise; but through the tree of the Cross the Thief made Paradise his home: for the former through his tasting set aside his Maker's commandment, while the latter, crucified with him, confessed the hidden God, as he cried, 'Remember us also, Savior in your kingdom.'

Blessed are those who hunger and thirst after justice, for they shall be filled.

Τὸν τοῦ νόμου ποιητὴν ἐκ μαθητοῦ ὠνήσαντο ἄνομοι καὶ ὡς παράνομον αὐτόν, τῷ Πιλάτου βήματι ἔστησαν, κραυγάζοντες· Σταύρωσον, τὸν ἐν ἐρήμῳ τούτους μανναδοτήσαντα. Ἡμεῖς δὲ τὸν δίκαιον λῃστὴν μιμησάμενοι, πίστει κράζομεν· Μνήσθητι καὶ ἡμῶν, Σωτήρ, ἐν τῇ βασιλείᾳ σου.

Μακάριοι οἱ ἐλεήμονες, ὅτι αὐτοὶ ἐλεηθήσονται.

Τῶν θεοκτόνων ὁ ἑσμός, Ἰουδαίων ἔθνος τὸ ἄνομον, πρὸς Πιλᾶτον ἐμμανῶς ἀνακράζων ἔλεγε· Σταύρωσον, Χριστὸν τὸν ἀνεύθυνον· Βαραββᾶν δὲ μᾶλλον οὗτοι ᾐτήσαντο. Ἡμεῖς δὲ φθεγγόμεθα λῃστοῦ τοῦ εὐγνώμονος τὴν φωνὴν πρὸς αὐτόν· Μνήσθητι καὶ ἡμῶν, Σωτήρ, ἐν τῇ βασιλείᾳ σου.

Μακάριοι οἱ καθαροὶ τῇ καρδίᾳ, ὅτι αὐτοὶ τὸν Θεὸν ὄψονται.

Ἡ ζωηφόρος σου πλευρά, ὡς ἐξ Ἐδὲμ πηγὴ ἀναβλύζουσα, τὴν Ἐκκλησίαν σου, Χριστέ, ὡς λογικὸν ποτίζει παράδεισον, ἐντεῦθεν μερίζουσα, ὡς εἰς ἀρχάς, εἰς τέσσαρα Εὐαγγέλια, τὸν κόσμον ἀρδεύουσα, τὴν κτίσιν εὐφραίνουσα καὶ τὰ ἔθνη πιστῶς διδάσκουσα προσκυνεῖν τὴν βασιλείαν σου.

Μακάριοι οἱ εἰρηνοποιοί, ὅτι αὐτοὶ υἱοὶ Θεοῦ κληθήσονται.

Ἐσταυρώθης δι' ἐμέ, ἵνα ἐμοὶ πηγάσῃς τὴν ἄφεσιν· ἐκεντήθης τὴν πλευράν, ἵνα κρουνοὺς ζωῆς ἀναβλύσῃς μοι· τοῖς ἥλοις προσήλωσαι, ἵνα ἐγώ, τῷ βάθει τῶν παθημάτων σου τὸ ὕψος τοῦ κράτους σου πιστούμενος, κράζω σοι, ζωοδότα Χριστέ· Δόξα καὶ τῷ σταυρῷ, Σῶτερ, καὶ τῷ πάθει σου.

The Maker of the Law, the lawless bought from his disciple, and as a lawbreaker stood before Pilate's judgment seat, crying, 'Crucify' the one who gave them manna in the desert. While we, imitating the just Thief, cry aloud to you with faith, Remember us also, Savior in your kingdom.

Blessed are the merciful, for they shall obtain mercy.

The swarm of those who slew God, the lawless nation of the Hews, in their frenzy cried out to Pilate, 'Crucify' Christ, the innocent. Rather was it Barabas for whom they preferred to make their demand. But we address to him the words uttered by the grateful Thief, 'Remember us also, Savior in your kingdom.'

Blessed are the pure in heart, for they shall see God.

Your life-bearing side, gushing up like a spring in Eden, gives drink to your Church, O Christ, as a spiritual paradise; from there dividing, as into four heads, into four Gospels, it waters the World, making creation glad and faithfully teaching the nations to worship your Kingdom.

Blessed are the peacemakers, for they shall be called children of God.

You were crucified for my sake, that for me you might be forgiveness' fount. You were pierced in the side, that for me you might gush forth streams of life. You were transfixed by nails, that I, assured of the height of your power by the depth of you sufferings, might cry to you, O Christ, giver of life: 'Glory to

Μακάριοι οἱ δεδιωγμένοι ἕνεκεν δικαιοσύνης, ὅτι αὐτῶν ἐστιν ἡ βασιλεία τῶν οὐρανῶν.

Σταυρουμένου σου, Χριστέ, πᾶσα ἡ κτίσις βλέπουσα ἔτρεμε· τὰ θεμέλια τῆς γῆς διεδονεῖτο φόβῳ τοῦ κράτους σου· φωστῆρες ἐκρύπτοντο καὶ τοῦ ναοῦ ἐρράγη τὸ καταπέτασμα· τὰ ὄρη ἐτρόμαξαν καὶ πέτραι ἐσχίσθησαν καὶ λῃστὴς ὁ πιστὸς κραυγάζει σοι σὺν ἡμῖν, Σωτήρ, τὸ Μνήσθητι.

Μακάριοί ἐστε ὅταν ὀνειδίσωσιν ὑμᾶς καὶ διώξωσι καὶ εἴπωσι πᾶν πονηρὸν ῥῆμα καθ' ὑμῶν, ψευδόμενοι ἕνεκεν ἐμοῦ.

Τὸ χειρόγραφον ἡμῶν, ἐν τῷ σταυρῷ διέρρηξας, Κύριε, καὶ λογισθεὶς ἐν τοῖς νεκροῖς τὸν ἐκεῖσε τύραννον ἔδησας, ῥυσάμενος ἅπαντας ἐκ δεσμῶν θανάτου τῇ ἀναστάσει σου· δι' ἧς ἐφωτίσθημεν, φιλάνθρωπε Κύριε, καὶ βοῶμέν σοι. Μνήσθητι καὶ ἡμῶν, Σωτήρ, ἐν τῇ βασιλείᾳ σου.

Χαίρετε καὶ ἀγαλλιᾶσθε, ὅτι ὁ μισθὸς ὑμῶν πολὺς ἐν τοῖς οὐρανοῖς.

Ὁ ὑψωθεὶς ἐν τῷ σταυρῷ καὶ τοῦ θανάτου λύσας τὴν δύναμιν καὶ ἐξαλείψας ὡς Θεὸς τὸ καθ' ἡμῶν χειρόγραφον, Κύριε, λῃστοῦ τὴν μετάνοιαν καὶ ἡμῖν παράσχου, μόνε φιλάνθρωπε, τοῖς πίστει λατρεύουσι, Χριστὲ ὁ Θεὸς ἡμῶν, καὶ βοῶσί σοι· Μνήσθητι καὶ ἡμῶν, Σωτήρ, ἐν τῇ βασιλείᾳ σου.

Δόξα Πατρὶ καὶ Υἱῷ καὶ Ἁγίῳ Πνεύματι.

Τὸν Πατέρα καὶ Υἱόν, καὶ τὸ Πνεῦμα πάντες τὸ ἅγιον, ὁμοφρόνως οἱ πι-

your Cross, O Savior, glory to your Passion!'

Blessed are those who are persecuted for justice's sake, for theirs is the kingdom of heaven.

When you were crucified, O Christ, all creation saw and trembled. The foundations of the earth quaked and shuddered with fear of your might. The lamps of heaven hid themselves, rent asunder was the veil of the Temple. The mountains quailed, and rocks were split, and with us the faithful Thief cries to you, O Savior, 'Remember.'

Blessed are you when they revile you and persecute you and say all manner of evil against you falsely for my sake.

On the Cross, Lord, you tore up the record of our debt to you, and numbered among the dead you bound the tyrant who ruled there, delivering all from the bonds of death by your resurrection, through which we have been enlightened, O Lord, who love humankind and cry to you, 'Remember us also, Savior, in your kingdom'.

Rejoice and be glad for great is your reward in heaven.

Lifted up on the Cross, destroying even the might of death and as God wiping out the record against us, O Lord, only Lover of humankind, grant the repentance of the Thief to us also, who worship in faith, Christ our God, and who cry to you, 'Remember us also, Savior, in your kingdom'.

Glory to the Father, Son, and the Holy Spirit.

Let all us believers pray with one accord to glorify worthily the Father,

στοί, δοξολογεῖν ἀξίως εὐξώμεθα, Μονάδα θεότητος, ἐν τρισὶν ὑπάρχουσαν ὑποστάσεσιν, ἀσύγχυτον μένουσαν, ἁπλῆν, ἀδιαίρετον καὶ ἀπρόσιτον, δι' ἧς ἐκλυτρούμεθα, τοῦ πυρὸς τῆς κολάσεως.

the Son and the Holy Spirit, a Unity of godhead existing in three Persons yet without confusion, simple, undivided and unapproachable, through whom we are delivered from the fire of eternal punishment.

Καὶ νῦν καὶ ἀεὶ καὶ εἰς τοὺς αἰῶνας τῶν αἰώνων. Ἀμήν.

Both now and ever, and to the ages of ages. Amen.

Θεοτοκίον.

Theotokion.

Τὴν Μητέρα σου, Χριστέ, τὴν ἐν σαρκὶ ἀσπόρως τεκοῦσάν σε καὶ Παρθένον ἀληθῶς καὶ μετὰ τόκον μείνασαν ἄφθορον, αὐτήν σοι προσάγομεν εἰς πρεσβείαν, Δέσποτα πολυέλεε, πταισμάτων συγχώρησιν δωρήσασθαι πάντοτε τοῖς κραυγάζουσι· Μνήσθητι καὶ ἡμῶν, Σωτήρ, ἐν τῇ βασιλείᾳ σου.

Your Mother, O Christ, who bore you in the flesh without seed, was truly Virgin and remained inviolate after childbirth, we bring in intercession, most merciful Master to grant pardon of offenses to those who ever cry, 'Remember us also, Savior, in your kingdom'.

Προκείμενον. Ἦχος δ'.

Prokeimenon. Tone 4.

Διεμερίσαντο τὰ ἱμάτιά μου ἑαυτοῖς καὶ ἐπὶ τὸν ἱματισμόν μου ἔβαλον κλῆρον. **(β')**

They parted my garments among them; and cast lots for my clothing. *(x2)*

Στίχ.· Ὁ Θεὸς ὁ Θεός μου, πρόσχες μοι, ἵνα τί ἐγκατέλιπές με;

Verse: God, my God, attend to me; why have you forsaken me?

Διεμερίσαντο τὰ ἱμάτιά μου ἑαυτοῖς, καὶ ἐπὶ τὸν ἱματισμόν μου ἔβαλον κλῆρον.

They parted my garments among them; and cast lots for my clothing.

Ὁ Διάκονος· Καὶ ὑπὲρ τοῦ καταξιωθῆναι ἡμᾶς τῆς ἀκροάσεως τοῦ ἁγίου Εὐαγγελίου Κύριον τὸν Θεὸν ἡμῶν ἱκετεύσωμεν.

Deacon: And that we might be found worthy to hear the holy Gospel, let us pray to the Lord God.

Ὁ Χορός· Κύριε, ἐλέησον. *(γ')*

Choir: Lord, have mercy. *(x3)*

Ὁ Διάκονος· Σοφία. Ὀρθοί, ἀκούσωμεν τοῦ ἁγίου Εὐαγγελίου.

Deacon: Wisdom. Arise. Let us hear the holy Gospel.

Ὁ Ἱερεύς· Εἰρήνη πᾶσι.

Priest: Peace to all.

Ὁ Χορός· Καὶ τῷ πνεύματί σου.

Choir: And to your Spirit.

Ὁ Ἱερεύς· Ἐκ τοῦ κατὰ Ματθαῖον ἁγίου Εὐαγγελίου τὸ ἀνάγνωσμα.

Priest: The reading is from the holy Gospel according to Matthew.

Ὁ Διάκονος· Πρόσχωμεν.

Ὁ Χορός· Δόξα σοι, Κύριε, δόξα σοι.

ΕΥΑΓΓΕΛΙΟΝ Ζ΄

Ὁ Ἱερεὺς·

(κζ΄, 33-54)

Τῷ καιρῷ ἐκείνῳ, ἐλθόντες οἱ στρατιῶται εἰς τόπον λεγόμενον Γολγοθᾶ, ὅς ἐστι λεγόμενος Κρανίου τόπος, ἔδωκαν αὐτῷ πιεῖν ὄξος μετὰ χολῆς μεμιγμένον· καὶ γευσάμενος, οὐκ ἤθελε πιεῖν. Σταυρώσαντες δὲ αὐτόν, διεμερίσαντο τὰ ἱμάτια αὐτοῦ, βαλόντες κλῆρον, ἵνα πληρωθῇ τὸ ῥηθὲν ὑπὸ τοῦ Προφήτου· «Διεμερίσαντο τὰ ἱμάτιά μου ἑαυτοῖς, καὶ ἐπὶ τὸν ἱματισμόν μου ἔβαλον κλῆρον»· καὶ καθήμενοι, ἐτήρουν αὐτὸν ἐκεῖ. Καὶ ἐπέθηκαν ἐπάνω τῆς κεφαλῆς αὐτοῦ τὴν αἰτίαν αὐτοῦ γεγραμμένην· Οὗτός ἐστιν Ἰησοῦς ὁ Βασιλεὺς τῶν Ἰουδαίων. Τότε σταυροῦνται σὺν αὐτῷ δύο λῃσταί, εἷς ἐκ δεξιῶν καὶ εἷς ἐξ εὐωνύμων. Οἱ δὲ παραπορευόμενοι ἐβλασφήμουν αὐτόν, κινοῦντες τὰς κεφαλὰς αὐτῶν, καὶ λέγοντες· Ὁ καταλύων τὸν ναόν, καὶ ἐν τρισὶν ἡμέραις οἰκοδομῶν! σῶσον σεαυτόν· εἰ Υἱὸς εἶ τοῦ Θεοῦ, κατάβηθι ἀπὸ τοῦ Σταυροῦ. Ὁμοίως δὲ καὶ οἱ Ἀρχιερεῖς, ἐμπαίζοντες μετὰ τῶν Γραμματέων καὶ Πρεσβυτέρων, καὶ Φαρισαίων, ἔλεγον· ἄλλους ἔσωσεν, ἑαυτὸν οὐ δύναται σῶσαι· εἰ Βασιλεὺς Ἰσραήλ ἐστι, καταβάτω νῦν ἀπὸ τοῦ Σταυροῦ, καὶ πιστεύσωμεν αὐτῷ· Πέποιθεν ἐπὶ τὸν Θεόν, ῥυσάσθω νῦν αὐτόν, εἰ θέλει αὐτόν· εἶπε γάρ, ὅτι Θεοῦ εἰμι Υἱός. Τὸ δ᾽ αὐτὸ καὶ οἱ λῃσταί, οἱ συσταυρωθέντες αὐτῷ, ὠνείδιζον αὐτόν. Ἀπὸ δὲ ἕκτης ὥρας σκότος ἐγένετο ἐπὶ πᾶσαν τὴν γῆν, ἕως ὥρας ἐνάτης. Περὶ δὲ τὴν ἐνάτην ὥραν ἀνεβόησεν ὁ Ἰησοῦς φωνῇ μεγάλῃ, λέγων·

Deacon: Let us be attentive.

Choir: Glory to you, Lord, glory to you!

SEVENTH GOSPEL

Priest:

(27:33-54)

At that time, when the soldiers came to a place called Golgotha (which means the place of a skull), they offered him wine to drink, mingled with gall; but when he tasted it, he would not drink it. And when they had crucified him, they divided his garments among them by casting lots; then they sat down and kept watch over him there. And over his head they put the charge against him, which read, "This is Jesus the King of the Jews." Then two robbers were crucified with him, one on the right and one on the left. And those who passed by derided him, wagging their heads and saying, "You who would destroy the temple and build it in three days, save yourself! If you are the Son of God, come down from the cross." So also the chief priests, with the scribes and elders, mocked him, saying, "He saved others; he cannot save himself. He is the King of Israel; let him come down now from the cross, and we will believe in him. He trusts in God; let God deliver him now, if he desires him; for he said, 'I am the Son of God.'" And the robbers who were crucified with him also reviled him in the same way. Now from the sixth hour there was darkness over all the land until the ninth hour. And about the ninth hour Jesus cried with a loud voice, "Eli, Eli, lama sabachthani?" that is, "My God, my God,

Ἠλί, Ἠλί, λαμὰ σαβαχθανί, τοῦτ' ἔστι, Θεέ μου, Θεέ μου, ἵνα τί με ἐγκατέλιπες; Τινὲς δὲ τῶν ἐκεῖ ἑστώτων ἀκούσαντες, ἔλεγον· ὅτι Ἠλίαν φωνεῖ οὗτος. Καὶ εὐθέως δραμὼν εἷς ἐξ αὐτῶν, καὶ λαβὼν σπόγγον, πλήσας τε ὄξους, καὶ περιθεὶς καλάμῳ, ἐπότιζεν αὐτόν. Οἱ δὲ λοιποὶ ἔλεγον· Ἄφες, ἴδωμεν εἰ ἔρχεται Ἠλίας σώσων αὐτόν. Ὁ δὲ Ἰησοῦς, πάλιν κράξας φωνῇ μεγάλῃ, ἀφῆκε τὸ πνεῦμα. Καὶ ἰδοὺ, τὸ καταπέτασμα τοῦ Ναοῦ ἐσχίσθη εἰς δύο, ἀπὸ ἄνωθεν ἕως κάτω· καὶ ἡ γῆ ἐσείσθη· καὶ αἱ πέτραι ἐσχίσθησαν· καὶ τὰ μνημεῖα ἀνεῴχθησαν· καὶ πολλὰ σώματα τῶν κεκοιμημένων ἁγίων ἠγέρθη, καὶ ἐξελθόντες ἐκ τῶν μνημείων, μετὰ τὴν ἔγερσιν αὐτοῦ, εἰσῆλθον εἰς τὴν ἁγίαν Πόλιν, καὶ ἐνεφανίσθησαν πολλοῖς. Ὁ δὲ Ἑκατόνταρχος, καὶ οἱ μετ' αὐτοῦ, τηροῦντες τὸν Ἰησοῦν, ἰδόντες τὸν σεισμὸν καὶ τὰ γενόμενα, ἐφοβήθησαν σφόδρα, λέγοντες· Ἀληθῶς Θεοῦ Υἱὸς ἦν οὗτος.

Ὁ Χορός· Δόξα τῇ μακροθυμίᾳ σου, Κύριε, δόξα σοι.

Ν´ ΨΑΛΜΟΣ

(Χύμα)

Ἐλέησόν με, ὁ Θεός, κατὰ τὸ μέγα ἔλεός σου, καὶ κατὰ τὸ πλῆθος τῶν οἰκτιρμῶν σου ἐξάλειψον τὸ ἀνόμημά μου. Ἐπὶ πλεῖον πλῦνόν με ἀπὸ τῆς ἀνομίας μου καὶ ἀπὸ τῆς ἁμαρτίας μου καθάρισόν με. Ὅτι τὴν ἀνομίαν μου ἐγὼ γινώσκω, καὶ ἡ ἁμαρτία μου ἐνώπιόν μού ἐστι διαπαντός. Σοὶ μόνῳ ἥμαρτον καὶ τὸ πονηρὸν ἐνώπιόν σου ἐποίησα. Ὅπως ἂν δικαιωθῇς ἐν τοῖς λόγοις σου καὶ νικήσῃς ἐν τῷ κρίνεσθαί σε. Ἰδοὺ γὰρ ἐν ἀνομίαις συνελήφθην, καὶ ἐν ἁμαρτίαις ἐκίσσησέ με ἡ μήτηρ μου. Ἰδοὺ γὰρ ἀλήθειαν ἠγά-

why have you forsaken me?" And some of the bystanders hearing it said, "This man is calling Elijah." And one of them at once ran and took a sponge, filled it with vinegar, and put it on a reed, and gave it to him to drink. But the others said, "Wait, let us see whether Elijah will come to save him." And Jesus cried again with a loud voice and yielded up his spirit. And behold, the curtain of the temple was torn in two, from top to bottom; and the earth shook, and the rocks were split; the tombs also were opened, and many bodies of the saints who had fallen asleep were raised, and coming out of the tombs after his resurrection they went into the holy city and appeared to many. When the centurion and those who were with him, keeping watch over Jesus, saw the earthquake and what took place, they were filled with awe, and said, "Truly this was the Son of God!"

Choir: Glory to your long-suffering, Lord; glory to you!

PSALM 50

(To be read)

Have mercy on me, O God, in accordance with your great mercy. According to the multitude of your compassion blot out my offence. Wash me thoroughly from my wickedness, and cleanse me from my sin. For I acknowledge my wickedness, and my sin is ever before me. Against you alone I have sinned and done what is evil in your sight, that you may be justified in your words and win when you are judged. For see, in wickedness I was conceived and in sin my mother bore

πησας· τὰ ἄδηλα καὶ τὰ κρύφια τῆς σοφίας σου ἐδήλωσάς μοι. Ῥαντιεῖς με ὑσσώπῳ καὶ καθαρισθήσομαι· πλυνεῖς με, καὶ ὑπὲρ χιόνα λευκανθήσομαι. Ἀκουτιεῖς μοι ἀγαλλίασιν καὶ εὐφροσύνην, ἀγαλλιάσονται ὀστέα τεταπεινωμένα. Ἀπόστρεψον τὸ πρόσωπόν σου ἀπὸ τῶν ἁμαρτιῶν μου καὶ πάσας τὰς ἀνομίας μου ἐξάλειψον. Καρδίαν καθαρὰν κτίσον ἐν ἐμοί, ὁ Θεός, καὶ πνεῦμα εὐθὲς ἐγκαίνισον ἐν τοῖς ἐγκάτοις μου. Μὴ ἀπορρίψῃς με ἀπὸ τοῦ προσώπου σου καὶ τὸ πνεῦμά σου τὸ ἅγιον μὴ ἀντανέλῃς ἀπ' ἐμοῦ. Ἀπόδος μοι τὴν ἀγαλλίασιν τοῦ σωτηρίου σου καὶ πνεύματι ἡγεμονικῷ στήριξόν με. Διδάξω ἀνόμους τὰς ὁδούς σου, καὶ ἀσεβεῖς ἐπὶ σὲ ἐπιστρέψουσι. Ῥῦσαί με ἐξ αἱμάτων, ὁ Θεός, ὁ Θεὸς τῆς σωτηρίας μου, ἀγαλλιάσεται ἡ γλῶσσά μου τὴν δικαιοσύνην σου. Κύριε, τὰ χείλη μου ἀνοίξεις, καὶ τὸ στόμα μου ἀναγγελεῖ τὴν αἴνεσίν σου. Ὅτι εἰ ἠθέλησας θυσίαν, ἔδωκα ἄν· ὁλοκαυτώματα οὐκ εὐδοκήσεις. Θυσία τῷ Θεῷ πνεῦμα συντετριμμένον, καρδίαν συντετριμμένην καὶ τεταπεινωμένην ὁ Θεὸς οὐκ ἐξουδενώσει. Ἀγάθυνον, Κύριε, ἐν τῇ εὐδοκίᾳ σου τὴν Σιών, καὶ οἰκοδομηθήτω τὰ τείχη Ἱερουσαλήμ. Τότε εὐδοκήσεις θυσίαν δικαιοσύνης, ἀναφορὰν καὶ ὁλοκαυτώματα. Τότε ἀνοίσουσιν ἐπὶ τὸ θυσιαστήριόν σου μόσχους.

Ὁ Διάκονος· Καὶ ὑπὲρ τοῦ καταξιωθῆναι ἡμᾶς τῆς ἀκροάσεως τοῦ ἁγίου Εὐαγγελίου Κύριον τὸν Θεὸν ἡμῶν ἱκετεύσωμεν.

Ὁ Χορός· Κύριε, ἐλέησον. *(γ΄)*

me. For see, you have loved truth; you have shown me the hidden and secret things of your wisdom. You will sprinkle me with hyssop and I shall be cleansed. You will wash me and I shall be made whiter than snow. You will make me hear of joy and gladness; the bones which have been humbled will rejoice. Turn away your face from my sins and blot out all my iniquities. Create a clean heart in me, O God, and renew a right Spirit within me. Do not cast me out from your presence, and do not take your Holy Spirit from me. Give me back the joy of your salvation, and establish me with your sovereign Spirit. I will teach transgressors your ways, and sinners will turn to you again. O God, the God of my salvation, deliver me from bloodshed and my tongue will rejoice at your justice. Lord, you will open my lips, and my mouth will proclaim your praise. For if you had wanted a sacrifice, I would have given it. You will not take pleasure in burnt offerings. A sacrifice to God is a broken spirit; a broken and a humbled heart God will not despise. Do good to Sion, Lord, in your good pleasure; and let the walls of Jerusalem be rebuilt. Then you will be well pleased with a sacrifice of righteousness, oblation and whole burnt offerings. Then they will offer calves upon your altar.

Deacon: And that we might be found worthy to hear the holy Gospel, let us pray to the Lord God.

Choir: Lord, have mercy. *(x3)*

Ὁ Διάκονος· Σοφία. Ὀρθοί, ἀκούσωμεν τοῦ ἁγίου Εὐαγγελίου.

Ὁ Ἱερεύς· Εἰρήνη πᾶσι.

Ὁ Χορός· Καὶ τῷ πνεύματί σου.

Ὁ Ἱερεύς· Ἐκ τοῦ κατὰ Λουκᾶν Ἁγίου Εὐαγγελίου τὸ ἀνάγνωσμα.

Ὁ Διάκονος· Πρόσχωμεν.

Ὁ Χορός· Δόξα σοι, Κύριε, δόξα σοι.

ΕΥΑΓΓΕΛΙΟΝ Ζ΄

Ὁ Ἱερεὺς·

(κγ΄, 32-49)

Τῷ καιρῷ ἐκείνῳ, ἤγοντο σὺν τῷ Ἰησοῦ καὶ ἕτεροι δύο κακοῦργοι, σὺν αὐτῷ ἀναιρεθῆναι. Καὶ ὅτε ἀπῆλθον ἐπὶ τὸν τόπον τὸν καλούμενον Κρανίον, ἐκεῖ ἐσταύρωσαν αὐτόν, καὶ τοὺς κακούργους· ὃν μὲν ἐκ δεξιῶν, ὃν δὲ ἐξ ἀριστερῶν. Ὁ δὲ Ἰησοῦς ἔλεγε· Πάτερ, ἄφες αὐτοῖς· οὐ γὰρ οἴδασι τί ποιοῦσι. Διαμεριζόμενοι δὲ τὰ ἱμάτια αὐτοῦ, ἔβαλλον κλῆρον. Καὶ εἰστήκει ὁ λαὸς θεωρῶν· ἐξεμυκτήριζον δὲ καὶ οἱ ἄρχοντες σὺν αὐτοῖς, λέγοντες· ἄλλους ἔσωσε, σωσάτω ἑαυτόν, εἰ οὗτός ἐστιν ὁ Χριστός, ὁ τοῦ Θεοῦ ἐκλεκτός. Ἐνέπαιζον δὲ αὐτῷ καὶ οἱ στρατιῶται προσερχόμενοι, καὶ ὄξος προσφέροντες αὐτῷ, καὶ λέγοντες· Εἰ σὺ εἶ ὁ Βασιλεὺς τῶν Ἰουδαίων, σῶσον σεαυτόν. Ἦν δὲ καὶ ἐπιγραφὴ γεγραμμένη ἐπ᾽ αὐτῷ, γράμμασιν Ἑλληνικοῖς καὶ Ῥωμαϊκοῖς καὶ Ἑβραϊκοῖς· Οὗτός ἐστι ὁ Βασιλεὺς τῶν Ἰουδαίων. Εἷς δὲ τῶν κρεμασθέντων κακούργων ἐβλασφήμει αὐτόν, λέγων· Εἰ σὺ εἶ ὁ Χριστός, σῶσον σεαυτὸν καὶ ἡμᾶς. Ἀποκριθεὶς δὲ ἕτερος ἐπετίμα αὐτῷ, λέγων· Οὐδὲ φοβῇ σὺ τὸν Θεόν, ὅτι ἐν τῷ αὐτῷ κρίματι εἶ; Καὶ ἡμεῖς μὲν δικαίως·

EIGHTH GOSPEL

Priest:

(23:32-49)

At that time, two others also, who were criminals, were led away to be put to death with him. And when they came to the place which is called The Skull, there they crucified him, and the criminals, one on the right and one on the left. And Jesus said, "Father, forgive them; for they know not what they do." And they cast lots to divide his garments. And the people stood by, watching; but the rulers scoffed at him, saying, "He saved others; let him save himself, if he is the Christ of God, his Chosen One!" The soldiers also mocked him, coming up and offering him vinegar, and saying, "If you are the King of the Jews, save yourself!" There was also an inscription over him, "This is the King of the Jews." One of the criminals who were hanged railed at him, saying, "Are you not the Christ? Save yourself and us!" But the other rebuked him, saying, "Do you not fear God, since you are under the same sentence of condemnation? And we indeed justly; for we are receiving the due reward of our deeds; but this man

ἄξια γὰρ ὧν ἐπράξαμεν ἀπολαμβάνομεν· οὗτος δὲ οὐδὲν ἄτοπον ἔπραξε. Καὶ ἔλεγε τῷ Ἰησοῦ· Μνήσθητί μου, Κύριε, ὅταν ἔλθῃς ἐν τῇ βασιλείᾳ σου. Καὶ εἶπεν αὐτῷ ὁ Ἰησοῦς· Ἀμὴν λέγω σοι· σήμερον μετ᾽ ἐμοῦ ἔσῃ ἐν τῷ Παραδείσῳ. Ἦν δὲ ὡσεὶ ὥρα ἕκτη, καὶ σκότος ἐγένετο ἐφ᾽ ὅλην τὴν γῆν, ἕως ὥρας ἐνάτης, καὶ ἐσκοτίσθη ὁ ἥλιος, καὶ ἐσχίσθη τὸ καταπέτασμα τοῦ ναοῦ μέσον· καὶ φωνήσας φωνῇ μεγάλῃ ὁ Ἰησοῦς, εἶπε· Πάτερ, εἰς χεῖράς σου παρατίθεμαι τὸ πνεῦμά μου. Καὶ ταῦτα εἰπών, ἐξέπνευσεν. Ἰδὼν δὲ ὁ Ἑκατόνταρχος τὸ γενόμενον, ἐδόξασε τὸν Θεόν, λέγων· ὄντως ὁ ἄνθρωπος οὗτος δίκαιος ἦν. Καὶ πάντες οἱ συμπαραγενόμενοι ὄχλοι ἐπὶ τὴν θεωρίαν ταύτην, θεωροῦντες τὰ γενόμενα, τύπτοντες ἑαυτῶν τὰ στήθη ὑπέστρεφον. Εἱστήκεισαν δὲ πάντες οἱ γνωστοὶ αὐτοῦ ἀπὸ μακρόθεν, καὶ γυναῖκες αἱ συνακολουθήσασαι αὐτῷ ἀπὸ τῆς Γαλιλαίας, ὁρῶσαι ταῦτα.

has done nothing wrong." And he said to Jesus, "Lord, remember me when you come into your kingdom." And he said to him, "Truly, I say to you, today you will be with me in Paradise." It was now about the sixth hour, and there was darkness over the whole land until the ninth hour, while the sun's light failed; and the curtain of the temple was torn in two. Then Jesus, crying with a loud voice, said, "Father, into your hands I commit my spirit!" And having said this he breathed his last. Now when the centurion saw what had taken place, he praised God, and said, "Certainly this man was innocent!" And all the multitudes who assembled to see the sight, when they saw what had taken place, returned home beating their breasts. And all his acquaintances and the women who had followed him from Galilee stood at a distance and saw these things.

Ὁ Χορός· Δόξα τῇ μακροθυμίᾳ σου, Κύριε, δόξα σοι.

Choir: Glory to your long-suffering, Lord; glory to you!

Καὶ εὐθὺς ψάλλομεν τὸ παρὸν τριῴδιον, οὗ ἡ ἀκροστιχίς:
Προσάββατόν τε.

Ποίημα Κοσμᾶ μοναχοῦ

And we sing the following Canon with the acrostic:
And on Sabbath eve.

A Poem by St Kosmas the Monk

Ὠδὴ ε΄. Ἦχος πλ. β΄. Ὁ εἱρμός.

Ode 5. Tone Pl. 2. Irmos.

Πρὸς σὲ ὀρθρίζω τὸν δι᾽ εὐσπλαγχνίαν σεαυτὸν τῷ πεσόντι κενώσαντα ἀτρέπτως καὶ μέχρι παθῶν ἀπαθῶς ὑποκύψαντα, Λόγε Θεοῦ. Τὴν εἰρήνην παράσχου μοι φιλάνθρωπε.

I rise for you at dawn, you who through compassion without change emptied yourself for the one who had fallen, and impassibly bowed yourself to the Passion, O Word of God. Grant me peace, o Lover of humankind.

Τροπάρια.

Δόξα σοι ὁ Θεός, δόξα σοι.

Troparia.

Glory to you, Lord, glory to you.

Ῥυφθέντες πόδας καὶ προκαθαρθέντες μυστηρίου μεθέξει τοῦ θείου νῦν, Χριστέ, σοῦ οἱ ὑπηρέται ἐκ Σιὼν

When their feet had been washed and they had been cleansed by their sharing in the divine Mystery, O

ἐλαιῶνος μέγα πρὸς ὄρος συνανῆλθον ὑμνοῦντές σε, φιλάνθρωπε.

Christ, your servants went with you from Sion up to the great Mount of Olives, singing praise to you, O Lover of humankind.

Δόξα σοι ὁ Θεός, δόξα σοι.

Glory to you, Lord, glory to you.

Ὁρᾶτε, ἔφης, φίλοι, μὴ θροεῖσθε· νῦν γὰρ ἤγγικεν ὥρα ληφθῆναί με κτανθῆναι χερσὶν ἀνόμων· πάντες δὲ σκορπισθήσεσθε, ἐμὲ λιπόντες· οὓς συνάξω κηρῦξαί με φιλάνθρωπον.

'See, my friends,' you said to them, 'Do not be afraid, for now the hour is near for me to be taken and slain by the hands of transgressors; while you all will be scattered and leave me; whom I shall gather to proclaim me Lover of humankind'.

Καταβασία.

Katavasia.

Πρὸς σὲ ὀρθρίζω, τὸν δι' εὐσπλαγχνίαν σεαυτόν, τῷ πεσόντι κενώσαντα ἀτρέπτως, καὶ μέχρι παθῶν, ἀπαθῶς ὑποκύψαντα, Λόγε Θεοῦ. Τὴν εἰρήνην παράσχου μοι Φιλάνθρωπε.

I rise for you at dawn, you who through compassion without change emptied yourself for the one who had fallen, and impassibly bowed yourself to the Passion, O Word of God. Grant me peace, o Lover of humankind.

Ὁ Διάκονος· Ἔτι καὶ ἔτι ἐν εἰρήνῃ τοῦ Κυρίου δεηθῶμεν.

Deacon: Again and again in peace let us pray to the Lord.

Ὁ Χορός· Κύριε, ἐλέησον.

Choir: Lord, have mercy.

Ὁ Διάκονος· Ἀντιλαβοῦ, σῶσον, ἐλέησον καὶ διαφύλαξον ἡμᾶς ὁ Θεὸς τῇ σῇ χάριτι.

Deacon: Take hold of us, save us, have mercy upon us, and protect us, O God, by Your grace.

Ὁ Χορός· Κύριε, ἐλέησον.

Choir: Lord, have mercy.

Ὁ Διάκονος· Τῆς Παναγίας, ἀχράντου, ὑπερευλογημένης, ἐνδόξου, δεσποίνης ἡμῶν Θεοτόκου καὶ ἀειπαρθένου Μαρίας, μετὰ πάντων τῶν ἁγίων μνημονεύσαντες, ἑαυτοὺς καὶ ἀλλήλους καὶ πᾶσαν τὴν ζωὴν ἡμῶν Χριστῷ τῷ Θεῷ παραθώμεθα.

Deacon: Commemorating our most holy, most pure, most blessed and glorified Lady the Theotokos and ever-virgin Mary, together with all the saints, let us commit ourselves and one another and all our life unto Christ our God.

Ὁ Χορός· Σοί, Κύριε.

Choir: To You, O Lord.

Ὁ Ἱερεὺς·

Σὺ γὰρ εἶ ὁ βασιλεὺς τῆς εἰρήνης καὶ σωτὴρ τῶν ψυχῶν ἡμῶν καὶ σοὶ τὴν δόξαν ἀναπέμπομεν, τῷ Πατρὶ καὶ τῷ Υἱῷ καὶ τῷ Ἁγίῳ Πνεύματι, νῦν καὶ ἀεὶ καὶ εἰς τοὺς αἰῶνας τῶν αἰώνων.

Ὁ Χορός· Ἀμήν.

Καὶ μετὰ τὴν μικρὰν συναπτήν...

Ὁ Ἀναγνώστης·

**Κοντάκιον. Ποίημα Ῥωμανοῦ τοῦ μελῳδοῦ.
Ἦχος πλ. δ΄. Αὐτόμελον.**

Τὸν δι' ἡμᾶς σταυρωθέντα δεῦτε πάντες ὑμνήσωμεν· αὐτὸν γὰρ κατεῖδε Μαρία ἐπὶ τοῦ ξύλου καὶ ἔλεγεν· Εἰ καὶ σταυρὸν ὑπομένεις, σὺ ὑπάρχεις ὁ Υἱὸς καὶ Θεός μου.

Ὁ Οἶκος.

Τὸν ἴδιον ἄρνα ἡ ἀμνὰς θεωροῦσα πρὸς σφαγὴν ἑλκόμενον, ἠκολούθει Μαρία τρυχομένη μεθ' ἑτέρων γυναικῶν ταῦτα βοῶσα· Ποῦ πορεύῃ, τέκνον; τίνος χάριν τὸν ταχὺν δρόμον τελεῖς; μὴ ἕτερος γάμος πάλιν ἐστὶν ἐν Κανᾷ; κἀκεῖ νῦν σπεύδεις, ἵν' ἐξ ὕδατος αὐτοῖς οἶνον ποιήσῃς; συνέλθω σοι, τέκνον, ἢ μείνω σοι μᾶλλον; δός μοι λόγον, Λόγε· μὴ σιγῶν παρέλθῃς με, ὁ ἁγνὴν τηρήσας με· σὺ γὰρ ὑπάρχεις ὁ Υἱὸς καὶ Θεός μου.

Τὸ συναξάριον τοῦ Μηναίου καὶ τὸ παρόν·

Τῇ ἁγίᾳ καὶ μεγάλῃ Παρασκευῇ, τὰ ἅγια καὶ σωτήρια καὶ φρικτὰ Πάθη τοῦ Κυρίου καὶ Θεοῦ καὶ Σωτῆρος ἡμῶν Ἰησοῦ Χριστοῦ ἐπιτελοῦμεν· τοὺς ἐμπτυσμούς, τὰ ῥαπίσματα, τὰ κολαφίσματα, τὰς ὕβρεις, τοὺς γέλωτας, τὴν πορφυρᾶν

Priest:

For you are the King of peace and the Saviour of our souls, and to you we give glory, Father, Son and Holy Spirit, now and for ever and to the ages of ages.

Choir: Amen.

After the small litany...

Reader:

**Kontakion. A Poem of Romanos the Melodist.
Tone Pl. 4. Original Melody.**

Come, let us all praise him who was crucified for us; for Mary looked upon him on the Tree and said: 'Though you endure the Cross, yet you are My Son and my God.'

The Ikos

As she saw her own Lamb being dragged to slaughter Mary, the Ewe-lamb, worn out with grief, followed with other women, crying out, 'Where are you going, my child? For whose sake are you completing the course so fast? Is there once again another wedding in Cana? And are you hurrying there now to make wine for them from water? Should I go with you, my child, or rather wait for you? Give me a word, O Word; do not pass me by in silence, you who kept me pure, My Son and my God.'

The Synaxarion of the Menaion and the following:

On holy and great Friday we remember the holy, saving and dread Sufferings of our Lord and God and Saviour, Jesus Christ: the spittings, the blows, the buffetings, the outrages, the mockings, the purple cloak, the reed, the sponge, the

χλαῖναν, τὸν κάλαμον, τὸν σπόγγον, τὸ ὄξος, τοὺς ἥλους, τὴν λόγχην, καὶ πρὸ πάντων, τὸν σταυρὸν καὶ τὸν θάνατον, ἃ δι' ἡμᾶς ἑκὼν κατεδέξατο· ἔτι δὲ καὶ τὴν τοῦ εὐγνώμονος λῃστοῦ, τοῦ συσταυρωθέντος αὐτῷ, σωτήριον ἐν τῷ σταυρῷ ὁμολογίαν.

vinegar, the nails, the lance and above all the Cross and death, which he accepted willingly for our sake; but also the saving confession on the cross of the Good Thief, crucified with him.

Στίχοι εἰς τὴν Σταύρωσιν.

Verses on the Crucifixion.

Ζῶν εἶ Θεὸς σύ, καὶ νεκρωθεὶς ἐν ξύλῳ,
ὦ νεκρὲ γυμνέ, καὶ Θεοῦ ζῶντος Λόγε.

You are the living God, slain on a Tree,
O naked corpse, and Word of living God.

Εἰς τὸν εὐγνώμονα Λῃστήν.

For the Good Thief.

Κεκλεισμένας ἤνοιξε τῆς Ἐδὲμ πύλας,
βαλὼν ὁ Λῃστὴς κλεῖδα τό, Μνήσθητί μου.

Eden's locked gates the Thief has opened wide,
by putting in the key, 'Remember me'.

Τῇ ὑπερφυεῖ καὶ περὶ ἡμᾶς παναπείρῳ σου εὐσπλαγχνίᾳ, Χριστὲ ὁ Θεός, ἐλέησον ἡμᾶς. Ἀμήν.

In your ineffable and all unbounded compassion, Christ our God, have mercy on us. Amen.

Ὠδὴ η'. Ὁ εἱρμός.

Ode 8. The Irmos.

Στήλην κακίας ἀντιθέου παῖδες θεῖοι παρεδειγμάτισαν· κατὰ Χριστοῦ δὲ φρυαττόμενον ἄνομον συνέδριον βουλεύεται κενά, κτεῖναι μελετᾷ τὸν ζωῆς κρατοῦντα παλάμῃ· ὃν πᾶσα κτίσις εὐλογεῖ, δοξάζουσα εἰς τοὺς αἰῶνας.

Of the monument of ungodly evil; the godly youths made a spectacle, while the Sanhedrin of the lawless raged and took vain counsel against the Anointed; they thought to slay the One who holds life in his palm; whom all creation blesses and glorified to the ages.

Τροπάρια.

Troparia.

Δόξα σοὶ ὁ Θεός, δόξα σοί.

Glory to you, Lord, glory to you.

Ἀπὸ βλεφάρων, μαθηταί, νῦν ὕπνον, ἔφης, Χριστέ, τινάξατε· ἐν προσευχῇ δὲ γρηγορεῖτε, πειρασμῷ μήπως ὄλησθε, καὶ μάλιστα Σίμων· τῷ κραταιῷ γὰρ μείζων πεῖρα· γνῶθί με, Πέτρε, ὃν πᾶσα κτίσις εὐλογεῖ, δοξάζουσα εἰς τοὺς αἰῶνας.

'Now, my disciples, shake sleep from your eyelids', you said, O Christ, 'But watch with prayer, lest you slip into temptation you especially, Simon for to the mighty comes greater temptation. Know me, Peter, whom all creation blesses and glorified to the ages.'

Δόξα σοὶ ὁ Θεός, δόξα σοί.

Glory to you, Lord, glory to you.

Βέβηλον ἔπος τῶν χειλέων οὔ ποτε προήσομαι, Δέσποτα· σὺν σοὶ θανοῦμαι ὡς εὐγνώμων, κἂν οἱ πάντες ἀρ-

'I will never utter a profane word from my lips, Master; I will die with you gladly, even if all deny you', cried Pe-

νήσωνται, ἐβόησε Πέτρος· σάρξ οὐδὲ αἷμα, ὁ Πατήρ σου ἀπεκάλυψέ μοι σέ, ὃν πᾶσα κτίσις εὐλογεῖ, δοξάζουσα εἰς τοὺς αἰῶνας.

Εὐλογοῦμεν Πατέρα, Υἱὸν
καὶ Ἅγιον Πνεῦμα τὸν Κύριον.

Βάθος σοφίας θεϊκῆς καὶ γνώσεως οὐ πᾶν ἐξηρεύνησας· ἄβυσσον δέ μου τῶν κριμάτων οὐ κατέλαβες, ἄνθρωπε, ὁ Κύριος ἔφη. Σάρξ οὖν ὑπάρχων, μὴ καυχῶ· ἀρνήσῃ τρίτον γάρ με, ὃν πᾶσα κτίσις εὐλογεῖ, δοξάζουσα εἰς τοὺς αἰῶνας.

Καὶ νῦν καὶ ἀεὶ, καὶ εἰς
τοὺς αἰῶνας τῶν αἰώνων. Ἀμήν.

Ἀπαγορεύεις, Σίμων Πέτρε, ὅπερ πείσῃ τάχος ὡς εἴρηται, καὶ σοὶ παιδίσκη οἷα θᾶττον προσελθοῦσα πτοήσει σε, ὁ Κύριος ἔφη· πικρῶς δακρύσας, ἕξεις ὅμως εὐΐλατόν με, ὃν πᾶσα κτίσις εὐλογεῖ, δοξάζουσα εἰς τοὺς αἰῶνας.

Καταβασία.

Αἰνοῦμεν, εὐλογοῦμεν, προσκυνοῦμεν τὸν Κύριον.

Στήλην κακίας ἀντιθέου παῖδες θεῖοι παρεδειγμάτισαν· κατὰ Χριστοῦ δὲ φρυαττόμενον ἄνομον συνέδριον βουλεύεται κενά, κτεῖναι μελετᾷ τὸν ζωῆς κρατοῦντα παλάμῃ· ὃν πᾶσα κτίσις εὐλογεῖ, δοξάζουσα εἰς τοὺς αἰῶνας.

Ὁ Διάκονος· Τὴν Θεοτόκον καὶ μητέρα τοῦ φωτὸς ἐν ὕμνοις τιμῶντες μεγαλύνωμεν.

ter, 'It was neither flesh nor blood, it was neither flesh nor blood but your Father revealed you to me; you whom all creation blesses and glorifies to the ages'.

We bless Father, Son
and Holy Spirit, the Lord.

'**Y**ou have not searched out the whole depth of divine wisdom and knowledge you my friend, have not grasped the abyss of my judgments', said the Lord. 'Being flesh then, do not boast; being flesh do not boast for you will three times deny men, whom all creation blesses and glorified to the ages'.

Both now and ever,
and to the ages of ages. Amen.

You protest, Simon Peter, against what you will swiftly be persuaded to do, as has been foretold, and a made servant suddenly approaching will frighten you. Weeping bitterly you will still find me merciful, whom all creation blesses and glorified to the ages.

Katavasia.

We praise, bless and worship the Lord.

Of the monument of ungodly evil; the godly youths made a spectacle, while the Sanhedrin of the lawless raged and took vain counsel against the Anointed; they thought to slay the One who holds life in his palm; whom all creation blesses and glorified to the ages.

Deacon: The Theotokos and Mother of the Light, let us honor and magnify in hymns.

Ὠδὴ Θ΄. Ὁ εἱρμός.

Τὴν τιμιωτέραν τῶν Χερουβὶμ καὶ ἐνδοξοτέραν ἀσυγκρίτως τῶν Σεραφίμ, τὴν ἀδιαφθόρως Θεὸν Λόγον τεκοῦσαν, τὴν ὄντως Θεοτόκον, σὲ μεγαλύνομεν.

Τροπάρια.

Δόξα σοὶ ὁ Θεός, δόξα σοί.

Ὀλέθριος σπεῖρα θεοστυγῶν, πονηρευομένων θεοκτόνων συναγωγή ἐπέστη Χριστὲ σοι, καὶ ὡς ἄδικον εἷλκε, τὸν κτίστην τῶν ἁπάντων· ὃν μεγαλύνομεν.

Δόξα σοὶ ὁ Θεός, δόξα σοί.

Νόμον ἀγνοοῦντες οἱ ἀσεβεῖς, φωνὰς Προφητῶν τε, μελετῶντες διακενῆς, ὡς πρόβατον εἷλκον, σὲ τὸν πάντων Δεσπότην, ἀδίκως σφαγιάσαι, ὃν μεγαλύνομεν.

Δόξα σοὶ ὁ Θεός, δόξα σοί.

Τοῖς ἔθνεσιν ἔκδοτον τὴν ζωήν σὺν τοῖς γραμματεῦσιν, ἀναιρεῖσθαι οἱ Ἱερεῖς, παρέσχον, πληγέντες, αὐτοφθόνῳ κακίᾳ τὸν φύσει Ζωοδότην, ὃν μεγαλύνομεν.

Δόξα Πατρὶ, καὶ Υἱῷ, καὶ Ἁγίῳ Πνεύματι.

Ἐκύκλωσαν κύνες ὡσεὶ πολλοί, ἐκρότησαν, ἄναξ, σιαγόνα σὴν ῥαπισμῷ· ἠρώτων σε, σοῦ δὲ ψευδῆ κατεμαρτύρουν· καὶ πάντα ὑπομείνας ἅπαντας ἔσωσας.

Ode 9. The Irmos.

Greater in honor than the Cherubim and beyond compare more glorious than the Seraphim, without corruption you gave birth to God the Word; truly the Mother of God, we magnify you.

Troparia.

Glory to Your, our God, glory to You.

A deadly band of men abhorred by God; an assembly of God slaying wicked men, came upon you, O Christ, and as a malefactor dragged off you, the Creator of all things, whom we magnify.

Glory to Your, our God, glory to You.

The impious ignorant both of the Law and the voices of the Prophets, meditating vain things, unjustly dragged away to slaughter as a sheep you, the Master of all things, whom we magnify.

Glory to Your, our God, glory to You.

Wounded by envious malice, the priests with the scribes handed over Life to the nations, to be done away with, the One who is by nature the Giver of Life, whom we magnify.

Glory to the Father, Son and the Holy Spirit.

They surrounded you like many dogs, Sovereign Lord; they struck your cheek with a blow; they questioned you, they bore false witness against you, and you, enduring all things, saved us all.

Καταβασία.

*Καὶ νῦν καὶ ἀεὶ καὶ εἰς
τοὺς αἰῶνας τῶν αἰώνων. Ἀμήν.*

Τὴν τιμιωτέραν τῶν Χερουβὶμ καὶ ἐνδοξοτέραν ἀσυγκρίτως τῶν Σεραφίμ, τὴν ἀδιαφθόρως Θεὸν Λόγον τεκοῦσαν, τὴν ὄντως Θεοτόκον, σὲ μεγαλύνομεν.

Ὁ Διάκονος· Ἔτι καὶ ἔτι ἐν εἰρήνῃ τοῦ Κυρίου δεηθῶμεν.

Ὁ Χορός· Κύριε, ἐλέησον.

Ὁ Διάκονος· Ἀντιλαβοῦ, σῶσον, ἐλέησον καὶ διαφύλαξον ἡμᾶς ὁ Θεὸς τῇ σῇ χάριτι.

Ὁ Χορός· Κύριε, ἐλέησον.

Ὁ Διάκονος· Τῆς Παναγίας, ἀχράντου, ὑπερευλογημένης, ἐνδόξου, δεσποίνης ἡμῶν Θεοτόκου καὶ ἀειπαρθένου Μαρίας, μετὰ πάντων τῶν ἁγίων μνημονεύσαντες, ἑαυτοὺς καὶ ἀλλήλους καὶ πᾶσαν τὴν ζωὴν ἡμῶν Χριστῷ τῷ Θεῷ παραθώμεθα.

Ὁ Χορός· Σοί, Κύριε.

Ὁ Ἱερεὺς·

Ὅτι σὲ αἰνοῦσι πᾶσαι αἱ δυνάμεις τῶν οὐρανῶν καὶ σοὶ τὴν δόξαν ἀναπέμπομεν, τῷ Πατρὶ καὶ τῷ Υἱῷ καὶ τῷ ἁγίῳ Πνεύματι, νῦν καὶ ἀεὶ καὶ εἰς τοὺς αἰῶνας τῶν αἰώνων.

Ὁ Χορός· Ἀμήν.

Katavasia.

*Both now and ever,
and to the ages of ages. Amen.*

Greater in honor than the Cherubim and beyond compare more glorious than the Seraphim, without corruption you gave birth to God the Word; truly the Mother of God, we magnify you.

Deacon: Again and again in peace let us pray to the Lord.

Choir: Lord, have mercy.

Deacon: Take hold of us, save us, have mercy upon us, and protect us, O God, by Your grace.

Choir: Lord, have mercy.

Deacon: Commemorating our most holy, most pure, most blessed and glorified Lady the Theotokos and ever-virgin Mary, together with all the saints, let us commit ourselves and one another and all our life unto Christ our God.

Choir: To You, O Lord.

Priest:

For all the Powers of heaven praise you, and to you we give glory, Father, Son and Holy Spirit, now and for ever and to the ages of ages.

Choir: Amen.

Ἐξαποστειλάριον.
Ἦχος γ΄.

Exapostilarion.
Tone 3.

Τὸν λῃστὴν αὐθημερὸν τοῦ παραδείσου ἠξίωσας, Κύριε· κἀμὲ τῷ ξύλῳ τοῦ σταυροῦ φώτισον καὶ σῶσόν με. *(γ΄)*

O Lord, who on that very day made the Thief worthy of Paradise, so by the wood of the Cross enlighten and save me. *(x3)*

Ὁ Διάκονος· Καὶ ὑπὲρ τοῦ καταξιωθῆναι ἡμᾶς τῆς ἀκροάσεως τοῦ ἁγίου Εὐαγγελίου Κύριον τὸν Θεὸν ἡμῶν ἱκετεύσωμεν.

Deacon: And that we might be found worthy to hear the holy Gospel, let us pray to the Lord God.

Ὁ Χορός· Κύριε, ἐλέησον. *(γ΄)*

Choir: Lord, have mercy. *(x3)*

Ὁ Διάκονος· Σοφία. Ὀρθοί, ἀκούσωμεν τοῦ ἁγίου Εὐαγγελίου.

Deacon: Wisdom. Arise. Let us hear the holy Gospel.

Ὁ Ἱερεύς· Εἰρήνη πᾶσι.

Priest: Peace to all.

Ὁ Χορός· Καὶ τῷ πνεύματί σου.

Choir: And to your Spirit.

Ὁ Ἱερεύς· Ἐκ τοῦ κατὰ Ἰωάννην Ἁγίου Εὐαγγελίου τὸ ἀνάγνωσμα.

Priest: The reading is from the holy Gospel according to John.

Ὁ Διάκονος· Πρόσχωμεν.

Deacon: Let us be attentive.

Ὁ Χορός· Δόξα σοι, Κύριε, δόξα σοι.

Choir: Glory to you, Lord, glory to you!

ΕΥΑΓΓΕΛΙΟΝ Θ΄

NINTH GOSPEL

Ὁ Ἱερεὺς·

Priest:

(ιθ΄, 25-37)

(19:25-37)

Τῷ καιρῷ ἐκείνῳ, εἱστήκεισαν παρὰ τῷ Σταυρῷ τοῦ Ἰησοῦ, ἡ Μήτηρ αὐτοῦ καὶ ἡ ἀδελφὴ τῆς μητρὸς αὐτοῦ, Μαρία ἡ τοῦ Κλωπᾶ καὶ Μαρία ἡ Μαγδαληνή. Ἰησοῦς οὖν ἰδὼν τὴν Μητέρα, καὶ τὸν Μαθητὴν παρεστῶτα, ὃν ἠγάπα, λέγει τῇ Μητρί αὐτοῦ· Γύναι, ἰδοὺ ὁ υἱός σου. Εἶτα λέγει τῷ Μαθητῇ· ἰδοὺ ἡ μήτηρ σου. Καὶ ἀπ' ἐκείνης τῆς ὥρας ἔλαβεν ὁ Μαθητὴς αὐτὴν εἰς τὰ ἴδια. Μετὰ τοῦτο εἰδὼς ὁ Ἰησοῦς ὅτι πάντα ἤδη τετέλεσται, ἵνα τελειωθῇ ἡ Γραφή, λέγει· Διψῶ. Σκεῦος οὖν ἔκειτο ὄξους μεστόν· οἱ δὲ, πλήσαντες

At that time, standing by the cross of Jesus were his mother, and his mother's sister, Mary the wife of Cleopas, and Mary Magdalene. When Jesus saw his mother, and the disciple whom he loved standing near, he said to his mother, "Woman, behold, your son!" Then he said to the disciple, "Behold, your mother!" And from that hour the disciple took her to his own home. After this Jesus, knowing that all was now finished, said (to fulfill the scripture), "I thirst." A bowl full of vinegar

σπόγγον ὄξους, καὶ ὑσσώπῳ περιθέντες, προσήνεγκαν αὐτοῦ τῷ στόματι. Ὅτε οὖν ἔλαβε τὸ ὄξος ὁ Ἰησοῦς, εἶπε· Τετέλεσται· καὶ κλίνας τὴν κεφαλὴν, παρέδωκε τὸ πνεῦμα. Οἱ οὖν Ἰουδαῖοι, ἵνα μὴ μείνη ἐπὶ τοῦ Σταυροῦ τὰ σώματα ἐν τῷ Σαββάτῳ, ἐπεὶ Παρασκευὴ ἦν· ἦν γὰρ μεγάλη ἡ ἡμέρα ἐκείνη τοῦ Σαββάτου· ἠρώτησαν τὸν Πιλᾶτον, ἵνα κατεαγῶσιν αὐτῶν τὰ σκέλη, καὶ ἀρθῶσιν. Ἦλθον οὖν οἱ στρατιῶται, καὶ τοῦ μὲν πρώτου κατέαξαν τὰ σκέλη, καὶ τοῦ ἄλλου τοῦ συσταυρωθέντος αὐτῷ· ἐπὶ δὲ τὸν Ἰησοῦν ἐλθόντες, ὡς εἶδον αὐτὸν ἤδη τεθνηκότα, οὐ κατέαξαν αὐτοῦ τὰ σκέλη, ἀλλ' εἷς τῶν στρατιωτῶν λόγχῃ αὐτοῦ τὴν πλευρὰν ἔνυξε, καὶ εὐθέως ἐξῆλθεν αἷμα καὶ ὕδωρ. Καὶ ὁ ἑωρακὼς μεμαρτύρηκε, καὶ ἀληθινὴ ἐστιν ἡ μαρτυρία αὐτοῦ· κἀκεῖνος οἶδεν ὅτι ἀληθῆ λέγει, ἵνα καὶ ὑμεῖς πιστεύσητε. Ἐγένετο γὰρ ταῦτα, ἵνα ἡ Γραφὴ πληρωθῇ· Ὀστοῦν οὐ συντριβήσεται αὐτοῦ. Καὶ πάλιν ἑτέρα Γραφὴ λέγει· Ὄψονται εἰς ὃν ἐξεκέντησαν.

stood there; so they put a sponge full of the vinegar on hyssop and held it to his mouth. When Jesus had received the vinegar, he said, "It is finished"; and he bowed his head and gave up his spirit. Since it was the day of Preparation, in order to prevent the bodies from remaining on the cross on the sabbath (for that sabbath was a high day), the Jews asked Pilate that their legs might be broken, and that they might be taken away. So the soldiers came and broke the legs of the first, and of the other who had been crucified with him; but when they came to Jesus and saw that he was already dead, they did not break his legs. But one of the soldiers pierced his side with a spear, and at once there came out blood and water. He who saw it has borne witness his testimony is true, and he knows that he tells the truth that you also may believe. For these things took place that the scripture might be fulfilled, "Not a bone of him shall be broken." And again another scripture says, "They shall look on him whom they have pierced."

Ὁ Χορός· Δόξα τῇ μακροθυμίᾳ σου, Κύριε, δόξα σοι.

Καὶ εὐθὺς ψάλλομεν τοὺς Αἴνους καὶ τὰ παρόντα ἰδιόμελα·

Ψαλμὸς ΡΜΗ'. Ἦχος α'.

Πᾶσα πνοὴ αἰνεσάτω τὸν Κύριον. Αἰνεῖτε τὸν Κύριον ἐκ τῶν οὐρανῶν· αἰνεῖτε αὐτὸν ἐν τοῖς ὑψίστοις. Σοὶ πρέπει ὕμνος τῷ Θεῷ.

Αἰνεῖτε αὐτόν, πάντες οἱ ἄγγελοι αὐτοῦ· αἰνεῖτε αὐτόν, πᾶσαι αἱ δυνάμεις αὐτοῦ. Σοὶ πρέπει ὕμνος τῷ Θεῷ.

Choir: Glory to your long-suffering, Lord; glory to you!

We immediately sing the Praises and the following idiomels:

Psalm 148. Tone 1

Let everything that has breath praise the Lord. Praise the Lord from the heavens; praise him in the highest. To you praise is due, O God.

Praise him, all his angels: Praise him, all his Powers. To you praise is due, O God.

Στίχ. Αἰνεῖτε αὐτὸν ἐπὶ ταῖς δυναστείαις αὐτοῦ· αἰνεῖτε αὐτὸν κατὰ τὸ πλῆθος τῆς μεγαλωσύνης αὐτοῦ.

Verse: *Praise him for his mighty acts; praise him according to the greatness of his majesty.*

Βυζαντίου. Ἦχος γ'.

By Vyzantios. Tone 3.

Δύο καὶ πονηρὰ ἐποίησεν ὁ πρωτότοκος υἱός μου Ἰσραήλ· ἐμὲ ἐγκατέλιπε, πηγὴν ὕδατος ζωῆς, καὶ ὤρυξεν ἑαυτῷ φρέαρ συντετριμμένον· ἐμὲ ἐπὶ ξύλου ἐσταύρωσε, τὸν δὲ Βαραββᾶν ᾐτήσατο καὶ ἀπέλυσεν· ἐξέστη ὁ οὐρανὸς ἐπὶ τούτῳ καὶ ὁ ἥλιος τὰς ἀκτῖνας ἀπέκρυψε· σὺ δέ, Ἰσραὴλ οὐκ ἐνετράπης, ἀλλὰ θανάτῳ με παρέδωκας. Ἄφες αὐτοῖς, Πάτερ ἅγιε, οὐ γὰρ οἴδασι τί ἐποίησαν.

'Israel my firstborn son has done two wicked things: he has abandoned me, source of the water of life, and dug for himself a broken well. He has crucified me on a tree, but asked for Barabbas and released him. Heaven was amazed at this and the sun hid its rays; while you, Israel, felt no shame, but handed me over to death. Forgive them, holy Father, for they do not know what they have done'.

Στίχ. Αἰνεῖτε αὐτὸν ἐν ἤχῳ, σάλπιγγος· αἰνεῖτε αὐτὸν ἐν ψαλτηρίῳ καὶ κιθάρᾳ.

Verse: *Praise him with the timbrel and dances: praise him upon the strings and pipe.*

Τὸ αὐτό.

The Same.

Δύο καὶ πονηρὰ ἐποίησεν...

'Israel my firstborn son...

Στίχ. Αἰνεῖτε αὐτὸν ἐν τυμπάνῳ καὶ χορῷ· αἰνεῖτε αὐτὸν ἐν χορδαῖς καὶ ὀργάνῳ.

Verse: *Praise him in the blast of the trumpet: praise him upon the lute and harp.*

Στουδίτου. Ἦχος ὁ αὐτός.

By the Studite. Same Tone.

Ἕκαστον μέλος τῆς ἁγίας σου σαρκὸς ἀτιμίαν δι' ἡμᾶς ὑπέμεινε· τὰς ἀκάνθας ἡ κεφαλή· ἡ ὄψις τὰ ἐμπτύσματα· αἱ σιαγόνες τὰ ῥαπίσματα· τὸ στόμα τὴν ἐν ὄξει κερασθεῖσαν χολὴν τῇ γεύσει· τὰ ὦτα τὰς δυσσεβεῖς βλασφημίας· ὁ νῶτος τὴν φραγγέλωσιν καὶ ἡ χεὶρ τὸν κάλαμον· αἱ τοῦ ὅλου σώματος ἐκτάσεις ἐν τῷ σταυρῷ· τὰ ἄρθρα τοὺς ἥλους· καὶ ἡ πλευρὰ τὴν λόγχην. Ὁ παθὼν ὑπὲρ ἡμῶν καὶ παθῶν ἐλευθερώσας ἡμᾶς, ὁ συγκαταβὰς ἡμῖν φιλανθρωπίᾳ καὶ ἀνυψώσας ἡμᾶς, παντοδύναμε Σωτήρ, ἐλέησον ἡμᾶς.

Each member of your holy flesh endured dishonor for our sake: your head the thorns; your face the spittings; your cheeks the blows; your mouth the taste of gall mixed with vinegar; your ears the impious blasphemies; your back the scourge and your hand the reed; your whole body the stretching on the Cross; your joints the nails and your side the lance. You suffered for our sake, and freed us from passions, you stooped down to us in your love for humankind, and raised us up. All powerful Saviour, have mercy on us.

Στίχ. Αἰνεῖτε αὐτὸν ἐν κυμβάλοις εὐήχοις· αἰνεῖτε αὐτὸν ἐν κυμβάλοις ἀλαλαγμοῦ. Πᾶσα πνοὴ αἰνεσάτω τὸν Κύριον.

Verse: *Praise him on fine-sounding cymbals: praise him on cymbals of gladness. Let everything that has breath praise the Lord.*

Βυζαντίου. Ἦχος ὁ αὐτός.

Σταυρωθέντος σου, Χριστέ, πᾶσα ἡ κτίσις βλέπουσα ἔτρεμε· τὰ θεμέλια τῆς γῆς διεδονήθησαν φόβῳ τοῦ κράτους σου· σοῦ γὰρ ὑψωθέντος σήμερον, γένος Ἑβραίων ἀπώλετο· τοῦ ναοῦ τὸ καταπέτασμα διερράγη διχῶς· τὰ μνημεῖα ἠνεῴχθησαν καὶ νεκροὶ ἐκ τῶν τάφων ἐξανέστησαν· ἑκατόνταρχος ἰδὼν τὸ θαῦμα ἔφριξε· παρεστῶσα δὲ ἡ Μήτηρ σου ἐβόα θρηνῳδοῦσα μητρικῶς· Πῶς μὴ θρηνήσω καὶ τὰ σπλάγχνα μου τύψω, ὁρῶσά σε γυμνὸν ὡς κατάκριτον ἐν ξύλῳ κρεμάμενον; Ὁ σταυρωθεὶς καὶ ταφεὶς καὶ ἀναστὰς ἐκ τῶν νεκρῶν, Κύριε, δόξα σοι.

Δόξα Πατρὶ καὶ Υἱῷ καὶ Ἁγίῳ Πνεύματι.

Ἦχος πλ. β΄.

Ἐξέδυσάν με τὰ ἱμάτιά μου καὶ ἐνέδυσάν με χλαμύδα κοκκίνην· ἔθηκαν ἐπὶ τὴν κεφαλήν μου στέφανον ἐξ ἀκανθῶν καὶ ἐπὶ τὴν δεξιάν μου χεῖρα ἔδωκαν κάλαμον, ἵνα συντρίψω αὐτοὺς ὡς σκεύη κεραμέως.

*Καὶ νῦν καὶ ἀεὶ καὶ
εἰς τοὺς αἰῶνας τῶν αἰώνων. Ἀμήν.*

Ἀνδρέου Κρήτης. Ἦχος ὁ αὐτός.

Τὸν νῶτόν μου ἔδωκα εἰς μαστίγωσιν, τὸ δὲ πρόσωπόν μου οὐκ ἀπεστράφη ἀπὸ ἐμπτυσμάτων· βήματι Πιλάτου παρέστην καὶ σταυρὸν ὑπέμεινα διὰ τὴν τοῦ κόσμου σωτηρίαν.

Ὁ Διάκονος· Καὶ ὑπὲρ τοῦ καταξιωθῆναι ἡμᾶς τῆς ἀκροάσεως τοῦ ἁγίου Εὐαγγελίου Κύριον τὸν Θεὸν ἡμῶν ἱκετεύσωμεν.

By Vyzantinos. Same Tone.

When it saw you crucified, O Christ, all creation trembled; the foundations of the earth quaked with fear of your might. For when you were lifted up today, the Hebrew race perished; the veil of the Temple was rent apart; the graves were opened, and the dead arose from the tombs. The Centurion, seeing the marvel, was afraid; while your Mother, standing by, cried out, lamenting as a mother, 'How should I not lament, and beat my breast, as I see you naked as one condemned, hanging on a tree?' Crucified, buried and risen from the dead, Lord, glory to you!

Glory to the Father, Son and the Holy Spirit.

Tone Pl. 2.

They stripped me of my garments, and clothed me in a scarlet cloak; they placed a crown of thorns upon my head and put a reed into my right hand, that I might smash them like a potter's vessels.

*Both now and ever,
and to the ages of ages. Amen.*

By Andrew of Crete. Same Tone.

I gave my back to scourgings, while I did not turn away my face from spittings. I stood at Pilate's judgement seat and endured the Cross for the salvation of the world.

Deacon: And that we might be found worthy to hear the holy Gospel, let us pray to the Lord God.

Ὁ Χορός· Κύριε, ἐλέησον. *(γ΄)*

Ὁ Διάκονος· Σοφία. Ὀρθοί, ἀκούσωμεν τοῦ ἁγίου Εὐαγγελίου.

Ὁ Ἱερεύς· Εἰρήνη πᾶσι.

Ὁ Χορός· Καὶ τῷ πνεύματί σου.

Ὁ Ἱερεύς· Ἐκ τοῦ κατὰ Μᾶρκον ἁγίου Εὐαγγελίου τὸ ἀνάγνωσμα.

Ὁ Διάκονος· Πρόσχωμεν.

Ὁ Χορός· Δόξα σοι, Κύριε, δόξα σοι.

ΕΥΑΓΓΕΛΙΟΝ Ι΄

Ὁ Ἱερεὺς·

(ιε΄, 43-47)

Τῷ καιρῷ ἐκείνῳ, ἐλθὼν Ἰωσὴφ ὁ ἀπὸ Ἀριμαθαίας, εὐσχήμων βουλευτής, ὃς καὶ αὐτὸς ἦν προσδεχόμενος τὴν βασιλείαν τοῦ Θεοῦ, τολμήσας εἰσῆλθε πρὸς Πιλᾶτον, καὶ ᾐτήσατο τὸ σῶμα τοῦ Ἰησοῦ. Ὁ δὲ Πιλᾶτος ἐθαύμασεν, εἰ ἤδη τέθνηκε, καὶ προσκαλεσάμενος τὸν Κεντυρίωνα, ἐπηρώτησεν αὐτὸν, εἰ πάλαι ἀπέθανε· καὶ γνοὺς ἀπὸ τοῦ Κεντυρίωνος, ἐδωρήσατο τὸ σῶμα τῷ Ἰωσήφ. Καὶ ἀγοράσας σινδόνα, καὶ καθελὼν αὐτὸν, ἐνείλησε τῇ σινδόνι, καὶ κατέθηκεν αὐτὸν ἐν μνημείῳ, ὃ ἦν λελατομημένον ἐκ πέτρας, καὶ προσεκύλισε λίθον ἐπὶ τὴν θύραν τοῦ μνημείου. Ἡ δὲ Μαρία ἡ Μαγδαληνὴ, καὶ Μαρία Ἰωσῆ, ἐθεώρουν ποῦ τίθεται.

Ὁ Χορός· Δόξα τῇ μακροθυμίᾳ σου, Κύριε, δόξα σοι.

Ὁ Προεστώς· Σοὶ δόξα πρέπει, Κύριε, ὁ Θεὸς ἡμῶν, καὶ σοὶ τὴν δόξαν ἀναπέμπομεν τῷ Πατρὶ καὶ τῷ Υἱῷ καὶ τῷ

Choir: Lord, have mercy. *(x3)*

Deacon: Wisdom. Arise. Let us hear the holy Gospel.

Priest: Peace to all.

Choir: And to your Spirit.

Priest: The reading is from the holy Gospel according to Mark.

Deacon: Let us be attentive.

Choir: Glory to you, Lord, glory to you!

TENTH GOSPEL

Priest:

(15:43-47)

At that time, Joseph of Arimathea, a respected member of the council, who was also himself looking for the kingdom of God, took courage and went to Pilate, and asked for the body of Jesus. And Pilate wondered if he were already dead; and summoning the centurion, he asked him whether he was already dead. And when he learned from the centurion that he was dead, he granted the body to Joseph. And he bought a linen shroud, and taking him down, wrapped him in the linen shroud, and laid him in a tomb which had been hewn out of the rock; and he rolled a stone against the door of the tomb. Mary Magdalene and Mary the mother of Joses saw where he was laid.

Choir: Glory to your long-suffering, Lord; glory to you!

Superior: To you glory is due, O Lord, our God, and to you we give glory, to the Father and to the Son and to

ἁγίῳ Πνεύματι, νῦν καὶ ἀεὶ καὶ εἰς τοὺς αἰῶνας τῶν αἰώνων. Ἀμήν.

Ὁ Προεστὼς ἢ ὁ Ἀναγνώστης χῦμα τὸ

Δόξα ἐν ὑψίστοις Θεῷ καὶ ἐπὶ γῆς εἰρήνη ἐν ἀνθρώποις εὐδοκία. Ὑμνοῦμέν σε, εὐλογοῦμέν σε, προσκυνοῦμέν σε, δοξολογοῦμέν σε, εὐχαριστοῦμέν σοι, διὰ τὴν μεγάλην σου δόξαν. Κύριε βασιλεῦ, ἐπουράνιε Θεέ, Πάτερ παντοκράτορ· Κύριε Υἱὲ μονογενές, Ἰησοῦ Χριστέ, καὶ ἅγιον Πνεῦμα. Κύριε ὁ Θεός, ὁ ἀμνὸς τοῦ Θεοῦ, ὁ Υἱὸς τοῦ Πατρός, ὁ αἴρων τὴν ἁμαρτίαν τοῦ κόσμου, ἐλέησον ἡμᾶς, ὁ αἴρων τὰς ἁμαρτίας τοῦ κόσμου. Πρόσδεξαι τὴν δέησιν ἡμῶν, ὁ καθήμενος ἐν δεξιᾷ τοῦ Πατρός, καὶ ἐλέησον ἡμᾶς. Ὅτι σὺ εἶ μόνος ἅγιος, σὺ εἶ μόνος Κύριος, Ἰησοῦς Χριστός, εἰς δόξαν Θεοῦ Πατρός. Ἀμήν. Καθ' ἑκάστην ἡμέραν εὐλογήσω σε, καὶ αἰνέσω τὸ ὄνομά σου εἰς τὸν αἰῶνα καὶ εἰς τὸν αἰῶνα τοῦ αἰῶνος. Κύριε, καταφυγὴ ἐγενήθης ἡμῖν ἐν γενεᾷ καὶ γενεᾷ. Ἐγὼ εἶπα· Κύριε, ἐλέησόν με· ἴασαι τὴν ψυχήν μου, ὅτι ἥμαρτόν σοι. Κύριε, πρὸς σὲ κατέφυγον, δίδαξόν με τοῦ ποιεῖν τὸ θέλημά σου, ὅτι σὺ εἶ ὁ Θεός μου. Ὅτι παρὰ σοὶ πηγὴ ζωῆς· ἐν τῷ φωτί σου ὀψόμεθα φῶς. Παράτεινον τὸ ἔλεός σου τοῖς γινώσκουσί σε. Καταξίωσον, Κύριε, ἐν τῇ ἡμέρᾳ ταύτῃ ἀναμαρτήτους φυλαχθῆναι ἡμᾶς. Εὐλογητὸς εἶ, Κύριε, ὁ Θεὸς τῶν πατέρων ἡμῶν, καὶ αἰνετὸν καὶ δεδοξασμένον τὸ ὄνομά σου εἰς τοὺς αἰῶνας. Ἀμήν. Γένοιτο, Κύριε, τὸ ἔλεός σου ἐφ' ἡμᾶς, καθάπερ ἠλπίσαμεν ἐπὶ σέ. Εὐλογητὸς εἶ, Κύριε· δίδαξόν με τὰ δικαιώματά σου. Εὐλογητὸς εἶ, Δέσποτα· συνέτισόν με τὰ δικαιώματά σου. Εὐλογητὸς εἶ, ἅγιε· φώτισόν με τοῖς δικαιώμασί

the Holy Spirit, now and for ever and to ages of ages. Amen.

The Superior or the Reader reads:

Glory to God in the highest, and on earth peace, goodwill among men. We praise you, we bless you, we worship you, we glorify you, we thank you for your great glory. O Lord, heavenly King, God the almighty Father. O Lord, only-begotten Son, Jesus Christ and the Holy Spirit. Lord God, lamb of God, Son of the Father, who takes away the sin of the world, have mercy upon us, who takes away the sins of the world. Receive our prayer, you who sit on the right hand of the Father and have mercy upon us. For you alone are holy, you alone are Lord, Jesus Christ, to the glory of God the Father. Amen. Every day I will bless you, and praise your name for ever and ever. I said, Lord, have mercy upon me; heal my soul, for I have sinned against you. Lord, I have run to you for refuge; teach me to do your will for you are my God. For with you is the source of life, and in your light we shall see light. O continue your merciful kindness toward those who know you. Grant, Lord, this day to keep us without sin. Blessed are you, Lord, the God of our fathers, and praised and glorified is your name to the ages. Amen. May your mercy, Lord, be upon us, as we have hoped in you. Blessed are you, Lord, teach me your statutes. Blessed are you, Master, make me understand your statutes. Blessed are you, Holy One, enlighten me with your statutes. Lord, your mercy is for ever; do not scorn the work of your hands. To

σου. Κύριε, τὸ ἔλεός σου εἰς τὸν αἰῶνα· τὰ ἔργα τῶν χειρῶν σου μὴ παρίδης. Σοὶ πρέπει αἶνος, σοὶ πρέπει ὕμνος, σοὶ δόξα πρέπει, τῷ Πατρὶ καὶ τῷ Υἱῷ, καὶ τῷ ἁγίῳ Πνεύματι, νῦν, καὶ ἀεί, καὶ εἰς τοὺς αἰῶνας τῶν αἰώνων. Ἀμήν.

you praise is due, to you song is due, to you glory is due, to the Father, and to the Son, and to the Holy Spirit, now and for ever, and to the ages of ages. Amen.

ΤΑ ΠΛΗΡΩΤΙΚΑ

LITANY OF COMPLETION

Ὁ Διάκονος· Πληρώσωμεν τὴν ἑωθινὴν δέησιν ἡμῶν τῷ Κυρίῳ.

Deacon: Let us complete our prayer to the Lord.

Ὁ Χορός· Κύριε, ἐλέησον.

Choir: Lord, have mercy.

Ἀντιλαβοῦ, σῶσον, ἐλέησον, καὶ διαφύλαξον ἡμᾶς, ὁ Θεός, τῇ σῇ χάριτι.

Take hold of us, save us, have mercy upon us, and protect us, O God, by Your grace.

Ὁ Χορός· Κύριε, ἐλέησον.

Choir: Lord, have mercy.

Τὴν ἡμέραν πᾶσαν, τελείαν, ἁγίαν, εἰρηνικὴν καὶ ἀναμάρτητον, παρὰ τοῦ Κυρίου αἰτησώμεθα.

That the whole day may be perfect, holy, peaceful and sinless, let us ask the Lord.

Ὁ Χορός· Παράσχου, Κύριε. *(καὶ εἰς ὅλας τὰς δεήσεις ταύτας.)*

Choir: Grant this, O Lord. *(and this in the remaining petitions.)*

Ἄγγελον εἰρήνης, πιστὸν ὁδηγόν, φύλακα τῶν ψυχῶν καὶ τῶν σωμάτων ἡμῶν, παρὰ τοῦ Κυρίου αἰτησώμεθα.

An angel of peace, a faithful guide, a guardian of our souls and bodies, let us ask of the Lord.

Συγγνώμην καὶ ἄφεσιν τῶν ἁμαρτιῶν καὶ τῶν πλημμελημάτων ἡμῶν, παρὰ τοῦ Κυρίου αἰτησώμεθα.

Pardon and forgiveness of our sins and offences, let us ask of the Lord.

Τὰ καλὰ καὶ συμφέροντα ταῖς ψυχαῖς ἡμῶν, καὶ εἰρήνην τῷ κόσμῳ, παρὰ τοῦ Κυρίου αἰτησώμεθα.

Those things which are good and profitable for our souls, and peace for the world, let us ask of the Lord.

Τὸν ὑπόλοιπον χρόνον τῆς ζωῆς ἡμῶν, ἐν εἰρήνῃ καὶ μετανοίᾳ ἐκτελέσαι, παρὰ τοῦ Κυρίου αἰτησώμεθα.

That we may live out the rest of our days in peace and repentance, let us ask of the Lord.

Χριστιανὰ τὰ τέλη τῆς ζωῆς ἡμῶν, ἀνώδυνα, ἀνεπαίσχυντα, εἰρηνικά, καὶ

A Christian end to our life, painless, unashamed and peaceful, and a good

καλὴν ἀπολογίαν τὴν ἐπὶ τοῦ φοβεροῦ βήματος τοῦ Χριστοῦ, αἰτησώμεθα.

Τῆς Παναγίας, ἀχράντου, ὑπερευλογημένης, ἐνδόξου Δεσποίνης ἡμῶν Θεοτόκου, καὶ ἀειπαρθένου Μαρίας μετὰ πάντων τῶν Ἁγίων μνημονεύσαντες, ἑαυτοὺς καὶ ἀλλήλους, καὶ πᾶσαν τὴν ζωὴν ἡμῶν Χριστῷ τῷ Θεῷ παραθώμεθα.

Ὁ Χορός· Σοί, Κύριε.

Ὁ Ἱερεύς· Ὅτι Θεὸς, οἰκτιρμῶν καὶ φιλανθρωπίας ὑπάρχεις καὶ σοὶ τὴν δόξαν ἀναπέμπομεν, τῷ Πατρὶ καὶ τῷ Υἱῷ καὶ τῷ ἁγίῳ Πνεύματι, νῦν καὶ ἀεὶ καὶ εἰς τοὺς αἰῶνας τῶν αἰώνων.

Ὁ Χορός· Ἀμήν.

Ὁ Ἱερεύς· Εἰρήνη πᾶσι.

Ὁ Χορός· Καὶ τῷ πνεύματί σου.

Ὁ Διάκονος· Τὰς κεφαλὰς ἡμῶν τῷ Κυρίῳ κλίνωμεν.

Ὁ Χορός· Σοὶ, Κύριε.

Ὁ Ἱερεύς, ἐπεύχεται χαμηλοφώνως·

Κύριε, ἅγιε, ὁ ἐν ὑψηλοῖς κατοικῶν καὶ τὰ ταπεινὰ ἐφορῶν καὶ τῷ παντεφόρῳ σου ὄμματι ἐπιβλέπων ἐπὶ πᾶσαν τὴν κτίσιν, σοὶ ἐκλίναμεν τὸν αὐχένα τῆς ψυχῆς καὶ τοῦ σώματος καὶ δεόμεθά σου, ἅγιε ἁγίων· Ἔκτεινον τὴν χεῖρά σου τὴν ἀόρατον ἐξ ἁγίου κατοικητηρίου σου καὶ εὐλόγησον πάντας ἡμᾶς· καὶ εἴ τι ἡμάρτομεν ἑκουσίως ἢ ἀκουσίως, ὡς ἀγαθὸς καὶ φιλάνθρωπος Θεὸς συγχώρησον, δωρούμενος ἡμῖν τὰ ἐγκόσμια καὶ ὑπερκόσμια ἀγαθά σου.

defence before the fearful judgement seat of Christ, let us ask.

Commemorating our most holy, most pure, most blessed and glorified Lady the Theotokos and ever-virgin Mary, together with all the saints, let us commit ourselves and one another and all our life unto Christ our God.

Choir: To you, O Lord.

Priest: For you are a God of mercies and of pity, and you love mankind, and to you we give glory, to the Father, the Son and the Holy Spirit, now and for ever, and to the ages of ages.

Choir: Amen.

Priest: Peace be with all.

Choir: And with your spirit.

Deacon: Let us bow our heads to the Lord.

Choir: To You, O Lord.

The Priest prays, in a low voice:

Holy Lord, dwelling on high and beholding things below and, with your eye that observes all, keeping watch over the whole creation, to you we have bowed the neck of our soul and body, and we beseech you, O Holy of Holies: Stretch forth your invisible hand from your holy dwelling and bless us all. And, as you are good and love humankind, pardon us if we have sinned in anything, voluntarily or involuntarily, granting us your blessings both of this world and of the world above.

Ἐκφώνως·

Σὸν γάρ ἐστι τὸ ἐλεεῖν καὶ σώζειν ἡμᾶς, ὁ Θεὸς ἡμῶν, καὶ σοὶ τὴν δόξαν ἀναπέμπομεν, τῷ Πατρὶ καὶ τῷ Υἱῷ καὶ τῷ ἁγίῳ Πνεύματι, νῦν καὶ ἀεὶ καὶ εἰς τοὺς αἰῶνας τῶν αἰώνων.

Ὁ Χορός· Ἀμήν.

Ὁ Διάκονος· Καὶ ὑπὲρ τοῦ καταξιωθῆναι ἡμᾶς τῆς ἀκροάσεως τοῦ ἁγίου Εὐαγγελίου Κύριον τὸν Θεὸν ἡμῶν ἱκετεύσωμεν.

Ὁ Χορός· Κύριε, ἐλέησον. *(γ΄)*

Ὁ Διάκονος· Σοφία. Ὀρθοί, ἀκούσωμεν τοῦ ἁγίου Εὐαγγελίου.

Ὁ Ἱερεύς· Εἰρήνη πᾶσι.

Ὁ Χορός· Καὶ τῷ πνεύματί σου.

Ὁ Ἱερεύς· Ἐκ τοῦ κατὰ Ἰωάννην ἁγίου Εὐαγγελίου τὸ ἀνάγνωσμα.

Ὁ Διάκονος· Πρόσχωμεν.

Ὁ Χορός· Δόξα σοι, Κύριε, δόξα σοι.

ΕΥΑΓΓΕΛΙΟΝ ΙΑ΄

Ὁ Ἱερεὺς·

(ιθ΄, 38-42)

Τῷ καιρῷ ἐκείνῳ, ἠρώτησε τὸν Πιλᾶτον ὁ Ἰωσὴφ ὁ ἀπὸ Ἀριμαθαίας, ὢν μαθητὴς τοῦ Ἰησοῦ, κεκρυμμένος δὲ διὰ τὸν φόβον τῶν Ἰουδαίων, ἵνα ἄρῃ τὸ σῶμα τοῦ Ἰησοῦ· καὶ ἐπέτρεψεν ὁ Πιλᾶτος. Ἦλθεν οὖν καὶ ἦρε τὸ σῶμα τοῦ Ἰησοῦ. Ἦλθε δὲ καὶ Νικόδημος, ὁ ἐλθὼν πρὸς τὸν Ἰησοῦν νυκτὸς τὸ πρῶτον, φέρων μῖγμα σμύρνης καὶ ἀλόης, ὡσεὶ λίτρας ἑκατόν. Ἔλαβον οὖν τὸ σῶμα τοῦ Ἰησοῦ, καὶ ἔδησαν αὐτὸ ἐν ὀθονίοις μετὰ

Aloud:

For yours it is to show mercy and to save us, O our God, and to you we give glory, to the Father, the Son and the Holy Spirit, now and for ever, and to the ages of ages.

Reader: Amen.

Deacon: And that we might be found worthy to hear the holy Gospel, let us pray to the Lord God.

Choir: Lord, have mercy. *(x3)*

Deacon: Wisdom. Arise. Let us hear the holy Gospel.

Priest: Peace to all.

Choir: And to your Spirit.

Priest: The reading is from the holy Gospel according to John.

Deacon: Let us be attentive.

Choir: Glory to you, Lord, glory to you!

ELEVENTH GOSPEL

Priest:

(19:38-42)

At that time, Joseph of Arimathea, who was a disciple of Jesus, but secretly, for fear of the Jews, asked Pilate that he might take away the body of Jesus, and Pilate gave him leave. So he came and took away his body. Nikodemos also, who had at first come to him by night, came bringing a mixture of myrrh and aloes, about a hundred pounds' weight. They took the body of Jesus, and bound it in linen cloths with

τῶν ἀρωμάτων, καθὼς ἔθος ἐστὶ τοῖς Ἰουδαίοις ἐνταφιάζειν. Ἦν δὲ ἐν τῷ τόπῳ, ὅπου ἐσταυρώθη, κῆπος, καὶ ἐν τῷ κήπῳ μνημεῖον καινόν, ἐν ᾧ οὐδέπω οὐδεὶς ἐτέθη· Ἐκεῖ οὖν διὰ τὴν Παρασκευὴν τῶν Ἰουδαίων, ὅτι ἐγγὺς ἦν τὸ μνημεῖον, ἔθηκαν τὸν Ἰησοῦν.

Ὁ Χορός· Δόξα τῇ μακροθυμίᾳ σου, Κύριε, δόξα σοι.

ΤΑ ΑΠΟΣΤΙΧΑ

Ἦχος α΄.

Πᾶσα ἡ κτίσις ἠλλοιοῦτο φόβῳ, θεωροῦσά σε ἐν σταυρῷ κρεμάμενον, Χριστέ· ὁ ἥλιος ἐσκοτίζετο καὶ γῆς τὰ θεμέλια συνεταράττετο· τὰ πάντα συνέπασχον τῷ τὰ πάντα κτίσαντι. Ὁ ἑκουσίως δι' ἡμᾶς ὑπομείνας, Κύριε, δόξα σοι.

Στίχ. α΄. Διεμερίσαντο τὰ ἱμάτιά μου ἑαυτοῖς, καὶ ἐπὶ τὸν ἱματισμόν μου ἔβαλον κλῆρον.

Θεοφάνους πρωτοθρόνου. Ἦχος β΄.

Λαὸς δυσσεβὴς καὶ παράνομος ἵνα τί μελετᾷ κενά; ἵνα τί τὴν ζωὴν τῶν ἁπάντων θανάτῳ κατεδίκασε; Μέγα θαῦμα! ὅτι ὁ κτίστης τοῦ κόσμου εἰς χεῖρας ἀνόμων παραδίδοται καὶ ἐπὶ ξύλου ἀνυψοῦται ὁ φιλάνθρωπος, ἵνα τοὺς ἐν ᾅδη δεσμώτας ἐλευθερώσῃ κράζοντας· Μακρόθυμε Κύριε, δόξα σοι.

Στίχ. β΄. Ἔδωκαν εἰς τὸ βρῶμά μου χολήν, καὶ εἰς τὴν δίψαν μου ἐπότισάν με ὄξος.

Λέοντος τοῦ Δεσπότου. Ἦχος ὁ αὐτός.

Σήμερον σὲ θεωροῦσα ἡ ἄμεμπτος παρθένος ἐν σταυρῷ, Λόγε, ἀναρτώμενον, ὀδυρομένη μητρῷα σπλάγχνα, ἐτέτρωτο τὴν καρδίαν πικρῶς, καὶ στενάζουσα ὀδυνηρῶς ἐκ βάθους ψυχῆς, πα-

the spices, as is the burial custom of the Jews. Now in the place where he was crucified there was a garden, and in the garden a new tomb where no one had ever been laid. So because of the Jewish day of Preparation, as the tomb was close at hand, they laid Jesus there.

Choir: Glory to your long-suffering, Lord; glory to you!

THE APOSTICHA

Tone 1.

All creation was changed by fear when it saw you hanging on the Cross, O Christ; the sun was darkened and the foundations of the earth were shaken; all things were suffering with you, the Creator of them all. You suffered willingly for us. Lord, glory to you!

Verse 1. They parted my garments among them and cast lots for my clothing.

Theophanis of the First Throne. Tone 2.

Impious and lawless people, why do you meditate vain things? Why have you condemned the life of all to death? O great marvel! That the Creator of the world, who loves humankind, is betrayed into the hand of transgressors and lifted up on a tree, that he may gee the prisoners in Hell as they cry: Long-suffering Lord, glory to you!

Verse 2. They gave me gall for food; and for my thirst they gave me vinegar to drink.

Leontos. Same Tone.

Today the blameless Virgin when she saw you, O Word, hanging on the Cross, with a mother's love lamented, bitterly wounded in her heart, groaning in lamentation from the depths of her

ρειὰς σὺν θριξὶ καταξαίνουσα, κατετρύχετο· διὸ καὶ τὸ στῆθος τύπτουσα, ἀνέκραγε γοερῶς· Οἴμοι, θεῖον τέκνον! οἴμοι, τὸ φῶς τοῦ κόσμου! τί ἔδυς ἐξ ὀφθαλμῶν μου, ὁ Ἀμνὸς τοῦ Θεοῦ; ὅθεν αἱ στρατιαὶ τῶν ἀσωμάτων, τρόμῳ συνείχοντο λέγουσαι· Ἀκατάληπτε Κύριε, δόξα σοι.

soul, she struck her cheeks and tore her hair; and so beating her breast she cried out with grief: 'Woe is me, my divine child! Woe is me, light of the world! Why have you left my sight O Lamb of God?' Therefore the armies of the Bodiless Powers were seized with terror as they said, 'Lord, beyond understanding, glory to you!'

Στίχ. γ΄. Ὁ δὲ Θεός, βασιλεὺς ἡμῶν πρὸ αἰώνων, εἰργάσατο σωτηρίαν ἐν μέσῳ τῆς γῆς.

Τοῦ αὐτοῦ. Ἦχος ὁ αὐτός.

Verse 3. God is our king, he has wrought salvation in the midst of the earth.

By the Same. Same Tone.

Ἐπὶ ξύλου βλέπουσα κρεμάμενον, Χριστέ, σὲ τὸν πάντων κτίστην καὶ Θεὸν ἡ σὲ ἀσπόρως τεκοῦσα, ἐβόα πικρῶς· Υἱέ μου, ποῦ τὸ κάλλος ἔδυ τῆς μορφῆς σου; οὐ φέρω καθορᾶν σε ἀδίκως σταυρούμενον· σπεῦσον οὖν ἀνάστηθι, ὅπως ἴδω κἀγὼ σοῦ τὴν ἐκ νεκρῶν τριήμερον ἐξανάστασιν.

When she saw you, O Christ, the Creator and God of all, hanging on the Cross, she who bore you without seed cried bitterly: 'O my Son, where has the beauty of your form departed? I cannot bear to see you unjustly crucified; hasten then arise that I too may see your resurrection from the dead on the third day.'

Δόξα Πατρὶ καὶ Υἱῷ καὶ Ἁγίῳ Πνεύματι.

Θεοφάνους. Ἦχος πλ. δ΄.

Glory to the Father, Son and the Holy Spirit.

Theophanis. Tone Pl. 4.

Κύριε, ἀναβαίνοντός σου ἐν τῷ σταυρῷ, φόβος, καὶ τρόμος ἐπέπεσε τῇ κτίσει· καὶ τὴν γῆν μὲν ἐκώλυες καταπιεῖν τοὺς σταυροῦντάς σε· τῷ δὲ ᾅδῃ ἐπέτρεπες ἀναπέμπειν τοὺς δεσμίους εἰς ἀναγέννησιν βροτῶν. Κριτὰ ζώντων καὶ νεκρῶν, ζωὴν ἦλθες παρασχεῖν καὶ οὐ θάνατον. Φιλάνθρωπε, δόξα σοι.

O Lord, when you ascended the Cross, fear and trembling fell on creation; and you prevented the earth from swallowing those who crucified you, while you ordered Hell to send back its prisoners for the rebirth of mortals. Judge of the living and the dead, you came to grant life and not death. Lover of humankind, glory to you.

Καὶ νῦν καὶ ἀεὶ καὶ εἰς τοὺς αἰῶνας τῶν αἰώνων. Ἀμήν.

Ἰωάννου μοναχοῦ. Ἦχος ὁ αὐτός.

Both now and ever, and to the ages of ages. Amen.

Monk John. Same Tone.

Ἤδη βάπτεται κάλαμος ἀποφάσεως παρὰ κριτῶν ἀδίκων καὶ Ἰησοῦς δικάζεται καὶ κατακρίνεται σταυρῷ·

Already the pen of sentence is being dipped in inky by unjust judges and Jesus is being convicted and con-

καὶ πάσχει ἡ κτίσις, ἐν σταυρῷ καθορῶσα τὸν Κύριον. Ἀλλ' ὁ φύσει σώματος δι' ἐμὲ πάσχων, ἀγαθὲ Κύριε δόξα σοι.

Ὁ Διάκονος· Καὶ ὑπὲρ τοῦ καταξιωθῆναι ἡμᾶς τῆς ἀκροάσεως τοῦ ἁγίου Εὐαγγελίου Κύριον τὸν Θεὸν ἡμῶν ἱκετεύσωμεν.

Ὁ Χορός· Κύριε, ἐλέησον. (γ΄)

Ὁ Διάκονος· Σοφία. Ὀρθοί, ἀκούσωμεν τοῦ ἁγίου Εὐαγγελίου.

Ὁ Ἱερεύς· Εἰρήνη πᾶσι.

Ὁ Χορός· Καὶ τῷ πνεύματί σου.

Ὁ Ἱερεύς· Ἐκ τοῦ κατὰ Ματθαῖον ἁγίου Εὐαγγελίου τὸ ἀνάγνωσμα.

Ὁ Διάκονος· Πρόσχωμεν.

Ὁ Χορός· Δόξα σοι, Κύριε, δόξα σοι.

ΕΥΑΓΓΕΛΙΟΝ ΙΒ΄

Ὁ Ἱερεύς·

(κζ΄, 62-66)

Τῇ ἐπαύριον, ἥτις ἐστὶ μετὰ τὴν Παρασκευήν συνήχθησαν οἱ ἀρχιερεῖς καὶ οἱ Φαρισαῖοι πρὸς Πιλᾶτον λέγοντες, Κύριε, ἐμνήσθημεν ὅτι ἐκεῖνος ὁ πλάνος εἶπεν ἔτι ζῶν, Μετὰ τρεῖς ἡμέρας ἐγείρομαι. Κέλευσον οὖν ἀσφαλισθῆναι τὸν τάφον ἕως τῆς τρίτης ἡμέρας, μήποτε ἐλθόντες οἱ μαθηταὶ αὐτοῦ κλέψωσιν αὐτὸν καὶ εἴπωσιν τῷ λαῷ, Ἠγέρθη ἀπὸ τῶν νεκρῶν, καὶ ἔσται ἡ ἐσχάτη πλάνη χείρων τῆς πρώτης. Ἔφη αὐτοῖς ὁ Πιλᾶτος, Ἔχετε κουστωδίαν· ὑπάγετε ἀσφαλίσασθε ὡς οἴδατε. Οἱ δὲ πορευθέντες ἠσφαλίσαντο

demned to the Cross; and creation is suffering, seeing its Lord seeing its Lord on the Cross. But loving Lord, who for me suffer in your bodily nature, glory to you!

Deacon: And that we might be found worthy to hear the holy Gospel, let us pray to the Lord God.

Choir: Lord, have mercy. (x3)

Deacon: Wisdom. Arise. Let us hear the holy Gospel.

Priest: Peace to all.

Choir: And to your Spirit.

Priest: The reading is from the holy Gospel according to Matthew.

Deacon: Let us be attentive.

Choir: Glory to you, Lord, glory to you!

TWELFTH GOSPEL

Priest:

(27:62-66)

On the next day, that is, after the day of Preparation, the chief priests and the Pharisees gathered before Pilate and said, "Sir, we remember how that impostor said, while he was still alive, 'After three days I will rise again.' Therefore order the sepulcher to be made secure until the third day, lest his disciples go and steal him away, and tell the people, 'He has risen from the dead,' and the last fraud will be worse than the first." Pilate said to them, "You have a guard of soldiers; go, make it as secure as you can." So they went and made the sepulcher

τὸν τάφον, σφραγίσαντες τὸν λίθον μετὰ τῆς κουστωδίας.

Ὁ Χορός· Δόξα σοι, Κύριε, δόξα σοι.

Ὁ Ἱερεύς· Ἀγαθὸν τὸ ἐξομολογεῖσθαι τῷ Κυρίῳ καὶ ψάλλειν τῷ ὀνόματί σου, Ὕψιστε· τοῦ ἀναγγέλλειν τὸ πρωῒ τὸ ἔλεός σου καὶ τὴν ἀλήθειάν σου κατὰ νύκτα.

Ὁ Ἀναγνώστης· Ἅγιος ὁ Θεός, Ἅγιος Ἰσχυρός, Ἅγιος Ἀθάνατος, ἐλέησον ἡμᾶς. *(γ΄)*

Δόξα Πατρί, καὶ Υἱῷ, καὶ Ἁγίῳ Πνεύματι, καὶ νῦν καὶ ἀεί, καὶ εἰς τοὺς αἰῶνας τῶν αἰώνων. Ἀμήν.

Παναγία Τριάς, ἐλέησον ἡμᾶς. Κύριε, ἱλάσθητι ταῖς ἁμαρτίαις ἡμῶν, Δέσποτα, συγχώρησον τὰς ἀνομίας ἡμῖν. Ἅγιε, ἐπίσκεψαι καὶ ἴασαι τὰς ἀσθενείας ἡμῶν, ἕνεκεν τοῦ ὀνόματός σου.

Κύριε, ἐλέησον. *(γ΄)* Δόξα Πατρί, καὶ Υἱῷ, καὶ Ἁγίῳ Πνεύματι, καὶ νῦν καὶ ἀεί, καὶ εἰς τοὺς αἰῶνας τῶν αἰώνων. Ἀμήν.

Πάτερ ἡμῶν ὁ ἐν τοῖς οὐρανοῖς, ἁγιασθήτω τὸ ὄνομά σου. Ἐλθέτω ἡ βασιλεία σου. Γενηθήτω τὸ θέλημά σου, ὡς ἐν οὐρανῷ, καὶ ἐπὶ τῆς γῆς. Τὸν ἄρτον ἡμῶν τὸν ἐπιούσιον δὸς ἡμῖν σήμερον. Καὶ ἄφες ἡμῖν τὰ ὀφειλήματα ἡμῶν, ὡς καὶ ἡμεῖς ἀφίεμεν τοῖς ὀφειλέταις ἡμῶν. Καὶ μὴ εἰσενέγκῃς ἡμᾶς εἰς πειρασμόν, ἀλλὰ ῥῦσαι ἡμᾶς ἀπὸ τοῦ πονηροῦ.

Ὁ Ἱερεύς· Ὅτι σοῦ ἐστιν ἡ Βασιλεία, καὶ ἡ δύναμις, καὶ ἡ δόξα, τοῦ Πατρός, καὶ τοῦ Υἱοῦ, καὶ τοῦ ἁγίου Πνεύματος, νῦν καὶ ἀεὶ καὶ εἰς τοὺς αἰῶνας τῶν αἰώνων.

secure by sealing the stone and setting a guard.

Choir: Glory to you, Lord, glory to you!

Priest: How good to give thanks to the Lord, to sing praises to your name, O Most High. To declare your love in the morning, and your truth every night.

Reader: Holy God, Holy Mighty, Holy Immortal, have mercy on us *(x3)*.

Glory to the Father and the Son and the Holy Spirit, both now and ever and to the ages of ages. Amen.

All-holy Trinity, have mercy on us. Lord, forgive our sins. Master, pardon our transgressions. Holy One, visit and heal our infirmities for the glory of Your name.

Lord, have mercy. *(x3)* Glory to the Father and the Son and the Holy Spirit, both now and ever and to the ages of ages. Amen.

Our Father, who art in heaven, hallowed be Thy name. Thy kingdom come. Thy will be done, on earth as it is in heaven. Give us this day our daily bread; and forgive us our trespasses, as we forgive those who trespass against us. And lead us not into temptation, but deliver us from the evil one.

Priest: For Yours is the kingdom and the power and the glory, of the Father and the Son and the Holy Spirit, both now and ever and to the ages of ages.

Ὁ Ἀναγνώστης· Ἀμήν.

Μετὰ τὸν Τρισάγιον, ψάλλομεν αὐτό·

Ἀπολυτίκιον. Ἦχος δ΄.

Ἐξηγόρασας ἡμᾶς, ἐκ τῆς κατάρας τοῦ νόμου τῷ τιμίῳ σου αἵματι· τῷ σταυρῷ προσηλωθεὶς καὶ τῇ λόγχῃ κεντηθεὶς τὴν ἀθανασίαν ἐπήγασας ἀνθρώποις· Σωτὴρ ἡμῶν, δόξα σοι. *(γ΄)*

Ὁ Διάκονος· Ἐλέησον ἡμᾶς ὁ Θεὸς κατὰ τὸ μέγα ἔλεός Σου, δεόμεθά Σου, ἐπάκουσον καὶ ἐλέησον.

Ὁ Χορός· Κύριε, ἐλέησον. *(γ΄)* **Καὶ μεθ' ἑκάστην δέησιν.**

Ὁ Διάκονος· Ἔτι δεόμεθα ὑπὲρ τοῦ Ἀρχιεπισκόπου ἡμῶν *(τοῦ δεῖνος)*.

Ἔτι δεόμεθα ὑπὲρ τῶν ἀδελφῶν ἡμῶν, τῶν ἱερέων, ἱερομονάχων, ἱεροδιακόνων καὶ μοναχῶν, καὶ πάσης τῆς ἐν Χριστῷ ἡμῶν ἀδελφότητος.

Ἔτι δεόμεθα ὑπὲρ ἐλέους, ζωῆς, εἰρήνης, ὑγείας, σωτηρίας, ἐπισκέψεως, συγχωρήσεως καὶ ἀφέσεως τῶν ἁμαρτιῶν τῶν δούλων τοῦ Θεοῦ, πάντων τῶν εὐσεβῶν καὶ ὀρθοδόξων χριστιανῶν, τῶν κατοικούντων καὶ παρεπιδημούντων ἐν τῇ πόλει ταύτῃ, τῶν ἐνοριτῶν, ἐπιτρόπων, συνδρομητῶν καὶ ἀφιερωτῶν τοῦ ἁγίου ναοῦ τούτου.

Ἔτι δεόμεθα ὑπὲρ τῶν μακαρίων καὶ ἀοιδίμων κτιτόρων τῆς ἁγίας Ἐκκλησίας ταύτης, καὶ ὑπὲρ πάντων τῶν προαναπαυσαμένων πατέρων καὶ ἀδελφῶν ἡμῶν, τῶν ἐνθάδε εὐσεβῶς, κειμένων, καὶ ἁπανταχοῦ ὀρθοδόξων.

Reader: Amen.

After the Trisagion, we sing this:

Apolytikion. Tone 4

By your precious blood you have redeemed us from the curse of the law; nailed to the Cross and pierced by the lance, you have become a source of immortality for all. Our Saviour, glory to you. *(x3)*

Deacon: Have mercy on us, O God, according to your great mercy, we pray you, hear and have mercy.

Choir: Lord, have mercy. *(x3)* **And so after the remaining petitions.**

Deacon: Also we pray for our Archbishop N.

Again we pray for our brothers and sisters, the priests, hieromonks, hierodeacons, all monastics and all of our brotherhood in Christ.

Also we pray for mercy, life, peace, health, salvation, visitation, forgiveness and remission of sins for the servants of God, all pious and Orthodox Christians, those who dwell in or visit this city and parish, the members of this parish, the parish council, those who give help and those who have dedicated gifts in this holy temple.

Also we pray for the blessed and ever-remembered founders of this holy church, and for all our brethren who have gone to their rest before us, and who lie asleep here in the true faith; and for the Orthodox everywhere.

Ἔτι δεόμεθα ὑπὲρ τῶν καρποφορούντων καὶ καλλιεργούντων ἐν τῷ ἁγίῳ καὶ πανσέπτῳ ναῷ τούτῳ, κοπιώντων, ψαλλόντων καὶ ὑπὲρ τοῦ περιεστῶτος λαοῦ, τοῦ ἀπεκδεχομένου τὸ παρὰ Σοῦ μέγα καὶ πλούσιον ἔλεος.

Ὁ Ἱερεὺς τὴν Ἐκφώνησιν·

Ὅτι ἐλεήμων καὶ φιλάνθρωπος Θεὸς ὑπάρχεις, καὶ σοὶ τὴν δόξαν ἀναπέμπομεν, τῷ Πατρὶ καὶ τῷ Υἱῷ καὶ τῷ Ἁγίῳ Πνεύματι, νῦν καὶ ἀεὶ καὶ εἰς τοὺς αἰῶνας τῶν αἰώνων.

Ὁ Χορός· Ἀμήν.

Ὁ Ἱερεὺς ποιεῖ τὴν ἀπόλυσιν.

Ὁ Διάκονος· Σοφία.

Ὁ Ἱερεύς· Ὁ ὢν εὐλογητὸς Χριστὸς ὁ Θεὸς ἡμῶν πάντοτε, νῦν καὶ ἀεὶ καὶ εἰς τοὺς αἰῶνας τῶν αἰώνων.

Ὁ Χορός· Ἀμήν.

Ὁ Ἀναγνώστης·

Στερεώσαι Κύριος ὁ Θεὸς τὴν ἁγίαν καὶ ἀμώμητον πίστιν τῶν εὐσεβῶν καὶ ὀρθοδόξων Χριστιανῶν σὺν τῇ ἁγίᾳ αὐτοῦ ἐκκλησίᾳ καὶ τῇ πόλει ταύτῃ εἰς αἰῶνας αἰώνων.

Ὁ Χορός· Ἀμήν.

Ὁ Ἱερεύς· Ὑπεραγία Θεοτόκε, σῶσον ἡμᾶς.

Ὁ Ἀναγνώστης λέγει·

Τὴν τιμιωτέραν τῶν Χερουβεὶμ καὶ ἐνδοξοτέραν ἀσυγκρίτως τῶν Σεραφείμ, τὴν ἀδιαφθόρως Θεὸν Λόγον τεκοῦσαν, τὴν ὄντως Θεοτόκον σὲ μεγαλύνομεν.

Also we pray for those who strive and bring forth the fruit of good works in this holy and venerable temple, for those who serve, for those who sing, and for the people here present, who await your great and rich mercy.

The Priest Exclaims:

For you, O God, are merciful, and love mankind, and to you we give glory, to the Father, the Son and the Holy Spirit, now and for ever, and to the ages of ages.

Choir: Amen.

The Priest makes the Dismissal.

Deacon: Wisdom.

Priest: Blessed is he who is Christ our God, always now and forever, and to the ages of ages.

Choir: Amen.

Reader:

May the Lord God strengthen the holy and pure faith of devout and orthodox Christians, with his holy Church and this city **(or land, Monastery, island)**, unto ages of ages.

Choir: Amen.

The Priest: Most Holy Theotokos, save us.

The Reader says:

Greater in honor than the Cherubim, and beyond compare more glorious than the Seraphim, without corruption you gave birth to God the Word; truly the Theotokos, we magnify you.

Ὁ Ἱερεύς· Δόξα σοι ὁ Θεός, ἡ ἐλπὶς ἡμῶν, δόξα σοι.

Ὁ Ἀναγνώστης· Δόξα Πατρὶ καὶ Υἱῷ καὶ Ἁγίῳ Πνεύματι, καὶ νῦν καὶ ἀεὶ καὶ εἰς τοὺς αἰῶνας τῶν αἰώνων, Ἀμήν. Κύριε, ἐλέησον (γ΄). Πάτερ ἅγιε, εὐλόγησον.

Ὁ ἐμπτυσμοὺς καὶ μάστιγας καὶ κολαφισμοὺς καὶ Σταυρὸν καὶ θάνατον ὑπομείνας, διὰ τὴν τοῦ κόσμου σωτηρίαν, Χριστὸς ὁ ἀληθινὸς Θεὸς ἡμῶν, ταῖς πρεσβείαις τῆς παναχράντου καὶ παναμώμου ἁγίας αὐτοῦ Μητρός· δυνάμει τοῦ τιμίου καὶ ζωοποιοῦ Σταυροῦ· προστασίαις τῶν τιμίων ἐπουρανίων Δυνάμεων Ἀσωμάτων· ἱκεσίαις τοῦ τιμίου, ἐνδόξου, Προφήτου, Προδρόμου καὶ Βαπτιστοῦ Ἰωάννου· τῶν ἁγίων ἐνδόξων καὶ πανευφήμων Ἀποστόλων· τῶν ἁγίων ἐνδόξων καὶ καλλινίκων μαρτύρων· τῶν ὁσίων καὶ θεοφόρων Πατέρων ἡμῶν, τοῦ ἁγίου *(τοῦ Ναοῦ)*, τῶν ἁγίων καὶ δικαίων Θεοπατόρων Ἰωακεὶμ καὶ Ἄννης, τοῦ ἁγίου *(τῆς ἡμέρας)*, οὗ καὶ τὴν μνήμην ἐπιτελοῦμεν, καὶ πάντων τῶν Ἁγίων, ἐλεήσαι καὶ σώσαι ἡμᾶς, ὡς ἀγαθὸς καὶ φιλάνθρωπος καὶ ἐλεήμων Θεός.

Ὁ Ἱερεύς· Δι' εὐχῶν τῶν ἁγίων Πατέρων ἡμῶν, Κύριε Ἰησοῦ Χριστέ, ὁ Θεός, ἐλέησον καὶ σῶσον ἡμᾶς.

Ὁ Χορός· Ἀμήν.

Priest: Glory to You, O God, our hope, glory to you.

Reader: Glory to the Father, and the Son and the Holy Spirit, both now and ever and to the ages of ages. Amen. Lord have mercy *(x3)*. Holy Father, bless.

May he who endured spittings, scourges, blows, the Cross and death for the salvation of the world, Christ our true God, as a good, loving, and merciful God, have mercy upon us and save us, through the intercessions of His most pure and holy Mother; the power of the precious and life giving Cross; the protection of the honorable, bodiless powers of heaven, the supplications of the honorable, glorious prophet and forerunner John the Baptist; the holy, glorious and praiseworthy apostles; the holy, glorious and triumphant martyrs; our holy and God-bearing Fathers *(name of the church)*; the holy and righteous ancestors Joachim and Anna; Saint *(of the day)* whose memory we commemorate today, and all the saints.

Priest: Through the prayers of our holy fathers, Lord Jesus Christ, our God, have mercy on us and save us.

Choir: Amen.

The Arrest of our Lord

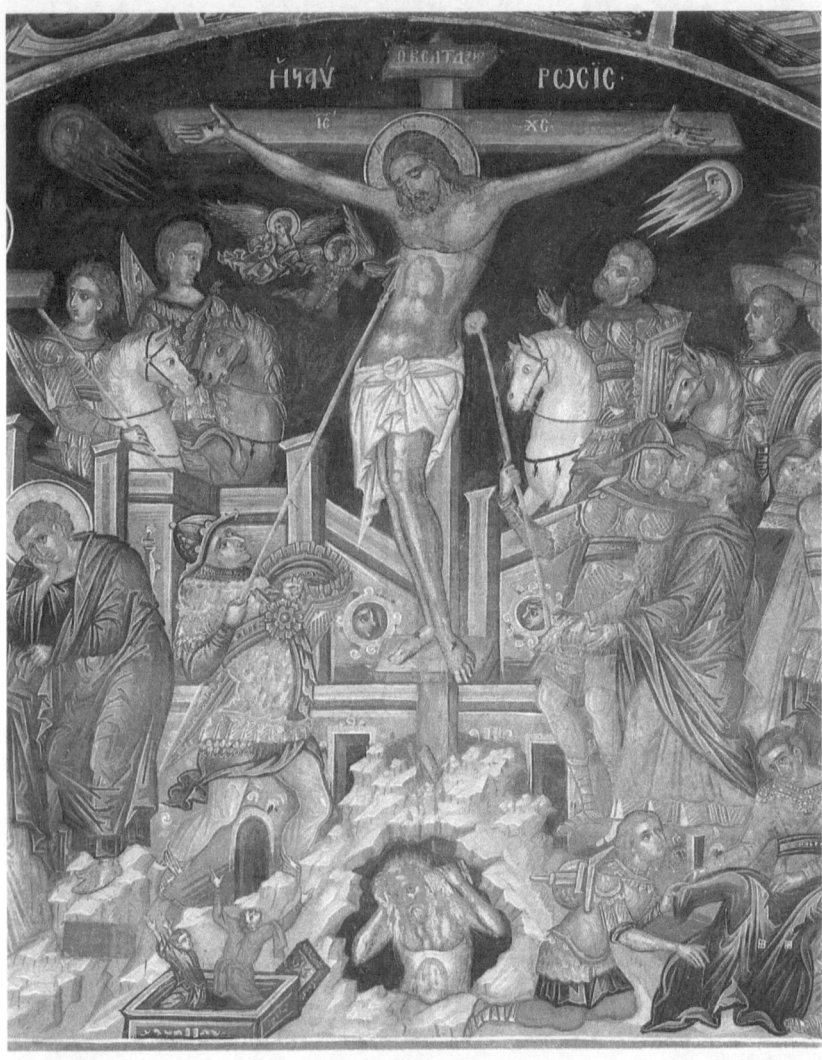

The Crucifixion of our Lord

Η ΑΓΙΑ ΚΑΙ ΜΕΓΑΛΗ ΠΑΡΑΣΚΕΥΗ

ΑΚΟΛΟΥΘΙΑ ΤΩΝ ΜΕΓΑΛΩΝ ΒΑΣΙΛΙΚΩΝ ΩΡΩΝ

Τελεῖται συνήθως τῇ Μ. Παρασκευῇ πρωΐ

ΩΡΑ ΠΡΩΤΗ

Ὁ Ἱερεύς, ποιήσας τὴν συνήθη μετάνοιαν τῷ Προεστῶτι, εἰσέρχεται ἐν τῷ ἁγίῳ βήματι καὶ προσκυνεῖ τρὶς ἐνώπιον τῆς ἁγίας Τραπέζης· εἶτα βαλὼν ἐπιτραχήλιον ἐκφωνεῖ·

Εὐλογητὸς ὁ Θεὸς ἡμῶν, πάντοτε, νῦν, καὶ ἀεί, καὶ εἰς τοὺς αἰῶνας τῶν αἰώνων.

Ὁ Ἀναγνώστης· Ἀμήν.

Ὁ Ἱερεύς· Δόξα σοι, ὁ Θεὸς ἡμῶν, δόξα σοι. Βασιλεῦ οὐράνιε, Παράκλητε, τὸ Πνεῦμα τῆς ἀληθείας, ὁ πανταχοῦ παρών, καὶ τὰ πάντα πληρῶν, ὁ θησαυρὸς τῶν ἀγαθῶν καὶ ζωῆς χορηγός, ἐλθὲ καὶ σκήνωσον ἐν ἡμῖν καὶ καθάρισον ἡμᾶς ἀπὸ πάσης κηλῖδος καὶ σῶσον ἀγαθέ, τὰς ψυχὰς ἡμῶν.

Ὁ Ἀναγνώστης· Ἀμήν. Ἅγιος ὁ Θεός, Ἅγιος Ἰσχυρός, Ἅγιος Ἀθάνατος, ἐλέησον ἡμᾶς. (γ´)

Δόξα Πατρὶ, καὶ Υἱῷ, καὶ Ἁγίῳ Πνεύματι, καὶ νῦν καὶ ἀεὶ, καὶ εἰς τοὺς αἰῶνας τῶν αἰώνων. Ἀμήν.

Παναγία Τριάς, ἐλέησον ἡμᾶς. Κύριε, ἱλάσθητι ταῖς ἁμαρτίαις ἡμῶν, Δέσποτα, συγχώρησον τὰς ἀνομίας ἡμῖν. Ἅγιε, ἐπίσκεψαι καὶ ἴασαι τὰς ἀσθενείας ἡμῶν, ἕνεκεν τοῦ ὀνόματός σου.

GREAT AND HOLY FRIDAY

THE SERVICE OF THE GREAT ROYAL HOURS

Commonly celebrated on G. Friday Morning

FIRST HOUR

The Priest, having made the customary metania to the Superior, enters the sanctuary and makes three bows before the holy Table. Then, putting on the Epitrachelion, he exclaims:

Blessed is our God, always, now and for ever, and to the ages of ages.

Reader: Amen.

Priest: Glory to you, our God. Glory to you. Heavenly King, Comforter, Spirit of truth, present everywhere, filling all things, Treasury of blessings and Giver of life, come and abide in us, cleanse us from every stain, and save our souls, O Good One.

Reader: Amen. Holy God, Holy Mighty, Holy Immortal, have mercy on us. (*x3*)

Glory to the Father and the Son and the Holy Spirit, both now and ever and to the ages of ages. Amen.

All-holy Trinity, have mercy on us. Lord, forgive our sins. Master, pardon our transgressions. Holy One, visit and heal our infirmities for the glory of Your name.

Κύριε, ἐλέησον. *(γ΄)* Δόξα Πατρὶ καὶ Υἱῷ, καὶ Ἁγίῳ Πνεύματι, καὶ νῦν καὶ ἀεὶ, καὶ εἰς τοὺς αἰῶνας τῶν αἰώνων. Ἀμήν.

Πάτερ ἡμῶν ὁ ἐν τοῖς οὐρανοῖς, ἁγιασθήτω τὸ ὄνομά σου. Ἐλθέτω ἡ βασιλεία σου. Γενηθήτω τὸ θέλημά σου, ὡς ἐν οὐρανῷ, καὶ ἐπὶ τῆς γῆς. Τὸν ἄρτον ἡμῶν τὸν ἐπιούσιον δὸς ἡμῖν σήμερον. Καὶ ἄφες ἡμῖν τὰ ὀφειλήματα ἡμῶν, ὡς καὶ ἡμεῖς ἀφίεμεν τοῖς ὀφειλέταις ἡμῶν. Καὶ μὴ εἰσενέγκῃς ἡμᾶς εἰς πειρασμὸν, ἀλλὰ ῥῦσαι ἡμᾶς ἀπὸ τοῦ πονηροῦ.

Ὁ Ἱερεύς· Ὅτι σοῦ ἐστιν ἡ Βασιλεία, καὶ ἡ δύναμις, καὶ ἡ δόξα, τοῦ Πατρός, καὶ τοῦ Υἱοῦ, καὶ τοῦ ἁγίου Πνεύματος, νῦν καὶ ἀεὶ καὶ εἰς τοὺς αἰῶνας τῶν αἰώνων.

Ὁ Ἀναγνώστης· Ἀμήν. *(χῦμα)*

Κύριε, ἐλέησον *(ιβ΄)*.

Δόξα Πατρὶ, καὶ Υἱῷ, καὶ Ἁγίῳ Πνεύματι. Καὶ νῦν καὶ ἀεὶ, καὶ εἰς τοὺς αἰῶνας τῶν αἰώνων. Ἀμήν.

Δεῦτε, προσκυνήσωμεν καὶ προσπέσωμεν τῷ βασιλεῖ ἡμῶν Θεῷ.

Δεῦτε, προσκυνήσωμεν καὶ προσπέσωμεν Χριστῷ, τῷ βασιλεῖ ἡμῶν Θεῷ.

Δεῦτε, προσκυνήσωμεν καὶ προσπέσωμεν αὐτῷ Χριστῷ, τῷ βασιλεῖ καὶ Θεῷ ἡμῶν.

With three metanias; then the following two psalms.

ΨΑΛΜΟΣ Ε΄

Τὰ ῥήματά μου ἐνώτισαι, Κύριε, σύνες τῆς κραυγῆς μου. Πρόσχες τῇ φωνῇ τῆς δεήσεώς μου, ὁ Βασιλεύς μου καὶ ὁ Θεός μου. Ὅτι πρὸς σὲ προσεύξο-

Lord, have mercy. *(x3)* Glory to the Father and the Son and the Holy Spirit, both now and ever and to the ages of ages. Amen.

Our Father, who art in heaven, hallowed be Thy name. Thy kingdom come. Thy will be done, on earth as it is in heaven. Give us this day our daily bread; and forgive us our trespasses, as we forgive those who trespass against us. And lead us not into temptation, but deliver us from the evil one.

Priest: For Yours is the kingdom and the power and the glory, of the Father and the Son and the Holy Spirit, both now and ever and to the ages of ages.

Reader: Amen. *(spoken)*

Lord, have mercy. *(x12)*

Glory to the Father and the Son and the Holy Spirit, both now and ever and to the ages of ages. Amen.

Come, let us worship and fall down before the King, our God.

Come, let us worship and fall down before Christ the King, our God.

Come, let us worship and fall down before Christ himself, the King, our God.

With three metanias; then the following two psalms.

PSALM 5

Give ear to my words, O Lord, understand my cry. Attend to the voice of my supplication, my King and my God; for to you I shall pray, O

μαι, Κύριε, τὸ πρωῒ εἰσακούσῃ τῆς φωνῆς μου. Τὸ πρωῒ παραστήσομαί σοι, καὶ ἐπόψει με, ὅτι οὐχὶ Θεὸς θέλων ἀνομίαν σὺ εἶ, οὐ παροικήσει σοι πονηρευόμενος, οὐδὲ διαμενοῦσι παράνομοι κατέναντι τῶν ὀφθαλμῶν σου. Ἐμίσησας πάντας τοὺς ἐργαζομένους τὴν ἀνομίαν, ἀπολεῖς πάντας τοὺς λαλοῦντας τὸ ψεῦδος. Ἄνδρα αἱμάτων καὶ δόλιον βδελύσσεται Κύριος. Ἐγὼ δὲ ἐν τῷ πλήθει τοῦ ἐλέους σου εἰσελεύσομαι εἰς τὸν οἶκόν σου, προσκυνήσω πρὸς ναὸν ἅγιόν σου ἐν φόβῳ σου. Κύριε, ὁδήγησόν με ἐν τῇ δικαιοσύνῃ σου ἕνεκα τῶν ἐχθρῶν μου, κατεύθυνον ἐνώπιόν σου τὴν ὁδόν μου. Ὅτι οὐκ ἔστιν ἐν τῷ στόματι αὐτῶν ἀλήθεια, ἡ καρδία αὐτῶν ματαία. Τάφος ἀνεῳγμένος ὁ λάρυγξ αὐτῶν, ταῖς γλώσσαις αὐτῶν ἐδολιοῦσαν, κρῖνον αὐτούς, ὁ Θεός. Ἀποπεσάτωσαν ἀπὸ τῶν διαβουλιῶν αὐτῶν, κατὰ τὸ πλῆθος τῶν ἀσεβειῶν αὐτῶν ἔξωσον αὐτούς, ὅτι παρεπίκρανάν σε, Κύριε. Καὶ εὐφρανθείησαν πάντες οἱ ἐλπίζοντες ἐπὶ σέ, εἰς αἰῶνα ἀγαλλιάσονται, καὶ κατασκηνώσεις ἐν αὐτοῖς, καὶ καυχήσονται ἐν σοὶ πάντες οἱ ἀγαπῶντες τὸ ὄνομά σου. Ὅτι σὺ εὐλογήσεις δίκαιον. Κύριε, ὡς ὅπλῳ εὐδοκίας ἐστεφάνωσας ἡμᾶς.

Lord. In the morning you will hear my voice. In the morning I shall stand before you, and you will watch over me; because you are not a God who wants iniquity. The evildoer will not dwell with you, nor will the lawless remain before your eyes. You have hated all those who work iniquity; you will destroy all those who speak lies. The Lord abhors a man of bloodshed and deceit. But I in the abundance of your mercy shall enter your house, I shall worship towards your holy temple in fear of you. Guide me, Lord, in your righteousness because of my enemies, direct my way before you. Because there is no truth in their mouths; their heart is vain. Their throat is an open tomb, they deceive with their tongues. Judge them, O God. Let them fall through their counsels; according to the multitude of their impieties cast them out, for they have embittered you, O Lord. And may all those who hope in you be glad; they will rejoice for ever, and you will dwell among them, and all those who love your name will boast in you. Because you will bless the righteous; you have crowned him, O Lord, with your good pleasure.

ΨΑΛΜΟΣ Β΄

PSALM 2

Ἵνα τί ἐφρύαξαν ἔθνη, καὶ λαοὶ ἐμελέτησαν κενά; Παρέστησαν οἱ βασιλεῖς τῆς γῆς, καὶ οἱ ἄρχοντες συνήχθησαν ἐπὶ τὸ αὐτό, κατὰ τοῦ Κυρίου, καὶ κατὰ τοῦ Χριστοῦ αὐτοῦ. Διαρρήξωμεν τοὺς δεσμοὺς αὐτῶν, καὶ ἀπορρίψωμεν ἀφ' ἡμῶν τὸν ζυγὸν αὐτῶν, ὁ κατοικῶν ἐν οὐρανοῖς ἐκγελάσεται αὐτούς, καὶ ὁ

Why were the nations insolent and why did the peoples meditate vain things? The kings of the earth stood up and the rulers were assembled together against the Lord and against his Christ. 'Let us break through their bonds and cast away their yoke from us.' He that dwells in heaven will laugh

Κύριος ἐκμυκτηριεῖ αὐτούς. Τότε λαλήσει πρὸς αὐτοὺς ἐν ὀργῇ αὐτοῦ, καὶ ἐν τῷ θυμῷ αὐτοῦ ταράξει αὐτούς. Ἐγὼ δὲ κατεστάθην βασιλεὺς ὑπ' αὐτοῦ, ἐπὶ Σιὼν ὄρος τὸ ἅγιον αὐτοῦ, διαγγέλλων τὸ πρόσταγμα Κυρίου. Κύριος εἶπε πρός με. Υἱός μου εἶ σύ, ἐγὼ σήμερον γεγέννηκά σε. Αἴτησαι παρ' ἐμοῦ, καὶ δώσω σοι ἔθνη τὴν κληρονομίαν σου, καὶ τὴν κατάσχεσίν σου τὰ πέρατα τῆς γῆς. Ποιμανεῖς αὐτοὺς ἐν ῥάβδῳ σιδηρᾷ, ὡς σκεύη κεραμέως συντρίψεις αὐτούς. Καὶ νῦν, βασιλεῖς, σύνετε, παιδεύθητε πάντες οἱ κρίνοντες τὴν γῆν. Δουλεύσατε τῷ Κυρίῳ ἐν φόβῳ, καὶ ἀγαλλιᾶσθε αὐτῷ ἐν τρόμῳ. Δράξασθε παιδείας, μήποτε ὀργισθῇ Κύριος, καὶ ἀπολεῖσθε ἐξ ὁδοῦ δικαίας. Ὅταν ἐκκαυθῇ ἐν τάχει ὁ θυμὸς αὐτοῦ, μακάριοι πάντες οἱ πεποιθότες ἐπ' αὐτῷ.

ΨΑΛΜΟΣ ΚΑ΄

Ὁ Θεός ὁ Θεός μου, πρόσχες μοι, ἵνα τί ἐγκατέλιπές με; μακρὰν ἀπὸ τῆς σωτηρίας μου οἱ λόγοι τῶν παραπτωμάτων μου, ὁ Θεός μου, κεκράξομαι ἡμέρας, καὶ οὐκ εἰσακούσῃ, καὶ νυκτός, καὶ οὐκ εἰς ἄνοιαν ἐμοί. Σὺ δὲ ἐν Ἁγίῳ κατοικεῖς, ὁ ἔπαινος τοῦ Ἰσραήλ. Ἐπὶ σοὶ ἤλπισαν οἱ πατέρες ἡμῶν, ἤλπισαν, καὶ ἐρρύσω αὐτούς. Πρὸς σὲ ἐκέκραξαν, καὶ ἐσώθησαν, ἐπὶ σοὶ ἤλπισαν, καὶ οὐ κατῃσχύνθησαν. Ἐγὼ δὲ εἰμι σκώληξ, καὶ οὐκ ἄνθρωπος, ὄνειδος ἀνθρώπων, καὶ ἐξουθένημα λαοῦ. Πάντες οἱ θεωροῦντές με ἐξεμυκτήρισάν με, ἐλάλησαν ἐν χείλεσιν, ἐκίνησαν κεφαλήν. Ἤλπισεν ἐπὶ Κύριον, ῥυσάσθω αὐτόν, σωσάτω αὐτόν, ὅτι θέλει αὐτόν, ὅτι σὺ εἶ ὁ ἐκσπάσας με ἐκ γαστρός, ἡ ἐλπίς

them to scorn and the Lord will mock them. Then he will speak to them in his anger and panic them in his fury. But I was established as king by him, on Sion his holy mountain announcing the Lord's decree: The Lord said to me: 'You are my Son. Today I have begotten you. Ask me, and I shall give you nations as your inheritance, and the ends of the earth as your possession. You will shepherd them with an iron rod; like a potter's vessels you will smash them.' And now, kings, understand; be corrected, all who judge the earth. Serve the Lord in fear and rejoice in him with trembling. Accept correction, lest the Lord be angry, and you perish from the right way whenever his fury is suddenly kindled. Blessed are all who have put their trust in him.

PSALM 21

O God, my God, attend to me; why have you abandoned me? Far from salvation are the words of my offences. My God, I shall cry by day, and you will not hear; and by night, and it shall be no folly for me. But you, the praise of Israel, dwell in the Holy Place. Our fathers hoped in you, they hoped and you delivered them. They cried to you and they were saved, they hoped in you and they were not shamed. But I am a worm and not a man, the scorn of men and the outcast of the people. All who saw me jeered at me, they spoke with their lips, they wagged their heads. 'He hoped in the Lord, let him deliver him, let him save him, for he wants him'. For you are

μου ἀπὸ μαστῶν τῆς μητρός μου, ἐπὶ σὲ ἐπερρίφην ἐκ μήτρας. Ἀπὸ γαστρὸς μητρός μου Θεός μου εἶ σύ, μὴ ἀποστῇς ἀπ' ἐμοῦ, ὅτι θλῖψις ἐγγύς, ὅτι οὐκ ἔστιν ὁ βοηθῶν μοι. Περιεκύκλωσάν με μόσχοι πολλοί, ταῦροι πίονες περιέσχον με. Ἤνοιξαν ἐπ' ἐμὲ τὸ στόμα αὐτῶν, ὡς λέων ἁρπάζων, καὶ ὠρυόμενος. Ὡσεὶ ὕδωρ ἐξεχύθη, καὶ διεσκορπίσθη πάντα τὰ ὀστᾶ μου. Ἐγενήθη ἡ καρδία μου ὡσεὶ κηρός, τηκόμενος ἐν μέσῳ τῆς κοιλίας μου. Ἐξηράνθη ὡς ὄστρακον ἡ ἰσχύς μου, καὶ ἡ γλῶσσά μου κεκόλληται τῷ λάρυγγί μου, καὶ εἰς χοῦν θανάτου κατήγαγές με, ὅτι ἐκύκλωσάν με κύνες πολλοί, συναγωγὴ πονηρευομένων περιέσχον με. Ὤρυξαν χεῖράς μου, καὶ πόδας μου, ἐξηρίθμησαν πάντα τὰ ὀστᾶ μου, αὐτοὶ δὲ κατενόησαν, καὶ ἐπεῖδόν με. Διεμερίσαντο τὰ ἱμάτιά μου ἑαυτοῖς, καὶ ἐπὶ τὸν ἱματισμόν μου ἔβαλον κλῆρον. Σὺ δέ, Κύριε, μὴ μακρύνῃς τὴν βοήθειάν σου ἀπ' ἐμοῦ, εἰς τὴν ἀντίληψίν μου πρόσχες. Ῥῦσαι ἀπὸ ῥομφαίας τὴν ψυχήν μου, καὶ ἐκ χειρὸς κυνὸς τὴν μονογενῆ μου. Σῶσόν με ἐκ στόματος λέοντος, καὶ ἀπὸ κεράτων μονοκερώτων τὴν ταπείνωσίν μου. Διηγήσομαι τὸ ὄνομά σου τοῖς ἀδελφοῖς μου, ἐν μέσῳ ἐκκλησίας ὑμνήσω σε, οἱ φοβούμενοι τὸν Κύριον, αἰνέσατε αὐτόν, ἅπαν τὸ σπέρμα Ἰακὼβ δοξάσατε αὐτόν. Φοβηθήτω δὴ ἀπ' αὐτοῦ ἅπαν τὸ σπέρμα Ἰσραήλ, ὅτι οὐκ ἐξουδένωσεν, οὐδὲ προσώχθισε τῇ δεήσει τοῦ πτωχοῦ, οὐδὲ ἀπέστρεψε τὸ πρόσωπον αὐτοῦ ἀπ' ἐμοῦ, καὶ ἐν τῷ κεκραγέναι με πρὸς αὐτόν, εἰσήκουσέ μου. Παρὰ σοῦ ὁ ἔπαινός μου, ἐν ἐκκλησίᾳ μεγάλῃ ἐξομολογήσομαί σοι, τὰς εὐχάς μου ἀποδώσω ἐνώπιον τῶν φοβουμένων σε. Φάγονται πένητες, καὶ ἐμπλησθήσονται, καὶ αἰνέσουσι Κύριον

the one who drew me from the womb, my hope from my mother's breasts; on you I have been cast since the womb. From my mother's womb you are my God, do not abandon me. For trouble is near, for there is no one to help me. Many bullocks have surrounded me, fat bulls have assailed me. They opened their mouths against me, like a lion ravening and roaring. I have been poured out like water, and all my bones have been scattered, my heart has become like wax melting inside me. My strength has dried up like a potsherd, and my tongue has stuck to my throat, and you have led me down into the dust of death, For many dogs have surrounded me, an assembly of evil doers has assailed me. They have dug my hands and my feet; all my bones have been numbered; they have observed me and gazed at me. They have parted my garments among them and cast lots for my clothing . But you, Lord, do not keep your help far from me, be attentive to my defence. Deliver my soul from the sword and my only one from the hand of the dog. Save me from the lion's mouth and my lowliness from the horns of unicorns. I shall declare your name to my brethren, I shall hymn you in the midst of the Church. Those who fear the Lord, praise him, all the seed of Jacob glorify him. Let all the seed of Israel fear him. For he has not spurned nor slighted the pauper's supplication, nor has he turned his face from me; and he heard me when I called upon him. From you is my praise; in the great Church I shall confess you; I shall pay my vows before

οἱ ἐκζητοῦντες αὐτόν, ζήσονται αἱ καρδίαι αὐτῶν εἰς αἰῶνα αἰῶνος. Μνησθήσονται καὶ ἐπιστραφήσονται πρὸς Κύριον πάντα τὰ πέρατα τῆς γῆς, καὶ προσκυνήσουσιν ἐνώπιον αὐτοῦ πᾶσαι αἱ πατριαὶ τῶν ἐθνῶν. Ὅτι τοῦ Κυρίου ἡ βασιλεία, καὶ αὐτὸς δεσπόζει τῶν ἐθνῶν. Ἔφαγον, καὶ προσεκύνησαν πάντες οἱ πίονες τῆς γῆς, ἐνώπιον αὐτοῦ προπεσοῦνται πάντες οἱ καταβαίνοντες εἰς γῆν. Καὶ ἡ ψυχή μου αὐτῷ ζῇ, καὶ τὸ σπέρμα μου δουλεύσει αὐτῷ. Ἀναγγελήσεται τῷ Κυρίῳ γενεὰ ἡ ἐρχομένη, καὶ ἀναγγελοῦσι τὴν δικαιοσύνην αὐτοῦ λαῷ τῷ τεχθησομένῳ, ὃν ἐποίησεν ὁ Κύριος.

those who fear you. The poor will eat and be filled, those who seek the Lord will praise him; their hearts will live for ever. All the ends of the earth will remember and turn back to the Lord and all the families of the nations will worship before him. For the kingdom is the Lord's and he is master of the nations. All the fat ones of the earth have eaten and worshipped; all those who go down into the earth will fall down before him. And my soul lives for him, and my seed will serve him. The coming generation will be proclaimed to the Lord, and they will proclaim his justice to a people yet to be born, whom the Lord has made.

Δόξα Πατρὶ, καὶ Υἱῷ, καὶ Ἁγίῳ Πνεύματι, καὶ νῦν καὶ ἀεὶ, καὶ εἰς τοὺς αἰῶνας τῶν αἰώνων. Ἀμήν.

Glory to the Father and the Son and the Holy Spirit, both now and ever and to the ages of ages. Amen.

Ἀλληλούια, Ἀλληλούια, Ἀλληλούια· Δόξα σοι, ὁ Θεός. Κύριε, ἐλέησον, Κύριε, ἐλέησον, Κύριε, ἐλέησον.

Alleluia, Alleluia, Alleluia. Glory to you, O God. Lord, have mercy, Lord, have mercy, Lord, have mercy.

Δόξα Πατρὶ, καὶ Υἱῷ, καὶ Ἁγίῳ Πνεύματι.

Glory to the Father, Son and the Holy Spirit.

Ἦχος αʹ.

Tone 1.

Σταυρωθέντος σου Χριστέ, ἀνῃρέθη ἡ τυραννίς, ἐπατήθη ἡ δύναμις τοῦ ἐχθροῦ· οὔτε γὰρ ἄγγελος, οὐκ ἄνθρωπος, ἀλλ᾽ αὐτὸς ὁ Κύριος, ἔσωσας ἡμᾶς· δόξα σοι.

When you were crucified, O Christ, the tyranny of the enemy was destroyed, his power trampled underfoot; for it was not an Angel, not a human, but you, the Lord himself, who saved us. Glory to you!

Καὶ νῦν καὶ ἀεί, καὶ εἰς τοὺς αἰῶνας τῶν αἰώνων. Ἀμήν.

Both now and ever, and to the ages of ages. Amen.

Θεοτοκίον.

Theotokion.

Τί σε καλέσωμεν, ὦ κεχαριτωμένη; Οὐρανόν; ὅτι ἀνέτειλας τὸν ἥλιον τῆς δικαιοσύνης. Παράδεισον; ὅτι ἐβλάστησας τὸ ἄνθος τῆς ἀφθαρσίας. Παρθένον, ὅτι ἔμεινας ἄφθορος. Ἁγνὴν μητέρα;

What shall we call you, O Full of grace? Heaven? For you made the Sun of righteousness to dawn. Paradise? For you made the flower of incorruption blossom. Virgin? For you

ὅτι ἔσχες σαῖς ἁγίαις ἀγκάλαις Υἱόν, τὸν πάντων Θεόν· αὐτὸν ἱκέτευε σωθῆναι τὰς ψυχὰς ἡμῶν.

remained incorrupt. Pure Mother? For you held in your holy embrace a Son who is the God of all. Implore Him that our souls may be saved.

Καὶ ψάλλομεν τὰ παρόντα ἰδιόμελα.
Ὁ δὲ διάκονος θυμιᾷ διὰ κατζίου.

And we sing the following idiomela.
The Deacon censes with the katzion.

Ἦχος πλ. δ΄.

Tone Pl. 4.

Σήμερον τοῦ ναοῦ τὸ καταπέτασμα εἰς ἔλεγχον ῥήγνυται τῶν παρανόμων καὶ τὰς ἰδίας ἀκτῖνας ὁ ἥλιος κρύπτει, Δεσπότην ὁρῶν σταυρούμενον.

Today the veil of the Temple is rent, as a reproof against the transgressors; and the sun hides its own rays, as it sees the Master crucified.

Στίχ. *Ἱνατί ἐφρύαξαν ἔθνη καὶ λαοὶ ἐμελέτησαν κενά;*

Verse: *Why were the nations insolent and why did the peoples meditate vain things?*

Ὡς πρόβατον ἐπὶ σφαγὴν ἤχθης, Χριστὲ βασιλεῦ, καὶ ὡς ἀμνὸς ἄκακος προσηλώθης τῷ σταυρῷ ὑπὸ τῶν παρανόμων ἀνδρῶν διὰ τὰς ἁμαρτίας ἡμῶν φιλάνθρωπε.

You were led like a sheep to the slaughter, Christ King, and as an innocent lamb you were nailed to the Cross by lawless men for our sins, O Lover of mankind.

Ἦχος ὁ αὐτός.

Same Tone.

Δόξα Πατρὶ, καὶ Υἱῷ, καὶ Ἁγίῳ Πνεύματι. Καὶ νῦν καὶ ἀεὶ, καὶ εἰς τοὺς αἰῶνας τῶν αἰώνων. Ἀμήν.

Glory to the Father, Son and the Holy Spirit, both now and ever and to the ages of ages. Amen.

Τοῖς συλλαβοῦσί σε παρανόμοις ἀνεχόμενος οὕτως ἐβόας, Κύριε· Εἰ καὶ ἐπατάξατε τὸν ποιμένα καὶ διεσκορπίσατε τὰ δώδεκα πρόβατα, τοὺς μαθητάς μου, ἠδυνάμην πλείους ἢ δώδεκα λεγεῶνας παραστῆσαι ἀγγέλων· ἀλλὰ μακροθυμῶ, ἵνα πληρωθῇ, ἃ ἐδήλωσα ὑμῖν, διὰ τῶν προφητῶν μου ἄδηλα καὶ κρύφια. Κύριε δόξα σοι.

Allowing the lawless to arrest you, Lord, you cried out, 'Though you strike the shepherd and scatter the twelve sheep, my disciples, I could call to my side more than twelve legions of Angels; but I forbear, that the hidden and secret things, which I revealed to you through my Prophets, may be fulfilled.' Lord, glory to you!

Ὁ Ἀναγνώστης· Προκείμενον. Ἦχος δ΄. Ψαλμὸς Μ.

Reader: Prokeimenon. Tone 4. Psalm 40.

Ἐξεπορεύετο ἔξω, καὶ ἐλάλει ἐπὶ τὸ αὐτό.

He gathered iniquity to himself; he went out and spoke in the same manner.

Στίχ. *Μακάριος ὁ συνιῶν ἐπὶ πτωχὸν καὶ πένητα· ἐν ἡμέρᾳ πονηρᾷ ῥύσεται αὐτὸν ὁ Κύριος.*

Verse: *Blessed is one who considers the poor and needy; the Lord will deliver in an evil day.*

Ὁ Διάκονος· Σοφία.

Deacon: Wisdom.

Ὁ Ἀναγνώστης· Προφητείας Ζαχαρίου τὸ ἀνάγνωσμα.

Ὁ Διάκονος· Πρόσχωμεν.

(ια΄ 10-13)

Τάδε λέγει Κύριος. Λήψομαι τὴν ῥάβδον μου τὴν καλήν, καὶ ἀποῤῥίψω αὐτήν, τοῦ διασκεδάσαι τὴν διαθήκην μου, ἣν διεθέμην πρὸς πάντας τοὺς λαούς, καὶ διασκεδασθήσεται ἐν τῇ ἡμέρᾳ ἐκείνῃ, καὶ γνώσονται οἱ Χαναναῖοι τὰ πρόβατα τὰ φυλασσόμενά μοί, διότι λόγος Κυρίου ἐστί. Καὶ ἐρῶ πρὸς αὐτούς. Εἰ καλὸν ἐνώπιον ὑμῶν ἐστι, δότε τὸν μισθόν μου, ἢ ἀπείπασθε, καὶ ἔστησαν τὸν μισθόν μου, τριάκοντα ἀργυροῦς. Καὶ εἶπε Κύριος πρός με. Κάθες αὐτοὺς εἰς τὸ χωνευτήριον, καὶ σκέψομαι εἰ δόκιμόν ἐστιν, ὃν τρόπον ἐδοκιμάσθην ὑπὲρ αὐτῶν. Καὶ ἔλαβον τοὺς τριάκοντα ἀργυροῦς, καὶ ἐνέβαλον αὐτοὺς εἰς τὸν οἶκον Κυρίου εἰς τὸ χωνευτήριον, καθὰ συνέταξέ μοι Κύριος.

Ὁ Ἀναγνώστης· Πρὸς Γαλάτας ἐπιστολῆς Παύλου τὸ Ἀνάγνωσμα.

Ὁ Διάκονος· Σοφία. Πρόσχωμεν.

(στ΄ 14-18)

Ἀδελφοί, ἐμοὶ μὴ γένοιτο καυχᾶσθαι, εἰ μὴ ἐν τῷ Σταυρῷ τοῦ Κυρίου ἡμῶν Ἰησοῦ Χριστοῦ, δι' οὗ ἐμοὶ Κόσμος ἐσταύρωται, κἀγὼ τῷ Κόσμῳ. Ἐν γὰρ Χριστῷ Ἰησοῦ οὔτε περιτομή τι ἰσχύει, οὔτε ἀκροβυστία, ἀλλὰ καινὴ κτίσις. Καὶ ὅσοι τῷ κανόνι τούτῳ στοιχήσουσιν, εἰρήνη ἐπ' αὐτούς, καὶ ἔλεος, καὶ ἐπὶ τὸν Ἰσραὴλ τοῦ Θεοῦ. Τοῦ λοιποῦ, κόπους μοὶ μηδεὶς παρεχέτω, ἐγὼ γὰρ τὰ στίγματα τοῦ Κυρίου Ἰησοῦ ἐν τῷ σώματί μου βα-

Reader: The Reading is from the Prophecy of Zacharias.

Deacon: Let us be attentive.

(11:10-13)

Thus says the Lord: I shall take my beautiful staff and I shall throw it away, to annul my covenant that I had made with all the peoples. And it shall be annulled on that day, and the Cananites, the sheep that will be guarded for me, will know that it is the word of the Lord. And I shall say to them, 'If it seems right to you, weigh out and give me my wages; but if not, keep them.' So they weighed out as my wages thirty pieces of silver. Then the Lord said to me, 'Cast it into the furnace, and see if it is proved metal, in the same way that I was proved by them. So I took the thirty pieces of silver and threw them into the furnace into the house of the Lord, as the Lord had commanded me.

Reader: The Reading is from the Epistle of Paul to the Galatians.

Deacon: Wisdom. Let us attend.

(6:14-18)

Brethren, far be it from me to glory except in the cross of our Lord Jesus Christ, by which the world has been crucified to me, and I to the world. For neither circumcision counts for anything, nor uncircumcision, but a new creation. Peace and mercy be upon all who walk by this rule, upon the Israel of God. Henceforth let no man trouble me; for I bear on my body the marks of

στάζω. Ἡ χάρις τοῦ Κυρίου ἡμῶν Ἰησοῦ Χριστοῦ μετὰ τοῦ πνεύματος ὑμῶν, ἀδελφοί. Ἀμήν.

Ὁ Ἱερεὺς· Εἰρήνη σοι.

Ὁ Διάκονος· Καὶ ὑπὲρ τοῦ καταξιωθῆναι ἡμᾶς τῆς ἀκροάσεως τοῦ ἁγίου Εὐαγγελίου Κύριον τὸν Θεὸν ἡμῶν ἱκετεύσωμεν.

Ὁ Χορός· Κύριε, ἐλέησον. *(γ´)*

Ὁ Διάκονος· Σοφία. Ὀρθοί, ἀκούσωμεν τοῦ ἁγίου Εὐαγγελίου.

Ὁ Ἱερεύς· Εἰρήνη πᾶσι.

Ὁ Χορός· Καὶ τῷ πνεύματί σου.

Ὁ Ἱερεύς· Ἐκ τοῦ κατὰ Ματθαῖον ἁγίου Εὐαγγελίου τὸ ἀνάγνωσμα.

Ὁ Διάκονος· Πρόσχωμεν.

Ὁ Χορός· Δόξα σοι, Κύριε, δόξα σοι.

Ὁ Ἱερεὺς·

(κζ´, 1-56)

Τῷ καιρῷ ἐκείνῳ, πρωΐας γενομένης, συμβούλιον ἔλαβον πάντες οἱ Ἀρχιερεῖς καὶ οἱ Πρεσβύτεροι τοῦ λαοῦ κατὰ τοῦ Ἰησοῦ, ὥστε θανατῶσαι αὐτόν· καὶ δήσαντες αὐτόν, ἀπήγαγον, καὶ παρέδωκαν αὐτὸν Ποντίῳ Πιλάτῳ, τῷ ἡγεμόνι. Τότε ἰδὼν Ἰούδας ὁ παραδιδοὺς αὐτόν, ὅτι κατεκρίθη, μεταμεληθεὶς, ἀπέστρεψε τὰ τριάκοντα ἀργύρια τοῖς Ἀρχιερεῦσι καὶ τοῖς Πρεσβυτέροις, λέγων· Ἥμαρτον παραδοὺς αἷμα ἀθῷον. Οἱ δὲ εἶπον· Τί πρὸς ἡμᾶς; σὺ ὄψει. Καὶ ῥίψας τὰ ἀργύρια ἐν τῷ ναῷ, ἀνεχώρησε, καὶ ἀπελθὼν, ἀπήγξατο. Οἱ δὲ Ἀρχιερεῖς, λαβόντες τὰ ἀργύρια, εἶπον· Οὐκ ἔξεστι βαλεῖν αὐτὰ

Jesus. The grace of our Lord Jesus Christ be with your spirit, brethren. Amen..

Priest: Peace be to you.

Deacon: And that we might be found worthy to hear the holy Gospel, let us pray to the Lord God.

Choir: Lord, have mercy. *(x3)*

Deacon: Wisdom. Arise. Let us hear the holy Gospel.

Priest: Peace to all.

Choir: And to your Spirit.

Priest: The reading is from the holy Gospel according to Matthew.

Deacon: Let us be attentive.

Choir: Glory to you, Lord, glory to you!

Priest:

(27:1-56)

When morning came, all the chief priests and the elders of the people took counsel against Jesus to put him to death; and they bound him and led him away and delivered him to Pilate the governor. When Judas, his betrayer, saw that he was condemned, he repented and brought back the thirty pieces of silver to the chief priests and the elders, saying, "I have sinned in betraying innocent blood." They said, "What is that to us? See to it yourself." And throwing down the pieces of silver in the temple, he departed; and he went and hanged himself. But the chief priests, taking the

εἰς τὸν κορβανᾶν, ἐπεὶ τιμὴ αἵματός ἐστι. Συμβούλιον δὲ λαβόντες, ἠγόρασαν ἐξ αὐτῶν τὸν ἀγρὸν τοῦ Κεραμέως, εἰς ταφὴν τοῖς ξένοις· διὸ ἐκλήθη ὁ ἀγρὸς ἐκεῖνος, ἀγρὸς αἵματος ἕως τῆς σήμερον. Τότε ἐπληρώθη τὸ ῥηθὲν διὰ Ἱερεμίου τοῦ προφήτου λέγοντος· «Καὶ ἔλαβον τὰ τριάκοντα ἀργύρια, τὴν τιμὴν τοῦ τετιμημένου, ὃν ἐτιμήσαντο ἀπὸ υἱῶν Ἰσραήλ, καὶ ἔδωκαν αὐτὰ εἰς τὸν ἀγρὸν τοῦ Κεραμέως, καθὰ συνέταξέ μοι Κύριος.» Ὁ δὲ Ἰησοῦς ἔστη ἔμπροσθεν τοῦ Ἡγεμόνος, καὶ ἐπηρώτησεν αὐτὸν ὁ Ἡγεμών, λέγων· Σὺ εἶ ὁ Βασιλεὺς τῶν Ἰουδαίων; ὁ δὲ Ἰησοῦς ἔφη αὐτῷ· Σὺ λέγεις. Καὶ ἐν τῷ κατηγορεῖσθαι αὐτὸν ὑπὸ τῶν Ἀρχιερέων καὶ τῶν Πρεσβυτέρων, οὐδὲν ἀπεκρίνατο. Τότε λέγει αὐτῷ ὁ Πιλᾶτος· Οὐκ ἀκούεις πόσα σου καταμαρτυροῦσι; Καὶ οὐκ ἀπεκρίθη αὐτῷ πρὸς οὐδὲ ἓν ῥῆμα· ὥστε θαυμάζειν τὸν Ἡγεμόνα λίαν. Κατὰ δὲ ἑορτὴν, εἰώθει ὁ Ἡγεμὼν ἀπολύειν ἕνα τῷ ὄχλῳ δέσμιον, ὃν ἤθελον. Εἶχον δὲ τότε δέσμιον ἐπίσημον, λεγόμενον Βαραββᾶν. Συνηγμένων οὖν αὐτῶν, εἶπεν αὐτοῖς ὁ Πιλᾶτος· Τίνα θέλετε ἀπολύσω ὑμῖν; Βαραββᾶν, ἢ Ἰησοῦν τὸν λεγόμενον Χριστόν; ᾔδει γὰρ, ὅτι διὰ φθόνον, παρέδωκαν αὐτόν. Καθημένου δὲ αὐτοῦ ἐπὶ τοῦ βήματος, ἀπέστειλε πρὸς αὐτὸν ἡ γυνὴ αὐτοῦ λέγουσα· Μηδὲν σοὶ καὶ τῷ δικαίῳ ἐκείνῳ· πολλὰ γὰρ ἔπαθον σήμερον κατ' ὄναρ δι' αὐτόν. Οἱ δὲ Ἀρχιερεῖς καὶ οἱ Πρεσβύτεροι ἔπεισαν τοὺς ὄχλους, ἵνα αἰτήσωνται τὸν Βαραββᾶν, τὸν δὲ Ἰησοῦν ἀπολέσωσιν. Ἀποκριθεὶς δὲ ὁ Ἡγεμὼν, εἶπεν αὐτοῖς· Τίνα θέλετε ἀπὸ τῶν δύο ἀπολύσω ὑμῖν; Οἱ δὲ εἶπον· Βαραββᾶν. Λέγει αὐτοῖς ὁ Πιλᾶτος· τί οὖν ποιήσω Ἰησοῦν, τὸν λεγόμενον Χριστόν;

pieces of silver, said, "It is not lawful to put them into the treasury, since they are blood money." So they took counsel, and bought with them the potter's field, to bury strangers in. Therefore that field has been called the Field of Blood to this day. Then was fulfilled what had been spoken by the prophet Jeremiah, saying, "And they took the thirty pieces of silver, the price of him on whom a price had been set by some of the sons of Israel, and they gave them for the potter's field, as the Lord directed me." Now Jesus stood before the governor; and the governor asked him, "Are you the King of the Jews?" Jesus said, "You have said so." But when he was accused by the chief priests and elders, he made no answer. Then Pilate said to him, "Do you not hear how many things they testify against you?" But he gave him no answer, not even to a single charge; so that the governor wondered greatly. Now at the feast the governor was accustomed to release for the crowd any one prisoner whom they wanted. And they had then a notorious prisoner, called Barabbas. So when they had gathered, Pilate said to them, "Whom do you want me to release for you, Barabbas or Jesus who is called Christ?" For he knew that it was out of envy that they had delivered him up. Besides, while he was sitting on the judgment seat, his wife sent word to him, "Have nothing to do with that righteous man, for I have suffered much over him today in a dream." Now the chief priests and the elders persuaded the people to ask for Barabbas and destroy Jesus. The governor again said

Λέγουσιν αὐτῷ πάντες· Σταυρωθήτω. Ὁ δὲ Ἡγεμὼν ἔφη· Τί γὰρ κακὸν ἐποίησεν; Οἱ δὲ περισσῶς ἔκραζον, λέγοντες· Σταυρωθήτω. Ἰδὼν δὲ ὁ Πιλᾶτος, ὅτι οὐδὲν ὠφελεῖ, ἀλλὰ μᾶλλον θόρυβος γίνεται, λαβὼν ὕδωρ, ἀπενίψατο τὰς χεῖρας ἀπέναντι τοῦ ὄχλου, λέγων· Ἀθῷός εἰμι ἀπὸ τοῦ αἵματος τοῦ δικαίου τούτου· ὑμεῖς ὄψεσθε. Καὶ ἀποκριθεὶς πᾶς ὁ λαός, εἶπε· Τὸ αἷμα αὐτοῦ ἐφ' ἡμᾶς, καὶ ἐπὶ τὰ τέκνα ἡμῶν. Τότε ἀπέλυσεν αὐτοῖς τὸν Βαραββᾶν, τὸν δὲ Ἰησοῦν φραγελλώσας, παρέδωκεν ἵνα σταυρωθῇ. Τότε οἱ στρατιῶται τοῦ Ἡγεμόνος παραλαβόντες τὸν Ἰησοῦν εἰς τὸ Πραιτώριον, συνήγαγον ἐπ' αὐτὸν ὅλην τὴν σπεῖραν· καὶ ἐκδύσαντες αὐτόν, περιέθηκαν αὐτῷ χλαμύδα κοκκίνην, καὶ πλέξαντες στέφανον ἐξ ἀκανθῶν, ἐπέθηκαν ἐπὶ τὴν κεφαλὴν αὐτοῦ, καὶ κάλαμον ἐπὶ τὴν δεξιὰν αὐτοῦ, καὶ γονυπετήσαντες ἔμπροσθεν αὐτοῦ, ἐνέπαιζον αὐτῷ, λέγοντες· Χαῖρε ὁ Βασιλεὺς τῶν Ἰουδαίων· Καὶ ἐμπτύσαντες εἰς αὐτόν, ἔλαβον τὸν κάλαμον καὶ ἔτυπτον εἰς τὴν κεφαλὴν αὐτοῦ. Καὶ ὅτε ἐνέπαιξαν αὐτῷ, ἐξέδυσαν αὐτὸν τὴν χλαμύδα καὶ ἐνέδυσαν αὐτὸν τὰ ἱμάτια αὐτοῦ, καὶ ἀπήγαγον αὐτὸν εἰς τὸ σταυρῶσαι. Ἐξερχόμενοι δέ, εὗρον ἄνθρωπον Κυρηναῖον, ὀνόματι Σίμωνα· τοῦτον ἠγγάρευσαν, ἵνα ἄρῃ τὸν Σταυρὸν αὐτοῦ. Καὶ ἐλθόντες εἰς τόπον λεγόμενον Γολγοθᾶ, ὅς ἐστι λεγόμενος Κρανίου τόπος, ἔδωκαν αὐτῷ πιεῖν ὄξος μετὰ χολῆς μεμιγμένον· καὶ γευσάμενος, οὐκ ἤθελε πιεῖν. Σταυρώσαντες δὲ αὐτόν, διεμερίσαντο τὰ ἱμάτια αὐτοῦ, βαλόντες κλῆρον, ἵνα πληρωθῇ τὸ ῥηθὲν ὑπὸ τοῦ Προφήτου· «Διεμερίσαντο τὰ ἱμάτιά μου ἑαυτοῖς, καὶ ἐπὶ τὸν ἱματισμόν μου ἔβαλον κλῆρον»· καὶ καθήμενοι, ἐτήρουν αὐτὸν ἐκεῖ. Καὶ

to them, "Which of the two do you want me to release for you?" And they said, "Barabbas." Pilate said to them, "Then what shall I do with Jesus who is called Christ?" They all said, "Let him be crucified." And he said, "Why, what evil has he done?" But they shouted all the more, "Let him be crucified." So when Pilate saw that he was gaining nothing, but rather that a riot was beginning, he took water and washed his hands before the crowd, saying, "I am innocent of this man's blood; see to it yourselves." And all the people answered, "His blood be on us and on our children!" Then he released for them Barabbas, and having scourged Jesus, delivered him to be crucified. Then the soldiers of the governor took Jesus into the praetorium, and they gathered the whole battalion before him. And they stripped him and put a scarlet robe upon him, and plaiting a crown of thorns they put it on his head, and put a reed in his right hand. And kneeling before him they mocked him, saying, "Hail, King of the Jews!" And they spat upon him, and took the reed and struck him on the head. And when they had mocked him, they stripped him of the robe, and put his own clothes on him, and led him away to crucify him. As they went out, they came upon a man of Cyrene, Simon by name; this man they compelled to carry his cross. And when they came to a place called Golgotha (which means the place of a skull), they offered him wine to drink, mingled with gall; but when he tasted it, he would not drink it. And when they had crucified him, they divided his gar-

ἐπέθηκαν ἐπάνω τῆς κεφαλῆς αὐτοῦ τὴν αἰτίαν αὐτοῦ γεγραμμένην· Οὗτός ἐστιν Ἰησοῦς ὁ Βασιλεὺς τῶν Ἰουδαίων. Τότε σταυροῦνται σὺν αὐτῷ δύο λῃσταί, εἷς ἐκ δεξιῶν καὶ εἷς ἐξ εὐωνύμων. Οἱ δὲ παραπορευόμενοι ἐβλασφήμουν αὐτόν, κινοῦντες τὰς κεφαλὰς αὐτῶν, καὶ λέγοντες· Ὁ καταλύων τὸν ναὸν, καὶ ἐν τρισὶν ἡμέραις οἰκοδομῶν! σῶσον σεαυτόν· εἰ Υἱὸς εἶ τοῦ Θεοῦ, κατάβηθι ἀπὸ τοῦ Σταυροῦ. Ὁμοίως δὲ καὶ οἱ Ἀρχιερεῖς, ἐμπαίζοντες μετὰ τῶν Γραμματέων καὶ Πρεσβυτέρων, καὶ Φαρισαίων, ἔλεγον· ἄλλους ἔσωσεν, ἑαυτὸν οὐ δύναται σῶσαι· εἰ Βασιλεὺς Ἰσραήλ ἐστι, καταβάτω νῦν ἀπὸ τοῦ Σταυροῦ, καὶ πιστεύσωμεν αὐτῷ· Πέποιθεν ἐπὶ τὸν Θεόν, ῥυσάσθω νῦν αὐτόν, εἰ θέλει αὐτόν· εἶπε γὰρ, ὅτι Θεοῦ εἰμι Υἱός. Τὸ δ᾿ αὐτὸ καὶ οἱ λῃσταί, οἱ συσταυρωθέντες αὐτῷ, ὠνείδιζον αὐτόν. Ἀπὸ δὲ ἕκτης ὥρας σκότος ἐγένετο ἐπὶ πᾶσαν τὴν γῆν, ἕως ὥρας ἐνάτης. Περὶ δὲ τὴν ἐνάτην ὥραν ἀνεβόησεν ὁ Ἰησοῦς φωνῇ μεγάλῃ, λέγων· Ἠλὶ, Ἠλί, λαμὰ σαβαχθανί, τοῦτ᾿ ἔστι, Θεέ μου, Θεέ μου, ἵνα τί με ἐγκατέλιπες; Τινὲς δὲ τῶν ἐκεῖ ἑστώτων ἀκούσαντες, ἔλεγον· ὅτι Ἠλίαν φωνεῖ οὗτος. Καὶ εὐθέως δραμὼν εἷς ἐξ αὐτῶν, καὶ λαβὼν σπόγγον, πλήσας τε ὄξους, καὶ περιθεὶς καλάμῳ, ἐπότιζεν αὐτόν. Οἱ δὲ λοιποὶ ἔλεγον· Ἄφες, ἴδωμεν εἰ ἔρχεται Ἠλίας σώσων αὐτόν. Ὁ δὲ Ἰησοῦς, πάλιν κράξας φωνῇ μεγάλῃ, ἀφῆκε τὸ πνεῦμα. Καὶ ἰδοὺ, τὸ καταπέτασμα τοῦ Ναοῦ ἐσχίσθη εἰς δύο, ἀπὸ ἄνωθεν ἕως κάτω· καὶ ἡ γῆ ἐσείσθη· καὶ αἱ πέτραι ἐσχίσθησαν· καὶ τὰ μνημεῖα ἀνεῴχθησαν· καὶ πολλὰ σώματα τῶν κεκοιμημένων ἁγίων ἠγέρθη, καὶ ἐξελθόντες ἐκ τῶν μνημείων, μετὰ τὴν ἔγερσιν αὐτοῦ, εἰσῆλθον εἰς τὴν ἁγίαν

ments among them by casting lots; then they sat down and kept watch over him there. And over his head they put the charge against him, which read, "This is Jesus the King of the Jews." Then two robbers were crucified with him, one on the right and one on the left. And those who passed by derided him, wagging their heads and saying, "You who would destroy the temple and build it in three days, save yourself! If you are the Son of God, come down from the cross." So also the chief priests, with the scribes and elders, mocked him, saying, "He saved others; he cannot save himself. He is the King of Israel; let him come down now from the cross, and we will believe in him. He trusts in God; let God deliver him now, if he desires him; for he said, 'I am the Son of God.'" And the robbers who were crucified with him also reviled him in the same way. Now from the sixth hour there was darkness over all the land until the ninth hour. And about the ninth hour Jesus cried with a loud voice, "Eli, Eli, lama sabachthani?" that is, "My God, my God, why have you forsaken me?" And some of the bystanders hearing it said, "This man is calling Elijah." And one of them at once ran and took a sponge, filled it with vinegar, and put it on a reed, and gave it to him to drink. But the others said, "Wait, let us see whether Elijah will come to save him." And Jesus cried again with a loud voice and yielded up his spirit. And behold, the curtain of the temple was torn in two, from top to bottom; and the earth shook, and the rocks were split; the tombs also were

Πόλιν, καὶ ἐνεφανίσθησαν πολλοῖς. Ὁ δὲ Ἑκατόνταρχος, καὶ οἱ μετ' αὐτοῦ, τηροῦντες τὸν Ἰησοῦν, ἰδόντες τὸν σεισμὸν καὶ τὰ γενόμενα, ἐφοβήθησαν σφόδρα, λέγοντες· Ἀληθῶς Θεοῦ Υἱὸς ἦν οὗτος. Ἦσαν δὲ ἐκεῖ καὶ γυναῖκες πολλαὶ, ἀπὸ μακρόθεν θεωροῦσαι, αἵτινες ἠκολούθησαν τῷ Ἰησοῦ ἀπὸ τῆς Γαλιλαίας, διακονοῦσαι αὐτῷ· ἐν αἷς ἦν Μαρία ἡ Μαγδαληνή, καὶ Μαρία ἡ τοῦ Ἰακώβου καὶ Ἰωσῆ μήτηρ, καὶ ἡ μήτηρ τῶν Υἱῶν Ζεβεδαίου.

opened, and many bodies of the saints who had fallen asleep were raised, and coming out of the tombs after his resurrection they went into the holy city and appeared to many. When the centurion and those who were with him, keeping watch over Jesus, saw the earthquake and what took place, they were filled with awe, and said, "Truly this was the Son of God!" There were also many women there, looking on from afar, who had followed Jesus from Galilee, ministering to him; among whom were Mary Magdalene, and Mary the mother of James and Joseph, and the mother of the sons of Zebedee.

Ὁ Χορός· Δόξα τῇ μακροθυμίᾳ σου, Κύριε, δόξα σοι.

Choir: Glory to your long-suffering, Lord; glory to you!

Ὁ Ἀναγνώστης· Τὰ διαβήματά μου κατεύθυνον κατὰ τὸ λόγιόν σου, καὶ μὴ κατακυριευσάτω μου πᾶσα ἀνομία. Λύτρωσαί με ἀπὸ συκοφαντίας ἀνθρώπων, καὶ φυλάξω τὰς ἐντολάς σου. Τὸ πρόσωπόν σου ἐπίφανον ἐπὶ τὸν δοῦλόν σου καὶ δίδαξόν με τὰ δικαιώματά σου. Πληρωθήτω τὸ στόμα μου αἰνέσεώς σου, Κύριε, ὅπως ὑμνήσω τὴν δόξαν σου, ὅλην τὴν ἡμέραν τὴν μεγαλοπρέπειάν σου.

Reader: Direct my steps according to your word, and let no iniquity lord it over me. Deliver me from the slander of men, and I shall keep your commandments. Let your face shine on your servant, and teach me your statutes. Let my mouth be filled with your praise, O Lord, that I may hymn your glory, all day long your splendor.

Ὁ Ἀναγνώστης· Ἅγιος ὁ Θεός, Ἅγιος Ἰσχυρός, Ἅγιος Ἀθάνατος, ἐλέησον ἡμᾶς. (γ')

Reader: Holy God, Holy Mighty, Holy Immortal, have mercy on us (*x3*).

Δόξα Πατρί, καὶ Υἱῷ, καὶ Ἁγίῳ Πνεύματι, καὶ νῦν καὶ ἀεί, καὶ εἰς τοὺς αἰῶνας τῶν αἰώνων. Ἀμήν.

Glory to the Father and the Son and the Holy Spirit, both now and ever and to the ages of ages. Amen.

Παναγία Τριάς, ἐλέησον ἡμᾶς. Κύριε, ἱλάσθητι ταῖς ἁμαρτίαις ἡμῶν, Δέσποτα, συγχώρησον τὰς ἀνομίας ἡμῖν. Ἅγιε, ἐπί-

All-holy Trinity, have mercy on us. Lord, forgive our sins. Master, pardon our transgressions. Holy One, visit and

σκέψαι καὶ ἴασαι τὰς ἀσθενείας ἡμῶν, ἕνεκεν τοῦ ὀνόματός σου.

Κύριε, ἐλέησον. (γ´) Δόξα Πατρί, καὶ Υἱῷ, καὶ Ἁγίῳ Πνεύματι, καὶ νῦν καὶ ἀεί, καὶ εἰς τοὺς αἰῶνας τῶν αἰώνων. Ἀμήν.

Πάτερ ἡμῶν ὁ ἐν τοῖς οὐρανοῖς, ἁγιασθήτω τὸ ὄνομά σου. Ἐλθέτω ἡ βασιλεία σου. Γενηθήτω τὸ θέλημά σου, ὡς ἐν οὐρανῷ, καὶ ἐπὶ τῆς γῆς. Τὸν ἄρτον ἡμῶν τὸν ἐπιούσιον δὸς ἡμῖν σήμερον. Καὶ ἄφες ἡμῖν τὰ ὀφειλήματα ἡμῶν, ὡς καὶ ἡμεῖς ἀφίεμεν τοῖς ὀφειλέταις ἡμῶν. Καὶ μὴ εἰσενέγκῃς ἡμᾶς εἰς πειρασμόν, ἀλλὰ ῥῦσαι ἡμᾶς ἀπὸ τοῦ πονηροῦ.

Ὁ Ἱερεύς· Ὅτι σοῦ ἐστιν ἡ Βασιλεία, καὶ ἡ δύναμις, καὶ ἡ δόξα, τοῦ Πατρός, καὶ τοῦ Υἱοῦ, καὶ τοῦ ἁγίου Πνεύματος, νῦν καὶ ἀεὶ καὶ εἰς τοὺς αἰῶνας τῶν αἰώνων.

Ὁ Ἀναγνώστης· Ἀμήν.

Κοντάκιον. Ἦχος πλ. δ´.

Τὸν δι᾽ ἡμᾶς σταυρωθέντα, δεῦτε πάντες ὑμνήσωμεν, αὐτὸν γὰρ κατεῖδε Μαρία ἐπὶ τοῦ ξύλου, καὶ ἔλεγεν. Εἰ καὶ σταυρὸν ὑπομένεις, σὺ ὑπάρχεις ὁ Υἱὸς καὶ Θεός μου.

Ὁ Ἀναγνώστης·

Κύριε, ἐλέησον. (μ´)

Ὁ ἐν παντὶ καιρῷ καὶ πάσῃ ὥρᾳ ἐν οὐρανῷ καὶ ἐπὶ γῆς προσκυνούμενος καὶ δοξαζόμενος Χριστὸς ὁ Θεός, ὁ μακρόθυμος, ὁ πολυέλεος, ὁ πολυεύσπλαγχνος, ὁ τοὺς δικαίους ἀγαπῶν καὶ τοὺς ἁμαρτωλοὺς ἐλεῶν, ὁ πάντας καλῶν πρὸς σωτηρίαν διὰ τῆς ἐπαγγελίας τῶν μελλόντων ἀγαθῶν· αὐτός, Κύριε,

heal our infirmities for the glory of Your name.

Lord, have mercy. (*x3*) Glory to the Father and the Son and the Holy Spirit, both now and ever and to the ages of ages. Amen.

Our Father, who art in heaven, hallowed be Thy name. Thy kingdom come. Thy will be done, on earth as it is in heaven. Give us this day our daily bread; and forgive us our trespasses, as we forgive those who trespass against us. And lead us not into temptation, but deliver us from the evil one.

Priest: For Yours is the kingdom and the power and the glory, of the Father and the Son and the Holy Spirit, both now and ever and to the ages of ages.

Reader: Amen.

Kontakion. Tone Pl. 4.

Come, let us all sing the praise of him who was crucified for us; for Mary looked upon him on the Tree and said: 'Though you endure the Cross, yet you are my Son and my God'.

Reader:

Lord, have mercy. (*x40*)

At every time and at every hour, in heaven and on earth worshipped and glorified, Christ God, long-suffering, great in mercy, great in compassion, loving the just and merciful to sinners, calling all to salvation by the promise of the blessings to come; do you, Lord, yourself accept our entreat-

πρόσδεξαι καὶ ἡμῶν ἐν τῇ ὥρᾳ ταύτῃ τὰς ἐντεύξεις καὶ ἴθυνον τὴν ζωὴν ἡμῶν πρὸς τὰς ἐντολάς σου. Τὰς ψυχὰς ἡμῶν ἁγίασον· τὰ σώματα ἅγνισον· τοὺς λογισμοὺς διόρθωσον, τὰς ἐννοίας κάθαρον· καὶ ῥῦσαι ἡμᾶς ἀπὸ πάσης θλίψεως, κακῶν καὶ ὀδύνης. Τείχισον ἡμᾶς ἁγίοις σου ἀγγέλοις, ἵνα, τῇ παρεμβολῇ αὐτῶν φρουρούμενοι καὶ ὁδηγούμενοι, καταντήσωμεν εἰς τὴν ἑνότητα τῆς πίστεως καὶ εἰς τὴν ἐπίγνωσιν τῆς ἀπροσίτου σου δόξης· ὅτι εὐλογητὸς εἶ εἰς τοὺς αἰῶνας τῶν αἰώνων. Ἀμήν.

Κύριε, ἐλέησον. (γ΄) Δόξα Πατρὶ, καὶ Υἱῷ, καὶ Ἁγίῳ Πνεύματι, καὶ νῦν καὶ ἀεὶ, καὶ εἰς τοὺς αἰῶνας τῶν αἰώνων. Ἀμήν.

Τὴν τιμιωτέραν τῶν Χερουβεὶμ καὶ ἐνδοξοτέραν ἀσυγκρίτως τῶν Σεραφείμ, τὴν ἀδιαφθόρως Θεὸν Λόγον τεκοῦσαν, τὴν ὄντως Θεοτόκον σὲ μεγαλύνομεν.

Ἐν ὀνόματι Κυρίου, εὐλόγησον Πάτερ.

Ὁ Ἱερεὺς· Ὁ Θεὸς οἰκτειρήσαι ἡμᾶς καὶ εὐλογήσαι ἡμᾶς, ἐπιφάναι τὸ πρόσωπον αὐτοῦ ἐφ' ἡμᾶς καὶ ἐλεήσαι ἡμᾶς.

Καὶ τὴν παροῦσαν εὐχήν.

Χριστέ, τὸ φῶς τὸ ἀληθινόν, τὸ φωτίζον καὶ ἁγιάζον πάντα ἄνθρωπον ἐρχόμενον εἰς τὸν κόσμον, σημειωθήτω ἐφ' ἡμᾶς τὸ φῶς τοῦ προσώπου σου, ἵνα ἐν αὐτῷ ὀψώμεθα φῶς τὸ ἀπρόσιτον· καὶ κατεύθυνον τὰ διαβήματα ἡμῶν πρὸς ἐργασίαν τῶν ἐντολῶν σου· πρεσβείαις τῆς παναχράντου σου Μητρός, καὶ πάντων σου τῶν Ἁγίων. Ἀμήν.

ies at this hour, and direct our lives to your commandments. Sanctify our souls, purify our bodies, correct our thoughts, cleanse our ideas and deliver us from every distress, evil, and pain. Wall us about with your holy Angels, that protected and guided by their host we may reach the unity of the faith and the knowledge of your unapproachable glory; for you are blessed to the ages of ages. Amen.

Lord, have mercy. (*x3*) Glory to the Father and the Son and the Holy Spirit, both now and ever and to the ages of ages. Amen.

Greater in honor than the Cherubim, and beyond compare more glorious than the Seraphim, without corruption you gave birth to God the Word; truly the Theotokos, we magnify you.

In the name of the Lord, bless, Father.

Priest: May God take pity on us and bless us, and make his face shine on us and have mercy on us.

And the following prayer.

Christ, the true light, who enlighten and hallow everyone who comes into the world, may the light of your countenance be signed upon us, that in it we may see your unapproachable light; and direct our steps to the doing of your commandments; at the intercessions of your all-most pure Mother and of all your Saints. Amen.

ὩΡΑ ΤΡΙΤΗ / THIRD HOUR

Ὁ Ἀναγνώστης·

Δεῦτε, προσκυνήσωμεν καὶ προσπέσωμεν τῷ βασιλεῖ ἡμῶν Θεῷ.

Δεῦτε, προσκυνήσωμεν καὶ προσπέσωμεν Χριστῷ, τῷ βασιλεῖ ἡμῶν Θεῷ.

Δεῦτε, προσκυνήσωμεν καὶ προσπέσωμεν αὐτῷ Χριστῷ, τῷ βασιλεῖ καὶ Θεῷ ἡμῶν.

With three metanias; then the following two psalms.

ΨΑΛΜΟΣ ΛΔ΄ / PSALM 34

Δίκασον, Κύριε, τοὺς ἀδικοῦντάς με· πολέμησον τοὺς πολεμοῦντάς με. Ἐπιλαβοῦ, ὅπλου καὶ θυρεοῦ καὶ ἀνάστηθι εἰς τὴν βοήθειάν μου. Ἔκχεον ρομφαίαν καὶ σύγκλεισον ἐξ ἐναντίας τῶν καταδιωκόντων με· εἶπον τῇ ψυχῇ μου· Σωτηρία σου ἐγώ εἰμι. Αἰσχυνθήτωσαν καὶ ἐντραπήτωσαν οἱ ζητοῦντες τὴν ψυχήν μου, ἀποστραφήτωσαν εἰς τὰ ὀπίσω καὶ καταισχυνθήτωσαν οἱ λογιζόμενοί μοι κακά. Γενηθήτωσαν ὡσεὶ χνοῦς κατὰ πρόσωπον ἀνέμου, καὶ ἄγγελος Κυρίου ἐκθλίβων αὐτούς. Γενηθήτω ἡ ὁδὸς αὐτῶν σκότος καὶ ὀλίσθημα, καὶ ἄγγελος Κυρίου καταδιώκων αὐτούς. Ὅτι δωρεὰν ἔκρυψάν μοι διαφθορὰν παγίδος αὐτῶν, μάτην ὠνείδισαν τὴν ψυχήν μου. Ἐλθέτω αὐτῷ παγίς, ἣν οὐ γινώσκει, καὶ ἡ θήρα, ἣν ἔκρυψε, συλλαβέτω αὐτόν, καὶ ἐν τῇ παγίδι πεσεῖται ἐν αὐτῇ. Ἡ δὲ ψυχή μου ἀγαλλιάσεται ἐπὶ τῷ Κυρίῳ τερφθήσεται ἐπὶ τῷ σωτηρίῳ αὐτοῦ. Πάντα τὰ ὀστᾶ μου ἐροῦσι· Κύριε Κύριε, τίς ὅμοιός σοι; Ῥυόμενος πτωχὸν ἐκ χειρὸς στερεωτέρων αὐτοῦ καὶ πτωχὸν καὶ πένητα ἀπὸ

Lord, judge those that wrong me, make war on those who war against me. Take up weapon and shield and arise to my help. Draw the sword and block the way of those who persecute me; say to my soul: I am your salvation. Let those who seek my life be put to shame and turned back, let those who devise evils against me be routed and put utterly to shame. Let them be like dust before the wind, with the Angel of the Lord afflicting them. Let their way become dark and slippery, with the Angel of the Lord pursuing them. Because they hid for me a snare of destruction; without cause they reviled my soul. Let a snare which they do not know come upon them, and let the trap which they hid seize them, and let them fall into the very same snare. But my soul will rejoice in the Lord, it will delight in his salvation. All my bones will say: Lord, who is like you? Who deliver the poor from those who are stronger, and the poor and needy from those that de-

τῶν διαρπαζόντων αὐτόν. Ἀναστάντες μοι μάρτυρες ἄδικοι, ἃ οὐκ ἐγίνωσκον ἠρώτων με. Ἀνταπεδίδοσάν μοι πονηρὰ ἀντὶ ἀγαθῶν καὶ ἀτεκνίαν τῇ ψυχῇ μου. Ἐγὼ δέ, ἐν τῷ αὐτοὺς παρενοχλεῖν μοι ἐνεδυόμην σάκκον καὶ ἐταπείνουν ἐν νηστείᾳ τὴν ψυχήν μου, καὶ ἡ προσευχή μου εἰς κόλπον μου ἀποστραφήσεται. Ὡς πλησίον, ὡς ἀδελφῷ ἡμετέρῳ, οὕτως εὐηρέστουν, ὡς πενθῶν καὶ σκυθρωπάζων, οὕτως ἐταπεινούμην. Καὶ κατ' ἐμοῦ εὐφράνθησαν, καὶ συνήχθησαν, συνήχθησαν ἐπ' ἐμὲ μάστιγες, καὶ οὐκ ἔγνων. Διεσχίσθησαν, καὶ οὐ κατενύγησαν, ἐπείρασάν με, ἐξεμυκτήρισάν με μυκτηρισμῷ, ἔβρυξαν ἐπ' ἐμὲ τοὺς ὀδόντας αὐτῶν. Κύριε, πότε ἐπόψει; ἀποκατάστησον τὴν ψυχήν μου ἀπὸ τῆς κακουργίας αὐτῶν, ἀπὸ λεόντων τὴν μονογενῆ μου. Ἐξομολογήσομαί σοι ἐν ἐκκλησίᾳ πολλῇ, ἐν λαῷ βαρεῖ αἰνέσω σε. Μὴ ἐπιχαρείησάν μοι οἱ ἐχθραίνοντές μοι ἀδίκως, οἱ μισοῦντές με δωρεάν, καὶ διανεύοντες ὀφθαλμοῖς. Ὅτι ἐμοὶ μὲν εἰρηνικὰ ἐλάλουν, καὶ ἐπ' ὀργὴν δόλους διελογίζοντο. Ἐπλάτυναν ἐπ' ἐμὲ τὸ στόμα αὐτῶν, εἶπον. Εὖγε, εὖγε, εἶδον οἱ ὀφθαλμοὶ ἡμῶν. Εἶδες, Κύριε, μὴ παρασιωπήσῃς. Κύριε, μὴ ἀποστῇς ἀπ' ἐμοῦ. Ἐξεγέρθητι, Κύριε, καὶ πρόσχες τῇ κρίσει μου, ὁ Θεός μου, καὶ ὁ Κύριός μου, εἰς τὴν δίκην μου. Κρῖνόν με, Κύριε, κατὰ τὴν δικαιοσύνην σου, Κύριε ὁ Θεός μου, καὶ μὴ ἐπιχαρείησάν μοι. Μὴ εἴποισαν ἐν καρδίαις αὐτῶν. Εὖγε, εὖγε τῇ ψυχῇ ἡμῶν, μηδὲ εἴποιεν, Κατεπίομεν αὐτόν. Αἰσχυνθείησαν, καὶ ἐντραπείησαν ἅμα οἱ ἐπιχαίροντες τοῖς κακοῖς μου. Ἐνδυσάσθωσαν αἰσχύνην, καὶ ἐντροπὴν οἱ μεγαλορρημονοῦντες ἐπ' ἐμέ. Ἀγαλλιάσθωσαν, καὶ εὐφρανθήτωσαν οἱ θέλοντες τὴν δικαι-

spoil them. Unjust witnesses arose and asked me things of which I knew nothing. They repaid me evils for good, and bereavement for my soul. But I, when they troubled me, put on sackcloth and humbled my soul with fasting, and my prayer shall return to my own bosom. I acted pleasantly towards them, as to our neighbor or brother; as one mourning and downcast I humbled myself. Yet they rejoiced against me and scourges were assembled, assembled against me, and I knew it not. They were scattered, but felt no compunction. They put me to the test, they reviled me utterly, they gnashed their teeth against me. Lord, when will you look upon me? Deliver my life from their malice, my only life from lions. I will give you thanks in a great congregation, among a numerous people I will praise you. Do not let those who are hostile to me without cause rejoice against me; those who hate me for nothing and who wink with their eyes. Because they spoke things of peace to me, but imagined trickeries in anger. And they opened wide their mouths against me; they said: Fine, fine, our eyes have seen. You have seen, Lord, do not keep silent; Lord, do not withdraw from me. Rise, Lord, and attend to my judgement; my God and my Lord to my cause. Judge me, O God, according to your righteousness, O Lord my God; and do not let them rejoice over me. Let them not say in their hearts: Fine, fine it is to our soul; nor let them say: We have swallowed him down. Let those who rejoice at my afflictions be put to shame and turned back together; let

οσύνην μου, καὶ εἰπάτωσαν διαπαντός. Μεγαλυνθήτω ὁ Κύριος, οἱ θέλοντες τὴν εἰρήνην τοῦ δούλου αὐτοῦ. Καὶ ἡ γλῶσσά μου μελετήσει τὴν δικαιοσύνην σου, ὅλην τὴν ἡμέραν τὸν ἔπαινόν σου.

ΨΑΛΜΟΣ ΠΗ΄

Ὁ Θεός, τὴν αἴνεσίν μου μὴ παρασιωπήσῃς, ὅτι στόμα ἁμαρτωλοῦ, καὶ στόμα δολίου ἐπ' ἐμὲ ἠνοίχθη. Ἐλάλησαν κατ' ἐμοῦ γλώσσῃ δολίᾳ, καὶ λόγοις μίσους ἐκύκλωσάν με, καὶ ἐπολέμησάν με δωρεάν. Ἀντὶ τοῦ ἀγαπᾶν με, ἐνδιέβαλλόν με, ἐγὼ δὲ προσηυχόμην. Καὶ ἔθεντο κατ' ἐμοῦ κακὰ ἀντὶ ἀγαθῶν, καὶ μῖσος ἀντὶ τῆς ἀγαπήσεώς μου. Κατάστησον ἐπ' αὐτὸν ἁμαρτωλόν, καὶ διάβολος στήτω ἐκ δεξιῶν αὐτοῦ. Ἐν τῷ κρίνεσθαι αὐτὸν ἐξέλθοι καταδεδικασμένος, καὶ ἡ προσευχὴ αὐτοῦ γενέσθω εἰς ἁμαρτίαν. Γενηθήτωσαν αἱ ἡμέραι αὐτοῦ ὀλίγαι, καὶ τὴν ἐπισκοπὴν αὐτοῦ λάβοι ἕτερος. Γενηθήτωσαν οἱ υἱοὶ αὐτοῦ ὀρφανοί, καὶ ἡ γυνὴ αὐτοῦ χήρα. Σαλευόμενοι μεταναστήτωσαν οἱ υἱοὶ αὐτοῦ, καὶ ἐπαιτησάτωσαν, ἐκβληθήτωσαν ἐκ τῶν οἰκοπέδων αὐτῶν. Ἐξερευνησάτω δανειστὴς πάντα ὅσα ὑπάρχει αὐτῷ, καὶ διαρπασάτωσαν ἀλλότριοι τοὺς πόνους αὐτοῦ. Μὴ ὑπαρξάτω αὐτῷ ἀντιλήπτωρ, μηδὲ γενηθήτω οἰκτίρμων τοῖς ὀρφανοῖς αὐτοῦ. Γενηθήτω τὰ τέκνα αὐτοῦ εἰς ἐξολόθρευσιν, ἐν γενεᾷ μιᾷ ἐξαλειφθείη τὸ ὄνομα αὐτοῦ. Ἀναμνησθείη ἡ ἀνομία τῶν πατέρων αὐτοῦ ἔναντι Κυρίου, καὶ ἡ ἁμαρτία τῆς μητρὸς αὐτοῦ μὴ ἐξαλειφθείη. Γενηθήτωσαν ἐναντίον

those who speak proud words against me be clothed in shame and confusion. Let those who wish my righteousness rejoice and be glad, and let those who wish the peace of his servant ever say: The Lord be magnified. And my tongue will meditate on your justice; all day long on your praise.

PSALM 108

Do not be silent, O God of my praise. For wicked and deceitful mouths are opened against me, speaking against me with lying tongues. They beset me with words of hate, and attack me without cause. In return for my love they accuse me, even while I make prayer for them. So they reward me evil for good, and hatred for my love. They say, 'Appoint a wicked man against him; let an accuser stand on his right. When he is tried, let him be found guilty; let his prayer be counted as sin. May his days be few; may another seize his position. May his children be orphans, and his wife a widow. May his children wander about and beg; may they be driven out of the ruins they inhabit. May the creditor seize all that he has; may strangers plunder the fruits of his toil. May there be no one to do him a kindness, nor anyone to pity his orphaned children. May his posterity be cut off; may his name be blotted out in the second generation. May the iniquity of his father be remembered before the Lord, and do not let the sin of his mother be blotted out. Let them be before the Lord continually, and may his memory be cut off from

Κυρίου διαπαντός, καὶ ἐξολοθρευθείη ἐκ γῆς τὸ μνημόσυνον αὐτῶν, ἀνθ᾽ ὧν οὐκ ἐμνήσθη ποιῆσαι ἔλεος, καὶ κατεδίωξεν ἄνθρωπον πένητα, καὶ πτωχόν, καὶ κατανενυγμένον τῇ καρδίᾳ τοῦ θανατῶσαι. Καὶ ἠγάπησε κατάραν, καὶ ἥξει αὐτῷ, καὶ οὐκ ἠθέλησεν εὐλογίαν, καὶ μακρυνθήσεται ἀπ᾽ αὐτοῦ. Καὶ ἐνεδύσατο κατάραν, ὡς ἱμάτιον, καὶ εἰσῆλθεν, ὡσεὶ ὕδωρ, εἰς τὰ ἔγκατα αὐτοῦ, καὶ ὡσεὶ ἔλαιον, ἐν τοῖς ὀστέοις αὐτοῦ. Γενηθήτω αὐτῷ ὡς ἱμάτιον, ὃ περιβάλλεται, καὶ ὡσεὶ ζώνη, ἣν διαπαντὸς περιζώννυται. Τοῦτο τὸ ἔργον τῶν ἐνδιαβαλλόντων με παρὰ Κυρίου, καὶ τῶν λαλούντων πονηρὰ κατὰ τῆς ψυχῆς μου. Καὶ σύ, Κύριε, Κύριε, ποίησον μετ᾽ ἐμοῦ, ἕνεκεν τοῦ ὀνόματός σου, ὅτι χρηστὸν τὸ ἔλεός σου, ῥῦσαί με, ὅτι πτωχὸς καὶ πένης εἰμὶ ἐγώ, καὶ ἡ καρδία μου τετάρακται ἐντός μου. Ὡσεὶ σκιὰ ἐν τῷ ἐκκλῖναι αὐτήν, ἀντανῃρέθην, ἐξετινάχθην ὡσεὶ ἀκρίδες. Τὰ γόνατά μου ἠσθένησαν ἀπὸ νηστείας, καὶ ἡ σάρξ μου ἠλλοιώθη δι᾽ ἔλαιον, κἀγὼ ἐγενήθην ὄνειδος αὐτοῖς, εἴδοσάν με, ἐσάλευσαν κεφαλὰς αὐτῶν. Βοήθησόν μοι, Κύριε ὁ Θεός μου, καὶ σῶσόν με κατὰ τὸ ἔλεός σου. Καὶ γνώτωσαν, ὅτι ἡ χείρ σου αὕτη, καὶ σύ, Κύριε, ἐποίησας αὐτήν. Καταράσονται αὐτοί, καὶ σὺ εὐλογήσεις, οἱ ἐπανιστάμενοί μοι αἰσχυνθήτωσαν, ὁ δὲ δοῦλός σου εὐφρανθήσεται. Ἐνδυσάσθωσαν οἱ ἐνδιαβάλλοντές με ἐντροπήν, καὶ περιβαλέσθωσαν, ὡς διπλοΐδα, αἰσχύνην αὐτῶν. Ἐξομολογήσομαι τῷ Κυρίῳ σφόδρα ἐν τῷ στόματί μου, καὶ ἐν μέσῳ πολλῶν αἰνέσω αὐτόν. Ὅτι παρέστη ἐκ δεξιῶν πένητος, τοῦ σῶσαι ἐκ τῶν καταδιωκόντων τὴν ψυχήν μου.

the earth. For he did not remember to show kindness, but pursued the poor and needy and the broken-hearted to their death. He loved to curse; let curses come on him. He did not like blessing; may it be far from him. He clothed himself with cursing as his coat, may it soak into his body like water, like oil into his bones. May it be like a garment that he wraps around himself, like a belt that he wears every day.' May that be the reward of my accusers from the Lord, of those who speak evil against my life. But you, O Lord my Lord, act on my behalf for your name's sake; because your steadfast love is good, deliver me. For I am poor and needy, and my heart is pierced within me. I am gone like a shadow at evening; I am shaken off like a locust. My knees are weak through fasting; my body has become gaunt. I am an object of scorn to my accusers; when they see me, they shake their heads. Help me, O Lord my God! Save me according to your steadfast love. Let them know that this is your hand; you, O Lord, have done it. Let them curse, but you will bless. Let my assailants be put to shame; may your servant be glad. May my accusers be clothed with dishonor; may they be wrapped in their own shame as in a mantle. With my mouth I will give great thanks to the LORD; I will praise him in the midst of the throng. For he stands at the right hand of the needy, to save them from those who would condemn them to death.

ΨΑΛΜΟΣ Ν΄

Ἐλέησόν με, ὁ Θεός, κατὰ τὸ μέγα ἔλεός σου, καὶ κατὰ τὸ πλῆθος τῶν οἰκτιρμῶν σου ἐξάλειψον τὸ ἀνόμημά μου. Ἐπὶ πλεῖον πλῦνόν με ἀπὸ τῆς ἀνομίας μου καὶ ἀπὸ τῆς ἁμαρτίας μου καθάρισόν με. Ὅτι τὴν ἀνομίαν μου ἐγὼ γινώσκω, καὶ ἡ ἁμαρτία μου ἐνώπιόν μού ἐστι διαπαντός. Σοὶ μόνῳ ἥμαρτον καὶ τὸ πονηρὸν ἐνώπιόν σου ἐποίησα. Ὅπως ἂν δικαιωθῇς ἐν τοῖς λόγοις σου καὶ νικήσῃς ἐν τῷ κρίνεσθαί σε. Ἰδοὺ γὰρ ἐν ἀνομίαις συνελήφθην, καὶ ἐν ἁμαρτίαις ἐκίσσησέ με ἡ μήτηρ μου. Ἰδοὺ γὰρ ἀλήθειαν ἠγάπησας· τὰ ἄδηλα καὶ τὰ κρύφια τῆς σοφίας σου ἐδήλωσάς μοι. Ῥαντιεῖς με ὑσσώπῳ καὶ καθαρισθήσομαι· πλυνεῖς με, καὶ ὑπὲρ χιόνα λευκανθήσομαι. Ἀκουτιεῖς μοι ἀγαλλίασιν καὶ εὐφροσύνην, ἀγαλλιάσονται ὀστέα τεταπεινωμένα. Ἀπόστρεψον τὸ πρόσωπόν σου ἀπὸ τῶν ἁμαρτιῶν μου καὶ πάσας τὰς ἀνομίας μου ἐξάλειψον. Καρδίαν καθαρὰν κτίσον ἐν ἐμοί, ὁ Θεός, καὶ πνεῦμα εὐθὲς ἐγκαίνισον ἐν τοῖς ἐγκάτοις μου. Μὴ ἀπορρίψῃς με ἀπὸ τοῦ προσώπου σου καὶ τὸ πνεῦμά σου τὸ ἅγιον μὴ ἀντανέλῃς ἀπ᾽ ἐμοῦ. Ἀπόδος μοι τὴν ἀγαλλίασιν τοῦ σωτηρίου σου καὶ πνεύματι ἡγεμονικῷ στήριξόν με. Διδάξω ἀνόμους τὰς ὁδούς σου, καὶ ἀσεβεῖς ἐπὶ σὲ ἐπιστρέψουσι. Ῥῦσαί με ἐξ αἱμάτων, ὁ Θεός, ὁ Θεὸς τῆς σωτηρίας μου, ἀγαλλιάσεται ἡ γλῶσσά μου τὴν δικαιοσύνην σου. Κύριε, τὰ χείλη μου ἀνοίξεις, καὶ τὸ στόμα μου ἀναγγελεῖ τὴν αἴνεσίν σου. Ὅτι εἰ ἠθέλησας θυσίαν, ἔδωκα ἄν· ὁλοκαυτώματα οὐκ εὐδοκήσεις. Θυσία τῷ Θεῷ πνεῦμα συντετριμμένον, καρδίαν συντετριμμένην καὶ τεταπεινωμένην ὁ

PSALM 50

Have mercy on me, O God, in accordance with your great mercy. According to the multitude of your compassion blot out my offence. Wash me thoroughly from my wickedness, and cleanse me from my sin. For I acknowledge my wickedness, and my sin is ever before me. Against you only I have sinned and done what is evil in your sight, that you may be justified in your words and win when you are judged. For see, in wickedness I was conceived and in sin my mother bore me. For see, you have loved truth; you have shown me the hidden and secret things of your wisdom. You will sprinkle me with hyssop and I shall be cleansed. You will wash me and I shall be made whiter than snow. You will make me hear of joy and gladness; the bones which have been humbled will rejoice. Turn away your face from my sins and blot out all my iniquities. Create a clean heart in me, O God, and renew a right Spirit within me. Do not cast me out from your presence, and do not take your Holy Spirit from me. Give me back the joy of your salvation, and establish me with your sovereign Spirit. I will teach transgressors your ways, and sinners will turn to you again. O God, the God of my salvation, deliver me from bloodshed and my tongue will rejoice at your justice. Lord, you will open my lips, and my mouth will proclaim your praise. For if you had wanted a sacrifice, I would have given it. You will not take pleasure in burnt offerings. A sacrifice to God is a broken spir-

Θεὸς οὐκ ἐξουδενώσει. Ἀγάθυνον, Κύριε, ἐν τῇ εὐδοκίᾳ σου τὴν Σιών, καὶ οἰκοδομηθήτω τὰ τείχη Ἱερουσαλήμ. Τότε εὐδοκήσεις θυσίαν δικαιοσύνης, ἀναφορὰν καὶ ὁλοκαυτώματα. Τότε ἀνοίσουσιν ἐπὶ τὸ θυσιαστήριόν σου μόσχους.

Δόξα Πατρὶ, καὶ Υἱῷ, καὶ Ἁγίῳ Πνεύματι, καὶ νῦν καὶ ἀεὶ, καὶ εἰς τοὺς αἰῶνας τῶν αἰώνων. Ἀμήν.

Ἀλληλούια, Ἀλληλούια, Ἀλληλούια· Δόξα σοι, ὁ Θεός. Κύριε, ἐλέησον, Κύριε, ἐλέησον, Κύριε, ἐλέησον.

Δόξα Πατρὶ, καὶ Υἱῷ, καὶ Ἁγίῳ Πνεύματι.

Ἦχος πλ. β´.

Κύριε, κατέκριναν σε οἱ Ἰουδαῖοι θανάτῳ, τὴν ζωὴν τῶν ἁπάντων· οἱ τὴν ἐρυθρὰν ῥάβδῳ πεζεύσαντες σταυρῷ σε προσήλωσαν· καὶ οἱ ἐκ πέτρας μέλι θηλάσαντες χολήν σοι προσήνεγκαν· ἀλλ' ἑκὼν ὑπέμεινας, ἵνα ἡμᾶς ἐλευθερώσῃς τῆς δουλείας τοῦ ἐχθροῦ· Χριστὲ ὁ Θεός, δόξα σοι.

Καὶ νῦν καὶ ἀεὶ, καὶ εἰς τοὺς αἰῶνας τῶν αἰώνων. Ἀμήν.

Θεοτοκίον.

Θεοτόκε, σὺ εἶ ἡ ἄμπελος ἡ ἀληθινή, ἡ βλαστήσασα τὸν καρπὸν τῆς ζωῆς. Σὲ ἱκετεύομεν, πρέσβευε Δέσποινα μετὰ τῶν ἀποστόλων καὶ πάντων τῶν ἁγίων ἐλεηθῆναι τὰς ψυχὰς ἡμῶν.

it. A broken and a humbled heart God will not despise. Do good to Sion, Lord, in your good pleasure, and let the walls of Jerusalem be rebuilt. Then you will be well pleased with a sacrifice of righteousness, oblation and whole burnt offerings. Then they will offer calves upon your altar.

Glory to the Father and the Son and the Holy Spirit, both now and ever and to the ages of ages. Amen.

Alleluia, Alleluia, Alleluia. Glory to you, O God. Lord, have mercy, Lord, have mercy, Lord, have mercy.

Glory to the Father, Son and the Holy Spirit.

Tone Pl. 2.

Lord, the Jews condemned you, the life of all, to death; those who by a staff crossed the Red Sea on foot nailed you to a cross, and those who sucked honey from a rock offered you gall. But you endured willingly, that you might free us from the slavery of the foe. Christ God, glory to you!

Both now and ever, and to the ages of ages. Amen.

Theotokion.

Mother of God, you are the true vine, who gave bud to the fruit of life; we implore you, Sovereign Lady, intercede together with the Apostles and all the Saints that you have mercy on our souls.

Καὶ ψάλλομεν τὰ παρόντα Ἰδιόμελα.
Ὁ δὲ διάκονος θυμιᾷ διὰ κατζίου.

Ἦχος πλ. δ΄.

Διὰ τὸν φόβον τῶν Ἰουδαίων ὁ φίλος σου καὶ ὁ πλησίον Πέτρος, ἠρνήσατό σε Κύριε, καὶ ὀδυρόμενος οὕτως ἐβόα· Τῶν δακρύων μου μὴ παρασιωπήσῃς· εἶπα γὰρ φυλάξαι τὴν πίστιν, οἰκτίρμον, καὶ οὐκ ἐφύλαξα. Καὶ ἡμῶν τὴν μετάνοιαν οὕτω δέξαι, καὶ ἐλέησον ἡμᾶς.

Στίχ. *Τὰ ῥήματά μου ἐνώτισαι, Κύριε· σύνες τῆς κραυγῆς μου.*

Πρὸ τοῦ τιμίου σου σταυροῦ, στρατιωτῶν ἐμπαιζόντων σε, Κύριε, αἱ νοεραὶ στρατιαὶ κατεπλήττοντο· ἀνεδήσω γὰρ στέφανον ὕβρεως ὁ τὴν γῆν ζωγραφήσας τοῖς ἄνθεσι καὶ τὴν χλαῖναν χλευαζόμενος ἐφόρεσας ὁ νεφέλαις περιβάλλων τὸ στερέωμα· τοιαύτῃ γὰρ οἰκονομίᾳ ἐγνώσθη σου ἡ εὐσπλαγχνία, Χριστέ, τὸ μέγα ἔλεος· δόξα σοι.

Ἦχος πλ. α΄.

Δόξα Πατρὶ, καὶ Υἱῷ, καὶ Ἁγίῳ Πνεύματι. Καὶ νῦν καὶ ἀεὶ, καὶ εἰς τοὺς αἰῶνας τῶν αἰώνων. Ἀμήν.

Ἑλκόμενος ἐπὶ σταυροῦ οὕτως ἐβόας, Κύριε· Διὰ ποῖον ἔργον θέλετέ με σταυρῶσαι, Ἰουδαῖοι; ὅτι τοὺς παραλύτους ὑμῶν συνέσφιγξα; ὅτι τοὺς νεκροὺς ὡς ἐξ ὕπνου ἀνέστησα; αἱμόρρουν ἰασάμην, Χαναναίαν ἠλέησα· διὰ ποῖον ἔργον θέλετέ με φονεῦσαι, Ἰουδαῖοι; ἀλλ' ὄψεσθε εἰς ὃν νῦν ἐκκεντᾶτε Χριστὸν παράνομοι.

And we sing the following idiomela.
The Deacon censes with the katzion.

Tone Pl. 4.

Through fear of the Jews Peter, your friend and neighbor, denied you, Lord; and in bitter grief he cried out: Do not pass by my tears in silence, compassionate Master; for I said I would keep faith, but have not kept it. Accept our repentance too, and have mercy on us.

Verse: *Give ear to my words, O Lord; understand my cry.*

Before your precious Cross as the soldiers mocked you, Lord, the spiritual hosts were struck with amazement. For you were wreathed with a crown of outrage, you who painted the earth with flowers; and you wore a cloak of mockery, you who wrap the firmament in clouds; by such a dispensation was your compassion made known, O Christ, and your great mercy. Glory to you!

Tone Pl. 1.

Glory to the Father, Son and the Holy Spirit, both now and ever and to the ages of ages. Amen.

As you were dragged to the Cross, Lord, you cried out thus: For what work do you wish to crucify me, O Jews? Because I braced the paralytic? Because I raised the dead from sleep? I healed the woman with an issue of blood, I took pity on the woman of Canaan. For what work do you wish to slay me, O Jews? But, transgressors, you will see Christ whom now you pierce.

Ὁ Ἀναγνώστης· Προκείμενον. Ἦχος δ΄. Ψαλμὸς ΛΖ.

Ὅτι ἐγὼ εἰς μάστιγας ἕτοιμος, καὶ ἡ ἀλγηδών μου ἐνώπιόν μού διαπαντός.

Στίχ. Κύριε, μὴ τῷ θυμῷ σου ἐλέγξῃς με, μηδὲ τῇ ὀργῇ σου παιδεύσῃς με.

Ὁ Διάκονος· Σοφία.

Ὁ Ἀναγνώστης· Προφητείας Ἡσαΐου τὸ ἀνάγνωσμα.

Ὁ Διάκονος· Πρόσχωμεν.

(ν' 4-11)

Κύριος δίδωσί μοι γλῶσσαν παιδείας, τοῦ γνῶναι ἡνίκα δεῖ εἰπεῖν λόγον, ἔθηκέ με πρωῒ πρωῒ, προσέθηκέ μοι ὠτίον τοῦ ἀκούειν, καὶ παιδεία Κυρίου Κυρίου ἀνοίγει μου τὰ ὦτα, ἐγὼ δὲ οὐκ ἀπειθῶ, οὐδὲ ἀντιλέγω. Τὸν νῶτόν μου ἔδωκα εἰς μάστιγας, τὰς δὲ σιαγόνας μου εἰς ῥαπίσματα, τὸ δὲ πρόσωπόν μου οὐκ ἀπέστρεψα ἀπὸ αἰσχύνης ἐμπτυσμάτων, καὶ Κύριος, Κύριος βοηθὸς μοι ἐγενήθη. Διὰ τοῦτο οὐκ ἐνετράπην, ἀλλὰ ἔθηκα τὸ πρόσωπόν μου ὡς στερεὰν πέτραν, καὶ ἔγνων, ὅτι οὐ μὴ αἰσχυνθῶ ὅτι ἐγγίζει ὁ δικαιώσας με. Τίς ὁ κρινόμενός μοι; ἀντιστήτω μοι ἅμα, καὶ τίς ὁ κρινόμενός μοι; ἐγγισάτω μοι. Ἰδοὺ Κύριος, Κύριος βοηθήσει μοι, τίς κακώσει με; ἰδοὺ πάντες ὑμεῖς, ὡς ἱμάτιον, παλαιωθήσεσθε, καὶ ὡς σὴς καταφάγεται ὑμᾶς. Τίς ἐν ὑμῖν ὁ φοβούμενος τὸν Κύριον; ὑπακουσάτω τῆς φωνῆς τοῦ παιδὸς αὐτοῦ. Οἱ πορευόμενοι ἐν σκότει, καὶ οὐκ ἔστιν αὐτοῖς φῶς, πεποίθατε ἐπὶ τῷ ὀνόματι Κυρίου, καὶ ἀντιστηρίσασθε ἐπὶ τῷ Θεῷ. Ἰδοὺ πάντες ὑμεῖς ὡς πῦρ καίετε, καὶ κατισχύετε φλόγα, πορεύεσθε τῷ φωτὶ τοῦ πυρὸς ὑμῶν,

Reader: Prokeimenon. Tone 4. Psalm 37.

For I am ready for scourges; and my pain is with me continually.

Verse: *O Lord, do not rebuke me in your anger; nor chasten me in your wrath.*

Deacon: Wisdom.

Reader: The Reading is from the Prophecy of Isaias.

Deacon: Let us be attentive.

(50:4-11)

The Lord God has given me the tongue of instruction, that I may know when to speak a word. Very early in the morning he has given me, given me an ear to hear; and the instruction of the Lord, of the Lord opens my ear, and I do not disobey, I do not dispute. I gave my back to scourges, and my cheeks to blows; I did not turn my face from the shame of spitting. The Lord God became my helper; therefore I was not ashamed, but I set my face like solid rock, and I knew that I would not be put to shame; he who justifies me is near. Who will contend with me? Let him stand up against me at the same time; who will contend with me? Let him draw near me. See, the Lord, the Lord will help me; who will injure me? All of you will wear out like a garment; the moth will eat you up. Who among you fears the Lord? Let him obey the voice of his servant; you that walk in darkness and have no light, trust in the name of the Lord and place your reliance on God? See, all of you burn like fire, make the flame grow strong. Walk

καὶ τῇ φλογὶ ᾗ ἐξεκαύσατε, δι' ἐμὲ ἐγένετο ταῦτα ὑμῖν, ἐν λύπῃ κοιμηθήσεσθε.

in the light of your fire, and in the flame that you have kindled! For my sake this happened to you: you shall lie down in sorrow.

Ὁ Ἀναγνώστης· Πρὸς Ῥωμαίους ἐπιστολῆς Παύλου τὸ ἀνάγνωσμα.

Ὁ Διάκονος· Σοφία. Πρόσχωμεν.

(ε´,6-10)

Reader: The Reading is from the Epistle of Paul to the Romans.

Deacon: Wisdom. Let us attend.

(5:6-10)

Ἀδελφοί, ἔτι Χριστός, ὄντων ἡμῶν ἀσθενῶν, κατὰ καιρὸν ὑπὲρ ἀσεβῶν ἀπέθανε. Μόλις γὰρ ὑπὲρ δικαίου τις ἀποθανεῖται, ὑπὲρ γὰρ τοῦ ἀγαθοῦ τάχα τις καὶ τολμᾷ ἀποθανεῖν. Συνίστησι δὲ τὴν ἑαυτοῦ ἀγάπην εἰς ἡμᾶς ὁ Θεός, ὅτι ἔτι, ἁμαρτωλῶν ὄντων ἡμῶν, Χριστὸς ὑπὲρ ἡμῶν ἀπέθανε. Πολλῷ οὖν μᾶλλον, δικαιωθέντες νῦν ἐν τῷ Αἵματι αὐτοῦ, σωθησόμεθα δι' αὐτοῦ ἀπὸ τῆς ὀργῆς, Εἰ γὰρ ἐχθροὶ ὄντες, κατηλλάγη μὲν τῷ Θεῷ, διὰ τοῦ θανάτου τοῦ Υἱοῦ αὐτοῦ, πολλῷ μᾶλλον καταλλαγέντες, σωθησόμεθα ἐν τῇ ζωῇ αὐτοῦ.

Brethren, we were still weak, at the right time Christ died for the ungodly. Why, one will hardly die for a righteous man? though perhaps for a good man one will dare even to die. But God shows his love for us in that while we were yet sinners Christ died for us. Since, therefore, we are now justified by his blood, much more shall we be saved by him from the wrath of God. For if while we were enemies we were reconciled to God by the death of his Son, much more, now that we are reconciled, shall we be saved by his life.

Ὁ Ἱερεύς· Εἰρήνη σοι.

Ὁ Διάκονος· Καὶ ὑπὲρ τοῦ καταξιωθῆναι ἡμᾶς τῆς ἀκροάσεως τοῦ ἁγίου Εὐαγγελίου Κύριον τὸν Θεὸν ἡμῶν ἱκετεύσωμεν.

Priest: Peace be to you.

Deacon: And that we might be found worthy to hear the holy Gospel, let us pray to the Lord God.

Ὁ Χορός· Κύριε, ἐλέησον. *(γ´)*

Ὁ Διάκονος· Σοφία. Ὀρθοί, ἀκούσωμεν τοῦ ἁγίου Εὐαγγελίου.

Ὁ Ἱερεύς· Εἰρήνη πᾶσι.

Ὁ Χορός· Καὶ τῷ πνεύματί σου.

Ὁ Ἱερεύς· Ἐκ τοῦ κατὰ Μᾶρκον ἁγίου Εὐαγγελίου τὸ ἀνάγνωσμα.

Ὁ Διάκονος· Πρόσχωμεν.

Choir: Lord, have mercy. *(x3)*

Deacon: Wisdom. Arise. Let us hear the holy Gospel.

Priest: Peace to all.

Choir: And to your Spirit.

Priest: The reading is from the holy Gospel according to Mark.

Deacon: Let us be attentive.

Ὁ Χορός· Δόξα σοι, Κύριε, δόξα σοι.

Ὁ Ἱερεὺς·

(ιε΄, 16-41)

Τῷ καιρῷ ἐκείνῳ, οἱ στρατιῶται ἀπήγαγον τὸν Ἰησοῦν ἔσω τῆς αὐλῆς, ὅ ἐστι Πραιτώριον, καὶ συγκαλοῦσιν ὅλην τὴν σπεῖραν· καὶ ἐνδύουσιν αὐτὸν πορφύραν, καὶ περιτιθέασιν αὐτῷ πλέξαντες ἀκάνθινον στέφανον, καὶ ἤρξαντο ἀσπάζεσθαι αὐτὸν καὶ λέγειν· Χαῖρε ὁ Βασιλεὺς τῶν Ἰουδαίων. Καὶ ἔτυπτον αὐτοῦ τὴν κεφαλὴν καλάμῳ, καὶ ἐνέπτυον αὐτῷ, καὶ τιθέντες τὰ γόνατα, προσεκύνουν αὐτῷ. Καὶ ὅτε ἐνέπαιξαν αὐτῷ, ἐξέδυσαν αὐτὸν τὴν πορφύραν, καὶ ἐνέδυσαν αὐτὸν τὰ ἱμάτια τὰ ἴδια, καὶ ἐξάγουσιν αὐτόν, ἵνα σταυρώσωσιν αὐτόν. Καὶ ἀγγαρεύουσι παράγοντά τινα Σίμωνα Κυρηναῖον, ἐρχόμενον ἀπ' ἀγροῦ, τὸν πατέρα Ἀλεξάνδρου καὶ Ῥούφου, ἵνα ἄρῃ τὸν Σταυρὸν αὐτοῦ. Καὶ φέρουσιν αὐτὸν ἐπὶ Γολγοθᾶ τόπον, ὅ ἐστι μεθερμηνευόμενον, Κρανίου τόπος. Καὶ ἐδίδουν αὐτῷ πιεῖν ἐσμυρνισμένον οἶνον· ὁ δὲ οὐκ ἔλαβε. Καὶ σταυρώσαντες αὐτόν, διαμερίζονται τὰ ἱμάτια αὐτοῦ, βάλλοντες κλῆρον ἐπ' αὐτά, τίς τί ἄρῃ. Ἦν δὲ ὥρα τρίτη, καὶ ἐσταύρωσαν αὐτόν. Καὶ ἦν ἡ ἐπιγραφὴ τῆς αἰτίας αὐτοῦ ἐπιγεγραμμένη· Ὁ βασιλεὺς τῶν Ἰουδαίων. Καὶ σὺν αὐτῷ σταυροῦσι δύο λῃστάς, ἕνα ἐκ δεξιῶν, καὶ ἕνα ἐξ εὐωνύμων αὐτοῦ. Καὶ ἐπληρώθη ἡ Γραφὴ, ἡ λέγουσα· «Καὶ μετὰ ἀνόμων ἐλογίσθη». Καὶ οἱ παραπορευόμενοι ἐβλασφήμουν αὐτόν, κινοῦντες τὰς κεφαλὰς αὐτῶν, καὶ λέγοντες· Οὐά, ὁ καταλύων τὸν ναὸν, καὶ ἐν τρισὶν ἡμέραις οἰκοδομῶν! σῶσον σεαυτόν, καὶ κατάβα ἀπὸ τοῦ Σταυροῦ.

Choir: Glory to you, Lord, glory to you!

Priest:

(15:16-41)

At that time, the soldiers led him away inside the palace (that is, the praetorium); and they called together the whole battalion. And they clothed him in a purple cloak, and plaiting a crown of thorns they put it on him. And they began to salute him, "Hail, King of the Jews!" And they struck his head with a reed, and spat upon him, and they knelt down in homage to him. And when they had mocked him, they stripped him of the purple cloak, and put his own clothes on him. And they led him out to crucify him. And they compelled a passerby, Simon of Cyrene, who was coming in from the country, the father of Alexander and Rufus, to carry his cross. And they brought him to the place called Golgotha (which means the place of a skull). And they offered him wine mingled with myrrh; but he did not take it. And they crucified him, and divided his garments among them, casting lots for them, to decide what each should take. And it was the third hour, when they crucified him. And the inscription of the charge against him read, "The King of the Jews." And with him they crucified two robbers, one on his right and one on his left. And those who passed by derided him, wagging their heads, and saying, "Aha! You who would destroy the temple and build it in three days, save yourself, and come down from the cross!" So also the chief

Ὁμοίως δὲ καὶ οἱ Ἀρχιερεῖς ἐμπαίζοντες πρὸς ἀλλήλους, μετὰ τῶν Γραμματέων, ἔλεγον· ἄλλους ἔσωσεν, ἑαυτὸν οὐ δύναται σῶσαι. Ὁ Χριστός, ὁ Βασιλεὺς τοῦ Ἰσραήλ, καταβάτω νῦν ἀπὸ τοῦ Σταυροῦ, ἵνα ἴδωμεν, καὶ πιστεύσωμεν αὐτῷ. Καὶ οἱ συνεσταυρωμένοι αὐτῷ ὠνείδιζον αὐτόν. Γενομένης δὲ ὥρας ἕκτης, σκότος ἐγένετο ἐφ' ὅλην τὴν γῆν ἕως ὥρας ἐνάτης. Καὶ τῇ ὥρᾳ τῇ ἐνάτῃ ἐβόησεν ὁ Ἰησοῦς φωνῇ μεγάλῃ, λέγων· Ἐλωΐ, Ἐλωΐ λαμὰ σαβαχθανί; ὅ ἐστι μεθερμηνευόμενον· Ὁ Θεός μου, ὁ Θεός μου, εἰς τί με ἐγκατέλιπες; Καί τινες τῶν παρεστηκότων ἀκούσαντες, ἔλεγον· Ἰδού, Ἠλίαν φωνεῖ. Δραμὼν δὲ εἷς, καὶ γεμίσας σπόγγον ὄξους, περιθείς τε καλάμῳ, ἐπότιζεν αὐτόν, λέγων· Ἄφετε ἴδωμεν, εἰ ἔρχεται Ἡλίας καθελεῖν αὐτόν. Ὁ δὲ Ἰησοῦς ἀφεὶς φωνὴν μεγάλην, ἐξέπνευσε. Καὶ τὸ καταπέτασμα τοῦ ναοῦ ἐσχίσθη εἰς δύο, ἀπὸ ἄνωθεν ἕως κάτω. Ἰδὼν δὲ ὁ Κεντυρίων, ὁ παρεστηκὼς ἐξ ἐναντίας αὐτοῦ, ὅτι οὕτω κράξας ἐξέπνευσεν, εἶπεν· ἀληθῶς ὁ ἄνθρωπος οὗτος Υἱὸς ἦν Θεοῦ. Ἦσαν δὲ καὶ γυναῖκες ἀπὸ μακρόθεν θεωροῦσαι, ἐν αἷς ἦν καὶ Μαρία ἡ Μαγδαληνή, καὶ Μαρία ἡ τοῦ Ἰακώβου τοῦ μικροῦ καὶ Ἰωσῆ μήτηρ, καὶ Σαλώμη, αἳ καὶ ὅτε ἦν ἐν τῇ Γαλιλαίᾳ, ἠκολούθουν αὐτῷ καὶ διηκόνουν αὐτῷ, καὶ ἄλλαι πολλαὶ αἱ συναναβᾶσαι αὐτῷ εἰς Ἱεροσόλυμα.

priest: mocked him to one another with the scribes, saying, "He saved others; he cannot save himself. Let the Christ, the King of Israel, come down now from the cross, that we may see and believe." Those who were crucified with him also reviled him. And when the sixth hour had come, there was darkness over the whole land until the ninth hour. And at the ninth hour Jesus cried with a loud voice, "Eloi, Eloi, lama sabachthani?" which means, "My God, my God, why have you forsaken me?" And some of the bystanders hearing it said, "Behold, he is calling Elijah." And one ran and, filling a sponge full of vinegar, put it on a reed and gave it to him to drink, saying, "Wait, let us see whether Elijah will come to take him down." And Jesus uttered a loud cry, and breathed his last. And the curtain of the temple was torn in two, from top to bottom. And when the centurion, who stood facing him, saw that he thus breathed his last, he said, "Truly this man was the Son of God!" There were also women looking on from afar, among whom were Mary Magdalene, and Mary the mother of James the younger and of Joses, and Salome, who, when he was in Galilee, followed him, and ministered to him; and also many other women who came up with him to Jerusalem.

Ὁ Χορός· Δόξα τῇ μακροθυμίᾳ σου, Κύριε, δόξα σοι.

Choir: Glory to your long-suffering, Lord; glory to you!

Ὁ Ἀναγνώστης· Κύριος ὁ Θεὸς εὐλογητός, εὐλογητὸς Κύριος ἡμέραν καθ' ἡμέραν· κατευοδώσαι ἡμῖν ὁ Θεὸς τῶν σωτηρίων ἡμῶν, ὁ Θεὸς τοῦ σῴζειν.

Reader: Blessed is the Lord God, blessed is the Lord day by day; may the God of our salvation give us prosperity.

Reader: Holy God, Holy Mighty, Holy Immortal, have mercy on us (*x3*).

Glory to the Father and the Son and the Holy Spirit, both now and ever and to the ages of ages. Amen.

All-holy Trinity, have mercy on us. Lord, forgive our sins. Master, pardon our transgressions. Holy One, visit and heal our infirmities for the glory of Your name.

Lord, have mercy. (*x3*) Glory to the Father and the Son and the Holy Spirit, both now and ever and to the ages of ages. Amen.

Our Father, who art in heaven, hallowed be Thy name. Thy kingdom come. Thy will be done, on earth as it is in heaven. Give us this day our daily bread; and forgive us our trespasses, as we forgive those who trespass against us. And lead us not into temptation, but deliver us from the evil one.

Priest: For Yours is the kingdom and the power and the glory, of the Father and the Son and the Holy Spirit, both now and ever and to the ages of ages.

Reader: Amen.

Kontakion. Tone Pl. 4.

Come, let us all sing the praise of him who was crucified for us; for Mary looked upon him on the Tree and said: 'Though you endure the Cross, yet you are my Son and my God'.

Ὁ Ἀναγνώστης·

Κύριε, ἐλέησον. *(μ΄)*

Ὁ ἐν παντὶ καιρῷ καὶ πάσῃ ὥρᾳ ἐν οὐρανῷ καὶ ἐπὶ γῆς προσκυνούμενος καὶ δοξαζόμενος Χριστὸς ὁ Θεός, ὁ μακρόθυμος, ὁ πολυέλεος, ὁ πολυεύσπλαγχνος, ὁ τοὺς δικαίους ἀγαπῶν καὶ τοὺς ἁμαρτωλοὺς ἐλεῶν, ὁ πάντας καλῶν πρὸς σωτηρίαν διὰ τῆς ἐπαγγελίας τῶν μελλόντων ἀγαθῶν· αὐτός, Κύριε, πρόσδεξαι καὶ ἡμῶν ἐν τῇ ὥρᾳ ταύτῃ τὰς ἐντεύξεις καὶ ἴθυνον τὴν ζωὴν ἡμῶν πρὸς τὰς ἐντολάς σου. Τὰς ψυχὰς ἡμῶν ἁγίασον· τὰ σώματα ἅγνισον· τοὺς λογισμοὺς διόρθωσον, τὰς ἐννοίας κάθαρον· καὶ ῥῦσαι ἡμᾶς ἀπὸ πάσης θλίψεως, κακῶν καὶ ὀδύνης. Τείχισον ἡμᾶς ἁγίοις σου ἀγγέλοις, ἵνα, τῇ παρεμβολῇ αὐτῶν φρουρούμενοι καὶ ὁδηγούμενοι, καταντήσωμεν εἰς τὴν ἑνότητα τῆς πίστεως καὶ εἰς τὴν ἐπίγνωσιν τῆς ἀπροσίτου σου δόξης· ὅτι εὐλογητὸς εἶ εἰς τοὺς αἰῶνας τῶν αἰώνων. Ἀμήν.

Κύριε, ἐλέησον. *(γ΄)* Δόξα Πατρὶ, καὶ Υἱῷ, καὶ Ἁγίῳ Πνεύματι, καὶ νῦν καὶ ἀεὶ, καὶ εἰς τοὺς αἰῶνας τῶν αἰώνων. Ἀμήν.

Τὴν τιμιωτέραν τῶν Χερουβεὶμ καὶ ἐνδοξοτέραν ἀσυγκρίτως τῶν Σεραφείμ, τὴν ἀδιαφθόρως Θεὸν Λόγον τεκοῦσαν, τὴν ὄντως Θεοτόκον σὲ μεγαλύνομεν.

Ἐν ὀνόματι Κυρίου, εὐλόγησον Πάτερ.

Ὁ Ἱερεὺς· Ὁ Θεὸς οἰκτειρήσαι ἡμᾶς, καὶ εὐλογήσαι ἡμᾶς, ἐπιφάναι τὸ πρόσωπον αὐτοῦ ἐφ' ἡμᾶς καὶ ἐλεήσαι ἡμᾶς.

Reader:

Lord, have mercy. *(x40)*

At every time and at every hour, in heaven and on earth worshipped and glorified, Christ God, long-suffering, great in mercy, great in compassion, loving the just and merciful to sinners, calling all to salvation by the promise of the blessings to come; do you, Lord, yourself accept our entreaties at this hour, and direct our lives to your commandments. Sanctify our souls, purify our bodies, correct our thoughts, cleanse our ideas and deliver us from every distress, evil, and pain. Wall us about with your holy Angels, that protected and guided by their host we may reach the unity of the faith and the knowledge of your unapproachable glory; for you are blessed to the ages of ages. Amen.

Lord, have mercy. *(x3)* Glory to the Father and the Son and the Holy Spirit, both now and ever and to the ages of ages. Amen.

Greater in honor than the Cherubim, and beyond compare more glorious than the Seraphim, without corruption you gave birth to God the Word; truly the Theotokos, we magnify you.

In the name of the Lord, bless, Father.

Priest: May God take pity on us and bless us, and make his face shine on us and have mercy on us.

Καὶ τὴν παροῦσαν εὐχὴν τοῦ ἁγίου Μαρδαρίου.

Δέσποτα Θεέ, Πάτερ παντοκράτορ, Κύριε, Υἱὲ μονογενές, Ἰησοῦ Χριστέ, καὶ ἅγιον Πνεῦμα, μία θεότης, μία δύναμις, ἐλέησόν με τὸν ἁμαρτωλόν· καί, οἷς ἐπίστασαι κρίμασι, σῶσόν με τὸν ἀνάξιον δοῦλόν σου· ὅτι εὐλογητὸς εἶ εἰς τοὺς αἰῶνας τῶν αἰώνων. Ἀμήν.

ΩΡΑ ΕΚΤΗ

Ὁ Ἀναγνώστης·

Δεῦτε, προσκυνήσωμεν καὶ προσπέσωμεν τῷ βασιλεῖ ἡμῶν Θεῷ.

Δεῦτε, προσκυνήσωμεν καὶ προσπέσωμεν Χριστῷ, τῷ βασιλεῖ ἡμῶν Θεῷ.

Δεῦτε, προσκυνήσωμεν καὶ προσπέσωμεν αὐτῷ Χριστῷ, τῷ βασιλεῖ καὶ Θεῷ ἡμῶν.

ΨΑΛΜΟΣ ΝΓ´

Ὁ Θεός, ἐν τῷ ὀνόματί σου σῶσόν με, καὶ ἐν τῇ δυνάμει σου κρινεῖς με, ὁ Θεός, εἰσάκουσον τῆς προσευχῆς μου, ἐνώτισαι τὰ ῥήματα τοῦ στόματός μου, ὅτι ἀλλότριοι ἐπανέστησαν ἐπ' ἐμέ, καὶ κραταιοὶ ἐζήτησαν τὴν ψυχήν μου, καὶ οὐ προέθεντο τὸν Θεὸν ἐνώπιον αὐτῶν, Ἰδοὺ γὰρ ὁ Θεὸς βοηθεῖ μοι, καὶ ὁ Κύριος ἀντιλήπτωρ τῆς ψυχῆς μου. Ἀποστρέψει τὰ κακὰ τοῖς ἐχθροῖς μου, ἐν τῇ ἀληθείᾳ σου ἐξολόθρευσον αὐτούς. Ἑκουσίως θύσω σοι, ἐξομολογήσομαι τῷ ὀνόματί σου, Κύριε, ὅτι ἀγαθόν, ὅτι ἐκ πάσης θλίψεως ἐρρύσω με, καὶ ἐν τοῖς ἐχθροῖς μου ἐπεῖδεν ὁ ὀφθαλμός μου.

And the following prayer of St. Mardarios.

God and Master, Father almighty, Lord, only begotten Son, Jesus Christ and Holy Spirit, one godhead, one power, have mercy on me a sinner; and by the judgements which you know, save me your unworthy servant; for you are blessed to the ages of ages. Amen.

SIXTH HOUR

Reader:

Come, let us worship and fall down before the King, our God.

Come, let us worship and fall down before Christ the King, our God.

Come, let us worship and fall down before Christ himself, the King, our God.

PSALM 53

O God, save my by your name, and you will judge me by your power. O God, hear my prayer, give ear to the words of my mouth. For strangers have risen up against me, and mighty ones have sought my soul, and have not put God before them. For see, God will help me, and the Lord is the protector of my soul. He will turn evils upon my foes, in your truth wipe them out. Willingly I shall sacrifice to you, I shall give thanks to your name, O Lord, for it is good. For you have delivered me from every tribulation, and my eye has looked down on my foes.

ΨΑΛΜΟΣ ΡΛΘ΄

Ἐξελοῦ με, Κύριε, ἐξ ἀνθρώπου πονηροῦ, ἀπὸ ἀνδρὸς ἀδίκου ῥῦσαί με. Οἵτινες ἐλογίσαντο ἀδικίαν ἐν καρδίᾳ, ὅλην τὴν ἡμέραν παρετάσσοντο πολέμους. Ἠκόνησαν γλῶσσαν αὐτῶν, ὡσεὶ ὄφεως, ἰὸς ἀσπίδων ὑπὸ τὰ χείλη αὐτῶν. Φύλαξόν με, Κύριε, ἐκ χειρὸς ἁμαρτωλοῦ, ἀπὸ ἀνθρώπων ἀδίκων ἐξελοῦ με, οἵτινες διελογίσαντο τοῦ ὑποσκελίσαι τὰ διαβήματά μου. Ἔκρυψαν ὑπερήφανοι παγίδα μοι, καὶ σχοινίοις διέτειναν παγίδα τοῖς ποσί μου, ἐχόμενα τρίβους σκάνδαλα ἔθεντό μοι. Εἶπα τῷ Κυρίῳ, Θεός μου εἶ σύ, ἐνώτισαι, Κύριε, τὴν φωνὴν τῆς δεήσεώς μου. Κύριε, Κύριε, δύναμις τῆς σωτηρίας μου, ἐπεσκίασας ἐπὶ τὴν κεφαλήν μου, ἐν ἡμέρᾳ πολέμου. Μὴ παραδῷς με, Κύριε, ἀπὸ τῆς ἐπιθυμίας μου ἁμαρτωλῷ, διελογίσαντο κατ' ἐμοῦ, μὴ ἐγκαταλίπῃς με, μήποτε ὑψωθῶσιν. Ἡ κεφαλὴ τοῦ κυκλώματος αὐτῶν, κόπος τῶν χειλέων αὐτῶν καλύψει αὐτούς. Πεσοῦνται ἐπ' αὐτοὺς ἄνθρακες, ἐν πυρὶ καταβαλεῖς αὐτούς, ἐν ταλαιπωρίαις οὐ μὴ ὑποστῶσιν. Ἀνὴρ γλωσσώδης οὐ κατευθυνθήσεται ἐπὶ τῆς γῆς, ἄνδρα ἄδικον κακὰ θηρεύσει εἰς διαφθοράν. Ἔγνων ὅτι ποιήσει Κύριος τὴν κρίσιν τῶν πτωχῶν, καὶ τὴν δίκην τῶν πενήτων. Πλὴν δίκαιοι ἐξομολογήσονται τῷ ὀνόματί σου, καὶ κατοικήσουσιν εὐθεῖς σὺν τῷ προσώπῳ σου.

ΨΑΛΜΟΣ Η΄

Ὁ κατοικῶν ἐν βοηθείᾳ τοῦ Ὑψίστου, ἐν σκέπῃ τοῦ Θεοῦ τοῦ οὐρανοῦ αὐλισθήσεται. Ἐρεῖ τῷ Κυρίῳ. Ἀντιλήπτωρ μου εἶ, καὶ καταφυγή μου, ὁ Θεός

PSALM 139

Deliver me, O Lord, from evildoers; protect me from those who are violent, who plan evil things in their minds and stir up wars continually. They make their tongue sharp as a snake's, and under their lips is the venom of vipers. Guard me, O Lord, from the hands of the wicked; protect me from the violent who have planned my downfall. The arrogant have hidden a trap for me, and with cords they have spread a net, along the road they have set snares for me. I say to the Lord, 'You are my God; give ear, O Lord, to the voice of my supplications.' O Lord, my Lord, my strong deliverer, you have covered my head in the day of battle. Do not grant, O Lord, the desires of the wicked; do not further their evil plot. Those who surround me lift up their heads; let the mischief of their lips overwhelm them! Let burning coals fall on them! Let them be flung into pits, no more to rise! Do not let the slanderer be established in the land; let evil speedily hunt down the violent! I know that the Lord maintains the cause of the needy, and executes justice for the poor. Surely the righteous shall give thanks to your name; the upright shall live in your presence.

PSALM 90

One who dwells in the help of the Most High will live under the protection of the of the God of heaven; he will say to the Lord: you are my protec-

μου, καὶ ἐλπιῶ ἐπ' αὐτόν, ὅτι αὐτὸς ῥύσεταί σε ἐκ παγίδος θηρευτῶν, καὶ ἀπὸ λόγου ταραχώδους. Ἐν τοῖς μεταφρένοις αὐτοῦ ἐπισκιάσει σοι, καὶ ὑπὸ τὰς πτέρυγας αὐτοῦ ἐλπιεῖς, ὅπλῳ κυκλώσει σε ἡ ἀλήθεια αὐτοῦ, οὐ φοβηθήσῃ ἀπὸ φόβου νυκτερινοῦ, ἀπὸ βέλους πετομένου ἡμέρας, ἀπὸ πράγματος ἐν σκότει διαπορευομένου, ἀπὸ συμπτώματος καὶ δαιμονίου μεσημβρινοῦ. Πεσεῖται ἐκ τοῦ κλίτους σου χιλιάς, καὶ μυριὰς ἐκ δεξιῶν σου, πρὸς σὲ δὲ οὐκ ἐγγιεῖ. Πλὴν τοῖς ὀφθαλμοῖς σου κατανοήσεις, καὶ ἀνταπόδοσιν ἁμαρτωλῶν ὄψει ὅτι σύ, Κύριε, ἡ ἐλπίς μου, τὸν Ὕψιστον ἔθου καταφυγήν σου. Οὐ προσελεύσεται πρὸς σὲ κακά, καὶ μάστιξ οὐκ ἐγγιεῖ ἐν τῷ σκηνώματί σου, ὅτι τοῖς Ἀγγέλοις αὐτοῦ ἐντελεῖται περὶ σοῦ, τοῦ διαφυλάξαι σε ἐν πάσαις ταῖς ὁδοῖς σου. Ἐπὶ χειρῶν ἀροῦσί σε, μήποτε προσκόψῃς πρὸς λίθον τὸν πόδα σου. Ἐπὶ ἀσπίδα καὶ βασιλίσκον ἐπιβήσῃ, καὶ καταπατήσεις λέοντα καὶ δράκοντα. Ὅτι ἐπ' ἐμὲ ἤλπισε, καὶ ῥύσομαι αὐτόν, σκεπάσω αὐτόν, ὅτι ἔγνω τὸ ὄνομά μου. Κεκράξεται πρὸς με, καὶ ἐπακούσομαι αὐτοῦ, μετ' αὐτοῦ εἰμι ἐν θλίψει, ἐξελοῦμαι αὐτόν, καὶ δοξάσω αὐτόν. Μακρότητα ἡμερῶν ἐμπλήσω αὐτόν, καὶ δείξω αὐτῷ τὸ σωτήριόν μου.

tor and my refuge, my God, and I shall hope in him. For he will deliver you from the snare of hunters, and from the word which troubles. He will overshadow you with his wings, and beneath his feathers you will hope; his truth will encircle you with a shield. You will not be afraid of terror by night, of the arrow that flies by day; of the thing that prowls in the darkness, of mishap and the noonday devil. A thousand may fall at your side, and ten thousand at your right, but it will not come near you. But with your eyes you will observe, and see the reward of sinners. For you, Lord, are my hope: you have made the Most High your refuge. Evils will not approach you, nor a scourge draw near your dwelling. Because he has given orders to his Angels about you, to guard you in all your ways. They will bear you on their hands, lest you dash your foot against a stone. You will walk on asp and basilisk, and trample down lion and dragon. Because he hoped in me, I shall deliver him; I shall shelter him, because he knew my name. He will cry to me, and I shall hear him, I am with him in trouble; I shall rescue him and glorify him. I shall fill him with length of days, and show him my salvation.

Δόξα Πατρὶ, καὶ Υἱῷ, καὶ Ἁγίῳ Πνεύματι, καὶ νῦν καὶ ἀεὶ καὶ εἰς τοὺς αἰῶνας τῶν αἰώνων. Ἀμήν.

Glory to the Father and the Son and the Holy Spirit, both now and ever and to the ages of ages. Amen.

Ἀλληλούια, Ἀλληλούια, Ἀλληλούια· Δόξα σοι, ὁ Θεός. Κύριε, ἐλέησον, Κύριε, ἐλέησον, Κύριε, ἐλέησον.

Alleluia, Alleluia, Alleluia. Glory to you, O God. Lord, have mercy, Lord, have mercy, Lord, have mercy.

Δόξα Πατρὶ, καὶ Υἱῷ, καὶ Ἁγίῳ Πνεύματι.

Glory to the Father, Son and the Holy Spirit.

Ἦχος β'.

Σωτηρίαν εἰργάσω ἐν μέσῳ τῆς γῆς, Χριστὲ ὁ Θεός· ἐπὶ σταυροῦ τὰς ἀχράντους σου χεῖρας ἐξέτεινας, ἐπισυνάγων πάντα τὰ ἔθνη, κράζοντα· Κύριε δόξα σοι.

*Καὶ νῦν καὶ ἀεὶ,
καὶ εἰς τοὺς αἰῶνας τῶν αἰώνων. Ἀμήν.*

Θεοτοκίον.

Ὅτι οὐκ ἔχομεν παρρησίαν διὰ τὰ πολλὰ ἡμῶν ἁμαρτήματα, σὺ τὸν ἐκ σοῦ γεννηθέντα δυσώπησον, Θεοτόκε Παρθένε· πολλὰ γὰρ ἰσχύει δέησις μητρὸς πρὸς εὐμένειαν Δεσπότου. Μὴ παρίδης ἁμαρτωλῶν ἱκεσίας, ἡ πάνσεμνος, ὅτι ἐλεήμων ἐστὶ καὶ σῴζειν δυνάμενος ὁ καὶ παθεῖν ὑπὲρ ἡμῶν καταδεξάμενος.

*Καὶ ψάλλομεν τὰ παρόντα Ἰδιόμελα.
Ὁ δὲ διάκονος θυμιᾷ διὰ κατζίου.*

Ἦχος πλ. δ'.

Τάδε λέγει Κύριος τοῖς Ἰουδαίοις· Λαός μου, τί ἐποίησά σοι ἢ τί σοι παρηνώχλησα; τοὺς τυφλούς σου ἐφώτισα· τοὺς λεπρούς σου ἐκαθάρισα· ἄνδρα ὄντα ἐπὶ κλίνης ἠνωρθωσάμην. Λαός μου, τί ἐποίησά σοι; καὶ τί μοι ἀνταπέδωκας; ἀντὶ τοῦ μάννα χολήν· ἀντὶ τοῦ ὕδατος ὄξος· ἀντὶ τοῦ ἀγαπᾶν με σταυρῷ με προσηλώσατε. Οὐκέτι στέγω λοιπόν· καλέσω μου τὰ ἔθνη, κἀκεῖνά με δοξάσουσι σὺν τῷ Πατρὶ καὶ Πνεύματι· κἀγὼ αὐτοῖς δωρήσομαι ζωὴν αἰώνιον.

Στίχ. Ἔδωκαν εἰς τὸ βρῶμά μου χολήν, καὶ εἰς τὴν δίψαν μου ἐπότισάν με ὄξος.

Οἱ νομοθέται τοῦ Ἰσραήλ, Ἰουδαῖοι καὶ Φαρισαῖοι, ὁ χορὸς τῶν ἀποστό-

Tone 2.

You have worked salvation in the midst of the earth, Christ our God. You stretched out your most pure hands on the Cross, gathering together all the nations, as they cry: Lord, glory to you!

*Both now and ever,
and to the ages of ages. Amen.*

Theotokion.

Because we have no boldness because of our many sins, entreat the One born of you, O Virgin Mother of God; for a Mother's plea has great force for the kindness of the Master. Do not despise the supplications of sinners, O all-holy, for you is merciful, and able to save, you who even accepted to suffer for us.

*And we sing the following idiomela.
The Deacon censes with the katzion.*

Tone Pl. 4.

Thus says the Lord to the Jews, 'My people, what have I done to you? Or in what have I wearied you? I gave light to your blind, I cleansed your lepers, I set upright a man lying on a bed. My people, what have I done to you, and how have you repaid me? Instead of the manna gall; instead of the water vinegar; instead of loving me, you have nailed me to a cross. I can endure no longer; I will call my nations, and they will glorify me, with the Father and the Spirit; and I shall grant them eternal life.

Verse: *They gave me gall for food, and for my thirst they gave me vinegar to drink.*

Lawgivers of Israel, Jews and Pharisees, the choir of the Apostles cries

λων βοᾷ πρὸς ὑμᾶς· Ἴδε ναός, ὃν ὑμεῖς ἐλύσατε· ἴδε ἀμνός, ὃν ὑμεῖς ἐσταυρώσατε· τάφῳ παρεδώκατε, ἀλλ' ἐξουσίᾳ ἑαυτοῦ ἀνέστη. Μὴ πλανᾶσθε, Ἰουδαῖοι· αὐτὸς γάρ ἐστιν ὁ ἐν θαλάσσῃ σώσας καὶ ἐν ἐρήμῳ θρέψας· αὐτός ἐστιν ἡ ζωὴ καὶ τὸ φῶς καὶ ἡ εἰρήνη τοῦ κόσμου.

out to you, 'See a Temple, which you have destroyed! See a Lamb, whom you have crucified! You handed him over to a tomb, but by his own authority he has risen. Do not be deceived, O Jews, for it is he who saved you in the sea, and fed you in the desert; he is the life and the light and the peace of the world.

Ἦχος πλ. α'.

Δόξα Πατρὶ, καὶ Υἱῷ, καὶ Ἁγίῳ Πνεύματι. Καὶ νῦν καὶ ἀεὶ, καὶ εἰς τοὺς αἰῶνας τῶν αἰώνων. Ἀμήν.

Tone Pl. 1.

Glory to the Father, Son and the Holy Spirit, both now and ever and to the ages of ages. Amen.

Δ εῦτε, χριστοφόροι λαοί, κατίδωμεν, τί συνεβουλεύσατο Ἰούδας ὁ προδότης σὺν ἱερεῦσιν ἀνόμοις κατὰ τοῦ Σωτῆρος ἡμῶν. Σήμερον ἔνοχον θανάτου τὸν ἀθάνατον Λόγον πεποίηκαν, καὶ Πιλάτῳ προδώσαντες, ἐν τόπῳ Κρανίου ἐσταύρωσαν· καὶ ταῦτα πάσχων, ἐβόα ὁ Σωτὴρ ἡμῶν λέγων· Ἄφες αὐτοῖς, Πάτερ, τὴν ἁμαρτίαν ταύτην, ὅπως γνῶσι τὰ ἔθνη τὴν ἐκ νεκρῶν μου ἀνάστασιν.

C ome, Christ-bearing peoples, let us see what Judas the betrayer has plotted with the lawless priests against our Saviour. Today they have found the immortal Word guilty of death, and having betrayed him to Pilate, crucified him on the place of the Skull. And as he suffered all this our Saviour cried out and said, 'Forgive them this sin, Father, that the nations may know my Resurrection from the dead'.

Ὁ Ἀναγνώστης· Προκείμενον. Ἦχος δ'. Ψαλμὸς Η (8).

Reader: Prokeimenon. Tone 4. Psalm 8.

Κύριε ὁ Κύριος ἡμῶν, ὡς θαυμαστὸν τὸ ὄνομά σου ἐν πάσῃ τῇ γῇ!

Lord, our Lord, how wonderful is your name in all the earth!

Στίχ. *Ὅτι ἐπήρθη ἡ μεγαλοπρέπειά σου ὑπεράνω τῶν οὐρανῶν.*

Verse: *For your majesty is raised high above the heavens.*

Ὁ Διάκονος· Σοφία.

Deacon: Wisdom.

Ὁ Ἀναγνώστης· Προφητείας Ἡσαΐου τὸ ἀνάγνωσμα.

Reader: The Reading is from the Prophecy of Isaias.

Ὁ Διάκονος· Πρόσχωμεν.

Deacon: Let us be attentive.

(νβ'13 - νδ', 1)

(52:13-54:12)

Τ άδε λέγει Κύριος· Ἰδοὺ συνήσει ὁ παῖς μου, καὶ ὑψωθήσεται, καὶ δοξασθήσεται, καὶ μετεωρισθήσεται σφόδρα. Ὃν τρόπον ἐκστήσονται ἐπὶ σὲ πολλοί,

T hus says the Lord: See, my servant will understand; he shall be exalted and glorified exceedingly. Just as there many will be astonished at you, so

οὕτως ἀδοξήσει ἀπὸ τῶν ἀνθρώπων τὸ εἶδός σου, καὶ ἡ δόξα σου ἀπὸ υἱῶν ἀνθρώπων. Οὕτω θαυμάσονται ἔθνη πολλὰ ἐπ' αὐτῷ, καὶ συνέξουσι βασιλεῖς τὸ στόμα αὐτῶν, ὅτι, οἷς οὐκ ἀνηγγέλη περὶ αὐτοῦ, ὄψονται, καὶ οἳ οὐκ ἀκηκόασι, συνήσουσι. Κύριε, τίς ἐπίστευσε τῇ ἀκοῇ ἡμῶν, καὶ ὁ βραχίων Κυρίου τίνι ἀπεκαλύφθη; Ἀνηγγείλαμεν, ὡς παιδίον ἐναντίον αὐτοῦ, ὡς ῥίζα ἐν γῇ διψώσῃ. Οὐκ ἔστιν εἶδος αὐτῷ, οὐδὲ δόξα, καὶ εἴδομεν αὐτόν, καὶ οὐκ εἶχεν εἶδος, οὐδὲ κάλλος, ἀλλὰ τὸ εἶδος αὐτοῦ ἄτιμον, καὶ ἐκλεῖπον παρὰ πάντας τοὺς υἱοὺς τῶν ἀνθρώπων. Ἄνθρωπος ἐν πληγῇ ὤν, καὶ εἰδὼς φέρειν μαλακίαν, ὅτι ἀπέστραπται τὸ πρόσωπον αὐτοῦ, ἠτιμάσθη καὶ οὐκ ἐλογίσθη. Οὗτος τὰς ἁμαρτίας ἡμῶν φέρει, καὶ περὶ ἡμῶν ὀδυνᾶται, καὶ ἡμεῖς ἐλογισάμεθα αὐτὸν εἶναι ἐν πόνῳ, καὶ ἐν πληγῇ ὑπὸ Θεοῦ, καὶ ἐν κακώσει. Αὐτὸς δὲ ἐτραυματίσθη διὰ τὰς ἁμαρτίας ἡμῶν, καὶ μεμαλάκισται διὰ τὰς ἀνομίας ἡμῶν. Παιδεία εἰρήνης ἡμῶν ἐπ' αὐτόν, τῷ μώλωπι αὐτοῦ ἡμεῖς ἰάθημεν. Πάντες ὡς πρόβατα ἐπλανήθημεν, ἄνθρωπος τῇ ὁδῷ αὐτοῦ ἐπλανήθη. Καὶ Κύριος παρέδωκεν αὐτὸν ταῖς ἁμαρτίαις ἡμῶν, καὶ αὐτὸς διὰ τὸ κεκακῶσθαι, οὐκ ἀνοίγει τὸ στόμα αὐτοῦ. Ὡς πρόβατον ἐπὶ σφαγὴν ἤχθη, καὶ ὡς ἀμνὸς ἐναντίον τοῦ κείροντος ἄφωνος, οὕτως οὐκ ἀνοίγει τὸ στόμα αὐτοῦ. Ἐν τῇ ταπεινώσει αὐτοῦ, ἡ κρίσις αὐτοῦ ἤρθη, τὴν δὲ γενεὰν αὐτοῦ τίς διηγήσεται; ὅτι αἴρεται ἀπὸ τῆς γῆς ἡ ζωὴ αὐτοῦ, ἀπὸ τῶν ἀνομιῶν τοῦ λαοῦ μου ἤχθη εἰς θάνατον. Καὶ δώσω τοὺς πονηρούς, ἀντὶ τῆς ταφῆς αὐτοῦ, καὶ τοὺς πλουσίους, ἀντὶ τοῦ θανάτου αὐτοῦ, ὅτι ἀνομίαν οὐκ ἐποίησεν, οὐδὲ εὑρέθη δόλος ἐν τῷ στόματι αὐτοῦ, καὶ βούλεται Κύρι-

your appearance will be without glory from men, and your glory from the sons of men. So many nations will marvel at him; kings shall shut their mouths; for that which had not been told them about him they shall see, and that which they had not heard they shall contemplate. Who has believed what we have heard? And to whom has the arm of the Lord been revealed? We brought a report as of a child before him, as a root out of dry ground; he had no form or glory, and we saw him, and he had neither form nor beauty. But his form was without honour and inferior to the children of men. He was a man in suffering and acquainted with bearing weakness, because his face has been away, he was dishonored and not esteemed. He bears our sins and is in pain for us. We reckoned him to be in toil and in affliction and trouble. But he was wounded for our sins and crushed for our iniquities; upon him was the punishment of our peace, and by his bruises we are healed. All we like sheep have gone astray; Every one has gone astray in their own way, and the Lord handed him over for our sins. And he, because of his affliction, does not open his mouth; like a sheep he was led to the slaughter, and like a lamb before its shearer is silent, so he does not open his mouth. In his humiliation his judgement was taken away; who shall declare his generation? for his life is taken away from the earth; because of the iniquities of my people he was led to death. And I will give the evil for his burial and the rich for his death, because he practised no iniquity, nor

ος καθαρίσαι αὐτὸν ἀπὸ τῆς πληγῆς. Ἐὰν δῶτε περὶ ἁμαρτίας, ἡ ψυχὴ ὑμῶν ὄψεται σπέρμα μακρόβιον, καὶ βούλεται Κύριος ἐν χειρὶ αὐτοῦ ἀφελεῖν ἀπὸ τοῦ πόνου τῆς ψυχῆς αὐτοῦ, δεῖξαι αὐτῷ φῶς, καὶ πλάσαι τῇ συνέσει, δικαιῶσαι δίκαιον, εὖ δουλεύοντα πολλοῖς, καὶ τὰς ἁμαρτίας αὐτῶν αὐτὸς ἀνοίσει. Διὰ τοῦτο αὐτὸς κληρονομήσει πολλούς, καὶ τῶν ἰσχυρῶν μεριεῖ σκῦλα, ἀνθ' ὧν παρεδόθη εἰς θάνατον ἡ ψυχὴ αὐτοῦ, καὶ ἐν τοῖς ἀνόμοις ἐλογίσθη, καὶ αὐτὸς ἁμαρτίας πολλῶν ἀνήνεγκε, καὶ διὰ τὰς ἁμαρτίας αὐτῶν παρεδόθη. Εὐφράνθητι στεῖρα, ἡ οὐ τίκτουσα, ῥῆξον καὶ βόησον ἡ οὐκ ὠδίνουσα, ὅτι πολλὰ τὰ τέκνα τῆς ἐρήμου μᾶλλον, ἢ τῆς ἐχούσης τὸν ἄνδρα.

was there guile in his mouth. And the Lord wishes to cleanse him of his blow. If you give an offering for sin, your soul will seed a long-lived descendence. And the Lord wishes to take away from the toil of his soul, to show him light and to fashion him with understanding, to justify the just one, who serves many well, and he will bear their sins. Therefore he will inherit many and divide the spoils of the strong. Because his soul was handed over to death, and was numbered with the transgressors; and he bore the sin of many, and was handed over because of their iniquities. Rejoice, barren one who do not give birth, break out and cry, you who are not in labour, for the children of the desolate are more than those of her that has a husband.

Ὁ Ἀναγνώστης· Πρὸς Ἑβραίους Ἐπιστολῆς Παύλου τὸ Ἀνάγνωσμα.

Ὁ Διάκονος· Σοφία. Πρόσχωμεν.

Reader: The Reading is from the Epistle of Paul to the Hebrews.

Deacon: Wisdom. Let us be attentive.

(β′, 11-18)

(2:11-18)

Ἀδελφοί, ὁ ἁγιάζων καὶ οἱ ἁγιαζόμενοι, ἐξ ἑνὸς πάντες, δι' ἣν αἰτίαν οὐκ ἐπαισχύνεται ἀδελφοὺς αὐτοὺς καλεῖν, λέγων. Ἀπαγγελῶ τὸ ὄνομά σου τοῖς ἀδελφοῖς μου, ἐν μέσῳ ἐκκλησίας ὑμνήσω σε. Καὶ πάλιν. Ἐγὼ ἔσομαι πεποιθὼς ἐπ' αὐτῷ. Καὶ πάλιν. Ἰδοὺ ἐγὼ καὶ τὰ παιδία, ἅ μοι ἔδωκεν ὁ Θεός. Ἐπεὶ οὖν τὰ παιδία κεκοινώνηκε σαρκὸς καὶ αἵματος, καὶ αὐτὸς παραπλησίως μετέσχε τῶν αὐτῶν, ἵνα διὰ τοῦ θανάτου καταργήσῃ τὸν τὸ κράτος ἔχοντα τοῦ θανάτου, τουτέστι τὸν διάβολον, καὶ ἀπαλλάξῃ τούτους, ὅσοι φόβῳ θανάτου, διαπαντὸς τοῦ ζῆν ἔνοχοι

Brethren, he who sanctifies and those who are sanctified have all one origin. That is why he is not ashamed to call them brethren, saying, "I will proclaim thy name to my brethren, in the midst of the congregation I will praise thee." And again, "I will put my trust in him." And again, "Here am I, and the children God has given me. Since therefore the children share in flesh and blood, he himself likewise partook of the same nature, that through death he might destroy him who has the power of death, that is, the devil, and

ἦσαν δουλείας, οὐ γὰρ δήπου Ἀγγέλων ἐπιλαμβάνεται, ἀλλὰ σπέρματος Ἀβραὰμ ἐπιλαμβάνεται. Ὅθεν ὤφειλε κατὰ πάντα τοῖς ἀδελφοῖς ὁμοιωθῆναι, ἵνα ἐλεήμων γένηται, καὶ πιστὸς Ἀρχιερεὺς τὰ πρὸς τὸν Θεόν, εἰς τὸ ἱλάσκεσθαι τὰς ἁμαρτίας τοῦ λαοῦ, ἐν ᾧ γὰρ πέπονθεν αὐτὸς πειρασθείς, δύναται τοῖς πειραζομένοις βοηθῆσαι.

Ὁ Ἱερεὺς· Εἰρήνη σοι.

Ὁ Διάκονος· Καὶ ὑπὲρ τοῦ καταξιωθῆναι ἡμᾶς τῆς ἀκροάσεως τοῦ ἁγίου Εὐαγγελίου Κύριον τὸν Θεὸν ἡμῶν ἱκετεύσωμεν.

Ὁ Χορός· Κύριε, ἐλέησον. (γ´)

Ὁ Διάκονος· Σοφία. Ὀρθοί, ἀκούσωμεν τοῦ ἁγίου Εὐαγγελίου.

Ὁ Ἱερεύς· Εἰρήνη πᾶσι.

Ὁ Χορός· Καὶ τῷ πνεύματί σου.

Ὁ Ἱερεύς· Ἐκ τοῦ κατὰ Λουκᾶν ἁγίου Εὐαγγελίου τὸ ἀνάγνωσμα.

Ὁ Διάκονος· Πρόσχωμεν.

Ὁ Χορός· Δόξα σοι, Κύριε, δόξα σοι.

Ὁ Ἱερεὺς·

(κγ´, 32-49)

Τῷ καιρῷ ἐκείνῳ, ἤγοντο σὺν τῷ Ἰησοῦ καὶ ἕτεροι δύο κακοῦργοι, σὺν αὐτῷ ἀναιρεθῆναι. Καὶ ὅτε ἀπῆλθον ἐπὶ τὸν τόπον τὸν καλούμενον Κρανίον, ἐκεῖ ἐσταύρωσαν αὐτόν, καὶ τοὺς κακούργους· ὃν μὲν ἐκ δεξιῶν, ὃν δὲ ἐξ ἀριστερῶν. Ὁ

deliver all those who through fear of death were subject to lifelong bondage. For surely it is not with angels that he is concerned but with the descendants of Abraham. Therefore he had to be made like his brethren in every respect, so that he might become a merciful and faithful high priest in the service of God, to make expiation for the sins of the people. For because he himself has suffered and been tempted, he is able to help those who are tempted.

Priest: Peace be to you.

Deacon: And that we might be found worthy to hear the holy Gospel, let us pray to the Lord God.

Choir: Lord, have mercy. *(x3)*

Deacon: Wisdom. Arise. Let us hear the holy Gospel.

Priest: Peace to all.

Choir: And to your Spirit.

Priest: The reading is from the holy Gospel according to Luke.

Deacon: Let us be attentive.

Choir: Glory to you, Lord, glory to you!

Priest:

(23:32-49)

At that time, two others also, who were criminals, were led away to be put to death with him. And when they came to the place which is called The Skull, there they crucified him, and the criminals, one on the right and one

δὲ Ἰησοῦς ἔλεγε· Πάτερ, ἄφες αὐτοῖς· οὐ γὰρ οἴδασι τί ποιοῦσι. Διαμεριζόμενοι δὲ τὰ ἱμάτια αὐτοῦ, ἔβαλλον κλῆρον. Καὶ εἱστήκει ὁ λαὸς θεωρῶν· ἐξεμυκτήριζον δὲ καὶ οἱ ἄρχοντες σὺν αὐτοῖς, λέγοντες· ἄλλους ἔσωσε, σωσάτω ἑαυτόν, εἰ οὗτός ἐστιν ὁ Χριστός, ὁ τοῦ Θεοῦ ἐκλεκτός. Ἐνέπαιζον δὲ αὐτῷ καὶ οἱ στρατιῶται προσερχόμενοι, καὶ ὄξος προσφέροντες αὐτῷ, καὶ λέγοντες· Εἰ σὺ εἶ ὁ Βασιλεὺς τῶν Ἰουδαίων, σῶσον σεαυτόν. Ἦν δὲ καὶ ἐπιγραφὴ γεγραμμένη ἐπ' αὐτῷ, γράμμασιν Ἑλληνικοῖς καὶ Ῥωμαϊκοῖς καὶ Ἑβραϊκοῖς· Οὗτός ἐστι ὁ Βασιλεὺς τῶν Ἰουδαίων. Εἷς δὲ τῶν κρεμασθέντων κακούργων ἐβλασφήμει αὐτὸν, λέγων· Εἰ σὺ εἶ ὁ Χριστός, σῶσον σεαυτὸν καὶ ἡμᾶς. Ἀποκριθεὶς δὲ ἕτερος ἐπετίμα αὐτῷ, λέγων· Οὐδὲ φοβῇ σὺ τὸν Θεόν, ὅτι ἐν τῷ αὐτῷ κρίματι εἶ; Καὶ ἡμεῖς μὲν δικαίως· ἄξια γὰρ ὧν ἐπράξαμεν ἀπολαμβάνομεν· οὗτος δὲ οὐδὲν ἄτοπον ἔπραξε. Καὶ ἔλεγε τῷ Ἰησοῦ· Μνήσθητί μου, Κύριε, ὅταν ἔλθῃς ἐν τῇ βασιλείᾳ σου. Καὶ εἶπεν αὐτῷ ὁ Ἰησοῦς· Ἀμὴν λέγω σοι· σήμερον μετ' ἐμοῦ ἔσῃ ἐν τῷ Παραδείσῳ. Ἦν δὲ ὡσεὶ ὥρα ἕκτη, καὶ σκότος ἐγένετο ἐφ' ὅλην τὴν γῆν, ἕως ὥρας ἐνάτης, καὶ ἐσκοτίσθη ὁ ἥλιος, καὶ ἐσχίσθη τὸ καταπέτασμα τοῦ ναοῦ μέσον· καὶ φωνήσας φωνῇ μεγάλῃ ὁ Ἰησοῦς, εἶπε· Πάτερ, εἰς χεῖράς σου παρατίθεμαι τὸ πνεῦμά μου. Καὶ ταῦτα εἰπών, ἐξέπνευσεν. Ἰδὼν δὲ ὁ Ἑκατόνταρχος τὸ γενόμενον, ἐδόξασε τὸν Θεόν, λέγων· ὄντως ὁ ἄνθρωπος οὗτος δίκαιος ἦν. Καὶ πάντες οἱ συμπαραγενόμενοι ὄχλοι ἐπὶ τὴν θεωρίαν ταύτην, θεωροῦντες τὰ γενόμενα, τύπτοντες ἑαυτῶν τὰ στήθη ὑπέστρεφον. Εἱστήκεισαν δὲ πάντες οἱ γνωστοὶ αὐτοῦ ἀπὸ μακρόθεν, καὶ γυναῖκες

on the left. And Jesus said, "Father, forgive them; for they know not what they do." And they cast lots to divide his garments. And the people stood by, watching; but the rulers scoffed at him, saying, "He saved others; let him save himself, if he is the Christ of God, his Chosen One!" The soldiers also mocked him, coming up and offering him vinegar, and saying, "If you are the King of the Jews, save yourself!" There was also an inscription over him, "This is the King of the Jews." One of the criminals who were hanged railed at him, saying, "Are you not the Christ? Save yourself and us! " But the other rebuked him, saying, "Do you not fear God, since you are under the same sentence of condemnation? And we indeed justly; for we are receiving the due reward of our deeds; but this man has done nothing wrong." And he said to Jesus, "Lord, remember me when you come into your kingdom." And he said to him, "Truly, I say to you, today you will be with me in Paradise." It was now about the sixth hour, and there was darkness over the whole land until the ninth hour, while the sun's light failed; and the curtain of the temple was torn in two. Then Jesus, crying with a loud voice, said, "Father, into your hands I commit my spirit!" And having said this he breathed his last. Now when the centurion saw what had taken place, he praised God, and said, "Certainly this man was innocent!" And all the multitudes who assembled to see the sight, when they saw what had taken place, returned home beating their breasts. And all his acquaintances

αἱ συνακολουθήσασαι αὐτῷ ἀπὸ τῆς Γαλιλαίας, ὁρῶσαι ταῦτα.

Ὁ Χορός· Δόξα τῇ μακροθυμίᾳ σου, Κύριε, δόξα σοι.

Ὁ Ἀναγνώστης· Ταχὺ προκαταλαβέτωσαν ἡμᾶς οἱ οἰκτιρμοί σου, Κύριε, ὅτι ἐπτωχεύσαμεν σφόδρα, βοήθησον ἡμῖν, ὁ Θεός, ὁ σωτὴρ ἡμῶν, ἕνεκεν τῆς δόξης τοῦ ὀνόματός σου, Κύριε, ῥῦσαι ἡμᾶς, καὶ ἱλάσθητι ταῖς ἁμαρτίαις ἡμῶν, ἕνεκεν τοῦ ὀνόματός σου.

Ὁ Ἀναγνώστης· Ἅγιος ὁ Θεός, Ἅγιος Ἰσχυρός, Ἅγιος Ἀθάνατος, ἐλέησον ἡμᾶς. *(γ')*

Δόξα Πατρὶ, καὶ Υἱῷ, καὶ Ἁγίῳ Πνεύματι, καὶ νῦν καὶ ἀεὶ, καὶ εἰς τοὺς αἰῶνας τῶν αἰώνων. Ἀμήν.

Παναγία Τρίας, ἐλέησον ἡμᾶς. Κύριε, ἱλάσθητι ταῖς ἁμαρτίαις ἡμῶν, Δέσποτα, συγχώρησον τὰς ἀνομίας ἡμῖν. Ἅγιε, ἐπίσκεψαι καὶ ἴασαι τὰς ἀσθενείας ἡμῶν, ἕνεκεν τοῦ ὀνόματός σου.

Κύριε, ἐλέησον. *(γ')* Δόξα Πατρὶ, καὶ Υἱῷ, καὶ Ἁγίῳ Πνεύματι, καὶ νῦν καὶ ἀεὶ, καὶ εἰς τοὺς αἰῶνας τῶν αἰώνων. Ἀμήν.

Πάτερ ἡμῶν ὁ ἐν τοῖς οὐρανοῖς, ἁγιασθήτω τὸ ὄνομά σου. Ἐλθέτω ἡ βασιλεία σου. Γενηθήτω τὸ θέλημά σου, ὡς ἐν οὐρανῷ, καὶ ἐπὶ τῆς γῆς. Τὸν ἄρτον ἡμῶν τὸν ἐπιούσιον δὸς ἡμῖν σήμερον. Καὶ ἄφες ἡμῖν τὰ ὀφειλήματα ἡμῶν, ὡς καὶ ἡμεῖς ἀφίεμεν τοῖς ὀφειλέταις ἡμῶν. Καὶ μὴ εἰσενέγκῃς ἡμᾶς εἰς πειρασμόν, ἀλλὰ ῥῦσαι ἡμᾶς ἀπὸ τοῦ πονηροῦ.

and the women who had followed him from Galilee stood at a distance and saw these things.

Choir: Glory to your long-suffering, Lord; glory to you!

Reader: Let your mercies, O Lord, come quickly to our aid, for we are utterly poor; help us, O God our Saviour, for the glory of your name. O Lord, deliver us, and have mercy on our sins, for your name's sake.

Reader: Holy God, Holy Mighty, Holy Immortal, have mercy on us *(x3)*.

Glory to the Father and the Son and the Holy Spirit, both now and ever and to the ages of ages. Amen.

All-holy Trinity, have mercy on us. Lord, forgive our sins. Master, pardon our transgressions. Holy One, visit and heal our infirmities for the glory of Your name.

Lord, have mercy. *(x3)* Glory to the Father and the Son and the Holy Spirit, both now and ever and to the ages of ages. Amen.

Our Father, who art in heaven, hallowed be Thy name. Thy kingdom come. Thy will be done, on earth as it is in heaven. Give us this day our daily bread; and forgive us our trespasses, as we forgive those who trespass against us. And lead us not into temptation, but deliver us from the evil one.

Priest: For Yours is the kingdom and the power and the glory, of the Father and the Son and the Holy Spirit, both now and ever and to the ages of ages.

Reader: Amen.

Kontakion. Tone Pl. 4.

Come, let us all sing the praise of him who was crucified for us; for Mary looked upon him on the Tree and said: 'Though you endure the Cross, yet you are my Son and my God'.

Reader:

Lord, have mercy. *(x40)*

At every time and at every hour, in heaven and on earth worshipped and glorified, Christ God, long-suffering, great in mercy, great in compassion, loving the just and merciful to sinners, calling all to salvation by the promise of the blessings to come; do you, Lord, yourself accept our entreaties at this hour, and direct our lives to your commandments. Sanctify our souls, purify our bodies, correct our thoughts, cleanse our ideas and deliver us from every distress, evil, and pain. Wall us about with your holy Angels, that protected and guided by their host we may reach the unity of the faith and the knowledge of your unapproachable glory; for you are blessed to the ages of ages. Amen.

Lord, have mercy. *(x3)* Glory to the Father and the Son and the Holy Spirit,

Τὴν τιμιωτέραν τῶν Χερουβεὶμ καὶ ἐνδοξοτέραν ἀσυγκρίτως τῶν Σεραφείμ, τὴν ἀδιαφθόρως Θεὸν Λόγον τεκοῦσαν, τὴν ὄντως Θεοτόκον σὲ μεγαλύνομεν.

Ἐν ὀνόματι Κυρίου, εὐλόγησον Πάτερ.

Ὁ Ἱερεύς· Ὁ Θεὸς οἰκτειρήσαι ἡμᾶς, καὶ εὐλογήσαι ἡμᾶς, ἐπιφάναι τὸ πρόσωπον αὐτοῦ ἐφ᾽ ἡμᾶς καὶ ἐλεήσαι ἡμᾶς.

Καὶ τὴν παροῦσαν εὐχὴν τοῦ Μεγάλου Βασιλείου.

Θεὲ καὶ Κύριε τῶν δυνάμεων, καὶ πάσης κτίσεως δημιουργέ, ὁ διὰ σπλάγχνα ἀνεικάστου ἐλέους σου, τὸν μονογενῆ σου Υἱόν, τὸν Κύριον ἡμῶν Ἰησοῦν Χριστόν, καταπέμψας ἐπὶ σωτηρίᾳ τοῦ γένους ἡμῶν, καὶ διὰ τοῦ τιμίου αὐτοῦ Σταυροῦ, τὸ χειρόγραφον τῶν ἁμαρτιῶν ἡμῶν διαρρήξας, καὶ θριαμβεύσας ἐν αὐτῷ τὰς ἀρχὰς καὶ ἐξουσίας τοῦ σκότους, αὐτός, Δέσποτα φιλάνθρωπε, πρόσδεξαι καὶ ἡμῶν τῶν ἁμαρτωλῶν τὰς εὐχαριστηρίους ταύτας καὶ ἱκετηρίους ἐντεύξεις, καὶ ῥῦσαι ἡμᾶς ἀπὸ παντὸς ὀλεθρίου καὶ σκοτεινοῦ παραπτώματος, καὶ πάντων τῶν κακῶσαι ἡμᾶς ζητούντων, ὁρατῶν καὶ ἀοράτων ἐχθρῶν. Καθήλωσον ἐκ τοῦ φόβου σου τὰς σάρκας ἡμῶν, καὶ μὴ ἐκκλίνῃς τὰς καρδίας ἡμῶν εἰς λόγους, ἢ εἰς λογισμοὺς πονηρίας, ἀλλὰ τῷ πόθῳ σου τρῶσον ἡμῶν τὰς ψυχάς, ἵνα πρὸς σὲ διαπαντὸς ἀτενίζοντες, καὶ τῷ παρὰ σοῦ φωτὶ ὁδηγούμενοι, σὲ τὸ ἀπρόσιτον καὶ ἀΐδιον κατοπτεύοντες φῶς, ἀκατάπαυστόν σοι τὴν ἐξομολόγησιν, καὶ εὐχαριστίαν ἀναπέμπομεν, τῷ ἀνάρ-

both now and ever and to the ages of ages. Amen.

Greater in honor than the Cherubim, and beyond compare more glorious than the Seraphim, without corruption you gave birth to God the Word; truly the Theotokos, we magnify you.

In the name of the Lord, bless, Father.

Priest: May God take pity on us and bless us, and make his face shine on us and have mercy on us.

And the following prayer of St. Basil the Great.

O God and Lord of powers, and Maker of all creation, who through the compassion of your incomprehensible mercy sent down your only-begotten Son, our Lord and Saviour, Jesus Christ, for the salvation of our race, and through his precious Cross tore up the record of our sins, and by it triumphed over the principalities and powers of darkness; do you yourself, O Master who loves mankind, accept also our supplications of thanksgiving and entreaty; and deliver us from destroying and dark transgression, and from all our foes, visible and invisible, who seek to harm us. Nail down our flesh through fear of you, and do not let our hearts incline to words or thoughts of evil, but wound our souls with longing for you; that ever gazing upon you and guided by the light that comes from you, seeing you the unapproachable and everlasting light, we may give thanks to you, the Father without beginning, with your only-begotten Son and your all-holy, good and life-giv-

χῷ Πατρὶ σὺν τῷ μονογενεῖ σου Υἱῷ, καὶ τῷ παναγίῳ, καὶ ἀγαθῷ, καὶ ζωοποιῷ σου Πνεύματι, νῦν, καὶ ἀεί, καὶ εἰς τοὺς αἰῶνας τῶν αἰώνων. Ἀμήν.

ΩΡΑ ΕΝΑΤΗ

Ὁ Ἀναγνώστης·

Δεῦτε, προσκυνήσωμεν καὶ προσπέσωμεν τῷ βασιλεῖ ἡμῶν Θεῷ.

Δεῦτε, προσκυνήσωμεν καὶ προσπέσωμεν Χριστῷ, τῷ βασιλεῖ ἡμῶν Θεῷ.

Δεῦτε, προσκυνήσωμεν καὶ προσπέσωμεν αὐτῷ Χριστῷ, τῷ βασιλεῖ καὶ Θεῷ ἡμῶν.

ΨΑΛΜΟΣ ΖΗ΄

Σῶσόν με, ὁ Θεός, ὅτι εἰσῆλθοσαν ὕδατα ἕως ψυχῆς μου. Ἐνεπάγην εἰς ἰλὺν βυθοῦ, καὶ οὐκ ἔστιν ὑπόστασις, ἦλθον εἰς τὰ βάθη τῆς θαλάσσης, καὶ καταιγὶς κατεπόντισέ με. Ἐκοπίασα κράζων, ἐβραγχίασεν ὁ λάρυγξ μου, ἐξέλιπον οἱ ὀφθαλμοί μου ἀπὸ τοῦ ἐλπίζειν με ἐπὶ τὸν Θεόν μου. Ἐπληθύνθησαν ὑπὲρ τὰς τρίχας τῆς κεφαλῆς μου οἱ μισοῦντές με δωρεάν. Ἐκραταιώθησαν οἱ ἐχθροί μου, οἱ ἐκδιώκοντές με ἀδίκως, ἃ οὐχ ἥρπαζον, τότε ἀπετίννυον, ὁ Θεός, σὺ ἔγνως τὴν ἀφροσύνην μου, καὶ αἱ πλημμέλειαί μου ἀπὸ σοῦ οὐκ ἀπεκρύβησαν. Μὴ αἰσχυνθείησαν ἐπ᾽ ἐμὲ οἱ ὑπομένοντές σε, Κύριε, Κύριε τῶν δυνάμεων, μηδὲ ἐντραπείησαν ἐπ᾽ ἐμὲ οἱ ζητοῦντές σε, ὁ Θεὸς τοῦ Ἰσραήλ, ὅτι ἕνεκά σου ὑπήνεγκα ὀνειδισμόν, ἐκάλυψεν ἐντροπὴ τὸ πρόσωπόν μου. Ἀπηλλοτριωμένος ἐγενήθην τοῖς ἀδελφοῖς μου, καὶ ξένος τοῖς υἱοῖς τῆς μητρός μου. Ὅτι ὁ ζῆλος τοῦ οἴκου σου κατέφα-

NINTH HOUR

Reader:

Come, let us worship and fall down before the King, our God.

Come, let us worship and fall down before Christ the King, our God.

Come, let us worship and fall down before Christ himself, the King, our God.

PSALM 68

Save me, O God, for the waters have come up to my neck. I sink in deep mire, where there is no foothold; I have come into deep waters, and the flood sweeps over me. I am weary with my crying; my throat is parched. My eyes grow dim with waiting for my God. More in number than the hairs of my head are those who hate me without cause; many are those who would destroy me, my enemies who accuse me falsely. What I did not steal must I now restore? O God, you know my folly; the wrongs I have done are not hidden from you. Do not let those who hope in you be put to shame because of me, O Lord God of hosts; do not let those who seek you be dishonored because of me, O God of Israel. It is for your sake that I have borne reproach, that shame has covered my face. I have become a stranger to my kindred, an alien to my moth-

γέ με, καὶ οἱ ὀνειδισμοὶ τῶν ὀνειδιζόντων σε ἐπέπεσον ἐπ' ἐμέ. Καὶ συνεκάλυψα ἐν νηστείᾳ τὴν ψυχήν μου, καὶ ἐγενήθη εἰς ὀνειδισμοὺς ἐμοί. Καὶ ἐθέμην τὸ ἔνδυμά μου σάκκον, καὶ ἐγενόμην αὐτοῖς εἰς παραβολήν. Κατ' ἐμοῦ ἠδολέσχουν οἱ καθήμενοι ἐν πύλαις, καὶ εἰς ἐμὲ ἔψαλλον οἱ πίνοντες οἶνον. Ἐγὼ δὲ τῇ προσευχῇ μου πρὸς σέ, Κύριε, καιρὸς εὐδοκίας. Ὁ Θεός, ἐν τῷ πλήθει τοῦ ἐλέους σου ἐπάκουσόν μου, ἐν ἀληθείᾳ τῆς σωτηρίας σου. Σῶσόν με ἀπὸ πηλοῦ, ἵνα μὴ ἐμπαγῶ, ῥυσθείην ἐκ τῶν μισούντων με, καὶ ἐκ τῶν βαθέων τῶν ὑδάτων. Μή με καταποντισάτω καταιγὶς ὕδατος, μηδὲ καταπιέτω μὲ βυθός, μηδὲ συσχέτω ἐπ' ἐμὲ φρέαρ τὸ στόμα αὐτοῦ. Εἰσάκουσόν μου, Κύριε, ὅτι χρηστὸν τὸ ἔλεός σου, κατὰ τὸ πλῆθος τῶν οἰκτιρμῶν σου ἐπίβλεψον ἐπ' ἐμέ. Μὴ ἀποστρέψῃς τὸ πρόσωπόν σου ἀπὸ τοῦ παιδός σου, ὅτι θλίβομαι, ταχὺ ἐπάκουσόν μου. Πρόσχες τῇ ψυχῇ μου, καὶ λύτρωσαι αὐτήν, ἕνεκα τῶν ἐχθρῶν μου ῥῦσαί με. Σὺ γὰρ γινώσκεις τὸν ὀνειδισμόν μου καὶ τὴν αἰσχύνην μου, καὶ τὴν ἐντροπήν μου. Ἐναντίον σου πάντες οἱ θλίβοντές με, ὀνειδισμὸν προσεδόκησεν ἡ ψυχή μου, καὶ ταλαιπωρίαν. Καὶ ὑπέμεινα συλλυπούμενον, καὶ οὐχ ὑπῆρξε, καὶ παρακαλοῦντας, καὶ οὐχ εὗρον. Καὶ ἔδωκαν εἰς τὸ βρῶμά μου χολήν, καὶ εἰς τὴν δίψαν μου ἐπότισάν με ὄξος. Γενηθήτω ἡ τράπεζα αὐτῶν, ἐνώπιον αὐτῶν εἰς παγίδα, καὶ εἰς ἀνταπόδοσιν, καὶ εἰς σκάνδαλον. Σκοτισθήτωσαν οἱ ὀφθαλμοὶ αὐτῶν τοῦ μὴ βλέπειν, καὶ τὸν νῶτον αὐτῶν διαπαντὸς σύγκαμψον. Ἔκχεον ἐπ' αὐτοὺς τὴν ὀργήν σου, καὶ ὁ θυμὸς τῆς ὀργῆς σου καταλάβοι αὐτούς. Γενηθήτω ἡ ἔπαυλις αὐτῶν ἠρημωμένη, καὶ ἐν τοῖς σκηνώμασιν αὐτῶν μὴ ἔστω

er's children. It is zeal for your house that has consumed me; the insults of those who insult you have fallen on me. When I humbled my soul with fasting, they insulted me for doing so. When I made sackcloth my clothing, I became a byword to them. I am the subject of gossip for those who sit in the gate, and the drunkards make songs about me. But as for me, my prayer is to you, O Lord. At an acceptable time, O God, in the abundance of your steadfast love, answer me. With your faithful help rescue me from sinking in the mire; let me be delivered from my enemies and from the deep waters. Do not let the flood sweep over me, or the deep swallow me up, or the Pit close its mouth over me. Answer me, O Lord, for your steadfast love is good; according to your abundant mercy, turn to me. Do not hide your face from your servant, for I am in distress: make haste to answer me. Draw near to me, redeem me, set me free because of my enemies. You know the insults I receive, and my shame and dishonor; my foes are all known to you. Insults have broken my heart, so that I am in despair. I looked for pity, but there was none; and for comforters, but I found none. They gave me poison for food, and for my thirst they gave me vinegar to drink. Let their table be a trap for them, a snare for their allies. Let their eyes be darkened so that they cannot see, and make their loins tremble continually. Pour out your indignation upon them, and let your burning anger overtake them. May their camp be a desolation; let no one live in their tents. For they persecute those

ὁ κατοικῶν. Ὅτι, ὃν σὺ ἐπάταξας, αὐτοὶ κατεδίωξαν, καὶ ἐπὶ τὸ ἄλγος τῶν τραυμάτων μου προσέθηκαν. Πρόσθες ἀνομίαν ἐπὶ τῇ ἀνομίᾳ αὐτῶν, καὶ μὴ εἰσελθέτωσαν ἐν δικαιοσύνῃ σου. Ἐξαλειφθήτωσαν ἐκ βίβλου ζώντων, καὶ μετὰ δικαίων μὴ γραφήτωσαν. Πτωχὸς καὶ ἀλγῶν εἰμι ἐγώ, ἡ σωτηρία σου, ὁ Θεός, ἀντιλάβοιτό μου. Αἰνέσω τὸ ὄνομα τοῦ Θεοῦ μου μετ᾽ ᾠδῆς, μεγαλυνῶ αὐτὸν ἐν αἰνέσει. Καὶ ἀρέσει τῷ Θεῷ ὑπὲρ μόσχον νέον, κέρατα ἐκφέροντα καὶ ὁπλάς. Ἰδέτωσαν πτωχοί, καὶ εὐφρανθήτωσαν, ἐκζητήσατε τὸν Θεόν, καὶ ζήσεται ἡ ψυχὴ ἡμῶν. Ὅτι εἰσήκουσε τῶν πενήτων ὁ Κύριος, καὶ τοὺς πεπεδημένους αὐτοῦ οὐκ ἐξουδένωσεν. Αἰνεσάτωσαν αὐτὸν οἱ οὐρανοὶ καὶ ἡ γῆ, θάλασσα καὶ πάντα τὰ ἕρποντα ἐν αὐτῇ. Ὅτι ὁ Θεὸς σώσει τὴν Σιών, καὶ οἰκοδομηθήσονται αἱ πόλεις τῆς Ἰουδαίας. Καὶ κατοικήσουσιν ἐκεῖ, καὶ κληρονομήσουσιν αὐτήν. Καὶ τὸ σπέρμα τῶν δούλων σου καθέξουσιν αὐτήν, καὶ οἱ ἀγαπῶντες τὸ ὄνομά σου κατασκηνώσουσιν ἐν αὐτῇ.

ΨΑΛΜΟΣ ΖΘ´

Ὁ Θεός, εἰς τὴν βοήθειάν μου πρόσχες. Κύριε, εἰς τὸ βοηθῆσαί μοι σπεῦσον. Αἰσχυνθήτωσαν, καὶ ἐντραπήτωσαν οἱ ζητοῦντες τὴν ψυχήν μου. Ἀποστραφήτωσαν εἰς τὰ ὀπίσω, καὶ καταισχυνθήτωσαν οἱ βουλόμενοί μοι κακά. Ἀποστραφήτωσαν παραυτίκα αἰσχυνόμενοι οἱ λέγοντές μοι. Εὖγε, εὖγε. Ἀγαλλιάσθωσαν, καὶ εὐφρανθήτωσαν ἐπὶ σοὶ πάντες οἱ ζητοῦντές σε, ὁ Θεός, καὶ λεγέτωσαν διαπαντός. Μεγαλυνθήτω ὁ Κύριος, οἱ ἀγαπῶντες τὸ σωτήριόν σου. Ἐγὼ δὲ πτωχὸς εἰμι καὶ πένης. Ὁ Θεός, βοή-

whom you have struck down, and those whom you have wounded, they attack still more. Add guilt to their guilt; may they have no acquittal from you. Let them be blotted out of the book of the living; let them not be enrolled among the righteous. But I am lowly and in pain; let your salvation, O God, protect me. I will praise the name of God with a song; I will magnify him with thanksgiving. This will please the Lord more than an ox or a bull with horns and hoofs. Let the oppressed see it and be glad; you who seek God, let your hearts revive. For the Lord hears the needy, and does not despise his own that are in bonds. Let heaven and earth praise him, the seas and everything that moves in them. For God will save Zion and rebuild the cities of Juda; and his servants shall live there and possess it; the children of his servants shall inherit it, and those who love his name shall live in it.

PSALM 69.

O God, come to my help; Lord, hasten to help me. Let those who seek my soul be shamed and confounded. Let those who wish me evil be turned back and put to shame. Let those who say to me: 'Fine, fine!' be turned back immediately, ashamed. Let all who seek you, O God, be glad and rejoice in you. Let all who love your salvation ever say: 'The Lord be magnified.' But I am poor and needy; help me, O God. You are my helper and my deliverer; Lord, do not delay.

θησόν μοι. Βοηθός μου καὶ ῥύστης μου εἶ σύ. Κύριε, μὴ χρονίσῃς.

ΨΑΛΜΟΣ ΠΕ΄

Κλῖνον, Κύριε, τὸ οὖς σου, καὶ ἐπάκουσόν μου, ὅτι πτωχὸς καὶ πένης εἰμὶ ἐγώ. Φύλαξον τὴν ψυχήν μου, ὅτι ὅσιός εἰμι, σῶσον τὸν δοῦλόν σου, ὁ Θεός μου, τὸν ἐλπίζοντα ἐπὶ σέ. Ἐλέησόν με, Κύριε, ὅτι πρὸς σὲ κεκράξομαι ὅλην τὴν ἡμέραν, εὔφρανον τὴν ψυχὴν τοῦ δούλου σου, ὅτι πρὸς σὲ ἦρα τὴν ψυχήν μου. Ὅτι σύ, Κύριε, χρηστός, καὶ ἐπιεικής, καὶ πολυέλεος πᾶσι τοῖς ἐπικαλουμένοις σε. Ἐνώτισαι, Κύριε, τὴν προσευχήν μου, καὶ πρόσχες τῇ φωνῇ τῆς δεήσεώς μου. Ἐν ἡμέρᾳ θλίψεώς μου ἐκέκραξα πρὸς σέ, ὅτι ἐπήκουσάς μου. Οὐκ ἔστιν ὅμοιός σοι ἐν θεοῖς Κύριε, καὶ οὐκ ἔστι κατὰ τὰ ἔργα σου. Πάντα τὰ ἔθνη, ὅσα ἐποίησας, ἥξουσι καὶ προσκυνήσουσιν ἐνώπιόν σου, Κύριε, καὶ δοξάσουσι τὸ ὄνομά σου. Ὅτι μέγας εἶ σύ, καὶ ποιῶν θαυμάσια, σὺ εἶ Θεὸς μόνος. Ὁδήγησόν με, Κύριε, ἐν τῇ ὁδῷ σου, καὶ πορεύσομαι ἐν τῇ ἀληθείᾳ σου, εὐφρανθήτω ἡ καρδία μου, τοῦ φοβεῖσθαι τὸ ὄνομά σου. Ἐξομολογήσομαί σοι, Κύριε ὁ Θεός μου, ἐν ὅλῃ καρδίᾳ μου, καὶ δοξάσω τὸ ὄνομά σου εἰς τὸν αἰῶνα. Ὅτι τὸ ἔλεός σου μέγα ἐπ' ἐμέ, καὶ ἐρρύσω τὴν ψυχήν μου ἐξ ᾅδου κατωτάτου. Ὁ Θεός, παράνομοι ἐπανέστησαν ἐπ' ἐμέ, καὶ συναγωγὴ κραταιῶν ἐζήτησαν τὴν ψυχήν μου, καὶ οὐ προέθεντό σε ἐνώπιον αὐτῶν. Καὶ σύ, Κύριε ὁ Θεός μου, οἰκτίρμων καὶ ἐλεήμων, μακρόθυμος καὶ πολυέλεος καὶ ἀληθινός. Ἐπίβλεψον ἐπ' ἐμέ, καὶ ἐλέησόν με, δὸς τὸ κράτος σου τῷ παιδί σου, καὶ σῶσον τὸν υἱὸν τῆς παιδίσκης σου. Ποίησον μετ'

PSALM 85

Incline your ear, O Lord, and hear me, for I am poor and needy. Guard my soul, for I am holy; O my God, save your servant who hopes in you. Have mercy on me, O Lord, for I shall cry to you all the day; give joy to the soul of your servant, for I have lifted up my soul to you. For you, O Lord, are good and gentle, and full of mercy to all who call on you. Give ear, O Lord, to my prayer; and attend to the voice of my supplication. In the day of my trouble I called to you, for you heard me. There is none like you among the gods, O Lord; none whose works are as yours. All the nations whom you made will come and worship before you, O Lord, and call upon your name. For you are great and do wondrous things; you alone are God. Guide me, O Lord, in your way, and I shall walk in your truth; make my heart glad to fear your name. I shall give you thanks, O Lord, my God, with my whole heart; and I shall glorify your name for ever. For your mercy is great towards me, and you have delivered my soul from the lowest hell. O God, the lawless rose up against me, and an assembly of mighty ones sought my soul, and did not set you before them. And you, Lord, are pitying and merciful, long-suffering and full of mercy and true. Look on me and have mercy on me; give your might to your servant and save the son of your maidservant. Make with me a sign for good, and let those who hate me see

ἐμοῦ σημεῖον εἰς ἀγαθόν, καὶ ἰδέτωσαν οἱ μισοῦντές με, καὶ αἰσχυνθήτωσαν, ὅτι σύ, Κύριε, ἐβοήθησάς μοι, καὶ παρεκάλεσάς με.

it and be shamed; for you, Lord, have helped me and comforted me.

Καὶ πάλιν

And again:

Ποίησον μετ' ἐμοῦ σημεῖον εἰς ἀγαθόν, καὶ ἰδέτωσαν οἱ μισοῦντές με, καὶ αἰσχυνθήτωσαν, ὅτι σύ, Κύριε, ἐβοήθησάς μοι, καὶ παρεκάλεσάς με.

Make with me a sign for good, and let those who hate me see it and be shamed; for you, Lord, have helped me and comforted me.

Δόξα Πατρί, καὶ Υἱῷ, καὶ Ἁγίῳ Πνεύματι, καὶ νῦν καὶ ἀεί, καὶ εἰς τοὺς αἰῶνας τῶν αἰώνων. Ἀμήν.

Glory to the Father and the Son and the Holy Spirit, both now and ever and to the ages of ages. Amen.

Ἀλληλούια, Ἀλληλούια, Ἀλληλούια· Δόξα σοι, ὁ Θεός. Κύριε, ἐλέησον, Κύριε, ἐλέησον, Κύριε, ἐλέησον.

Alleluia, Alleluia, Alleluia. Glory to you, O God. Lord, have mercy, Lord, have mercy, Lord, have mercy.

Δόξα Πατρί, καὶ Υἱῷ, καὶ Ἁγίῳ Πνεύματι.

Glory to the Father, Son and the Holy Spirit.

Ἦχος πλ. δ'.

Tone Pl. 4.

Βλέπων ὁ Λῃστὴς τὸν ἀρχηγὸν τῆς ζωῆς, ἐπὶ Σταυροῦ κρεμάμενον, ἔλεγεν. Εἰ μὴ Θεὸς ὑπῆρχε σαρκωθείς, ὁ σὺν ἡμῖν σταυρωθείς, οὐκ ἂν ὁ ἥλιος τὰς ἀκτῖνας ἐναπέκρυψεν, οὐδὲ ἡ γῆ σειομένη ἐκυμαίνετο. Ἀλλ' ὁ πάντων ἀνεχόμενος, Μνήσθητί μου Κύριε, ἐν τῇ Βασιλείᾳ σου.

The Thief, seeing the Prince of life hanging on the Cross, said: If he who is crucified with us was not God incarnate, the sun would not have hidden its rays, nor would the shaken earth be quaking. But you who bear all things, remember me, Lord, in your kingdom.

Καὶ νῦν καὶ ἀεί, καὶ εἰς τοὺς αἰῶνας τῶν αἰώνων. Ἀμήν.

Now and forever and to the ages of ages. Amen.

Θεοτοκίον.

Theotokion.

Ὁ δι' ἡμᾶς γεννηθεὶς ἐκ Παρθένου, καὶ σταύρωσιν ὑπομείνας Ἀγαθέ. Ὁ θανάτῳ τὸν θάνατον σκυλεύσας, καὶ Ἔγερσιν δείξας ὡς Θεός, μὴ παρίδῃς οὓς ἔπλασας τῇ χειρί σου, δεῖξον τὴν φιλανθρωπίαν σου ἐλεῆμον, δέξαι τὴν τεκοῦσάν σε Θεοτόκον, πρεσβεύουσαν ὑπὲρ ἡμῶν, καὶ σῶσον Σωτὴρ ἡμῶν, λαὸν ἀπεγνωσμένον.

O Good One, who was born of a Virgin for our sakes and endured crucifixion; who despoiled death by death and as God revealed resurrection, do not despise those whom you fashioned with your own hand; show your love for mankind, O Merciful, accept the Mother of God who bore you, as she intercedes for us, and save, O Saviour, a people in despair.

Καὶ ψάλλομεν τὰ παρόντα ἰδιόμελα.
Ὁ δὲ διάκονος θυμιᾷ διὰ κατζίου.

Ἦχος βαρύς.

Θάμβος ἦν κατιδεῖν, τὸν οὐρανοῦ καὶ γῆς Ποιητήν, ἐπὶ Σταυροῦ κρεμάμενον, ἥλιον σκοτισθέντα, τὴν ἡμέραν δὲ πάλιν εἰς νύκτα μετελθοῦσαν, καὶ τὴν γῆν ἐκ τάφων ἀναπέμπουσαν, σώματα νεκρῶν, μεθ' ὧν προσκυνοῦμέν σε, σῶσον ἡμᾶς.

Ἦχος β'.

Στίχ. Διεμερίσαντο τὰ ἱμάτιά μου ἑαυτοῖς καὶ ἐπὶ τὸν ἱματισμόν μου ἔβαλον κλῆρον.

Ὅτε σε Σταυρῷ προσήλωσαν παράνομοι, τὸν Κύριον τῆς δόξης, ἐβόας πρὸς αὐτούς. Τί ὑμᾶς ἐλύπησα; ἢ ἐν τίνι παρώργισα; πρὸ ἐμοῦ, τὶς ὑμᾶς ἐρρύσατο ἐκ θλίψεως; καὶ νῦν, τίμοι ἀνταποδίδοτε; πονηρὰ ἀντὶ ἀγαθῶν, ἀντὶ στύλου πυρὸς Σταυρῷ με προσηλώσατε, ἀντὶ νεφέλης, τάφον μοι ὠρύξατε, ἀντὶ τοῦ μάννα, χολὴν μοι προσηνέγκατε, ἀντὶ τοῦ ὕδατος, ὄξος με ἐποτίσατε. Λοιπὸν καλῶ τὰ ἔθνη, κακεῖνά με δοξάσουσι, σὺν Πατρὶ καὶ ἁγίῳ Πνεύματι.

Ὁ κανονάρχης ἐλθὼν εἰς τὸ μέσον τοῦ ναοῦ ἀπαγγέλλει ἐνώπιον τοῦ Ἐσταυρωμένου τὸ ἀκόλουθον Ἰδιόμελον.

Ἦχος πλ. β'.

Δόξα Πατρὶ, καὶ Υἱῷ, καὶ Ἁγίῳ Πνεύματι. Καὶ νῦν καὶ ἀεί, καὶ εἰς τοὺς αἰῶνας τῶν αἰώνων. Ἀμήν.

Σήμερον κρεμᾶται ἐπὶ ξύλου ὁ ἐν ὕδασι τὴν γῆν κρεμάσας. (γ')

Στέφανον ἐξ ἀκανθῶν περιτίθεται ὁ τῶν Ἀγγέλων βασιλεύς.

And we sing the following idiomela.
The Deacon censes with the katzion.

Tone Varys.

A strange wonder it was to see the Maker of heaven and earth hanging on a cross; the sun darkened, the day changed again into night and the earth giving back the bodies of the dead from their tombs; with them we worship you. Save us.

Tone 2.

Verse: They parted my garments among them, and cast lots for my clothing.

When the transgressors saw you, the Lord of glory, nailed to the Cross, you cried out to them, 'How have I grieved you? In what have I angered you? Before me, who delivered you from affliction? And now how do your repay me? With evils for blessings: instead of a pillar of fire, you have nailed me to a cross; instead of a cloud, you have dug me a tomb; instead of the manna, you have offered me gall; instead of water, you have given me vinegar to drink. From now on I shall call the nations, and they will glorify me with the Father and the holy Spirit'.

The Canonarch comes to the center of the temple and recites the following idiomelon before the icon of the Crucified One.

Tone Pl. 2.

Glory to the Father, Son and the Holy Spirit, both now and ever and to the ages of ages. Amen.

Today is hung upon a tree, He who hung the earth upon the waters. (x3)

A crown of thorns is placed on Him, who is the King of the Angels.

Ψευδῆ πορφύραν περιβάλλεται ὁ περιβάλλων τὸν οὐρανὸν ἐν νεφέλαις.

Ῥάπισμα κατεδέξατο ὁ ἐν Ἰορδάνῃ ἐλευθερώσας τὸν Ἀδάμ.

Ἥλοις προσηλώθη ὁ Νυμφίος τῆς Ἐκκλησίας.

Λόγχῃ ἐκεντήθη ὁ Υἱὸς τῆς Παρθένου.

Προσκυνοῦμέν σου τὰ πάθη, Χριστέ. *(γ΄)*

Δεῖξον ἡμῖν, καὶ τὴν ἔνδοξόν σου ἀνάστασιν.

Ὁ Ἀναγνώστης· Προκείμενον. Ἦχος πλ β΄. Ψαλμὸς ΙΓ.

Εἶπεν ἄφρων ἐν καρδίᾳ αὐτοῦ, οὐκ ἔστι Θεός.

Στίχ. *Οὐκ ἔστι ποιῶν χρηστότητα, οὐκ ἔστιν ἕως ἑνός.*

Ὁ Διάκονος· Σοφία.

Ὁ Ἀναγνώστης· Προφητείας Ἰερεμίου τὸ ἀνάγνωσμα.

Ὁ Διάκονος· Πρόσχωμεν.

(ια΄, 18-23, ιβ΄, 1-5, 9-11, 14-15)

Κύριε, γνώρισόν μοι, καὶ γνώσομαι. Τότε εἶδον τὰ ἐπιτηδεύματα αὐτῶν, ἐγὼ δὲ ὡς ἀρνίον ἄκακον ἀγόμενον τοῦ θύεσθαι, οὐκ ἔγνων, ἐπ' ἐμὲ ἐλογίσαντο λογισμὸν πονηρόν, λέγοντες. Δεῦτε, καὶ ἐμβάλωμεν ξύλον εἰς τὸν ἄρτον αὐτοῦ, καὶ ἐκτρίψωμεν αὐτὸν ἀπὸ γῆς ζώντων, καὶ τὸ ὄνομα αὐτοῦ οὐ μὴ μνησθῇ οὐκέτι. Κύριε τῶν δυνάμεων, κρίνων δίκαια, δοκιμάζων νεφροὺς καὶ καρδίας, ἴδοιμι τὴν παρὰ σοῦ ἐκδίκησιν ἐξ αὐτῶν, ὅτι πρὸς σὲ ἀπεκάλυψα τὸ δικαίωμά μου. Διὰ τοῦτο τάδε λέ-

In false purple He is wrapped, who wraps the heavens in clouds.

He receives a blow in the face, He who freed Adam in the Jordan.

With nails is transfixed the Bridegroom of the Church.

With a lance He is pierced, the Son of the Virgin.

We worship your sufferings, O Christ. *(x3)*

Show us also Your glorious Resurrection.

Reader: Prokeimenon. Tone Pl. 2. Psalm 13.

The fool has said in his heart: 'There is no God'.

Verse: *There is none who does good; no, not one.*

Deacon: Wisdom.

Reader: The Reading is from the Prophecy of Jeremias.

Deacon: Let us be attentive.

(11:18-12:5a.9b-11a.14-15)

Lord, make me know, and I shall know; then I saw their practices. But I, like an innocent lamb led to be sacrificed, did not know; against me they devised an evil thought, saying: Come, and let us cast wood into his bread and let us wipe him out of the land of the living, and let his name be remembered no more. Lord, you judge justly, you try reins and hearts, may I see vengeance upon them from you, because I have revealed to you my jus-

γει Κύριος ἐπὶ τοὺς ἄνδρας Ἀναθώθ, τοὺς ζητοῦντας τὴν ψυχήν μου, τοὺς λέγοντας, οὐ μὴ προφητεύσῃς ἐπὶ τῷ ὀνόματι Κυρίου, εἰδὲ μή, ἀποθάνῃ ἐν ταῖς χερσὶν ἡμῶν. Ἰδοὺ ἐγὼ ἐπισκέψομαι ἐπ' αὐτούς, οἱ νεανίσκοι αὐτῶν ἐν μαχαίρᾳ ἀποθανοῦνται, καὶ οἱ υἱοὶ αὐτῶν καὶ αἱ θυγατέρες αὐτῶν τελευτήσουσιν ἐν λιμῷ, καὶ ἐγκατάλειμμα οὐκ ἔσται αὐτῶν, ὅτι ἐπάξω κακὰ ἐπὶ τοὺς κατοικοῦντας ἐν Ἀναθώθ, ἐν ἐνιαυτῷ ἐπισκέψεως αὐτῶν. Δίκαιος εἶ Κύριε, ὅτι ἀπολογήσομαι πρὸς σέ, πλὴν κρίματα λαλήσω πρὸς σέ. Τί ὅτι ὁδὸς ἀσεβῶν εὐοδοῦται; εὐθήνησαν πάντες οἱ ἀθετοῦντες ἀθετήματα; ἐφύτευσας αὐτούς, καὶ ἐρριζώθησαν, ἐτεκνοποιήσαντο, καὶ ἐποίησαν καρπόν, ἐγγὺς εἶ σὺ τοῦ στόματος αὐτῶν, καὶ πόρρω ἀπὸ τῶν νεφρῶν αὐτῶν. Καὶ σύ, Κύριε, γινώσκεις με, καὶ δεδοκίμακας τὴν καρδίαν μου ἐναντίον σου, ἄθροισον αὐτοὺς ὥσπερ πρόβατα εἰς σφαγήν, ἅγνισον αὐτοὺς εἰς ἡμέραν σφαγῆς αὐτῶν, ἕως πότε πενθήσει ἡ γῆ, καὶ πᾶς ὁ χόρτος τοῦ ἀγροῦ ξηρανθήσεται ἀπὸ κακίας τῶν κατοικούντων ἐν αὐτῇ; ἠφανίσθησαν κτήνη καὶ πετεινά, ὅτι εἶπαν, οὐκ ὄψεται ὁ Θεὸς ὁδοὺς ἡμῶν, σοῦ οἱ πόδες τρέχουσι, καὶ ἐκλύουσί σε, Συναγάγετε πάντα τὰ θηρία τοῦ ἀγροῦ, καὶ ἐλθέτωσαν τοῦ φαγεῖν αὐτήν. Ποιμένες πολλοὶ διέφθειραν τὸν ἀμπελῶνά μου, ἐμόλυναν τὴν μερίδα μου, ἔδωκαν τὴν μερίδα τὴν ἐπιθυμητήν μου εἰς ἔρημον ἄβατον, ἐτέθη εἰς ἀφανισμὸν ἀπωλείας, ὅτι τάδε λέγει Κύριος περὶ πάντων τῶν γειτόνων τῶν πονηρῶν, τῶν ἁπτομένων τῆς κληρονομίας μου, ἧς ἐμέρισα τῷ λαῷ μου τῷ Ἰσραήλ. Ἰδοὺ ἐγὼ ἀποσπῶ αὐτοὺς ἀπὸ τῆς γῆς αὐτῶν, καὶ τὸν Ἰούδαν ἐκβαλῶ ἐκ μέσου αὐτῶν, καὶ ἔσται μετὰ τὸ ἐκβαλεῖν με αὐτούς,

tification. Therefore thus says the Lord to the men of Anathoth who seek for my life and who say: Do not prophesy in the name of the Lord, otherwise you will die at our hands. See, I shall visit them; their youths will die by the sword, their sons and daughters will perish by hunger, and there will not be a remnant of them; because I shall bring evils upon the inhabitants of Anathoth, in the year of their visitation. You are just, Lord, so I shall make my defence to you, moreover I shall speak of judgements to you: why does the way of the ungodly go well? Those who set breaches of faith at nothing have prospered, you planted them and they have taken root; they begot children and produced fruit; you are near to their mouth and far from their reins. And you, Lord, know me, you have tried my heart before you; purify them for the day of their slaughter. How long will the land grieve and the grass of the field be dried from the wickedness of its inhabitants? Animals and birds have vanished, because they <the inhabitants> said: God will not see our ways. Your feet run and make you faint. Assemble all the beasts of the field and let them come and eat it. Many shepherds have destroyed my vineyard, they have defiled my portion, they have made my desired portion a trackless desert, it has been made into utter destruction. Because thus says the Lord of all the evil neighbors who touch my inheritance, which I have apportioned to my people Israel: See, I shall drag them from their land and I shall cast Juda out of their midst. And it shall be that after I

ἐπιστρέψω καὶ ἐλεήσω αὐτούς, καὶ κατοικιῶ αὐτούς, ἕκαστον εἰς τὴν κληρονομίαν αὐτοῦ, καὶ ἕκαστον εἰς τὴν γῆν αὐτοῦ.

Ὁ Ἀναγνώστης· Πρὸς Ἑβραίους Ἐπιστολῆς Παύλου τὸ Ἀνάγνωσμα.

Ὁ Διάκονος· Σοφία. Πρόσχωμεν.

(ι', 19-31)

Ἀδελφοί, ἔχοντες παρρησίαν εἰς τὴν εἴσοδον τῶν Ἁγίων, ἐν τῷ Αἵματι Ἰησοῦ, ἣν ἐνεκαίνισεν ἡμῖν ὁδὸν πρόσφατον καὶ ζῶσαν, διὰ τοῦ καταπετάσματος (τουτέστι, τῆς σαρκὸς αὐτοῦ) καὶ Ἱερέα μέγαν ἐπὶ τὸν οἶκον τοῦ Θεοῦ, προσερχώμεθα μετὰ ἀληθινῆς καρδίας ἐν πληροφορίᾳ πίστεως, ἐρραντισμένοι τὰς καρδίας ἀπὸ συνειδήσεως πονηρᾶς, καὶ λελουμένοι τὸ σῶμα ὕδατι καθαρῷ, κατέχωμεν τὴν ὁμολογίαν τῆς ἐλπίδος ἀκλινῆ (πιστὸς γὰρ ὁ ἐπαγγειλάμενος), καὶ κατανοῶμεν ἀλλήλους, εἰς παροξυσμὸν ἀγάπης, καὶ καλῶν ἔργων, μὴ ἐγκαταλίποντες τὴν ἐπισυναγωγὴν ἑαυτῶν, καθὼς ἔθος τισίν, ἀλλὰ παρακαλοῦντες, καὶ τοσούτῳ μᾶλλον, ὅσῳ βλέπετε ἐγγίζουσαν τὴν ἡμέραν. Ἑκουσίως γὰρ ἁμαρτανόντων ἡμῶν μετὰ τὸ λαβεῖν τὴν ἐπίγνωσιν τῆς ἀληθείας, οὐκέτι περὶ ἁμαρτιῶν ἀπολείπεται θυσία, φοβερὰ δὲ τὶς ἐκδοχὴ κρίσεως, καὶ πυρὸς ζῆλος, ἐσθίειν μέλλοντος τοὺς ὑπεναντίους. Ἀθετήσας τις νόμον Μωσέως, χωρὶς οἰκτιρμῶν ἐπὶ δυσὶν ἢ τρισὶ μάρτυσιν ἀποθνῄσκει, πόσῳ (δοκεῖτε) χείρονος ἀξιωθήσεται τιμωρίας ὁ τὸν Υἱὸν τοῦ Θεοῦ καταπατήσας, καὶ τὸ αἷμα τῆς διαθήκης κοινὸν ἡγησάμενος, ἐν ᾧ ἡγιάσθη, καὶ τὸ Πνεῦμα τῆς χάρι-

have cast them out, I shall turn back and have mercy on them, and I shall make them dwell, each in his inheritance and each in his land.

Reader: The Reading is from the Epistle of Paul to the Hebrews.

Deacon: Wisdom. Let us be attentive.

(10:19-31)

Brethren, since we have confidence to enter the sanctuary by the blood of Jesus, by the new and living way which he opened for us through the curtain, that is, through his flesh, and since we have a great priest over the house of God, let us draw near with a true heart in full assurance of faith, with our hearts sprinkled clean from an evil conscience and our bodies washed with pure water. Let us hold fast the confession of our hope without wavering, for he who promised is faithful; and let us consider how to stir up one another to love and good works, not neglecting to meet together, as is the habit of some, but encouraging one another, and all the more as you see the Day drawing near. For if we sin deliberately after receiving the knowledge of the truth, there no longer remains a sacrifice for sins, but a fearful prospect of judgment, and a fury of fire which will consume the adversaries. A man who has violated the law of Moses dies without mercy at the testimony of two or three witnesses. How much worse punishment do you think will be deserved by the man who has spurned the Son of God, and profaned the blood

τος ἐνυβρίσας; Οἴδαμεν γὰρ τὸν εἰπόντα. Ἐμοὶ ἐκδίκησις, ἐγὼ ἀνταποδώσω, λέγει Κύριος. Καὶ πάλιν, Κύριος κρινεῖ τὸν λαὸν αὐτοῦ. Φοβερὸν τὸ ἐμπεσεῖν εἰς χεῖρας Θεοῦ ζῶντος.

of the covenant by which he was sanctified, and outraged the Spirit of grace? For we know him who said, "Vengeance is mine, I will repay." And again, "The Lord will judge his people." It is a fearful thing to fall into the hands of the living God.

Ὁ Ἱερεύς· Εἰρήνη σοι.

Priest: Peace be to you.

Ὁ Διάκονος· Καὶ ὑπὲρ τοῦ καταξιωθῆναι ἡμᾶς τῆς ἀκροάσεως τοῦ ἁγίου Εὐαγγελίου Κύριον τὸν Θεὸν ἡμῶν ἱκετεύσωμεν.

Deacon: And that we might be found worthy to hear the holy Gospel, let us pray to the Lord God.

Ὁ Χορός· Κύριε, ἐλέησον. *(γ΄)*

Choir: Lord, have mercy. *(x3)*

Ὁ Διάκονος· Σοφία. Ὀρθοί, ἀκούσωμεν τοῦ ἁγίου Εὐαγγελίου.

Deacon: Wisdom. Arise. Let us hear the holy Gospel.

Ὁ Ἱερεύς· Εἰρήνη πᾶσι.

Priest: Peace to all.

Ὁ Χορός· Καὶ τῷ πνεύματί σου.

Choir: And to your Spirit.

Ὁ Ἱερεύς· Ἐκ τοῦ κατὰ Ἰωάννην ἁγίου Εὐαγγελίου τὸ ἀνάγνωσμα.

Priest: The reading is from the holy Gospel according to John.

Ὁ Διάκονος· Πρόσχωμεν.

Deacon: Let us be attentive.

Ὁ Χορός· Δόξα σοι, Κύριε, δόξα σοι.

Choir: Glory to you, Lord, glory to you!

Ὁ Ἱερεύς·

Priest:

(ιθ΄, 23-37)

(19:23-37)

Τῷ καιρῷ ἐκείνῳ, ὅτε ἐσταύρωσαν τὸν Ἰησοῦν, ἔλαβον τὰ ἱμάτια αὐτοῦ καὶ ἐποίησαν τέσσαρα μέρη, ἑκάστῳ στρατιώτῃ μέρος, καὶ τὸν χιτῶνα· ἦν δὲ ὁ χιτὼν ἄρραφος, ἐκ τῶν ἄνωθεν ὑφαντὸς δι' ὅλου. Εἶπον οὖν πρὸς ἀλλήλους· Μὴ σχίσωμεν αὐτόν, ἀλλὰ λάχωμεν περὶ αὐτοῦ, τίνος ἔσται· ἵνα ἡ Γραφὴ πληρωθῇ ἡ λέγουσα· «Διεμερίσαντο τὰ ἱμάτιά μου ἑαυτοῖς, καὶ ἐπὶ τὸν ἱματισμόν μου ἔβαλον κλῆρον.» Οἱ μὲν οὖν στρατιῶται

At that time, there stood by the Cross of Jesus his mother and his mother's sister, Mary wife of Clopas and Mary Magdalen. And Jesus, seeing his mother and the disciple whom he loved standing beside him, says to his mother, 'Woman, behold your son.' Then he says to the disciple, 'Behold your mother.' And from that hour the disciple took her to his own home. After this Jesus, knowing that all things had

ταῦτα ἐποίησαν. Εἱστήκεισαν δὲ παρὰ τῷ Σταυρῷ τοῦ Ἰησοῦ, ἡ Μήτηρ αὐτοῦ, καὶ ἡ ἀδελφὴ τῆς μητρὸς αὐτοῦ, Μαρία ἡ τοῦ Κλωπᾶ καὶ Μαρία ἡ Μαγδαληνή. Ἰησοῦς οὖν ἰδὼν τὴν Μητέρα, καὶ τὸν Μαθητὴν παρεστῶτα, ὃν ἠγάπα, λέγει τῇ Μητρί αὐτοῦ· Γύναι, ἰδοὺ ὁ υἱός σου. Εἶτα λέγει τῷ Μαθητῇ· ἰδοὺ ἡ μήτηρ σου. Καὶ ἀπ᾽ ἐκείνης τῆς ὥρας ἔλαβεν ὁ Μαθητὴς αὐτὴν εἰς τὰ ἴδια. Μετὰ τοῦτο εἰδὼς ὁ Ἰησοῦς ὅτι πάντα ἤδη τετέλεσται, ἵνα τελειωθῇ ἡ Γραφή, λέγει· Διψῶ. Σκεῦος οὖν ἔκειτο ὄξους μεστόν· οἱ δὲ, πλήσαντες σπόγγον ὄξους, καὶ ὑσσώπῳ περιθέντες, προσήνεγκαν αὐτοῦ τῷ στόματι. Ὅτε οὖν ἔλαβε τὸ ὄξος ὁ Ἰησοῦς, εἶπε· Τετέλεσται· καὶ κλίνας τὴν κεφαλήν, παρέδωκε τὸ πνεῦμα. Οἱ οὖν Ἰουδαῖοι, ἵνα μὴ μείνῃ ἐπὶ τοῦ Σταυροῦ τὰ σώματα ἐν τῷ Σαββάτῳ, ἐπεὶ Παρασκευὴ ἦν· ἦν γὰρ μεγάλη ἡ ἡμέρα ἐκείνη τοῦ Σαββάτου· ἠρώτησαν τὸν Πιλᾶτον, ἵνα κατεαγῶσιν αὐτῶν τὰ σκέλη, καὶ ἀρθῶσιν. Ἦλθον οὖν οἱ στρατιῶται, καὶ τοῦ μὲν πρώτου κατέαξαν τὰ σκέλη, καὶ τοῦ ἄλλου τοῦ συσταυρωθέντος αὐτῷ· ἐπὶ δὲ τὸν Ἰησοῦν ἐλθόντες, ὡς εἶδον αὐτὸν ἤδη τεθνηκότα, οὐ κατέαξαν αὐτοῦ τὰ σκέλη, ἀλλ᾽ εἷς τῶν στρατιωτῶν λόγχῃ αὐτοῦ τὴν πλευρὰν ἔνυξε, καὶ εὐθέως ἐξῆλθεν αἷμα καὶ ὕδωρ. Καὶ ὁ ἑωρακὼς μεμαρτύρηκε, καὶ ἀληθινὴ ἐστιν ἡ μαρτυρία αὐτοῦ· κἀκεῖνος οἶδεν ὅτι ἀληθῆ λέγει, ἵνα καὶ ὑμεῖς πιστεύσητε. Ἐγένετο γὰρ ταῦτα, ἵνα ἡ Γραφὴ πληρωθῇ· Ὀστοῦν οὐ συντριβήσεται αὐτοῦ. Καὶ πάλιν ἑτέρα Γραφὴ λέγει· Ὄψονται εἰς ὃν ἐξεκέντησαν.

Ὁ Χορός· Δόξα τῇ μακροθυμίᾳ σου, Κύριε, δόξα σοι.

been accomplished, that the Scripture might be fulfilled says, 'I thirst.' Now there was a vessel there full of vinegar; so having filled a sponge with vinegar and put in on a branch of hyssop they held it to his mouth. So when Jesus had taken the vinegar he said, 'It is accomplished', and bowing his head he gave up the spirit. The Jews then, so that the bodies might not remain on the cross on the Sabbath, since it was Friday, the day of Preparation (for that Sabbath was a solemn day), asked Pilate that they might break their legs and that they might be removed. So the soldiers came and broke the legs of the first and second who were crucified with him. But when they came to Jesus as they saw that he was already dead they did not break his legs, but one of the soldiers with a lance pierced his side, and at once there came out blood and water. And he saw it has borne witness, and his witness is true. And he knows that he speaks the truth, so that you too may believe. For these things happened that the Scripture might be fulfilled, Not a bone of him will be broken. And again another Scripture says, They will look an the one they have pierced.

Choir: Glory to your long-suffering, Lord; glory to you!

Ὁ Ἀναγνώστης· Μὴ δὴ παραδῴης ἡμᾶς εἰς τέλος, διὰ τὸ ὄνομά σου τὸ ἅγιον, καὶ μὴ διασκεδάσῃς τὴν διαθήκην σου, καὶ μὴ ἀποστήσῃς τὸ ἔλεός σου ἀφ' ἡμῶν, διὰ Ἀβραὰμ τὸν ἠγαπημένον ὑπὸ σοῦ, καὶ διὰ Ἰσαὰκ τὸν δοῦλόν σου, καὶ Ἰσραὴλ, τὸν ἅγιόν σου.

Ὁ Ἀναγνώστης· Ἅγιος ὁ Θεός, Ἅγιος Ἰσχυρός, Ἅγιος Ἀθάνατος, ἐλέησον ἡμᾶς. *(γ′)*

Δόξα Πατρί, καὶ Υἱῷ, καὶ Ἁγίῳ Πνεύματι, καὶ νῦν καὶ ἀεί, καὶ εἰς τοὺς αἰῶνας τῶν αἰώνων. Ἀμήν.

Παναγία Τριάς, ἐλέησον ἡμᾶς. Κύριε, ἱλάσθητι ταῖς ἁμαρτίαις ἡμῶν, Δέσποτα, συγχώρησον τὰς ἀνομίας ἡμῖν. Ἅγιε, ἐπίσκεψαι καὶ ἴασαι τὰς ἀσθενείας ἡμῶν, ἕνεκεν τοῦ ὀνόματός σου.

Κύριε, ἐλέησον. *(γ′)* Δόξα Πατρί, καὶ Υἱῷ, καὶ Ἁγίῳ Πνεύματι, καὶ νῦν καὶ ἀεί, καὶ εἰς τοὺς αἰῶνας τῶν αἰώνων. Ἀμήν.

Πάτερ ἡμῶν ὁ ἐν τοῖς οὐρανοῖς, ἁγιασθήτω τὸ ὄνομά σου. Ἐλθέτω ἡ βασιλεία σου. Γενηθήτω τὸ θέλημά σου, ὡς ἐν οὐρανῷ, καὶ ἐπὶ τῆς γῆς. Τὸν ἄρτον ἡμῶν τὸν ἐπιούσιον δὸς ἡμῖν σήμερον. Καὶ ἄφες ἡμῖν τὰ ὀφειλήματα ἡμῶν, ὡς καὶ ἡμεῖς ἀφίεμεν τοῖς ὀφειλέταις ἡμῶν. Καὶ μὴ εἰσενέγκῃς ἡμᾶς εἰς πειρασμόν, ἀλλὰ ῥῦσαι ἡμᾶς ἀπὸ τοῦ πονηροῦ.

Ὁ Ἱερεύς· Ὅτι σοῦ ἐστιν ἡ Βασιλεία, καὶ ἡ δύναμις, καὶ ἡ δόξα, τοῦ Πατρός, καὶ τοῦ Υἱοῦ, καὶ τοῦ ἁγίου Πνεύματος, νῦν καὶ ἀεὶ καὶ εἰς τοὺς αἰῶνας τῶν αἰώνων.

Ὁ Ἀναγνώστης· Ἀμήν.

Reader: For your holy name's sake do not finally reject us, do not annul your covenant, do not take your mercy from us for the sake of Abraham, your beloved, and for the sake of Isaac, your servant, and Israel, your holy one.

Reader: Holy God, Holy Mighty, Holy Immortal, have mercy on us *(x3)*.

Glory to the Father and the Son and the Holy Spirit, both now and ever and to the ages of ages. Amen.

All-holy Trinity, have mercy on us. Lord, forgive our sins. Master, pardon our transgressions. Holy One, visit and heal our infirmities for the glory of Your name.

Lord, have mercy. *(x3)* Glory to the Father and the Son and the Holy Spirit, both now and ever and to the ages of ages. Amen.

Our Father, who art in heaven, hallowed be Thy name. Thy kingdom come. Thy will be done, on earth as it is in heaven. Give us this day our daily bread; and forgive us our trespasses, as we forgive those who trespass against us. And lead us not into temptation, but deliver us from the evil one.

Priest: For Yours is the kingdom and the power and the glory, of the Father and the Son and the Holy Spirit, both now and ever and to the ages of ages.

Reader: Amen.

Κοντάκιον. Ἦχος πλ. δ'.

Τὸν δι' ἡμᾶς σταυρωθέντα, δεῦτε πάντες ὑμνήσωμεν, αὐτὸν γὰρ κατεῖδε Μαρία ἐπὶ τοῦ ξύλου, καὶ ἔλεγεν. Εἰ καὶ σταυρὸν ὑπομένεις, σὺ ὑπάρχεις ὁ Υἱὸς καὶ Θεός μου.

Ὁ Ἀναγνώστης·

Κύριε, ἐλέησον. *(μ')*

Ὁ ἐν παντὶ καιρῷ καὶ πάσῃ ὥρᾳ ἐν οὐρανῷ καὶ ἐπὶ γῆς προσκυνούμενος καὶ δοξαζόμενος Χριστὸς ὁ Θεός, ὁ μακρόθυμος, ὁ πολυέλεος, ὁ πολυεύσπλαγχνος, ὁ τοὺς δικαίους ἀγαπῶν καὶ τοὺς ἁμαρτωλοὺς ἐλεῶν, ὁ πάντας καλῶν πρὸς σωτηρίαν διὰ τῆς ἐπαγγελίας τῶν μελλόντων ἀγαθῶν· αὐτός, Κύριε, πρόσδεξαι καὶ ἡμῶν ἐν τῇ ὥρᾳ ταύτῃ τὰς ἐντεύξεις καὶ ἴθυνον τὴν ζωὴν ἡμῶν πρὸς τὰς ἐντολάς σου. Τὰς ψυχὰς ἡμῶν ἁγίασον· τὰ σώματα ἅγνισον· τοὺς λογισμοὺς διόρθωσον, τὰς ἐννοίας κάθαρον· καὶ ῥῦσαι ἡμᾶς ἀπὸ πάσης θλίψεως, κακῶν καὶ ὀδύνης. Τείχισον ἡμᾶς ἁγίοις σου ἀγγέλοις, ἵνα, τῇ παρεμβολῇ αὐτῶν φρουρούμενοι καὶ ὁδηγούμενοι, καταντήσωμεν εἰς τὴν ἑνότητα τῆς πίστεως καὶ εἰς τὴν ἐπίγνωσιν τῆς ἀπροσίτου σου δόξης· ὅτι εὐλογητὸς εἶ εἰς τοὺς αἰῶνας τῶν αἰώνων. Ἀμήν.

Κύριε, ἐλέησον. *(γ')* Δόξα Πατρὶ, καὶ Υἱῷ, καὶ Ἁγίῳ Πνεύματι, καὶ νῦν καὶ ἀεί, καὶ εἰς τοὺς αἰῶνας τῶν αἰώνων. Ἀμήν.

Τὴν τιμιωτέραν τῶν Χερουβεὶμ καὶ ἐνδοξοτέραν ἀσυγκρίτως τῶν Σεραφείμ, τὴν ἀδιαφθόρως Θεὸν Λόγον τεκοῦσαν, τὴν ὄντως Θεοτόκον σὲ μεγαλύνομεν.

Kontakion. Tone Pl. 4.

Come, let us all sing the praise of him who was crucified for us; for Mary looked upon him on the Tree and said: 'Though you endure the Cross, yet you are my Son and my God'.

Reader:

Lord, have mercy. *(x40)*

At every time and at every hour, in heaven and on earth worshipped and glorified, Christ God, long-suffering, great in mercy, great in compassion, loving the just and merciful to sinners, calling all to salvation by the promise of the blessings to come; do you, Lord, yourself accept our entreaties at this hour, and direct our lives to your commandments. Sanctify our souls, purify our bodies, correct our thoughts, cleanse our ideas and deliver us from every distress, evil, and pain. Wall us about with your holy Angels, that protected and guided by their host we may reach the unity of the faith and the knowledge of your unapproachable glory; for you are blessed to the ages of ages. Amen.

Lord, have mercy. *(x3)* Glory to the Father and the Son and the Holy Spirit, both now and ever and to the ages of ages. Amen.

Greater in honor than the Cherubim, and beyond compare more glorious than the Seraphim, without corruption you gave birth to God the Word; truly the Theotokos, we magnify you.

Ἐν ὀνόματι Κυρίου, εὐλόγησον Πάτερ.

Ὁ Ἱερεὺς· Ὁ Θεὸς οἰκτειρήσαι ἡμᾶς, καὶ εὐλογήσαι ἡμᾶς, ἐπιφάναι τὸ πρόσωπον αὐτοῦ ἐφ᾽ ἡμᾶς καὶ ἐλεήσαι ἡμᾶς.

Καὶ τὴν παροῦσαν εὐχὴν τοῦ Μεγάλου Βασιλείου.

Δέσποτα Κύριε Ἰησοῦ Χριστὲ ὁ Θεὸς ἡμῶν, ὁ μακροθυμήσας ἐπὶ τοῖς ἡμῶν πλημμελήμασι, καὶ ἄχρι τῆς παρούσης ὥρας ἀγαγὼν ἡμᾶς, ἐν ᾗ ἐπὶ τοῦ ζωοποιοῦ Ξύλου κρεμάμενος, τῷ εὐγνώμονι Λῃστῇ, τὴν εἰς τὸν Παράδεισον ὡδοποίησας εἴσοδον, καὶ θανάτῳ τὸν θάνατον ὤλεσας, ἱλάσθητι ἡμῖν τοῖς ἁμαρτωλοῖς, καὶ ἀναξίοις δούλοις σου, ἡμάρτομεν γὰρ καὶ ἠνομήσαμεν, καὶ οὐκ ἐσμὲν ἄξιοι ἆραι τὰ ὄμματα ἡμῶν, καὶ βλέψαι εἰς τὸ ὕψος τοῦ οὐρανοῦ, διότι κατελίπομεν τὴν ὁδὸν τῆς δικαιοσύνης σου, καὶ ἐπορεύθημεν ἐν τοῖς θελήμασι τῶν καρδιῶν ἡμῶν. Ἀλλ᾽ ἱκετεύομεν τὴν σὴν ἀνείκαστον ἀγαθότητα. Φεῖσαι ἡμῶν, Κύριε, κατὰ τὸ πλῆθος τοῦ ἐλέους σου, καὶ σῶσον ἡμᾶς, διὰ τὸ ὄνομά σου τὸ ἅγιον, ὅτι ἐξέλιπον ἐν ματαιότητι αἱ ἡμέραι ἡμῶν. Ἐξελοῦ ἡμᾶς τῆς τοῦ ἀντικειμένου χειρός, καὶ ἄφες ἡμῖν τὰ ἁμαρτήματα, καὶ νέκρωσον τὸ σαρκικὸν ἡμῶν φρόνημα, ἵνα τὸν παλαιὸν ἀποθέμενοι ἄνθρωπον, τὸν νέον ἐνδυσώμεθα, καὶ σοὶ ζήσωμεν τῷ ἡμετέρῳ Δεσπότῃ καὶ κηδεμόνι, καὶ οὕτω, τοῖς σοῖς ἀκολουθοῦντες προστάγμασιν, εἰς τὴν αἰώνιον ἀνάπαυσιν καταντήσωμεν, ἔνθα πάντων ἐστὶ τῶν εὐφραινομένων ἡ κατοικία. Σὺ γὰρ εἶ ἡ ὄντως ἀληθινὴ εὐφροσύνη καὶ ἀγαλλίασις τῶν ἀγαπώντων σε, Χριστὲ ὁ Θεὸς ἡμῶν, καὶ σοὶ τὴν δόξαν ἀναπέμπομεν, σὺν τῷ ἀνάρχῳ σου Πατρί, καὶ τῷ Παναγίῳ καὶ ἀγαθῷ, καὶ ζωοποιῷ σου Πνεύ-

In the name of the Lord, bless, Father.

Priest: May God take pity on us and bless us, and make his face shine on us and have mercy on us.

And the following prayer of St. Basil the Great.

Master, Lord Jesus Christ, our God, who have long endured our transgressions, and brought us to this hour in which hanging on the life-giving tree you showed the good Thief the way into Paradise and destroyed death by death, have mercy also on us sinners and your unworthy servants. For we have sinned and trespassed and are not worthy to raise our eyes and look on the height of heaven; because we have abandoned the way of your justice and walked in the will of our hearts. But we implore your unbounded goodness: spare us, O Lord, according to the multitude of your mercy, and save us for your holy name's sake, for our days have been wasted in vanity. Rescue us from the hand of our opponent, forgive us our sins, slay our carnal will, that we, having put off the old man, may put on the new, and live for you, our Master and benefactor; and that thus following your precepts we may reach eternal rest, where those who rejoice have their dwelling. For you are the true joy and gladness of those who love you, Christ our God, and to you we give glory, together with your Father who has no beginning, and your all-holy, good and life-giving Spirit, now and always and to ages of ages. Amen.

μάτι, νῦν, καὶ ἀεί, καὶ εἰς τοὺς αἰῶνας τῶν αἰώνων. Ἀμήν.

Ὁ Ἱερεὺς ποιεῖ μικρὰν ἀπόλυσιν.

Ὁ Ἱερεὺς· Δόξα σοι ὁ Θεός, ἡ ἐλπὶς ἡμῶν, δόξα σοι.

Ὁ Ἀναγνώστης· Δόξα Πατρὶ καὶ Υἱῷ καὶ Ἁγίῳ Πνεύματι, καὶ νῦν καὶ ἀεὶ καὶ εἰς τοὺς αἰῶνας τῶν αἰώνων, Ἀμήν. Κύριε, ἐλέησον *(γ')*. Πάτερ ἅγιε, εὐλόγησον.

Ὁ ἐμπτυσμοὺς καὶ μάστιγας καὶ κολαφισμοὺς καὶ Σταυρὸν καὶ θάνατον ὑπομείνας, διὰ τὴν τοῦ κόσμου σωτηρίαν, Χριστὸς ὁ ἀληθινὸς Θεὸς ἡμῶν, ταῖς πρεσβείαις τῆς παναχράντου καὶ παναμώμου ἁγίας αὐτοῦ Μητρός· δυνάμει τοῦ τιμίου καὶ ζωοποιοῦ Σταυροῦ· προστασίαις τῶν τιμίων ἐπουρανίων Δυνάμεων Ἀσωμάτων· ἱκεσίαις τοῦ τιμίου, ἐνδόξου, Προφήτου, Προδρόμου καὶ Βαπτιστοῦ Ἰωάννου· τῶν ἁγίων ἐνδόξων καὶ πανευφήμων Ἀποστόλων· τῶν ἁγίων ἐνδόξων καὶ καλλινίκων μαρτύρων· τῶν ὁσίων καὶ θεοφόρων Πατέρων ἡμῶν, τοῦ ἁγίου *(τοῦ Ναοῦ)*, τῶν ἁγίων καὶ δικαίων Θεοπατόρων Ἰωακεὶμ καὶ Ἄννης, τοῦ ἁγίου *(τῆς ἡμέρας)*, οὗ καὶ τὴν μνήμην ἐπιτελοῦμεν, καὶ πάντων τῶν Ἁγίων, ἐλεῆσαι καὶ σῶσαι ἡμᾶς, ὡς ἀγαθὸς καὶ φιλάνθρωπος καὶ ἐλεήμων Θεός.

Ὁ Ἱερεὺς· Δι' εὐχῶν τῶν ἁγίων Πατέρων ἡμῶν, Κύριε Ἰησοῦ Χριστέ, ὁ Θεός, ἐλέησον καὶ σῶσον ἡμᾶς.

Ὁ Χορός· Ἀμήν.

The Priest makes the small Dismissal.

Priest: Glory to You, O God, our hope, glory to you.

Reader: Glory to the Father, and the Son and the Holy Spirit, both now and ever and to the ages of ages. Amen. Lord, have mercy *(x3)*. Holy Father, bless.

May he who endured spittings, scourges, blows, the Cross and death for the salvation of the world, Christ our true God, as a good, loving, and merciful God, have mercy upon us and save us, through the intercessions of His most pure and holy Mother; the power of the precious and life giving Cross; the protection of the honorable, bodiless powers of heaven, the supplications of the honorable, glorious prophet and forerunner John the Baptist; the holy, glorious and praiseworthy apostles; the holy, glorious and triumphant martyrs; our holy and God-bearing Fathers *(name of the church)*; the holy and righteous ancestors Joachim and Anna; Saint *(of the day)* whose memory we commemorate today, and all the saints.

Priest: Through the prayers of our holy fathers, Lord Jesus Christ, our God, have mercy on us and save us.

Choir: Amen.

The Deposition of our Lord

GREAT AND HOLY FRIDAY

VESPERS OF THE UNNAILING

Commonly celebrated on G. Friday Afternoon

ENARXIS

Priest: Blessed is our God, always, now and for ever, and to the ages of ages.

Reader: Amen.

The Superior (or the Reader) reads the Introductory Psalm (See p. 524) as the Priest, standing before the Holy Table, reads the Lamplighting Prayers.

FIRST LAMPLIGHTING PRAYER

O Lord, compassionate and merciful, long-suffering and full of mercy, listen to our prayer and attend to the voice of our supplication. Make for us a sign for good. Guide us in your way, to walk in your truth. Make glad our hearts to fear your holy Name, because you are great and do wondrous things. You alone are God, and there is none like you, O Lord, among gods: powerful in mercy and loving in strength to help and to console and to save all who hope in your holy Name.

For to You belong all glory, honor, and worship to the Father and the Son and the Holy Spirit, both now and ever and to the ages of ages.

ΕΥΧΗ Β΄ ΛΥΧΝΙΚΟΥ

Κύριε, μή τῷ θυμῷ σου ἐλέγξῃς ἡμᾶς, μηδέ τῇ ὀργῇ σου παιδεύσῃς ἡμᾶς, ἀλλά ποίησον μεθ' ἡμῶν κατά τήν ἐπιείκειάν σου, ἰατρέ καί θεραπευτά τῶν ψυχῶν ἡμῶν. Ὁδήγησον ἡμᾶς ἐπί λιμένα θελήματός σου. Φώτισον τούς ὀφθαλμούς τῶν καρδιῶν ἡμῶν, εἰς ἐπίγνωσιν τῆς σῆς ἀληθείας· καί δώρησαι ἡμῖν τό λοιπόν τῆς παρούσης ἡμέρας εἰρηνικόν καί ἀναμάρτητον, καί πάντα τόν χρόνον τῆς ζωῆς ἡμῶν· πρεσβείαις τῆς ἁγίας Θεοτόκου, καί πάντων τῶν Ἁγίων.

Ὅτι σόν τό κράτος καί σοῦ ἐστιν ἡ βασιλεία καί ἡ δύναμις καί ἡ δόξα, τοῦ Πατρός καί τοῦ Υἱοῦ καί τοῦ Ἁγίου Πνεύματος, νῦν καί ἀεί καί εἰς τούς αἰῶνας τῶν αἰώνων. Ἀμήν.

ΕΥΧΗ Γ΄ ΛΥΧΝΙΚΟΥ

Κύριε, ὁ Θεός ἡμῶν, μνήσθητι ἡμῶν τῶν ἁμαρτωλῶν καί ἀχρείων δούλων σου, ἐν τῷ ἐπικαλεῖσθαι ἡμᾶς τό ἅγιον Ὄνομά σου, καί μή καταισχύνῃς ἡμᾶς ἀπό τῆς προσδοκίας τοῦ ἐλέους σου, ἀλλά χάρισαι ἡμῖν, Κύριε, πάντα τά πρός σωτηρίαν αἰτήματα· καί ἀξίωσον ἡμᾶς ἀγαπᾶν, καί φοβεῖσθαί σε ἐξ ὅλης τῆς καρδίας ἡμῶν, καί ποιεῖν ἐν πᾶσι τό θέλημά σου.

Ὅτι ἀγαθός καί φιλάνθρωπος Θεός ὑπάρχεις καί σοί τήν δόξαν ἀναπέμπομεν, τῷ Πατρί καί τῷ Υἱῷ καί τῷ Ἁγίῳ Πνεύματι, νῦν καί ἀεί καί εἰς τούς αἰῶνας τῶν αἰώνων. Ἀμήν.

SECOND LAMPLIGHTING PRAYER

Lord, do not rebuke us in your anger, nor chastise us in your wrath, but deal with us in accordance with your kindness, physician and healer of our souls. Guide us to the harbour of your will. Enlighten the eyes of our hearts to the knowledge of your truth and grant that the rest of the present day and the whole time of our life may be peaceful and without sin, at the prayers of the holy Theotokos and of all the Saints.

For yours is the might, and yours the kingdom, the power and the glory, of the Father, the Son and the Holy Spirit, now and for ever, and to the ages of ages. Amen.

THIRD LAMPLIGHTING PRAYER

Lord our God, remember us, sinners and your unprofitable servants, as we call upon your holy Name, and do not put us to shame from the expectation of your mercy, but graciously grant us, Lord, all the requests that are for salvation, and count us worthy to love and to fear you from our whole heart, and in all things to do your will.

For you, O God, are good and love mankind, and to you we give glory, to the Father, and to the Son and to the Holy Spirit, now and for ever, and to the ages of ages. Amen.

ΕΥΧΗ δ΄ ΛΥΧΝΙΚΟΥ

Ὁ τοῖς ἀσιγήτοις ὕμνοις, καί ἀπαύστοις δοξολογίαις ὑπό τῶν ἁγίων Δυνάμεων ἀνυμνούμενος, πλήρωσον τό στόμα ἡμῶν τῆς αἰνέσεώς σου, τοῦ δοῦναι μεγαλωσύνην τῷ Ὀνόματί σου τῷ ἁγίῳ· καί δός ἡμῖν μερίδα καί κλῆρον μετά πάντων τῶν φοβουμένων σε ἐν ἀληθείᾳ, καί φυλασσόντων τάς ἐντολάς σου· πρεσβείαις τῆς ἁγίας Θεοτόκου, καί πάντων τῶν Ἁγίων σου.

Ὅτι σύ εἶ ὁ Θεός ἡμῶν, Θεός τοῦ ἐλεεῖν καί σῴζειν, καί σοί τήν δόξαν ἀναπέμπομεν, τῷ Πατρί καί τῷ Υἱῷ καί τῷ Ἁγίῳ Πνεύματι, νῦν καί ἀεί καί εἰς τούς αἰῶνας τῶν αἰώνων. Ἀμήν.

FOURTH LAMPLIGHTING PRAYER

O Lord, who are praised by the holy Powers with never silent hymns and unceasing songs of glory, fill our mouth with your praise to give majesty to your holy Name, and give us a part and an inheritance with all who fear you in truth and who keep your commandments, at the prayers of the holy Thetokos and of all your Saints.

For you are our God, the God who has mercy and who saves, and to you we give glory, Father, Son and Holy Spirit, now and for ever, and to the ages of ages. Amen.

ΕΥΧΗ ε΄ ΛΥΧΝΙΚΟΥ

Κ ύριε, Κύριε, ὁ τῇ ἀχράντῳ σου παλάμῃ συνέχων τά σύμπαντα, ὁ μακροθυμῶν ἐπί πάντας ἡμᾶς, καί μετανοῶν ἐπί ταῖς κακίαις ἡμῶν, μνήσθητι τῶν οἰκτιρμῶν σου καί τοῦ ἐλέους σου· ἐπίσκεψαι ἡμᾶς ἐν τῇ σῇ ἀγαθότητι· καί δός ἡμῖν διαφυγεῖν καί τό λοιπόν τῆς παρούσης ἡμέρας, ἐκ τῶν τοῦ πονηροῦ ποικίλων μηχανημάτων, καί ἀνεπιβούλευτον τήν ζωήν ἡμῶν διαφύλαξον, τῇ χάριτι τοῦ παναγίου σου Πνεύματος.

Ἐλέει, καί φιλανθρωπίᾳ τοῦ μονογενοῦς σου Υἱοῦ, μεθ' οὗ εὐλογητός εἶ, σύν τῷ παναγίῳ, καί ἀγαθῷ, καί ζωοποιῷ σου Πνεύματι, νῦν, καί ἀεί, καί εἰς τούς αἰῶνας τῶν αἰώνων. Ἀμήν.

FIFTH LAMPLIGHTING PRAYER

L ord, Lord, who uphold the universe by your immaculate hand, who are long-suffering towards us all and who repent of evils, remember your acts of compassion and your mercy. Visit us in your loving kindness and grant that for the rest of the present day we may escape the manifold wiles of the evil one, and, by the grace of your All-holy Spirit, keep our life free from assault.

By the mercy and love for mankind of your Only-begotten Son, with whom you are blessed, together with your all-holy, good and life-giving Spirit, now and for ever, and to the ages of ages. Amen.

ΕΥΧΗ ϛΤ΄ ΛΥΧΝΙΚΟΥ

Ὁ Θεός ὁ μέγας καί θαυμαστός, ὁ ἀνεκδιηγήτῳ ἀγαθωσύνῃ, καί πλουσίᾳ προνοίᾳ διοικῶν τά σύμπαντα· ὁ καί τά ἐγκόσμια ἀγαθά ἡμῖν δωρησάμενος, καί κατεγγυήσας ἡμῖν τήν ἐπηγγελμένην βασιλείαν, διά τῶν ἤδη κεχαρισμένων ἡμῖν ἀγαθῶν· ὁ ποιήσας ἡμᾶς καί τῆς νῦν ἡμέρας τό παρελθόν μέρος ἀπό παντός ἐκκλῖναι κακοῦ, δώρησαι ἡμῖν καί τό ὑπόλοιπον ἀμέμπτως ἐκτελέσαι, ἐνώπιον τῆς ἁγίας δόξης σου, ὑμνοῦντας σέ τόν μόνον ἀγαθόν, καί φιλάνθρωπον Θεόν ἡμῶν.

Ὅτι σύ εἶ ὁ Θεός ἡμῶν, Θεός τοῦ ἐλεεῖν καί σῴζειν, καί σοί τήν δόξαν ἀναπέμπομεν, τῷ Πατρί καί τῷ Υἱῷ καί τῷ Ἁγίῳ Πνεύματι, νῦν καί ἀεί καί εἰς τούς αἰῶνας τῶν αἰώνων. Ἀμήν.

ΕΥΧΗ Ζ΄ ΛΥΧΝΙΚΟΥ

Ὁ Θεός ὁ μέγας καί ὕψιστος, ὁ μόνος ἔχων ἀθανασίαν, φῶς οἰκῶν ἀπρόσιτον· ὁ πᾶσαν τήν κτίσιν ἐν σοφίᾳ δημιουργήσας, ὁ διαχωρίσας ἀνά μέσον τοῦ φωτός, καί ἀνά μέσον τοῦ σκότους, καί τόν ἥλιον θέμενος εἰς ἐξουσίαν τῆς ἡμέρας, σελήνην δέ καί ἀστέρας εἰς ἐξουσίαν τῆς νυκτός· ὁ καταξιώσας ἡμᾶς τούς ἁμαρτωλούς, καί ἐπί τῆς παρούσης ἡμέρας προφθάσαι τό πρόσωπόν σου ἐν ἐξομολογήσει, καί τήν ἑσπερινήν σοι δοξολογίαν προσαγαγεῖν. Αὐτός, φιλάνθρωπε Κύριε κατεύθυνον τήν προσευχήν ἡμῶν, ὡς θυμίαμα ἐνώπιόν σου, καί πρόσδεξαι αὐτήν εἰς ὀσμήν εὐωδίας. Παράσχου δέ ἡμῖν τήν παροῦσαν ἑσπέραν, καί τήν

SIXTH LAMPLIGHTING PRAYER

O God, great and wonderful, who order the universe with inexpressible loving-kindness and rich providence; who have granted us also the blessings of this world and brought us near to the promised Kingdom through the blessings that have been bestowed on us already; who have made us turn aside from every evil during that part of the present day which is now over, grant us also to complete what remains without blame in the presence of your holy glory, as we sing your praise, who alone are our God, good and the Lover of mankind.

For you are our God, and to you we give glory, to the Father, the Son and the Holy Spirit, now and for ever, and to the ages of ages. Amen.

SEVENTH LAMPLIGHTING PRAYER

Great and most high God, who alone possess immortality, who dwell in unapproachable light, who fashioned all creation with wisdom, who made the separation between the light and the darkness and who placed the sun to have authority over the day and the moon and the stars to have authority over the night, who have counted us sinners worthy even at this present hour to come into your presence with confession and thanksgiving and to offer you our evening hymn of glory; do you, O Lord who love mankind, direct our prayer like incense before you and accept it as a savor of sweet fragrance.

ἐπιοῦσαν νύκτα εἰρηνικήν· ἔνδυσον ἡμᾶς ὅπλα φωτός· ῥῦσαι ἡμᾶς ἀπό φόβου νυκτερινοῦ, καί ἀπό παντός πράγματος ἐν σκότει διαπορευομένου· καί δώρησαι ἡμῖν τόν ὕπνον, ὅν εἰς ἀνάπαυσιν τῇ ἀσθενείᾳ ἡμῶν ἐδωρήσω, πάσης διαβολικῆς φαντασίας ἀπηλλαγμένον. Ναί, Δέσποτα τῶν ἁπάντων, τῶν ἀγαθῶν χορηγέ· ἵνα, καί ἐν ταῖς κοίταις ἡμῶν κατανυγόμενοι, μνημονεύωμεν καί ἐν νυκτί τοῦ παναγίου ὀνόματός σου· καί τῇ μελέτῃ τῶν σῶν ἐντολῶν καταυγαζόμενοι ἐν ἀγαλλιάσει ψυχῆς διανιστῶμεν πρός δοξολογίαν τῆς σῆς ἀγαθότητος, δεήσεις καί ἱκεσίας τῇ σῇ εὐσπλαγχνίᾳ προσάγοντες, ὑπέρ τῶν ἰδίων ἁμαρτημάτων, καί παντός τοῦ λαοῦ σου, ὅν ταῖς πρεσβείαις τῆς ἁγίας Θεοτόκου ἐν ἐλέει ἐπίσκεψαι.

Ὅτι ἀγαθός καί φιλάνθρωπος Θεός ὑπάρχεις, καί σοί τήν δόξαν ἀναπέμπομεν, τῷ Πατρί, καί τῷ Υἱῷ, καί τῷ Ἁγίῳ Πνεύματι, νῦν, καί ἀεί, καί εἰς τούς αἰῶνας τῶν αἰώνων. Ἀμήν.

Δεῦτε προσκυνήσωμεν καί προσπέσωμεν τῷ Βασιλεῖ ἡμῶν Θεῷ.

Δεῦτε προσκυνήσωμεν καί προσπέσωμεν Χριστῷ τῷ Βασιλεῖ ἡμῶν Θεῷ.

Δεῦτε προσκυνήσωμεν καί προσπέσωμεν αὐτῷ Χριστῷ τῷ Βασιλεῖ καί Θεῷ ἡμῶν.

Grant us that the present evening and the coming night may be peaceful, clothe us with weapons of light, deliver us from every night-time fear and from every deed that walks in darkness. And give us sleep, which you have bestowed on us for our rest in our weakness, freed from every fantasy of the devil. Yes, Master of all things, giver of blessings, may we also be filled with compunction on our beds and call to mind your Name in the night, and enlightened by meditation on your commandments may we rise with gladness of soul to give glory to your loving-kindness, as we bring to your compassion supplications and entreaties on behalf of our own sins and those of all your people. At the prayers of the holy Mother of God visit them with mercy.

For you, O God, are good and love mankind, and to you we give glory, to the Father, the Son and the Holy Spirit, now and for ever, and to the ages of ages. Amen.

Come, let us worship and fall down before God our King.

Come, let us worship and fall down before Christ our King and God.

Come, let us worship and fall down before Him, Christ our King, our God.

Ο ΠΡΟΟΙΜΙΑΚΟΣ

Εὐλόγει, ἡ ψυχή μου, τὸν Κύριον. Κύριε ὁ Θεός μου, ἐμεγαλύνθης σφόδρα. Ἐξομολόγησιν καὶ μεγαλοπρέπειαν ἐνεδύσω, ἀναβαλλόμενος φῶς ὡς ἱμάτιον. Ἐκτείνων τὸν οὐρανὸν ὡσεὶ δέρριν, ὁ στεγάζων ἐν ὕδασιν τὰ ὑπερῷα αὐτοῦ. Ὁ τιθεὶς νέφη τὴν ἐπίβασιν αὐτοῦ, ὁ περιπατῶν ἐπὶ πτερύγων ἀνέμων. Ὁ ποιῶν τοὺς ἀγγέλους αὐτοῦ πνεύματα καὶ τοὺς λειτουργοὺς αὐτοῦ πυρὸς φλόγα. Ὁ θεμελιῶν τὴν γῆν ἐπὶ τὴν ἀσφάλειαν αὐτῆς· οὐ κλιθήσεται εἰς τὸν αἰῶνα τοῦ αἰῶνος. Ἄβυσσος ὡς ἱμάτιον τὸ περιβόλαιον αὐτοῦ, ἐπὶ τῶν ὀρέων στήσονται ὕδατα. Ἀπὸ ἐπιτιμήσεώς σου φεύξονται, ἀπὸ φωνῆς βροντῆς σου δειλιάσουσιν. Ἀναβαίνουσιν ὄρη καὶ καταβαίνουσι πεδία εἰς τὸν τόπον, ὃν ἐθεμελίωσας αὐτά. Ὅριον ἔθου, ὃ οὐ παρελεύσονται, οὐδὲ ἐπιστρέψουσι καλύψαι τὴν γῆν. Ὁ ἐξαποστέλλων πηγὰς ἐν φάραγξιν, ἀνάμεσον τῶν ὀρέων διελεύσονται ὕδατα. Ποτιοῦσι πάντα τὰ θηρία τοῦ ἀγροῦ, προσδέξονται ὄναγροι εἰς δίψαν αὐτῶν. Ἐπ᾽ αὐτὰ τὰ πετεινὰ τοῦ οὐρανοῦ κατασκηνώσει· ἐκ μέσου τῶν πετρῶν δώσουσι φωνήν. Ποτίζων ὄρη ἐκ τῶν ὑπερῴων αὐτοῦ· ἀπὸ καρποῦ τῶν ἔργων σου χορτασθήσεται ἡ γῆ. Ὁ ἐξανατέλλων χόρτον τοῖς κτήνεσι καὶ χλόην τῇ δουλείᾳ τῶν ἀνθρώπων, τοῦ ἐξαγαγεῖν ἄρτον ἐκ τῆς γῆς. Καὶ οἶνος εὐφραίνει καρδίαν ἀνθρώπου τοῦ ἱλαρῦναι πρόσωπον ἐν ἐλαίῳ· καὶ ἄρτος καρδίαν ἀνθρώπου στηρίζει. Χορτασθήσονται τὰ ξύλα τοῦ πεδίου, αἱ κέδροι τοῦ Λιβάνου, ἃς ἐφύτευσας. Ἐκεῖ στρουθία ἐννοσσεύσουσι, τοῦ ἐρωδιοῦ ἡ κατοικία ἡγεῖται αὐτῶν. Ὄρη τὰ ὑψηλὰ ταῖς ἐλάφοις, πέτρα καταφυγὴ τοῖς λα-

INTRODUCTORY PSALM

Bless the Lord, my soul! O Lord my God, you have been greatly magnified. You have clothed yourself with thanksgiving and majesty, wrapping yourself in light as in a cloak, stretching out the heavens like a curtain, roofing his upper chambers with waters, placing clouds as his mount, walking on the wings of the wind, making spirits his Angels and a flame of fire his Ministers, establishing the earth on its sure base; it will not be moved to age on age. The deep, like a cloak, is its mantle; waters will stand upon the mountains. At your rebuke they will flee; they will quail at the voice of your thunder. The mountains rise and the plains descend to the place which you established for them. You fixed a limit that they will not pass, nor will they return to cover the earth. You send out springs into the valleys; waters will run between the mountains. They will give drink to all the beasts of the field; the wild asses will await them to quench their thirst. Beside them the birds of the air will make their dwelling: and sing among the rocks. He waters the mountains from his upper chambers; the earth will be filled from the fruit of your works. He makes grass spring up for the cattle, and green herb for the service of mankind; to bring food out of the earth, and wine makes glad the human heart; to make the face cheerful with oil, and bread strengthens the human heart. The trees of the plain will be satisfied, the cedars of Lebanon that you planted. There the sparrows will

γωοῖς. Ἐποίησε σελήνην εἰς καιρούς· ὁ ἥλιος ἔγνω τὴν δύσιν αὐτοῦ. Ἔθου σκότος, καὶ ἐγένετο νύξ· ἐν αὐτῇ διελεύσονται πάντα τὰ θηρία τοῦ δρυμοῦ. Σκύμνοι ὠρυόμενοι τοῦ ἁρπάσαι καὶ ζητῆσαι παρὰ τῷ Θεῷ βρῶσιν αὐτοῖς. Ἀνέτειλεν ὁ ἥλιος, καὶ συνήχθησαν καὶ εἰς τὰς μάνδρας αὐτῶν κοιτασθήσονται. Ἐξελεύσεται ἄνθρωπος ἐπὶ τὸ ἔργον αὐτοῦ καὶ ἐπὶ τὴν ἐργασίαν αὐτοῦ ἕως ἑσπέρας. Ὡς ἐμεγαλύνθη τὰ ἔργα σου Κύριε! πάντα ἐν σοφίᾳ ἐποίησας· ἐπληρώθη ἡ γῆ τῆς κτίσεώς σου. Αὕτη ἡ θάλασσα ἡ μεγάλη καὶ εὐρύχωρος· ἐκεῖ ἑρπετά, ὧν οὐκ ἔστιν ἀριθμός, ζῷα μικρὰ μετὰ μεγάλων. Ἐκεῖ πλοῖα διαπορεύονται· δράκων οὗτος, ὃν ἔπλασας ἐμπαίζειν αὐτῇ. Πάντα πρὸς σὲ προσδοκῶσι, δοῦναι τὴν τροφὴν αὐτῶν εἰς εὔκαιρον· δόντος σου αὐτοῖς συλλέξουσιν. Ἀνοίξαντός σου τὴν χεῖρα τὰ σύμπαντα πλησθήσονται χρηστότητος· ἀποστρέψαντος δέ σου τὸ πρόσωπον ταραχθήσονται. Ἀντανελεῖς τὸ πνεῦμα αὐτῶν, καὶ ἐκλείψουσι καὶ εἰς τὸν χοῦν αὐτῶν ἐπιστρέψουσιν. Ἐξαποστελεῖς τὸ πνεῦμά σου, καὶ κτισθήσονται, καὶ ἀνακαινιεῖς τὸ πρόσωπον τῆς γῆς. Ἤτω ἡ δόξα Κυρίου εἰς τοὺς αἰῶνας· εὐφρανθήσεται Κύριος ἐπὶ τοῖς ἔργοις αὐτοῦ. Ὁ ἐπιβλέπων ἐπὶ τὴν γῆν καὶ ποιῶν αὐτὴν τρέμειν· ὁ ἁπτόμενος τῶν ὀρέων, καὶ καπνίζονται. Ἄσω τῷ Κυρίῳ· ἐν τῇ ζωῇ μου, ψαλῶ τῷ Θεῷ μου ἕως ὑπάρχω. Ἡδυνθείη αὐτῷ ἡ διαλογή μου, ἐγὼ δὲ εὐφρανθήσομαι ἐπὶ τῷ Κυρίῳ. Ἐκλείποιεν ἁμαρτωλοὶ ἀπὸ τῆς γῆς καὶ ἄνομοι, ὥστε μὴ ὑπάρχειν αὐτούς. Εὐλόγει, ἡ ψυχή μου, τὸν Κύριον.

build their nests; the heron's dwelling is at their head. The high mountains are for the deer; rocks a refuge for hares. He made the moon to mark the seasons; the sun knew the hour of its setting. You appointed darkness, and it was night, in which all the beasts of the forest will prowl; young lions roaring to plunder and to seek their food from God. The sun rose and they were gathered together and they will lie down in their dens. Man will go out to his labor; and to his laboring until evening. How your works have been magnified, O Lord. With wisdom you have made them all, and the earth has been filled with your creation. Also this great, wide sea; there are creeping things without number, living creatures small and great. There ships go to and fro; this dragon which you fashioned to sport in it. All things look to you to give them their food in due season. When you give it them, they will gather it. When you open your hand all things will be filled with goodness. But when you turn away your face they will be troubled. You will take away their spirit, and they will perish and return to their dust. You will send forth your spirit, and they will be created, and you will renew the face of the earth. May the glory of the Lord endure to the ages. The Lord will rejoice at his works. He looks upon the earth and makes it tremble. He touches the mountains, and they smoke. I will sing to the Lord while I live; I will praise my God while I exist. May my words be pleasing to him. While as for me, I shall rejoice in the Lord. O that sinners might perish from

the earth, and the wicked, so that they are no more. Bless the Lord, my soul!

Καὶ πάλιν.

And again.

Ὁ ἥλιος ἔγνω τὴν δύσιν αὐτοῦ· ἔθου σκότος, καὶ ἐγένετο νύξ.

The sun knew the hour of its setting: you made darkness, and it was night.

Ὡς ἐμεγαλύνθη τὰ ἔργα σου, Κύριε! πάντα ἐν σοφίᾳ ἐποίησας.

How your works have been magnified, O Lord. With wisdom you have made them all!

Δόξα Πατρί, καὶ Υἱῷ, καὶ Ἁγίῳ Πνεύματι. Καὶ νῦν καὶ ἀεί, καὶ εἰς τοὺς αἰῶνας τῶν αἰώνων. Ἀμήν.

Glory to the Father and the Son and the Holy Spirit, both now and ever, and to the ages of ages. Amen.

Ἀλληλούια, Ἀλληλούια, Ἀλληλούια· δόξα σοι ὁ Θεὸς *(γ΄)*. *(Μετὰ δὲ τὸ τρίτον).* Ἡ ἐλπίς ἡμῶν, Κύριε, δόξα σοι.

Alleluia, Alleluia, Alleluia. Glory to you, O God. *(x3) (After the third)* Our hope, O Lord, Glory to you.

Πληρωθέντος τοῦ Προοιμιακοῦ ὁ διάκονος λέγει τὰ Εἰρηνικά.

Completing the Introductory Psalm, the Deacon says the Litany of Peace.

ΕΙΡΗΝΙΚΑ

THE LITANY OF PEACE

Ὁ **Διάκονος**· Ἐν εἰρήνῃ τοῦ Κυρίου δεηθῶμεν.

Deacon: In peace let us pray to the Lord.

Ὁ **Χορός**· Κύριε, ἐλέησον. *(Καὶ μεθ' ἑκάστην δέησιν)*

Choir: Lord, have mercy. *(And so after each petition.)*

Ὁ **Διάκονος**· Ὑπὲρ τῆς ἄνωθεν εἰρήνης, καὶ τῆς σωτηρίας τῶν ψυχῶν ἡμῶν, τοῦ Κυρίου δεηθῶμεν.

Deacon: For the peace from above and the salvation of our souls, let us pray to the Lord.

Ὑπὲρ τῆς εἰρήνης τοῦ σύμπαντος κόσμου, εὐσταθείας τῶν ἁγίων τοῦ Θεοῦ Ἐκκλησιῶν, καὶ τῆς τῶν πάντων ἑνώσεως, τοῦ Κυρίου δεηθῶμεν.

For peace in the whole world, for the stability of the holy churches of God, and for the unity of all, let us pray to the Lord.

Ὑπὲρ τοῦ ἁγίου οἴκου τούτου, καὶ τῶν μετὰ πίστεως, εὐλαβείας καὶ φόβου Θεοῦ εἰσιόντων ἐν αὐτῷ, τοῦ Κυρίου δεηθῶμεν.

For this holy house and for those who enter it with faith, reverence, and the fear of God, let us pray to the Lord.

Ὑπὲρ τοῦ Ἀρχιεπισκόπου ἡμῶν *(τοῦ δεῖνος)*, τοῦ τιμίου πρεσβυτερίου, τῆς ἐν

For our Archbishop *(Name)*, for the honored order of presbyters, for the di-

Χριστῷ διακονίας, παντὸς τοῦ κλήρου καὶ τοῦ λαοῦ, τοῦ Κυρίου δεηθῶμεν.

Ὑπὲρ τοῦ εὐσεβοῦς ἡμῶν ἔθνους, πάσης ἀρχῆς καὶ ἐξουσίας ἐν αὐτῷ, τοῦ Κυρίου δεηθῶμεν.

Ὑπὲρ τῆς ἱερᾶς Μητροπόλεως, ἐνορίας καὶ πόλεως ταύτης, πάσης πόλεως, μονῆς καὶ χώρας, καὶ τῶν πίστει οἰκούντων ἐν αὐταῖς, τοῦ Κυρίου δεηθῶμεν.

Ὑπὲρ εὐκρασίας ἀέρων, εὐφορίας τῶν καρπῶν τῆς γῆς, καὶ καιρῶν εἰρηνικῶν, τοῦ Κυρίου δεηθῶμεν.

Ὑπὲρ πλεόντων, ὁδοιπορούντων, νοσούντων, καμνόντων, αἰχμαλώτων, καὶ τῆς σωτηρίας αὐτῶν, τοῦ Κυρίου δεηθῶμεν.

Ὑπὲρ τοῦ ῥυσθῆναι ἡμᾶς ἀπὸ πάσης θλίψεως, ὀργῆς, κινδύνου καὶ ἀνάγκης, τοῦ Κυρίου δεηθῶμεν.

Ἀντιλαβοῦ, σῶσον, ἐλέησον, καὶ διαφύλαξον ἡμᾶς, ὁ Θεός, τῇ σῇ χάριτι.

Ὁ Χορός· Κύριε, ἐλέησον.

Ὁ Διάκονος· Τῆς Παναγίας, ἀχράντου, ὑπερευλογημένης, ἐνδόξου Δεσποίνης ἡμῶν Θεοτόκου, καὶ ἀειπαρθένου Μαρίας, μετὰ πάντων τῶν Ἁγίων μνημονεύσαντες, ἑαυτοὺς καὶ ἀλλήλους, καὶ πᾶσαν τὴν ζωὴν ἡμῶν Χριστῷ τῷ Θεῷ παραθώμεθα.

Ὁ Χορός· Σοί, Κύριε.

Ὁ Ἱερεὺς·

Ὅτι πρέπει σοι πᾶσα δόξα, τιμὴ καὶ προσκύνησις, τῷ Πατρὶ καὶ τῷ Υἱῷ καὶ τῷ

aconate in Christ, for all the clergy and the people, let us pray to the Lord.

For our country, the president, and all those in public service, let us pray to the Lord.

For this holy Metropolis and parish, and for this city and every city, monastic community, and land and the faithful who live in them, let us pray to the Lord.

For favorable weather, an abundance of the fruits of the earth, and temperate seasons, let us pray to the Lord.

For travelers by land, sea, and air, for the sick, the suffering, the captives, and for their salvation, let us pray to the Lord.

For our deliverance from all affliction, wrath, danger, and distress, let us pray to the Lord.

Take hold of us, save us, have mercy upon us, and protect us, O God, by Your grace.

Choir: Lord, have mercy.

Deacon: Commemorating our most holy, most pure, most blessed and glorified Lady the Theotokos and ever-virgin Mary, together with all the saints, let us commit ourselves and one another and all our life unto Christ our God.

Choir: To You, O Lord.

Priest:

For to You belong all glory, honor, and worship to the Father and the Son

Ἁγίῳ Πνεύματι, νῦν καὶ ἀεὶ καὶ εἰς τοὺς αἰῶνας τῶν αἰώνων.

Ὁ Χορός· Ἀμήν.

ΨΑΛΜΟΣ ΡΜ΄

Κύριε, ἐκέκραξα πρὸς σέ· εἰσάκουσόν μου. Εἰσάκουσόν μου, Κύριε. Κύριε, ἐκέκραξα πρὸς σὲ, εἰσάκουσόν μου· πρόσχες τῇ φωνῇ τῆς δεήσεώς μου, ἐν τῷ κεκραγέναι με πρὸς σέ. Εἰσάκουσόν μου, Κύριε.

Κατευθυνθήτω ἡ προσευχή μου, ὡς θυμίαμα ἐνώπιόν σου· ἔπαρσις τῶν χειρῶν μου θυσία ἑσπερινή. Εἰσάκουσόν μου, Κύριε.

Θοῦ, Κύριε, φυλακὴν τῷ στόματί μου καὶ θύραν περιοχῆς περὶ τὰ χείλη μου.

Μὴ ἐκκλίνῃς τὴν καρδίαν μου εἰς λόγους πονηρίας, τοῦ προφασίζεσθαι προφάσεις ἐν ἁμαρτίαις.

Σὺν ἀνθρώποις ἐργαζομένοις τὴν ἀνομίαν, καὶ οὐ μὴ συνδυάσω μετὰ τῶν ἐκλεκτῶν αὐτῶν.

Παιδεύσει με δίκαιος, ἐν ἐλέει καὶ ἐλέγξει με· ἔλαιον δὲ ἁμαρτωλοῦ μὴ λιπανάτω τὴν κεφαλήν μου.

Ὅτι ἔτι καὶ ἡ προσευχή μου ἐν ταῖς εὐδοκίαις αὐτῶν· κατεπόθησαν ἐχόμενα πέτρας οἱ κριταὶ αὐτῶν.

Ἀκούσονται τὰ ῥήματά μου ὅτι ἡδύνθησαν· ὡσεὶ πάχος γῆς ἐρράγη ἐπὶ τῆς γῆς, διεσκορπίσθη τὰ ὀστᾶ αὐτῶν παρὰ τὸν ᾅδην.

and the Holy Spirit, both now and ever and to the ages of ages.

Choir: Amen.

PSALM 140

Lord, I have cried unto You; hear me. Hear me, O Lord. Lord, I have cried unto you; hear me. Attend to the voice of my supplication when I cry unto You; hear me, O Lord.

Let my prayer be set forth as incense before You, the lifting up of my hands as the evening sacrifice; hear me, O Lord.

Set a watch, O Lord, before my mouth and a protecting door about my lips.

Incline not my heart to evil words to make excuses in sins.

With those who work iniquity; and I will not associate with the choicest of them.

Let the righteous man chasten me with mercy and reprove me; as for the oil of the sinner, let it not anoint my head.

For even my prayer is against their good pleasure. Their judges have been swallowed up like a rock.

The shall hear my words, for they are sweet. As a clod of earth is broken on the ground, so their bones are scattered by the side of Hades.

Ὅτι πρὸς σέ, Κύριε, Κύριε, οἱ ὀφθαλμοί μου· ἐπὶ σοὶ ἤλπισα, μὴ ἀντανέλῃς τὴν ψυχήν μου.

Φύλαξόν με ἀπὸ παγίδος, ἧς συνεστήσαντό μοι, καὶ ἀπὸ σκανδάλων τῶν ἐργαζομένων τὴν ἀνομίαν.

Πεσοῦνται ἐν ἀμφιβλήστρῳ αὐτῶν οἱ ἁμαρτωλοί· κατὰ μόνας εἰμὶ ἐγὼ, ἕως ἂν παρέλθω.

ΨΑΛΜΟΣ ΡΜΑ΄

Φωνῇ μου πρὸς Κύριον ἐκέκραξα, φωνῇ μου πρὸς Κύριον ἐδεήθην.

Ἐκχεῶ ἐνώπιον αὐτοῦ τὴν δέησίν μου· τὴν θλῖψίν μου ἐνώπιον αὐτοῦ ἀπαγγελῶ.

Ἐν τῷ ἐκλείπειν ἐξ ἐμοῦ τὸ πνεῦμά μου, καὶ σὺ ἔγνως τὰς τρίβους μου.

Ἐν ὁδῷ ταύτῃ, ᾗ ἐπορευόμην, ἔκρυψαν παγίδα μοι.

Κατενόουν εἰς τὰ δεξιὰ καὶ ἐπέβλεπον, καὶ οὐκ ἦν ὁ ἐπιγνώσκων με.

Ἀπώλετο φυγὴ ἀπ' ἐμοῦ, καὶ οὐκ ἔστιν ὁ ἐκζητῶν τὴν ψυχήν μου.

Ἐκέκραξα πρὸς σέ, Κύριε, εἶπα· Σὺ εἶ ἐλπίς μου, μερίς μου εἶ ἐν γῇ ζώντων.

Πρόσχες πρὸς τὴν δέησίν μου, ὅτι ἐταπεινώθην σφόδρα.

Ῥῦσαί με ἐκ τῶν καταδιωκόντων με, ὅτι ἐκραταιώθησαν ὑπὲρ ἐμέ.

Ἐξάγαγε ἐκ φυλακῆς τὴν ψυχήν μου, τοῦ ἐξομολογήσασθαι τῷ ὀνόματί σου.

For to You, O Lord, O Lord, are my eyes; I have hoped in You; take not away my soul.

Keep me from the snare which they have laid for me, and from the stumbling blocks of those who work iniquity.

The sinners shall fall into their own net. I am apart from them until I pass away.

PSALM 141

With my voice, to the Lord have I cried; with my voice, to the Lord have I made my supplication.

I shall pour out before Him my supplication; my affliction before Him shall I declare,

As my spirit is departing from within me; and You knew my paths.

In this way on which I was walking they hid a snare for me.

I looked to my right and beheld, and there was no one that knew me.

There is no escape for me, and no one searching for my soul.

I cried to You, O Lord; I said: You are my hope, You are my portion in the land of the living.

Attend to my supplication; for I have been greatly humbled.

Deliver me from those who pursue me, for they have become stronger than I.

Bring my soul out of prison, that I may confess your name.

Ἐμὲ ὑπομενοῦσι δίκαιοι ἕως οὗ ἀνταποδῷς μοι.

Ἐκ βαθέων ἐκέκραξά σοι, Κύριε· Κύριε, εἰσάκουσον τῆς φωνῆς μου.

Γενηθήτω τὰ ὦτά σου προσέχοντα εἰς τὴν φωνὴν τῆς δεήσεώς μου.

Στίχ. α΄. *Ἐὰν ἀνομίας παρατηρήσῃς, Κύριε Κύριε, τίς ὑποστήσεται; ὅτι παρὰ σοὶ ὁ ἱλασμός ἐστιν.*

Ἦχος α΄.

Πᾶσα ἡ κτίσις ἠλλοιοῦτο φόβῳ, θεωροῦσά σε ἐν σταυρῷ κρεμάμενον, Χριστέ· ὁ ἥλιος ἐσκοτίζετο καὶ γῆς τὰ θεμέλια συνεταράττετο· τὰ πάντα συνέπασχον τῷ τὰ πάντα κτίσαντι. Ὁ ἑκουσίως δι᾽ ἡμᾶς ὑπομείνας, Κύριε δόξα σοι.

Στίχ. β΄. *Ἕνεκεν τοῦ ὀνόματός σου ὑπέμεινά σε, Κύριε· ὑπέμεινεν ἡ ψυχή μου εἰς τὸν λόγον σου, ἤλπισεν ἡ ψυχή μου ἐπὶ τὸν Κύριον.*

Τὸ αὐτό.

Πᾶσα ἡ Κτίσις...

Στίχ. γ΄. *Ἀπὸ φυλακῆς πρωΐας μέχρι νυκτός, ἀπὸ φυλακῆς πρωΐας ἐλπισάτω Ἰσραὴλ ἐπὶ τὸν Κύριον.*

Θεοφάνους πρωτοθρόνου. Ἦχος β΄.

Λαὸς δυσσεβὴς καὶ παράνομος ἵνα τί μελετᾷ κενά; ἵνα τί τὴν ζωὴν τῶν ἁπάντων θανάτῳ κατεδίκασε; Μέγα θαῦμα! ὅτι ὁ κτίστης τοῦ κόσμου εἰς χεῖρας ἀνόμων παραδίδοται καὶ ἐπὶ ξύλου ἀνυψοῦται ὁ φιλάνθρωπος, ἵνα τοὺς ἐν ᾅδῃ δεσμώτας ἐλευθερώσῃ κράζοντας· Μακρόθυμε Κύριε, δόξα σοι.

Στίχ. δ΄. *Ὅτι παρὰ τῷ Κυρίῳ τὸ ἔλεος καὶ πολλὴ παρ᾽ αὐτῷ λύτρωσις, καὶ αὐτὸς λυτρώσεται τὸν Ἰσραὴλ ἐκ πασῶν τῶν ἀνομιῶν αὐτοῦ.*

The just will await me, until you reward me.

Out of the depths I have cried to you, O Lord. Lord hear my voice.

Let your ears be attentive, to the voice of my supplication.

Verse 1. *If you, Lord, should mark iniquities, Lord, who will stand? But there is forgiveness with you.*

Tone 1.

All creation was changed by fear when it saw you hanging on the Cross, O Christ; the sun was darkened and the foundations of the earth were shaken; all things were suffering with you, the Creator of them all. You suffered willingly for us. Lord, glory to you!

Verse 2. *For your name's sake I have waited for you, O Lord. My soul has waited on your word. My soul has hoped in the Lord.*

The Same.

All creation was changed...

Verse 3. *From the morning watch until night, from the morning watch, let Israel hope in the Lord.*

Theophanis of the First Throne. Tone 2.

Impious and lawless people, why do you meditate vain things? Why have you condemned the life of all to death? O great marvel! That the Creator of the world, who loves humankind, is betrayed into the hand of transgressors and lifted up on a tree, that he may gee the prisoners in Hell as they cry: Long-suffering Lord, glory to you!

Verse 4. *For with the Lord there is mercy, and with him plentiful redemption, and he will redeem Israel from all his iniquities.*

Λέοντος τοῦ Δεσπότου. Ἦχος ὁ αὐτός.

Σήμερον σὲ θεωροῦσα ἡ ἄμεμπτος παρθένος ἐν σταυρῷ, Λόγε, ἀναρτώμενον, ὀδυρομένη μητρῴα σπλάγχνα, ἐτέτρωτο τὴν καρδίαν πικρῶς καὶ στενάζουσα ὀδυνηρῶς ἐκ βάθους ψυχῆς, παρειὰς σὺν θριξὶ καταξαίνουσα, κατετρύχετο· διὸ καὶ τὸ στῆθος τύπτουσα ἀνέκραγε γοερῶς. Οἴμοι, θεῖον τέκνον! οἴμοι, τὸ φῶς τοῦ κόσμου! τί ἔδυς ἐξ ὀφθαλμῶν μου, ὁ Ἀμνὸς τοῦ Θεοῦ; ὅθεν αἱ στρατιαὶ τῶν ἀσωμάτων τρόμῳ συνείχοντο λέγουσαι· Ἀκατάληπτε Κύριε, δόξα σοι.

Στίχ. ε΄. *Αἰνεῖτε τὸν Κύριον, πάντα τὰ ἔθνη· ἐπαινέσατε αὐτὸν πάντες οἱ λαοί.*

Τοῦ αὐτοῦ. Ἦχος ὁ αὐτός.

Ἐπὶ ξύλου βλέπουσα κρεμάμενον, Χριστέ, σὲ τὸν πάντων κτίστην καὶ Θεὸν ἡ σὲ ἀσπόρως τεκοῦσα, ἐβόα πικρῶς· Υἱέ μου, ποῦ τὸ κάλλος ἔδυ τῆς μορφῆς σου; οὐ φέρω καθορᾶν σε ἀδίκως σταυρούμενον· σπεῦσον οὖν ἀνάστηθι, ὅπως ἴδω κἀγὼ σοῦ τὴν ἐκ νεκρῶν τριήμερον ἐξανάστασιν.

Στίχ. στ΄. *Ὅτι ἐκραταιώθη τὸ ἔλεος αὐτοῦ ἐφ᾽ ἡμᾶς καὶ ἡ ἀλήθεια τοῦ Κυρίου μένει εἰς τὸν αἰῶνα.*

Βυζαντίνου. Ἦχος πλ. β΄.

Σήμερον ὁ Δεσπότης τῆς κτίσεως παρίσταται Πιλάτῳ καὶ σταυρῷ παραδίδοται ὁ κτίστης τῶν ἁπάντων ὡς ἀμνὸς προσαγόμενος τῇ ἰδίᾳ βουλήσει· τοῖς ἥλοις προσπήγνυται καὶ τὴν πλευρὰν κεντᾶται καὶ τῷ σπόγγῳ προσψαύεται ὁ μάννα ἐπομβρήσας· τὰς σιαγόνας ῥαπίζεται ὁ λυτρωτὴς τοῦ κόσμου καὶ ὑπὸ τῶν

Leontos. Same Tone.

Today the blameless Virgin when she saw you, O Word, hanging on the Cross, with a mother's love lamented, bitterly wounded in her heart, groaning in lamentation from the depths of her soul, she struck her cheeks and tore her hair; and so beating her breast she cried out with grief: 'Woe is me, my divine child! Woe is me, light of the world! Why have you left my sight O Lamb of God?' Therefore the armies of the Bodiless Powers were seized with terror as they said, 'Lord, beyond understanding, glory to you!'

Verse 5. *Praise the Lord, all you nations. Praise him all you peoples.*

By the Same. Same Tone.

When she saw you, O Christ, the Creator and God of all, hanging on the Cross, she who bore you without seed cried bitterly: 'O my Son, where has the beauty of your form departed? I cannot bear to see you unjustly crucified; hasten then arise that I too may see your resurrection from the dead on the third day.'

Verse 10. *For his mercy has been mighty towards us, and the truth of the Lord endures to the ages.*

By Vyzantinos. Tone Pl. 2.

Today the Master of creation stands before Pilate, and the Creator of all things is given up to a Cross, led like a lamb by his own will. He has been transfixed with the nails, and he has been pierced in the side, and the lips of the One who rained down the manna are touched with a sponge. The Redeemer

ἰδίων δούλων ἐμπαίζεται ὁ πλάστης τῶν ἁπάντων. Ὢ Δεσπότου φιλανθρωπίας! ὑπὲρ τῶν σταυρούντων παρεκάλει τὸν ἴδιον Πατέρα, λέγων· Ἄφες αὐτοῖς τὴν ἁμαρτίαν ταύτην· οὐ γὰρ οἴδασιν οἱ ἄνομοι, τί ἀδίκως πράττουσιν.

Δόξα Πατρὶ καὶ Υἱῷ καὶ Ἁγίῳ Πνεύματι, καὶ νῦν καὶ ἀεὶ καὶ εἰς τοὺς αἰῶνας τῶν αἰώνων. Ἀμήν.

Θεοφάνους πρωτοθρόνου. Ἦχος πλ. β΄.

Ὢ πῶς ἡ παράνομος συναγωγὴ τὸν βασιλέα τῆς κτίσεως κατεδίκασε θανάτῳ, μὴ αἰδεσθεῖσα τὰς εὐεργεσίας, ἃς ἀναμιμνήσκων προησφαλίζετο λέγων πρὸς αὐτούς· Λαός μου, τί ἐποίησα ὑμῖν; οὐ θαυμάτων ἐνέπλησα τὴν Ἰουδαίαν; οὐ νεκροὺς ἐξανέστησα μόνῳ τῷ λόγῳ; οὐ πᾶσαν μαλακίαν ἐθεράπευσα καὶ νόσον; τί οὖν μοι ἀνταποδίδοτε; εἰς τί ἀμνημονεῖτέ μου; ἀντὶ τῶν ἰαμάτων πληγάς μοι ἐπιθέντες· ἀντὶ ζωῆς νεκροῦντες· κρεμῶντες ἐπὶ ξύλου ὡς κακοῦργον, τὸν εὐεργέτην, ὡς παράνομον, τὸν νομοδότην, ὡς κατάκριτον τὸν πάντων βασιλέα. Μακρόθυμε Κύριε, δόξα σοι.

Καὶ νῦν καὶ ἀεὶ καὶ εἰς τοὺς αἰῶνας τῶν αἰώνων. Ἀμήν.

Σεργίου Λογοθέτου. Ἦχος πλ. β΄.

Φοβερὸν καὶ παράδοξον μυστήριον σήμερον ἐνεργούμενον καθορᾶται· ὁ ἀναφὴς κρατεῖται· δεσμεῖται ὁ λύων τὸν Ἀδὰμ τῆς κατάρας· ὁ ἐτάζων καρδίας καὶ νεφροὺς ἀδίκως ἐτάζεται· εἰρκτῇ κατακλείεται ὁ τὴν ἄβυσσον κλείσας· Πιλάτῳ παρίσταται, ᾧ τρόμῳ παρίστανται οὐρανῶν αἱ δυνάμεις· ῥαπίζεται χειρὶ τοῦ πλάσματος ὁ πλάστης· ξύλῳ κατακρίνεται

of the world is struck on the cheeks, and the Fashioner of all things is mocked by his own servants. O the Master's love for mankind! For those who crucify him he implored his own Father, saying, 'Forgive them this sin, for they do not know, the lawless, how wrongfully they act'.

Glory to the Father, Son and the Holy Spirit, both now and ever and to the ages of ages. Amen.

Theophanis of the first throne. Tone Pl. 2.

Ah! how did the lawless assembly condemn the King of creation to death, without shame as they recalled benefits with which had protected them, as he reminded them, saying, 'My people, what I have done to you? Have I not filled Judea with marvels? Have I not raised the dead with a word? Have I not healed every sickness and disease? How then have you repaid me? Why have you forgotten me, giving me blows for healings; putting me to death in return for life; hanging your benefactor on a Tree as a malefactor, the lawgiver as a lawbreaker, the King of all as one condemned'. Long-suffering Lord, glory to you!

Both now and ever, and to the ages of ages. Amen.

Sergios the Logothete. Tone Pl. 2.

A dread and marvellous mystery is seen to come to pass today. The Invisible is grasped, the One who loosed Adam from the curse is bound, the One who tries hearts and reins is tried; the One who shut the abyss is shut up in prison. He, before whom the Powers of heaven stand in fear, stands before Pilate; the Fashioner is struck by hand of

ὁ κρίνων ζῶντας καὶ νεκρούς· τάφῳ κατακλείεται ὁ καθαιρέτης τοῦ ᾅδου. Ὁ πάντα φέρων συμπαθῶς καὶ πάντας σώσας τῆς ἀρᾶς, ἀνεξίκακε Κύριε δόξα σοι.

the thing he fashioned; he who judges the living and the dead, is condemned to a Tree; the destroyer of Hell is shut up in a tomb. You bear all things with compassion, and save all from the curse, long-suffering Lord, glory to you!

Η ΕΙΣΟΔΟΣ

Ψαλλομένου δὲ τοῦ Καὶ νῦν γίνεται εἴσοδος μετὰ τοῦ Εὐαγγελίου κατὰ τὴν ἐκτεθεῖσαν ἐν τῷ Ἑσπερινῷ τῶν ἑορτῶν τάξιν, καὶ λέγει ὁ ἱερεὺς μυστικῶς τὴν εὐχὴν ταύτην·

THE ENTRANCE

At the singing of the Both now, the entrance occurs with the Gospel according to the established order at Vespers for feasts, and the Priest reads this prayer silently:

ΕΥΧΗ ΤΗΣ ΕΙΣΟΔΟΥ

THE PRAYER OF ENTRANCE

Ἑσπέρας καὶ πρωῒ καὶ μεσημβρίας αἰνοῦμεν, εὐλογοῦμεν, εὐχαριστοῦμεν καὶ δεόμεθά σου, Δέσποτα τῶν ἁπάντων, φιλάνθρωπε Κύριε· Κατεύθυνον τὴν προσευχὴν ἡμῶν ὡς θυμίαμα ἐνώπιόν σου καὶ μὴ ἐκκλίνῃς τὰς καρδίας ἡμῶν εἰς λόγους ἢ εἰς λογισμοὺς πονηρίας, ἀλλὰ ῥῦσαι ἡμᾶς ἐκ πάντων τῶν θηρευόντων τὰς ψυχὰς ἡμῶν· ὅτι πρὸς σέ, Κύριε, Κύριε, οἱ ὀφθαλμοὶ ἡμῶν καὶ ἐπὶ σοὶ ἠλπίσαμεν· μὴ καταισχύνῃς ἡμᾶς, ὁ Θεὸς ἡμῶν.

At evening, at morning and at midday we praise, bless and give thanks, and we pray to you, Master of all things, Lord who love mankind: Direct our prayer before you like incense, and do not incline our hearts to words or thoughts of evil, but deliver us from all that hunt down our souls. For our eyes look to you, O Lord, our Lord, and we have hoped in you.

Ὅτι πρέπει σοι πᾶσα δόξα, τιμὴ καὶ προσκύνησις, τῷ Πατρὶ καὶ τῷ Υἱῷ καὶ τῷ ἁγίῳ Πνεύματι, νῦν καὶ ἀεὶ καὶ εἰς τοὺς αἰῶνας τῶν αἰώνων. Ἀμήν.

For to you belong all glory, honor and worship, to the Father, the Son and the Holy Spirit, now and for ever, and to the ages of ages. Amen.

Ὁ Διάκονος· Σοφία. Ὀρθοί!

Deacon: Wisdom. Arise!

Φῶς ἱλαρὸν ἁγίας δόξης ἀθανάτου Πατρός, οὐρανίου, ἁγίου, μάκαρος, Ἰησοῦ Χριστέ, ἐλθόντες ἐπὶ τὴν ἡλίου δύσιν, ἰδόντες φῶς ἑσπερινόν, ὑμνοῦμεν Πατέρα, Υἱόν καὶ ἅγιον Πνεῦμα, Θεόν. Ἄξιόν σε ἐν πᾶσι καιροῖς, ὑμνεῖσθαι φωναῖς αἰσίαις, Υἱὲ Θεοῦ, ζωὴν ὁ διδούς· διὸ ὁ κόσμος σὲ δοξάζει.

O joyful Light of the holy glory of the immortal, heavenly, holy, blessed Father, O Jesus Christ. Now that we have come to the setting of the sun and see the evening light, we sing the praise of God, Father, Son and Holy Spirit. It is right at all times to hymn you with holy voices, Son of God, giver of life. Therefore the world glorifies you.

Ὁ Διάκονος· Ἑσπέρας Προκείμενον.

Ὁ Ἀναγνώστης· Προκείμενον. Ἦχος δ΄. Ψαλμὸς ΚΑ΄.

Ὁ Διάκονος· Πρόσχωμεν.

Ὁ Ἀναγνώστης· Διεμερίσαντο τὰ ἱμάτιά μου ἑαυτοῖς καὶ ἐπὶ τὸν ἱματισμόν μου ἔβαλον κλῆρον.

Στίχ. Ὁ Θεός, ὁ Θεός μου, πρόσχες μοι· ἵνα τί ἐγκατέλιπές με.

Ὁ Διάκονος· Σοφία.

Ὁ Ἀναγνώστης· Τῆς Ἐξόδου τὸ ἀνάγνωσμα.

Ὁ Διάκονος· Πρόσχωμεν.

(λγ΄ 11-23)

Ἐλάλησε Κύριος πρὸς Μωϋσῆν, ἐνώπιος ἐνωπίῳ, ὡς εἴ τις λαλήσει πρὸς τὸν ἑαυτοῦ φίλον, καὶ ἀπελύετο εἰς τὴν παρεμβολήν. Ὁ δὲ θεράπων Ἰησοῦς, υἱὸς Ναυῆ νέος, οὐκ ἐξεπορεύετο ἐκ τῆς σκηνῆς. Καὶ εἶπε Μωϋσῆς πρὸς Κύριον. Ἰδοὺ σὺ μοι λέγεις, Ἀνάγαγε τὸν λαὸν τοῦτον, σὺ δὲ οὐκ ἐδήλωσάς μοι, ὃν συναποστελεῖς μετ' ἐμοῦ. Σὺ δὲ μοι εἶπας, Οἶδά σε παρὰ πάντας, καὶ χάριν ἔχεις παρ' ἐμοί. Εἰ οὖν εὕρηκα χάριν ἐναντίον σου, ἐμφάνισόν μοι σεαυτόν, ἵνα γνωστῶς ἴδω σε, ὅπως ἂν ὦ εὑρηκὼς χάριν ἐνώπιόν σου, καὶ ἵνα γνῶ, ὅτι λαός σου τὸ ἔθνος τὸ μέγα τοῦτο. Καὶ λέγει. Αὐτὸς προπορεύσομαί σου, καὶ καταπαύσω σε, καὶ εἶπε πρὸς αὐτόν. Εἰ μὴ σὺ αὐτὸς συμπορεύσῃ μεθ' ἡμῶν, μή με ἀναγάγῃς ἐντεῦθεν. Καὶ πῶς γνωστὸν ἔσται ἀληθῶς, ὅτι εὕρηκα χάριν παρὰ σοί, ἐγώ τε καὶ ὁ λαός σου, ἀλλ' ἢ συμπορευομένου σου μεθ' ἡμῶν; καὶ ἐνδοξασθήσομαι ἐγώ τε, καὶ ὁ λαός σου παρὰ πάντα τὰ ἔθνη, ὅσα ἐπὶ τῆς γῆς

Deacon: Evening Prokeimenon.

Reader: Prokeimenon. Tone 4. Psalm 21.

Deacon: Let us be attentive.

Reader: They parted my garments among them, and cast lots for my clothing.

Verse: *O God, my God, why have you forsaken me?*

Deacon: Wisdom.

Reader: The reading is from the book of Exodus.

Deacon: Let us be attentive.

(19:110-19)

Thus the Lord used to speak to Moses face to face, as one speaks to a friend. Then he would return to the camp; but his servant, Jesus son of Nun, would not leave the tent. Moses said to the Lord, 'See, you have said to me, 'Bring up this people'; but you have not let me know whom you will send with me. Yet you have said, 'I know you by name, and you have also found favour in my sight.' Now if I have found favour in your sight, show me your ways, so that I may know you and find favour in your sight. Consider too that this nation is your people.' He said, 'My presence will go with you, and I will give you rest.' And he said to him, 'If your presence will not go, do not carry us up from here. For how shall it be known that I have found favour in your sight, I and your people, unless you go with us? In this way, we shall be distinct, I and your people, from every people on

ἐστιν. Εἶπε δὲ Κύριος πρὸς Μωϋσῆν. Καὶ τοῦτόν σοι τὸν λόγον, ὃν εἴρηκας, ποιήσω, εὕρηκας γὰρ χάριν ἐνώπιον ἐμοῦ, καὶ οἶδά σε παρὰ πάντας. Καὶ λέγει Μωϋσῆς. Δεῖξόν μοι τὴν σεαυτοῦ δόξαν. Καὶ εἶπεν. Ἐγὼ παρελεύσομαι πρότερός σου τῇ δόξῃ μου, καὶ καλέσω τῷ ὀνόματί μου. Κύριος ἐναντίον σου, καὶ ἐλεήσω, ὃν ἂν ἐλεῶ, καὶ οἰκτειρήσω, ὃν ἂν οἰκτείρω. Καὶ εἶπεν, οὐ δυνήσῃ ἰδεῖν τὸ πρόσωπόν μου, οὐ γὰρ μὴ ἴδῃ ἄνθρωπος τὸ πρόσωπόν μου, καὶ ζήσεται. Καὶ εἶπε Κύριος, ἰδοὺ τόπος παρ᾽ ἐμοί, καὶ στῆθι ἐπὶ τῆς πέτρας, ἡνίκα δ᾽ ἂν παρέλθῃ ἡ δόξα μου, καὶ θήσω σε εἰς ὀπὴν τῆς πέτρας, καὶ σκεπάσω τῇ χειρί μου ἐπὶ σέ, ἕως ἂν παρέλθω, καὶ ἀφελῶ τὴν χεῖρά μου, καὶ τότε ὄψει τὰ ὀπίσω μου, τὸ δὲ πρόσωπόν μου οὐκ ὀφθήσεταί σοι.

Ὁ Ἀναγνώστης· Προκείμενον. Ἦχος δ΄. Ψαλμὸς ΛΔ΄.

Ὁ Διάκονος· Πρόσχωμεν.

Ὁ Ἀναγνώστης· Δίκασον, Κύριε, τοὺς ἀδικοῦντάς με, πολέμησον τοὺς πολεμοῦντάς με.

Στίχ. *Ἀνταπεδίδοσάν μοι πονηρὰ ἀντὶ ἀγαθῶν καὶ ἀτεκνίαν τῇ ψυχῇ.*

Ὁ Διάκονος· Σοφία.

Ὁ Ἀναγνώστης· Ἰὼβ τὸ ἀνάγνωσμα.

Ὁ Διάκονος· Πρόσχωμεν.

(μβ΄,12-17)

Εὐλόγησε Κύριος τὰ ἔσχατα τοῦ Ἰὼβ μᾶλλον, ἢ τὰ ἔμπροσθεν, ἦν δὲ τὰ κτήνη αὐτοῦ, πρόβατα μύρια τετρακισχίλια, κάμηλοι ἑξακισχίλιαι, ζεύγη βοῶν

the face of the earth.' The Lord said to Moses, 'I will do the very thing that you have asked; for you have found favour in my sight, and I know you by name.' Moses said, 'Show me your glory, I pray.' And he said, 'I will make all my goodness pass before you, and will proclaim before you the name, 'The Lord'; and I will be gracious to whom I will be gracious, and will show mercy on whom I will show mercy. But,' he said, 'you cannot see my face; for no one shall see me and live.' And the Lord continued, 'See, there is a place by me where you shall stand on the rock; and while my glory passes by I will put you in a cleft of the rock, and I will cover you with my hand until I have passed by; then I will take away my hand, and you shall see my back; but my face shall not be seen.'

Reader: Prokeimenon. Tone 4. Psalm 34.

Deacon: Let us be attentive.

Reader: Give judgement, Lord, against those who wrong me.

Verse: *They have rewarded me with evils in return for blessings.*

Deacon: Wisdom.

Reader: The reading is from the book of Job.

Deacon: Let us be attentive.

(42:12-17)

The Lord blessed the latter days of Job more than his beginning; and he had fourteen thousand sheep, six thousand camels, a thousand yoke of

χίλια, ὄνοι θήλειαι νομάδες χίλιαι. Γεννῶνται δὲ αὐτῷ υἱοὶ ἑπτά, καὶ θυγατέρες τρεῖς. Καὶ ἐκάλεσε τὴν μὲν πρώτην, Ἡμέραν, τὴν δὲ δευτέραν, Κασσίαν, τὴν δὲ τρίτην, Ἀμαλθαίας κέρας. Καὶ οὐχ εὑρέθησαν κατὰ τὰς θυγατέρας Ἰώβ, βελτίους αὐτῶν ἐν τῇ ὑπ' οὐρανόν, ἔδωκε δὲ αὐταῖς ὁ πατὴρ κληρονομίαν ἐν τοῖς ἀδελφοῖς. Ἔζησε δὲ Ἰώβ, μετὰ τὴν πληγήν, ἔτη ἑκατὸν ἑβδομήκοντα, τὰ δὲ πάντα ἔτη ἔζησε διακόσια τεσσαράκοντα. Καὶ εἶδεν Ἰώβ τοὺς υἱοὺς αὐτοῦ, καὶ τοὺς υἱοὺς τῶν υἱῶν αὐτοῦ, τετάρτην γενεάν, καὶ ἐτελεύτησεν Ἰώβ πρεσβύτερος, καὶ πλήρης ἡμερῶν. Γέγραπται δέ, αὐτὸν πάλιν ἀναστήσεσθαι μεθ' ὧν ὁ Κύριος ἀνίστησιν. Οὗτος ἑρμηνεύεται ἐκ τῆς Συριακῆς βίβλου, ἐν μὲν γῇ κατοικῶν τῇ Αὐσίτιδι, ἐπὶ τοῖς ὁρίοις τῆς Ἰδουμαίας, καὶ Ἀραβίας, προϋπῆρχε δὲ αὐτῷ ὄνομα, Ἰωβάβ, λαβῶν δὲ γυναῖκα Ἀράβισσαν, γεννᾷ υἱόν, ᾧ ὄνομα Ἐνών. Ἦν δὲ αὐτὸς πατρὸς μὲν Ζαρέ, ἐκ τῶν Ἡσαῦ υἱῶν υἱός, μητρὸς δὲ Βοσόρρας, ὥστε εἶναι αὐτὸν πέμπτον ἀπὸ Ἀβραάμ.

Ὁ Διάκονος· Σοφία.

Ὁ Ἀναγνώστης· Προφητείας Ἡσαΐου τὸ ἀνάγνωσμα.

Ὁ Διάκονος· Πρόσχωμεν.

(νβ', 13-νδ'1)

Τάδε λέγει Κύριος. Ἰδοὺ συνήσει ὁ παῖς μου, καὶ ὑψωθήσεται, καὶ δοξασθήσεται, καὶ μετεωρισθήσεται σφόδρα. Ὃν τρόπον ἐκστήσονται ἐπὶ σὲ πολλοί, οὕτως ἀδοξήσει ἀπὸ τῶν ἀνθρώπων τὸ εἶδός σου, καὶ ἡ δόξα σου ἀπὸ υἱῶν ἀνθρώπων. Οὕτω θαυμάσονται ἔθνη πολλὰ ἐπ' αὐτῷ, καὶ συνέξουσι βασιλεῖς τὸ στόμα αὐτῶν, ὅτι, οἷς οὐκ ἀνηγγέλη περὶ αὐτοῦ,

oxen, and a thousand donkeys. He also had seven sons and three daughters. He named the first Day, the second Cassia, and the third Horn of Amaltheia. In all the land there were no women so beautiful as Job's daughters; and their father gave them an inheritance along with their brothers. After this Job lived one hundred and forty years, and saw his children, and his children's children, four generations. And Job died, old and full of days. It is written that he will rise again with those whom the Lord raises. He is described in the Syriac book as dwelling in the land of Ausis, on the borders of Idumea and Arabia. His name before was Jobab and he took an Arabian wife and begot a son named Enon. He himself was the son of his father Zare, one of the sons of Esau. His mother was Bosorra, so that was fifth in descent from Abraham.

Deacon: Wisdom.

Reader: The reading from the Prophecy of Isaias.

Deacon: Let us be attentive.

(52:13-54:1)

Thus says the Lord: See, my servant will understand; he shall be exalted and glorified exceedingly. Just as there many will be astonished at you, so your appearance will be without glory from men, and your glory from the sons of men. So many nations will marvel at him; kings shall shut their mouths; for that which had not been told them

ὄψονται, καὶ οἳ οὐκ ἀκηκόασι, συνήσουσι. Κύριε, τίς ἐπίστευσε τῇ ἀκοῇ ἡμῶν, καὶ ὁ βραχίων Κυρίου τίνι ἀπεκαλύφθη; Ἀνηγγείλαμεν, ὡς παιδίον ἐναντίον αὐτοῦ, ὡς ῥίζα ἐν γῇ διψώσῃ. Οὐκ ἔστιν εἶδος αὐτῷ, οὐδὲ δόξα, καὶ εἴδομεν αὐτόν, καὶ οὐκ εἶχεν εἶδος, οὐδὲ κάλλος, ἀλλὰ τὸ εἶδος αὐτοῦ ἄτιμον, καὶ ἐκλεῖπον παρὰ πάντας τοὺς υἱοὺς τῶν ἀνθρώπων. Ἄνθρωπος ἐν πληγῇ ὤν, καὶ εἰδὼς φέρειν μαλακίαν, ὅτι ἀπέστραπται τὸ πρόσωπον αὐτοῦ, ἠτιμάσθη καὶ οὐκ ἐλογίσθη. Οὗτος τὰς ἁμαρτίας ἡμῶν φέρει, καὶ περὶ ἡμῶν ὀδυνᾶται, καὶ ἡμεῖς ἐλογισάμεθα αὐτὸν εἶναι ἐν πόνῳ, καὶ ἐν πληγῇ ὑπὸ Θεοῦ, καὶ ἐν κακώσει. Αὐτὸς δὲ ἐτραυματίσθη διὰ τὰς ἁμαρτίας ἡμῶν, καὶ μεμαλάκισται διὰ τὰς ἀνομίας ἡμῶν. Παιδεία εἰρήνης ἡμῶν ἐπ᾽ αὐτόν, τῷ μώλωπι αὐτοῦ ἡμεῖς ἰάθημεν. Πάντες ὡς πρόβατα ἐπλανήθημεν, ἄνθρωπος τῇ ὁδῷ αὐτοῦ ἐπλανήθη. Καὶ Κύριος παρέδωκεν αὐτὸν ταῖς ἁμαρτίαις ἡμῶν, καὶ αὐτὸς διὰ τὸ κεκακῶσθαι, οὐκ ἀνοίγει τὸ στόμα αὐτοῦ. Ὡς πρόβατον ἐπὶ σφαγὴν ἤχθη, καὶ ὡς ἀμνὸς ἐναντίον τοῦ κείροντος ἄφωνος, οὕτως οὐκ ἀνοίγει τὸ στόμα αὐτοῦ. Ἐν τῇ ταπεινώσει αὐτοῦ, ἡ κρίσις αὐτοῦ ἤρθη, τὴν δὲ γενεὰν αὐτοῦ τίς διηγήσεται; ὅτι αἴρεται ἀπὸ τῆς γῆς ἡ ζωὴ αὐτοῦ, ἀπὸ τῶν ἀνομιῶν τοῦ λαοῦ μου ἤχθη εἰς θάνατον. Καὶ δώσω τοὺς πονηρούς, ἀντὶ τῆς ταφῆς αὐτοῦ, καὶ τοὺς πλουσίους, ἀντὶ τοῦ θανάτου αὐτοῦ, ὅτι ἀνομίαν οὐκ ἐποίησεν, οὐδὲ εὑρέθη δόλος ἐν τῷ στόματι αὐτοῦ, καὶ βούλεται Κύριος καθαρίσαι αὐτὸν ἀπὸ τῆς πληγῆς. Ἐὰν δῶτε περὶ ἁμαρτίας, ἡ ψυχὴ ὑμῶν ὄψεται σπέρμα μακρόβιον, καὶ βούλεται Κύριος ἐν χειρὶ αὐτοῦ ἀφελεῖν ἀπὸ τοῦ πόνου τῆς ψυχῆς αὐτοῦ, δεῖξαι αὐτῷ φῶς, καὶ πλά-

about him they shall see, and that which they had not heard they shall contemplate. Who has believed what we have heard? And to whom has the arm of the Lord been revealed? We brought a report as of a child before him, as a root out of dry ground; he had no form or glory, and we saw him, and he had neither form nor beauty. But his form was without honour and inferior to the children of men. He was a man in suffering and acquainted with bearing weakness, because his face has been away, he was dishonored and not esteemed. He bears our sins and is in pain for us. We reckoned him to be in toil and in affliction and trouble. But he was wounded for our sins and crushed for our iniquities; upon him was the punishment of our peace, and by his bruises we are healed. All we like sheep have gone astray; every one has gone astray in their own way, and the Lord handed him over for our sins. And he, because of his affliction, does not open his mouth; like a sheep he was led to the slaughter, and like a lamb before its shearer is silent, so he does not open his mouth. In his humiliation his judgement was taken away; who shall declare his generation? for his life is taken away from the earth; because of the iniquities of my people he was led to death. And I will give the evil for his burial and the rich for his death, because he practised no iniquity, nor was there guile in his mouth. And the Lord wishes to cleanse him of his blow. If you give an offering for sin, your soul will seed a long-lived descendence. And the Lord wishes to take away from the

σαι τῇ συνέσει, δικαιῶσαι δίκαιον, εὖ δουλεύοντα πολλοῖς, καὶ τὰς ἁμαρτίας αὐτῶν αὐτὸς ἀνοίσει. Διὰ τοῦτο αὐτὸς κληρονομήσει πολλούς, καὶ τῶν ἰσχυρῶν μεριεῖ σκῦλα, ἀνθ' ὧν παρεδόθη εἰς θάνατον ἡ ψυχὴ αὐτοῦ, καὶ ἐν τοῖς ἀνόμοις ἐλογίσθη, καὶ αὐτὸς ἁμαρτίας πολλῶν ἀνήνεγκε, καὶ διὰ τὰς ἁμαρτίας αὐτῶν παρεδόθη. Εὐφράνθητι στεῖρα, ἡ οὐ τίκτουσα, ῥῆξον καὶ βόησον ἡ οὐκ ὠδίνουσα, ὅτι πολλὰ τὰ τέκνα τῆς ἐρήμου μᾶλλον, ἢ τῆς ἐχούσης τὸν ἄνδρα.

Ὁ Διάκονος· Πρόσχωμεν.

Ὁ Ἀναγνώστης· Ἔθεντό με ἐν λάκκῳ κατωτάτῳ, ἐν σκοτεινοῖς καὶ ἐν σκιᾷ θανάτου.

Στίχ. *Κύριε, ὁ Θεὸς τῆς σωτηρίας μου, ἡμέρας ἐκέκραξα καὶ ἐν νυκτὶ ἐναντίον σου.*

Ὁ Διάκονος· Σοφία.

Ὁ Ἀναγνώστης· Πρὸς Κορινθίους Α' Ἐπιστολῆς Παύλου τὸ Ἀνάγνωσμα.

Ὁ Διάκονος· Πρόσχωμεν.

(α', 18-β'2)

Ἀδελφοί, ὁ λόγος ὁ τοῦ Σταυροῦ τοῖς μὲν ἀπολλυμένοις μωρία ἐστί, τοῖς δὲ σῳζομένοις ἡμῖν δύναμις Θεοῦ ἐστι. Γέγραπται γάρ. Ἀπολῶ τὴν σοφίαν τῶν σοφῶν, καὶ τὴν σύνεσιν τῶν συνετῶν ἀθετήσω. Ποῦ σοφός; ποῦ γραμματεύς; ποῦ συζητητὴς τοῦ αἰῶνος τούτου; οὐχὶ ἐμώρανεν ὁ Θεὸς τὴν σοφίαν τοῦ Κόσμου τούτου; Ἐπειδὴ γὰρ ἐν τῇ σοφίᾳ τοῦ Θεοῦ οὐκ ἔγνω ὁ Κόσμος διὰ τῆς σοφίας τὸν Θεόν, εὐδόκησεν ὁ Θεὸς διὰ τῆς μωρίας τοῦ κηρύγματος σῶσαι τοὺς πι-

toil of his soul, to show him light and to fashion him with understanding, to justify the just one, who serves many well, and he will bear their sins. Therefore he will inherit many and divide the spoils of the strong. Because his soul was handed over to death, and was numbered with the transgressors; and he bore the sin of many, and was handed over because of their iniquities. Rejoice, barren one who do not give birth, break out and cry, you who are not in labour, for the children of the desolate are more than those of her that has a husband.

Deacon: Let us be attentive.

Reader: They have placed me in the lowest pit; in darkness and in the shadow of death.

Verse: *Lord God of my salvation, I called for help by day; and by night also before you.*

Deacon: Wisdom.

Reader: The Reading is from the First Epistle of Paul to the Corinthians.

Deacon: Let us be attentive.

(1:18-2:2)

Brethren, the word of the cross is folly to those who are perishing, but to us who are being saved it is the power of God. For it is written, "I will destroy the wisdom of the wise, and the cleverness of the clever I will thwart." Where is the wise man? Where is the scribe? Where is the debater of this age? Has not God made foolish the wisdom of the world? For since, in the wisdom of God, the world did not know God through wisdom, it pleased God

στεύοντας. Ἐπειδὴ καὶ Ἰουδαῖοι σημεῖον αἰτοῦσι, καὶ Ἕλληνες σοφίαν ζητοῦσιν, ἡμεῖς δὲ κηρύσσομεν Χριστὸν ἐσταυρωμένον, Ἰουδαίοις μὲν σκάνδαλον, Ἕλλησι δὲ μωρίαν, αὐτοῖς δὲ τοῖς κλητοῖς Ἰουδαίοις τε καὶ Ἕλλησι, Χριστὸν Θεοῦ δύναμιν καὶ Θεοῦ σοφίαν, ὅτι τὸ μωρὸν τοῦ Θεοῦ, σοφώτερον τῶν ἀνθρώπων ἐστί, καὶ τὸ ἀσθενὲς τοῦ Θεοῦ, ἰσχυρότερον τῶν ἀνθρώπων ἐστί. Βλέπετε γὰρ τὴν κλῆσιν ὑμῶν, ἀδελφοί, ὅτι οὐ πολλοὶ σοφοὶ κατὰ σάρκα, οὐ πολλοὶ δυνατοί, οὐ πολλοὶ εὐγενεῖς, ἀλλὰ τὰ μωρὰ τοῦ Κόσμου ἐξελέξατο ὁ Θεός, ἵνα τοὺς σοφοὺς καταισχύνῃ, καὶ τὰ ἀσθενῆ τοῦ Κόσμου ἐξελέξατο ὁ Θεός, ἵνα καταισχύνῃ τὰ ἰσχυρά, καὶ τὰ ἀγενῆ τοῦ Κόσμου καὶ τὰ ἐξουθενημένα ἐξελέξατο ὁ Θεός, καὶ τὰ μὴ ὄντα, ἵνα τὰ ὄντα καταργήσῃ, ὅπως μὴ καυχήσηται πᾶσα σάρξ ἐνώπιον τοῦ Θεοῦ. Ἐξ αὐτοῦ δὲ ὑμεῖς ἐστε ἐν Χριστῷ Ἰησοῦ, ὃς ἐγενήθη ἡμῖν σοφία ἀπὸ Θεοῦ, δικαιοσύνη τε καὶ ἁγιασμὸς καὶ ἀπολύτρωσις, ἵνα, καθὼς γέγραπται. ὁ καυχώμενος, ἐν Κυρίῳ καυχάσθω, κἀγὼ δέ, ἐλθὼν πρὸς ὑμᾶς, ἀδελφοί, ἦλθον, οὐ καθ' ὑπεροχὴν λόγου, ἢ σοφίας, καταγγέλλων ὑμῖν τὸ μαρτύριον τοῦ Θεοῦ, οὐ γὰρ ἔκρινα τοῦ εἰδέναι τι ἐν ὑμῖν, εἰ μὴ Ἰησοῦν Χριστόν, καὶ τοῦτον ἐσταυρωμένον.

through the folly of what we preach to save those who believe. For Jews demand signs and Greeks seek wisdom, but we preach Christ crucified, a stumbling block to Jews and folly to Gentiles, but to those who are called, both Jews and Greeks, Christ the power of God and the wisdom of God. For the foolishness of God is wiser than men, and the weakness of God is stronger than men. For consider your call, brethren; not many of you were wise according to worldly standards, not many were powerful, not many were of noble birth; but God chose what is foolish in the world to shame the wise, God chose what is weak in the world to shame the strong, God chose what is low and despised in the world, even things that are not, to bring to nothing things that are, so that no human being might boast in the presence of God. He is the source of your life in Christ Jesus, righteousness and sanctification and redemption; therefore, as it is written, "Let him who boasts, boast of the Lord." When I came to you, brethren, I did not come proclaiming to you the testimony of God in lofty words or wisdom. For I decided to know nothing among you except Christ and him crucified.

Ἀλληλούϊα. Ἀλληλούϊα. Ἀλληλούϊα. Ἦχος πλ. α΄. Ψαλμός ΞΗ.

Alleluia, Alleluia, Alleluia. **Tone Pl. 1. Psalm 68.**

Στίχ. α΄. Σῶσόν με, ὁ Θεός, ὅτι εἰσήλθοσαν ὕδατα ἕως ψυχῆς μου.

Verse 1: *Save me, O God, for the waters have come in even to my soul.*

Στίχ. β΄. Καὶ ἔδωκαν εἰς τὸ βρῶμά μου χολήν, καὶ εἰς τὴν δίψαν μου ἐπότισάν με ὄξος.

Verse 2: *And they gave me gall for my food; and for my thirst they gave me vinegar to drink.*

Στίχ. γ΄. Σκοτισθήτωσαν οἱ ὀφθαλμοὶ αὐτῶν, τοῦ μὴ βλέπειν.

Verse 3: *Let their eyes be darkened, so that they see not; and bow down their back continually.*

ΤΟ ΕΥΑΓΓΕΛΙΟΙΝ

Μετὰ δὲ τὴν ἀνάγνωσιν τοῦ Ἀποστόλου, ὁ Ἱερεὺς εὐλογεῖ αὐτὸν λέγων·

Εἰρήνη σοι.

Καὶ μετὰ τὸ Ἀλληλούϊα λέγει ὁ διάκονος ἀπὸ τῆς Ὡραίας Πύλης·

Σοφία. Ὀρθοί, ἀκούσωμεν τοῦ ἁγίου Εὐαγγελίου.

Ὁ Ἱερεύς· Εἰρήνη πᾶσι.

Ὁ Χορός· Καὶ τῷ πνεύματί σου.

Ὁ διάκονος ἀπὸ τοῦ ἄμβωνος...

Ὁ Ἱερεύς· Ἐκ τοῦ κατὰ Ματθαῖον ἁγίου Εὐαγγελίου τὸ ἀνάγνωσμα.

Ὁ Διάκονος· Πρόσχωμεν.

Ὁ Χορός· Δόξα σοι, Κύριε, δόξα σοι.

Ὁ Ἱερεύς·

(κζ΄ 1 - 38, Λουκ. κγ΄39-43, Ματθ. κζ΄39-54, Ἰωαν. ιθ΄31-37, Ματθ. κζ΄55-61)

Τῷ καιρῷ ἐκείνῳ, συμβούλιον ἔλαβον πάντες οἱ Ἀρχιερεῖς καὶ οἱ Πρεσβύτεροι τοῦ λαοῦ κατὰ τοῦ Ἰησοῦ, ὥστε θανατῶσαι αὐτόν· καὶ δήσαντες αὐτόν, ἀπήγαγον, καὶ παρέδωκαν αὐτὸν Ποντίῳ Πιλάτῳ, τῷ ἡγεμόνι. Τότε ἰδὼν Ἰούδας ὁ παραδιδοὺς αὐτὸν, ὅτι κατεκρίθη, μεταμεληθείς, ἀπέστρεψε τὰ τριάκοντα ἀργύρια τοῖς Ἀρχιερεῦσι καὶ τοῖς Πρεσβυτέροις, λέγων· Ἥμαρτον παραδοὺς αἷμα ἀθῷον. Οἱ δὲ εἶπον· Τί πρὸς ἡμᾶς; σὺ ὄψει. Καὶ ῥίψας τὰ ἀργύρια ἐν τῷ ναῷ, ἀνεχώρησε, καὶ ἀπελθών, ἀπήγξατο. Οἱ δὲ Ἀρχιερεῖς, λαβόντες τὰ ἀργύρια, εἶπον· Οὐκ ἔξεστι βαλεῖν αὐτὰ εἰς τὸν κορβανᾶν, ἐπεὶ τιμὴ αἵματός ἐστι. Συμβούλιον δὲ λαβόντες, ἠγόρασαν ἐξ αὐτῶν τὸν ἀγρὸν τοῦ Κερα-

THE GOSPEL

After the reading of the Epistle, the Priest blesses the Reader saying:

Peace be to you.

And after the Alleluia the Deacon says from the Beautiful Gate:

Wisdom. Arise, let us hear the Holy Gospel.

Priest: Peace be to all.

Choir: And to your spirit.

The Deacon, from the Ambon...

Priest: The reading is according to the Holy Gospel of Matthew.

Deacon: Let us be attentive.

Choir: Glory to You, Lord, glory to you.

Priest:

(27:1-38, Lk. 23:39-43, Matt. 27:39-54, Joh. 19:31-37, Matt. 27:55-61)

At that time all the chief priests and the elders of the people took counsel against Jesus, so as to put him to death. They bound him and led him away and handed him over to Pontius Pilate, the governor. Then Judas, seeing that Jesus had been condemned, repented and returned the thirty pieces of silver to the chief priests and elders, saying, 'I have sinned by betraying innocent blood.' But they said, 'What is that to us? See to it yourself.' And flinging down the pieces of silver in the temple he went away and hanged himself. But the chief priests picked up the pieces of silver and said, 'It is not permitted to put them into the treasury, because

μέως, εἰς ταφὴν τοῖς ξένοις· διὸ ἐκλήθη ὁ ἀγρὸς ἐκεῖνος, ἀγρὸς αἵματος ἕως τῆς σήμερον. Τότε ἐπληρώθη τὸ ῥηθὲν διὰ Ἱερεμίου τοῦ προφήτου λέγοντος· «Καὶ ἔλαβον τὰ τριάκοντα ἀργύρια, τὴν τιμὴν τοῦ τετιμημένου, ὃν ἐτιμήσαντο ἀπὸ υἱῶν Ἰσραήλ, καὶ ἔδωκαν αὐτὰ εἰς τὸν ἀγρὸν τοῦ Κεραμέως, καθὰ συνέταξέ μοι Κύριος.» Ὁ δὲ Ἰησοῦς ἔστη ἔμπροσθεν τοῦ Ἡγεμόνος, καὶ ἐπηρώτησεν αὐτὸν ὁ Ἡγεμών, λέγων· Σὺ εἶ ὁ Βασιλεὺς τῶν Ἰουδαίων; ὁ δὲ Ἰησοῦς ἔφη αὐτῷ· Σὺ λέγεις· Καὶ ἐν τῷ κατηγορεῖσθαι αὐτὸν ὑπὸ τῶν Ἀρχιερέων καὶ τῶν Πρεσβυτέρων, οὐδὲν ἀπεκρίνατο. Τότε λέγει αὐτῷ ὁ Πιλᾶτος· Οὐκ ἀκούεις πόσα σου καταμαρτυροῦσι; Καὶ οὐκ ἀπεκρίθη αὐτῷ πρὸς οὐδὲ ἓν ῥῆμα· ὥστε θαυμάζειν τὸν Ἡγεμόνα λίαν. Κατὰ δὲ ἑορτὴν, εἰώθει ὁ Ἡγεμὼν ἀπολύειν ἕνα τῷ ὄχλῳ δέσμιον, ὃν ἤθελον. Εἶχον δὲ τότε δέσμιον ἐπίσημον, λεγόμενον Βαραββᾶν. Συνηγμένων οὖν αὐτῶν, εἶπεν αὐτοῖς ὁ Πιλᾶτος· Τίνα θέλετε ἀπολύσω ὑμῖν; Βαραββᾶν, ἢ Ἰησοῦν τὸν λεγόμενον Χριστόν; ᾔδει γὰρ, ὅτι διὰ φθόνον, παρέδωκαν αὐτόν. Καθημένου δὲ αὐτοῦ ἐπὶ τοῦ βήματος, ἀπέστειλε πρὸς αὐτὸν ἡ γυνὴ αὐτοῦ λέγουσα· Μηδὲν σοὶ καὶ τῷ δικαίῳ ἐκείνῳ· πολλὰ γὰρ ἔπαθον σήμερον κατ' ὄναρ δι' αὐτόν. Οἱ δὲ Ἀρχιερεῖς καὶ οἱ Πρεσβύτεροι ἔπεισαν τοὺς ὄχλους, ἵνα αἰτήσωνται τὸν Βαραββᾶν, τὸν δὲ Ἰησοῦν ἀπολέσωσιν. Ἀποκριθεὶς δὲ ὁ Ἡγεμών, εἶπεν αὐτοῖς· Τίνα θέλετε ἀπὸ τῶν δύο ἀπολύσω ὑμῖν; Οἱ δὲ εἶπον· Βαραββᾶν. Λέγει αὐτοῖς ὁ Πιλᾶτος· τί οὖν ποιήσω Ἰησοῦν, τὸν λεγόμενον Χριστόν; Λέγουσιν αὐτῷ πάντες· Σταυρωθήτω. Ὁ δὲ Ἡγεμὼν ἔφη· Τί γὰρ κακὸν ἐποίησεν; Οἱ δὲ περισσῶς ἔκραζον, λέγοντες· Σταυ-

they are the price of blood.' So they conferred together and bought with them the potter's field as a burial place for foreigners. And so that field has been called 'Field of Blood' until today. Then what had been said by the prophet Jeremy was fulfilled, when he said, 'And the took the thirty pieces of silver, the price of the one who was prized, whom they prized from the children of Israel, and gave them for the potter's field, as the Lord had commanded me'. But Jesus stood before the governor, and the governor questioned him saying, 'Are you the king of the Jews?' Jesus said to him, 'You say so.' And when he was accused by the chief priests and elders he made no answer. Then Pilate says to him, 'Do you not hear how many things they are testifying against you?' But he did not answer him with single word, so that the governor was greatly amazed. Now on the occasion of the feast the governor was accustomed to release to the crowd one prisoner whom they wished. They had at the time a notorious prisoner called Barabbas. So when they had assembled Pilate said to them, 'Whom do wish me to release to you? Barabbas or Jesus called Christ?' For he knew that they had handed him over through envy. But while he was seated on the tribunal, his wife sent to him saying, 'Have nothing to do with that just man. For I have suffered many things today in a dream because of him.' But the chief priests and elders had persuaded the crowds that they should ask for Barabbas. Pilate says to them, 'So what shall I do with Jesus called Christ?' They say to him, 'Let

ρωθήτω. Ἰδὼν δὲ ὁ Πιλᾶτος, ὅτι οὐδὲν ὠφελεῖ, ἀλλὰ μᾶλλον θόρυβος γίνεται, λαβὼν ὕδωρ, ἀπενίψατο τὰς χεῖρας ἀπέναντι τοῦ ὄχλου, λέγων· Ἀθῷός εἰμι ἀπὸ τοῦ αἵματος τοῦ δικαίου τούτου· ὑμεῖς ὄψεσθε. Καὶ ἀποκριθεὶς πᾶς ὁ λαός, εἶπε· Τὸ αἷμα αὐτοῦ ἐφ' ἡμᾶς, καὶ ἐπὶ τὰ τέκνα ἡμῶν. Τότε ἀπέλυσεν αὐτοῖς τὸν Βαραββᾶν, τὸν δὲ Ἰησοῦν φραγελλώσας, παρέδωκεν ἵνα σταυρωθῇ. Τότε οἱ στρατιῶται τοῦ Ἡγεμόνος παραλαβόντες τὸν Ἰησοῦν εἰς τὸ Πραιτώριον, συνήγαγον ἐπ' αὐτὸν ὅλην τὴν σπεῖραν· καὶ ἐκδύσαντες αὐτόν, περιέθηκαν αὐτῷ χλαμύδα κοκκίνην, καὶ πλέξαντες στέφανον ἐξ ἀκανθῶν, ἐπέθηκαν ἐπὶ τὴν κεφαλὴν αὐτοῦ, καὶ κάλαμον ἐπὶ τὴν δεξιὰν αὐτοῦ, καὶ γονυπετήσαντες ἔμπροσθεν αὐτοῦ, ἐνέπαιζον αὐτῷ, λέγοντες· Χαῖρε ὁ Βασιλεὺς τῶν Ἰουδαίων· Καὶ ἐμπτύσαντες εἰς αὐτόν, ἔλαβον τὸν κάλαμον καὶ ἔτυπτον εἰς τὴν κεφαλὴν αὐτοῦ. Καὶ ὅτε ἐνέπαιξαν αὐτῷ, ἐξέδυσαν αὐτὸν τὴν χλαμύδα καὶ ἐνέδυσαν αὐτὸν τὰ ἱμάτια αὐτοῦ, καὶ ἀπήγαγον αὐτὸν εἰς τὸ σταυρῶσαι. Ἐξερχόμενοι δέ, εὗρον ἄνθρωπον Κυρηναῖον, ὀνόματι Σίμωνα· τοῦτον ἠγγάρευσαν, ἵνα ἄρῃ τὸν Σταυρὸν αὐτοῦ. Καὶ ἐλθόντες εἰς τόπον λεγόμενον Γολγοθᾶ, ὅς ἐστι λεγόμενος Κρανίου τόπος, ἔδωκαν αὐτῷ πιεῖν ὄξος μετὰ χολῆς μεμιγμένον· καὶ γευσάμενος, οὐκ ἤθελε πιεῖν. Σταυρώσαντες δὲ αὐτόν, διεμερίσαντο τὰ ἱμάτια αὐτοῦ, βαλόντες κλῆρον, ἵνα πληρωθῇ τὸ ῥηθὲν ὑπὸ τοῦ Προφήτου· «Διεμερίσαντο τὰ ἱμάτιά μου ἑαυτοῖς, καὶ ἐπὶ τὸν ἱματισμόν μου ἔβαλον κλῆρον»· καὶ καθήμενοι, ἐτήρουν αὐτὸν ἐκεῖ. Καὶ ἐπέθηκαν ἐπάνω τῆς κεφαλῆς αὐτοῦ τὴν αἰτίαν αὐτοῦ γεγραμμένην· Οὗτός ἐστιν Ἰησοῦς ὁ Βασιλεὺς τῶν Ἰου-

him be crucified!' The governor said, 'Why, what evil has he done?' But they shouted even louder, saying, 'Let him be crucified!' So Pilate, seeing that he was getting nowhere, but that a riot was starting instead, took water and washed his hands in full view of the crowd, saying, 'I am innocent of the blood of this just man. You look to it.' And the whole people answered and said, 'His blood be on us and on our children.' Then he released Barabbas to them, but Jesus he had scourged and handed him over to be crucified. Then the governor's soldiers took Jesus into the praetorium and gathered the whole cohort round him. They stripped him and dressed him in a scarlet cloak, and having woven a crown of thorns, they placed it on his head and a reed in his right hand. Then they knelt in front of him and mocked him, saying, 'Hail, King of the Jews!' They spat on him and took the reed and struck it on his head. And when they had mocked him, they took off the cloak and dressed him in his own clothes and led him away to crucify him. As they went out they found a Cyrenian named Simon; they forced him to carry his cross. And they came to a place called Golgotha, which means 'place of a skull', and they gave him vinegar to drink mixed with gall. And when he had tasted it he would not drink. When they had crucified him they divided his garments, casting lots, that saying by the prophet might be fulfilled, 'They divided my garments among themselves, and cast lots for my raiment'. Then they sat down and watched him there. And over his head

δαίων. Τότε σταυροῦνται σὺν αὐτῷ δύο λῃσταί, εἷς ἐκ δεξιῶν καὶ εἷς ἐξ εὐωνύμων. Εἷς δὲ τῶν κρεμασθέντων κακούργων ἐβλασφήμει αὐτὸν, λέγων· Εἰ σὺ εἶ ὁ Χριστός, σῶσον σεαυτὸν καὶ ἡμᾶς. Ἀποκριθεὶς δὲ ἕτερος ἐπετίμα αὐτῷ, λέγων· Οὐδὲ φοβῇ σὺ τὸν Θεόν, ὅτι ἐν τῷ αὐτῷ κρίματι εἶ; Καὶ ἡμεῖς μὲν δικαίως· ἄξια γὰρ ὧν ἐπράξαμεν ἀπολαμβάνομεν· οὗτος δὲ οὐδὲν ἄτοπον ἔπραξε. Καὶ ἔλεγε τῷ Ἰησοῦ· Μνήσθητί μου, Κύριε, ὅταν ἔλθῃς ἐν τῇ βασιλείᾳ σου. Καὶ εἶπεν αὐτῷ ὁ Ἰησοῦς· Ἀμὴν λέγω σοι· σήμερον μετ' ἐμοῦ ἔσῃ ἐν τῷ Παραδείσῳ. Οἱ δὲ παραπορευόμενοι ἐβλασφήμουν αὐτὸν, κινοῦντες τὰς κεφαλὰς αὐτῶν, καὶ λέγοντες· Ὁ καταλύων τὸν ναὸν, καὶ ἐν τρισὶν ἡμέραις οἰκοδομῶν! σῶσον σεαυτόν· εἰ Υἱὸς εἶ τοῦ Θεοῦ, κατάβηθι ἀπὸ τοῦ Σταυροῦ. Ὁμοίως δὲ καὶ οἱ Ἀρχιερεῖς, ἐμπαίζοντες μετὰ τῶν Γραμματέων καὶ Πρεσβυτέρων, καὶ Φαρισαίων, ἔλεγον· ἄλλους ἔσωσεν, ἑαυτὸν οὐ δύναται σῶσαι· εἰ Βασιλεὺς Ἰσραήλ ἐστι, καταβάτω νῦν ἀπὸ τοῦ Σταυροῦ, καὶ πιστεύσωμεν αὐτῷ· Πέποιθεν ἐπὶ τὸν Θεόν, ῥυσάσθω νῦν αὐτόν, εἰ θέλει αὐτόν· εἶπε γὰρ, ὅτι Θεοῦ εἰμι Υἱός. Τὸ δ' αὐτὸ καὶ οἱ λῃσταὶ, οἱ συσταυρωθέντες αὐτῷ, ὠνείδιζον αὐτόν. Ἀπὸ δὲ ἕκτης ὥρας σκότος ἐγένετο ἐπὶ πᾶσαν τὴν γῆν, ἕως ὥρας ἐνάτης. Περὶ δὲ τὴν ἐνάτην ὥραν ἀνεβόησεν ὁ Ἰησοῦς φωνῇ μεγάλῃ, λέγων· Ἠλὶ, Ἠλί, λαμὰ σαβαχθανί, τοῦτ' ἔστι, Θεέ μου, Θεέ μου, ἵνα τί με ἐγκατέλιπες; Τινὲς δὲ τῶν ἐκεῖ ἑστώτων ἀκούσαντες, ἔλεγον· ὅτι Ἠλίαν φωνεῖ οὗτος. Καὶ εὐθέως δραμὼν εἷς ἐξ αὐτῶν, καὶ λαβὼν σπόγγον, πλήσας τε ὄξους, καὶ περιθεὶς καλάμῳ, ἐπότιζεν αὐτόν. Οἱ δὲ λοιποὶ ἔλεγον· Ἄφες, ἴδωμεν εἰ ἔρχεται Ἠλίας σώσων αὐτόν. Ὁ δὲ Ἰη-

they placed his charge, which ran, 'This is Jesus, the king of the Jews.' Then they crucified with him two thieves, one on the right and one on the left. One of the criminals hanging there blasphemed him, saying, 'If you are the Christ, save yourself and us.' But the other answering, rebuked him and said, 'Do you have no fear of God, for you are subject to the same condemnation? And we indeed justly; but he has done amiss.' And he said to Jesus, 'Remember me, Lord, when you come in your kingdom.' And Jesus said to him, 'Amen I say to you, today you will be with me in Paradise.' The passers by blasphemed him, shaking their heads and saying, 'You who would destroy the temple and rebuild it in three days! Save yourself. If you are the son of God, come down from the cross.' Likewise the chief priests also mocked him with the scribes and elders and Pharisees, saying, 'He saved others; he cannot save himself. If he is king of Israel, let him come down from the cross and we let us believe in him. He trusted in God, let him now deliver him, if he wants him. For he said, 'I am the son of God.'' The thieves too, who had been crucified with him, reviled him in the same way. From the sixth hour there was darkness over the whole land until the ninth hour. About the ninth hour Jesus cried out with a loud voice and said, 'Eli, Eli, lama savachthani?' That is, 'My God, my God, why have you abandoned me?' Some of those standing there when they heard said, 'This one is calling Elias.' And one of them ran quickly and taking a sponge filled it with

σοῦς, πάλιν κράξας φωνῇ μεγάλῃ, ἀφῆκε τὸ πνεῦμα. Καὶ ἰδού, τὸ καταπέτασμα τοῦ Ναοῦ ἐσχίσθη εἰς δύο, ἀπὸ ἄνωθεν ἕως κάτω· καὶ ἡ γῆ ἐσείσθη· καὶ αἱ πέτραι ἐσχίσθησαν· καὶ τὰ μνημεῖα ἀνεῴχθησαν· καὶ πολλὰ σώματα τῶν κεκοιμημένων ἁγίων ἠγέρθη, καὶ ἐξελθόντες ἐκ τῶν μνημείων, μετὰ τὴν ἔγερσιν αὐτοῦ, εἰσῆλθον εἰς τὴν ἁγίαν Πόλιν, καὶ ἐνεφανίσθησαν πολλοῖς. Ὁ δὲ Ἑκατόνταρχος, καὶ οἱ μετ' αὐτοῦ, τηροῦντες τὸν Ἰησοῦν, ἰδόντες τὸν σεισμὸν καὶ τὰ γενόμενα, ἐφοβήθησαν σφόδρα, λέγοντες· Ἀληθῶς Θεοῦ Υἱὸς ἦν οὗτος. Οἱ οὖν Ἰουδαῖοι, ἵνα μὴ μείνῃ ἐπὶ τοῦ Σταυροῦ τὰ σώματα ἐν τῷ Σαββάτῳ, ἐπεὶ Παρασκευὴ ἦν· ἦν γὰρ μεγάλη ἡ ἡμέρα ἐκείνη τοῦ Σαββάτου· ἠρώτησαν τὸν Πιλᾶτον, ἵνα κατεαγῶσιν αὐτῶν τὰ σκέλη, καὶ ἀρθῶσιν. Ἦλθον οὖν οἱ στρατιῶται, καὶ τοῦ μὲν πρώτου κατέαξαν τὰ σκέλη, καὶ τοῦ ἄλλου τοῦ συσταυρωθέντος αὐτῷ· ἐπὶ δὲ τὸν Ἰησοῦν ἐλθόντες, ὡς εἶδον αὐτὸν ἤδη τεθνηκότα, οὐ κατέαξαν αὐτοῦ τὰ σκέλη, ἀλλ' εἷς τῶν στρατιωτῶν λόγχῃ αὐτοῦ τὴν πλευρὰν ἔνυξε, καὶ εὐθέως ἐξῆλθεν αἷμα καὶ ὕδωρ. Καὶ ὁ ἑωρακὼς μεμαρτύρηκε, καὶ ἀληθινὴ ἐστιν ἡ μαρτυρία αὐτοῦ· κἀκεῖνος οἶδεν ὅτι ἀληθῆ λέγει, ἵνα καὶ ὑμεῖς πιστεύσητε. Ἐγένετο γὰρ ταῦτα, ἵνα ἡ Γραφὴ πληρωθῇ· Ὀστοῦν οὐ συντριβήσεται αὐτοῦ. Καὶ πάλιν ἑτέρα Γραφὴ λέγει· Ὄψονται εἰς ὃν ἐξεκέντησαν. Ἦσαν δὲ ἐκεῖ καὶ γυναῖκες πολλαὶ ἀπὸ μακρόθεν θεωροῦσαι, αἵτινες ἠκολούθησαν τῷ Ἰησοῦ ἀπὸ τῆς Γαλιλαίας, διακονοῦσαι αὐτῷ· ἐν αἷς ἦν Μαρία ἡ Μαγδαληνή, καὶ Μαρία ἡ τοῦ Ἰακώβου καὶ Ἰωσῆ μήτηρ, καὶ ἡ μήτηρ τῶν Υἱῶν Ζεβεδαίου. Ὀψίας δὲ γενομένης, ἦλθεν ἄνθρωπος πλούσιος ἀπὸ Ἀριμαθαίας,

vinegar, placed it on a reed and gave it him to drink. But the rest said, 'Wait, let us see if Elias is coming to save him.' But Jesus, having cried out again with a loud voice, gave up the spirit. And behold, the veil of the temple was rent in two, from the top to the bottom, and the earth was shaken and the rocks rent, and the graves were opened and many bodies of the saints who slept were raised, and coming out of their graves, after his rising they entered the holy city and appeared to many. But the centurion and those with him watching Jesus, when they saw the earthquake and all that was happening, were greatly afraid and said, 'Truly, this was the son of God.' So the Jews, that the bodies might not remain on the cross on the Sabbath, since it was the preparation—for that day was a great Sabbath—, asked Pilate that their legs might be broken and that they might be removed. So the soldiers came and the broke the legs of the first and the other who was crucified with him; but when they came to Jesus, as they saw that he was already dead, they did not break his legs, but one of the soldiers with a lance pierced his side, and immediately there came out blood and water. And the one who saw it has borne witness, and his witness is true, and he knows that he speaks the truth, that you also may believe. For these things took place that the scripture might be fulfilled, 'Not a bone of him will be broken'. And again another scripture says, 'They will look on him whom they pierced'. And there were many women there also watching from a distance, who had fol-

τοὔνομα Ἰωσήφ, ὃς καὶ αὐτὸς ἐμαθήτευσε τῷ Ἰησοῦ· Οὗτος προσελθὼν τῷ Πιλάτῳ, ᾐτήσατο τὸ σῶμα τοῦ Ἰησοῦ. Τότε ὁ Πιλᾶτος ἐκέλευσεν ἀποδοθῆναι τὸ σῶμα. Καὶ λαβὼν τὸ σῶμα ὁ Ἰωσήφ, ἐνετύλιξεν αὐτὸ σινδόνι καθαρᾷ, καὶ ἔθηκεν αὐτὸ ἐν τῷ καινῷ αὐτοῦ μνημείῳ, ὃ ἐλατόμησεν ἐν τῇ πέτρᾳ, καὶ προσκυλίσας λίθον μέγαν τῇ θύρᾳ τοῦ μνημείου, ἀπῆλθεν. Ἦν δὲ ἐκεῖ Μαρία ἡ Μαγδαληνὴ, καὶ ἡ ἄλλη Μαρία, καθήμεναι ἀπέναντι τοῦ τάφου.

lowed Jesus from Galilee, serving him. Among whom were Mary Magdalen and Mary the mother of James and Joses and the mother of the sons of Zebedee. When it grew late there came a rich man from Arimathea named Joseph, who was himself also a disciple of Jesus. He approached Pilate and asked for the body of Jesus. Then Pilate ordered the body to be handed over. Joseph took the body, wrapped it in clean linen and placed it in his own new grave, which he had hewn from the rock. He rolled a great stone to the door of the grave and departed. But Mary Magdalen was there and the other Mary, seated in front of the tomb.

Ὁ Χορός· Δόξα σοι, Κύριε, δόξα σοι.

Choir: Glory to You, Lord, glory to you.

Ὁ Διάκονος· Εἴπωμεν πάντες ἐξ ὅλης τῆς ψυχῆς καὶ ἐξ ὅλης τῆς διανοίας ἡμῶν εἴπωμεν.

Deacon: Let us all say, with all our soul and with all our mind, let us say.

Ὁ Χορός· Κύριε, ἐλέησον.

Choir: Lord, have mercy.

Ὁ Διάκονος· Κύριε παντοκράτωρ ὁ Θεὸς τῶν πατέρων ἡμῶν, δεόμεθά Σου, ἐπάκουσον καὶ ἐλέησον.

Deacon: Lord almighty, the God of our fathers, we pray you, hear and have mercy.

Ὁ Χορός· Κύριε, ἐλέησον.

Choir: Lord, have mercy.

Ὁ Διάκονος· Ἐλέησον ἡμᾶς ὁ Θεὸς κατὰ τὸ μέγα ἔλεός Σου, δεόμεθά Σου, ἐπάκουσον καὶ ἐλέησον.

Deacon: Have mercy on us, O God, according to your great mercy, we pray you, hear and have mercy.

Ὁ Χορός· Κύριε, ἐλέησον. *(γ′) Καὶ μεθ' ἑκάστην δέησιν.*

Choir: Lord, have mercy. *(x3) And so after the remaining petitions.*

Ὁ Διάκονος· Ἔτι δεόμεθα ὑπὲρ τοῦ Ἀρχιεπισκόπου ἡμῶν *(τοῦ δεῖνος).*

Deacon: Also we pray for our Archbishop N.

Ἔτι δεόμεθα ὑπὲρ τῶν ἀδελφῶν ἡμῶν, τῶν ἱερέων, ἱερομονάχων, ἱεροδιακόνων

Again we pray for our brothers and sisters, the priests, hieromonks, hiero-

καὶ μοναχῶν, καὶ πάσης τῆς ἐν Χριστῷ ἡμῶν ἀδελφότητος.

Ἔτι δεόμεθα ὑπὲρ ἐλέους, ζωῆς, εἰρήνης, ὑγείας, σωτηρίας, ἐπισκέψεως, συγχωρήσεως καὶ ἀφέσεως τῶν ἁμαρτιῶν τῶν δούλων τοῦ Θεοῦ, πάντων τῶν εὐσεβῶν καὶ ὀρθοδόξων χριστιανῶν, τῶν κατοικούντων καὶ παρεπιδημούντων ἐν τῇ πόλει ταύτῃ, τῶν ἐνοριτῶν, ἐπιτρόπων, συνδρομητῶν καὶ ἀφιερωτῶν τοῦ ἁγίου ναοῦ τούτου.

Ἔτι δεόμεθα ὑπέρ τῶν μακαρίων καὶ ἀοιδίμων κτιτόρων τῆς ἁγίας Ἐκκλησίας ταύτης, καὶ ὑπὲρ πάντων τῶν προαναπαυσαμένων πατέρων καὶ ἀδελφῶν ἡμῶν, τῶν ἐνθάδε εὐσεβῶς, κειμένων, καὶ ἁπανταχοῦ ὀρθοδόξων.

Ἔτι δεόμεθα ὑπέρ τῶν καρποφορούντων καὶ καλλιεργούντων ἐν τῷ ἁγίῳ καὶ πανσέπτῳ ναῷ τούτῳ, κοπιώντων, ψαλλόντων καὶ ὑπέρ τοῦ περιεστῶτος λαοῦ, τοῦ ἀπεκδεχομένου τὸ παρὰ Σοῦ μέγα καὶ πλούσιον ἔλεος.

Ὁ Ἱερεὺς τὴν Ἐκφώνησιν·

Ὅτι ἐλεήμων καὶ φιλάνθρωπος Θεὸς ὑπάρχεις, καὶ σοὶ τὴν δόξαν ἀναπέμπομεν, τῷ Πατρὶ καὶ τῷ Υἱῷ καὶ τῷ Ἁγίῳ Πνεύματι, νῦν καὶ ἀεὶ καὶ εἰς τοὺς αἰῶνας τῶν αἰώνων.

Ὁ Χορός· Ἀμήν.

Ὁ Ἀναγνώστης· Καταξίωσον, Κύριε, ἐν τῇ ἑσπέρᾳ ταύτῃ ἀναμαρτήτους φυλαχθῆναι ἡμᾶς. Εὐλογητὸς εἶ, Κύριε, ὁ Θεὸς τῶν Πατέρων ἡμῶν, καὶ αἰνετὸν καὶ δεδοξασμένον τὸ ὄνομά σου εἰς τοὺς αἰῶνας. Ἀμήν. Γένοιτο, Κύριε, τὸ ἔλεός σου ἐφ' ἡμᾶς, καθάπερ ἠλπίσαμεν ἐπὶ σέ.

deacons, all monastics and all of our brotherhood in Christ.

Also we pray for mercy, life, peace, health, salvation, visitation, forgiveness and remission of sins for the servants of God, all pious and Orthodox Christians, those who dwell in or visit this city and parish, the members of this parish, the parish council, those who give help and those who have dedicated gifts in this holy temple.

Also we pray for the blessed and ever-remembered founders of this holy church, and for all our brethren who have gone to their rest before us, and who lie asleep here in the true faith; and for the Orthodox everywhere.

Also we pray for those who strive and bring forth the fruit of good works in this holy and venerable temple, for those who serve, for those who sing, and for the people here present, who await your great and rich mercy.

The Priest Exclaims:

For you, O God, are merciful, and love mankind, and to you we give glory, to the Father, the Son and the Holy Spirit, now and for ever, and to the ages of ages.

Choir: Amen.

Reader: Grant, Lord, this evening to keep us without sin. Blessed are you, Lord, the God of our fathers, and praised and glorified is your name to the ages. Amen. May your mercy, Lord, be upon us, as we have hoped in you. Blessed are you, Lord, teach me your stat-

Εὐλογητὸς εἶ, Κύριε, δίδαξόν με τὰ δικαιώματά σου. Εὐλογητὸς εἶ, Δέσποτα, συνέτισόν με τὰ δικαιώματά σου. Εὐλογητὸς εἶ, Ἅγιε, φώτισόν με τοῖς δικαιώμασί σου. Κύριε, τὸ ἔλεός σου εἰς τὸν αἰῶνα, τὰ ἔργα τῶν χειρῶν σου μὴ παρίδῃς. Σοὶ πρέπει αἶνος, σοὶ πρέπει ὕμνος, σοὶ δόξα πρέπει, τῷ Πατρὶ καὶ τῷ Υἱῷ, καὶ τῷ Ἁγίῳ Πνεύματι, νῦν, καὶ ἀεί, καὶ εἰς τοὺς αἰῶνας τῶν αἰώνων. Ἀμήν.

utes. Blessed are you, Master, make me understand your statutes. Blessed are you, Holy One, enlighten me with your statutes. Lord, your mercy is for ever; do not scorn the work of your hands. To you praise is due, to you song is due, to you glory is due, to the Father, and to the Son, and to the Holy Spirit, now and for ever, and to the ages of ages. Amen.

ΤΑ ΠΛΗΡΩΤΙΚΑ

LITANY OF COMPLETION

Ὁ Διάκονος· Πληρώσωμεν τὴν δέησιν ἡμῶν τῷ Κυρίῳ.

Deacon: Let us complete our prayer to the Lord.

Ὁ Χορός· Κύριε, ἐλέησον.

Choir: Lord, have mercy.

Ἀντιλαβοῦ, σῶσον, ἐλέησον, καὶ διαφύλαξον ἡμᾶς, ὁ Θεός, τῇ σῇ χάριτι.

Take hold of us, save us, have mercy upon us, and protect us, O God, by Your grace.

Ὁ Χορός· Κύριε, ἐλέησον.

Choir: Lord, have mercy.

Τὴν ἡμέραν πᾶσαν, τελείαν, ἁγίαν, εἰρηνικὴν καὶ ἀναμάρτητον, παρὰ τοῦ Κυρίου αἰτησώμεθα.

That the whole day may be perfect, holy, peaceful and sinless, let us ask the Lord.

Ὁ Χορός· Παράσχου Κύριε, *(καὶ εἰς ὅλας τὰς δεήσεις ταύτας.)*

Choir: Grant this, O Lord., *(and this in the remaining petitions.)*

Ἄγγελον εἰρήνης, πιστὸν ὁδηγόν, φύλακα τῶν ψυχῶν καὶ τῶν σωμάτων ἡμῶν, παρὰ τοῦ Κυρίου αἰτησώμεθα.

An angel of peace, a faithful guide, a guardian of our souls and bodies, let us ask of the Lord.

Συγγνώμην καὶ ἄφεσιν τῶν ἁμαρτιῶν καὶ τῶν πλημμελημάτων ἡμῶν, παρὰ τοῦ Κυρίου αἰτησώμεθα.

Pardon and forgiveness of our sins and offences, let us ask of the Lord.

Τὰ καλὰ καὶ συμφέροντα ταῖς ψυχαῖς ἡμῶν, καὶ εἰρήνην τῷ κόσμῳ, παρὰ τοῦ Κυρίου αἰτησώμεθα.

Those things which are good and profitable for our souls, and peace for the world, let us ask of the Lord.

Τὸν ὑπόλοιπον χρόνον τῆς ζωῆς ἡμῶν, ἐν εἰρήνῃ καὶ μετανοίᾳ ἐκτελέσαι, παρὰ τοῦ Κυρίου αἰτησώμεθα.

That we may live out the rest of our days in peace and repentance, let us ask of the Lord.

Χριστιανὰ τὰ τέλη τῆς ζωῆς ἡμῶν, ἀνώδυνα, ἀνεπαίσχυντα, εἰρηνικά, καὶ καλὴν ἀπολογίαν τὴν ἐπὶ τοῦ φοβεροῦ βήματος τοῦ Χριστοῦ, αἰτησώμεθα.

Τῆς Παναγίας, ἀχράντου, ὑπερευλογημένης, ἐνδόξου Δεσποίνης ἡμῶν Θεοτόκου, καὶ ἀειπαρθένου Μαρίας μετὰ πάντων τῶν Ἁγίων μνημονεύσαντες, ἑαυτοὺς καὶ ἀλλήλους, καὶ πᾶσαν τὴν ζωὴν ἡμῶν Χριστῷ τῷ Θεῷ παραθώμεθα.

Ὁ Χορός· Σοί, Κύριε.

Ὁ Ἱερεύς· Σὸν γάρ ἐστι τὸ ἐλεεῖν καὶ σῴζειν ἡμᾶς, ὁ Θεὸς ἡμῶν, καὶ σοὶ τὴν δόξαν ἀναπέμπομεν, τῷ Πατρὶ καὶ τῷ Υἱῷ καὶ τῷ ἁγίῳ Πνεύματι, νῦν καὶ ἀεὶ καὶ εἰς τοὺς αἰῶνας τῶν αἰώνων.

Ὁ Χορός· Ἀμήν.

Ὁ Ἱερεύς· Εἰρήνη πᾶσι.

Ὁ Χορός· Καὶ τῷ πνεύματί σου.

Ὁ Διάκονος· Τὰς κεφαλὰς ἡμῶν τῷ Κυρίῳ κλίνωμεν.

Ὁ Χορός· Σοὶ, Κύριε.

Ὁ Ἱερεύς, ἐπεύχεται χαμηλοφώνως·

Κύριε, ὁ Θεὸς ἡμῶν, ὁ κλίνας οὐρανοὺς καὶ καταβὰς ἐπὶ σωτηρίᾳ τοῦ γένους τῶν ἀνθρώπων, ἔπιδε ἐπὶ τοὺς δούλους σου καὶ ἐπὶ τὴν κληρονομίαν σου. Σοὶ γὰρ τῷ φοβερῷ καὶ φιλανθρώπῳ κριτῇ, οἱ σοὶ δοῦλοι ὑπέκλιναν τὰς κεφαλάς, τοὺς δὲ αὐτῶν ὑπέταξαν αὐχένας· οὐ τὴν ἐξ ἀνθρώπων ἀναμένοντες βοήθειαν, ἀλλὰ τὸ σὸν περιμένοντες ἔλεος, καὶ τὴν σὴν ἀπεκδεχόμενοι σωτηρίαν, οὓς διαφύλαξον ἐν παντὶ καιρῷ, καὶ κατὰ τὴν παροῦσαν ἑσπέραν καὶ τὴν προσιοῦσαν νύκτα, ἀπὸ παντὸς ἐχθροῦ, ἀπὸ πάσης ἀντικειμένης ἐνεργίας διαβολικῆς, καὶ

A Christian end to our life, painless, unashamed and peaceful, and a good defence before the fearful judgement seat of Christ, let us ask.

Commemorating our most holy, most pure, most blessed and glorified Lady the Theotokos and ever-virgin Mary, together with all the saints, let us commit ourselves and one another and all our life unto Christ our God.

Choir: To you, O Lord.

Priest: For you are a God of mercies and of pity, and you love mankind, and to you we give glory, to the Father, the Son and the Holy Spirit, now and for ever, and to the ages of ages.

Choir: Amen.

Priest: Peace be with all.

Choir: And with your spirit.

Deacon: Let us bow our heads to the Lord.

Choir: To You, O Lord.

The Priest prays, in a low voice:

Lord our God, who bowed the heavens and came down for the salvation of the human race, look upon your servants and upon your inheritance, for to you, the fearful Judge who love mankind, your servants have bowed their heads and inclined their necks, not waiting for any human help, but awaiting your mercy and looking for your salvation. Guard them at every moment, during both the present evening and the approaching night, from every foe, from every hostile operation of the devil and from vain thoughts and evil desires.

διαλογισμῶν ματαίων καὶ ἐνθυμήσεων πονηρῶν.

Ἐκφώνως·

Εἴη τὸ κράτος τῆς βασιλείας σου εὐλογημένον καὶ δεδοξασμένον τοῦ Πατρὸς καὶ τοῦ Υἱοῦ καὶ τοῦ Ἁγίου Πνεύματος, νῦν καὶ ἀεὶ καὶ εἰς τοὺς αἰῶνας τῶν αἰώνων. Ἀμήν.

Ὁ Χορός· Ἀμήν.

Μετὰ δὲ τὴν ἐκφώνησιν, γίνεται ἡ ἔξοδος τοῦ Ἐπιταφίου κατὰ τὴν ἑξῆς τάξιν· Προηγοῦνται αἱ λαμπάδες καὶ τὰ ἑξαπτέρυγα καὶ μετ' αὐτὰ οἱ χοροὶ ψάλλοντες τὰ ἀπόστιχα Ὅτε ἐκ τοῦ ξύλου σε νεκρόν· μετ' αὐτοὺς ὁ διάκονος θυμιῶν· εἶτα ἀκολουθοῦσιν οἱ ἱερεῖς αἴροντες τὸν Ἐπιτάφιον ἐπὶ τῶν κεφαλῶν αὐτῶν, ὁ δὲ πρῶτος τῶν ἱερέων κρατεῖ καὶ τὸ ἱερὸν Εὐαγγέλιον. Ἡ πομπὴ ἐκκινεῖ ἐκ τῆς βορείας πύλης τοῦ ἱεροῦ καὶ διὰ τοῦ βορείου καὶ τοῦ κεντρικοῦ κλίτους ἔρχεται εἰς τὸ μέσον τοῦ ναοῦ, ἔνθα εὑρίσκεται ηὐτρεπισμένον τὸ κουβούκλιον· ἀφοῦ δὲ περιέλθῃ ἅπασα ἡ πομπὴ τρὶς τὸ κουβούκλιον, ἀποτιθέασιν οἱ ἱερεῖς ἐν αὐτῷ τὸν Ἐπιτάφιον καὶ τὸ Εὐαγγέλιον· ἐνῷ δὲ οἱ χοροὶ ψάλλωσι τὰ λοιπὰ τῶν ἀποστίχων καὶ τὸ δοξαστικόν, οἱ ἱερεῖς προσκυνοῦσι καὶ ἀσπάζονται τὸ Εὐαγγέλιον καὶ τὸν Ἐπιτάφιον καὶ μετ' αὐτοὺς πᾶς ὁ λαός.

ΑΠΟΣΤΙΧΑ

Ἦχος β΄. Αὐτόμελον.

Ὅτε ἐκ τοῦ ξύλου σε νεκρόν, ὁ Ἀριμαθαίας καθεῖλε, τὴν τῶν ἁπάντων ζωήν, σμύρνῃ καὶ σινδόνι σε, Χριστέ, ἐκήδευσε· καὶ τῷ πόθῳ ἠπείγετο καρδίᾳ καὶ χείλει, σῶμα τὸ ἀκήρατον, σοῦ περιπτύξασθαι· ὅμως συστελλόμενος φόβῳ, χαίρων ἀνεβόα σοι· Δόξα, τῇ συγκαταβάσει σου, φιλάνθρωπε.

Στίχ. Ὁ Κύριος ἐβασίλευσεν, εὐπρέπειαν ἐνεδύσατο, ἐνεδύσατο Κύριος δύναμιν καὶ περιεζώσατο.

Ὅτε ἐν τῷ τάφῳ τῷ καινῷ, ὑπὲρ τοῦ παντὸς κατετέθης, ὁ λυτρωτὴς τοῦ παντός, ᾅδης ὁ παγγέλαστος, ἰδὼν σε

Aloud:

Blessed and glorified be the might of your Kingdom, of the Father, the Son and the Holy Spirit, now and for ever, and to the ages of ages. Amen.

Reader: Amen.

After the exclamation, the exit of the Epitaphios occurs according the following order: The Priests, raising the Epitaphios upon their heads, while the first in rank among them carries the sacred Gospel, is preceded by lamps and exapteryga, as the choirs sing the aposticha When from the tree, and with them the Deacon, censing. The procession starts from the north door of the sanctuary and goes down the north side and up the central aisle, coming to the center of the temple, where the decorated kouvouklion is placed; after the entire procession circles the kouvouklion three times, the Priests places the Epitaphios and Gospel inside of it; while the choir sings the rest of the aposticha and the doxastikon, the Priests bow and venerate the Gospel and the Epitaphion and after them, all of the people.

APOSTICHA

Tone 2. Model Melody.

When from the Tree the Arimathean took you down as a dead body, O Christ, who are the life of all, he buried you, with myrrh and a shroud; and with love he embraced your immaculate body with heart and lips; yet, shrouded with fear, he cried out to you rejoicing, 'Glory to your condescension, Lover of humankind!'

Verse 1: *The Lord is King, he has robed himself with majesty. The Lord has robed, and girded himself with power.*

When in the new tomb you, the Redeemer of all, had been laid for the sake of all, Hell became a laugh-

ἔπτηξεν· οἱ μοχλοὶ συνετρίβησαν, ἐθλάσθησαν πύλαι, μνήματα ἠνοίχθησαν, νεκροὶ ἀνίσταντο· τότε ὁ Ἀδὰμ εὐχαρίστως, χαίρων ἀνεβόα σοι· Δόξα, τῇ συγκαταβάσει σου φιλάνθρωπε.

Στίχ. *Καὶ γὰρ ἐστερέωσε τὴν Οἰκουμένην, ἥτις οὐ σαλευθήσεται.*

Ὅτε ἐν τῷ τάφῳ σαρκικῶς, θέλων συνεκλείσθης ὁ φύσει, τῇ τῆς Θεότητος, μένων ἀπερίγραπτος, καὶ ἀδιόριστος, τὰ θανάτου ἀπέκλεισας, ταμεῖα καὶ ᾅδου, ἅπαντα ἐκένωσας, Χριστὲ βασίλεια· τότε καὶ τὸ Σάββατον τοῦτο, θείας εὐλογίας καὶ δόξης, καὶ τῆς σῆς λαμπρότητος ἠξίωσας.

Στίχ. *Τῷ οἴκῳ σου πρέπει ἁγίασμα, Κύριε, εἰς μακρότητα ἡμερῶν.*

Ὅτε αἱ δυνάμεις σε Χριστέ, πλάνον ὑπ' ἀνόμων ἑώρων, συκοφαντούμενον, ἔφριττον τὴν ἄφατον, μακροθυμίαν σου, καὶ τὸν λίθον τοῦ μνήματος, χερσὶ σφραγισθέντα, αἷς σου τὴν ἀκήρατον, πλευρὰν ἐλόγχευσαν· ὅμως τῇ ἡμῶν σωτηρίᾳ, χαίρουσαι ἐβόων σοι· Δόξα, τῇ συγκαταβάσει σου, φιλάνθρωπε.

Δόξα Πατρὶ καὶ Υἱῷ καὶ Ἁγίῳ Πνεύματι, καὶ νῦν καὶ ἀεὶ καὶ εἰς τοὺς αἰῶνας τῶν αἰώνων. Ἀμήν.

Ἦχος πλ. α΄.

Σὲ τὸν ἀναβαλλόμενον, τὸ φῶς ὥσπερ ἱμάτιον, καθελὼν Ἰωσὴφ ἀπὸ τοῦ ξύλου, σὺν Νικοδήμῳ, καὶ θεωρήσας νεκρὸν γυμνὸν ἄταφον, εὐσυμπάθητον θρῆνον ἀναλαβών, ὀδυρόμενος ἔλεγεν· Οἴμοι, γλυκύτατε Ἰησοῦ! ὃν πρὸ μικροῦ ὁ ἥλιος ἐν σταυρῷ κρεμάμενον θεασάμενος, ζό-

ing stock and, seeing you, quaked with fear; the bars were smashed, the gates were shattered, the graves were opened, the dead arose; then Adam with thanksgiving cried out to you rejoicing, 'Glory to your condescension, Lover of humankind!'

Verse 2: *He has made the world firm; it will not be shaken.*

When in the tomb in the flesh you were enclosed by your own will, O Christ, who by the nature of your godhead are uncircumscribed and unbounded, you unlocked the storehouses of Hell and emptied all his palaces; then too you granted this Sabbath divine blessing and glory and your own splendour.

Verse 3: *Holiness becomes your house, O Lord, to length of days.*

When the Powers saw you, O Christ, falsely accused by lawless men as a deceiver, they trembled at your ineffable long-suffering, and at the gravestone, sealed by the hands with which they had speared your immaculate side; yet rejoicing at our salvation, they cried to you, 'Glory to your condescension, Lover of humankind!'

Glory to the Father, Son and the Holy Spirit, both now and ever and to the ages of ages. Amen.

Tone Pl. 1.

When Joseph with Nikodemos took you, who are clothed with light as a garment, down from the Tree, and saw you a dead body, naked, unburied, he was filled with compassion, and raising a lament he grieved and said, 'Alas, sweetest Jesu, when a little

φον περιεβάλλετο, καὶ ἡ γῆ τῷ φόβῳ ἐκυμαίνετο, καὶ διερρήγνυτο ναοῦ τὸ καταπέτασμα· ἀλλ᾽ ἰδοὺ νῦν βλέπω σε, δι᾽ ἐμὲ ἑκουσίως ὑπελθόντα θάνατον. Πῶς σε κηδεύσω Θεέ μου; ἢ πῶς σινδόσιν εἰλήσω; ποίαις χερσὶ δὲ προσψαύσω, τὸ σὸν ἀκήρατον σῶμα; ἢ ποῖα ᾄσματα μέλψω, τῇ σῇ ἐξόδῳ οἰκτίρμον; Μεγαλύνω τὰ πάθη σου, ὑμνολογῶ καὶ τὴν ταφήν σου, σὺν τῇ ἀναστάσει, κραυγάζων· Κύριε δόξα σοι.

while ago the sun saw you hanging on the Cross, it wrapped itself in gloom, and the earth quaked with fear, and the veil of the temple was rent in two; but see, I now look on you, who for me have willingly undergone death; how shall I bury you, my God? Or how shall I wrap you in shrouds; with what hands shall I touch your immaculate body? Or what songs shall I sing at your departure? I magnify your sufferings and I hymn your burial, with your resurrection, as I cry: Lord, glory to you!'

Ὁ Ἱερεύς· Νῦν ἀπολύεις τὸν δοῦλον σου Δέσποτα κατὰ τὸ ῥῆμά σου ἐν εἰρήνῃ· ὅτι εἶδον οἱ ὀφθαλμοί μου τὸ σωτήριόν σου, ὃ ἡτοίμασας κατὰ πρόσωπον πάντων τῶν λαῶν, φῶς εἰς ἀποκάλυψιν ἐθνῶν καὶ δόξαν λαοῦ σου Ἰσραήλ.

Priest: Now, Master, you let your servant depart in peace, according to your word; For my eyes have seen your salvation, which you have prepared before the face of all peoples, a light to bring revelation to the nations, and the glory of your people Israel.

Ὁ Ἀναγνώστης· Ἀμήν. Ἅγιος ὁ Θεός, Ἅγιος Ἰσχυρός, Ἅγιος Ἀθάνατος, ἐλέησον ἡμᾶς. (γ´)

Reader: Amen. Holy God, Holy Mighty, Holy Immortal, have mercy on us (*x3*).

Δόξα Πατρί, καὶ Υἱῷ, καὶ Ἁγίῳ Πνεύματι. Καὶ νῦν καὶ ἀεί, καὶ εἰς τοὺς αἰῶνας τῶν αἰώνων. Ἀμήν.

Glory to the Father and the Son and the Holy Spirit, both now and ever and to the ages of ages. Amen.

Παναγία Τριάς, ἐλέησον ἡμᾶς. Κύριε, ἱλάσθητι ταῖς ἁμαρτίαις ἡμῶν, Δέσποτα, συγχώρησον τὰς ἀνομίας ἡμῖν. Ἅγιε, ἐπίσκεψαι καὶ ἴασαι τὰς ἀσθενείας ἡμῶν, ἕνεκεν τοῦ ὀνόματός σου.

All-holy Trinity, have mercy on us. Lord, forgive our sins. Master, pardon our transgressions. Holy One, visit and heal our infirmities for the glory of Your name.

Κύριε, ἐλέησον. (γ´) Δόξα Πατρί, καὶ Υἱῷ, καὶ Ἁγίῳ Πνεύματι. Καὶ νῦν καὶ ἀεί, καὶ εἰς τοὺς αἰῶνας τῶν αἰώνων. Ἀμήν.

Lord, have mercy. (*x3*) Glory to the Father and the Son and the Holy Spirit, both now and ever and to the ages of ages. Amen.

Πάτερ ἡμῶν ὁ ἐν τοῖς οὐρανοῖς, ἁγιασθήτω τὸ ὄνομά σου. Ἐλθέτω ἡ βασι-

Our Father, who art in heaven, hallowed be Thy name. Thy kingdom

λεία σου. Γενηθήτω τὸ θέλημά σου, ὡς ἐν οὐρανῷ, καὶ ἐπὶ τῆς γῆς. Τὸν ἄρτον ἡμῶν τὸν ἐπιούσιον δὸς ἡμῖν σήμερον. Καὶ ἄφες ἡμῖν τὰ ὀφειλήματα ἡμῶν, ὡς καὶ ἡμεῖς ἀφίεμεν τοῖς ὀφειλέταις ἡμῶν. Καὶ μὴ εἰσενέγκῃς ἡμᾶς εἰς πειρασμόν, ἀλλὰ ῥῦσαι ἡμᾶς ἀπὸ τοῦ πονηροῦ.

Ὁ Ἱερεύς· Ὅτι σοῦ ἐστιν ἡ Βασιλεία, καὶ ἡ δύναμις, καὶ ἡ δόξα, τοῦ Πατρός, καὶ τοῦ Υἱοῦ, καὶ τοῦ ἁγίου Πνεύματος, νῦν καὶ ἀεὶ καὶ εἰς τοὺς αἰῶνας τῶν αἰώνων.

Ὁ Ἀναγνώστης· Ἀμήν.

Ἀπολυτίκια. Ἦχος β΄.

Ὁ εὐσχήμων Ἰωσήφ, ἀπὸ τοῦ ξύλου καθελὼν τὸ ἄχραντόν σου σῶμα, σινδόνι καθαρᾷ, εἰλήσας καὶ ἀρώμασιν, ἐν μνήματι καινῷ κηδεύσας ἀπέθετο.

Δόξα Πατρὶ καὶ Υἱῷ καὶ Ἁγίῳ Πνεύματι, καὶ νῦν καὶ ἀεὶ καὶ εἰς τοὺς αἰῶνας τῶν αἰώνων. Ἀμήν.

Ταῖς μυροφόροις γυναιξί, παρὰ τὸ μνῆμα ἐπιστάς, ὁ Ἄγγελος ἐβόα· ἃ μύρα τοῖς θνητοῖς ὑπάρχει ἁρμόδια, Χριστὸς δὲ διαφθορᾶς ἐδείχθη ἀλλότριος.

Ὁ Ἱερεὺς ποιεῖ τὴν ἀπόλυσιν.

Ὁ Διάκονος· Σοφία.

Ὁ Ἱερεύς· Ὁ ὢν εὐλογητὸς Χριστὸς ὁ Θεὸς ἡμῶν, πάντοτε, νῦν καὶ ἀεὶ καὶ εἰς τοὺς αἰῶνας τῶν αἰώνων.

Ὁ Χορός· Ἀμήν.

Ὁ Ἀναγνώστης·

Στερεώσαι Κύριος ὁ Θεὸς τὴν ἁγίαν καὶ ἀμώμητον πίστιν τῶν εὐσεβῶν καὶ ὀρθοδόξων Χριστιανῶν, σὺν τῇ ἁγίᾳ αὐτοῦ Ἐκκλησίᾳ, καὶ τῇ Πόλει ταύτῃ (ἢ

come. Thy will be done, on earth as it is in heaven. Give us this day our daily bread; and forgive us our trespasses, as we forgive those who trespass against us. And lead us not into temptation, but deliver us from the evil one.

Priest: For Yours is the kingdom and the power and the glory, of the Father and the Son and the Holy Spirit, both now and ever and to the ages of ages.

Reader: Amen.

Apolytikia. Tone 2.

The noble Joseph taking down from the tree your undefiled body in fine linen he enshrouded it with sweet spices and in a new grave he laid it for burial.

Glory to the Father, Son and the Holy Spirit, both now and ever and to the ages of ages. Amen.

To the women bearing myrrh, the Angel standing by the grave cried out aloud; 'Myrrh is a perfume fitting for the dead, but Christ has shown himself a stranger to corruption.'

The Priest makes the Dismissal.

Deacon: Wisdom.

Priest: Blessed is he who is Christ our God, always now and forever, and to the ages of ages.

Choir: Amen.

Reader:

May the Lord God strengthen the holy and pure faith of devout and orthodox Christians, with his holy Church

τῇ χώρᾳ, ἢ τῇ Μονῇ, ἢ τῇ Νήσῳ ταύτῃ) εἰς αἰῶνας αἰώνων.

Ὁ Χορός· Ἀμήν.

Ὁ Ἱερεύς· Ὑπεραγία Θεοτόκε, σῶσον ἡμᾶς.

Ὁ Ἀναγνώστης λέγει·

Τὴν τιμιωτέραν τῶν Χερουβείμ καὶ ἐνδοξοτέραν ἀσυγκρίτως τῶν Σεραφείμ, τὴν ἀδιαφθόρως Θεὸν Λόγον τεκοῦσαν, τὴν ὄντως Θεοτόκον σὲ μεγαλύνομεν.

Ὁ Ἱερεύς· Δόξα σοι ὁ Θεός, ἡ ἐλπὶς ἡμῶν, δόξα σοι.

Ὁ Ἀναγνώστης· Δόξα Πατρὶ καὶ Υἱῷ καὶ Ἁγίῳ Πνεύματι. Καὶ νῦν καὶ ἀεὶ καὶ εἰς τοὺς αἰῶνας τῶν αἰώνων, Ἀμήν. Κύριε, ἐλέησον (γ'). Πάτερ ἅγιε, εὐλόγησον.

Ὁ δι' ἡμᾶς τοὺς ἀνθρώπους καὶ διὰ τὴν ἡμετέραν σωτηρίαν τὰ φρικτὰ πάθη καὶ τὸν ζωοποιὸν σταυρὸν καὶ τὴν ἑκούσιον ταφὴν σαρκὶ καταδεξάμενος Χριστὸς ὁ ἀληθινὸς Θεὸς ἡμῶν, ταῖς πρεσβείαις τῆς παναχράντου καὶ παναμώμου ἁγίας αὐτοῦ Μητρός· δυνάμει τοῦ τιμίου καὶ ζωοποιοῦ Σταυροῦ· προστασίαις τῶν τιμίων ἐπουρανίων Δυνάμεων Ἀσωμάτων· ἱκεσίαις τοῦ τιμίου, ἐνδόξου, Προφήτου, Προδρόμου καὶ Βαπτιστοῦ Ἰωάννου· τῶν ἁγίων ἐνδόξων καὶ πανευφήμων Ἀποστόλων· τῶν ἁγίων ἐνδόξων καὶ καλλινίκων μαρτύρων· τῶν ὁσίων καὶ θεοφόρων Πατέρων ἡμῶν, τοῦ ἁγίου *(τοῦ Ναοῦ)*, τῶν ἁγίων καὶ δικαίων Θεοπατόρων Ἰωακεὶμ καὶ Ἄννης, τοῦ ἁγίου *(τῆς ἡμέρας)*, οὗ καὶ τὴν μνήμην ἐπιτελοῦμεν, καὶ πάντων τῶν Ἁγίων, ἐλεῆσαι καὶ σώσαι

and this city *(or land, Monastery, island)*, unto ages of ages.

Choir: Amen.

The Priest: Most Holy Theotokos, save us.

The Reader says:

Greater in honor than the Cherubim, and beyond compare more glorious than the Seraphim, without corruption you gave birth to God the Word; truly the Theotokos, we magnify you.

Priest: Glory to You, O God, our hope, glory to you.

Reader: Glory to the Father, and the Son and the Holy Spirit, both now and ever and to the ages of ages. Amen. Lord, have mercy *(x3)*. Holy Father, bless.

May he who for our sake and for our salvation accepted the fearful sufferings and the life-giving Cross and the voluntary Burial in the flesh, Christ our true God, as a good, loving, and merciful God, have mercy upon us and save us, through the intercessions of His most pure and holy Mother; the power of the precious and life giving Cross; the protection of the honorable, bodiless powers of heaven, the supplications of the honorable, glorious prophet and forerunner John the Baptist; the holy, glorious and praiseworthy apostles; the holy, glorious and triumphant martyrs; our holy and God-bearing Fathers *(name of the church)*; the holy and righteous ancestors Joachim and Anna;

ἡμᾶς, ὡς ἀγαθὸς καὶ φιλάνθρωπος καὶ ἐλεήμων Θεός.

Ὁ Ἱερεύς· Δι' εὐχῶν τῶν ἁγίων Πατέρων ἡμῶν, Κύριε Ἰησοῦ Χριστέ, ὁ Θεός, ἐλέησον καὶ σῶσον ἡμᾶς.

Ὁ Χορός· Ἀμήν.

Saint *(of the day)* whose memory we commemorate today, and all the saints.

Priest: Through the prayers of our holy fathers, Lord Jesus Christ, our God, have mercy on us and save us.

Choir: Amen.

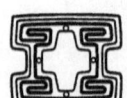

The Lamentation

ΤΟ ΑΓΙΟΝ ΚΑΙ ΜΕΓΑ ΣΑΒΒΑΤΟΝ

ΚΑΘ᾽ Ὅ ΕΟΡΤΑΖΟΜΕΝ ΤΗΝ ΘΕΟΣΩΜΟΝ ΤΑΦΗΝ ΚΑΙ ΤΗΝ ΕΙΣ ᾍΔΟΥ ΚΑΘΟΔΟΝ ΤΟΥ ΚΥΡΙΟΥ ἩΜΩΝ ἸΗΣΟΥ ΧΡΙΣΤΟΥ

Τελεῖται συνήθως τῇ Μ. Παρασκευῇ ἑσπέρας

Ὁ Ἱερεύς, ποιήσας τὴν συνήθη μετάνοιαν τῷ Προεστῶτι, εἰσέρχεται ἐν τῷ ἁγίῳ βήματι καὶ προσκυνεῖ τρὶς ἐνώπιον τῆς ἁγίας Τραπέζης· εἶτα βαλὼν ἐπιτραχήλιον ἐκφωνεῖ·

Εὐλογητὸς ὁ Θεὸς ἡμῶν, πάντοτε, νῦν, καὶ ἀεί, καὶ εἰς τοὺς αἰῶνας τῶν αἰώνων.

Ὁ Ἀναγνώστης· Ἀμήν.

Ὁ Ἱερεύς· Δόξα σοι, ὁ Θεὸς ἡμῶν, δόξα σοι. Βασιλεῦ οὐράνιε, Παράκλητε, τὸ Πνεῦμα τῆς ἀληθείας, ὁ πανταχοῦ παρών, καὶ τὰ πάντα πληρῶν, ὁ θησαυρὸς τῶν ἀγαθῶν καὶ ζωῆς χορηγός, ἐλθὲ καὶ σκήνωσον ἐν ἡμῖν καὶ καθάρισον ἡμᾶς ἀπὸ πάσης κηλῖδος καὶ σῶσον ἀγαθέ, τὰς ψυχὰς ἡμῶν.

Ὁ Ἀναγνώστης· Ἀμήν.

Ὁ Ἀναγνώστης· Ἅγιος ὁ Θεός, Ἅγιος Ἰσχυρός, Ἅγιος Ἀθάνατος, ἐλέησον ἡμᾶς. (γ´)

Δόξα Πατρί, καὶ Υἱῷ, καὶ Ἁγίῳ Πνεύματι, καὶ νῦν καὶ ἀεί, καὶ εἰς τοὺς αἰῶνας τῶν αἰώνων. Ἀμήν.

Παναγία Τριάς, ἐλέησον ἡμᾶς. Κύριε, ἱλάσθητι ταῖς ἁμαρτίαις ἡμῶν, Δέσποτα, συγχώρησον τὰς ἀνομίας ἡμῖν. Ἅγιε, ἐπίσκεψαι καὶ ἴασαι τὰς ἀσθενείας ἡμῶν, ἕνεκεν τοῦ ὀνόματός σου.

GREAT AND HOLY SATURDAY

AT WHICH WE COMMEMORATE THE GOD-SAVING TOMB AND THE DESCENT OF OUR LORD JESUS CHRIST INTO HADES

Commonly celebrated on G. Friday Evening

The Priest, having made the customary metania to the Superior, enters the sanctuary and makes three bows before the holy Table. Then, putting on the Epitrachelion, he exclaims:

Blessed is our God, always, now and for ever, and to the ages of ages.

Reader: Amen.

Priest: Glory to you, our God. Glory to you. Heavenly King, Comforter, Spirit of truth, present everywhere, filling all things, Treasury of blessings and Giver of life, come and abide in us, cleanse us from every stain, and save our souls, O Good One.

Reader: Amen.

Reader: Holy God, Holy Mighty, Holy Immortal, have mercy on us. (*x3*)

Glory to the Father and the Son and the Holy Spirit, both now and ever and to the ages of ages. Amen.

All-holy Trinity, have mercy on us. Lord, forgive our sins. Master, pardon our transgressions. Holy One, visit and heal our infirmities for the glory of Your name.

Κύριε, ἐλέησον. *(γ΄)* Δόξα Πατρί, καὶ Υἱῷ, καὶ Ἁγίῳ Πνεύματι, καὶ νῦν καὶ ἀεί, καὶ εἰς τοὺς αἰῶνας τῶν αἰώνων. Ἀμήν.

Πάτερ ἡμῶν ὁ ἐν τοῖς οὐρανοῖς, ἁγιασθήτω τὸ ὄνομά σου. Ἐλθέτω ἡ βασιλεία σου. Γενηθήτω τὸ θέλημά σου, ὡς ἐν οὐρανῷ, καὶ ἐπὶ τῆς γῆς. Τὸν ἄρτον ἡμῶν τὸν ἐπιούσιον δὸς ἡμῖν σήμερον. Καὶ ἄφες ἡμῖν τὰ ὀφειλήματα ἡμῶν, ὡς καὶ ἡμεῖς ἀφίεμεν τοῖς ὀφειλέταις ἡμῶν. Καὶ μὴ εἰσενέγκῃς ἡμᾶς εἰς πειρασμόν, ἀλλὰ ῥῦσαι ἡμᾶς ἀπὸ τοῦ πονηροῦ.

Ὁ Ἱερεύς· Ὅτι σοῦ ἐστιν ἡ Βασιλεία, καὶ ἡ δύναμις, καὶ ἡ δόξα, τοῦ Πατρός, καὶ τοῦ Υἱοῦ, καὶ τοῦ ἁγίου Πνεύματος, νῦν καὶ ἀεὶ καὶ εἰς τοὺς αἰῶνας τῶν αἰώνων.

Ὁ Ἀναγνώστης· Ἀμήν.

And the following Troparia:

Σῶσον, Κύριε, τὸν λαόν σου καὶ εὐλόγησον τὴν κληρονομίαν σου, νίκας τοῖς βασιλεῦσι κατὰ βαρβάρων δωρούμενος, καὶ τὸ σὸν φυλάττων διὰ τοῦ Σταυροῦ σου πολίτευμα.

Δόξα Πατρί, καὶ Υἱῷ, καὶ Ἁγίῳ Πνεύματι.

Ὁ ὑψωθεὶς ἐν τῷ Σταυρῷ ἑκουσίως, τῇ ἐπωνύμῳ σου καινῇ πολιτείᾳ τοὺς οἰκτιρμούς σου δώρησαι, Χριστὲ ὁ Θεός· εὔφρανον ἐν τῇ δυνάμει σου τοὺς πιστοὺς βασιλεῖς ἡμῶν, νίκας χορηγῶν αὐτοῖς κατὰ τῶν πολεμίων· τὴν συμμαχίαν ἔχοιεν τὴν σήν, ὅπλον εἰρήνης, ἀήττητον τρόπαιον.

Lord, have mercy. *(x3)* Glory to the Father and the Son and the Holy Spirit, both now and ever and to the ages of ages. Amen.

Our Father, who art in heaven, hallowed be Thy name. Thy kingdom come. Thy will be done, on earth as it is in heaven. Give us this day our daily bread; and forgive us our trespasses, as we forgive those who trespass against us. And lead us not into temptation, but deliver us from the evil one.

Priest: For Yours is the kingdom and the power and the glory, of the Father and the Son and the Holy Spirit, both now and ever and to the ages of ages.

Reader: Amen.

And the following Troparia:

Save, O Lord, your people, and bless your inheritance, granting victory to the faithful over the enemy, and by your Cross protecting your commonwealth.

Glory to the Father, Son and Holy Spirit.

You who were lifted on the Cross voluntarily, O Christ our God, bestow Your tender compassion upon Your new community to which You gave Your name. Make our faithful leaders to be glad in Your power, granting them the victories against their adversaries. May they have that alliance which is Yours, the shield of peace, the trophy invincible.

Καὶ νῦν καὶ ἀεί,
καὶ εἰς τοὺς αἰῶνας τῶν αἰώνων. Ἀμήν.

Προστασία φοβερὰ καὶ ἀκαταίσχυντε, μὴ παρίδῃς, Ἀγαθή, τὰς ἱκεσίας ἡμῶν, πανύμνητε Θεοτόκε· στήριξον Ὀρθοδόξων πολιτείαν, σῷζε οὓς ἐκέλευσας βασιλεύειν, καὶ χορήγει αὐτοῖς οὐρανόθεν τὴν νίκην· διότι ἔτεκες τὸν Θεόν, μόνη εὐλογημένη.

Ὁ Ἱερεύς· Ἐλέησον ἡμᾶς ὁ Θεός, κατὰ τὸ μέγα ἔλεός σου, δεόμεθά σου, ἐπάκουσον καὶ ἐλέησον.

Ὁ Ἀναγνώστης· Κύριε, ἐλέησον. Κύριε, ἐλέησον. Κύριε, ἐλέησον.

Ὁ Ἱερεύς· Ἔτι δεόμεθα ὑπὲρ τῶν εὐσεβῶν καὶ ὀρθοδόξων Χριστιανῶν.

Ὁ Ἀναγνώστης· Κύριε, ἐλέησον. Κύριε, ἐλέησον. Κύριε, ἐλέησον.

Ὁ Ἱερεύς· Ἔτι δεόμεθα ὑπὲρ τοῦ Ἀρχιεπισκόπου ἡμῶν *(δεῖνος)*.

Ὁ Ἀναγνώστης· Κύριε, ἐλέησον. Κύριε, ἐλέησον. Κύριε, ἐλέησον.

Ὁ Ἱερεύς· Ὅτι ἐλεήμων καὶ φιλάνθρωπος Θεὸς ὑπάρχεις, καὶ σοὶ τὴν δόξαν ἀναπέμπομεν, τῷ Πατρὶ καὶ τῷ Υἱῷ καὶ τῷ Ἁγίῳ Πνεύματι, νῦν καὶ ἀεὶ καὶ εἰς τοὺς αἰῶνας τῶν αἰώνων.

Ὁ Ἀναγνώστης· Ἀμήν. Ἐν ὀνόματι Κυρίου εὐλόγησον, Πάτερ.

Ὁ Ἱερεύς· Δόξα τῇ ἁγίᾳ καὶ ὁμοουσίῳ καὶ ζωοποιῷ καὶ ἀδιαιρέτῳ Τριάδι, πάντοτε, νῦν καὶ ἀεὶ καὶ εἰς τοὺς αἰῶνας τῶν αἰώνων.

Ὁ Ἀναγνώστης· Ἀμήν. *(χῦμα)*

Both now and ever,
and to the ages of ages. Amen.

O awesome and unashamable Protection, O good and praiseworthy Theotokos, do not despise our petitions; make firm the community of the Orthodox; save those whom you have called to rule; grant them victory from heaven, for you gave birth to God and are truly blessed.

Priest: Have mercy on us, O God, according to your great mercy, we pray you, hear and have mercy.

Reader: Lord, have mercy. Lord, have mercy. Lord, have mercy.

Priest: Let us pray for pious and Orthodox Christians.

Reader: Lord, have mercy. Lord, have mercy. Lord, have mercy.

Priest: Let us pray for our Archbishop *(Name)*.

Reader: Lord, have mercy. Lord, have mercy. Lord, have mercy.

Priest: For you are a merciful and loving God, and to you we give glory, to the Father and the Son and the Holy Spirit, both now and ever and to the ages of ages.

Reader: Amen. In the name of the Lord, Father give the blessing.

Priest: Glory to the holy and consubstantial, and lifegiving, and undivided Trinity, always, now and forever and to the ages of ages.

Reader: Amen. *(spoken)*

Καὶ ἀναγινώσκει ὁ προεστὼς (ἢ ὁ ἀναγνώστης) τὸν Ἑξάψαλμον. (Βλ. σελ. 567)

Ὁ δὲ ἱερεὺς ἱστάμενος ἀσκεπὴς ἐνώπιον τῆς ἁγίας Τραπέζης ἀναγινώσκει τὰς εὐχὰς τοῦ Ὄρθρου (Βλ. σ. 14)· μετὰ δὲ τὴν ἀνάγνωσιν τῶν τριῶν πρώτων Ψαλμῶν ἐξελθὼν διὰ τῆς βορείου πύλης ἀναγινώσκει ἐνώπιον τῆς εἰκόνος τοῦ Χριστοῦ τὰς ὑπολοίπους εὐχάς.

Α΄ Εὐχή

Εὐχαριστοῦμεν σοι, Κύριε, ὁ Θεὸς ἡμῶν, τῷ ἐξαναστήσαντι ἡμᾶς ἐκ τῶν κοιτῶν ἡμῶν, καὶ ἐμβάλλοντι εἰς τὸ στόμα ἡμῶν λόγον αἰνέσεως, τοῦ προσκυνεῖν καὶ ἐπικαλεῖσθαι τὸ ὄνομά σου τὸ ἅγιον· καὶ δεόμεθα τοῖς σοῖς οἰκτιρμοῖς, οἷς πάντοτε ἐχρήσω περὶ τὴν ἡμετέραν ζωήν. Καὶ νῦν ἐξαπόστειλον τὴν βοήθειάν σου ἐπὶ τοὺς ἑστῶτας πρὸ προσώπου τῆς ἁγίας δόξης σου καὶ ἀπεκδεχομένους τὸ παρὰ σοῦ πλούσιον ἔλεος καὶ δὸς αὐτοῖς μετὰ φόβου καὶ ἀγάπης πάντοτε σοι λατρεύειν, αἰνεῖν, ὑμνεῖν, προσκυνεῖν, τὴν ἀνεκδιήγητόν σου ἀγαθότητα.

Ὅτι πρέπει σοι, πᾶσα δόξα, τιμὴ καὶ προσκύνησις, τῷ Πατρὶ καὶ τῷ Υἱῷ καὶ τῷ Ἁγίῳ Πνεύματι, νῦν καὶ ἀεὶ καὶ εἰς τοὺς αἰῶνας τῶν αἰώνων. Ἀμήν.

Β΄ Εὐχή

Ἐκ νυκτὸς ὀρθρίζει τὸ πνεῦμα ἡμῶν πρὸς σέ, ὁ Θεὸς ἡμῶν, διότι φῶς τὰ προστάγματά σου ἐπὶ τῆς γῆς· δικαιοσύνην καὶ ἁγιασμὸν ἐπιτελεῖν ἐν τῷ φόβῳ σου, συνέτισον ἡμᾶς· σὲ γὰρ δοξάζομεν τὸν ὄντως ὄντα Θεὸν ἡμῶν. Κλῖνον τὸ οὖς σου καὶ ἐπάκουσον ἡμῶν· καὶ μνήσθητι, Κύριε, τῶν συμπαρόντων καὶ συνευχομένων ἡμῖν πάντων κατ᾽ ὄνομα καὶ σῶσον αὐτοὺς τῇ δυνάμει σου· εὐλόγησον τὸν λαόν σου καὶ ἁγίασον τὴν κληρονομίαν σου· εἰρήνην τῷ κόσμῳ σου δώρησαι, ταῖς ἐκκλησίαις σου, τοῖς ἱερεῦσι, τοῖς βασιλεῦσιν, ἡμῶν καὶ παντὶ τῷ λαῷ σου.

And the President (or the Reader) reads the Six Psalms. (See p. 567)

The Priest, standing with head uncovered before the Holy Table, reads the prayers of Orthros; after reading the first three Psalms, he exits through the north door and reads the remaining prayers before the icon of Christ.

1st Prayer

We thank you, Lord our God, who have roused us from our beds and placed in our mouth a word of praise, to worship and call upon your Holy Name, and we beseech you by your acts of pity, with which you have always treated our life. And now send forth your help on those who stand before the presence of your holy glory and who await the rich mercy which comes from you, and grant that they may always serve, praise, hymn and worship your inexpressible lovingkindness.

For to you belong all glory, honour and worship, to the Father, the Son and the holy Spirit, now and for ever, and to the ages of ages. Amen.

2nd Prayer

At night our spirit rises early to you, our God, for your commandments are light upon the earth. Teach us justice and sanctification in fear of you; for we glorify you who are our God, the One who truly exists. Incline your ear and hear us; and remember, Lord, by name all those who are present and who pray with us, and save them by your power. Bless your people and sanctify your inheritance. Give peace to your world, to the churches, to the priests, to our rulers and to all your people.

Ὅτι ηὐλόγηται καὶ δεδόξασται τὸ πάντιμον καὶ μεγαλοπρεπὲς ὄνομά σου, τοῦ Πατρὸς καὶ τοῦ Υἱοῦ καὶ τοῦ Ἁγίου Πνεύματος, νῦν καὶ ἀεὶ καὶ εἰς τοὺς αἰῶνας τῶν αἰώνων. Ἀμήν.

Γ΄ Εὐχή

Ἐκ νυκτὸς ὀρθρίζει τὸ πνεῦμα ἡμῶν πρὸς σέ ὁ Θεός, διότι φῶς τὰ προστάγματά σου. Δίδαξον ἡμᾶς, ὁ Θεός, τὴν δικαιοσύνην σου, τὰς ἐντολάς σου καὶ τὰ δικαιώματά σου· φώτισον τοὺς ὀφθαλμοὺς τῶν διανοιῶν ἡμῶν, μήποτε ὑπνώσωμεν ἐν ἁμαρτίαις εἰς θάνατον· ἀπέλασον πάντα ζόφον ἀπὸ τῶν καρδιῶν ἡμῶν· χάρισαι ἡμῖν τὸν τῆς δικαιοσύνης ἥλιον καὶ ἀνεπηρέαστον τὴν ζωὴν ἡμῶν διαφύλαξον ἐν τῇ σφραγῖδι τοῦ ἁγίου σου Πνεύματος· κατεύθυνον τὰ διαβήματα ἡμῶν εἰς ὁδὸν εἰρήνης· δὸς ἡμῖν ἰδεῖν τὸν ὄρθρον καὶ τὴν ἡμέραν ἐν ἀγαλλιάσει, ἵνα σοι τὰς ἑωθινὰς ἀναπέμπωμεν εὐχάς.

Ὅτι σὸν τὸ κράτος καὶ σοῦ ἐστιν ἡ βασιλεία καὶ ἡ δύναμις καὶ ἡ δόξα, τοῦ Πατρὸς καί τοῦ Υἱοῦ καὶ τοῦ Ἁγίου Πνεύματος, νῦν καὶ ἀεὶ καὶ εἰς τοὺς αἰῶνας τῶν αἰώνων.

Δ΄ Εὐχή

Δέσποτα ὁ Θεός, ὁ ἅγιος καὶ ἀκατάληπτος, ὁ εἰπὼν ἐκ σκότους φῶς λάμψαι, ὁ ἀναπαύσας ἡμᾶς ἐν τῷ τῆς νυκτὸς ὕπνῳ καὶ διαναστήσας πρὸς δοξολογίαν καὶ ἱκεσίαν τῆς σῆς ἀγαθότητος, δυσωπούμενος ὑπὸ τῆς ἰδίας σου εὐσπλαγχνίας, πρόσδεξαι ἡμᾶς καὶ νῦν προσκυνοῦντάς σε καὶ κατὰ δύναμιν εὐχαριστοῦντάς σοι καὶ δώρησαι ἡμῖν πάντα τὰ πρὸς σωτηρίαν αἰτήματα· ἀνάδειξον ἡμᾶς υἱοὺς φωτὸς καὶ ἡμέρας καὶ κληρονόμους τῶν αἰωνίων σου ἀγαθῶν. Μνήσθητι, Κύριε, ἐν τῷ πλήθει τῶν οἰκτιρμῶν σου καὶ παντὸς τοῦ

For blessed and glorified is your all-honoured and majestic name, of the Father, the Son and the Holy Spirit now and for ever, and to the ages of ages. Amen.

3rd Prayer

At night our spirit rises early to you, O God, for your commandments are light. Teach us your justice, O God, your commands and your statutes. Enlighten the eyes of our understanding, lest we ever sleep unto death in sins. Drive away all gloomy darkness from our hearts. Give us the grace of the sun of justice and by the seal of your Holy Spirit keep our life free from harm. Direct our steps in the way of peace. Grant that we may see the dawn and the day in joy, that we may offer your our morning prayers.

For yours is the might and yours is the kingdom, the power and the glory, of the Father, the Son and the Holy Spirit, now and for ever, and to the ages of ages. Amen.

4th Prayer

Master and God, holy and beyond understanding, who said: Let light shine out of darkness, who have given us rest by the sleep of the night and raised us up to glorify and implore your loving kindness; entreated by your own compassion, accept us who now worship you and give you thanks in the measure of our power, and grant us all our requests that are for salvation. Declare us to be children of light and of the day, and heirs of your eternal blessings. Remember also, Lord, in the greatness of your

λαοῦ σου, τῶν συμπαρόντων καὶ συνευχομένων ἡμῖν καὶ πάντων τῶν ἀδελφῶν ἡμῶν, τῶν ἐν γῇ, τῶν ἐν θαλάσσῃ, τῶν ἐν παντὶ τόπω τῆς δεσποτείας σου δεομένων τῆς σῆς φιλανθρωπίας καὶ βοηθείας, καὶ πᾶσι χορήγησον τὸ μέγα σου ἔλεος.

Ἵνα, σεσωσμένοι ψυχῇ τε καὶ σώματι πάντοτε διαμένοντες, μετὰ παρρησίας δοξάζωμεν τὸ θαυμαστὸν καὶ εὐλογημένον ὄνομά σου, τοῦ Πατρὸς καὶ τοῦ Υἱοῦ καὶ τοῦ Ἁγίου Πνεύματος, νῦν καὶ ἀεὶ καὶ εἰς τοὺς αἰῶνας τῶν αἰώνων. Ἀμήν.

Ε΄ Εὐχή

Ἀγαθῶν θησαυρέ, πηγὴ ἀέναος, Πάτερ ἅγιε, θαυμαστοποιέ, παντοδύναμε καὶ παντοκράτορ, πάντες σὲ προσκυνοῦμεν καὶ σοῦ δεόμεθα, τὰ σὰ ἐλέη καὶ τοὺς σοὺς οἰκτιρμοὺς ἐπικαλούμενοι εἰς βοήθειαν καὶ ἀντίληψιν τῆς ἡμετέρας ταπεινώσεως. Μνήσθητι, Κύριε, τῶν σῶν ἱκετῶν· πρόσδεξαι πάντων ἡμῶν τὰς ἑωθινὰς δεήσεις, ὡς θυμίαμα ἐνώπιόν σου, καὶ μηδένα ἡμῶν ἀδόκιμον ποιήσῃς, ἀλλὰ πάντας ἡμᾶς περιποίησαι διὰ τῶν οἰκτιρμῶν σου. Μνήσθητι, Κύριε, τῶν ἀγρυπνούντων καὶ ψαλλόντων εἰς δόξαν σὴν καὶ τοῦ μονογενοῦς σου Υἱοῦ καὶ Θεοῦ ἡμῶν καὶ τοῦ ἁγίου σου Πνεύματος. Γενοῦ αὐτῶν βοηθὸς καὶ ἀντιλήπτωρ· πρόσδεξαι αὐτῶν τὰς ἱκεσίας εἰς τὸ ὑπερουράνιον καὶ νοερόν σου θυσιαστήριον.

Ὅτι σὺ εἶ ὁ Θεὸς ἡμῶν, καὶ σοὶ τὴν δόξαν ἀναπέμπομεν, τῷ Πατρὶ καὶ τῷ Υἱῷ καὶ τῷ Ἁγίῳ Πνεύματι, νῦν καὶ ἀεὶ καὶ εἰς τοὺς αἰῶνας τῶν αἰώνων. Ἀμήν.

ΣΤ΄ Εὐχή

Εὐχαριστοῦμέν σοι, Κύριε ὁ Θεὸς τῶν σωτηρίων ἡμῶν, ὅτι πάντα ποιεῖς εἰς εὐεργεσίαν τῆς ζωῆς ἡμῶν, ἵνα διὰ πα-

compassion all your people, those present with us and who pray with us, and all our brethren by land and sea and in every place of your dominion who ask for your love for humankind and your help; and give to all your great mercy.

So that, always kept safe in soul and body, we may glorify with boldness your wondrous and blessed name, of the Father, the Son and the Holy Spirit, now and for ever, and to the ages of ages. Amen.

5th Prayer

Treasury of blessings, everflowing Source, Holy Father, worker of wonders, allpowerful and almighty, we all worship you and beseech you, as we invoke your acts of mercy and compassion to help and assist our lowliness. Remember your suppliants, Lord; accept the morning prayers of us all like incense before you, and make none of us reprobate, but keep us all through your acts of compassion. Remember, Lord, those who keep vigil and who chant to your glory and that of your Son and our God and of your Holy Spirit. Be their help and their aid; accept their supplications on your heavenly and spiritual altar.

For you are our God and to you we give glory, to the Father, the Son and the Holy Spirit, now and for ever, and to the ages of ages. Amen.

6th Prayer

We give thanks to you, Lord God of our salvation, for you do all things for the wellbeing of our life, that we may

ντὸς πρὸς σὲ ἀποβλέπωμεν, τὸν σωτῆρα καὶ εὐεργέτην τῶν ἡμετέρων ψυχῶν· ὅτι διανέπαυσας ἡμᾶς ἐν τῷ παρελθόντι τῆς νυκτὸς μέτρῳ καὶ ἐξήγειρας ἡμᾶς ἐκ τῶν κοιτῶν ἡμῶν καὶ ἔστησας εἰς προσκύνησιν τοῦ τιμίου ὀνόματός σου. Διὸ δεόμεθά σου, Κύριε· δὸς ἡμῖν χάριν καὶ δύναμιν, ἵνα καταξιωθῶμεν ψάλλειν σοι συνετῶς καὶ προσεύχεσθαι ἀδιαλείπτως ἐν φόβῳ καὶ τρόμῳ, τὴν ἑαυτῶν σωτηρίαν κατεργαζόμενοι, διὰ τῆς ἀντιλήψεως τοῦ Χριστοῦ σου. Μνήσθητι, Κύριε, καὶ τῶν ἐν νυκτὶ πρὸς σὲ βοώντων· ἐπάκουσον αὐτῶν καὶ ἐλέησον καὶ σύντριψον ὑπὸ τοὺς πόδας αὐτῶν τοὺς ἀοράτους καὶ πολεμίους ἐχθρούς.

Σὺ γὰρ εἶ ὁ Βασιλεὺς τῆς εἰρήνης καὶ Σωτὴρ τῶν ψυχῶν ἡμῶν, καὶ σοὶ τὴν δόξαν ἀναπέμπομεν, τῷ Πατρὶ καὶ τῷ Υἱῷ καὶ τῷ Ἁγίῳ Πνεύματι, νῦν καὶ ἀεὶ καὶ εἰς τοὺς αἰῶνας τῶν αἰώνων. Ἀμήν.

Ζ΄ Εὐχή

Ὁ Θεὸς καὶ Πατὴρ τοῦ Κυρίου ἡμῶν Ἰησοῦ Χριστοῦ, ὁ ἐξαναστήσας ἡμᾶς ἐκ τῶν κοιτῶν ἡμῶν καὶ ἐπισυναγαγὼν ἐπὶ τὴν ὥραν τῆς προσευχῆς, δὸς ἡμῖν χάριν ἐν ἀνοίξει τοῦ στόματος ἡμῶν καὶ πρόσδεξαι ἡμῶν τὰς κατὰ δύναμιν εὐχαριστίας· καὶ δίδαξον ἡμᾶς τὰ δικαιώματά σου, ὅτι προσεύξασθαι καθ᾽ ὃ δεῖ οὐκ οἴδαμεν, ἐὰν μὴ σύ, Κύριε, τῷ Πνεύματί σου τῷ ἁγίῳ ὁδηγήσῃς ἡμᾶς. Διό, δεόμεθα σου· εἴ τι ἡμάρτομεν μέχρι τῆς παρούσης ὥρας, ἐν λόγῳ ἢ ἔργῳ ἢ κατὰ διάνοιαν, ἑκουσίως ἢ ἀκουσίως, ἄνες, ἄφες, συγχώρησον· ἐὰν γὰρ ἀνομίας παρατηρήσῃς, Κύριε, Κύριε, τίς ὑποστήσεται; ὅτι παρὰ σοὶ ἡ ἀπολύτρωσις. Σὺ εἶ μόνος ἅγιος, βοηθός, κραταιὸς ὑπερασπιστὴς τῆς ζωῆς ἡμῶν καὶ ἐν σοὶ ἡ ὕμνησις ἡμῶν διαπαντός.

at all times look to you, the Saviour and Benefactor of our souls. We give thanks to you, for you have given us rest in the part of the night which has passed and roused us from our beds and placed us here for the worship of your honoured name. Therefore we beg you, Lord: Give us grace and power, so that we may be counted worthy to chant to you with understanding and to pray without ceasing in fear and trembling, as we work out our salvation through the assistance of your Son. Remember too, Lord, those who cry out to you by night. Hear them and have mercy, and crush beneath their feet their invisible and hostile foes.

For you are the King of peace and the Saviour of our souls, and to you we give glory, to the Father, the Son and the Holy Spirit, now and for ever, and to the ages of ages. Amen.

7th Prayer

God and Father of our Lord Jesus Christ, who have raised us from our beds and gathered us together for this hour of prayer, give us grace by the opening of our mouths and accept our thanksgivings, in the measure of our ability. Teach us your statutes, because we do not know how to pray as we ought, unless you, Lord guide us by your Holy Spirit. Therefore we beg you, if we have sinned in any way until the present hour in word or deed or by thought, voluntarily or involuntarily, remit, forgive, pardon. For if you should regard iniquities, Lord; Lord, who will stand? For there is redemption from you. You alone are holy, a helper, a mighty defender of our life, and in you is our praise at all times.

Εἴη τὸ κράτος τῆς βασιλείας σου εὐλογημένον καὶ δεδοξασμένον τοῦ Πατρὸς καὶ τοῦ Υἱοῦ καὶ τοῦ Ἁγίου Πνεύματος, νῦν καὶ ἀεὶ καὶ εἰς τοὺς αἰῶνας τῶν αἰώνων. Ἀμήν.

Η΄ Εὐχή

Κύριε ὁ Θεὸς ἡμῶν, ὁ τὴν τοῦ ὕπνου ῥαθυμίαν ἀποσκεδάσας ἀφ᾽ ἡμῶν, καὶ συγκαλέσας ἡμᾶς κλήσει ἁγίᾳ, τοῦ καὶ ἐν νυκτὶ ἐπᾶραι τὰς χεῖρας ἡμῶν καὶ ἐξομολογεῖσθαί σοι ἐπὶ τὰ κρίματα τῆς δικαιοσύνης σου, πρόσδεξαι τὰς δεήσεις ἡμῶν, τὰς ἐντεύξεις, τὰς ἐξομολογήσεις, τὰς νυκτερινὰς λατρείας· καὶ χάρισαι ἡμῖν, ὁ Θεός, πίστιν ἀκαταίσχυντον, ἐλπίδα βεβαίαν, ἀγάπην ἀνυπόκριτον· εὐλόγησον ἡμῶν εἰσόδους καὶ ἐξόδους, πράξεις, ἔργα, λόγους, ἐνθυμήσεις· καὶ δὸς ἡμῖν καταντῆσαι εἰς τὰς ἀρχὰς τῆς ἡμέρας, αἰνοῦντας, ὑμνοῦντας, εὐλογοῦντας τῆς σῆς ἀφράστου χρηστότητος τὴν ἀγαθότητα.

Ὅτι ηὐλόγηταί τὸ πανάγιον σου ὄνομα, καὶ δεδόξασταί σου ἡ βασιλεία, τοῦ Πατρὸς καὶ τοῦ Υἱοῦ καὶ τοῦ Ἁγίου Πνεύματος, νῦν καὶ ἀεὶ καὶ εἰς τοὺς αἰῶνας τῶν αἰώνων. Ἀμήν.

Θ΄ Εὐχή

Λάμψον, Δέσποτα φιλάνθρωπε, ἐν ταῖς καρδίαις ἡμῶν, τὸ τῆς σῆς θεογνωσίας ἀκήρατον φῶς, καὶ τοὺς τῆς διανοίας ἡμῶν ὀφθαλμοὺς διάνοιξον εἰς τὴν τῶν εὐαγγελικῶν σου κηρυγμάτων κατανόησιν. Ἔνθες ἡμῖν καὶ τὸν τῶν μακαρίων σου ἐντολῶν φόβον, ἵνα πάσας τὰς σαρκικὰς ἐπιθυμίας καταπατήσαντες, πνευματικὴν πολιτείαν μετέλθωμεν, πάντα τὰ πρὸς εὐαρέστησιν τὴν σὴν καὶ φρονοῦντες καὶ πράττοντες.

Blessed and glorified be the might of your Kingdom, of the Father, the Son and the Holy Spirit, now and for ever, and to the ages of ages. Amen.

8th Prayer

Lord our God, who have driven from us the sloth of sleep and called us together with a holy summons to lift up our hands and to give you thanks for the judgements of your justice, accept our supplications, our requests, our thanksgivings, our nocturnal worship; and give us, O God, the grace of faith unashamed, sure hope, love without pretence. Bless our comings in and our goings out, our deeds, works, words, desires, and grant that we may meet the beginnings of the day praising, singing, blessing the lovingkindness of your ineffable goodness.

For blessed is your allholy name and glorified is your kingdom, of the Father, the Son and the Holy Spirit, now and for ever, and to the ages of ages. Amen.

9th Prayer

Light in our hearts, Master, lover of humankind, the unsullied light of your divine knowledge, and open the eyes of our mind to the understanding of the proclamation of your Gospel. Instill in us also the fear of your blessed commandments, so that having trampled down all the desires of the flesh we may pass over to a spiritual way of life, thinking and doing all things that are well-pleasing to you.

Ὅτι σὺ εἶ ὁ ἁγιασμὸς ἡμῶν, καὶ σοὶ τὴν δόξαν ἀναπέμπομεν, τῷ Πατρὶ καὶ τῷ Υἱῷ καὶ τῷ Ἁγίῳ Πνεύματι, νῦν καὶ ἀεὶ καὶ εἰς τοὺς αἰῶνας τῶν αἰώνων. Ἀμήν.

Ι´ Εὐχή

Κύριε ὁ Θεὸς ἡμῶν, ὁ τὴν διὰ μετανοίας ἄφεσιν τοῖς ἀνθρώποις δωρησάμενος καὶ τύπον ἡμῖν ἐπιγνώσεως ἁμαρτημάτων καὶ ἐξομολογήσεως τὴν τοῦ προφήτου Δαυΐδ μετάνοιαν πρὸς συγχώρησιν ὑποδείξας· αὐτός, Δέσποτα, πολλοῖς ἡμᾶς καὶ μεγάλοις περιπεπτωκότας πλημμελήμασιν, ἐλέησον κατὰ τὸ μέγα σου ἔλεος, καί, κατὰ τὸ πλῆθος τῶν οἰκτιρμῶν σου, ἐξάλειψον τὰ ἀνομήματα ἡμῶν· ὅτι σοι ἡμάρτομεν, Κύριε, τῷ καὶ τὰ ἄδηλα καὶ κρύφια τῆς καρδίας τῶν ἀνθρώπων γινώσκοντι καὶ μόνῳ ἔχοντι ἐξουσίαν ἀφιέναι ἁμαρτίας. Καρδίαν δὲ καθαρὰν κτίσας ἐν ἡμῖν καὶ πνεύματι ἡγεμονικῷ στηρίξας ἡμᾶς καὶ τὴν ἀγαλλίασιν τοῦ σωτηρίου σου γνωρίσας ἡμῖν, μὴ ἀπορρίψῃς ἡμᾶς ἀπὸ τοῦ προσώπου σου· ἀλλ᾽ εὐδόκησον, ὡς ἀγαθὸς καὶ φιλάνθρωπος, μέχρι τῆς ἐσχάτης ἡμῶν ἀναπνοῆς προσφέρειν σοι θυσίαν δικαιοσύνης καὶ ἀναφορὰν ἐν τοῖς ἁγίοις σου θυσιαστηρίοις.

Ἐλέει, καὶ οἰκτιρμοῖς, καὶ φιλανθρωπίᾳ τοῦ μονογενοῦς σου Υἱοῦ, μεθ᾽ οὗ εὐλογητὸς εἶ, σὺν τῷ παναγίῳ καὶ ἀγαθῷ καὶ ζωοποιῷ σου Πνεύματι, νῦν καὶ ἀεὶ καὶ εἰς τοὺς αἰῶνας τῶν αἰώνων. Ἀμήν.

ΙΑ´ Εὐχή

Ὁ Θεός, ὁ Θεὸς ἡμῶν, ὁ τὰς νοερὰς καὶ λογικὰς ὑποστησάμενος δυνάμεις τῷ σῷ θελήματι, σοῦ δεόμεθα καὶ σὲ ἱκετεύομεν, πρόσδεξαι ἡμῶν μετὰ τῶν κτισμάτων σου πάντων τὴν κατὰ δύναμιν δοξολογίαν καὶ ταῖς πλουσίαις τῆς σῆς ἀγαθότητος

For you are our sanctification and to you we give glory, to the Father, the Son and the Holy Spirit, now and for ever, and to the ages of ages. Amen.

10th Prayer

Lord our God, who have granted humankind forgiveness through repentance and shown us an image of acknowledgement and confession of sins: the repentance leading to pardon of the prophet David, in accordance with your great mercy have mercy on us, who have fallen by many and great offences, and, in accordance with the multitude of your pity, wipe away our offences. For we have sinned against you, Lord, who know too the hidden and secret things of the human heart and who alone have authority to forgive sins. Create a clean heart in us and by your sovereign Spirit establish us and make known to us the joy of your salvation. Do not cast us away from your presence, but be well pleased, as you are good and love humankind, for us to offer you until our last breath a sacrifice of justice and an offering on your holy altars.

By the mercy and compassion and love for humankind of your onlybegotten Son, with whom you are blessed, together with your allholy, good and lifegiving Spirit, now and for ever, and to the ages of ages. Amen.

11th Prayer

O God, our God, who by your will have brought into being the spiritual and rational Powers, we beseech and implore you, accept with that of all your creatures our hymn of glory in the measure of our power, and grant us in return

ἀντάμειψαι δωρεαῖς· ὅτι σοὶ κάμπτει πᾶν γόνυ ἐπουρανίων καὶ ἐπιγείων καὶ καταχθονίων καὶ πᾶσα πνοὴ καὶ κτίσις ὑμνεῖ τὴν ἀκατάληπτόν σου δόξαν· μόνος γὰρ εἶ Θεὸς ἀληθινὸς καὶ πολυέλεος.

Ὅτι σὲ αἰνοῦσι πᾶσαι αἱ δυνάμεις τῶν οὐρανῶν, καὶ σοὶ τὴν δόξαν ἀναπέμπομεν, τῷ Πατρὶ καὶ τῷ Υἱῷ καὶ τῷ Ἁγίῳ Πνεύματι, νῦν καὶ ἀεὶ καὶ εἰς τοὺς αἰῶνας τῶν αἰώνων. Ἀμήν.

ΙΒ΄ Εὐχή

Αἰνοῦμεν, ὑμνοῦμεν, εὐλογοῦμεν καὶ εὐχαριστοῦμέν σοι, ὁ Θεὸς τῶν πατέρων ἡμῶν, ὅτι παρήγαγες τὴν σκιὰν τῆς νυκτὸς καὶ ἔδειξας ἡμῖν πάλιν τὸ φῶς τῆς ἡμέρας· ἀλλ᾽ ἱκετεύομεν τὴν σὴν ἀγαθότητα· ἱλάσθητι ταῖς ἁμαρτίαις ἡμῶν καὶ πρόσδεξαι τὴν δέησιν ἡμῶν ἐν τῇ μεγάλῃ σου εὐσπλαγχνίᾳ, ὅτι πρὸς σὲ καταφεύγομεν, τὸν ἐλεήμονα καὶ παντοδύναμον Θεόν· λάμψον ἐν ταῖς καρδίαις ἡμῶν τὸν ἀληθινὸν ἥλιον τῆς δικαιοσύνης σου· φώτισον τὸν νοῦν ἡμῶν καὶ τὰς αἰσθήσεις ὅλας διατήρησον, ἵνα ὡς ἐν ἡμέρᾳ εὐσχημόνως περιπατοῦντες τὴν ὁδὸν τῶν ἐντολῶν σου, καταντήσωμεν εἰς τὴν ζωὴν τὴν αἰώνιον· ὅτι παρὰ σοί ἐστιν ἡ πηγὴ τῆς ζωῆς καὶ ἐν ἀπολαύσει γενέσθαι καταξιωθῶμεν τοῦ ἀπροσίτου φωτός.

Ὅτι σὺ εἶ ὁ Θεὸς ἡμῶν, καὶ σοὶ τὴν δόξαν ἀναπέμπομεν, τῷ Πατρὶ καὶ τῷ Υἱῷ καὶ τῷ Ἁγίῳ Πνεύματι, νῦν καὶ ἀεὶ καὶ εἰς τοὺς αἰῶνας τῶν αἰώνων. Ἀμήν.

the rich gifts of your lovingkindness. For to you bends every knee of those in heaven and on earth and under the earth, and everything that has breath and all creation sings the praise of your incomprehensible glory. For you alone are God, true and of great mercy.

For all the Powers of heaven praise you and to you we give glory, to the Father, the Son and the Holy Spirit, now and for ever, and to the ages of ages. Amen.

12th Prayer

We praise, hymn, bless and give you thanks, O God of our fathers, for you have turned aside the shades of night and shown us again the light of day. But we implore your lovingkindness: Be merciful to our sins and accept our supplication in your great compassion, for we take refuge in you, the merciful and allpowerful God. Make the true sun of justice shine in our hearts; enlighten our mind and guard all our senses, so that, walking uprightly by day in the way of your commandments, we may reach eternal life; for with you is the source of life, and may we be counted worthy to come to the enjoyment of the unapproachable light.

For you are our God and to you we give glory, to the Father, the Son and the Holy Spirit, now and for ever, and to the ages of ages. Amen.

Καὶ μετὰ τὴν ἀνάγνωσιν τῶν εὐχῶν ὁ ἱερεὺς ἀσπασάμενος τὴν δεσποτικὴν εἰκόνα εἰσέρχεται διὰ τῆς νοτίου πύλης εἰς τὸ Ἱερόν.

Ὁ ΕΞΑΨΑΛΜΟΣ.

Δόξα ἐν ὑψίστοις Θεῷ καὶ ἐπὶ γῆς εἰρήνη, ἐν ἀνθρώποις εὐδοκία. *(γ΄)*

Κύριε, τὰ χείλη μου ἀνοίξεις, καὶ τὸ στόμα μου ἀναγγελεῖ τὴν αἴνεσίν σου. *(β΄)*

ΨΑΛΜΟΣ Γ΄

Κύριε, τί ἐπληθύνθησαν οἱ θλίβοντές με; Πολλοὶ ἐπανίστανται ἐπ᾽ ἐμέ.

Πολλοὶ λέγουσι τῇ ψυχῇ μου· οὐκ ἔστι σωτηρία αὐτῷ ἐν τῷ Θεῷ αὐτοῦ.

Σὺ δέ, Κύριε, ἀντιλήπτωρ μου εἶ, δόξα μου καὶ ὑψῶν τὴν κεφαλήν μου.

Φωνῇ μου πρὸς Κύριον ἐκέκραξα, καὶ ἐπήκουσέ μου ἐξ ὄρους ἁγίου αὐτοῦ.

Ἐγὼ δὲ ἐκοιμήθην καὶ ὕπνωσα· ἐξηγέρθην, ὅτι Κύριος ἀντιλήψεταί μου.

Οὐ φοβηθήσομαι ἀπὸ μυριάδων λαοῦ τῶν κύκλῳ συνεπιτιθεμένων μοι.

Ἀνάστα, Κύριε, σῶσόν με ὁ Θεός μου, ὅτι σὺ ἐπάταξας πάντας τοὺς ἐχθραίνοντάς μοι ματαίως, ὀδόντας ἁμαρτωλῶν συνέτριψας.

Τοῦ Κυρίου ἡ σωτηρία, καὶ ἐπὶ τὸν λαόν σου ἡ εὐλογία σου.

Καὶ πάλιν.

Ἐγὼ δὲ ἐκοιμήθην καὶ ὕπνωσα· ἐξηγέρθην, ὅτι Κύριος ἀντιλήψεταί μου. *(β΄)*

And after the reading of the prayers, the Priest venerates the icon of the Lord and enters through the south door into the sanctuary.

THE SIX PSALMS.

Glory to God in the highest, and on earth peace, goodwill toward men! *(x3)*

O Lord, You shall open my lips, and my mouth will declare Your praise. *(x2)*

PSALM 3

Lord, why are they so many that afflict me? Many are they who rise up against me.

Many say to my soul, "There is no salvation for him in his God."

But You, O Lord, are my helper, my glory, who lifts up my head.

With my voice I cried to the Lord, and He heard me from His holy mountain.

As for me, I lay down and slept. I arose, for the Lord will help me.

I will not be afraid of ten thousands of people arrayed against me all around.

Arise, O Lord. Save me, O my God. For You have stricken all who hated me without cause; the teeth of sinners You have shattered.

My salvation is of the Lord; and upon Your people is Your blessing.

And again

I lay down and slept. I arose, for the Lord will help me. *(x2)*

ΨΑΛΜΟΣ ΛΖ΄

Κύριε, μὴ τῷ θυμῷ σου ἐλέγξῃς με, μηδὲ τῇ ὀργῇ σου παιδεύσῃς με.

Ὅτι τὰ βέλη σου ἐνεπάγησάν μοι, καὶ ἐπεστήριξας ἐπ' ἐμὲ τὴν χεῖρά σου.

Οὐκ ἔστιν ἴασις ἐν τῇ σαρκί μου ἀπὸ προσώπου τῆς ὀργῆς σου, οὐκ ἔστιν εἰρήνη ἐν τοῖς ὀστέοις μου ἀπὸ προσώπου τῶν ἁμαρτιῶν μου.

Ὅτι αἱ ἀνομίαι μου ὑπερῆραν τὴν κεφαλήν μου, ὡσεὶ φορτίον βαρὺ ἐβαρύνθησαν ἐπ' ἐμέ.

Προσώζεσαν καὶ ἐσάπησαν οἱ μώλωπές μου ἀπὸ προσώπου τῆς ἀφροσύνης μου.

Ἐταλαιπώρησα καὶ κατεκάμφθην ἕως τέλους, ὅλην τὴν ἡμέραν σκυθρωπάζων ἐπορευόμην.

Ὅτι αἱ ψόαι μου ἐπλήσθησαν ἐμπαιγμάτων, καὶ οὐκ ἔστιν ἴασις ἐν τῇ σαρκί μου.

Ἐκακώθην καὶ ἐταπεινώθην ἕως σφόδρα, ὠρυόμην ἀπὸ στεναγμοῦ τῆς καρδίας μου.

Κύριε, ἐναντίον σου πᾶσα ἡ ἐπιθυμία μου, καὶ ὁ στεναγμός μου ἀπὸ σοῦ οὐκ ἀπεκρύβη.

Ἡ καρδία μου ἐταράχθη, ἐγκατέλιπέ με ἡ ἰσχύς μου, καὶ τὸ φῶς τῶν ὀφθαλμῶν μου καὶ αὐτὸ οὐκ ἔστι μετ' ἐμοῦ.

Οἱ φίλοι μου καὶ οἱ πλησίον μου ἐξεναντίας μου ἤγγισαν καὶ ἔστησαν, καὶ οἱ ἔγγιστά μου ἀπὸ μακρόθεν ἔστησαν.

Καὶ ἐξεβιάζοντο οἱ ζητοῦντες τὴν ψυχήν μου, καὶ οἱ ζητοῦντες τὰ κακά μοι ἐλάλησαν ματαιότητας, καὶ δολιότητας ὅλην τὴν ἡμέραν ἐμελέτησαν.

PSALM 37

O Lord, in Your anger rebuke me not, neither in Your wrath chasten me.

For Your arrows are stuck fast in me; and You have brought down Your hand against me.

There is no healing in my flesh because of your wrath. There is no peace in my bones because of my sins.

For my iniquities have risen higher than my head; they have weighed upon me like a heavy burden.

My sores are foul and festering, because of my folly.

I am exhausted and completely bent over; all the day long despondently I carried myself.

For my loins were filled with delusions; and there is no healing in my flesh.

I afflicted myself and was humbled exceedingly; I roared from the groaning of my heart.

O Lord, all my desire is before You, and my groaning is not hidden from You.

My heart is troubled, my strength has left me—even the light of my eyes is not with me.

My friends and my companions approached and stood up against me; those closest to me stood at a distance.

Those who were after my soul pressed me; and those who wished me ill spoke lies and plotted intrigues all day long.

Ἐγὼ δὲ ὡσεὶ κωφὸς οὐκ ἤκουον καὶ ὡσεὶ ἄλαλος οὐκ ἀνοίγων τὸ στόμα αὐτοῦ.

Καὶ ἐγενόμην ὡσεὶ ἄνθρωπος οὐκ ἀκούων καὶ οὐκ ἔχων ἐν τῷ στόματι αὐτοῦ ἐλεγμούς.

Ὅτι ἐπὶ σοί, Κύριε, ἤλπισα· σὺ εἰσακούσει, Κύριε ὁ Θεός μου.

Ὅτι εἶπον· Μή ποτε ἐπιχαρῶσί μοι οἱ ἐχθροί μου· καὶ ἐν τῷ σαλευθῆναι πόδας μου ἐπ' ἐμὲ ἐμεγαλορρημόνησαν.

Ὅτι ἐγὼ εἰς μάστιγας ἕτοιμος, καὶ ἡ ἀλγηδών μου ἐνώπιόν μου ἐστὶ διὰ παντός.

Ὅτι τὴν ἀνομίαν μου ἐγὼ ἀναγγελῶ καὶ μεριμνήσω ὑπὲρ τῆς ἁμαρτίας μου.

Οἱ δὲ ἐχθροί μου ζῶσι καὶ κεκραταίωνται ὑπὲρ ἐμέ, καὶ ἐπληθύνθησαν οἱ μισοῦντές με ἀδίκως.

Οἱ ἀνταποδιδόντες μοι κακὰ ἀντὶ ἀγαθῶν ἐνδιέβαλλόν με, ἐπεὶ κατεδίωκον ἀγαθωσύνην.

Μὴ ἐγκαταλίπῃς με, Κύριε ὁ Θεός μου, μὴ ἀποστῇς ἀπ' ἐμοῦ.

Πρόσχες εἰς τὴν βοήθειάν μου, Κύριε τῆς σωτηρίας μου.

Καὶ πάλιν.

Μὴ ἐγκαταλίπῃς με, Κύριε ὁ Θεός μου, μὴ ἀποστῇς ἀπ' ἐμοῦ. Πρόσχες εἰς τὴν βοήθειάν μου, Κύριε τῆς σωτηρίας μου.

ΨΑΛΜΟΣ ΖΒ´

Ὁ Θεὸς ὁ Θεός μου, πρὸς σὲ ὀρθρίζω. Ἐδίψησέ σε ἡ ψυχή μου, ποσαπλῶς σοι ἡ σάρξ μου, ἐν γῇ ἐρήμῳ καὶ ἀβάτῳ καὶ ἀνύδρῳ.

But I was like one deaf and did not hear, and as one mute who opens not his mouth.

And I became like a man who cannot hear and who has no rebuttals in his mouth.

For in You, O Lord, I have hoped. You will hear, O Lord my God.

For I said, let my enemies never gloat over me, those who, when my feet are shaken, spoke proudly against me.

For I am prepared for scourges, and my anguish is before me always.

For I shall confess my iniquity and tend to my sin.

But my enemies are alive and stronger than I, and those who hate me without cause have been multiplied.

Those who render me evil for good slandered me because I pursued goodness.

Forsake me not, O Lord my God, depart not from me.

Attend to my help, O Lord of my salvation.

And again

Forsake me not, O Lord my God, depart not from me. Attend to my help, O Lord of my salvation.

PSALM 62

O God my God, at dawn I rise to you. My soul thirsts for you; my flesh longs for you, in a land that is desolate, trackless and waterless.

Οὕτως ἐν τῷ ἁγίῳ ὤφθην σοι τοῦ ἰδεῖν τὴν δύναμίν σου καὶ τὴν δόξαν σου.

Ὅτι κρεῖσσον τὸ ἔλεός σου ὑπὲρ ζωάς· τὰ χείλη μου ἐπαινέσουσί σε.

Οὕτως εὐλογήσω σε ἐν τῇ ζωῇ μου, καὶ ἐν τῷ ὀνόματί σου ἀρῶ τὰς χεῖράς μου.

Ὡς ἐκ στέατος καὶ πιότητος ἐμπλησθείη ἡ ψυχή μου, καὶ χείλη ἀγαλλιάσεως αἰνέσει τὸ στόμα μου.

Εἰ ἐμνημόνευόν σου ἐπὶ τῆς στρωμνῆς μου, ἐν τοῖς ὄρθροις ἐμελέτων εἰς σέ·

Ὅτι ἐγενήθης βοηθός μου, καὶ ἐν τῇ σκέπῃ τῶν πτερύγων σου ἀγαλλιάσομαι.

Ἐκολλήθη ἡ ψυχή μου ὀπίσω σου, ἐμοῦ δὲ ἀντελάβετο ἡ δεξιά σου.

Αὐτοὶ δὲ εἰς μάτην ἐζήτησαν τὴν ψυχήν μου, εἰσελεύσονται εἰς τὰ κατώτατα τῆς γῆς·

Παραδοθήσονται εἰς χεῖρας ῥομφαίας, μερίδες ἀλωπέκων ἔσονται.

Ὁ δὲ βασιλεὺς εὐφρανθήσεται ἐπὶ τῷ Θεῷ, ἐπαινεθήσεται πᾶς ὁ ὀμνύων ἐν αὐτῷ, ὅτι ἐνεφράγη στόμα λαλούντων ἄδικα.

Καὶ πάλιν.

Ἐν τοῖς ὄρθροις ἐμελέτων εἰς σέ· ὅτι ἐγενήθης βοηθός μου, καὶ ἐν τῇ σκέπῃ τῶν πτερύγων σου ἀγαλλιάσομαι. Ἐκολλήθη ἡ ψυχή μου ὀπίσω σου, ἐμοῦ δὲ ἀντελάβετο ἡ δεξιά σου.

Δόξα Πατρὶ καὶ Υἱῷ καὶ Ἁγίῳ Πνεύματι, καὶ νῦν καὶ ἀεὶ καὶ εἰς τοὺς αἰῶνας τῶν αἰώνων. Ἀμήν.

Ἀλληλούϊα, ἀλληλούϊα, ἀλληλούϊα, δόξα σοι ὁ Θεός.

Thus would I appear before You in the sanctuary to see Your power and Your glory.

For Your mercy is better than lives; my lips shall praise You.

Thus will I bless You in my life, and in Your name will I lift up my hands.

Let my soul be filled as with suet and fat, and joyful lips will praise your name.

I brought You to mind as I lay on my couch, during the early watches I have meditated on You.

For You have become my helper; and in the shelter of Your wings I will be glad.

My soul clings to You, and Your right hand has laid hold of me.

But they sought my life to no avail; they shall go to the lowest depths of the earth.

They shall be given over to the sword; the portions of foxes they shall be.

But the king shall rejoice in God, and all who swear by him shall be praised, for the mouths of them that spoke unjustly have been stopped.

And again

During the early watches I have meditated on You. For You have become my helper; and in the shelter of Your wings I will be glad. My soul clings to You, and Your right hand has laid hold of me.

Glory to the Father, and the Son, and the Holy Spirit, both now and ever and to the ages of ages. Amen.

Alleluia, alleluia, alleluia, glory to You, O God.

Κύριε, ἐλέησον. (γ´)

Δόξα Πατρί καὶ Υἱῷ καὶ Ἁγίῳ Πνεύματι, καὶ νῦν καὶ ἀεὶ καὶ εἰς τοὺς αἰῶνας τῶν αἰώνων. Ἀμήν.

ΨΑΛΜΟΣ ΠΖ´

Κύριε ὁ Θεὸς τῆς σωτηρίας μου, ἡμέρας ἐκέκραξα καὶ ἐν νυκτὶ ἐναντίον σου.

Εἰσελθέτω ἐνώπιόν σου ἡ προσευχή μου, κλῖνον τὸ οὖς σου εἰς τὴν δέησίν μου.

Ὅτι ἐπλήσθη κακῶν ἡ ψυχή μου, καὶ ἡ ζωή μου τῷ ᾅδῃ ἤγγισε.

Προσελογίσθην μετὰ τῶν καταβαινόντων εἰς λάκκον, ἐγενήθην ὡσεὶ ἄνθρωπος ἀβοήθητος, ἐν νεκροῖς ἐλεύθερος,

Ὡσεὶ τραυματίαι καθεύδοντες ἐν τάφῳ, ὧν οὐκ ἐμνήσθης ἔτι, καὶ αὐτοὶ ἐκ τῆς χειρός σου ἀπώσθησαν.

Ἔθεντό με ἐν λάκκῳ κατωτάτῳ, ἐν σκοτεινοῖς καὶ ἐν σκιᾷ θανάτου.

Ἐπ᾽ ἐμὲ ἐπεστηρίχθη ὁ θυμός σου, καὶ πάντας τοὺς μετεωρισμούς σου ἐπήγαγες ἐπ᾽ ἐμέ.

Ἐμάκρυνας τοὺς γνωστούς μου ἀπ᾽ ἐμοῦ, ἔθεντό με βδέλυγμα ἑαυτοῖς, παρεδόθην καὶ οὐκ ἐξεπορευόμην.

Οἱ ὀφθαλμοί μου ἠσθένησαν ἀπὸ πτωχείας· ἐκέκραξα πρός σέ, Κύριε, ὅλην τὴν ἡμέραν, διεπέτασα πρὸς σὲ τὰς χεῖράς μου.

Μὴ τοῖς νεκροῖς ποιήσεις θαυμάσια; ἢ ἰατροὶ ἀναστήσουσι καὶ ἐξομολογήσονταί σοι;

Μὴ διηγήσεταί τις ἐν τῷ τάφῳ τὸ ἔλεός σου καὶ τὴν ἀλήθειάν σου ἐν τῇ ἀπωλείᾳ;

Lord, have mercy. (x3)

Glory to the Father, and the Son, and the Holy Spirit, both now and ever and to the ages of ages. Amen.

PSALM 87

Lord God of my salvation, day and night I cried out to You.

Let my prayer come before You; incline Your ear to my supplication.

For my soul has been filled with evils, and my life has drawn near to Hades.

I have been numbered with those who go into the pit. I have become like a man with no help, I, who am free, am among the dead.

I have become like the wounded who lie in a grave, whom You remember no longer, and have been pushed away by Your hand.

They laid me in a very deep pit, in dark places, and in the shadow of death.

Your anger pressed down hard on me, and You brought down on me all Your turmoils.

You stood my acquaintances far off from me; they made me an abomination to themselves. I was handed over and I did not escape.

My eyes weakened from poverty. I cried to You all day, O Lord, I spread out my arms to You.

Will you work wonders for the dead? Or will physicians resuscitate them that they give You thanks?

Will anyone recount Your mercy in the grave, and Your truth in perdition?

Μὴ γνωσθήσεται ἐν τῷ σκότει τὰ θαυμάσιά σου καὶ ἡ δικαιοσύνη σου ἐν γῇ ἐπιλελησμένῃ;

Κἀγὼ πρὸς σέ, Κύριε, ἐκέκραξα, καὶ τὸ πρωῒ ἡ προσευχή μου προφθάσει σε.

Ἵνα τί, Κύριε, ἀπωθεῖς τὴν ψυχήν μου, ἀποστρέφεις τὸ πρόσωπόν σου ἀπ᾽ ἐμοῦ;

Πτωχός εἰμι ἐγὼ καὶ ἐν κόποις ἐκ νεότητός μου, ὑψωθεὶς δὲ ἐταπεινώθην καὶ ἐξηπορήθην.

Ἐπ᾽ ἐμὲ διῆλθον αἱ ὀργαί σου, οἱ φοβερισμοί σου ἐξετάραξάν με,

Ἐκύκλωσάν με ὡσεὶ ὕδωρ ὅλην τὴν ἡμέραν, περιέσχον με ἅμα.

Ἐμάκρυνας ἀπ᾽ ἐμοῦ φίλον καὶ πλησίον, καὶ τοὺς γνωστούς μου ἀπὸ ταλαιπωρίας.

Καὶ πάλιν.

Κύριε ὁ Θεὸς τῆς σωτηρίας μου, ἡμέρας ἐκέκραξα καὶ ἐν νυκτὶ ἐναντίον σου. Εἰσελθέτω ἐνώπιόν σου ἡ προσευχή μου, κλῖνον τὸ οὖς σου εἰς τὴν δέησίν μου.

ΨΑΛΜΟΣ ΡΒ΄

Εὐλόγει, ἡ ψυχή μου, τὸν Κύριον, καί, πάντα τὰ ἐντός μου, τὸ ὄνομα τὸ ἅγιον αὐτοῦ.

Εὐλόγει, ἡ ψυχή μου, τὸν Κύριον, καὶ μὴ ἐπιλανθάνου πάσας τὰς ἀνταποδόσεις αὐτοῦ.

Τὸν εὐιλατεύοντα πάσας τὰς ἀνομίας σου, τὸν ἰώμενον πάσας τὰς νόσους σου.

Τὸν λυτρούμενον ἐκ φθορᾶς τὴν ζωήν σου, τὸν στεφανοῦντά σε ἐν ἐλέει καὶ οἰκτιρμοῖς.

Will Your wonders be known in the darkness, and Your justice in a land forgotten?

I, too, have cried out to You, O Lord, and my prayer will reach You at dawn.

Why, Lord, do You still reject my soul? Why do You turn Your face from me?

I am poor and in hardship from my youth. I was exalted, then humbled and impoverished.

Your wrath went through me; Your terrors disquieted me.

They encircled me the whole day like water; they surrounded me together.

You distanced from me friend and neighbor and my acquaintances, because of my misery.

And again

Lord God of my salvation, day and night I cried out to You. Let my prayer come before You; incline Your ear to my supplication.

PSALM 102

Bless the Lord, O my soul; and all that is within me, bless His holy name.

Bless the Lord, O my soul, and forget not all His rewards. He is gracious toward all your iniquities,

He heals all your infirmities. He rescues your life from corruption;

In His mercy and tender love He awards you a crown. He fulfills your desire for good things;

Τὸν ἐμπιπλῶντα ἐν ἀγαθοῖς τὴν ἐπιθυμίαν σου, ἀνακαινισθήσεται ὡς ἀετοῦ ἡ νεότης σου.

Like that of an eagle your youth will be restored.

Ποιῶν ἐλεημοσύνας ὁ Κύριος καὶ κρῖμα πᾶσι τοῖς ἀδικουμένοις.

The Lord performs deeds of mercy for all who have suffered injustice.

Ἐγνώρισε τὰς ὁδοὺς αὐτοῦ τῷ Μωϋσῇ, τοῖς υἱοῖς Ἰσραὴλ τὰ θελήματα αὐτοῦ.

He made known His ways to Moses, to the sons of Israel the things that He has willed.

Οἰκτίρμων καὶ ἐλεήμων ὁ Κύριος, μακρόθυμος καὶ πολυέλεος·

The Lord is compassionate and merciful, longsuffering and very merciful.

Οὐκ εἰς τέλος ὀργισθήσεται, οὐδὲ εἰς τὸν αἰῶνα μηνιεῖ.

He will not maintain His anger nor will He forever keep His wrath.

Οὐ κατὰ τὰς ἀνομίας ἡμῶν ἐποίησεν ἡμῖν, οὐδὲ κατὰ τὰς ἁμαρτίας ἡμῶν ἀνταπέδωκεν ἡμῖν,

Not according to our iniquities has He dealt with us, neither according to our sins has He rewarded us.

Ὅτι κατὰ τὸ ὕψος τοῦ οὐρανοῦ ἀπὸ τῆς γῆς ἐκραταίωσε Κύριος τὸ ἔλεος αὐτοῦ ἐπὶ τοὺς φοβουμένους αὐτόν.

For as high as the heaven is from the earth, so has the Lord extended His mercy to those who go in fear of Him.

Καθ' ὅσον ἀπέχουσιν ἀνατολαὶ ἀπὸ δυσμῶν, ἐμάκρυνεν ἀφ' ἡμῶν τὰς ἀνομίας ἡμῶν.

As far as the East is from the West, so far has He removed our iniquities from us.

Καθὼς οἰκτίρει πατὴρ υἱούς, ᾠκτίρησε Κύριος τοὺς φοβουμένους αὐτόν,

As a father has compassion on his sons, so the Lord has compassion on those who go in fear of Him;

Ὅτι αὐτὸς ἔγνω τὸ πλάσμα ἡμῶν, ἐμνήσθη ὅτι χοῦς ἐσμεν.

For He knows how we were formed, He remembered that we are dust.

Ἄνθρωπος, ὡσεὶ χόρτος αἱ ἡμέραι αὐτοῦ· ὡσεὶ ἄνθος τοῦ ἀγροῦ, οὕτως ἐξανθήσει.

Man, like the grass are his days; like a flower of the field, so shall he blossom.

Ὅτι πνεῦμα διῆλθεν ἐν αὐτῷ, καὶ οὐχ ὑπάρξει, καὶ οὐκ ἐπιγνώσεται ἔτι τὸν τόπον αὐτοῦ.

For breath passes from within him and he is no more, and he will not look upon his place again.

Τὸ δὲ ἔλεος τοῦ Κυρίου ἀπὸ τοῦ αἰῶνος καὶ ἕως τοῦ αἰῶνος ἐπὶ τοὺς φουβουμένους αὐτόν, καὶ ἡ δικαιοσύνη αὐτοῦ ἐπὶ υἱοῖς υἱῶν,

But the mercy of the Lord is from eternity, and unto eternity for those who go in fear of Him. And His justice is upon the sons of the sons

Τοῖς φυλάσσουσι τὴν διαθήκην αὐτοῦ καὶ μεμνημένοις τῶν ἐντολῶν αὐτοῦ τοῦ ποιῆσαι αὐτάς.

Of those who keep His testament and who remember His commandments that they be performed.

Κύριος ἐν τῷ οὐρανῷ ἡτοίμασε τὸν θρόνον αὐτοῦ, καὶ ἡ βασιλεία αὐτοῦ πάντων δεσπόζει.

Εὐλογεῖτε τὸν Κύριον, πάντες οἱ Ἄγγελοι αὐτοῦ, δυνατοὶ ἰσχύϊ, ποιοῦντες τὸν λόγον αὐτοῦ, τοῦ ἀκοῦσαι τῆς φωνῆς τῶν λόγων αὐτοῦ.

Εὐλογεῖτε τὸν Κύριον, πᾶσαι αἱ Δυνάμεις αὐτοῦ, λειτουργοὶ αὐτοῦ, ποιοῦντες τὸ θέλημα αὐτοῦ.

Εὐλογεῖτε τὸν Κύριον, πάντα τὰ ἔργα αὐτοῦ, ἐν παντὶ τόπῳ τῆς δεσποτείας αὐτοῦ· εὐλόγει, ἡ ψυχή μου, τὸν Κύριον.

Καὶ πάλιν.

Ἐν παντὶ τόπῳ τῆς δεσποτείας αὐτοῦ. Εὐλόγει, ἡ ψυχή μου, τὸν Κύριον.

ΨΑΛΜΟΣ ΡΜΒ΄

Κύριε, εἰσάκουσον τῆς προσευχῆς μου, ἐνώτισαι τὴν δέησίν μου ἐν τῇ ἀληθείᾳ σου, εἰσάκουσόν μου ἐν τῇ δικαιοσύνῃ σου·

Καὶ μὴ εἰσέλθῃς εἰς κρίσιν μετὰ τοῦ δούλου σου, ὅτι οὐ δικαιωθήσεται ἐνώπιόν σου πᾶς ζῶν.

Ὅτι κατεδίωξεν ὁ ἐχθρὸς τὴν ψυχήν μου, ἐταπείνωσεν εἰς γῆν τὴν ζωήν μου, ἐκάθισέ με ἐν σκοτεινοῖς ὡς νεκροὺς αἰῶνος·

Καὶ ἠκηδίασεν ἐπ' ἐμὲ τὸ πνεῦμά μου, ἐν ἐμοὶ ἐταράχθη ἡ καρδία μου.

Ἐμνήσθην ἡμερῶν ἀρχαίων, ἐμελέτησα ἐν πᾶσι τοῖς ἔργοις σου, ἐν ποιήμασι τῶν χειρῶν σου ἐμελέτων.

Διεπέτασα πρὸς σὲ τὰς χεῖράς μου· ἡ ψυχή μου ὡς γῆ ἄνυδρός σοι.

Ταχὺ εἰσάκουσόν μου, Κύριε, ἐξέλιπε τὸ πνεῦμά μου. Μὴ ἀποστρέψῃς τὸ πρό-

The Lord in heaven has prepared His throne, and His kingship has dominion over all.

Bless the Lord, all you His angels, mighty in strength, performing His word, that the voice of His words be heard.

Bless the Lord, all you His powers, His ministers, who perform His will.

Bless the Lord, O all you works of His, in every place of His dominion. Bless the Lord, O my soul.

And again

In every place of His dominion. Bless the Lord, O my soul.

PSALM 142

O Lord, hear my prayer, give ear to my supplication in Your truth; hear me in Your righteousness,

And enter not into judgment with Your servant; for before You, no one living will be justified.

The enemy pursued my soul. He has lowered my life to the ground. He has set me in darkness like those long dead.

My spirit became despondent with me; my heart was agitated within me.

I remembered the days of old. I meditated on all Your deeds; I pondered the works of Your hands.

I have spread out my arms to You; my soul thirsts for You like waterless land.

Quickly hear me, O Lord; my spirit has become faint. Turn not Your face

σωπόν σου ἀπ᾽ ἐμοῦ, καὶ ὁμοιωθήσομαι τοῖς καταβαίνουσιν εἰς λάκκον.

Ἀκουστὸν ποίησόν μοι τὸ πρωῒ τὸ ἔλεός σου, ὅτι ἐπὶ σοὶ ἤλπισα. Γνώρισόν μοι, Κύριε, ὁδόν, ἐν ᾗ πορεύσομαι, ὅτι πρὸς σὲ ἦρα τὴν ψυχήν μου.

Ἐξελοῦ με ἐκ τῶν ἐχθρῶν μου, Κύριε, ὅτι πρὸς σὲ κατέφυγον.

Δίδαξόν με τοῦ ποιεῖν τὸ θέλημά σου, ὅτι σὺ εἶ ὁ Θεός μου. Τὸ πνεῦμά σου τὸ ἀγαθὸν ὁδηγήσει με ἐν γῇ εὐθείᾳ·

Ἕνεκεν τοῦ ὀνόματός σου, Κύριε, ζήσεις με, ἐν τῇ δικαιοσύνῃ σου ἐξάξεις ἐκ θλίψεως τὴν ψυχήν μου·

Καὶ ἐν τῷ ἐλέει σου ἐξολοθρεύσεις τοὺς ἐχθρούς μου καὶ ἀπολεῖς πάντας τοὺς θλίβοντας τὴν ψυχήν μου, ὅτι ἐγὼ δοῦλός σου εἰμι.

Καὶ πάλιν.

Εἰσάκουσόν μου ἐν τῇ δικαιοσύνῃ σου· καὶ μὴ εἰσέλθῃς εἰς κρίσιν μετὰ τοῦ δούλου σου. *(β΄)*

Τὸ πνεῦμά σου τὸ ἀγαθὸν ὁδηγήσει με ἐν γῇ εὐθείᾳ.

Δόξα Πατρὶ καὶ Υἱῷ καὶ Ἁγίῳ Πνεύματι, καὶ νῦν καὶ ἀεὶ καὶ εἰς τοὺς αἰῶνας τῶν αἰώνων. Ἀμήν.

Ἀλληλούϊα, ἀλληλούϊα, ἀλληλούϊα, δόξα σοι ὁ Θεός. *(γ΄)* Ἡ ἐλπὶς ἡμῶν, Κύριε, δόξα σοι.

Ὁ Ἱερεύς· Ἐν εἰρήνῃ τοῦ Κυρίου δεηθῶμεν.

Ὁ Χορός· Κύριε, ἐλέησον. *(Καὶ μεθ᾽ ἑκάστην δέησιν)*

Ὁ Ἱερεύς· Ὑπὲρ τῆς ἄνωθεν εἰρήνης, καὶ τῆς σωτηρίας τῶν ψυχῶν ἡμῶν, τοῦ Κυρίου δεηθῶμεν.

away from me, lest I become like those who go down into the pit.

Let me hear of Your mercy in the morning, for I have hoped in You. Show me, Lord, the way in which I should walk, for I have lifted up my soul to You.

Rescue me from my enemies, O Lord; to You have I fled.

Teach me to do Your will, for You are my God. Your good Spirit will guide me on level ground.

You will quicken me, O Lord, for Your name's sake. In Your righteousness You will bring my soul out of affliction.

And in Your mercy You will exterminate my enemies. And You will destroy all those who afflict my soul, for I am Your servant.

And again

Hear me in Your righteousness, and enter not into judgment with Your servant. *(x2)*

Your good Spirit will guide me on level ground.

Glory to the Father, and the Son, and the Holy Spirit, both now and ever and to the ages of ages. Amen.

Alleluia, alleluia, alleluia, glory to You, O God. *(x3)* Our hope, O Lord, glory to You.

Priest: In peace let us pray to the Lord.

Choir: Lord, have mercy. *(**And so after each petition.**)*

Priest: For the peace from above and the salvation of our souls, let us pray to the Lord.

Ὑπὲρ τῆς εἰρήνης τοῦ σύμπαντος κόσμου, εὐσταθείας τῶν ἁγίων τοῦ Θεοῦ Ἐκκλησιῶν, καὶ τῆς τῶν πάντων ἑνώσεως, τοῦ Κυρίου δεηθῶμεν.

Ὑπὲρ τοῦ ἁγίου οἴκου τούτου, καὶ τῶν μετὰ πίστεως, εὐλαβείας καὶ φόβου Θεοῦ εἰσιόντων ἐν αὐτῷ, τοῦ Κυρίου δεηθῶμεν.

Ὑπὲρ τοῦ Ἀρχιεπισκόπου ἡμῶν *(τοῦ δεῖνος)*, τοῦ τιμίου πρεσβυτερίου, τῆς ἐν Χριστῷ διακονίας, παντὸς τοῦ κλήρου καὶ τοῦ λαοῦ, τοῦ Κυρίου δεηθῶμεν.

Ὑπὲρ τοῦ εὐσεβοῦς ἡμῶν ἔθνους, πάσης ἀρχῆς καὶ ἐξουσίας ἐν αὐτῷ, τοῦ Κυρίου δεηθῶμεν.

Ὑπὲρ τῆς ἱερᾶς Μητροπόλεως, ἐνορίας καὶ πόλεως ταύτης, πάσης πόλεως, μονῆς καὶ χώρας, καὶ τῶν πίστει οἰκούντων ἐν αὐταῖς, τοῦ Κυρίου δεηθῶμεν.

Ὑπὲρ εὐκρασίας ἀέρων, εὐφορίας τῶν καρπῶν τῆς γῆς, καὶ καιρῶν εἰρηνικῶν, τοῦ Κυρίου δεηθῶμεν.

Ὑπὲρ πλεόντων, ὁδοιπορούντων, νοσούντων, καμνόντων, αἰχμαλώτων, καὶ τῆς σωτηρίας αὐτῶν, τοῦ Κυρίου δεηθῶμεν.

Ὑπὲρ τοῦ ῥυσθῆναι ἡμᾶς ἀπὸ πάσης θλίψεως, ὀργῆς, κινδύνου καὶ ἀνάγκης, τοῦ Κυρίου δεηθῶμεν.

Ἀντιλαβοῦ, σῶσον, ἐλέησον, καὶ διαφύλαξον ἡμᾶς, ὁ Θεός, τῇ σῇ χάριτι.

Ὁ Χορός· Κύριε, ἐλέησον.

Ὁ Ἱερεύς· Τῆς Παναγίας, ἀχράντου, ὑπερευλογημένης, ἐνδόξου Δεσποίνης ἡμῶν Θεοτόκου, καὶ ἀειπαρθένου Μαρίας, μετὰ πάντων τῶν Ἁγίων μνημονεύσα-

For peace in the whole world, for the stability of the holy churches of God, and for the unity of all, let us pray to the Lord.

For this holy house and for those who enter it with faith, reverence, and the fear of God, let us pray to the Lord.

For our Archbishop *(Name)*, for the honored order of presbyters, for the diaconate in Christ, for all the clergy and the people, let us pray to the Lord.

For our country, the president, and all those in public service, let us pray to the Lord.

For this holy Metropolis and parish, and for this city and every city, monastic community, and land and the faithful who live in them, let us pray to the Lord.

For favorable weather, an abundance of the fruits of the earth, and temperate seasons, let us pray to the Lord.

For travelers by land, sea, and air, for the sick, the suffering, the captives, and for their salvation, let us pray to the Lord.

For our deliverance from all affliction, wrath, danger, and distress, let us pray to the Lord.

Take hold of us, save us, have mercy upon us, and protect us, O God, by Your grace.

Choir: Lord, have mercy.

Priest: Commemorating our most holy, most pure, most blessed and glorified Lady the Theotokos and evervirgin Mary, together with all the saints, let us

ντες, ἑαυτοὺς καὶ ἀλλήλους, καὶ πᾶσαν τὴν ζωὴν ἡμῶν Χριστῷ τῷ Θεῷ παραθώμεθα.

Ὁ Χορός· Σοί, Κύριε.

Ὁ Ἱερεύς·

Ὅτι πρέπει σοι πᾶσα δόξα, τιμὴ καὶ προσκύνησις, τῷ Πατρὶ καὶ τῷ Υἱῷ καὶ τῷ Ἁγίῳ Πνεύματι, νῦν καὶ ἀεὶ καὶ εἰς τοὺς αἰῶνας τῶν αἰώνων.

Ὁ Χορός· Ἀμήν.

Καὶ ψάλλομεν τὸ Θεὸς Κύριος μετὰ τῶν στίχων αὐτοῦ καὶ τὰ ἑπόμενα τροπάρια.

Θεὸς Κύριος, καὶ ἐπέφανεν ἡμῖν, εὐλογημένος ὁ ἐρχόμενος ἐν ὀνόματι Κυρίου.

Στίχ, α΄. *Ἐξομολογεῖσθε τῷ Κυρίῳ, ὅτι ἀγαθός, ὅτι εἰς τὸν αἰῶνα τὸ ἔλεος αὐτοῦ.*

Θεὸς Κύριος καὶ ἐπέφανεν ἡμῖν· εὐλογημένος ὁ ἐρχόμενος ἐν ὀνόματι Κυρίου.

Στίχ, β΄. *Πάντα τὰ ἔθνη ἐκύκλωσάν με, καὶ τῷ ὀνόματι Κυρίου ἠμυνάμην αὐτούς.*

Θεὸς Κύριος καὶ ἐπέφανεν ἡμῖν· εὐλογημένος ὁ ἐρχόμενος ἐν ὀνόματι Κυρίου.

Στίχ, γ΄. *Παρὰ Κυρίου ἐγένετο αὕτη, καὶ ἐστι θαυμαστὴ ἐν ὀφθαλμοῖς ἡμῶν.*

Θεὸς Κύριος καὶ ἐπέφανεν ἡμῖν· εὐλογημένος ὁ ἐρχόμενος ἐν ὀνόματι Κυρίου.

Τροπάρια. Ἦχος β΄.

Ὁ εὐσχήμων Ἰωσήφ, ἀπὸ τοῦ ξύλου καθελὼν τὸ ἄχραντόν σου σῶμα, σινδόνι καθαρᾷ, εἰλήσας καὶ ἀρώμασιν, ἐν μνήματι καινῷ κηδεύσας ἀπέθετο.

Choir: To You, O Lord.

Priest:

For to You belong all glory, honor, and worship to the Father and the Son and the Holy Spirit, both now and ever and to the ages of ages.

Choir: Amen.

And we sing the God is the Lord with its verses and the following troparia.

The Lord is God, and has appeared to us. Blessed is he who comes in the name of the Lord.

Verse 1: *Give thanks to the Lord for he is good; and his mercy endures for ever.*

The Lord is God, and has appeared to us. Blessed is he who comes in the name of the Lord.

Verse 2: *All the nations surrounded me and in the name of the Lord I drove them back.*

The Lord is God, and has appeared to us. Blessed is he who comes in the name of the Lord.

Verse 3: *This is the Lord's doing and it is marvellous in our eyes.*

The Lord is God, and has appeared to us. Blessed is he who comes in the name of the Lord.

Troparia. Tone 2.

The noble Joseph taking down from the tree your undefiled body in fine linen he enshrouded it with sweet spices and in a new grave he laid it for burial.

Δόξα Πατρὶ καὶ Υἱῷ καὶ Ἁγίῳ Πνεύματι.

Ὅτε κατῆλθες πρὸς τὸν θάνατον, ἡ ζωὴ ἡ ἀθάνατος, τότε τὸν ᾅδην ἐνέκρωσας, τῇ ἀστραπῇ τῆς Θεότητος· ὅτε δὲ καὶ τοὺς τεθνεῶτας ἐκ τῶν καταχθονίων ἀνέστησας, πᾶσαι αἱ δυνάμεις τῶν ἐπουρανίων ἐκραύγαζον· Ζωοδότα Χριστὲ ὁ Θεὸς ἡμῶν, δόξα σοι.

Καὶ νῦν καὶ ἀεὶ καὶ εἰς τοὺς αἰῶνας τῶν αἰώνων. Ἀμήν.

Ταῖς μυροφόροις γυναιξί, παρὰ τὸ μνῆμα ἐπιστάς, ὁ Ἄγγελος ἐβόα· ἃ μύρα τοῖς θνητοῖς ὑπάρχει ἁρμόδια, Χριστὸς δὲ διαφθορᾶς ἐδείχθη ἀλλότριος.

Ὁ Διάκονος· Ἔτι καὶ ἔτι ἐν εἰρήνῃ τοῦ Κυρίου δεηθῶμεν.

Ὁ Χορός· Κύριε ἐλέησον.

Ὁ Διάκονος· Ἀντιλαβοῦ, σῶσον, ἐλέησον καὶ διαφύλαξον ἡμᾶς ὁ Θεὸς τῇ σῇ χάριτι.

Ὁ Χορός· Κύριε ἐλέησον.

Ὁ Διάκονος· Τῆς Παναγίας, ἀχράντου, ὑπερευλογημένης, ἐνδόξου, δεσποίνης ἡμῶν Θεοτόκου καὶ ἀειπαρθένου Μαρίας, μετὰ πάντων τῶν ἁγίων μνημονεύσαντες, ἑαυτοὺς καὶ ἀλλήλους καὶ πᾶσαν τὴν ζωὴν ἡμῶν Χριστῷ τῷ Θεῷ παραθώμεθα.

Ὁ Χορός· Σοί, Κύριε.

Ὁ Ἱερεύς·

Ὅτι σὸν τὸ κράτος καὶ σοῦ ἐστιν ἡ βασιλεία καὶ ἡ δύναμις καὶ ἡ δόξα, τοῦ Πατρὸς καὶ τοῦ Υἱοῦ καὶ τοῦ Ἁγίου Πνεύμα-

Glory to the Father, Son and the Holy Spirit.

When you descended to encounter death, you who are immortal Life, then it was you who slew death itself, with your Godhead's lightning flash, when you even raised up the dead from the depths below the earth, all the powers from beyond the heavens' heights cried out to you: Lord and Giver of Life, O Christ our God, glory to you.

Both now and ever, and to the ages of ages. Amen.

To the women bearing myrrh, the Angel standing by the grave cried out aloud; 'Myrrh is a perfume fitting for the dead, but Christ has shown himself a stranger to corruption.'

Deacon: Again and again in peace let us pray to the Lord.

Choir: Lord, have mercy.

Deacon: Take hold of us, save us, have mercy upon us, and protect us, O God, by Your grace.

Choir: Lord, have mercy.

Deacon: Commemorating our most holy, most pure, most blessed and glorified Lady the Theotokos and evervirgin Mary, together with all the saints, let us commit ourselves and one another and all our life unto Christ our God.

Choir: To You, O Lord.

Priest:

For yours is the might and yours is the kingdom, the power and the glory, of the Father, the Son and the Holy

τος, νῦν καὶ ἀεὶ καὶ εἰς τοὺς αἰῶνας τῶν αἰώνων. Χορὸς Ἀμήν.

Ὁ Χορός· Ἀμήν.

Καὶ ψάλλομεν τὰ παρόντα καθίσματα.

Ἦχος α΄. Τὸν τάφον σου Σωτήρ.

Σινδόνι καθαρᾷ καὶ ἀρώμασι θείοις, τὸ σῶμα τὸ σεπτόν, ἐξαιτήσας Πιλάτῳ, μυρίζει καὶ τίθησιν, Ἰωσὴφ καινῷ μνήματι· ὅθεν ὄρθριαι, αἱ μυροφόροι γυναῖκες, ἀνεβόησαν· Δεῖξον ἡμῖν ὡς προεῖπας, Χριστὲ τὴν ἀνάστασιν.

Δόξα Πατρὶ καὶ Υἱῷ καὶ Ἁγίῳ Πνεύματι.

Σινδόνι καθαρᾷ καὶ ἀρώμασι θείοις, τὸ σῶμα τὸ σεπτόν, ἐξαιτήσας Πιλάτῳ, μυρίζει καὶ τίθησιν, Ἰωσὴφ καινῷ μνήματι· ὅθεν ὄρθριαι, αἱ μυροφόροι γυναῖκες, ἀνεβόησαν· Δεῖξον ἡμῖν ὡς προεῖπας, Χριστὲ τὴν ἀνάστασιν.

Καὶ νῦν καὶ ἀεί, καὶ εἰς τοὺς αἰῶνας τῶν αἰώνων. Ἀμήν.

Ἕτερον ὅμοιον.

Ἐξέστησαν χοροί, τῶν ἀγγέλων ὁρῶντες, τὸν ἐν τοῖς τοῦ Πατρός, καθεζόμενον κόλποις, πῶς τάφῳ κατατίθεται, ὡς νεκρὸς ὁ ἀθάνατος· ὃν τὰ τάγματα, τὰ τῶν ἀγγέλων κυκλοῦσι, καὶ δοξάζουσι, σὺν τοῖς νεκροῖς ἐν τῷ ᾅδῃ, ὡς κτίστην καὶ Κύριον.

ΨΑΛΜΟΣ Ν΄

Ὁ Ἀναγνώστης· Ἐλέησόν με, ὁ Θεός, κατὰ τὸ μέγα ἔλεός σου, καὶ κατὰ τὸ πλῆθος τῶν οἰκτιρμῶν σου ἐξάλειψον τὸ ἀνόμημά μου. Ἐπὶ πλεῖον πλῦνόν με ἀπὸ τῆς ἀνομίας μου καὶ ἀπὸ τῆς ἁμαρ-

Spirit, now and for ever, and to the ages of ages. Amen.

Choir: Amen.

And we sing the following kathismata.

Tone 1. The soldiers keeping watch.

Of Pilate Joseph begged your worshipful Body and a anointing it with sweetsmelling spice in a pure linen he shrouded it and laid it in a new grace. Wherefore at dawn the myrrh bearing women cried out, 'Show us, O Christ, as you foretold, your resurrection.'

Glory to the Father and the Son and the Holy Spirit.

Of Pilate Joseph begged your worshipful Body and a anointing it with sweetsmelling spice in a pure linen he shrouded it and laid it in a new grace. Wherefore at dawn the myrrh bearing women cried out, 'Show us, O Christ, as you foretold, your resurrection.'

Both now and ever, and to the ages of ages. Amen.

Another in the same tone.

The choirs of Angels were amazed as they saw how he, who is seated in the bosom of the Father, is placed in a tomb as one dead, though he is immortal; whom the angel hosts surround in their ranks, and with the dead in hell glorify as Creator and as Lord.

PSALM 50

Reader: Have mercy on me, O God, according to Your great mercy; and according to the magnitude of Your compassion blot out my transgression. Wash me thoroughly from my iniq-

τίας μου καθάρισόν με. Ὅτι τὴν ἀνομίαν μου ἐγὼ γινώσκω, καὶ ἡ ἁμαρτία μου ἐνώπιόν μού ἐστι διαπαντός. Σοὶ μόνῳ ἥμαρτον καὶ τὸ πονηρὸν ἐνώπιόν σου ἐποίησα. Ὅπως ἂν δικαιωθῇς ἐν τοῖς λόγοις σου καὶ νικήσῃς ἐν τῷ κρίνεσθαί σε. Ἰδοὺ γὰρ ἐν ἀνομίαις συνελήφθην, καὶ ἐν ἁμαρτίαις ἐκίσσησέ με ἡ μήτηρ μου. Ἰδοὺ γὰρ ἀλήθειαν ἠγάπησας· τὰ ἄδηλα καὶ τὰ κρύφια τῆς σοφίας σου ἐδήλωσάς μοι. Ῥαντιεῖς με ὑσσώπῳ καὶ καθαρισθήσομαι· πλυνεῖς με, καὶ ὑπὲρ χιόνα λευκανθήσομαι. Ἀκουτιεῖς μοι ἀγαλλίασιν καὶ εὐφροσύνην, ἀγαλλιάσονται ὀστέα τεταπεινωμένα. Ἀπόστρεψον τὸ πρόσωπόν σου ἀπὸ τῶν ἁμαρτιῶν μου καὶ πάσας τὰς ἀνομίας μου ἐξάλειψον. Καρδίαν καθαρὰν κτίσον ἐν ἐμοί, ὁ Θεός, καὶ πνεῦμα εὐθὲς ἐγκαίνισον ἐν τοῖς ἐγκάτοις μου. Μὴ ἀπορρίψῃς με ἀπὸ τοῦ προσώπου σου καὶ τὸ πνεῦμά σου τὸ ἅγιον μὴ ἀντανέλῃς ἀπ' ἐμοῦ. Ἀπόδος μοι τὴν ἀγαλλίασιν τοῦ σωτηρίου σου καὶ πνεύματι ἡγεμονικῷ στήριξόν με. Διδάξω ἀνόμους τὰς ὁδούς σου, καὶ ἀσεβεῖς ἐπὶ σὲ ἐπιστρέψουσι. Ῥῦσαί με ἐξ αἱμάτων, ὁ Θεός, ὁ Θεὸς τῆς σωτηρίας μου, ἀγαλλιάσεται ἡ γλῶσσά μου τὴν δικαιοσύνην σου. Κύριε, τὰ χείλη μου ἀνοίξεις, καὶ τὸ στόμα μου ἀναγγελεῖ τὴν αἴνεσίν σου. Ὅτι εἰ ἠθέλησας θυσίαν, ἔδωκα ἄν· ὁλοκαυτώματα οὐκ εὐδοκήσεις. Θυσία τῷ Θεῷ πνεῦμα συντετριμμένον, καρδίαν συντετριμμένην καὶ τεταπεινωμένην ὁ Θεὸς οὐκ ἐξουδενώσει. Ἀγάθυνον, Κύριε, ἐν τῇ εὐδοκίᾳ σου τὴν Σιών, καὶ οἰκοδομηθήτω τὰ τείχη Ἱερουσαλήμ. Τότε εὐδοκήσεις θυσίαν δικαιοσύνης, ἀναφορὰν καὶ ὁλοκαυτώματα. Τότε ἀνοίσουσιν ἐπὶ τὸ θυσιαστήριόν σου μόσχους.

uity, and cleanse me from my sin. For I acknowledge my iniquity, and my sin is continually before me. Against You only have I sinned and done this evil before You, that You might be justified in Your words, and prevail when You are judged. For behold, I was conceived in iniquities, and in sins did my mother bear me. For behold, You have loved truth; the hidden and secret things of Your wisdom You have made clear to me. You will sprinkle me with hyssop, and I will be made clean; You will wash me and I will be made whiter than snow. You will make me to hear joy and gladness; the bones that have been humbled will rejoice. Turn Your face away from my sins, and blot out all my iniquities. Create in me a clean heart, O God, and renew a right spirit within me. Cast me not away from Your presence, and take not Your Holy Spirit from me. Restore to me the joy of Your salvation, and with Your governing spirit establish me. I will teach transgressors Your ways and the ungodly will turn back to You. Deliver me from bloodguiltiness, O God, O God of my salvation; my tongue will rejoice in Your righteousness. O Lord, You will open my lips, and my mouth will declare Your praise. For if You had desired sacrifice, I would have given it; with whole burnt offerings You will not be pleased. A sacrifice to God is a broken spirit; a heart that is broken and humbled God will not despise. Do good, O Lord, in Your good pleasure to Zion, and let the walls of Jerusalem be built. Then will You be pleased with a sacrifice of righteousness, with oblation

and wholeburnt offerings. Then will they offer bullocks upon Your altar. And have mercy on me, O God.

Καὶ εὐθὺς ψάλλομεν τὸ παρὸν κανόνα, οὗ ἡ ἀκροστιχὶς ἐκτὸς τῶν εἱρμῶν τῶν τεσσάρων πρώτων ᾠδῶν: Καὶ σήμερον δὲ Σάββατον μέλπω μέγα.

And we sing the following Canon with the acrositc (without the irmoi of the first four odes): And today I sing a great Sabbath.

Ποίημα Κασσιανῆς μοναχῆς, Μάρκου ἐπισκόπυ Ἰδροῦ-ντος, καὶ Κοσμᾶ μοναχοῦ.

A Poem by St. Kassiani the Nun, Bishop Mark of Idroyntos and Kosmas the Monk.

Ὠδὴ α΄. Ἦχος πλ. β΄. Ὁ Εἱρμός.

Ode 1. Tone Pl. 2. Irmos.

Κύματι θαλάσσης, τὸν κρύψαντα πάλαι, διώκτην τύραννον, ὑπὸ γῆς ἔκρυψαν, τῶν σεσωσμένων οἱ παῖδες· ἀλλ' ἡμεῖς ὡς αἱ Νεάνιδες, τῷ Κυρίῳ ᾄσωμεν· Ἐνδόξως γὰρ δεδόξασται.

The pursuing tyrant of old he hid, covered in the billows of the sea children of those he saved now cover him beneath the earth, but let us like the young maidens sing our praises to the Lord, for greatly is he glorified.

Τροπάρια.

Troparia.

Δόξα σοι ὁ θεός ἡμῶν, δόξα σοι.

Glory to you, O God, glory to you.

Κύριε Θεέ μου, ἐξόδιον ὕμνον, καὶ ἐπιτάφιον, ᾠδήν σοι ᾄσομαι, τῷ τῇ ταφῇ σου ζωῆς μοι, τὰς εἰσόδους διανοί-ξαντι, καὶ θανάτῳ θάνατον, καὶ ᾅδην θανατώσαντι.

Hymns for your departure, O Lord my God, funeral odes I sing for you, for by your burial now you have opened up for me the entrance gates to life by your death put death to death and Hades at your feet lies slain!

Δόξα Πατρὶ, καὶ Υἱῷ, καὶ Ἁγίῳ Πνεύματι.

Glory to the Father, Son and the Holy Spirit.

Ἄνω σε ἐν θρόνῳ, καὶ κάτω ἐν τάφῳ, τὰ ὑπερκόσμια, καὶ ὑποχθόνια, κατανοοῦντα Σωτήρ μου, ἐδονεῖτο τῇ νεκρώσει σου· ὑπὲρ νοῦν ὡράθης γάρ, νεκρὸς ζωαρχικώτατος.

High enthroned in Heaven they saw you, yet they saw you lying in the grave, all things above the world and all below the earth were shaken, at your death, O Lord, they quake in fear, for though none can understand they see as dead the source of life.

Καὶ νῦν καὶ ἀεὶ, καὶ εἰς τοὺς αἰῶνας τῶν αἰώνων. Ἀμήν.

Both now and ever, and to the ages of ages. Amen.

Ἵνα σου τῆς δόξης, τὰ πάντα πληρώσῃς, καταπεφοίτηκας, ἐν κατωτάτοις τῆς γῆς· ἀπὸ γὰρ σοῦ οὐκ ἐκρύβη, ἡ ὑπόστασίς μου ἡ ἐν Ἀδάμ· καὶ ταφεὶς φθαρέντα με, καινοποιεῖς, Φιλάνθρωπε.

That you might fill all things with your glory, you descended to earth's lowest deeps, nor was my substance hidden from you, it was there in Adam, and though I had been corrupt-

ed, buried, you have made me new, O Lover of humankind.

Καταβασία.

Katavasia.

Κύματι θαλάσσης, τὸν κρύψαντα πάλαι, διώκτην τύραννον, ὑπὸ γῆς ἔκρυψαν, τῶν σεσωσμένων οἱ παῖδες· ἀλλ' ἡμεῖς ὡς αἱ Νεάνιδες, τῷ Κυρίῳ ᾄσωμεν· Ἐνδόξως γὰρ δεδόξασται.

The pursuing tyrant of old he hid, covered in the billows of the sea children of those he saved now cover him beneath the earth, but let us like the young maidens sing our praises to the Lord, for greatly is he glorified.

Ὠδὴ γ΄. Ὁ Εἱρμὸς.

Ode 3. Irmos.

Σὲ τὸν ἐπὶ ὑδάτων, κρεμάσαντα πᾶσαν τὴν γῆν ἀσχέτως, ἡ κτίσις κατιδοῦσα, ἐν τῷ Κρανίῳ κρεμάμενον, θάμβει πολλῷ συνείχετο. Οὐκ ἔστιν ἅγιος πλὴν σου Κύριε, κραυγάζουσα.

When it beheld you handing on Golgotha the whole creation was amazed, it saw, and was astounded, for on the waters you had hung the earth free in your sovereignty and might, awed the creation cries: None is holy save you O Lord.

Τροπάρια.

Troparia.

Δόξα σοι ὁ Θεὸς ἡμῶν, δόξα σοι.

Glory to you, O God, glory to you.

Σύμβολα τῆς ταφῆς σου, παρέδειξας τὰς ὁράσεις πληθύνας· νῦν δὲ τὰ κρύφιά σου, θεανδρικῶς διετράνωσας, καὶ τοῖς ἐν ᾅδη Δέσποτα, Οὐκ ἔστιν ἅγιος, πλὴν σου Κύριε, κραυγάζουσιν.

Visions in great abundance you have revealed, symbols of your entombment, and now your secrets also as God and man you make manifest even, O Lord, to those in Hell, and from the depths they cry: None is holy save you O Lord.

Δόξα Πατρὶ, καὶ Υἱῷ, καὶ Ἁγίῳ Πνεύματι.

Glory to the Father, Son and the Holy Spirit.

Ἥπλωσας τὰς παλάμας, καὶ ἥνωσας τὰ τὸ πρὶν διεστῶτα, καταστολῇ δὲ Σῶτερ, τῇ ἐν σινδόνι καὶ μνήματι, πεπεδημένους ἔλυσας, Οὐκ ἔστιν ἅγιος, πλὴν σου Κύριε, κραυγάζοντας.

You opened wide your palms, Lord and unified all things that were separated, and when you were encompassed within a shroud and within a grave, those who were fettered you set free, O Savior as they cried: None is holy save you, O Lord.

Καὶ νῦν καὶ ἀεὶ, καὶ εἰς τοὺς αἰῶνας τῶν αἰώνων. Ἀμήν.

Both now and ever, and to the ages of ages. Amen.

Μνήματι καὶ σφραγῖσιν, ἀχώρητε συνεσχέθης βουλήσει· καὶ γὰρ τὴν δύναμίν σου, ταῖς ἐνεργείαις ἐγνώρισας, θεουργικῶς τοῖς μέλπουσιν· Οὐκ ἔστιν ἅγιος, πλήν σου Κύριε φιλάνθρωπε.

Though nothing can contain you, yet by your will you were held fast by grave and seals, yet you revealed your power for by your energies you disclosed your might as God to those who sing Lord: None is holy save you, Lord of humankind.

Καταβασία.

Katavasia.

Σὲ τὸν ἐπὶ ὑδάτων, κρεμάσαντα πᾶσαν τὴν γῆν ἀσχέτως, ἡ Κτίσις κατιδοῦσα, ἐν τῷ Κρανίῳ κρεμάμενον, θάμβει πολλῷ συνείχετο, Οὐκ ἔστιν ἅγιος πλήν σου Κύριε, κραυγάζουσα.

When it beheld you hanging on Golgotha the whole creation was amazed, it saw, and was astounded, for on the waters you had hung the earth free in your sovereignty and might, awed the creation cries: None is holy save you O Lord.

Ὁ Διάκονος· Ἔτι καὶ ἔτι ἐν εἰρήνῃ τοῦ Κυρίου δεηθῶμεν.

Deacon: Again and again in peace let us pray to the Lord.

Ὁ Χορός· Κύριε ἐλέησον.

Choir: Lord, have mercy.

Ὁ Διάκονος· Ἀντιλαβοῦ, σῶσον, ἐλέησον καὶ διαφύλαξον ἡμᾶς ὁ Θεὸς τῇ σῇ χάριτι.

Deacon: Take hold of us, save us, have mercy upon us, and protect us, O God, by Your grace.

Ὁ Χορός· Κύριε ἐλέησον.

Choir: Lord, have mercy.

Ὁ Διάκονος· Τῆς Παναγίας, ἀχράντου, ὑπερευλογημένης, ἐνδόξου, δεσποίνης ἡμῶν Θεοτόκου καὶ ἀειπαρθένου Μαρίας, μετὰ πάντων τῶν ἁγίων μνημονεύσαντες, ἑαυτοὺς καὶ ἀλλήλους καὶ πᾶσαν τὴν ζωὴν ἡμῶν Χριστῷ τῷ Θεῷ παραθώμεθα.

Deacon: Commemorating our most holy, most pure, most blessed and glorified Lady the Theotokos and evervirgin Mary, together with all the saints, let us commit ourselves and one another and all our life unto Christ our God.

Ὁ Χορός· Σοί, Κύριε.

Choir: To You, O Lord.

Ὁ Ἱερεὺς·

Priest:

Ὅτι σὺ εἶ ὁ Θεὸς ἡμῶν, καὶ σοὶ τὴν δόξαν ἀναπέμπομεν, τῷ Πατρὶ καὶ τῷ Υἱῷ καὶ τῷ Ἁγίῳ Πνεύματι, νῦν καὶ ἀεὶ καὶ εἰς τοὺς αἰῶνας τῶν αἰώνων. Ἀμήν.

For you are our God, and to you we give glory, to the Father, and to the Son and to the Holy Spirit, now and for ever and to the ages of ages.

Ὁ Χορός· Ἀμήν.

Κάθισμα.

Ἦχος αʹ. Αὐτόμελον.

Τὸν τάφον σου Σωτήρ, στρατιῶται τηροῦντες, νεκροὶ τῇ ἀστραπῇ, τοῦ ὀφθέντος Ἀγγέλου, ἐγένοντο κηρύττοντος, γυναιξὶ τὴν Ἀνάστασιν. Σὲ δοξάζομεν, τὸν τῆς φθορᾶς καθαιρέτην· σοὶ προσπίπτομεν, τῷ ἀναστάντι ἐκ τάφου καὶ μόνῳ Θεῷ ἡμῶν.

Ὠδὴ δʹ. Ὁ Εἱρμὸς.

Τὴν ἐν Σταυρῷ σου θείαν κένωσιν, προορῶν Ἀββακοὺμ ἐξεστηκὼς ἐβόα· Σὺ δυναστῶν διέκοψας κράτος Ἀγαθέ, ὁμιλῶν τοῖς ἐν ᾅδῃ, ὡς παντοδύναμος.

Τροπάρια.

Δόξα σοι ὁ θεὸς ἡμῶν, δόξα σοι.

Ἑβδόμην σήμερον ἡγίασας, ἣν εὐλόγησας πρίν, καταπαύσει τῶν ἔργων· παράγεις γὰρ τὰ σύμπαντα, καὶ καινοποιεῖς, σαββατίζων Σωτήρ μου, καὶ ἀνακτώμενος.

Δόξα Πατρί, καὶ Υἱῷ, καὶ Ἁγίῳ Πνεύματι.

Ῥωμαλαιότητι τοῦ κρείττονος, ἐκνικήσαντός σου, τῆς σαρκὸς ἡ ψυχή σου, διῄρηται· σπαράττουσα, ἄμφω γὰρ δεσμούς, τοῦ θανάτου καὶ ᾅδου, Λόγε τῷ κράτει σου.

Καὶ νῦν καὶ ἀεί, καὶ εἰς τοὺς αἰῶνας τῶν αἰώνων. Ἀμήν.

Ὁ ᾅδης Λόγε συναντήσας σοι, ἐπικράνθη, βροτὸν ὁρῶν τεθεωμένον,

Choir: Amen.

Kathisma.

Tone 1. Model Melody.

The soldiers watching your tomb became as dead men at the lightning flash of the Angel who appeared and proclaimed the Resurrection to the women. We glorify you, who destroy corruption; we fall down before you, who rose from the tomb and alone are our God.

Ode 4. Irmos.

Foreseeing your divine selfemptying on the Cross, in amazement Avvakoum cried out: You, Good One, have cut off the might of the powerful, as you speak with Hell's denizens as Allpowerful.

Troparia.

Glory to you, O God, glory to you.

Today you sanctified the seventh day which of old you had blessed taking rest from your works, all things you bring to being, Lord, and make all things new, keeping Sabbath, O Savior, as you restore your strength.

Glory to the Father, Son and the Holy Spirit.

By greater might and greater strength, O Word, great your victory gained, your soul from body parted bursting asunder by your might, smashing by your strength, all the fetters of Hades and all the bonds of death.

Both now and ever, and to the ages of ages. Amen.

Embittered, Word, was Hades when you met, when a mortal he saw, you

κατάστικτον τοῖς μώλωψι, καὶ πανσθενουργόν, τῷ φρικτῷ τῆς μορφῆς δέ, διαπεφώνηκεν.

Καταβασία.

Τὴν ἐν Σταυρῷ σου θείαν κένωσιν, προορῶν Ἀββακοὺμ ἐξεστηκὼς ἐβόα· Σὺ δυναστῶν διέκοψας κράτος Ἀγαθέ, ὁμιλῶν τοῖς ἐν ᾅδῃ, ὡς παντοδύναμος.

Ὠδὴ ε΄. Ὁ Εἱρμός.

Θεοφανείας σου Χριστέ, τῆς πρὸς ἡμᾶς συμπαθῶς γενομένης, Ἡσαΐας φῶς ἰδὼν ἀνέσπερον, ἐκ νυκτὸς ὀρθρίσας ἐκραύγαζεν· Ἀναστήσονται οἱ νεκροί, καὶ ἐγερθήσονται οἱ ἐν τοῖς μνημείοις, καὶ πάντες οἱ ἐν τῇ γῇ ἀγαλλιάσονται.

Τροπάρια.

Δόξα σοι ὁ θεὸς ἡμῶν, δόξα σοι.

Νεοποιεῖς τοὺς γηγενεῖς, ὁ πλαστουργὸς χοϊκὸς χρηματίσας, καὶ σινδὼν καὶ τάφος ὑπεμφαίνουσι, τὸ συνὸν σοι Λόγε μυστήριον, ὁ εὐσχήμων γὰρ βουλευτής, τὴν τοῦ σὲ φύσαντος βουλὴν σχηματίζει, ἐν σοὶ μεγαλοπρεπῶς καινοποιοῦντός με.

Δόξα Πατρὶ, καὶ Υἱῷ, καὶ Ἁγίῳ Πνεύματι.

Διὰ θανάτου τὸ θνητόν, διὰ ταφῆς τὸ φθαρτὸν μεταβάλλεις, ἀφθαρτίζεις γὰρ θεοπρεπέστατα, ἀπαθανατίζων τὸ πρόσλημμα· ἡ γὰρ σάρξ σου διαφθορὰν οὐκ εἶδε Δέσποτα, οὐδὲ ἡ ψυχή σου εἰς ᾅδου, ξενοπρεπῶς ἐγκαταλέλειπται.

had attained to Godhead, saw one who bore the marks of wounds, yet all powerful, in great terror he cowered, dread filled him at the sight.

Katavasia.

Foreseeing your divine selfemptying on the Cross, in amazement Avvakoum cried out: You, Good One, have cut off the might of the powerful, as you speak with Hell's denizens as Allpowerful.

Ode 5. Irmos.

Isaias, as he watched by night, beheld the light which shall never know evening, saw the light, O Christ of your Theophany, which in your compassion occurred for us, for the dead will arise, he cried, and those who lie entombed will be resurrected, and all those within the earth rejoice exceedingly.

Troparia.

Glory to you, O God, glory to you.

Transformed into a thing of dust, O Fashioner, you make new those born of earth, and the shroud and tomb point to the mystery within you, O Word, for the noble counselor fulfills by what he does the counsel of your Begetter, who gloriously in you now fashions me.

Glory to the Father, Son and the Holy Spirit.

Mortality through death you change and through your burial transform corruption, and the nature you took on, as you are God, you made deathless and in corruptible, for your flesh did not know corruption, Master, nor de-

Καὶ νῦν καὶ ἀεί,
καὶ εἰς τοὺς αἰῶνας τῶν αἰώνων. Ἀμήν.

Ἐξ ἀλοχεύτου προελθών, καὶ λογχευθεὶς τὴν πλευρὰν Πλαστουργέ μου, ἐξ αὐτῆς εἰργάσω τὴν ἀνάπλασιν, τὴν τῆς Εὔας Ἀδὰμ γενόμενος, ἀφυπνώσας ὑπερφυῶς, ὕπνον φυσίζωον, καὶ ζωὴν ἐγείρας ἐξ ὕπνου, καὶ τῆς φθορᾶς ὡς παντοδύναμος.

Καταβασία.

Θεοφανείας σου Χριστέ, τῆς πρὸς ἡμᾶς συμπαθῶς γενομένης, Ἡσαΐας φῶς ἰδὼν ἀνέσπερον, ἐκ νυκτὸς ὀρθρίσας ἐκραύγαζεν· Ἀναστήσονται οἱ νεκροί, καὶ ἐγερθήσονται οἱ ἐν τοῖς μνημείοις, καὶ πάντες οἱ ἐν τῇ γῇ ἀγαλλιάσονται.

Ὠδὴ στ'. Ὁ Εἱρμός.

Συνεσχέθης, ἀλλ' οὐ κατεσχέθη, στέρνοις κητῴοις Ἰωνᾶς· σοῦ γὰρ τὸν τύπον φέρων, τοῦ παθόντος καὶ ταφῇ δοθέντος, ὡς ἐκ θαλάμου, τοῦ θηρὸς ἀνέθορε, προσεφώνει δὲ τῇ κουστωδίᾳ· Οἱ φυλασσόμενοι μάταια καὶ ψευδῆ, ἔλεον αὐτοῖς ἐγκαταλίπετε.

Τροπάρια.
Δόξα σοι ὁ θεὸς ἡμῶν, δόξα σοι.

Ἀνῃρέθης, ἀλλ' οὐ διῃρέθης, Λόγε ἧς μετέσχες σαρκός· εἰ γὰρ καὶ λέλυταί σου, ὁ ναὸς ἐν τῷ καιρῷ τοῦ πάθους, ἀλλὰ καὶ οὕτω μία ἦν ὑπόστασις, τῆς θεότητος καὶ τῆς σαρκός σου· ἐν ἀμφοτέροις γὰρ

Both now and ever,
and to the ages of ages. Amen.

Without travail your birth, O Lord, and yet a spear availed your side to pierce, by becoming Adam, O my Fashioner, you have wrought the refashioning of Eve, in a way beyond nature sleep you slept that brings forth life, raising life from sleep and from corruption as you are all powerful.

Katavasia.

Isaias, as he watched by night, beheld the light which shall never know evening, saw the light, O Christ of your Theophany, which in your compassion occurred for us, for the dead will arise, he cried, and those who lie entombed will be resurrected, and all those within the earth rejoice exceedingly.

Ode 6. Irmos.

In the belly of the whale was Jonas, held there, yet he was not held fast, for you, Lord, he prefigured in your suffering and your entombment, as from the bridal chamber from the beast he leapt, to the guards watching the tomb he cried out, you who so vainly and so falsely are keeping guard, see, you have abandoned mercy for yourselves!

Troparia.
Glory to you, O God, glory to you.

You were rent, Word, but not rent asunder from the flesh which you had put on, for though your temple was laid waste at the moment, Master, of your Passion, yet even so you still re-

εἶς ὑπάρχεις Υἱός, Λόγος τοῦ Θεοῦ, Θεὸς καὶ ἄνθρωπος.

main one person in your flesh, O Christ, and in your Godhead, in both you are one Son, Word of God and the Son of God, truly you are God and truly you are man.

Δόξα Πατρὶ, καὶ Υἱῷ, καὶ Ἁγίῳ Πνεύματι.

Glory to the Father, Son and the Holy Spirit.

Bροτοκτόνον, ἀλλ' οὐ θεοκτόνον, ἔφυ τὸ πταῖσμα τοῦ Ἀδάμ· εἰ γὰρ καὶ πέπονθέ σου, τῆς σαρκὸς ἡ χοϊκὴ οὐσία, ἀλλ' ἡ θεότης ἀπαθὴς διέμεινε· τὸ φθαρτὸν δὲ σου πρὸς ἀφθαρσίαν μετεστοιχείωσας, καὶ ἀφθάρτου ζωῆς, ἔδειξας πηγὴν ἐξ ἀναστάσεως.

Death to mortals but not to the Godhead was the result of Adam's fall, for though your flesh knew suffering in its nature, in the dust its substance, yet still your Godhead remained impassible, what in you was corruptible you have transformed to incorruption, and from your Resurrection you reveal the spring of undecaying life.

Καὶ νῦν καὶ ἀεὶ, καὶ εἰς τοὺς αἰῶνας τῶν αἰώνων. Ἀμήν.

Both now and ever, and to the ages of ages. Amen.

Bασιλεύει, ἀλλ' οὐκ αἰωνίζει, ᾅδης τοῦ γένους τῶν βροτῶν· σὺ γὰρ τεθεὶς ἐν τάφῳ, κραταιὲ ζωαρχικῇ παλάμῃ, τὰ τοῦ θανάτου, κλεῖθρα διεσπάραξας, καὶ ἐκήρυξας τοῖς ἀπ' αἰῶνος ἐκεῖ καθεύδουσι λύτρωσιν ἀψευδῆ, Σῶτερ γεγονὼς νεκρῶν πρωτότοκος.

Hades reigns, yet does not reign forever over the race of mortal men, placed in the tomb, O Mighty One, with your outspread hand, the source of life, the bolts and bars of death you smashed and broke apart, and to those who from the ages slept there no false deliverance Lord and Savior you then proclaimed, you who have become the firstborn of the death.

Καταβασία.

Katavasia.

Συνεσχέθη, ἀλλ' οὐ κατεσχέθη, στέρνοις κητῴοις Ἰωνᾶς· σοῦ γὰρ τὸν τύπον φέρων, τοῦ παθόντος καὶ ταφῇ δοθέντος, ὡς ἐκ θαλάμου, τοῦ θηρὸς ἀνέθορε, προσεφώνει δὲ τῇ κουστωδίᾳ· Οἱ φυλασσόμενοι μάταια καὶ ψευδῆ, ἔλεον αὐτοῖς ἐγκατελίπετε.

In the belly of the whale was Jonas, held there, yet he was not held fast, for you, Lord, he prefigured in your suffering and your entombment, as from the bridal chamber from the beast he leapt, to the guards watching the tomb he cried out, you who so vainly and so falsely are keeping guard, see, you have abandoned mercy for yourselves!

Ὁ Διάκονος· Ἔτι καὶ ἔτι ἐν εἰρήνῃ τοῦ Κυρίου δεηθῶμεν.

Ὁ Χορός· Κύριε ἐλέησον.

Ὁ Διάκονος· Ἀντιλαβοῦ, σῶσον, ἐλέησον καὶ διαφύλαξον ἡμᾶς ὁ Θεὸς τῇ σῇ χάριτι.

Ὁ Χορός· Κύριε ἐλέησον.

Ὁ Διάκονος· Τῆς Παναγίας, ἀχράντου, ὑπερευλογημένης, ἐνδόξου, δεσποίνης ἡμῶν Θεοτόκου καὶ ἀειπαρθένου Μαρίας, μετὰ πάντων τῶν ἁγίων μνημονεύσαντες, ἑαυτοὺς καὶ ἀλλήλους καὶ πᾶσαν τὴν ζωὴν ἡμῶν Χριστῷ τῷ Θεῷ παραθώμεθα.

Ὁ Χορός· Σοί, Κύριε.

Ὁ Ἱερεύς·

Σὺ γὰρ εἶ ὁ βασιλεὺς τῆς εἰρήνης καὶ σωτὴρ τῶν ψυχῶν ἡμῶν καὶ σοὶ τὴν δόξαν ἀναπέμπομεν, τῷ Πατρὶ καὶ τῷ Υἱῷ καὶ τῷ ἁγίῳ Πνεύματι, νῦν καὶ ἀεὶ καὶ εἰς τοὺς αἰῶνας τῶν αἰώνων.

Ὁ Χορός· Ἀμήν.

Καὶ μετὰ τὴν μικρὰν συναπτήν...

Ὁ Ἀναγνώστης·

Κοντάκιον. Ἦχος β΄.
Ποίημα Ῥωμανοῦ τοῦ μελῳδοῦ.

Τὴν ἄβυσσον ὁ κλείσας, νεκρὸς ὁρᾶται· καὶ σμύρνῃ καὶ σινδόνι ἐνειλημμένος, ἐν μνημείῳ κατατίθεται, ὡς θνητὸς ὁ ἀθάνατος. Γυναῖκες δὲ αὐτὸν ἦλθον μυρίσαι, κλαίουσαι πικρῶς καὶ ἐκβοῶσαι· Τοῦτο Σάββατόν ἐστι τὸ ὑπερευλογημένον, ἐν ᾧ Χριστὸς ἀφυπνώσας, ἀναστήσεται τριήμερος.

Deacon: Again and again in peace let us pray to the Lord.

Choir: Lord, have mercy.

Deacon: Take hold of us, save us, have mercy upon us, and protect us, O God, by Your grace.

Choir: Lord, have mercy.

Deacon: Commemorating our most holy, most pure, most blessed and glorified Lady the Theotokos and evervirgin Mary, together with all the saints, let us commit ourselves and one another and all our life unto Christ our God.

Choir: To You, O Lord.

Priest:

For you are the King of peace and the Saviour of our souls, and to you we give glory, Father, Son and Holy Spirit, now and for ever and to the ages of ages.

Choir: Amen.

After the small litany...

Reader:

Kontakion. Tone 2.
A Poem of Romanos the Melodist.

He who closed the abyss lies dead before our eyes; and wrapped in myrrh and fine linen the Immortal is laid as a mortal in a grave. While women came to anoint him, weeping bitterly and crying out, 'This is the most blessed Sabbath, on which Christ sleeps, but he will rise again on the third day'.

Ὁ Οἶκος.

Ὁ συνέχων τὰ πάντα ἐπὶ σταυροῦ ἀνυψώθη, καὶ θρηνεῖ πᾶσα ἡ Κτίσις, τοῦτον βλέπουσα κρεμάμενον γυμνὸν ἐπὶ τοῦ ξύλου· ὁ ἥλιος τὰς ἀκτῖνας ἀπέκρυψε, καὶ τὸ φέγγος οἱ ἀστέρες ἀπεβάλλοντο, ἡ γῆ δὲ σὺν πολλῷ τῷ φόβῳ συνεκλονεῖτο, ἡ θάλασσα ἔφυγε, καὶ αἱ πέτραι διερρήγνυντο· μνημεῖα δὲ πολλὰ ἠνεῴχθησαν, καὶ σώματα ἠγέρθησαν ἁγίων ἀνδρῶν, ᾅδης κάτω στενάζει· καὶ Ἰουδαῖοι σκέπτονται συκοφαντῆσαι Χριστοῦ τὴν ἀνάστασιν· τὰ δὲ Γύναια κράζουσι· Τοῦτο Σάββατόν ἐστι τὸ ὑπερευλογημένον, ἐν ᾧ Χριστὸς ἀφυπνώσας, ἀναστήσεται τριήμερος.

Τὸ συναξάριον τοῦ Μηναίου καὶ τὸ παρόν·

Τῷ ἁγίῳ καὶ μεγάλῳ Σαββάτῳ, τὴν θεόσωμον Ταφήν, καὶ τὴν εἰς ᾅδου Κάθοδον τοῦ Κυρίου καὶ Σωτῆρος ἡμῶν Ἰησοῦ Χριστοῦ ἑορτάζομεν δι' ὧν τῆς φθορᾶς τὸ ἡμέτερον γένος ἀνακληθέν, πρὸς αἰωνίαν ζωὴν μεταβέβηκε.

Στίχοι.

Μάτην φυλάττεις τὸν τάφον, κουστωδία· οὐ γὰρ καθέξει τύμβος αὐτοζωΐα

Τῇ ἀνεκφράστῳ σου συγκαταβάσει, Χριστὲ ὁ Θεὸς ἡμῶν, ἐλέησον ἡμᾶς. Ἀμήν.

Ὠδὴ ζ'. Ὁ Εἱρμός.

Ἄφραστον θαῦμα! Ὁ ἐν καμίνῳ ῥυσάμενος, τοὺς Ὁσίους Παῖδας ἐκ φλογός, ἐν τάφῳ νεκρός, ἄπνους κατατίθεται, εἰς σωτηρίαν ἡμῶν τῶν μελῳδούντων· Λυτρωτά, ὁ Θεὸς εὐλογητὸς εἶ.

The Ikos.

He who holds all things together was lifted up on the Cross, and all creation lamented seeing him hanging naked on the tree; the sun hid its rays, and the stars threw away their light; the earth quaked with great fear, the sea fled and the rocks were rent; many graves were opened, and bodies of holy men were raised. Hell below is groaning and the Jews are considering how to discredit Christ's resurrection; the women are crying out, 'This is the most blessed Sabbath, on which Christ sleeps, but he will rise again on the third day'.

The Synaxarion of the Menaion and the following:

On the holy and great Sabbath we celebrate the burial of our Lord and God and Saviour, Jesus Christ and the Descent into Hell, through which our race, called back from corruption, has passed over to eternal life.

Verses.

In vain, O guard, you keep watch on the tomb, no sepulchre can hold in life itself.

In your inexpressible condescension, Christ our God, have mercy on us. Amen.

Ode 7. Irmos.

Past speech the wonder! he who delivered the holy youths in the furnace from the blazing, burning flame, is laid in the tomb, lifeless there a sores he lies for the salvation of us who raise our song to him: Lord, our God, our Redeemer, blessed are you!

Τροπάρια.

Δόξα σοι ὁ Θεὸς ἡμῶν, δόξα σοι.

Τέτρωται ᾅδης, ἐν τῇ καρδίᾳ δεξάμενος τὸν τρωθέντα λόγχῃ τὴν πλευράν, καὶ σθένει πυρὶ θείῳ δαπανώμενος, εἰς σωτηρίαν ἡμῶν τῶν μελῳδούντων· Λυτρωτά, ὁ Θεὸς εὐλογητὸς εἶ.

Δόξα σοι ὁ Θεὸς ἡμῶν, δόξα σοι.

Ὄλβιος τάφος! ἐν ἑαυτῷ γὰρ δεξάμενος, ὡς ὑπνοῦντα τὸν Δημιουργόν, ζωῆς θησαυρός, θεῖος ἀναδέδεικται, εἰς σωτηρίαν ἡμῶν τῶν μελῳδούντων· Λυτρωτά, ὁ Θεὸς εὐλογητὸς εἶ.

Δόξα Πατρὶ, καὶ Υἱῷ, καὶ Ἁγίῳ Πνεύματι.

Νόμῳ θανόντων, τὴν ἐν τῷ τάφῳ κατάθεσιν, ἡ τῶν ὅλων δέχεται ζωή, καὶ τοῦτον πηγήν, δείκνυσιν ἐγέρσεως, εἰς σωτηρίαν ἡμῶν τῶν μελῳδούντων· Λυτρωτά, ὁ Θεὸς εὐλογητὸς εἶ.

Καὶ νῦν καὶ ἀεὶ, καὶ εἰς τοὺς αἰῶνας τῶν αἰώνων. Ἀμήν.

Μία ὑπῆρχεν, ἡ ἐν τῷ ᾅδῃ ἀχώριστος, καὶ ἐν τάφῳ, καὶ ἐν τῇ Ἐδέμ, θεότης Χριστοῦ, σὺν Πατρὶ καὶ Πνεύματι, εἰς σωτηρίαν ἡμῶν τῶν μελῳδούντων· Λυτρωτά, ὁ Θεὸς εὐλογητὸς εἶ.

Καταβασία.

Ἄφραστον θαῦμα! Ὁ ἐν καμίνῳ ῥυσάμενος, τοὺς Ὁσίους Παῖδας ἐκ φλογός, ἐν τάφῳ νεκρός, ἄπνους κατατί-

Troparia.

Glory to you, O God, glory to you.

Hell has been wounded, having received you into its heart you the one whose side was pierced by a lance, now Hell is consumed by the potent first of God, and groans aloud at the salvation of us who sing, Lord our God, our Redeemer, blessed are you!

Glory to you, O God, glory to you.

O happy sepulcher! Having received you into itself, the Creator as one who lies asleep, it now is revealed as a treasure house of life, for the salvation of us who raise our song to you: Lord, our God, our Redeemer, blessed are you!

Glory to the Father, Son and the Holy Spirit.

The life of all things accepts to be laid within the tomb, in accordance with the law of those who die, and shows it to be resurrection's fountainhead for the salvation of us who raise our song to you: Lord, our God, our Redeemer, blessed are you!

Both now and ever, and to the ages of ages. Amen.

One was Christ's Godhead in Hell, in Eden and in the tomb indivisibly remained united to Father and to Holy Spirit for the salvation of us who raise our song to you: Lord, our God, our Redeemer, blessed are you!

Katavasia.

Past speech the wonder! he who delivered the holy youths in the furnace from the blazing, burning flame,

θεται, εἰς σωτηρίαν ἡμῶν τῶν μελῳδούντων· Λυτρωτά, ὁ Θεὸς εὐλογητὸς εἶ.

is laid in the tomb, lifeless there a sore he lies for the salvation of us who raise our song to him: Lord, our God, our Redeemer, blessed are you!

Ὠδὴ η΄. Ὁ Εἱρμὸς.

Ode 8. Irmos.

»Ἔκστηθι φρίττων οὐρανέ, καὶ σαλευθήτωσαν τὰ θεμέλια τῆς γῆς, ἰδοὺ γὰρ ἐν νεκροῖς λογίζεται, ὁ ἐν ὑψίστοις οἰκῶν, καὶ τάφῳ σμικρῷ ξενοδοχεῖται· ὃν παῖδες εὐλογεῖτε, Ἱερεῖς ἀνυμνεῖτε, λαὸς ὑπερυψοῦτε, εἰς πάντας τοὺς αἰῶνας.

Tremble, O Heaven, be amazed, let earth's foundations quake, let them shudder at the shock, for see the one whose home is in the heights is numbered among the dead, and now in a little tomb he lodges, come youths and bless him, come priests and praise him, come people and exalt him most highly to the ages.

Τροπάρια.

Troparia.

Δόξα σοι ὁ Θεὸς ἡμῶν, δόξα σοι.

Glory to you, O God, glory to you.

Λέλυται ἄχραντος ναός, τὴν πεπτωκυῖαν δὲ συνανίστησι σκηνήν. Ἀδὰμ γὰρ τῷ προτέρῳ δεύτερος, ὁ ἐν ὑψίστοις οἰκῶν, κατῆλθεν μέχρις ᾅδου ταμείων· ὃν παῖδες εὐλογεῖτε, Ἱερεῖς ἀνυμνεῖτε, λαὸς ὑπερυψοῦτε, εἰς πάντας τοὺς αἰῶνας.

The most pure temple is destroyed, but raises up the fallen tabernacle again, the second Adam who dwells in the heights has come down to the first as far as the storehouses of Hades, come youths and bless him, come priests and praise him, come people and exalt him most highly to the ages.

Εὐλογοῦμεν Πατέρα Υἱὸν
καὶ Ἅγιον Πνεῦμα τὸν Κύριον.

We bless the Lord, Father,
Son and Holy Spirit.

Πέπαυται τόλμα Μαθητῶν, Ἀριμαθαίας δὲ ἀριστεύει Ἰωσήφ, νεκρὸν γὰρ καὶ γυμνὸν θεώμενος, τὸν ἐπὶ πάντων Θεόν, αἰτεῖται, καὶ κηδεύει κραυγάζων· οἱ παῖδες εὐλογεῖτε, Ἱερεῖς ἀνυμνεῖτε, λαὸς ὑπερυψοῦτε, εἰς πάντας τοὺς αἰῶνας.

The disciples' daring now has failed, but Joseph proves himself to surpassing bravery, for seeing how the God of all lay dead his body naked and unclothed, he asked for his body and he buried him, come youths and bless him, come priests and praise him, come people and exalt him most high to the ages.

Καὶ νῦν καὶ ἀεί,
καὶ εἰς τοὺς αἰῶνας τῶν αἰώνων. Ἀμήν.

Both now and ever,
and to the ages of ages. Amen.

»Ὢ τῶν θαυμάτων τῶν καινῶν! ὢ ἀγαθότητος! ὢ ἀφράστου ἀνο-

What strange new wonders we behold! O loving kindness! O for-

χῆς! ἑκὼν γὰρ ὑπὸ γῆς σφραγίζεται, ὁ ἐν ὑψίστοις οἰκῶν, καὶ πλάνος Θεὸς συκοφαντεῖται· ὃν παῖδες εὐλογεῖτε, Ἱερεῖς ἀνυμνεῖτε, λαὸς ὑπερυψοῦτε, εἰς πάντας τοὺς αἰῶνας.

bearance beyond words! For by his own free will the one who dwells on high is sealed beneath the earth, and God is accused as a deceived, come youths and bless him, come priests and praise him, come people and exalt him most highly to the ages.

Καταβασία.

Katavasia.

Ἔκστηθι φρίττων οὐρανέ, καὶ σαλευθήτωσαν τὰ θεμέλια τῆς γῆς, ἰδοὺ γὰρ ἐν νεκροῖς λογίζεται, ὁ ἐν ὑψίστοις οἰκῶν, καὶ τάφῳ σμικρῷ ξενοδοχεῖται· ὃν παῖδες εὐλογεῖτε, Ἱερεῖς ἀνυμνεῖτε, λαὸς ὑπερυψοῦτε, εἰς πάντας τοὺς αἰῶνας.

Tremble, O Heaven, be amazed, let earth's foundations quake, let them shudder at the shock, for see the one whose home is in the heights is numbered among the dead, and now in a little tomb he lodges, come youths and bless him, come priests and praise him, come people and exalt him most highly to the ages.

Ὁ Διάκονος· Τὴν Θεοτόκον καὶ μητέρα τοῦ φωτὸς ἐν ὕμνοις τιμῶντες μεγαλύνωμεν.

Deacon: The Theotokos and Mother of the Light, let us honor and magnify in hymns.

Ὠδὴ Θ'. Ὁ Εἱρμός.

Ode 9. The Irmos.

Μὴ ἐποδύρου μου Μῆτερ, καθορῶσα ἐν τάφῳ, ὃν ἐν γαστρὶ ἄνευ σπορᾶς, συνέλαβες Υἱόν· ἀναστήσομαι γὰρ καὶ δοξασθήσομαι, καὶ ὑψώσω ἐν δόξῃ, ἀπαύστως ὡς Θεός, τοὺς ἐν πίστει καὶ πόθῳ σὲ μεγαλύνοντας.

No, do not weep for me, Mother, as you see lying buried him, the Son whom you conceived without see in your womb, for behold, I shall rise and shall be glorified, and in glory unending as God I shall exalt those who magnify you in fervent love and in true faith.

Τροπάρια.

Troparia.

Δόξα Σοι ὁ Θεὸς ἡμῶν, δόξα Σοι.

Glory to Your, our God, glory to You.

Ἐπὶ τῷ ξένῳ σου τόκῳ, τὰς ὀδύνας φυγοῦσα, ὑπερφυῶς ἐμακαρίσθην, ἄναρχε Υἱέ· νῦν δὲ σὲ Θεέ μου, ἄπνουν ὁρῶσα νεκρόν, τῇ ρομφαίᾳ τῆς λύπης, σπαράττομαι δεινῶς· ἀλλ' ἀνάστηθι, ὅπως μεγαλυνθήσωμαι.

My Son, who had no beginning, in a way beyond nature I was blessed in your strange birth and spared the cruel pangs, but, my God, now I see you here a lifeless corpse, and the dread sword of sorrow has pierced me to the heart, but arise, O my Son, so that I may be magnified.

Δόξα Πατρὶ καὶ Υἱῷ καὶ Ἁγίῳ Πνεύματι.

Γῆ με καλύπτει ἑκόντα, ἀλλὰ φρίττουσιν ᾅδου, οἱ πυλωροί, ἠμφιεσμένον, βλέποντες στολήν, ἡμαγμένην Μῆτερ, τῆς ἐκδικήσεως· τοὺς ἐχθροὺς ἐν Σταυρῷ γάρ, πατάξας ὡς Θεός, ἀναστήσομαι αὖθις καὶ μεγαλύνω σε.

Καὶ νῦν καὶ ἀεὶ καὶ, εἰς τοὺς αἰῶνας τῶν αἰώνων. Ἀμήν.

Ἀγαλλιάσθω ἡ Κτίσις· εὐφραινέσθωσαν πάντες οἱ γηγενεῖς· ὁ γὰρ ἐχθρὸς ἐσκύλευται ᾅδης· μετὰ μύρων Γυναῖκες προσυπαντάτωσαν· τὸν Ἀδὰμ σὺν τῇ Εὔᾳ, λυτροῦμαι παγγενῆ, καὶ τῇ τρίτῃ ἡμέρᾳ ἐξαναστήσομαι.

Καταβασία.

Μὴ ἐποδύρου μου Μῆτερ, καθορῶσα ἐν τάφῳ, ὃν ἐν γαστρὶ ἄνευ σπορᾶς, συνέλαβες Υἱόν· ἀναστήσομαι γὰρ καὶ δοξασθήσομαι, καὶ ὑψώσω ἐν δόξῃ, ἀπαύστως ὡς Θεός, τοὺς ἐν πίστει καὶ πόθῳ σὲ μεγαλύνοντας.

Glory to the Father, Son and the Holy Spirit.

Earth covers me; I have willed it! But hell's gate keepers shudder as they see me clothed in retribution's bloodstained robe, on the Cross being God I trampled on my foes, but behold, O my Mother, I shall rise again, in my rising, O Mother, you I shall magnify.

Both now and ever, and to the ages of ages. Amen.

Let all creation rejoice now, and all born on earth make merry, Hell, the enemy has been despoiled and plundered, with sweet spiced let women come to meet me, I am rescuing Adam with Eve and all their race, and in victory on the third day I shall rise again.

Katavasia.

No, do not weep for me, Mother, as you see lying buried him, the Son whom you conceived without see in your womb, for behold, I shall rise and shall be glorified, and in glory unending as God I shall exalt those who magnify you in fervent love and in true faith.

Μετὰ τὴν θ' ᾠδὴν ὁ ἱερεὺς ἐνδεδυμένος ἅπασαν τὴν ἱερατικὴν στολὴν αὐτοῦ ἐξέρχεται μετὰ τοῦ διακόνου ἐκ τοῦ ἱεροῦ βήματος καὶ πορεύεται πρὸς τὸν Ἐπιτάφιον θυμιῶν καὶ ψάλλων τὸ Ἡ ζωὴ ἐν τάφῳ. θυμιάσας δὲ κύκλῳ τὸν Ἐπιτάφιον καὶ ὅλον τὸν ναὸν ἐπανέρχεται καὶ ἵσταται περὶ τὸν Ἐπιτάφιον ψάλλουσιν εἰς στάσεις τρεῖς.

After the 9th Ode, the priest, dressed in all of his sacred vestments exits, together with the Deacon, from the sacred bema and proceeds to the Epitaphios censing and singing The Life in the tomb; he censes around the Epitaphios and all the temple, returning and standing around the Epitaphios singing in three stanzas.

THE LAMENTATIONS / ΤΑ ΕΓΚΩΜΙΑ
FIRST STANZA / ΣΤΑΣΙΣ ΠΡΩΤΗ

Ἦχος πλ. α'. / Tone Pl. 1.

Ἡ ζωὴ ἐν τάφῳ * κατετέθης Χριστέ, * καὶ Ἀγγέλων στρατιαὶ ἐξεπλήττοντο, * συγκατάβασιν δοξάζουσαι τὴν σήν.

I zoí en táfo * katetéthis Christé, * kaí Angélon stratiaí exeplíttonto, * synkatávasin doxázousai tín sín.

In the tomb they laid you, * you, O Christ, who are Life; * in amazement angel armies lift up their song * as they glorify your self-abasement, Lord.

Ἡ ζωὴ πῶς θνήσκεις; * πῶς καὶ τάφῳ οἰκεῖς; * τοῦ θανάτου τὸ βασίλειον λύεις δέ, * καὶ τοῦ Ἅδου τοὺς νεκροὺς ἐξανιστάς.

I zoí pós thnískeis? * pós kaí táfo oikeís? * toú thanátou tó vasíleion lýeis dé, * kaí toú Ádou toús nekroús exanistás.

Life, how can you perish, * or how dwell in a tomb? * Yet the royal hall of Death you now bring to nought, * and from Hades' realm you raise the dead again.

Μεγαλύνομέν σε, * Ἰησοῦ Βασιλεῦ, * καὶ τιμῶμεν τὴν Ταφὴν καὶ τὰ Πάθη σου, * δι' ὧν ἔσωσας ἡμᾶς ἐκ τῆς φθορᾶς.

Megalýnomén se, * Iisoú Vasiléf, * kaí timómen tín Tafín kaí tá Páthi sou, * di' ón ésosas imás ek tís fthorás.

Now we magnify you, * O Lord Jesus, our King, * we pay honor to your Passion and burial * for from foul corruption you saved us through them.

Μέτρα γῆς ὁ στήσας, * ἐν σμικρῷ κατοικεῖς, * Ἰησοῦ παμβασιλεῦ τάφῳ σήμερον, * ἐκ μνημάτων τοὺς θανέντας ἀνιστῶν.

Métra gís o stísas, * en smikró katoikeís, * Iisoú pamvasiléf táfo símeron, * ek mnimáton toús thanéntas anistón.

King of all, O Jesus, * who established earth's bounds, * on this day you make your home in a little tomb, * raising up the dead of ages from their graves.

Ὁ Δεσπότης πάντων, * καθορᾶται νεκρός, * καὶ ἐν μνήματι καινῷ κατατίθεται, * ὁ κενώσας τὰ μνημεῖα τῶν νεκρῶν.

O Despótis pánton, * kathorátai nekrós, * kaí en mnímati kainó katatíthetai, * o kenósas tá mnimeía tón nekrón.

He who governs all things * here is seen as a corpse, * new the grave in which his body is laid to rest, * he the one who empties graves of all their dead.

Μετὰ τῶν κακούργων, * ὡς κακοῦργος Χριστέ, * ἐλογίσθης δικαιῶν ἡμᾶς ἅπα-

Metá tón kakoúrgon, * os kakoúrgos Christé, * elogísthis dikaión imás ápan-

Guilty with the guilty * you were judged, O my Christ, * at the moment you

ντας, * κακουργίας τοῦ ἀρχαίου πτερνιστοῦ.

tas, * kakourgías toú archaíou pternistoú.

wrought justice for all of us, * from the ancient trickster's foul and evil deeds.

Ὁ ὡραῖος κάλλει, * παρὰ πάντας βροτούς, * ὡς ἀνείδεος νεκρὸς κατα φαίνεται, * ὁ τὴν φύσιν ὡραϊσας τοῦ παντός.

O oraíos kállei, * pará pántas vrotoús, * os aneídeos nekrós kata- faínetai, * o tín fýsin oraḯsas toú pantós.

Fairer he in beauty * than are all mortal kind, * now a corpse we see, unsightly, bereft of form, * he who beautified the nature of all things.

Ὢ θαυμάτων ξένων! * ὢ πραγμάτων καινῶν! * Ὁ πνοῆς μοὶ χορηγὸς ἄπνους φέρεται, * κηδευόμενος χερσὶ τοῦ Ἰωσήφ.

Ó thavmáton xénon! * ó pragmáton kainón! * O pnoís moí chorigós ápnous féretai, * kidevómenos chersí toú Iosíf.

O most strange of wonders, * What new deeds we now see! * He who gave me my life's breath, lies unbreathing now * born to burial at noble Joseph's hands.

Καὶ ἐν τάφῳ ἔδυς, * καὶ τῶν κόλπων Χριστὲ * τῶν πατρῶ ὦν οὐδαμῶς ἀπεφοίτησας, * τοῦτο ξένον καὶ παράδοξον ὁμοῦ.

Kaí en táfo édys, * kaí tón kólpon Christé * tón patró on oudamós apefoítisas, * toúto xénon kaí parádoxon omoú.

Like the sun when setting, * to the tomb you descend, * yet, O Christ, your Father's bosom you do not leave, * what strange paradox, what wondrous thing this is.

Νοερῶν συντρέχει, * στρατιῶν ἡ πληθύς, * Ἰωσὴφ καὶ Νικοδήμῳ συστεῖλαί σε, * τὸν ἀχώρητον ἐν μνήματι σμικρῷ.

Noerón syntréchei, * stratión i plithýs, * Iosíf kaí Nikodímo systeílaí se, * tón achóriton en mnímati smikró.

Nothing can contain you, * yet the Heavenly hosts, * with the noble Joseph and with Nicodemus now * hasten to enclose you in a little grave.

Νεκρωθεὶς βουλήσει, * καὶ τεθεὶς ὑπὸ γῆν, * ζωοβρύτα Ἰησοῦ μου ἐζώωσας, * νεκρωθέντα παραβάσει μὲ πικρά.

Nekrotheís voulísei, * kaí tetheís ypó gín, * zoovrýta Iisoú mou ezóosas, * nekrothénta paravásei mé pikrá.

Willingly, my Jesus, * slain and laid underground, * fount of life, you gave me life when I lay in death, * when by bitterest transgressions I was slain.

Ἐν καινῷ μνημείῳ, * κατετέθης Χριστέ, * καὶ τὴν φύσιν τῶν βροτῶν ἀνεκαίνισας, * ἀναστὰς θεοπρεπῶς ἐκ τῶν νεκρῶν.

En kainó mnimeío, * katetéthis Christé, * kaí tín fýsin tón vrotón anekaínisas, * anastás theoprepós ek tón nekrón.

There, O Christ, they laid you, * in a newly made grave, * and the nature of us mortals you then renewed, * when from death you rose in majesty divine.

Ἐπὶ γῆς κατῆλθες, * ἵνα σώσῃς Ἀδάμ, * καὶ ἐν γῇ μὴ εὑρηκὼς τοῦτον Δέσποτα,

Epí gís katílthes, * ína sósis Adám, * kaí en gí mí evrikós toúton Déspota, *

Down to earth, O Master, * to save Adam you came, * and not finding him

* μέχρις Ἅδου κατελήλυθας ζητῶν.	méchris Ádou katelílythas zitón.	on earth, you descended, Lord, * to the depths of Hades, searching for him there.
Ὡς βροτὸς μὲν θνήσκεις, * ἑκουσίως Σωτήρ, * ὡς Θεὸς δὲ τοὺς θνητοὺς ἐξανέστησας, * ἐκ μνημάτων καὶ βυθοῦ ἁμαρτιῶν.	Os vrotós mén thnískeis, * ekousíos Sotír, * os Theós dé toús thnitoús exanéstisas, * ek mnimáton kaí vythoú amartión.	Willingly as mortal, * O my Saviour, you die, * but as God you raised the dead back to life again, * from their graves and the abysmal depths of sin.
Δακρυρρόους θρήνους, * ἐπὶ σὲ ἡ Ἁγνή, * μητρικῶς ὦ Ἰησοῦ ἐπιρραίνουσα, * ἀνεβόα. Πῶς κηδεύσω σὲ Υἱὲ;	Dakryrróous thrínous, * epí sé i Agní, * mitrikós ó Iisoú epirraínousa, * anevóa. Pós kidéfso sé Yié?	Tears of lamentation * she pours out over you, * as your mother the pure Virgin, O Jesus, cries, * How, my son, am I to lay you in the tomb?
Νεκρωθέντα πάλαι, * τὸν Ἀδὰμ φθονερῶς, * ἐπανάγεις πρὸς ζωὴν τῇ νεκρώσει σου, * νέος Σῶτερ ἐν σαρκὶ φανεὶς Ἀδάμ.	Nekrothénta pálai, * tón Adám fthonerós, * epanágeis prós zoín tí nekrósei sou, * néos Sóter en sarkí faneís Adám.	By your death, O Saviour, * you lead Adam back to life, * who of old by envy was brought to death, * as in flesh as a new Adam you appear.
Νοεραὶ σὲ τάξεις, * ἡπλωμένον νεκρόν, * καθορῶσαι δι᾿ ἡμᾶς ἐξεπλήττοντο, * καλυπτόμεναι ταῖς πτέρυξι Σωτήρ.	Noeraí sé táxeis, * iploménon nekrón, * kathorósai di᾿ imás exeplíttonto, * kalyptómenai taís ptéryxi Sotír.	The angelic orders, * were amazed to behold you, * our Saviour, for our sake laid out as a corpse * with their wings they veil their faces from the sight.
Τὴν πλευρὰν ἐνύγης, * ὁ πλευρὰν εἰληφώς, * τοῦ Ἀδὰμ ἐξ ἧς τὴν Εὔαν διέπλασας, * καὶ ἐξέβλυσας κρουνοὺς καθαρτικούς.	Tín plevrán enýgis, * o plevrán eilifós, * toú Adám ex ís tín Évan diéplasas, * kaí exévlysas krounoús kathartikoús.	Mother Eve you fashioned * from a rib, which you took * from the side of Adam, Lord, now your side is pierced, * and from thence there gush forth purifying streams.
Ἁπλωθεὶς ἐν ξύλῳ, * συνήγαγω βροτούς, * τὴν πλευράν σου δὲ νυγεὶς τὴν ζωήρρητον, * πᾶσιν ἄφεσιν πηγάζεις Ἰησοῦ.	Aplotheís en xýlo, * synigágo vrotoús, * tín plevrán sou dé nygeís tín zoírriton, * pásin áfesin pigázeis Iisoú.	Mortal kind you gathered * into one, Jesus, Lord, * when stretched out upon the Tree, and your side was pierced * from that life-source you pour pardon forth for all.
Ὑπὸ γῆν βουλήσει, * κατελθὼν ὡς θνητός, * ἐπανά-	Ypó gín voulísei, * katelthón os thnitós, * ep-	Willingly as mortal, * you went down 'neath the earth;

γεις ἀπὸ γῆς πρὸς οὐράνια, * τοὺς ἐκεῖθεν πεπτωκότας Ἰησοῦ.

Προσκυνῶ τὸ Πάθος, * ἀνυμνῶ τὴν Ταφήν, * μεγαλύνω σου τὸ κράτος Φιλάνθρωπε, * δι᾽ ὧν λέλυμαι παθῶν φθοροποιῶν.

Ἑκουσίως Σῶτερ, * κατελθὼν ὑπὸ γῆν, * νεκρωθέντας τοὺς βροτοὺς ἀνεζώωσας, * καὶ ἀνήγαγες ἐν δόξῃ πατρικῇ.

Ὁ χειρί σου πλάσας, * τὸν Ἀδὰμ ἐκ τῆς γῆς, * δι᾽ αὐτὸν τῇ φύσει γέγονας ἄνθρωπος, * καὶ ἐσταύρωσαι βουλήματι τῷ σῷ.

Οἴμοι φῶς τοῦ Κόσμου! * οἴμοι φῶς τὸ ἐμόν! * Ἰησοῦ μου ποθεινότατε ἔκραζεν, * ἡ Παρθένος θρηνῳδοῦσα γοερῶς.

Ὁ Θεὲ καὶ Λόγε, * ὦ χαρὰ ἡ ἐμή, * πῶς ἐνέγκω σου ταφὴν τὴν τριήμερον; * Νῦν σπαράττομαι τὰ σπλάγχνα μητρικῶς.

Τίς μοὶ δώσει ὕδωρ, * καὶ δακρύων πηγάς, * ἡ Θεόνυμφος Παρθένος ἐκραύγαζεν, * ἵνα κλαύσω τὸν γλυκύν μου Ἰησοῦν;

Πότε ἴδω Σῶτερ, * σὲ τὸ ἄχρονον φῶς, * τὴν χαρὰν

anágeis apó gís prós ouránia, * toús ekeíthen peptokótas Iisoú.

Proskynó tó Páthos, * anymnó tín Tafín, * megalýno sou tó krátos Filánthrope, * di᾽ on lélymai pathón fthoropoión.

Ekousíos Sóter, * katelthón ypó gín, * nekrothéntas toús vrotoús anezóosas, * kaí anígages en dóxi patrikí.

O cheirí sou plásas, * tón Adám ek tís gís, * di᾽ aftón tí fýsei gégonas ánthropos, * kaí estávrosai voulímati tó só.

Oímoi fós toú Kósmou! * oímoi fós tó emón! * Iisoú mou potheinótate ékrazen, * i Parthénos thrinodoúsa goerós.

O Theé kaí Lóge, * o chará i emí, * pós enénko sou tafín tín triímeron? * Nýn sparáttomai tá splánchna mitrikós.

Tís moí dósei ýdor, * kaí dakrýon pigás, * i Theónymfos Parthénos ekrávgazen, * ína kláfso tón glykýn mou Iisoún?

Póte ído Sóter, * sé tó áchronon fós, * tín charán kaí

from the earth's depths you lead back up to heaven's height * all of those, O Jesus who lay fallen there.

Lord, your pains I worship, * and your burial praise, * and I magnify your might, Lover of mankind. * By them I am freed from passions which destroy.

Willingly, O Saviour, * you went down 'neath the earth, * granted life again to mortals whom death had slain, * in the glory of the Father led them up.

With your hand you fashioned * Adam out of the earth; * for him you became by nature a man, O Lord, * and were crucified for him by your own will.

Bitterly lamenting, * 'Woe is me, O my light! * my heart's longing and the Light of the World, alas! * Woe is me, my heart's desire', the Virgin cried.

'O God's Word, my gladness, * my Lord and my God, * how can I endure your burial for three days? * As a mother now my heart is torn with grief.'

'Who will give me water, * give me fountains of tears,' * cried the Virgin bride of God, 'that I may lament * and may weep for my sweet Jesus, who lies slain?'

'Saviour, light eternal, * the delight of my heart, * when shall I see you, my

καὶ ἡδονὴν τῆς καρδίας μου; * ἡ Παρθένος ἀνεβόα γοερῶς.

idonín tís kardías mou? * i Parthénos anevóa goerós.

gladness, my only joy?' * cried the Virgin most afflicted in her grief.

Θέλων ὤφθης Λόγε, * ἐν τῷ τάφῳ νεκρός, * ἀλλὰ ζῇς, καὶ τοὺς βροτοὺς ὡς προείρηκας, * ἀναστάσει σου Σωτήρ μου ἐγερεῖς.

Thélon ófthis Lóge, * en tó táfo nekrós, * allá zís, kaí toús vrotoús os proeírikas, * anastásei sou Sotír mou egereís.

By your will we see you, * as a corpse in the tomb, * but you live, O Word, and Saviour as you foretold, * by your Resurrection you raise mortal kind.

Δόξα Πατρὶ καὶ Υἱῷ καὶ Ἁγίῳ Πνεύματι.

Dóxa Patrí kaí Yió kaí Agío Pnévmati.

Glory to the Father, Son and the Holy Spirit.

Ἀνυμνοῦμεν Λόγε * σὲ τὸν πάντων Θεόν, * σὺν Πατρὶ καὶ τῷ Ἁγίῳ σου Πνεύματι, * καὶ δοξάζομεν τὴν θείαν σου Ταφήν.

Anymnoúmen Lóge * sé tón pánton Theón, * sýn Patrí kaí tó Agío sou Pnévmati, * kaí doxázomen tín theían sou Tafín.

Word, we sing your praises, * as the Lord God of all, * with the Father and your most Holy Spirit, Lord, * and we glorify your burial divine.

Καὶ νῦν καὶ ἀεὶ καὶ εἰς τοὺς αἰῶνας τῶν αἰώνων, ἀμήν.

Kaí nýn kaí aeí, kaí eis toús aiónas tón aiónon, amín.

Both now and ever, and to the ages of ages. Amen.

Θεοτοκίον.

Theotokíon.

Theotokion.

Μακαρίζομέν σε, * Θεοτόκε ἁγνή, * καὶ τιμῶμεν τὴν Ταφὴν τὴν τριήμερον, * τοῦ Υἱοῦ σου καὶ Θεοῦ ἡμῶν πιστῶς.

Makarízomén se, * Theotóke agní, * kaí timómen tín Tafín tín tri–ímeron, * toú Yioú sou kaí Theoú imón pistós.

Now we call you blessed, * All-Pure Theotokos, * and in faith we hold in honour and we venerate * the three day entombment of your Son our God.

Καὶ πάλιν τὸ αʹ Τροπάριον.

Kaí pálin tó aʹ Tropárion.

And the first Troparion again.

Ἡ ζωὴ ἐν τάφῳ, * κατετέθης Χριστέ, * καὶ Ἀγγέλων στρατιαὶ ἐξεπλήττοντο, * συγκατάβασιν δοξάζουσαι τὴν σήν.

I zoí en táfo, * katetéthis Christé, * kaí Angélon stratiaí exe–plíttonto, * synkatávasin doxázousai tín sín.

In the tomb they laid you, * you, O Christ, who are Life, * in amazement angel armies lift up their song * as they glorify your self-abasement, Lord.

Ὁ Διάκονος· Ἔτι καὶ ἔτι ἐν εἰρήνῃ τοῦ Κυρίου δεηθῶμεν.

Ὁ Χορός· Κύριε ἐλέησον.

Ὁ Διάκονος· Ἀντιλαβοῦ, σῶσον, ἐλέησον καὶ διαφύλαξον ἡμᾶς ὁ Θεὸς τῇ σῇ χάριτι.

Deacon: Again and again in peace let us pray to the Lord.

Choir: Lord, have mercy.

Deacon: Take hold of us, save us, have mercy upon us, and protect us, O God, by Your grace.

Ὁ Χορός· Κύριε ἐλέησον.

Ὁ Διάκονος· Τῆς Παναγίας, ἀχράντου, ὑπερευλογημένης, ἐνδόξου, δεσποίνης ἡμῶν Θεοτόκου καὶ ἀειπαρθένου Μαρίας, μετὰ πάντων τῶν ἁγίων μνημονεύσαντες, ἑαυτοὺς καὶ ἀλλήλους καὶ πᾶσαν τὴν ζωὴν ἡμῶν Χριστῷ τῷ Θεῷ παραθώμεθα.

Ὁ Χορός· Σοί, Κύριε.

Ὁ Ἱερεὺς·

Ὅτι εὐλόγηταί σου τὸ ὄνομα καὶ δεδόξασταί σου ἡ βασιλεία τοῦ Πατρὸς καὶ τοῦ Υἱοῦ καὶ τοῦ Ἁγίου Πνεύματος, νῦν καὶ ἀεὶ καὶ εἰς τοὺς αἰῶνας τῶν αἰώνων.

Ὁ Χορός· Ἀμήν.

Καὶ θυμιᾷ ὁ ἱερεὺς ἀρχομένης τῆς β΄ στάσεως.

Choir: Lord, have mercy.

Deacon: Commemorating our most holy, most pure, most blessed and glorified Lady the Theotokos and evervirgin Mary, together with all the saints, let us commit ourselves and one another and all our life unto Christ our God.

Choir: To You, O Lord.

Priest:

For blessed is your Name and glorified is your Kingdom, of Father, Son and Holy Spirit, now and for ever, and to the ages of ages.

Choir: Amen.

The Priest censes at the beginning of the second stanza.

ΣΤΑΣΙΣ ΔΕΥΤΕΡΑ / SECOND STANZA

Ἦχος πλ. α΄. / Tone Pl. 1.

Ἄξιόν ἐστι, * μεγαλύνειν σὲ τὸν Ζωοδότην, * τὸν ἐν τῷ Σταυρῷ τὰς χεῖρας ἐκτείναντα, * καὶ συντρίψαντα τὸ κράτος τοῦ ἐχθροῦ.

Áxión esti, * megalýnein sé tón Zoodótin, * tón en tó Stayró tás cheíras ekteínanta, * kaí syntrípsanta tó krátos toú echthroú.

It is right indeed * we should magnify the one who grants life, * you, that stretched your hands wide upon the Cross, * broke and smashed the might and power of the foe.

Ἄξιόν ἐστι, * μεγαλύνειν σὲ τὸν πάντων Κτίστην, * τοῖς σοῖς γὰρ παθήμασιν ἔχομεν, * τὴν ἀπάθειαν ῥυσθέντες τῆς φθορᾶς.

Áxión esti, * megalýnein sé tón pánton Ktístin, * toís soís gár pathímasin échomen, * tín apátheian rysthéntes tís fthorás.

It is right indeed * we should magnify, you who fashion all things, * your pains from corruption deliver us, * and your Passion grants dispassion to our souls.

Ἔφριξεν ἡ γῆ, * καὶ ὁ ἥλιος Σῶτερ ἐκρύβη, * σοῦ τοῦ ἀνεσπέρου φέγγους Χριστέ, * δύναντος ἐν τάφῳ σωματικῶς.

Éfrixen i gí, * kaí o ílios Sóter ekrývi, * soú toú anespérou féngous Christé, * dýnantos en táfo somatikós.

All Earth quaked in fear * and the sun concealed itself, * O Saviour, when, O Christ, our light, you set bodily, * as the light that knows no evening was entombed.

Ἄνω σὲ Σωτήρ, * ἀχωρίστως τῷ Πατρὶ συνόντα, * κάτω δὲ νεκρὸν ἡπλωμένον γῇ, * φρίττουσιν ὁρῶντα τὰ Σεραφίμ.

Ῥήγνυται ναοῦ, * καταπέτασμα τῇ σῇ σταυρῷ, σε, * κρύπτουσι φωστῆρες Λόγε τὸ φῶς, * σοῦ κρυβέντος Ἥλιε ὑπὸ γῆν.

Γῆς ὁ κατ᾽ * ἀρχάς, μόνω νεύματι πήξας τὸν γῦρον * ἄπνους ὡς βροτὸς καθυπέδυ γῆν· * φρίξον τῷ θεάματι οὐρανέ.

Θρῆνον ἱερόν, * δεῦτε ᾄσωμεν Χριστῷ θανόντι, * ὡς αἱ Μυροφόροι γυναῖκες πρίν, * ἵνα καὶ τὸ Χαῖρε ἀκουσώμεθα σὺν αὐταῖς.

Μύρον ἀληθῶς, * σὺ ἀκένωτον ὑπάρχεις Λόγε, * ὅθεν σοὶ καὶ μύρα προσέφερον, * ὡς νεκρῷ τῷ ζῶντι, γυναῖκες Μυροφόροι.

Ἔπτηξεν Ἀδάμ, * Θεοῦ βαίνοντος ἐν Παραδείσῳ, * χαίρει δὲ πρὸς Ἅδην φοιτήσαντος, * πεπτωκὼς τὸ πρώην, καὶ νῦν ἐγηγερμένος.

Τάφῳ Ἰωσήφ, * εὐλαβῶς σὲ τῷ καινῷ συγκρύπτων, * Τύμνους ἐξοδίους θεοπρεπεῖς, * τοῖς συμμίκτοις θρήνοις μέλπει σοὶ Σωτήρ.

Áno sé Sotír, * achorístos tó Patrí synónta, * káto dé nekrón iploménon gí, * fríttousin orónta tá Serafím.

Rígnytai naoú, * katapétasma tí sí stavró, se, * krýptousi fostíres Lóge tó fós, * soú kryvéntos Ílie ypó gín.

Gís o kat' * archás, móno névmati píxas tón gýron * ápnous os vrotós kathypédy gín: * fríxon tó theámati ourané.

Thrínon ierón, * défte ásomen Christó thanónti, * os ai Myrofóroi gynaíkes prín, * ína kaí tó Chaíre akousómetha sýn aftaís.

Mýron alithós, * sý akénoton ypárcheis Lóge, * óthen soí kaí mýra próseferon, * os nekró tó zónti, gynaíkes Myrofóroi.

Éptixen Adám, * Theoú vaínontos en Paradeíso, * chaírei dé prós Ádin foitísantos, * peptokós tó próin, kaí nýn egigerménos.

Táfo Iosíf, * evlavós sé tó kainó synkrýpton, * Týmnous exodíous theoprepeís, toís symmíktois thrínois mélpei soí Sotír.

Seeing you on high, * never separated from the Father, * yet below on Earth, laid out as a corpse, * the dread Seraphim, my Saviour, shake with fear.

See, the Temple Veil, * rent asunder at your crucifixion, * Heaven's beacons hide, O my Christ, their light, to see you, * the Sun, now hid beneath the earth.

He who at the start * by His will alone set Earth revolving, * lifeless as a mortal sets under earth; * let the sky now shake and tremble at the sight.

Come, now, let us sing, * let our sacred hymn lament the dead Christ, * singing as the Myrrh-bearing women did, * that with them we too may hear the word 'rejoice!'

Truly you are Myrrh, * truly, Word of God, the Myrrh Unfailing, * so it was myrrh-bearers brought myrrh to you, * to the Living God brought myrrh as to the dead.

Trembling, Adam quailed, * when God walked in Paradise, he feared him, * but rejoices now as God enters Hell. * As of old he fell, so now he rises up.

Filled with godly fear, * in a new tomb noble Joseph hides you, * singing, Saviour, hymns for your burial, * hymns befitting God and mingled with laments.

Ὄμμα τὸ γλυκύ * καὶ τὰ χείλη σου πῶς μύσω Λόγε; * πῶς νεκροπρεπῶς δὲ κηδεύσω σε; * φρίττων ἀνεβόα ὁ Ἰωσήφ.

Ἥλιος φαιδρόν, * ἀπαστράπτει μετὰ νύκτα Λόγε, * καὶ σὺ δ' ἀναστὰς ἐξαστράψειας, * μετὰ θάνατον φαιδρῶς ὡς ἐκ παστοῦ.

Γῆ σὲ πλαστουργέ, * ὑπὸ κόλπους δεξαμένη τρόμῳ, * συσχεθεῖσα Σῶτερ τινάσσεται, * ἀφυπνώσασα νεκροὺς τῷ τιναγμῷ.

Μύροις σὲ Χριστέ, * ὁ Νικόδημος καὶ ὁ Εὐσχήμων, * νῦν καινοπρεπῶς περιστείλαντες. * Φρῖξον, ἀνεβόων, πᾶσα ἡ γῆ.

Σὺ ὡς ὢν ζωῆς, χορηγὸς Λόγε τοὺς Ἰουδαίους, ἐν Σταυρῷ ταθεὶς οὐκ ἐνέκρωσας, ἀλλ' ἀνέστησας καὶ τούτων τοὺς νεκρούς.

Κάλλος Λόγε πρίν, * οὐδὲ εἶδος ἐν τῷ πάσχειν ἔσχες, * ἀλλ' ἐξαναστὰς ὑπερέλαμψας, * καλλωπίσας τους βροτοὺς θείαις αὐγαῖς.

Ἔδυς τῇ σαρκί, * ὁ ἀνέσπερος εἰς γῆν φωσφόρος, * καὶ μὴ φέρων βλέπειν ὁ ἥλιος, * ἐσκοτίσθη μεσημβρίας ἐν ἀκμῇ.

Ómma tó glyký * kaí tá cheíli sou pós mýso Lóge? * pós nekroprepós dé kidéfso se? * frítton anevóa o Iosíf.

Ílios faidrón, * apastráptei metá nýkta Lóge, * kaí sý d' anastás exastrápseias, * metá thánaton faidrós os ek pastoú.

Gí sé plastourgé, * ypó kólpous dexaméni trómo, * syschetheísa Sóter tinássetai, * afypnósasa nekroús tó tinagmó.

Mýrois sé Christé, * o Nikódimos kaí o Efschímon, * nýn kainoprepós peristeílantes. * Fríxon, anevóon, pása i gí.

Sý os ón zoís, chorigós Lóge toús Ioudaíous, en Stavró tatheís ouk enékrosas, all' anéstisas kaí toúton toús nekroús.

Kállos Lóge prín, * oudé eídos en tó páschein ésches, * all' exanastás yperélampsas, * kallopísas tous vrotoús theíais avgaís.

Édys tí sarkí, * o anésperos eis gín fosfóros, * kaí mí féron vlépein o ílios, * eskotísthi mesimvrías en akmí.

'Tell me, Word of God, * how am I to close your lips and sweet eyes, * how to bury you as befits the dead?' * cried the noble Joseph, shivering with fear.

Once the night has passed * then again, O Word, the bright Sun blazes; * radiant you blaze forth, when after death, * as though from a bridal chamber, you arise.

How Earth quaked with fear, * O Creator, as into her bosom, * shaking, she received you, my Saving Lord, * by her fearful shaking she awoke the dead.

With sweet myrrh, O Christ, * Nicodemus and the noble Joseph * laid you out for burial strange and new, * as they cried aloud, 'Now tremble, all the earth!'

O, Life-giving Word, * even stretched out on the Cross and nailed there, * you, as Lord of Life, did not kill the Jews, * granting resurrection even to their dead.

Suffering, O Word, * you were quite bereft of form and beauty; * Rising, Lord, you shone forth resplendently, * and with your Godhead's rays made mortals fair.

In the flesh you set, * 'neath the earth, Dawn Star that knows no evening, * at height of noon-day the sun grew dark, * as unable to endure the fearful sight.

Ἥλιος ὁμοῦ, * καὶ σελήνη σκοτισθέντες Σῶτερ, * δούλους εὐνοοῦντας εἰκόνιζον, * οἱ μελαίνας ἀμφιέννυνται στολάς.

Ὕπνωσας μικρόν, * καὶ ἐζώωσας τοὺς τεθνεῶτας, * καὶ ἐξαναστὰς ἐξανέστησας, * τοὺς ὑπνοῦντας ἐξ αἰῶνος Ἀγαθέ.

Ὥσπερ πελεκᾶν, * τετρωμένος τὴν πλευράν σου Λόγε, * σοὺς θανέντας παῖδας ἐζώωσας, * ἐπιστάξας ζωτικοὺς αὐτοῖς κρουνούς.

Ἥλιον τὸ πρίν, * Ἰησοῦς τοὺς ἀλλοφύλους κόπτων, * ἔστησεν, αὐτὸς δὲ ἀπέκρυψας, * καταβάλλων τὸν τοῦ σκότους ἀρχηγόν.

Κόλπων πατρικῶν, * ἀνεκφοίτητος μείνας οἰκτίρμον, * καὶ βροτὸς γενέσθαι εὐδόκησας, * καὶ εἰς Ἅδην καταβέβηκας Χριστέ.

Ἤρθη σταυρωθείς, * ὁ ἐν ὕδασι τὴν γῆν κρεμάσας, * καὶ ὡς ἄπνους ἐν αὐτῇ νῦν προσκλίνεται, * ὃ μὴ φέρουσα ἐσείετο δεινῶς.

Ἔφριξεν ἰδών, * τὸ ἀόρατον φῶς σὲ Χριστέ μου, * μνήματι κρυπτόμενον ἄπνουν τε, * καὶ ἐσκότασεν ὁ ἥλιος τὸ φῶς.

Ílios omoú, * kaí selíni skotisthéntes Sóter, * doúlous evnooúntas eikónizon, * oi melaínas amfiénnyntai stolás.

Ýpnosas mikrón, * kaí ezósas toús tethneótas, * kaí exanastás exanéstisas, * toús ypnoúntas ex aiónos Agathé.

Ósper pelekán, * tetroménos tín plevrán sou Lóge, * soús thanéntas paídas ezósas, * epistáxas zotikoús aftoís krounoús.

Ílion tó prín, * Iisoús toús allofýlous kópton, * éstisen, aftós dé apékrypsas, * kataváll̲on tón toú skótous archigón.

Kólpon patrikón, * anekfoítitos meínas oiktírmon, * kaí vrotós genésthai evdókisas, * kaí eis Ádin katavévikas Christé.

Írthi stavrotheís, * o en ýdasi tín gín kremásas, * kaí os ápnous en aftí nýn prosklínetai, * ó mí férousa eseíeto deinós.

Éfrixen idón, * tó aóraton fós sé Christé mou, * mnímati kryptómenon ápnoun te, * kaí eskótasen o ílios tó fós.

Sun and moon grew dark, * they are images of faithful servants, * who, as mourners, Saviour, attire themselves * in the sombre mourners' robes of deepest black.

For a while you slept, * to the dead who lay in Hell you brought life. * Rising up, O Good One, you then raised up * all the multitudes of dead from every age.

Like the pelican, * you gave life, O Word, to your dead children, * wounded in your side, you let life-blood flow, * letting fall life-giving drops of blood on all.

Jesus stayed the sun, * as of old he smote the foreign foe, Lord; * you, Christ, hid its light as you overthrew *that great prince, the Lord of darkness and of death.

O Compassionate, * while remaining in your Father's bosom, * mortal nature willingly you assumed, * and as mortal man, O Christ, went down to Hell.

He who hung the earth * on the waters, on a Cross is lifted, * as a lifeless corpse he is laid in earth, * which, unable to endure it, dreads and quakes.

Seeing you, my Christ, * you, the Light invisible, now hidden, * lifeless in the grave, then the sun on high * shook and trembled as its light grew dark in fear.

Ἔκλαιε πικρῶς, * ἡ πανάμωμος Μήτηρ σου Λόγε, * ὅτε ἐν τῷ τάφῳ ἑώρακε, * σὲ τὸν ἄφραστον καὶ ἄναρχον Θεόν.

Νέκρωσιν τὴν σήν, * ἡ πανάφθορος Χριστέ σου Μήτηρ, * βλέπουσα πικρῶς σοὶ ἐφθέγγετο· * Μὴ βραδύνῃς ἡ ζωὴ ἐν τοῖς νεκροῖς.

Ἄδης ὁ δεινός, * συνετρόμαξεν ὅτε σὲ εἶδεν, * Ἥλιε τῆς δόξης ἀθάνατε, * καὶ ἐδίδου τοὺς δεσμίους ἐν σπουδῇ.

Ὕμνοις σου Χριστέ, * νῦν τὴν Σταύρωσιν καὶ τὴν Ταφήν τε, * ἅπαντες πιστοὶ ἐκθειάζομεν, * οἱ θανάτου λυτρωθέντες σῇ ταφῇ.

Δόξα Πατρὶ καὶ Υἱῷ καὶ Ἁγίῳ Πνεύματι.

Ἄναρχε Θεέ, * συναΐδιε Λόγε καὶ Πνεῦμα, * σκῆπτρα τῶν Ἀνάκτων κραταίωσον, * κατὰ πολεμίων ὡς ἀγαθός.

Καὶ νῦν καὶ ἀεὶ καὶ εἰς τοὺς αἰῶνας τῶν αἰώνων, ἀμήν.

Θεοτοκίον.

Τέξασα ζωήν, * Παναμώμητε ἁγνὴ Παρθένε, * παῦσον Ἐκκλησίας τὰ σκάνδαλα, * καὶ βράβευσον εἰρήνην ὡς ἀγαθή.

Éklaie pikrós, * i panámomos Mítir sou Lóge, * óte en tó táfo eórake, * sé tón áfraston kaí ánarchon Theón.

Nékrosin tín sín, * i panáfthoros Christé sou Mítir, * vlépousa pikrós soí efthéngeto: * Mí vradýnis i zoí en toís nekroís.

Ádis o deinós, * synetrómaxen óte sé eíden, * Ílie tís dóxis athánate, * kaí edídou toús desmíous en spoudí.

Ýmnois sou Christé, * nýn tín Stávrosin kaí tín Tafín te, * ápantes pistoí ektheiázomen, * oi thanátou lytrothéntes sí tafí.

Dóxa Patrí kaí Yió kaí Agío Pnévmati.

Ánarche Theé, * synaḯdie Lóge kaí Pnévma, * skíptra tón Anákton krataíoson, * katá polemíon os agathós.

Kaí nýn kaí aeí kaí eis toús aiónas tón aiónon, amín.

Theotokíon.

Téxasa zoín, * Panamómite agní Parthéne, * páfson Ekklisías tá skándala, * kaí vrávefson eirínin os agathí.

Bitterly she wept, * your all-blameless Mother, * when she saw you lying dead, O Word, lying in the tomb, * the eternal God no language can express.

When she saw your death * then your Mother free from all defilement cried out, * O my Christ, bitterly to you, 'Life, I beg, * do not delay among the dead!'

Hades, death's dread lord, * shook in fear, he shuddered when he saw you, * Sun of glory, deathless and radiant, * and he gave up all his prisoners in haste.

With our hymns, O Christ, * all the faithful bring their adoration, * to your crucifixion and burial; * by your burial we have been freed from death.

Glory to the Father, Son and the Holy Spirit.

Great eternal God, * co-eternal Word and Holy Spirit, * look down in your goodness on those who rule, * grant their sceptres strength against the warlike foe.

Both now and ever, and to the ages of ages. Amen.

Theotokion.

Wholly undefiled, * Mother, who gave birth to life, * pure Virgin, ends all scandals which still beset Church, * and as you are loving, Mother, grant her peace.

Καὶ πάλιν τὸ α΄ Τροπάριον.

Ἄξιόν ἐστι, * μεγαλύνειν σὲ τὸν Ζωοδότην, * τὸν ἐν τῷ Σταυρῷ τὰς χεῖρας ἐκτείναντα, * καὶ συντρίψαντα τὸ κράτος τοῦ ἐχθροῦ.

Kaí pálin tó a΄ Tropárion.

Áxión esti, * megalýnein sé tón Zoodótin, * tón en tó Stavró tás cheíras ekteínanta, * kaí syntrípsanta tó krátos toú echthroú.

And the first Troparion again.

It is right indeed * we should magnify the one who grants life, * you, that stretched your hands wide upon the Cross, * broke and smashed the might and power of the foe.

Ὁ Διάκονος· Ἔτι καὶ ἔτι ἐν εἰρήνῃ τοῦ Κυρίου δεηθῶμεν.

Deacon: Again and again in peace let us pray to the Lord.

Ὁ Χορός· Κύριε ἐλέησον.

Choir: Lord, have mercy.

Ὁ Διάκονος· Ἀντιλαβοῦ, σῶσον, ἐλέησον καὶ διαφύλαξον ἡμᾶς ὁ Θεὸς τῇ σῇ χάριτι.

Deacon: Take hold of us, save us, have mercy upon us, and protect us, O God, by Your grace.

Ὁ Χορός· Κύριε ἐλέησον.

Choir: Lord, have mercy.

Ὁ Διάκονος· Τῆς Παναγίας, ἀχράντου, ὑπερευλογημένης, ἐνδόξου, δεσποίνης ἡμῶν Θεοτόκου καὶ ἀειπαρθένου Μαρίας, μετὰ πάντων τῶν ἁγίων μνημονεύσαντες, ἑαυτοὺς καὶ ἀλλήλους καὶ πᾶσαν τὴν ζωὴν ἡμῶν Χριστῷ τῷ Θεῷ παραθώμεθα.

Deacon: Commemorating our most holy, most pure, most blessed and glorified Lady the Theotokos and evervirgin Mary, together with all the saints, let us commit ourselves and one another and all our life unto Christ our God.

Ὁ Χορός· Σοί, Κύριε.

Choir: To You, O Lord.

Ὁ Ἱερεύς·

Priest:

Ὅτι ἅγιος εἶ ὁ Θεὸς ἡμῶν, ὁ ἐπὶ θρόνου δόξης τῶν Χερουβὶμ ἐπαναπαυόμενος, καὶ σοὶ τὴν δόξαν ἀναπέμπομεν σὺν τῷ ἀνάρχῳ σου Πατρί, καὶ τῷ παναγίῳ, καὶ ἀγαθῷ, καὶ ζωοποιῷ σου Πνεύματι, νῦν, καὶ ἀεί, καὶ εἰς τοὺς αἰῶνας τῶν αἰώνων.

For you, our God, are holy and rest upon the glorious throne of the Cherubim, and to you we give glory, to the father, the Son and the Holy Spirit, now and for ever, and to the ages of ages.

Ὁ Χορός· Ἀμήν.

Choir: Amen.

Καὶ θυμιᾷ ὁ ἱερεὺς ἀρχομένης τῆς γ΄ στάσεως.

The Priest censes at the beginning of the third stanza.

ΣΤΑΣΙΣ ΤΡΙΤΗ / THIRD STANZA

Ἦχος γ΄. / Tone 3.

Αἱ γενεαὶ πᾶσαι, * ὕμνον τῇ Ταφῇ σου, * προσφέρουσι Χριστέ μου.

Ai geneaí pásai, * ýmnon tí Tafí sou, * prosférousi Christé mou.

All generations offer, * my Christ, for your entombment * in hymns and songs its praises.

Καθελὼν τοῦ ξύλου, * ὁ Ἀριμαθαίας, * ἐν τάφῳ σὲ κηδεύει.

Kathelón toú xýlou, * o Arimathaías, * en táfo sé kidévei.

The Noble Joseph takes you down * from the Tree, my Saviour, * and in the tomb he lays you.

Μυροφόροι ἦλθον, * μύρα σοὶ Χριστέ μου, * κομίζουσαι προφρόνως.

Myrofóroi ílthon, * mýra soí Christé mou, * komízousai profrónos.

Myrrh-bearing Woman came then, * providently bringing to you, * O Christ, the sweet myrrh.

Δεῦρο πᾶσα κτίσις, * ὕμνους ἐξοδίους, * προσοίσωμεν τῷ Κτίστῃ.

Dévro pása ktísis, * ýmnous exodíous, * prosoísomen tó Ktísti.

Let all Creation join us, * as to the Creator our farewell * hymns we now sing.

Ὡς νεκρὸν τὸν ζῶντα, * σὺν Μυροφόροις πάντες, * μυρίσωμεν ἐμφρόνως.

Os nekrón tón zónta, * sýn Myrofórois pántes, * myrísomen emfrónos.

With myrrh-bearing women let us, * with understanding, * anoint as dead the Living.

Οὓς ἔθρεψε τὸ μάννα, * ἐκίνησαν τὴν πτέρναν, * κατὰ τοῦ Εὐεργέτου.

Oús éthrepse tó mánna, * ekínisan tín ptérnan, * katá toú Evergétou.

Those he fed with manna * raised their heels against him, * against the Benefactor.

Οὓς ἔθρεψε τὸ μάννα, * φέρουσι τῷ Σωτῆρι, * χολὴν ἅμα καὶ ὄξος.

Oús éthrepse tó mánna, * férousi tó Sotíri, * cholín áma kaí óxos.

Those he fed with manna * bring vinegar and gall * now to offer to the Saviour.

Ὢ τῆς παραφροσύνης, * καὶ τῆς Χριστοκτονίας, * τῆς τῶν προφητοκτόνων!

Ó tís parafrosýnis, * kaí tís Christoktonías, * tís tón profitoktónon!

O the boundless folly * of those who slew the prophets * and now slay God's Anointed.

Ὡς ἄφρων ὑπηρέτης, * προδέδωκεν ὁ μύστης, * τὴν ἄβυσσον σοφίας.

Os áfron ypirétis, * prodédoken o mýstis, * tín ávysson sofías.

Initiate yet traitor, * he, the senseless servant, * sold the Abyss of Wisdom.

Τὸν ῥύστην ὁ πωλήσας, * αἰχμάλωτος κατέστη, * ὁ δόλιος Ἰούδας.

Tón rýstin o polísas, * aichmálotos katésti, * o dólios Ioúdas.

Judas the deceiver * for silver sold the Saviour, * and thus became a captive.

Greek	Transliteration	English
Ἰωσὴφ κηδεύει, * σὺν τῷ Νικοδήμῳ, * νεκροπρεπῶς τὸν Κτίστην.	Iosíf kidévei, * sýn tó Nikodímo, * nekroprepós tón Ktístin.	With Nicodemus, Joseph * buries the Creator * as for the dead is fitting.
Ὕπτιον ὁρῶσα, * ἡ Πάναγνός σε Λόγε, * μητροπρεπῶς ἐθρήνει.	Ýption orósa, * i Pánagnós se Lóge, * mitroprepós ethrínei.	When the All-Pure saw you * lying limp and dead, Lord, * as mother, Word, she mourned you.
Ὢ γλυκύ μου ἔαρ, * γλυκύτατόν μου Τέκνον, * ποῦ ἔδυ σου τὸ κάλλος;	O glyký mou éar, * glykýtatón mou Téknon, * poú édy sou tó kállos?	'O my sweetest springtime, * O my sweetest Offspring, * where has your beauty vanished?'
Υἱὲ Θεοῦ παντάναξ, * Θεέ μου πλαστουργέ μου, * πῶς πάθος κατεδέξω;	Yié Theoú pantánax, * Theé mou plastourgé mou, * pós páthos katedéxo?	Son of God, All-Sovereign, * my God and my Creator, * why did you will to suffer?
Ἡ δάμαλις τὸν μόσχον, * ἐν Ξύλῳ κρεμασθέντα, * ἠλάλαζεν ὁρῶσα.	I dámalis tón móschon, * en Xýlo kremasthénta, * ilálazen orósa.	The heifer, when she saw him, * her calf, hanged on the dread Tree, * raised up a cry of great grief.
Σῶμα τὸ ζωηφόρον, * ὁ Ἰωσὴφ κηδεύει, * μετὰ τοῦ Νικοδήμου.	Sóma tó zoifóron, * o Iosíf kidévei, * metá toú Nikodímou.	See, noble Joseph buries * the one life-bearing Body, * and Nicodemus helps him.
Ἀνέκραζεν ἡ Κόρη, * θερμῶς δακρυρροοῦσα, * τὰ σπλάγχνα κεντουμένη.	Anékrazen i Kóri, * thermós dakryrrooúsa, * tá splánchna kentouméni.	The weeping Maiden cried out, * and from her eyes hot tears pour, * as to the heart she is pierced.
Ὢ φῶς τῶν ὀφθαλμῶν μου, * γλυκύτατόν μου Τέκνον, * πῶς τάφῳ νῦν καλύπτῃ;	O fós tón ofthalmón mou, * glykýtatón mou Téknon, * pós táfo nýn kalýpti?	'O Light that gives my eyes light, * my gentle Son, my sweet Child, * why does the tomb now hide you?'
Τὸν Ἀδὰμ καὶ Εὔαν, * ἐλευθερῶσαι Μῆτερ, * μὴ θρήνει, ταῦτα πάσχω.	Tón Adám kaí Évan, * eleftherósai Míter, * mí thrínei, táfta páscho.	'To free both Eve and Adam, * Mother, this I suffer. * Come, do not grieve and sorrow.'
Δοξάζω σου Υἱέ μου, * τὴν ἄκραν εὐσπλαγχνίαν, * ἧς χάριν ταῦτα πάσχεις.	Doxázo sou Yié mou, * tín ákran efsplanchnían, * is chárin táfta páscheis.	'The depth of your compassion, * I glorify my dear Son, * which makes you suffer these things.'

Ὄξος ἐποτίσθης, * καὶ χολὴν οἰκτίρμον, * τὴν πάλαι λύων γεῦσιν.	Óxos epotísthis, * kaí cholín oiktírmon, * tín pálai lýon gẽfsin.	They gave you gall to drink, Lord, * and vinegar, Most Loving: * the apple's taste now passes.
Ἰκρίῳ προσεπάγης, * ὁ πάλαι τὸν λαόν σου, * στύλῳ νεφέλης σκέπων.	Ikrío prosepágis, * o pálai tón laón sou, * stýlo nefélis sképon.	To a post they nailed you, * who once your people sheltered * below a cloudy pillar.
Αἱ Μυροφόροι Σῶτερ, * τῷ τάφῳ προσελθοῦσαι, * προσέφερόν σοι μύρα.	Ai Myrofóroi Sóter, * tó táfo proselthoúsai, * proséferón soí mýra.	Myrrh-bearing women, Saviour, * approach your tomb to bring you * the sweet myrrh to anoint you.
Ἀνάστηθι οἰκτίρμον, ἡμᾶς ἐκ τῶν βαράθρων, * ἐξανιστῶν τοῦ Ἅδου.	Anástithi oiktírmon, imás ek tón␣aráthron, * exanistón toú Ádou.	Arise, O Lord of mercy, * and from the depths of Hades now * raise us all up with you.
Ἀνάστα Ζωοδότα, * ἡ σὲ τεκοῦσα Μήτηρ, * δακρυρροοῦσα λέγει.	Anásta Zoodóta, * i sé tekoúsa Mítir, * dakryrrooúsa légei.	Through her tears, your Mother, * who gave you birth now cries out * 'Arise, O Giver of life.'
Οὐράνιοι Δυνάμεις, * ἐξέστησαν τῷ φόβῳ, * νεκρὸν σὲ καθορῶσαι.	Ouránioi Dynámeis, * exéstisan tó fóvo, * nekrón sé kathorósai.	Heavens awesome powers * stood amazed in terror, * to see you lying lifeless.
Τοῖς πόθῳ τε καὶ φόβῳ, * τὰ πάθη σου τιμῶσι, * δίδου πταισμάτων λύσιν.	Toís pótho te kaí fóvo, * tá páthi sou timósi, * dídou ptaismáton lýsin.	To those who love and fear you, * and honour your dread Passion, * now give release from all faults.
Φρίττουσιν οἱ νόες, * τὴν ξένην καὶ φρικτήν σου, * Ταφὴν τοῦ πάντων Κτίστου.	Fríttousin oi nóes, * tín xénin kaí friktín sou, * Tafín toú pánton Ktístou.	All Heaven's angels tremble * Creator of the Cosmos, * at your strange, dread entombment.
Τούτου ψαλλομένου ὁ ἱερεὺς ῥαίνει διὰ ῥοδοστάγματος τὸν Ἐπιτάγιον καὶ τὸν λαόν.	*Toútou psallménou o ierèfs raínei diá rodostágmatos tón Epitágion kaí tón laón.*	*As we thing the following, the Priest sprinkles the Epitaphios and the people with rosewater.*
Ἔρραναν τὸν τάφον, * αἱ Μυροφόροι μύρα, * λίαν πρωῒ ἐλθοῦσαι.	Érranan tón táfon, * ai Myrofóroi mýra, * lían proï elthoúsai.	Myrrh-bearers came and sprinkled * sweet myrrh upon your tomb, Lord, * at early dawn they come now.
Ἔρραναν τὸν τάφον, * αἱ Μυροφόροι μύρα, * λίαν πρωῒ ἐλθοῦσαι.	Érranan tón táfon, * ai Myrofóroi mýra, * lían proï elthoúsai.	Myrrh-bearers came and sprinkled * sweet myrrh upon your tomb, Lord, * at early dawn they come now.

Ἔρραναν τὸν τάφον, * αἱ Μυροφόροι μύρα, * λίαν πρωῒ ἐλθοῦσαι.

Érranan tón táfon, * ai Myrofóroi mýra, * lían proï elthoúsai.

Myrrh-bearers came and sprinkled *sweet myrrh upon your tomb, Lord, at early dawn they come now.

Εἰρήνην Ἐκκλησία, * λαῷ σου σωτηρίαν, δώρησαι σῇ Ἐγέρσει.

Eirínin Ekklisía, * laó sou sotirían, dórisai sí Egérsei.

Peace unto your Church, Lord, * salvation to your people, * grant by your Resurrection.

Δόξα Πατρὶ καὶ Υἱῷ καὶ Ἁγίῳ Πνεύματι.

Dóxa Patrí kaí Yió kaí Agío Pnévmati.

Glory to the Father, Son and the Holy Spirit.

Ὦ Τριὰς Θεέ μου, * Πατὴρ Υἱὸς καὶ Πνεῦμα, * ἐλέησον τὸν Κόσμον.

Ó Triás Theé mou, * Patír Yiós kaí Pnévma, * eléison tón Kósmon.

Father, Son and Spirit, * O Trinity, my One God, * have mercy on the whole world.

Καὶ νῦν καὶ ἀεὶ καὶ εἰς τοὺς αἰῶνας τῶν αἰώνων, ἀμήν.

Kaí nýn kaí aeí kaí eis toús aiónas tón aiónon, amín.

Both now and ever, and to the ages of ages. Amen.

Θεοτοκίον.

Theotokíon.

Theotokion.

Ἰδεῖν τὴν τοῦ Υἱοῦ σου, * Ἀνάστασιν Παρθένε, * ἀξίωσον σοὺς δούλους.

Ideín tín toú Yioú sou, * Anástasin Parthéne, * axíoson soús doúlous. Καί πάλιν τό α΄ Tropárion.

Count all your servants worthy, * to see, Most Holy Virgin, * you Son's bright Resurrection.

Καὶ πάλιν τὸ α΄ Τροπάριον.

Kaí pálin tó a΄ Tropárion.

And the first Troparion again.

Αἱ γενεαὶ πᾶσαι, * ὕμνον τῇ Ταφῇ σου, * προσφέρουσι Χριστέ μου.

Ai geneaí pásai, * ýmnon tí Tafí sou, * prosférousi Christé mou.

All generations offer, * my Christ, for your entombment * in hymns and songs its praises.

Ὁ Διάκονος· Ἔτι καὶ ἔτι ἐν εἰρήνῃ τοῦ Κυρίου δεηθῶμεν.

Deacon: Again and again in peace let us pray to the Lord.

Ὁ Χορός· Κύριε ἐλέησον.

Choir: Lord, have mercy.

Ὁ Διάκονος· Ἀντιλαβοῦ, σῶσον, ἐλέησον καὶ διαφύλαξον ἡμᾶς ὁ Θεὸς τῇ σῇ χάριτι.

Deacon: Take hold of us, save us, have mercy upon us, and protect us, O God, by Your grace.

Ὁ Χορός· Κύριε ἐλέησον.

Choir: Lord, have mercy.

Ὁ Διάκονος· Τῆς Παναγίας, ἀχράντου, ὑπερευλογημένης, ἐνδόξου, δεσποίνης ἡμῶν Θεοτόκου καὶ ἀειπαρθένου Μαρίας, μετὰ πάντων τῶν ἁγίων μνημονεύσαντες, ἑαυτοὺς καὶ ἀλλήλους καὶ

Deacon: Commemorating our most holy, most pure, most blessed and glorified Lady the Theotokos and evervirgin Mary, together with all the saints, let us

πᾶσαν τὴν ζωὴν ἡμῶν Χριστῷ τῷ Θεῷ παραθώμεθα.

Ὁ Χορός· Σοί, Κύριε.

Ὁ Ἱερεὺς·

Σὺ γὰρ εἶ ὁ Βασιλεὺς τῆς εἰρήνης καὶ Σωτὴρ τῶν ψυχῶν ἡμῶν, καὶ Σοὶ τὴν δόξαν ἀναπέμπομεν, τῷ Πατρὶ καὶ τῷ Υἱῷ καὶ τῷ Ἁγίῳ Πνεύματι, νῦν καὶ ἀεὶ καὶ εἰς τοὺς αἰῶνας τῶν αἰώνων.

Ὁ Χορός· Ἀμήν.

Καὶ εὐθὺς ψάλλομεν τὰ ἀναστάσιμα εὐλογητάρια·

Ἦχος πλ. α΄.

Στίχ. Εὐλογητὸς εἶ, Κύριε, δίδαξόν με τὰ δικαιώματά σου.

Τῶν Ἀγγέλων ὁ δῆμος, κατεπλάγη ὁρῶν σε, ἐν νεκροῖς λογισθέντα, τοῦ θανάτου δὲ Σωτήρ, τὴν ἰσχὺν καθελόντα, καὶ σὺν ἑαυτῷ τὸν Ἀδὰμ ἐγείραντα, καὶ ἐξ ᾅδου πάντας ἐλευθερώσαντα.

Στίχ. Εὐλογητὸς εἶ, Κύριε, δίδαξόν με τὰ δικαιώματά σου.

Τί τὰ μύρα, συμπαθῶς τοῖς δάκρυσιν, ὦ Μαθήτριαι κιρνᾶτε; ὁ ἀστράπτων ἐν τῷ τάφῳ Ἄγγελος, προσεφθέγγετο ταῖς Μυροφόροις, Ἴδετε ὑμεῖς τὸν τάφον καὶ ᾔσθητε, ὁ Σωτὴρ γὰρ ἐξανέστη τοῦ μνήματος.

Στίχ. Εὐλογητὸς εἶ, Κύριε, δίδαξόν με τὰ δικαιώματά σου.

Λίαν πρωΐ, Μυροφόροι ἔδραμον, πρὸς τὸ μνῆμά σου θρηνολογοῦσαι, ἀλλ' ἐπέστη, πρὸς αὐτὰς ὁ Ἄγγελος, καὶ εἶπε· θρήνου ὁ καιρὸς πέπαυται, μὴ κλαίετε, τὴν Ἀνάστασιν δέ, Ἀποστόλοις εἴπατε.

commit ourselves and one another and all our life unto Christ our God.

Choir: To You, O Lord.

Priest:

For you are the King of peace and the Saviour of our souls, and to you we give glory, Father, Son and Holy Spirit, now and for ever and to the ages of ages.

Choir: Amen.

Immediately we sing the Resurrectional Evlogitaria·

Tone Pl. 1.

Verse: Blessed are You, O Lord, teach me Your statutes.

The company of angels was amazed when it saw You among the dead being numbered, O Savior, who destroyed the power of death and resurrected Adam together with yourself, while from Hades liberating everyone.

Verse: Blessed are You, O Lord, teach me Your statutes.

"Why do you mingle the ointments with your tears full of pity, O women disciples?" Thus the Angel who was shining in the tomb cried unto the myrrh-bearing women. "See for yourselves the tomb and understand; for the Savior has risen from the sepulcher."

Verse: Blessed are You, O Lord, teach me Your statutes.

Unto Your tomb, very early in the morning, did the myrrh-bearers hasten lamenting. But the angel appeared unto them and uttered, "The time for lamentation has ended; weep

Στίχ. Εὐλογητὸς εἶ, Κύριε, δίδαξόν με τὰ δικαιώματά σου.

Μυροφόροι γυναῖκες, μετὰ μύρων ἐλθοῦσαι, πρὸς τὸ μνῆμά σου, Σῶτερ ἐνηχοῦντο. Ἀγγέλου τρανῶς, πρὸς αὐτὰς φθεγγομένου. Τί μετὰ νεκρῶν, τὸν ζῶντα λογίζεσθε; ὡς Θεὸς γάρ, ἐξανέστη τοῦ μνήματος.

Δόξα Πατρὶ καὶ Υἱῷ καὶ Ἁγίῳ Πνεύματι.

Τριαδικὸν.

Προσκυνοῦμεν Πατέρα, καὶ τὸν τούτου Υἱόν τε, καὶ τὸ Ἅγιον Πνεῦμα, τὴν Ἁγίαν Τριάδα, ἐν μιᾷ τῇ οὐσίᾳ, σὺν τοῖς Σεραφείμ, κράζοντες τό, Ἅγιος, Ἅγιος, Ἅγιος εἶ, Κύριε.

Καὶ νῦν καὶ ἀεί,
καὶ εἰς τοὺς αἰῶνας τῶν αἰώνων. Ἀμήν.

Θεοτοκίον.

Ζωοδότην τεκοῦσα, ἐλυτρώσω Παρθένε, τὸν Ἀδὰμ ἁμαρτίας, χαρμονὴν δὲ τῇ Εὔᾳ, ἀντὶ λύπης παρέσχες, ῥεύσαντα ζωῆς, ἴθυνε πρὸς ταύτην δέ, ὁ ἐκ σοῦ σαρκωθεὶς Θεὸς καὶ ἄνθρωπος.

Ἀλληλούϊα, Ἀλληλούϊα, Ἀλληλούϊα. Δόξα σοι ὁ Θεός. *(γ΄)*

Ὁ Διάκονος· Ἔτι καὶ ἔτι ἐν εἰρήνῃ τοῦ Κυρίου δεηθῶμεν.

Ὁ Χορός· Κύριε ἐλέησον.

Ὁ Διάκονος· Ἀντιλαβοῦ, σῶσον, ἐλέησον καὶ διαφύλαξον ἡμᾶς ὁ Θεὸς τῇ σῇ χάριτι.

no more. But announce the Resurrection to the Apostles."

Verse: Blessed are You, O Lord, teach me Your statutes.

The myrrh-bearing women, who had come with their spices to Your sepulcher, O Savior, heard the voice of an Angel speaking unto them, "Why do you account among the dead the One who lives? For as God, He has risen from the sepulcher."

Glory to the Father, Son and the Holy Spirit.

To the Trinity.

We worship the Father and together His Son and the Holy Spirit, the Holy Trinity, one in essence, and we cry aloud together with the Seraphim: Holy, Holy, Holy are You, O Lord.

Both now and ever,
and to the ages of ages. Amen.

Theotokion.

O Virgin, you gave birth to the Giver of life; from sin you delivered Adam, while to Eve you have rendered joy in place of sorrow. He who was from you made incarnate, God and man, has directed to life him who fell from it.

Alleluia, alleluia, alleluia, glory to You, O God. *(x3)*

Deacon: Again and again in peace let us pray to the Lord.

Choir: Lord, have mercy.

Deacon: Take hold of us, save us, have mercy upon us, and protect us, O God, by Your grace.

Ὁ Χορός· Κύριε ἐλέησον.

Ὁ Διάκονος· Τῆς Παναγίας, ἀχράντου, ὑπερευλογημένης, ἐνδόξου, δεσποίνης ἡμῶν Θεοτόκου καὶ ἀειπαρθένου Μαρίας, μετὰ πάντων τῶν ἁγίων μνημονεύσαντες, ἑαυτοὺς καὶ ἀλλήλους καὶ πᾶσαν τὴν ζωὴν ἡμῶν Χριστῷ τῷ Θεῷ παραθώμεθα.

Ὁ Χορός· Σοί, Κύριε.

Ὁ Ἱερεὺς·

Ὅτι σὲ αἰνοῦσι πᾶσαι αἱ δυνάμεις τῶν οὐρανῶν καὶ σοὶ τὴν δόξαν ἀναπέμπομεν, τῷ Πατρὶ καὶ τῷ Υἱῷ καὶ τῷ ἁγίῳ Πνεύματι, νῦν καὶ ἀεὶ καὶ εἰς τοὺς αἰῶνας τῶν αἰώνων.

Ὁ Χορός· Ἀμήν.

Ἐξαποστειλάριον. Ἦχος β´.

Ἅγιος Κύριος ὁ Θεὸς ἡμῶν. (γ´)

Καὶ εὐθὺς ψάλλομεν τοὺς Αἴνους καὶ τὰ παρόντα Ἰδιόμελα·

Ψαλμὸς ΡΜΗ´. Ἦχος α´.

Πᾶσα πνοὴ αἰνεσάτω τὸν Κύριον. Αἰνεῖτε τὸν Κύριον ἐκ τῶν οὐρανῶν· αἰνεῖτε αὐτὸν ἐν τοῖς ὑψίστοις. Σοὶ πρέπει ὕμνος τῷ Θεῷ.

Αἰνεῖτε αὐτόν, πάντες οἱ ἄγγελοι αὐτοῦ· αἰνεῖτε αὐτόν, πᾶσαι αἱ δυνάμεις αὐτοῦ. Σοὶ πρέπει ὕμνος τῷ Θεῷ.

Στίχ. *Αἰνεῖτε αὐτὸν ἐπὶ ταῖς δυναστείαις αὐτοῦ· αἰνεῖτε αὐτὸν κατὰ τὸ πλῆθος τῆς μεγαλωσύνης αὐτοῦ.*

Ἦχος β´.

Σήμερον συνέχει τάφος, τὸν συνέχοντα παλάμῃ τὴν Κτίσιν, καλύπτει λίθος, τὸν καλύψαντα ἀρετῇ τοὺς οὐρανούς, ὑπνοῖ ἡ ζωή, καὶ ᾅδης τρέμει, καὶ

Choir: Lord, have mercy.

Deacon: Commemorating our most holy, most pure, most blessed and glorified Lady the Theotokos and evervirgin Mary, together with all the saints, let us commit ourselves and one another and all our life unto Christ our God.

Choir: To You, O Lord.

Priest:

For all the Powers of heaven praise you, and to you we give glory, Father, Son and Holy Spirit, now and for ever and to the ages of ages.

Choir: Amen.

Exapostilarion. Tone 2.

Holy is the Lord our God. (x3)

We immediately sing the Praises and the following idiomels:

Psalm 148. Tone 1

Let everything that has breath praise the Lord. Praise the Lord from the heavens; praise him in the highest. To you praise is due, O God.

Praise him, all his angels: Praise him, all his Powers. To you praise is due, O God.

Verse: *Praise him for his mighty acts; praise him according to the greatness of his majesty.*

Tone 2.

Today a sepulcher holds him who holds all creation in his palm. A stone covers him who covered the heavens with glory. Life sleeps and Hell

Ἀδὰμ τῶν δεσμῶν ἀπολύεται. Δόξα τῇ σῇ οἰκονομίᾳ, δι' ἧς τελέσας πάντα σαββατισμὸν αἰώνιον, ἐδωρήσω ἡμῖν, τὴν παναγίαν ἐκ νεκρῶν σου Ἀνάστασιν.

Στίχ. *Αἰνεῖτε αὐτὸν ἐν ἤχῳ, σάλπιγγος· αἰνεῖτε αὐτὸν ἐν ψαλτηρίῳ καὶ κιθάρᾳ.*

Ἦχος ὁ αὐτός.

Τί τὸ ὁρώμενον θέαμα; Τίς ἡ παροῦσα κατάπαυσις; Ὁ Βασιλεὺς τῶν αἰώνων, τὴν διὰ πάθους τελέσας οἰκονομίαν, ἐν τάφῳ σαββατίζει, καινὸν ἡμῖν παρέχων σαββατισμόν. Αὐτῷ βοήσωμεν. Ἀνάστα ὁ Θεὸς κρίνων τὴν γῆν, ὅτι σὺ βασιλεύεις εἰς τοὺς αἰῶνας, ὁ ἀμέτρητον ἔχων τὸ μέγα ἔλεος.

Στίχ. *Αἰνεῖτε αὐτὸν ἐν τυμπάνῳ καὶ χορῷ· αἰνεῖτε αὐτὸν ἐν χορδαῖς καὶ ὀργάνῳ.*

Ἦχος ὁ αὐτός.

Δεῦτε ἴδωμεν τὴν ζωὴν ἡμῶν, ἐν τάφῳ κειμένην, ἵνα τοὺς ἐν τάφοις κειμένους ζωοποιήσῃ, δεῦτε σήμερον, τὸν ἐξ Ἰούδα ὑπνοῦντα θεώμενοι, προφητικῶς αὐτῷ ἐκβοήσωμεν. Ἀναπεσὼν κεκοίμησαι ὡς λέων, τίς ἐγερεῖ σε Βασιλεῦ; ἀλλ' ἀνάστηθι αὐτεξουσίως, ὁ δοὺς ἑαυτὸν ὑπὲρ ἡμῶν ἑκουσίως. Κύριε δόξα σοι.

Στίχ. *Αἰνεῖτε αὐτὸν ἐν κυμβάλοις εὐήχοις· αἰνεῖτε αὐτὸν ἐν κυμβάλοις ἀλαλαγμοῦ. Πᾶσα πνοὴ αἰνεσάτω τὸν Κύριον.*

Ἦχος πλ. β'.

Ἠτήσατο Ἰωσήφ, τὸ σῶμα τοῦ Ἰησοῦ, καὶ ἀπέθετο ἐν τῷ καινῷ αὐτοῦ μνημείῳ, ἔδει γὰρ αὐτὸν ἐκ τάφου, ὡς ἐκ παστάδος προελθεῖν. Ὁ συντρίψας κράτος

trembles and Adam is being released from his bonds. Glory to your dispensation, through which you have accomplished all things and granted us an eternal Sabbath rest, your all holy resurrection from the dead!

Verse: Praise him in the blast of the trumpet: praise him upon the lute and harp.

Tone 2.

What is this sight that is seen? What is this present rest? The king of the ages having accomplished his dispensation through suffering, takes his Sabbath rest in a tomb, granting us a new Sabbath rest. To him let us cry aloud, 'Arise, O God, judge the earth, for you are king forever, and without measure is your great mercy.'

Verse: *Praise him with the timbrel and dances: praise him upon the strings and pipe.*

Tone 2.

Come, let us see our life lying in a tomb, that he may give life to all those who lie in the tombs. Come today, as we contemplate the Sleeping One from Juda, let us prophetically cry out to him, 'Taking your rest, you lay down like a lion. Who will rouse you, O Kind? But arise by your own will, who gave yourself willingly for us. Lord, glory to you!'

Verse: *Praise him on finesounding cymbals: praise him on cymbals of gladness. Let everything that has breath praise the Lord.*

Tone Pl. 2.

Joseph asked for the body of Jesus, and laid it in a his new sepulcher; for it was right that he should come forth from a tombs as from a bridal chambers.

Glory to the Father, Son and the Holy Spirit.

Tone Pl. 2.

Moses the Great mystically prefigured this present day when he said, 'And God blessed the seventh day'. For this is the blessed Sabbath, this is the day of rest on which the only begotten Son of God rested from all his works. Through the dispensation in accordance with death, he kept the Sabbath in the flesh, and, returning once again to what he was, through the resurrection he has granted us eternal life, for he alone is good and love humankind.

Both now and ever,
and to the ages of ages. Amen.

Tone Pl. 2.

Theotokion.

You are most blessed, o Virgin Mother of God, for though him who took flesh from you, Hell has been captured, Adam has been recalled, slain is the curse, and Eve set free, death is put to death, and we are given life. Therefore in praise we cry: Blessed are you, Christ our God, who have been thus wellpleased, glory to you.

ΔΟΞΟΛΟΓΙΑ ΜΕΓΑΛΗ

GREAT DOXOLOGY

Δόξα σοι τῷ δείξαντι τὸ φῶς, Δόξα ἐν ὑψίστοις Θεῷ, καὶ ἐπὶ γῆς εἰρήνη, ἐν ἀνθρώποις εὐδοκία.

Ὑμνοῦμέν σε, εὐλογοῦμέν σε, προσκυνοῦμέν σε, δοξολογοῦμέν σε, εὐχαριστοῦμέν σοι, διὰ τὴν μεγάλην σου δόξαν.

Κύριε βασιλεῦ, ἐπουράνιε Θεέ, Πάτερ παντοκράτορ, Κύριε Υἱὲ μονογενές, Ἰησοῦ Χριστέ, καὶ Ἅγιον Πνεῦμα,

Κύριε ὁ Θεός, ὁ ἀμνὸς τοῦ Θεοῦ, ὁ Υἱὸς τοῦ Πατρός, ὁ αἴρων τὴν ἁμαρτίαν τοῦ κόσμου, ἐλέησον ἡμᾶς, ὁ αἴρων τὰς ἁμαρτίας τοῦ κόσμου.

Πρόσδεξαι τὴν δέησιν ἡμῶν, ὁ καθήμενος ἐν δεξιᾷ τοῦ Πατρός, καὶ ἐλέησον ἡμᾶς.

Ὅτι σὺ εἶ μόνος Ἅγιος, σὺ εἶ μόνος Κύριος, Ἰησοῦς Χριστός, εἰς δόξαν Θεοῦ Πατρός. Ἀμήν.

Καθ' ἑκάστην ἡμέραν εὐλογήσω σε, καὶ αἰνέσω τὸ ὄνομά σου εἰς τὸν αἰῶνα, καὶ εἰς τὸν αἰῶνα τοῦ αἰῶνος.

Καταξίωσον, Κύριε, ἐν τῇ ἡμέρᾳ ταύτῃ, ἀναμαρτήτους φυλαχθῆναι ἡμᾶς.

Εὐλογητὸς εἶ, Κύριε, ὁ Θεὸς τῶν Πατέρων ἡμῶν, καὶ αἰνετὸν καὶ δεδοξασμένον τὸ ὄνομά σου εἰς τοὺς αἰῶνας. Ἀμήν.

Γένοιτο, Κύριε, τὸ ἔλεός σου ἐφ' ἡμᾶς, καθάπερ ἠλπίσαμεν ἐπὶ σέ.

Εὐλογητὸς εἶ, Κύριε. δίδαξόν με τὰ δικαιώματά σου (γ΄).

Glory to you who have shown us the light. Glory to God in the highest, and on earth peace, good will among men.

We praise you, we bless you, we worship you, we glorify you, we give you thanks for your great glory;

Lord, King, God of heaven, Father almighty; Lord, onlybegotten Son, Jesus Christ; and Holy Spirit.

Lord God, Lamb of God, Son of the Father, who take away the sin of the world, have mercy on us; you take away the sins of the world.

Receive our prayer, you who sit at the right hand of the Father, and have mercy on us.

For you alone are holy, you alone are Lord, Jesus Christ, to the glory of God the Father. Amen.

Every day I will bless you, and praise your name for ever, and to the ages of ages.

Grant, Lord, this day that we may be kept without sin.

Blessed are you, Lord, God of our fathers, and praised and glorified is your name to the ages. Amen.

May your mercy, Lord, be upon us, as we have put our hope in you.

Blessed are you, Lord, teach me your statutes. *(x3)*

Κύριε, καταφυγὴ ἐγενήθης ἡμῖν, ἐν γενεᾷ καὶ γενεᾷ,

Ἐγὼ εἶπα· Κύριε, ἐλέησόν με, ἴασαι τὴν ψυχήν μου, ὅτι ἥμαρτόν σοι.

Κύριε, πρὸς σὲ κατέφυγον, δίδαξόν με τοῦ ποιεῖν τὸ θέλημά σου, ὅτι σὺ εἶ ὁ Θεός μου.

Ὅτι παρὰ σοὶ πηγὴ ζωῆς, ἐν τῷ φωτί σου ὀψόμεθα φῶς.

Παράτεινον τὸ ἔλεός σου τοῖς γινώσκουσί σε.

Ἅγιος ὁ Θεός, Ἅγιος Ἰσχυρός, Ἅγιος Ἀθάνατος, ἐλέησον ἡμᾶς. (γ΄)

Δόξα Πατρὶ καὶ Υἱῷ καὶ Ἁγίῳ Πνεύματι.

Καὶ νῦν καὶ ἀεὶ καὶ εἰς τοὺς αἰῶνας τῶν αἰώνων, ἀμήν.

Ἅγιος Ἀθάνατος, ἐλέησον ἡμᾶς.

Ἅγιος ὁ Θεός, Ἅγιος Ἰσχυρός, Ἅγιος Ἀθάνατος, ἐλέησον ἡμᾶς.

Lord, you have been our refuge from generation to generation.

I said, Lord, have mercy on me; heal my soul, for I have sinned against you.

Lord, I have run to you for refuge: teach me to do your will, for you are my God.

For with you is the source of life: and in your light we shall see light.

Continue your mercy towards those who know you.

Holy God, Holy Mighty, Holy Immortal, have mercy on us. *(x3)*

Glory to the Father, and to the Son, and to the Holy Spirit.

Both now and for ever, and to the ages of ages. Amen.

Holy Immortal, have mercy on us.

Holy God. Holy Mighty. Holy Immortal. Have mercy on us.

Ψαλλομένου δὲ τοῦ ἀσματικοῦ Ἅγιος ὁ Θεός γίνεται μετὰ πομπῆς ἡ ἔξοδος καὶ περιφορὰ τοῦ Ἐπιταφίου μετὰ τοῦ ἱεροῦ Εὐαγγελίου. Κατ᾽ αὐτὴν ψάλλεται καὶ τὸ παρὸν ἰδιόμελον.

During the singing of the asmatic Holy God, the exit and carrying of the bier with the Epitaphios in procession with the sacred Gospel. During this, the following idiomelon is sung:

Γεωργίου Ἀκροπολίτου.

By George of the Holy City.

Ἦχος πλ. α΄.

Tone Pl. 1.

Τὸν ἥλιον κρύψαντα τὰς ἰδίας ἀκτῖνας καὶ τὸ καταπέτασμα τοῦ ναοῦ διαρραγὲν τῷ τοῦ Σωτῆρος θανάτῳ ὁ Ἰωσὴφ θεασάμενος, προσῆλθε τῷ Πιλάτῳ καὶ καθικετεύει λέγων· Δός μοι τοῦτον τὸν ξένον, τὸν ἐκ βρέφους ὡς ξένον ξενωθέντα ἐν κόσμῳ. Δός μοι τοῦτον τόν ξένον, ὃν ὁμόφυλοι μισοῦντες θανατοῦσιν ὡς ξένον. Δός μοι τοῦτον τὸν ξένον, ὃν ξενίζομαι βλέπειν τοῦ θανάτου τὸν ξένον.

When Joseph saw that the sun had hidden its rays and the veil of the temple had been rent in two at the death of the Saviour, he approached Pilate and entreated him, saying, 'Give me this stranger, who since infancy has been a stranger in the world. Give me this stranger, whom members of his own race hated and slew as a stranger. Give me this stranger, whom I welcome

Δός μοι τοῦτον τὸν ξένον, ὅστις οἶδε ξενίζειν τοὺς πτωχοὺς καὶ τοὺς ξένους. Δός μοι τοῦτον τὸν ξένον, ὃν Ἑβραῖοι τῷ φθόνῳ ἀπεξένωσαν κόσμῳ. Δός μοι τοῦτον τὸν ξένον, ἵνα κρύψω ἐν τάφῳ, ὃς ὡς ξένος οὐκ ἔχει τὴν κεφαλὴν ποῦ κλίνῃ. Δός μοι τοῦτον τὸν ξένον, ὃν ἡ μήτηρ ὁρῶσα νεκρωθέντα, ἐβόα· Ὦ Υἱὲ καὶ Θεέ μου, εἰ καὶ τὰ σπλάγχνα τιτρώσκομαι καὶ καρδίαν σπαράττομαι νεκρόν σε καθορῶσα, ἀλλὰ τῇ σῇ ἀναστάσει θαρροῦσα μεγαλύνω. Καὶ τούτοις τοίνυν τοῖς λόγοις δυσωπῶν τὸν Πιλᾶτον ὁ εὐσχήμων λαμβάνει τοῦ Σωτῆρος τὸ σῶμα, ὃ καὶ φόβῳ ἐν σινδόνι ἐνειλήσας καὶ σμύρνῃ κατέθετο ἐν τάφῳ τὸν παρέχοντα πᾶσι ζωὴν αἰώνιον καὶ τὸ μέγα ἔλεος.

as a stranger as I see the strangeness of his death. Give me this stranger, who knew how to welcome as strangers the poor and those who were strangers. Give me this stranger, whom Hebrews out of envy have made a stranger to the world. Give me this stranger, that I may hide in a tomb one who as a stranger has no place to lay his head. Give me this stranger, whose his mother when she saw him slain cried out, 'O my Son and my God, though I am wounded to the core and torn to the heart as I see you dead, yet confident in your resurrection, I magnify you." When he had with words like this entreated Pilate, the noble Joseph takes the Saviour's body, and having in fear wrapped it in a winding sheet with myrrh, he placed in a tomb the One who grants the world eternal life and his great mercy.

Ἐπανελθούσης τῆς ἱερᾶς πομπῆς εἰς τὸν Ναόν, ὁ προεξάρχων ἱερεὺς ἐκφωνεῖ·

When the sacred bier returns to the Church, the first in order of the Priests exclaims:

Πρόσχωμεν. Εἰρήνη πᾶσι.

Let us attend. Peace to all.

Ὁ Χορός· Καὶ τῷ πνεύματί σου.

Choir: And to your spirit.

Ὁ Ἱερεὺς· Σοφία.

Priest: Wisdom.

Καὶ εἰσάγει μετὰ τῶν λοιπῶν ἱερέων τὸν Ἐπιτάφιον εἰς τὸ Ἱερόν· καὶ ἡμεῖς ψάλλομεν τὰ τροπάρια·

And the Epitaphios is carried into the Sanctuary with the other Priests following, during which we sing these troparia:

Ἦχος β′.

Tone 2.

Ὅτε κατῆλθες πρὸς τὸν θάνατον, ἡ ζωὴ ἡ ἀθάνατος, τότε τὸν ᾅδην ἐνέκρωσας, τῇ ἀστραπῇ τῆς Θεότητος· ὅτε δὲ καὶ τοὺς τεθνεῶτας ἐκ τῶν καταχθονίων ἀνέστησας, πᾶσαι αἱ δυνάμεις τῶν ἐπουρανίων ἐκραύγαζον· Ζωοδότα Χριστὲ ὁ Θεὸς ἡμῶν, δόξα σοι.

When you descended to encounter death, you who are immortal Life, then it was you who slew death itself, with your Godhead's lightning flash, when you even raised up the dead from the depths below the earth, all the powers from beyond the heavens' heights cried out to you: Lord and Giver of Life, O Christ our God, glory to you.

Ταῖς μυροφόροις γυναιξί, παρὰ τὸ μνῆμα ἐπιστάς, ὁ Ἄγγελος ἐβόα· ἃ μύρα τοῖς θνητοῖς ὑπάρχει ἁρμόδια, Χριστὸς δὲ διαφθορᾶς ἐδείχθη ἀλλότριος.

Ὁ εὐσχήμων Ἰωσήφ, ἀπὸ τοῦ ξύλου καθελὼν τὸ ἄχραντόν σου σῶμα, σινδόνι καθαρᾷ, εἰλήσας καὶ ἀρώμασιν, ἐν μνήματι καινῷ κηδεύσας ἀπέθετο.

Καὶ περιελθόντες οἱ ἱερεῖς μετὰ τοῦ Ἐπιταφίου τρὶς τὴν ἁγίαν Τράπεζαν ἀποτιθέασιν αὐτὸν καὶ τὸ Εὐαγγέλιον ἐπ' αὐτῆς.

Καὶ εὐθὺς λέγομεν τὸ·

Τροπάριον τῆς Προφητείας. Ἦχος β´.

Ὁ συνέχων τὰ πέρατα, τάφῳ συσχεθῆναι κατεδέξω Χριστέ, ἵνα τῆς τοῦ ᾅδου καταπτώσεως, λυτρώσῃς τὸ ἀνθρώπινον καὶ ἀθανατίσας, ζωώσῃς ἡμᾶς, ὡς Θεὸς ἀθάνατος.

Δόξα Πατρὶ καὶ Υἱῷ καὶ Ἁγίῳ Πνεύματι, καὶ νῦν καὶ ἀεὶ καὶ εἰς τοὺς αἰῶνας τῶν αἰώνων. Ἀμήν.

Ὁ συνέχων τὰ πέρατα, τάφῳ συσχεθῆναι κατεδέξω Χριστέ, ἵνα τῆς τοῦ ᾅδου καταπτώσεως, λυτρώσῃς τὸ ἀνθρώπινον καὶ ἀθανατίσας, ζωώσῃς ἡμᾶς, ὡς Θεὸς ἀθάνατος.

Ὁ Ἀναγνώστης· Προκείμενον. Ἦχος δ´. Ψαλμὸς ΜΓ´.

Ὁ Διάκονος· Πρόσχωμεν.

Ὁ Ἀναγνώστης· Ἀνάστα, Κύριε, βοήθησον ἡμῖν καὶ λύτρωσαι ἡμᾶς ἕνεκεν τοῦ ὀνόματός σου.

Στίχ. Ὁ Θεός, ἐν τοῖς ὠσὶν ἡμῶν ἠκούσαμεν καὶ οἱ πατέρες ἡμῶν ἀνήγγειλαν ἡμῖν.

To the women bearing myrrh, the Angel standing by the grave cried out aloud; 'Myrrh is a perfume fitting for the dead, but Christ has shown himself a stranger to corruption.'

The noble Joseph taking down from the tree your undefiled body in fine linen he enshrouded it with sweet spices and in a new grave he laid it for burial.

And the Priests, carrying the Epitaphios, encircles the Holy Table three times, and then place the Epitaphios on it with the Gospel.

And immediately we say:

Troparion of the Prophecy. Tone 2.

Christ, who hold fast the ends of the earth, you accepted to be held fast in a tomb, that you might ransom humanity from the maw of Hell, * and as immortal God you have given us life and immortality.

Glory to the Father, Son, and to the Holy Spirit, both now and ever, and to the ages of ages. Amen.

Christ, who hold fast the ends of the earth, you accepted to be held fast in a tomb, that you might ransom humanity from the maw of Hell, and as immortal God you have given us life and immortality.

Reader: Prokeimenon. Tone 4. Psalm 43.

Deacon: Let us be attentive.

Reader: Arise, Lord, help us; and redeem us for the glory of your name.

Verse: O God, we have heard with our ears, our fathers have told us.

Ὁ Διάκονος· Σοφία.

Ὁ Ἀναγνώστης· Τῆς Ἰεζεκιὴλ τὸ ἀνάγνωσμα.

Ὁ Διάκονος· Πρόσχωμεν.

(λζ΄ 1-14)

Ἐγένετο ἐπ' ἐμὲ χεὶρ Κυρίου, καὶ ἐξήγαγέ με ἐν πνεύματι Κυρίου, καὶ ἔθηκέ με ἐν μέσῳ τοῦ πεδίου, καὶ τοῦτο ἦν μεστὸν ὀστέων ἀνθρωπίνων, καὶ περιήγαγέ με ἐπ' αὐτά, κύκλωθεν κύκλῳ, καὶ ἰδοὺ πολλὰ σφόδρα, ἐπὶ προσώπου τοῦ πεδίου, καὶ ἰδοὺ ξηρὰ σφόδρα. Καὶ εἶπε πρός με. Υἱὲ ἀνθρώπου, εἰ ζήσεται τὰ ὀστέα ταῦτα; καὶ εἶπα. Κύριε, Κύριε, σὺ ἐπίστασαι ταῦτα. Καὶ εἶπε πρός με. Προφήτευσον ἐπὶ τὰ ὀστᾶ ταῦτα, καὶ ἐρεῖς αὐτοῖς. Τὰ ὀστᾶ τὰ ξηρά, ἀκούσατε λόγον Κυρίου, τάδε λέγει Κύριος τοῖς ὀστέοις τούτοις. Ἰδοὺ ἐγὼ φέρω εἰς ὑμᾶς πνεῦμα ζωῆς, καὶ δώσω εἰς ὑμᾶς νεῦρα, καὶ ἀνάξω εἰς ὑμᾶς σάρκας, καὶ ἐκτενῶ ἐφ' ὑμᾶς δέρμα, καὶ δώσω πνεῦμά μου εἰς ὑμᾶς, καὶ ζήσεσθε, καὶ γνώσεσθε, ὅτι ἐγὼ εἰμι Κύριος. Καὶ προεφήτευσα, καθὼς ἐνετείλατό μοι Κύριος. Καὶ ἐγένετο φωνὴ ἐν τῷ ἐμὲ προφητεῦσαι, καὶ ἰδοὺ σεισμός, καὶ προσήγαγε τὰ ὀστᾶ, ἑκάτερον πρὸς τὴν ἁρμονίαν αὐτοῦ. Καὶ εἶδον, καὶ ἰδοὺ ἐπ' αὐτὰ νεῦρα καὶ σάρκες ἐφύοντο, καὶ ἀνέβαινεν ἐπ' αὐτὰ δέρμα ἐπάνω, καὶ πνεῦμα οὐκ ἦν ἐν αὐτοῖς. Καὶ εἶπε πρός με. Προφήτευσον, ἐπὶ τὸ πνεῦμα, υἱὲ ἀνθρώπου, προφήτευσον, καὶ εἰπὲ τῷ πνεύματι. Τάδε λέγει Κύριος Κύριος. Ἐκ τῶν τεσσάρων πνευμάτων ἐλθέ, καὶ ἐμφύσησον εἰς τοὺς νεκροὺς τούτους, καὶ ζησάτωσαν. Καὶ προεφήτευσα, καθ' ὅ,τι ἐνετείλατό μοι, καὶ εἰσῆλθεν εἰς αὐτοὺς τὸ πνεῦμα, καὶ ἔζησαν, καὶ

Deacon: Wisdom.

Reader: The reading is from the book of Ezekiel.

Deacon: Let us be attentive.

(37:-14)

The hand of the Lord was upon me and the Lord brought me out in Spirit and set me in the middle of the plain, and it was full of human bones. And he led me round them in a circle and lo, there were very many bones on the surface of the plain, and lo, they were very dry. And he said to me: Son of man, will these bones live? And I said: Lord, Lord, you know this. And he said to me: Prophesy to these bones and you will say to them: Dry bones, hear the word of the Lord. Thus says the Lord to these bones: See, I am bringing a spirit of life upon you, and I will give you sinews and I will bring flesh upon you, and I will stretch skin on you and put my spirit into you, and you shall live; and you shall know that I am the Lord. And I prophesied as he had commanded me. And it came to pass as I prophesied there was a shaking, and the bones approached one another, each to its joint. And I saw, and lo, sinews and flesh were growing on them, and skin came up upon them, but there was no spirit in them. And he said to me: Prophesy to the spirit, son of man, prophesy and say to the spirit: Thus says the Lord: Come from the four winds and breathe on these dead bodies and make them live. And I prophesied as he had commanded me, and the spirit entered them, and

ἔστησαν ἐπὶ τῶν ποδῶν αὐτῶν, συναγωγὴ πολλὴ σφόδρα. Καὶ ἐλάλησε Κύριος πρός με, λέγων. Υἱὲ ἀνθρώπου, τὰ ὀστᾶ ταῦτα, πᾶς οἶκος Ἰσραήλ ἐστιν, αὐτοὶ λέγουσι. Ξηρὰ γέγονε τὰ ὀστᾶ ἡμῶν, ἀπώλωλεν ἡ ἐλπὶς ἡμῶν, διαπεφωνήκαμεν. Διὰ τοῦτο προφήτευσον, καὶ εἰπὲ πρὸς αὐτούς. Τάδε λέγει Κύριος Κύριος. Ἰδοὺ ἐγὼ ἀνοίγω τὰ μνήματα ὑμῶν, καὶ ἀνάξω ὑμᾶς ἐκ τῶν μνημάτων ὑμῶν, καὶ εἰσάξω ὑμᾶς εἰς τὴν γῆν τοῦ Ἰσραήλ, καὶ γνώσεσθε, ὅτι ἐγὼ εἰμι Κύριος, ἐν τῷ ἀνοῖξαί με τοὺς τάφους ὑμῶν, τοῦ ἀναγαγεῖν με ἐκ τῶν τάφων τὸν λαόν μου. Καὶ δώσω πνεῦμά μου εἰς ὑμᾶς, καὶ ζήσεσθε, καὶ θήσομαι ὑμᾶς ἐπὶ τὴν γῆν ὑμῶν, καὶ γνώσεσθε, ὅτι ἐγὼ Κύριος, ἐλάλησα, καὶ ποιήσω, λέγει Κύριος Κύριος.

ΑΠΟΣΤΟΛΟΣ

Ὁ Ἀναγνώστης· Ἀνάστηθι, Κύριε ὁ Θεός μου, ὑψωθήτω ἡ χείρ σου, μὴ ἐπιλάθῃ τῶν πενήτων.

Στίχ. *Ἐξομολογήσομαί σοι, Κύριε, ἐν ὅλῃ καρδίᾳ μου, διηγήσομαι πάντα τὰ θαυμάσιά σου.*

Ὁ Διάκονος· Σοφία.

Ὁ Ἀναγνώστης· Πρὸς Κορινθίους Α' Ἐπιστολῆς Παύλου τὸ Ἀνάγνωσμα.

Ὁ Διάκονος· Πρόσχωμεν.

(ε', 6-8, Γαλ. γ', 13-14)

Ἀδελφοί, μικρὰ ζύμη ὅλον τὸ φύραμα ζυμοῖ. Ἐκκαθάρατε οὖν τὴν παλαιὰν ζύμην, ἵνα ἦτε νέον φύραμα, καθὼς ἐστε ἄζυμοι, καὶ γὰρ τὸ Πάσχα ἡμῶν, ὑπὲρ ἡμῶν ἐτύθη Χριστός. Ὥστε ἑορτάζωμεν, μὴ ἐν ζύμῃ παλαιᾷ, μηδὲ ἐν ζύμῃ κακίας καὶ πονηρίας, ἀλλ' ἐν ἀζύμοις εἰλικρινείας καὶ ἀληθείας. Χριστὸς γὰρ ἡμᾶς ἐξηγόρα-

they lived, and they stood upon their feet, a very great gathering. And the Lord spoke to me saying: Son of man, these bones are all the house of Israel, and they say: Our bones have become dry, our hope has perished, we are quite lost. And so prophesy and say to them: Thus says the Lord, the Lord: See, I am opening your graves, and I shall bring you out of your graves and shall bring you into the land of Israel, and you shall know that I am the Lord, when I open your tombs for me to bring my people out of the tombs; and I shall put my spirit into you, and you will live, and I shall set you on your land and you will know that I am the Lord; I have spoken and I shall do it, says the Lord.

EPISTLE

Reader: Arise, O Lord my God, let your hand be lifted up; forget not your poor for ever.

Verse: *I will confess you, Lord, with my whole heart; I will tell of all your marvellous works.*

Deacon: Wisdom.

Reader: The Reading is from the First Epistle of Paul to the Corinthians.

Deacon: Let us be attentive.

(5:6-8, Gal. 3:13-14)

Brethren, a little leaven leavens the whole lump. Cleanse out the old leaven that you may be a new lump, as you really are unleavened. For Christ, our paschal lamb, has been sacrificed. Let us, therefore, celebrate the festival, not with the old leaven, the leaven of malice and evil, but with the unleavened

σεν ἐκ τῆς κατάρας τοῦ νόμου, γενόμενος ὑπὲρ ἡμῶν κατάρα. Γέγραπται γάρ. Ἐπικατάρατος πᾶς ὁ κρεμάμενος ἐπὶ ξύλου, ἵνα εἰς τᾳ ἔθνη ἡ εὐλογία τοῦ Ἀβραὰμ γένηται ἐν Χριστῷ Ἰησοῦ, ἵνα τὴν ἐπαγγελίαν τοῦ Πνεύματος λάβωμεν διὰ τῆς πίστεως.

Μετὰ δὲ τὴν ἀνάγνωσιν τοῦ Ἀποστόλου, ὁ Ἱερεὺς εὐλογεῖ αὐτὸν λέγων·

Ὁ Ἱερεύς· Εἰρήνη σοι.

Ἀλληλούϊα. **Ἦχος πλ. α΄.**

Στίχ. Ἀναστήτω ὁ Θεός, καὶ διασκορπισθήτωσαν οἱ ἐχθροὶ αὐτοῦ.

Στίχ. Ὡς ἐκλείπει καπνός, ἐκλειπέτωσαν· ὡς τήκεται κηρὸς ἀπὸ προσώπου πυρός.

Στίχ. Οὕτως ἀπολοῦνται οἱ ἁμαρτωλοί, ἀπὸ προσώπου τοῦ Θεοῦ.

Καὶ μετὰ τὸ Ἀλληλούϊα λέγει ὁ διάκονος ἀπὸ τῆς Ὡραίας Πύλης·

Σοφία. Ὀρθοί, ἀκούσωμεν τοῦ ἁγίου Εὐαγγελίου.

Ὁ Ἱερεύς· Εἰρήνη πᾶσι.

Ὁ Χορός· Καὶ τῷ πνεύματί σου.

Ὁ Διάκονος· Ἐκ τοῦ κατὰ Ματθαῖον ἁγίου Εὐαγγελίου τὸ ἀνάγνωσμα.

Ὁ Ἱερεύς· Πρόσχωμεν.

Ὁ Χορός· Δόξα σοι, Κύριε, δόξα σοι.

Ὁ Ἱερεύς·

(Ματθ. κζ΄ 62-66)

Τῇ ἐπαύριον, ἥτις ἐστὶ μετὰ τὴν Παρασκευήν συνήχθησαν οἱ ἀρχιερεῖς καὶ οἱ Φαρισαῖοι πρὸς Πιλᾶτον λέγοντες, Κύριε, ἐμνήσθημεν ὅτι ἐκεῖνος ὁ πλάνος εἶπεν ἔτι ζῶν, Μετὰ τρεῖς ἡμέρας ἐγείρομαι. Κέλευσον οὖν ἀσφαλισθῆναι τὸν

bread of sincerity and truth. Christ redeemed us from the curse of the law, having become a curse for us for it is written, "Cursed be everyone who hangs on a tree" that in Christ Jesus the blessing of Abraham might come upon the Gentiles, that we might receive the promise of the Spirit through faith.

After the reading of the Epistle, the Priest blesses the Reader saying:

Priest: Peace be to you.

Alleluia. **Tone Pl. 1.**

Verse: *Let God arise, and let his enemies be scattered.*

Verse: *As smoke vanishes, so let them vanish; as wax melts before the fire.*

Verse: *So shall sinners perish before the face of God.*

And after the Alleluia the Deacon says from the Beautiful Gate:

Wisdom. Arise, let us hear the Holy Gospel.

Priest: Peace be to all.

Choir: And to your spirit.

Deacon: The reading is according to the Holy Gospel of Matthew.

Priest: Let us be attentive.

Choir: Glory to You, Lord, glory to you.

Priest:

(Matt. 27:62-66)

On the next day, that is, after the day of Preparation, the chief priests and the Pharisees gathered before Pilate and said, "Sir, we remember how that impostor said, while he was still alive, 'After three days I will rise again.'

τάφον ἕως τῆς τρίτης ἡμέρας, μήποτε ἐλθόντες οἱ μαθηταὶ αὐτοῦ κλέψωσιν αὐτὸν καὶ εἴπωσιν τῷ λαῷ, 'Ηγέρθη ἀπὸ τῶν νεκρῶν, καὶ ἔσται ἡ ἐσχάτη πλάνη χείρων τῆς πρώτης. Ἔφη αὐτοῖς ὁ Πιλᾶτος, Ἔχετε κουστωδίαν· ὑπάγετε ἀσφαλίσασθε ὡς οἴδατε. Οἱ δὲ πορευθέντες ἠσφαλίσαντο τὸν τάφον σφραγίσαντες τὸν λίθον μετὰ τῆς κουστωδίας.

Ὁ Χορός· Δόξα σοι, Κύριε, δόξα σοι.

Ὁ Διάκονος· Ἐλέησον ἡμᾶς ὁ Θεὸς κατὰ τὸ μέγα ἔλεός Σου, δεόμεθά Σου, ἐπάκουσον καὶ ἐλέησον.

Ὁ Χορός· Κύριε, ἐλέησον. *(γ')* **Καὶ μεθ' ἑκάστην δέησιν.**

Ὁ Διάκονος· Ἔτι δεόμεθα ὑπὲρ τοῦ Ἀρχιεπισκόπου ἡμῶν **(τοῦ δεῖνος)**.

Ἔτι δεόμεθα ὑπὲρ τῶν ἀδελφῶν ἡμῶν, τῶν ἱερέων, ἱερομονάχων, ἱεροδιακόνων καὶ μοναχῶν, καὶ πάσης τῆς ἐν Χριστῷ ἡμῶν ἀδελφότητος.

Ἔτι δεόμεθα ὑπὲρ ἐλέους, ζωῆς, εἰρήνης, ὑγείας, σωτηρίας, ἐπισκέψεως, συγχωρήσεως καὶ ἀφέσεως τῶν ἁμαρτιῶν τῶν δούλων τοῦ Θεοῦ, πάντων τῶν εὐσεβῶν καὶ ὀρθοδόξων χριστιανῶν, τῶν κατοικούντων καὶ παρεπιδημούντων ἐν τῇ πόλει ταύτῃ, τῶν ἐνοριτῶν, ἐπιτρόπων, συνδρομητῶν καὶ ἀφιερωτῶν τοῦ ἁγίου ναοῦ τούτου.

Ἔτι δεόμεθα ὑπὲρ τῶν μακαρίων καὶ ἀοιδίμων κτιτόρων τῆς ἁγίας Ἐκκλησίας ταύτης, καὶ ὑπὲρ πάντων τῶν προαναπαυσαμένων πατέρων καὶ ἀδελφῶν ἡμῶν,

Therefore order the sepulcher to be made secure until the third day, lest his disciples go and steal him away, and tell the people, 'He has risen from the dead,' and the last fraud will be worse than the first." Pilate said to them, "You have a guard of soldiers; go, make it as secure as you can." So they went and made the sepulcher secure by sealing the stone and setting a guard.

Choir: Glory to You, Lord, glory to you.

Deacon: Have mercy on us, O God, according to your great mercy, we pray you, hear and have mercy.

Choir: Lord, have mercy. *(x3)* ***And so after the remaining petitions.***

Deacon: Also we pray for our Archbishop N.

Again we pray for our brothers and sisters, the priests, hieromonks, hierodeacons, all monastics and all of our brotherhood in Christ.

Also we pray for mercy, life, peace, health, salvation, visitation, forgiveness and remission of sins for the servants of God, all pious and Orthodox Christians, those who dwell in or visit this city and parish, the members of this parish, the parish council, those who give help and those who have dedicated gifts in this holy temple.

Also we pray for the blessed and everremembered founders of this holy church, and for all our brethren who have gone to their rest before us, and

τῶν ἐνθάδε εὐσεβῶς, κειμένων, καὶ ἁπανταχοῦ ὀρθοδόξων.

Ἔτι δεόμεθα ὑπὲρ τῶν καρποφορούντων καὶ καλλιεργούντων ἐν τῷ ἁγίῳ καὶ πανσέπτῳ ναῷ τούτῳ, κοπιώντων, ψαλλόντων καὶ ὑπὲρ τοῦ περιεστῶτος λαοῦ, τοῦ ἀπεκδεχομένου τὸ παρὰ Σοῦ μέγα καὶ πλούσιον ἔλεος.

Ὁ Ἱερεὺς τὴν Ἐκφώνησιν·

Ὅτι ἐλεήμων καὶ φιλάνθρωπος Θεὸς ὑπάρχεις, καὶ σοὶ τὴν δόξαν ἀναπέμπομεν, τῷ Πατρὶ καὶ τῷ Υἱῷ καὶ τῷ Ἁγίῳ Πνεύματι, νῦν καὶ ἀεὶ καὶ εἰς τοὺς αἰῶνας τῶν αἰώνων.

Ὁ Χορός· Ἀμήν.

ΤΑ ΠΛΗΡΩΤΙΚΑ

Ὁ Διάκονος· Πληρώσωμεν τὴν ἑωθινὴν δέησιν ἡμῶν τῷ Κυρίῳ.

Ὁ Χορός· Κύριε, ἐλέησον.

Ἀντιλαβοῦ, σῶσον, ἐλέησον, καὶ διαφύλαξον ἡμᾶς, ὁ Θεός, τῇ σῇ χάριτι.

Ὁ Χορός· Κύριε, ἐλέησον.

Τὴν ἡμέραν πᾶσαν, τελείαν, ἁγίαν, εἰρηνικὴν καὶ ἀναμάρτητον, παρὰ τοῦ Κυρίου αἰτησώμεθα.

Ὁ Χορός· Παράσχου Κύριε, *(καὶ εἰς ὅλας τὰς δεήσεις ταύτας.)*

Ἄγγελον εἰρήνης, πιστὸν ὁδηγόν, φύλακα τῶν ψυχῶν καὶ τῶν σωμάτων ἡμῶν, παρὰ τοῦ Κυρίου αἰτησώμεθα.

Συγγνώμην καὶ ἄφεσιν τῶν ἁμαρτιῶν καὶ τῶν πλημμελημάτων ἡμῶν, παρὰ τοῦ Κυρίου αἰτησώμεθα.

who lie asleep here in the true faith; and for the Orthodox everywhere.

Also we pray for those who strive and bring forth the fruit of good works in this holy and venerable temple, for those who serve, for those who sing, and for the people here present, who await your great and rich mercy.

The Priest exclaims:

For you, O God, are merciful, and love mankind, and to you we give glory, to the Father, the Son and the Holy Spirit, now and for ever, and to the ages of ages.

Choir: Amen.

LITANY OF COMPLETION

Deacon: Let us complete our prayer to the Lord.

Choir: Lord, have mercy.

Take hold of us, save us, have mercy upon us, and protect us, O God, by Your grace.

Choir: Lord, have mercy.

That the whole day may be perfect, holy, peaceful and sinless, let us ask the Lord.

Choir: Grant this, O Lord., *(and this in the remaining petitions.)*

An angel of peace, a faithful guide, a guardian of our souls and bodies, let us ask of the Lord.

Pardon and forgiveness of our sins and offences, let us ask of the Lord.

Τὰ καλὰ καὶ συμφέροντα ταῖς ψυχαῖς ἡμῶν, καὶ εἰρήνην τῷ κόσμῳ, παρὰ τοῦ Κυρίου αἰτησώμεθα.

Τὸν ὑπόλοιπον χρόνον τῆς ζωῆς ἡμῶν, ἐν εἰρήνῃ καὶ μετανοίᾳ ἐκτελέσαι, παρὰ τοῦ Κυρίου αἰτησώμεθα.

Χριστιανὰ τὰ τέλη τῆς ζωῆς ἡμῶν, ἀνώδυνα, ἀνεπαίσχυντα, εἰρηνικά, καὶ καλὴν ἀπολογίαν τὴν ἐπὶ τοῦ φοβεροῦ βήματος τοῦ Χριστοῦ, αἰτησώμεθα.

Τῆς Παναγίας, ἀχράντου, ὑπερευλογημένης, ἐνδόξου Δεσποίνης ἡμῶν Θεοτόκου, καὶ ἀειπαρθένου Μαρίας μετὰ πάντων τῶν Ἁγίων μνημονεύσαντες, ἑαυτοὺς καὶ ἀλλήλους, καὶ πᾶσαν τὴν ζωὴν ἡμῶν Χριστῷ τῷ Θεῷ παραθώμεθα.

Ὁ Χορός· Σοί, Κύριε.

Ὁ Ἱερεὺς ἐκφώνως·

Ὅτι Θεὸς, οἰκτιρμῶν καὶ φιλανθρωπίας ὑπάρχεις καὶ σοὶ τὴν δόξαν ἀναπέμπομεν, τῷ Πατρὶ καὶ τῷ Υἱῷ καὶ τῷ ἁγίῳ Πνεύματι, νῦν καὶ ἀεὶ καὶ εἰς τοὺς αἰῶνας τῶν αἰώνων.

Ὁ Χορός· Ἀμήν.

Ὁ Ἱερεύς· Εἰρήνη πᾶσι.

Ὁ Χορός· Καὶ τῷ πνεύματί σου.

Ὁ Διάκονος· Τὰς κεφαλὰς ἡμῶν τῷ Κυρίῳ κλίνωμεν.

Ὁ Χορός· Σοί, Κύριε.

Καὶ πάντων κλινόντων τὰς κεφαλάς, ὁ Ἱερεὺς λέγει σιγαλῶς τὴν Εὐχήν.

Κύριε, ἅγιε, ὁ ἐν ὑψηλοῖς κατοικῶν καὶ τὰ ταπεινὰ ἐφορῶν καὶ τῷ παντεφόρῳ σου ὄμματι ἐπιβλέπων ἐπὶ πᾶσαν τὴν κτίσιν, σοὶ ἐκλίναμεν τὸν αὐχένα τῆς

Those things which are good and profitable for our souls, and peace for the world, let us ask of the Lord.

That we may live out the rest of our days in peace and repentance, let us ask of the Lord.

A Christian end to our life, painless, unashamed and peaceful, and a good defence before the fearful judgement seat of Christ, let us ask.

Commemorating our most holy, most pure, most blessed and glorified Lady the Theotokos and evervirgin Mary, together with all the saints, let us commit ourselves and one another and all our life unto Christ our God.

Choir: To you, O Lord.

The Priest exclaims:

For you are a God of mercies and of pity, and you love mankind, and to you we give glory, to the Father, the Son and the Holy Spirit, now and for ever, and to the ages of ages.

Choir: Amen.

Priest: Peace be to all.

Choir: And to your spirit.

Deacon: Let us bow our heads unto the Lord.

Choir: To you, O Lord.

And as everyone bows their head, the Priest reads the prayer quietly.

Holy Lord, dwelling on high and beholding things below and, with your eye that observes all, keeping watch over the whole creation, to you

ψυχῆς καὶ τοῦ σώματος καὶ δεόμεθά σου, ἅγιε ἁγίων· Ἔκτεινον τὴν χεῖρά σου τὴν ἀόρατον ἐξ ἁγίου κατοικητηρίου σου καὶ εὐλόγησον πάντας ἡμᾶς· καὶ εἴ τι ἡμάρτομεν ἑκουσίως ἢ ἀκουσίως, ὡς ἀγαθὸς καὶ φιλάνθρωπος Θεὸς συγχώρησον, δωρούμενος ἡμῖν τὰ ἐγκόσμια καὶ ὑπερκόσμια ἀγαθά σου.

Ἐκφώνως·

Σὸν γάρ ἐστι τὸ ἐλεεῖν καὶ σῴζειν ἡμᾶς, ὁ Θεὸς ἡμῶν, καὶ σοὶ τὴν δόξαν ἀναπέμπομεν, τῷ Πατρὶ καὶ τῷ Υἱῷ καὶ τῷ ἁγίῳ Πνεύματι, νῦν καὶ ἀεὶ καὶ εἰς τοὺς αἰῶνας τῶν αἰώνων.

Ὁ Χορός· Ἀμήν.

Ὁ Ἱερεὺς ποιεῖ τὴν ἀπόλυσιν.

Ὁ Διάκονος· Σοφία.

Ὁ Ἱερεύς· Ὁ ὢν εὐλογητὸς Χριστὸς ὁ Θεὸς ἡμῶν πάντοτε, νῦν καὶ ἀεὶ καὶ εἰς τοὺς αἰῶνας τῶν αἰώνων.

Ὁ Χορὸς· Ἀμήν.

Ὁ Ἀναγνώστης·

Στερεώσαι Κύριος ὁ Θεὸς τὴν ἁγίαν καὶ ἀμώμητον πίστιν τῶν εὐσεβῶν καὶ ὀρθοδόξων Χριστιανῶν σὺν τῇ ἁγίᾳ αὐτοῦ ἐκκλησίᾳ καὶ τῇ πόλει ταύτῃ εἰς αἰῶνας αἰώνων.

Ὁ Χορὸς· Ἀμήν.

Ὁ Ἱερεὺς· Ὑπεραγία Θεοτόκε, σῶσον ἡμᾶς.

Ὁ Ἀναγνώστης λέγει·

Τὴν τιμιωτέραν τῶν Χερουβεὶμ καὶ ἐνδοξοτέραν ἀσυγκρίτως τῶν Σεραφείμ,

---

we have bowed the neck of our soul and body, and we beseech you, O Holy of Holies: Stretch forth your invisible hand from your holy dwelling and bless us all. And, as you are good and love humankind, pardon us if we have sinned in anything, voluntarily or involuntarily, granting us your blessings both of this world and of the world above.

Aloud:

For yours it is to show mercy and to save us, O our God, and to you we give glory, to the Father, the Son and the Holy Spirit, now and for ever, and to the ages of ages.

Reader: Amen.

The Priest makes the Dismissal.

Deacon: Wisdom.

Priest: Blessed is he who is Christ our God, always now and forever, and to the ages of ages.

Choir: Amen.

Reader:

May the Lord God strengthen the holy and pure faith of devout and orthodox Christians, with his holy Church and this city, unto ages of ages.

Choir: Amen.

The Priest: Most Holy Theotokos, save us.

The Reader says:

Greater in honor than the Cherubim, and beyond compare more glorious than the Seraphim, without corruption

τὴν ἀδιαφθόρως Θεὸν Λόγον τεκοῦσαν, τὴν ὄντως Θεοτόκον σὲ μεγαλύνομεν.

Ὁ Ἱερεύς· Δόξα σοι ὁ Θεός, ἡ ἐλπὶς ἡμῶν, δόξα σοι.

Ὁ Ἀναγνώστης· Δόξα Πατρὶ καὶ Υἱῷ καὶ Ἁγίῳ Πνεύματι, καὶ νῦν καὶ ἀεὶ καὶ εἰς τοὺς αἰῶνας τῶν αἰώνων, Ἀμήν. Κύριε, ἐλέησον *(γ')*. Πάτερ ἅγιε, εὐλόγησον.

Ὁ δι' ἡμᾶς τοὺς ἀνθρώπους καὶ διὰ τὴν ἡμετέραν σωτηρίαν τὰ φρικτὰ Πάθη καὶ τὸν ζωοποιὸν Σταυρόν, καὶ τὴν ἑκούσιον ταφὴν σαρκὶ καταδεξάμενος, Χριστὸς ὁ ἀληθινὸς Θεὸς ἡμῶν, ταῖς πρεσβείαις τῆς παναχράντου καὶ παναμώμου ἁγίας αὐτοῦ Μητρός· δυνάμει τοῦ τιμίου καὶ ζωοποιοῦ Σταυροῦ· προστασίαις τῶν τιμίων ἐπουρανίων Δυνάμεων Ἀσωμάτων· ἱκεσίαις τοῦ τιμίου, ἐνδόξου, Προφήτου, Προδρόμου καὶ Βαπτιστοῦ Ἰωάννου· τῶν ἁγίων ἐνδόξων καὶ πανευφήμων Ἀποστόλων· τῶν ἁγίων ἐνδόξων καὶ καλλινίκων μαρτύρων· τῶν ὁσίων καὶ θεοφόρων Πατέρων ἡμῶν, τοῦ ἁγίου *(**τοῦ Ναοῦ**)*, τῶν ἁγίων καὶ δικαίων Θεοπατόρων Ἰωακεὶμ καὶ Ἄννης, τοῦ ἁγίου *(**τῆς ἡμέρας**)*, οὗ καὶ τὴν μνήμην ἐπιτελοῦμεν, καὶ πάντων τῶν Ἁγίων, ἐλεῆσαι καὶ σώσαι ἡμᾶς, ὡς ἀγαθὸς καὶ φιλάνθρωπος καὶ ἐλεήμων Θεός.

Ὁ Ἱερεύς· Δι' εὐχῶν τῶν ἁγίων Πατέρων ἡμῶν, Κύριε Ἰησοῦ Χριστέ, ὁ Θεός, ἐλέησον καὶ σῶσον ἡμᾶς.

Ὁ Χορός· Ἀμήν.

you gave birth to God the Word; truly the Theotokos, we magnify you.

Priest: Glory to You, O God, our hope, glory to you.

Reader: Glory to the Father, and the Son and the Holy Spirit, both now and ever and to the ages of ages. Amen. Lord, have mercy *(x3)*. Holy Father, bless.

May he, who for our sake and for our salvation, accepted the fearful sufferings and the lifegiving Cross and the voluntary Burial in the flesh, Christ our true God, as a good, loving, and merciful God, have mercy upon us and save us, through the intercessions of His most pure and holy Mother; the power of the precious and life giving Cross; the protection of the honorable, bodiless powers of heaven, the supplications of the honorable, glorious prophet and forerunner John the Baptist; the holy, glorious and praiseworthy apostles; the holy, glorious and triumphant martyrs; our holy and Godbearing Fathers *(**name of the church**)*; the holy and righteous ancestors Joachim and Anna; Saint *(**of the day**)* whose memory we commemorate today, and all the saints.

Priest: Through the prayers of our holy fathers, Lord Jesus Christ, our God, have mercy on us and save us.

Choir: Amen.

The Empty Tomb

ΕΠΣΕΡΙΝΟΣ ΤΟΥ ΑΓΙΟΥ ΜΕΓΑΛΟΥ ΣΑΒΒΑΤΟΥ

Τελεῖται συνήθως τὴν πρωΐαν τοῦ Μ. Σαββάτου

ΕΝΑΡΞΙΣ

Ὁ διάκονος ἐξελθὼν ἵσταται ἐνώπιον τῆς Ὡραίας Πύλης καὶ ἐκφωνεῖ·

Εὐλόγησον, δέσποτα.

Ὁ ἱερεὺς ὑψῶν τὸ ἱ. Εὐαγγέλιον καὶ ποιῶν δι᾽ αὐτοῦ τύπον σταυροῦ ἐπὶ τοῦ εἰλητοῦ ἐκφωνεῖ·

Εὐλογημένη ἡ Βασιλεία τοῦ Πατρὸς καὶ τοῦ Υἱοῦ καὶ τοῦ Ἁγίου Πνεύματος, νῦν καὶ ἀεί καὶ εἰς τοὺς αἰῶνας τῶν αἰώνων.

Ὁ Χορός· Ἀμήν.

Δεῦτε, προσκυνήσωμεν καὶ προσπέσωμεν τῷ βασιλεῖ ἡμῶν Θεῷ.

Δεῦτε προσκυνήσωμεν καὶ προσπέσωμεν Χριστῷ τῷ βασιλεῖ ἡμῶν Θεῷ.

Δεῦτε προσκυνήσωμεν καὶ προσπέσωμεν αὐτῷ Χριστῷ, τῷ βασιλεῖ καὶ Θεῷ ἡμῶν.

Ὁ προεστὼς (ἢ ὁ ἀναγνώστης) ἀναγινώσκει τὸν Προοικιακὸν Ψαλμόν (Βλ. σελ. 632), ὁ δὲ ἱερεὺς τὰς εὐχὰς τοῦ Λυχνικοῦ πλήν.

ΕΥΧΗ Α΄ ΛΥΧΝΙΚΟΥ

Κύριε, οἰκτίρμον καὶ ἐλεῆμον, μακρόθυμε καὶ πολυέλεε, ἐνώτισαι τὴν προσευχὴν ἡμῶν, καὶ πρόσχες τῇ φωνῇ τῆς δεήσεως ἡμῶν· ποίησον μεθ᾽ ἡμῶν σημεῖον εἰς ἀγαθόν· ὁδήγησον ἡμᾶς ἐν τῇ ὁδῷ σου τοῦ πορεύεσθαι ἐν τῇ ἀληθείᾳ σου· εὔφρανον τὰς καρδίας ἡμῶν, εἰς τὸ φοβεῖσθαι τὸ Ὄνομά σου τὸ ἅγιον· διότι μέγας εἶ σὺ, καὶ ποιῶν θαυμάσια· σὺ εἶ

GREAT AND HOLY SATURDAY VESPERS

Commonly celebrated on G. Saturday Morning

ENARXIS

The Deacon comes and stands before the Beautiful Gate and exclaims:

Bless, Master.

The Priest raises the H. Gospel and makes the sign of the cross with it upon the eilito, exclaiming:

Blessed is the Kingdom of the Father, and of the Son and of the Holy Spirit, now and for ever, and to the ages of ages.

Reader: Amen.

Come, let us worship and fall down before the King, our God.

Come, let us worship and fall down before Christ the King, our God.

Come, let us worship and fall down before Christ himself, the King, our God.

The Superior (or the Reader) reads the Introductory Psalm (See pg. 632) as the Priest reads the Lamplighting Prayers.

FIRST LAMPLIGHTING PRAYER

O Lord, compassionate and merciful, long-suffering and full of mercy, listen to our prayer and attend to the voice of our supplication. Make for us a sign for good. Guide us in your way, to walk in your truth. Make glad our hearts to fear your holy Name, because you are great and do wondrous things. You alone are God, and there is none

Θεὸς μόνος, καὶ οὐκ ἔστιν ὅμοιός σοι ἐν θεοῖς, Κύριε, δυνατὸς ἐν ἐλέει, καὶ ἀγαθὸς ἐν ἰσχύϊ, εἰς τὸ βοηθεῖν καὶ παρακαλεῖν, καὶ σῴζειν πάντας τοὺς ἐλπίζοντας εἰς τὸ Ὄνομά σου τὸ ἅγιον.

Ὅτι πρέπει σοι πᾶσα δόξα τιμή, καὶ προσκύνησις, τῷ Πατρὶ καὶ τῷ Υἱῷ καὶ τῷ Ἁγίῳ Πνεύματι νῦν καὶ ἀεὶ καὶ εἰς τοὺς αἰῶνας τῶν αἰώνων. Ἀμήν.

ΕΥΧΗ Β΄ ΛΥΧΝΙΚΟΥ

Κύριε, μὴ τῷ θυμῷ σου ἐλέγξῃς ἡμᾶς, μηδὲ τῇ ὀργῇ σου παιδεύσῃς ἡμᾶς, ἀλλὰ ποίησον μεθ᾽ ἡμῶν κατὰ τὴν ἐπιείκειάν σου, ἰατρὲ καὶ θεραπευτὰ τῶν ψυχῶν ἡμῶν· ὁδήγησον ἡμᾶς ἐπὶ λιμένα θελήματός σου· φώτισον τοὺς ὀφθαλμοὺς τῶν καρδιῶν ἡμῶν, εἰς ἐπίγνωσιν τῆς σῆς ἀληθείας· καὶ δώρησαι ἡμῖν τὸ λοιπὸν τῆς παρούσης ἡμέρας εἰρηνικὸν καὶ ἀναμάρτητον, καὶ πάντα τὸν χρόνον τῆς ζωῆς ἡμῶν· πρεσβείαις τῆς ἁγίας Θεοτόκου, καὶ πάντων τῶν Ἁγίων σου.

Ὅτι σὸν τὸ κράτος, καὶ σοῦ ἐστιν ἡ Βασιλεία καὶ ἡ δύναμις καὶ ἡ δόξα τοῦ Πατρὸς καὶ τοῦ Υἱοῦ καὶ τοῦ Ἁγίου Πνεύματος, νῦν καὶ ἀεὶ καὶ εἰς τοὺς αἰῶνας τῶν αἰώνων. Ἀμήν.

ΕΥΧΗ Γ΄ ΛΥΧΝΙΚΟΥ

Κύριε, ὁ Θεὸς ἡμῶν, μνήσθητι ἡμῶν τῶν ἁμαρτωλῶν καὶ ἀχρείων δούλων σου, ἐν τῷ ἐπικαλεῖσθαι ἡμᾶς τὸ ἅγιον ὄνομά σου, καὶ μὴ καταισχύνῃς ἡμᾶς ἀπὸ τῆς προσδοκίας τοῦ ἐλέους σου, ἀλλὰ χάρισαι ἡμῖν, Κύριε, πάντα τὰ πρὸς σωτηρίαν αἰτήματα· καὶ ἀξίωσον ἡμᾶς ἀγαπᾶν,

like you, O Lord, among gods: powerful in mercy and loving in strength to help and to console and to save all who hope in your holy Name.

For to you belong all glory, honour and worship, to the Father, the Son and the Holy Spirit, now and for ever, and to the ages of ages. Amen.

SECOND LAMPLIGHTING PRAYER

Lord, do not rebuke us in your anger, nor chastise us in your wrath, but deal with us in accordance with your kindness, physician and healer of our souls. Guide us to the harbour of your will. Enlighten the eyes of our hearts to the knowledge of your truth and grant that the rest of the present day and the whole time of our life may be peaceful and without sin, at the prayers of the holy Mother of God and of all the Saints.

For yours is the might and yours is the kingdom and the power and the glory of the Father, the Son and the Holy Spirit, now and for ever, and to the ages of ages. Amen.

THIRD LAMPLIGHTING PRAYER

Lord our God, remember us, sinners and your unprofitable servants, as we call upon your holy Name, and do not put us to shame from the expectation of your mercy, but graciously grant us, Lord, all the requests that are for salvation, and count us worthy to love and

καὶ φοβεῖσθαί σε ἐξ ὅλης τῆς καρδίας ἡμῶν, καὶ ποιεῖν ἐν πᾶσι τὸ θέλημά σου.

Ὅτι ἀγαθὸς καὶ Φιλάνθρωπος Θεὸς ὑπάρχεις καὶ σοὶ τὴν δόξαν ἀναπέμπομεν, τῷ Πατρὶ καὶ τῷ Υἱῷ καὶ τῷ Ἁγίῳ Πνεύματι νῦν καὶ ἀεὶ καὶ εἰς τοὺς αἰῶνας τῶν αἰώνων. Ἀμήν.

ΕΥΧΗ Δ΄ ΛΥΧΝΙΚΟΥ

Ὁ τοῖς ἀσιγήτοις ὕμνοις καὶ ἀπαύστοις δοξολογίαις ὑπὸ τῶν ἁγίων δυνάμεων ἀνυμνούμενος, πλήρωσον τὸ στόμα ἡμῶν τῆς αἰνέσεώς σου, τοῦ δοῦναι μεγαλωσύνην τῷ ὀνόματί σου τῷ ἁγίῳ· καὶ δὸς ἡμῖν μερίδα καὶ κλῆρον μετὰ πάντων τῶν φοβουμένων σε ἐν ἀληθείᾳ καὶ φυλασσόντων τὰς ἐντολάς σου· πρεσβείαις τῆς ἁγίας Θεοτόκου καὶ πάντων τῶν ἁγίων σου.

Ὅτι πρέπει σοι πᾶσα δόξα, τιμὴ καὶ προσκύνησις, τῷ Πατρὶ καὶ τῷ Υἱῷ καὶ τῷ Ἁγίῳ Πνεύματι, νῦν καὶ ἀεὶ καὶ εἰς τοὺς αἰῶνας τῶν αἰώνων. Ἀμήν.

ΕΥΧΗ Ε΄ ΛΥΧΝΙΚΟΥ

Κύριε, Κύριε, ὁ τῇ ἀχράντῳ σου παλάμῃ συνέχων τὰ σύμπατα, ὁ μακροθυμῶν ἐπὶ πάντας ἡμᾶς καὶ μετανοῶν ἐπὶ ταῖς κακίαις ἡμῶν, μνήσθητι τῶν οἰκτιρμῶν σου καὶ τοῦ ἐλέους σου· ἐπίσκεψαι ἡμᾶς ἐν τῇ σῇ ἀγαθότητι· καὶ δὸς ἡμῖν διαφυγεῖν καὶ τὸ λοιπὸν τῆς παρούσης ἡμέρας, ἐκ τῶν τοῦ πονηροῦ ποικίλων μηχανημάτων, καὶ ἀνεπιβούλευτον τὴν ζωὴν ἡμῶν διαφύλαξον, τῇ χάριτι τοῦ Παναγίου σου Πνεύματος.

to fear you from our whole heart, and in all things to do your will.

For you, O God, are good and love mankind, and to you we give glory, to the Father, the Son and the Holy Spirit, now and for ever, and to the ages of ages. Amen.

FOURTH LAMPLIGHTING PRAYER

O Lord, who are praised by the holy Powers with never silent hymns and unceasing songs of glory, fill our mouth with your praise to give majesty to your holy Name, and give us a part and an inheritance with all who fear you in truth and who keep your commandments, at the prayers of the holy Mother of God and of all your Saints.

For to you belong all glory, honour and worship, to the Father, the Son and the Holy Spirit, now and for ever, and to the ages of ages. Amen.

FIFTH LAMPLIGHTING PRAYER

Lord, Lord, who uphold the universe by your immaculate hand, who are long-suffering towards us all and who repent of evils, remember your acts of compassion and your mercy. Visit us in your loving kindness and grant that for the rest of the present day we may escape the manifold wiles of the evil one, and, by the grace of your All-holy Spirit, keep our life free from assault.

Ἐλέει καὶ φιλανθρωπίᾳ τοῦ Μονογενοῦς σου Υἱοῦ μεθ' οὗ εὐλογητὸς εἶ, σὺν τῷ παναγίῳ καὶ ἀγαθῷ, καὶ ζωοποιῷ σου Πνεύματι, νῦν καὶ ἀεὶ καὶ εἰς τοὺς αἰῶνας τῶν αἰώνων. Ἀμήν.

ΕΥΧΗ ΣΤ' ΛΥΧΝΙΚΟΥ

Ὁ Θεὸς, ὁ μέγας καὶ θαυμαστός, ὁ ἀνεκδιηγήτῳ ἀγαθωσύνῃ καὶ πλουσίᾳ προνοίᾳ διοικῶν τὰ σύμπαντα· ὁ καὶ τὰ ἐγκόσμια ἀγαθὰ ἡμῖν δωρησάμενος, καὶ κατεγγυήσας ἡμῖν τὴν ἐπηγγελμένην βασιλείαν, διὰ τῶν ἤδη κεχαρισμένων ἡμῖν ἀγαθῶν· ὁ ποιήσας ἡμᾶς καὶ τῆς νῦν ἡμέρας τὸ παρελθὸν μέρος ἀπὸ παντὸς ἐκκλῖναι κακοῦ, δώρησαι ἡμῖν καὶ τὸ ὑπόλοιπον ἀμέμπτως ἐκτελέσαι, ἐνώπιον τῆς ἁγίας δόξης σου, ὑμνοῦντάς σε τὸν μόνον ἀγαθὸν, καὶ φιλάνθρωπον Θεὸν ἡμῶν.

Ὅτι σὺ εἶ ὁ Θεὸς ἡμῶν, καὶ σοὶ τὴν δόξαν ἀναπέμπομεν, τῷ Πατρὶ καὶ τῷ Υἱῷ καὶ τῷ Ἁγίῳ Πνεύματι, νῦν καὶ ἀεὶ καὶ εἰς τοὺς αἰῶνας τῶν αἰώνων. Ἀμήν.

ΕΥΧΗ Ζ' ΛΥΧΝΙΚΟΥ

Ὁ Θεὸς ὁ μέγας καὶ ὕψιστος, ὁ μόνος ἔχων ἀθανασίαν, φῶς οἰκῶν ἀπρόσιτον, ὁ πᾶσαν τὴν κτίσιν ἐν σοφίᾳ δημιουργήσας. Ὁ διαχωρήσας ἀνὰ μέσον τοῦ φωτός, καὶ ἀνὰ μέσον τοῦ σκότους, καὶ τὸν μὲν ἥλιον θέμενος εἰς ἐξουσίαν τῆς ἡμέρας, σελήνην δὲ καὶ ἀστέρας εἰς ἐξουσίαν τῆς νυκτός· ὁ καταξιώσας ἡμᾶς τοὺς ἁμαρτωλοὺς καὶ ἐπὶ τῆς παρούσης ὥρας προφθάσαι τὸ πρόσωπόν σου ἐν ἐξομολο-

By the mercy and love for mankind of your Only-begotten Son, with whom you are blessed, together with your all-holy, good and life-giving Spirit, now and for ever, and to the ages of ages. Amen.

SIXTH LAMPLIGHTING PRAYER

O God, great and wonderful, who order the universe with inexpressible loving-kindness and rich providence; who have granted us also the blessings of this world and brought us near to the promised Kingdom through the blessings that have been bestowed on us already; who have made us turn aside from every evil during that part of the present day which is now over, grant us also to complete what remains without blame in the presence of your holy glory, as we sing your praise, who alone are our God, good and the Lover of mankind.

For you are our God, and to you we give glory, to the Father, the Son and the Holy Spirit, now and for ever, and to the ages of ages. Amen.

SEVENTH LAMPLIGHTING PRAYER

Great and most high God, who alone possess immortality, who dwell in unapproachable light, who fashioned all creation with wisdom, who made the separation between the light and the darkness and who placed the sun to have authority over the day and the moon and the stars to have authority over the night, who have counted us sinners worthy even at this present

γήσει, καὶ τὴν ἑσπερινήν σοι δοξολογίαν προσαγαγεῖν· αὐτός, φιλάνθρωπε Κύριε, κατεύθυνον τὴν προσευχὴν ἡμῶν ὡς θυμίαμα ἐνώπιόν σου καὶ πρόσδεξαι αὐτὴν εἰς ὀσμὴν εὐωδίας. Παράσχου δὲ ἡμῖν τὴν παροῦσαν ἑσπέραν καὶ τὴν ἐπιοῦσαν νύκτα εἰρηνικήν· ἔνδυσον ἡμᾶς ὅπλα φωτός· ῥῦσαι ἡμᾶς ἀπὸ φόβου νυκτερινοῦ καὶ ἀπὸ παντὸς πράγματος ἐν σκότει διαπορευομένου· καὶ δὸς ἡμῖν τὸν ὕπνον, ὃν εἰς ἀνάπαυσιν τῇ ἀσθενείᾳ ἡμῶν ἐδωρήσω, πάσης διαβολικῆς φαντασίας ἀπηλλαγμένον. Ναί, Δέσποτα τῶν ἁπάντων, τῶν ἀγαθῶν χορηγέ· ἵνα, καὶ ἐπὶ ταῖς κοίταις ἡμῶν κατανυγόμενοι, μνημονεύωμεν ἐν νυκτὶ τοῦ ὀνόματός σου, καὶ τῇ μελέτῃ τῶν σῶν ἐντολῶν καταυγαζόμενοι, ἐν ἀγαλλιάσει ψυχῆς διανιστῶμεν πρὸς δοξολογίαν τῆς σῆς ἀγαθότητος, δεήσεις καὶ ἱκεσίας τῇ σῇ εὐσπλαγχνίᾳ προσάγοντες ὑπὲρ τῶν ἰδίων ἁμαρτημάτων καὶ παντὸς τοῦ λαοῦ σου, ὃν ταῖς πρεσβείαις τῆς ἁγίας Θεοτόκου ἐν ἐλέει ἐπίσκεψαι.

Ὅτι ἀγαθὸς καὶ Φιλάνθρωπος Θεὸς ὑπάρχεις καὶ σοὶ τὴν δόξαν ἀναπέμπομεν, τῷ Πατρὶ καὶ τῷ Υἱῷ καὶ τῷ Ἁγίῳ Πνεύματι, νῦν καὶ ἀεὶ καὶ εἰς τοὺς αἰῶνας τῶν αἰώνων. Ἀμήν.

hour to come into your presence with confession and thanksgiving and to offer you our evening hymn of glory; do you, O Lord who love mankind, direct our prayer like incense before you and accept it as a savour of sweet fragrance. Grant us that the present evening and the coming night may be peaceful, clothe us with weapons of light, deliver us from every night-time fear and from every deed that walks in darkness. And give us sleep, which you have bestowed on us for our rest in our weakness, freed from every fantasy of the devil. Yes, Master of all things, giver of blessings, may we also be filled with compunction on our beds and call to mind your Name in the night, and enlightened by meditation on your commandments may we rise with gladness of soul to give glory to your loving-kindness, as we bring to your compassion supplications and entreaties on behalf of our own sins and those of all your people. At the prayers of the holy Mother of God visit them with mercy.

For you, O God, are good and love mankind, and to you we give glory, to the Father, the Son and the Holy Spirit, now and for ever, and to the ages of ages. Amen.

Ο ΠΡΟΟΙΜΙΑΚΟΣ

Εὐλόγει, ἡ ψυχή μου, τὸν Κύριον. Κύριε ὁ Θεός μου, ἐμεγαλύνθης σφόδρα. Ἐξομολόγησιν καὶ μεγαλοπρέπειαν ἐνεδύσω, ἀναβαλλόμενος φῶς ὡς ἱμάτιον. Ἐκτείνων τὸν οὐρανὸν ὡσεὶ δέρριν, ὁ στεγάζων ἐν ὕδασιν τὰ ὑπερῷα αὐτοῦ.

INTRODUCTORY PSALM

Bless the Lord, my soul! O Lord my God, you have been greatly magnified. You have clothed yourself with thanksgiving and majesty, wrapping yourself in light as in a cloak, stretching out the heavens like a curtain, roofing

Ὁ τιθεὶς νέφη τὴν ἐπίβασιν αὐτοῦ, ὁ περιπατῶν ἐπὶ πτερύγων ἀνέμων. Ὁ ποιῶν τοὺς ἀγγέλους αὐτοῦ πνεύματα καὶ τοὺς λειτουργοὺς αὐτοῦ πυρὸς φλόγα. Ὁ θεμελιῶν τὴν γῆν ἐπὶ τὴν ἀσφάλειαν αὐτῆς· οὐ κλιθήσεται εἰς τὸν αἰῶνα τοῦ αἰῶνος. Ἄβυσσος ὡς ἱμάτιον τὸ περιβόλαιον αὐτοῦ, ἐπὶ τῶν ὀρέων στήσονται ὕδατα. Ἀπὸ ἐπιτιμήσεώς σου φεύξονται, ἀπὸ φωνῆς βροντῆς σου δειλιάσουσιν. Ἀναβαίνουσιν ὄρη καὶ καταβαίνουσι πεδία εἰς τὸν τόπον, ὃν ἐθεμελίωσας αὐτά. Ὅριον ἔθου, ὃ οὐ παρελεύσονται, οὐδὲ ἐπιστρέψουσι καλύψαι τὴν γῆν. Ὁ ἐξαποστέλλων πηγὰς ἐν φάραγξιν, ἀνάμεσον τῶν ὀρέων διελεύσονται ὕδατα. Ποτιοῦσι πάντα τὰ θηρία τοῦ ἀγροῦ, προσδέξονται ὄναγροι εἰς δίψαν αὐτῶν. Ἐπ' αὐτὰ τὰ πετεινὰ τοῦ οὐρανοῦ κατασκηνώσει· ἐκ μέσου τῶν πετρῶν δώσουσι φωνήν. Ποτίζων ὄρη ἐκ τῶν ὑπερῴων αὐτοῦ· ἀπὸ καρποῦ τῶν ἔργων σου χορτασθήσεται ἡ γῆ. Ὁ ἐξανατέλλων χόρτον τοῖς κτήνεσι καὶ χλόην τῇ δουλείᾳ τῶν ἀνθρώπων, τοῦ ἐξαγαγεῖν ἄρτον ἐκ τῆς γῆς. Καὶ οἶνος εὐφραίνει καρδίαν ἀνθρώπου τοῦ ἱλαρῦναι πρόσωπον ἐν ἐλαίῳ· καὶ ἄρτος καρδίαν ἀνθρώπου στηρίζει. Χορτασθήσονται τὰ ξύλα τοῦ πεδίου, αἱ κέδροι τοῦ Λιβάνου, ἃς ἐφύτευσας. Ἐκεῖ στρουθία ἐννοσσεύσουσι, τοῦ ἐρωδιοῦ ἡ κατοικία ἡγεῖται αὐτῶν. Ὄρη τὰ ὑψηλὰ ταῖς ἐλάφοις, πέτρα καταφυγὴ τοῖς λαγωοῖς. Ἐποίησε σελήνην εἰς καιρούς· ὁ ἥλιος ἔγνω τὴν δύσιν αὐτοῦ. Ἔθου σκότος, καὶ ἐγένετο νύξ· ἐν αὐτῇ διελεύσονται πάντα τὰ θηρία τοῦ δρυμοῦ. Σκύμνοι ὠρυόμενοι τοῦ ἁρπάσαι καὶ ζητῆσαι παρὰ τῷ Θεῷ βρῶσιν αὐτοῖς. Ἀνέτειλεν ὁ ἥλιος, καὶ συνήχθησαν καὶ εἰς τὰς μάνδρας αὐτῶν κοιτα-

his upper chambers with waters, placing clouds as his mount, walking on the wings of the wind, making spirits his Angels and a flame of fire his Ministers, establishing the earth on its sure base; it will not be moved to age on age. The deep, like a cloak, is its mantle; waters will stand upon the mountains. At your rebuke they will flee; they will quail at the voice of your thunder. The mountains rise and the plains descend to the place which you established for them. You fixed a limit that they will not pass, nor will they return to cover the earth. You send out springs into the valleys; waters will run between the mountains. They will give drink to all the beasts of the field; the wild asses will await them to quench their thirst. Beside them the birds of the air will make their dwelling: and sing among the rocks. He waters the mountains from his upper chambers; the earth will be filled from the fruit of your works. He makes grass spring up for the cattle, and green herb for the service of mankind; to bring food out of the earth, and wine makes glad the human heart; to make the face cheerful with oil, and bread strengthens the human heart. The trees of the plain will be satisfied, the cedars of Lebanon that you planted. There the sparrows will build their nests; the heron's dwelling is at their head. The high mountains are for the deer; rocks a refuge for hares. He made the moon to mark the seasons; the sun knew the hour of its setting. You appointed darkness, and it was night, in which all the beasts of the forest will prowl; young lions roaring to plunder

σθήσονται. Ἐξελεύσεται ἄνθρωπος ἐπὶ τὸ ἔργον αὐτοῦ καὶ ἐπὶ τὴν ἐργασίαν αὐτοῦ ἕως ἑσπέρας. Ὡς ἐμεγαλύνθη τὰ ἔργα σου Κύριε! πάντα ἐν σοφίᾳ ἐποίησας· ἐπληρώθη ἡ γῆ τῆς κτίσεώς σου. Αὕτη ἡ θάλασσα ἡ μεγάλη καὶ εὐρύχωρος· ἐκεῖ ἑρπετά, ὧν οὐκ ἔστιν ἀριθμός, ζῷα μικρὰ μετὰ μεγάλων. Ἐκεῖ πλοῖα διαπορεύονται· δράκων οὗτος, ὃν ἔπλασας ἐμπαίζειν αὐτῇ. Πάντα πρὸς σὲ προσδοκῶσι, δοῦναι τὴν τροφὴν αὐτῶν εἰς εὔκαιρον· δόντος σου αὐτοῖς συλλέξουσιν. Ἀνοίξαντός σου τὴν χεῖρα τὰ σύμπαντα πλησθήσονται χρηστότητος· ἀποστρέψαντος δέ σου τὸ πρόσωπον ταραχθήσονται. Ἀντανελεῖς τὸ πνεῦμα αὐτῶν, καὶ ἐκλείψουσι καὶ εἰς τὸν χοῦν αὐτῶν ἐπιστρέψουσιν. Ἐξαποστελεῖς τὸ πνεῦμά σου, καὶ κτισθήσονται, καὶ ἀνακαινιεῖς τὸ πρόσωπον τῆς γῆς. Ἤτω ἡ δόξα Κυρίου εἰς τοὺς αἰῶνας· εὐφρανθήσεται Κύριος ἐπὶ τοῖς ἔργοις αὐτοῦ. Ὁ ἐπιβλέπων ἐπὶ τὴν γῆν καὶ ποιῶν αὐτὴν τρέμειν· ὁ ἁπτόμενος τῶν ὀρέων, καὶ καπνίζονται. Ἄσω τῷ Κυρίῳ· ἐν τῇ ζωῇ μου, ψαλῶ τῷ Θεῷ μου ἕως ὑπάρχω. Ἡδυνθείη αὐτῷ ἡ διαλογή μου, ἐγὼ δὲ εὐφρανθήσομαι ἐπὶ τῷ Κυρίῳ. Ἐκλείποιεν ἁμαρτωλοὶ ἀπὸ τῆς γῆς καὶ ἄνομοι, ὥστε μὴ ὑπάρχειν αὐτούς. Εὐλόγει, ἡ ψυχή μου, τὸν Κύριον.

and to seek their food from God. The sun rose and they were gathered together and they will lie down in their dens. Man will go out to his labor; and to his laboring until evening. How your works have been magnified, O Lord. With wisdom you have made them all, and the earth has been filled with your creation. Also this great, wide sea; there are creeping things without number, living creatures small and great. There ships go to and fro; this dragon which you fashioned to sport in it. All things look to you to give them their food in due season. When you give it them, they will gather it. When you open your hand all things will be filled with goodness. But when you turn away your face they will be troubled. You will take away their spirit, and they will perish and return to their dust. You will send forth your spirit, and they will be created, and you will renew the face of the earth. May the glory of the Lord endure to the ages. The Lord will rejoice at his works. He looks upon the earth and makes it tremble. He touches the mountains, and they smoke. I will sing to the Lord while I live; I will praise my God while I exist. May my words be pleasing to him. While as for me, I shall rejoice in the Lord. O that sinners might perish from the earth, and the wicked, so that they are no more. Bless the Lord, my soul!

Καὶ πάλιν.

And again.

Ὁ ἥλιος ἔγνω τὴν δύσιν αὐτοῦ· ἔθου σκότος, καὶ ἐγένετο νύξ.

The sun knew the hour of its setting: you made darkness, and it was night.

Ὡς ἐμεγαλύνθη τὰ ἔργα σου, Κύριε! πάντα ἐν σοφίᾳ ἐποίησας.

Δόξα Πατρί, καὶ Υἱῷ, καὶ Ἁγίῳ Πνεύματι. Καὶ νῦν καὶ ἀεί, καὶ εἰς τοὺς αἰῶνας τῶν αἰώνων. Ἀμήν.

Ἀλληλούια, Ἀλληλούια, Ἀλληλούια· δόξα σοι ὁ Θεὸς (γ΄). *(Μετὰ δὲ τὸ τρίτον).* Ἡ ἐλπὶς ἡμῶν, Κύριε, δόξα σοι.

Πληρωθέντος τοῦ Προοιμιακοῦ ὁ διάκονος λέγει τὰ Εἰρηνικά.

ΕΙΡΗΝΙΚΑ

Ὁ Διάκονος· Ἐν εἰρήνῃ τοῦ Κυρίου δεηθῶμεν.

Ὁ Χορός· Κύριε, ἐλέησον. *(Καὶ μεθ' ἑκάστην δέησιν)*

Ὁ Διάκονος· Ὑπὲρ τῆς ἄνωθεν εἰρήνης, καὶ τῆς σωτηρίας τῶν ψυχῶν ἡμῶν, τοῦ Κυρίου δεηθῶμεν.

Ὑπὲρ τῆς εἰρήνης τοῦ σύμπαντος κόσμου, εὐσταθείας τῶν ἁγίων τοῦ Θεοῦ Ἐκκλησιῶν, καὶ τῆς τῶν πάντων ἑνώσεως, τοῦ Κυρίου δεηθῶμεν.

Ὑπὲρ τοῦ ἁγίου οἴκου τούτου, καὶ τῶν μετὰ πίστεως, εὐλαβείας καὶ φόβου Θεοῦ εἰσιόντων ἐν αὐτῷ, τοῦ Κυρίου δεηθῶμεν.

Ὑπὲρ τοῦ Ἀρχιεπισκόπου ἡμῶν *(τοῦ δεῖνος)*, τοῦ τιμίου πρεσβυτερίου, τῆς ἐν Χριστῷ διακονίας, παντὸς τοῦ κλήρου καὶ τοῦ λαοῦ, τοῦ Κυρίου δεηθῶμεν.

Ὑπὲρ τοῦ εὐσεβοῦς ἡμῶν ἔθνους, πάσης ἀρχῆς καὶ ἐξουσίας ἐν αὐτῷ, τοῦ Κυρίου δεηθῶμεν.

How your works have been magnified, O Lord. With wisdom you have made them all!

Glory to the Father and the Son and the Holy Spirit, both now and ever, and to the ages of ages. Amen.

Alleluia, Alleluia, Alleluia. Glory to you, O God. *(x3) (After the third)* Our hope, O Lord, Glory to you.

Completing the Introductory Psalm, the Deacon says the Litany of Peace.

THE LITANY OF PEACE

Deacon: In peace let us pray to the Lord.

Choir: Lord, have mercy. *(And so after each petition.)*

Deacon: For the peace from above and the salvation of our souls, let us pray to the Lord.

For peace in the whole world, for the stability of the holy churches of God, and for the unity of all, let us pray to the Lord.

For this holy house and for those who enter it with faith, reverence, and the fear of God, let us pray to the Lord.

For our Archbishop **(Name)**, for the honored order of presbyters, for the diaconate in Christ, for all the clergy and the people, let us pray to the Lord.

For our country, the president, and all those in public service, let us pray to the Lord.

Ὑπὲρ τῆς ἱερᾶς Μητροπόλεως, ἐνορίας καὶ πόλεως ταύτης, πάσης πόλεως, μονῆς καὶ χώρας, καὶ τῶν πίστει οἰκούντων ἐν αὐταῖς, τοῦ Κυρίου δεηθῶμεν.

Ὑπὲρ εὐκρασίας ἀέρων, εὐφορίας τῶν καρπῶν τῆς γῆς, καὶ καιρῶν εἰρηνικῶν, τοῦ Κυρίου δεηθῶμεν.

Ὑπὲρ πλεόντων, ὁδοιπορούντων, νοσούντων, καμνόντων, αἰχμαλώτων, καὶ τῆς σωτηρίας αὐτῶν, τοῦ Κυρίου δεηθῶμεν.

Ὑπὲρ τοῦ ῥυσθῆναι ἡμᾶς ἀπὸ πάσης θλίψεως, ὀργῆς, κινδύνου καὶ ἀνάγκης, τοῦ Κυρίου δεηθῶμεν.

Ἀντιλαβοῦ, σῶσον, ἐλέησον, καὶ διαφύλαξον ἡμᾶς, ὁ Θεός, τῇ σῇ χάριτι.

Ὁ Χορός· Κύριε, ἐλέησον.

Ὁ Διάκονος· Τῆς Παναγίας, ἀχράντου, ὑπερευλογημένης, ἐνδόξου Δεσποίνης ἡμῶν Θεοτόκου, καὶ ἀειπαρθένου Μαρίας, μετὰ πάντων τῶν Ἁγίων μνημονεύσαντες, ἑαυτοὺς καὶ ἀλλήλους, καὶ πᾶσαν τὴν ζωὴν ἡμῶν Χριστῷ τῷ Θεῷ παραθώμεθα.

Ὁ Χορός· Σοί, Κύριε.

Ὁ Ἱερεύς·

Ὅτι πρέπει σοι πᾶσα δόξα, τιμὴ καὶ προσκύνησις, τῷ Πατρὶ καὶ τῷ Υἱῷ καὶ τῷ Ἁγίῳ Πνεύματι, νῦν καὶ ἀεὶ καὶ εἰς τοὺς αἰῶνας τῶν αἰώνων.

Ὁ Χορός· Ἀμήν.

For this holy Metropolis and parish, and for this city and every city, monastic community, and land and the faithful who live in them, let us pray to the Lord.

For favorable weather, an abundance of the fruits of the earth, and temperate seasons, let us pray to the Lord.

For travelers by land, sea, and air, for the sick, the suffering, the captives, and for their salvation, let us pray to the Lord.

For our deliverance from all affliction, wrath, danger, and distress, let us pray to the Lord.

Take hold of us, save us, have mercy upon us, and protect us, O God, by Your grace.

Choir: Lord, have mercy.

Deacon: Commemorating our most holy, most pure, most blessed and glorified Lady the Theotokos and ever-virgin Mary, together with all the saints, let us commit ourselves and one another and all our life unto Christ our God.

Choir: To You, O Lord.

Priest:

For to You belong all glory, honor, and worship to the Father and the Son and the Holy Spirit, both now and ever and to the ages of ages.

Choir: Amen.

ΨΑΛΜΟΣ ΡΜ΄

Κύριε, ἐκέκραξα πρὸς σέ· εἰσάκουσόν μου. Εἰσάκουσόν μου, Κύριε. Κύριε, ἐκέκραξα πρὸς σὲ, εἰσάκουσόν μου· πρόσχες τῇ φωνῇ τῆς δεήσεώς μου, ἐν τῷ κεκραγέναι με πρὸς σέ. Εἰσάκουσόν μου, Κύριε.

Κατευθυνθήτω ἡ προσευχή μου, ὡς θυμίαμα ἐνώπιόν σου· ἔπαρσις τῶν χειρῶν μου θυσία ἑσπερινή. Εἰσάκουσόν μου, Κύριε.

Θοῦ, Κύριε, φυλακὴν τῷ στόματί μου καὶ θύραν περιοχῆς περὶ τὰ χείλη μου.

Μὴ ἐκκλίνῃς τὴν καρδίαν μου εἰς λόγους πονηρίας, τοῦ προφασίζεσθαι προφάσεις ἐν ἁμαρτίαις.

Σὺν ἀνθρώποις ἐργαζομένοις τὴν ἀνομίαν, καὶ οὐ μὴ συνδυάσω μετὰ τῶν ἐκλεκτῶν αὐτῶν.

Παιδεύσει με δίκαιος, ἐν ἐλέει καὶ ἐλέγξει με· ἔλαιον δὲ ἁμαρτωλοῦ μὴ λιπανάτω τὴν κεφαλήν μου.

Ὅτι ἔτι καὶ ἡ προσευχή μου ἐν ταῖς εὐδοκίαις αὐτῶν· κατεπόθησαν ἐχόμενα πέτρας οἱ κριταὶ αὐτῶν.

Ἀκούσονται τὰ ῥήματά μου ὅτι ἡδύνθησαν· ὡσεὶ πάχος γῆς ἐρράγη ἐπὶ τῆς γῆς, διεσκορπίσθη τὰ ὀστᾶ αὐτῶν παρὰ τὸν ᾅδην.

Ὅτι πρὸς σέ, Κύριε, Κύριε, οἱ ὀφθαλμοί μου· ἐπὶ σοὶ ἤλπισα, μὴ ἀντανέλῃς τὴν ψυχήν μου.

PSALM 140

Lord, I have cried unto You; hear me. Hear me, O Lord. Lord, I have cried unto you; hear me. Attend to the voice of my supplication when I cry unto You; hear me, O Lord.

Let my prayer be set forth as incense before You, the lifting up of my hands as the evening sacrifice; hear me, O Lord.

Set a watch, O Lord, before my mouth and a protecting door about my lips.

Incline not my heart to evil words to make excuses in sins.

With those who work iniquity; and I will not associate with the choicest of them.

Let the righteous man chasten me with mercy and reprove me; as for the oil of the sinner, let it not anoint my head.

For even my prayer is against their good pleasure. Their judges have been swallowed up like a rock.

The shall hear my words, for they are sweet. As a clod of earth is broken on the ground, so their bones are scattered by the side of Hades.

For to You, O Lord, O Lord, are my eyes; I have hoped in You; take not away my soul.

Φύλαξόν με ἀπὸ παγίδος, ἧς συνεστήσαντό μοι, καὶ ἀπὸ σκανδάλων τῶν ἐργαζομένων τὴν ἀνομίαν.

Πεσοῦνται ἐν ἀμφιβλήστρῳ αὐτῶν οἱ ἁμαρτωλοί· κατὰ μόνας εἰμὶ ἐγώ, ἕως ἂν παρέλθω.

ΨΑΛΜΟΣ ΡΜΑ΄

Φωνῇ μου πρὸς Κύριον ἐκέκραξα, φωνῇ μου πρὸς Κύριον ἐδεήθην.

Ἐκχεῶ ἐνώπιον αὐτοῦ τὴν δέησίν μου· τὴν θλῖψίν μου ἐνώπιον αὐτοῦ ἀπαγγελῶ.

Ἐν τῷ ἐκλείπειν ἐξ ἐμοῦ τὸ πνεῦμά μου, καὶ σὺ ἔγνως τὰς τρίβους μου.

Ἐν ὁδῷ ταύτῃ, ᾗ ἐπορευόμην, ἔκρυψαν παγίδα μοι.

Κατενόουν εἰς τὰ δεξιὰ καὶ ἐπέβλεπον, καὶ οὐκ ἦν ὁ ἐπιγνώσκων με.

Ἀπώλετο φυγὴ ἀπ' ἐμοῦ, καὶ οὐκ ἔστιν ὁ ἐκζητῶν τὴν ψυχήν μου.

Ἐκέκραξα πρὸς σέ, Κύριε, εἶπα· Σὺ εἶ ἐλπίς μου, μερίς μου εἶ ἐν γῇ ζώντων.

Πρόσχες πρὸς τὴν δέησίν μου, ὅτι ἐταπεινώθην σφόδρα.

Ῥῦσαί με ἐκ τῶν καταδιωκόντων με, ὅτι ἐκραταιώθησαν ὑπὲρ ἐμέ.

Ἐξάγαγε ἐκ φυλακῆς τὴν ψυχήν μου τοῦ ἐξομολογήσασθαι τῷ ὀνόματί σου.

Ἐμὲ ὑπομενοῦσι δίκαιοι, ἕως οὗ ἀνταποδῷς μοι.

Keep me from the snare which they have laid for me, and from the stumbling blocks of those who work iniquity.

The sinners shall fall into their own net. I am apart from them until I pass away.

PSALM 141

With my voice, to the Lord have I cried; with my voice, to the Lord have I made my supplication.

I shall pour out before Him my supplication; my affliction before Him shall I declare,

As my spirit is departing from within me; and You knew my paths.

In this way on which I was walking they hid a snare for me.

I looked to my right and beheld, and there was no one that knew me.

There is no escape for me, and no one searching for my soul.

I cried to You, O Lord; I said: You are my hope, You are my portion in the land of the living.

Attend to my supplication; for I have been greatly humbled.

Deliver me from those who pursue me, for they have become stronger than I.

Bring my soul out of prison, that I may confess your name.

The just will await me, until you reward me.

Ἐκ βαθέων ἐκέκραξά σοι, Κύριε· Κύριε, εἰσάκουσον τῆς φωνῆς μου.

Γενηθήτω τὰ ὦτά σου προσέχοντα εἰς τὴν φωνὴν τῆς δεήσεώς μου.

ΣΤΙΧΗΡΑ.

Στίχ. α΄. *Ἐκ βαθέων ἐκέκραξά σοι, Κύριε· Κύριε, εἰσάκουσον τῆς φωνῆς μου.*

Ἦχος α΄.

Τὰς ἑσπερινὰς ἡμῶν εὐχάς, πρόσδεξαι ἅγιε Κύριε καὶ παράσχου ἡμῖν, ἄφεσιν ἁμαρτιῶν, ὅτι μόνος εἶ ὁ δείξας, ἐν κόσμῳ τὴν Ἀνάστασιν.

Στίχ. β΄. *Γενηθήτω τὰ ὦτά σου προσέχοντα εἰς τὴν φωνὴν τῆς δεήσεώς μου.*

Κυκλώσατε λαοὶ Σιών, καὶ περιλάβετε αὐτήν, καὶ δότε δόξαν ἐν αὐτῇ, τῷ ἀναστάντι ἐκ νεκρῶν, ὅτι αὐτός ἐστιν ὁ Θεὸς ἡμῶν, ὁ λυτρωσάμενος ἡμᾶς, ἐκ τῶν ἀνομιῶν ἡμῶν.

Στίχ. γ΄. *Ἐὰν ἀνομίας παρατηρήσῃς, Κύριε Κύριε, τίς ὑποστήσεται; ὅτι παρὰ σοὶ ὁ ἱλασμός ἐστιν.*

Δεῦτε λαοὶ ὑμνήσωμεν, καὶ προσκυνήσωμεν Χριστόν, δοξάζοντες αὐτοῦ τὴν ἐκ νεκρῶν Ἀνάστασιν, ὅτι αὐτός ἐστιν ὁ Θεὸς ἡμῶν, ὁ ἐκ τῆς πλάνης τοῦ ἐχθροῦ, τόν Κόσμον λυτρωσάμενος.

Στίχ. δ΄. *Ἕνεκεν τοῦ ὀνόματός σου ὑπέμεινά σε, Κύριε, ὑπέμεινεν ἡ ψυχή μου εἰς τὸν λόγον σου, ἤλπισεν ἡ ψυχή μου ἐπὶ τὸν Κύριον.*

Εὐφράνθητε οὐρανοί, σαλπίσατε τὰ θεμέλια τῆς γῆς, βοήσατε τὰ ὄρη εὐφροσύνην· ἰδοὺ γὰρ ὁ Ἐμμανουὴλ τὰς ἁμαρτίας ἡμῶν, τῷ Σταυρῷ προσήλωσε, καὶ ζωὴν ὁ διδούς, θάνατον ἐνέκρωσε, τὸν Ἀδὰμ ἀναστήσας, ὡς φιλάνθρωπος.

Out of the depths I have cried to you, O Lord. Lord hear my voice.

Let your ears be attentive, to the voice of my supplication.

STICHERA.

Verse 1. *Out of the depths I have cried to you, O Lord: Lord hear my voice.*

Tone 1.

Receive, O holy Lord, our evening prayer, and grant unto us forgiveness of sins, for it was you abalone who revealed the Resurrection in the world.

Verse 2. *O let your ears be attentive: to the voice of my supplication.*

Go around Sion, you peoples, and encompass her, and give glory in her to him who rose from the dead; for he is our God, who has redeemed us from our iniquities.

Verse 3. *If you, Lord, should mark iniquities: Lord, who will stand? But there is forgiveness with you.*

Come, you peoples, let us praise and worship Christ as we glorify his Resurrection from the dead; for he is our God, who has redeemed us from the error of the foe.

Verse 4. *For your name's sake I have waited for you, O Lord: my soul has waited on your word: my soul has hoped in the Lord.*

You Heavens rejoice, sound the trumpet you foundations of the Earth, shout aloud your joy you mountains, for see Immanuel has nailed our sins to the Cross, and he that gives life has slain death and has raised up Adam for he loves mankind.

Στίχ. ε′. *Ἀπὸ φυλακῆς πρωΐας μέχρι νυκτός, ἀπὸ φυλακῆς πρωΐας, ἐλπισάτω Ἰσραὴλ ἐπὶ τὸν Κύριον.*

Ἦχος πλ. 8′.

Σήμερον ὁ Ἅιδης στένων βοᾷ, συνέφερέ μοι, εἰ τὸν ἐκ Μαρίας γεννηθέντα, μὴ ὑπεδεξάμην, ἐλθὼν γὰρ ἐπ' ἐμέ, τὸ κράτος μου ἔλυσε, πύλας χαλκᾶς συνέτριψε, ψυχὰς ἃς κατεῖχον τὸ πρίν, Θεὸς ὢν ἀνέστησε. Δόξα Κύριε τῷ Σταυρῷ σου, καὶ τῇ Ἀναστάσει σου.

Στίχ. στ′. *Ὅτι παρὰ τῷ Κυρίῳ τὸ ἔλεος καὶ πολλὴ παρ' αὐτῷ λύτρωσις καὶ αὐτὸς λυτρώσεται τὸν Ἰσραὴλ ἐκ πασῶν τῶν ἀνομιῶν αὐτοῦ.*

Σήμερον ὁ Ἅιδης στένων βοᾷ, συνέφερέ μοι, εἰ τὸν ἐκ Μαρίας γεννηθέντα, μὴ ὑπεδεξάμην, ἐλθὼν γὰρ ἐπ' ἐμέ, τὸ κράτος μου ἔλυσε, πύλας χαλκᾶς συνέτριψε, ψυχὰς ἃς κατεῖχον τὸ πρίν, Θεὸς ὢν ἀνέστησε. Δόξα Κύριε τῷ Σταυρῷ σου, καὶ τῇ Ἀναστάσει σου.

Στίχ. ζ′. *Αἰνεῖτε τὸν κύριον πάντα τὰ ἔθνη ἐπαινέσατε αὐτὸν πάντες οἱ λαοί.*

Σήμερον ὁ Ἅιδης στένων βοᾷ, κατελύθη μου ἡ ἐξουσία, ἐδεξάμην θνητόν, ὥσπερ ἕνα τῶν θανόντων, τοῦτον δὲ κατέχειν ὅλως οὐκ ἰσχύω, ἀλλ' ἀπολῶ μετὰ τούτου, ὧν ἐβασίλευον, ἐγὼ εἶχον τοὺς νεκροὺς ἀπ' αἰῶνος, ἀλλὰ οὗτος ἰδοὺ πάντας ἐγείρει. Δόξα Κύριε τῷ Σταυρῷ σου, καὶ τῇ ἀναστάσει σου.

Στίχ. η′. *Ὅτι ἐκραταιώθη τὸ ἔλεος αὐτοῦ ἐφ' ἡμᾶς, καὶ ἡ ἀλήθεια τοῦ κυρίου μένει εἰς τὸν αἰῶνα.*

Σήμερον ὁ Ἅιδης στένων βοᾷ, κατεπόθη μου τὸ κράτος, ὁ ποιμὴν ἐσταυρώθη, καὶ τὸν Ἀδὰμ ἀνέστησεν, ὧνπερ ἐβασίλευον ἐστέρημαι, καὶ οὓς κατέπιον

Verse 5. *From the morning watch until night, from the morning watch: let Israel hope in the Lord.*

Tone Pl. 4.

Today Hell groans and cries 'It were better for me had I not accepted the one born of Mary, for he has come upon me and destroyed my might. He has smashed the gates of brass. Souls which before I held, he, being God, has raised'. Glory, O Lord, to your Cross and to your Resurrection.

Verse 6. *For with the Lord there is mercy, and with him plentiful redemption: and he will redeem Israel from all his iniquities.*

Today Hell groans and cries 'It were better for me had I not accepted the one born of Mary, for he has come upon me and destroyed my might. He has smashed the gates of brass. Souls which before I held, he, being God, has raised'. Glory, O Lord, to your Cross and to your Resurrection.

Verse 7. *Praise the Lord, all you nations: praise him all you peoples.*

Today Hell groans and cries 'My authority has been destroyed. I received a mortal as one of the dead, but have no strength at all to hold him, but with him I shall lose those over whom I reigned. I held the dead from every age, but see, he raises them all.' Glory, O Lord, to your Cross and to your Resurrection!

Verse 8. *For his mercy has been mighty towards us: and the truth of the Lord endures to the ages.*

Today Hell groans and cries 'My authority has been destroyed. I received a mortal as one of the dead, but have no strength at all to hold him, but

ἰσχύσας, πάντας ἐξήμεσα, ἐκένωσε τοὺς τάφους ὁ σταυρωθείς, οὐκ ἰσχύει τοῦ θανάτου τὸ κράτος. Δόξα Κύριε τῷ Σταυρῷ σου, καὶ τῇ ἀναστάσει σου.

with him I shall lose those over whom I reigned. I held the dead from every age, but see, he raises them all.' Glory, O Lord, to your Cross and to your Resurrection!

Δόξα Πατρὶ καὶ Υἱῷ καὶ Ἁγίῳ Πνεύματι, καὶ νῦν καὶ ἀεὶ καὶ εἰς τοὺς αἰῶνας τῶν αἰώνων. Ἀμήν.

Glory to the Father, Son and the Holy Spirit, both now and ever and to the ages of ages. Amen.

Ἦχος πλ. β΄.

Tone Pl. 2.

Τὴν σήμερον μυστικῶς, ὁ μέγας Μωϋσῆς προδιετυποῦτο λέγων. Καὶ εὐλόγησεν ὁ Θεός, τὴν ἡμέραν τὴν ἑβδόμην, τοῦτο γὰρ ἐστι τὸ εὐλογημένον Σάββατον, αὕτη ἐστίν ἡ τῆς καταπαύσεως ἡμέρα, ἐν ᾗ κατέπαυσεν ἀπὸ πάντων τῶν ἔργων αὐτοῦ, ὁ Μονογενὴς Υἱὸς τοῦ Θεοῦ, διὰ τῆς κατὰ τὸν θάνατον οἰκονομίας, τῇ σαρκὶ σαββατίσας, καὶ εἰς ὃ ἦν, πάλιν ἐπανελθών, διὰ τῆς Ἀναστάσεως, ἐδωρήσατο ἡμῖν ζωὴν τὴν αἰώνιον, ὡς μόνος ἀγαθὸς καὶ φιλάνθρωπος.

Moses the Great mystically prefigured this present day when he said, 'And God blessed the seventh day'. For this is the blessed Sabbath, this is the day of rest on which the only begotten Son of God rested from all his works. Through the dispensation in accordance with death, he kept the Sabbath in the flesh, and, returning once again to what he was, through the Resurrection he has granted us eternal life, for he alone is good and loves humankind.

Καὶ νῦν καὶ ἀεί, καὶ εἰς τοὺς αἰῶνας τῶν αἰώνων. Ἀμήν.

Both now and ever, and to the ages of ages. Amen.

Ἦχος α΄.

Tone 1.

Τὴν παγκόσμιον δόξαν, τὴν ἐξ ἀνθρώπων σπαρεῖσαν, καὶ τὸν Δεσπότην τεκοῦσαν, τὴν ἐπουράνιον πύλην, ὑμνήσωμεν Μαρίαν τὴν Παρθένον, τῶν ἀσωμάτων τὸ ᾆσμα, καὶ τῶν πιστῶν τὸ ἐγκαλλώπισμα, αὕτη γὰρ ἀνεδείχθη οὐρανὸς καὶ ναὸς τῆς θεότητος, αὕτη τὸ μεσότοιχον τῆς ἔχθρας καθελοῦσα, εἰρήνην ἀντεισῆξε, καὶ τὸ βασίλειον ἠνέῳξε. Ταύτην οὖν κατέχοντες τῆς πίστεως τὴν ἄγκυραν, ὑπέρμαχον ἔχομεν τὸν ἐξ αὐτῆς τεχθέντα Κύριον. Θαρσείτω τοίνυν, θαρσείτω λαὸς τοῦ Θεοῦ, καὶ γὰρ αὐτὸς πολεμήσει, τοὺς ἐχθροὺς ὡς παντοδύναμος.

Let us hymn the whole world's glory, engendered from humankind, who gave birth to the Master, the gate of Heaven, Mary the Virgin, the song of the bodiless powers and the adornment of the faithful, for she was proclaimed Heaven and Temple of the Godhead. She, by destroying the middle wall of enmity, has brought peace instead, and opened the King's palace, therefore holding fast to her as an anchor of the faith, we have as champion the Lord born of her; take courage therefore, people of God, for He will make war on the foe as All-powerful.

Η ΕΙΣΟΔΟΣ

Ψαλλομένου δὲ τοῦ Δόξα, καὶ νῦν γίνεται εἴσοδος μετὰ τοῦ Εὐαγγελίου κατὰ τὴν ἐκτεθεῖσαν ἐν τῷ Ἑσπερινῷ τῶν ἑορτῶν τάξιν, καὶ λέγει ὁ ἱερεὺς μυστικῶς τὴν εὐχὴν ταύτην·

ΕΥΧΗ ΤΗΣ ΕΙΣΟΔΟΥ

Ἑσπέρας καὶ πρωῒ καὶ μεσημβρίας αἰνοῦμεν, εὐλογοῦμεν, εὐχαριστοῦμεν καὶ δεόμεθά σου, Δέσποτα τῶν ἁπάντων, φιλάνθρωπε Κύριε· Κατεύθυνον τὴν προσευχὴν ἡμῶν ὡς θυμίαμα ἐνώπιόν σου καὶ μὴ ἐκκλίνῃς τὰς καρδίας ἡμῶν εἰς λόγους ἢ εἰς λογισμοὺς πονηρίας, ἀλλὰ ῥῦσαι ἡμᾶς ἐκ πάντων τῶν θηρευόντων τὰς ψυχὰς ἡμῶν· ὅτι πρὸς σέ, Κύριε Κύριε, οἱ ὀφθαλμοὶ ἡμῶν, καὶ ἐπὶ σοὶ ἠλπίσαμεν· μὴ καταισχύνῃς ἡμᾶς, ὁ Θεὸς ἡμῶν.

Ὅτι πρέπει σοι πᾶσα δόξα, τιμὴ καὶ προσκύνησις, τῷ Πατρὶ καὶ τῷ Υἱῷ καὶ τῷ ἁγίῳ Πνεύματι, νῦν καὶ ἀεὶ καὶ εἰς τοὺς αἰῶνας τῶν αἰώνων. Ἀμήν.

Ὁ Διάκονος· Σοφία. Ὀρθοί!

Φῶς ἱλαρὸν ἁγίας δόξης ἀθανάτου Πατρός, οὐρανίου, ἁγίου, μάκαρος, Ἰησοῦ Χριστέ, ἐλθόντες ἐπὶ τὴν ἡλίου δύσιν, ἰδόντες φῶς ἑσπερινόν, ὑμνοῦμεν Πατέρα, Υἱόν, καὶ ἅγιον Πνεῦμα, Θεόν. Ἄξιόν σε ἐν πᾶσι καιροῖς ὑμνεῖσθαι φωναῖς αἰσίαις, Υἱὲ Θεοῦ, ζωὴν ὁ διδούς· διὸ ὁ κόσμος σὲ δοξάζει.

Ὁ Ἀναγνώστης· Γενέσεως τὸ Ἀνάγνωσμα.

Ὁ Διάκονος· Σοφία. Πρόσχωμεν.

THE ENTRANCE

At the singing of the Glory, both now, the entrance occurs with the Gospel according to the established order at Vespers for feasts, and the Priest reads this prayer silently:

THE PRAYER OF ENTRANCE

At evening, at morning and at midday we praise, bless and give thanks, and we pray to you, Master of all things, Lord who love mankind: Direct our prayer before you like incense, and do not incline our hearts to words or thoughts of evil, but deliver us from all that hunt down our souls. For our eyes look to you, O Lord, our Lord, and we have hoped in you.

For to you belong all glory, honor and worship, to the Father, the Son and the Holy Spirit, now and for ever, and to the ages of ages. Amen.

Deacon: Wisdom. Arise!

O joyful Light of the holy glory of the immortal, heavenly, holy, blessed Father, O Jesus Christ. Now that we have come to the setting of the sun and see the evening light, we sing the praise of God, Father, Son and Holy Spirit. It is right at all times to hymn you with holy voices, Son of God, giver of life. Therefore the world glorifies you.

Reader: The reading is from the book of Genesis.

Deacon: Wisdom. Let us be attentive.

(Α', 1-13)

Ἐν ἀρχῇ ἐποίησεν ὁ Θεὸς τὸν οὐρανὸν καὶ τὴν γῆν· ἡ δὲ γῆ ἦν ἀόρατος καὶ ἀκατασκεύαστος, καὶ σκότος ἐπάνω τῆς ἀβύσσου, καὶ πνεῦμα Θεοῦ ἐπεφέρετο ἐπάνω τοῦ ὕδατος. Καὶ εἶπεν ὁ Θεός· γενηθήτω φῶς· καὶ ἐγένετο φῶς. Καὶ εἶδεν ὁ Θεὸς τὸ φῶς, ὅτι καλόν· καὶ διεχώρισεν ὁ Θεὸς τὸ φῶς, ὅτι καλόν· καὶ διεχώρισεν ὁ Θεὸς ἀνὰ μέσον τοῦ φωτὸς καὶ ἀνὰ μέσον τοῦ σκότους. Καὶ ἐκάλεσεν ὁ Θεὸς τὸ φῶς ἡμέραν καὶ τὸ σκότος ἐκάλεσε νύκτα. καὶ ἐγένετο ἑσπέρα καὶ ἐγένετο πρωΐ, ἡμέρα μία. Καὶ εἶπεν ὁ Θεός· γενηθήτω στερέωμα ἐν μέσῳ τοῦ ὕδατος καὶ ἔστω διαχωρίζον ἀνὰ μέσον ὕδατος καὶ ὕδατος. καὶ ἐγένετο οὕτως. Καὶ ἐποίησεν ὁ Θεὸς τὸ στερέωμα, καὶ διεχώρισεν ὁ Θεὸς ἀνὰ μέσον τοῦ ὕδατος, ὃ ἦν ὑποκάτω τοῦ στερεώματος, καὶ ἀναμέσον τοῦ ὕδατος τοῦ ἐπάνω τοῦ στερεώματος. Καὶ ἐκάλεσεν ὁ Θεὸς τὸ στερέωμα οὐρανόν. καὶ εἶδεν ὁ Θεός, ὅτι καλόν, καὶ ἐγένετο ἑσπέρα καὶ ἐγένετο πρωΐ, ἡμέρα δευτέρα. Καὶ εἶπεν ὁ Θεός· συναχθήτω τὸ ὕδωρ τὸ ὑποκάτω τοῦ οὐρανοῦ εἰς συναγωγὴν μίαν, καὶ ὀφθήτω ἡ ξηρά. καὶ ἐγένετο οὕτως. καὶ συνήχθη τὸ ὕδωρ τὸ ὑποκάτω τοῦ οὐρανοῦ εἰς τὰς συναγωγὰς αὐτῶν, καὶ ὤφθη ἡ ξηρά. Καὶ ἐκάλεσεν ὁ Θεὸς τὴν ξηρὰν γῆν καὶ τὰ συστήματα τῶν ὑδάτων ἐκάλεσε θαλάσσας. καὶ εἶδεν ὁ Θεός, ὅτι καλόν. Καὶ εἶπεν ὁ Θεός· βλαστησάτω ἡ γῆ βοτάνην χόρτου σπεῖρον σπέρμα κατὰ γένος καὶ καθ' ὁμοιότητα, καὶ ξύλον κάρπιμον ποιοῦν καρπόν, οὗ τὸ σπέρμα αὐτοῦ ἐν αὐτῷ κατὰ γένος ἐπὶ τῆς γῆς. καὶ ἐγένετο οὕτως. Καὶ ἐξήνεγκεν ἡ γῆ βοτάνην χόρτου σπεῖρον σπέρμα κατὰ γένος καὶ καθ' ὁμοιότητα, καὶ ξύλον κάρ-

(1:1-13)

In the beginning God made the heaven and the earth. Now the earth was invisible and unformed, and darkness was upon the deep and a spirit of God was being borne upon the water. And God said: Let there be light, and there was light. And God saw the light, that it was good; and God made a separation between the light and the darkness. And God called the light Day, and the darkness he called Night; and there was evening and there was morning, one day. And God said: Let there be a firmament in the midst of the water and let there be a separation between the water and the water; and it was so. And God made the firmament; and God made a separation between the water, which was below the firmament, and between the water which was above the firmament. And God called the firmament Heaven; and God saw that it was good, and there was evening and there was morning, a second day. And God said: Let the water below heaven be gathered together into one gathering, and let dry land appear; and it was so. And the water below heaven was gathered together into their gatherings, and the dry land appeared. And God called the dry land Earth, and the accumulations of the waters he called Seas. And God saw that it was good. And God said: Let the earth sprout herb of grass, sowing seed according to its kind and according to its likeness, and fruiting tree making fruit, whose seed is in it according to its kind upon the earth; and it was so. And the earth brought forth herb of grass, sow-

πιμον ποιοῦν καρπόν, οὗ τὸ σπέρμα αὐτοῦ ἐν αὐτῷ κατὰ γένος ἐπὶ τῆς γῆς. Καὶ εἶδεν ὁ Θεός, ὅτι καλόν. καὶ ἐγένετο ἑσπέρα καὶ ἐγένετο πρωΐ, ἡμέρα τρίτη.

Ὁ Ἀναγνώστης· Προφητείας Ἰωνᾶ τὸ Ἀνάγνωσμα.

Ὁ Διάκονος· Σοφία. Πρόσχωμεν.

(Α΄ - Δ΄)

Ἐγένετο λόγος Κυρίου πρὸς Ἰωνάν, τὸν τοῦ Ἀμαθὶ λέγων· ἀνάστηθι καὶ πορεύθητι εἰς Νινευὴ τὴν πόλιν τὴν μεγάλην καὶ κήρυξον ἐν αὐτῇ, ὅτι ἀνέβη ἡ κραυγὴ τῆς κακίας αὐτῆς πρός με. Καὶ ἀνέστη Ἰωνᾶς τοῦ φυγεῖν εἰς Θαρσὶς ἐκ προσώπου Κυρίου καὶ κατέβη εἰς Ἰόππην καὶ εὗρε πλοῖον βαδίζον εἰς Θαρσὶς καὶ ἔδωκε τὸν ναῦλον αὐτοῦ καὶ ἐνέβη εἰς αὐτὸ τοῦ πλεῦσαι μετ' αὐτῶν εἰς Θαρσὶς ἐκ προσώπου Κυρίου. Καὶ Κύριος ἐξήγειρε πνεῦμα μέγα εἰς τὴν θάλασσαν, καὶ ἐγένετο κλύδων μέγας ἐν τῇ θαλάσσῃ, καὶ τὸ πλοῖον ἐκινδύνευε τοῦ συντριβῆναι. Καὶ ἐφοβήθησαν οἱ ναυτικοὶ καὶ ἀνεβόησαν ἕκαστος πρὸς τὸ θεὸν αὐτοῦ καὶ ἐκβολὴν ἐποιήσαντο τῶν σκευῶν τῶν ἐν τῷ πλοίῳ εἰς τὴν θάλασσαν τοῦ κουφισθῆναι ἀπ' αὐτῶν. Ἰωνᾶς δὲ κατέβη εἰς τὴν κοίλην τοῦ πλοίου καὶ ἐκάθευδε καὶ ἔρρεγχε. Καὶ προσῆλθε πρὸς αὐτὸν ὁ πρωρεὺς καὶ εἶπεν αὐτῷ· τί σὺ ῥέγχεις; ἀνάστα καὶ ἐπικαλοῦ τὸν Θεόν σου, ὅπως διασώσῃ ὁ Θεὸς ἡμᾶς καὶ οὐ μὴ ἀπολώμεθα. Καὶ εἶπεν ἕκαστος πρὸς τὸν πλησίον αὐτοῦ· δεῦτε βάλωμεν κλήρους καὶ ἐπιγνῶμεν τίνος ἕνεκεν ἡ κακία αὕτη ἐστὶν ἐν ἡμῖν; καὶ ἔβαλον κλή-

ing seed according to its kind and according to its likeness, and fruiting tree making fruit, whose seed was in it according to its kind upon the earth, and God saw that it was good. And there was evening and morning, a third day.

Reader: The Reading of the Prophecy of Jonas.

Deacon: Wisdom. Let us be attentive.

(1-4)

The word of the Lord came to Jonas, the son of Amathi, saying: Arise and journey to Nineve the great city, and preach in it, because the cry of its wickedness has gone up before me. And Jonas arose to flee to Tharsis from the face of the Lord; and he went down to Joppa and found a boat bound for Tharsis, and he paid the fare, and boarded it, to sail with them to Tharsis from the face of the Lord. And the Lord raised a great wind on the sea; and there came a great storm on the sea, and the boat was in danger of breaking up. And the sailors were afraid and each cried to his god, and they threw the cargoes that were in the boat into the sea to lighten it of them. But Jonas had gone down into the hold of the boat and was sleeping and snoring. And the captain approached him and said to him: Why are you snoring? Arise, and call on your God, perhaps God will save us, and we may not perish. And each one said to his neighbor: Come, let us cast lots, and let us find out for what reason this evil is upon us. And they cast lots, and the

ρους, καὶ ἔπεσεν ὁ κλῆρος ἐπὶ Ἰωνᾶν. Καὶ εἶπον πρὸς αὐτόν· ἀπάγγειλον ἡμῖν τίνος ἕνεκεν ἡ κακία αὕτη ἐστὶν ἐν ἡμῖν; τίς σου ἡ ἐργασία ἐστί; καὶ πόθεν ἔρχῃ, καὶ τοῦ πορεύῃ, καὶ ἐκ ποίας χώρας καὶ ἐκ ποίου λαοῦ εἶ σύ; Καὶ εἶπε πρὸς αὐτούς· δοῦλος Κυρίου εἰμὶ ἐγὼ καὶ τὸν Κύριον Θεὸν τοῦ οὐρανοῦ ἐγὼ σέβομαι, ὃς ἐποίησε τὴν θάλασσαν καὶ τὴν ξηράν. Καὶ ἐφοβήθησαν οἱ ἄνδρες φόβον μέγαν καὶ εἶπον πρὸς αὐτόν· τί τοῦτο ἐποίησας; διότι ἔγνωσαν οἱ ἄνδρες, ὅτι ἐκ προσώπου Κυρίου ἦν φεύγων, ὅτι ἀπήγγειλεν αὐτοῖς. Καὶ εἶπον πρὸς αὐτόν· τί ποιήσομέν σοι καὶ κοπάσει ἡ θάλασσα ἀφ' ἡμῶν; ὅτι ἡ θάλασσα ἐπορεύετο καὶ ἐξήγειρε μᾶλλον κλύδωνα. Καὶ εἶπεν Ἰωνᾶς πρὸς αὐτούς· ἄρατέ με καὶ ἐμβάλετέ με εἰς τὴν θάλασσαν, καὶ κοπάσει ἡ θάλασσα ἀφ' ὑμῶν· διότι ἔγνωκα ἐγὼ ὅτι δι' ἐμὲ ὁ κλύδων ὁ μέγας οὗτος ἐφ' ὑμᾶς ἐστι. Καὶ παρεβιάζοντο οἱ ἄνδρες τοῦ ἐπιστρέψαι πρὸς τὴν γῆν καὶ οὐκ ἠδύναντο, ὅτι ἡ θάλασσα ἐπορεύετο καὶ ἐξηγείρετο μᾶλλον ἐπ' αὐτούς. Καὶ ἀνεβόησαν πρὸς Κύριον καὶ εἶπαν· μηδαμῶς, Κύριε, μὴ ἀπολώμεθα ἕνεκεν τῆς ψυχῆς τοῦ ἀνθρώπου τούτου, καὶ μὴ δῷς ἐφ' ἡμᾶς αἷμα δίκαιον, διότι σύ, Κύριε, ὃν τρόπον ἐβούλου, πεποίηκας. Καὶ ἔλαβον τὸν Ἰωνᾶν καὶ ἐξέβαλον αὐτὸν εἰς τὴν θάλασσαν, καὶ ἔστη ἡ θάλασσα ἐκ τοῦ σάλου αὐτῆς. Καὶ ἐφοβήθησαν οἱ ἄνδρες φόβῳ μεγάλῳ τὸν Κύριον καὶ ἔθησαν θυσίαν τῷ Κυρίῳ καὶ ηὔξαντο τὰς εὐχάς. Καὶ προσέταξε Κύριος κήτει μεγάλῳ καταπιεῖν τὸν Ἰωνᾶν· καὶ ἦν Ἰωνᾶς ἐν τῇ κοιλίᾳ τοῦ κήτους τρεῖς ἡμέρας καὶ τρεῖς νύκτας. Καὶ προσηύξατο Ἰωνᾶς πρὸς Κύριον τὸν Θεὸν αὐτοῦ ἐκ τῆς κοιλίας τοῦ κήτους καὶ εἶπεν· Ἐβόησα ἐν θλίψει μου πρὸς

lot fell on Jonas. And they said to him: Tell us for what reason this evil is upon us. What is your work? Where have you come from? And where are you going? And from what country and from people are you? And he said to them: I am a servant of the Lord, and I worship the Lord, the God of heaven, who made the sea and the dry land. And the men feared with a great fear, and they said to him: Why did you do this? Because the men knew that he was fleeing from the face of the Lord, because he had told them; and they said to him: What are we to do with you, and so the sea will become calm for us? Because the sea was rising and raising an even greater storm. And Jonas said to them: Take me, and throw me into the sea, and the sea will become calm for you; because I know that it is because of me that this great storm is upon you. And the men were striving to return to land, and they could not, because the sea rose ever higher against them. And they cried out to the Lord and said: Let it not be, Lord; let us not perish because of the soul of this person, and do not bring on us just blood; because you, Lord, have done as you wished. And they took Jonas and threw him into the sea and the sea ceased from its raging. And the men feared the Lord with a great fear, and they sacrificed a sacrifice to the Lord, and they vowed vows. And the Lord had ordered a great whale to swallow down Jonas; and Jonas was in the belly of the whale for three days and three nights. And Jonas prayed to the Lord his God and said: I cried to the Lord my God

Κύριον τὸν Θεόν μου, καὶ εἰσήκουσέ μου· ἐκ κοιλίας ᾅδου κραυγῆς μου ἤκουσας φωνῆς μου. Ἀπέρριψάς με εἰς βάθη καρδίας θαλάσσης, καὶ ποταμοὶ ἐκύκλωσάν με· πάντες οἱ μετεωρισμοί σου καὶ τὰ κύματά σου ἐπ' ἐμὲ διῆλθον. Καὶ ἐγὼ εἶπα· ἀπῶσμαι ἐξ ὀφθαλμῶν σου· ἆρα προσθήσω τοῦ ἐπιβλέψαι με πρὸς ναὸν τὸν ἅγιόν σου; Περιεχύθη μοι ὕδωρ ἕως ψυχῆς, ἄβυσσος ἐκύκλωσέ με ἐσχάτη, ἔδυ ἡ κεφαλή μου εἰς σχισμὰς ὀρέων. Κατέβην εἰς γῆν, ἧς οἱ μοχλοὶ αὐτῆς κάτοχοι αἰώνιοι, καὶ ἀναβήτω ἐκ φθορᾶς ἡ ζωή μου, πρὸς σὲ Κύριε ὁ Θεός μου. Ἐν τῷ ἐκλείπειν ἀπ' ἐμοῦ τὴν ψυχήν μου τοῦ Κυρίου ἐμνήσθην, καὶ ἔλθοι πρὸς σὲ ἡ προσευχή μου εἰς ναὸν τὸ ἅγιόν σου. Φυλασσόμενοι μάταια καὶ ψευδῆ ἔλεον αὐτῶν ἐγκατέλιπον. Ἐγὼ δὲ μετὰ φωνῆς αἰνέσεως καὶ ἐξομολογήσεως θύσω σοι, ὅσα ηὐξάμην ἀποδώσω σοι εἰς σωτηρίαν μου τῷ Κυρίῳ. Καὶ προσέταξε Κύριος τῷ κήτει, καὶ ἐξέβαλε τὸν Ἰωνᾶν ἐπὶ τὴν ξηράν. Καὶ ἐγένετο λόγος Κυρίου πρὸς Ἰωνᾶν ἐκ δευτέρου λέγων· ἀνάστηθι καὶ πορεύθητι εἰς Νινευὴ τὴν πόλιν τὴν μεγάλην καὶ κήρυξον ἐν αὐτῇ κατὰ τὸ κήρυγμα τὸ ἔμπροσθεν, ὃ ἐγὼ ἐλάλησα πρός σε. Καὶ ἀνέστη Ἰωνᾶς καὶ ἐπορεύθη εἰς Νινευή, καθὰ ἐλάλησε Κύριος· ἡ δὲ Νινευὴ ἦν πόλις μεγάλη τῷ Θεῷ ὡσεὶ πορείας ὁδοῦ τριῶν ἡμερῶν. Καὶ ἤρξατο Ἰωνᾶς τοῦ εἰσελθεῖν εἰς τὴν πόλιν ὡσεὶ πορείαν ἡμέρας μιᾶς καὶ ἐκήρυξε καὶ εἶπεν· ἔτι τρεῖς ἡμέραι καὶ Νινευὴ καταστραφήσεται. Καὶ ἐπίστευσαν οἱ ἄνδρες Νινευὴ τῷ Θεῷ καὶ ἐκήρυξαν νηστείαν καὶ ἐνεδύσαντο σάκκους ἀπὸ μεγάλου αὐτῶν ἕως μικροῦ αὐτῶν. Καὶ ἤγγισεν ὁ λόγος πρὸς τὸν βασιλέα τῆς Νινευή, καὶ ἐξανέστη ἀπὸ τοῦ θρόνου

in my trouble: and he heard me; from the bowels of hell my cry; you heard my voice. You cast me into the depths of the heart of the sea: and rivers surrounded me. All your billows and your waves passed over me. And I said: I have been thrust from your eyes; shall I look again towards your holy temple. Water encompassed me, even to my soul: the final deep closed round me. My head went down to the clefts of the mountains. I descended into the earth, whose bars are eternal barriers. Let my life come up from corruption to you, O Lord my God. As my soul was departing from me I remembered the Lord; and let my prayer come to you, to your holy temple. Those who preserve vain and foolish things have forsaken their own Mercy. But I shall sacrifice to you with a voice of praise and confession; I will pay you. O Lord, whatever I have vowed, for my salvation. And the Lord ordered the whale; and it cast Jonas out upon the dry land. And the word of the Lord came to Jonas a second time, saying: Arise and journey to Nineve the great city, and preach in it in accordance with the previous word which I spoke to you. And Jonas arose and journeyed to Nineve, as the Lord had told him. Now Nineve was a great city to God, of about three days journey. And Jonas began to journey into the city, about one day's journey, and he preached and said: Still three days and Nineve will be overthrown. And the men of Nineve believed God and proclaimed a fast, and dressed in sackcloth from the greatest of them to the least. And the word reached

αὐτοῦ καὶ περιείλετο τὴν στολὴν αὐτοῦ ἀφ᾽ ἑαυτοῦ καὶ περιεβάλετο σάκκον καὶ ἐκάθισεν ἐπὶ σποδοῦ. Καὶ ἐκηρύχθη καὶ ἐρρέθη ἐν τῇ Νινευῇ παρὰ τοῦ βασιλέως καὶ παρὰ τῶν μεγιστάνων αὐτοῦ λέγων· οἱ ἄνθρωποι καὶ τὰ κτήνη καὶ οἱ βόες καὶ τὰ πρόβατα μὴ γευσάσθωσαν μηδὲ νεμέσθωσαν μηδὲ ὕδωρ πιέτωσαν. Καὶ περιεβάλλοντο σάκκους οἱ ἄνθρωποι καὶ τὰ κτήνη, καὶ ἀνεβόησαν πρὸς τὸν Θεὸν ἐκτενῶς· καὶ ἀπέστρεψαν ἕκαστος ἀπὸ τῆς ὁδοῦ αὐτῶν τῆς πονηρᾶς καὶ ἀπὸ τῆς ἀδικίας τῆς ἐν χερσὶν αὐτῶν λέγοντες· τίς οἶδεν εἰ μετανοήσει ὁ Θεὸς καὶ ἀποστρέψει ἐξ ὀργῆς θυμοῦ αὐτοῦ καὶ οὐ μὴ ἀπολώμεθα; Καὶ εἶδεν ὁ Θεὸς τὰ ἔργα αὐτῶν, ὅτι ἀπέστρεψαν ἀπὸ τῶν ὁδῶν αὐτῶν τῶν πονηρῶν, καὶ μετενόησεν ὁ Θεὸς ἐπὶ τῇ κακίᾳ, ᾗ ἐλάλησε τοῦ ποιῆσαι αὐτοῖς, καὶ οὐκ ἐποίησε. Καὶ ἐλυπήθη Ἰωνᾶς λύπην μεγάλην καὶ συνεχύθη, καὶ προσηύξατο πρὸς Κύριον καὶ εἶπεν· Ὦ Κύριε, οὐχ οὗτοι οἱ λόγοι μου ἔτι ὄντος μου ἐν τῇ γῇ μου; διὰ τοῦτο προέφθασα τοῦ φυγεῖν εἰς Θαρσίς, διότι ἔγνων ὅτι σὺ ἐλεήμων καὶ οἰκτίρμων, μακρόθυμος καὶ πολυέλεος καὶ μετανοῶν ἐπὶ ταῖς κακίαις. Καὶ νῦν, δέσποτα Κύριε, λάβε τὴν ψυχήν μου ἀπ᾽ ἐμοῦ, ὅτι καλὸν τὸ ἀποθανεῖν με μᾶλλον, ἢ ζῆν με. Καὶ εἶπε Κύριος πρὸς Ἰωνᾶν· εἰ σφόδρα λελύπησαι σύ; Καὶ ἐξῆλθεν Ἰωνᾶς ἐκ τῆς πόλεως καὶ ἐκάθισεν ἀπέναντι τῆς πόλεως· καὶ ἐποίησεν ἑαυτῷ ἐκεῖ σκηνὴν καὶ ἐκάθητο ὑποκάτω αὐτῆς, ἕως οὗ ἀπίδῃ τί ἔσται τῇ πόλει. Καὶ προσέταξε Κύριος ὁ Θεὸς κολοκύνθῃ, καὶ ἀνέβη ὑπὲρ κεφαλῆς τοῦ Ἰωνᾶ τοῦ εἶναι σκιὰν ὑπεράνω τῆς κεφαλῆς αὐτοῦ τοῦ σκιάζειν αὐτῷ ἀπὸ τῶν κακῶν αὐτοῦ. καὶ ἐχάρη Ἰωνᾶς ἐπὶ τῇ κολοκύνθῃ χαρὰν μεγάλην. Καὶ

the king of Nineve, and he rose from his throne, and took off his robe, and out on sackcloth, and sat on ashes. And there was a proclamation and a declaration in Nineve from the king and from his nobles, saying: Humans and beasts, oxen and sheep are not to eat, not to pasture and not to drink water. So humans and beasts put on sackcloth and cried out insistently to God; and they turned away each from their wicked way and from the injustice in their hands, saying: Who knows if God will repent and be entreated and turn back from the anger of his rage, and we may not perish? And God saw their works, that they had turned from their wicked ways, and God repented of the evil which he had said he would do to them, and he did not do it. And Jonas was very deeply grieved, and he was troubled, and he prayed to the Lord and said: Were not these my words when I was still in my land? Because of this I made haste to escape to Tharsis, because I knew that you are merciful, and pitying and long-suffering and full of mercy, and repent over evils. And now, Master, Lord, take my soul from me, for it is better for me to die than to live. And the Lord said to Jonas: Are you then so very grieved? And Jonas left the city, and sat down opposite the city, and made a tent for himself, and sat under it in the shade, until he should see what would happen to the city. And God gave orders to a gourd, and it came up over Jonas head, to be a shade for him above his head, to shade him from his troubles; and Jonas rejoiced with great joy at the gourd. And God gave orders

προσέταξεν ὁ Θεὸς σκώληκι ἑωθινῇ τῇ ἐπαύριον, καὶ ἐπάταξε τὴν κολοκύνθαν, καὶ ἀπεξηράνθη. Καὶ ἐγένετο ἅμα τῷ ἀνατεῖλαι τὸν ἥλιον καὶ προσέταξεν ὁ Θεὸς πνεύματι καύσωνι συγκαίοντι, καὶ ἐπάταξεν ὁ ἥλιος ἐπὶ τὴν κεφαλὴν τοῦ Ἰωνᾶ· καὶ ὠλιγοψύχησε καὶ ἐπελέγετο τὴν ψυχὴν αὐτοῦ καὶ εἶπε· καλόν μοι ἀποθανεῖν με ἢ ζῆν. Καὶ εἶπεν ὁ Θεὸς πρὸς Ἰωνᾶν· εἰ σφόδρα λελύπησαι σὺ ἐπὶ τῇ κολοκύνθῃ; καὶ εἶπε· σφόδρα λελύπημαι ἐγὼ ἕως θανάτου. Καὶ εἶπε Κύριος· σὺ ἐφείσω ὑπὲρ τῆς κολοκύνθης, ὑπὲρ ἧς οὐκ ἐκακοπάθησας ἐπ᾿ αὐτὴν οὐδὲ ἐξέθρεψας αὐτήν, ἢ ἐγενήθη ὑπὸ νύκτα καὶ ὑπὸ νύκτα ἀπώλετο. Ἐγὼ δὲ οὐ φείσομαι ὑπὲρ Νινευὴ τῆς πόλεως τῆς μεγάλης, ἐν ᾗ κατοικοῦσι πλείους ἢ δώδεκα μυριάδες ἀνθρώπων, οἵτινες οὐκ ἔγνωσαν δεξιὰν αὐτῶν ἢ ἀριστερὰν αὐτῶν, καὶ κτήνη πολλά;

Ὁ Ἀναγνώστης· Προφητείας Δανιὴλ τὸ Ἀνάγνωσμα.

Ὁ Διάκονος· Σοφία. Πρόσχωμεν.

(Γ΄, 1-23 καὶ Ὕμνου Τριῶν Παίδων 1-33)

Ἔτους ὀκτωκαιδεκάτου Ναβουχοδονόσορ ὁ βασιλεὺς ἐποίησεν εἰκόνα χρυσῆν, ὕψος αὐτῆς πήχεων ἑξήκοντα, εὖρος αὐτῆς πήχεων ἕξ, καὶ ἔστησεν αὐτὴν ἐν πεδίῳ Δεειρᾶ, ἐν χώρᾳ Βαβυλῶνος. Καὶ ἀπέστειλε συναγαγεῖν τοὺς ὑπάτους καὶ τοὺς στρατηγοὺς καὶ τοὺς τοπάρχας, ἡγουμένους τε καὶ τυράννους καὶ τοὺς ἐπ᾿ ἐξουσιῶν καὶ πάντας τοὺς ἄρχοντας τῶν χωρῶν ἐλθεῖν εἰς τὰ ἐγκαίνια τῆς εἰκόνος, ἣν ἔστησε Ναβουχοδονόσορ ὁ βασιλεύς. Καὶ συνήχθησαν οἱ τοπάρχαι, ὕπατοι, στρατηγοί, ἡγούμενοι, τύραννοι

to a worm at dawn on the morrow, and it smote the gourd and it withered up. And it came to pass that as soon as the sun had dawned that God gave orders to a burning east wind; and the sun beat down on Jonas' head; and he fainted and despaired of his soul, and said: It were better for me to die than live. And God said to Jonas: Are you then so very grieved over the gourd? And he said: I am very grieved, even to death. And the Lord said: You had pity for the gourd, for which you had suffered no evil, nor did you rear it; it came into being before night, and perished before night. And I, shall I not have pity for Nineve the great city, in which dwell more than one hundred and twenty thousand people, who do not know their right hand or their left, and many animals.

Reader: The Reading is from the Prophecy of Daniel.

Deacon: Wisdom. Let us be attentive.

(3:1-23, and the Hymn of the Three Children 1-33)

In the eighteenth year Nabuchodonosor made a golden image; its height was sixty cubits and its breadth was six cubits; and he set it up in the plain of Dera, in the country of Babylon. And he sent to gather all the governors and generals and magistrates and chiefs and princes, all those with authority, all the governors of countries to come to the dedication of the image. And they were gathered, the magistrates, governors, generals, chiefs, great princes, those with authority, all the governors of

μεγάλοι, οἱ ἐπ' ἐξουσιῶν καὶ πάντες οἱ ἄρχοντες τῶν χωρῶν εἰς τὸν ἐγκαινισμὸν τῆς εἰκόνος, ἣν ἔστησε Ναβουχοδονόσορ ὁ βασιλεύς, καὶ εἰστήκεισαν ἐνώπιον τῆς εἰκόνος. Καὶ ὁ κῆρυξ ἐβόα ἐν ἰσχύϊ· ὑμῖν λέγεται, λαοί, φυλαί, γλῶσσαι· ᾗ ἂν ὥρᾳ ἀκούσητε τῆς φωνῆς τῆς σάλπιγγος, σύριγγός τε καὶ κιθάρας, σαμβύκης τε καὶ ψαλτηρίου, συμφωνίας καὶ παντὸς γένους μουσικῶν, πίπτοντες προσκυνεῖτε τῇ εἰκόνι τῇ χρυσῇ, ᾗ ἔστησε Ναβουχοδονόσορ ὁ βασιλεύς· καὶ ὃς ἂν μὴ πεσὼν προσκυνήσῃ, αὐτῇ τῇ ὥρᾳ ἐμβληθήσεται εἰς τὴν κάμινον τοῦ πυρὸς τὴν καιομένην. Καὶ ἐγένετο ὅταν ἤκουον οἱ λαοὶ τῆς φωνῆς τῆς σάλπιγγος, σύριγγός τε καὶ κιθάρας, σαμβύκης τε καὶ ψαλτηρίου καὶ συμφωνίας καὶ παντὸς γένους μουσικῶν, πίπτοντες πάντες οἱ λαοί, φυλαί, γλῶσσαι, προσεκύνουν τῇ εἰκόνι τῇ χρυσῇ, ᾗ ἔστησε Ναβουχοδονόσορ ὁ βασιλεύς. Τότε προσῆλθοσαν ἄνδρες Χαλδαῖοι καὶ διέβαλον τοὺς Ἰουδαίους τῷ βασιλεῖ Ναβουχοδονόσορ· βασιλεῦ, εἰς τοὺς αἰῶνας ζῆθι. Σὺ βασιλεῦ, ἔθηκας δόγμα πάντα ἄνθρωπον, ὃς ἂν ἀκούσῃ τῆς φωνῆς τῆς σάλπιγγος, σύριγγός τε καὶ κιθάρας, σαμβύκης καὶ ψαλτηρίου καὶ συμφωνίας καὶ παντὸς γένους μουσικῶν καὶ μὴ πεσὼν προσκυνήσῃ τῇ εἰκόνι τῇ χρυσῇ, ἐμβληθήσεται εἰς τὴν κάμινον τοῦ πυρὸς τὴν καιομένην. Εἰσὶν ἄνδρες Ἰουδαῖοι, οὓς κατέστησας ἐπὶ τὰ ἔργα τῆς χώρας Βαβυλῶνος, Σεδράχ, Μισάχ, Ἀβδεναγώ, οἳ οὐχ ὑπήκουσαν, βασιλεῦ, τῷ δόγματί σου, τοῖς θεοῖς σου οὐ λατρεύουσι, καὶ τῇ εἰκόνι τῇ χρυσῇ, ᾗ ἔστησας, οὐ προσκυνοῦσι. Τότε Ναβουχοδονόσορ ἐν θυμῷ καὶ ὀργῇ εἶπεν ἀγαγεῖν τὸν Σεδράχ, Μισὰχ καὶ Ἀβδεναγώ, καὶ ἤχθησαν ἐνώπιον τοῦ βασιλέως.

countries for the dedication of the image which Nabuchodonosor the king had set up; and they stood before the image. And the herald cried loudly: To you it is ordered, peoples, tribes, languages, at what hour you shall hear the sound of trumpet, pipe, harp, sackbut, psaltery and every kind of music, you shall fall down and worship the golden image which Nabuchodonosor the king has set up. And any one who does not fall down and worship, at that hour shall be cast into the burning furnace of fire. And it came to pass that when the people heard the sound of trumpet, pipe, harp, sackbut, psaltery and every kind of music, all the peoples, tribes and languages fell down and worshipped the golden image which Nabuchodonosor had set up. Then certain Chaldean men approached and accused the Jews and they spoke and said to king Nabuchodonosor: O king, live for ever! You, O king, have given an order that everyone who hears the sound of trumpet, pipe, harp, sackbut, psaltery and every kind of music and does not fall down and worship the golden image, shall be cast into the burning furnace of fire. There are Jewish men, whom you have placed over the works of the country of Babylon, Sedrach, Misach and Abdenago, who have not obeyed your order, O king, and do not serve your gods and who do not worship the golden image which you have set up. Then in rage and anger Nabuchodonosor ordered Sedrach, Misach and Abdenago to be brought; and they were brought before the king; and Nabuchodonosor answered and

Καὶ ἀπεκρίθη Ναβουχοδονόσορ καὶ εἶπεν αὐτοῖς· εἰ ἀληθῶς Σεδράχ, Μισάχ, Ἀβδεναγώ, τοῖς θεοῖς μου οὐ λατρεύετε καὶ τῇ εἰκόνι τῇ χρυσῇ, ᾗ ἔστησα, οὐ προσκυνεῖτε; Νῦν οὖν εἰ ἔχετε ἑτοίμως, ἵνα ὡς ἂν ἀκούσητε τῆς φωνῆς τῆς σάλπιγγος, σύριγγός τε καὶ κιθάρας, σαμβύκης τε καὶ ψαλτηρίου καὶ συμφωνίας καὶ παντὸς γένους μουσικῶν, πεσόντες προσκυνήσητε τῇ εἰκόνι τῇ χρυσῇ, ᾗ ἐποίησα· ἐὰν δὲ μὴ προσκυνήσητε, αὐτῇ τῇ ὥρᾳ ἐμβληθήσεσθε εἰς τὴν κάμινον τοῦ πυρὸς τὴν καιομένην. καὶ τίς ἐστι Θεός, ὃς ἐξελεῖται ὑμᾶς ἐκ τῶν χειρῶν μου; Καὶ ἀπεκρίθησαν Σεδράχ, Μισάχ, Ἀβδεναγὼ λέγοντες τῷ βασιλεῖ Ναβουχοδονόσορ· οὐ χρείαν ἔχομεν ἡμεῖς περὶ τοῦ ῥήματος τούτου ἀποκριθῆναί σοι· ἔστι γὰρ Θεὸς ἡμῶν ἐν οὐρανοῖς, ᾧ ἡμεῖς λατρεύομεν, δυνατὸς ἐξελέσθαι ἡμᾶς ἐκ τῆς καμίνου τοῦ πυρὸς τῆς καιομένης, καὶ ἐκ τῶν χειρῶν σου, βασιλεῦ, ῥύσεται ἡμᾶς· καὶ ἐὰν μή, γνωστὸν ἔστω σοι, βασιλεῦ, ὅτι τοῖς θεοῖς σου οὐ λατρεύομεν καὶ τῇ εἰκόνι, ᾗ ἔστησας, οὐ προσκυνοῦμεν. Τότε Ναβουχοδονόσορ ἐπλήσθη θυμοῦ, καὶ ἡ ὄψις τοῦ προσώπου αὐτοῦ ἠλλοιώθη ἐπὶ Σεδράχ, Μισὰχ καὶ Ἀβδεναγώ, καὶ εἶπεν ἐκκαῦσαι τὴν κάμινον ἑπταπλασίως, ἕως οὗ εἰς τέλος ἐκκαῇ· καὶ ἄνδρας ἰσχυροὺς ἰσχύϊ εἶπε πεδήσαντας τὸν Σεδράχ, Μισὰχ καὶ Ἀβδεναγὼ ἐμβαλεῖν εἰς τὴν κάμινον τοῦ πυρὸς τὴν καιομένην. Τότε οἱ ἄνδρες ἐκεῖνοι ἐπεδήθησαν σὺν τοῖς σαραβάροις αὐτῶν καὶ τιάραις καὶ περικνημίσι καὶ ἐβλήθησαν εἰς τὸ μέσον τῆς καμίνου τοῦ πυρὸς τῆς καιομένης, ἐπεὶ τὸ ῥῆμα τοῦ βασιλέως ὑπερίσχυσε καὶ ἡ κάμινος ἐξεκαύθη ἐκ περισσοῦ. Καὶ οἱ τρεῖς οὗτοι, Σεδράχ, Μισὰχ καὶ Ἀβδεναγώ, ἔπεσον εἰς μέσον

said to them: Is it true, Sedrach, Misach and Abdenago that you do not serve my gods, and do not worship the golden image that I have set up? Now therefore, when you hear the sound of trumpet, pipe, harp, sackbut, psaltery and every kind of music, you are to fall down and worship the golden image that I have set up; and if you do not worship, in that hour you will be cast into the burning furnace of fire. And who is the god that will rescue you from my hands? Sedrach, Misach and Abdenago answered king Nabuchodonosor: We have no need to answer you over this matter; for our God, whom we serve, is in heaven, able to rescue us from the burning furnace of fire and he will from your hands, O king, because we will not serve your gods and we will not worship the golden image that you have set up. Then Nabuchodonosor was filled with rage, and his countenance was changed towards Sedrach, Misach and Abdenago, and he ordered the furnace to be heated sevenfold, so that it should burn to the uttermost; and he ordered his strongest men to fetter Sedrach, Misach and Abdenago and to cast them into the burning furnace of fire. Then the man bound then with their coats, caps, leggings and other clothing and they were cast into the middle of the burning fiery furnace, since the word of the king was pressing; and the furnace was heated exceedingly, sevenfold. And these three, Sedrach, Misach and Abdenago, fell bound into the midst of the burning furnace of fire, and they walked in the middle of the flame, praising god and blessing the

τῆς καμίνου τοῦ πυρὸς τῆς καιομένης πεπεδημένοι. καὶ περιεπάτουν ἐν μέσῳ τῆς φλογὸς ὑμνοῦντες τὸν Θεὸν καὶ εὐλογοῦντες τὸν Κύριον. Καὶ συστὰς ᾿Αζαρίας προσηύξατο οὕτως καὶ ἀνοίξας τὸ στόμα αὐτοῦ ἐν μέσῳ τοῦ πυρὸς εἶπεν· Εὐλογητὸς εἶ, Κύριε ὁ Θεὸς τῶν πατέρων ἡμῶν, καὶ αἰνετός, καὶ δεδοξασμένον τὸ ὄνομά σου εἰς τοὺς αἰῶνας, ὅτι δίκαιος εἶ ἐπὶ πᾶσιν, οἷς ἐποίησας ἡμῖν, καὶ πάντα τὰ ἔργα σου ἀληθινά, καὶ εὐθεῖαι αἱ ὁδοί σου, καὶ πᾶσαι αἱ κρίσεις σου ἀλήθεια, καὶ κρίματα ἀληθείας ἐποίησας κατὰ πάντα, ἃ ἐπήγαγες ἡμῖν καὶ ἐπὶ τὴν πόλιν τὴν ἁγίαν τὴν τῶν πατέρων ἡμῶν ῾Ιερουσαλήμ, ὅτι ἐν ἀληθείᾳ καὶ κρίσει ἐπήγαγες ταῦτα πάντα, διὰ τὰς ἁμαρτίας ἡμῶν. ῞Οτι ἡμάρτομεν καὶ ἠνομήσαμεν ἀποστῆναι ἀπὸ σοῦ καὶ ἐξημάρτομεν ἐν πᾶσι καὶ τῶν ἐντολῶν σου οὐκ ἠκούσαμεν, οὐδὲ συνετηρήσαμεν οὐδὲ ἐποιήσαμεν καθὼς ἐνετείλω ἡμῖν, ἵνα εὖ ἡμῖν γένηται. Καὶ πάντα, ὅσα ἐπήγαγες ἡμῖν καὶ πάντα ὅσα ἐποίησας ἡμῖν, ἐν ἀληθινῇ κρίσει ἐποίησας καὶ παρέδωκας ἡμᾶς εἰς χεῖρας ἐχθρῶν ἀνόμων, ἐχθίστων ἀποστατῶν, καὶ βασιλεῖ ἀδίκῳ καὶ πονηροτάτῳ παρὰ πᾶσαν τὴν γῆν. Καὶ νῦν οὐκ ἔστιν ἡμῖν ἀνοῖξαι τὸ στόμα· αἰσχύνη καὶ ὄνειδος ἐγενήθημεν τοῖς δούλοις σου καὶ τοῖς σεβομένοις σε. Μὴ δὴ παραδῴης ἡμᾶς εἰς τέλος διὰ τὸ ὄνομά σου καὶ μὴ διασκεδάσῃς τὴν διαθήκην σου καὶ μὴ ἀποστήσῃς τὸ ἔλεός σου ἀφ᾿ ἡμῶν διὰ ῾Αβραὰμ τὸν ἠγαπημένον ὑπὸ σοῦ καὶ διὰ ᾿Ισαὰκ τὸν δοῦλόν σου καὶ ᾿Ισραὴλ τὸν ἅγιόν σου, οἷς ἐλάλησας πληθῦναι τὸ σπέρμα αὐτῶν ὡς τὰ ἄστρα τοῦ οὐρανοῦ καὶ ὡς τὴν ἄμμον τὴν παρὰ τὸ χεῖλος τῆς θαλάσσης. ῞Οτι, δέσποτα, ἐσμικρύνθημεν παρὰ πάντα τὰ ἔθνη καί

Lord. And Azarias prayed thus; and opening his mouth in the middle of the fire he said: Blessed are you, O Lord, the God of our fathers: and praised and glorified is your name to the ages. For you are just in all that you have done for us. And all your works are true, and your ways are right, and all your judgements are true. And judgements of truth you have executed in all that you have brought upon us. And upon Jerusalem the holy city of our fathers. Because in truth you have brought all these things upon us, because of our sins. Because we have sinned and committed iniquity in departing from you, and we have sinned in all things, and we have not obeyed your commandments, nor kept them, nor have we done as you commanded us, that it might be well with us. And all that you have done to us, and all that you have brought upon us, you have done with true judgement; and you handed us over into the hands of our lawless foes, hateful rebels, and to an unjust king, the most wicked in all the earth. And now we cannot open our mouth; we have become a shame and disgrace to your servants, and to those who honour you. Do not hand us over for ever, for your holy name's sake, and do not annul your covenant, and do not withdraw your mercy from us, for the sake of Abraham your beloved, and Isaac your servant, and Israel your holy one. To whom you said that you would multiply their seed as the stars of heaven, and as the sand that is by the shore of the sea. Because, Master, we have become smaller than all the

ἐσμεν ταπεινοὶ ἐν πάσῃ τῇ γῇ σήμερον διὰ τὰς ἁμαρτίας ἡμῶν, καὶ οὐκ ἔστιν ἐν τῷ καιρῷ τούτῳ ἄρχων καὶ προφήτης καὶ ἡγούμενος, οὐδὲ ὁλοκαύτωσις οὐδὲ θυσία οὐδὲ προσφορὰ οὐδὲ θυμίαμα, οὐ τόπος τοῦ καρπῶσαι ἐνώπιόν σου καὶ εὑρεῖν ἔλεος· ἀλλ' ἐν ψυχῇ συντετριμμένῃ καὶ πνεύματι ταπεινώσεως προσδεχθείημεν ὡς ἐν ὁλοκαυτώμασι κριῶν καὶ ταύρων καὶ ὡς ἐν μυριάσιν ἀρνῶν πιόνων, οὕτως γενέσθω ἡ θυσία ἡμῶν ἐνώπιόν σου σήμερον καὶ ἐκτελέσαι ὄπισθέν σου, ὅτι οὐκ ἔσται αἰσχύνη τοῖς πεποιθόσιν ἐπὶ σέ. Καὶ νῦν ἐξακολουθοῦμεν ἐν ὅλῃ καρδίᾳ καὶ φοβούμεθά σε καὶ ζητοῦμεν τὸ πρόσωπόν σου, μὴ καταισχύνῃς ἡμᾶς, ἀλλὰ ποίησον μεθ' ἡμῶν κατὰ τὴν ἐπιείκειάν σου καὶ κατὰ τὸ πλῆθος τοῦ ἐλέους σου καὶ ἐξελοῦ ἡμᾶς κατὰ τὰ θαυμάσιά σου καὶ δὸς δόξαν τῷ ὀνόματί σου, Κύριε. καὶ ἐντραπείησαν πάντες οἱ ἐνδεικνύμενοι τοῖς δούλοις σου κακὰ καὶ καταισχυνθείησαν ἀπὸ πάσης δυναστείας, καὶ ἡ ἰσχὺς αὐτῶν συντριβείη· καὶ γνώτωσαν ὅτι σὺ εἶ Κύριος Θεὸς μόνος καὶ ἔνδοξος ἐφ' ὅλην τὴν οἰκουμένην. Καὶ οὐ διέλιπον οἱ ἐμβάλλοντες αὐτοὺς ὑπηρέται τοῦ βασιλέως καίοντες τὴν κάμινον νάφθαν καὶ πίσσαν καὶ στυππίον καὶ κληματίδα. Καὶ διεχεῖτο ἡ φλὸξ ἐπάνω τῆς καμίνου ἐπὶ πήχεις τεσσαρακονταεννέα. Καὶ διώδευσε καὶ ἐνεπύρισεν οὓς εὗρε περὶ τὴν κάμινον τῶν Χαλδαίων. Ὁ δὲ ἄγγελος Κυρίου συγκατέβη ἅμα τοῖς περὶ τὸν Ἀζαρίαν εἰς τὴν κάμινον καὶ ἐξετίναξε τὴν φλόγα τοῦ πυρὸς ἐκ τῆς καμίνου καὶ ἐποίησε τὸ μέσον τῆς καμίνου ὡς πνεῦμα δρόσου διασυρίζον, καὶ οὐχ ἥψατο αὐτῶν τὸ καθόλου τὸ πῦρ καὶ οὐκ ἐλύπησεν οὐδὲ παρηνώχλησεν αὐτοῖς. Τότε οἱ τρεῖς ὡς ἐξ ἑνὸς

nations, and we are humbled in all the earth to-day because of our sins. And at this moment there is neither prince, nor prophet nor leader; neither holocaust, nor sacrifice, not offering, nor incense; no place to make an offering before you and to find mercy. Yet with a contrite heart and with a spirit of humility may we be accepted, as though with holocausts of rams and bulls and tens of thousands of fat lambs, so may our sacrifice be acceptable before you to-day, and may it be perfected behind you; because there is no shame for those who trust in you. And now we are following you with our whole heart, and we fear you, and seek your face; do not put us to shame. But do with us according to your fairness, and according to the multitude of your mercy. Deliver us according to your wondrous works, and give glory to your name, O Lord. And let all who harm your servants be disgraced, and put to shame from all their power, and let their strength be smashed. And let them know that you Lord, alone are God, and glorious in the whole inhabited world. And the king's servants, who cast them in, did not cease stoking the furnace with naphtha, pitch, tow and brushwood. And the flame poured out above the furnace forty nine cubits; and it spread out and burnt up those of the Chaldeans it found around the furnace. But the Angel of the Lord came down into the furnace with Azarias and his companions, and shook the flame of the fire out of the furnace. And he made the midst of the furnace as though a moist wind were whistling through it; and

στόματος ὕμνουν καὶ ἐδόξαζον καὶ ηὐλόγουν τὸν Θεὸν ἐν τῇ καμίνῳ λέγοντες· Εὐλογητὸς εἶ, Κύριε ὁ Θεὸς τῶν πατέρων ἡμῶν, καὶ αἰνετὸς καὶ ὑπερυψούμενος εἰς τοὺς αἰῶνας, καὶ εὐλογημένον τὸ ὄνομα τῆς δόξης σου τὸ ἅγιον καὶ ὑπεραινετὸν καὶ ὑπερυψούμενον εἰς πάντας τοὺς αἰῶνας. εὐλογημένος εἶ ἐν τῷ ναῷ τῆς ἁγίας δόξης σου καὶ ὑπερύμνητος καὶ ὑπερένδοξος εἰς τοὺς αἰῶνας. Εὐλογημένος εἶ ὁ ἐπιβλέπων ἀβύσσους, καθήμενος ἐπὶ Χερουβὶμ καὶ αἰνετὸς καὶ ὑπερυψούμενος εἰς τοὺς αἰῶνας. Εὐλογημένος εἶ ἐπὶ θρόνου τῆς βασιλείας σου καὶ ὑπερύμνητος καὶ ὑπερυψούμενος εἰς τοὺς αἰῶνας. Εὐλογημένος εἶ ἐν τῷ στερεώματι τοῦ οὐρανοῦ, ὁ ὑπερύμνητος καὶ ὑπερυψούμενος εἰς τοὺς αἰῶνας.

the fire did not touch them at all, nor hurt them, nor trouble them. Then the Three as with one voice, hymned, blessed and glorified God in the furnace, saying: Blessed are you, O Lord, the God of our fathers: to be praised and exalted unto the ages. And blessed is your glorious, holy name: to be praised and exalted unto the ages. Blessed are you in the temple of your glory: to be praised and exalted unto the ages. Blessed are you who behold the deeps and sit upon the Cherubim: to be praised and exalted unto the ages. Blessed are you on the glorious throne of your kingdom: to be praised and exalted unto the ages. Blessed are you in the firmament of heaven: to be praised and exalted unto the ages.

Ἀνιστάμενοι δὲ ψάλλομεν εἰς ἦχον α´.

Then we stand and sing in Tone 1.

Τὸν Κύριον ὑμνεῖτε, καὶ ὑπερυψοῦτε εἰς πάντας τοὺς αἰῶνας.

Praise the Lord, and highly exalt him, unto the ages.

Εἶτα ὁ Κανονάρχης λέγει τοὺς στίχους τοῦ ὕμνου, μεθ᾽ ἕκαστον δὲ αὐτῶν ψάλλομεν· Τὸν Κύριον ὑμνεῖτε.

Then the Canonarch reads the following hymn, while we, after each verse sing the refrain: Praise the Lord *as above.*

Εὐλογεῖτε, πάντα τὰ ἔργα Κυρίου, τὸν Κύριον, ὑμνεῖτε καὶ ὑπερυψοῦτε αὐτὸν εἰς τοὺς αἰῶνας.

Bless the Lord all you works of the Lord; praise, and highly exalt him to all the ages.

Τὸν Κύριον ὑμνεῖτε,
καὶ ὑπερυψοῦτε εἰς πάντας τοὺς αἰῶνας.

Praise the Lord,
and highly exalt him, unto the ages.

Εὐλογεῖτε, Ἄγγελοι Κυρίου, οὐρανοὶ Κυρίου, τὸν Κύριον.

Bless the Lord Angels of the Lord, heavens of the Lord;

Τὸν Κύριον ὑμνεῖτε,
καὶ ὑπερυψοῦτε εἰς πάντας τοὺς αἰῶνας.

Praise the Lord,
and highly exalt him, unto the ages.

Εὐλογεῖτε, ὕδατα πάντα τὰ ὑπεράνω τῶν οὐρανῶν, πᾶσαι αἱ Δυνάμεις Κυρίου, τὸν Κύριον.

Bless the Lord all you waters above the heavens, all you powers of the Lord;

Τὸν Κύριον ὑμνεῖτε,
καὶ ὑπερυψοῦτε εἰς πάντας τοὺς αἰῶνας.

Praise the Lord,
and highly exalt him, unto the ages.

Εὐλογεῖτε, ἥλιος καὶ σελήνη, ἄστρα τοῦ οὐρανοῦ, τὸν Κύριον.

Τὸν Κύριον ὑμνεῖτε,
καὶ ὑπερυψοῦτε εἰς πάντας τοὺς αἰῶνας.

Εὐλογεῖτε, φῶς καὶ σκότος, νύκτες καὶ ἡμέραι, τὸν Κύριον.

Τὸν Κύριον ὑμνεῖτε,
καὶ ὑπερυψοῦτε εἰς πάντας τοὺς αἰῶνας.

Εὐλογεῖτε, πᾶς ὄμβρος καὶ δρόσος, πάντα τὰ πνεύματα, τὸν Κύριον.

Τὸν Κύριον ὑμνεῖτε,
καὶ ὑπερυψοῦτε εἰς πάντας τοὺς αἰῶνας.

Εὐλογεῖτε, πῦρ καὶ καῦμα, ψῦχος καὶ καύσων, τὸν Κύριον.

Τὸν Κύριον ὑμνεῖτε,
καὶ ὑπερυψοῦτε εἰς πάντας τοὺς αἰῶνας.

Εὐλογεῖτε δρόσοι καὶ νιφετοί, πάγοι καὶ ψῦχος, τὸν Κύριον.

Τὸν Κύριον ὑμνεῖτε,
καὶ ὑπερυψοῦτε εἰς πάντας τοὺς αἰῶνας.

Εὐλογεῖτε, πάχναι καὶ χιόνες, ἀστραπαὶ καὶ νεφέλαι τὸν Κύριον.

Τὸν Κύριον ὑμνεῖτε,
καὶ ὑπερυψοῦτε εἰς πάντας τοὺς αἰῶνας.

Εὐλογεῖτε, γῆ, ὄρη καὶ βουνοί, καὶ πάντα τὰ φυόμενα ἐν αὐτῇ, τὸν Κύριον.

Τὸν Κύριον ὑμνεῖτε,
καὶ ὑπερυψοῦτε εἰς πάντας τοὺς αἰῶνας.

Εὐλογεῖτε, πηγαί, θάλασσα, καὶ ποταμοί, κήτη, καὶ πάντα τὰ κινούμενα ἐν τοῖς ὕδασι, τὸν Κύριον.

Τὸν Κύριον ὑμνεῖτε,
καὶ ὑπερυψοῦτε εἰς πάντας τοὺς αἰῶνας.

Εὐλογεῖτε, πάντα τὰ πετεινὰ τοῦ οὐρανοῦ, τὰ θηρία καὶ πάντα τὰ κτήνη, τὸν Κύριον.

Bless the Lord sun and moon, stars of heaven;

Praise the Lord,
and highly exalt him, unto the ages.

Bless the Lord, every shower and dew, all the winds;

Praise the Lord,
and highly exalt him, unto the ages.

Bless the Lord fire and warmth, cold and heat;

Praise the Lord,
and highly exalt him, unto the ages.

Bless the Lord dews and snows, ice and cold;

Praise the Lord,
and highly exalt him, unto the ages.

Bless the Lord frosts and snows, lightnings and clouds;

Praise the Lord,
and highly exalt him, unto the ages.

Bless the Lord light and dark, nights and days;

Praise the Lord,
and highly exalt him, unto the ages.

Bless the Lord earth, mountains and hills, and all that grow in it;

Praise the Lord,
and highly exalt him, unto the ages.

Bless the Lord springs, seas and rivers, whales and all that move in the waters;

Praise the Lord,
and highly exalt him, unto the ages.

Bless the Lord all you birds of the air, beasts and cattle;

Τὸν Κύριον ὑμνεῖτε, καὶ ὑπερυψοῦτε εἰς πάντας τοὺς αἰῶνας.	*Praise the Lord,* *and highly exalt him, unto the ages.*

Εὐλογεῖτε, υἱοὶ τῶν ἀνθρώπων, εὐλογείτω Ἰσραὴλ τὸν Κύριον.

Bless the Lord you sons of men. Let Israel bless the Lord;

Τὸν Κύριον ὑμνεῖτε, καὶ ὑπερυψοῦτε εἰς πάντας τοὺς αἰῶνας.	*Praise the Lord,* *and highly exalt him, unto the ages.*

Εὐλογεῖτε, Ἱερεῖς Κυρίου, δοῦλοι Κυρίου, τὸν Κύριον.

Bless the Lord priests of the Lord, servants of the Lord;

Τὸν Κύριον ὑμνεῖτε, καὶ ὑπερυψοῦτε εἰς πάντας τοὺς αἰῶνας.	*Praise the Lord,* *and highly exalt him, unto the ages.*

Εὐλογεῖτε, πνεύματα καὶ ψυχαὶ Δικαίων, ὅσιοι καὶ ταπεινοὶ τῇ καρδίᾳ, τὸν Κύριον.

Bless the Lord spirits and souls of the just, holy and humble of heart;

Τὸν Κύριον ὑμνεῖτε, καὶ ὑπερυψοῦτε εἰς πάντας τοὺς αἰῶνας.	*Praise the Lord,* *and highly exalt him, unto the ages.*

Εὐλογεῖτε, Ἀνανία, Ἀζαρία, καὶ Μισαὴλ, τὸν Κύριον.

Bless the Lord Ananias, Azarias and Misael;

Τὸν Κύριον ὑμνεῖτε, καὶ ὑπερυψοῦτε εἰς πάντας τοὺς αἰῶνας.	*Praise the Lord,* *and highly exalt him, unto the ages.*

Εὐλογεῖτε, Ἀπόστολοι, Προφῆται, καὶ Μάρτυρες Κυρίου, τὸν Κύριον.

Bless the Lord Apostles, Prophets and Martyrs of the Lord;

Τὸν Κύριον ὑμνεῖτε, καὶ ὑπερυψοῦτε εἰς πάντας τοὺς αἰῶνας.	*Praise the Lord,* *and highly exalt him, unto the ages.*

Εὐλογοῦμεν Πατέρα Υἱόν, καὶ Ἅγιον Πνεῦμα τὸν Κύριον.

We bless the Lord, Father, Son and Holy Spirit,

Τὸν Κύριον ὑμνεῖτε, καὶ ὑπερυψοῦτε εἰς πάντας τοὺς αἰῶνας.	*Praise the Lord,* *and highly exalt him, unto the ages.*

Αἰνοῦμεν, εὐλογοῦμεν, καὶ προσκυνοῦμεν τὸν Κύριον.

We praise, we bless and we worship the Lord.

Τὸν Κύριον ὑμνεῖτε, καὶ ὑπερυψοῦτε εἰς πάντας τοὺς αἰῶνας.	*Praise the Lord,* *and highly exalt him, unto the ages.*

Τὸν Κύριον ὑμνοῦμεν, καὶ δοξολογοῦμεν εἰς πάντας τοὺς αἰῶνας.

We praise, bless and worship the Lord, praising and highly exalting him unto the ages.

Τὸν Κύριον ὑμνεῖτε, καὶ ὑπερυψοῦτε εἰς πάντας τοὺς αἰῶνας.	*Praise the Lord,* *and highly exalt him, unto the ages.*

Ὁ Διάκονος· Τοῦ Κυρίου δεηθῶμεν.

Ὁ χορὸς· Κύριε ἐλέησον.

Ὁ Ἱερεύς· Ὅτι ἅγιος εἶ ὁ Θεὸς ἡμῶν καὶ σοὶ τὴν δόξαν ἀναπέμπομεν, τῷ Πατρὶ καὶ τῷ Υἱῷ καὶ τῷ Ἁγίῳ Πνεύματι, νῦν καὶ ἀεί…

Ὁ Διάκονος· …καὶ εἰς τοὺς αἰῶνας τῶν αἰώνων.

Ὁ Χορός· Ἀμήν.

Ψαλλομένου δέ τοῦ Τρισαγίου ὑπὸ τῶν Χορῶν, ὁ Ἱερεὺς ἔμπροσθεν τῆς ἁγίας Τραπέζης, λέγει μυστικῶς τὴν εὐχὴν τοῦ Τρισαγίου.

ΕΥΧΗ ΤΟΥ ΤΡΙΣΑΓΙΟΥ ΥΜΝΟΥ

Ὁ Θεὸς ὁ ἅγιος, ὁ ἐν ἁγίοις ἀναπαυόμενος, ὁ τρισαγίῳ φωνῇ ὑπὸ τῶν Σεραφεὶμ ἀνυμνούμενος καὶ ὑπὸ τῶν Χερουβεὶμ δοξολογούμενος καὶ ὑπὸ πάσης ἐπουρανίου δυνάμεως προσκυνούμενος, ὁ ἐκ τοῦ μὴ ὄντος εἰς τὸ εἶναι παραγαγὼν τὰ σύμπαντα· ὁ κτίσας τὸν ἄνθρωπον κατ' εἰκόνα σὴν καὶ ὁμοίωσιν καὶ παντί σου χαρίσματι κατακοσμήσας· ὁ διδοὺς αἰτοῦντι σοφίαν καὶ σύνεσιν καὶ μὴ παρορῶν ἁμαρτάνοντα, ἀλλὰ θέμενος ἐπὶ σωτηρίᾳ μετάνοιαν· ὁ καταξιώσας ἡμᾶς τοὺς ταπεινοὺς καὶ ἀναξίους δούλους σου καὶ ἐν τῇ ὥρᾳ ταύτῃ στῆναι κατενώπιον τῆς δόξης τοῦ ἁγίου σου θυσιαστηρίου καὶ τὴν ὀφειλομένην σοι προσκύνησιν καὶ δοξολογίαν προσάγειν· Αὐτός, Δέσποτα, πρόσδεξαι καὶ ἐκ στόματος ἡμῶν τῶν ἁμαρτωλῶν τὸν τρισάγιον ὕμνον καὶ ἐπίσκεψαι ἡμᾶς ἐν τῇ χρηστότητί σου. Συγχώρησον ἡμῖν πᾶν πλημμέλημα ἑκούσιόν τε καὶ ἀκούσιον· ἁγίασον ἡμῶν τὰς ψυχὰς καὶ τὰ σώματα· καὶ δὸς ἡμῖν ἐν ὁσιότητι λατρεύειν σοι πάσας τὰς ἡμέρας τῆς ζωῆς

Deacon: Let us pray to the Lord.

Choir: Lord, have mercy.

Priest: For You are holy, our God, and to You we give glory, to the Father and the Son and the Holy Spirit, both now and ever…

Deacon: …and to the ages of ages.

Choir: Amen.

During the singing of the Trisagion Hymn by the Chanters, the Priest, standing in front of the Holy Table, says the prayer of the Trisagion silently:

PRAYER OF THE TRISAGION HYMN

Holy God, at rest in the holy place, hymned by the Seraphim with the thrice-holy song, glorified by the Cherubim and worshipped by every heavenly Power, out of non-existence you brought the universe into being and created male and female according to your image and likeness, adorning them with every gift of your grace. You give wisdom and understanding to those who ask, and you do not reject the sinner, but for our salvation you have established repentance. You have counted us, your humble and unworthy servants, worthy to stand at this time before the glory of your holy altar, and to offer you due worship and praise. Accept, Master, the thrice-holy hymn even from the mouth of us sinners, and visit us in your goodness. Pardon us every offence, voluntary and involuntary; sanctify our souls and bodies, and grant that we may worship you in holiness all the days of our life; at the prayers of the holy Theo-

ἡμῶν· πρεσβείαις τῆς ἁγίας Θεοτόκου καὶ πάντων τῶν ἁγίων, τῶν ἀπ' αἰῶνός σοι εὐαρεστησάντων.

Ὁ Χορός· Ὅσοι εἰς Χριστὸν ἐβαπτίσθητε, Χριστὸν ἐνεδύσασθε. Ἀλληλούια. (γ')

Δόξα Πατρί, καὶ Υἱῷ, καὶ Ἁγίῳ Πνεύματι, καὶ νῦν καὶ ἀεί, καὶ εἰς τοὺς αἰῶνας τῶν αἰώνων. Ἀμήν.

Χριστὸν ἐνεδύσασθε. Ἀλληλούϊα.

Ὁ διάκονος πρὸς τὸν λαόν·

Δύναμις.

Ὁ Χορός· Ὅσοι εἰς Χριστὸν ἐβαπτίσθητε, Χριστὸν ἐνεδύσασθε. Ἀλληλούϊα.

Εἶτα λέγει ὁ διάκονος πρὸς τὸν Ἱερέα·

Κέλευσον, Δέσποτα.

Ὁ Ἱερεὺς στρέφεται πρός τὴν ἁγίαν Πρόθεσιν λέγων·

Εὐλογημένος ὁ ἐρχόμενος ἐν ὀνόματι Κυρίου.

Ὁ Διάκονος· Εὐλόγησον, Δέσποτα, τὴν ἄνω καθέδραν.

Ὁ Ἱερεὺς εὐλογῶν πρὸς ἀνατολάς·

Εὐλογημένος εἶ, ὁ ἐπὶ θρόνου δόξης τῆς βασιλείας σου, ὁ καθήμενος ἐπὶ τῶν Χερουβείμ, πάντοτε· νῦν καὶ ἀεὶ καὶ εἰς τοὺς αἰῶνας τῶν αἰώνων. Ἀμήν.

ΤΑ ΑΝΑΓΝΩΣΜΑΤΑ

Μετὰ τὴν συμπλήρωσιν τοῦ Τρισαγίου ὁ διάκονος ἐλθὼν ἐν τῷ μέσῳ τοῦ ναοῦ.

Ὁ Διάκονος· Πρόσχωμεν.

Ὁ Ἀναγνώστης· Οἱ ἄρχοντες συνήχθησαν ἐπὶ τὸ αὐτὸ κατὰ τοῦ Κυρίου καὶ κατὰ τοῦ Χριστοῦ αὐτοῦ.

tokos and of all the Saints who have been well-pleasing to you in every age.

Choir: As many of you as have been baptized into Christ, have put on Christ. Alleluia! *(x3)*

Glory to the Father and the Son and the Holy Spirit, both now and ever and to the ages of ages. Amen.

Have put on Christ. Alleluia.

Deacon, to the people:

With strength.

Choir: As many of you as have been baptized into Christ, have put on Christ. Alleluia!

Then the Deacon says to the Priest:

Give the Command, Master.

The Priest, turning towards the Holy Prothesis says:

Blessed is He who comes in the name of the Lord.

Deacon: Bless, Master, the throne on High.

The Priest blessing towards the East:

Blessed are you on the throne of glory of your Kingdom, who are seated upon the Cherubim, always, now and for ever, and to the ages of ages.

THE READINGS

After the completion of the Trisagion the Deacon comes to the center of the Temple.

Deacon: Let us be attentive.

Reader: The rulers were gathered together against the Lord and against his Christ.

Στίχ. Ἵνα τί ἐφρύαξαν ἔθνη, καὶ λαοὶ ἐμελέτησαν κενά;

Ὁ Διάκονος· Σοφία.

Ὁ Ἀναγνώστης· Πρὸς Ῥωμαίους ἐπιστολῆς Παύλου τὸ Ἀνάγνωσμα.

Ὁ Διάκονος· Πρόσχωμεν.

(ια΄, 23-32)

Ἀδελφοί, ὅσοι εἰς Χριστὸν ἐβαπτίσθημεν, εἰς τὸν θάνατον αὐτοῦ ἐβαπτίσθημεν. Συνετάφημεν οὖν αὐτῷ διὰ τοῦ βαπτίσματος εἰς τὸν θάνατον, ἵνα, ὥσπερ ἠγέρθη Χριστὸς ἐκ νεκρῶν διὰ τῆς δόξης τοῦ Πατρός, οὕτω καὶ ἡμεῖς ἐν καινότητι ζωῆς περιπατήσωμεν. Εἰ γὰρ σύμφυτοι γεγόναμεν τῷ ὁμοιώματι τοῦ θανάτου αὐτοῦ, ἀλλὰ καὶ τῆς ἀναστάσεως ἐσόμεθα, τοῦτο γινώσκοντες, ὅτι ὁ παλαιὸς ἡμῶν ἄνθρωπος συνεσταυρώθη, ἵνα καταργηθῇ τὸ σῶμα τῆς ἁμαρτίας, τοῦ μηκέτι δουλεύειν ἡμᾶς τῇ ἁμαρτίᾳ. Ὁ γὰρ ἀποθανὼν δεδικαίωται ἀπὸ τῆς ἁμαρτίας. Εἰ δὲ ἀπεθάνομεν σὺν Χριστῷ, πιστεύομεν ὅτι καὶ συζήσομεν αὐτῷ, εἰδότες, ὅτι Χριστὸς ἐγερθεὶς ἐκ νεκρῶν, οὐκέτι ἀποθνήσκει, θάνατος αὐτοῦ οὐκέτι κυριεύει. Ὁ γὰρ ἀπέθανε τῇ ἁμαρτίᾳ, ἀπέθανεν ἐφάπαξ, ὃ δὲ ζῇ, ζῇ τῷ Θεῷ. Οὕτω καὶ ὑμεῖς λογίζεσθε ἑαυτούς, νεκροὺς μὲν εἶναι τῇ ἁμαρτίᾳ, ζῶντας δὲ τῷ Θεῷ, ἐν Χριστῷ Ἰησοῦ τῷ Κυρίῳ ἡμῶν.

Μετὰ δὲ τὴν ἀνάγνωσιν τοῦ Ἀποστόλου, ὁ Ἱερεὺς εὐλογεῖ αὐτὸν λέγων·

Εἰρήνη σοι.

Verse: Why did the nations rage, and the peoples meditate vain things?

Deacon: Wisdom.

Reader: The Reading is from the Epistle of Paul to the Romans.

Deacon: Let us be attentive.

(11:23-32)

Brethren, all who have been baptized into Christ Jesus were baptized into His death. We were buried therefore with Him by baptism into death, so that as Christ was raised from the dead by the glory of the Father, we too might walk in newness of life. For if we have been united with Him in a death like His, we shall certainly be united with Him in a resurrection like His. We know that our old self was crucified with Him so that the sinful body might be destroyed, and we might no longer be enslaved to sin. For he who has died is freed from sin. But if we have died with Christ, we believe that we shall also live with Him. For we know that Christ being raised from the dead will never die again; death no longer has dominion over Him. The death He died He died to sin, once for all, but the life He lives He lives to God. So you also must consider yourselves dead to sin and alive to God in Christ Jesus our Lord.

After the reading of the Epistle, the Priest blesses the Reader saying:

Peace be to you.

Καὶ εὐθὺς ἀντὶ τοῦ Ἀλληλούϊα ψάλλει ὁ ἱερεὺς τὸν κατωτέρω στίχον σκορπίζων δάφνας καθ' ὅλον τὸν ναόν.

Ἦχος βαρύς.

Ἀνάστα, ὁ Θεός, κρῖνον τὴν γῆν, ὅτι σὺ κατακληρονομήσεις ἐν πᾶσι τοῖς ἔθνεσι.

Στίχ. Ὁ Θεὸς ἔστη ἐν συναγωγῇ Θεῶν, ἐν μέσῳ δὲ θεοὺς διακρινεῖ.

Ἀνάστα, ὁ Θεός, κρῖνον τὴν γῆν, ὅτι σὺ κατακληρονομήσεις ἐν πᾶσι τοῖς ἔθνεσι.

Στίχ. Ἕως πότε κρίνετε ἀδικίαν, καὶ πρόσωπα ἁμαρτωλῶν λαμβάνετε;

Ἀνάστα, ὁ Θεός, κρῖνον τὴν γῆν, ὅτι σὺ κατακληρονομήσεις ἐν πᾶσι τοῖς ἔθνεσι.

Στίχ. Κρίνατε ὀρφανῷ καὶ πτωχῷ, ταπεινὸν καὶ πένητα δικαιώσατε.

Ἀνάστα, ὁ Θεός, κρῖνον τὴν γῆν, ὅτι σὺ κατακληρονομήσεις ἐν πᾶσι τοῖς ἔθνεσι.

Στίχ. Ἐξέλεσθε πένητα καὶ πτωχόν, ἐκ χειρὸς ἁμαρτωλοῦ ῥύσασθε αὐτόν.

Ἀνάστα, ὁ Θεός, κρῖνον τὴν γῆν, ὅτι σὺ κατακληρονομήσεις ἐν πᾶσι τοῖς ἔθνεσι.

Στίχ. Οὐκ ἔγνωσαν, οὐδὲ συνῆκαν, ἐν σκότει διαπορεύονται, σαλευθήτωσαν πάντα τὰ θεμέλια τῆς γῆς.

Ἀνάστα, ὁ Θεός, κρῖνον τὴν γῆν, ὅτι σὺ κατακληρονομήσεις ἐν πᾶσι τοῖς ἔθνεσι.

Στίχ. Ἐγὼ εἶπα, θεοί ἐστε, καὶ υἱοὶ Ὑψίστου πάντες, ὑμεῖς δὲ ὡς ἄνθρωποι ἀποθνήσκετε, καὶ ὡς εἷς τῶν ἀρχόντων πίπτετε.

Ἀνάστα, ὁ Θεός, κρῖνον τὴν γῆν, ὅτι σὺ κατακληρονομήσεις ἐν πᾶσι τοῖς ἔθνεσι.

And immediately, instead singing the Alleluia, the Priest sings the verses below while scattering bay leaves throughout the Temple.

Tone Varys.

Arise, O God, judge the earth; for you shall have an inheritance among the nations.

Verse. God stood in the assembly of gods; he will judge gods in the midst.

Arise, O God, judge the earth; for you shall have an inheritance among the nations.

Verse. How long will judge unjustly; and accept the persons of sinners?

Arise, O Gód, judge the earth; for you shall have an inheritance among the nations.

Verse. Judge for the orphan and the beggar; do justice to the humble and pauper.

Arise, O God, judge the earth; for you shall have an inheritance among the nations.

Verse. Rescue the poor and the beggar; deliver them from the hand of the sinner.

Arise, O God, judge the earth; for you shall have an inheritance among the nations.

Verse. They have not known, nor understood; they walk in darkness. Let all the foundations of the earth be shaken.

Arise, O God, judge the earth; for you shall have an inheritance among the nations.

Verse. I said: You are gods, and all children of the Most High; but you die like men, and fall like one of the rulers.

Arise, O God, judge the earth; for you shall have an inheritance among the nations.

Then the Priest says the prayer in a low voice.

PRAYER OF THE GOSPEL

Master, Lover of mankind, make the pure light of your divine knowledge shine in our hearts and open the eyes of our mind to understand the message of your Gospel. Implant in us the fear of your blessed commandments, so that, having trampled down all carnal desires, we may change to a spiritual way of life, thinking and doing all things that are pleasing to you. For you are the illumination of our souls and bodies, Christ God, and to you we give glory, together with your Father who is without beginning, and your all-holy, good and life-giving Spirit, now and for ever, and to the ages of ages. Amen.

After censing, the Deacon kneels before the Holy Table, saying quietly:

Master, bless the herald of the Good Tidings of the Holy Apostle and Evangelist Matthew.

The Priest seals him saying:

May God, through the prayers of the holy, glorious Apostle and Evangelist Matthew, grant you to proclaim the word with much power, for the fulfilling of the Gospel of his Beloved Son, our Lord Jesus Christ.

And he offers to him the H. Gospel. Then the Deacon, receives it saying:

Amen, Amen, Amen. Be it done unto me according to your word.

And he kisses the hand of the Priest and leaves to the Amvon.

Deacon: Wisdom. Arise, let us hear the Holy Gospel.

Ὁ Ἱερεύς· Εἰρήνη πᾶσι.

Ὁ Χορός· Καὶ τῷ πνεύματί σου.

Ὁ Διάκονος· Ἐκ τοῦ κατὰ Ματθαῖον ἁγίου Εὐαγγελίου τὸ ἀνάγνωσμα.

Ὁ Ἱερεύς· Πρόσχωμεν.

Ὁ Χορός· Δόξα σοι, Κύριε, δόξα σοι.

Ὁ Διάκονος·

(κη΄ 1 - 20)

Ὀψὲ Σαββάτων, τῇ ἐπιφωσκούσῃ εἰς μίαν σαββάτων, ἦλθεν Μαρία ἡ Μαγδαληνὴ καὶ ἡ ἄλλη Μαρία θεωρῆσαι τὸν τάφον. Καὶ ἰδοὺ σεισμὸς ἐγένετο μέγας· ἄγγελος γὰρ κυρίου καταβὰς ἐξ οὐρανοῦ καὶ προσελθὼν ἀπεκύλισεν τὸν λίθον καὶ ἐκάθητο ἐπάνω αὐτοῦ. Ἦν δὲ ἡ εἰδέα αὐτοῦ ὡς ἀστραπὴ καὶ τὸ ἔνδυμα αὐτοῦ λευκὸν ὡς χιών. Ἀπὸ δὲ τοῦ φόβου αὐτοῦ ἐσείσθησαν οἱ τηροῦντες καὶ ἐγενήθησαν ὡς νεκροί. Ἀποκριθεὶς δὲ ὁ ἄγγελος εἶπεν ταῖς γυναιξίν, Μὴ φοβεῖσθε ὑμεῖς, οἶδα γὰρ ὅτι Ἰησοῦν τὸν ἐσταυρωμένον ζητεῖτε· οὐκ ἔστιν ὧδε, ἠγέρθη γὰρ καθὼς εἶπεν· δεῦτε ἴδετε τὸν τόπον ὅπου ἔκειτο. Καὶ ταχὺ πορευθεῖσαι εἴπατε τοῖς μαθηταῖς αὐτοῦ ὅτι Ἠγέρθη ἀπὸ τῶν νεκρῶν, καὶ ἰδοὺ προάγει ὑμᾶς εἰς τὴν Γαλιλαίαν, ἐκεῖ αὐτὸν ὄψεσθε· ἰδοὺ εἶπον ὑμῖν. Καὶ ἀπελθοῦσαι ταχὺ ἀπὸ τοῦ μνημείου μετὰ φόβου καὶ χαρᾶς μεγάλης ἔδραμον ἀπαγγεῖλαι τοῖς μαθηταῖς αὐτοῦ. Καὶ ἰδοὺ Ἰησοῦς ὑπήντησεν αὐταῖς λέγων, Χαίρετε. αἱ δὲ προσελθοῦσαι ἐκράτησαν αὐτοῦ τοὺς πόδας καὶ προσεκύνησαν αὐτῷ. Τότε λέγει αὐταῖς ὁ Ἰησοῦς, Μὴ φοβεῖσθε· ὑπάγετε ἀπαγγείλατε τοῖς ἀδελφοῖς μου ἵνα ἀπέλθωσιν εἰς τὴν Γαλιλαίαν, κἀκεῖ

Priest: Peace be to all.

Choir: And to your spirit.

Deacon: The reading is according to the Holy Gospel of Matthew.

Priest: Let us be attentive.

Choir: Glory to You, Lord, glory to you.

Deacon:

(28:1-20)

After the sabbath, toward the dawn of the first day of the week, Mary Magdalene and the other Mary went to see the sepulcher. And behold, there was a great earthquake; for an angel of the Lord descended from heaven and came and rolled back the stone, and sat upon it. His appearance was like lightning, and his raiment white as snow. And for fear of him the guards trembled and became like dead men. But the angel said to the women, "Do not be afraid; for I know that you seek Jesus who was crucified. He is not here; for he has risen, as he said. Come, see the place where he lay. Then go quickly and tell his disciples that he has risen from the dead, and behold, he is going before you to Galilee; there you will see him. Lo, I have told you." So they departed quickly from the tomb with fear and great joy, and ran to tell his disciples. And behold, Jesus met them and said, "Hail! " And they came up and took hold of his feet and worshiped him. Then Jesus said to them, "Do not be afraid; go and tell my brethren to go to Galilee, and there they will see me." While they were go-

με ὄψονται. Πορευομένων δὲ αὐτῶν ἰδού τινες τῆς κουστωδίας ἐλθόντες εἰς τὴν πόλιν ἀπήγγειλαν τοῖς ἀρχιερεῦσιν ἅπαντα τὰ γενόμενα. Καὶ συναχθέντες μετὰ τῶν πρεσβυτέρων συμβούλιόν τε λαβόντες ἀργύρια ἱκανὰ ἔδωκαν τοῖς στρατιώταις λέγοντες, Εἴπατε ὅτι Οἱ μαθηταὶ αὐτοῦ νυκτὸς ἐλθόντες ἔκλεψαν αὐτὸν ἡμῶν κοιμωμένων. Καὶ ἐὰν ἀκουσθῇ τοῦτο ἐπὶ τοῦ ἡγεμόνος, ἡμεῖς πείσομεν αὐτὸν καὶ ὑμᾶς ἀμερίμνους ποιήσομεν. Οἱ δὲ λαβόντες τὰ ἀργύρια ἐποίησαν ὡς ἐδιδάχθησαν. Καὶ διεφημίσθη ὁ λόγος οὗτος παρὰ 'Ιουδαίοις μέχρι τῆς σήμερον [ἡμέρας]. Οἱ δὲ ἕνδεκα μαθηταὶ ἐπορεύθησαν εἰς τὴν Γαλιλαίαν εἰς τὸ ὄρος οὗ ἐτάξατο αὐτοῖς ὁ 'Ιησοῦς, καὶ ἰδόντες αὐτὸν προσεκύνησαν, οἱ δὲ ἐδίστασαν. Καὶ προσελθὼν ὁ 'Ιησοῦς ἐλάλησεν αὐτοῖς λέγων, Ἐδόθη μοι πᾶσα ἐξουσία ἐν οὐρανῷ καὶ ἐπὶ γῆς. Πορευθέντες οὖν μαθητεύσατε πάντα τὰ ἔθνη, βαπτίζοντες αὐτοὺς εἰς τὸ ὄνομα τοῦ πατρὸς καὶ τοῦ υἱοῦ καὶ τοῦ ἁγίου πνεύματος, διδάσκοντες αὐτοὺς τηρεῖν πάντα ὅσα ἐνετειλάμην ὑμῖν· καὶ ἰδοὺ ἐγὼ μεθ' ὑμῶν εἰμι πάσας τὰς ἡμέρας ἕως τῆς συντελείας τοῦ αἰῶνος. Ἀμήν.

Ὁ Ἱερεύς· Εἰρήνη σοι τῷ εὐαγγελιζομένῳ.

Ὁ Χορός· Δόξα σοι, Κύριε, δόξα σοι.

Ὁ Διάκονος λέγει τὴν μεγάλην ἐκτενῆ·

Ὁ Διάκονος· Εἴπωμεν πάντες ἐξ ὅλης τῆς ψυχῆς καὶ ἐξ ὅλης τῆς διανοίας ἡμῶν εἴπωμεν.

Ὁ Χορός· Κύριε, ἐλέησον.

ing, behold, some of the guard went into the city and told the chief priests all that had taken place. And when they had assembled with the elders and taken counsel, they gave a sum of money to the soldiers and said, "Tell people, 'His disciples came by night and stole him away while we were asleep.' And if this comes to the governor's ears, we will satisfy him and keep you out of trouble." So they took the money and did as they were directed; and this story has been spread among the Jews to this day. Now the eleven disciples went to Galilee, to the mountain to which Jesus had directed them. And when they saw him they worshiped him; but some doubted. And Jesus came and said to them, "All authority in heaven and on earth has been given to me. Go therefore and make disciples of all nations, baptizing them in the name of the Father and of the Son and of the Holy Spirit, teaching them to observe all that I have commanded you; and lo, I am with you always, to the close of the age. Amen."

Priest: Peace be to you, the herald of the Gospel.

Choir: Glory to You, Lord, glory to you.

The Deacon says the Great Ektenia:

Deacon: Let us all say, with all our soul and with all our mind, let us say.

Choir: Lord, have mercy.

Ὁ Διάκονος· Κύριε παντοκράτορ ὁ Θεὸς τῶν πατέρων ἡμῶν, δεόμεθά Σου, ἐπάκουσον καὶ ἐλέησον.

Ὁ Χορός· Κύριε, ἐλέησον.

Ὁ Διάκονος· Ἐλέησον ἡμᾶς ὁ Θεὸς κατὰ τὸ μέγα ἔλεός Σου, δεόμεθά Σου, ἐπάκουσον καὶ ἐλέησον.

Ὁ Χορός· Κύριε, ἐλέησον. *(γ′) (Καὶ μεθ' ἑκάστην δέησιν)*

Ὁ Διάκονος· Ἔτι δεόμεθα ὑπὲρ τοῦ Ἀρχιεπισκόπου ἡμῶν *(τοῦ δεῖνος)*.

Ἔτι δεόμεθα ὑπὲρ τῶν ἀδελφῶν ἡμῶν, τῶν ἱερέων, ἱερομονάχων, ἱεροδιακόνων καὶ μοναχῶν, καὶ πάσης τῆς ἐν Χριστῷ ἡμῶν ἀδελφότητος.

Ἔτι δεόμεθα ὑπὲρ ἐλέους, ζωῆς, εἰρήνης, ὑγείας, σωτηρίας, ἐπισκέψεως, συγχωρήσεως καὶ ἀφέσεως τῶν ἁμαρτιῶν τῶν δούλων τοῦ Θεοῦ, πάντων τῶν εὐσεβῶν καὶ ὀρθοδόξων χριστιανῶν, τῶν κατοικούντων καὶ παρεπιδημούντων ἐν τῇ πόλει ταύτῃ, τῶν ἐνοριτῶν, ἐπιτρόπων, συνδρομητῶν καὶ ἀφιερωτῶν τοῦ ἁγίου ναοῦ τούτου.

Ἔτι δεόμεθα ὑπὲρ τῶν μακαρίων καὶ ἀοιδίμων κτιτόρων τῆς ἁγίας Ἐκκλησίας ταύτης, καὶ ὑπὲρ πάντων τῶν προαναπαυσαμένων πατέρων καὶ ἀδελφῶν ἡμῶν, τῶν ἐνθάδε εὐσεβῶς, κειμένων, καὶ ἁπανταχοῦ ὀρθοδόξων.

Ἔτι δεόμεθα ὑπὲρ τῶν καρποφορούντων καὶ καλλιεργούντων ἐν τῷ ἁγίῳ καὶ πανσέπτῳ ναῷ τούτῳ, κοπιώντων, ψαλλόντων καὶ ὑπὲρ τοῦ περιεστῶτος λαοῦ, τοῦ ἀπεκδεχομένου τὸ παρὰ Σοῦ μέγα καὶ πλούσιον ἔλεος.

Deacon: Lord almighty, the God of our fathers, we pray you, hear and have mercy.

Choir: Lord, have mercy.

Deacon: Have mercy on us, O God, according to your great mercy, we pray you, hear and have mercy.

Choir: Lord, have mercy. *(x3) And so after the remaining petitions.*

Deacon: Also we pray for our Archbishop N.

Again we pray for our brothers and sisters, the priests, hieromonks, hierodeacons, all monastics and all of our brotherhood in Christ.

Also we pray for mercy, life, peace, health, salvation, visitation, forgiveness and remission of sins for the servants of God, all pious and Orthodox Christians, those who dwell in or visit this city and parish, the members of this parish, the parish council, those who give help and those who have dedicated gifts in this holy temple.

Also we pray for the blessed and ever-remembered founders of this holy church, and for all our brethren who have gone to their rest before us, and who lie asleep here in the true faith; and for the Orthodox everywhere.

Also we pray for those who strive and bring forth the fruit of good works in this holy and venerable temple, for those who serve, for those who sing, and for the people here present, who await your great and rich mercy.

Ὁ Ἱερεύς λέγει μυστικῶς τήν εὐχήν τῆς ἐκτενοῦς ἱκεσίας·

Κύριε ὁ Θεός ἡμῶν, τήν ἐκτενῆ ταύτην ἱκεσίαν πρόσδεξαι παρά τῶν σῶν δούλων, καί ἐλέησον ἡμᾶς κατά τό πλῆθος τοῦ ἐλέους σου· καί τούς οἰκτιρμούς σου κατάπεμψον ἐφ᾽ ἡμᾶς, καί ἐπί πάντα τόν λαόν σου, τόν ἀπεκδεχόμενον τό παρά σοῦ μέγα καί πλούσιον ἔλεος.

Ὁ Ἱερεὺς τὴν Ἐκφώνησιν·

Ὅτι ἐλεήμων καὶ φιλάνθρωπος Θεὸς ὑπάρχεις, καὶ σοὶ τὴν δόξαν ἀναπέμπομεν, τῷ Πατρὶ καὶ τῷ Υἱῷ καὶ τῷ Ἁγίῳ Πνεύματι, νῦν καὶ ἀεὶ καὶ εἰς τοὺς αἰῶνας τῶν αἰώνων.

Ὁ Χορός· Ἀμήν.

Τούτων λεγομένων ὁ Ἱερεύς, λαβὼν τὸ ἅγιον Εὐαγγέλιον καὶ ποιήσας μετ᾽ αὐτοῦ τύπον σταυροῦ ἐπὶ τοῦ ἀντιμηνσίου, τίθησι τοῦτο ἐν τῷ ἄνω μέρει τῆς ἁγίας Τραπέζης.

Καὶ ἐξαπλοῖ ὁ Ἱερεὺς τὸ εἰλητόν.

Η ΛΕΙΤΟΥΡΓΙΑ ΤΩΝ ΠΙΣΤΩΝ

Ὁ Διάκονος· Ἔτι ἐν εἰρήνῃ τοῦ Κυρίου δεηθῶμεν.

Ὁ Χορός· Κύριε, ἐλέησον.

Ὁ Διάκονος· Ἀντιλαβοῦ, σῶσον, ἐλέησον καὶ διαφύλαξον ἡμᾶς, ὁ Θεός, τῇ σῇ χάριτι.

Ὁ Χορός· Κύριε, ἐλέησον.

Ὁ Διάκονος· Σοφία.

Ὁ δὲ Ἱερεὺς λέγει τὴν μετὰ τὸ ἁπλωθῆναι τὸ εἰλητὸν α᾽ εὐχὴν τῶν πιστῶν·

Σύ Κύριε, κατέδειξας ἡμῖν τὸ μέγα τοῦτο τῆς σωτηρίας μυστήριον· σὺ κατηξίωσας ἡμᾶς τοὺς ταπεινοὺς καὶ

The Priest quietly says the prayer of the litany of supplication

Lord, our God, accept this fervent supplication from your servants, and have mercy on us according to the multitude of your mercy; and send down your pity on us and on all your people, who await your rich mercy.

The Priest Exclaims:

For you, O God, are merciful, and love mankind, and to you we give glory, to the Father, the Son and the Holy Spirit, now and for ever, and to the ages of ages.

Choir: Amen.

Saying these things, the Priest takes the Holy Gospel and makes the sign of the cross with it over the Antimension, and places it on the upper part of the Holy Table.

The Priest unfolds the Antimension on the Holy Table.

LITURGY OF THE FAITHFUL

Deacon: Again and again in peace, let us pray to the Lord.

Choir: Lord, have mercy.

Deacon: Take hold of us, save us, have mercy on us, and keep us, O God, by your grace.

Choir: Lord, have mercy.

Deacon: Wisdom.

Then the Priest says, after unfolding the eiliton, the 1st Prayer of the Faithful:

It is you, Lord, who have revealed to us this great mystery of salvation; who have made us, your humble and

ἀναξίους δούλους σου γενέσθαι λειτουργοὺς τοῦ ἁγίου σου θυσιαστηρίου· σὺ ἱκάνωσον ἡμᾶς τῇ δυνάμει τοῦ ἁγίου σου Πνεύματος εἰς τὴν διακονίαν ταύτην· ἵνα, ἀκατακρίτως στάντες ἐνώπιον τῆς ἁγίας δόξης σου, προσάγωμέν σοι θυσίαν αἰνέσεως· σὺ γὰρ εἶ ὁ ἐνεργῶν τὰ πάντα ἐν πᾶσι. Δός, Κύριε, καὶ ὑπὲρ τῶν ἡμετέρων ἁμαρτημάτων καὶ τῶν τοῦ λαοῦ ἀγνοημάτων δεκτὴν γενέσθαι τὴν θυσίαν ἡμῶν καὶ εὐπρόσδεκτον ἐνώπιόν σου.

Ὁ Ἱερεύς, ἐκφώνως·

Ὅτι πρέπει σοι πᾶσα δόξα, τιμὴ καὶ προσκύνησις τῷ Πατρὶ καὶ τῷ Υἱῷ καὶ τῷ Ἁγίῳ Πνεύματι, νῦν καὶ ἀεὶ καὶ εἰς τοὺς αἰῶνας τῶν αἰώνων.

Ὁ Χορός· Ἀμήν.

Ὁ Διάκονος· Ἔτι καὶ ἔτι ἐν εἰρήνῃ τοῦ Κυρίου δεηθῶμεν.

Ὁ Χορός· Κύριε, ἐλέησον.

Ὁ Διάκονος· Ἀντιλαβοῦ, σῶσον, ἐλέησον καὶ διαφύλαξον ἡμᾶς ὁ Θεὸς τῇ σῇ χάριτι.

Ὁ Χορός· Κύριε, ἐλέησον.

Ὁ Διάκονος· Σοφία.

Ὁ δὲ Ἱερεὺς λέγει τὴν μετὰ τὸ ἀπλωθῆναι τὸ εἰλητόν β΄ εὐχὴν τῶν πιστῶν·

Ὁ Θεός, ὁ ἐπισκεψάμενος ἐν ἐλέει καὶ οἰκτιρμοῖς τὴν ταπείνωσιν ἡμῶν· ὁ στήσας ἡμᾶς τοὺς ταπεινοὺς καὶ ἁμαρτωλοὺς καὶ ἀναξίους δούλους σου κατενώπιον τῆς ἁγίας δόξης σου λειτουργεῖν τῷ ἁγίῳ σου θυσιαστηρίῳ· σὺ ἐνίσχυσον ἡμᾶς τῇ δυνάμει τοῦ ἁγίου σου Πνεύματος εἰς τὴν διακονίαν ταύτην καὶ δὸς ἡμῖν λόγον ἐν ἀνοίξει τοῦ στόματος ἡμῶν εἰς

unworthy servants, worthy to be ministers of your holy altar; by the power of your Holy Spirit enable us for this service, so that, standing uncondemned in the presence of your holy glory, we may offer you a sacrifice of praise for it is you who effect all in all. Grant, Lord, that our sacrifice both for our sins and for those committed in ignorance by the people may be acceptable and well-pleasing before you.

The Priest, aloud:

For to you belong all glory, honor and worship, to the Father, and to the Son and to the Holy Spirit, now and for ever, and to the ages of ages.

Choir: Amen.

Deacon: Again and again in peace let us pray to the Lord.

Choir: Lord, have mercy.

Deacon: Take hold of us, save us, have mercy upon us, and protect us, O God, by Your grace.

Choir: Lord, have mercy.

Deacon: Wisdom.

Then the Priest says, after unfolding the eiliton, the 2nd Prayer of the Faithful:

O God, who with mercy and pity have visited our lowliness; who have placed us, your humble, sinful and unworthy servants, in the presence of your holy glory to minister at your holy altar; strengthen us for this service by the power of your Holy Spirit, and grant us a word, so that our mouths may be opened to invoke the grace of your Holy

τὸ ἐπικαλεῖσθαι τὴν χάριν τοῦ ἁγίου σου Πνεύματος ἐπὶ τῶν μελλόντων προτίθεσθαι δώρων.

Ἐκφώνως·

Ὅπως, ὑπὸ τοῦ κράτους Σου πάντοτε φυλαττόμενοι, Σοὶ δόξαν ἀναπέμπωμεν, τῷ Πατρὶ καὶ τῷ Υἱῷ καὶ τῷ Ἁγίῳ Πνεύματι, νῦν καὶ ἀεὶ καὶ εἰς τοὺς αἰῶνας τῶν αἰώνων.

Ὁ Χορός· Ἀμήν.

Καὶ ἄρχεται ψάλλων τὸν Χερουβικὸν ὕμνον.

Ἦχος πλ. α΄.

Σιγησάτω πᾶσα σὰρξ βροτεία, καὶ στήτω μετὰ φόβου καὶ τρόμου, καὶ μηδὲν γήϊνον ἐν ἑαυτῇ λογιζέσθω, ὁ γὰρ Βασιλεὺς τῶν βασιλευόντων, καὶ Κύριος τῶν κυριευόντων, προσέρχεται σφαγιασθῆναι, καὶ δοθῆναι εἰς βρῶσιν τοῖς πιστοῖς, προηγοῦνται δὲ τούτου, οἱ χοροὶ τῶν Ἀγγέλων, μετὰ πάσης ἀρχῆς καὶ ἐξουσίας...

Η ΕΙΣΟΔΟΣ ΤΩΝ ΤΙΜΙΩΝ ΔΩΡΩΝ

Τοῦ Χερουβικοῦ ψαλλομένου, Ὁ Ἱερεύς, κλίνας τὴν κεφαλήν, λέγει χαμηλοφώνως ἐνώπιον τῆς ἁγίας Τραπέζης τὴν εὐχὴν ταύτην.

Οὐδεὶς ἄξιος τῶν συνδεδεμένων ταῖς σαρκικαῖς ἐπιθυμίαις καὶ ἡδοναῖς προσέρχεσθαι ἢ προσεγγίζειν ἢ λειτουργεῖν Σοι, Βασιλεῦ τῆς δόξης· τὸ γὰρ διακονεῖν Σοι μέγα καὶ φοβερὸν καὶ αὐταῖς ταῖς ἐπουρανίοις Δυνάμεσιν. Ἀλλ' ὅμως, διὰ τὴν ἄφατον καὶ ἀμέτρητόν Σου φιλανθρωπίαν, ἀτρέπτως καὶ ἀναλλοιώτως γέγονας ἄνθρωπος, καὶ Ἀρχιερεὺς ἡμῶν ἐχρημάτισας, καὶ τῆς λειτουργικῆς ταύτης καὶ ἀναιμάκτου θυσίας τὴν ἱερουργίαν παρέδωκας ἡμῖν, ὡς Δεσπότης τῶν

Spirit on the gifts that are about to be set forth.

Aloud:

That being always guarded by your might, we may give glory to you, Father, Son and Holy Spirit, now and for ever, and to the ages of ages.

Choir: Amen.

The Cherubic Hymn begins to be chanted.

Tone Pl. 1.

Let all mortal flesh keep silence, and stand with fear and trembling, and take no thought for any earthly thing; for the King of kings and Lord of lords comes to be slain and given as food for the faithful. Before him go the choirs of Angels, with every Principality and Power...

THE ENTRANCE OF THE PRECIOUS GIFTS

While the Cherubic Hymn is being chanted, the Priest bows his head and says in a low voice, in front of the Holy Table, this prayer:

None of those who are entangled in carnal desires and pleasures is worthy to approach or draw near or minister to you, King of glory; for to serve you is great and awesome even for the heavenly powers. Yet on account of your inexpressible and boundless love for mankind you became man without change or alteration and were named our High Priest; and as Master of all you have committed to us the sacred ministry of this liturgical and unbloody

ἁπάντων. Σὺ γὰρ μόνος, Κύριος ὁ Θεὸς ἡμῶν, δεσπόζεις τῶν ἐπουρανίων καὶ τῶν ἐπιγείων, ὁ ἐπὶ θρόνου χερουβικοῦ ἐποχούμενος, ὁ τῶν Σεραφεὶμ Κύριος καὶ Βασιλεὺς τοῦ Ἰσραήλ, ὁ μόνος Ἅγιος καὶ ἐν ἁγίοις ἀναπαυόμενος. Σὲ τοίνυν δυσωπῶ, τὸν μόνον ἀγαθὸν καὶ εὐήκοον. Ἐπίβλεψον ἐπ' ἐμὲ τὸν ἁμαρτωλὸν καὶ ἀχρεῖον δοῦλόν Σου, καὶ καθάρισόν μου τὴν ψυχὴν καὶ τὴν καρδίαν ἀπὸ συνειδήσεως πονηρᾶς, καὶ ἱκάνωσόν με τῇ δυνάμει τοῦ Ἁγίου Σου Πνεύματος, ἐνδεδυμένον τὴν τῆς Ἱερατείας χάριν, παραστῆναι τῇ ἁγίᾳ Σου ταύτῃ τραπέζῃ καὶ ἱερουργῆσαι τὸ ἅγιον καὶ ἄχραντόν Σου Σῶμα καὶ τὸ τίμιον Αἷμα. Σοὶ γὰρ προσέρχομαι, κλίνας τὸν ἐμαυτοῦ αὐχένα, καὶ δέομαί Σου. Μὴ ἀποστρέψῃς τὸ πρόσωπόν Σου ἀπ' ἐμοῦ, μηδὲ ἀποδοκιμάσῃς με ἐκ παίδων Σου· ἀλλ' ἀξίωσον προσενεχθῆναί Σοι ὑπ' ἐμοῦ τοῦ ἁμαρτωλοῦ καὶ ἀναξίου δούλου Σου τὰ δῶρα ταῦτα. Σὺ γὰρ εἶ ὁ προσφέρων καὶ προσφερόμενος καὶ προσδεχόμενος καὶ διαδιδόμενος, Χριστὲ ὁ Θεὸς ἡμῶν, καὶ Σοὶ τὴν δόξαν ἀναπέμπομεν, σὺν τῷ ἀνάρχῳ Σου Πατρὶ καὶ τῷ παναγίῳ καὶ ἀγαθῷ καὶ ζωοποιῷ Σου Πνεύματι, νῦν καὶ ἀεί, καὶ εἰς τοὺς αἰῶνας τῶν αἰώνων. Ἀμήν.

Ὅταν δὲ ὁ χορὸς εἴπῃ τὰς λέγεις μετὰ πάσης ἀρχῆς καὶ ἐξουσίας, ἐξέρχονται διὰ τῆς βορείου πύλης, προπορευομένων λαμπάδων καὶ θυμιατοῦ· καὶ διακοπτομένου τοῦ ὕμνου ἐκφωνοῦσιν ἀλληλοδιαδόχως·

Πάντων ὑμῶν, μνησθείη Κύριος ὁ Θεὸς ἐν τῇ βασιλείᾳ αὐτοῦ· πάντοτε· νῦν καὶ ἀεὶ καὶ εἰς τοὺς αἰῶνας τῶν αἰώνων.

Ὁ Χορός· Ἀμήν.

Ὁ Ἱερεύς, θυμιῶν τρὶς τὰ ἅγια, λέγει ἅπαξ·

sacrifice. For you alone, Lord our God, are Ruler over all things in heaven and on earth, mounted on the throne of the Cherubim, Lord of the Seraphim and King of Israel, the only Holy One, resting in the holy place. Therefore I entreat you, who alone are good and ready to hear: Look upon me, your sinful and unprofitable servant, and purify my soul and heart from an evil conscience. By the power of your Holy Spirit enable me, clothed with the grace of the priesthood, to stand at this your Holy Table and celebrate the mystery of your holy and most pure Body and your precious Blood. For to you I come, bending my neck and praying: Do not turn away your face from me, nor reject me from among your children, but count me, your sinful and unworthy servant, worthy to offer these gifts to you. For you are the one who offers and is offered, who receives and is distributed, Christ our God, and to you we give glory, together with your Father, who is without beginning, and your all-holy, good and life-giving Spirit, now and for ever, and to the ages of ages. Amen.

When the Choir says the words every Principality and Power, *they exit from the North gate, preceded in procession by the lamp-bearer and the censer, and the hymn interrupted, the following is exclaimed successively:*

May the Lord God remember all of you, in His Kingdom, always now and forever, and to the ages of ages.

Choir: Amen.

The Priest, censing the Holy things three times, says·

Ἀγάθυνον, Κύριε, ἐν τῇ εὐδοκίᾳ σου τὴν Σιὼν καὶ οἰκοδομηθήτω τὰ τείχη Ἱερουσαλήμ.

Τότε εὐδοκήσεις θυσίαν δικαιοσύνης, ἀναφορὰν καὶ ὁλοκαυτώματα.

Τότε ἀνοίσουσιν ἐπὶ τὸ θυσιαστήριόν σου μόσχους.

Καί, ἐπειπὼν τὸ Ἀμήν ὁ Διάκονος καὶ ἀσπασάμενος τὴν τοῦ Ἱερέως δεξιάν, λέγει τὰ πληρωτικά·

ΤΑ ΠΛΗΡΩΤΙΚΑ

Ὁ Διάκονος· Πληρώσωμεν τὴν δέησιν ἡμῶν τῷ Κυρίῳ.

Ὁ Χορός· Κύριε, ἐλέησον. *(Καὶ μεθ' ἑκάστην δέησιν)*

Ὑπὲρ τῶν προτεθέντων τιμίων Δώρων, τοῦ Κυρίου δεηθῶμεν.

Ὑπὲρ τοῦ ἁγίου οἴκου τούτου καὶ τῶν μετὰ πίστεως, εὐλαβείας καὶ φόβου Θεοῦ εἰσιόντων ἐν αὐτῷ, τοῦ Κυρίου δεηθῶμεν.

Ὑπὲρ τοῦ ῥυσθῆναι ἡμᾶς ἀπὸ πάσης θλίψεως, ὀργῆς, κινδύνου καὶ ἀνάγκης, τοῦ Κυρίου δεηθῶμεν.

Ἀντιλαβοῦ, σῶσον, ἐλέησον, καὶ διαφύλαξον ἡμᾶς, ὁ Θεός, τῇ σῇ χάριτι.

Ὁ Χορός· Κύριε, ἐλέησον.

Τὴν ἡμέραν πᾶσαν, τελείαν, ἁγίαν, εἰρηνικὴν καὶ ἀναμάρτητον, παρὰ τοῦ Κυρίου αἰτησώμεθα.

Ὁ Χορός· Παράσχου Κύριε, *(καὶ εἰς ὅλας τὰς δεήσεις ταύτας.)*

Ἄγγελον εἰρήνης, πιστὸν ὁδηγόν, φύλακα τῶν ψυχῶν καὶ τῶν σωμάτων ἡμῶν, παρὰ τοῦ Κυρίου αἰτησώμεθα.

Do good to Sion, Lord, in your good pleasure, and let the walls of Jerusalem be rebuilt.

Then you will be well pleased with a sacrifice of righteousness, oblation and whole burnt offerings.

Then they will offer calves upon your altar.

And having said Amen, the Deacon, venerating the right hand of the Priest, says the Litany of Completion:

LITANY OF COMPLETION

Deacon: Let us complete our prayer to the Lord.

Choir: Lord, have mercy. *(And so after each petition.)*

For the precious gifts here set forth, let us pray to the Lord.

For this holy house and for those who enter it with faith, reverence, and the fear of God, let us pray to the Lord.

For our deliverance from all affliction, wrath, danger, and distress, let us pray to the Lord.

Take hold of us, save us, have mercy upon us, and protect us, O God, by Your grace.

Choir: Lord, have mercy.

That the whole day may be perfect, holy, peaceful and sinless, let us ask the Lord.

Choir: Grant this, O Lord., *(and this in the remaining petitions.)*

An angel of peace, a faithful guide, a guardian of our souls and bodies, let us ask of the Lord.

Συγγνώμην καὶ ἄφεσιν τῶν ἁμαρτιῶν καὶ τῶν πλημμελημάτων ἡμῶν, παρὰ τοῦ Κυρίου αἰτησώμεθα.

Τὰ καλὰ καὶ συμφέροντα ταῖς ψυχαῖς ἡμῶν, καὶ εἰρήνην τῷ κόσμῳ, παρὰ τοῦ Κυρίου αἰτησώμεθα.

Τὸν ὑπόλοιπον χρόνον τῆς ζωῆς ἡμῶν, ἐν εἰρήνῃ καὶ μετανοίᾳ ἐκτελέσαι, παρὰ τοῦ Κυρίου αἰτησώμεθα.

Χριστιανὰ τὰ τέλη τῆς ζωῆς ἡμῶν, ἀνώδυνα, ἀνεπαίσχυντα, εἰρηνικά, καὶ καλὴν ἀπολογίαν τὴν ἐπὶ τοῦ φοβεροῦ βήματος τοῦ Χριστοῦ, αἰτησώμεθα.

Τῆς Παναγίας, ἀχράντου, ὑπερευλογημένης, ἐνδόξου Δεσποίνης ἡμῶν Θεοτόκου, καὶ ἀειπαρθένου Μαρίας μετὰ πάντων τῶν Ἁγίων μνημονεύσαντες, ἑαυτοὺς καὶ ἀλλήλους, καὶ πᾶσαν τὴν ζωὴν ἡμῶν Χριστῷ τῷ Θεῷ παραθώμεθα.

Ὁ Χορός· Σοί, Κύριε.

Ὁ Ἱερεύς, χαμηλοφώνως·

Η ΕΥΧΗ
ΤΗΣ ΠΡΟΣΚΟΜΙΔΗΣ

Κύριε ὁ Θεὸς ἡμῶν, ὁ κτίσας ἡμᾶς καὶ ἀγαγὼν εἰς τὴν ζωὴν ταύτην, ὁ ὑποδείξας ἡμῖν ὁδοὺς εἰς σωτηρίαν, ὁ χαρισάμενος ἡμῖν οὐρανίων μυστηρίων ἀποκάλυψιν· σὺ εἶ ὁ θέμενος ἡμᾶς εἰς τὴν διακονίαν ταύτην ἐν τῇ δυνάμει τοῦ Πνεύματός σου τοῦ ἁγίου. Εὐδόκησον δή, Κύριε, τοῦ γενέσθαι ἡμᾶς διακόνους τῆς καινῆς σου διαθήκης, λειτουργοὺς τῶν ἁγίων σου μυστηρίων· πρόσδεξαι ἡμᾶς προσεγγίζοντας τῷ ἁγίῳ σου θυσιαστηρίῳ κατὰ τὸ πλῆθος τοῦ ἐλέους σου, ἵνα γενώμεθα ἄξιοι τοῦ προσφέρειν

Pardon and forgiveness of our sins and offences, let us ask of the Lord.

Those things which are good and profitable for our souls, and peace for the world, let us ask of the Lord.

That we may live out the rest of our days in peace and repentance, let us ask of the Lord.

A Christian end to our life, painless, unashamed and peaceful, and a good defence before the fearful judgement seat of Christ, let us ask.

Commemorating our most holy, most pure, most blessed and glorified Lady the Theotokos and ever-virgin Mary, together with all the saints, let us commit ourselves and one another and all our life unto Christ our God.

Choir: To you, O Lord.

The Priest, in a low voice·

THE PRAYER
OF THE PROSKOMIDE

Lord, our God, who created us and brought us into this life, who showed us ways to salvation, and granted us a revelation of heavenly mysteries; it is you who have appointed us for this service by the power of your Holy Spirit. Be well pleased, then, Lord, for us to become servants of your new covenant, ministers of your holy mysteries; according to the multitude of your mercy accept us as we approach your holy altar, so that we may become worthy to offer you this reasonable sacrifice

σοι τὴν λογικὴν ταύτην καὶ ἀναίμακτον θυσίαν ὑπὲρ τῶν ἡμετέρων ἁμαρτημάτων καὶ τῶν τοῦ λαοῦ ἀγνοημάτων· ἣν προσδεξάμενος εἰς τὸ ἅγιον καὶ ὑπερουράνιον καὶ νοερόν σου θυσιαστήριον εἰς ὀσμὴν εὐωδίας, ἀντικατάπεμψον ἡμῖν τὴν χάριν τοῦ ἁγίου σου Πνεύματος.

Ἐπίβλεψον ἐφ᾿ ἡμᾶς, ὁ Θεός, καὶ ἔπιδε ἐπὶ τὴν λατρείαν ἡμῶν ταύτην καὶ πρόσδεξαι αὐτήν, ὡς προσεδέξω Ἄβελ τὰ δῶρα, Νῶε τὰς θυσίας, Ἀβραὰμ τὰς ὁλοκαρπώσεις, Μωσέως καὶ Ἀαρὼν τὰς ἱερωσύνας, Σαμουὴλ τὰς εἰρηνικάς. Ὡς προσεδέξω ἐκ τῶν ἁγίων σου ἀποστόλων τὴν ἀληθινὴν ταύτην λατρείαν, οὕτω καὶ ἐκ τῶν χειρῶν ἡμῶν τῶν ἁμαρτωλῶν πρόσδεξαι τὰ δῶρα ταῦτα ἐν τῇ χρηστότητί σου, Κύριε· ἵνα, καταξιωθέντες λειτουργεῖν ἀμέμπτως τῷ ἁγίῳ σου θυσιαστηρίῳ, εὕρωμεν τὸν μισθὸν τῶν πιστῶν καὶ φρονίμων οἰκονόμων, ἐν τῇ ἡμέρᾳ τῇ φοβερᾷ τῆς ἀνταποδόσεώς σου τῆς δικαίας.

Ἐκφώνως·

Διὰ τῶν οἰκτιρμῶν τοῦ μονογενοῦς σου Υἱοῦ, μεθ᾿ οὗ εὐλογητὸς εἶ, σὺν τῷ παναγίῳ καὶ ἀγαθῷ καὶ ζωοποιῷ σου Πνεύματι, νῦν καὶ ἀεὶ καὶ εἰς τοὺς αἰῶνας τῶν αἰώνων.

Ὁ Χορός· Ἀμήν.

ΑΣΠΑΣΜΟΣ ΚΑΙ ΟΜΟΛΟΓΙΑ

Ὁ Ἱερεύς· Εἰρήνη πᾶσι.

Ὁ Χορός· Καὶ τῷ πνεύματί σου.

Ὁ Διάκονος· Ἀγαπήσωμεν ἀλλήλους, ἵνα ἐν ὁμονοίᾳ ὁμολογήσωμεν.

without shedding of blood, for our sins and for those committed in ignorance by the people; accept it on your holy and spiritual altar above the heavens, for a sweet-smelling fragrance, and send down to us in return the grace of your Holy Spirit.

Look on us, O God, have regard for this our worship and accept it, as you accepted the gifts of Abel, the sacrifices of Noë, the whole burnt offerings of Abraham, the priestly ministry of Moses and Aaron, the peace offerings of Samuel. As you accepted from your holy Apostles this true worship, so too, Lord, in your goodness accept these gifts from the hands of us sinners, so that we may be counted worthy to minister without blame before your holy altar and obtain the reward of faithful and prudent stewards on the dread day of your just recompense.

Aloud:

Through the compassion of your only-begotten Son, with whom you are blessed, together with your all-holy, good and life-giving Spirit, now and for ever, and to the ages of ages.

Choir: Amen.

THE KISS OF PEACE AND THE CREED

Priest: Peace be with all.

Choir: And with your spirit.

Deacon: Let us love one another that with one mind we may confess.

Ὁ Χορός· Πατέρα, Υἱὸν καὶ Ἅγιον Πνεῦμα, Τριάδα ὁμοούσιον καὶ ἀχώριστον.

Ὁ Ἱερεὺς προσκυνήσας τρὶς ἀσπάζεται τὰ κεκαλυμμένα ἅγια, πρῶτον τὸν ἅγιον δίσκον, εἶτα τὸ ἅγιον ποτήριον καὶ τὸ ἔμπροσθεν αὐτοῦ ἄκρον τῆς ἁγίας Τραπέζης λέγων καθ' ἑαυτόν τό· Ἀγαπήσω σε, Κύριε, ἡ ἰσχύς μου, Κύριος στερέωμά μου, καὶ καταφυγή μου καὶ ῥύστης μου.

Καί, ἐν συλλειτούργῳ, διδόασιν οἱ Ἱερεῖς τὸν ἀσπασμὸν τῆς εἰρήνης, ἀσπαζόμενοι ἀλλήλους, ἀρχόμενοι ἐξ ἀριστερῶν πρὸς τὰς δεξιά, καὶ τέλος τὴν τοῦ ἑτέρου δεξιὰν χεῖρα, λέγοντες διαλογικῶς ὁ εἷς· Ὁ Χριστὸς ἐν τῷ μέσῳ ἡμῶν... καὶ ὁ ἕτερος· Καὶ ἔστι καὶ ἔσται.

Ὁ Διάκονος· Τὰς θύρας, τὰς θύρας. Ἐν σοφίᾳ πρόσχωμεν.

Ὁ Ἱερεύς, ἄρας καὶ κατὰ μικρὸν ὑψῶν τὸν ἀέρα, ἀνασείει αὐτὸν ἀνοικτὸν ἠρέμως ὑπεράνω τῶν τιμίων δώρων· εἶτα, διπλώσας καὶ ἀσπασάμενος, ἀποτίθησι μετὰ τῶν ἑτέρων καλυμμάτων.

ΤΟ ΣΥΜΒΟΛΟΝ ΤΗΣ ΠΙΣΤΕΩΣ

Πιστεύω εἰς ἕνα Θεόν, Πατέρα, Παντοκράτορα, ποιητὴν οὐρανοῦ καὶ γῆς, ὁρατῶν τε πάντων καὶ ἀοράτων.

Καὶ εἰς ἕνα Κύριον Ἰησοῦν Χριστόν, τὸν Υἱὸν τοῦ Θεοῦ τὸν μονογενῆ, τὸν ἐκ τοῦ Πατρὸς γεννηθέντα πρὸ πάντων τῶν αἰώνων· φῶς ἐκ φωτός, Θεὸν ἀληθινὸν ἐκ Θεοῦ ἀληθινοῦ, γεννηθέντα οὐ ποιηθέντα, ὁμοούσιον τῷ Πατρί, δι' οὗ τὰ πάντα ἐγένετο.

Τὸν δι' ἡμᾶς τοὺς ἀνθρώπους καὶ διὰ τὴν ἡμετέραν σωτηρίαν κατελθόντα ἐκ τῶν οὐρανῶν καὶ σαρκωθέντα ἐκ Πνεύματος Ἁγίου καὶ Μαρίας τῆς Παρθένου καὶ ἐνανθρωπήσαντα.

Σταυρωθέντα τε ὑπὲρ ἡμῶν ἐπὶ Ποντίου Πιλάτου, καὶ παθόντα καὶ ταφέντα.

Choir: Father, Son, and Holy Spirit, the Trinity one in essence and inseparable.

The Priest makes three bows and venerates the covered holy things, first the holy diskos and then the holy cup, and the edge of the holy Table, saying to himself: I love You, Lord, my strength. The Lord is my rock, and my fortress, and my deliverer.

And in concelebrations, the Priests give each other the kiss of peace, kissing one another, from left to right, and finishing with the right hand of the other, saying dialogically: Christ is in our midst... and to which the other responds He is and will be.

Deacon: The doors, the doors. In wisdom, let us be attentive.

The Priest, lifts and elevates the aër and waves it above the precious gifts; then he folds it and kisses it, placing it with the other covers.

THE SYMBOL OF FAITH

I believe in one God, Father Almighty, Creator of heaven and earth and of all things visible and invisible.

And in one Lord Jesus Christ, the only-begotten Son of God, begotten of the Father before all ages. Light of Light, true God of true God, begotten not created, of one essence with the Father through Whom all things were made.

Who for us men and for our salvation came down from heaven and was incarnate of the Holy Spirit and the Virgin Mary and became man.

He was crucified for us under Pontius Pilate. He suffered and was buried.

Καὶ ἀναστάντα τῇ τρίτῃ ἡμέρᾳ κατὰ τὰς Γραφάς.

And He rose on the third day, according to the Scriptures.

Καὶ ἀνελθόντα εἰς τοὺς οὐρανοὺς καὶ καθεζόμενον ἐκ δεξιῶν τοῦ Πατρός.

He ascended into heaven and is seated at the right hand of the Father.

Καὶ πάλιν ἐρχόμενον μετὰ δόξης κρῖναι ζῶντας καὶ νεκρούς, οὗ τῆς βασιλείας οὐκ ἔσται τέλος.

And He will come again with glory to judge the living and dead. His kingdom shall have no end.

Καὶ εἰς τὸ Πνεῦμα τὸ Ἅγιον, τὸ κύριον, τὸ ζωοποιόν, τὸ ἐκ τοῦ Πατρὸς ἐκπορευόμενον, τὸ σὺν Πατρὶ καὶ Υἱῷ συμπροσκυνούμενον καὶ συνδοξαζόμενον, τὸ λαλῆσαν διὰ τῶν προφητῶν.

And in the Holy Spirit, the Lord, the Creator of life, Who proceeds from the Father, Who together with the Father and the Son is worshipped and glorified, Who spoke through the prophets.

Εἰς μίαν, Ἁγίαν, Καθολικὴν καὶ Ἀποστολικὴν Ἐκκλησίαν.

In one, holy, catholic, and apostolic Church.

Ὁμολογῶ ἓν βάπτισμα εἰς ἄφεσιν ἁμαρτιῶν.

I confess one baptism for the forgiveness of sins.

Προσδοκῶ ἀνάστασιν νεκρῶν. Καὶ ζωὴν τοῦ μέλλοντος αἰῶνος. Ἀμήν.

I look for the resurrection of the dead and the life of the age to come. Amen.

Η ΑΓΙΑ ΑΝΑΦΟΡΑ

THE HOLY ANAPHORA

Ὁ Διάκονος· Στῶμεν καλῶς· στῶμεν μετὰ φόβου· πρόσχωμεν τὴν ἁγίαν Ἀναφορὰν ἐν εἰρήνῃ προσφέρειν.

Deacon: Let us stand well; let us stand with fear; let us attend, that we may offer the holy oblation in peace.

Ὁ Χορός· Ἔλεον εἰρήνης, θυσίαν αἰνέσεως.

Choir: Mercy and peace, a sacrifice of praise.

Ὁ Ἱερεύς· Ἡ χάρις τοῦ Κυρίου ἡμῶν Ἰησοῦ Χριστοῦ καὶ ἡ ἀγάπη τοῦ Θεοῦ καὶ Πατρὸς καὶ ἡ κοινωνία τοῦ Ἁγίου Πνεύματος εἴη μετὰ πάντων ὑμῶν.

Priest: The grace of our Lord Jesus Christ, and the love of God the Father, and the communion of the Holy Spirit, be with all of you.

Ὁ Χορός· Καὶ μετὰ τοῦ πνεύματός σου.

Choir: And with your spirit.

Ὁ Ἱερεύς· Ἄνω σχῶμεν τὰς καρδίας.

Priest: Let us lift up our hearts.

Ὁ Χορός· Ἔχομεν πρὸς τὸν Κύριον.

Choir: We lift them up to the Lord.

Ὁ Ἱερεύς· Εὐχαριστήσωμεν τῷ Κυρίῳ.

Ὁ Χορός· Ἄξιον καὶ δίκαιον.

Ὁ Ἱερεύς, ἐπεύχεται χαμηλοφώνως·

Ὁ ὤν, Δέσποτα, Κύριε Θεέ, Πάτερ παντοκράτορ προσκυνητέ, ἄξιον ὡς ἀληθῶς καὶ δίκαιον καὶ πρέπον τῇ μεγαλοπρεπείᾳ τῆς ἁγιωσύνης σου σὲ αἰνεῖν, σὲ ὑμνεῖν, σὲ εὐλογεῖν, σὲ προσκυνεῖν, σοὶ εὐχαριστεῖν, σὲ δοξάζειν τὸν μόνον ὄντως ὄντα Θεόν, καὶ σοὶ προσφέρειν ἐν καρδίᾳ συντετριμμένῃ καὶ πνεύματι ταπεινώσεως τὴν λογικὴν ταύτην λατρείαν ἡμῶν· ὅτι σὺ εἶ ὁ χαρισάμενος ἡμῖν τὴν ἐπίγνωσιν τῆς σῆς ἀληθείας. Καὶ τίς ἱκανὸς λαλῆσαι τὰς δυναστείας σου, ἀκουστὰς ποιῆσαι πάσας τὰς αἰνέσεις σου ἢ διηγήσασθαι πάντα τὰ θαυμάσιά σου ἐν παντὶ καιρῷ;

Δέσποτα τῶν ἁπάντων, Κύριε οὐρανοῦ καὶ γῆς καὶ πάσης κτίσεως, ὁρωμένης τε καὶ οὐχ ὁρωμένης, ὁ καθήμενος ἐπὶ θρόνου δόξης καὶ ἐπιβλέπων ἀβύσσους, ἄναρχε, ἀόρατε, ἀκατάληπτε, ἀπερίγραπτε, ἀναλλοίωτε, ὁ Πατὴρ τοῦ Κυρίου ἡμῶν Ἰησοῦ Χριστοῦ, τοῦ μεγάλου Θεοῦ καὶ Σωτῆρος, τῆς ἐλπίδος ἡμῶν· ὅς ἐστιν εἰκὼν τῆς σῆς ἀγαθότητος, σφραγὶς ἰσότυπος, ἐν ἑαυτῷ δεικνὺς σε τὸν Πατέρα, Λόγος ζῶν, Θεὸς ἀληθινός, ἡ πρὸ αἰώνων σοφία, ζωή, ἁγιασμός, δύναμις, τὸ φῶς τὸ ἀληθινόν, παρ' οὗ τὸ Πνεῦμα τὸ ἅγιον ἐξεφάνη, τὸ τῆς ἀληθείας Πνεῦμα, τὸ τῆς υἱοθεσίας χάρισμα, ὁ ἀρραβὼν τῆς μελλούσης κληρονομίας, ἡ ἀπαρχὴ τῶν αἰωνίων ἀγαθῶν, ἡ ζωοποιὸς δύναμις, ἡ πηγὴ τοῦ ἁγιασμοῦ· παρ' οὗ πᾶσα κτίσις λογική τε καὶ νοερά, δυναμουμένη, σοὶ

Priest: Let us give thanks to the Lord.

Choir: It is proper and right.

The Priest prays in a low voice:

Master, the One who Is, Lord God, Father Almighty, who are to be worshipped, it is truly right and proper, and fitting the majesty of your holiness to praise you, to hymn you, to bless you, to worship you, to thank you, to glorify you, the only God who truly exists; to offer you with a broken heart and a spirit of humility this our reasonable worship. For it is you who have granted us the knowledge of your truth. And who is able to tell of all your acts of power? To make all your praises heard or to recount all your wonders at every moment?

Master of all things, Lord of heaven and earth and all creation, seen and unseen, who are seated on a throne of glory and look upon the deeps, without beginning, invisible, unsearchable, uncircumscribed, unchangeable, the Father of our Lord, Jesus Christ, the great God and Saviour, our hope; who is the image of your goodness, perfect seal of your likeness, revealing you the Father in himself, living Word, true God, Wisdom before the ages, Life, Sanctification, Power, the true Light; through whom the Holy Spirit was made manifest, the Spirit of truth, the grace of sonship, the pledge of the inheritance to come, the first fruits of the eternal good things, the life-giving power, the source of sanctification; through whom every

λατρεύει καὶ σοὶ τὴν ἀΐδιον ἀναπέμπει δοξολογίαν, ὅτι τὰ σύμπαντα δοῦλα σά·

Σὲ γὰρ αἰνοῦσιν ἄγγελοι, ἀρχάγγελοι, θρόνοι, κυριότητες, ἀρχαί, ἐξουσίαι, δυνάμεις, καὶ τὰ πολυόμματα Χερουβείμ· σοὶ παρίστανται κύκλῳ τὰ Σεραφείμ, ἓξ πτέρυγες τῷ ἑνὶ καὶ ἓξ πτέρυγες τῷ ἑνί· καὶ ταῖς μὲν δυσὶ κατακαλύπτουσι τὰ πρόσωπα ἑαυτῶν, ταῖς δὲ δυσὶ τοὺς πόδας καὶ ταῖς δυσὶ πετόμενα, κέκραγεν ἕτερον πρὸς τὸ ἕτερον ἀκαταπαύστοις στόμασιν, ἀσιγήτοις δοξολογίαις.

Ἐκφώνως·

Τὸν ἐπινίκιον ὕμνον ᾄδοντα, βοῶντα, κεκραγότα καὶ λέγοντα.

Ὁ Χορός· Ἅγιος, ἅγιος, ἅγιος Κύριος Σαβαώθ· πλήρης ὁ οὐρανὸς καὶ ἡ γῆ τῆς δόξης σου, ὡσαννὰ ἐν τοῖς ὑψίστοις. Εὐλογημένος ὁ ἐρχόμενος ἐν ὀνόματι Κυρίου. Ὡσαννὰ ὁ ἐν τοῖς ὑψίστοις.

Τούτου λεγομένου ὁ διάκονος ἄρας τὸν ἀστερίσκον ἐκ τοῦ ἁγίου δίσκου καὶ ποιήσας δι' αὐτοῦ τύπον σταυροῦ ἐπ' αὐτοῦ ἀσπάζεται αὐτὸν καὶ ἀποθέτει μετὰ τῶν καλυμμάτων.

Ὁ δὲ Ἱερεὺς, κλινόμενος ἐπεύχεται·

Μετὰ τούτων τῶν μακαρίων δυνάμεων, Δέσποτα φιλάνθρωπε, καὶ ἡμεῖς οἱ ἁμαρτωλοὶ βοῶμεν καὶ λέγομεν· Ἅγιος εἶ, ὡς ἀληθῶς, καὶ πανάγιος καὶ οὐκ ἔστι μέτρον τῇ μεγαλοπρεπείᾳ τῆς ἁγιωσύνης σου, καὶ ὅσιος ἐν πᾶσι τοῖς ἔργοις σου, ὅτι ἐν δικαιοσύνῃ καὶ κρίσει ἀληθινῇ πάντα ἐπήγασες ἡμῖν· πλάσας γὰρ τὸν ἄνθρωπον, χοῦν λαβὼν ἀπὸ τῆς γῆς, καὶ εἰκόνι τῇ σῇ, ὁ Θεός, τιμήσας, τέθεικας αὐτὸν ἐν τῷ παραδείσῳ τῆς τρυφῆς, ἀθανασίαν

rational and intelligent creature is empowered, worships you and ascribes to you the everlasting hymn of glory, because all things are your servants.

For Angels, Archangels, Thrones, Dominions, Principalities, Authorities, Powers, and the many-eyed Cherubim praise you. Around you stand the Seraphim; the one has six wings and the other has six wings, and with two they cover their faces, with two their feet, and with two they fly, as they cry to one another with unceasing voices and never silent hymns of glory.

Aloud:

Singing, crying, shouting the triumphal hymn, and saying…

Choir: Holy, holy, holy, Lord of Sabaoth, heaven and earth are full of Your glory. Hosanna in the highest. Blessed is He that comes in the name of the Lord. Hosanna in the highest.

Saying this, the Deacon takes the Star from the Paten, making the sign of the Cross with it over the Paten, kisses it and lays it aside with the covers.

The Priest, bowing prays:

With these blessed Powers, Master who loves mankind, we sinners also cry aloud and say: Holy you are in truth, and All-holy, and there is no measure to the majesty of your holiness; and you are holy in all your works, because you have brought all things to pass for us in justice and true judgement. For you fashioned man by taking dust from the earth, and honoured him, O God, with your own image. You placed him

ζωῆς καὶ ἀπόλαυσιν αἰωνίων ἀγαθῶν ἐν τῇ τηρήσει τῶν ἐντολῶν σου ἐπαγγειλάμενος αὐτῷ· ἀλλὰ παρακούσαντα σοῦ τοῦ ἀληθινοῦ Θεοῦ τοῦ κτίσαντος αὐτὸν καὶ τῇ ἀπάτῃ τοῦ ὄφεως ὑπαχθέντα, νεκρωθέντα τε τοῖς οἰκείοις αὐτοῦ παραπτώμασιν, ἐξωρίσας αὐτὸν ἐν τῇ δικαιοκρισίᾳ σου, ὁ Θεός, ἐκ τοῦ παραδείσου εἰς τὸν κόσμον τοῦτον καὶ ἀπέστρεψας εἰς τὴν γῆν, ἐξ ἧς ἐλήφθη, οἰκονομῶν αὐτῷ τὴν ἐκ παλιγγενεσίας σωτηρίαν, τὴν ἐν αὐτῷ τῷ Χριστῷ σου.

Οὐ γὰρ ἀπεστράφης τὸ πλάσμα σου εἰς τέλος, ὃ ἐποίησας, ἀγαθέ, οὐδὲ ἐπελάθου ἔργου χειρῶν σου, ἀλλ' ἐπεσκέψω πολυτρόπως διὰ σπλάγχνα ἐλέους σου. Προφήτας ἐξαπέστειλας· ἐποίησας δυνάμεις διὰ τῶν ἁγίων σου, τῶν καθ' ἑκάστην γενεὰν εὐαρεστησάντων σοι· ἐλάλησας ἡμῖν διὰ στόματος τῶν δούλων σου τῶν προφητῶν, προκαταγγέλλων ἡμῖν τὴν μέλλουσαν ἔσεσθαι σωτηρίαν· νόμον ἔδωκας εἰς βοήθειαν· ἀγγέλους ἐπέστησας φύλακας.

Ὅτε δὲ ἦλθε τὸ πλήρωμα τῶν καιρῶν, ἐλάλησας ἡμῖν ἐν αὐτῷ τῷ Υἱῷ σου, δι' οὗ καὶ τοὺς αἰῶνας ἐποίησας· ὅς, ὢν ἀπαύγασμα τῆς δόξης σου καὶ χαρακτὴρ τῆς ὑποστάσεώς σου, φέρων τε τὰ πάντα τῷ ῥήματι τῆς δυνάμεως αὐτοῦ, οὐχ ἁρπαγμὸν ἡγήσατο τὸ εἶναι ἴσα σοὶ τῷ Θεῷ καὶ Πατρί· ἀλλά, Θεὸς ὢν προαιώνιος, ἐπὶ τῆς γῆς ὤφθη καὶ τοῖς ἀνθρώποις συνανεστράφη· καὶ ἐκ Παρθένου ἁγίας σαρκωθείς, ἐκένωσεν ἑαυτόν, μορφὴν δούλου λαβών, σύμμορφος γενόμενος τῷ σώματι τῆς ταπεινώσεως ἡμῶν, ἵνα ἡμᾶς συμμόρφους ποιήσῃ τῆς εἰκόνος τῆς δόξης αὐτοῦ.

the Paradise of pleasure and promised him immortal life and the enjoyment of eternal good things if he kept your commandments. But when he disobeyed you, the true God, who had created him, and when he had been led astray by the deception of the serpent and put to death by his own transgressions, you banished him by your just judgement, O God, from Paradise into this world, and returned him to the earth, from which he had been taken; while, in your Christ himself, you established for him the salvation which comes through rebirth.

For you did not finally turn away from your creature, O Good One, nor forget the work of your hands, but you visited us in divers manners through your compassionate mercy. You sent Prophets, you performed deeds of power through your saints, who have been well-pleasing to you in every generation; you spoke to us through the mouth of your servants, the Prophets, announcing to us beforehand the salvation that was to come; you gave the law as a help; you appointed Angels as guardians.

But when the fullness of time had come, you spoke to us through your Son himself, through whom you had also made the ages. He, who is the brightness of your glory and the express imprint of your substance, who bears all things by the word of his power, did not consider equality with you, God and Father, as a thing to grasped; but, though he is God before the ages, he appeared on earth and lived among men; and taking flesh of a holy Virgin, he emptied him-

Ἐπειδὴ γὰρ δι' ἀνθρώπου ἡ ἁμαρτία εἰσῆλθεν εἰς τὸν κόσμον, καὶ διὰ τῆς ἁμαρτίας ὁ θάνατος, ηὐδόκησεν ὁ μονογενής σου Υἱός, ὁ ὢν ἐν τοῖς κόλποις σοῦ τοῦ Θεοῦ καὶ Πατρός, γενόμενος ἐκ γυναικός, τῆς ἁγίας Θεοτόκου καὶ ἀειπαρθένου Μαρίας, γενόμενος ὑπὸ νόμον, κατακρῖναι τὴν ἁμαρτίαν ἐν τῇ σαρκὶ αὐτοῦ, ἵνα οἱ ἐν τῷ Ἀδὰμ ἀποθνήσκοντες ζωοποιηθῶσιν ἐν αὐτῷ τῷ Χριστῷ σου· καὶ ἐμπολιτευσάμενος τῷ κόσμῳ τούτῳ, δοὺς προστάγματα σωτηρίας, ἀποστήσας ἡμᾶς τῆς πλάνης τῶν εἰδώλων, προσήγαγε τῇ ἐπιγνώσει σοῦ τοῦ ἀληθινοῦ Θεοῦ καὶ Πατρός, κτησάμενος ἡμᾶς ἑαυτῷ λαὸν περιούσιον, βασίλειον ἱεράτευμα, ἔθνος ἅγιον· καὶ καθαρίσας ἐν ὕδατι καὶ ἁγιάσας τῷ Πνεύματι τῷ ἁγίῳ, ἔδωκεν ἑαυτὸν ἀντάλλαγμα τῷ θανάτῳ, ἐν ᾧ κατειχόμεθα πεπραμένοι ὑπὸ τὴν ἁμαρτίαν· καὶ κατελθὼν διὰ τοῦ σταυροῦ εἰς τόν, ᾅδην, ἵνα πληρώσῃ ἑαυτοῦ τὰ πάντα, ἔλυσε τὰς ὀδύνας τοῦ θανάτου· καὶ ἀναστὰς τῇ τρίτῃ ἡμέρᾳ καὶ ὁδοποιήσας πάσῃ σαρκὶ τὴν ἐκ νεκρῶν ἀνάστασιν, καθότι οὐκ ἦν δυνατὸν κρατεῖσθαι ὑπὸ τῆς φθορᾶς τὸν ἀρχηγόν τῆς ζωῆς, ἐγένετο ἀπαρχὴ τῶν κεκοιμημένων, πρωτότοκος ἐκ τῶν νεκρῶν, ἵνα ᾖ αὐτὸς τὰ πάντα ἐν πᾶσι πρωτεύων· καὶ ἀνελθὼν εἰς τοὺς οὐρανοὺς ἐκάθησεν ἐν δεξιᾷ τῆς μεγαλωσύνης σου ἐν ὑψηλοῖς· ὃς καὶ ἥξει ἀποδοῦναι ἑκάστῳ κατὰ τὰ ἔργα αὐτοῦ.

Κατέλιπε δὲ ἡμῖν ὑπομνήματα τοῦ σωτηρίου αὐτοῦ πάθους ταῦτα, ἃ προτεθείκαμεν ἐνώπιόν σου κατὰ τὰς αὐτοῦ ἐντολάς. Μέλλων γὰρ ἐξιέναι ἐπὶ τὸν ἑκούσιον, καὶ ἀοίδιμον καὶ ζωοποιὸν αὐτοῦ θάνατον, τῇ νυκτί, ᾗ παρεδίδου

self, taking the form of a servant, being made in the likeness of the body of our humiliation, so that he might make us in the likeness of the image of his glory.

For since sin entered the world through a man, and through sin death, your only-begotten Son, who is in your bosom, God and Father, being born of a woman, the holy Mother of God and ever-virgin Mary, being born under the law, was well-pleased to condemn sin in his flesh , so that all those who die in Adam might be given life in your Christ himself. And when he had lived in this world, given us saving commandments, turned us from the error of idols, he brought us to the knowledge of you, the true God and Father, having acquired us for himself as a people of his own, a royal priesthood, a holy nation. And when he had cleansed us by water and sanctified us by the Holy Spirit, he gave himself as an exchange to death, by which we were held captive, sold under sin. And when he had descended through the Cross into Hell, so that he might fill all things with himself, he loosed the pangs of death. And when he had risen on the third day and made a way for all flesh to the resurrection of the dead (for it was not possible for the author of life to be mastered by corruption), he became the first fruits of the those that sleep, the first-born of the dead, so that he might have the pre-eminence in all things. And ascending into heaven he took his seat at the right hand of your majesty on high; and he will come to reward each according to their works.

ἑαυτὸν ὑπὲρ τῆς τοῦ κόσμου ζωῆς, λαβὼν ἄρτον ἐπὶ τῶν ἁγίων αὐτοῦ καὶ ἀχράντων χειρῶν καὶ ἀναδείξας σοὶ τῷ Θεῷ καὶ Πατρί, εὐχαριστήσας, εὐλογήσας, ἁγιάσας, κλάσας·

But he has left behind for us these memorials of his saving passion, which we have set forth according to his commandments. For when he was about to go forth to his voluntary, ever-memorable and life-giving death, on the night in which he gave himself up for the life of the world, he took bread into his holy and spotless hands, and when he had shown it to you, his God and Father, given thanks, blessed, hallowed and broken it:

Ἐκφώνως·

"Ἔδωκε τοῖς ἁγίοις αὐτοῦ μαθηταῖς καὶ ἀποστόλοις εἰπών· Λάβετε, φάγετε· τοῦτό μού ἐστι τὸ Σῶμα, τὸ ὑπὲρ ὑμῶν κλώμενον εἰς ἄφεσιν ἁμαρτιῶν.

Aloud:

He gave it to his holy disciples and apostles, saying: Take, eat, this is my body, broken for you, for the forgiveness of sins.

Ὁ Χορός· Ἀμήν.

Choir: Amen.

Ὁ Ἱερεύς, χαμηλοφώνως·

The Priest, in a low voice:

Ὁμοίως καὶ τὸ ποτήριον ἐκ τοῦ γεννήματος τῆς ἀμπέλου λαβών, κεράσας, εὐχαριστήσας, εὐλογήσας, ἁγιάσας·

Likewise, when he had also taken the Cup of the fruit of the vine, mixed it, given thanks, blessed and hallowed it...

Ἐκφώνως·

"Ἔδωκε τοῖς ἁγίοις αὐτοῦ μαθηταῖς καὶ ἀποστόλοις εἰπών· Πίετε ἐξ αὐτοῦ πάντες· τοῦτό ἐστι τὸ Αἷμά μου, το τῆς καινῆς διαθήκης, τὸ ὑπὲρ ἡμῶν καὶ πολλῶν ἐκχυνόμενον εἰς ἄφεσιν ἁμαρτιῶν.

Aloud:

He gave it to his holy disciples and apostles, saying: Drink of this all of you; this is my blood of the new testament, shed for you and for many for the forgiveness of sins.

Ὁ Χορός· Ἀμήν.

Choir: Amen.

Ὁ Ἱερεύς, χαμηλοφώνως·

The Priest, in a low voice:

Τοῦτο ποιεῖτε εἰς τὴν ἐμὴν ἀνάμνησιν· ὁσάκις γὰρ ἂν ἐσθίητε τὸν ἄρτον τοῦτον καὶ τὸ ποτήριον τοῦτο πίνητε, τὸν ἐμὸν θάνατον καταγγέλλετε τὴν ἐμὴν

Do this in memory of me; for as often as you eat this bread and drink this cup, you proclaim my death and confess my Resurrection. Therefore,

ἀνάστασιν ὁμολογεῖτε. Μεμνημένοι οὖν, Δέσποτα, καὶ ἡμεῖς τῶν σωτηρίων αὐτοῦ παθημάτων, τοῦ ζωοποιοῦ σταυροῦ, τῆς τριημέρου ταφῆς, τῆς ἐκ νεκρῶν ἀναστάσεως, τῆς εἰς οὐρανοὺς ἀνόδου, τῆς ἐκ δεξιῶν σοῦ τοῦ Θεοῦ καὶ Πατρὸς καθέδρας, καὶ τῆς ἐνδόξου καὶ φοβερᾶς δευτέρας αὐτοῦ παρουσίας.

Ἐκφώνως·

Τὰ σὰ ἐκ τῶν σῶν σοὶ προσφέρομεν κατὰ πάντα καὶ διὰ πάντα.

Ὁ Χορός· Σὲ ὑμνοῦμεν, σὲ εὐλογοῦμεν, σοὶ εὐχαριστοῦμεν, Κύριε, καὶ δεόμεθά σου, ὁ Θεὸς ἡμῶν.

Ὁ Ἱερεύς, ἐπεύχεται χαμηλοφώνως·

Διὰ τοῦτο, Δέσποτα πανάγιε καὶ ἡμεῖς οἱ ἁμαρτωλοὶ καὶ ἀνάξιοι δοῦλοί σου, οἱ καταξιωθέντες λειτουργεῖν τῷ ἁγίῳ σου θυσιαστηρίῳ, οὐ διὰ τὰς δικαιοσύνας ἡμῶν (οὐ γὰρ ἐποιήσαμέν τι ἀγαθὸν ἐπὶ τῆς γῆς), ἀλλὰ διὰ τὰ ἐλέη σου καὶ τοὺς οἰκτιρμούς σου, οὓς ἐξέχεας πλουσίως ἐφ᾽ ἡμᾶς, θαρροῦντες προσεγγίζομεν τῷ ἁγίῳ σου θυσιαστηρίῳ· καὶ προθέντες τὰ ἀντίτυπα τοῦ ἁγίου Σώματος καὶ Αἵματος τοῦ Χριστοῦ σου, σοῦ δεόμεθα καὶ σὲ παρακαλοῦμεν, ἅγιε ἁγίων, εὐδοκίᾳ τῆς σῆς ἀγαθότητος, ἐλθεῖν τὸ Πνεῦμά σου τὸ ἅγιον ἐφ᾽ ἡμᾶς καὶ ἐπὶ τὰ προκείμενα δῶρα ταῦτα καὶ εὐλογῆσαι αὐτὰ καὶ ἁγιάσαι καὶ ἀναδεῖξαι·

Ὁ Διάκονος· Εὐλόγησον, δέσποτα, τὸν ἅγιον ἄρτον.

<small>Ὁ Ἱερεὺς σγραφίζων τῷ τύπῳ τοῦ Σταυροῦ τὸν ἅγιον ἄρτον.</small>

Master, as we too remember his saving passion, the life-giving Cross, the burial for three days, the resurrection from the dead, the ascension into heaven, the sitting at your right hand, God and Father, and his glorious and dread Second Coming;

Aloud:

Offering to You Your own of Your own—in all things and for all things

Choir: We praise You, we bless You, we give thanks to You, and we pray unto You, O Lord our God.

The Priest prays in a low voice:

Therefore, we also, All-holy Master, sinners and your unworthy servants, whom you have counted worthy to minister at your holy altar, not because of our own justice (for we have done nothing good on earth), but because of your mercies and pities, which you have richly poured out on us, boldly approach your holy altar; and as we set forth the antitypes of the holy body and blood of your Christ, we beg and implore you, O Holy of Holies, that by the good pleasure of your goodness, your Holy Spirit may come upon us and upon these gifts here set forth, and that he may bless, hallow them and declare:

Deacon: Bless, Master, the holy Bread.

<small>*The Priest seals the holy Bread with the sign of the cross.*</small>

Ὁ Ἱερεύς·

Τὸν μὲν ἄρτον τοῦτον αὐτὸ τὸ τίμιον Σῶμα τοῦ Κυρίου καὶ Θεοῦ καὶ Σωτῆρος ἡμῶν Ἰησοῦ Χριστοῦ.

Ὁ Διάκονος· Ἀμήν. Εὐλόγησον, δέσποτα, τὸ ἅγιον ποτήριον.

Ὁ Ἱερεὺς σφραγίζων ὁμοίως τὸ ἅγιον ποτήριον.

Ὁ Ἱερεύς·

Τὸ δὲ ποτήριον τοῦτο αὐτὸ τὸ τίμιον Αἷμα τοῦ Κυρίου καὶ Θεοῦ καὶ Σωτῆρος ἡμῶν Ἰησοῦ Χριστοῦ.

Ὁ Διάκονος· Ἀμήν. Εὐλόγησον, δέσποτα, ἀμφότερα τὰ ἅγια.

Ὁ Ἱερεὺς σφραγίζων ἅμα τόν τε ἅγιον ἄρτον καὶ τὸ ἅγιον ποτήριον.

Ὁ Ἱερεύς·

...Τὸ ἐκχυθὲν ὑπὲρ τῆς τοῦ κόσμου ζωῆς καὶ σωτηρίας.

Ὁ Διάκονος· Ἀμήν, ἀμήν, ἀμήν.

Ὁ Ἱερεύς, ἐπεύχεται χαμηλοφώνως·

Ἡμᾶς δὲ πάντας, τοὺς ἐκ τοῦ ἑνὸς ἄρτου καὶ τοῦ ποτηρίου μετέχοντας, ἑνώσαις ἀλλήλοις εἰς ἑνὸς Πνεύματος ἁγίου κοινωνίαν, καὶ μηδένα ἡμῶν εἰς κρῖμα ἢ εἰς κατάκριμα ποιήσαις μετασχεῖν τοῦ ἁγίου Σώματος καὶ Αἵματος τοῦ Χριστοῦ σου· ἀλλ' ἵνα εὕρωμεν ἔλεον καὶ χάριν μετὰ πάντων τῶν ἁγίων τῶν ἀπ' αἰῶνός σοι εὐαρεστησάντων, προπατόρων, πατέρων, πατριαρχῶν, προφητῶν, ἀποστόλων, κηρύκων, εὐαγγελιστῶν, μαρτύρων, ὁμολογητῶν, διδασκάλων καὶ παντὸς πνεύματος δικαίου ἐν πίστει τετελειωμένου.

Ὁ Ἱερεὺς θυμιᾷ τρὶς ἐπὶ τρίτον τὰ ἅγια. Εἶτα δοὺς τὸ θυμιατὸν τῷ διακόνῳ.

Priest:

...This bread to be the precious body of our Lord and God and Saviour, Jesus Christ,

Deacon: Amen. Bless, Master, the holy Cup.

The Priest seals, in the same way, the holy Cup.

Priest:

...This cup the precious blood of our Lord and God and Saviour, Jesus Christ,

Deacon: Amen. Bless, Master, both the holy things.

The Priest seals the holy Bread and the holy Cup together.

Priest:

...Poured out for the life and salvation of the world..

Deacon: Amen. Amen. Amen.

The Priest prays, in a low voice:

To unite all of us, who share in this one bread and cup, with one another for communion of the one Holy Spirit, and to let none of us share in the holy body and blood of your Christ to judgement or condemnation; but that we may find mercy and grace with all the saints, who have been well-pleasing to you since time began, ancestors, forebears, patriarchs, prophets, preachers, evangelists, martyrs, confessors, teachers, and every just spirit made perfect by faith.

The Priest censes the Holy Things three times in sets of three. Then he gives the censer to the Deacon.

Ἐκφώνως·

Ἐξαιρέτως τῆς Παναγίας, ἀχράντου, ὑπερευλογημένης, ἐνδόξου, Δεσποίνης ἡμῶν Θεοτόκου καὶ ἀειπαρθένου Μαρίας.

Ὁ Χορός· Ἐπὶ σοὶ χαίρει, Κεχαριτωμένη, πᾶσα ἡ κτίσις. Ἀγγέλων τὸ σύστημα καὶ ἀνθρώπων τὸ γένος, ἡγιασμένε ναὲ καὶ παράδεισε λογικέ, παρθενικὸν καύχημα, ἐξ ἧς Θεὸς ἐσαρκώθη καὶ παιδίον γέγονεν, ὁ πρὸ αἰώνων ὑπάρχων Θεὸς ἡμῶν· τὴν γὰρ σὴν μήτραν θρόνον ἐποίησε, καὶ τὴν σὴν γαστέρα πλατυτέραν οὐρανῶν ἀπειργάσατο. Ἐπὶ σοὶ χαίρει, Κεχαριτωμένη, πᾶσα ἡ κτίσις δόξα σοι!

Ὁ Ἱερεύς, ἐπεύχεται χαμηλοφώνως·

Τοῦ ἁγίου Ἰωάννου, προφήτου, προδρόμου καὶ βαπτιστοῦ· τῶν ἁγίων, ἐνδόξων καὶ πανευφήμων ἀποστόλων· τοῦ ἁγίου *(δεῖνος)*, οὗ καὶ τὴν μνήμην ἐπιτελοῦμεν, καὶ πάντων σου τῶν ἁγίων, ὧν ταῖς ἱκεσίαις ἐπίσκεψαι ἡμᾶς ὁ Θεός.

Καὶ μνήσθητι πάντων τῶν προκεκοιμημένων ἐπ' ἐλπίδι ἀναστάσεως ζωῆς αἰωνίου· *(μνημονεύει ἐνταῦθα ὧν βούλεται τεθνεώτων)* καὶ ἀνάπαυσον αὐτούς, ὅπου ἐπισκοπεῖ τὸ φῶς τοῦ προσώπου σου.

Ἔτι σοῦ δεόμεθα· Μνήσθητι, Κύριε, τῆς ἁγίας, καθολικῆς καὶ ἀποστολικῆς Ἐκκλησίας τῆς ἀπὸ περάτων ἕως περάτων τῆς οἰκουμένης, καὶ εἰρήνευσον αὐτήν, ἣν περιεποιήσω τῷ τιμίῳ Αἵματι τοῦ Χριστοῦ σου, καὶ τὸν ἅγιον οἶκον τοῦτον στερέωσον μέχρι τῆς συντελείας τοῦ αἰῶνος.

Aloud:

Especially for our most holy, pure, blessed, and glorious Lady, the Theotokos and ever virgin Mary.

Choir: In you, O full of grace, all creation rejoices, the ranks of Angels and the human race: hallowed temple and spiritual Paradise, pride of virgins, from whom God was made flesh; and he, who is our God before the ages, became a little Child; for he made your womb a throne; and made it wider than the heavens. In you, O full of grace, all creation rejoices. Glory to you!

The Priest prays, in a low voice:

With the holy prophet, forerunner and Baptist, John, the holy, glorious and all-praised Apostles, Saint N., whose memory we celebrate, and all your Saints, at whose intercessions visit us, O God.

And remember all who have fallen asleep in hope of resurrection and eternal life *(and he remembers here by name also those whom wishes of the dead)*; and give them rest where the light of your face keeps watch.

Again we pray you: remember, Lord, your holy, catholic and apostolic church, from end to end of the inhabited world, and give peace to her, that you have made your own by the precious blood of your Christ, and establish this holy house until the consummation of the world.

Μνήσθητι, Κύριε, τῶν τὰ δῶρά σοι ταῦτα προσκομισάντων καὶ ὑπὲρ ὧν καὶ δι' ὧν καὶ ἐφ' οἷς αὐτὰ προσεκόμισαν. Μνήσθητι, Κύριε, τῶν καρποφορούντων καὶ καλλιεργούντων ἐν ταῖς ἁγίαις σου Ἐκκλησίαις καὶ μεμνημένων τῶν πενήτων. Ἄμειψαι αὐτοὺς τοῖς πλουσίοις σου καὶ ἐπουρανίοις χαρίσμασι· χάρισαι αὐτοῖς ἀντὶ τῶν ἐπιγείων τὰ ἐπουράνια, ἀντὶ τῶν προσκαίρων τὰ αἰώνια, ἀντὶ τῶν φθαρτῶν τὰ ἄφθαρτα. Μνήσθητι, Κύριε, τῶν ἐν ἐρημίαις καὶ ὄρεσι καὶ σπηλαίοις καὶ ταῖς ὀπαῖς τῆς γῆς. Μνήσθητι, Κύριε, τῶν ἐν παρθενίᾳ καὶ εὐλαβείᾳ καὶ ἀσκήσει καὶ σεμνῇ πολιτείᾳ διαγόντων.

Μνήσθητι, Κύριε, τῶν εὐσεβεστάτων καὶ πιστοτάτων ἡμῶν βασιλέων, οὓς ἐδικαίωσας βασιλεύειν ἐπὶ τῆς γῆς· ὅπλῳ ἀληθείας, ὅπλῳ εὐδοκίας στεφάνωσον αὐτούς· ἐπισκίασον ἐπὶ τὴν κεφαλὴν αὐτῶν ἐν ἡμέρᾳ πολέμου· ἐνίσχυσον αὐτῶν τὸν βραχίονα· ὕψωσον αὐτῶν τὴν δεξιάν· κράτυνον αὐτῶν τὴν βασιλείαν· ὑπόταξον αὐτοῖς πάντα τὰ βάρβαρα ἔθνη τὰ τοὺς πελέμους θέλοντα· χάρισαι αὐτοῖς βαθεῖαν καὶ ἀναφαίρετον εἰρήνην· λάλησον εἰς τὴν καρδίαν αὐτῶν ἀγαθὰ ὑπὲρ τῆς Ἐκκλησίας σου καὶ παντὸς τοῦ λαοῦ σου, ἵνα ἐν τῇ γαλήνῃ αὐτῶν ἤρεμον καὶ ἡσύχιον βίον διάγωμεν, ἐν πάσῃ εὐσεβείᾳ καὶ σεμνότητι. Μνήθητι, Κύριε, πάσης ἀρχῆς καὶ ἐξουσίας καὶ τῶν ἐν τῷ παλατίῳ ἀδελφῶν ἡμῶν καὶ παντὸς τοῦ στρατοπέδου. Τοὺς ἀγαθοὺς ἐν τῇ ἀγαθότητί σου διατήρησον· τοὺς πονηροὺς ἀγαθοὺς ποίησον ἐν τῇ χρηστότητί σου.

Μνήσθητι, Κύριε, τοῦ περιεστῶτος λαοῦ καὶ τῶν δι' εὐλόγους αἰτίας ἀπολειφθέντων καὶ ἐλέησον αὐτοὺς καὶ ἡμᾶς

Remember, Lord, those who have offered these gifts, and those for whom, through whom, and on behalf of whom they have offered them. Remember, Lord, those who bring offerings and those who care for the beauty of your holy churches, and who remember the poor. Reward them with your riches and heavenly gifts of grace; grant them for earthly things, heavenly; for temporary ones, eternal, for corruptible, incorruptible. Remember, Lord, those in deserts and mountains and caves and in the hollows of the earth. Remember, Lord, those who pass their lives in virginity, piety, asceticism and holy living.

Remember, Lord, our most devout and faithful Rulers, whom you have set to rule on the earth. Crown them with a weapon of truth, a weapon of good pleasure; overshadow their head in the day of war; strengthen their arm, exalt their right, establish their kingdom; subdue beneath them all barbarous nations that seek for wars; grant them deep and untroubled peace; speak good things to their heart for your Church and for all your people; so that by their tranquillity we may pass our life in quiet and calm, in all piety and holiness. Remember, Lord, every rule and authority, our brethren in the palace (and all the armed forces). In your goodness, keep those who are good. In your kindness, make those who are wicked good.

Remember, Lord, the people here present and those who are absent for good reason, and have mercy on them and on us according to the multitude of

κατὰ τὸ πλῆθος τοῦ ἐλέους σου· τὰ ταμεῖα αὐτῶν ἔμπλησον παντὸς ἀγαθοῦ· τὰς συζυγίας αὐτῶν ἐν εἰρήνῃ καὶ ὁμονοίᾳ διατήρησον· τὰ νήπια ἔκθρεψον· τὴν νεότητα παιδαγώγησον· τὸ γῆρας περικράτησον· τοὺς ὀλιγοψύχους παραμύθησαι· τοὺς ἐσκορπισμένους ἐπισυνάγαγε· τοὺς πεπλανημένους ἐπανάγαγε καὶ σύναψον τῇ ἁγίᾳ σου καθολικῇ καὶ ἀποστολικῇ Ἐκκλησίᾳ. Τοὺς ὀχλουμένους ὑπὸ πνευμάτων ἀκαθάρτων ἐλευθέρωσον· τοῖς πλέουσι σύμπλευσον· τοῖς ὁδοιποροῦσι συνόδευσον· χηρῶν πρόστηθι· ὀρφανῶν ὑπεράσπισον· αἰχμαλώτους ῥῦσαι· νοσοῦντας ἴασαι. Τῶν ἐν βήμασι καὶ μετάλλοις καὶ ἐξορίαις καὶ πικραῖς δουλείαις καὶ πάσῃ θλίψει καὶ ἀνάγκῃ καὶ περιστάσει ὄντων μνημόνευσον, ὁ Θεός, καὶ πάντων τῶν δεομένων τῆς μεγάλης σου εὐσπλαγχνίας· καὶ τῶν ἀγαπώντων ἡμᾶς καὶ τῶν μισούντων καὶ τῶν ἐντειλαμένων ἡμῖν τοῖς ἀναξίοις εὔχεσθαι ὑπὲρ αὐτῶν. Καὶ παντὸς τοῦ λαοῦ σου μνήσθητι, Κύριε ὁ Θεὸς ἡμῶν, καὶ ἐπὶ πάντας ἔκχεον τὸ πλούσιόν σου ἔλεος, πᾶσι παρέχων τὰ πρὸς σωτηρίαν αἰτήματα. Καὶ ὧν ἡμεῖς οὐκ ἐμνημονεύσαμεν, δι᾽ ἄγνοιαν ἢ λήθην ἢ πλῆθος ὀνομάτων, αὐτὸς μνημόνευσον, ὁ Θεός, ὁ εἰδὼς ἑκάστου τὴν ἡλικίαν καὶ τὴν προσηγορίαν, ὁ εἰδὼς ἕκαστον ἐκ κοιλίας μητρὸς αὐτοῦ.

Σὺ γὰρ εἶ, Κύριε, ἡ βοήθεια τῶν ἀβοηθήτων, ἡ ἐλπὶς τῶν ἀπηλπισμένων, ὁ τῶν χειμαζομένων σωτήρ, ὁ τῶν πλεόντων λιμήν, ὁ τῶν νοσούντων ἰατρός. Αὐτὸς τοῖς πᾶσι τὰ πάντα γενοῦ, ὁ εἰδὼς ἕκαστον καὶ τὸ αἴτημα αὐτοῦ, οἶκον καὶ τὴν χρείαν αὐτοῦ. Ῥῦσαι, Κύριε, τὴν πόλιν ταύτην , καὶ πᾶσαν πόλιν, καὶ πᾶσαν πόλιν καὶ

your mercy. Fill their storehouses with every good thing; preserve their marriages in peace and concord; nourish the infants, guide the young, strengthen the aged; comfort the fainthearted; gather the scattered; bring back those who have gone astray, and join them to your holy, catholic and apostolic Church. Free those who are troubled by unclean spirits; sail with those who sail; journey with those who journey; champion widows; protect orphans; deliver prisoners; heal the sick. Remember, O God, those under trial, in mines, exile, bitter slavery and every tribulation, constraint and trouble, and all who entreat your great compassion; and those who love us, those who hate us and those who have asked us, unworthy though we are, to pray for them. And remember all your people, Lord our God, and pour out on all your rich mercy, granting to all their petitions unto salvation. And those whom we have not remembered, through ignorance or forgetfulness or the number of the names, do you yourself remember, O God, who know the age and appellation of each, who know each from their mother's womb.

For you, Lord, are the help of the helpless, the hope of those without hope, the Saviour of the storm-tossed, the Physician of the sick. Be all things to all people, you who know each and the request of each, their household and their need. Deliver, Lord, this city, and every city, town and village, from famine, plague, earthquake, flood, fire,

χώραν, ἀπὸ λοιμοῦ, λιμοῦ, σεισμοῦ, καταποντισμοῦ, πυρός, μαχαίρας, ἐπιδρομῆς ἀλλοφύλων, καὶ ἐμφυλίου πολέμου.

sword, invasion by enemies and from civil war.

Ἐκφώνως·

Ἐν πρώτοις μνήσθητι, Κύριε, τοῦ Ἀρχιεπισκόπου ἡμῶν *(Ὄνομα)*, ὃν χάρισαι ταῖς ἁγίαις σου Ἐκκλησίαις ἐν εἰρήνῃ, σῷον, ἔντιμον, ὑγιᾶ, μακροημερεύοντα καὶ ὀρθοτομοῦντα τὸν λόγον τῆς σῆς ἀληθείας.

Ὁ Διάκονος· Καὶ ὧν ἕκαστος κατὰ διάνοιαν ἔχει, καὶ πάντων καὶ πασῶν.

Ὁ Χορός· Καὶ πάντων καὶ πασῶν.

Ὁ Ἱερεύς, ἐπεύχεται χαμηλοφώνως·

Μνήσθητι, Κύριε, πάσης ἐπισκοπῆς ὀρθοδόξων, τῶν ὀρθοτομούντων τὸν λόγον τῆς σῆς ἀληθείας. Μνήσθητι, Κύριε, κατὰ τὸ πλῆθος τῶν οἰκτιρμῶν σου καὶ τῆς ἐμῆς ἀναξιότητος· συγχώρησόν μοι πᾶν πλημμέλημα ἑκούσιόν τε καὶ ἀκούσιον· καὶ μὴ διὰ τὰς ἐμὰς ἁμαρτίας κωλύσῃς τὴν χάριν τοῦ ἁγίου σου Πνεύματος ἀπὸ τῶν προκειμένων δώρων. Μνήσθητι, Κύριε, τοῦ πρεσβυτερίου, τῆς ἐν Χριστῷ διακονίας καὶ παντὸς ἱερατικοῦ καὶ μοναχικοῦ τάγματος· καὶ μηδένα ἡμῶν καταισχύνῃς τῶν κυκλούντων τὸ ἅγιόν σου θυσιαστήριον.

Ἐπίσκεψαι ἡμᾶς ἐν τῇ χρηστότητί σου, Κύριε· ἐπιφάνηθι ἡμῖν ἐν τοῖς πλουσίοις σου οἰκτιρμοῖς· εὐκράτους καὶ ἐπωφελεῖς τοὺς ἀέρας ἡμῖν χάρισαι· ὄμβρους εἰρηνικοὺς τῇ γῇ πρὸς καρποφορίαν δώρησαι· εὐλόγησον τὸν στέφανον τοῦ ἐνιαυτοῦ τῆς χρηστότητός σου. Παῦσον τὰ σχίσματα τῶν Ἐκκλησιῶν· σβέσον τὰ

Aloud:

First of all, remember, Lord, our Archbishop *(Name)*, and grant that he may serve your holy churches in peace, safety, honour, health, and length of days, rightly discerning the word of your truth.

Deacon: Remember also, Lord, those whom each of us calls to mind and all your people.

Choir: And all Your people.

The Priest prays, in a low voice:

Remember, Lord, the whole Orthodox episcopate which rightly proclaims the word of your truth. Remember, Lord, according to the multitude of your pities, me, your unworthy servant; pardon me every offence, willing and unwilling; and do not, because of my sins, withhold the grace of your Holy Spirit from the gifts here set forth. Remember, Lord, the order of presbyters, the diaconate in Christ and every order of clergy; put none of us to shame, who stand around your altar.

Visit us in your goodness, Lord. Shine on us with your rich mercies; grant us temperate and fruitful weather; bestow on the earth moderate rains to bring forth fruit. Bless the crown of the year with your goodness; end the schisms of the churches; quench the ragings of the nations; speedily put down the uprisings of heresies by the

φρυάγματα τῶν ἐθνῶν· τὰς τῶν αἱρέσεων ἐπαναστάσεις ταχέως κατάλυσον τῇ δυνάμει τοῦ ἁγίου σου Πνεύματος. Πάντας ἡμᾶς πρόσδεξαι εἰς τὴν βασιλείαν σου, υἱούς φωτὸς καὶ υἱοὺς ἡμέρας ἀναδείξας. Τὴν σὴν εἰρήνην καὶ τὴν σὴν ἀγάπην χάρισαι ἡμῖν, Κύριε ὁ Θεὸς ἡμῶν· πάντα γὰρ ἀπέδωκας ἡμῖν.

Ἐκφώνως·

Καὶ δὸς ἡμῖν, ἐν ἑνὶ στόματι καὶ μιᾷ καρδίᾳ, δοξάζειν καὶ ἀνυμνεῖν τὸ πάντιμον καὶ μεγαλοπρεπὲς ὄνομά σου, τοῦ Πατρὸς καὶ τοῦ Υἱοῦ καὶ τοῦ Ἁγίου Πνεύματος, νῦν καὶ ἀεὶ καὶ εἰς τοὺς αἰῶνας τῶν αἰώνων.

Ὁ Χορός· Ἀμήν.

Ὁ Ἱερεύς· Καὶ ἔσται τὰ ἐλέη τοῦ μεγάλου Θεοῦ καὶ Σωτῆρος ἡμῶν Ἰησοῦ Χριστοῦ μετὰ πάντων ἡμῶν.

Ὁ Χορός· Καὶ μετὰ τοῦ πνεύματός σου.

Η ΚΥΡΙΑΚΗ ΠΡΟΣΕΥΧΗ

Ὁ Διάκονος· Πάντων τῶν ἁγίων μνημονεύσαντες, ἔτι καὶ ἔτι ἐν εἰρήνῃ τοῦ Κυρίου δεηθῶμεν.

Ὁ Χορός· Κύριε, ἐλέησον. *(Καὶ μεθ' ἑκάστην δέησιν)*

Ὁ Διάκονος· Ὑπὲρ τῶν προσκομισθέντων καὶ ἁγιασθέντων τιμίων Δώρων, τοῦ Κυρίου δεηθῶμεν.

Ὅπως ὁ φιλάνθρωπος Θεὸς ἡμῶν, ὁ προσδεξάμενος αὐτὰ εἰς τὸ ἅγιον καὶ ὑπερουράνιον καὶ νοερὸν αὐτοῦ θυσιαστήριον, εἰς ὀσμὴν εὐωδίας πνευματικῆς, ἀντικαταπέμψῃ ἡμῖν τὴν θείαν χάριν

power of your Holy Spirit. Receive us all into your kingdom, declaring us to be children of the light and children of the day. Grant us your peace and your love, O Lord, our God; for you have given us all things.

Aloud:

And grant that with one voice and one heart we may glorify and praise Your most honored and majestic name, of the Father and the Son and the Holy Spirit, both now and ever and to the ages of ages.

Choir: Amen.

Priest: And the mercies of our great God and Saviour, Jesus Christ, shall be with all of you.

Choir: And with your spirit.

THE LORD'S PRAYER

Deacon: Having commemorated all the saints, let us again and again in peace pray to the Lord.

Choir: Lord, have mercy. *(And so after each petition)*

Deacon: For the precious gifts here set forth and sanctified, let us pray to the Lord.

That our God, who loves mankind, having accepted them on his holy and immaterial Altar above the heavens, as a savor of spiritual fragrance, may send down upon us in return his divine grace

καὶ τὴν δωρεὰν τοῦ Ἁγίου Πνεύματος, δεηθῶμεν.

[Ὑπὲρ τοῦ ῥυσθῆναι ἡμᾶς ἀπὸ πάσης θλίψεως, ὀργῆς, κινδύνου καὶ ἀνάγκης, τοῦ Κυρίου δεηθῶμεν.

Ἀντιλαβοῦ, σῶσον, ἐλέησον, καὶ διαφύλαξον ἡμᾶς, ὁ Θεός, τῇ σῇ χάριτι.

Τὴν ἡμέραν πᾶσαν, τελείαν, ἁγίαν, εἰρηνικὴν καὶ ἀναμάρτητον, παρὰ τοῦ Κυρίου αἰτησώμεθα.

Ὁ Χορός· Παράσχου Κύριε. *(Καὶ εἰς ὅλας τὰς δεήσεις ταύτας.)*

Ἄγγελον εἰρήνης, πιστὸν ὁδηγόν, φύλακα τῶν ψυχῶν καὶ τῶν σωμάτων ἡμῶν, παρὰ τοῦ Κυρίου αἰτησώμεθα.

Συγγνώμην καὶ ἄφεσιν τῶν ἁμαρτιῶν καὶ τῶν πλημμελημάτων ἡμῶν, παρὰ τοῦ Κυρίου αἰτησώμεθα.

Τὰ καλὰ καὶ συμφέροντα ταῖς ψυχαῖς ἡμῶν, καὶ εἰρήνην τῷ κόσμῳ, παρὰ τοῦ Κυρίου αἰτησώμεθα.

Τὸν ὑπόλοιπον χρόνον τῆς ζωῆς ἡμῶν, ἐν εἰρήνῃ καὶ μετανοίᾳ ἐκτελέσαι, παρὰ τοῦ Κυρίου αἰτησώμεθα.

Χριστιανὰ τὰ τέλη τῆς ζωῆς ἡμῶν, ἀνώδυνα, ἀνεπαίσχυντα, εἰρηνικά, καὶ καλὴν ἀπολογίαν τὴν ἐπὶ τοῦ φοβεροῦ βήματος τοῦ Χριστοῦ, αἰτησώμεθα.]

Τὴν ἑνότητα τῆς πίστεως, καὶ τὴν κοινωνίαν τοῦ Ἁγίου Πνεύματος αἰτησάμενοι, ἑαυτοὺς καὶ ἀλλήλους καὶ πᾶσαν τὴν ζωὴν ἡμῶν Χριστῷ τῷ Θεῷ παραθώμεθα.

Ὁ Χορός· Σοί, Κύριε.

and the gift of the Holy Spirit, let us pray.

[For our deliverance from all affliction, wrath, danger, and distress, let us pray to the Lord.

Take hold of us, save us, have mercy upon us, and protect us, O God, by Your grace.

That the whole day may be perfect, holy, peaceful and sinless, let us ask the Lord.

Choir: Grant this, O Lord. *(And this in the remaining petitions.)*

An angel of peace, a faithful guide, a guardian of our souls and bodies, let us ask of the Lord.

Pardon and forgiveness of our sins and offences, let us ask of the Lord.

Those things which are good and profitable for our souls, and peace for the world, let us ask of the Lord.

That we may live out the rest of our days in peace and repentance, let us ask of the Lord.

A Christian end to our life, painless, unashamed and peaceful, and a good defence before the fearful judgement seat of Christ, let us ask.]

Having prayed for the unity of the faith and for the communion of the Holy Spirit, let us commit ourselves, and one another, and our whole life to Christ our God.

Choir: To You, O Lord.

Ὁ Ἱερεύς, ἐπεύχεται χαμηλοφώνως·

The Priest prays in a low voice:

Ὁ Θεὸς ἡμῶν, ὁ Θεὸς τοῦ σῴζειν, σὺ ἡμᾶς δίδαξον εὐχαριστεῖν σοι ἀξίως ὑπὲρ τῶν εὐεργεσιῶν σου, ὧν ἐποίησας καὶ ποιεῖς μεθ' ἡμῶν. Σύ, ὁ Θεὸς ἡμῶν, ὁ προσδεξάμενος τὰ δῶρα ταῦτα, καθάρισον ἡμᾶς ἀπὸ παντὸς μολυσμοῦ σαρκὸς καὶ πνεύματος καὶ δίδαξον ἐπιτελεῖν ἁγιωσύνην ἐν φόβῳ σου, ἵνα ἐν καθαρῷ τῷ μαρτυρίῳ τῆς συνειδήσεως ἡμῶν ὑποδεχόμενοι τὴν μερίδα τῶν ἁγιασμάτων σου, ἑνωθῶμεν τῷ ἁγίῳ Σώματι καὶ Αἵματι τοῦ Χριστοῦ σου. Καὶ ὑποδεξάμενοι αὐτὰ ἀξίως, σχῶμεν τὸν Χριστόν, κατοικοῦντα ἐν ταῖς καρδίαις ἡμῶν καὶ γενώμεθα ναὸς τοῦ ἁγίου σου Πνεύματος.

Ναί, ὁ Θεὸς ἡμῶν, καὶ μηδένα ἡμῶν ἔνοχον ποιήσῃς τῶν φρικτῶν σου τούτων καὶ ἐπουρανίων μυστηρίων, μηδὲ ἀσθενῆ ψυχῇ καὶ σώματι ἐκ τοῦ ἀναξίως αὐτῶν μεταλαμβάνειν· ἀλλὰ δὸς ἡμῖν μέχρι τῆς ἐσχάτης ἡμῶν ἀναπνοῆς ἀξίως ὑποδέχεσθαι τὴν μερίδα τῶν ἁγιασμάτων σου εἰς ἐφόδιον ζωῆς αἰωνίου, εἰς ἀπολογίαν εὐπρόσδεκτον τὴν ἐπὶ τοῦ φοβεροῦ βήματος τοῦ Χριστοῦ σου· ὅπως ἂν καὶ ἡμεῖς μετὰ πάντων τῶν ἁγίων τῶν ἀπ' αἰῶνός σοι εὐαρεστησάντων γενώμεθα μέτοχοι τῶν αἰωνίων σου ἀγαθῶν, ἃ ἡτοίμασας τοῖς ἀγαπῶσί σε, Κύριε.

Ἐκφώνως·

Καὶ καταξίωσον ἡμᾶς, Δέσποτα, μετὰ παρρησίας, ἀκατακρίτως τολμᾶν ἐπικαλεῖσθαι Σὲ τὸν ἐπουράνιον Θεὸν Πατέρα καὶ λέγειν·

Our God, the God who saves, teach us to thank you worthily for all the benefits, which you have done and do for us. Do you, our God, receive these gifts and cleanse us from every defilement of flesh and spirit, and teach us to accomplish holiness in fear of you, so that, receiving a part of your holy gifts with the witness of a good conscience, we may be made one with the holy body and blood of your Christ. And when we have received them worthily may we have Christ dwelling in our hearts, and become a temple of your Holy Spirit.

Yes, our God, make none of us guilty of these your dread and heavenly Mysteries, nor weak in soul and body through partaking of them unworthily; but grant us, until our last breath, to receive our part of your holy things as provision for the journey of eternal life, for an acceptable defence before the dread judgement seat of your Christ; so that we too, with all the Saints, who have been well-pleasing to you since time began, may become partakers of your eternal good things, which you have prepared for those who love you, O Lord.

Aloud:

And count us worthy, Master, with boldness and without condemnation to dare to call upon you, the God of heaven, as Father, and to say:

Ὁ Λαός·

Πάτερ ἡμῶν, ὁ ἐν τοῖς οὐρανοῖς· ἁγιασθήτω τὸ ὄνομά σου, ἐλθέτω ἡ βασιλεία σου, γενηθήτω τὸ θέλημά σου, ὡς ἐν οὐρανῷ καὶ ἐπὶ τῆς γῆς. Τὸν ἄρτον ἡμῶν τὸν ἐπιούσιον δὸς ἡμῖν σήμερον. Καὶ ἄφες ἡμῖν τὰ ὀφειλήματα ἡμῶν, ὡς καὶ ἡμεῖς ἀφίεμεν τοῖς ὀφειλέταις ἡμῶν. Καὶ μὴ εἰσενέγκῃς ἡμᾶς εἰς πειρασμόν, ἀλλὰ ῥῦσαι ἡμᾶς ἀπὸ τοῦ πονηροῦ.

Τούτου λεγομένου ὁ διάκονος ζώννυται τὸ ὀράριον σταυροειδῶς.

Ὁ Ἱερεὺς ἐκφώνως·

Ὅτι σοῦ ἐστιν ἡ βασιλεία καὶ ἡ δύναμις καὶ ἡ δόξα, τοῦ Πατρὸς καὶ τοῦ Υἱοῦ καὶ τοῦ Ἁγίου Πνεύματος, νῦν καὶ ἀεὶ καὶ εἰς τοὺς αἰῶνας τῶν αἰώνων.

Ὁ Χορός· Ἀμήν.

ΚΕΦΑΛΟΚΛΙΣΙΑ

Ὁ Ἱερεύς· Εἰρήνη πᾶσι.

Ὁ Χορός· Καὶ τῷ πνεύματί σου.

Ὁ Διάκονος· Τὰς κεφαλὰς ἡμῶν τῷ Κυρίῳ κλίνωμεν.

Ὁ Χορός· Σοί, Κύριε.

Ὁ Ἱερεύς, ἐπεύχεται χαμηλοφώνως·

Δέσποτα Κύριε, ὁ Πατὴρ τῶν οἰκτιρμῶν, καὶ Θεὸς πάσης παρακλήσεως, τοὺς ὑποκεκλικότας σοι τὰς ἑαυτῶν κεφαλὰς εὐλόγησον, ἁγίασον, φρούρησον, ὀχύρωσον, ἐνδυνάμωσον, ἀπὸ παντὸς ἔργου πονηροῦ ἀπόστησον, παντὶ δὲ ἔργῳ ἀγαθῷ σύναψον, καὶ καταξίωσον ἀκατακρίτως μετασχεῖν τῶν ἀχράντων σου τούτων καὶ ζωοποιῶν μυστηρίων εἰς

People:

Our Father, who art in heaven, hallowed be Thy name. Thy kingdom come. Thy will be done, on earth as it is in heaven. Give us this day our daily bread; and forgive us our trespasses, as we forgive those who trespass against us; and lead us not into temptation, but deliver us from the evil one.

While this is being said, the Deacon arranges his orarion cross-wise.

The Priest aloud:

For Yours is the kingdom and the power and the glory of the Father and the Son and the Holy Spirit, both now and ever and to the ages of ages.

Choir: Amen.

BOWING OF THE HEADS

Priest: Peace be with all.

Choir: And with your spirit.

Deacon: Let us bow our heads to the Lord.

Choir: To You, O Lord.

The Priest prays, in a low voice:

Master, Lord, the Father of pities and God of every consolation, bless, hallow, guard, strengthen and empower those who have bowed their heads to you. Keep them away from every wicked work, join them to every good work, and make them worthy without condemnation to share in these your most pure and life-giving Myster-

ἄφεσιν ἁμαρτιῶν, εἰς Πνεύματος ἁγίου κοινωνίαν.

Ἐκφώνως·

Χάριτι καὶ οἰκτιρμοῖς καὶ φιλανθρωπίᾳ τοῦ μονογενοῦς σου Υἱοῦ, μεθ᾽ οὗ εὐλογητὸς εἶ, σὺν τῷ παναγίῳ καὶ ἀγαθῷ καὶ ζωοποιῷ σου Πνεύματι, νῦν καὶ ἀεὶ καὶ εἰς τοὺς αἰῶνας τῶν αἰώνων.

Ὁ Χορός· Ἀμήν.

ΥΨΩΣΙΣ-ΚΛΑΣΙΣ-ΜΕΤΑΛΗΨΙΣ

Ὁ Ἱερεύς, ἐπεύχεται χαμηλοφώνως·

Π ρόσχες Κύριε Ἰησοῦ Χριστέ, ὁ Θεὸς ἡμῶν, ἐξ ἁγίου κατοικητηρίου σου καὶ ἀπὸ θρόνου δόξης τῆς βασιλείας σου καὶ ἐλθὲ εἰς τὸ ἁγιάσαι ἡμᾶς, ὁ ἄνω τῷ Πατρὶ συγκαθήμενος καὶ ὧδε ἡμῖν ἀοράτως συνών· καὶ καταξίωσον τῇ κραταιᾷ σου χειρὶ μεταδοῦναι ἡμῖν τοῦ ἀχράντου Σώματός σου, καὶ τοῦ τιμίου Αἵματος καὶ δι᾽ ἡμῶν παντὶ τῷ λαῷ.

Ὁ Διάκονος· Πρόσχωμεν.

Ὁ Ἱερεύς· Τὰ Ἅγια τοῖς ἁγίοις.

Ὁ Χορός· Εἷς Ἅγιος, εἷς Κύριος, Ἰησοῦς Χριστός, εἰς δόξαν Θεοῦ Πατρός. Ἀμήν.

Καὶ ψάλλει τὸ ὡρισμένον κοινωνικόν.:

Ὁ Χορός· Ἐξηγέρθη ὡς ὁ ὑπνῶν Κύριος, καὶ ἀνέστη σῴζων ἡμᾶς. Ἀλληλούια.

Ὁ Διάκονος· Μέλισον, δέσποτα, τὸν ἅγιον ἄρτον.

ies, for forgiveness of sins, for communion in the Holy Spirit.

Aloud:

Through the grace and compassion and love towards mankind of your only-begotten Son, with whom you are blessed, together with your all-holy, good and life-giving Spirit, now and for ever, and to the ages of ages.

Choir: Amen.

ELEVATION-FRACTURE-COMMUNION

The Priest prays, in a low voice:

G ive heed, Lord Jesus Christ our God, from your holy dwelling-place and from the glorious throne of your kingdom; and come to sanctify us, you who are enthroned on high with the Father and invisibly present here with us. And with your mighty hand grant communion in your most pure Body and precious Blood to us, and through us to all the people.

Deacon: Let us be attentive.

Priest: The Holy Things for the holy.

Choir: One is Holy, one is Lord, Jesus Christ, to the glory of God the Father. Amen.

And the appointed communion hymn is sung.:

Choir: The Lord awoke as one that sleeps; and has risen and saved us. Alleluia.

Deacon: Break, Master, the Holy bread.

Ὁ Ἱερεὺς μελίζει αὐτὸν εἰς τέσσαρας μερίδας λέγων·

Μελίζεται καὶ διαμερίζεται ὁ Ἀμνὸς τοῦ Θεοῦ, ὁ μελιζόμενος καὶ μὴ διαιρούμενος· ὁ πάντοτε ἐσθιόμενος καὶ μηδέποτε δαπανώμενος ἀλλὰ τοὺς μετέχοντας ἁγιάζων.

Καὶ θέτει αὐτὰς ἐν τῷ ἁγίῳ δίσκῳ σταυροειδῶς οὕτως.

Ὁ Διάκονος· Πλήρωσον, δέσποτα, τὸ ἅγιον ποτήριον.

Καὶ ὁ ἱερεὺς λαβὼν τὴν ἄνω μερίδα τὴν ἔχουσαν τοῦ ΙΣ χαρακτῆρα ποιεῖ δι' αὐτῆς σταυρὸν ἐπάνω τοῦ ἁγίου ποτηρίου λέγων·

Πλήρωμα Πνεύματος ἁγίου.

Ὁ Διάκονος· Ἀμήν.

Καὶ ἐμβάλλει αὐτὴν εἰς τὸ ἅγιον ποτήριον.

Καὶ λαβὼν τὸ ζέον λέγει πρὸς τὸν ἱερέα·

Εὐλόγησον, δέσποτα, τὸ ζέον.

Ὁ Ἱερεὺς εὐλογεῖ αὐτὸ λέγων·

Εὐλογημένη ἡ ζέσις τῶν ἁγίων σου πάντοτε, νῦν καὶ ἀεὶ καὶ εἰς τοὺς αἰῶνας τῶν αἰώνων.

Ὁ Διάκονος· Ἀμήν.

Καὶ ἐγχέει ἐκ τοῦ ζέοντος τὸ ἀρκοῦν εἰς τὸ ἅγιον ποτήριον λέγων·

Ζέσις Πνεύματος ἁγίου. Ἀμήν.

Καὶ κλίναντες ἀμφότεροι τὰς κεφαλὰς προσεύχονται μετὰ δέους καὶ εὐλαβείας.

Εἴθισται, ὅπως λέγωνται ἐνταῦθα ὑπὸ τῶν ἱερέων καὶ τοῦ διακόνου τὰ κάτωθι ἐκ τῆς ἀκολουθίας τῆς Θείας Μεταλήψεως.

Πιστεύω, Κύριε, καὶ ὁμολογῶ, ὅτι σὺ εἶ ἀληθῶς ὁ Χριστός, ὁ Υἱὸς τοῦ Θεοῦ τοῦ ζῶντος, ὁ ἐλθὼν εἰς τὸν κόσμον ἁμαρτωλοὺς σῶσαι, ὧν πρῶτός εἰμι ἐγώ. Ἔτι πιστεύω, ὅτι τοῦτο αὐτό ἐστι τὸ ἄχραντον Σῶμά σου καὶ τοῦτο αὐτό ἐστι τὸ τίμιον Αἷμά σου. Δέομαι οὖν σου· ἐλέησόν με καὶ συγχώρησόν μοι τὰ παραπτώματά μου, τὰ ἑκούσια καὶ τὰ ἀκούσια,

The Priest breaks it into four parts saying:

The Lamb of God is broken and distributed; broken but not divided. He is forever eaten yet is never consumed, but He sanctifies those who partake of Him.

And he places them on the holy discus cross-wise.

Deacon: Fill, Master, the Holy cup.

And the Priest takes the top portion which has the characteristic ΙΣ and makes the sign of the cross with it over the holy Cup saying:

The fullness of the Holy Spirit.

Deacon: Amen.

And he places it into the holy Cup.

And offering the Zeon to the Priest he says:

Bless, Master, the hot water.

The Priest blesses it saying:

Blessed is the fervor of your holy things, always, now and for ever, and to the ages of ages. Amen.

Deacon: Amen.

And he pours the hot water into the holy Cup saying:

The fervor of the Holy Spirit. Amen.

And both bowing their heads, they pray with awe and piety.

It is customary at this point for the Priests and the Deacon to say the following from the service of Divine Communion.

I believe, Lord, and I confess, that you are truly the Christ, the Son of the living God, who came into the world to save sinners, of whom I am the first. Also I believe that this is indeed your most pure Body, and this indeed your precious Blood. Therefore I beseech you, have mercy on me and forgive me my offenses, voluntary and involuntary,

τὰ ἐν λόγῳ, τὰ ἐν ἔργῳ, τὰ ἐν γνώσει καὶ ἀγνοίᾳ· καὶ ἀξίωσόν με ἀκατακρίτως μετασχεῖν τῶν ἀχράντων σου μυστηρίων, εἰς ἄφεσιν ἁμαρτιῶν καὶ εἰς ζωὴν αἰώνιον. Ἀμήν.

Ἰδοὺ, βαδίζω πρὸς θείαν κοινωνίαν. Πλαστουργὲ μὴ φλέξῃς με τῇ μετουσίᾳ. Πῦρ γὰρ ὑπάρχεις τοὺς ἀναξίους φλέγον. Ἀλλ' οὖν κάθαρον ἐκ πάσης με κηλῖδος.

Τοῦ δείπνου σου τοῦ μυστικοῦ, σήμερον Υἱὲ Θεοῦ κοινωνόν με παράλαβε· οὐ μὴ γὰρ τοῖς ἐχθροῖς σου τὸ μυστήριον εἴπω· οὐ φιλημά σοι δώσω, καθάπερ ὁ Ἰούδας· ἀλλ' ὡς ὁ λῃστὴς ὁμολογῶ σοι· Μνήσθητί μου Κύριε ἐν τῇ βασιλείᾳ σου.

Θεουργὸν αἷμα φρῖξον, ἄνθρωπε, βλέπων· Ἄνθραξ γάρ ἐστι τοὺς ἀναξίους φλέγων· Θεοῦ τὸ σῶμα καὶ θεοῖ με καὶ τρέφει· Θεοῖ τὸ πνεῦμα, τὸν δὲ νοῦν τρέφει ξένως.

Ἔθελξας πόθῳ με Χριστέ, καὶ ἠλλοίωσας τῷ θείῳ σου ἔρωτι· ἀλλὰ κατάφλεξον πυρὶ ἀΰλῳ τὰς ἁμαρτίας μου, καὶ ἐμπλησθῆναι τῆς ἐν σοὶ τρυφῆς καταξίωσον, ἵνα τὰς δύο σκιρτῶν μεγαλύνω, Ἀγαθέ, παρουσίας σου.

Ἐν ταῖς λαμπρότησι τῶν ἁγίων σου πῶς εἰσελεύσομαι ὁ ἀνάξιος; Ἐὰν γὰρ τολμήσω συνεισελθεῖν εἰς τὸν Νυμφῶνα, ὁ χιτών με ἐλέγχει ὅτι οὔκ ἐστι τοῦ γάμου, καὶ δέσμιος ἐκβαλοῦμαι ὑπὸ τῶν ἀγγέλων. Καθάρισον, Κύριε, τὸν ῥύπον τῆς ψυχῆς μου καὶ σῶσόν με ὡς φιλάνθρωπος.

in word and in deed, in knowledge and in ignorance, and count me worthy to partake uncondemned of your most pure Mysteries for forgiveness of sins and eternal life. Amen.

See, to divine Communion I draw near; my Maker, burn me not as I partake, for you are fire consuming the unworthy, but therefore make me clean from every stain.

Of your mystical Supper, Son of God, receive me today as a communicant; for I will not tell of the Mysteries to your enemies; I will not give you a kiss, like Judas; but like the Thief I confess you; Remember me, Lord in your kingdom.

Tremble before the Blood that deifies. A fiery coal it is that burns up the unworthy. God's own body deifies and feeds me. Deifies the spirit and the mind it nourishes in manner strange.

You have smitten me with longing, O Christ, and changed me by your divine love, but with immaterial fire burn up my sins and count me worthy to be filled with delight in you, that as I leap for joy, O Good One, I may magnify your first and second Comings

How shall I, the unworthy, enter among the splendors of your Saints? For if I dare to enter with them into the bridal chamber, my dress convicts me, for it is not a wedding garment, and I shall be bound and cast out by the Angels. Cleanse the stain of my soul, Lord, and save me, as you love mankind.

Δέσποτα φιλάνθρωπε, Κύριε Ἰησοῦ Χριστέ, ὁ Θεός μου, μὴ εἰς κρῖμά μοι γένοιτο τὰ ἅγια ταῦτα, διὰ τὸ ἀνάξιον εἶναί με, ἀλλ' εἰς κάθαρσιν καὶ ἁγιασμὸν ψυχῆς τε καὶ σώματος, καὶ εἰς ἀρραβῶνα τῆς μελλούσης ζωῆς καὶ βασιλείας. Ἐμοὶ δὲ τὸ προσκολλᾶσθαι τῷ Θεῷ ἀγαθόν ἐστι, τίθεσθαι ἐν τῷ Κυρίῳ τὴν ἐλπίδα τῆς σωτηρίας μου.

Τοῦ δείπνου σου τοῦ μυστικοῦ...

Τῶν τιμίων δώρων μεταλαμβάνει Ὁ Ἱερεύς, ἔπειτα δὲ μεταδίδει κατὰ σειρὰν εἰς τοὺς ἱερεῖς καὶ τοὺς διακόνους πρῶτον ἐκ τοῦ ἁγίου Ἄρτου καὶ εἶτα ἐκ τοῦ Ποτηρίου.

Ὁ Διάκονος· Μετὰ φόβου Θεοῦ, πίστεως καὶ ἀγάπης προσέλθετε.

Ὁ Ἱερεὺς μεταδιδοὺς τοῖς πιστοῖς, ἐπὶ ἑνὶ ἑκάστῳ λέγει· Μεταδίδοταί σοι τὸ Σῶμα καὶ τὸ Αἷμα τοῦ Κυρίου ἡμῶν Ἰησοῦ Χριστοῦ, εἰς ἄφεσιν ἁμαρτιῶν καὶ εἰς ζωὴν αἰώνιον. Ἀμήν.

Ἐν δὲ τῷ κοινωνεῖν τοὺς πιστούς, ὁ χορὸς ψάλλει· Τοῦ δείπνου σου τοῦ μυστικοῦ, σήμερον Υἱὲ Θεοῦ κοινωνόν με παράλαβε· οὐ μὴ γὰρ τοῖς ἐχθροῖς σου τὸ μυστήριον εἴπω· οὐ φίλημά σοι δώσω, καθάπερ ὁ Ἰούδας· ἀλλ' ὡς ὁ λῃστὴς ὁμολογῶ σοι· Μνήσθητί μου Κύριε ἐν τῇ βασιλείᾳ σου. *ἢ* Σῶμα Χριστοῦ μεταλάβετε...

Καὶ μετὰ τὸ κοινωνεῖν πάντας, Ὁ Ἱερεύς, ὑψῶν τὸ ἅγιον ποτήριον λέγει·

Σῶσον ὁ Θεὸς τὸν λαόν σου, καὶ εὐλόγησον τὴν κληρονομίαν σου.

Ὁ Χορός· Μνήσθητι, εὔσπλαγχνε καὶ ἡμῶν, καθὼς ἐμνημόνευσας τοῦ λῃστοῦ ἐν τῇ βασιλείᾳ τῶν οὐρανῶν.

Καὶ ἀποθέτει ὁ Ἱερεὺς τὸ ἅγιον ποτήριον ἐν τῇ ἁγίᾳ Τραπέζῃ, ὁ δὲ διάκονος λέγει·

Ὕψωσον Δέσποτα.

Ⲙaster, lover of mankind, Lord Jesus Christ, my God, do not let these holy Mysteries be for my condemnation because of my unworthiness, but rather for the cleansing and sanctification of both soul and body, and as a pledge of the life and the kingdom to come. It is good for me to cleave to God, to place in the Lord the hope of my salvation.

Of your mystical Supper...

The Priest communes of the Holy Gifts, then according to rank, the Priests and the Deacons, first of the holy Bread and then of the holy Cup.

Deacon: With the fear of God, faith and love, draw near.

The Priest communes the faithful, and to each one he says You are granted communion of the Body and Blood of our Lord, God and Savior Jesus Christ, for the remission of sins and for life everlasting. Amen.

During the communion of the faithful, the choir sings: Receive me today, Son of God, as a partaker of Your mystical Supper. I will not reveal Your mystery to Your adversaries. Nor will I give You a kiss as did Judas. But as the thief I confess You: Lord, remember me in Your kingdom. *or* Receive the Body of Christ...

After all have communed, the Priest elevates the holy Cup and says:

Save, O God, Your people and bless Your inheritance.

Choir: Remember us also, O Compassionate One, as you remembered the Thief, in the kingdom of heaven.

The Priest places the holy Cup on the Holy Table, and the Deacon says:

Exalt, Master.

Καὶ ὁ Ἱερεὺς θυμιᾷ τὰ Ἅγια λέγων χαμηλοφώνως ἐκ γ'·

Ὑψώθητι ἐπὶ τοὺς οὐρανούς, ὁ Θεός, καὶ ἐπὶ πᾶσαν τὴν γῆν ἡ δόξα Σου.

Εἶτα τὸν μὲν δίσκον μετὰ τῶν καλυμμάτων καὶ τοῦ ἀστερίσκου ἐπιδίδει εἰς τὸν διάκονον, ὅστις περιερχόμενος τὴν ἁγίαν Τράπεζαν μεταφέρει καὶ ἀποθέτει αὐτὰ εἰς τὴν Πρόθεσιν. Ὁ δὲ Ἱερεὺς λαμβάνει τὸ ἅγιον ποτήριον καὶ λέγει χαμηλοφώνως·

Εὐλογητὸς ὁ Θεὸς ἡμῶν...

Ἐκφώνως πρὸς τὸν λαόν·

Πάντοτε, νῦν καὶ ἀεὶ καὶ εἰς τοὺς αἰῶνας τῶν αἰώνων.

Καὶ μεταφέρει αὐτὸ εἰς τὴν Πρόθεσιν.

Ὁ Χορός· Ἀμήν.

Ὁ Χορός· Πληρωθήτω τὸ στόμα ἡμῶν αἰνέσεως Κύριε, ὅπως ἀνυμνήσωμεν τὴν δόξαν σου, ὅτι ἠξίωσας ἡμᾶς τῶν ἁγίων σου μετασχεῖν μυστηρίων· τήρησον ἡμᾶς ἐν τῷ σῷ ἁγιασμῷ, ὅλην τὴν ἡμέραν μελετῶντας τὴν δικαιοσύνην σου. Ἀλληλούϊα, ἀλληλούϊα, ἀλληλούϊα.

Ὁ Διάκονος· Ὀρθοί. Μεταλαβόντες τῶν θείων, ἁγίων, ἀχράντων, ἀθανάτων, ἐπουρανίων καὶ ζωοποιῶν, φρικτῶν τοῦ Χριστοῦ μυστηρίων, ἀξίως εὐχαριστήσωμεν τῷ Κυρίῳ.

Ὁ Χορός· Κύριε, ἐλέησον. *(Καὶ μεθ' ἑκάστην δέησιν)*

Ἀντιλαβοῦ, σῶσον, ἐλέησον καὶ διαφύλαξον ἡμᾶς, ὁ Θεός, τῇ Σῇ χάριτι.

Τὴν ἡμέραν πᾶσαν, τελείαν, ἁγίαν, εἰρηνικὴν καὶ ἀναμάρτητον αἰτησάμενοι, ἑαυτοὺς καὶ ἀλλήλους, καὶ πᾶσαν τὴν ζωὴν ἡμῶν, Χριστῷ τῷ Θεῷ παραθώμεθα.

And the Priest censes the Holy Things saying in a low voice x3:

Be exalted, O God, above the heavens. Let Your glory be over all the earth.

Then the Deacon, with coverings and the star placed upon the paten, which are on the Holy Table, translates them to the Prothesis and sets them there. The Priest takes the holy Cup and says in a low voice:

Blessed is our God...

Aloud, facing the people:

Always, now and forever and to the ages of ages.

And he translates it to the Prothesis.

Choir: Amen.

Choir: Let our mouths be filled with Your praise, O Lord, that we may sing of Your glory. You have made us worthy to partake of Your holy mysteries. Keep us in Your holiness that all the day long we may meditate upon Your righteousness. Alleluia, alleluia, alleluia.

Deacon: Arise. Having received the divine, holy, pure, immortal, heavenly, life-giving and dread Mysteries of Christ, let us give worthy thanks to the Lord.

Choir: Lord, have mercy. *(And so after each petition.)*

Take hold of us, save us, have mercy upon us, and protect us, O God, by Your grace.

Having asked that the whole day may be perfect, holy, peaceful and sinless, let us entrust ourselves and one another and our whole life to Christ our God.

Ὁ Χορός· Σοί, Κύριε.

Ὁ Ἱερεὺς τὴν εὐχαριστήριον εὐχήν.

ΕΥΧΗ ΜΕΤΑ ΤΟ ΜΕΤΑΛΑΒΕΙΝ ΠΑΝΤΑΣ

Εὐχαριστοῦμέν σοι, Κύριε ὁ Θεὸς ἡμῶν, ἐπὶ τῇ μεταλήψει τῶν ἁγίων, ἀχράντων, ἀθανάτων, καὶ ἐπουρανίων σου μυστηρίων, ἃ ἔδωκας ἡμῖν ἐπ' εὐεργεσίᾳ, καὶ ἁγιασμῷ καὶ ἰάσει τῶν ψυχῶν καὶ τῶν σωμάτων ἡμῶν. Αὐτός, Δέσποτα τῶν ἁπάντων, δὸς γενέσθαι ἡμῖν τὴν κοινωνίαν τοῦ ἁγίου Σώματος καὶ Αἵματος τοῦ Χριστοῦ σου εἰς πίστιν ἀκαταίσχυντον, εἰς ἀγάπην ἀνυπόκριτον, εἰς πλησμονὴν σοφίας, εἰς ἴασιν ψυχῆς καὶ σώματος, εἰς ἀποτροπὴν παντὸς ἐναντίου, εἰς περιποίησιν τῶν ἐντολῶν σου, εἰς ἀπολογίαν εὐπρόσδεκτον τὴν ἐπὶ τοῦ φοβεροῦ βήματος τοῦ Χριστοῦ σου.

Ἐκφώνως·

Ὅτι σὺ εἶ ὁ ἁγιασμὸς ἡμῶν, καὶ σοὶ τὴν δόξαν ἀναπέμπομεν, τῷ Πατρὶ καὶ τῷ Υἱῷ καὶ τῷ Ἁγίῳ Πνεύματι, νῦν καὶ ἀεὶ καὶ εἰς τοὺς αἰῶνας τῶν αἰώνων.

Καὶ λέγων τοῦτο λαμβάνει τὸ ἱ. Εὐαγγέλιον καὶ ποιήσας δι' αὐτοῦ τὸ σημεῖον τοῦ σταυροῦ ἐπὶ τοῦ ἤδη διπλαωθέντος εἰλητοῦ ἐπιθέτει αὐτὸ ἐπ' αὐτοῦ.

Ὁ Χορός· Ἀμήν.

Ὁ Ἱερεύς· Ἐν εἰρήνῃ προέλθωμεν.

Ὁ Χορός· Ἐν ὀνόματι Κυρίου.

Ὁ Διάκονος· Τοῦ Κυρίου δεηθῶμεν.

Ὁ Χορός· Κύριε, ἐλέησον.

Καὶ ὁ ἱερεὺς ἐξελθὼν τῆς Ὡραίας Πύλης ἀναγινώσκει μεγαλοφώνως ἔμπροσθεν τῆς εἰκόνος τοῦ Χριστοῦ τὴν εὐχὴν ταύτην.

Choir: To You, O Lord.

The Priest says the prayer of Thanksgiving.

PRAYER AFTER HOLY COMMUNION

We thank you, Lord, our God, for the communion of your holy, most pure, immortal and heavenly Mysteries, which you have given us for the benefit, sanctification and healing of our souls and bodies. Do you, Master of all things, grant that the communion of the holy body and blood of your Christ may become for us for faith unashamed, love without pretence, fullness of wisdom, healing of soul and body, routing of every adversary, carrying out of your commandments, and an acceptable defence before the dread tribunal of your Christ.

Aloud:

For You are our sanctification and to You we give glory, to the Father and the Son and the Holy Spirit, both now and ever and to the ages of ages.

And while saying this, he takes the H. Gospel and makes the sign of the cross with it upon the already folded eilito and places it on top of it.

Choir: Amen.

Priest: Let us go forth in peace.

Choir: In the name of the Lord.

Deacon: Let us pray to the Lord.

Choir: Lord, have mercy.

And the Priest exits from the Beautiful Gate and reads this prayer in a loud voice in front of the icon of Christ.

ΕΥΧΗ ΟΠΙΣΘΑΜΒΩΝΟΣ

Ὁ θυσίαν αἰνέσεως καὶ λατρείαν εὐάρεστον, τὴν λογικὴν ταύτην καὶ ἀναίμακτον θυσίαν προσδεχόμενος παρὰ τῶν ἐπικαλουμένων σε ἐν ὅλῃ καρδίᾳ, Χριστὲ ὁ Θεὸς ἡμῶν, ὁ, ἀμνὸς καὶ Υἱὸς τοῦ Θεοῦ ὁ αἴρων τὴν ἁμαρτίαν τοῦ κόσμου, ὁ μόσχος ὁ ἄμωμος, ὁ μὴ δεχόμενος ἁμαρτίας ζυγὸν καὶ τυθεὶς δι' ἡμᾶς ἑκών· ὁ μελιζόμενος καὶ μὴ διαιρούμενος, ὁ ἐσθιόμενος καὶ μηδέποτε δαπανώμενος, τοὺς δὲ ἐσθίοντας ἁγιάζων· ὁ εἰς ἀνάμνησιν τοῦ ἑκουσίου πάθους σου καὶ τῆς ζωοποιοῦ τριημέρου ἐγέρσεώς σου κοινωνοὺς ἡμᾶς ἀναδείξας τῶν ἀρρήτων καὶ ἐπουρανίων καὶ φρικτῶν σου μυστηρίων, τοῦ ἁγίου σου Σώματος καὶ τοῦ τιμίου σου Αἵματος· τήρησον ἡμᾶς τοὺς δούλους σου, τοὺς διακόνους καὶ τοὺς πιστοὺς ἡμῶν βασιλεῖς καὶ τὸν φιλόχριστον στρατὸν καὶ τὸν περιεστῶτα λαὸν ἐν τῷ σῷ ἁγιασμῷ. Καὶ δὸς ἡμῖν ἐν παντὶ χρόνῳ καὶ καιρῷ μελετᾶν τὴν σὴν δικαιοσύνην, ὅπως, πρὸς τὸ σὸν θέλημα ὁδηγηθέντες καὶ τὰ εὐάρεστά σοι ποιήσαντες, ἄξιοι γενώμεθα καὶ τῆς ἐκ δεξιῶν σου παραστάσεως, ὅταν ἐλεύσῃ κρῖναι ζῶντας καὶ νεκρούς. Τοὺς ἐν αἰχμαλωσίᾳ ἀδελφοὺς ἡμῶν ἀνάρρυσαι, τοὺς ἐν ἀσθενείᾳ ἐπίσκεψαι, τοὺς ἐν κινδύνοις θαλάσσης κυβέρνησον καὶ τὰς προαναπαυσαμένας ψυχὰς ἐπ' ἐλπίδι ζωῆς αἰωνίου ἀνάπαυσον, ὅπου ἐπισκοπεῖ τὸ φῶς τοῦ προσώπου σου, καὶ πάντων τῶν δεομένων τῆς σῆς βοηθείας ἐπάκουσον. Ὅτι σὺ εἶ ὁ δοτὴρ τῶν ἀγαθῶν, καὶ σοὶ τὴν δόξαν ἀναπέμπομεν, σὺν τῷ ἀνάρχῳ σου Πατρί, καὶ τῷ παναγίῳ καὶ ἀγαθῷ καὶ ζωοποιῷ σου Πνεύ-

PRAYER BEHIND THE AMVON

Christ our God, who receive as a sacrifice of praise and acceptable worship this reasonable sacrifice without shedding of blood from those who call upon you with their whole heart, Lamb and Son of God, who take away the sin of the world, the unblemished calf, who did not bear the yoke of sin and was willingly sacrificed for us; who are broken, yet not divided, eaten, yet never consumed, but who hallow those who eat; who in memory of your voluntary passion and life-giving Rising on the third day have declared us to be partakers of your ineffable, heavenly and dread Mysteries of your holy Body and precious Blood; preserve us, your servants, the deacons, our faithful Rulers, the armed forces and the people here present in your sanctification. And grant us at every time and moment to meditate on your justice, so that, guided to your will and doing what is acceptable to you, we may become worthy of the place at your right hand, when you come to judge the living and the dead. Deliver our brethren in captivity, visit the sick, pilot those in dangers on the sea and give rest to the souls which have gone ahead to their rest in hope of eternal life, where the light of your face watches, and hearken to all who implore your help. For you are the giver of good things, and to you we give glory, together with your Father, who is without beginning, and your all-holy, good and life-giving Spirit, now and ever and to the ages of ages.

ματι, νῦν, καὶ ἀεί, καὶ εἰς τοὺς αἰῶνας τῶν αἰώνων. Ἀμήν.

Ὁ Χορός· Ἀμήν.

Ὁ Χορός· Εἴη τὸ ὄνομα Κυρίου εὐλογημένον ἀπὸ τοῦ νῦν καὶ ἕως τοῦ αἰῶνος. (γ´)

<small>Ὁ δὲ Ἱερεὺς ἀπέρχεται εἰς τὴν Πρόθεσιν καὶ λέγει χαμηλοφώνως τὴν εὐχὴν ταύτην·</small>

"Ηνυσται καὶ τετέλεσται, ὅσον εἰς τὴν ἡμετέραν δύναμιν, Χριστὲ ὁ Θεὸς ἡμῶν, τὸ τῆς σῆς οἰκονομίας μυστήριον· ἔσχομεν γὰρ τοῦ θανάτου σου τὴν μνήμην· εἴδομεν τῆς ἀναστάσεώς σου τὸν τύπον· ἐνεπλήσθημεν τῆς ἀτελευτήτου σου ζωῆς· ἀπηλαύσαμεν τῆς ἀκενώτου σου τρυφῆς, ἧς καὶ ἐν τῷ μέλλοντι αἰῶνι πάντας ἡμᾶς καταξιωθῆναι εὐδόκησον, χάριτι τοῦ ἀνάρχου σου Πατρὸς καὶ τοῦ ἁγίου καὶ ἀγαθοῦ καὶ ζωοποιοῦ σου Πνεύματος, νῦν καὶ ἀεὶ καὶ εἰς τοὺς αἰῶνας τῶν αἰώνων. Ἀμήν.

Ὁ Διάκονος· Τοῦ Κυρίου δεηθῶμεν.

Ὁ Χορός· Κύριε, ἐλέησον.

<small>Ὁ Ἱερεὺς ἀπὸ τῶν ἁγίων Θυρῶν, εὐλογῶν τὸν λαὸν λέγει·</small>

Εὐλογία Κυρίου καὶ ἔλεος αὐτοῦ ἔλθοι ἐφ᾽ ὑμᾶς, τῇ αὐτοῦ θείᾳ χάριτι καὶ φιλανθρωπίᾳ, πάντοτε, νῦν καὶ ἀεὶ καὶ εἰς τοὺς αἰῶνας τῶν αἰώνων.

Ὁ Χορός· Ἀμήν.

Ὁ Ἱερεύς· Δόξα σοι ὁ Θεός, ἡ ἐλπὶς ἡμῶν, δόξα σοι.

Choir: Amen.

Choir: Blessed be the name of the Lord, from now and forever more. *(x3)*

The Priest goes to the Prothesis and says, in a low voice, this prayer:

Finished and perfected, as far as is in our power, is the mystery of your dispensation, Christ, our God; for we have remembered your death; we have seen the figure of your Resurrection; we have been filled with your unending light; we have enjoyed your inexhaustible delight. In your good pleasure make us all worthy of it in the age to come, by the grace of your Father, who is without beginning, and your holy, good and lifegiving Spirit, now and ever, and to the ages of ages. Amen.

Deacon: Let us pray to the Lord.

Choir: Lord, have mercy.

vVV The Priest, from the Holy Gates, blesses the people saying:

The blessing of the Lord be upon you, by his grace and love for mankind, always, now and for ever, and to the ages of ages.

Choir: Amen.

Priest: Glory to You, O God, our hope, glory to you.

Reader: Glory to the Father, and the Son and the Holy Spirit, both now and ever and to the ages of ages. Amen. Lord, have mercy *(x3)*. Holy Father, bless.

The Priest makes the Great Dismissal.

May Christ our true God who rose from the dead, through the intercessions of His most pure and holy Mother; the power of the precious and life giving Cross; the protection of the honorable, bodiless powers of heaven, the supplications of the honorable, glorious prophet and forerunner John the Baptist; the holy, glorious and praiseworthy apostles; the holy, glorious and triumphant martyrs; our holy and God-bearing Fathers **(name of the church)**; the holy and righteous ancestors Joachim and Anna; Saint **(of the day)** whose memory we commemorate today, and all the saints.

Priest: Through the prayers of our holy fathers, Lord Jesus Christ, our God, have mercy on us and save us.

Choir: Amen.

The Resurrection

GREAT AND HOLY SUNDAY OF PASCHA

AT WHICH WE COMMEMORATE THE LIFEBEARING RESURRECTION OF OUR LORD JESUS CHRIST

The service of the Vigil: the Resurrection, Orthros and of the Divine Liturgy is celebrated today in all places at Midnight.

The Priest, having made the customary metania to the Superior, enters the sanctuary and makes three bows before the holy Table. Then, putting on the Epitrachelion, he exclaims:

Blessed is our God, always, now and for ever, and to the ages of ages.

Reader: Amen.

Priest: Glory to you, our God. Glory to you. Heavenly King, Comforter, Spirit of truth, present everywhere, filling all things, Treasury of blessings and Giver of life, come and abide in us, cleanse us from every stain, and save our souls, O Good One.

Reader: Amen.

Reader: Holy God, Holy Mighty, Holy Immortal, have mercy on us (*x3*).

Glory to the Father and the Son and the Holy Spirit, both now and ever and to the ages of ages. Amen.

All-holy Trinity, have mercy on us. Lord, forgive our sins. Master, pardon our transgressions. Holy One, visit and

σκέψαι καὶ ἴασαι τὰς ἀσθενείας ἡμῶν, ἕνεκεν τοῦ ὀνόματός σου.

Κύριε, ἐλέησον. *(γ′)* Δόξα Πατρί, καὶ Υἱῷ, καὶ Ἁγίῳ Πνεύματι, καὶ νῦν καὶ ἀεί, καὶ εἰς τοὺς αἰῶνας τῶν αἰώνων. Ἀμήν.

Πάτερ ἡμῶν ὁ ἐν τοῖς οὐρανοῖς, ἁγιασθήτω τὸ ὄνομά σου. Ἐλθέτω ἡ βασιλεία σου. Γενηθήτω τὸ θέλημά σου, ὡς ἐν οὐρανῷ, καὶ ἐπὶ τῆς γῆς. Τὸν ἄρτον ἡμῶν τὸν ἐπιούσιον δὸς ἡμῖν σήμερον. Καὶ ἄφες ἡμῖν τὰ ὀφειλήματα ἡμῶν, ὡς καὶ ἡμεῖς ἀφίεμεν τοῖς ὀφειλέταις ἡμῶν. Καὶ μὴ εἰσενέγκῃς ἡμᾶς εἰς πειρασμόν, ἀλλὰ ῥῦσαι ἡμᾶς ἀπὸ τοῦ πονηροῦ.

Ὁ Ἱερεύς· Ὅτι σοῦ ἐστιν ἡ Βασιλεία, καὶ ἡ δύναμις, καὶ ἡ δόξα, τοῦ Πατρός, καὶ τοῦ Υἱοῦ, καὶ τοῦ ἁγίου Πνεύματος, νῦν καὶ ἀεὶ καὶ εἰς τοὺς αἰῶνας τῶν αἰώνων.

Ὁ Ἀναγνώστης· Ἀμήν.

Δόξα Πατρὶ καὶ Υἱῷ καὶ Ἁγίῳ Πνεύματι, καὶ νῦν καὶ ἀεὶ καὶ εἰς τοὺς αἰῶνας τῶν αἰώνων, Ἀμήν.

Κύριε, ἐλέησον. *(x12)*

Δεῦτε, προσκυνήσωμεν καὶ προσπέσωμεν τῷ βασιλεῖ ἡμῶν Θεῷ.

Δεῦτε προσκυνήσωμεν καὶ προσπέσωμεν Χριστῷ τῷ βασιλεῖ ἡμῶν Θεῷ.

Δεῦτε προσκυνήσωμεν καὶ προσπέσωμεν αὐτῷ Χριστῷ, τῷ βασιλεῖ καὶ Θεῷ ἡμῶν.

heal our infirmities for the glory of Your name.

Lord, have mercy. *(x3)* Glory to the Father and the Son and the Holy Spirit, both now and ever and to the ages of ages. Amen.

Our Father, who art in heaven, hallowed be Thy name. Thy kingdom come. Thy will be done, on earth as it is in heaven. Give us this day our daily bread; and forgive us our trespasses, as we forgive those who trespass against us. And lead us not into temptation, but deliver us from the evil one.

Priest: For Yours is the kingdom and the power and the glory, of the Father and the Son and the Holy Spirit, both now and ever and to the ages of ages.

Reader: Amen.

Glory to the Father, and the Son and the Holy Spirit, both now and ever and to the ages of ages. Amen.

Lord, have mercy. *(x12)*

Come, let us worship and fall down before the King, our God.

Come, let us worship and fall down before Christ the King, our God.

Come, let us worship and fall down before Christ himself, the King, our God.

ΨΑΛΜΟΣ Ν΄

Ὁ Ἀναγνώστης· Ἐλέησόν με, ὁ Θεός, κατὰ τὸ μέγα ἔλεός σου, καὶ κατὰ τὸ πλῆθος τῶν οἰκτιρμῶν σου ἐξάλειψον τὸ ἀνόμημά μου. Ἐπὶ πλεῖον πλῦνόν με ἀπὸ τῆς ἀνομίας μου καὶ ἀπὸ τῆς ἁμαρτίας μου καθάρισόν με. Ὅτι τὴν ἀνομίαν μου ἐγὼ γινώσκω, καὶ ἡ ἁμαρτία μου ἐνώπιόν μού ἐστι διαπαντός. Σοὶ μόνῳ ἥμαρτον καὶ τὸ πονηρὸν ἐνώπιόν σου ἐποίησα. Ὅπως ἂν δικαιωθῇς ἐν τοῖς λόγοις σου καὶ νικήσῃς ἐν τῷ κρίνεσθαί σε. Ἰδοὺ γὰρ ἐν ἀνομίαις συνελήφθην, καὶ ἐν ἁμαρτίαις ἐκίσσησέ με ἡ μήτηρ μου. Ἰδοὺ γὰρ ἀλήθειαν ἠγάπησας· τὰ ἄδηλα καὶ τὰ κρύφια τῆς σοφίας σου ἐδήλωσάς μοι. Ῥαντιεῖς με ὑσσώπῳ καὶ καθαρισθήσομαι· πλυνεῖς με, καὶ ὑπὲρ χιόνα λευκανθήσομαι. Ἀκουτιεῖς μοι ἀγαλλίασιν καὶ εὐφροσύνην, ἀγαλλιάσονται ὀστέα τεταπεινωμένα. Ἀπόστρεψον τὸ πρόσωπόν σου ἀπὸ τῶν ἁμαρτιῶν μου καὶ πάσας τὰς ἀνομίας μου ἐξάλειψον. Καρδίαν καθαρὰν κτίσον ἐν ἐμοί, ὁ Θεός, καὶ πνεῦμα εὐθὲς ἐγκαίνισον ἐν τοῖς ἐγκάτοις μου. Μὴ ἀπορρίψῃς με ἀπὸ τοῦ προσώπου σου καὶ τὸ πνεῦμά σου τὸ ἅγιον μὴ ἀντανέλῃς ἀπ᾽ ἐμοῦ. Ἀπόδος μοι τὴν ἀγαλλίασιν τοῦ σωτηρίου σου καὶ πνεύματι ἡγεμονικῷ στήριξόν με. Διδάξω ἀνόμους τὰς ὁδούς σου, καὶ ἀσεβεῖς ἐπὶ σὲ ἐπιστρέψουσι. Ῥῦσαί με ἐξ αἱμάτων, ὁ Θεός, ὁ Θεὸς τῆς σωτηρίας μου, ἀγαλλιάσεται ἡ γλῶσσά μου τὴν δικαιοσύνην σου. Κύριε, τὰ χείλη μου ἀνοίξεις, καὶ τὸ στόμα μου ἀναγγελεῖ τὴν αἴνεσίν σου. Ὅτι εἰ ἠθέλησας θυσίαν, ἔδωκα ἄν· ὁλοκαυτώματα οὐκ εὐδοκήσεις. Θυσία τῷ Θεῷ πνεῦμα συντετριμμένον, καρδίαν συντετριμμένην καὶ τεταπεινωμένην ὁ

PSALM 50

Reader: Have mercy on me, O God, according to Your great mercy; and according to the magnitude of Your compassion blot out my transgression. Wash me thoroughly from my iniquity, and cleanse me from my sin. For I acknowledge my iniquity, and my sin is continually before me. Against You only have I sinned and done this evil before You, that You might be justified in Your words, and prevail when You are judged. For behold, I was conceived in iniquities, and in sins did my mother bear me. For behold, You have loved truth; the hidden and secret things of Your wisdom You have made clear to me. You will sprinkle me with hyssop, and I will be made clean; You will wash me and I will be made whiter than snow. You will make me to hear joy and gladness; the bones that have been humbled will rejoice. Turn Your face away from my sins, and blot out all my iniquities. Create in me a clean heart, O God, and renew a right spirit within me. Cast me not away from Your presence, and take not Your Holy Spirit from me. Restore to me the joy of Your salvation, and with Your governing spirit establish me. I will teach transgressors Your ways and the ungodly will turn back to You. Deliver me from blood-guiltiness, O God, O God of my salvation; my tongue will rejoice in Your righteousness. O Lord, You will open my lips, and my mouth will declare Your praise. For if You had desired sacrifice, I would have given it; with whole burnt offerings You will

Θεὸς οὐκ ἐξουδενώσει. Ἀγάθυνον, Κύριε, ἐν τῇ εὐδοκίᾳ σου τὴν Σιών, καὶ οἰκοδομηθήτω τὰ τείχη Ἰερουσαλήμ. Τότε εὐδοκήσεις θυσίαν δικαιοσύνης, ἀναφορὰν καὶ ὁλοκαυτώματα. Τότε ἀνοίσουσιν ἐπὶ τὸ θυσιαστήριόν σου μόσχους.

Καὶ εὐθὺς ψάλλομεν τὸ παρὸν κανόνα, οὗ ἡ ἀκροστιχὶς ἐκτὸς τῶν εἱρμῶν τῶν τεσσάρων πρώτων ᾠδῶν: Καὶ σήμερον δὲ Σάββατον μέλπω μέγα.

Ποίημα Κασσιανῆς μοναχῆς, Μάρκου ἐπισκόπυ Ἰδροῦντος, καὶ Κοσμᾶ μοναχοῦ.

Ὠδὴ α΄. Ἦχος πλ. β΄. Ὁ Εἱρμὸς.

Κύματι θαλάσσης, τὸν κρύψαντα πάλαι, διώκτην τύραννον, ὑπὸ γῆς ἔκρυψαν, τῶν σεσωσμένων οἱ παῖδες· ἀλλ᾽ ἡμεῖς ὡς αἱ Νεάνιδες, τῷ Κυρίῳ ᾄσωμεν· Ἐνδόξως γὰρ δεδόξασται.

Τροπάρια.

Δόξα σοι ὁ θεὸς ἡμῶν, δόξα σοι.

Κύριε Θεέ μου, ἐξόδιον ὕμνον, καὶ ἐπιτάφιον, ᾠδὴν σοι ᾄσομαι, τῷ τῇ ταφῇ σου ζωῆς μοι, τὰς εἰσόδους διανοίξαντι, καὶ θανάτῳ θάνατον, καὶ ᾅδην θανατώσαντι.

Δόξα Πατρὶ, καὶ Υἱῷ, καὶ Ἁγίῳ Πνεύματι.

"Ανω σε ἐν θρόνῳ, καὶ κάτω ἐν τάφῳ, τὰ ὑπερκόσμια, καὶ ὑποχθόνια, κατανοοῦντα Σωτήρ μου, ἐδονεῖτο τῇ νεκρώσει σου· ὑπὲρ νοῦν ὡράθης γάρ, νεκρὸς ζωαρχικώτατος.

---

not be pleased. A sacrifice to God is a broken spirit; a heart that is broken and humbled God will not despise. Do good, O Lord, in Your good pleasure to Zion, and let the walls of Jerusalem be built. Then will You be pleased with a sacrifice of righteousness, with oblation and whole-burnt offerings. Then will they offer bullocks upon Your altar. And have mercy on me, O God.

And we sing the following Canon with the acrositc (without the irmoi of the first four odes): And today I sing a great Sabbath.

A Poem by St. Kassiani the Nun, Bishop Mark of Idroyntos and Kosmas the Monk.

Ode 1. Tone Pl. 2. Irmos.

The pursuing tyrant of old he hid, covered in the billows of the sea children of those he saved now cover him beneath the earth, but let us like the young maidens sing our praises to the Lord, for greatly is he glorified.

Troparia.

Glory to you, O God, glory to you.

Hymns for your departure, O Lord my God, funeral odes I sing for you, for by your burial now you have opened up for me the entrance gates to life by your death put death to death and Hades at your feet lies slain!

Glory to the Father, Son and the Holy Spirit.

High enthroned in Heaven they saw you, yet they saw you lying in the grave, all things above the world and all below the earth were shaken, at your death, O Lord, they quake in fear, for though none can understand they see as dead the source of life.

Καὶ νῦν καὶ ἀεί,
καὶ εἰς τοὺς αἰῶνας τῶν αἰώνων. Ἀμήν.

Ἵνα σου τῆς δόξης, τὰ πάντα πληρώσῃς, καταπεφοίτηκας, ἐν κατωτάτοις τῆς γῆς· ἀπὸ γὰρ σοῦ οὐκ ἐκρύβη, ἡ ὑπόστασίς μου ἡ ἐν Ἀδάμ· καὶ ταφεὶς φθαρέντα με, καινοποιεῖς, Φιλάνθρωπε.

Καταβασία.

Κύματι θαλάσσης, τὸν κρύψαντα πάλαι, διώκτην τύραννον, ὑπὸ γῆς ἔκρυψαν, τῶν σεσωσμένων οἱ παῖδες· ἀλλ' ἡμεῖς ὡς αἱ Νεάνιδες, τῷ Κυρίῳ ᾄσωμεν· Ἐνδόξως γὰρ δεδόξασται.

Ὠδὴ γ΄. Ὁ Εἱρμὸς.

Σὲ τὸν ἐπὶ ὑδάτων, κρεμάσαντα πᾶσαν τὴν γῆν ἀσχέτως, ἡ κτίσις κατιδοῦσα, ἐν τῷ Κρανίῳ κρεμάμενον, θάμβει πολλῷ συνείχετο. Οὐκ ἔστιν ἅγιος πλήν σου Κύριε, κραυγάζουσα.

Τροπάρια.

Δόξα σοι ὁ θεὸς ἡμῶν, δόξα σοι.

Σύμβολα τῆς ταφῆς σου, παρέδειξας τὰς ὁράσεις πληθύνας· νῦν δὲ τὰ κρύφιά σου, θεανδρικῶς διετράνωσας, καὶ τοῖς ἐν ᾅδῃ Δέσποτα, Οὐκ ἔστιν ἅγιος, πλὴν σου Κύριε, κραυγάζουσιν.

Δόξα Πατρί, καὶ Υἱῷ, καὶ Ἁγίῳ Πνεύματι.

Ἥπλωσας τὰς παλάμας, καὶ ἥνωσας τὰ τὸ πρὶν διεστῶτα, καταστολῇ δὲ Σῶτερ, τῇ ἐν σινδόνι καὶ μνήματι,

Both now and ever,
and to the ages of ages. Amen.

That you might fill all things with your glory, you descended to earth's lowest deeps, nor was my substance hidden from you, it was there in Adam, and though I had been corrupted, buried, you have made me new, O Lover of humankind.

Katavasia.

The pursuing tyrant of old he hid, covered in the billows of the sea children of those he saved now cover him beneath the earth, but let us like the young maidens sing our praises to the Lord, for greatly is he glorified.

Ode 3. Irmos.

When it beheld you handing on Golgotha the whole creation was amazed, it saw, and was astounded, for on the waters you had hung the earth free in your sovereignty and might, awed the creation cries: None is holy save you O Lord.

Troparia.

Glory to you, O God, glory to you.

Visions in great abundance you have revealed, symbols of your entombment, and now your secrets also as God and man you make manifest even, O Lord, to those in Hell, and from the depths they cry: None is holy save you O Lord.

Glory to the Father, Son and the Holy Spirit.

You opened wide your palms, Lord and unified all things that were separated, and when you were encom-

πεπεδημένους ἔλυσας, Οὐκ ἔστιν ἅγιος, πλήν σου Κύριε, κραυγάζοντας.

passed within a shroud and within a grave, those who were fettered you set free, O Savior as they cried: None is holy save you, O Lord.

Καὶ νῦν καὶ ἀεί,
καὶ εἰς τοὺς αἰῶνας τῶν αἰώνων. Ἀμήν.

Both now and ever,
and to the ages of ages. Amen.

Μνήματι καὶ σφραγῖσιν, ἀχώρητε συνεσχέθης βουλήσει· καὶ γὰρ τὴν δύναμίν σου, ταῖς ἐνεργείαις ἐγνώρισας, θεουργικῶς τοῖς μέλπουσιν· Οὐκ ἔστιν ἅγιος, πλήν σου Κύριε φιλάνθρωπε.

Though nothing can contain you, yet by your will you were held fast by grave and seals, yet you revealed your power for by your energies you disclosed your might as God to those who sing Lord: None is holy save you, Lord of humankind.

Καταβασία.

Katavasia.

Σὲ τὸν ἐπὶ ὑδάτων, κρεμάσαντα πᾶσαν τὴν γῆν ἀσχέτως, ἡ Κτίσις κατιδοῦσα, ἐν τῷ Κρανίῳ κρεμάμενον, θάμβει πολλῷ συνείχετο, Οὐκ ἔστιν ἅγιος πλήν σου Κύριε, κραυγάζουσα.

When it beheld you handing on Golgotha the whole creation was amazed, it saw, and was astounded, for on the waters you had hung the earth free in your sovereignty and might, awed the creation cries: None is holy save you O Lord.

Ὁ Διάκονος· Ἔτι καὶ ἔτι ἐν εἰρήνῃ τοῦ Κυρίου δεηθῶμεν.

Deacon: Again and again in peace let us pray to the Lord.

Ὁ Χορός· Κύριε ἐλέησον.

Choir: Lord, have mercy.

Ὁ Διάκονος· Ἀντιλαβοῦ, σῶσον, ἐλέησον καὶ διαφύλαξον ἡμᾶς ὁ Θεὸς τῇ σῇ χάριτι.

Deacon: Take hold of us, save us, have mercy upon us, and protect us, O God, by Your grace.

Ὁ Χορός· Κύριε ἐλέησον.

Choir: Lord, have mercy.

Ὁ Διάκονος· Τῆς Παναγίας, ἀχράντου, ὑπερευλογημένης, ἐνδόξου, δεσποίνης ἡμῶν Θεοτόκου καὶ ἀειπαρθένου Μαρίας, μετὰ πάντων τῶν ἁγίων μνημονεύσαντες, ἑαυτοὺς καὶ ἀλλήλους καὶ πᾶσαν τὴν ζωὴν ἡμῶν Χριστῷ τῷ Θεῷ παραθώμεθα.

Deacon: Commemorating our most holy, most pure, most blessed and glorified Lady the Theotokos and ever-virgin Mary, together with all the saints, let us commit ourselves and one another and all our life unto Christ our God.

Ὁ Χορός· Σοί, Κύριε.

Choir: To You, O Lord.

Ὁ Ἱερεύς·

Ὅτι σὺ εἶ ὁ Θεὸς ἡμῶν, καὶ σοὶ τὴν δόξαν ἀναπέμπομεν, τῷ Πατρὶ καὶ τῷ Υἱῷ καὶ τῷ Ἁγίῳ Πνεύματι, νῦν καὶ ἀεὶ καὶ εἰς τοὺς αἰῶνας τῶν αἰώνων. Ἀμήν.

Ὁ Χορός· Ἀμήν.

Κάθισμα.

Ἦχος α΄. Αὐτόμελον.

Τὸν τάφον σου Σωτήρ, στρατιῶται τηροῦντες, νεκροὶ τῇ ἀστραπῇ, τοῦ ὀφθέντος Ἀγγέλου, ἐγένοντο κηρύττοντος, γυναιξὶ τὴν Ἀνάστασιν. Σὲ δοξάζομεν, τὸν τῆς φθορᾶς καθαιρέτην· σοὶ προσπίπτομεν, τῷ ἀναστάντι ἐκ τάφου καὶ μόνῳ Θεῷ ἡμῶν.

Ὠδὴ δ΄. Ὁ Εἱρμός.

Τὴν ἐν Σταυρῷ σου θείαν κένωσιν, προορῶν Ἀββακοὺμ ἐξεστηκὼς ἐβόα· Σὺ δυναστῶν διέκοψας κράτος Ἀγαθέ, ὁμιλῶν τοῖς ἐν ᾅδῃ, ὡς παντοδύναμος.

Τροπάρια.

Δόξα σοι ὁ θεὸς ἡμῶν, δόξα σοι.

Ἑβδόμην σήμερον ἡγίασας, ἣν εὐλόγησας πρίν, καταπαύσει τῶν ἔργων· παράγεις γὰρ τὰ σύμπαντα, καὶ καινοποιεῖς, σαββατίζων Σωτήρ μου, καὶ ἀνακτώμενος.

Δόξα Πατρί, καὶ Υἱῷ, καὶ Ἁγίῳ Πνεύματι.

Ῥωμαλαιότητι τοῦ κρείττονος, ἐκνικήσαντός σου, τῆς σαρκὸς ἡ ψυχή σου, διῄρηται· σπαράττουσα, ἄμφω γὰρ

Priest:

For you are our God, and to you we give glory, to the Father, and to the Son and to the Holy Spirit, now and for ever and to the ages of ages.

Choir: Amen.

Kathisma.

Tone 1. Model Melody.

The soldiers watching your tomb became as dead men at the lightning flash of the Angel who appeared and proclaimed the Resurrection to the women. We glorify you, who destroy corruption; we fall down before you, who rose from the tomb and alone are our God.

Ode 4. Irmos.

Foreseeing your divine self-emptying on the Cross, in amazement Avvakoum cried out: You, Good One, have cut off the might of the powerful, as you speak with Hell's denizens as All-powerful.

Troparia.

Glory to you, O God, glory to you.

Today you sanctified the seventh day which of old you had blessed taking rest from your works, all things you bring to being, Lord, and make all things new, keeping Sabbath, O Savior, as you restore your strength.

Glory to the Father, Son and the Holy Spirit.

By greater might and greater strength, O Word, great your victory gained, your soul from body parted bursting asunder by your might, smash-

δεσμούς, τοῦ θανάτου καὶ ᾅδου, Λόγε τῷ κράτει σου.

Καὶ νῦν καὶ ἀεί,
καὶ εἰς τοὺς αἰῶνας τῶν αἰώνων. Ἀμήν.

Ὁ ᾅδης Λόγε συναντήσας σοι, ἐπικράνθη, βροτὸν ὁρῶν τεθεωμένον, κατάστικτον τοῖς μώλωψι, καὶ πανσθενουργόν, τῷ φρικτῷ τῆς μορφῆς δέ, διαπεφώνηκεν.

Καταβασία.

Τὴν ἐν Σταυρῷ σου θείαν κένωσιν, προορῶν Ἀββακοὺμ ἐξεστηκὼς ἐβόα· Σὺ δυναστῶν διέκοψας κράτος Ἀγαθέ, ὁμιλῶν τοῖς ἐν ᾅδη, ὡς παντοδύναμος.

Ὠδὴ ε'. Ὁ Εἱρμός.

Θεοφανείας σου Χριστέ, τῆς πρὸς ἡμᾶς συμπαθῶς γενομένης, Ἡσαΐας φῶς ἰδὼν ἀνέσπερον, ἐκ νυκτὸς ὀρθρίσας ἐκραύγαζεν· Ἀναστήσονται οἱ νεκροί, καὶ ἐγερθήσονται οἱ ἐν τοῖς μνημείοις, καὶ πάντες οἱ ἐν τῇ γῇ ἀγαλλιάσονται.

Τροπάρια.

Δόξα σοι ὁ θεὸς ἡμῶν, δόξα σοι.

Νεοποιεῖς τοὺς γηγενεῖς, ὁ πλαστουργὸς χοϊκὸς χρηματίσας, καὶ σινδὼν καὶ τάφος ὑπεμφαίνουσι, τὸ συνὸν σοι Λόγε μυστήριον, ὁ εὐσχήμων γὰρ βουλευτής, τὴν τοῦ σὲ φύσαντος βουλὴν σχηματίζει, ἐν σοὶ μεγαλοπρεπῶς καινοποιοῦντός με.

ing by your strength, all the fetters of Hades and all the bonds of death.

Both now and ever,
and to the ages of ages. Amen.

Embittered, Word, was Hades when you met, when a mortal he saw, you had attained to Godhead, saw one who bore the marks of wounds, yet all powerful, in great terror he cowered, dread filled him at the sight.

Katavasia.

Foreseeing your divine self-emptying on the Cross, in amazement Avvakoum cried out: You, Good One, have cut off the might of the powerful, as you speak with Hell's denizens as All-powerful.

Ode 5. Irmos.

Isaias, as he watched by night, beheld the light which shall never know evening, saw the light, O Christ of your Theophany, which in your compassion occurred for us, for the dead will arise, he cried, and those who lie entombed will be resurrected, and all those within the earth rejoice exceedingly.

Troparia.

Glory to you, O God, glory to you.

Transformed into a thing of dust, O Fashioner, you make new those born of earth, and the shroud and tomb point to the mystery within you, O Word, for the noble counselor fulfills by what he does the counsel of your Begetter, who gloriously in you now fashions me.

Δόξα Πατρὶ, καὶ Υἱῷ, καὶ Ἁγίῳ Πνεύματι.

Διὰ θανάτου τὸ θνητόν, διὰ ταφῆς τὸ φθαρτὸν μεταβάλλεις, ἀφθαρτίζεις γὰρ θεοπρεπέστατα, ἀπαθανατίζων τὸ πρόσλημμα· ἡ γὰρ σάρξ σου διαφθορὰν οὐκ εἶδε Δέσποτα, οὐδὲ ἡ ψυχή σου εἰς ᾅδου, ξενοπρεπῶς ἐγκαταλέλειπται.

*Καὶ νῦν καὶ ἀεί,
καὶ εἰς τοὺς αἰῶνας τῶν αἰώνων. Ἀμήν.*

Ἐξ ἀλοχεύτου προελθών, καὶ λογχευθεὶς τὴν πλευρὰν Πλαστουργέ μου, ἐξ αὐτῆς εἰργάσω τὴν ἀνάπλασιν, τὴν τῆς Εὔας Ἀδὰμ γενόμενος, ἀφυπνώσας ὑπερφυῶς, ὕπνον φυσίζωον, καὶ ζωὴν ἐγείρας ἐξ ὕπνου, καὶ τῆς φθορᾶς ὡς παντοδύναμος.

Καταβασία.

Θεοφανείας σου Χριστέ, τῆς πρὸς ἡμᾶς συμπαθῶς γενομένης, Ἡσαΐας φῶς ἰδὼν ἀνέσπερον, ἐκ νυκτὸς ὀρθρίσας ἐκραύγαζεν· Ἀναστήσονται οἱ νεκροί, καὶ ἐγερθήσονται οἱ ἐν τοῖς μνημείοις, καὶ πάντες οἱ ἐν τῇ γῇ ἀγαλλιάσονται.

Ὠδὴ στ'. Ὁ Εἱρμός.

Συνεσχέθη, ἀλλ' οὐ κατεσχέθη, στέρνοις κητῴοις Ἰωνᾶς· σοῦ γὰρ τὸν τύπον φέρων, τοῦ παθόντος καὶ ταφῇ δοθέντος, ὡς ἐκ θαλάμου, τοῦ θηρὸς ἀνέθορε, προσεφώνει δὲ τῇ κουστωδίᾳ· Οἱ φυλασσόμενοι μάταια καὶ ψευδῆ, ἔλεον αὐτοῖς ἐγκαταλίπετε.

Glory to the Father, Son and the Holy Spirit.

Mortality through death you change and through your burial transform corruption, and the nature you took on, as you are God, you made deathless and in corruptible, for your flesh did not know corruption, Master, nor decay, nor yet like a stranger within Hades dreadful halls was your soul abandoned.

*Both now and ever,
and to the ages of ages. Amen.*

Without travail your birth, O Lord, and yet a spear availed your side to pierce, by becoming Adam, O my Fashioner, you have wrought the refashioning of Eve, in a way beyond nature sleep you slept that brings forth life, raising life from sleep and from corruption as you are all powerful.

Katavasia.

Isaias, as he watched by night, beheld the light which shall never know evening, saw the light, O Christ of your Theophany, which in your compassion occurred for us, for the dead will arise, he cried, and those who lie entombed will be resurrected, and all those within the earth rejoice exceedingly.

Ode 6. Irmos.

In the belly of the whale was Jonas, held there, yet he was not held fast, for you, Lord, he prefigured in your suffering and your entombment, as from the bridal chamber from the beast he leapt, to the guards watching the tomb he cried out, you who so vainly and so falsely are keeping guard, see, you have abandoned mercy for yourselves!

Τροπάρια.

Δόξα σοι ὁ θεὸς ἡμῶν, δόξα σοι.

Ἀνηρέθης, ἀλλ' οὐ διῃρέθης, Λόγε ἧς μετέσχες σαρκός· εἰ γὰρ καὶ λέλυταί σου, ὁ ναὸς ἐν τῷ καιρῷ τοῦ πάθους, ἀλλὰ καὶ οὕτω μία ἦν ὑπόστασις, τῆς θεότητος καὶ τῆς σαρκός σου· ἐν ἀμφοτέροις γάρ, εἷς ὑπάρχεις Υἱός, Λόγος τοῦ Θεοῦ, Θεὸς καὶ ἄνθρωπος.

Δόξα Πατρὶ, καὶ Υἱῷ, καὶ Ἁγίῳ Πνεύματι.

Βροτοκτόνον, ἀλλ' οὐ θεοκτόνον, ἔφυ τὸ πταῖσμα τοῦ Ἀδάμ· εἰ γὰρ καὶ πέπονθέ σου, τῆς σαρκὸς ἡ χοϊκὴ οὐσία, ἀλλ' ἡ θεότης ἀπαθὴς διέμεινε· τὸ φθαρτὸν δὲ σου πρὸς ἀφθαρσίαν μετεστοιχείωσας, καὶ ἀφθάρτου ζωῆς, ἔδειξας πηγὴν ἐξ ἀναστάσεως.

*Καὶ νῦν καὶ ἀεὶ,
καὶ εἰς τοὺς αἰῶνας τῶν αἰώνων. Ἀμήν.*

Βασιλεύει, ἀλλ' οὐκ αἰωνίζει, ᾅδης τοῦ γένους τῶν βροτῶν· σὺ γὰρ τεθεὶς ἐν τάφῳ, κραταιὲ ζωαρχικὴ παλάμῃ, τὰ τοῦ θανάτου, κλεῖθρα διεσπάραξας, καὶ ἐκήρυξας τοῖς ἀπ' αἰῶνος ἐκεῖ καθεύδουσι λύτρωσιν ἀψευδῆ, Σῶτερ γεγονὼς νεκρῶν πρωτότοκος.

Καταβασία.

Συνεσχέθην, ἀλλ' οὐ κατεσχέθη, στέρνοις κητῴοις Ἰωνᾶς· σοῦ γὰρ τὸν τύπον φέρων, τοῦ παθόντος καὶ ταφῇ δοθέ-

Troparia.

Glory to you, O God, glory to you.

You were rent, Word, but not rent asunder from the flesh which you had put on, for though your temple was laid waste at the moment, Master, of your Passion, yet even so you still remain one person in your flesh, O Christ, and in your Godhead, in both you are one Son, Word of God and the Son of God, truly you are God and truly you are man.

Glory to the Father, Son and the Holy Spirit.

Death to mortals but not to the Godhead was the result of Adam's fall, for though your flesh knew suffering in its nature, in the dust its substance, yet still your Godhead remained impassible, what in you was corruptible you have transformed to incorruption, and from your Resurrection you reveal the spring of undecaying life.

*Both now and ever,
and to the ages of ages. Amen.*

Hades reigns, yet does not reign forever over the race of mortal men, placed in the tomb, O Mighty One, with your outspread hand, the source of life, the bolts and bars of death you smashed and broke apart, and to those who from the ages slept there no false deliverance Lord and Savior you then proclaimed, you who have become the first-born of the death.

Katavasia.

In the belly of the whale was Jonas, held there, yet he was not held fast, for you, Lord, he prefigured in your suf-

ντος, ὡς ἐκ θαλάμου, τοῦ θηρὸς ἀνέθορε, προσεφώνει δὲ τῇ κουστωδίᾳ· Οἱ φυλασσόμενοι μάταια καὶ ψευδῆ, ἔλεον αὑτοῖς ἐγκατελίπετε.

Ὁ Διάκονος· Ἔτι καὶ ἔτι ἐν εἰρήνῃ τοῦ Κυρίου δεηθῶμεν.

Ὁ Χορός· Κύριε ἐλέησον.

Ὁ Διάκονος· Ἀντιλαβοῦ, σῶσον, ἐλέησον καὶ διαφύλαξον ἡμᾶς ὁ Θεὸς τῇ σῇ χάριτι.

Ὁ Χορός· Κύριε ἐλέησον.

Ὁ Διάκονος· Τῆς Παναγίας, ἀχράντου, ὑπερευλογημένης, ἐνδόξου, δεσποίνης ἡμῶν Θεοτόκου καὶ ἀειπαρθένου Μαρίας, μετὰ πάντων τῶν ἁγίων μνημονεύσαντες, ἑαυτοὺς καὶ ἀλλήλους καὶ πᾶσαν τὴν ζωὴν ἡμῶν Χριστῷ τῷ Θεῷ παραθώμεθα.

Ὁ Χορός· Σοί, Κύριε.

Ὁ Ἱερεύς·

Σὺ γὰρ εἶ ὁ βασιλεὺς τῆς εἰρήνης καὶ σωτὴρ τῶν ψυχῶν ἡμῶν καὶ σοὶ τὴν δόξαν ἀναπέμπομεν, τῷ Πατρὶ καὶ τῷ Υἱῷ καὶ τῷ ἁγίῳ Πνεύματι, νῦν καὶ ἀεὶ καὶ εἰς τοὺς αἰῶνας τῶν αἰώνων.

Ὁ Χορός· Ἀμήν.

Καὶ μετὰ τὴν μικρὰν συναπτήν...

Ὁ Ἀναγνώστης·

Κοντάκιον. Ποίημα Ῥωμανοῦ τοῦ μελῳδοῦ.
Ἦχος βʹ.

Τὴν ἄβυσσον ὁ κλείσας, νεκρὸς ὁρᾶται· καὶ σμύρνῃ καὶ σινδόνι ἐνειλημμένος, ἐν μνημείῳ κατατίθεται, ὡς

fering and your entombment, as from the bridal chamber from the beast he leapt, to the guards watching the tomb he cried out, you who so vainly and so falsely are keeping guard, see, you have abandoned mercy for yourselves!

Deacon: Again and again in peace let us pray to the Lord.

Choir: Lord, have mercy.

Deacon: Take hold of us, save us, have mercy upon us, and protect us, O God, by Your grace.

Choir: Lord, have mercy.

Deacon: Commemorating our most holy, most pure, most blessed and glorified Lady the Theotokos and ever-virgin Mary, together with all the saints, let us commit ourselves and one another and all our life unto Christ our God.

Choir: To You, O Lord.

Priest:

For you are the King of peace and the Saviour of our souls, and to you we give glory, Father, Son and Holy Spirit, now and for ever and to the ages of ages.

Choir: Amen.

After the small litany...

Reader:

Kontakion. A Poem of Romanos the Melodist.
Tone 2.

He who closed the abyss lies dead before our eyes; and wrapped in myrrh and fine linen the Immortal is

θνητὸς ὁ ἀθάνατος. Γυναῖκες δὲ αὐτὸν ἦλθον μυρίσαι, κλαίουσαι πικρῶς καὶ ἐκβοῶσαι· Τοῦτο Σάββατόν ἐστι τὸ ὑπερευλογημένον, ἐν ᾧ Χριστὸς ἀφυπνώσας, ἀναστήσεται τριήμερος.

Ὁ Οἶκος.

Ὁ συνέχων τὰ πάντα ἐπὶ σταυροῦ ἀνυψώθη, καὶ θρηνεῖ πᾶσα ἡ Κτίσις, τοῦτον βλέπουσα κρεμάμενον γυμνὸν ἐπὶ τοῦ ξύλου· ὁ ἥλιος τὰς ἀκτῖνας ἀπέκρυψε, καὶ τὸ φέγγος οἱ ἀστέρες ἀπεβάλλοντο, ἡ γῆ δὲ σὺν πολλῷ τῷ φόβῳ συνεκλονεῖτο, ἡ θάλασσα ἔφυγε, καὶ αἱ πέτραι διερρήγνυντο· μνημεῖα δὲ πολλὰ ἠνεῴχθησαν, καὶ σώματα ἠγέρθησαν ἁγίων ἀνδρῶν, ᾅδης κάτω στενάζει· καὶ Ἰουδαῖοι σκέπτονται συκοφαντῆσαι Χριστοῦ τὴν ἀνάστασιν· τὰ δὲ Γύναια κράζουσι· Τοῦτο Σάββατόν ἐστι τὸ ὑπερευλογημένον, ἐν ᾧ Χριστὸς ἀφυπνώσας, ἀναστήσεται τριήμερος.

Τὸ συναξάριον τοῦ Μηναίου καὶ τὸ παρόν·

Τῷ ἁγίῳ καὶ μεγάλῳ Σαββάτῳ, τὴν θεόσωμον Ταφήν, καὶ τὴν εἰς ᾅδου Κάθοδον τοῦ Κυρίου καὶ Σωτῆρος ἡμῶν Ἰησοῦ Χριστοῦ ἑορτάζομεν δι᾽ ὧν τῆς φθορᾶς τὸ ἡμέτερον γένος ἀνακληθέν, πρὸς αἰωνίαν ζωὴν μεταβέβηκε.

Στίχοι.

Μάτην φυλάττεις τὸν τάφον, κουστωδία· οὐ γὰρ καθέξει τύμβος αὐτοζωΐα.

Τῇ ἀνεκφράστῳ σου συγκαταβάσει, Χριστὲ ὁ Θεὸς ἡμῶν, ἐλέησον ἡμᾶς. Ἀμήν.

Ὠδὴ ζ΄. Ὁ Εἱρμὸς.

Ἄφραστον θαῦμα! Ὁ ἐν καμίνῳ ῥυσάμενος, τοὺς Ὁσίους Παῖδας ἐκ φλογός, ἐν τάφῳ νεκρός, ἄπνους κατατί-

---

laid as a mortal in a grave. While women came to anoint him, weeping bitterly and crying out, 'This is the most blessed Sabbath, on which Christ sleeps, but he will rise again on the third day'.

The Ikos.

He who holds all things together was lifted up on the Cross, and all creation lamented seeing him hanging naked on the tree; the sun hid its rays, and the stars threw away their light; the earth quaked with great fear, the sea fled and the rocks were rent; many graves were opened, and bodies of holy men were raised. Hell below is groaning and the Jews are considering how to discredit Christ's resurrection; the women are crying out, 'This is the most blessed Sabbath, on which Christ sleeps, but he will rise again on the third day'.

The Synaxarion of the Menaion and the following:

On the holy and great Sabbath we celebrate the burial of our Lord and God and Saviour, Jesus Christ and the Descent into Hell, through which our race, called back from corruption, has passed over to eternal life.

Verses.

In vain, O guard, you keep watch on the tomb, no sepulchre can hold in life itself.

In your inexpressible condescension, Christ our God, have mercy on us. Amen.

Ode 7. Irmos.

Past speech the wonder! he who delivered the holy youths in the furnace from the blazing, burning flame,

is laid in the tomb, lifeless there a sores he lies for the salvation of us who raise our song to him: Lord, our God, our Redeemer, blessed are you!

Troparia.

Glory to you, O God, glory to you.

Hell has been wounded, having received you into its heart you the one whose side was pierced by a lance, now Hell is consumed by the potent first of God, and groans aloud at the salvation of us who sing, Lord our God, our Redeemer, blessed are you!

Glory to you, O God, glory to you.

O happy sepulcher! Having received you into itself, the Creator as one who lies asleep, it now is revealed as a treasure house of life, for the salvation of us who raise our song to you: Lord, our God, our Redeemer, blessed are you!

Glory to the Father, Son and the Holy Spirit.

The life of all things accepts to be laid within the tomb, in accordance with the law of those who die, and shows it to be resurrection's fountainhead for the salvation of us who raise our song to you: Lord, our God, our Redeemer, blessed are you!

Both now and ever, and to the ages of ages. Amen.

One was Christ's Godhead in Hell, in Eden and in the tomb indivisibly remained united to Father and to Holy Spirit for the salvation of us who raise our song to you: Lord, our God, our Redeemer, blessed are you!

Καταβασία.

"Ἄφραστον θαῦμα! Ὁ ἐν καμίνῳ ῥυσάμενος, τοὺς Ὁσίους Παῖδας ἐκ φλογός, ἐν τάφῳ νεκρός, ἄπνους κατατίθεται, εἰς σωτηρίαν ἡμῶν τῶν μελῳδούντων· Λυτρωτά, ὁ Θεὸς εὐλογητὸς εἶ.

Ὠδὴ η΄. Ὁ Εἱρμός.

"Ἔκστηθι φρίττων οὐρανέ, καὶ σαλευθήτωσαν τὰ θεμέλια τῆς γῆς, ἰδοὺ γὰρ ἐν νεκροῖς λογίζεται, ὁ ἐν ὑψίστοις οἰκῶν, καὶ τάφῳ σμικρῷ ξενοδοχεῖται· ὃν παῖδες εὐλογεῖτε, Ἱερεῖς ἀνυμνεῖτε, λαὸς ὑπερυψοῦτε, εἰς πάντας τοὺς αἰῶνας.

Τροπάρια.

Δόξα σοι ὁ θεὸς ἡμῶν, δόξα σοι.

Λέλυται ἄχραντος ναός, τὴν πεπτωκυῖαν δὲ συνανίστησι σκηνήν. Ἀδὰμ γὰρ τῷ προτέρῳ δεύτερος, ὁ ἐν ὑψίστοις οἰκῶν, κατῆλθεν μέχρις ᾅδου ταμείων· ὃν παῖδες εὐλογεῖτε, Ἱερεῖς ἀνυμνεῖτε, λαὸς ὑπερυψοῦτε, εἰς πάντας τοὺς αἰῶνας.

Εὐλογοῦμεν Πατέρα Υἱὸν
καὶ Ἅγιον Πνεῦμα τὸν Κύριον.

Πέπαυται τόλμα Μαθητῶν, Ἀριμαθαίας δὲ ἀριστεύει Ἰωσήφ, νεκρὸν γὰρ καὶ γυμνὸν θεώμενος, τὸν ἐπὶ πάντων Θεόν, αἰτεῖται, καὶ κηδεύει κραυγάζων· οἱ παῖδες εὐλογεῖτε, Ἱερεῖς ἀνυμνεῖτε, λαὸς ὑπερυψοῦτε, εἰς πάντας τοὺς αἰῶνας.

Katavasia.

Past speech the wonder! he who delivered the holy youths in the furnace from the blazing, burning flame, is laid in the tomb, lifeless there a sores he lies for the salvation of us who raise our song to him: Lord, our God, our Redeemer, blessed are you!

Ode 8. Irmos.

Tremble, O Heaven, be amazed, let earth's foundations quake, let them shudder at the shock, for see the one whose home is in the heights is numbered among the dead, and now in a little tomb he lodges, come youths and bless him, come priests and praise him, come people and exalt him most highly to the ages.

Troparia.

Glory to you, O God, glory to you.

The most pure temple is destroyed, but raises up the fallen tabernacle again, the second Adam who dwells in the heights has come down to the first as far as the storehouses of Hades, come youths and bless him, come priests and praise him, come people and exalt him most highly to the ages.

We bless the Lord, Father,
Son and Holy Spirit.

The disciples' daring now has failed, but Joseph proves himself to surpassing bravery, for seeing how the God of all lay dead his body naked and unclothed, he asked for his body and he buried him, come youths and bless him, come priests and praise him, come people and exalt him most hight to the ages.

Both now and ever, and to the ages of ages. Amen.

What strange new wonders we behold! O loving kindness! O forbearance beyond words! For by his own free will the one who dwells on high is sealed beneath the earth, and God is accused as a deceived, come youths and bless him, come priests and praise him, come people and exalt him most highly to the ages.

Katavasia.

Tremble, O Heaven, be amazed, let earth's foundations quake, let them shudder at the shock, for see the one whose home is in the heights is numbered among the dead, and now in a little tomb he lodges, come youths and bless him, come priests and praise him, come people and exalt him most highly to the ages.

Deacon: The Theotokos and Mother of the Light, let us honor and magnify in hymns.

Ode 9. The Irmos.

No, do not weep for me, Mother, as you see lying buried him, the Son whom you conceived without see in your womb, for behold, I shall rise and shall be glorified, and in glory unending as God I shall exalt those who magnify you in fervent love and in true faith.

Troparia

Glory to Your, our God, glory to You.

My Son, who had no beginning, in a way beyond nature I was blessed in your strange birth and spared the

ὁρῶσα νεκρόν, τῇ ῥομφαίᾳ τῆς λύπης, σπαράττομαι δεινῶς· ἀλλ᾽ ἀνάστηθι, ὅπως μεγαλυνθήσωμαι.

cruel pangs, but, my God, now I see you here a lifeless corpse, and the dread sword of sorrow has pierced me to the heart, but arise, O my Son, so that I may be magnified.

Δόξα Πατρὶ καὶ Υἱῷ καὶ Ἁγίῳ Πνεύματι.

Glory to the Father, Son and the Holy Spirit.

Γῆ με καλύπτει ἑκόντα, ἀλλὰ φρίττουσιν ᾅδου, οἱ πυλωροί, ἠμφιεσμένον, βλέποντες στολήν, ἡμαγμένην Μῆτερ, τῆς ἐκδικήσεως· τοὺς ἐχθροὺς ἐν Σταυρῷ γὰρ, πατάξας ὡς Θεός, ἀναστήσομαι αὖθις καὶ μεγαλύνω σε.

Earth covers me; I have willed it! But hell's gate keepers shudder as they see me clothed in retribution's blood-stained robe, on the Cross being God I trampled on my foes, but behold, O my Mother, I shall rise again, in my rising, O Mother, you I shall magnify.

Καὶ νῦν καὶ ἀεί,
καὶ εἰς τοὺς αἰῶνας τῶν αἰώνων. Ἀμήν.

Both now and ever,
and to the ages of ages. Amen.

Ἀγαλλιάσθω ἡ Κτίσις· εὐφραινέσθωσαν πάντες οἱ γηγενεῖς· ὁ γὰρ ἐχθρὸς ἐσκύλευται ᾅδης· μετὰ μύρων Γυναῖκες προσυπαντάτωσαν· τὸν Ἀδὰμ σὺν τῇ Εὔᾳ, λυτροῦμαι παγγενῆ, καὶ τῇ τρίτῃ ἡμέρᾳ ἐξαναστήσομαι.

Let all creation rejoice now, and all born on earth make merry, Hell, the enemy has been despoiled and plundered, with sweet spiced let women come to meet me, I am rescuing Adam with Eve and all their race, and in victory on the third day I shall rise again.

Καταβασία.

Katavasia.

Μὴ ἐποδύρου μου Μῆτερ, καθορῶσα ἐν τάφῳ, ὃν ἐν γαστρὶ ἄνευ σπορᾶς, συνέλαβες Υἱόν· ἀναστήσομαι γὰρ καὶ δοξασθήσομαι, καὶ ὑψώσω ἐν δόξῃ, ἀπαύστως ὡς Θεός, τοὺς ἐν πίστει καὶ πόθῳ σὲ μεγαλύνοντας.

Μὴ ἐποδύρου μου Μῆτερ, καθορῶσα ἐν τάφῳ, ὃν ἐν γαστρὶ ἄνευ σπορᾶς, συνέλαβες Υἱόν· ἀναστήσομαι γὰρ καὶ δοξασθήσομαι, καὶ ὑψώσω ἐν δόξῃ, ἀπαύστως ὡς Θεός, τοὺς ἐν πίστει καὶ πόθῳ σὲ μεγαλύνοντας.

Ὁ Ἀναγνώστης· Ἅγιος ὁ Θεός, Ἅγιος Ἰσχυρός, Ἅγιος Ἀθάνατος, ἐλέησον ἡμᾶς. (γ΄)

Reader: Holy God, Holy Mighty, Holy Immortal, have mercy on us (*x3*).

Δόξα Πατρί, καὶ Υἱῷ, καὶ Ἁγίῳ Πνεύματι, καὶ νῦν καὶ ἀεί, καὶ εἰς τοὺς αἰῶνας τῶν αἰώνων. Ἀμήν.

Glory to the Father and the Son and the Holy Spirit, both now and ever and to the ages of ages. Amen.

Παναγία Τριάς, ἐλέησον ἡμᾶς. Κύριε, ἱλάσθητι ταῖς ἁμαρτίαις ἡμῶν, Δέσποτα,

All-holy Trinity, have mercy on us. Lord, forgive our sins. Master, pardon

συγχώρησον τὰς ἀνομίας ἡμῖν. Ἅγιε, ἐπίσκεψαι καὶ ἴασαι τὰς ἀσθενείας ἡμῶν, ἕνεκεν τοῦ ὀνόματός σου.

Κύριε, ἐλέησον. *(γ΄)* Δόξα Πατρί, καὶ Υἱῷ, καὶ Ἁγίῳ Πνεύματι, καὶ νῦν καὶ ἀεί, καὶ εἰς τοὺς αἰῶνας τῶν αἰώνων. Ἀμήν.

Πάτερ ἡμῶν ὁ ἐν τοῖς οὐρανοῖς, ἁγιασθήτω τὸ ὄνομά σου. Ἐλθέτω ἡ βασιλεία σου. Γενηθήτω τὸ θέλημά σου, ὡς ἐν οὐρανῷ, καὶ ἐπὶ τῆς γῆς. Τὸν ἄρτον ἡμῶν τὸν ἐπιούσιον δὸς ἡμῖν σήμερον. Καὶ ἄφες ἡμῖν τὰ ὀφειλήματα ἡμῶν, ὡς καὶ ἡμεῖς ἀφίεμεν τοῖς ὀφειλέταις ἡμῶν. Καὶ μὴ εἰσενέγκης ἡμᾶς εἰς πειρασμόν, ἀλλὰ ῥῦσαι ἡμᾶς ἀπὸ τοῦ πονηροῦ.

Ὁ Ἱερεύς· Ὅτι σοῦ ἐστιν ἡ Βασιλεία, καὶ ἡ δύναμις, καὶ ἡ δόξα, τοῦ Πατρός, καὶ τοῦ Υἱοῦ, καὶ τοῦ ἁγίου Πνεύματος, νῦν καὶ ἀεὶ καὶ εἰς τοὺς αἰῶνας τῶν αἰώνων.

Ὁ Ἀναγνώστης· Ἀμήν.

Ἀπολυτίκιον. Ἦχος β΄.

Ὅτε κατῆλθες πρὸς τὸν θάνατον, ἡ Ζωὴ ἡ ἀθάνατος, τότε τὸν Ἅιδην ἐνέκρωσας τῇ ἀστραπῇ τῆς θεότητος, ὅτε δὲ καὶ τοὺς τεθνεῶτας ἐκ τῶν καταχθονίων ἀνέστησας, πᾶσαι αἱ Δυνάμεις τῶν ἐπουρανίων ἐκραύγαζον, Ζωοδότα Χριστὲ ὁ Θεὸς ἡμῶν δόξα σοι.

Ὁ Διάκονος· Ἐλέησον ἡμᾶς ὁ Θεὸς κατὰ τὸ μέγα ἔλεός Σου, δεόμεθά Σου, ἐπάκουσον καὶ ἐλέησον.

Ὁ Χορός· Κύριε ἐλέησον. *(γ΄)* **Καὶ μεθ᾿ ἑκάστην δέησιν.**

Ὁ Διάκονος· Ἔτι δεόμεθα ὑπὲρ τοῦ Ἀρχιεπισκόπου ἡμῶν *(τοῦ δεῖνος)*.

our transgressions. Holy One, visit and heal our infirmities for the glory of Your name.

Lord, have mercy. *(x3)* Glory to the Father and the Son and the Holy Spirit, both now and ever and to the ages of ages. Amen.

Our Father, who art in heaven, hallowed be Thy name. Thy kingdom come. Thy will be done, on earth as it is in heaven. Give us this day our daily bread; and forgive us our trespasses, as we forgive those who trespass against us. And lead us not into temptation, but deliver us from the evil one.

Priest: For Yours is the kingdom and the power and the glory, of the Father and the Son and the Holy Spirit, both now and ever and to the ages of ages.

Reader: Amen.

Apolytikion. Tone 2.

When you went down to death, O immortal life, then you slew Hell with the blaze of your Godhead; but when from the infernal regions you raised the dead, all the Powers of heaven cried out to you: Giver of life, glory to you!

Deacon: Have mercy on us, O God, according to your great mercy, we pray you, hear and have mercy.

Choir: Lord, have mercy. *(x3)* **And so after the remaining petitions.**

Deacon: Also we pray for our Archbishop N.

Ἔτι δεόμεθα ὑπέρ των εὐσεβῶν καὶ ὀρθοδόξων χριστιανῶν, τοῦ Κυρίου δεηθῶμεν.

Ὁ Ἱερεύς· Ὅτι ἐλεήμων καὶ φιλάνθρωπος Θεὸς ὑπάρχεις, καὶ σοὶ τὴν δόξαν ἀναπέμπομεν, τῷ Πατρὶ καὶ τῷ Υἱῷ καὶ τῷ Ἁγίῳ Πνεύματι, νῦν καὶ ἀεὶ καὶ εἰς τοὺς αἰῶνας τῶν αἰώνων.

Ὁ Ἀναγνώστης· Ἀμήν.

Ὁ Διάκονος· Σοφία.

Ὁ Ἀναγνώστης· Εὐλόγησον.

Ὁ Ἱερεύς· Ὁ ὢν εὐλογητὸς Χριστὸς ὁ Θεὸς ἡμῶν, πάντοτε, νῦν καὶ ἀεὶ καὶ εἰς τοὺς αἰῶνας τῶν αἰώνων.

Ὁ Ἀναγνώστης· Ἀμήν.

Ὁ Ἀναγνώστης· Στερεώσαι Κύριος ὁ Θεὸς τὴν ἁγίαν καὶ ἀμώμητον πίστιν τῶν εὐσεβῶν καὶ ὀρθοδόξων Χριστιανῶν, σὺν τῇ ἁγίᾳ αὐτοῦ Ἐκκλησίᾳ, καὶ τῇ Πόλει ταύτῃ εἰς αἰῶνας αἰώνων.

Ὁ Ἀναγνώστης· Ἀμήν.

Ὁ Ἱερεύς· Ὑπεραγία Θεοτόκε, σῶσον ἡμᾶς.

Ὁ Ἀναγνώστης· Τὴν τιμιωτέραν τῶν Χερουβεὶμ καὶ ἐνδοξοτέραν ἀσυγκρίτως τῶν Σεραφείμ, τὴν ἀδιαφθόρως Θεὸν Λόγον τεκοῦσαν, τὴν ὄντως Θεοτόκον σὲ μεγαλύνομεν.

Ὁ Ἱερεύς· Δόξα σοι, ὁ Θεὸς ἡμῶν, δόξα σοι.

Ὁ Ἀναγνώστης· Δόξα. Καὶ νῦν· Κύριε, ἐλέησον (*γ΄*) Πάτερ ἅγιε εὐλόγησον.

Again we pray for all pious and Orthodox Christians.

Priest: For you are a merciful and loving God, and to you we give glory, to the Father and the Son and the Holy Spirit, both now and ever and to the ages of ages.

Reader: Amen.

Deacon: Wisdom.

Reader: Bless.

Priest: Blessed is he who is Christ our God, always now and forever, and to the ages of ages.

Reader: Amen.

Reader: May the Lord God strengthen the holy and pure faith of devout and orthodox Christians, with his holy Church and this city, unto ages of ages.

Reader: Amen.

Priest: Most Holy Theotokos, save us.

Reader: Greater in honor than the Cherubim, and beyond compare more glorious than the Seraphim, without corruption you gave birth to God the Word; truly the Theotokos, we magnify you.

Priest: Glory to you, Christ God, our hope, glory to you.

Reader: Glory. Now and Always. Lord, have mercy (*x3*). Holy Father, give the blessing.

Ὁ Ἱερεύς·	Priest:

Priest: May Christ our true God who rose from the dead, as a good, loving, and merciful God, have mercy upon us and save us, through the intercessions of His most pure and holy Mother; the power of the precious and life giving Cross; the protection of the honorable, bodiless powers of heaven, the supplications of the honorable, glorious prophet and forerunner John the Baptist; the holy, glorious and praiseworthy apostles; the holy, glorious and triumphant martyrs; our holy and God-bearing Fathers *(name of the church)*; the holy and righteous ancestors Joachim and Anna; Saint *(of the day)* whose memory we commemorate today, and all the saints.

Χριστὸς ὁ ἀληθινὸς Θεὸς ἡμῶν ὁ ἀναστὰς ἐκ νεκρῶν, ταῖς πρεσβείαις τῆς παναχράντου καὶ παναμώμου ἁγίας αὐτοῦ Μητρός· δυνάμει τοῦ τιμίου καὶ ζωοποιοῦ Σταυροῦ· προστασίαις τῶν τιμίων ἐπουρανίων Δυνάμεων Ἀσωμάτων· ἱκεσίαις τοῦ τιμίου, ἐνδόξου, Προφήτου, Προδρόμου καὶ Βαπτιστοῦ Ἰωάννου· τῶν ἁγίων ἐνδόξων καὶ πανευφήμων Ἀποστόλων· τῶν ἁγίων ἐνδόξων καὶ καλλινίκων μαρτύρων· τῶν ὁσίων καὶ θεοφόρων Πατέρων ἡμῶν, τοῦ ἁγίου *(τοῦ Ναοῦ)*, τῶν ἁγίων καὶ δικαίων Θεοπατόρων Ἰωακεὶμ καὶ Ἄννης, τοῦ ἁγίου *(τῆς ἡμέρας)*, οὗ καὶ τὴν μνήμην ἐπιτελοῦμεν, καὶ πάντων τῶν Ἁγίων, ἐλεῆσαι καὶ σῶσαι ἡμᾶς, ὡς ἀγαθὸς καὶ φιλάνθρωπος καὶ ἐλεήμων Θεός.

Ὁ Ἱερεύς· Δι' εὐχῶν τῶν ἁγίων Πατέρων ἡμῶν, Κύριε Ἰησοῦ Χριστέ, ὁ Θεός, ἐλέησον καὶ σῶσον ἡμᾶς.

Priest: Through the prayers of our holy fathers, Lord Jesus Christ, our God, have mercy on us and save us.

Ὁ Χορός· Ἀμήν.

Choir: Amen.

ΤΕΛΕΤΗ ΤΗΣ ΑΝΑΣΤΑΣΕΩΣ

THE CELEBRATION OF THE RESURRECTION

Ὁ ἱερεὺς ἐνδεδυμένος ἅπασαν τὴν ἱερατικὴν αὐτοῦ στολὴν ἐξέρχεται εἰς τὴν Ὡραίαν Πύλην κρατῶν τὸ ἱερὸν Εὐαγγέλιον καὶ λαμπάδα ἀνημμένην καὶ προσκαλεῖ τοὺς πιστοὺς ἵνα ἀνάψωσι τὰς λαμπάδας αὐτῶν, ψάλλων τὸ ἑξῆς.

The priest, vested in all of his priestly vestments, exits from the Beautiful Gate, holding the sacred Gospel and a lit candle, and while singing annonces the following to the faithful as he raises the candle:

Τροπάρια. Ἦχος πλ. α΄.

Troparia. Tone Pl. 1.

Δεῦτε λάβετε φῶς ἐκ τοῦ ἀνεσπέρου φωτός, καὶ δοξάσατε Χριστόν, τὸν ἀναστάντα ἐκ νεκρῶν. *(γ΄)*

Come receive the light, from the eveningless light, and glorify Christ, who is arisen from the dead. *(x3)*

Τοῦτο ἐπαναλαμβάνεται καὶ ὑπὸ τῶν χορῶν. Εἶτα ἐξερχόμεθα τοῦ ναοῦ, προηγουμένων λαμπάδων καὶ ἐξαπτερύγων καὶ τοῦ λαβάρου τῆς Ἀναστάσεως, ψάλλοντες τὸ παρὸν τροπάριον·

This is repeated by both choirs. Then we exit the temple, preceded by lights and exapteryga and the bannner of the Resurrection, singing the following troparion:

Τροπάρια. Ἦχος πλ. β΄.

Troparia. Tone Pl. 2.

Τὴν ἀνάστασίν σου, Χριστὲ Σωτήρ, Ἄγγελοι ὑμνοῦσιν ἐν οὐρανοῖς, καὶ ἡμᾶς τοὺς ἐπὶ γῆς καταξίωσον ἐν καθαρᾷ καρδίᾳ σὲ δοξάζειν.

Your Resurrection, Christ Saviour, Angels sing in heaven; grant that we too, who are on earth, may with pure hearts give glory to you.

Ὅταν φθάσωμεν εἰς τὸν ὡρισμένον τόπον, ἔνθα εὑρίσκεται προηυτρεπισμένον τρισκέλιον, ἀποτίθησιν ἐπ' αὐτοῦ ὁ ἱερεὺς τὸ ἱ. Εὐαγγέλιον καὶ λέγει ὁ διάκονος·

When we have arrived at the designated place, in which a prepared lectern is found, the Priest places the sacred Gospel upon it and the Deacon says:

Ὁ Ἱερεύς· Καὶ ὑπὲρ τοῦ καταξιωθῆναι ἡμᾶς τῆς ἀκροάσεως τοῦ ἁγίου Εὐαγγελίου Κύριον τὸν Θεὸν ἡμῶν ἱκετεύσωμεν.

Deacon: And that we might be found worthy to hear the holy Gospel, let us ask the Lord our God.

Ὁ Χορός· Κύριε, ἐλέησον. *(γ΄)*

Choir: Lord, have mercy. *(x3)*

Ὁ Ἱερεύς· Σοφία. Ὀρθοί, ἀκούσωμεν τοῦ ἁγίου Εὐαγγελίου. Εἰρήνη πᾶσι.

Priest: Wisdom. Arise. Let us hear the holy Gospel. Peace to all.

Ὁ Χορός· Καὶ τῷ πνεύματί σου.

Choir: And to your Spirit.

Ὁ Ἱερεύς· Ἐκ τοῦ κατὰ Μᾶρκον Ἁγίου Εὐαγγελίου τὸ ἀνάγνωσμα. Πρόσχωμεν.

Priest: The reading is from the holy Gospel according to Mark. Let us be attentive.

Ὁ Χορός· Δόξα σοι, Κύριε, δόξα σοι.

Choir: Glory to you, Lord, glory to you!

Ὁ Ἱερεὺς·

(ιστ', 1-8)

Διαγενομένου τοῦ σαββάτου, Μαρία ἡ Μαγδαληνὴ καὶ Μαρία ἡ τοῦ Ἰακώβου καὶ Σαλώμη ἠγόρασαν ἀρώματα ἵνα ἐλθοῦσαι ἀλείψωσιν τὸν Ἰησοῦν. Καὶ λίαν πρωῒ τῆς μιᾶς τῶν σαββάτων ἔρχονται ἐπὶ τὸ μνημεῖον, ἀνατείλαντος τοῦ ἡλίου. Καὶ ἔλεγον πρὸς ἑαυτάς· Τίς ἀποκυλίσει ἡμῖν τὸν λίθον ἐκ τῆς θύρας τοῦ μνημείου; Καὶ ἀναβλέψασαι θεωροῦσιν ὅτι ἀποκεκύλισται ὁ λίθος· ἦν γὰρ μέγας σφόδρα. Καὶ εἰσελθοῦσαι εἰς τὸ μνημεῖον εἶδον νεανίσκον καθήμενον ἐν τοῖς δεξιοῖς, περιβεβλημένον στολὴν λευκήν, καὶ ἐξεθαμβήθησαν. Ὁ δὲ λέγει αὐταῖς· Μὴ ἐκθαμβεῖσθε· Ἰησοῦν ζητεῖτε τὸν Ναζαρηνὸν τὸν ἐσταυρωμένον; Ἠγέρθη οὐκ ἔστιν ὧδε· ἴδε ὁ τόπος ὅπου ἔθηκαν αὐτόν. Ἀλλ' ὑπάγετε εἴπατε τοῖς μαθηταῖς αὐτοῦ καὶ τῷ Πέτρῳ ὅτι προάγει ὑμᾶς εἰς τὴν Γαλιλαίαν· ἐκεῖ αὐτὸν ὄψεσθε, καθὼς εἶπεν ὑμῖν. Καὶ ἐξελθοῦσαι ταχὺ ἔφυγον ἀπὸ τοῦ μνημείου· εἶχε δὲ αὐτὰς τρόμος καὶ ἔκστασις, καὶ οὐδὲν εἶπον· ἐφοβοῦντο γάρ.

Ὁ Χορός· Δόξα σοι, Κύριε, δόξα σοι.

Καὶ εὐθὺς ἄρχεται...

Ο ΟΡΘΡΟΣ

Ὁ ἱερεὺς θυμιῶν τὸ ἱερὸν Εὐαγγέλιον ἐκφωνεῖ·

Δόξα τῇ ἁγίᾳ, καὶ ὁμοουσίῳ, καὶ ζωοποιῷ, καὶ ἀδιαιρέτῳ Τριάδι πάντοτε, νῦν καὶ ἀεὶ καὶ εἰς τοὺς αἰῶνας τῶν αἰώνων.

Ὁ Χορός· Ἀμήν.

Priest:

(16:1-8)

When the Sabbath was past, Mary Magdalene, and Mary the mother of James, and Salome, bought spices, so that they might go and anoint Jesus. And very early on the first day of the week they went to the tomb when the sun had risen. And they were saying to one another, "Who will roll away the stone for us from the door of the tomb?" And looking up, they saw that the stone was rolled back, for it was very large. And entering the tomb, they saw a young man sitting on the right side, dressed in a white robe; and they were amazed. And he said to them, "Do not be amazed; you seek Jesus of Nazareth, who was crucified. He has risen, he is not here; see the place where they laid him. But go, tell his disciples and Peter that he is going before you to Galilee; there you will see him, as he told you." And they went out and fled from the tomb; for trembling and astonishment had come upon them; and they said nothing to any one, for they were afraid.

Choir: Glory to you, Lord, glory to you!

And immediately we begin...

ORTHROS

The Priest censes the sacred Gospel exclaiming:

Glory to the holy and consubstantial, and life-giving, and undivided Trinity, always, now and forever and to the ages of ages.

Choir: Amen.

Καὶ ψάλλει τρὶς τὸ ἐπόμενον τροπάριον·

Ἦχος πλ. α΄.

Χριστὸς ἀνέστη ἐκ νεκρῶν, θανάτῳ θάνατον πατήσας, καὶ τοῖς ἐν τοῖς μνήμασι, ζωὴν χαρισάμενος. *(γ΄)*

Τὸ αὐτὸ ἐπαναλαμβάνεται ὑπὸ τῶν χορῶν ἑξάκις, τοῦ ἱερέως θυμιῶντος καὶ λέγοντος τοὺς ἐπομένους στίχους·

Ὁ Ἱερεὺς· Ἀναστήτω ὁ Θεός, καὶ διασκορπισθήτωσαν οἱ ἐχθροὶ αὐτοῦ, καὶ φυγέτωσαν ἀπὸ προσώπου αὐτοῦ οἱ μισοῦντες αὐτόν.

Ὁ Χορός· Χριστὸς ἀνέστη ἐκ νεκρῶν, θανάτῳ θάνατον πατήσας, καὶ τοῖς ἐν τοῖς μνήμασι, ζωὴν χαρισάμενος.

Ὁ Ἱερεὺς· Ὡς ἐκλείπει καπνός, ἐκλιπέτωσαν, ὡς τήκεται κηρὸς ἀπὸ προσώπου πυρός.

Ὁ Χορός· Χριστὸς ἀνέστη ἐκ νεκρῶν, θανάτῳ θάνατον πατήσας, καὶ τοῖς ἐν τοῖς μνήμασι, ζωὴν χαρισάμενος.

Ὁ Ἱερεὺς· Οὕτως ἀπολοῦνται οἱ ἁμαρτωλοὶ ἀπὸ προσώπου τοῦ Θεοῦ, καὶ οἱ δίκαιοι εὐφρανθήτωσαν.

Ὁ Χορός· Χριστὸς ἀνέστη ἐκ νεκρῶν, θανάτῳ θάνατον πατήσας, καὶ τοῖς ἐν τοῖς μνήμασι, ζωὴν χαρισάμενος.

Ὁ Ἱερεὺς· Αὕτη ἡ ἡμέρα, ἣν ἐποίησεν ὁ Κύριος, ἀγαλλιασώμεθα, καὶ εὐφρανθῶμεν ἐν αὐτῇ.

And sings the following troparion:

Tone Pl. 1.

Christ is risen from the dead, by death he has trampled upon death, and to those in the tombs He is bestowing life. *(x3)*

This is repeated by the choirs six times, the Priest censing and saying the following verses:

Priest: Let God arise, and his enemies be scattered, and let those that hate him flee before his face.

Choir: Christ is risen from the dead, by death he has trampled upon death, and to those in the tombs He is bestowing life.

Priest: As smoke vanishes, so let them vanish, as wax melts at the presence of fire.

Choir: Christ is risen from the dead, by death he has trampled upon death, and to those in the tombs He is bestowing life.

Priest: So shall the wicked perish at the presence of God; and let the just be glad.

Choir: Christ is risen from the dead, by death he has trampled upon death, and to those in the tombs He is bestowing life.

Priest: This is the day which the Lord has made; let us rejoice and be glad in it.

Ὁ Χορός· Χριστὸς ἀνέστη ἐκ νεκρῶν, θανάτῳ θάνατον πατήσας, καὶ τοῖς ἐν τοῖς μνήμασι, ζωὴν χαρισάμενος.

Ὁ Ἱερεύς· Δόξα Πατρί, καὶ Υἱῷ, καὶ Ἁγίῳ Πνεύματι.

Ὁ Χορός· Χριστὸς ἀνέστη ἐκ νεκρῶν, θανάτῳ θάνατον πατήσας, καὶ τοῖς ἐν τοῖς μνήμασι, ζωὴν χαρισάμενος.

Ὁ Ἱερεύς· Καὶ νῦν καὶ ἀεί, καὶ εἰς τοὺς αἰῶνας τῶν αἰώνων. Ἀμήν.

Ὁ Χορός· Χριστὸς ἀνέστη ἐκ νεκρῶν, θανάτῳ θάνατον πατήσας, καὶ τοῖς ἐν τοῖς μνήμασι, ζωὴν χαρισάμενος.

Εἶτα ὁ ἱερεύς, γεγονωτέρᾳ φωνῇ: Χριστὸς ἀνέστη ἐκ νεκρῶν, θανάτῳ θάνατον πατήσας…

Ὁ Χορός· …καὶ τοῖς ἐν τοῖς μνήμασι, ζωὴν χαρισάμενος.

ΕΙΡΗΝΙΚΑ

Ὁ Ἱερεύς· Ἐν εἰρήνῃ τοῦ Κυρίου δεηθῶμεν.

Ὁ Χορός· Κύριε, ἐλέησον. *(Καὶ μεθ' ἑκάστην δέησιν)*

Ὁ Ἱερεύς· Ὑπὲρ τῆς ἄνωθεν εἰρήνης, καὶ τῆς σωτηρίας τῶν ψυχῶν ἡμῶν, τοῦ Κυρίου δεηθῶμεν.

Ὑπὲρ τῆς εἰρήνης τοῦ σύμπαντος κόσμου, εὐσταθείας τῶν ἁγίων τοῦ Θεοῦ Ἐκκλησιῶν, καὶ τῆς τῶν πάντων ἑνώσεως, τοῦ Κυρίου δεηθῶμεν.

Choir: Christ is risen from the dead, by death he has trampled upon death, and to those in the tombs He is bestowing life.

Priest: Glory to the Father and to the Son and to the Holy Spirit.

Choir: Christ is risen from the dead, by death he has trampled upon death, and to those in the tombs He is bestowing life.

Priest: Both now and for ever, and to the ages of ages. Amen.

Choir: Christ is risen from the dead, by death he has trampled upon death, and to those in the tombs He is bestowing life.

Then the Priest, in a louder voice: Christ is risen from the dead, by death he has trampled upon death…

Choir:…and to those in the tombs He is bestowing life.

THE LITANY OF PEACE

Priest: In peace let us pray to the Lord.

Choir: Lord, have mercy. *(And so after each petition.)*

Priest: For the peace from above and the salvation of our souls, let us pray to the Lord.

For peace in the whole world, for the stability of the holy churches of God, and for the unity of all, let us pray to the Lord.

Ὑπὲρ τοῦ ἁγίου οἴκου τούτου, καὶ τῶν μετὰ πίστεως, εὐλαβείας καὶ φόβου Θεοῦ εἰσιόντων ἐν αὐτῷ, τοῦ Κυρίου δεηθῶμεν.

Ὑπὲρ τοῦ Ἀρχιεπισκόπου ἡμῶν *(τοῦ δεῖνος)*, τοῦ τιμίου πρεσβυτερίου, τῆς ἐν Χριστῷ διακονίας, παντὸς τοῦ κλήρου καὶ τοῦ λαοῦ, τοῦ Κυρίου δεηθῶμεν.

Ὑπὲρ τοῦ εὐσεβοῦς ἡμῶν ἔθνους, πάσης ἀρχῆς καὶ ἐξουσίας ἐν αὐτῷ, τοῦ Κυρίου δεηθῶμεν.

Ὑπὲρ τῆς ἱερᾶς Μητροπόλεως, ἐνορίας καὶ πόλεως ταύτης, πάσης πόλεως, μονῆς καὶ χώρας, καὶ τῶν πίστει οἰκούντων ἐν αὐταῖς, τοῦ Κυρίου δεηθῶμεν.

Ὑπὲρ εὐκρασίας ἀέρων, εὐφορίας τῶν καρπῶν τῆς γῆς, καὶ καιρῶν εἰρηνικῶν, τοῦ Κυρίου δεηθῶμεν.

Ὑπὲρ πλεόντων, ὁδοιπορούντων, νοσούντων, καμνόντων, αἰχμαλώτων, καὶ τῆς σωτηρίας αὐτῶν, τοῦ Κυρίου δεηθῶμεν.

Ὑπὲρ τοῦ ῥυσθῆναι ἡμᾶς ἀπὸ πάσης θλίψεως, ὀργῆς, κινδύνου καὶ ἀνάγκης, τοῦ Κυρίου δεηθῶμεν.

Ἀντιλαβοῦ, σῶσον, ἐλέησον, καὶ διαφύλαξον ἡμᾶς, ὁ Θεός, τῇ σῇ χάριτι.

Ὁ Χορός· Κύριε, ἐλέησον.

Ὁ Διάκονος· Τῆς Παναγίας, ἀχράντου, ὑπερευλογημένης, ἐνδόξου Δεσποίνης ἡμῶν Θεοτόκου, καὶ ἀειπαρθένου Μαρίας, μετὰ πάντων τῶν Ἁγίων μνημονεύσαντες, ἑαυτοὺς καὶ ἀλλήλους, καὶ πᾶσαν τὴν ζωὴν ἡμῶν Χριστῷ τῷ Θεῷ παραθώμεθα.

Ὁ Χορός· Σοί, Κύριε.

For this holy house and for those who enter it with faith, reverence, and the fear of God, let us pray to the Lord.

For our Archbishop **(Name)**, for the honored order of presbyters, for the diaconate in Christ, for all the clergy and the people, let us pray to the Lord.

For our country, the president, and all those in public service, let us pray to the Lord.

For this holy Metropolis and parish, and for this city and every city, monastic community, and land and the faithful who live in them, let us pray to the Lord.

For favorable weather, an abundance of the fruits of the earth, and temperate seasons, let us pray to the Lord.

For travelers by land, sea, and air, for the sick, the suffering, the captives, and for their salvation, let us pray to the Lord.

For our deliverance from all affliction, wrath, danger, and distress, let us pray to the Lord.

Take hold of us, save us, have mercy upon us, and protect us, O God, by Your grace.

Choir: Lord, have mercy.

Priest: Commemorating our most holy, most pure, most blessed and glorified Lady the Theotokos and ever-virgin Mary, together with all the saints, let us commit ourselves and one another and all our life unto Christ our God.

Choir: To You, O Lord.

Ὁ Ἱερεύς·

Ὅτι πρέπει σοι πᾶσα δόξα, τιμὴ καὶ προσκύνησις, τῷ Πατρὶ καὶ τῷ Υἱῷ καὶ τῷ Ἁγίῳ Πνεύματι, νῦν καὶ ἀεὶ καὶ εἰς τοὺς αἰῶνας τῶν αἰώνων.

Ὁ Χορός· Ἀμήν.

Καὶ ἐπιστρέφομεν εἰς τὸν Ναὸν ψάλλοντες τὸν ἀναστάσιμον κανόνα.

Ποίημα Ἰωάννου τοῦ Δαμασκηνοῦ

Ὠδὴ αʹ. Ἦχος αʹ. Ὁ εἱρμός.

Ἀναστάσεως ἡμέρα * λαμπρυνθῶμεν λαοί· * πάσχα Κυρίου πάσχα. * Ἐκ γὰρ θανάτου πρὸς ζωὴν * καὶ ἐκ γῆς πρὸς οὐρανὸν Χριστὸς ὁ Θεὸς * ἡμᾶς διεβίβασεν, * ἐπινίκιον ᾄδοντας. *(βʹ)*

Δόξα τῇ ἁγίᾳ Ἀναστάσει σου, Κύριε.

Τροπάρια.

Καθαρθῶμεν τὰς αἰσθήσεις * καὶ ὀψόμεθα * τῷ ἀπροσίτῳ φωτὶ * τῆς ἀναστάσεως Χριστὸν * ἐξαστράπτοντα, καὶ Χαίρετε φάσκοντα * τρανῶς ἀκουσόμεθα, * ἐπινίκιον ᾄδοντες.

Δόξα τῇ ἁγίᾳ Ἀναστάσει σου, Κύριε.

Οὐρανοὶ μὲν ἐπαξίως * εὐφραινέσθωσαν, * γῆ δὲ ἀγαλλιάσθω, * ἑορταζέτω δὲ κόσμος * ὁρατός τε ἅπας καὶ ἀόρατος· * Χριστὸς γὰρ ἐγήγερται, * εὐφροσύνη αἰώνιος.

Καταβασία.

Ἀναστάσεως ἡμέρα * λαμπρυνθῶμεν λαοί· * πάσχα Κυρίου πάσχα. * Ἐκ γὰρ θανάτου πρὸς ζωὴν * καὶ ἐκ γῆς πρὸς οὐρανὸν Χριστὸς ὁ Θεὸς * ἡμᾶς διεβίβασεν, * ἐπινίκιον ᾄδοντας.

Priest:

For to You belong all glory, honor, and worship to the Father and the Son and the Holy Spirit, both now and ever and to the ages of ages.

Choir: Amen.

And we return to the Temple singing the Canon of the Resurrection.

Poem by St. John of Damascus

Ode 1. Tone 1. Irmos.

This is the day of Resurrection let us be radiant O people, Pascha the Lord's Pascha. For Christ our God has passed us from death to life and from earth to heaven we who sing the song of victory. *(x2)*

Glory to Your Holy Resurrection O Lord.

Troparia.

Let us cleanse our senses that we may behold Christ, Who gleams like lightening in the unapproachable light of the Resurrection. And we shall clearly hear Him say rejoice as we sing the hymn of victory.

Glory to Your Holy Resurrection O Lord.

It is worthy for the heavens to rejoice and the earth to be glad. The whole world visible and invisible celebrates for Christ our everlasting joy is risen from the dead.

Katavasia.

This is the day of Resurrection let us be radiant O people, Pascha the Lord's Pascha. For Christ our God has passed us from death to life and from

Χριστὸς ἀνέστη ἐκ νεκρῶν, θανάτῳ θάνατον πατήσας, καὶ τοῖς ἐν τοῖς μνήμασι, ζωὴν χαρισάμενος.

Χριστὸς ἀνέστη ἐκ νεκρῶν…

Χριστὸς ἀνέστη ἐκ νεκρῶν…

Ἀναστὰς ὁ Ἰησοῦς ἀπὸ τοῦ τάφου καθὼς προεῖπεν, ἔδωκεν ἡμῖν τὴν αἰώνιον ζωὴν καὶ μέγα ἔλεος.

Ὁ Διάκονος· Ἔτι καὶ ἔτι ἐν εἰρήνῃ τοῦ Κυρίου δεηθῶμεν.

Ὁ Χορός· Κύριε, ἐλέησον.

Ὁ Διάκονος· Ἀντιλαβοῦ, σῶσον, ἐλέησον καὶ διαφύλαξον ἡμᾶς ὁ Θεὸς τῇ σῇ χάριτι.

Ὁ Χορός· Κύριε, ἐλέησον.

Ὁ Διάκονος· Τῆς Παναγίας, ἀχράντου, ὑπερευλογημένης, ἐνδόξου, δεσποίνης ἡμῶν Θεοτόκου καὶ ἀειπαρθένου Μαρίας, μετὰ πάντων τῶν ἁγίων μνημονεύσαντες, ἑαυτοὺς καὶ ἀλλήλους καὶ πᾶσαν τὴν ζωὴν ἡμῶν Χριστῷ τῷ Θεῷ παραθώμεθα.

Ὁ Χορός· Σοί, Κύριε.

Ὁ Ἱερεύς· Ὅτι σὸν τὸ κράτος καὶ σοῦ ἐστιν ἡ βασιλεία καὶ ἡ δύναμις καὶ ἡ δόξα, τοῦ Πατρὸς καὶ τοῦ Υἱοῦ καὶ τοῦ Ἁγίου Πνεύματος, νῦν καὶ ἀεὶ καὶ εἰς τοὺς αἰῶνας τῶν αἰώνων.

Ὁ Χορός· Ἀμήν.

earth to heaven we who sing the song of victory.

Christ is risen from the dead, by death he has trampled upon death, and to those in the tombs He is bestowing life.

Christ is risen from the dead…

Christ is risen from the dead…

Jesus having risen from the grave as he foretold has bestowed on us eternal life and great mercy.

Deacon: Again and again in peace let us pray to the Lord.

Choir: Lord, have mercy.

Deacon: Take hold of us, save us, have mercy upon us, and protect us, O God, by Your grace.

Choir: Lord, have mercy.

Deacon: Commemorating our most holy, most pure, most blessed and glorified Lady the Theotokos and ever-virgin Mary, together with all the saints, let us commit ourselves and one another and all our life unto Christ our God.

Choir: To You, O Lord.

Priest: For yours is the might, and yours the kingdom, the power and the glory, of the Father, the Son and the Holy Spirit, now and for ever, and to the ages of ages.

Choir: Amen.

Ode 3. Irmos.

Come let us drink a new drink not one wondrously brought forth from a barren rock but from the fount of incorruption which springs forth from the tomb of Christ in Whom we are established.

Troparia.

Glory to Your Holy Resurrection O Lord.

Now all things are filled with light heaven and earth and the deepest parts of the earth. Let all creation celebrate the rising of Christ, in which it is established.

Glory to Your Holy Resurrection O Lord.

Yesterday I was buried you O Christ, today I arise in Your Resurrection. Yesterday I was crucified with You, O Savior glorify me with Yourself in Your Kingdom.

Katavasia.

Come let us drink a new drink not one wondrously brought forth from a barren rock but from the fount of incorruption which springs forth from the tomb of Christ in Whom we are established.

Christ is risen from the dead, by death he has trampled upon death, and to those in the tombs He is bestowing life.

Christ is risen from the dead...

Christ is risen from the dead...

Jesus having risen from the grave as he foretold has bestowed on us eternal life and great mercy.

Ὁ Διάκονος· Ἔτι καὶ ἔτι ἐν εἰρήνῃ τοῦ Κυρίου δεηθῶμεν.

Ὁ Χορός· Κύριε, ἐλέησον.

Ὁ Διάκονος· Ἀντιλαβοῦ, σῶσον, ἐλέησον καὶ διαφύλαξον ἡμᾶς ὁ Θεὸς τῇ σῇ χάριτι.

Ὁ Χορός· Κύριε, ἐλέησον.

Ὁ Διάκονος· Τῆς Παναγίας, ἀχράντου, ὑπερευλογημένης, ἐνδόξου, δεσποίνης ἡμῶν Θεοτόκου καὶ ἀειπαρθένου Μαρίας, μετὰ πάντων τῶν ἁγίων μνημονεύσαντες, ἑαυτοὺς καὶ ἀλλήλους καὶ πᾶσαν τὴν ζωὴν ἡμῶν Χριστῷ τῷ Θεῷ παραθώμεθα.

Ὁ Χορός· Σοί, Κύριε.

Ὁ Ἱερεύς· Ὅτι σὺ εἶ ὁ Θεὸς ἡμῶν καὶ σοὶ τὴν δόξαν ἀναπέμπομεν, τῷ Πατρὶ καὶ τῷ Υἱῷ καὶ τῷ ἁγίῳ Πνεύματι, νῦν καὶ ἀεὶ καὶ εἰς τοὺς αἰῶνας τῶν αἰώνων.

Ὁ Χορός· Ἀμήν.

Ἡ Ὑπακοή. Ἦχος δ΄. (Χῦμα)

Προλαβοῦσαι τὸν ὄρθρον αἱ περὶ Μαριάμ, καὶ εὑροῦσαι τὸν λίθον ἀποκυλισθέντα τοῦ μνήματος, ἤκουον ἐκ τοῦ ἀγγέλου· Τὸν ἐν φωτὶ ἀϊδίῳ ὑπάρχοντα, μετὰ νεκρῶν τί ζητεῖτε ὡς ἄνθρωπον; βλέπετε τὰ ἐντάφια σπάργανα, δράμετε καὶ τῷ κόσμῳ κηρύξατε, ὡς ἠγέρθη ὁ Κύριος, θανατώσας τὸν θάνατον· ὅτι ὑπάρχει Θεοῦ Υἱός, τοῦ σῴζοντος τὸ γένος τῶν ἀνθρώπων.

Ὠδὴ δ΄. Ὁ εἱρμός.

Ἐπὶ τῆς θείας φυλακῆς * ὁ θεηγόρος Ἀββακοὺμ * στήτω μεθ' ἡμῶν καὶ δεικνύτω * φαεσφόρον ἄγγελον * δια-

Deacon: Again and again in peace let us pray to the Lord.

Choir: Lord, have mercy.

Deacon: Take hold of us, save us, have mercy upon us, and protect us, O God, by Your grace.

Choir: Lord, have mercy.

Deacon: Commemorating our most holy, most pure, most blessed and glorified Lady the Theotokos and ever-virgin Mary, together with all the saints, let us commit ourselves and one another and all our life unto Christ our God.

Choir: To You, O Lord.

Priest: For you, O God, are good and love mankind, and to you we give glory, Father, Son and Holy Spirit, now and for ever, and to the ages of ages.

Choir: Amen.

Hypakoe. Tone 4. (Read)

When they who with Mary came, anticipating the dawn, and found the stone rolled away from the sepulcher, they heard an angel: "Why seek you among the dead, as He was mortal man, Him who abides in everlasting light? Behold the grave-clothes. Go quickly and proclaim to the world that the Lord is risen, and has put death to death. For he is the Son of God, Who saved the race of man.

Ode 4. Irmos.

The inspired prophet Habakuk now stands with us in holy vigil, he is like a shining angel who cries with

πρυσίως λέγοντα· * Σήμερον σωτηρία τῷ κόσμῳ, * ὅτι ἀνέστη Χριστὸς * ὡς παντοδύναμος.

Τροπάρια.

Δόξα τῇ ἁγίᾳ Ἀναστάσει σου, Κύριε.

Ἄρσεν μέν, ὡς διανοῖξαν * τὴν παρθενεύουσαν νηδύν, * πέφηνε Χριστός· ὡς βρωτὸς δέ * ἀμνὸς προσηγόρευται· * ἄμωμος δέ, ὡς ἄγευστος * κηλῖδος, τὸ ἡμέτερον πάσχα· * καὶ ὡς Θεὸς ἀληθὴς * τέλειος λέλεκται.

Δόξα τῇ ἁγίᾳ Ἀναστάσει σου, Κύριε.

Ὡς ἐνιαύσιος ἀμνός * ὁ εὐλογούμενος ἡμῖν * στέφανος χρηστὸς ἑκουσίως * ὑπὲρ πάντων τέθυται, * πάσχα τὸ καθαρτήριον· * καὶ αὖθις ἐκ τοῦ τάφου ὡραῖος * δικαιοσύνης ἡμῖν * ἔλαμψεν ἥλιος.

Δόξα τῇ ἁγίᾳ Ἀναστάσει σου, Κύριε.

Ὁ θεοπάτωρ μὲν Δαυῒδ * πρὸ τῆς σκιώδους κιβωτοῦ * ἥλατο σκιρτῶν· ὁ λαὸς δὲ * τοῦ Θεοῦ ὁ ἅγιος, * τὴν τῶν συμβόλων ἔκβασιν * ὁρῶντες, εὐφρανθῶμεν ἐνθέως, * ὅτι ἀνέστη Χριστὸς * ὡς παντοδύναμος.

Καταβασία.

Ἐπὶ τῆς θείας φυλακῆς * ὁ θεηγόρος Ἀββακούμ * στήτω μεθ' ἡμῶν καὶ δεικνύτω * φαεσφόρον ἄγγελον * διαπρυσίως λέγοντα· * Σήμερον σωτηρία τῷ κόσμῳ, * ὅτι ἀνέστη Χριστὸς * ὡς παντοδύναμος.

Χριστὸς ἀνέστη ἐκ νεκρῶν, θανάτῳ θάνατον πατήσας, καὶ τοῖς ἐν τοῖς μνήμασι, ζωὴν χαρισάμενος.

a piercing voice. Today salvation has come to the world for Christ is risen as all powerful.

Troparia.

Glory to Your Holy Resurrection O Lord.

Christ revealed himself as a man when He was born from the Virgin's womb as a mortal He was called the Lamb. As One not tasting corruption out Pascha is blameless, and as true God He is proclaimed perfect.

Glory to Your Holy Resurrection O Lord.

Christ our blessed crown as a yearling lamb was sacrificed for us according to His free will. The Pascha of purification and once again from the grave, the beautiful Son of righteousness has shown on us.

Glory to Your Holy Resurrection O Lord.

David the ancestor of God danced and leaped before the symbolic ark. Let us as the holy people of God having beheld the fulfillment of the symbols. Rejoice with divine inspiration for Christ is risen the all powerful One.

Katavasia.

The inspired prophet Habakuk now stands with us in holy vigil, he is like a shining angel who cries with a piercing voice. Today salvation has come to the world for Christ is risen as all powerful.

Christ is risen from the dead, by death he has trampled upon death, and to those in the tombs He is bestowing life.

Χριστὸς ἀνέστη ἐκ νεκρῶν…

Χριστὸς ἀνέστη ἐκ νεκρῶν…

Ἀναστὰς ὁ Ἰησοῦς ἀπὸ τοῦ τάφου καθὼς προεῖπεν, ἔδωκεν ἡμῖν τὴν αἰώνιον ζωὴν καὶ μέγα ἔλεος.

Ὁ Διάκονος· Ἔτι καὶ ἔτι ἐν εἰρήνῃ τοῦ Κυρίου δεηθῶμεν.

Ὁ Χορός· Κύριε, ἐλέησον.

Ὁ Διάκονος· Ἀντιλαβοῦ, σῶσον, ἐλέησον καὶ διαφύλαξον ἡμᾶς ὁ Θεὸς τῇ σῇ χάριτι.

Ὁ Χορός· Κύριε, ἐλέησον.

Ὁ Διάκονος· Τῆς Παναγίας, ἀχράντου, ὑπερευλογημένης, ἐνδόξου, δεσποίνης ἡμῶν Θεοτόκου καὶ ἀειπαρθένου Μαρίας, μετὰ πάντων τῶν ἁγίων μνημονεύσαντες, ἑαυτοὺς καὶ ἀλλήλους καὶ πᾶσαν τὴν ζωὴν ἡμῶν Χριστῷ τῷ Θεῷ παραθώμεθα.

Ὁ Χορός· Σοί, Κύριε.

Ὁ Ἱερεύς· Ὅτι ἀγαθὸς καὶ φιλάνθρωπος Θεὸς ὑπάρχεις καὶ σοὶ τὴν δόξαν ἀναπέμπομεν, τῷ Πατρὶ καὶ τῷ Υἱῷ καὶ τῷ Ἁγίῳ Πνεύματι, νῦν καὶ ἀεὶ καὶ εἰς τοὺς αἰῶνας τῶν αἰώνων.

Ὁ Χορός· Ἀμήν.

Ὠδὴ ε΄. Ὁ εἱρμός.

Ὀρθρίσωμεν ὄρθρου βαθέος * καὶ ἀντὶ μύρου τὸν ὕμνον * προσοίσομεν τῷ Δεσπότῃ * καὶ Χριστὸν ὀψόμεθα, * δικαιοσύνης ἥλιον, * πᾶσι ζωὴν ἀνατέλλοντα.

Christ is risen from the dead…

Christ is risen from the dead…

Jesus having risen from the grave as he foretold has bestowed on us eternal life and great mercy.

Deacon: Again and again in peace let us pray to the Lord.

Choir: Lord, have mercy.

Deacon: Take hold of us, save us, have mercy upon us, and protect us, O God, by Your grace.

Choir: Lord, have mercy.

Deacon: Commemorating our most holy, most pure, most blessed and glorified Lady the Theotokos and ever-virgin Mary, together with all the saints, let us commit ourselves and one another and all our life unto Christ our God.

Choir: To You, O Lord.

Priest: For you, O God, are good and love mankind, and to you we give glory, Father, Son and Holy Spirit, now and for ever, and to the ages of ages.

Choir: Amen.

Ode 5. Irmos.

Let us rise early at the break of dawn and offer an hymn instead of myrrh to the Master. And let us behold Christ the Son of righteousness who causes life to rise for all.

Τροπάρια.

Δόξα τῇ ἁγίᾳ Ἀναστάσει σου, Κύριε.

Τὴν ἄμετρόν σου εὐσπλαγχνίαν * οἱ ταῖς τοῦ ᾅδου σειραῖς * συνεχόμενοι δεδορκότες, * πρὸς τὸ φῶς ἠπείγοντο, * Χριστέ, ἀγαλλομένῳ ποδί, * πάσχα κροτοῦντες αἰώνιον.

Δόξα τῇ ἁγίᾳ Ἀναστάσει σου, Κύριε.

Προσέλθωμεν λαμπαδηφόροι * τῷ προϊόντι Χριστῷ * ἐκ τοῦ μνήματος ὡς νυμφίῳ * καὶ συνεορτάσωμεν * ταῖς φιλεόρτοις τάξεσι * πάσχα Θεοῦ τὸ σωτήριον.

Καταβασία.

Ὀρθρίσωμεν ὄρθρου βαθέος * καὶ ἀντὶ μύρου τὸν ὕμνον * προσοίσομεν τῷ Δεσπότῃ * καὶ Χριστὸν ὀψόμεθα, * δικαιοσύνης ἥλιον, * πᾶσι ζωὴν ἀνατέλλοντα.

Χριστὸς ἀνέστη ἐκ νεκρῶν, θανάτῳ θάνατον πατήσας, καὶ τοῖς ἐν τοῖς μνήμασι, ζωὴν χαρισάμενος.

Χριστὸς ἀνέστη ἐκ νεκρῶν...

Χριστὸς ἀνέστη ἐκ νεκρῶν...

Ἀναστὰς ὁ Ἰησοῦς ἀπὸ τοῦ τάφου καθὼς προεῖπεν, ἔδωκεν ἡμῖν τὴν αἰώνιον ζωὴν καὶ μέγα ἔλεος.

Ὁ Διάκονος· Ἔτι καὶ ἔτι ἐν εἰρήνῃ τοῦ Κυρίου δεηθῶμεν.

Ὁ Χορός· Κύριε, ἐλέησον.

Ὁ Διάκονος· Ἀντιλαβοῦ, σῶσον, ἐλέησον καὶ διαφύλαξον ἡμᾶς ὁ Θεὸς τῇ σῇ χάριτι.

Ὁ Χορός· Κύριε, ἐλέησον.

Troparia.

Glory to Your Holy Resurrection O Lord.

When those held by the chains of Hades saw Your boundless compassion O Christ. They came quickly to the light with a joyful step, proclaiming and praising the eternal Pascha.

Glory to Your Holy Resurrection O Lord.

Let us who carry bright lights go forth and meet Christ Who comes as the Bridegroom from the tomb. And let us celebrate the saving Pascha of God with all those who love this feast.

Katavasia.

Let us rise early at the break of dawn and offer an hymn instead of myrrh to the Master. And let us behold Christ the Son of righteousness who causes life to rise for all.

Christ is risen from the dead, by death he has trampled upon death, and to those in the tombs He is bestowing life.

Christ is risen from the dead...

Christ is risen from the dead...

Jesus having risen from the grave as he foretold has bestowed on us eternal life and great mercy.

Deacon: Again and again in peace let us pray to the Lord.

Choir: Lord, have mercy.

Deacon: Take hold of us, save us, have mercy upon us, and protect us, O God, by Your grace.

Choir: Lord, have mercy.

Deacon: Commemorating our most holy, most pure, most blessed and glorified Lady the Theotokos and ever-virgin Mary, together with all the saints, let us commit ourselves and one another and all our life unto Christ our God.

Choir: To You, O Lord.

Priest: For blessed and glorified is your all-honoured and majestic name, of the Father, the Son and the Holy Spirit now and for ever, and to the ages of ages.

Choir: Amen.

Ode 6. Irmos.

You descended into the depths of the earth and shattered the everlasting bars which kept the dead captive and like Jonah from the whale You arose O Christ from the tomb on the third day.

Troparia.

Glory to Your Holy Resurrection O Lord.

You preserved the seals intact O Christ when you arose from the grave as You did not break the seal of the Virgin in Your birth. And you opened for us, the gates of paradise.

Glory to Your Holy Resurrection O Lord.

O my Savior the living and unsacrificed offering. As God of Your own free will You offered Yourself to the Father. And by being resurrected from the grave You resurrected the entire race of Adam.

Καταβασία.

Κατῆλθες * ἐν τοῖς κατωτάτοις τῆς γῆς * καὶ συνέτριψας μοχλοὺς * αἰωνίους, κατόχους * πεπεδημένων, Χριστέ, * καὶ τριήμερος, * ὡς ἐκ κήτους Ἰωνᾶς, * ἐξανέστης τοῦ τάφου.

Χριστὸς ἀνέστη ἐκ νεκρῶν, θανάτῳ θάνατον πατήσας, καὶ τοῖς ἐν τοῖς μνήμασι, ζωὴν χαρισάμενος.

Χριστὸς ἀνέστη ἐκ νεκρῶν...

Χριστὸς ἀνέστη ἐκ νεκρῶν...

Ἀναστὰς ὁ Ἰησοῦς ἀπὸ τοῦ τάφου καθὼς προεῖπεν, ἔδωκεν ἡμῖν τὴν αἰώνιον ζωὴν καὶ μέγα ἔλεος.

Ὁ Διάκονος· Ἔτι καὶ ἔτι ἐν εἰρήνῃ τοῦ Κυρίου δεηθῶμεν.

Ὁ Χορός· Κύριε, ἐλέησον.

Ὁ Διάκονος· Ἀντιλαβοῦ, σῶσον, ἐλέησον καὶ διαφύλαξον ἡμᾶς ὁ Θεὸς τῇ σῇ χάριτι.

Ὁ Χορός· Κύριε, ἐλέησον.

Ὁ Διάκονος· Τῆς Παναγίας, ἀχράντου, ὑπερευλογημένης, ἐνδόξου, δεσποίνης ἡμῶν Θεοτόκου καὶ ἀειπαρθένου Μαρίας, μετὰ πάντων τῶν ἁγίων μνημονεύσαντες, ἑαυτοὺς καὶ ἀλλήλους καὶ πᾶσαν τὴν ζωὴν ἡμῶν Χριστῷ τῷ Θεῷ παραθώμεθα.

Ὁ Χορός· Σοί, Κύριε.

Ὁ Ἱερεύς· Σὺ γὰρ εἶ ὁ Βασιλεὺς τῆς εἰρήνης καὶ Σωτὴρ τῶν ψυχῶν ἡμῶν, καὶ σοὶ τὴν δόξαν ἀναπέμπομεν, τῷ Πατρὶ καὶ

Katavasia.

You descended into the depths of the earth and shattered the everlasting bars which kept the dead captive and like Jonah from the whale You arose O Christ from the tomb on the third day.

Christ is risen from the dead, by death he has trampled upon death, and to those in the tombs He is bestowing life.

Christ is risen from the dead...

Christ is risen from the dead...

Jesus having risen from the grave as he foretold has bestowed on us eternal life and great mercy.

Deacon: Again and again in peace let us pray to the Lord.

Choir: Lord, have mercy.

Deacon: Take hold of us, save us, have mercy upon us, and protect us, O God, by Your grace.

Choir: Lord, have mercy.

Deacon: Commemorating our most holy, most pure, most blessed and glorified Lady the Theotokos and ever-virgin Mary, together with all the saints, let us commit ourselves and one another and all our life unto Christ our God.

Choir: To You, O Lord.

Priest: For you are the King of peace and the Saviour of our souls, and to you we give glory, to the Father, the Son and

τῷ Υἱῷ καὶ τῷ Ἁγίῳ Πνεύματι, νῦν καὶ ἀεὶ καὶ εἰς τοὺς αἰῶνας τῶν αἰώνων.

Ὁ Χορός· Ἀμήν.

Κοντάκιον Ἦχος πλ. 8′.

Εἰ καὶ ἐν τάφῳ κατῆλθες, ἀθάνατε, ἀλλὰ τοῦ ᾅδου καθεῖλες τὴν δύναμιν· καὶ ἀνέστης ὡς νικητής, Χριστὲ ὁ Θεός, γυναιξὶ μυροφόροις φθεγξάμενος, Χαίρετε, καὶ τοῖς σοῖς ἀποστόλοις εἰρήνην δωρούμενος ὁ τοῖς πεσοῦσι παρέχων ἀνάστασιν.

Ὁ Οἶκος.

Τὸν πρὸ ἡλίου Ἥλιον, δύναντά ποτε ἐν τάφῳ, προέφθασαν πρὸς ὄρθρον, ἐκζητοῦσαι ὡς ἡμέραν, Μυροφόροι κόραι, καὶ πρὸς ἀλλήλας ἐβόων· Ὦ φίλαι, δεῦτε τοῖς ἀρώμασιν ὑπαλείψωμεν, Σῶμα ζωηφόρον καὶ τεθαμμένον, σάρκα ἀνιστῶσαν τὸν παραπεσόντα Ἀδὰμ κείμενον ἐν τῷ μνήματι· ἄγωμεν, σπεύσωμεν, ὥσπερ οἱ Μάγοι, καὶ προσκυνήσωμεν, καὶ προσκομίσωμεν τὰ μύρα ὡς δῶρα, τῷ μὴ ἐν σπαργάνοις, ἀλλ᾽ ἐν σινδόνι ἐνειλημένῳ· καὶ κλαύσωμεν, καὶ κράξωμεν· Ὦ Δέσποτα, ἐξεγέρθητι, ὁ τοῖς πεσοῦσι παρέχων ἀνάστασιν.

Συναξάριον.

Τῇ ἁγίᾳ καὶ μεγάλῃ Κυριακῇ τοῦ Πάσχα, αὐτὴν τὴν ζωηφόρον Ἀνάστασιν ἑορτάζομεν τοῦ Κυρίου, καὶ Θεοῦ καὶ Σωτῆρος ἡμῶν Ἰησοῦ Χριστοῦ.

Χριστὸς κατελθὼν πρὸς πάλην Ἅιδου μόνος
Λαβὼν ἀνῆλθε πολλὰ τῆς νίκης σκύλα.

Αὐτῷ ἡ δόξα καὶ τὸ κράτος εἰς τοὺς αἰῶνας τῶν αἰώνων. Ἀμήν.

the Holy Spirit, now and for ever, and to the ages of ages. Amen.

Choir: Amen.

Kontakion. Tone Pl. 8.

Even though you descended into the grave, O Immortal one, You overthrew the power of Hades, Christ our God and rose victorious. You greeted the myrrhbearers, gave peace to Your apostles, and granted resurrection to the fallen!

Oikos.

Early in the morning before sunrise, as if it were already day, myrrh bearing maidens sought the Son, who previously descended into the grave. And they cried to one another: Come friends, let us anoint with fragrant spices the lifegiving and buried body of Christ who has resurrected the fallen Adam. Let us hasten, as did the Magi, and adore Christ and bring our myrrh as a gift to Him who is wrapped not in swaddling clothes but in a shroud. Let us weep and exclaim: "Arise, Master," and granting resurrection to the fallen.

Synaxarion.

On Holy and Great Sunday of Pascha, we celebrate the life bearing resurrection of our Lord, God and Savior, Jesus Christ.

Having gone down alone to struggle with Hades,
Christ ascended bringing with Him many spoils of victory.

To Him be glory and dominion to the ages of ages. Amen.

Ἀνάστασιν Χριστοῦ θεασάμενοι, προσκυνήσωμεν Ἅγιον, Κύριον, Ἰησοῦν τὸν μόνον ἀναμάρτητον. Τὸν Σταυρόν σου, Χριστέ, προσκυνοῦμεν, καὶ τὴν ἁγίαν σου Ἀνάστασιν ὑμνοῦμεν καὶ δοξάζομεν, Σὺ γὰρ εἶ Θεὸς ἡμῶν, ἐκτὸς σοῦ ἄλλον οὐκ οἴδαμεν, τὸ ὄνομά σου ὀνομάζομεν, Δεῦτε πάντες οἱ πιστοί, προσκυνήσωμεν τὴν τοῦ Χριστοῦ ἁγίαν Ἀνάστασιν, ἰδοὺ γὰρ ἦλθε διὰ τοῦ Σταυροῦ, χαρὰ ἐν ὅλῳ τῷ κόσμῳ. Διὰ παντὸς εὐλογοῦντες τὸν Κύριον, ὑμνοῦμεν τὴν Ἀνάστασιν αὐτοῦ· Σταυρὸν γὰρ ὑπομείνας δι' ἡμᾶς, θανάτῳ θάνατον ὤλεσεν. *(γ')*

Ἀναστὰς ὁ Ἰησοῦς ἀπὸ τοῦ τάφου καθὼς προεῖπεν, ἔδωκεν ἡμῖν τὴν αἰώνιον ζωὴν καὶ μέγα ἔλεος. *(γ')*

Καὶ ψάλλομεν τὰς λοιπὰς ᾠδὰς τοῦ κανόνος.

Ὠδὴ ζ'. Ὁ εἱρμός.

Ὁ Παῖδας ἐκ καμίνου ῥυσάμενος, * γενόμενος ἄνθρωπος, * πάσχει ὡς θνητός * καὶ διὰ πάθους τὸ θνητὸν * ἀφθαρσίας ἐνδύει εὐπρέπειαν, * ὁ μόνος εὐλογητὸς * τῶν πατέρων Θεὸς * καὶ ὑπερένδοξος.

Τροπάρια.

Δόξα τῇ ἁγίᾳ Ἀναστάσει σου, Κύριε.

Γυναῖκες μετὰ μύρων θεόφρονες * ὀπίσω σου ἔδραμον· * ὃν δὲ ὡς θνητὸν * μετὰ δακρύων ἐζήτουν, * προσεκύνησαν χαίρουσαι ζῶντα Θεόν, * καὶ πάσχα τὸ μυστικὸν * σοῖς, Χριστέ, μαθηταῖς * εὐηγγελίσαντο.

Δόξα τῇ ἁγίᾳ Ἀναστάσει σου, Κύριε.

Θανάτου ἑορτάζομεν νέκρωσιν, * ᾅδου τὴν καθαίρεσιν, * ἄλλης βιοτῆς * τῆς αἰωνίου ἀπαρχήν, * καὶ σκιρτῶντες

Having beheld the resurrection of Christ, let us worship the holy Lord Jesus, the only sinless One. We venerate Your cross, O Christ, and we praise and glorify Your holy resurrection. You are our God. We know no other than You, and we call upon Your name. Come, all you faithful, let us venerate the holy resurrection of Christ. For behold, through the cross joy has come to all the world. Ever praising the Lord, let us praise His resurrection. For enduring the cross for us, He has destroyed death by death. *(x3)*

Having risen from the grave as he foretold, Jesus has granted us eternal life and great mercy. *(x3)*

And we sing the other odes of the Canon.

Ode 7. Irmos.

He who saved the three children in the furnace becomes man and suffers as a mortal. That through suffering He may clothe mortality with incorruption. He alone is blessed and most glorious, the God of our fathers.

Troparia

Glory to Your Holy Resurrection O Lord.

The women followed after You with myrrh in haste and with tears searched for Him who was dead. Yet worshiped with joy the living God, proclaiming to Your disciples O Christ the good news of the mystical Pascha.

Glory to Your Holy Resurrection O Lord.

We celebrate the death of death the destruction of Hades and the beginning of the new eternal life.

ὑμνοῦμεν τὸν αἴτιον, * τὸν μόνον εὐλογητὸν * τῶν πατέρων Θεὸν * καὶ ὑπερένδοξον.

Δόξα τῇ ἁγίᾳ Ἀναστάσει σου, Κύριε.

Ὡς ὄντως ἱερὰ καὶ πανέορτος * αὕτη ἡ σωτήριος * νὺξ καὶ φωταυγής, * τῆς λαμπροφόρου ἡμέρας * τῆς ἐγέρσεως οὖσα προάγγελος, * ἐν ᾗ τὸ ἄχρονον φῶς * ἐκ τάφου σωματικῶς * πᾶσιν ἐπέλαμψεν.

Καταβασία.

Ὁ Παῖδας ἐκ καμίνου ῥυσάμενος, * γενόμενος ἄνθρωπος, * πάσχει ὡς θνητός * καὶ διὰ πάθους τὸ θνητὸν * ἀφθαρσίας ἐνδύει εὐπρέπειαν, * ὁ μόνος εὐλογητός * τῶν πατέρων Θεὸς * καὶ ὑπερένδοξος.

Χριστὸς ἀνέστη ἐκ νεκρῶν, θανάτῳ θάνατον πατήσας, καὶ τοῖς ἐν τοῖς μνήμασι, ζωὴν χαρισάμενος.

Χριστὸς ἀνέστη ἐκ νεκρῶν...

Χριστὸς ἀνέστη ἐκ νεκρῶν...

Ἀναστὰς ὁ Ἰησοῦς ἀπὸ τοῦ τάφου καθὼς προεῖπεν, ἔδωκεν ἡμῖν τὴν αἰώνιον ζωὴν καὶ μέγα ἔλεος.

Ὁ Διάκονος· Ἔτι καὶ ἔτι ἐν εἰρήνῃ τοῦ Κυρίου δεηθῶμεν.

Ὁ Χορός· Κύριε, ἐλέησον.

Ὁ Διάκονος· Ἀντιλαβοῦ, σῶσον, ἐλέησον καὶ διαφύλαξον ἡμᾶς ὁ Θεὸς τῇ σῇ χάριτι.

Ὁ Χορός· Κύριε, ἐλέησον.

Ὁ Διάκονος· Τῆς Παναγίας, ἀχράντου, ὑπερευλογημένης, ἐνδόξου, δεσποί-

And as we leap for joy we hymn the cause with praise. The only blessed and most glorified the God of our fathers.

Glory to Your Holy Resurrection O Lord.

How truly sacred and festive is this bright night of salvation which now proclaims the radiant day of Resurrection. On this night the timeless might arose bodily from the tomb and has shone forth on all.

Katavasia.

He who saved the three children in the furnace becomes man and suffers as a mortal. That through suffering He may clothe mortality with incorruption. He alone is blessed and most glorious, the God of our fathers.

Christ is risen from the dead, by death he has trampled upon death, and to those in the tombs He is bestowing life.

Christ is risen from the dead...

Christ is risen from the dead...

Jesus having risen from the grave as he foretold has bestowed on us eternal life and great mercy.

Deacon: Again and again in peace let us pray to the Lord.

Choir: Lord, have mercy.

Deacon: Take hold of us, save us, have mercy upon us, and protect us, O God, by Your grace.

Choir: Lord, have mercy.

Deacon: Commemorating our most holy, most pure, most blessed and glori-

νης ἡμῶν Θεοτόκου καὶ ἀειπαρθένου Μαρίας, μετὰ πάντων τῶν ἁγίων μνημονεύσαντες, ἑαυτοὺς καὶ ἀλλήλους καὶ πᾶσαν τὴν ζωὴν ἡμῶν Χριστῷ τῷ Θεῷ παραθώμεθα.

Ὁ Χορός· Σοί, Κύριε.

Ὁ Ἱερεύς· Εἴη τὸ κράτος τῆς βασιλείας σου εὐλογημένον καὶ δεδοξασμένον τοῦ Πατρὸς καὶ τοῦ Υἱοῦ καὶ τοῦ Ἁγίου Πνεύματος, νῦν καὶ ἀεὶ καὶ εἰς τοὺς αἰῶνας τῶν αἰώνων.

Ὁ Χορός· Ἀμήν.

Ὠδὴ η'. Ὁ εἱρμός.

Αὕτη ἡ κλητὴ καὶ ἁγία ἡμέρα, * ἡ μία τῶν σαββάτων, * ἡ βασιλὶς καὶ κυρία, * ἑορτῶν ἑορτή * καὶ πανήγυρίς ἐστι πανηγύρεων, * ἐν ᾗ εὐλογοῦμεν * Χριστὸν εἰς τοὺς αἰῶνας.

Τροπάρια.

Δόξα τῇ ἁγίᾳ Ἀναστάσει σου, Κύριε.

Δεῦτε τοῦ καινοῦ τῆς ἀμπέλου γεννήματος, * τῆς θείας εὐφροσύνης, * ἐν τῇ εὐσήμῳ ἡμέρᾳ * τῆς ἐγέρσεως, * βασιλείας τε Χριστοῦ κοινωνήσωμεν, * ὑμνοῦντες αὐτὸν * ὡς Θεὸν εἰς τοὺς αἰῶνας.

Εὐλογοῦμεν Πατέρα, Υἱὸν καὶ Ἅγιον Πνεῦμα τὸν Κύριον.

Ἆρον κύκλῳ τοὺς ὀφθαλμούς σου, Σιών, καὶ ἴδε· * ἰδοὺ γὰρ ἥκασί σοι * θεοφεγγεῖς ὡς φωστῆρες * ἐκ δυσμῶν καὶ βορρᾶ * καὶ θαλάσσης, καὶ ἑῴας τὰ τέκνα σου, * ἐν σοὶ εὐλογοῦντα * Χριστὸν εἰς τοὺς αἰῶνας.

fied Lady the Theotokos and ever-virgin Mary, together with all the saints, let us commit ourselves and one another and all our life unto Christ our God.

Choir: To You, O Lord.

Priest: Blessed and glorified be the might of your Kingdom, of the Father, the Son and the Holy Spirit, now and for ever, and to the ages of ages.

Choir: Amen.

Ode 8. Irmos.

This is the chosen and holy day, the first of Sabbaths, the King and Lord. It is the feast of all feasts and festivals of all festivals in which we bless Christ unto all the ages.

Troparia.

Glory to Your Holy Resurrection O Lord.

Come to the new fruit of the vine of divine gladness in the glorious day of Resurrection. Let us partake in the kingdom of Christ and praise Him as God unto the ages.

We bless Father, Son and Holy Spirit, the Lord.

Lift up your eyes O Zion and see around you, behold your children come to you from the North, from the West, from the Sea, and the East all divinely illuminated stars. On you they bless Christ unto all the ages.

*Καὶ νῦν καὶ ἀεί,
καὶ εἰς τοὺς αἰῶνας τῶν αἰώνων. Ἀμήν.*

Πάτερ παντοκράτορ καὶ Λόγε καὶ Πνεῦμα, * τρισὶν ἑνιζομένη * ἐν ὑποστάσεσι φύσις, * ὑπερούσιε * καὶ ὑπέρθεε, εἰς σὲ βεβαπτίσμεθα * καὶ σὲ εὐλογοῦμεν * εἰς πάντας τοὺς αἰῶνας.

Καταβασία.

Αἰνοῦμεν, εὐλογοῦμεν, προσκυνοῦμεν τὸν Κύριον.

Αὕτη ἡ κλητὴ καὶ ἁγία ἡμέρα, * ἡ μία τῶν σαββάτων, * ἡ βασιλὶς καὶ κυρία, * ἑορτῶν ἑορτὴ * καὶ πανήγυρίς ἐστι πανηγύρεων, * ἐν ᾗ εὐλογοῦμεν * Χριστὸν εἰς τοὺς αἰῶνας.

Χριστὸς ἀνέστη ἐκ νεκρῶν, θανάτῳ θάνατον πατήσας, καὶ τοῖς ἐν τοῖς μνήμασι, ζωὴν χαρισάμενος.

Χριστὸς ἀνέστη ἐκ νεκρῶν...

Χριστὸς ἀνέστη ἐκ νεκρῶν...

Ἀναστὰς ὁ Ἰησοῦς ἀπὸ τοῦ τάφου καθὼς προεῖπεν, ἔδωκεν ἡμῖν τὴν αἰώνιον ζωὴν καὶ μέγα ἔλεος.

Ὁ Διάκονος· Ἔτι καὶ ἔτι ἐν εἰρήνῃ τοῦ Κυρίου δεηθῶμεν.

Ὁ Χορός· Κύριε, ἐλέησον.

Ὁ Διάκονος· Ἀντιλαβοῦ, σῶσον, ἐλέησον καὶ διαφύλαξον ἡμᾶς ὁ Θεὸς τῇ σῇ χάριτι.

Ὁ Χορός· Κύριε, ἐλέησον.

Ὁ Διάκονος· Τῆς Παναγίας, ἀχράντου, ὑπερευλογημένης, ἐνδόξου, δεσποίνης ἡμῶν Θεοτόκου καὶ ἀειπαρθένου Μαρίας, μετὰ πάντων τῶν ἁγίων μνημονεύσαντες, ἑαυτοὺς καὶ ἀλλήλους καὶ

*Both now and ever,
and to the ages of ages. Amen.*

Father Almighty, Word and Spirit one nature in three hypostasis. In you we have been baptized O transcending, essence supremely divine we bless You unto all the ages!

Katavasia.

We praise, bless and worship the Lord.

This is the chosen and holy day, the first of Sabbaths, the King and Lord. It is the feast of all feasts and festivals of all festivals in which we bless Christ unto all the ages.

Christ is risen from the dead, by death he has trampled upon death, and to those in the tombs He is bestowing life.

Christ is risen from the dead...

Christ is risen from the dead...

Jesus having risen from the grave as he foretold has bestowed on us eternal life and great mercy.

Deacon: Again and again in peace let us pray to the Lord.

Choir: Lord, have mercy.

Deacon: Take hold of us, save us, have mercy upon us, and protect us, O God, by Your grace.

Choir: Lord, have mercy.

Deacon: Commemorating our most holy, most pure, most blessed and glorified Lady the Theotokos and ever-virgin Mary, together with all the saints, let us

πᾶσαν τὴν ζωὴν ἡμῶν Χριστῷ τῷ Θεῷ παραθώμεθα.

Ὁ Χορός· Σοί, Κύριε.

Ὁ Ἱερεύς· Ὅτι ηὐλόγηταί τό πανάγιον σου ὄνομα, καὶ δεδόξασταί σου ἡ βασιλεία, τοῦ Πατρὸς καὶ τοῦ Υἱοῦ καὶ τοῦ Ἁγίου Πνεύματος, νῦν καὶ ἀεὶ καὶ εἰς τοὺς αἰῶνας τῶν αἰώνων.

Ὁ Χορός· Ἀμήν.

Ὁ Διάκονος· Τὴν Θεοτόκον καὶ μητέρα τοῦ φωτὸς ἐν ὕμνοις τιμῶντες μεγαλύνωμεν.

Ὠδὴ θ΄. Ὁ εἱρμός.

Μεγάλυνον, ψυχή μου, τόν ἐθελουσίως παθόντα καί ταφέντα καί ἐξαναστάντα τριήμερον ἐκ τάφου.

Φωτίζου, φωτίζου, * ἡ νέα Ἱερουσαλήμ· * ἡ γὰρ δόξα Κυρίου * ἐπὶ σὲ ἀνέτειλε. * Χόρευε νῦν καὶ ἀγάλλου, Σιών· * σὺ δὲ, ἁγνή, * τέρπου, Θεοτόκε, * ἐν τῇ ἐγέρσει τοῦ τόκου σου.

Μεγάλυνον, ψυχή μου, τόν ἐξαναστάντα, τριήμερον ἐκ τάφου, Χριστόν τόν ζωοδότην.

Φωτίζου, φωτίζου, * ἡ νέα Ἱερουσαλήμ· * ἡ γὰρ δόξα Κυρίου * ἐπὶ σὲ ἀνέτειλε. * Χόρευε νῦν καὶ ἀγάλλου, Σιών· * σὺ δὲ, ἁγνή, * τέρπου, Θεοτόκε, * ἐν τῇ ἐγέρσει τοῦ τόκου σου.

Τροπάρια.

Χριστός τό Καινόν Πάσχα, τό ζωόθυτον θῦμα, ἀμνός Θεοῦ, ὁ αἴρων τήν ἁμαρτίαν κόσμου.

Θείας, ὦ φίλης, * ὦ γλυκυτάτης σου φωνῆς, * μεθ' ἡμῶν ἀψευδῶς γὰρ * ἐπηγγείλω ἔσεσθαι * μέχρι τερμάτων αἰῶνος, Χριστέ· * ἣν οἱ πιστοὶ

commit ourselves and one another and all our life unto Christ our God.

Choir: To You, O Lord.

Priest: For blessed is your all-holy name and glorified is your kingdom, of the Father, the Son and the Holy Spirit, now and for ever, and to the ages of ages.

Choir: Amen.

Deacon: Let us honor and magnify in song the Theotokos and the Mother of light.

Ode 9. Irmos.

Magnify O my soul Him who suffered willingly and was buried and arose from the grave on the third day.

Shine, shine O New Jerusalem for the glory of the Lord has risen upon you; dance now and be glad Zion and do you exult O pure Theotokos in the arising of Him Whom you did bear.

Magnify O my soul Christ the giver of life, Who arose from the grave on the third day.

Shine, shine O New Jerusalem for the glory of the Lord has risen upon you; dance now and be glad Zion and do you exult O pure Theotokos in the arising of Him Whom you did bear.

Troparia.

Christ is the new Pascha, the living sacrificial victim, the Lamb of God that takes away the sin of the world.

Your divine and beloved and most sweet voice; You have truly promised that You would be with us unto the end of the world O Christ; and we faith-

* ἄγκυραν ἐλπίδος * κατέχοντες ἀγαλλόμεθα.

Σήμερον πᾶσα κτίσις ἀγάλλεται καί χαίρει, ὅτι Χριστός ἀνέστη καί ᾅδης.

Ὠθείας, ὦ φίλης, * ὦ γλυκυτάτης σου φωνῆς, * μεθ' ἡμῶν ἀψευδῶς γὰρ * ἐπηγγείλω ἔσεσθαι * μέχρι τερμάτων αἰῶνος, Χριστέ· * ἥν οἱ πιστοί * ἄγκυραν ἐλπίδος * κατέχοντες ἀγαλλόμεθα.

Δόξα Πατρί, καί Υἱῷ, καί Ἁγίῳ Πνεύματι.

Μεγάλυνον, ψυχή μου, τῆς τρισυποστάτου καί ἀδιαιρέτου Θεότητος τό κράτος.

Ὠ πάσχα τὸ μέγα * καὶ ἱερώτατον, Χριστέ· * ὦ Σοφία καὶ Λόγε, * τοῦ Θεοῦ καὶ δύναμις· * δίδου ἡμῖν ἐκτυπώτερον * σοῦ μετασχεῖν * ἐν τῇ ἀνεσπέρῳ * ἡμέρᾳ τῆς βασιλείας σου.

Καὶ νῦν καὶ ἀεί, καὶ εἰς τοὺς αἰῶνας τῶν αἰώνων. Ἀμήν.

Χαῖρε, Παρθένε, χαῖρε, χαῖρε, εὐλογημένη, χαῖρε, δεδοξασμένη· σός γάρ Υἱός ἀνέστη, τριήμερος ἐκ τάφου.

Ὠ πάσχα τὸ μέγα * καὶ ἱερώτατον, Χριστέ· * ὦ Σοφία καὶ Λόγε, * τοῦ Θεοῦ καὶ δύναμις· * δίδου ἡμῖν ἐκτυπώτερον * σοῦ μετασχεῖν * ἐν τῇ ἀνεσπέρῳ * ἡμέρᾳ τῆς βασιλείας σου.

Καταβασία.

Ὁ Ἄγγελος ἐβόα τῇ κεχαριτωμένῃ· Ἁγνή, Παρθένε χαῖρε, καί πάλιν ἐρῶ χαῖρε, ὁ σός Υἱός ἀνέστη, τριήμερος ἐκ τάφου.

Φωτίζου, φωτίζου, * ἡ νέα Ἰερουσαλήμ· * ἡ γὰρ δόξα Κυρίου * ἐπὶ σὲ ἀνέτειλε. * Χόρευε νῦν καὶ ἀγάλλου, Σιών· * σὺ δὲ, ἀγνή, * τέρπου, Θεοτόκε, * ἐν τῇ ἐγέρσει τοῦ τόκου σου.

---

ful rejoice, having this as an anchor of hope.

Today the whole creation rejoices and is glad, for Christ has risen and Hell has been despoiled.

Your divine and beloved and most sweet voice; You have truly promised that You would be with us unto the end of the world O Christ; and we faithful rejoice, having this as an anchor of hope.

Glory to the Father, Son, and the Holy Spirit.

Magnify, O my soul, the might of the Godhead in three Persons yet undivided.

O great and most sacred Pascha Christ; O Wisdom and Word and Power of God! Grant that we partake of You fully in the unwaning day of Your Kingdom.

Both now and ever, and to the ages of ages. Amen.

Rejoice, O Virgin, rejoice! Rejoice, Blessed One! Rejoice, Glorified One. your Son has risen from his three days in the tomb.

O great and most sacred Pascha Christ; O Wisdom and Word and Power of God! Grant that we partake of You fully in the unwaning day of Your Kingdom.

Καταβασία.

The angel cried to her who is full of grace: O pure Virgin rejoice, and again, I say: Rejoice; for your Son has risen from the dead on the third day.

Shine, shine O new Jerusalem, for the glory of the Lord has risen upon you; dance now and be glad Zion, and do you exult O pure Theotokos, in the arising of Him Whom you did bear.

Χριστὸς ἀνέστη ἐκ νεκρῶν, θανάτῳ θάνατον πατήσας, καὶ τοῖς ἐν τοῖς μνήμασι, ζωὴν χαρισάμενος.

Χριστὸς ἀνέστη ἐκ νεκρῶν...

Χριστὸς ἀνέστη ἐκ νεκρῶν...

Ἀναστὰς ὁ Ἰησοῦς ἀπὸ τοῦ τάφου καθὼς προεῖπεν, ἔδωκεν ἡμῖν τὴν αἰώνιον ζωὴν καὶ μέγα ἔλεος.

Ὁ Διάκονος· Ἔτι καὶ ἔτι ἐν εἰρήνῃ τοῦ Κυρίου δεηθῶμεν.

Ὁ Χορός· Κύριε, ἐλέησον.

Ὁ Διάκονος· Ἀντιλαβοῦ, σῶσον, ἐλέησον καὶ διαφύλαξον ἡμᾶς ὁ Θεὸς τῇ σῇ χάριτι.

Ὁ Χορός· Κύριε, ἐλέησον.

Ὁ Διάκονος· Τῆς Παναγίας, ἀχράντου, ὑπερευλογημένης, ἐνδόξου, δεσποίνης ἡμῶν Θεοτόκου καὶ ἀειπαρθένου Μαρίας, μετὰ πάντων τῶν ἁγίων μνημονεύσαντες, ἑαυτοὺς καὶ ἀλλήλους καὶ πᾶσαν τὴν ζωὴν ἡμῶν Χριστῷ τῷ Θεῷ παραθώμεθα.

Ὁ Χορός· Σοί, Κύριε.

Ὁ Ἱερεύς· Ὅτι σὲ αἰνοῦσι πᾶσαι αἱ δυνάμεις τῶν οὐρανῶν, καὶ σοὶ τὴν δόξαν ἀναπέμπομεν, τῷ Πατρὶ καὶ τῷ Υἱῷ καὶ τῷ Ἁγίῳ Πνεύματι, νῦν καὶ ἀεὶ καὶ εἰς τοὺς αἰῶνας τῶν αἰώνων. Ἀμήν.

Ὁ Χορός· Ἀμήν.

Ἐξαποστειλάριον αὐτόμελον.

Ἦχος β΄.

Σαρκὶ ὑπνώσας ὡς θνητός, ὁ Βασιλεὺς καὶ Κύριος, τριήμερος ἐξανέστης,

---

Christ is risen from the dead, by death he has trampled upon death, and to those in the tombs He is bestowing life.

Christ is risen from the dead...

Christ is risen from the dead...

Jesus having risen from the grave as he foretold has bestowed on us eternal life and great mercy.

Deacon: Again and again in peace let us pray to the Lord.

Choir: Lord, have mercy.

Deacon: Take hold of us, save us, have mercy upon us, and protect us, O God, by Your grace.

Choir: Lord, have mercy.

Deacon: Commemorating our most holy, most pure, most blessed and glorified Lady the Theotokos and ever-virgin Mary, together with all the saints, let us commit ourselves and one another and all our life unto Christ our God.

Choir: To You, O Lord.

Priest: For all the Powers of heaven praise you and to you we give glory, to the Father, the Son and the Holy Spirit, now and for ever, and to the ages of ages.

Choir: Amen.

Exapostalarion.

Tone 2.

In the flesh You fell asleep O King and Lord as a mortal man. On the third

Ἀδὰμ ἐγείρας ἐκ φθορᾶς, καὶ καταργήσας θάνατον, Πάσχα τῆς ἀφθαρσίας, τοῦ κόσμου σωτήριον. (γ΄)

day You arose raising Adam from corruption and abolished death, Pascha of incorruption. Salvation of the world. (x3)

ΟΙ ΑΙΝΟΙ

Ἦχος α΄.

Πᾶσα πνοὴ αἰνεσάτω τὸν Κύριον. Αἰνεῖτε τὸν Κύριον ἐκ τῶν οὐρανῶν· αἰνεῖτε αὐτὸν ἐν τοῖς ὑψίστοις. Σοὶ πρέπει ὕμνος τῷ Θεῷ.

Αἰνεῖτε αὐτόν, πάντες οἱ Ἄγγελοι αὐτοῦ· αἰνεῖτε αὐτόν, πᾶσαι αἱ δυνάμεις αὐτοῦ. Σοὶ πρέπει ὕμνος τῷ Θεῷ.

Στιχ. *Αἰνεῖτε αὐτὸν ἐπὶ ταῖς δυναστείαις αὐτοῦ, αἰνεῖτε αὐτὸν κατὰ τὸ πλῆθος τῆς μεγαλωσύνης αὐτοῦ.*

Ὑμνοῦμέν σου Χριστέ, τὸ σωτήριον Πάθος, καὶ δοξάζομέν σου τὴν Ἀνάστασιν.

Στιχ. *Αἰνεῖτε αὐτὸν ἐν ἤχῳ, σάλπιγγος, αἰνεῖτε αὐτὸν ἐν ψαλτηρίῳ καὶ κιθάρᾳ.*

Ὁ Σταυρὸν ὑπομείνας, καὶ τὸν θάνατον καταργήσας, καὶ ἀναστὰς ἐκ τῶν νεκρῶν, εἰρήνευσον ἡμῶν τὴν ζωήν, Κύριε, ὡς μόνος παντοδύναμος.

Στιχ. *Αἰνεῖτε αὐτὸν ἐν τυμπάνῳ καὶ χορῷ, αἰνεῖτε αὐτὸν ἐν χορδαῖς καὶ ὀργάνῳ.*

Ὁ τὸν Ἅιδην σκυλεύσας, καὶ τὸν ἄνθρωπον ἀναστήσας, τῇ ἀναστάσει σου, Χριστέ, ἀξίωσον ἡμᾶς, ἐν καθαρᾷ καρδίᾳ, ὑμνεῖν καὶ δοξάζειν σε.

Στιχ. *Αἰνεῖτε αὐτὸν ἐν κυμβάλοις εὐήχοις, αἰνεῖτε αὐτὸν ἐν κυμβάλοις ἀλαλαγμοῦ. Πᾶσα πνοὴ αἰνεσάτω τὸν Κύριον.*

THE PRAISES

Tone 1.

Let every breath praise the Lord, praise the Lord from the Heavens. Praise Him in the highest. To You belongs hymns of praise O God.

Praise Him all you His angles. Praise Him all you His powers to You belongs hymns of praise O God.

Verse. *To bring upon them the written judgment, this is the glory of all His Holy ones.*

We praise in song Your saving passion O Christ and we glorify Your Resurrection.

Verse. *Praise God in His Saints, praise Him in the firmament of His power.*

O Lord You endured the cross and abolished death and were resurrected from the dead. Grant peace to our lives for You are only all powerful One.

Verse. *Praise Him for His mighty acts, praise Him according to the greatness of His majesty.*

O Christ You have destroyed Hades and in Your Resurrection You have resurrected humanity. Make us worthy in purity of heart to praise You, glorifying You with song.

Verse. *Praise Him with the sound of the trumpet, praise Him with chanting and the harp. Let everything that breathes praise the Lord.*

Τὴν θεοπρεπῆ σου συγκατάβασιν δοξάζοντες ὑμνοῦμέν σε, Χριστέ, ἐτέχθης ἐκ Παρθένου καὶ ἀχώριστος ὑπῆρχες τῷ Πατρί, Ἔπαθες ὡς ἄνθρωπος, καὶ ἑκουσίως ὑπέμεινας σταυρόν, Ἀνέστης ἐκ τοῦ τάφου, ὡς ἐκ παστάδος προελθών, ἵνα σώσῃς τὸν κόσμον, Κύριε, δόξα σοι.

As we glorify Your God befitting condescension we praise You in song O Christ. You were born from the Virgin without separation from the Father. You suffered as a man and of Your own free will You endured the cross. Glory to You O Lord who has risen from the tomb as one who comes forth from a bridal chamber that You may save the world!

Εἶτα τὰ Στιχηρὰ τοῦ Πάσχα μετὰ τῶν Στίχων αὐτῶν.

Ἦχος πλ. α´.

Then the Stichera of Pascha with verses.

Tone Pl. 1.

Στιχ. *Ἀναστήτω ὁ Θεός, καὶ διασκορπισθήτωσαν οἱ ἐχθροὶ αὐτοῦ, καὶ φυγέτωσαν ἀπὸ προσώπου αὐτοῦ οἱ μισοῦντες αὐτόν.*

Verse. *Let God arise and let His enemies be scattered and let those who hate Him flee before His face.*

Πάσχα ἱερὸν ἡμῖν σήμερον ἀναδέδεικται, Πάσχα καινόν, Ἅγιον, Πάσχα μυστικόν, Πάσχα πανσεβάσμιον, Πάσχα Χριστὸς ὁ λυτρωτής, Πάσχα ἄμωμον, Πάσχα μέγα, Πάσχα τῶν πιστῶν, Πάσχα, τὸ πύλας ἡμῖν τοῦ Παραδείσου ἀνοῖξαν, Πάσχα, πάντας ἁγιάζον πιστούς.

Today the sacred Pascha is revealed to us. The new and holy Pascha the mystical Pascha. The all venerable Pascha. The Pascha which Christ the Redeemer. The spotless Pascha. The Great Pascha. The Pascha of the faithful. The Pascha which has opened unto us the gates of Paradise. The Pascha which sanctifies all faithful.

Στιχ. *Ὡς ἐκλείπει καπνός, ἐκλιπέτωσαν, ὡς τήκεται κηρὸς ἀπὸ προσώπου πυρός.*

Verse. *As smoke vanishes so let them vanish as wax melts before the fire.*

Δεῦτε ἀπὸ θέας Γυναῖκες εὐαγγελίστριαι, καὶ τῇ Σιὼν εἴπατε, Δέχου παρ᾽ ἡμῶν χαρᾶς εὐαγγέλια, τῆς Ἀναστάσεως Χριστοῦ, τέρπου, χόρευε, καὶ ἀγάλλου Ἱερουσαλήμ, τὸν Βασιλέα Χριστόν, θεασαμένη ἐκ τοῦ μνήματος, ὡς νυμφίον προερχόμενον.

Hasten from that vision O women bearers of good news and say unto Zion receive from us the tiding of joy of the Resurrection of Christ. Dance and celebrate and rejoice now O Jerusalem. For you beheld Christ your King as a bridegroom coming forth from the tomb.

Στιχ. *Οὕτως ἀπολοῦνται οἱ ἁμαρτωλοὶ ἀπὸ προσώπου τοῦ Θεοῦ. καὶ οἱ δίκαιοι εὐφρανθήτωσαν.*

Verse. *Let the sinners perish before the face of God but let the righteous rejoice.*

Αἱ Μυροφόροι γυναῖκες, ὄρθρου βαθέος, ἐπιστᾶσαι πρὸς τὸ μνῆμα τοῦ Ζωοδότου, εὗρον Ἄγγελον, ἐπὶ τὸν λίθον

When the Myrrh bearing women very early in the morning came and stood before the tomb of the Life

καθήμενον, καὶ αὐτὸς προσφθεγξάμενος, αὐταῖς οὕτως ἔλεγε. Τί ζητεῖτε τὸν ζῶντα μετὰ τῶν νεκρῶν; τί θρηνεῖτε τὸν ἄφθαρτον ὡς ἐν φθορᾷ; ἀπελθοῦσαι κηρύξατε, τοῖς αὐτοῦ Μαθηταῖς.

Giver, they found an angel sitting upon the stone. And he cried out these words to them saying: "Why do you seek the Living among the dead? Why do you mourn the incorruptible among those subject to decay? But go and proclaim the good news unto His disciples!"

Στιχ. *Αὕτη ἡ ἡμέρα, ἣν ἐποίησεν ὁ Κύριος, ἀγαλλιασώμεθα, καὶ εὐφρανθῶμεν ἐν αὐτῇ.*

Verse. *This is day which the Lord has made, let us rejoice and be glad in it.*

Πάσχα τὸ τερπνόν, Πάσχα Κυρίου, Πάσχα, Πάσχα πανσεβάσμιον ἡμῖν ἀνέτειλε, Πάσχα, ἐν χαρᾷ ἀλλήλους περιπτυξώμεθα, ὦ Πάσχα λύτρον λύπης, καὶ γὰρ ἐκ τάφου σήμερον ὥσπερ ἐκ παστοῦ, ἐκλάμψας Χριστός, τὰ γύναια χαρᾶς ἔπλησε λέγων, κηρύξατε Ἀποστόλοις.

The Pascha of delight, Pascha the Lord's Pascha. The all venerable Pascha has dawned for us today. Let us embrace each other with joy for it is Pascha. O Pascha delivered from sorrow. For Christ has shone forth today from the tomb as from a bridal chamber and filled the women with joy saying: "Proclaim this unto My Apostles."

Δόξα Πατρί, καὶ Υἱῷ, καὶ Ἁγίῳ Πνεύματι, καὶ νῦν καὶ ἀεί, καὶ εἰς τοὺς αἰῶνας τῶν αἰώνων. Ἀμήν.

Glory to the Father and to the Son, and to the Holy Spirit, both now and ever, and to the ages of ages. Amen.

Ἀναστάσεως ἡμέρα, καὶ λαμπρυνθῶμεν τῇ πανηγύρει, καὶ ἀλλήλους περιπτυξώμεθα, Εἴπωμεν ἀδελφοί, καὶ τοῖς μισοῦσιν ἡμᾶς, Συγχωρήσωμεν πάντα τῇ Ἀναστάσει, καὶ οὕτω βοήσωμεν· Χριστὸς ἀνέστη ἐκ νεκρῶν, θανάτῳ θάνατον πατήσας, καὶ τοῖς ἐν τοῖς μνήμασι, ζωὴν χαρισάμενος.

This is the day of resurrection let us be radiant in the festival let us embrace one another. Let us call brothers even those who hate us and forgive all things in the resurrection. And therefore let us proclaim: Christ is risen from the dead, by death he has trampled upon death, and to those in the tombs He is bestowing life.

Χριστὸς ἀνέστη ἐκ νεκρῶν, θανάτῳ θάνατον πατήσας, καὶ τοῖς ἐν τοῖς μνήμασι, ζωὴν χαρισάμενος. *(γ΄)*

Christ is risen from the dead, by death he has trampled upon death, and to those in the tombs He is bestowing life. *(x3)*

Our Father Among the Saints
JOHN CHRYSOSTOM
ARCHBISHOP OF CONSTANTINOPLE
CATECHETICAL HOMILY

On the holy and lightbearing day of the all-glorious and saving Resurrection of Christ our God.

Is anyone devout and loves God, let them enjoy this fair and shining festival. Is anyone a grateful servant, let them enter into the joy of his Lord. Have any wearied themselves with fasting, let them now enjoy their payment. Has anyone laboured since the first hour, let them today receive their due. Did any come after the third hour, let them feast with gratitude. Did any arrive after sixth hour, let them not hesitate: for there is no penalty. Did any delay until after the ninth hour, let them approach without hesitating. Did any arrive only for the eleventh hour, them not fear because of their lateness: for the Lord is generous and receives the last as the first: he gives rest to the worker of the eleventh hour as to those of the first. He has pity on the latter, he cares for the former. He gives to the one, he is generous to the other. He accepts the work done, he welcomes the intention. He honours the achievement, he praises the purpose. Therefore all of you enter into the joy of our Lord: first and last, enjoy your reward. Rich and poor dance together. Sober and slothful honour the day. Fasters and non-fasters be glad today. The table is full, all of you enjoy yourselves. The calf is fatted let

ντες ἀπολαύετε τοῦ συμποσίου τῆς πίστεως. Πάντες ἀπολαύσατε τοῦ πλούτου τῆς χρηστότητος. Μηδεὶς θρηνείτω πενίαν· ἐφάνη γὰρ ἡ κοινὴ Βασιλεία. Μηδεὶς ὀδυρέσθω πταίσματα· συγγνώμη γὰρ ἐκ τοῦ τάφου ἀνέτειλε. Μηδεὶς φοβείσθω θάνατον· ἠλευθέρωσε γὰρ ἡμᾶς τοῦ Σωτῆρος ὁ θάνατος. Ἔσβεσεν αὐτόν, ὑπ᾽ αὐτοῦ κατεχόμενος. Ἐσκύλευσε τὸν Ἅιδην, ὁ κατελθὼν εἰς τὸν Ἅιδην. Ἐπίκρανεν αὐτόν, γευσάμενον τῆς σαρκὸς αὐτοῦ· καὶ τοῦτο προλαβὼν Ἡσαΐας, ἐβόησεν. Ὁ Ἅιδης, φησίν, ἐπικράνθη συναντήσας σοι κάτω. *Ἐπικράνθη*, καὶ γὰρ κατηργήθη. *Ἐπικράνθη*, καὶ γὰρ ἐνεπαίχθη. *Ἐπικράνθη*, καὶ γὰρ ἐνεκρώθη. *Ἐπικράνθη*, καὶ γὰρ καθῃρέθη. *Ἐπικράνθη*, καὶ γὰρ ἐδεσμεύθη. Ἔλαβε σῶμα, καὶ Θεῷ περιέτυχεν. Ἔλαβε γῆν, καὶ συνήντησεν οὐρανῷ. Ἔλαβεν, ὅπερ ἔβλεπε, καὶ πέπτωκεν, ὅθεν οὐκ ἔβλεπε. Ποῦ σου θάνατε τὸ κέντρον; ποῦ σου Ἅιδη τὸ νῖκος; *Ἀνέστη Χριστός*, καὶ σὺ καταβέβλησαι. *Ἀνέστη Χριστός*, καὶ πεπτώκασι δαίμονες. *Ἀνέστη Χριστός*, καὶ χαίρουσιν Ἄγγελοι. *Ἀνέστη Χριστός*, καὶ ζωὴ πολιτεύεται. *Ἀνέστη Χριστός*, καὶ νεκρὸς οὐδεὶς ἐπὶ μνήματος. Χριστὸς γὰρ ἐγερθεὶς ἐκ νεκρῶν, ἀπαρχὴ τῶν κεκοιμημένων ἐγένετο. Αὐτῷ ἡ δόξα καὶ τὸ κράτος εἰς τοὺς αἰῶνας τῶν αἰώνων. Ἀμήν.

none go away hungry. All of you enjoy the banquet of the faith. All of you enjoy the richness of his goodness. Let no one grieve at their poverty: for the kingdom for all has been revealed. Let no one bewail their faults: for forgiveness has risen from the tomb. Let no one fear death: for the Saviour's death has freed us. By enduring it he quenched it. He who descended into Hell has despoiled Hell. He embittered it when it tasted his flesh as Isaias proclaimed in prophecy, 'Death', he said, 'was embittered when it met you there below'. *It was embittered*, for it was destroyed. *It was embittered*, for it was mocked. *It was embittered*, for it was slain. *It was embittered*, for it was wiped out. *It was embittered*, for it was bound fast. It received a body, and came face to face with God. It received earth, and met heaven. It received what it saw, and fell through what it did not see. Where, death, is your sting? Where hell, is your victory? *Christ is risen* and you are abolished! *Christ is risen* and the demons have fallen! *Christ is risen*, and Angels rejoice! *Christ is risen*, and life has found freedom! *Christ is risen*, and there is no corpse in the grave! For Christ, being raised from the dead, has become the first fruits of those who sleep. To him be glory and might to the ages of ages. Amen.

Εἶτα ψάλλομεν τὸ Τροπάριον τοῦ Ἁγίου.

Ἦχος πλ. δ´.

Then we sing the Troparion of the Saint.

Tone Pl. 4.

Ἡ τοῦ στόματός σου, καθάπερ πυρσός, ἐκλάμψασα χάρις τὴν οἰκουμένην ἐφώτισεν, ἀφιλαργυρίας τῷ κόσμῳ θησαυροὺς ἐναπέθετο, τὸ ὕψος ἡμῖν τῆς

The grace which shone from your mouth like a torch of flame enlightened the whole earth; it laid up for the world the treasures of freedom from av-

ταπεινοφροσύνης ὑπέδειξεν· ἀλλὰ σοῖς λόγοις παιδεύων, πάτερ Ἰωάννη Χρυσόστομε, πρέσβευε τῷ λόγῳ Χριστῷ τῷ Θεῷ σωθῆναι τὰς ψυχὰς ἡμῶν.

Ὁ Ἱερεὺς ποιεῖ τὴν ἀπόλυσιν.

Ὁ Διάκονος· Σοφία.

Ὁ Ἱερεύς· Ὁ ὢν εὐλογητὸς Χριστὸς ὁ Θεὸς ἡμῶν πάντοτε, νῦν καὶ ἀεὶ καὶ εἰς τοὺς αἰῶνας τῶν αἰώνων.

Ὁ Χορός· Ἀμήν.

Ὁ Ἀναγνώστης·

Στερεώσαι Κύριος ὁ Θεὸς τὴν ἁγίαν καὶ ἀμώμητον πίστιν τῶν εὐσεβῶν καὶ ὀρθοδόξων Χριστιανῶν σὺν τῇ ἁγίᾳ αὐτοῦ ἐκκλησίᾳ καὶ τῇ πόλει ταύτῃ εἰς αἰῶνας αἰώνων.

Ὁ Χορός· Ἀμήν.

Ὁ Ἱερεύς· Ὑπεραγία Θεοτόκε, σῶσον ἡμᾶς.

Ὁ Ἀναγνώστης λέγει·

Τὴν τιμιωτέραν τῶν Χερουβεὶμ καὶ ἐνδοξοτέραν ἀσυγκρίτως τῶν Σεραφείμ, τὴν ἀδιαφθόρως Θεὸν Λόγον τεκοῦσαν, τὴν ὄντως Θεοτόκον σὲ μεγαλύνομεν.

Ὁ Ἱερεύς· Χριστὸς ἀνέστη ἐκ νεκρῶν, θανάτῳ θάνατον πατήσας...

Ὁ Χορός· ...καὶ τοῖς ἐν τοῖς μνήμασι, ζωὴν χαρισάμενος.

Ὁ Ἱερεύς· Δόξα σοι ὁ Θεός, ἡ ἐλπὶς ἡμῶν, δόξα σοι.

Ὁ Ἀναγνώστης· Δόξα Πατρὶ καὶ Υἱῷ καὶ Ἁγίῳ Πνεύματι, καὶ νῦν καὶ ἀεὶ καὶ εἰς

arice; it showed us the height of humility. But as you train us by your words, Father John Chrysostom, intercede with Christ God, the Word, that our souls may be saved.

The Priest makes the dismissal.

Deacon: Wisdom.

Priest: Blessed is he who is Christ our God, always now and forever, and to the ages of ages.

Choir: Amen.

Reader:

May the Lord God strengthen the holy and pure faith of devout and orthodox Christians, with his holy Church and this city, unto ages of ages.

Choir: Amen.

Priest: Most Holy Theotokos, save us.

The Reader says:

Greater in honor than the Cherubim, and beyond compare more glorious than the Seraphim, without corruption you gave birth to God the Word; truly the Theotokos, we magnify you.

Priest: Christ is risen from the dead, by death he has trampled upon death...

Choir: ...and to those in the tombs He is bestowing life.

Priest: Glory to You, O God, our hope, glory to you.

Reader: Glory to the Father, and the Son and the Holy Spirit, both now

τοὺς αἰῶνας τῶν αἰώνων, Ἀμήν. Κύριε, ἐλέησον *(γ')*. Πάτερ ἅγιε, εὐλόγησον.

Χριστὸς ὁ ἀληθινὸς Θεὸς ἡμῶν, ὁ ἀναστὰς ἐκ νεκρῶν, ταῖς πρεσβείαις τῆς παναχράντου καὶ παναμώμου ἁγίας αὐτοῦ Μητρός· δυνάμει τοῦ τιμίου καὶ ζωοποιοῦ Σταυροῦ· προστασίαις τῶν τιμίων ἐπουρανίων Δυνάμεων Ἀσωμάτων· ἱκεσίαις τοῦ τιμίου, ἐνδόξου, Προφήτου, Προδρόμου καὶ Βαπτιστοῦ Ἰωάννου· τῶν ἁγίων ἐνδόξων καὶ πανευφήμων Ἀποστόλων· τῶν ἁγίων ἐνδόξων καὶ καλλινίκων μαρτύρων· τῶν ὁσίων καὶ θεοφόρων Πατέρων ἡμῶν, τοῦ ἁγίου *(τοῦ Ναοῦ)*, τῶν ἁγίων καὶ δικαίων Θεοπατόρων Ἰωακεὶμ καὶ Ἄννης, καὶ πάντων τῶν Ἁγίων, ἐλεήσαι καὶ σώσαι ἡμᾶς, ὡς ἀγαθὸς καὶ φιλάνθρωπος καὶ ἐλεήμων Θεός.

Ὁ Ἱερεύς· Χριστὸς ἀνέστη!

Ὁ δὲ λαὸς ἀποκρίνεται· Ἀληθῶς ἀνέστη!

Ταῦτα λέγονται ἐκ τρίτου.

Ὁ Ἱερεύς· Δόξα τῇ αὐτοῦ τριημέρῳ ἐγέρσει!

Ὁ Λαός· Προσκυνοῦμεν αὐτοῦ τὴν τριήμερον ἔγερσιν!

Ὁ Ἱερεύς· Χριστὸς ἀνέστη ἐκ νεκρῶν, θανάτῳ θάνατον πατήσας καὶ τοῖς ἐν τοῖς μνήμασι, ζωὴν χαρισάμενος.

Ὁ Χορός· Ἀληθῶς ἀνέστη ὁ Κύριος.

and ever and to the ages of ages. Amen. Lord, have mercy *(x3)*. Holy Father, bless.

May Christ our true God who rose from the dead, as a good, loving, and merciful God, have mercy upon us and save us, through the intercessions of His most pure and holy Mother; the power of the precious and life giving Cross; the protection of the honorable, bodiless powers of heaven, the supplications of the honorable, glorious prophet and forerunner John the Baptist; the holy, glorious and praiseworthy apostles; the holy, glorious and triumphant martyrs; our holy and God-bearing Fathers *(name of the church)*; the holy and righteous ancestors Joachim and Anna; and all the saints.

Priest: Christ is Risen!

The People respond: Ἀληθῶς ἀνέστη.

This is said three times.

Priest: Glory to His third day resurrection!

People: We worship His third day resurrection!

Priest: Christ is risen from the dead, by death he has trampled upon death, and to those in the tombs He is bestowing life.

Choir: Truly the Lord is risen!

Η ΘΕΙΑ ΛΕΙΤΟΥΡΓΙΑ

ΤΟΥ ΕΝ ΑΓΙΟΙΣ ΠΑΤΡΟΣ ΗΜΩΝ

ΙΩΑΝΝΟΥ ΤΟΥ ΧΡΥΣΟΣΤΟΜΟΥ

Ὁ Διάκονος ἐξελθὼν ἵσταται ἐνώπιον τῆς Ὡραίας Πύλης καὶ ἐκφωνεῖ·

Εὐλόγησον, δέσποτα.

Ὁ ἱερεὺς ὑψῶν τὸ ἱ. Εὐαγγέλιον καὶ ποιῶν δι' αὐτοῦ τύπον σταυροῦ ἐπὶ τοῦ εἰλητοῦ ἐκφωνεῖ λαμπρᾷ τῇ φωνῇ·

Εὐλογημένη ἡ Βασιλεία τοῦ Πατρὸς καὶ τοῦ Υἱοῦ καὶ τοῦ Ἁγίου Πνεύματος, νῦν καὶ ἀεὶ καὶ εἰς τοὺς αἰῶνας τῶν αἰώνων.

Ὁ Χορός· Ἀμήν.

Καὶ εὐθὺς ὁ ἱερεὺς ἱστάμενος ἐνώπιον τῆς ἁγίας Τραπέζης καὶ θυμιῶν ψάλλει τρὶς τὸ Χριστὸς ἀνέστη. Ἀκολούθως ψάλλεται τὸ αὐτὸ ἑξάκις ὑπὸ τῶν χορῶν, τοῦ ἱερέως λέγοντος τοὺς στίχους καὶ θυμιῶντος εἰς μὲν τὸ Ἀναστήτω ὁ Θεὸς ἐνώπιον τῆς ἁγίας Τραπέζης, εἰς δὲ τὸ Ὡς ἐκλείπει καπνὸς εἰς τὸ νότιον μέρος αὐτῆς, εἰς δὲ τὸ Οὕτως ἀπολοῦνται εἰς τὸ ἀνατολικόν, εἰς δὲ τὸ Αὕτη ἡ ἡμέρα εἰς τὸ βόρειον, εἰς δὲ τὸ Δόξα Πατρὶ ἔμπροσθεν τῆς Προσκομιδῆς, εἰς δὲ τὸ Καὶ νῦν αὖθις ἐνώπιον τῆς ἁγίας Τραπέζης. Τέλος ψάλλει πάλιν ὁ ἱερεὺς τὸ Χριστὸς ἀνέστη μέχρι τοῦ θανάτῳ θάνατον πατήσας, ἐνῷ δὲ οἱ χοροὶ ψάλλουσι τὸ ὑπόλοιπον τοῦ ὕμνου, ὁ ἱερεὺς ἐξέρχεται εἰς τὴν Ὡραίαν Πύλην καὶ θυμιᾷ τὰς εἰκόνας καὶ τὸν λαόν. Εἶτα λέγονται τὰ εἰρηνικά.

Ἦχος πλ. α'.

Χριστὸς ἀνέστη ἐκ νεκρῶν, θανάτῳ θάνατον πατήσας, καὶ τοῖς ἐν τοῖς μνήμασι, ζωὴν χαρισάμενος. *(γ')*

Ὁ Ἱερεύς· Ἀναστήτω ὁ Θεός, καὶ διασκορπισθήτωσαν οἱ ἐχθροὶ αὐτοῦ, καὶ φυγέτωσαν ἀπὸ προσώπου αὐτοῦ οἱ μισοῦντες αὐτόν.

THE DIVINE LITURGY

OF OUR FATHER AMONG THE SAINTS

JOHN CHRYSOSTOM

The Deacon comes and stands before the Beautiful Gate and exclaims:

Master, Bless.

The Priest raises the H. Gospel and makes the sign of the cross with it upon the eilito, exclaiming in a bright voice:

Blessed is the kingdom of the Father and the Son and the Holy Spirit, both now and ever and to the ages of ages.

Choir: Amen.

And immediately the Priest, standing before the Holy Table and censing, sings Christ is Risen three times. Following this, it is sung six times by the choirs, the Priest saying the verses and censing at Let God arise in front of the Holy Table, at As smoke vanishes on the south side, at So shall the wicked persih on the eastern side, at This is the day on the north side, at Glory to the Father in front of the Table of Preparation, at Both now and ever coming again in front of the Holy Table. Finally, the Priest sings Christ is Risen again, up to trampling down death by death, while the two choirs complete the remainder of the hymn the Priest comes out of the Beautiful Gate and censes the icons and the people. Then he says the Litany of Peace.

Tone Pl. 1.

Christ is risen from the dead, by death he has trampled upon death, and to those in the tombs He is bestowing life. *(x3)*

Priest: Let God arise, and his enemies be scattered, and let those that hate him flee before his face.

Ὁ Χορός· Χριστὸς ἀνέστη ἐκ νεκρῶν, θανάτῳ θάνατον πατήσας, καὶ τοῖς ἐν τοῖς μνήμασι, ζωὴν χαρισάμενος.

Ὁ Ἱερεύς· Ὡς ἐκλείπει καπνός, ἐκλιπέτωσαν, ὡς τήκεται κηρὸς ἀπὸ προσώπου πυρός.

Ὁ Χορός· Χριστὸς ἀνέστη ἐκ νεκρῶν, θανάτῳ θάνατον πατήσας, καὶ τοῖς ἐν τοῖς μνήμασι, ζωὴν χαρισάμενος.

Ὁ Ἱερεύς· Οὕτως ἀπολοῦνται οἱ ἁμαρτωλοὶ ἀπὸ προσώπου τοῦ Θεοῦ, καὶ οἱ δίκαιοι εὐφρανθήτωσαν.

Ὁ Χορός· Χριστὸς ἀνέστη ἐκ νεκρῶν, θανάτῳ θάνατον πατήσας, καὶ τοῖς ἐν τοῖς μνήμασι, ζωὴν χαρισάμενος.

Ὁ Ἱερεύς· Αὕτη ἡ ἡμέρα, ἣν ἐποίησεν ὁ Κύριος, ἀγαλλιασώμεθα, καὶ εὐφρανθῶμεν ἐν αὐτῇ.

Ὁ Χορός· Χριστὸς ἀνέστη ἐκ νεκρῶν, θανάτῳ θάνατον πατήσας, καὶ τοῖς ἐν τοῖς μνήμασι, ζωὴν χαρισάμενος.

Ὁ Ἱερεύς· Δόξα Πατρί, καὶ Υἱῷ, καὶ Ἁγίῳ Πνεύματι.

Ὁ Χορός· Χριστὸς ἀνέστη ἐκ νεκρῶν, θανάτῳ θάνατον πατήσας, καὶ τοῖς ἐν τοῖς μνήμασι, ζωὴν χαρισάμενος.

Ὁ Ἱερεύς· Καὶ νῦν καὶ ἀεί, καὶ εἰς τοὺς αἰῶνας τῶν αἰώνων. Ἀμήν.

Choir: Christ is risen from the dead, by death he has trampled upon death, and to those in the tombs He is bestowing life.

Priest: As smoke vanishes, so let them vanish, as wax melts at the presence of fire.

Choir: Christ is risen from the dead, by death he has trampled upon death, and to those in the tombs He is bestowing life.

Priest: So shall the wicked perish at the presence of God; and let the just be glad.

Choir: Christ is risen from the dead, by death he has trampled upon death, and to those in the tombs He is bestowing life.

Priest: This is the day which the Lord has made; let us rejoice and be glad in it.

Choir: Christ is risen from the dead, by death he has trampled upon death, and to those in the tombs He is bestowing life.

Priest: Glory to the Father and to the Son and to the Holy Spirit.

Choir: Christ is risen from the dead, by death he has trampled upon death, and to those in the tombs He is bestowing life.

Priest: Both now and for ever, and to the ages of ages. Amen.

Ὁ Χορός· Χριστὸς ἀνέστη ἐκ νεκρῶν, θανάτῳ θάνατον πατήσας, καὶ τοῖς ἐν τοῖς μνήμασι, ζωὴν χαρισάμενος.

Εἶτα ὁ ἱερεύς, γεγονωτέρᾳ φωνῇ: Χριστὸς ἀνέστη ἐκ νεκρῶν, θανάτῳ θάνατον πατήσας…

Ὁ Χορός· …καὶ τοῖς ἐν τοῖς μνήμασι, ζωὴν χαρισάμενος.

ΕΙΡΗΝΙΚΑ

Ὁ Διάκονος· Ἐν εἰρήνῃ τοῦ Κυρίου δεηθῶμεν.

Ὁ Χορός· Κύριε, ἐλέησον. *(Καὶ μεθ' ἑκάστην δέησιν)*

Ὁ Διάκονος· Ὑπὲρ τῆς ἄνωθεν εἰρήνης, καὶ τῆς σωτηρίας τῶν ψυχῶν ἡμῶν, τοῦ Κυρίου δεηθῶμεν.

Ὑπὲρ τῆς εἰρήνης τοῦ σύμπαντος κόσμου, εὐσταθείας τῶν ἁγίων τοῦ Θεοῦ Ἐκκλησιῶν, καὶ τῆς τῶν πάντων ἑνώσεως, τοῦ Κυρίου δεηθῶμεν.

Ὑπὲρ τοῦ ἁγίου οἴκου τούτου, καὶ τῶν μετὰ πίστεως, εὐλαβείας καὶ φόβου Θεοῦ εἰσιόντων ἐν αὐτῷ, τοῦ Κυρίου δεηθῶμεν.

Ὑπὲρ τοῦ Ἀρχιεπισκόπου ἡμῶν *(τοῦ δεῖνος)*, τοῦ τιμίου πρεσβυτερίου, τῆς ἐν Χριστῷ διακονίας, παντὸς τοῦ κλήρου καὶ τοῦ λαοῦ, τοῦ Κυρίου δεηθῶμεν.

Ὑπὲρ τοῦ εὐσεβοῦς ἡμῶν ἔθνους, πάσης ἀρχῆς καὶ ἐξουσίας ἐν αὐτῷ, τοῦ Κυρίου δεηθῶμεν.

Ὑπὲρ τῆς ἱερᾶς Μητροπόλεως, ἐνορίας καὶ πόλεως ταύτης, πάσης πόλεως, μο-

Choir: Christ is risen from the dead, by death he has trampled upon death, and to those in the tombs He is bestowing life.

Then the Priest, in a louder voice: Christ is risen from the dead, by death he has trampled upon death…

Ὁ Χορός· …and to those in the tombs He is bestowing life.

THE LITANY OF PEACE

Deacon: In peace let us pray to the Lord.

Choir: Lord, have mercy. *(And so after each petition.)*

Deacon: For the peace from above and the salvation of our souls, let us pray to the Lord.

For peace in the whole world, for the stability of the holy churches of God, and for the unity of all, let us pray to the Lord.

For this holy house and for those who enter it with faith, reverence, and the fear of God, let us pray to the Lord.

For our Archbishop (**Name**), for the honored order of presbyters, for the diaconate in Christ, for all the clergy and the people, let us pray to the Lord.

For our country, the president, and all those in public service, let us pray to the Lord.

For this holy Metropolis and parish, and for this city and every city, monas-

νῆς καὶ χώρας, καὶ τῶν πίστει οἰκούντων ἐν αὐταῖς, τοῦ Κυρίου δεηθῶμεν.

Ὑπὲρ εὐκρασίας ἀέρων, εὐφορίας τῶν καρπῶν τῆς γῆς, καὶ καιρῶν εἰρηνικῶν, τοῦ Κυρίου δεηθῶμεν.

Ὑπὲρ πλεόντων, ὁδοιπορούντων, νοσούντων, καμνόντων, αἰχμαλώτων, καὶ τῆς σωτηρίας αὐτῶν, τοῦ Κυρίου δεηθῶμεν.

Ὑπὲρ τοῦ ῥυσθῆναι ἡμᾶς ἀπὸ πάσης θλίψεως, ὀργῆς, κινδύνου καὶ ἀνάγκης, τοῦ Κυρίου δεηθῶμεν.

Ἀντιλαβοῦ, σῶσον, ἐλέησον, καὶ διαφύλαξον ἡμᾶς, ὁ Θεός, τῇ σῇ χάριτι.

Ὁ Χορός· Κύριε, ἐλέησον.

Ὁ Διάκονος· Τῆς Παναγίας, ἀχράντου, ὑπερευλογημένης, ἐνδόξου Δεσποίνης ἡμῶν Θεοτόκου, καὶ ἀειπαρθένου Μαρίας, μετὰ πάντων τῶν Ἁγίων μνημονεύσαντες, ἑαυτοὺς καὶ ἀλλήλους, καὶ πᾶσαν τὴν ζωὴν ἡμῶν Χριστῷ τῷ Θεῷ παραθώμεθα.

Ὁ Χορός· Σοί, Κύριε.

Κατὰ τὰ εἰρηνικὰ ὁ Ἱερεὺς ἀναγινώσκει ἐνώπιον τῆς ἁγίας Τραπέζης τὴν εὐχὴν τοῦ α΄ Ἀντιφώνου:

ΕΥΧΗ α΄ ΑΝΤΙΦΩΝΟΥ

Κύριε ὁ Θεὸς ἡμῶν, οὗ τὸ κράτος ἀνείκαστον καὶ ἡ δόξα ἀκατάληπτος· οὗ τὸ ἔλεος ἀμέτρητον καὶ ἡ φιλανθρωπία ἄφατος· αὐτός, Δέσποτα, κατὰ τὴν εὐσπλαγχνίαν σου, ἐπίβλεψον ἐφ᾽ ἡμᾶς καὶ ἐπὶ τὸν ἅγιον οἶκον τοῦτον, καὶ ποίησον μεθ᾽ ἡμῶν καὶ τῶν συνευχομένων ἡμῖν, πλούσια τὰ ἐλέη σου καὶ τοὺς οἰκτιρμούς σου.

tic community, and land and the faithful who live in them, let us pray to the Lord.

For favorable weather, an abundance of the fruits of the earth, and temperate seasons, let us pray to the Lord.

For travelers by land, sea, and air, for the sick, the suffering, the captives, and for their salvation, let us pray to the Lord.

For our deliverance from all affliction, wrath, danger, and distress, let us pray to the Lord.

Take hold of us, save us, have mercy upon us, and protect us, O God, by Your grace.

Choir: Lord, have mercy.

Deacon: Commemorating our most holy, most pure, most blessed and glorified Lady the Theotokos and ever-virgin Mary, together with all the saints, let us commit ourselves and one another and all our life unto Christ our God.

Choir: To You, O Lord.

During the litany, the Priest reads the prayer of the first Antiphon before the Holy Table:

PRAYER OF THE 1st ANTIPHON

Lord, our God, whose might is beyond compare and whose glory is beyond understanding, whose mercy is without measure and whose love for mankind is beyond all telling, look upon us and upon this holy house, Master, according to your loving kindness, and bestow on us and on those who pray with us your acts of rich mercy and compassion.

Ὁ Ἱερεύς·

Ὅτι πρέπει σοι πᾶσα δόξα, τιμὴ καὶ προσκύνησις, τῷ Πατρὶ καὶ τῷ Υἱῷ καὶ τῷ Ἁγίῳ Πνεύματι, νῦν καὶ ἀεὶ καὶ εἰς τοὺς αἰῶνας τῶν αἰώνων.

Ὁ Χορός· Ἀμήν.

Καὶ ψάλλουσι τὸ Α΄ ἀντίφωνον.

ΑΝΤΙΦΩΝΟΝ Α΄

Ἦχος β΄. *(Ψαλμὸς ξε΄)*

Στιχ. α΄ Ἀλαλάξατε τῷ Κυρίῳ πᾶσα ἡ γῆ.

Ταῖς πρεσβείαις τῆς Θεοτόκου, Σῶτερ, σῶσον ἡμᾶς.

Στιχ. β΄. Ψάλατε δὴ τῷ ὀνόματι αὐτοῦ, δότε δόξαν ἐν αἰνέσει αὐτοῦ.

Ταῖς πρεσβείαις τῆς Θεοτόκου, Σῶτερ, σῶσον ἡμᾶς.

Στιχ. γ΄. Εἴπατε τῷ Θεῷ· Ὡς φοβερὰ τὰ ἔργα σου. Ἐν τῷ πλήθει τῆς δυνάμεώς σου ψεύσονταί σε οἱ ἐχθροί σου.

Ταῖς πρεσβείαις τῆς Θεοτόκου, Σῶτερ, σῶσον ἡμᾶς.

Στιχ. δ΄. Πᾶσα ἡ γῆ προσκυνησάτωσάν σοι καὶ ψαλάτωσάν σοι, ψαλάτωσαν δὴ τῷ ὀνόματί σου Ὕψιστε.

Ταῖς πρεσβείαις τῆς Θεοτόκου, Σῶτερ, σῶσον ἡμᾶς.

Δόξα Πατρί, καὶ Υἱῷ, καὶ Ἁγίῳ Πνεύματι.
Καὶ νῦν καὶ ἀεί, καὶ εἰς τοὺς αἰῶνας τῶν αἰώνων.
Ἀμήν.

Ταῖς πρεσβείαις τῆς Θεοτόκου, Σῶτερ, σῶσον ἡμᾶς.

Ὁ δὲ διάκονος ἀπελθὼν ἵσταται ἐνώπιον τῆς εἰκόνος τῆς Θεοτόκου βλέπων πρὸς τὴν εἰκόνα τοῦ Χριστοῦ. Καὶ μετὰ τὴν συμπλήρωσιν τοῦ ἀντιφώνου ἔρχεται πάλιν ἐνώπιον τῆς Ὡραίας Πύλης καὶ λέγει τὴν μικρὰν συναπτήν.

Priest:

For to You belong all glory, honor, and worship to the Father and the Son and the Holy Spirit, both now and ever and to the ages of ages.

Choir: Amen.

And the 1st Antiphon is sung.

1st ANTIPHON

Tone 2. *(Psalm 65)*

Verse 1. *Shout with joy to the Lord all the earth.*

By the intercessions of the Theotokos, Savior, save us.

Verse 2. *Sing to the honor of his name. Give glory to his praise.*

By the intercessions of the Theotokos, Savior, save us.

Verse 3. *Say to God, 'How fearful are your works! Because of your great might your enemies shall cower before you.'*

By the intercessions of the Theotokos, Savior, save us.

Verse 4. *All the earth shall worship you, and sing to you, and sing to your name, O Most High.*

By the intercessions of the Theotokos, Savior, save us.

Glory to the Father and the Son and the Holy Spirit, both now and ever and to the ages of ages. Amen.

By the intercessions of the Theotokos, Savior, save us.

The deacon leaves his place and stands before the icon of the Theotokos looking towards the icon of Christ. And after the completion of the antiphon he comes again before the Beautiful Gate and says the small litany.

Η ΜΙΚΡΑ ΣΥΝΑΠΤΗ | THE SMALL LITANY

Ὁ Διάκονος· Ἔτι καὶ ἔτι ἐν εἰρήνῃ τοῦ Κυρίου δεηθῶμεν.

Deacon: Again and again in peace let us pray to the Lord.

Ὁ Χορός· Κύριε, ἐλέησον.

Choir: Lord, have mercy.

Ὁ Διάκονος· Ἀντιλαβοῦ, σῶσον, ἐλέησον καὶ διαφύλαξον ἡμᾶς ὁ Θεὸς τῇ σῇ χάριτι.

Deacon: Take hold of us, save us, have mercy upon us, and protect us, O God, by Your grace.

Ὁ Χορός· Κύριε, ἐλέησον.

Choir: Lord, have mercy.

Ὁ Διάκονος· Τῆς Παναγίας, ἀχράντου, ὑπερευλογημένης, ἐνδόξου, δεσποίνης ἡμῶν Θεοτόκου καὶ ἀειπαρθένου Μαρίας, μετὰ πάντων τῶν ἁγίων μνημονεύσαντες, ἑαυτοὺς καὶ ἀλλήλους καὶ πᾶσαν τὴν ζωὴν ἡμῶν Χριστῷ τῷ Θεῷ παραθώμεθα.

Deacon: Commemorating our most holy, most pure, most blessed and glorified Lady the Theotokos and ever-virgin Mary, together with all the saints, let us commit ourselves and one another and all our life unto Christ our God.

Ὁ Χορός· Σοί, Κύριε.

Choir: To You, O Lord.

Κατὰ τὰ εἰρηνικὰ ὁ Ἱερεὺς ἀναγινώσκει ἐνώπιον τῆς ἁγίας Τραπέζης τὴν εὐχὴν τοῦ β΄ Ἀντιφώνου:

During the litany, the Priest reads the prayer of the second Antiphon before the Holy Table:

ΕΥΧΗ Β΄ ΑΝΤΙΦΩΝΟΥ | PRAYER OF THE 2nd ANTIPHON

Κύριε ὁ Θεὸς ἡμῶν, σῶσον τὸν λαόν σου καὶ εὐλόγησον τὴν κληρονομίαν σου· τὸ πλήρωμα τῆς ἐκκλησίας σου φύλαξον· ἁγίασον τοὺς ἀγαπῶντας τὴν εὐπρέπειαν τοῦ οἴκου σου· Σὺ αὐτοὺς ἀντιδόξασον τῇ θεϊκῇ σου δυνάμει καὶ μὴ ἐγκαταλίπῃς ἡμᾶς τοὺς ἐλπίζοντας ἐπὶ σέ.

Lord, our God, save your people and bless your inheritance; protect the fullness of your Church, sanctify those who love the beauty of your house, glorify them in return by your divine power, and do not forsake us who hope in you.

Ὁ Ἱερεύς·

Priest:

Ὅτι σὸν τὸ κράτος καὶ σοῦ ἐστιν ἡ βασιλεία καὶ ἡ δύναμις καὶ ἡ δόξα, τοῦ Πατρὸς καὶ τοῦ Υἱοῦ καὶ τοῦ Ἁγίου Πνεύματος, νῦν καὶ ἀεὶ καὶ εἰς τοὺς αἰῶνας τῶν αἰώνων.

For yours is the might, and yours the kingdom, the power and the glory, of the Father, the Son and the Holy Spirit, now and for ever, and to the ages of ages.

Ὁ Χορός· Ἀμήν.

Choir: Amen.

Καὶ ψάλλουσι τὸ Β΄ ἀντίφωνον.

ΑΝΤΙΦΩΝΟΝ Β΄

Ἦχος β΄. *(Ψαλμὸς ξστ΄)*

Στιχ. α΄ Θεὸς οἰκτειρήσαι ἡμᾶς καὶ εὐλογήσαι ἡμᾶς, ἐπιφάναι τὸ πρόσωπον αὐτοῦ ἐφ᾿ ἡμᾶς, καὶ ἐλεήσαι ἡμᾶς.

Σῶσον ἡμᾶς, Υἱὲ Θεοῦ, ὁ ἀναστὰς ἐκ νεκρῶν, ψάλλοντάς Σοι ἀλληλούϊα.

Στιχ. β΄ Τοῦ γνῶναι ἐν τῇ γῇ τὴν ὁδόν σου, ἐν πᾶσιν ἔθνεσι τὸ σωτήριόν σου.

Σῶσον ἡμᾶς, Υἱὲ Θεοῦ, ὁ ἀναστὰς ἐκ νεκρῶν, ψάλλοντάς Σοι ἀλληλούϊα.

Στιχ. γ΄ Ἐξομολογησάσθωσάν σοι λαοί, ὁ Θεός, ἐξομολογησάσθωσάν σοι λαοὶ πάντες.

Σῶσον ἡμᾶς, Υἱὲ Θεοῦ, ὁ ἀναστὰς ἐκ νεκρῶν, ψάλλοντάς Σοι ἀλληλούϊα.

Στιχ. δ΄ Εὐλογήσαι ἡμᾶς ὁ Θεός, καὶ φοβηθήτωσαν αὐτὸν πάντα τὰ πέρατα τῆς γῆς.

Σῶσον ἡμᾶς, Υἱὲ Θεοῦ, ὁ ἀναστὰς ἐκ νεκρῶν, ψάλλοντάς Σοι ἀλληλούϊα.

Δόξα Πατρὶ καὶ Υἱῷ καὶ Ἁγίῳ Πνεύματι, καὶ νῦν καὶ ἀεὶ καὶ εἰς τοὺς αἰῶνας τῶν αἰώνων. Ἀμήν.

Ὁ Μονογενὴς Υἱὸς καὶ Λόγος τοῦ Θεοῦ, ἀθάνατος ὑπάρχων καὶ καταδεξάμενος διὰ τὴν ἡμετέραν σωτηρίαν σαρκωθῆναι ἐκ τῆς ἁγίας Θεοτόκου καὶ ἀειπαρθένου Μαρίας, ἀτρέπτως ἐνανθρωπήσας, σταυρωθείς τε Χριστὲ ὁ Θεός, θανάτῳ θάνατον πατήσας, εἷς ὢν τῆς Ἁγίας Τριάδος, συνδοξαζόμενος τῷ Πατρὶ καὶ τῷ ἁγίῳ Πνεύματι, σῶσον ἡμᾶς.

Ψαλλομένου τοῦ ἀντιφώνου ὁ διάκονος ἀπελθὼν ἵσταται ἐνώπιον τῆς εἰκόνος τοῦ Χριστοῦ βλέπων πρὸς τὴν εἰκόνα τῆς Θεοτόκου. Πληρωθέντος δὲ τοῦ ἀντιφώνου ἐπανέρχεται εἰς τὴν θέσιν αὐτοῦ καὶ λέγει πάλιν τὴν μικρὰν συναπτήν·

And the 2nd Antiphon is sung.

2nd ANTIPHON

Tone 2. *(Psalm 66)*

Verse 1. *Let God be gracious to us and bless us, and make his face to shine upon us and have mercy on us..*

Save us, O Son of God, Who did rise from the dead, we sing to You: Alleluia.

Verse 2. *That your ways may be known on earth, your saving power among all nations.*

Save us, O Son of God, Who did rise from the dead, we sing to You: Alleluia.

Verse 3. *Let all the peoples praise you, O God, let all the peoples praise you.*

Save us, O Son of God, Who did rise from the dead, we sing to You: Alleluia.

Verse 4. *May God bless us, and all the ends of the earth fear him.*

Save us, O Son of God, Who did rise from the dead, we sing to You: Alleluia.

Glory to the Father and the Son and the Holy Spirit, both now and ever and to the ages of ages. Amen.

Only begotten Son and Word of God, You Who are immortal, and did condescend for our salvation to become incarnate of the holy Theotokos and ever virgin Mary, without change becoming man, Who was crucified, O Christ our God, by death trampling down upon death, You Who are one of the Holy Trinity, glorified with the Father and with the Holy Spirit, save us.

During the singing of the Antiphon, the Deacon leaves his place and stands in front of the icon of Christ looking towards the icon of the Theotokos. At the completion of the Antiphon he returns to his place and again says the small litany:

Η ΜΙΚΡΑ ΣΥΝΑΠΤΗ

Ὁ Διάκονος· Ἔτι καὶ ἔτι ἐν εἰρήνῃ τοῦ Κυρίου δεηθῶμεν.

Ὁ Χορός· Κύριε, ἐλέησον.

Ὁ Διάκονος· Ἀντιλαβοῦ, σῶσον, ἐλέησον καὶ διαφύλαξον ἡμᾶς ὁ Θεὸς τῇ σῇ χάριτι.

Ὁ Χορός· Κύριε, ἐλέησον.

Ὁ Διάκονος· Τῆς Παναγίας, ἀχράντου, ὑπερευλογημένης, ἐνδόξου, δεσποίνης ἡμῶν Θεοτόκου καὶ ἀειπαρθένου Μαρίας, μετὰ πάντων τῶν ἁγίων μνημονεύσαντες, ἑαυτοὺς καὶ ἀλλήλους καὶ πᾶσαν τὴν ζωὴν ἡμῶν Χριστῷ τῷ Θεῷ παραθώμεθα.

Ὁ Χορός· Σοί, Κύριε.

Κατὰ τὰ εἰρηνικὰ ὁ Ἱερεὺς ἀναγινώσκει ἐνώπιον τῆς ἁγίας Τραπέζης τὴν εὐχὴν τοῦ γ′ Ἀντιφώνου:

ΕΥΧΗ Γ′ ΑΝΤΙΦΩΝΟΥ

Ὁ τὰς κοινὰς ταύτας καὶ συμφώνους ἡμῖν χαρισάμενος προσευχάς, ὁ καὶ δυσὶ καὶ τρισί, συμφωνοῦσιν ἐπὶ τῷ ὀνόματί σου, τὰς αἰτήσεις παρέχειν ἐπαγγειλάμενος· αὐτὸς καὶ νῦν τῶν δούλων σου τὰ αἰτήματα πρὸς τὸ συμφέρον πλήρωσον, χορηγῶν ἡμῖν ἐν τῷ παρόντι αἰῶνι τὴν ἐπίγνωσιν τῆς σῆς ἀληθείας καὶ ἐν τῷ μέλλοντι ζωὴν αἰώνιον χαριζόμενος.

Ὁ Ἱερεύς·

Ὅτι ἀγαθὸς καὶ φιλάνθρωπος Θεὸς ὑπάρχεις καὶ σοὶ τὴν δόξαν ἀναπέμπομεν, τῷ Πατρὶ καὶ τῷ Υἱῷ καὶ τῷ Ἁγίῳ Πνεύματι, νῦν καὶ ἀεὶ καὶ εἰς τοὺς αἰῶνας τῶν αἰώνων.

Ὁ Χορός· Ἀμήν.

THE SMALL LITANY

Deacon: Again and again in peace let us pray to the Lord.

Choir: Lord, have mercy.

Deacon: Take hold of us, save us, have mercy upon us, and protect us, O God, by Your grace.

Choir: Lord, have mercy.

Deacon: Commemorating our most holy, most pure, most blessed and glorified Lady the Theotokos and ever-virgin Mary, together with all the saints, let us commit ourselves and one another and all our life unto Christ our God.

Choir: To You, O Lord.

During the litany, the Priest reads the prayer of the third Antiphon before the Holy Table:

PRAYER OF THE 3rd ANTIPHON

You have given us grace to make these common and united prayers, and have promised that when two or three agree in your name you will grant their requests; fulfil now the petitions of your servants as is expedient, granting us in this present age the knowledge of your truth and in the age to come eternal life.

Priest:

For you, O God, are good and love mankind, and to you we give glory, Father, Son and Holy Spirit, now and for ever, and to the ages of ages.

Choir: Amen.

Καὶ ψάλλουσι τὸ Γ΄ ἀντίφωνον.

Ὁ δὲ διάκονος εἰσέρχεται εἰς τὸ Ἱερόν.

ΑΝΤΙΦΩΝΟΝ Γ΄

Ἦχος πλ. α΄. *(Ψαλμὸς ξζ΄ καὶ ριζ΄)*

Στίχ α΄. *Ἀναστήτω ὁ Θεός, καὶ διασκορπισθήτωσαν οἱ ἐχθροὶ αὐτοῦ, καὶ φυγέτωσαν ἀπὸ προσώπου αὐτοῦ οἱ μισοῦντες αὐτόν.*

Χριστὸς ἀνέστη ἐκ νεκρῶν, θανάτῳ θάνατον πατήσας, καὶ τοῖς ἐν τοῖς μνήμασι, ζωὴν χαρισάμενος.

Στίχ β΄. *Ὡς ἐκλείπει καπνός, ἐκλιπέτωσαν, ὡς τήκεται κηρὸς ἀπὸ προσώπου πυρός.*

Χριστὸς ἀνέστη ἐκ νεκρῶν, θανάτῳ θάνατον πατήσας, καὶ τοῖς ἐν τοῖς μνήμασι, ζωὴν χαρισάμενος.

Στίχ γ΄. *Οὕτως ἀπολοῦνται οἱ ἁμαρτωλοὶ ἀπὸ προσώπου τοῦ Θεοῦ, καὶ οἱ δίκαιοι εὐφρανθήτωσαν.*

Χριστὸς ἀνέστη ἐκ νεκρῶν, θανάτῳ θάνατον πατήσας, καὶ τοῖς ἐν τοῖς μνήμασι, ζωὴν χαρισάμενος.

Στίχ δ΄. *Αὕτη ἡ ἡμέρα, ἣν ἐποίησεν ὁ Κύριος, ἀγαλλιασώμεθα καὶ εὐφρανθῶμεν ἐν αὐτῇ.*

Χριστὸς ἀνέστη ἐκ νεκρῶν, θανάτῳ θάνατον πατήσας, καὶ τοῖς ἐν τοῖς μνήμασι, ζωὴν χαρισάμενος.

Ὅταν ψάλληται τὸ γ΄ ἀντίφωνον, ὁ Ἱερεὺς καὶ ὁ Διάκονος προσκυνοῦσι τρὶς πρὸ τῆς ἁγίας Τραπέζης. Εἶτα, λαβὼν ὁ Ἱερεὺς τὸ ἅγιον Εὐαγγέλιον δίδωσι τῷ Διακόνῳ εἰ ἔστι, εἰ δ' οὔ, κρατεῖ τοῦτο οὗτος πρὸ προσώπου αὐτοῦ· καὶ διελθόντες οὕτω κύκλῳ τῆς ἁγίας Τραπέζης καὶ ἐξελθόντες διὰ τῆς βορείου πύλης ποιοῦσι τὴν μικρὰν εἴσοδον. Ἐλθόντες δὲ καὶ στάντες ἐν τῷ συνήθει τόπῳ, κλίνουσιν ἀμφότεροι ἠρέμα τὰς κεφαλάς, καὶ λέγει πραείᾳ τῇ φωνῇ ὁ Διάκονος·

Ὁ Διάκονος· Τοῦ Κυρίου δεηθῶμεν.

And the 3rd Antiphon is sung.

The Deacon enters the Sanctuary.

3rd ANTIPHON

Tone Pl. 1. *(Psalm 67 and 117)*

Verse 1. *Let God arise, and his enemies be scattered: and let those that hate him flee before his face.*

Christ is risen from the dead, by death he has trampled upon death, and to those in the tombs He is bestowing life.

Verse 2. *As smoke is dispersed, so let them be dispersed: as wax melts before the fire.*

Christ is risen from the dead, by death he has trampled upon death, and to those in the tombs He is bestowing life.

Verse 3. *So shall the wicked perish at the presence of God: and let the righteous be glad.*

Christ is risen from the dead, by death he has trampled upon death, and to those in the tombs He is bestowing life.

Verse 4. *This is the day which the Lord has made: let us rejoice and be glad in it.*

Christ is risen from the dead, by death he has trampled upon death, and to those in the tombs He is bestowing life.

When the 3rd antiphon is sung, the Priest and the Deacon bow three times before the Holy Table. Then, the priest taking the Holy Gospel, gives it to the Deacon, if there is one, or if not himself, and holds it in front of his face, and encircling the Holy Table exits through the North gate and makes the small entrance. Coming and standing in the usual place, they both bow their heads, and the Deacon says in a meek voice:

Deacon: Let us pray to the Lord.

Ὁ δὲ Ἱερεὺς λέγει μυστικῶς τὴν εὐχὴν τῆς εἰσόδου·

ΕΥΧΗ ΤΗΣ ΕΙΣΟΔΟΥ

Δέσποτα Κύριε, ὁ Θεὸς ἡμῶν, ὁ καταστήσας ἐν οὐρανοῖς τάγματα καὶ στρατιὰς ἀγγέλων καὶ ἀρχαγγέλων, εἰς λειτουργίαν τῆς σῆς δόξης, ποίησον σὺν τῇ εἰσόδῳ ἡμῶν, εἴσοδον ἁγίων ἀγγέλων γενέσθαι, συλλειτουργούντων ἡμῖν καὶ συνδοξολογούντων τὴν σὴν ἀγαθότητα. Ὅτι πρέπει σοι πᾶσα δόξα, τιμὴ καὶ προσκύνησις, τῷ Πατρὶ καὶ τῷ Υἱῷ καὶ τῷ Ἁγίῳ Πνεύματι, νῦν καὶ ἀεὶ καὶ εἰς τοὺς αἰῶνας τῶν αἰώνων. Ἀμήν.

Ὁ Διάκονος· Εὐλόγησον Δέσποτα τὴν ἁγίαν εἴσοδον.

Ὁ Ἱερεὺς εὐλογῶν, ποιῶν διὰ τῆς δεξιᾶς κατὰ ἀνατολὰς σταυρόν, λέγει·

Εὐλογημένη ἡ εἴσοδος τῶν ἁγίων σου, πάντοτε, νῦν καὶ ἀεὶ καὶ εἰς τοὺς αἰῶνας τῶν αἰώνων. Ἀμήν.

Εἶτα ὁ Διάκονος προσφέρει εἰς τὸν Ἱερέα τὸ ἅγιον Εὐαγγέλιον, καὶ ἀσπάζεται τοῦτο, καὶ ὁ Διάκονος ἀσπάζεται τὴν δεξιὰν τοῦ Ἱερέως, καὶ ὁ Διάκονος ὑψῶν τὸ ἅγιον Εὐαγγέλιον ἕως τοῦ μετώπου του, καὶ ποιῶν τὸ σημεῖον τοῦ Σταυροῦ ἐκφωνεῖ μελῳδικῶς·

Σοφία· ὀρθοί.

Εἶτα ὁ Διάκονος καὶ ὁ Ἱερεὺς διὰ τῆς ὡραίας πύλης, εἰσέρχονται εἰς τὸ ἱερὸν βῆμα.

Οἱ δὲ Χοροὶ ψάλλουν τὸ σύνηθες Εἰσοδικόν·

Ἐν Ἐκκλησίαις εὐλογεῖτε τὸν Θεόν, Κύριον ἐκ πηγῶν Ἰσραήλ. Σῶσον ἡμᾶς, Υἱὲ Θεοῦ, ὁ ἀναστὰς ἐκ νεκρῶν, ψάλλοντάς σοι· Ἀλληλούϊα.

Εἶτα τό...

Ἦχος πλ. α΄

Χριστὸς ἀνέστη ἐκ νεκρῶν, θανάτῳ θάνατον πατήσας, καὶ τοῖς ἐν τοῖς μνήμασι, ζωὴν χαρισάμενος. *(γ΄)*

The Priest says the prayer of the entrance silently.

PRAYER OF THE ENTRANCE

Master, Lord our God, you have set orders and armies of Angels and Archangels in heaven to minister to your glory; grant that, with our entrance, holy Angels may enter, concelebrating with us, and with us glorifying your goodness. For to You belong all glory, honor, and worship to the Father and the Son and the Holy Spirit, both now and ever and to the ages of ages. Amen.

Deacon: Bless Master, the Holy Entrance.

The Priest blessing, making the sign of the cross towards the east, says:

Blessed is the entrance of your holy ones, always now and forever and to the ages of ages. Amen.

The the Deacon presents the Holy Gospel to the Priest, who venerates it. The Deacon then kisses the right hand of the Priest; then the Deacon elevates the Holy Gospel up to his forehead and makes the sign of the cross while melodically exclaiming:

Wisdom. Arise.

Then the Deacon and Priest enter through the Beautiful Gate into the Holy Bema.

The Chanters sing the usual Entrance Hymn:

Bless God in the Churches; the Lord from the fountains of Israel. Son of God, risen from the dead, save us who sing to you: Alleluia!

Then...

Tone Pl. 1.

Christ is risen from the dead, by death he has trampled upon death, and to those in the tombs He is bestowing life. *(x3)*

Ἡ Ὑπακοή. Ἦχος δ΄.

Προλαβοῦσαι τὸν ὄρθρον αἱ περὶ Μαριάμ, καὶ εὑροῦσαι τὸν λίθον ἀποκυλισθέντα τοῦ μνήματος, ἤκουον ἐκ τοῦ ἀγγέλου· Τὸν ἐν φωτὶ ἀϊδίῳ ὑπάρχοντα, μετὰ νεκρῶν τί ζητεῖτε ὡς ἄνθρωπον; βλέπετε τὰ ἐντάφια σπάργανα, δράμετε καὶ τῷ κόσμῳ κηρύξατε, ὡς ἠγέρθη ὁ Κύριος, θανατώσας τὸν θάνατον· ὅτι ὑπάρχει Θεοῦ Υἱός, τοῦ σώζοντος τὸ γένος τῶν ἀνθρώπων.

Κοντάκιον. Ἦχος πλ. δ΄.

Εἰ καὶ ἐν τάφῳ κατῆλθες, ἀθάνατε, ἀλλὰ τοῦ ᾅδου καθεῖλες τὴν δύναμιν· καὶ ἀνέστης ὡς νικητής, Χριστὲ ὁ Θεός, γυναιξὶ μυροφόροις φθεγξάμενος, Χαίρετε, καὶ τοῖς σοῖς ἀποστόλοις εἰρήνην δωρούμενος ὁ τοῖς πεσοῦσι παρέχων ἀνάστασιν.

Ὁ Διάκονος· Τοῦ Κυρίου δεηθῶμεν.

Ὁ χορός· Κύριε, ἐλέησον.

Ὁ Ἱερεύς· Ὅτι ἅγιος εἶ ὁ Θεὸς ἡμῶν καὶ σοὶ τὴν δόξαν ἀναπέμπομεν, τῷ Πατρὶ καὶ τῷ Υἱῷ καὶ τῷ Ἁγίῳ Πνεύματι, νῦν καὶ ἀεί...

Ὁ Διάκονος· ...καὶ εἰς τοὺς αἰῶνας τῶν αἰώνων.

Ὁ Χορός· Ἀμήν.

Ψαλλομένου δὲ τοῦ Τρισαγίου ὑπό τῶν Χορῶν, ὁ Ἱερεύς ἔμπροσθεν τῆς ἁγίας Τραπέζης, λέγει μυστικῶς τὴν εὐχὴν τοῦ Τρισαγίου.

Ὑpakoï. Tone 4.

When they who were with Mary came, anticipating the dawn, and found the stone rolled away from the sepulchre, they heard from the Angel: Why do you seek among the dead, as though he were mortal man, Him who abides for in everlasting light. Behold the grave clothes. Go quickly and proclaim to the world that the Lord has risen, and has put death to death; for he is the Son of God, who saves human race.

Κοντάκιον. Ἦχος πλ. δ΄.

Though you descended into the grave, O immortal One, yet you destroyed the power of Hell. And You arose as victor, O Christ God, calling to the myrrh-bearing women: Rejoice; and giving peace to your Apostles.

Deacon: Let us pray to the Lord.

Choir: Lord, have mercy.

Priest: For You are holy, our God, and to You we give glory, to the Father and the Son and the Holy Spirit, both now and ever...

Deacon: ...and to the ages of ages.

Choir: Amen.

During the singing of the Trisagion Hymn by the Chanters, the Priest, standing in front of the Holy Table, says the prayer of the Trisagion silently:

ΕΥΧΗ ΤΟΥ ΤΡΙΣΑΓΙΟΥ ΥΜΝΟΥ

Ὁ Θεὸς ὁ ἅγιος, ὁ ἐν ἁγίοις ἀναπαυόμενος, ὁ τρισαγίῳ φωνῇ ὑπὸ τῶν Σεραφεὶμ ἀνυμνούμενος καὶ ὑπὸ τῶν Χερουβεὶμ δοξολογούμενος καὶ ὑπὸ πάσης ἐπουρανίου δυνάμεως προσκυνούμενος, ὁ ἐκ τοῦ μὴ ὄντος εἰς τὸ εἶναι παραγαγὼν τὰ σύμπαντα· ὁ κτίσας τὸν ἄνθρωπον κατ᾿ εἰκόνα σὴν καὶ ὁμοίωσιν καὶ παντί σου χαρίσματι κατακοσμήσας· ὁ διδοὺς αἰτοῦντι σοφίαν καὶ σύνεσιν καὶ μὴ παρορῶν ἁμαρτάνοντα, ἀλλὰ θέμενος ἐπὶ σωτηρίᾳ μετάνοιαν· ὁ καταξιώσας ἡμᾶς τοὺς ταπεινοὺς καὶ ἀναξίους δούλους σου καὶ ἐν τῇ ὥρᾳ ταύτῃ στῆναι κατενώπιον τῆς δόξης τοῦ ἁγίου σου θυσιαστηρίου καὶ τὴν ὀφειλομένην σοι προσκύνησιν καὶ δοξολογίαν προσάγειν· Αὐτός, Δέσποτα, πρόσδεξαι καὶ ἐκ στόματος ἡμῶν τῶν ἁμαρτωλῶν τὸν τρισάγιον ὕμνον καὶ ἐπίσκεψαι ἡμᾶς ἐν τῇ χρηστότητί σου. Συγχώρησον ἡμῖν πᾶν πλημμέλημα ἑκούσιόν τε καὶ ἀκούσιον· ἁγίασον ἡμῶν τὰς ψυχὰς καὶ τὰ σώματα· καὶ δὸς ἡμῖν ἐν ὁσιότητι λατρεύειν σοι πάσας τὰς ἡμέρας τῆς ζωῆς ἡμῶν· πρεσβείαις τῆς ἁγίας Θεοτόκου καὶ πάντων τῶν ἁγίων, τῶν ἀπ᾿ αἰῶνός σοι εὐαρεστησάντων.

Ὁ Χορός· Ὅσοι εἰς Χριστὸν ἐβαπτίσθητε, Χριστὸν ἐνεδύσασθε, Ἀλληλούϊα. *(γ΄)*

Δόξα Πατρί, καὶ Υἱῷ, καὶ Ἁγίῳ Πνεύματι, καὶ νῦν καὶ ἀεί, καὶ εἰς τοὺς αἰῶνας τῶν αἰώνων. Ἀμήν.

Χριστὸν ἐνεδύσασθε, Ἀλληλούϊα.

Ὁ διάκονος πρὸς τὸν λαόν·

Δύναμις.

PRAYER OF THE TRISAGION HYMN

Holy God, at rest in the holy place, hymned by the Seraphim with the thrice-holy song, glorified by the Cherubim and worshipped by every heavenly Power, out of non-existence you brought the universe into being and created male and female according to your image and likeness, adorning them with every gift of your grace. You give wisdom and understanding to those who ask, and you do not reject the sinner, but for our salvation you have established repentance. You have counted us, your humble and unworthy servants, worthy to stand at this time before the glory of your holy altar, and to offer you due worship and praise. Accept, Master, the thrice-holy hymn even from the mouth of us sinners, and visit us in your goodness. Pardon us every offence, voluntary and involuntary; sanctify our souls and bodies, and grant that we may worship you in holiness all the days of our life; at the prayers of the holy Theotokos and of all the Saints who have been well-pleasing to you in every age.

Choir: All those who have been baptised into Christ, have put on Christ. Alleluia. *(x3)*

Glory to the Father and the Son and the Holy Spirit, both now and ever and to the ages of ages. Amen.

Have put on Christ. Alleluia.

Deacon, to the people:

With strength.

Ὁ Χορός· Ὅσοι εἰς Χριστὸν ἐβαπτίσθητε, Χριστὸν ἐνεδύσασθε, Ἀλληλούϊα.

Ψαλλομένου δὲ τοῦ Τρισαγίου ὁ ἱερεὺς καὶ ὁ διάκονος λέγουσιν αὐτὸ καὶ αὐτοὶ ἐνναλὰξ χαμηλοφώνως.

Εἶτα λέγει ὁ διάκονος πρὸς τὸν Ἱερέα·

Κέλευσον, Δέσποτα.

Ὁ Ἱερεὺς στρέφεται πρὸς τὴν ἁγίαν Πρόθεσιν λέγων·

Εὐλογημένος ὁ ἐρχόμενος ἐν ὀνόματι Κυρίου.

Ὁ Διάκονος· Εὐλόγησον, Δέσποτα, τὴν ἄνω καθέδραν.

Ὁ Ἱερεὺς εὐλογῶν πρὸς ἀνατολάς·

Εὐλογημένος εἶ, ὁ ἐπὶ θρόνου δόξης τῆς βασιλείας σου, ὁ καθήμενος ἐπὶ τῶν Χερουβείμ, πάντοτε· νῦν καὶ ἀεὶ καὶ εἰς τοὺς αἰῶνας τῶν αἰώνων. Ἀμήν.

ΤΑ ΑΝΑΓΝΩΣΜΑΤΑ

Μετὰ τὴν συμπλήρωσιν τοῦ Τρισαγίου ὁ διάκονος ἐλθὼν ἐν τῷ μέσῳ τοῦ ναοῦ.

Ὁ Διάκονος· Πρόσχωμεν.

Ὁ ἀναγνώστης ἀπαγγέλει τὸ προκείμενον καὶ τὸν στίχον αὐτοῦ (ἢ ψάλλουσιν αὐτὸ οἱ χοροὶ ἐκ γ').

Ὁ Διάκονος· Σοφία.

Ὁ ἀναγνώστης τὴν ἐπιγραφὴν τοῦ ἀποστολικοῦ ἀναγνώσματος.

Ὁ Διάκονος· Πρόσχωμεν.

Καὶ ὁ ἀναγνώστης ἀναγινώσκει εὐκρινῶς τὴν τεταγμένην ἀποστολικὴν περικοπήν.

Προκείμενον Ἦχος πλ. δ'

Αὕτη ἡ ἡμέρα, ἣν ἐποίησεν ὁ Κύριος, ἀγαλλιασώμεθα καὶ εὐφρανθῶμεν ἐν αὐτῇ.

Στίχ. Ἐξομολογεῖσθε τῷ Κυρίῳ, ὅτι ἀγαθός, ὅτι εἰς τὸν αἰῶνα τὸ ἔλεος αὐτοῦ.

Choir: All those who have been baptised into Christ, have put on Christ. Alleluia.

During the singing of the Trisagion, the Priest and Deacon repeat the Trisagion to one another in a low voice.

Then the Deacon says to the Priest:

Give the Command, Master.

The Priest, turning towards the Holy Prothesis says:

Blessed is He who comes in the name of the Lord.

Deacon: Bless, Master, the throne on High.

The Priest blessing towards the East:

Blessed are you on the throne of glory of your Kingdom, who are seated upon the Cherubim, always, now and for ever, and to the ages of ages.

THE READINGS

After the completion of the Trisagion the Deacon comes to the center of the Temple.

Deacon: Let us be attentive.

The Reader recites the Prokeimenon and its verse (or the choir sings this three times).

Deacon: Wisdom.

The Reader recites the title of the Apostolic reading.

Deacon: Let us be attentive.

The Reader announces the appointed Apostolic pericope of the day.

Προκείμενον Ἦχος πλ. δ'

This is the day which the Lord has made: let us rejoice and be glad in it..

Στίχ. Give thanks to the Lord, for he is good; for his mercy endures for ever.

The reading is from the Acts of the Apostles.

(1:1-8)

In the first book, O Theophilos, I have dealt with all that Jesus began to do and teach, until the day when he was taken up, after he had given commandment through the Holy Spirit to the apostles whom he had chosen. To them he presented himself alive after his passion by many proofs, appearing to them during forty days, and speaking of the kingdom of God. And while staying with them he charged them not to depart from Jerusalem, but to wait for the promise of the Father, which, he said, "you heard from me, for John baptized with water, but before many days you shall be baptized with the Holy Spirit." So when they had come together, they asked him, "Lord, will you at this time restore the kingdom of Israel?" He said to them, "it is not for you to know times or seasons which the Father has fixed by his own authority. But you shall receive power when the Holy Spirit has come upon you; and you shall be my witnesses in Jerusalem and in all Judea and Samaria and to the end of the earth."

The Deacon takes the Censer and comes to the Priest saying: Bless, Master, the incense. *And the Priest blessing it, says the Prayer of the Incense:* We offer incense to you, Christ our God, as an offering of spiritual fragrance· may it be received upon your heavenly altar, and send us in return the grace of your all-holy Spirit, *and then he censes the Holy Table, the Sanctuary, and from the Beautiful Gate, the icons and the people.*

Deacon: Let us pray to the Lord. Lord, have mercy.

Then the Priest says the prayer in a low voice.

ΕΥΧΗ ΤΟΥ ΕΥΑΓΓΕΛΙΟΥ

Ἔλλαμψον ἐν ταῖς καρδίαις ἡμῶν, φιλάνθρωπε Δέσποτα, τὸ τῆς Σῆς θεογνωσίας ἀκήρατον φῶς, καὶ τοὺς τῆς διανοίας ἡμῶν διάνοιξον ὀφθαλμοὺς εἰς τὴν τῶν εὐαγγελικῶν Σου κηρυγμάτων κατανόησιν. Ἔνθες ἡμῖν καὶ τὸν τῶν μακαρίων Σου ἐντολῶν φόβον, ἵνα τὰς σαρκικὰς ἐπιθυμίας πάσας καταπατήσαντες, πνευματικὴν πολιτείαν μετέλθωμεν, πάντα τὰ πρὸς εὐαρέστησιν τὴν Σὴν καὶ φρονοῦντες καὶ πράττοντες. Σὺ γὰρ εἶ ὁ φωτισμὸς τῶν ψυχῶν καὶ τῶν σωμάτων ἡμῶν, Χριστὲ ὁ Θεός, καὶ Σοὶ τὴν δόξαν ἀναπέμπομεν, σὺν τῷ ἀνάρχῳ Σου Πατρὶ καὶ τῷ παναγίῳ καὶ ἀγαθῷ καὶ ζωοποιῷ Σου Πνεύματι, νῦν καὶ ἀεὶ καὶ εἰς τοὺς αἰῶνας τῶν αἰώνων. Ἀμήν.

Μετὰ δὲ τὸ θυμιᾶσαι, κλίνας τὸ γόνυ ἐνώπιον τῆς ἁγίας Τραπέζης, λέγει μυστικῶς·

Εὐλόγησον, δέσποτα, τὸν εὐαγγελιστὴν τοῦ ἁγίου ἐνδόξου Ἀποστόλου καὶ Εὐαγγελιστοῦ Ἰωάννου.

Ὁ δὲ Ἱερεὺς σφραγίζων αὐτὸν λέγει·

Ὁ Θεός, διὰ πρεσβειῶν τοῦ ἁγίου ἐνδόξου Ἀποστόλου καὶ Εὐαγγελιστοῦ Ἰωάννου, δῴη σοι ῥῆμα τῷ εὐαγγελιζομένῳ δυνάμει πολλῇ, εἰς ἐκπλήρωσιν τοῦ Εὐαγγελίου τοῦ ἀγαπητοῦ Υἱοῦ Αὐτοῦ, Κυρίου δὲ ἡμῶν Ἰησοῦ Χριστοῦ.

Καὶ ἐπιδίδει εἰς αὐτὸν τὸ ἱ. Εὐαγγέλιον. Ὁ δὲ διάκονος παραλαμβάνει αὐτὸ λέγων·

Ἀμήν. Ἀμήν. Ἀμήν. Γένοιτό μοι κατὰ τὸ ῥῆμά σου.

Καὶ ἀσπασάμενος τὴν χεῖρα τοῦ Ἱερέως ἀπέρχεται εἰς τὸν ἄμβωνα.

Μετὰ δὲ τὴν ἀνάγνωσιν τοῦ Ἀποστόλου, ὁ Ἱερεὺς εὐλογεῖ αὐτὸν λέγων·

Εἰρήνη σοι.

Καὶ μετὰ τὸ Ἀλληλούϊα λέγει ὁ ἱερεὺς ἀπὸ τῆς Ὡραίας Πύλης·

PRAYER OF THE GOSPEL

Master, Lover of mankind, make the pure light of your divine knowledge shine in our hearts and open the eyes of our mind to understand the message of your Gospel. Implant in us the fear of your blessed commandments, so that, having trampled down all carnal desires, we may change to a spiritual way of life, thinking and doing all things that are pleasing to you. For you are the illumination of our souls and bodies, Christ God, and to you we give glory, together with your Father who is without beginning, and your all-holy, good and life-giving Spirit, now and for ever, and to the ages of ages. Amen.

After censing, the Deacon kneels before the Holy Table, saying quietly:

Master, bless the herald of the Good Tidings of the Holy Apostle and Evangelist John.

The Priest seals him saying:

May God, through the prayers of the holy, glorious Apostle and Evangelist John, grant you to proclaim the word with much power, for the fulfilling of the Gospel of his Beloved Son, our Lord Jesus Christ.

And he offers to him the H. Gospel. Then the Deacon, receives it saying:

Amen, Amen, Amen. Be it done unto me according to your word.

And he kisses the hand of the Priest and leaves to the Amvon.

After the reading of the Epistle, the Priest blesses the Reader saying:

Peace be to you.

And after the Alleluia the Priest says from the Beautiful Gate:

Σοφία. Ὀρθοί, ἀκούσωμεν τοῦ ἁγίου Εὐαγγελίου.

Ὁ Ἱερεύς· Εἰρήνη πᾶσι.

Ὁ Χορός· Καὶ τῷ πνεύματί σου.

Ὁ Διάκονος· Ἐκ τοῦ κατὰ Ἰωάννην ἁγίου Εὐαγγελίου τὸ ἀνάγνωσμα.

Ὁ Ἱερεύς· Πρόσχωμεν.

Ὁ Χορός· Δόξα Σοι, Κύριε, δόξα Σοι.

Καὶ ἀναγινώσκει ὁ διάκονος τὴν τεταγμένην περικοπὴν τοῦ ἁγίου Εὐαγγελίου...

(α', 1-17)

Ἐν ἀρχῇ ἦν ὁ Λόγος, καὶ ὁ Λόγος ἦν πρὸς τὸν Θεόν, καὶ Θεὸς ἦν ὁ Λόγος. Οὗτος ἦν ἐν ἀρχῇ πρὸς τὸν Θεόν. Πάντα δι' αὐτοῦ ἐγένετο, καὶ χωρὶς αὐτοῦ ἐγένετο οὐδὲ ἓν ὃ γέγονεν. Ἐν αὐτῷ ζωὴ ἦν, καὶ ἡ ζωὴ ἦν τὸ φῶς τῶν ἀνθρώπων. Καὶ τὸ φῶς ἐν τῇ σκοτίᾳ φαίνει, καὶ ἡ σκοτία αὐτὸ οὐ κατέλαβεν. Ἐγένετο ἄνθρωπος ἀπεσταλμένος παρὰ Θεοῦ, ὄνομα αὐτῷ Ἰωάννης· οὗτος ἦλθεν εἰς μαρτυρίαν, ἵνα μαρτυρήσῃ περὶ τοῦ φωτός, ἵνα πάντες πιστεύσωσι δι' αὐτοῦ. Οὐκ ἦν ἐκεῖνος τὸ φῶς, ἀλλ' ἵνα μαρτυρήσῃ περὶ τοῦ φωτός. Ἦν τὸ φῶς τὸ ἀληθινόν, ὃ φωτίζει πάντα ἄνθρωπον, ἐρχόμενον εἰς τὸν κόσμον. Ἐν τῷ κόσμῳ ἦν, καὶ ὁ κόσμος δι' αὐτοῦ ἐγένετο, καὶ ὁ κόσμος αὐτὸν οὐκ ἔγνω. Εἰς τὰ ἴδια ἦλθε, καὶ οἱ ἴδιοι αὐτὸν οὐ παρέλαβον. Ὅσοι δὲ ἔλαβον αὐτόν, ἔδωκεν αὐτοῖς ἐξουσίαν τέκνα Θεοῦ γενέσθαι, τοῖς πιστεύουσιν εἰς τὸ ὄνομα αὐτοῦ, οἳ οὐκ ἐξ αἱμάτων οὐδὲ ἐκ θελήματος σαρκὸς, οὐδὲ ἐκ θελήματος ἀνδρός, ἀλλ' ἐκ Θεοῦ ἐγεννήθησαν. Καὶ ὁ Λόγος σὰρξ ἐγένετο καὶ ἐσκήνωσεν ἐν ἡμῖν, καὶ

Wisdom. Arise, let us hear the Holy Gospel.

Priest: Peace be to all.

Choir: And to your spirit.

Deacon: The reading is according to the Holy Gospel of *(N.)*

Priest: Let us be attentive.

Choir: Glory to You, Lord, glory to you.

And the Deacon reads the appointed pericope of the Holy Gospel...

(1, 1-17)

In the beginning was the Word, and the Word was with God, and the Word was God. He was in the beginning with God; all things were made through him, and without him was not anything made that was made. In him was life, and the life was the light of men. The light shines in the darkness, and the darkness has not overcome it. There was a man sent from God, whose name was John. He came for testimony, to bear witness to the light, that all might believe through him. He was not the light, but came to bear witness to the light. The true light that enlightens every man was coming into the world. He was in the world, and the world was made through him, yet the world knew him not. He came to his own home, and his own people received him not. But to all who received him, who believed in his name, he gave power to become children of God; who were born, not of blood nor of the will of the flesh nor of the will of man, but of God. And the

ἐθεασάμεθα τὴν δόξαν αὐτοῦ, δόξαν ὡς μονογενοῦς παρὰ Πατρός, πλήρης χάριτος καὶ ἀληθείας. Ἰωάννης μαρτυρεῖ περὶ αὐτοῦ καὶ κέκραγε λέγων· Οὗτος ἦν ὃν εἶπον, ὁ ὀπίσω μου ἐρχόμενος, ἔμπροσθέν μου γέγονεν, ὅτι πρῶτός μου ἦν. Καὶ ἐκ τοῦ πληρώματος αὐτοῦ ἡμεῖς πάντες ἐλάβομεν, καὶ χάριν ἀντὶ χάριτος· ὅτι ὁ νόμος διὰ Μωϋσέως ἐδόθη, ἡ χάρις καὶ ἡ ἀλήθεια διὰ Ἰησοῦ Χριστοῦ ἐγένετο.

Word became flesh and dwelt among us, full of grace and truth; we have beheld his glory, glory as of the only Son from the Father. (John bore witness to him, and cried, "This was he of whom I said, 'He who comes after me ranks before me, for he was before me.'") And from his fullness have we all received, grace upon grace. For the law was given through Moses; grace and truth came through Jesus Christ.

...μεθ' ὃ ὁ Ἱερεὺς λέγει·

...after which the Priest says:

Εἰρήνη σοι τῷ εὐαγγελιζομένῳ.

Peace be to you, the herald of the Gospel.

Ὁ Χορός· Δόξα Σοι, Κύριε, δόξα Σοι.

Choir: Glory to You, Lord, glory to you.

Ὁ Ἱερεὺς δέ, λαμβάνει τὸ ἅγιον Εὐαγγέλιον ἀπὸ τῶν χειρῶν τοῦ Διακόνου, καὶ ἀποθέτει αὐτὸ εἰς τὴν ἁγίαν Τράπεζαν. Καὶ γίνεται τὸ κήρυγμα τοῦ θείου λόγου.

The Priest receives the Holy Gospel from the hands of the Deacon and places it on the Holy Table. At this time, the proclamation of the Divine Word occurs.

Ὁ Διάκονος λέγει τὴν μεγάλην ἐκτενή·

The Deacon says the Great Ektenia:

Ὁ Διάκονος· Εἴπωμεν πάντες ἐξ ὅλης τῆς ψυχῆς καὶ ἐξ ὅλης τῆς διανοίας ἡμῶν εἴπωμεν.

Deacon: Let us all say, with all our soul and with all our mind, let us say.

Ὁ Χορός· Κύριε ἐλέησον.

Choir: Lord, have mercy.

Ὁ Διάκονος· Κύριε παντοκράτορ ὁ Θεὸς τῶν πατέρων ἡμῶν, δεόμεθά Σου, ἐπάκουσον καὶ ἐλέησον.

Deacon: Lord almighty, the God of our fathers, we pray you, hear and have mercy.

Ὁ Χορός· Κύριε ἐλέησον.

Choir: Lord, have mercy.

Ὁ Διάκονος· Ἐλέησον ἡμᾶς ὁ Θεὸς κατὰ τὸ μέγα ἔλεός Σου, δεόμεθά Σου, ἐπάκουσον καὶ ἐλέησον.

Deacon: Have mercy on us, O God, according to your great mercy, we pray you, hear and have mercy.

Ὁ Χορός· Κύριε ἐλέησον. *(γ')* Καὶ μεθ' ἑκάστην δέησιν.

Choir: Lord, have mercy. *(x3) And so after the remaining petitions.*

Ὁ Διάκονος· Ἔτι δεόμεθα ὑπὲρ τοῦ Ἀρχιεπισκόπου ἡμῶν *(τοῦ δεῖνος)*.

Deacon: Also we pray for our Archbishop N.

Ἔτι δεόμεθα ὑπὲρ τῶν ἀδελφῶν ἡμῶν, τῶν ἱερέων, ἱερομονάχων, ἱεροδιακόνων καὶ μοναχῶν, καὶ πάσης τῆς ἐν Χριστῷ ἡμῶν ἀδελφότητος.

Ἔτι δεόμεθα ὑπὲρ ἐλέους, ζωῆς, εἰρήνης, ὑγείας, σωτηρίας, ἐπισκέψεως, συγχωρήσεως καὶ ἀφέσεως τῶν ἁμαρτιῶν τῶν δούλων τοῦ Θεοῦ, πάντων τῶν εὐσεβῶν καὶ ὀρθοδόξων χριστιανῶν, τῶν κατοικούντων καὶ παρεπιδημούντων ἐν τῇ πόλει ταύτῃ, τῶν ἐνοριτῶν, ἐπιτρόπων, συνδρομητῶν καὶ ἀφιερωτῶν τοῦ ἁγίου ναοῦ τούτου.

Ἔτι δεόμεθα ὑπὲρ τῶν μακαρίων καὶ ἀοιδίμων κτιτόρων τῆς ἁγίας Ἐκκλησίας ταύτης, καὶ ὑπὲρ πάντων τῶν προαναπαυσαμένων πατέρων καὶ ἀδελφῶν ἡμῶν, τῶν ἐνθάδε εὐσεβῶς, κειμένων, καὶ ἁπανταχοῦ ὀρθοδόξων.

Ἔτι δεόμεθα ὑπὲρ τῶν καρποφορούντων καὶ καλλιεργούντων ἐν τῷ ἁγίῳ καὶ πανσέπτῳ ναῷ τούτῳ, κοπιώντων, ψαλλόντων καὶ ὑπὲρ τοῦ περιεστῶτος λαοῦ, τοῦ ἀπεκδεχομένου τὸ παρὰ Σοῦ μέγα καὶ πλούσιον ἔλεος.

Ὁ Ἱερεὺς λέγει μυστικῶς τὴν εὐχὴν τῆς ἐκτενοῦς ἱκεσίας·

Κύριε ὁ Θεὸς ἡμῶν, τὴν ἐκτενῆ ταύτην ἱκεσίαν πρόσδεξαι παρὰ τῶν σῶν δούλων, καὶ ἐλέησον ἡμᾶς κατὰ τὸ πλῆθος τοῦ ἐλέους σου· καὶ τοὺς οἰκτιρμούς σου κατάπεμψον ἐφ᾽ ἡμᾶς, καὶ ἐπὶ πάντα τὸν λαόν σου, τὸν ἀπεκδεχόμενον τὸ παρὰ σοῦ μέγα καὶ πλούσιον ἔλεος.

Ὁ Ἱερεὺς τὴν Ἐκφώνησιν·

Ὅτι ἐλεήμων καὶ φιλάνθρωπος Θεὸς ὑπάρχεις, καὶ σοὶ τὴν δόξαν ἀναπέμπομεν, τῷ Πατρὶ καὶ τῷ Υἱῷ καὶ τῷ Ἁγίῳ

Again we pray for our brothers and sisters, the priests, hieromonks, hierodeacons, all monastics and all of our brotherhood in Christ.

Also we pray for mercy, life, peace, health, salvation, visitation, forgiveness and remission of sins for the servants of God, all pious and Orthodox Christians, those who dwell in or visit this city and parish, the members of this parish, the parish council, those who give help and those who have dedicated gifts in this holy temple.

Also we pray for the blessed and ever-remembered founders of this holy church, and for all our brethren who have gone to their rest before us, and who lie asleep here in the true faith; and for the Orthodox everywhere.

Also we pray for those who strive and bring forth the fruit of good works in this holy and venerable temple, for those who serve, for those who sing, and for the people here present, who await your great and rich mercy.

The Priest quietly says the prayer of the litany of supplication

Lord, our God, accept this fervent supplication from your servants, and have mercy on us according to the multitude of your mercy; and send down your pity on us and on all your people, who await your rich mercy.

The Priest Exclaims:

For you, O God, are merciful, and love mankind, and to you we give glory, to the Father, the Son and the Holy

Πνεύματι, νῦν καὶ ἀεὶ καὶ εἰς τοὺς αἰῶνας τῶν αἰώνων.

Ὁ Χορός· Ἀμήν.

Τούτων λεγομένων ὁ Ἱερεύς, λαβὼν τὸ ἅγιον Εὐαγγέλιον καὶ ποιήσας μετ' αὐτοῦ τύπον σταυροῦ ἐπὶ τοῦ ἀντιμηνσίου, τίθησι τοῦτο ἐν τῷ ἄνω μέρει τῆς ἁγίας Τραπέζης.

Η ΛΕΙΤΟΥΡΓΙΑ ΤΩΝ ΠΙΣΤΩΝ

Ὁ Διάκονος· Ἔτι ἐν εἰρήνῃ τοῦ Κυρίου δεηθῶμεν.

Ὁ Χορός· Κύριε ἐλέησον.

Ὁ Διάκονος· Ἀντιλαβοῦ, σῶσον, ἐλέησον καὶ διαφύλαξον ἡμᾶς, ὁ Θεός, τῇ σῇ χάριτι.

Ὁ Χορός· Κύριε ἐλέησον.

Ὁ Διάκονος· Σοφία.

Ὁ δὲ Ἱερεὺς λέγει τὴν μετὰ τὸ ἁπλωθῆναι τὸ εἰλητὸν α' εὐχὴν τῶν πιστῶν·

Εὐχαριστοῦμέν σοι, Κύριε ὁ Θεὸς τῶν δυνάμεων, τῷ καταξιώσαντι ἡμᾶς παραστῆναι καὶ νῦν τῷ ἁγίῳ σου θυσιαστηρίῳ καὶ προσπεσεῖν τοῖς οἰκτιρμοῖς σου ὑπὲρ τῶν ἡμετέρων ἁμαρτημάτων καὶ τῶν τοῦ λαοῦ ἀγνοημάτων. Πρόσδεξαι ὁ Θεὸς τὴν δέησιν ἡμῶν· ποίησον ἡμᾶς ἀξίους γενέσθαι τοῦ προσφέρειν σοι δεήσεις καὶ ἱκεσίας καὶ θυσίας ἀναιμάκτους ὑπὲρ παντὸς τοῦ λαοῦ σου καὶ ἱκάνωσον ἡμᾶς, οὓς ἔθου εἰς τὴν διακονίαν σου ταύτην ἐν τῇ δυνάμει τοῦ Πνεύματός σου τοῦ Ἁγίου, ἀκαταγνώστως καὶ ἀπροσκόπτως, ἐν καθαρῷ τῷ μαρτυρίῳ τῆς συνειδήσεως ἡμῶν, ἐπικαλεῖσθαί σε ἐν παντὶ καιρῷ καὶ τόπῳ, ἵνα εἰσακούων ἡμῶν, ἵλεως ἡμῖν εἴης ἐν τῷ πλήθει τῆς σῆς ἀγαθότητος.

Spirit, now and for ever, and to the ages of ages.

Choir: Amen.

Saying these things, the Priest takes the Holy Gospel and makes the sign of the cross with it over the Antimension, and places it on the upper part of the Holy Table.

LITURGY OF THE FAITHFUL

Deacon: Again and again in peace, let us pray to the Lord.

Choir: Lord have mercy.

Deacon: Take hold of us, save us, have mercy on us, and keep us, O God, by your grace.

Choir: Lord have mercy.

Deacon: Wisdom.

Then the Priest says, after unfolding the eiliton, the 1st Prayer of the Faithful:

We thank you, Lord God of the powers of heaven, for counting us worthy to stand even now before your holy altar and humbly to seek your compassion for our sins and for those committed in ignorance by the people. Receive our supplication, O God; make us worthy to offer you prayers and entreaties and unbloody sacrifices for all your people. And enable us, whom you have appointed to this your ministry by the power of your Holy Spirit, to invoke you at every time and place without blame and without condemnation, with the witness of a pure conscience, so that you may hear us and be merciful to us in the abundance of your goodness.

Ὁ Ἱερεύς, ἐκφώνως·

Ὅτι πρέπει σοι πᾶσα δόξα, τιμὴ καὶ προσκύνησις τῷ Πατρὶ καὶ τῷ Υἱῷ καὶ τῷ Ἁγίῳ Πνεύματι, νῦν καὶ ἀεὶ καὶ εἰς τοὺς αἰῶνας τῶν αἰώνων.

Ὁ Χορός· Ἀμήν.

Ὁ Διάκονος· Ἔτι καὶ ἔτι ἐν εἰρήνῃ τοῦ Κυρίου δεηθῶμεν.

Ὁ Χορός· Κύριε ἐλέησον.

Ὁ Διάκονος· Ἀντιλαβοῦ, σῶσον, ἐλέησον καὶ διαφύλαξον ἡμᾶς ὁ Θεὸς τῇ σῇ χάριτι.

Ὁ Χορός· Κύριε ἐλέησον.

Ὁ Διάκονος· Σοφία.

Ὁ δὲ Ἱερεὺς λέγει τὴν μετὰ τὸ ἁπλωθῆναι τὸ εἰλητόν β΄ εὐχὴν τῶν πιστῶν·

Πάλιν καὶ πολλάκις Σοὶ προσπίπτομεν καὶ Σοῦ δεόμεθα, ἀγαθὲ καὶ φιλάνθρωπε, ὅπως, ἐπιβλέψας ἐπὶ τὴν δέησιν ἡμῶν, καθαρίσῃς ἡμῶν τὰς ψυχὰς καὶ τὰ σώματα ἀπὸ παντὸς μολυσμοῦ σαρκὸς καὶ πνεύματος, καὶ δῴης ἡμῖν ἀνένοχον καὶ ἀκατάκριτον τὴν παράστασιν τοῦ ἁγίου Σου θυσιαστηρίου. Χάρισαι δέ, ὁ Θεός, καὶ τοῖς συνευχομένοις ἡμῖν προκοπὴν βίου καὶ πίστεως καὶ συνέσεως πνευματικῆς· δὸς αὐτοῖς πάντοτε μετὰ φόβου καὶ ἀγάπης λατρεύειν Σοι, ἀνενόχως καὶ ἀκατακρίτως μετέχειν τῶν ἁγίων Σου Μυστηρίων, καὶ τῆς ἐπουρανίου Σου βασιλείας ἀξιωθῆναι.

Ὁ Ἱερεύς, ἐκφώνως·

Ὅπως, ὑπὸ τοῦ κράτους Σου πάντοτε φυλαττόμενοι, Σοὶ δόξαν ἀναπέμπωμεν, τῷ Πατρὶ καὶ τῷ Υἱῷ καὶ τῷ Ἁγίῳ Πνεύματι, νῦν καὶ ἀεὶ καὶ εἰς τοὺς αἰῶνας τῶν αἰώνων.

The Priest, aloud:

For to you belong all glory, honor and worship, to the Father, and to the Son and to the Holy Spirit, now and for ever, and to the ages of ages.

Choir: Amen.

Deacon: Again and again in peace let us pray to the Lord.

Choir: Lord, have mercy.

Deacon: Take hold of us, save us, have mercy upon us, and protect us, O God, by Your grace.

Choir: Lord, have mercy.

Deacon: Wisdom.

Then the Priest says, after unfolding the eiliton, the 2nd Prayer of the Faithful:

Again and many times we fall down before you and pray you, who are good and the lover of mankind, that heeding our prayer you will cleanse our souls and bodies from every defilement of flesh and spirit, and will grant us to stand without guilt or condemnation before your holy altar. Give also to those who pray with us the grace of progress in right living, in faith and spiritual understanding. Grant that they may always worship you with fear and love, may partake of your holy mysteries without guilt or condemnation, and be counted worthy of your heavenly kingdom.

The Priest, aloud:

That being always guarded by your might, we may give glory to you, Father, Son and Holy Spirit, now and for ever, and to the ages of ages.

Ὁ Χορός· Ἀμήν.

Καὶ ἄρχεται ψάλλων τὸν Χερουβικὸν ὕμνον.

Οἱ τὰ Χερουβεὶμ μυστικῶς εἰκονίζοντες, καὶ τῇ ζωοποιῷ Τριάδι τὸν τρισάγιον ὕμνον προσᾴδοντες, πᾶσαν τὴν βιοτικὴν ἀποθώμεθα μέριμναν, ὡς τὸν Βασιλέα τῶν ὅλων ὑποδεξόμενοι ... Ἀλληλούϊα.

Η ΕΙΣΟΔΟΣ ΤΩΝ ΤΙΜΙΩΝ ΔΩΡΩΝ

Τοῦ Χερουβικοῦ ψαλλομένου, ὁ Ἱερεὺς, κλίνας τὴν κεφαλήν, λέγει χαμηλοφώνως ἐνώπιον τῆς ἁγίας Τραπέζης τὴν εὐχὴν ταύτην.

Οὐδεὶς ἄξιος τῶν συνδεδεμένων ταῖς σαρκικαῖς ἐπιθυμίαις καὶ ἡδοναῖς προσέρχεσθαι ἢ προσεγγίζειν ἢ λειτουργεῖν Σοι, Βασιλεῦ τῆς δόξης· τὸ γὰρ διακονεῖν Σοι μέγα καὶ φοβερὸν καὶ αὐταῖς ταῖς ἐπουρανίοις Δυνάμεσιν. Ἀλλ' ὅμως, διὰ τὴν ἄφατον καὶ ἀμέτρητόν Σου φιλανθρωπίαν, ἀτρέπτως καὶ ἀναλλοιώτως γέγονας ἄνθρωπος, καὶ Ἀρχιερεὺς ἡμῶν ἐχρημάτισας, καὶ τῆς λειτουργικῆς ταύτης καὶ ἀναιμάκτου θυσίας τὴν ἱερουργίαν παρέδωκας ἡμῖν, ὡς Δεσπότης τῶν ἁπάντων. Σὺ γὰρ μόνος, Κύριος ὁ Θεὸς ἡμῶν, δεσπόζεις τῶν ἐπουρανίων καὶ τῶν ἐπιγείων, ὁ ἐπὶ θρόνου χερουβικοῦ ἐποχούμενος, ὁ τῶν Σεραφεὶμ Κύριος καὶ Βασιλεὺς τοῦ Ἰσραήλ, ὁ μόνος Ἅγιος καὶ ἐν ἁγίοις ἀναπαυόμενος. Σὲ τοίνυν δυσωπῶ, τὸν μόνον ἀγαθὸν καὶ εὐήκοον. Ἐπίβλεψον ἐπ' ἐμὲ τὸν ἁμαρτωλὸν καὶ ἀχρεῖον δοῦλόν Σου, καὶ καθάρισόν μου τὴν ψυχὴν καὶ τὴν καρδίαν ἀπὸ συνειδήσεως πονηρᾶς, καὶ ἱκάνωσόν με τῇ δυνάμει τοῦ Ἁγίου Σου Πνεύματος, ἐνδεδυμένον τὴν τῆς Ἱερατείας χάριν, παραστῆναι τῇ ἁγίᾳ Σου ταύτῃ τραπέζῃ καὶ ἱερουργῆσαι τὸ ἅγιον καὶ ἄχραντόν Σου Σῶμα καὶ τὸ τίμιον Αἷμα. Σοὶ γὰρ προσέρχομαι, κλίνας τὸν ἐμαυτοῦ αὐχένα, καὶ δέομαί Σου. Μὴ

Choir: Amen.

The Cherubic Hymn begins to be chanted.

We who mystically represent the Cherubim sing the thrice holy hymn to the life giving Trinity; let us lay aside all the cares of this life that we may receive the King of all ... Alleluia.

THE ENTRANCE OF THE PRECIOUS GIFTS

While the Cherubic Hymn is being chanted, the Priest bows his head and says in a low voice, in front of the Holy Table, this prayer:

None of those who are entangled in carnal desires and pleasures is worthy to approach or draw near or minister to you, King of glory; for to serve you is great and awesome even for the heavenly powers. Yet on account of your inexpressible and boundless love for mankind you became man without change or alteration and were named our High Priest; and as Master of all you have committed to us the sacred ministry of this liturgical and unbloody sacrifice. For you alone, Lord our God, are Ruler over all things in heaven and on earth, mounted on the throne of the Cherubim, Lord of the Seraphim and King of Israel, the only Holy One, resting in the holy place. Therefore I entreat you, who alone are good and ready to hear: Look upon me, your sinful and unprofitable servant, and purify my soul and heart from an evil conscience. By the power of your Holy Spirit enable me, clothed with the grace of the priesthood, to stand at this your Holy Table and celebrate the mystery of your holy and most pure Body and your precious Blood. For to you I come, bending my neck and praying: Do not turn away

ἀποστρέψῃς τὸ πρόσωπόν Σου ἀπ' ἐμοῦ, μηδὲ ἀποδοκιμάσῃς με ἐκ παίδων Σου· ἀλλ' ἀξίωσον προσενεχθῆναί Σοι ὑπ' ἐμοῦ τοῦ ἁμαρτωλοῦ καὶ ἀναξίου δούλου Σου τὰ δῶρα ταῦτα. Σὺ γὰρ εἶ ὁ προσφέρων καὶ προσφερόμενος καὶ προσδεχόμενος καὶ διαδιδόμενος, Χριστὲ ὁ Θεὸς ἡμῶν, καὶ Σοὶ τὴν δόξαν ἀναπέμπομεν, σὺν τῷ ἀνάρχῳ Σου Πατρὶ καὶ τῷ παναγίῳ καὶ ἀγαθῷ καὶ ζωοποιῷ Σου Πνεύματι, νῦν καὶ ἀεί, καὶ εἰς τοὺς αἰῶνας τῶν αἰώνων. Ἀμήν.

your face from me, nor reject me from among your children, but count me, your sinful and unworthy servant, worthy to offer these gifts to you. For you are the one who offers and is offered, who receives and is distributed, Christ our God, and to you we give glory, together with your Father, who is without beginning, and your all-holy, good and life-giving Spirit, now and for ever, and to the ages of ages. Amen.

Μετὰ τὴν Εὐχήν, ὁ Ἱερεύς, λέγει χαμηλοφώνως·

After the prayer, the Priest says in a low voice:

Οἱ τὰ Χερουβεὶμ μυστικῶς εἰκονίζοντες, καὶ τῇ ζωοποιῷ Τριάδι τὸν τρισάγιον ὕμνον προσάδοντες, πᾶσαν τὴν βιοτικὴν ἀποθώμεθα μέριμναν...

We who mystically represent the Cherubim sing the thrice holy hymn to the life giving Trinity. Let us set aside all the cares of life...

Ὁ Διάκονος· ...ὡς τὸν Βασιλέα τῶν ὅλων ὑποδεξόμενοι... Ἀλληλούϊα. Ἀλληλούϊα. Ἀλληλούϊα.

Deacon: ...that we may receive the King of all...Alleluia. Alleluia. Alleluia.

Τὸ αὐτὸ ἐπαναλαμβάνεται δὶς ὑπὸ τῶν Ἱερέων, τοῦ Διακόνου ἐπιλέγοντος ἐν ἑκατέρῳ· ὡς τὸν Βασιλέα...

This is repeated two times by the Priests, the Deacon completing it each time· that we may receive the King...

Ὁ Ἱερεύς, εὐλογῶν τὸ θυμίαμα καὶ θυμιῶν, κατὰ τὴν τάξιν, λέγει χαμηλοφώνως· Ἀνάστασιν Χριστοῦ θεασάμενοι... Δεῦτε προσκυνήσωμεν... καὶ τὸν Ν' ψαλμὸν ἕως τοῦ στίχου· Τότε εὐδοκήσεις... Εἶθ' οὕτως, ὑποκλινόμενος τοῖς συλλειτουργοῖς ἱερεῦσι, λέγει· Συγχωρήσατέ μοι, ἀδελφοὶ καὶ συλλειτουργοί, ἀσπαζόμενος δὲ ἀκολούθως τὴν ἁγίαν Τράπεζαν, λέγει καθ' ἑαυτόν· Ὁ Θεὸς ἱλάσθητί μοι τῷ ἁμαρτωλῷ καὶ ἐλέησόν με. Ὑποκλινόμενος τῷ λαῷ πρὸς συγχώρησιν, λέγει· Τοῖς μισοῦσι καὶ ἀγαπῶσιν ἡμᾶς, ὁ Θεός, συγχώρησον. Καί, εὐλογῶν τὸν λαόν, ἀπέρχεται εἰς τὴν ἁγίαν Πρόθεσιν. Ἐν δὲ τῷ μεταξὺ τούτῳ ψάλλεται ὁ Χερουβικὸς ὕμνος.

The Priest blessing the incense and censing in the usual manner, says, on Sundays, in a low voice: Having beheld the resurrection of Christ... *and the 50th Psalm up to the verse:* Then they shall offer... *Completing this, bowing his head to the concelebrating Priests he says:* Forgive me, brothers and concelebrants, *then venerating the Holy Table he says to himself:* God cleanse me a sinner and have mercy upon me. *He bows to the people asking for their forgiveness and says:* For those who hate us and those who love us, may God forgive. *And blessing the people, he makes his way to the Prothesis. During this, the Choir sings the Cherubic hymn.*

Ὁ δὲ διάκονος λέγει πρὸς τὸν Ἱερέα· Ἔπαρον, δέσποτα. Καὶ ὁ Ἱερεὺς ἄρας τὸν ἀέρα ἐπιθέτει ἐπὶ τῶν ὤμων τοῦ διακόνου λέγων·

The Deacon says to the Priest Lift up, Master. *And the Priest lifts up the Aër and places it upon the shoulders of the Deacon saying:*

Ἐπάρατε τὰς χεῖρας ὑμῶν εἰς τὰ ἅγια καὶ εὐλογεῖτε τὸν Κύριον.

Lift up your hands to the holy place and bless the Lord.

Εἶτα ἐπιδίδει εἰς τὸν διάκονον τὸν ἅγιον δίσκον, αὐτὸς δὲ λαμβάνει τὸ ἅγιον Ποτήριον καὶ λέγει·

Then he gives the Deacon the holy paten, and he takes the Cup, and says:

Ἀνέβη ὁ Θεὸς ἐν ἀλαλαγμῷ, Κύριος ἐν φωνῇ σάλπιγγος.

God has arisen with a loud cry, the Lord at the sound of the trumpet.

Ὅταν δὲ ὁ χορὸς εἴπῃ τὰς λέξεις Ὡς τὸν Βασιλέα τῶν ὅλων ὑποδεξόμενοι, ἐξέρχονται διὰ τῆς βορείου πύλης, προπορευομένων λαμπάδων καὶ θυμιατοῦ· καὶ διακοπτομένου τοῦ ὕμνου ἐκφωνοῦσιν ἀλληλοδιαδόχως·

When the Choir says the words That we may receive the King of all, they exit from the North gate, preceded in procession by the lamp-bearer and the censer, and the hymn interrupted, the following is exclaimed successively:

Πάντων ὑμῶν, μνησθείη Κύριος ὁ Θεὸς ἐν τῇ βασιλείᾳ αὐτοῦ· πάντοτε· νῦν καὶ ἀεὶ καὶ εἰς τοὺς αἰῶνας τῶν αἰώνων.

May the Lord God remember all of you, in His Kingdom, always now and forever, and to the ages of ages.

Ὁ Χορός· Ἀμήν.

Choir: Amen.

Καί, τοῦ Ἱερέως εἰσερχομένου, λέγει πρὸς αὐτὸν ὁ προεισελθὼν Διάκονος.

And the Deacon, preceding into the sanctuary, says to the Priest:

Τῆς Ἱερωσύνης σου μνησθείη Κύριος ὁ Θεὸς ἐν τῇ βασιλείᾳ αὐτοῦ, πάντοτε, νῦν καὶ ἀεὶ καὶ εἰς τοὺς αἰῶνας τῶν αἰώνων.

May the Lord God remember your Priesthood in His Kingdom, always now and forever, and to the ages of ages.

Καὶ ὁ Ἱερεὺς πρὸς αὐτόν·

And the Priest says to him:

Τῆς Ἱεροδιακονίας σου μνησθείη Κύριος ὁ Θεὸς ἐν τῇ βασιλείᾳ αὐτοῦ, πάντοτε, νῦν καὶ ἀεὶ καὶ εἰς τοὺς αἰῶνας τῶν αἰώνων.

May the Lord God remember your Diaconate in His Kingdom, always now and forever, and to the ages of ages.

Ὁ Χορός· ...ταῖς ἀγγελικαῖς ἀοράτως δορυφορούμενον τάξεσιν. Ἀλληλούϊα.

Choir: ...invisibly escorted by the angelic hosts. Alleluia.

Καὶ ἀποτίθησι ὁ Ἱερεὺς τὸ ἅγιον ποτήριον ἐν τῇ ἁγίᾳ Τραπέζῃ· εἶτα αἴρει τὸν ἅγιον δίσκον ἀπὸ τῆς τοῦ Διακόνου κεφαλῆς καὶ τίθησιν αὐτὸν ἐξ ἀριστερῶν τοῦ ἁγίου ποτηρίου. Εἶτα αἴρει τὰ καλύμματα ἀπό τε τοῦ ἁγίου δίσκου καὶ τοῦ ποτηρίου καὶ τίθησιν αὐτὰ ἐν τῷ ἄνω ἀριστερῷ μέρει τῆς ἁγίας Τραπέζης· καὶ λαβὼν τὸν ἀέρα ἀπὸ τῶν τοῦ Διακόνου ὤμων καὶ θυμιάσας αὐτόν, σκεπάζει τὰ ἅγια. Μετὰ τοῦτο, λαβὼν τὸν θυμιατὸν καὶ τοῦ Διακόνου εἰπόντος τὸ Ἀγάθυνον, δέσποτα.

And the Priest places the Holy Cup on the Holy Table, and then lifts the Holy Diskos from the head of the Deacon and places it to the left of the Holy Cup. Then he lifts the kalymatta from the Holy Diskos and Cup and places the on the upper left hand side of the Holy Table; and taking the aer from the shoulders of the Deacon he censes it, and covers the Holy things. After this, he takes the censer as the Deacon says: Do good, Master.

Ὁ Ἱερεύς, θυμιῶν τρὶς
τὰ ἅγια, λέγει ἅπαξ·

The Priest, censing the
Holy things three times, says·

Ἀγάθυνον, Κύριε, ἐν τῇ εὐδοκίᾳ σου τὴν Σιὼν καὶ οἰκοδομηθήτω τὰ τείχη Ἱερουσαλήμ.

Do good to Sion, Lord, in your good pleasure, and let the walls of Jerusalem be rebuilt.

Τότε εὐδοκήσεις θυσίαν δικαιοσύνης, ἀναφορὰν καὶ ὁλοκαυτώματα.

Then you will be well pleased with a sacrifice of righteousness, oblation and whole burnt offerings.

Τότε ἀνοίσουσιν ἐπὶ τὸ θυσιαστήριόν σου μόσχους.

Then they will offer calves upon your altar.

Καί, ἀποδοὺς τὸν θυμιατόν, ὑποκλίνας τε μικρὸν τὴν κεφαλήν, λέγει πρὸς τὸν Διάκονον· Μνήσθητί μου, ἀδελφὲ καὶ συλλειτουργέ.

And replacing the censer, he makes a small bow with his head and says to the Deacon: Remember me, brother and concelebrant.

Καὶ ὁ Διάκονος· Μνησθείη Κύριος ὁ Θεὸς τῆς Ἱερωσύνης σου ἐν τῇ βασιλείᾳ αὐτοῦ, πάντοτε, νῦν καὶ ἀεὶ καὶ εἰς τοὺς αἰῶνας τῶν αἰώνων.

And the Deacon: May the Lord God remember your priesthood in His Kingdom, always, now and forever, and to the ages of ages.

Εἶτα ὁ Διάκονος ὑποκλίνας τὴν κεφαλὴν λέγει πρὸς τὸν Ἱερέα· Εὖξαι ὑπὲρ ἐμοῦ, δέσποτα ἅγιε.

Then the Deacon, bowing his head, says to the Priest: Pray for me, holy Master.

Ὁ Ἱερεύς· Πνεῦμα ἅγιον ἐπελεύσεται ἐπὶ σὲ καὶ δύναμις Ὑψίστου ἐπισκιάσει σοι.

Ὁ Διάκονος· Αὐτὸ τὸ Πνεῦμα συλλειτουργήσει ἡμῖν πάσας τὰς ἡμέρας τῆς ζωῆς ἡμῶν.

Πάλιν ὁ Διάκονος· Μνήσθητι ἡμῶν, δέσποτα ἅγιε.

Καὶ ὁ Ἱερεύς· Μνησθείη σου Κύριος ὁ Θεὸς ἐν τῇ βασιλείᾳ αὐτοῦ, πάντοτε, νῦν καὶ ἀεὶ καὶ εἰς τοὺς αἰῶνας τῶν αἰώνων.

Καί, ἐπειπὼν τὸ Ἀμήν ὁ Διάκονος καὶ ἀσπασάμενος τὴν τοῦ Ἱερέως δεξιάν, λέγει τὰ πληρωτικά·

ΤΑ ΠΛΗΡΩΤΙΚΑ

Ὁ Διάκονος· Πληρώσωμεν τὴν δέησιν ἡμῶν τῷ Κυρίῳ.

Ὁ Χορὸς· Κύριε, ἐλέησον. *(Καὶ μεθ' ἑκάστην δέησιν)*

Ὑπὲρ τῶν προτεθέντων τιμίων Δώρων, τοῦ Κυρίου δεηθῶμεν.

Ὑπὲρ τοῦ ἁγίου οἴκου τούτου καὶ τῶν μετὰ πίστεως, εὐλαβείας καὶ φόβου Θεοῦ εἰσιόντων ἐν αὐτῷ, τοῦ Κυρίου δεηθῶμεν.

Ὑπὲρ τοῦ ῥυσθῆναι ἡμᾶς ἀπὸ πάσης θλίψεως, ὀργῆς, κινδύνου καὶ ἀνάγκης, τοῦ Κυρίου δεηθῶμεν.

Ἀντιλαβοῦ, σῶσον, ἐλέησον, καὶ διαφύλαξον ἡμᾶς, ὁ Θεός, τῇ σῇ χάριτι.

Ὁ Χορὸς· Κύριε, ἐλέησον.

Τὴν ἡμέραν πᾶσαν, τελείαν, ἁγίαν, εἰρηνικὴν καὶ ἀναμάρτητον, παρὰ τοῦ Κυρίου αἰτησώμεθα.

Ὁ Χορὸς· Παράσχου Κύριε, *(καὶ εἰς ὅλας τὰς δεήσεις ταύτας.)*

Ἄγγελον εἰρήνης, πιστὸν ὁδηγόν, φύλακα τῶν ψυχῶν καὶ τῶν σωμάτων ἡμῶν, παρὰ τοῦ Κυρίου αἰτησώμεθα.

Priest: The Holy Spirit will come upon you, and the power of the Most High will overshadow you.

Deacon: The Spirit Himself will concelebrate with us all the days of our life.

Again the Deacon: Remember me, holy Master.

And the Priest: May the Lord God remember you in His Kingdom, always, now and forever, and to the ages of ages.

And having said Amen, *the Deacon, venerating the right hand of the Priest, says the Litany of Completion:*

LITANY OF COMPLETION

Deacon: Let us complete our prayer to the Lord.

Choir: Lord, have mercy. *(And so after each petition.)*

For the precious gifts here set forth, let us pray to the Lord.

For this holy house and for those who enter it with faith, reverence, and the fear of God, let us pray to the Lord.

For our deliverance from all affliction, wrath, danger, and distress, let us pray to the Lord.

Take hold of us, save us, have mercy upon us, and protect us, O God, by Your grace.

Choir: Lord, have mercy.

That the whole day may be perfect, holy, peaceful and sinless, let us ask the Lord.

Choir: Grant this, O Lord., *(and this in the remaining petitions.)*

An angel of peace, a faithful guide, a guardian of our souls and bodies, let us ask of the Lord.

Συγγνώμην καὶ ἄφεσιν τῶν ἁμαρτιῶν καὶ τῶν πλημμελημάτων ἡμῶν, παρὰ τοῦ Κυρίου αἰτησώμεθα.

Τὰ καλὰ καὶ συμφέροντα ταῖς ψυχαῖς ἡμῶν, καὶ εἰρήνην τῷ κόσμῳ, παρὰ τοῦ Κυρίου αἰτησώμεθα.

Τὸν ὑπόλοιπον χρόνον τῆς ζωῆς ἡμῶν, ἐν εἰρήνῃ καὶ μετανοίᾳ ἐκτελέσαι, παρὰ τοῦ Κυρίου αἰτησώμεθα.

Χριστιανὰ τὰ τέλη τῆς ζωῆς ἡμῶν, ἀνώδυνα, ἀνεπαίσχυντα, εἰρηνικά, καὶ καλὴν ἀπολογίαν τὴν ἐπὶ τοῦ φοβεροῦ βήματος τοῦ Χριστοῦ, αἰτησώμεθα.

Τῆς Παναγίας, ἀχράντου, ὑπερευλογημένης, ἐνδόξου Δεσποίνης ἡμῶν Θεοτόκου, καὶ ἀειπαρθένου Μαρίας μετὰ πάντων τῶν Ἁγίων μνημονεύσαντες, ἑαυτοὺς καὶ ἀλλήλους, καὶ πᾶσαν τὴν ζωὴν ἡμῶν Χριστῷ τῷ Θεῷ παραθώμεθα.

Ὁ Χορός· Σοί, Κύριε.

Ὁ Ἱερεύς, χαμηλοφώνως·

Η ΕΥΧΗ
ΤΗΣ ΠΡΟΣΚΟΜΙΔΗΣ

Κύριε, ὁ Θεὸς ὁ παντοκράτωρ, ὁ μόνος Ἅγιος, ὁ δεχόμενος θυσίαν αἰνέσεως παρὰ τῶν ἐπικαλουμένων Σε ἐν ὅλῃ καρδίᾳ, πρόσδεξαι καὶ ἡμῶν τῶν ἁμαρτωλῶν τὴν δέησιν, καὶ προσάγαγε τῷ ἁγίῳ Σου θυσιαστηρίῳ. Καὶ ἱκάνωσον ἡμᾶς προσενεγκεῖν Σοι δῶρά τε καὶ θυσίας πνευματικὰς ὑπὲρ τῶν ἡμετέρων ἁμαρτημάτων καὶ τῶν τοῦ λαοῦ ἀγνοημάτων. Καὶ καταξίωσον ἡμᾶς εὑρεῖν χάριν ἐνώπιόν Σου, τοῦ γενέσθαι Σοι εὐπρόσδεκτον τὴν θυσίαν ἡμῶν, καὶ ἐπισκηνῶσαι τὸ Πνεῦμα τῆς χάριτός Σου τὸ ἀγαθὸν ἐφ' ἡμᾶς καὶ ἐπὶ

Pardon and forgiveness of our sins and offences, let us ask of the Lord.

Those things which are good and profitable for our souls, and peace for the world, let us ask of the Lord.

That we may live out the rest of our days in peace and repentance, let us ask of the Lord.

A Christian end to our life, painless, unashamed and peaceful, and a good defence before the fearful judgement seat of Christ, let us ask.

Commemorating our most holy, most pure, most blessed and glorified Lady the Theotokos and ever-virgin Mary, together with all the saints, let us commit ourselves and one another and all our life unto Christ our God.

Choir: To you, O Lord.

The Priest, in a low voice·

THE PRAYER
OF THE PROSKOMIDE

Lord, God almighty, who alone are holy and who accept a sacrifice of praise from those who call on you with all their heart, accept also the supplication of us sinners, bring us to your holy altar, and enable us to offer you gifts and spiritual sacrifices for our sins and those committed in ignorance by the people. Count us worthy to find grace in your sight, that our sacrifice may be well pleasing to you and that the good Spirit of your grace may rest on us and on these gifts here set forth, and on all your people

τὰ προκείμενα δῶρα ταῦτα καὶ ἐπὶ πάντα τὸν λαόν Σου.

Ὁ Ἱερεύς, ἐκφώνως·

Διὰ τῶν οἰκτιρμῶν τοῦ μονογενοῦς σου Υἱοῦ, μεθ' οὗ εὐλογητὸς εἶ, σὺν τῷ παναγίῳ καὶ ἀγαθῷ καὶ ζωοποιῷ σου Πνεύματι, νῦν καὶ ἀεὶ καὶ εἰς τοὺς αἰῶνας τῶν αἰώνων.

Ὁ Χορός· Ἀμήν.

ΑΣΠΑΣΜΟΣ ΚΑΙ ΟΜΟΛΟΓΙΑ

Ὁ Ἱερεύς· Εἰρήνη πᾶσι.

Ὁ Χορός· Καὶ τῷ πνεύματί σου.

Ὁ Διάκονος· Ἀγαπήσωμεν ἀλλήλους, ἵνα ἐν ὁμονοίᾳ ὁμολογήσωμεν.

Ὁ Χορός· Πατέρα, Υἱὸν καὶ Ἅγιον Πνεῦμα, Τριάδα ὁμοούσιον καὶ ἀχώριστον.

Ὁ Ἱερεὺς προσκυνήσας τρὶς ἀσπάζεται τὰ κεκαλυμμένα ἅγια, πρῶτον τὸν ἅγιον δίσκον, εἶτα τὸ ἅγιον ποτήριον καὶ τὸ ἔμπροσθεν αὐτοῦ ἄκρον τῆς ἁγίας Τραπέζης λέγων καθ' ἑαυτόν τό· Ἀγαπήσω σε, Κύριε, ἡ ἰσχύς μου, Κύριος στερέωμά μου, καὶ καταφυγή μου καὶ ῥύστης μου.

Καί, ἐν συλλειτούργῳ, διδόασιν οἱ Ἱερεῖς τὸν ἀσπασμὸν τῆς εἰρήνης, ἀσπαζόμενοι ἀλλήλους, ἀρχόμενοι ἐξ ἀριστερῶν πρὸς τὰς δεξιά, καὶ τέλος τὴν τοῦ ἑτέρου δεξιὰν χεῖρα, λέγοντες διαλογικῶς ὁ εἷς· Ὁ Χριστὸς ἐν τῷ μέσῳ ἡμῶν... καὶ ὁ ἕτερος· Καὶ ἔστι καὶ ἔσται.

Ὁ Διάκονος· Τὰς θύρας, τὰς θύρας. Ἐν σοφίᾳ πρόσχωμεν.

Ὁ Ἱερεύς, ἄρας καὶ κατὰ μικρὸν ὑψῶν τὸν ἀέρα, ἀνασείει αὐτὸν ἀνοικτὸν ἠρέμως ὑπεράνω τῶν τιμίων δώρων· εἶτα, διπλώσας καὶ ἀσπασάμενος, ἀποτίθησι μετὰ τῶν ἑτέρων καλυμμάτων.

The Priest, aloud:

Through the compassion of your only-begotten Son, with whom you are blessed, together with your all-holy, good and life-giving Spirit, now and for ever, and to the ages of ages.

Choir: Amen.

THE KISS OF PEACE AND THE CREED

Priest: Peace be with all.

Choir: And with your spirit.

Deacon: Let us love one another that with one mind we may confess.

Choir: Father, Son, and Holy Spirit, the Trinity one in essence and inseparable.

The Priest makes three bows and venerates the covered holy things, first the holy diskos and then the holy cup, and the edge of the holy Table, saying to himself: I love You, Lord, my strength. The Lord is my rock, and my fortress, and my deliverer.

And in concelebrations, the Priests give each other the kiss of peace, kissing one another, from left to right, and finishing with the right hand of the other, saying dialogically: Christ is in our midst... and to which the other responds He is and will be.

Deacon: The doors, the doors. In wisdom, let us be attentive.

The Priest, lifts and elevates the aer and waves it above the precious gifts; then he folds it and kisses it, placing it with the other covers.

ΤΟ ΣΥΜΒΟΛΟΝ
ΤΗΣ ΠΙΣΤΕΩΣ

Πιστεύω εἰς ἕνα Θεόν, Πατέρα, Παντοκράτορα, ποιητὴν οὐρανοῦ καὶ γῆς, ὁρατῶν τε πάντων καὶ ἀοράτων.

Καὶ εἰς ἕνα Κύριον Ἰησοῦν Χριστόν, τὸν Υἱὸν τοῦ Θεοῦ τὸν μονογενῆ, τὸν ἐκ τοῦ Πατρὸς γεννηθέντα πρὸ πάντων τῶν αἰώνων· φῶς ἐκ φωτός, Θεὸν ἀληθινὸν ἐκ Θεοῦ ἀληθινοῦ, γεννηθέντα οὐ ποιηθέντα, ὁμοούσιον τῷ Πατρί, δι' οὗ τὰ πάντα ἐγένετο.

Τὸν δι' ἡμᾶς τοὺς ἀνθρώπους καὶ διὰ τὴν ἡμετέραν σωτηρίαν κατελθόντα ἐκ τῶν οὐρανῶν καὶ σαρκωθέντα ἐκ Πνεύματος Ἁγίου καὶ Μαρίας τῆς Παρθένου καὶ ἐνανθρωπήσαντα.

Σταυρωθέντα τε ὑπὲρ ἡμῶν ἐπὶ Ποντίου Πιλάτου, καὶ παθόντα καὶ ταφέντα.

Καὶ ἀναστάντα τῇ τρίτῃ ἡμέρᾳ κατὰ τὰς Γραφάς.

Καὶ ἀνελθόντα εἰς τοὺς οὐρανοὺς καὶ καθεζόμενον ἐκ δεξιῶν τοῦ Πατρός.

Καὶ πάλιν ἐρχόμενον μετὰ δόξης κρῖναι ζῶντας καὶ νεκρούς, οὗ τῆς βασιλείας οὐκ ἔσται τέλος.

Καὶ εἰς τὸ Πνεῦμα τὸ Ἅγιον, τὸ κύριον, τὸ ζωοποιόν, τὸ ἐκ τοῦ Πατρὸς ἐκπορευόμενον, τὸ σὺν Πατρὶ καὶ Υἱῷ συμπροσκυνούμενον καὶ συνδοξαζόμενον, τὸ λαλῆσαν διὰ τῶν προφητῶν.

Εἰς μίαν, Ἁγίαν, Καθολικὴν καὶ Ἀποστολικὴν Ἐκκλησίαν.

Ὁμολογῶ ἓν βάπτισμα εἰς ἄφεσιν ἁμαρτιῶν.

THE SYMBOL
OF FAITH

I believe in one God, Father Almighty, Creator of heaven and earth and of all things visible and invisible.

And in one Lord Jesus Christ, the only-begotten Son of God, begotten of the Father before all ages. Light of Light, true God of true God, begotten not created, of one essence with the Father through Whom all things were made.

Who for us men and for our salvation came down from heaven and was incarnate of the Holy Spirit and the Virgin Mary and became man.

He was crucified for us under Pontius Pilate. He suffered and was buried.

And He rose on the third day, according to the Scriptures.

He ascended into heaven and is seated at the right hand of the Father.

And He will come again with glory to judge the living and dead. His kingdom shall have no end.

And in the Holy Spirit, the Lord, the Creator of life, Who proceeds from the Father, Who together with the Father and the Son is worshipped and glorified, Who spoke through the prophets.

In one, holy, catholic, and apostolic Church.

I confess one baptism for the forgiveness of sins.

Προσδοκῶ ἀνάστασιν νεκρῶν. Καὶ ζωὴν τοῦ μέλλοντος αἰῶνος. Ἀμήν.

I look for the resurrection of the dead and the life of the age to come. Amen.

Η ΑΓΙΑ ΑΝΑΦΟΡΑ

THE HOLY ANAPHORA

Ὁ Διάκονος· Στῶμεν καλῶς· στῶμεν μετὰ φόβου· πρόσχωμεν τὴν ἁγίαν Ἀναφορὰν ἐν εἰρήνῃ προσφέρειν.

Deacon: Let us stand well; let us stand with fear; let us attend, that we may offer the holy oblation in peace.

Ὁ Χορός· Ἔλεον εἰρήνης, θυσίαν αἰνέσεως.

Choir: Mercy and peace, a sacrifice of praise.

Ὁ Ἱερεύς· Ἡ χάρις τοῦ Κυρίου ἡμῶν Ἰησοῦ Χριστοῦ καὶ ἡ ἀγάπη τοῦ Θεοῦ καὶ Πατρὸς καὶ ἡ κοινωνία τοῦ Ἁγίου Πνεύματος εἴη μετὰ πάντων ὑμῶν.

Priest: The grace of our Lord Jesus Christ, and the love of God the Father, and the communion of the Holy Spirit, be with all of you.

Ὁ Χορός· Καὶ μετὰ τοῦ πνεύματός σου.

Choir: And with your spirit.

Ὁ Ἱερεύς· Ἄνω σχῶμεν τὰς καρδίας.

Priest: Let us lift up our hearts.

Ὁ Χορός· Ἔχομεν πρὸς τὸν Κύριον.

Choir: We lift them up to the Lord.

Ὁ Ἱερεύς· Εὐχαριστήσωμεν τῷ Κυρίῳ.

Priest: Let us give thanks to the Lord.

Ὁ Χορός· Ἄξιον καὶ δίκαιον.

Choir: It is proper and right.

Ὁ Ἱερεύς, ἐπεύχεται χαμηλοφώνως·

The Priest prays in a low voice:

Ἄξιον καὶ δίκαιον σὲ ὑμνεῖν, σὲ εὐλογεῖν, σὲ αἰνεῖν, σοὶ εὐχαριστεῖν, σὲ προσκυνεῖν ἐν παντὶ τόπῳ τῆς δεσποτείας σου. Σὺ γὰρ εἶ Θεὸς ἀνέκφραστος, ἀπερινόητος, ἀόρατος, ἀκατάληπτος, ἀεὶ ὤν, ὡσαύτως ὤν, σὺ καὶ ὁ μονογενής σου Υἱὸς καὶ τὸ Πνεῦμά σου τὸ Ἅγιον. Σὺ ἐκ τοῦ μὴ ὄντος εἰς τὸ εἶναι ἡμᾶς παρήγαγες, καὶ παραπεσόντας ἀνέστησας πάλιν, καὶ οὐκ ἀπέστης πάντα ποιῶν, ἕως ἡμᾶς εἰς τὸν οὐρανὸν ἀνήγαγες καὶ τὴν βασιλείαν σου ἐχαρίσω τὴν μέλλουσαν. Ὑπὲρ τούτων ἁπάντων εὐχαριστοῦμέν σοι καὶ τῷ μονογενεῖ σου Υἱῷ καὶ τῷ Πνεύματί σου τῷ Ἁγίῳ, ὑπὲρ πάντων ὧν ἴσμεν καὶ ὧν οὐκ ἴσμεν, τῶν φανερῶν καὶ ἀφανῶν

It is right and fitting to hymn you, to bless you, to praise you, to give you thanks, to worship you in every place of your dominion; for you are God, ineffable, incomprehensible, invisible, inconceivable, ever existing, eternally the same; you and your only-begotten Son and your Holy Spirit. You brought us out of non-existence into being, and when we had fallen you raised us up again, and left nothing undone until you had brought us up to heaven and had granted us your Kingdom that is to come. For all these things we give thanks to you, and to your only-begotten Son and your Holy Spirit; for all the

εὐεργεσιῶν τῶν εἰς ἡμᾶς γεγενημένων. Εὐχαριστοῦμέν σοι καὶ ὑπὲρ τῆς Λειτουργίας ταύτης, ἣν ἐκ τῶν χειρῶν ἡμῶν δέξασθαι κατηξίωσας καίτοι σοι παρεστήκασι χιλιάδες ἀρχαγγέλων καὶ μυριάδες ἀγγέλων, τὰ Χερουβεὶμ καὶ τὰ Σεραφείμ, ἑξαπτέρυγα, πολυόμματα, μετάρσια, πτερωτά.

Ἐκφώνως·

Τὸν ἐπινίκιον ὕμνον ᾄδοντα, βοῶντα, κεκραγότα καὶ λέγοντα.

Ὁ Χορός· Ἅγιος, ἅγιος, ἅγιος Κύριος Σαβαώθ· πλήρης ὁ οὐρανὸς καὶ ἡ γῆ τῆς δόξης σου, ὡσαννὰ ἐν τοῖς ὑψίστοις. Εὐλογημένος ὁ ἐρχόμενος ἐν ὀνόματι Κυρίου. Ὡσαννὰ ὁ ἐν τοῖς ὑψίστοις.

Τούτου λεγομένου, ὁ διάκονος, ἄρας τὸν ἀστερίσκον ἐκ τοῦ ἁγίου δίσκου καὶ ποιήσας δι' αὐτοῦ τύπον σταυροῦ ἐπ' αὐτοῦ, ἀσπάζεται αὐτὸν καὶ ἀποθέτει μετὰ τῶν καλυμμάτων.

Ὁ δὲ Ἱερεύς, κλινόμενος ἐπεύχεται·

Μετὰ τούτων καὶ ἡμεῖς τῶν μακαρίων δυνάμεων, Δέσποτα φιλάνθρωπε, βοῶμεν καὶ λέγομεν· Ἅγιος εἶ καὶ πανάγιος, Σὺ καὶ ὁ μονογενής σου Υἱὸς καὶ τὸ Πνεῦμά σου τὸ Ἅγιον. Ἅγιος εἶ καὶ πανάγιος καὶ μεγαλοπρεπὴς ἡ δόξα σου. Ὃς τὸν κόσμον σου οὕτως ἠγάπησας, ὥστε τὸν Υἱόν σου τὸν μονογενῆ δοῦναι, ἵνα πᾶς ὁ πιστεύων εἰς αὐτὸν μὴ ἀπόληται, ἀλλ' ἔχῃ ζωὴν αἰώνιον. Ὃς ἐλθὼν καὶ πᾶσαν τὴν ὑπὲρ ἡμῶν οἰκονομίαν πληρώσας, τῇ νυκτὶ ᾗ παρεδίδοτο, μᾶλλον δὲ ἑαυτὸν παρεδίδου ὑπὲρ τῆς τοῦ κόσμου ζωῆς, λαβὼν ἄρτον ἐν ταῖς ἁγίαις αὐτοῦ καὶ ἀχράντοις καὶ ἀμωμήτοις χερσίν, εὐχαριστήσας καὶ εὐλογήσας, ἁγιάσας, κλάσας, ἔδωκε τοῖς ἁγίοις αὐτοῦ μαθηταῖς καὶ ἀποστόλοις, εἰπών·

benefits that we have received, known and unknown, manifest and hidden. We thank you also for this liturgy which you have been pleased to accept from our hands, though there stand around you thousands of archangels and tens of thousands of angels, the Cherubim and the Seraphim, six-winged and many-eyed, soaring aloft upon their wings.

Aloud:

Singing, crying, shouting the triumphal hymn, and saying…

Choir: Holy, holy, holy, Lord of Sabaoth, heaven and earth are full of Your glory. Hosanna in the highest. Blessed is He that comes in the name of the Lord. Hosanna in the highest.

Saying this, the Deacon takes the Star from the Paten, making the sign of the Cross with it over the Paten, kisses it and lays it aside with the covers.

The Priest, bowing prays:

With these blessed Powers, Master, Lover of mankind, we also cry aloud and say: Holy are you and all-holy, you and your only-begotten Son and your Holy Spirit; holy are you and all-holy, and magnificent is your glory. This is how you loved your world: you gave your only-begotten Son, so that everyone who believes in him might not perish, but have eternal life. And, when he had come and had fulfilled the whole dispensation for us, in the night in which he was given up, or rather gave himself up, for the life of the world, he took bread in his holy, most pure and unblemished hands and, when he had given thanks, and had blessed, sancti-

Ἐκφώνως·

Λάβετε, φάγετε, τοῦτό μου ἐστὶ τὸ σῶμα, τὸ ὑπὲρ ἡμῶν κλώμενον, εἰς ἄφεσιν ἁμαρτιῶν.

Ὁ Χορός· Ἀμήν.

Ὁ Ἱερεύς, χαμηλοφώνως·

Ὁμοίως καὶ τὸ ποτήριον μετὰ τὸ δειπνῆσαι, λέγων·

Ἐκφώνως·

Πίετε ἐξ αὐτοῦ πάντες, τοῦτό ἐστι τὸ αἷμά μου, τὸ τῆς Καινῆς Διαθήκης, τὸ ὑπὲρ ὑμῶν καὶ πολλῶν ἐκχυνόμενον, εἰς ἄφεσιν ἁμαρτιῶν.

Ὁ Χορός· Ἀμήν.

Ὁ Ἱερεύς, χαμηλοφώνως·

Μεμνημένοι τοίνυν τῆς σωτηρίου ταύτης ἐντολῆς καὶ πάντων τῶν ὑπὲρ ἡμῶν γεγενημένων, τοῦ Σταυροῦ, τοῦ Τάφου, τῆς τριημέρου Ἀναστάσεως, τῆς εἰς οὐρανοὺς Ἀναβάσεως, τῆς ἐκ δεξιῶν Καθέδρας, τῆς δευτέρας καὶ ἐνδόξου πάλιν Παρουσίας.

Ἐκφώνως·

Τὰ σὰ ἐκ τῶν σῶν σοὶ προσφέρομεν κατὰ πάντα καὶ διὰ πάντα.

Ὁ Χορός· Σὲ ὑμνοῦμεν, σὲ εὐλογοῦμεν, σοὶ εὐχαριστοῦμεν, Κύριε, καὶ δεόμεθά σου, ὁ Θεὸς ἡμῶν.

Ὁ Ἱερεύς, ἐπεύχεται χαμηλοφώνως·

Ἔτι προσφέρομέν σοι τὴν λογικὴν ταύτην καὶ ἀναίμακτον λατρείαν, καὶ παρακαλοῦμέν σε καὶ δεόμεθα καὶ

fied and broken it, gave it to his holy Disciples and Apostles, saying:

Aloud:

Take, eat, this is my Body which is broken for you for the forgiveness of sins.

Choir: Amen.

The Priest, in a low voice:

Likewise, after supper, He took the cup, saying:

Aloud:

Drink of it all of you; this is my Blood of the new Covenant which is shed for you and for many for the forgiveness of sins.

Choir: Amen.

The Priest, in a low voice:

Remembering therefore this our Saviour's command and all that has been done for us: the Cross, the Tomb, the Resurrection on the third day, the Ascension into heaven, the Sitting at the right hand, the Second and glorious Coming again.

Aloud:

Offering to You Your own of Your own–in all things and for all things.

Choir: We praise You, we bless You, we give thanks to You, and we pray unto You, O Lord our God.

The Priest prays in a low voice:

Also we offer you this spiritual worship without shedding of blood, and we ask, pray and implore you: send

ἱκετεύομεν· κατάπεμψον τὸ Πνεῦμά σου τὸ Ἅγιον ἐφ' ἡμᾶς, καὶ ἐπὶ τὰ προκείμενα Δῶρα ταῦτα.

Ὁ Διάκονος· Εὐλόγησον, δέσποτα, τὸν ἅγιον ἄρτον.

Ὁ Ἱερεὺς σφραγίζων τῷ τύπῳ τοῦ Σταυροῦ τὸν ἅγιον ἄρτον.

Ὁ Ἱερεύς·

Καὶ ποίησον τὸν μὲν Ἄρτον τοῦτον, τίμιον Σῶμα τοῦ Χριστοῦ σου.

Ὁ Διάκονος· Ἀμήν. Εὐλόγησον, δέσποτα, τὸ ἅγιον ποτήριον.

Ὁ Ἱερεὺς σφραγίζων ὁμοίως τὸ ἅγιον ποτήριον.

Ὁ Ἱερεύς·

Τὸ δὲ ἐν τῷ Ποτηρίῳ τούτῳ, τίμιον αἷμα τοῦ Χριστοῦ σου.

Ὁ Διάκονος· Ἀμήν. Εὐλόγησον, δέσποτα, ἀμφότερα τὰ ἅγια.

Ὁ Ἱερεὺς σφραγίζων ἅμα τόν τε ἅγιον ἄρτον καὶ τὸ ἅγιον ποτήριον.

Ὁ Ἱερεύς·

Μεταβαλὼν τῷ Πνεύματί σου τῷ Ἁγίῳ.

Ὁ Διάκονος· Ἀμήν· Ἀμήν· Ἀμήν.

Ὁ Ἱερεύς, ἐπεύχεται χαμηλοφώνως·

Ὥστε γενέσθαι τοῖς μεταλαμβάνουσιν εἰς νῆψιν ψυχῆς, εἰς ἄφεσιν ἁμαρτιῶν, εἰς κοινωνίαν τοῦ Ἁγίου σου Πνεύματος, εἰς Βασιλείας οὐρανῶν πλήρωμα, εἰς παρρησίαν τὴν πρὸς σέ, μὴ εἰς κρῖμα ἢ εἰς κατάκριμα. Ἔτι προσφέρομέν σοι τὴν λογικὴν ταύτην λατρείαν, ὑπὲρ τῶν ἐν πίστει ἀναπαυσαμένων Προπατόρων, Πατέρων, Πατριαρχῶν, Προφητῶν, Ἀποστόλων, Κηρύκων, Εὐαγγελιστῶν, Μαρτύρων, Ὁμολογητῶν, Ἐγκρατευτῶν

down your Holy Spirit upon us and upon these gifts here set forth.

Deacon: Bless, Master, the holy Bread.

The Priest seals the holy Bread with the sign of the cross.

Priest:

And make this bread the precious Body of Your Christ.

Deacon: Amen. Bless, Master, the holy Cup.

The Priest seals, in the same way, the holy Cup.

Priest:

And that which is in this cup the precious Blood of Your Christ.

Deacon: Amen. Bless, Master, both the holy things.

The Priest seals the holy Bread and the holy Cup together.

Priest:

Changing them by Your Holy Spirit.

Deacon: Amen. Amen. Amen.

The Priest prays, in a low voice:

So that those who partake of them may obtain vigilance of soul, forgiveness of sins, communion of the Holy Spirit, fullness of the Kingdom of heaven, freedom to speak in your presence, not judgement or condemnation. Also we offer you this spiritual worship for those who have gone to their rest in faith, Forefathers, Fathers, Patriarchs, Prophets, Apostles, Preachers, Evangelists, Martyrs, Confessors, Ascetics and

καὶ παντὸς πνεύματος δικαίου ἐν πίστει τετελειωμένου.

Ὁ Ἱερεὺς θυμιᾷ τρὶς ἐπὶ τρίτον τὰ ἅγια. Εἶτα δοὺς τὸ θυμιατὸν τῷ διακόνῳ.

Ἐκφώνως·

Ἐξαιρέτως τῆς Παναγίας, ἀχράντου, ὑπερευλογημένης, ἐνδόξου, Δεσποίνης ἡμῶν Θεοτόκου καὶ ἀειπαρθένου Μαρίας.

Ὁ Χορός·

Στιχ. Ὁ Ἄγγελος ἐβόα τῇ Κεχαριτωμένῃ· Ἁγνή, Παρθένε χαῖρε, καὶ πάλιν ἐρῶ χαῖρε, ὁ σός Υἱός ἀνέστη, τριήμερος ἐκ τάφου.

Φωτίζου, φωτίζου, * ἡ νέα Ἱερουσαλήμ· * ἡ γὰρ δόξα Κυρίου * ἐπὶ σὲ ἀνέτειλε. * Χόρευε νῦν καὶ ἀγάλλου, Σιών· * σὺ δὲ, ἁγνή, * τέρπου, Θεοτόκε, * ἐν τῇ ἐγέρσει τοῦ τόκου σου.

Ὁ Ἱερεύς, ἐπεύχεται χαμηλοφώνως·

Τοῦ ἁγίου Ἰωάννου, Προφήτου, Προδρόμου καὶ Βαπτιστοῦ· τῶν ἁγίων ἐνδόξων καὶ πανευφήμων Ἀποστόλων· τοῦ Ἁγίου *(Ὄνομα)* οὗ καὶ τὴν μνήμην ἐπιτελοῦμεν, καὶ πάντων σου τῶν Ἁγίων, ὧν ταῖς ἱκεσίαις ἐπίσκεψαι ἡμᾶς ὁ Θεός. Καὶ μνήσθητι πάντων τῶν κεκοιμημένων ἐπ' ἐλπίδι ἀναστάσεως ζωῆς αἰωνίου *(καὶ μνημονεύει ἐνταῦθα ὀνομαστὶ ὧν βούλεται τεθνεώτων)* καὶ ἀνάπαυσον αὐτούς, ὁ Θεὸς ἡμῶν, ὅπου ἐπισκοπεῖ τὸ φῶς τοῦ προσώπου σου. Ἔτι παρακαλοῦμέν σε· Μνήσθητι, Κύριε, πάσης ἐπισκοπῆς ὀρθοδόξων, τῶν ὀρθοτομούντων τὸν λόγον τῆς σῆς ἀληθείας, παντὸς τοῦ πρεσβυτερίου, τῆς ἐν Χριστῷ διακονίας καὶ παντὸς ἱερατικοῦ καὶ μοναχικοῦ τάγματος. Ἔτι προσφέρομέν σοι τὴν λογικὴν ταύτην λατρείαν ὑπὲρ τῆς οἰκουμένης· ὑπὲρ τῆς ἁγίας σου Καθολικῆς καὶ Ἀποστολικῆς

every righteous spirit made perfect in faith.

The Priest censes the Holy Things three times in sets of three. Then he gives the censer to the Deacon.

Aloud:

Especially for our most holy, pure, blessed, and glorious Lady, the Theotokos and ever virgin Mary.

Choir:

Verse. *The Angel cried to her that is full of grace, 'Pure Virgin, rejoice!, And again I say, Rejoice! For your Son has risen from the tomb on the third day'.*

Shine, shine O New Jerusalem for the glory of the Lord has risen upon you; dance now and be glad Zion and do you exult O pure Theotokos in the arising of Him Whom you did bear.

The Priest prays, in a low voice:

For the holy Prophet, Forerunner and Baptist John, the holy, glorious and all-praised Apostles, for Saint **N.**, whose memory we keep today, and for all your Saints, at whose prayers visit us, O God. Remember too all those who have fallen asleep in hope of resurrection to eternal life (**Here the priest commemorates the names of the deceased.**), and give them rest where the light of your countenance watches. Also we beseech you: Remember, Lord, all Orthodox bishops, who rightly proclaim the word of your truth, the whole order of presbyters, the diaconate in Christ, all the clergy and the whole monastic order. Also we offer you this spiritual worship for the whole world, for the holy, Catholic and Apostolic Church, for those who live in chastity and holi-

Ἐκκλησίας· ὑπὲρ τῶν ἐν ἀγνοίᾳ καὶ σεμνῇ πολιτείᾳ διαγόντων· ὑπὲρ τῶν πιστοτάτων καὶ φιλοχρίστων ἡμῶν βασιλέων, παντὸς τοῦ παλατίου καὶ τοῦ στρατοπέδου αὐτῶν. Δὸς αὐτοῖς, Κύριε, εἰρηνικὸν τὸ βασίλειον, ἵνα καὶ ἡμεῖς, ἐν τῇ γαλήνῃ αὐτῶν, ἤρεμον καὶ ἡσύχιον βίον διάγωμεν, ἐν πάσῃ εὐσεβείᾳ καὶ σεμνότητι.

Ἐκφώνως·

Ἐν πρώτοις μνήσθητι, Κύριε, τοῦ Ἀρχιεπισκόπου ἡμῶν (*Ὄνομα*), ὃν χάρισαι ταῖς ἁγίαις σου Ἐκκλησίαις ἐν εἰρήνῃ, σῶον, ἔντιμον, ὑγιᾶ, μακροημερεύοντα καὶ ὀρθοτομοῦντα τὸν λόγον τῆς σῆς ἀληθείας.

Ὁ Διάκονος· Καὶ ὧν ἕκαστος κατὰ διάνοιαν ἔχει, καὶ πάντων καὶ πασῶν.

Ὁ Χορός· Καὶ πάντων καὶ πασῶν.

Ὁ Ἱερεύς, ἐπεύχεται χαμηλοφώνως·

Μνήσθητι, Κύριε, τῆς πόλεως, ἐν ᾗ παροικοῦμεν, καὶ πάσης πόλεως καὶ χώρας καὶ τῶν πίστει οἰκούντων ἐν αὐταῖς. Μνήσθητι, Κύριε, πλεόντων, ὁδοιπορούντων, νοσούντων, καμνόντων, αἰχμαλώτων καὶ τῆς σωτηρίας αὐτῶν. Μνήσθητι, Κύριε, τῶν καρποφορούντων καὶ καλλιεργούντων ἐν ταῖς ἁγίαις σου Ἐκκλησίαις καὶ μεμνημένων τῶν πενήτων, καὶ ἐπὶ πάντας ἡμᾶς τὰ ἐλέη σου ἐξαπόστειλον.

Ἐκφώνως·

Καὶ δὸς ἡμῖν, ἐν ἑνὶ στόματι καὶ μιᾷ καρδίᾳ, δοξάζειν καὶ ἀνυμνεῖν τὸ πάντιμον καὶ μεγαλοπρεπὲς ὄνομά σου, τοῦ Πατρὸς καὶ τοῦ Υἱοῦ καὶ τοῦ Ἁγίου

ness of life; for all those in public service. Grant them, Lord, a peaceful rule, so that in their tranquillity we too may live calm and peaceful lives in godliness and holiness.

Aloud:

First of all, remember, Lord, our Archbishop **(Name)**, and grant that he may serve your holy churches in peace, safety, honour, health, and length of days, rightly discerning the word of your truth.

Deacon: Remember also, Lord, those whom each of us calls to mind and all your people.

Choir: And all Your people.

The Priest prays, in a low voice:

Remember, Lord, the city in which we dwell, and every city, town and village, and the faithful who dwell in them. Remember, Lord, those who travel by land, air, or water, the sick, the suffering, those in captivity, and their safety and salvation. Remember, Lord, those who bring offerings, those who care for the beauty of your holy churches, and those who remember the poor, and send down upon us all your rich mercies.

Aloud:

And grant that with one voice and one heart we may glorify and praise Your most honored and majestic name, of the Father and the Son and the Holy

Πνεύματος, νῦν καὶ ἀεὶ καὶ εἰς τοὺς αἰῶνας τῶν αἰώνων.

Ὁ Χορός· Ἀμήν.

Ὁ Ἱερεύς· Καὶ ἔσται τὰ ἐλέη τοῦ μεγάλου Θεοῦ καὶ Σωτῆρος ἡμῶν Ἰησοῦ Χριστοῦ μετὰ πάντων ἡμῶν.

Ὁ Χορός· Καὶ μετὰ τοῦ πνεύματός σου.

Η ΚΥΡΙΑΚΗ ΠΡΟΣΕΥΧΗ

Ὁ Διάκονος· Πάντων τῶν ἁγίων μνημονεύσαντες, ἔτι καὶ ἔτι ἐν εἰρήνῃ τοῦ Κυρίου δεηθῶμεν.

Ὁ Χορός· Κύριε ἐλέησον. (*Καὶ μεθ' ἑκάστην δέησιν.*)

Ὁ Διάκονος· Ὑπὲρ τῶν προσκομισθέντων καὶ ἁγιασθέντων τιμίων Δώρων, τοῦ Κυρίου δεηθῶμεν.

Ὅπως ὁ φιλάνθρωπος Θεὸς ἡμῶν, ὁ προσδεξάμενος αὐτὰ εἰς τὸ ἅγιον καὶ ὑπερουράνιον καὶ νοερὸν αὐτοῦ θυσιαστήριον, εἰς ὀσμὴν εὐωδίας πνευματικῆς, ἀντικαταπέμψῃ ἡμῖν τὴν θείαν χάριν καὶ τὴν δωρεὰν τοῦ Ἁγίου Πνεύματος, δεηθῶμεν.

[Ὑπὲρ τοῦ ῥυσθῆναι ἡμᾶς ἀπὸ πάσης θλίψεως, ὀργῆς, κινδύνου καὶ ἀνάγκης, τοῦ Κυρίου δεηθῶμεν.

Ἀντιλαβοῦ, σῶσον, ἐλέησον, καὶ διαφύλαξον ἡμᾶς, ὁ Θεός, τῇ σῇ χάριτι.

Τὴν ἡμέραν πᾶσαν, τελείαν, ἁγίαν, εἰρηνικὴν καὶ ἀναμάρτητον, παρὰ τοῦ Κυρίου αἰτησώμεθα.

Ὁ Χορός· Παράσχου Κύριε. (*Καὶ εἰς ὅλας τὰς δεήσεις ταύτας.*)

Spirit, both now and ever and to the ages of ages.

Choir: Amen.

Priest: And the mercies of our great God and Saviour, Jesus Christ, shall be with all of you.

Choir: And with your spirit.

THE LORD'S PRAYER

Deacon: Having commemorated all the saints, let us again and again in peace pray to the Lord.

Choir: Lord, have mercy. (*And so after each petition.*)

Deacon: For the precious gifts here set forth and sanctified, let us pray to the Lord.

That our God, who loves mankind, having accepted them on his holy and immaterial Altar above the heavens, as a savour of spiritual fragrance, may send down upon us in return his divine grace and the gift of the Holy Spirit, let us pray.

[For our deliverance from all affliction, wrath, danger, and distress, let us pray to the Lord.

Take hold of us, save us, have mercy upon us, and protect us, O God, by Your grace.

That the whole day may be perfect, holy, peaceful and sinless, let us ask the Lord.

Choir: Grant this, O Lord. (*And this in the remaining petitions.*)

Ἄγγελον εἰρήνης, πιστὸν ὁδηγόν, φύλακα τῶν ψυχῶν καὶ τῶν σωμάτων ἡμῶν, παρὰ τοῦ Κυρίου αἰτησώμεθα.

Συγγνώμην καὶ ἄφεσιν τῶν ἁμαρτιῶν καὶ τῶν πλημμελημάτων ἡμῶν, παρὰ τοῦ Κυρίου αἰτησώμεθα.

Τὰ καλὰ καὶ συμφέροντα ταῖς ψυχαῖς ἡμῶν, καὶ εἰρήνην τῷ κόσμῳ, παρὰ τοῦ Κυρίου αἰτησώμεθα.

Τὸν ὑπόλοιπον χρόνον τῆς ζωῆς ἡμῶν, ἐν εἰρήνῃ καὶ μετανοίᾳ ἐκτελέσαι, παρὰ τοῦ Κυρίου αἰτησώμεθα.

Χριστιανὰ τὰ τέλη τῆς ζωῆς ἡμῶν, ἀνώδυνα, ἀνεπαίσχυντα, εἰρηνικά, καὶ καλὴν ἀπολογίαν τὴν ἐπὶ τοῦ φοβεροῦ βήματος τοῦ Χριστοῦ, αἰτησώμεθα.]

Τὴν ἑνότητα τῆς πίστεως, καὶ τὴν κοινωνίαν τοῦ Ἁγίου Πνεύματος αἰτησάμενοι, ἑαυτοὺς καὶ ἀλλήλους καὶ πᾶσαν τὴν ζωὴν ἡμῶν Χριστῷ τῷ Θεῷ παραθώμεθα.

Ὁ Χορός· Σοί, Κύριε.

Ὁ Ἱερεύς, ἐπεύχεται χαμηλοφώνως·

Σοὶ παρακατιθέμεθα τὴν ζωὴν ἡμῶν ἅπασαν καὶ τὴν ἐλπίδα, Δέσποτα φιλάνθρωπε, καὶ παρακαλοῦμέν σε καὶ δεόμεθα καὶ ἱκετεύομεν· καταξίωσον ἡμᾶς μεταλαβεῖν τῶν ἐπουρανίων σου καὶ φρικτῶν μυστηρίων ταύτης τῆς ἱερᾶς καὶ πνευματικῆς Τραπέζης, μετὰ καθαροῦ συνειδότος, εἰς ἄφεσιν ἁμαρτιῶν, εἰς συγχώρησιν πλημμελημάτων, εἰς Πνεύματος Ἁγίου κοινωνίαν, εἰς βασιλείας οὐρανῶν κληρονομίαν, εἰς παρρησίαν τὴν πρὸς σέ, μὴ εἰς κρῖμα ἢ εἰς κατάκριμα.

An angel of peace, a faithful guide, a guardian of our souls and bodies, let us ask of the Lord.

Pardon and forgiveness of our sins and offences, let us ask of the Lord.

Those things which are good and profitable for our souls, and peace for the world, let us ask of the Lord.

That we may live out the rest of our days in peace and repentance, let us ask of the Lord.

A Christian end to our life, painless, unashamed and peaceful, and a good defence before the fearful judgement seat of Christ, let us ask.]

Having prayed for the unity of the faith and for the communion of the Holy Spirit, let us commit ourselves, and one another, and our whole life to Christ our God.

Choir: To You, O Lord.

The Priest prays in a low voice:

To you, Master, Lover of mankind, we entrust our whole life and our hope, and we entreat, pray and implore you: count us worthy to partake of your heavenly and awesome Mysteries at this sacred and spiritual Table with a pure conscience, for the forgiveness of sins and pardon of offences, for communion of the Holy Spirit, for inheritance of the Kingdom of heaven and for boldness before you; not for judgement or condemnation.

Ἐκφώνως·

Καὶ καταξίωσον ἡμᾶς, Δέσποτα, μετὰ παρρησίας, ἀκατακρίτως τολμᾶν ἐπικαλεῖσθαι Σὲ τὸν ἐπουράνιον Θεὸν Πατέρα καὶ λέγειν·

Ὁ Λαός·

Πάτερ ἡμῶν, ὁ ἐν τοῖς οὐρανοῖς· ἁγιασθήτω τὸ ὄνομά σου, ἐλθέτω ἡ βασιλεία σου, γενηθήτω τὸ θέλημά σου, ὡς ἐν οὐρανῷ καὶ ἐπὶ τῆς γῆς. Τὸν ἄρτον ἡμῶν τὸν ἐπιούσιον δὸς ἡμῖν σήμερον. Καὶ ἄφες ἡμῖν τὰ ὀφειλήματα ἡμῶν, ὡς καὶ ἡμεῖς ἀφίεμεν τοῖς ὀφειλέταις ἡμῶν. Καὶ μὴ εἰσενέγκῃς ἡμᾶς εἰς πειρασμόν, ἀλλὰ ῥῦσαι ἡμᾶς ἀπὸ τοῦ πονηροῦ.

Τούτου λεγομένου ὁ διάκονος ζώννυται τὸ ὀράριον σταυροειδῶς.

Ὁ Ἱερεὺς ἐκφώνως·

Ὅτι σοῦ ἐστιν ἡ βασιλεία καὶ ἡ δύναμις καὶ ἡ δόξα, τοῦ Πατρὸς καὶ τοῦ Υἱοῦ καὶ τοῦ Ἁγίου Πνεύματος, νῦν καὶ ἀεὶ καὶ εἰς τοὺς αἰῶνας τῶν αἰώνων.

Ὁ Χορός· Ἀμήν.

ΚΕΦΑΛΟΚΛΙΣΙΑ

Ὁ Ἱερεύς· Εἰρήνη πᾶσι.

Ὁ Χορός· Καὶ τῷ πνεύματί σου.

Ὁ Διάκονος· Τὰς κεφαλὰς ἡμῶν τῷ Κυρίῳ κλίνωμεν.

Ὁ Χορός· Σοί, Κύριε.

Ὁ Ἱερεύς, ἐπεύχεται χαμηλοφώνως·

Εὐχαριστοῦμέν σοι, Βασιλεῦ ἀόρατε, ὁ τῇ ἀμετρήτῳ σου δυνάμει τὰ πάντα δημιουργήσας καὶ τῷ πλήθει τοῦ ἐλέους σου ἐξ οὐκ ὄντων εἰς τὸ εἶναι τὰ πάντα παραγαγών. Αὐτός, Δέσποτα, οὐρανό-

Aloud:

And count us worthy, Master, with boldness and without condemnation to dare to call upon you, the God of heaven, as Father, and to say:

People:

Our Father, who art in heaven, hallowed be Thy name. Thy kingdom come. Thy will be done, on earth as it is in heaven. Give us this day our daily bread; and forgive us our trespasses, as we forgive those who trespass against us; and lead us not into temptation, but deliver us from the evil one.

While this is being said, the Deacon arranges his orarion cross-wise.

The Priest aloud:

For Yours is the kingdom and the power and the glory of the Father and the Son and the Holy Spirit, both now and ever and to the ages of ages.

Choir: Amen.

BOWING OF THE HEADS

Priest: Peace be with all.

Choir: And with your spirit.

Deacon: Let us bow our heads to the Lord.

Choir: To You, O Lord.

The Priest prays, in a low voice:

We thank you, King invisible, who by your boundless power created all things, in the abundance of your mercy bringing them into being out of nothing. Do you yourself, Master, look

θεν ἔπιδε ἐπὶ τοὺς ὑποκεκλικότας σοι τὰς ἑαυτῶν κεφαλάς· οὐ γὰρ ἔκλιναν σαρκὶ καὶ αἵματι, ἀλλὰ σοὶ τῷ φοβερῷ Θεῷ. Σὺ οὖν, Δέσποτα, τὰ προκείμενα πᾶσιν ἡμῖν εἰς ἀγαθὸν ἐξομάλισον, κατὰ τὴν ἑκάστου ἰδίαν χρείαν· τοῖς πλέουσι σύμπλευσον· τοῖς ὁδοιποροῦσι συνόδευσον· τοὺς νοσοῦντας ἴασαι, ὁ ἰατρὸς τῶν ψυχῶν καὶ τῶν σωμάτων ἡμῶν.

down from heaven on those who have bowed their heads to you; for they have bowed not to flesh and blood, but to you, the God before whom we stand in fear. Make smooth, then, our path for our good, Master, through what lies before us, according to the need of each: sail with those sail, journey with those who journey, heal the sick, for you are the physician of our souls and bodies.

Ἐκφώνως·

Χάριτι καὶ οἰκτιρμοῖς καὶ φιλανθρωπίᾳ τοῦ μονογενοῦς σου Υἱοῦ, μεθ' οὗ εὐλογητὸς εἶ, σὺν τῷ παναγίῳ καὶ ἀγαθῷ καὶ ζωοποιῷ σου Πνεύματι, νῦν καὶ ἀεὶ καὶ εἰς τοὺς αἰῶνας τῶν αἰώνων.

Aloud:

Through the grace and compassion and love towards mankind of your only-begotten Son, with whom you are blessed, together with your all-holy, good and life-giving Spirit, now and for ever, and to the ages of ages.

Ὁ Χορός· Ἀμήν.

Choir: Amen.

ΥΨΩΣΙΣ-ΚΛΑΣΙΣ-ΜΕΤΑΛΗΨΙΣ

ELEVATION-FRACTURE-COMMUNION

Ὁ Ἱερεύς, ἐπεύχεται χαμηλοφώνως·

The Priest prays, in a low voice:

Πρόσχες Κύριε Ἰησοῦ Χριστέ, ὁ Θεὸς ἡμῶν, ἐξ ἁγίου κατοικητηρίου σου καὶ ἀπὸ θρόνου δόξης τῆς βασιλείας σου, καὶ ἐλθὲ εἰς τὸ ἁγιάσαι ἡμᾶς, ὁ ἄνω τῷ Πατρὶ συγκαθήμενος καὶ ὧδε ἡμῖν ἀοράτως συνών· καὶ καταξίωσον τῇ κραταιᾷ σου χειρὶ μεταδοῦναι ἡμῖν τοῦ ἀχράντου Σώματός σου, καὶ τοῦ τιμίου Αἵματος, καὶ δι' ἡμῶν παντὶ τῷ λαῷ.

Give heed, Lord Jesus Christ our God, from your holy dwelling-place and from the glorious throne of your kingdom; and come to sanctify us, you who are enthroned on high with the Father and invisibly present here with us. And with your mighty hand grant communion in your most pure Body and precious Blood to us, and through us to all the people.

Ὁ Διάκονος· Πρόσχωμεν.

Deacon: Let us be attentive.

Ὁ Ἱερεύς· Τὰ Ἅγια τοῖς ἁγίοις.

Priest: The Holy Things for the holy.

Ὁ Χορός· Εἷς Ἅγιος, εἷς Κύριος, Ἰησοῦς Χριστός, εἰς δόξαν Θεοῦ Πατρός. Ἀμήν.

Choir: One is Holy, one is Lord, Jesus Christ, to the glory of God the Father. Amen.

Καὶ ψάλλει τὸ ὡρισμένον κοινωνικόν.

Ὁ Χορός· Σῶμα Χριστοῦ μεταλάβετε, πηγῆς ἀθανάτου γεύσασθε. Ἀλληλούϊα. Ἀλληλούϊα. Ἀλληλούϊα.

Ὁ Διάκονος· Μέλισον, δέσποτα, τὸν ἅγιον ἄρτον.

Ὁ Ἱερεὺς μελίζει αὐτὸν εἰς τέσσαρας μερίδας λέγων·

Μελίζεται καὶ διαμερίζεται ὁ Ἀμνὸς τοῦ Θεοῦ, ὁ μελιζόμενος καὶ μὴ διαιρούμενος· ὁ πάντοτε ἐσθιόμενος καὶ μηδέποτε δαπανώμενος ἀλλὰ τοὺς μετέχοντας ἁγιάζων.

Καὶ θέτει αὐτὰς ἐν τῷ ἁγίῳ δίσκῳ σταυροειδῶς οὕτως·

Ὁ Διάκονος· Πλήρωσον, δέσποτα, τὸ ἅγιον ποτήριον.

Καὶ ὁ Ἱερεὺς λαβὼν τὴν ἄνω μερίδα τὴν ἔχουσαν τοῦ ΙΣ χαρακτῆρα ποιεῖ δι' αὐτῆς σταυρὸν ἐπάνω τοῦ ἁγίου ποτηρίου λέγων·

Πλήρωμα Πνεύματος ἁγίου.

Ὁ Διάκονος· Ἀμήν.

Καὶ ἐμβάλλει αὐτὴν εἰς τὸ ἅγιον ποτήριον.

Καὶ λαβὼν τὸ ζέον λέγει πρὸς τὸν ἱερέα·

Εὐλόγησον, δέσποτα, τὸ ζέον.

Ὁ Ἱερεὺς εὐλογεῖ αὐτὸ λέγων·

Εὐλογημένη ἡ ζέσις τῶν ἁγίων σου πάντοτε, νῦν καὶ ἀεὶ καὶ εἰς τοὺς αἰῶνας τῶν αἰώνων.

Ὁ Διάκονος· Ἀμήν.

Καὶ ἐγχέει ἐκ τοῦ ζέοντος τὸ ἀρκοῦν εἰς τὸ ἅγιον ποτήριον λέγων·

Ζέσις Πνεύματος ἁγίου. Ἀμήν.

Καὶ κλίναντες ἀμφότεροι τὰς κεφαλὰς προσεύχονται μετὰ δέους καὶ εὐλαβείας.

Εἴθισται, ὅπως λέγωνται ἐνταῦθα ὑπὸ τῶν ἱερέων καὶ τοῦ διακόνου τὰ κάτωθι ἐκ τῆς ἀκολουθίας τῆς Θείας Μεταλήψεως.

And the appointed communion hymn is sung.

Choir: Receive the Body of Christ; taste from the immortal fount. Alleluia, Alleluia, Alleluia.

Deacon: Break, Master, the Holy bread.

The Priest breaks it into four parts saying:

The Lamb of God is broken and distributed; broken but not divided. He is forever eaten yet is never consumed, but He sanctifies those who partake of Him.

And he places them on the holy discus cross-wise:

Deacon: Fill, Master, the Holy cup.

And the Priest takes the top portion which has the characteristic ΙΣ and makes the sign of the cross with it over the holy Cup saying:

The fullness of the Holy Spirit.

Deacon: Amen.

And he places it into the holy Cup.

And offering the Zeon to the Priest he says:

Bless, Master, the hot water.

The Priest blesses it saying:

Blessed is the fervor of your holy things, always, now and for ever, and to the ages of ages. Amen.

Deacon: Amen.

And he pours the hot water into the holy Cup saying:

The fervor of the Holy Spirit. Amen.

And both bowing their heads, they pray with awe and piety.

It is customary at this point for the Priests and the Deacon to say the following from the service of Divine Communion.

Πιστεύω, Κύριε, καὶ ὁμολογῶ, ὅτι σὺ εἶ ἀληθῶς ὁ Χριστός, ὁ Υἱὸς τοῦ Θεοῦ τοῦ ζῶντος, ὁ ἐλθὼν εἰς τὸν κόσμον ἁμαρτωλοὺς σῶσαι, ὧν πρῶτός εἰμι ἐγώ. Ἔτι πιστεύω, ὅτι τοῦτο αὐτό ἐστι τὸ ἄχραντον Σῶμά σου καὶ τοῦτο αὐτό ἐστι τὸ τίμιον Αἷμά σου. Δέομαι οὖν σου· ἐλέησόν με καὶ συγχώρησόν μοι τὰ παραπτώματά μου, τὰ ἑκούσια καὶ τὰ ἀκούσια, τὰ ἐν λόγῳ, τὰ ἐν ἔργῳ, τὰ ἐν γνώσει καὶ ἀγνοίᾳ· καὶ ἀξίωσόν με ἀκατακρίτως μετασχεῖν τῶν ἀχράντων σου μυστηρίων, εἰς ἄφεσιν ἁμαρτιῶν καὶ εἰς ζωὴν αἰώνιον. Ἀμήν.

Ἰδού, βαδίζω πρὸς θείαν κοινωνίαν. Πλαστουργὲ μὴ φλέξῃς με τῇ μετουσίᾳ. Πῦρ γὰρ ὑπάρχεις τοὺς ἀναξίους φλέγον. Ἀλλ' οὖν κάθαρον ἐκ πάσης με κηλῖδος.

Τοῦ δείπνου σου τοῦ μυστικοῦ, σήμερον Υἱὲ Θεοῦ κοινωνόν με παράλαβε· οὐ μὴ γὰρ τοῖς ἐχθροῖς σου τὸ μυστήριον εἴπω· οὐ φίλημά σοι δώσω, καθάπερ ὁ Ἰούδας· ἀλλ' ὡς ὁ λῃστὴς ὁμολογῶ σοι· Μνήσθητί μου Κύριε ἐν τῇ βασιλείᾳ σου.

Θεουργὸν αἷμα φρῖξον, ἄνθρωπε, βλέπων· Ἄνθραξ γάρ ἐστι τοὺς ἀναξίους φλέγων· Θεοῦ τὸ σῶμα καὶ θεοῖ με καὶ τρέφει· Θεοῖ τὸ πνεῦμα, τὸν δὲ νοῦν τρέφει ξένως.

Ἔθελξας πόθῳ με Χριστέ, καὶ ἠλλοίωσας τῷ θείῳ σου ἔρωτι· ἀλλὰ κατάφλεξον πυρὶ ἀΰλῳ τὰς ἁμαρτίας μου, καὶ ἐμπλησθῆναι τῆς ἐν σοὶ τρυφῆς καταξίωσον, ἵνα τὰς δύο σκιρτῶν μεγαλύνω, Ἀγαθέ, παρουσίας σου.

I believe, Lord, and I confess, that you are truly the Christ, the Son of the living God, who came into the world to save sinners, of whom I am the first. Also I believe that this is indeed your most pure Body, and this indeed your precious Blood. Therefore I beseech you, have mercy on me and forgive me my offenses, voluntary and involuntary, in word and in deed, in knowledge and in ignorance, and count me worthy to partake unconfemned of your most pure Mysteries for forgiveness of sins and eternal life. Amen.

See, to divine Communion I draw near; my Maker, burn me not as I partake, for you are fire consuming the unworthy, but therefore make me clean from every stain.

Of your mystical Supper, Son of God, receive me today as a communicant; for I will not tell of the Mysteries to your enemies; I will not give you a kiss, like Judas; but like the Thief I confess you; Remember me, Lord in your kingdom.

Tremble before the Blood that deifies. A fiery coal it is that burns up the unworthy. God's own body deifies and feeds me. Deifies the spirit and the mind it nourishes in manner strange.

You have smitten me with longing, O Christ, and changed me by your divine love, but with immaterial fire burn up my sins and count me worthy to be filled with delight in you, that as I leap for joy, O Good One, I may magnify your first and second Comings

Ἐν ταῖς λαμπρότησι τῶν ἁγίων σου πῶς εἰσελεύσομαι ὁ ἀνάξιος; Ἐὰν γὰρ τολμήσω συνεισελθεῖν εἰς τὸν Νυμφῶνα, ὁ χιτών με ἐλέγχει ὅτι οὔκ ἐστι τοῦ γάμου, καὶ δέσμιος ἐκβαλοῦμαι ὑπὸ τῶν ἀγγέλων. Καθάρισον, Κύριε, τὸν ῥύπον τῆς ψυχῆς μου καὶ σῶσόν με ὡς φιλάνθρωπος.

Δέσποτα φιλάνθρωπε, Κύριε Ἰησοῦ Χριστέ, ὁ Θεός μου, μὴ εἰς κρῖμά μοι γένοιτο τὰ ἅγια ταῦτα, διὰ τὸ ἀνάξιον εἶναί με, ἀλλ' εἰς κάθαρσιν καὶ ἁγιασμὸν ψυχῆς τε καὶ σώματος, καὶ εἰς ἀρραβῶνα τῆς μελλούσης ζωῆς καὶ βασιλείας. Ἐμοὶ δὲ τὸ προσκολλᾶσθαι τῷ Θεῷ ἀγαθόν ἐστι, τίθεσθαι ἐν τῷ Κυρίῳ τὴν ἐλπίδα τῆς σωτηρίας μου.

Τοῦ δείπνου σου τοῦ μυστικοῦ...

Τῶν τιμίων δώρων μεταλαμβάνει ὁ Ἱερεύς, ἔπειτα δὲ μεταδίδει κατὰ σειρὰν εἰς τοὺς ἱερεῖς καὶ τοὺς διακόνους πρῶτον ἐκ τοῦ ἁγίου Ἄρτου καὶ εἶτα ἐκ τοῦ Ποτηρίου.

Ὁ Διάκονος· Μετὰ φόβου Θεοῦ, πίστεως καὶ ἀγάπης προσέλθετε.

Ὁ Ἱερεὺς μεταδιδοὺς τοῖς πιστοῖς, ἐπὶ ἑνὶ ἑκάστῳ λέγει· Μεταδίδοταί σοι τὸ Σῶμα καὶ τὸ Αἷμα τοῦ Κυρίου ἡμῶν Ἰησοῦ Χριστοῦ, εἰς ἄφεσιν ἁμαρτιῶν καὶ εἰς ζωὴν αἰώνιον. Ἀμήν.

Ἐν δὲ τῷ κοινωνεῖν τοὺς πιστούς, ὁ χορὸς ψάλλει· Τοῦ δείπνου σου τοῦ μυστικοῦ, σήμερον Υἱὲ Θεοῦ κοινωνόν με παράλαβε· οὐ μὴ γὰρ τοῖς ἐχθροῖς σου τὸ μυστήριον εἴπω· οὐ φίλημά σοι δώσω, καθάπερ ὁ Ἰούδας· ἀλλ' ὡς ὁ λῃστὴς ὁμολογῶ σοι· Μνήσθητί μου Κύριε ἐν τῇ βασιλείᾳ σου. *ἢ* Σῶμα Χριστοῦ μεταλάβετε...

Καὶ μετὰ τὸ κοινωνεῖν πάντας, ὁ Ἱερεύς, ὑψῶν τὸ ἅγιον ποτήριον λέγει·

Σῶσον ὁ Θεὸς τὸν λαόν σου,
καὶ εὐλόγησον τὴν κληρονομίαν σου.

How shall I, the unworthy, enter among the splendors of your Saints? For if I dare to enter with them into the bridal chamber, my dress convicts me, for it is not a wedding garment, and I shall be bound and cast out by the Angels. Cleanse the stain of my soul, Lord, and save me, as you love mankind.

Master, lover of mankind, Lord Jesus Christ, my God, do not let these holy Mysteries be for my condemnation because of my unworthiness, but rather for the cleansing and sanctification of both soul and body, and as a pledge of the life and the kingdom to come. It is good for me to cleave to God, to place in the Lord the hope of my salvation.

Of your mystical Supper...

The Priest communes of the Holy Gifts, then according to rank, the Priests and the Deacons, first of the holy Bread and then of the holy Cup.

Deacon: With the fear of God, faith and love, draw near.

The Priest communes the faithful, and to each one he says You are granted communion of the Body and Blood of our Lord, God and Savior Jesus Christ, for the remission of sins and for life everlasting. Amen.

During the communion of the faithful, the choir sings: Receive me today, Son of God, as a partaker of Your mystical Supper. I will not reveal Your mystery to Your adversaries. Nor will I give You a kiss as did Judas. But as the thief I confess You: Lord, remember me in Your kingdom. *or* Receive the Body of Christ...

After all have communed, the Priest elevates the holy Cup and says:

Save, O God, Your people
and bless Your inheritance.

Ὁ Χορός· Χριστὸς ἀνέστη ἐκ νεκρῶν, θανάτῳ θάνατον πατήσας, καὶ τοῖς ἐν τοῖς μνήμασι, ζωὴν χαρισάμενος.

Καὶ ἀποθέτει ὁ Ἱερεὺς τὸ ἅγιον ποτήριον ἐν τῇ ἁγίᾳ Τραπέζῃ, ὁ δὲ διάκονος λέγει·

Ὕψωσον Δέσποτα.

Καὶ ὁ Ἱερεὺς θυμιᾷ τὰ Ἅγια λέγων χαμηλοφώνως ἐκ γ´·

Ὑψώθητι ἐπὶ τοὺς οὐρανούς, ὁ Θεός, καὶ ἐπὶ πᾶσαν τὴν γῆν ἡ δόξα Σου.

Εἶτα τὸν μὲν δίσκον μετὰ τῶν καλυμμάτων καὶ τοῦ ἀστερίσκου ἐπιδίδει εἰς τὸν διάκονον, ὅστις περιερχόμενος τὴν ἁγίαν Τράπεζαν μεταφέρει καὶ ἀποθέτει αὐτὰ εἰς τὴν Πρόθεσιν. Ὁ δὲ Ἱερεὺς λαμβάνει τὸ ἅγιον ποτήριον καὶ λέγει χαμηλοφώνως·

Εὐλογητὸς ὁ Θεὸς ἡμῶν...

Ἐκφώνως πρὸς τὸν λαόν·

Πάντοτε, νῦν καὶ ἀεὶ καὶ εἰς τοὺς αἰῶνας τῶν αἰώνων.

Καὶ μεταφέρει αὐτὸ εἰς τὴν Πρόθεσιν.

Ὁ Χορός· Ἀμήν.

Ὁ Χορός· Πληρωθήτω τὸ στόμα ἡμῶν αἰνέσεως Κύριε, ὅπως ἀνυμνήσωμεν τὴν δόξαν σου, ὅτι ἠξίωσας ἡμᾶς τῶν ἁγίων σου μετασχεῖν μυστηρίων· τήρησον ἡμᾶς ἐν τῷ σῷ ἁγιασμῷ, ὅλην τὴν ἡμέραν μελετῶντας τὴν δικαιοσύνην σου. Ἀλληλούϊα, ἀλληλούϊα, ἀλληλούϊα.

Ὁ Διάκονος· Ὀρθοί. Μεταλαβόντες τῶν θείων, ἁγίων, ἀχράντων, ἀθανάτων, ἐπουρανίων καὶ ζωοποιῶν, φρικτῶν τοῦ Χριστοῦ μυστηρίων, ἀξίως εὐχαριστήσωμεν τῷ Κυρίῳ.

Ὁ Χορός· Κύριε, ἐλέησον. *(Καὶ μεθ' ἑκάστην δέησιν)*

Choir: Christ is risen from the dead, by death he has trampled upon death, and to those in the tombs He is bestowing life.

The Priest places the holy Cup on the Holy Table, and the Deacon says:

Exalt, Master.

And the Priest censes the Holy Things saying in a low voice x3:

Be exalted, O God, above the heavens. Let Your glory be over all the earth.

Then the Deacon, with coverings and the star placed upon the paten, which are on the Holy Table, translates them to the Prothesis and sets them there. The Priest takes the holy Cup and says in a low voice:

Blessed is our God...

Aloud, facing the people:

Always, now and forever and to the ages of ages.

And he translates it to the Prothesis.

Choir: Amen.

Choir: Let our mouths be filled with Your praise, O Lord, that we may sing of Your glory. You have made us worthy to partake of Your holy mysteries. Keep us in Your holiness that all the day long we may meditate upon Your righteousness. Alleluia. Alleluia. Alleluia.

Deacon: Arise. Having received the divine, holy, pure, immortal, heavenly, life-giving and dread Mysteries of Christ, let us give worthy thanks to the Lord.

Choir: Lord, have mercy. *(And so after each petition.)*

Ἀντιλαβοῦ, σῶσον, ἐλέησον καὶ διαφύλαξον ἡμᾶς, ὁ Θεός, τῇ Σῇ χάριτι.

Τὴν ἡμέραν πᾶσαν, τελείαν, ἁγίαν, εἰρηνικὴν καὶ ἀναμάρτητον αἰτησάμενοι, ἑαυτοὺς καὶ ἀλλήλους, καὶ πᾶσαν τὴν ζωὴν ἡμῶν, Χριστῷ τῷ Θεῷ παραθώμεθα.

Ὁ Χορός· Σοί, Κύριε.

Ὁ Ἱερεὺς τὴν εὐχαριστήριον εὐχήν.

ΕΥΧΗ ΜΕΤΑ
ΤΟ ΜΕΤΑΛΑΒΕΙΝ ΠΑΝΤΑΣ

Εὐχαριστοῦμέν σοι, Δέσποτα, φιλάνθρωπε, εὐεργέτα τῶν ψυχῶν ἡμῶν, ὅτι καὶ τῇ παρούσῃ ἡμέρᾳ κατηξίωσας ἡμᾶς τῶν ἐπουρανίων σου καὶ ἀθανάτων Μυστηρίων. Ὀρθοτόμησον ἡμῶν τὴν ὁδόν, στήριξον ἡμᾶς ἐν τῷ φόβῳ σου τοὺς πάντας, φρούρησον ἡμῶν τὴν ζωήν, ἀσφάλισαι ἡμῶν τὰ διαβήματα· εὐχαῖς καὶ ἱκεσίαις τῆς ἐνδόξου Θεοτόκου καὶ ἀειπαρθένου Μαρίας καὶ πάντων τῶν Ἁγίων σου. Ἀμήν.

Ἐκφώνως·

Ὅτι σὺ εἶ ὁ ἁγιασμὸς ἡμῶν, καὶ σοὶ τὴν δόξαν ἀναπέμπομεν, τῷ Πατρὶ καὶ τῷ Υἱῷ καὶ τῷ Ἁγίῳ Πνεύματι, νῦν καὶ ἀεὶ καὶ εἰς τοὺς αἰῶνας τῶν αἰώνων.

Καὶ λέγων τοῦτο λαμβάνει τὸ ἱ. Εὐαγγέλιον καὶ ποιήσας δι' αὐτοῦ τὸ σημεῖον τοῦ σταυροῦ ἐπὶ τοῦ ἤδη διπλωθέντος εἰλητοῦ ἐπιθέτει αὐτὸ ἐπ' αὐτοῦ.

Ὁ Χορός· Ἀμήν.

Ὁ Ἱερεύς· Ἐν εἰρήνῃ προέλθωμεν.

Ὁ Χορός· Ἐν ὀνόματι Κυρίου.

Ὁ Διάκονος· Τοῦ Κυρίου δεηθῶμεν.

Ὁ Χορός· Κύριε, ἐλέησον.

Take hold of us, save us, have mercy upon us, and protect us, O God, by Your grace.

Having asked that the whole day may be perfect, holy, peaceful and sinless, let us entrust ourselves and one another and our whole life to Christ our God.

Choir: To You, O Lord.

The Priest says the prayer of Thanksgiving.

PRAYER AFTER
HOLY COMMUNION

We thank you, Lord, lover of mankind, benefactor of our souls, that you have counted us worthy today of your heavenly and immortal Mysteries. Make straight our way, establish us all in the fear of you, watch over our life, and make firm our steps, through the prayers and intercessions of the glorious Theotokos and Ever-Virgin Mary, and of all your Saints.

Aloud:

For You are our sanctification and to You we give glory, to the Father and the Son and the Holy Spirit, both now and ever and to the ages of ages.

And while saying this, he takes the H. Gospel and makes the sign of the cross with it upon the already folded eilito and places it on top of it.

Choir: Amen.

Priest: Let us go forth in peace.

Choir: In the name of the Lord.

Deacon: Let us pray to the Lord.

Choir: Lord, have mercy.

And the Priest exits from the Beautiful Gate and reads this prayer in a loud voice in front of the icon of Christ.

PRAYER BEHIND THE AMVON

Lord, bless those who praise You and sanctify those who trust in You. Save Your people and bless Your inheritance. Protect the whole body of Your Church. Sanctify those who love the beauty of Your house. Glorify them in return by Your divine power, and do not forsake us who hope in You. Grant peace to Your world, to Your churches, to the clergy, to those in public service, to the armed forces, and to all Your people. For every good and perfect gift is from above, coming from You, the Father of lights. To You we give glory, thanksgiving, and worship, to the Father and the Son and the Holy Spirit, both now and ever and to the ages of ages.

Choir: Amen.

Choir: Christ is risen from the dead, by death he has trampled upon death, and to those in the tombs He is bestowing life.

The Priest goes to the Prothesis and says, in a low voice, this prayer:

Christ, our God, the fulfilment of the Law and the Prophets, you have fulfilled all the Father's dispensation. Fill our hearts with joy and gladness, always, now and for ever, and to the ages of ages. Amen.

Ὁ Διάκονος· Τοῦ Κυρίου δεηθῶμεν.	**Deacon:** Let us pray to the Lord.
Ὁ Χορός· Κύριε, ἐλέησον.	**Choir:** Lord, have mercy.
Ὁ Ἱερεὺς ἀπὸ τῶν ἁγίων Θυρῶν, εὐλογῶν τὸν λαόν λέγει·	*The Priest, from the Holy Gates, blesses the people saying:*
Εὐλογία Κυρίου καὶ ἔλεος αὐτοῦ ἔλθοι ἐφ' ὑμᾶς, τῇ αὐτοῦ θείᾳ χάριτι καὶ φιλανθρωπίᾳ, πάντοτε, νῦν καὶ ἀεὶ καὶ εἰς τοὺς αἰῶνας τῶν αἰώνων.	The blessing of the Lord be upon you, by his grace and love for mankind, always, now and for ever, and to the ages of ages.
Ὁ Χορός· Ἀμήν.	**Choir:** Amen.
Ὁ Ἱερεὺς· Χριστὸς ἀνέστη ἐκ νεκρῶν, θανάτῳ θάνατον πατήσας...	**Priest:** Christ is risen from the dead, by death he has trampled upon death...
Ὁ Χορός· ...καὶ τοῖς ἐν τοῖς μνήμασι, ζωὴν χαρισάμενος.	**Choir:** and to those in the tombs He is bestowing life
Ὁ Ἱερεὺς· Δόξα σοι ὁ Θεός, ἡ ἐλπὶς ἡμῶν, δόξα σοι.	**Priest:** Glory to You, O God, our hope, glory to you.
Ὁ Ἀναγνώστης· Δόξα Πατρὶ καὶ Υἱῷ καὶ Ἁγίῳ Πνεύματι, καὶ νῦν καὶ ἀεὶ καὶ εἰς τοὺς αἰῶνας τῶν αἰώνων, Ἀμήν. Κύριε, ἐλέησον *(γ')*. Πάτερ ἅγιε, εὐλόγησον.	**Reader:** Glory to the Father, and the Son and the Holy Spirit, both now and ever and to the ages of ages. Amen. Lord, have mercy *(x3)*. Holy Father, bless.
Χριστὸς ὁ ἀληθινὸς Θεὸς ἡμῶν, ὁ ἀναστὰς ἐκ νεκρῶν, ταῖς πρεσβείαις τῆς παναχράντου καὶ παναμώμου ἁγίας αὐτοῦ Μητρός· δυνάμει τοῦ τιμίου καὶ ζωοποιοῦ Σταυροῦ· προστασίαις τῶν τιμίων ἐπουρανίων Δυνάμεων Ἀσωμάτων· ἱκεσίαις τοῦ τιμίου, ἐνδόξου, Προφήτου, Προδρόμου καὶ Βαπτιστοῦ Ἰωάννου· τῶν ἁγίων ἐνδόξων καὶ πανευφήμων Ἀποστόλων· τῶν ἁγίων ἐνδόξων καὶ καλλινίκων μαρτύρων· τῶν ὁσίων καὶ θεοφόρων Πατέρων ἡμῶν, τοῦ ἁγίου *(τοῦ Ναοῦ)*, τῶν ἁγίων καὶ δικαίων Θεοπατόρων Ἰωακεὶμ καὶ Ἄννης, καὶ πάντων τῶν Ἁγίων, ἐλεῆσαι καὶ σώσαι ἡμᾶς, ὡς ἀγαθὸς καὶ φιλάνθρωπος καὶ ἐλεήμων Θεός.	May Christ our true God who rose from the dead, as a good, loving, and merciful God, have mercy upon us and save us, through the intercessions of His most pure and holy Mother; the power of the precious and life giving Cross; the protection of the honorable, bodiless powers of heaven, the supplications of the honorable, glorious prophet and forerunner John the Baptist; the holy, glorious and praiseworthy apostles; the holy, glorious and triumphant martyrs; our holy and God-bearing Fathers *(name of the church)*; the holy and righteous ancestors Joachim and Anna; Saint *(of the day)* whose memory we commemorate today, and all the saints.

Ὁ Ἱερεύς· Χριστὸς ἀνέστη!

Ὁ δὲ λαὸς ἀποκρίνεται· Ἀληθῶς ἀνέστη.

<small>Ταῦτα λέγονται ἐκ τρίτου.</small>

Ὁ Ἱερεύς· Δόξα τῇ αὐτοῦ τριημέρῳ ἐγέρσει!

Ὁ Λαός· Προσκυνοῦμεν αὐτοῦ τὴν τριήμερον ἔγερσιν.

Ὁ Ἱερεύς· Χριστὸς ἀνέστη ἐκ νεκρῶν, θανάτῳ θάνατον πατήσας καὶ τοῖς ἐν τοῖς μνήμασι, ζωὴν χαρισάμενος.

Ὁ Χορός· Ἀληθῶς ἀνέστη ὁ Κύριος.

Priest: Christ is Risen!

The People answer· Truly He has risen.

<small>This is said three times.</small>

Priest: We glorify His third day resurrection!

People: We worship His third day ressurection.

Priest: Christ is risen from the dead, by death he has trampled upon death, and to those in the tombs He is bestowing life

Choir: Truly the Lord has risen!

PASCHAL GREETING IN OTHER LANGUAGES

Abkhazian – K'yrsa Dybzaheit! Itsabyrgny Dybzaheit!

Afrikaans – Christus het opgestaan! Hy het waarlik opgestaan!

Albanian (Tosk) – Krishti u ngjall! Vërtet u ngjall!

Aleut – Kristus aq ungwektaq! Pichinuq ungwektaq!

Amharic – Kristos Tenestwal! Bergit Tenestwal!

Arabic (standard) – al-Masīḥ qām! Ḥaqqan qām!)

Armenian – Christos haryav i merelotz! Orhnial e Haroutiunn Christosi! – (*Christ is risen! Blessed is the resurrection of Christ!*)

Basque – Cristo Berbistua! Benatan Berbistua!

Belarusian – Хрыстос уваскрос! Сапраўды ўваскрос! (*Chrystos uvaskros! Sapraŭdy ŭvaskros!*)

Breton – Dassoret eo Krist! E wirionez dassoret eo!

Bulgarian – Христос възкръсна! Наистина възкръсна! (*Hristos vyzkrysna! Naistina vyzkrysna!*)

Carolinian – Lios a melau sefal! Meipung, a mahan sefal!

Catalan – Crist ha ressuscitat! Veritablement ha ressuscitat!

Chamorro – La'la'i i Kristo! Magahet na luma'la' i Kristo!

Chuvash – Христос чĕрĕлнĕ!! Чăн чĕрĕлнĕ! (*Khristós chərəlnə! Chæn chərəlnə!*)

Coptic – ⲠⲓⲬⲣⲓⲥⲧⲟⲥ ⲁϥⲧⲱⲛϥ! ϧⲉⲛ ⲟⲩⲙⲉⲑⲙⲏⲓ ⲁϥⲧⲱⲛϥ! (*Pikhristos Aftonf! Khen oumethmi aftonf!*)

Cornish – Thew Creest dassorez! En weer thewa dassorez!

Croatian – Krist uskrsnu! Uistinu uskrsnu!

Czech – Kristus je vzkříšen! Vskutku je vzkříšen!

Danish – Kristus er opstanden! Sandelig Han er Opstanden!

Dutch – Christus is opgestaan! Hij is waarlijk opgestaan!

English – Christ is Risen! Truly He is Risen!

Estonian – Kristus on üles tõusnud! Tõesti, Ta on üles tõusnud!

Filipino – Si Kristo ay nabuhay! Siya nga ay nabuhay!

Fijian – Na Karisito tucake tale! Io sa tucake tale!

Finnish – Kristus nousi kuolleista! Totisesti nousi!

French – Christ est ressuscité! Il est vraiment ressuscité!

Frisian – Kristus is opstien! Wis is er opstien!

Georgian – ქრისტე აღსდგა! ჭეშმარიტად აღსდგა! (*Kriste aĝsdga! Č'ešmarit'ad aĝsdga!*)

German – Christus ist auferstanden! Er ist wahrhaftig auferstanden!

Gikuyu – Kristo ni muriuku! Ni muriuku nema!

Greek – Χριστός ἀνέστη! Ἀληθῶς ἀνέστη! (*Khristós Anésti! Alithós Anésti!*)

Hawaiian – Ua ala a'e nei 'o Kristo! Ua ala 'i'o nō 'o Ia!

Hebrew (modern) – Hameshiach qam! Be'emet qam!

Hindi-Urdu – Yesu Masih zinda ho gaya hai! Haan yaqeenan, woh zinda ho gaya hai!

Hungarian – Krisztus feltámadt! Valóban feltámadt!

Icelandic – Kristur er upprisinn! Hann er sannarlega upprisinn!

Indonesian – Kristus telah bangkit! Dia benar-benar telah bangkit!

Italian – Cristo è risorto! È veramente risorto!

Irish – Tá Críost éirithe! Go deimhin, tá sé éirithe!

Japanese – ハリストス復活！実に復活！ (*Harisutosu fukkatsu! Jitsu ni fukkatsu!*)

Klingon – Hu'ta' QISt! Hu'bejta'!

Korean – 그리스도께서 부활하셨네! 참으로 부활하셨네! (*Geuriseudokkeseo Buhwalhasheotne! Chameuro Buhwalhasheotne!*)

Latin – Christus resurrexit! Resurrexit vere!

Latvian – Kristus (ir) augšāmcēlies! Patiesi viņš ir augšāmcēlies!

Lithuanian – Kristus prisikėlė! Tikrai prisikėlė!

Malagasy – Nitsangana tamin'ny maty i Kristy! Nitsangana marina tokoa izy!

Malayalam – Christu uyirthezhunnettu! Theerchayayum uyirthezhunnettu!

Maltese – Kristu qam! Huwa qam tassew! or Kristu qam mill-mewt! Huwa qam tassew!

Mandarin – 基督復活了 他確實復活了 (*Jidu fuhuo-le! Ta queshi fuhuo-le!*)

Navajo – Christ daaztsáádéé' náádidzáá; 'áánííí, daaztsáádéé' náádidzáá.

Norwegian – Kristus er oppstanden! Han er sannelig oppstanden!

Persian – Masih barkhaste ast! Be rasti barkhaste ast!

Polish – Chrystus zmartwychwstał! Prawd-ziwie zmartwychwstał!

Portuguese – Cristo ressuscitou! Em verdade ressuscitou!

Provençal – Lo Crist es ressuscitat! En veritat es ressuscitat!

Quechua – Cristo causarimpuñña! Ciertopuni causarimpuñña!

Romanian – Hristos a înviat! Adevărat a înviat!

Romansh – Cristo es rinaschieu! In varded, el es rinaschieu!

Russian – Христос воскрес! Воистину воскрес! (*Christos voskres! Voistinu voskres!*)

Sardinian – Cristu est resuscitadu! Aberu est resuscitadu!

Scottish – Tha Crìosd air èiridh! Gu dearbh, tha e air èiridh!

Serbian – Христос васкрсе! Ваистину васкрсе! (*Hristos vaskrse! Vaistinu vaskrse!*)

Sicilian – Cristu arrivisciutu esti! Pibbiru arrivisciutu esti!

Church Slavonic – Хрїстóсъ воскрéсе! Воистину воскресе! (*Christos voskrese! Voistinu voskrese!*)

Slovak – Kristus z mŕtvych vstal! Skutočne z mŕtvych vstal!

Spanish – ¡Cristo ha resucitado! ¡En verdad ha resucitado!

Syriac – (Mshiḥa qām! sharīrāīth qām! ; Mshiḥo Qom! Shariroith Qom!)

Swahili – Kristo Amefufukka! Kweli Amefufukka!

Swedish – Kristus är uppstånden! Han är sannerligen uppstånden!

Tigrigna – Christos tensiou! Bahake tensiou!

Tlingit – Xristos Kuxwoo-digoot! Xegaa-kux Kuxwoo-digoot!

Turkish – İsa dirildi! Hakikaten dirildi!

Walloon – Li Crist a raviké! Il a raviké podbon!

Welsh – Atgyfododd Crist! Yn wir atgyfododd!

Yupik – Xris-tusaq Ung-uixtuq! Iluumun Ung-uixtuq!

Do Not Touch Me

ΤΗ ΑΓΙΑ Κ. ΜΕΓΑΛΗ ΤΟΥ ΠΑΣΧΑ ΕΣΠΕΡΑΣ

GREAT AND HOLY PASCHA VESPERS

Τελεῖται κανονικῶς τὸ ἀπόγευμα τῆς Κυριακῆς.

Commonly celebrated in the afternoon on Sunday.

Ὁ Ἱερεύς ἐνδεδυμένος ἅπασαν τὴν ἱερατικὴν αὐτοῦ στολὴν καὶ στὰς ἐνώπιον τῆς ἁγίας Τραπέζης μετὰ τοῦ θυμιατοῦ ἐκφωνεῖ·

The Priest, dressed in all of his sacred vestments, stands before the Holy Table with the censer and exclaims:

Δόξα τῇ ἁγίᾳ, καὶ ὁμοουσίῳ, καὶ ζωοποιῷ, καὶ ἀδιαιρέτῳ Τριάδι πάντοτε, νῦν καὶ ἀεὶ καὶ εἰς τοὺς αἰῶνας τῶν αἰώνων.

Glory to the holy and consubstantial, and life-giving, and undivided Trinity, always, now and forever and to the ages of ages.

Ὁ Χορός· Ἀμήν.

Choir: Amen.

Καὶ ψάλλει τρὶς τὸ ἐπόμενον τροπάριον·

And sings the following troparion:

Ἦχος πλ. α΄.

Tone Pl. 1.

Χριστὸς ἀνέστη ἐκ νεκρῶν, θανάτῳ θάνατον πατήσας, καὶ τοῖς ἐν τοῖς μνήμασι, ζωὴν χαρισάμενος. *(γ΄)*

Christ is risen from the dead, by death he has trampled upon death, and to those in the tombs He is bestowing life. *(x3)*

Τὸ αὐτὸ ἐπαναλαμβάνεται ὑπὸ τῶν χορῶν ἑξάκις, τοῦ ἱερέως θυμιῶντος καὶ λέγοντος τοὺς ἑπομένους στίχους·

This is repeated by the choirs six times, the Priest censing and saying the following verses:

Ὁ Ἱερεὺς· Ἀναστήτω ὁ Θεός, καὶ διασκορπισθήτωσαν οἱ ἐχθροὶ αὐτοῦ, καὶ φυγέτωσαν ἀπὸ προσώπου αὐτοῦ οἱ μισοῦντες αὐτόν.

Priest: Let God arise, and his enemies be scattered, and let those that hate him flee before his face.

Ὁ Χορός· Χριστὸς ἀνέστη ἐκ νεκρῶν, θανάτῳ θάνατον πατήσας, καὶ τοῖς ἐν τοῖς μνήμασι, ζωὴν χαρισάμενος.

Choir: Christ is risen from the dead, by death he has trampled upon death, and to those in the tombs He is bestowing life.

Ὁ Ἱερεὺς· Ὡς ἐκλείπει καπνός, ἐκλιπέτωσαν, ὡς τήκεται κηρὸς ἀπὸ προσώπου πυρός.

Priest: As smoke vanishes, so let them vanish, as wax melts at the presence of fire.

Ὁ Χορός· Χριστὸς ἀνέστη ἐκ νεκρῶν, θανάτῳ θάνατον πατήσας, καὶ τοῖς ἐν τοῖς μνήμασι, ζωὴν χαρισάμενος.

Choir: Christ is risen from the dead, by death he has trampled upon death, and to those in the tombs He is bestowing life.

Ὁ Ἱερεύς· Οὕτως ἀπολοῦνται οἱ ἁμαρτωλοὶ ἀπὸ προσώπου τοῦ Θεοῦ, καὶ οἱ δίκαιοι εὐφρανθήτωσαν.

Ὁ Χορός· Χριστὸς ἀνέστη ἐκ νεκρῶν, θανάτῳ θάνατον πατήσας, καὶ τοῖς ἐν τοῖς μνήμασι, ζωὴν χαρισάμενος.

Ὁ Ἱερεύς· Αὕτη ἡ ἡμέρα, ἣν ἐποίησεν ὁ Κύριος, ἀγαλλιασώμεθα, καὶ εὐφρανθῶμεν ἐν αὐτῇ.

Ὁ Χορός· Χριστὸς ἀνέστη ἐκ νεκρῶν, θανάτῳ θάνατον πατήσας, καὶ τοῖς ἐν τοῖς μνήμασι, ζωὴν χαρισάμενος.

Ὁ Ἱερεύς· Δόξα Πατρί, καὶ Υἱῷ, καὶ Ἁγίῳ Πνεύματι.

Ὁ Χορός· Χριστὸς ἀνέστη ἐκ νεκρῶν, θανάτῳ θάνατον πατήσας, καὶ τοῖς ἐν τοῖς μνήμασι, ζωὴν χαρισάμενος.

Ὁ Ἱερεύς· Καὶ νῦν καὶ ἀεί, καὶ εἰς τοὺς αἰῶνας τῶν αἰώνων. Ἀμήν.

Ὁ Χορός· Χριστὸς ἀνέστη ἐκ νεκρῶν, θανάτῳ θάνατον πατήσας, καὶ τοῖς ἐν τοῖς μνήμασι, ζωὴν χαρισάμενος.

Εἶτα ὁ ἱερεύς, γεγονωτέρᾳ φωνῇ: Χριστὸς ἀνέστη ἐκ νεκρῶν, θανάτῳ θάνατον πατήσας...

Ὁ Χορός· ...καὶ τοῖς ἐν τοῖς μνήμασι, ζωὴν χαρισάμενος.

Priest: So shall the wicked perish at the presence of God; and let the just be glad.

Choir: Christ is risen from the dead, by death he has trampled upon death, and to those in the tombs He is bestowing life.

Priest: This is the day which the Lord has made; let us rejoice and be glad in it.

Choir: Christ is risen from the dead, by death he has trampled upon death, and to those in the tombs He is bestowing life.

Priest: Glory to the Father and to the Son and to the Holy Spirit.

Choir: Christ is risen from the dead, by death he has trampled upon death, and to those in the tombs He is bestowing life.

Priest: Both now and for ever, and to the ages of ages. Amen.

Choir: Christ is risen from the dead, by death he has trampled upon death, and to those in the tombs He is bestowing life.

Then the Priest, in a louder voice: Christ is risen from the dead, by death he has trampled upon death...

Choir:...and to those in the tombs He is bestowing life.

ΕΙΡΗΝΙΚΑ	THE LITANY OF PEACE
Ὁ Ἱερεύς· Ἐν εἰρήνῃ τοῦ Κυρίου δεηθῶμεν.	**Priest:** In peace let us pray to the Lord.
Ὁ Χορός· Κύριε ἐλέησον. *(Καὶ μεθ' ἑκάστην δέησιν)*	**Choir:** Lord, have mercy. *(And so after each petition.)*
Ὁ Ἱερεύς· Ὑπὲρ τῆς ἄνωθεν εἰρήνης, καὶ τῆς σωτηρίας τῶν ψυχῶν ἡμῶν, τοῦ Κυρίου δεηθῶμεν.	**Priest:** For the peace from above and the salvation of our souls, let us pray to the Lord.
Ὑπὲρ τῆς εἰρήνης τοῦ σύμπαντος κόσμου, εὐσταθείας τῶν ἁγίων τοῦ Θεοῦ Ἐκκλησιῶν, καὶ τῆς τῶν πάντων ἑνώσεως, τοῦ Κυρίου δεηθῶμεν.	For peace in the whole world, for the stability of the holy churches of God, and for the unity of all, let us pray to the Lord.
Ὑπὲρ τοῦ ἁγίου οἴκου τούτου, καὶ τῶν μετὰ πίστεως, εὐλαβείας καὶ φόβου Θεοῦ εἰσιόντων ἐν αὐτῷ, τοῦ Κυρίου δεηθῶμεν.	For this holy house and for those who enter it with faith, reverence, and the fear of God, let us pray to the Lord.
Ὑπὲρ τοῦ Ἀρχιεπισκόπου ἡμῶν *(τοῦ δεῖνος)*, τοῦ τιμίου πρεσβυτερίου, τῆς ἐν Χριστῷ διακονίας, παντὸς τοῦ κλήρου καὶ τοῦ λαοῦ, τοῦ Κυρίου δεηθῶμεν.	For our Archbishop *(Name)*, for the honored order of presbyters, for the diaconate in Christ, for all the clergy and the people, let us pray to the Lord.
Ὑπὲρ τοῦ εὐσεβοῦς ἡμῶν ἔθνους, πάσης ἀρχῆς καὶ ἐξουσίας ἐν αὐτῷ, τοῦ Κυρίου δεηθῶμεν.	For our country, the president, and all those in public service, let us pray to the Lord.
Ὑπὲρ τῆς ἱερᾶς Μητροπόλεως, ἐνορίας καὶ πόλεως ταύτης, πάσης πόλεως, μονῆς καὶ χώρας, καὶ τῶν πίστει οἰκούντων ἐν αὐταῖς, τοῦ Κυρίου δεηθῶμεν.	For this holy Metropolis and parish, and for this city and every city, monastic community, and land and the faithful who live in them, let us pray to the Lord.
Ὑπὲρ εὐκρασίας ἀέρων, εὐφορίας τῶν καρπῶν τῆς γῆς, καὶ καιρῶν εἰρηνικῶν, τοῦ Κυρίου δεηθῶμεν.	For favorable weather, an abundance of the fruits of the earth, and temperate seasons, let us pray to the Lord.
Ὑπὲρ πλεόντων, ὁδοιπορούντων, νοσούντων, καμνόντων, αἰχμαλώτων, καὶ τῆς σωτηρίας αὐτῶν, τοῦ Κυρίου δεηθῶμεν.	For travelers by land, sea, and air, for the sick, the suffering, the captives, and for their salvation, let us pray to the Lord.

Ὑπὲρ τοῦ ῥυσθῆναι ἡμᾶς ἀπὸ πάσης θλίψεως, ὀργῆς, κινδύνου καὶ ἀνάγκης, τοῦ Κυρίου δεηθῶμεν.

Ἀντιλαβοῦ, σῶσον, ἐλέησον, καὶ διαφύλαξον ἡμᾶς, ὁ Θεός, τῇ σῇ χάριτι.

Ὁ Χορός· Κύριε ἐλέησον.

Ὁ Διάκονος· Τῆς Παναγίας, ἀχράντου, ὑπερευλογημένης, ἐνδόξου Δεσποίνης ἡμῶν Θεοτόκου, καὶ ἀειπαρθένου Μαρίας, μετὰ πάντων τῶν Ἁγίων μνημονεύσαντες, ἑαυτοὺς καὶ ἀλλήλους, καὶ πᾶσαν τὴν ζωὴν ἡμῶν Χριστῷ τῷ Θεῷ παραθώμεθα.

Ὁ Χορός· Σοί, Κύριε.

Ὁ Ἱερεύς·

Ὅτι πρέπει σοι πᾶσα δόξα, τιμὴ καὶ προσκύνησις, τῷ Πατρὶ καὶ τῷ Υἱῷ καὶ τῷ Ἁγίῳ Πνεύματι, νῦν καὶ ἀεὶ καὶ εἰς τοὺς αἰῶνας τῶν αἰώνων.

Ὁ Χορός· Ἀμήν.

ΨΑΛΜΟΣ ΡΜ΄

Κύριε, ἐκέκραξα πρὸς σέ, εἰσάκουσόν μου, εἰσάκουσόν μου Κύριε· Κύριε, ἐκέκραξα πρὸς σέ, εἰσάκουσόν μου· πρόσχες τῇ φωνῇ τῆς δεήσεώς μου, ἐν τῷ κεκραγέναι με πρὸς σέ· εἰσάκουσόν μου, Κύριε.

Κατευθυνθήτω ἡ προσευχή μου, ὡς θυμίαμα ἐνώπιόν σου· ἔπαρσις τῶν χειρῶν μου, θυσία ἑσπερινή, εἰσάκουσόν μου, Κύριε.

Θοῦ, Κύριε, φυλακὴν τῷ στόματί μου, καὶ θύραν περιοχῆς περὶ τὰ χείλη μου.

For our deliverance from all affliction, wrath, danger, and distress, let us pray to the Lord.

Take hold of us, save us, have mercy upon us, and protect us, O God, by Your grace.

Choir: Lord, have mercy.

Priest: Commemorating our most holy, most pure, most blessed and glorified Lady the Theotokos and ever-virgin Mary, together with all the saints, let us commit ourselves and one another and all our life unto Christ our God.

Choir: To You, O Lord.

Priest:

For to You belong all glory, honor, and worship to the Father and the Son and the Holy Spirit, both now and ever and to the ages of ages.

Choir: Amen.

PSALM 140

Lord, I have cried unto You; hear me. Hear me, O Lord. Lord, I have cried unto you; hear me. Attend to the voice of my supplication when I cry unto You; hear me, O Lord.

Let my prayer be set forth as incense before You, the lifting up of my hands as the evening sacrifice; hear me, O Lord.

Set a watch, O Lord, before my mouth and a protecting door about my lips.

Μὴ ἐκκλίνῃς τὴν καρδίαν μου εἰς λόγους πονηρίας, τοῦ προφασίζεσθαι προφάσεις ἐν ἁμαρτίαις.

Σὺν ἀνθρώποις ἐργαζομένοις τὴν ἀνομίαν, καὶ οὐ μὴ συνδυάσω μετὰ τῶν ἐκλεκτῶν αὐτῶν.

Παιδεύσει με δίκαιος, ἐν ἐλέει, καὶ ἐλέγξει με· ἔλαιον δὲ ἁμαρτωλοῦ μὴ λιπανάτω τὴν κεφαλήν μου.

Ὅτι ἔτι καὶ ἡ προσευχή μου ἐν ταῖς εὐδοκίαις αὐτῶν, κατεπόθησαν ἐχόμενα πέτρας οἱ κριταὶ αὐτῶν.

Ἀκούσονται τὰ ῥήματά μου, ὅτι ἡδύνθησαν· ὡσεὶ πάχος γῆς ἐρράγη ἐπὶ τῆς γῆς, διεσκορπίσθη τὰ ὀστᾶ αὐτῶν παρὰ τὸν ᾅδην.

Ὅτι πρὸς Σέ, Κύριε, Κύριε, οἱ ὀφθαλμοί μου· ἐπὶ σοὶ ἤλπισα, μὴ ἀντανέλῃς τὴν ψυχήν μου.

Φύλαξόν με ἀπὸ παγίδος, ἧς συνεστήσαντό μοι, καὶ ἀπὸ σκανδάλων τῶν ἐργαζομένων τὴν ἀνομίαν.

Πεσοῦνται ἐν ἀμφιβλήστρῳ αὐτῶν οἱ ἁμαρτωλοί, κατὰ μόνας εἰμὶ ἐγώ, ἕως ἂν παρέλθω.

ΨΑΛΜΟΣ ΡΜΑ΄

Φωνῇ μου πρὸς Κύριον ἐκέκραξα, φωνῇ μου πρὸς Κύριον ἐδεήθην.

Ἐκχεῶ ἐνώπιον αὐτοῦ τὴν δέησίν μου, τὴν θλῖψίν μου ἐνώπιον αὐτοῦ ἀπαγγελῶ.

Ἐν τῷ ἐκλείπειν ἐξ ἐμοῦ τὸ πνεῦμά μου, καὶ σὺ ἔγνως τὰς τρίβους μου.

Incline not my heart to evil words to make excuses in sins.

With those who work iniquity; and I will not associate with the choicest of them.

Let the righteous man chasten me with mercy and reprove me; as for the oil of the sinner, let it not anoint my head.

For even my prayer is against their good pleasure. Their judges have been swallowed up like a rock.

The shall hear my words, for they are sweet. As a clod of earth is broken on the ground, so their bones are scattered by the side of Hades.

For to You, O Lord, O Lord, are my eyes; I have hoped in You; take not away my soul.

Keep me from the snare which they have laid for me, and from the stumbling blocks of those who work iniquity.

The sinners shall fall into their own net. I am apart from them until I pass away.

PSALM 141

With my voice, to the Lord have I cried; with my voice, to the Lord have I made my supplication.

I shall pour out before Him my supplication; my affliction before Him shall I declare,

As my spirit is departing from within me; and You knew my paths.

Ἐν ὁδῷ ταύτῃ, ᾗ ἐπορευόμην, ἔκρυψαν παγίδα μοι.

Κατενόουν εἰς τὰ δεξιά, καὶ ἐπέβλεπον, καὶ οὐκ ἦν ὁ ἐπιγινώσκων με.

Ἀπώλετο φυγὴ ἀπ' ἐμοῦ, καὶ οὐκ ἔστιν ὁ ἐκζητῶν τὴν ψυχήν μου.

Ἐκέκραξα πρὸς σέ, Κύριε· εἶπα· Σὺ εἶ ἐλπίς μου, μερίς μου εἶ ἐν γῇ ζώντων.

Πρόσχες πρὸς τὴν δέησίν μου, ὅτι ἐταπεινώθην σφόδρα.

Ῥῦσαί με ἐκ τῶν καταδιωκόντων με, ὅτι ἐκραταιώθησαν ὑπὲρ ἐμέ.

Εἰς τό, Κύριε ἐκέκραξα

Στίχους ϛ' καὶ ψάλλομεν Στιχηρὰ Ἀναστάσιμα γ', καὶ Ἀνατολικὰ γ'.

Ἦχος β'.

Ἐὰν ἀνομίας παρατηρήσῃς, Κύριε, Κύριε τίς ὑποστήσεται; ὅτι παρὰ σοὶ ὁ ἱλασμός ἐστιν.

Τὸν πρὸ αἰώνων ἐκ Πατρὸς γεννηθέντα τὸν Θεὸν λόγον σαρκωθέντα, ἐκ Παρθένου Μαρίας, δεῦτε προσκυνήσωμεν, Σταυρὸν γὰρ ὑπομείνας, τῇ ταφῇ παρεδόθη, ὡς αὐτὸς ἠθέλησε, καὶ ἀναστὰς ἐκ νεκρῶν, ἔσωσέ με τὸν πλανώμενον ἄνθρωπον.

Ἕνεκεν τοῦ ὀνόματός σου ὑπέμεινά σε, Κύριε, ὑπέμεινεν ἡ ψυχή μου εἰς τὸν λόγον σου, ἤλπισεν ἡ ψυχή μου ἐπὶ τὸν Κύριον.

Χριστὸς ὁ Σωτὴρ ἡμῶν, τὸ καθ' ἡμῶν χειρόγραφον, προσηλώσας τῷ Σταυρῷ, ἐξήλειψε καὶ τοῦ θανάτου τὸ κράτος κατήργησε, Προσκυνοῦμεν αὐτοῦ, τὴν τριήμερον Ἔγερσιν.

In this way on which I was walking they hid a snare for me.

I looked to my right and beheld, and there was no one that knew me.

There is no escape for me, and no one searching for my soul.

I cried to You, O Lord; I said: You are my hope, You are my portion in the land of the living.

Attend to my supplication; for I have been greatly humbled.

Deliver me from those who pursue me, for they have become stronger than I.

At Lord I have cried

We insert 6 stichera, singing 3 Resurrectional stichera and 3 by Anatolios.

Tone 2.

If you, Lord, should mark iniquities, Lord, who will stand? But there is forgiveness with you.

Come let us worship God the Word, begotten of the Father before the ages, incarnate of the Virgin Mary; for having endured the Cross, he was handed over for burial, as he himself wished, and having risen from the dead he saved me, mankind that had gone astray.

For your name's sake I have waited for you, O Lord. My soul has waited on your word. My soul has hoped in the Lord.

Christ our Saviour by nailing the record against us to the Cross annulled it, and destroyed the might of death. We worship his Rising on the third day.

Ἀπὸ φυλακῆς πρωΐας μέχρι νυκτός, ἀπὸ φυλακῆς πρωΐας, ἐλπισάτω Ἰσραὴλ ἐπὶ τὸν Κύριον.

From the morning watch until night, from the morning watch, let Israel hope in the Lord.

Σὺν Ἀρχαγγέλοις ὑμνήσωμεν, Χριστοῦ τὴν Ἀνάστασιν, αὐτὸς γὰρ λυτρωτής ἐστι καὶ Σωτὴρ τῶν ψυχῶν ἡμῶν, καὶ ἐν δόξῃ φοβερᾷ, καὶ κραταιᾷ δυνάμει, πάλιν ἔρχεται, κρῖναι κόσμον ὃν ἔπλασεν.

With Archangels let us sing the praise of the Resurrection of Christ; for he is the Redeemer and the Saviour of our souls; and with dread glory and mighty power he is coming again to judge the world which he fashioned.

Ὅτι παρὰ τῷ Κυρίῳ τὸ ἔλεος καὶ πολλὴ παρ' αὐτῷ λύτρωσις καὶ αὐτὸς λυτρώσεται τὸν Ἰσραὴλ ἐκ πασῶν τῶν ἀνομιῶν αὐτοῦ.

For with the Lord there is mercy, and with him plentiful redemption, and he will redeem Israel from all his iniquities.

Σὲ τὸν σταυρωθέντα καὶ ταφέντα Ἄγγελος ἐκήρυξε Δεσπότην, καὶ ἔλεγε ταῖς Γυναιξί, Δεῦτε ἴδετε, ὅπου ἔκειτο ὁ Κύριος, ἀνέστη γὰρ καθὼς εἶπεν, ὡς παντοδύναμος, διὸ σὲ προσκυνοῦμεν τὸν μόνον ἀθάνατον, Ζωοδότα Χριστὲ ἐλέησον ἡμᾶς.

An Angel proclaimed you, the crucified and buried Master, and said to the women; 'Come, see where the Lord was lying. For he has risen as he said, as all-powerful'. Therefore we worship you, the only immortal. O Christ, giver of life, have mercy on us.

Αἰνεῖτε τὸν κύριον πάντα τὰ ἔθνη ἐπαινέσατε αὐτὸν πάντες οἱ λαοί.

Praise the Lord, all you nations. Praise him all you peoples.

Ἐν τῷ Σταυρῷ σου κατήργησας, τὴν τοῦ ξύλου κατάραν, ἐν τῇ ταφῇ σου ἐνέκρωσας τοῦ θανάτου τὸ κράτος, ἐν δὲ τῇ ἐγέρσει σου ἐφώτισας τὸ γένος τῶν ἀνθρώπων, διὰ τοῦτό σοι βοῶμεν, Εὐεργέτα Χριστέ, ὁ Θεὸς ἡμῶν δόξα σοι.

By your Cross you destroyed the curse of the tree; by your burial you slew the might of death; by your Rising you enlightened the human race; therefore we cry out to you; 'Benefactor, Christ our God, glory to you!'

Ὅτι ἐκραταιώθη τὸ ἔλεος αὐτοῦ ἐφ' ἡμᾶς, καὶ ἡ ἀλήθεια τοῦ κυρίου μένει εἰς τὸν αἰῶνα.

For his mercy has been mighty towards us, and the truth of the Lord endures to the ages.

Ἠνοίγησάν σοι Κύριε φόβῳ πύλαι θανάτου, πυλωροὶ δὲ ᾅδου ἰδόντες σε ἔπτηξαν, πύλας γὰρ χαλκᾶς συνέτριψας καὶ μοχλοὺς σιδηροῦς συνέθλασας καὶ ἐξήγαγες ἡμᾶς ἐκ σκότους καὶ σκιᾶς θανάτου, καὶ τοὺς δεσμοὺς ἡμῶν διέρρηξας.

The gates of death opened to you Lord, in fear; Hell's gate-keepers shuddered when they saw you; for you smashed the gates of brass, crushed to powder the iron bars, led us out of darkness and the shadow of death and tore our bonds asunder.

Δόξα Πατρί, καὶ Υἱῷ, καὶ Ἁγίῳ Πνεύματι.

Glory to the Father and the Son and the Holy Spirit.

Τὸν σωτήριον ὕμνον ᾄδοντες, ἐκ στομάτων ἀναμέλψωμεν, δεῦτε πάντες

As we sing the hymn of salvation, let this song rise from our lips; 'Come

ἐν οἴκῳ Κυρίου προσπέσωμεν λέγοντες, ὁ ἐπὶ ξύλου σταυρωθείς, καὶ ἐκ νεκρῶν ἀναστὰς καὶ ὢν ἐν κόλποις τοῦ Πατρὸς ἱλάσθητι ταῖς ἁμαρτίαις ἡμῶν.

all in the Lord's house, let us fall down in worship as we say; "You who were crucified on the Tree, rose from the dead and are in the bosom of the Father, have mercy on our sins!"

Θεοτοκίον.

Καὶ νῦν καὶ ἀεί, καὶ εἰς τοὺς αἰῶνας τῶν αἰώνων.

Theotokion.

Both now and ever, and to the ages of ages. Amen.

Παρῆλθεν ἡ σκιὰ τοῦ νόμου τῆς χάριτος ἐλθούσης, ὡς γὰρ ἡ βάτος οὐκ ἐκαίετο καταφλεγομένη, οὕτω Παρθένος ἔτεκες, καὶ Παρθένος ἔμεινας, ἀντὶ στύλου πυρός, δικαιοσύνης ἀνέτειλεν ἥλιος, ἀντὶ Μωϋσέως Χριστός, ἡ σωτηρία τῶν ψυχῶν ἡμῶν.

The shadow of the law has passed now that grace has come, for as the Bush in flames was not consumed, so as a Virgin you bore a Child and remained a Virgin; instead of a pillar of fire the Sun of righteousness has dawned, instead of Moses Christ, the salvation of our souls.

Καὶ λέγει Ὁ ἱερεὺς μυστικῶς τὴν εὐχὴν ταύτην.

And the Priest says this prayer silently.

ΕΥΧΗ ΤΗΣ ΕΙΣΟΔΟΥ

PRAYER OF THE ENTRANCE

Ἑσπέρας καὶ πρωῒ καὶ μεσημβρίας αἰνοῦμεν, εὐλογοῦμεν, εὐχαριστοῦμεν καὶ δεόμεθά σου, Δέσποτα τῶν ἁπάντων, φιλάνθρωπε Κύριε· Κατεύθυνον τὴν προσευχὴν ἡμῶν ὡς θυμίαμα ἐνώπιόν σου καὶ μὴ ἐκκλίνῃς τὰς καρδίας ἡμῶν εἰς λόγους πονηρίας, ἀλλὰ ῥῦσαι ἡμᾶς ἐκ πάντων τῶν θηρευόντων τὰς ψυχὰς ἡμῶν· ὅτι πρὸς σέ, Κύριε Κύριε, οἱ ὀφθαλμοὶ ἡμῶν, καὶ ἐπὶ σοὶ ἠλπίσαμεν· μὴ καταισχύνῃς ἡμᾶς, ὁ Θεὸς ἡμῶν.

At evening, at morning and at midday we praise, bless and give thanks, and we pray to you, Master of all things, Lord who love mankind: Direct our prayer before you like incense, and do not incline our hearts to words or thoughts of evil, but deliver us from all that hunt down our souls. For our eyes look to you, O Lord, our Lord, and we have hoped in you.

Ὅτι πρέπει σοι πᾶσα δόξα, τιμὴ καὶ προσκύνησις, τῷ Πατρὶ καὶ τῷ Υἱῷ καὶ τῷ ἁγίῳ Πνεύματι, νῦν καὶ ἀεὶ καὶ εἰς τοὺς αἰῶνας τῶν αἰώνων. Ἀμήν.

For to you belong all glory, honor and worship, to the Father, the Son and the Holy Spirit, now and for ever, and to the ages of ages. Amen.

Εἴσοδος μετὰ τοῦ Εὐαγγελίου.

Entrance with the Gospel.

Ὁ Διάκονος· Σοφία. Ὀρθοί!

Deacon: Wisdom. Arise!

Φῶς ἱλαρὸν ἁγίας δόξης, ἀθανάτου Πατρός, οὐρανίου, ἁγίου, μάκαρος,

O joyful Light of the holy glory of the immortal, heavenly, holy, blessed

Ἰησοῦ Χριστέ, ἐλθόντες ἐπὶ τὴν ἡλίου δύσιν, ἰδόντες φῶς ἑσπερινόν, ὑμνοῦμεν Πατέρα, Υἱόν, καὶ ἅγιον Πνεῦμα Θεόν. Ἄξιόν σε ἐν πᾶσι καιροῖς, ὑμνεῖσθαι φωναῖς αἰσίαις, Υἱὲ Θεοῦ, ζωὴν ὁ διδούς, Διὸ ὁ κόσμος σὲ δοξάζει.

Father, O Jesus Christ. Now that we have come to the setting of the sun and see the evening light, we sing the praise of God, Father, Son and Holy Spirit. It is right at all times to hymn you with holy voices, Son of God, giver of life. Therefore the world glorifies you.

Ὁ Διάκονος· Ἑσπέρας Προκείμενον.

Deacon: The Evening Prokeimenon.

Μέγα Προκείμενον.
Ἦχος βαρύς. (Ψαλμὸς οστ´)

Great Prokeimenon.
Tone Barys. (Psalm 76)

Τίς Θεὸς μέγας, ὡς ὁ Θεὸς ἡμῶν, σὺ εἶ ὁ Θεός, ὁ ποιῶν θαυμάσια μόνος.

Whose God is so great a God as our God; You are God, who alone work wonders!

Στίχ. Ἐγνώρισας ἐν τοῖς λαοῖς τὴν δύναμίν σου.

Verse 1. *You have made your power known among the peoples.*

Τίς Θεὸς μέγας, ὡς ὁ Θεὸς ἡμῶν, σὺ εἶ ὁ Θεός, ὁ ποιῶν θαυμάσια μόνος.

Whose God is so great a God as our God; You are God, who alone work wonders!

Στίχ. Καὶ εἶπα, Νῦν ἠρξάμην, αὕτη ἡ ἀλλοίωσις τῆς δεξιᾶς τοῦ Ὑψίστου.

Verse 2. *Now I have begun. This change is of the right hand of the Most High.*

Τίς Θεὸς μέγας, ὡς ὁ Θεὸς ἡμῶν, σὺ εἶ ὁ Θεός, ὁ ποιῶν θαυμάσια μόνος.

Whose God is so great a God as our God; You are God, who alone work wonders!

Στίχ. Ἐμνήσθην τῶν ἔργων Κυρίου, ὅτι μνησθήσομαι ἀπὸ τῆς ἀρχῆς τῶν θαυμασίων σου.

Verse 3. *I have remembered the works of the Lord.*

Τίς Θεὸς μέγας, ὡς ὁ Θεὸς ἡμῶν, σὺ εἶ ὁ Θεός, ὁ ποιῶν θαυμάσια μόνος.

Whose God is so great a God as our God; You are God, who alone work wonders!

Ὁ Διάκονος· Καὶ ὑπὲρ τοῦ καταξιωθῆναι ἡμᾶς τῆς ἀκροάσεως τοῦ ἁγίου Εὐαγγελίου Κύριον τὸν Θεὸν ἡμῶν ἱκετεύσωμεν.

Deacon: And that we might be found worthy to hear the holy Gospel, let us pray to the Lord God.

Ὁ Χορός· Κύριε, ἐλέησον. (γ´)

Choir: Lord, have mercy. *(x3)*

Ὁ Διάκονος· Σοφία. Ὀρθοί, ἀκούσωμεν τοῦ ἁγίου Εὐαγγελίου.

Deacon: Wisdom. Arise. Let us hear the holy Gospel.

Ὁ Ἱερεύς· Εἰρήνη πᾶσι.

Priest: Peace to all.

Ὁ Χορός· Καὶ τῷ πνεύματί σου.

Ὁ Ἱερεύς· Ἐκ τοῦ κατὰ Ἰωάννην ἁγίου Εὐαγγελίου τὸ ἀνάγνωσμα.

Ὁ Διάκονος· Πρόσχωμεν.

Ὁ Χορός· Δόξα σοι, Κύριε, δόξα σοι.

Ὁ Ἱερεύς·

(κ´, 19˙25)

Οὔσης ὀψίας τῇ ἡμέρᾳ ἐκείνῃ, τῇ μιᾷ τῶν σαββάτων, καὶ τῶν θυρῶν κεκλεισμένων, ὅπου ἦσαν οἱ μαθηταὶ συνηγμένοι διὰ τὸν φόβον τῶν Ἰουδαίων, ἦλθεν ὁ Ἰησοῦς καὶ ἔστη εἰς τὸ μέσον, καὶ λέγει αὐτοῖς· Εἰρήνη ὑμῖν. Καὶ τοῦτο εἰπὼν ἔδειξεν αὐτοῖς τὰς χεῖρας καὶ τὴν πλευρὰν αὐτοῦ. Ἐχάρησαν οὖν οἱ μαθηταὶ ἰδόντες τὸν Κύριον.

Εἶπεν οὖν αὐτοῖς ὁ Ἰησοῦς πάλιν· Εἰρήνη ὑμῖν. Καθὼς ἀπέσταλκέ με ὁ Πατήρ, κἀγὼ πέμπω ὑμᾶς. Καὶ τοῦτο εἰπὼν ἐνεφύσησε καὶ λέγει αὐτοῖς· Λάβετε Πνεῦμα ἅγιον· ἄν τινων ἀφῆτε τὰς ἁμαρτίας, ἀφίενται αὐτοῖς, ἄν τινων κρατῆτε, κεκράτηνται.

Θωμᾶς δέ, εἷς ἐκ τῶν δώδεκα, ὁ λεγόμενος δίδυμος, οὐκ ἦν μετ᾽ αὐτῶν, ὅτε ἦλθεν ὁ Ἰησοῦς. Ἔλεγον οὖν αὐτῷ οἱ ἄλλοι μαθηταί· Ἑωράκαμεν τὸν Κύριον. Ὁ δὲ εἶπεν αὐτοῖς· Ἐὰν μὴ ἴδω ἐν ταῖς χερσὶν αὐτοῦ τὸν τύπον τῶν ἥλων καὶ βάλω τὸν δάκτυλόν μου εἰς τὸν τύπον τῶν ἥλων καὶ βάλω μου τὴν χεῖρα μου εἰς τὴν πλευρὰν αὐτοῦ, οὐ μὴ πιστεύσω.

Ὁ Χορός· Δόξα σοι, Κύριε, δόξα σοι.

Choir: And to your Spirit.

Priest: The reading is from the holy Gospel according to Matthew.

Deacon: Let us be attentive.

Choir: Glory to you, Lord, glory to you!

Priest:

(20:19-25)

On the evening of that day, the first day of the week, the doors being shut where the disciples were, for fear of the Jews, Jesus came and stood among them and said to them, "Peace be with you." When he had said this, he showed them his hands and his side. Then the disciples were glad when they saw the Lord.

Jesus said to them again, "Peace be with you. As the Father has sent me, even so I send you." And when he had said this, he breathed on them, and said to them, "Receive the Holy Spirit. If you forgive the sins of any, they are forgiven; if you retain the sins of any, they are retained."

Now Thomas, one of the twelve, called the Twin, was not with them when Jesus came. So the other disciples told him, "We have seen the Lord." But he said to them, "Unless I see in his hands the print of the nails, and place my finger in the mark of the nails, and place my hand in his side, I will not believe."

Choir: Glory to you, O Lord, glory to you.

Ὁ Διάκονος λέγει τήν μεγάλην ἐκτενῆ·

Ὁ Διάκονος· Εἴπωμεν πάντες ἐξ ὅλης τῆς ψυχῆς καὶ ἐξ ὅλης τῆς διανοίας ἡμῶν εἴπωμεν.

Ὁ Χορός· Κύριε ἐλέησον.

Ὁ Διάκονος· Κύριε παντοκράτορ ὁ Θεός τῶν πατέρων ἡμῶν, δεόμεθά Σου, ἐπάκουσον καὶ ἐλέησον.

Ὁ Χορός· Κύριε ἐλέησον.

Ὁ Διάκονος· Ἐλέησον ἡμᾶς ὁ Θεὸς κατὰ τὸ μέγα ἔλεός Σου, δεόμεθά Σου, ἐπάκουσον καὶ ἐλέησον.

Ὁ Χορός· Κύριε ἐλέησον. *(γ')* **Καὶ μεθ' ἑκάστην δέησιν.**

Ὁ Διάκονος· Ἔτι δεόμεθα ὑπὲρ τοῦ Ἀρχιεπισκόπου ἡμῶν *(τοῦ δεῖνος)*.

Ἔτι δεόμεθα ὑπὲρ τῶν ἀδελφῶν ἡμῶν, τῶν ἱερέων, ἱερομονάχων, ἱεροδιακόνων καὶ μοναχῶν, καὶ πάσης τῆς ἐν Χριστῷ ἡμῶν ἀδελφότητος.

Ἔτι δεόμεθα ὑπὲρ ἐλέους, ζωῆς, εἰρήνης, ὑγείας, σωτηρίας, ἐπισκέψεως, συγχωρήσεως καὶ ἀφέσεως τῶν ἁμαρτιῶν τῶν δούλων τοῦ Θεοῦ, πάντων τῶν εὐσεβῶν καὶ ὀρθοδόξων χριστιανῶν, τῶν κατοικούντων καὶ παρεπιδημούντων ἐν τῇ πόλει ταύτῃ, τῶν ἐνοριτῶν, ἐπιτρόπων, συνδρομητῶν καὶ ἀφιερωτῶν τοῦ ἁγίου ναοῦ τούτου.

Ἔτι δεόμεθα ὑπὲρ τῶν μακαρίων καὶ ἀοιδίμων κτιτόρων τῆς ἁγίας Ἐκκλησίας ταύτης, καὶ ὑπὲρ πάντων τῶν προαναπαυσαμένων πατέρων καὶ ἀδελφῶν ἡμῶν, τῶν ἐνθάδε εὐσεβῶς, κειμένων, καὶ ἁπανταχοῦ ὀρθοδόξων.

The Deacon says the Great Ektenia:

Deacon: Let us all say, with all our soul and with all our mind, let us say.

Choir: Lord, have mercy.

Deacon: Lord almighty, the God of our fathers, we pray you, hear and have mercy.

Choir: Lord, have mercy.

Deacon: Have mercy on us, O God, according to your great mercy, we pray you, hear and have mercy.

Choir: Lord, have mercy. *(x3)* **And so after the remaining petitions.**

Deacon: Also we pray for our Archbishop N.

Again we pray for our brothers and sisters, the priests, hieromonks, hierodeacons, all monastics and all of our brotherhood in Christ.

Also we pray for mercy, life, peace, health, salvation, visitation, forgiveness and remission of sins for the servants of God, all pious and Orthodox Christians, those who dwell in or visit this city and parish, the members of this parish, the parish council, those who give help and those who have dedicated gifts in this holy temple.

Also we pray for the blessed and ever-remembered founders of this holy church, and for all our brethren who have gone to their rest before us, and who lie asleep here in the true faith; and for the Orthodox everywhere.

Ἔτι δεόμεθα ὑπέρ τῶν καρποφορούντων καὶ καλλιεργούντων ἐν τῷ ἁγίῳ καὶ πανσέπτῳ ναῷ τούτῳ, κοπιώντων, ψαλλόντων καὶ ὑπέρ τοῦ περιεστῶτος λαοῦ, τοῦ ἀπεκδεχομένου τὸ παρὰ Σοῦ μέγα καὶ πλούσιον ἔλεος.

Ὁ Ἱερεὺς τὴν Ἐκφώνησιν·

Ὅτι ἐλεήμων καὶ φιλάνθρωπος Θεὸς ὑπάρχεις, καὶ σοὶ τὴν δόξαν ἀναπέμπομεν, τῷ Πατρὶ καὶ τῷ Υἱῷ καὶ τῷ Ἁγίῳ Πνεύματι, νῦν καὶ ἀεὶ καὶ εἰς τοὺς αἰῶνας τῶν αἰώνων.

Ὁ Χορός· Ἀμήν.

Ὁ Ἀναγνώστης·

Καταξίωσον, Κύριε, ἐν τῇ ἑσπέρᾳ ταύτῃ, ἀναμαρτήτους φυλαχθῆναι ἡμᾶς. Εὐλογητὸς εἶ, Κύριε, ὁ Θεὸς τῶν Πατέρων ἡμῶν, καὶ αἰνετὸν καὶ δεδοξασμένον τὸ ὄνομά σου εἰς τοὺς αἰῶνας. Ἀμήν. Γένοιτο, Κύριε, τὸ ἔλεός σου ἐφ' ἡμᾶς, καθάπερ ἠλπίσαμεν ἐπὶ σέ. Εὐλογητὸς εἶ, Κύριε. δίδαξόν με τὰ δικαιώματά σου. Εὐλογητὸς εἶ, Δέσποτα, συνέτισον με τὰ δικαιώματά σου. Εὐλογητὸς εἶ, Ἅγιε, φώτισόν με τοῖς δικαιώμασί σου. Κύριε, τὸ ἔλεός σου εἰς τὸν αἰῶνα, τὰ ἔργα τῶν χειρῶν σου μὴ παρίδῃς. Σοὶ πρέπει αἶνος, σοὶ πρέπει ὕμνος, σοὶ δόξα πρέπει, τῷ Πατρὶ καὶ τῷ Υἱῷ καὶ τῷ Ἁγίῳ Πνεύματι, νῦν καὶ ἀεὶ καὶ εἰς τοὺς αἰῶνας των αἰώνων. Ἀμήν.

ΤΑ ΠΛΗΡΩΤΙΚΑ

Ὁ Διάκονος· Πληρώσωμεν τὴν δέησιν ἡμῶν τῷ Κυρίῳ.

Ὁ Χορός· Κύριε ἐλέησον. (Καὶ μεθ' ἑκάστην δέησιν)

Also we pray for those who strive and bring forth the fruit of good works in this holy and venerable temple, for those who serve, for those who sing, and for the people here present, who await your great and rich mercy.

The Priest Exclaims:

For you, O God, are merciful, and love mankind, and to you we give glory, to the Father, the Son and the Holy Spirit, now and for ever, and to the ages of ages.

Choir: Amen.

Reader:

Grant, Lord, to keep us this evening without sin. Blessed are you, Lord, the God of our fathers, and praised and glorified is your name to the ages. Amen. Let your mercy, Lord be upon us, as we have hoped in you. Blessed are you, Lord: teach me your statutes. Blessed are you, Master: make me understand your statutes. Blessed are you, Holy One: enlighten me with your statutes. Lord, your mercy is for ever; do not scorn the work of your hands. To you praise is due, to you song is due, to you glory is due, to the Father, and to the Son, and to the Holy Spirit, now and for ever, and to the ages of ages. Amen.

LITANY OF COMPLETION

Deacon: Let us complete our prayer to the Lord.

Choir: Lord have mercy. (And so after each petition.)

Ἀντιλαβοῦ, σῶσον, ἐλέησον, καὶ διαφύλαξον ἡμᾶς, ὁ Θεός, τῇ σῇ χάριτι.

Take hold of us, save us, have mercy upon us, and protect us, O God, by Your grace.

Ὁ Χορὸς· Κύριε ἐλέησον.

Choir: Lord have mercy.

Τὴν ἡμέραν πᾶσαν, τελείαν, ἁγίαν, εἰρηνικὴν καὶ ἀναμάρτητον, παρὰ τοῦ Κυρίου αἰτησώμεθα.

That the whole day may be perfect, holy, peaceful and sinless, let us ask the Lord.

Ὁ Χορός· Παράσχου Κύριε, *(καὶ εἰς ὅλας τὰς δεήσεις ταύτας.)*

Choir: Grant this, O Lord., *(and this in the remaining petitions.)*

Ἄγγελον εἰρήνης, πιστὸν ὁδηγόν, φύλακα τῶν ψυχῶν καὶ τῶν σωμάτων ἡμῶν, παρὰ τοῦ Κυρίου αἰτησώμεθα.

An angel of peace, a faithful guide, a guardian of our souls and bodies, let us ask of the Lord.

Συγγνώμην καὶ ἄφεσιν τῶν ἁμαρτιῶν καὶ τῶν πλημμελημάτων ἡμῶν, παρὰ τοῦ Κυρίου αἰτησώμεθα.

Pardon and forgiveness of our sins and offences, let us ask of the Lord.

Τὰ καλὰ καὶ συμφέροντα ταῖς ψυχαῖς ἡμῶν, καὶ εἰρήνην τῷ κόσμῳ, παρὰ τοῦ Κυρίου αἰτησώμεθα.

Those things which are good and profitable for our souls, and peace for the world, let us ask of the Lord.

Τὸν ὑπόλοιπον χρόνον τῆς ζωῆς ἡμῶν, ἐν εἰρήνῃ καὶ μετανοίᾳ ἐκτελέσαι, παρὰ τοῦ Κυρίου αἰτησώμεθα.

That we may live out the rest of our days in peace and repentance, let us ask of the Lord.

Χριστιανὰ τὰ τέλη τῆς ζωῆς ἡμῶν, ἀνώδυνα, ἀνεπαίσχυντα, εἰρηνικά, καὶ καλὴν ἀπολογίαν τὴν ἐπὶ τοῦ φοβεροῦ βήματος τοῦ Χριστοῦ, αἰτησώμεθα.

A Christian end to our life, painless, unashamed and peaceful, and a good defence before the fearful judgement seat of Christ, let us ask.

Τῆς Παναγίας, ἀχράντου, ὑπερευλογημένης, ἐνδόξου Δεσποίνης ἡμῶν Θεοτόκου, καὶ ἀειπαρθένου Μαρίας μετὰ πάντων τῶν Ἁγίων μνημονεύσαντες, ἑαυτοὺς καὶ ἀλλήλους, καὶ πᾶσαν τὴν ζωὴν ἡμῶν Χριστῷ τῷ Θεῷ παραθώμεθα.

Commemorating our most holy, most pure, most blessed and glorified Lady the Theotokos and ever-virgin Mary, together with all the saints, let us commit ourselves and one another and all our life unto Christ our God.

Ὁ Χορὸς· Σοί, Κύριε.

Choir: To you, O Lord.

Ὁ Ἱερεὺς τὴν Ἐκφώνησιν·

The Priest, aloud:

Ὅτι ἀγαθὸς καὶ φιλάνθρωπος Θεὸς ὑπάρχεις, καὶ σοὶ τὴν δόξαν ἀναπέμπομεν,

Through the compassion of your only-begotten Son, with whom you

τῷ Πατρί, καὶ τῷ Υἱῷ, καὶ τῷ ἁγίῳ Πνεύματι, νῦν καὶ ἀεὶ καὶ εἰς τοὺς αἰῶνας τῶν αἰώνων.

Ὁ Χορός· Ἀμήν.

Ὁ Ἱερεύς· Εἰρήνη πᾶσι.

Ὁ Χορός· Καὶ τῷ πνεύματί σου.

Ὁ Διάκονος· Τὰς κεφαλὰς ἡμῶν τῷ Κυρίῳ κλίνωμεν.

Ὁ Χορός· Σοί, Κύριε.

Καὶ πάντων κλινόντων τὰς κεφαλάς,
Ὁ Ἱερεὺς λέγει σιγαλῶς τὴν Εὐχήν.

ΕΥΧΗ ΤΗΣ ΚΕΦΑΛΟΚΛΙΣΑΣ

Κύριε, ὁ Θεὸς ἡμῶν, ὁ κλίνας οὐρανούς, καὶ καταβὰς ἐπὶ σωτηρίᾳ τοῦ γένους τῶν ἀνθρώπων, ἔπιδε ἐπὶ τοὺς δούλους σου καὶ ἐπὶ τὴν κληρονομίαν σου. Σοὶ γάρ, τῷ φοβερῷ καὶ φιλανθρώπῳ Κριτῇ, οἱ σοὶ δοῦλοι ὑπέκλιναν τὰς κεφαλάς, τοὺς δὲ αὐτῶν ὑπέταξαν αὐχένας, οὐ τὴν ἐξ ἀνθρώπων ἀναμένοντες βοήθειαν, ἀλλὰ τὸ σὸν περιμένοντες ἔλεος, καὶ τὴν σὴν ἀπεκδεχόμενοι σωτηρίαν· οὓς διαφύλαξον ἐν παντὶ καιρῷ καὶ κατὰ τὴν παροῦσαν ἑσπέραν καὶ τὴν προσιοῦσαν νύκτα, ἀπὸ παντὸς ἐχθροῦ, ἀπὸ πάσης ἀντικειμένης ἐνεργείας διαβολικῆς, καὶ διαλογισμῶν ματαίων καὶ ἐνθυμήσεων πονηρῶν.

Ὁ Ἱερεὺς ἐκφώνως·

Εἴη τὸ κράτος τῆς Βασιλείας σου εὐλογημένον, καὶ δεδοξασμένον, τοῦ Πατρός, καὶ τοῦ Υἱοῦ, καὶ τοῦ ἁγίου Πνεύματος, νῦν καὶ ἀεὶ καὶ εἰς τοὺς αἰῶνας τῶν αἰώνων.

---

are blessed, together with your all-holy, good and life-giving Spirit, now and for ever, and to the ages of ages.

Choir: Amen.

Priest: Peace be to all.

Choir: And to your spirit.

Deacon: Let us bow our heads unto the Lord.

Choir: To you, O Lord.

And as everyone bows their head,
the Priest reads the prayer quietly.

THE PRAYER OF THE BOWING OF THE HEADS

Lord our God, who bowed the heavens and came down for the salvation of the human race, look upon your servants and upon your inheritance, for to you, the fearful Judge who love mankind, your servants have bowed their heads and inclined their necks, not waiting for any human help, but awaiting your mercy and looking for your salvation. Guard them at every moment, during both the present evening and the approaching night, from every foe, from every hostile operation of the devil and from vain thoughts and evil desires.

The Priest exclaims:

Blessed and glorified be the might of your kingdom, of the Father and of the Son and of the holy Spirit, now and for ever, and to the ages of ages.

THE APOSTICHA

After the exclamation the Aposticha is sung.

Tone 2.

Your Resurrection, O Christ Saviour, has enlightened the whole inhabited world; and you have called back your own creation. All-powerful Lord, glory to you!

Then the Stichera of Pascha with verses.

Tone Pl. 1.

Verse. *Let God arise and let His enemies be scattered and let those who hate Him flee before His face.*

Today the sacred Pascha is revealed to us. The new and holy Pascha the mystical Pascha. The all venerable Pascha. The Pascha which Christ the Redeemer. The spotless Pascha. The Great Pascha. The Pascha of the faithful. The Pascha which has opened unto us the gates of Paradise. The Pascha which sanctifies all faithful.

Verse. *As smoke vanishes so let them vanish as wax melts before the fire.*

Hasten from that vision O women bearers of good news and say unto Zion receive from us the tiding of joy of the Resurrection of Christ. Dance and celebrate and rejoice now O Jerusalem. For you beheld Christ your King as a bridegroom coming forth from the tomb.

Verse. *Let the sinners perish before the face of God but let the righteous rejoice.*

When the Myrrh bearing women very early in the morning came

Ζωοδότου, εὗρον Ἄγγελον, ἐπὶ τὸν λίθον καθήμενον, καὶ αὐτὸς προσφθεγξάμενος, αὐταῖς οὕτως ἔλεγε. Τί ζητεῖτε τὸν ζῶντα μετὰ τῶν νεκρῶν; τί θρηνεῖτε τὸν ἄφθαρτον ὡς ἐν φθορᾷ; ἀπελθοῦσαι κηρύξατε, τοῖς αὐτοῦ Μαθηταῖς.

Στιχ. *Αὕτη ἡ ἡμέρα, ἣν ἐποίησεν ὁ Κύριος, ἀγαλλιασώμεθα, καὶ εὐφρανθῶμεν ἐν αὐτῇ.*

Πάσχα τὸ τερπνόν, Πάσχα Κυρίου, Πάσχα, Πάσχα πανσεβάσμιον ἡμῖν ἀνέτειλε, Πάσχα, ἐν χαρᾷ ἀλλήλους περιπτυξώμεθα, ὦ Πάσχα λύτρον λύπης, καὶ γὰρ ἐκ τάφου σήμερον ὥσπερ ἐκ παστοῦ, ἐκλάμψας Χριστός, τὰ γύναια χαρᾶς ἔπλησε λέγων, κηρύξατε Ἀποστόλοις.

Δόξα Πατρί, καὶ Υἱῷ, καὶ Ἁγίῳ Πνεύματι, καὶ νῦν καὶ ἀεί, καὶ εἰς τοὺς αἰῶνας τῶν αἰώνων. Ἀμήν.

Ἀναστάσεως ἡμέρα, καὶ λαμπρυνθῶμεν τῇ πανηγύρει, καὶ ἀλλήλους περιπτυξώμεθα, Εἴπωμεν ἀδελφοί, καὶ τοῖς μισοῦσιν ἡμᾶς, Συγχωρήσωμεν πάντα τῇ Ἀναστάσει, καὶ οὕτω βοήσωμεν· Χριστὸς ἀνέστη ἐκ νεκρῶν, θανάτῳ θάνατον πατήσας, καὶ τοῖς ἐν τοῖς μνήμασι, ζωὴν χαρισάμενος.

Χριστὸς ἀνέστη ἐκ νεκρῶν, θανάτῳ θάνατον πατήσας, καὶ τοῖς ἐν τοῖς μνήμασι, ζωὴν χαρισάμενος. (γ´)

Ὁ Ἱερεὺς ποιεῖ τὴν ἀπόλυσιν.

Ὁ Διάκονος· Σοφία.

and stood before the tomb of the Life Giver, they found an angel sitting upon the stone. And he cried out these words to them saying: "Why do you seek the Living among the dead? Why do you mourn the incorruptible among those subject to decay? But go and proclaim the good news unto His disciples!"

Verse. *This is day which the Lord has made, let us rejoice and be glad in it.*

The Pascha of delight, Pascha the Lord's Pascha. The all venerable Pascha has dawned for us today. Let us embrace each other with joy for it is Pascha. O Pascha delivered from sorrow. For Christ has shone forth today from the tomb as from a bridal chamber and filled the women with joy saying: "Proclaim this unto My Apostles."

Glory to the Father and to the Son, and to the Holy Spirit, both now and ever, and to the ages of ages. Amen.

This is the day of resurrection let us be radiant in the festival let us embrace one another. Let us call brothers even those who hate us and forgive all things in the resurrection. And therefore let us proclaim: Christ is risen from the dead, by death he has trampled upon death, and to those in the tombs He is bestowing life.

Christ is risen from the dead, by death he has trampled upon death, and to those in the tombs He is bestowing life. (x3)

The Priest makes the dismissal.

Deacon: Wisdom.

Ὁ Ἱερεύς· Ὁ ὢν εὐλογητὸς Χριστὸς ὁ Θεὸς ἡμῶν πάντοτε, νῦν καὶ ἀεὶ καὶ εἰς τοὺς αἰῶνας τῶν αἰώνων.

Ὁ Χορὸς· Ἀμήν.

Ὁ Ἀναγνώστης·

Στερεώσαι Κύριος ὁ Θεὸς τὴν ἁγίαν καὶ ἀμώμητον πίστιν τῶν εὐσεβῶν καὶ ὀρθοδόξων Χριστιανῶν σὺν τῇ ἁγίᾳ αὐτοῦ ἐκκλησίᾳ καὶ τῇ πόλει ταύτῃ εἰς αἰῶνας αἰώνων.

Ὁ Χορὸς· Ἀμήν.

Ὁ Ἱερεύς· Ὑπεραγία Θεοτόκε, σῶσον ἡμᾶς.

Ὁ Ἀναγνώστης λέγει·

Φωτίζου, φωτίζου, ἡ νέα Ἱερουσαλήμ· ἡ γὰρ δόξα Κυρίου ἐπὶ σὲ ἀνέτειλε. Χόρευε νῦν καὶ ἀγάλλου, Σιών· σὺ δὲ, ἁγνή, τέρπου, Θεοτόκε, ἐν τῇ ἐγέρσει τοῦ τόκου σου.

Ὁ Ἱερεύς· Χριστὸς ἀνέστη ἐκ νεκρῶν, θανάτῳ θάνατον πατήσας...

Ὁ Χορὸς· ...καὶ τοῖς ἐν τοῖς μνήμασι, ζωὴν χαρισάμενος.

Ὁ Ἱερεύς· Δόξα σοι ὁ Θεός, ἡ ἐλπὶς ἡμῶν, δόξα σοι.

Ὁ Ἀναγνώστης· Δόξα Πατρὶ καὶ Υἱῷ καὶ Ἁγίῳ Πνεύματι, καὶ νῦν καὶ ἀεὶ καὶ εἰς τοὺς αἰῶνας τῶν αἰώνων, Ἀμήν. Κύριε ἐλέησον (γ΄). Πάτερ ἅγιε, εὐλόγησον.

Χριστὸς ὁ ἀληθινὸς Θεὸς ἡμῶν, ὁ ἀναστὰς ἐκ νεκρῶν, ταῖς πρεσβείαις τῆς παναχράντου καὶ παναμώμου ἁγίας αὐτοῦ Μητρός· δυνάμει τοῦ τιμίου καὶ ζωοποιοῦ Σταυροῦ· προστασίαις τῶν τιμίων ἐπουρανίων Δυνάμεων Ἀσωμάτων·

Priest: Blessed is he who is Christ our God, always now and forever, and to the ages of ages.

Choir: Amen.

Reader:

May the Lord God strengthen the holy and pure faith of devout and orthodox Christians, with his holy Church and this city, unto ages of ages.

Choir: Amen.

Priest: Most Holy Theotokos, save us.

The Reader says:

Shine, shine O New Jerusalem for the glory of the Lord has risen upon you; dance now and be glad Zion and do you exult O pure Theotokos in the arising of Him Whom you did bear.

Priest: Christ is risen from the dead, by death he has trampled upon death...

Choir: ...and to those in the tombs He is bestowing life.

Priest: Glory to You, O God, our hope, glory to you.

Reader: Glory to the Father, and the Son and the Holy Spirit, both now and ever and to the ages of ages. Amen. Lord have mercy (*x3*). Holy Father, bless.

May Christ our true God who rose from the dead, as a good, loving, and merciful God, have mercy upon us and save us, through the intercessions of His most pure and holy Mother; the power of the precious and life giving

ἱκεσίαις τοῦ τιμίου, ἐνδόξου, Προφήτου, Προδρόμου καὶ Βαπτιστοῦ Ἰωάννου· τῶν ἁγίων ἐνδόξων καὶ πανευφήμων Ἀποστόλων· τῶν ἁγίων ἐνδόξων καὶ καλλινίκων μαρτύρων· τῶν ὁσίων καὶ θεοφόρων Πατέρων ἡμῶν, τοῦ ἁγίου *(τοῦ Ναοῦ)*, τῶν ἁγίων καὶ δικαίων Θεοπατόρων Ἰωακεὶμ καὶ Ἄννης, καὶ πάντων τῶν Ἁγίων, ἐλεήσαι καὶ σώσαι ἡμᾶς, ὡς ἀγαθὸς καὶ φιλάνθρωπος καὶ ἐλεήμων Θεός.

Ὁ Ἱερεύς· Χριστὸς ἀνέστη!

Ὁ δὲ λαὸς ἀποκρίνεται· Ἀληθῶς ἀνέστη!

Ταῦτα λέγονται ἐκ τρίτου.

Ὁ Ἱερεύς· Δόξα τῇ αὐτοῦ τριημέρῳ ἐγέρσει!

Ὁ Λαός· Προσκυνοῦμεν αὐτοῦ τὴν τριήμερον ἔγερσιν!

Ὁ Ἱερεύς· Χριστὸς ἀνέστη ἐκ νεκρῶν, θανάτῳ θάνατον πατήσας καὶ τοῖς ἐν τοῖς μνήμασι, ζωὴν χαρισάμενος.

Ὁ Χορός· Ἀληθῶς ἀνέστη ὁ Κύριος.

Cross; the protection of the honorable, bodiless powers of heaven, the supplications of the honorable, glorious prophet and forerunner John the Baptist; the holy, glorious and praiseworthy apostles; the holy, glorious and triumphant martyrs; our holy and God-bearing Fathers *(name of the church)*; the holy and righteous ancestors Joachim and Anna; and all the saints.

Priest: Christ is Risen!

The People respond: Ἀληθῶς ἀνέστη.

This is said three times.

Priest: Glory to His third day resurrection!

People: We worship His third day resurrection!

Priest: Christ is risen from the dead, by death he has trampled upon death, and to those in the tombs He is bestowing life.

Choir: Truly the Lord is risen!

GOSPEL READING IN OTHER LANGUAGES

LATIN

Cum esset ergo sero die illo una sabbatorum et fores essent clausae ubi erant discipuli propter metum Iudaeorum venit Iesus et stetit in medio et dicit eis pax vobis. Et hoc cum dixisset ostendit eis manus et latus gavisi sunt ergo discipuli viso Domino. STOP

Dixit ergo eis iterum pax vobis sicut misit me Pater et ego mitto vos. Hoc cum dixisset insuflavit et dicit eis accipite Spiritum Sanctum. Quorum remiseritis peccata remittuntur eis quorum retinueritis detenta sunt. STOP

Thomas autem unus ex duodecim qui dicitur Didymus non erat cum eis quando venit Iesus. Dixerunt ergo ei alii discipuli vidimus Dominum ille autem dixit eis nisi videro in manibus eius figuram clavorum et mittam digitum meum in locum clavorum et mittam manum meam in latus eius non credam.

CHURCH SLAVONIC

Сꙋщꙋ же по́здѣ въ де́нь то́й во є҆ди́нꙋ ѿ сꙋббѡ́тъ, и҆ две́ремъ затворе́ннымъ, и҆дѣ́же бѣ́хꙋ ѹ҆чн҃цы̀ (є҆гѡ̀) со́брани, стра́ха ра́ди і҆ꙋде́йска, прїи́де і҆и҃съ и҆ ста̀ посредѣ̀ и҆ гл҃а и҆̀мъ: ми́ръ ва́мъ. И҆ сїѐ ре́къ, показа̀ и҆̀мъ рꙋ́цѣ (и҆ но́зѣ) и҆ ре́бра своѧ̑. Возра́довашасѧ ѹ҆̀бо ѹ҆чн҃цы̀, ви́дѣвше гд҃а. STOP

Рече́ же и҆̀мъ і҆и҃съ па́ки: ми́ръ ва́мъ: ꙗ҆́коже посла́ мѧ ѻ҆ц҃ъ, и҆ а҆́зъ посыла́ю вы̀. И҆ сїѐ ре́къ, дꙋ́нꙋ и҆ гл҃а и҆̀мъ: прїими́те дх҃ъ ст҃ъ: и҆̀мже ѿпꙋ́стите грѣхѝ, ѿпꙋ́стѧтсѧ и҆̀мъ: и҆ и҆̀мже держитѐ, держа́тсѧ. STOP

Ѳѡма́ же, є҆ди́нъ ѿ ѻ҆боюна́десѧте, глаго́лемый близне́цъ, не бѣ̀ (тꙋ̀) съ ни́ми, є҆гда̀ прїи́де і҆и҃съ. Глаго́лахꙋ же є҆мꙋ̀ дрꙋзі́и ѹ҆чн҃цы̀: ви́дѣхомъ гд҃а. Ѻ҆́нъ же рече́ и҆̀мъ: а҆́ще не ви́жꙋ на рꙋкꙋ̀ є҆гѡ̀ ꙗ҆́звы гвозди́нныѧ, и҆ вложꙋ̀ пе́рста моегѡ̀ въ ꙗ҆́звы гвозди́нныѧ, и҆ вложꙋ̀ рꙋ́кꙋ мою̀ въ ре́бра є҆гѡ̀, не и҆́мꙋ вѣ́ры.

RUSSIAN

В тот же первый день недели вечером, когда двери [дома], где собирались ученики Его, были заперты из опасения от Иудеев, пришел Иисус, и стал посреди, и говорит им: мир вам! Сказав это, Он показал им руки и ноги и ребра Свои. Ученики обрадовались, увидев Господа. STOP

Иисус же сказал им вторично: мир вам! как послал Меня Отец, [так] и Я посылаю вас. Сказав это, дунул, и говорит им: примите Духа Святаго. Кому простите грехи, тому простятся; на ком оставите, на том останутся. STOP

Фома же, один из двенадцати, называемый Близнец, не был тут с ними, когда приходил Иисус. Другие ученики сказали ему: мы видели Господа. Но он сказал им: если не увижу на руках Его ран от гвоздей, и не вложу перста моего в раны от гвоздей, и не вложу руки моей в ребра Его, не поверю.

ARABIC

وَلَمَّا حَلَّ مَسَاءُ ذَلِكَ الْيَوْمِ، وَهُوَ الْيَوْمُ الْأَوَّلُ مِنَ الْأُسْبُوعِ، كَانَ التَّلَامِيذُ مُجْتَمِعِينَ فِي بَيْتٍ أَغْلَقُوا أَبْوَابَهُ خَوْفاً مِنَ الْيَهُودِ، وَإِذَا يَسُوعُ يَحْضُرُ وَسْطَهُمْ قَائِلاً «سَلَامٌ لَكُمْ» وَإِذْ قَالَ هَذَا، أَرَاهُمْ يَدَيْهِ وَجَنْبَهُ، فَفَرِحَ التَّلَامِيذُ إِذْ أَبْصَرُوا الرَّبَّ †
فَقَالَ لَهُمْ يَسُوعُ: «سَلَامٌ لَكُمْ. كَمَا أَنَّ الْأَبَ أَرْسَلَنِي، أُرْسِلُكُمْ أَنَا»
قَالَ هَذَا وَنَفَخَ فِيهِمْ وَقَالَ لَهُمْ «اقْبَلُوا الرُّوحَ الْقُدُسَ
مَنْ غَفَرْتُمْ خَطَايَاهُمْ غُفِرَتْ لَهُمْ، وَمَنْ أَمْسَكْتُمْ خَطَايَاهُمْ، أُمْسِكَتْ †
وَلَكِنَّ تُومَا، أَحَدَ التَّلَامِيذِ الِاثْنَيْ عَشَرَ، وَهُوَ الْمَعْرُوفُ بِالتَّوْأَمِ، لَمْ يَكُنْ مَعَ التَّلَامِيذِ، حِينَ حَضَرَ يَسُوعُ
فَقَالَ لَهُ التَّلَامِيذُ الْآخَرُونَ «إِنَّنَا رَأَيْنَا الرَّبَّ» فَأَجَابَ «إِنْ كُنْتُ لَا أَرَى أَثَرَ الْمَسَامِيرِ فِي يَدَيْهِ، وَأَضَعْ إِصْبِعِي فِي مَكَانِ الْمَسَامِيرِ، وَأَضَعْ يَدِي فِي جَنْبِهِ، فَلَا أُومِنْ †

GEORGIAN

და ვითარცა შემწუხრდა დღე იგი ერთშაბათისაჲ მის, და კარნი იგი დაჴშულ იყვნეს, სადა-იგი იყვნეს მოწაფენი შეკრებულ შიშისათჳს ჰურიათაჲსა, მოვიდა იესუ და დადგა შორის მათსა და ჰრქუა მათ: მშჳდობაჲ თქუენ თანა! და ვითარცა ესე თქუა, უჩუენა მათ ჴელნი თჳსნი და გუერდი მისი. და განიხარეს მოწაფეთა, იხილეს რაჲ უფალი. STOP

ჰრქუა მათ იესუ კუალად: მშჳდობაჲ თქუენ თანა! ვითარცა მომავლინა მე მამამან, მეცა წარგავლინებ თქუენ. და ვითარცა ესე თქუა შეჰბერა მათ და რქუა: მიიღეთ სული წმიდაჲ. უკუეთუ ვიეთნიმე მიუტევნეთ ცოდვანი, მიეტევნენ მათ; და უკუეთუ ვიეთნიმე შეიპყრნეთ, შეპყრობილ იყვნენ. STOP

ხოლო თომა, ერთი იგი ათორმეტთაგანნი, რომელსა ერქუა მარჩბივ, არა იყო მათ თანა, ოდესიგი მოვიდა იესუ. უთხრობდეს მას სხუანი იგი მოწაფენი, ვითარმედ: ვიხილეთ ჩუენ უფალი. ხოლო მან ჰრქუა მათ: უკუეთუ არა ვიხილო ჴელთა მისთა სახჱ იგი სამსჭუალთაჲ და დავსხნე თითნი ჩემნი ადგილსა მას სამსჭუალთასა და დავსდვა ჴელი ჩემი გუერდსა მისსა, არასადა მრწმენეს.

COPTIC

ⲚⲈ ⲢⲞⲨϨⲒ ⲆⲈ ⲠⲈ ⲘⲠⲒⲈϨⲞⲞⲨ ⲈⲦⲈⲘⲘⲀⲨ ⲘⲪⲞⲨⲀⲒ ⲚⲚⲒⲤⲀⲂⲂⲀⲦⲞⲚ ⲞⲨⲞϨ ⲈⲢⲈ ⲚⲒⲢⲰⲞⲨ ϢⲞⲦⲈⲘ ⲚⲦⲈ ⲠⲒⲘⲀ ⲈⲚⲀⲢⲈ ⲚⲒⲘⲀⲐⲎ

ΤΗC ⲐⲞⲨⲎⲦ `ⲚⲔⲎⲦⲨ ⲈⲐⲂⲈ `ⲦϨⲞ† `ⲚⲦⲈ
ⲚⲒⲒⲞⲨⲆⲀⲒ ⲀϤ`ⲒⲆⲈ `ⲚϪⲈ Ī̄H̄C̄ ⲀϤⲞϨⲒ `ⲈⲢⲀⲦϤ
ϦⲈⲚ ⲦⲞⲨⲘⲎ† ⲠⲈϪⲀϤ ⲚⲰⲞⲨ ϪⲈ `ⲦϨⲒⲢⲎⲚⲎ
ⲚⲰⲦⲈⲚ. ⲞⲨⲞϨ ⲪⲀⲒ ⲈⲦⲀϤϪⲞϤ ⲀϤⲦⲀⲘⲰⲞⲨ
`ⲈⲚⲈϤϪⲒϪ ⲚⲈⲘ ⲠⲈϤ`ⲤⲪⲒⲢ ⲀⲨⲢⲀϢⲒ ⲞⲨⲚ
`ⲚϪⲈ ⲚⲒⲘⲀⲐⲎⲦⲎⲤ ⲈⲦⲀⲨⲚⲀⲨ `ⲈⲠⲞ̄C̄. STOP

ⲞⲨⲞϨ ⲠⲈϪⲀϤ ⲚⲰⲞⲨ ⲞⲚ ϪⲈ `ⲦϨⲒⲢⲎ ⲚⲎ
ⲚⲰⲦⲈⲚ ⲔⲀⲦⲀ`ⲪⲢⲎ† ⲈⲦⲀϤⲦⲀⲞⲨⲞⲒ `ⲚϪⲈ
ⲠⲀⲒⲰⲦ `ⲀⲚⲞⲔ ϨⲰ †ⲞⲨⲰⲢⲠ `ⲘⲘⲰⲦⲈⲚ.

ⲞⲨⲞϨ ⲪⲀⲒ ⲈⲦⲀϤϪⲞϤ ⲀϤⲚⲒϤⲒ `ⲈϦⲞⲨⲚ ϦⲈⲚ
ⲠⲞⲨϨⲞ ⲞⲨⲞϨ ⲠⲈϪⲀϤ ⲚⲰⲞⲨ ϪⲈ ϬⲒ ⲚⲰⲦⲈⲚ
`ⲚⲞⲨⲠ̄Ñ̄Ā̄ ⲈϤⲞⲨⲀⲂ.   ⲚⲎⲈⲦⲈⲦⲈⲚⲚⲀⲬⲀ
ⲚⲞⲨⲚⲞⲂⲒ ⲚⲰⲞⲨ `ⲈⲂⲞⲖ ⲤⲈⲬⲎ ⲚⲰⲞⲨ `ⲈⲂⲞⲖ
ⲞⲨⲞϨ   ⲚⲎⲈⲦⲈⲦⲈⲚⲚⲀⲦⲀϨⲚⲞ   `ⲘⲘⲰⲞⲨ
ⲈⲨⲦⲀϨⲚⲞ `ⲘⲘⲰⲞⲨ. STOP

ⲐⲰⲘⲀⲤ ⲆⲈ ⲪⲎⲈⲦⲞⲨⲘⲞⲨ† `ⲈⲢⲞϤ ϪⲈ
ⲆⲒⲆⲨⲘⲞⲤ ⲞⲨⲀⲒ `ⲈⲂⲞⲖ ϦⲈⲚ Ⲡ̄Ⲓ̄Ⲓ̄Ⲃ̄ ⲚⲀϤϪⲎ
`ⲘⲘⲀⲨ ⲚⲈⲘⲰⲞⲨ ⲀⲚ ⲠⲈ ⲈⲦⲀϤ`Ⲓ ϨⲀⲢⲰⲞⲨ
`ⲚϪⲈ Ī̄H̄C̄. ⲚⲀⲨϪⲰ ⲞⲨⲚ `ⲘⲘⲞⲤ ⲚⲀϤ ⲠⲈ
`ⲚϪⲈ ⲚⲒⲘⲀⲐⲎⲦⲎⲤ ϪⲈ ⲀⲚⲚⲀⲨ `ⲈⲠⲞ̄C̄
`ⲚⲐⲞϤ ⲆⲈ ⲠⲈϪⲀϤ ⲚⲰⲞⲨ ϪⲈ ⲀⲒ`ϢⲦⲈⲘⲚⲀⲨ
`Ⲉ`ⲠⲦⲨⲠⲞⲤ `ⲚⲦⲈ ⲚⲒⲒϤⲦ ϦⲈⲚ ⲚⲈϤϪⲒϪ
ⲞⲨⲞϨ `ⲚⲦⲀϨⲒⲞⲨ`Ⲓ `ⲘⲠⲀⲦⲎ Ⲃ̄ `Ⲉ`ⲠⲦⲨⲠⲞⲤ
`ⲚⲦⲈ ⲚⲒⲒϤⲦ ⲞⲨⲞϨ `ⲚⲦⲀϨⲞⲨ`Ⲓ `ⲚⲦⲀϪⲒϪ
`ⲈⲠⲈϤ`ⲤⲪⲒⲢ `ⲚϮⲚⲀϨⲀ† ⲀⲚ. STOP

AMHARIC

ያም ቀን እርሱም ከሳምንቱ ፊተኛው በመሸ
ጊዜ፥ ደቀ መዛሙርቱ ተሰብስበው በነበሩበት፥
አይሁድን ስለ ፈሩ ደጆቹ ተዘግተው ሳሉ፥
ኢየሱስ መጣ፤ በመካከላቸውም ቆመ።
ሰላም ለእናንት ይሁን አላቸው። ይህንም
ብሎ እጆቹንም ጎኑንም አሳያቸው። ደቀ
መዛሙርቱም ጌታን ባዩ ጊዜ ደስ አላቸው።
STOP

ኢየሱስም ዳግመኛ። ሰላም ለእናንት ይሁን፤
አብ እንደ ላከኝ እኔ ደግሞ እልካችኋለሁ

አላቸው። ይህንም ብሎ እፍ አለባቸውና፡
መንፈስ ቅዱስን ተቀበሉ። ኃጢአታቸውን
ይቅር ያላችሁ ሁሉ ይቀርላቸዋል፤
የያዛችሁባቸው ተይዛባቸዋል አላቸው።
STOP

ነገር ግን ከአሥራ ሁለቱ አንዱ ዲዲሞስ
የሚሉት ቶማስ ኢየሱስ በመጣ ጊዜ ከእነርሱ
ጋር አልነበረም፡፡ ሌሎቹም ደቀ መዛሙርቱ፡
ጌታን አይተነዋል አሉት። እርሱ ግን።
የችንካሩን ምልክት በእጆቹ ካላየሁ ጣቴንም
በችንካሩ ምልክት ካላገባሁ እጄንም በጎኑ
ካላገባሁ አላምንም አላቸው። STOP

ROMANIAN

Şi fiind seară, în ziua aceea, întâia a săptămânii (duminica), şi uşile fiind încuiate, unde erau adunaţi ucenicii de frica iudeilor, a venit Iisus şi a stat în mijloc şi le-a zis: Pace vouă! Şi zicând acestea, le-a arătat mâinile şi coasta Sa. Deci s-au bucurat ucenicii, văzând pe Domnul. STOP

Şi Iisus le-a zis iarăşi: Pace vouă! Precum M-a trimis pe Mine Tatăl, vă trimit şi Eu pe voi. Şi zicând acestea, a suflat asupra lor şi le-a zis: Luaţi Duh Sfânt; Cărora veţi ierta păcatele, le vor fi iertate şi cărora le veţi ţine, vor fi ţinute. STOP

Iar Toma, unul din cei doisprezece, cel numit Geamănul, nu era cu ei când a venit Iisus. Deci au zis lui ceilalţi ucenici: Am văzut pe Domnul! Dar el le-a zis: Dacă nu voi vedea, în mâinile Lui, semnul cuielor, şi dacă nu voi pune degetul meu în semnul cuielor, şi dacă nu voi pune mâna mea în coasta Lui, nu voi crede.

MODERN GREEK

Κατὰ τὴν ἑσπέραν τῆς ἡμέρας ἐκείνης, τῆς πρώτης ἑβδομάδος, καὶ ἐνῷ οἱ πόρτες ἦσαν κλειστές, ἐκεῖ ποὺ ἦσαν συγκεντρωμένοι οἱ μαθηταί, διότι ἐφοβοῦντο τοὺς Ἰουδαίους, ἦλθε ὁ Ἰησοῦς καὶ στάθηκε εἰς τὸ μέσον καὶ τοὺς λέγει, «Εἰρήνη νὰ εἶναι μαζί σας». Ὅταν εἶπε αὐτό, τοὺς ἔδειξε τὰ χέρια του καὶ τὴν πλευράν του. Οἱ μαθηταὶ ἐχάρησαν διότι εἶδαν τὸν Κύριον. STOP

Ὁ Ἰησοῦς τοὺς εἶπε πάλι, «Εἰρήνη νὰ εἶναι μαζί σας. Καθὼς ἔστειλε ἐμὲ ὁ Πατέρας καὶ ἐγὼ στέλλω ἐσᾶς». ὅταν εἶπε αὐτὸ ἐφύσησε εἰς τὸ πρόσωπον καὶ τοὺς λέγει, «Λάβετε Πνεῦμα Ἅγιον, ἐὰν κάποιων συγχωρήσετε τὶς ἁμαρτίες νὰ εἶναι συγχωρημένες, ἂν κανενὸς δὲν τὶς συγχωρήσετε, θὰ μείνουν ἀσυγχώρητες». STOP

Ὁ Θωμᾶς, ἕνας ἀπὸ τοὺς δώδεκα, ὁ ὀνομαζόμενος Δίδυμος, δὲν ἦτο μαζί τους ὅταν ἦλθε ὁ Ἰησοῦς. Τοῦ εἶπαν λοιπὸν οἱ ἄλλοι μαθηταί, «Εἴδαμε τὸν Κύριο». Αὐτὸς δὲ τοὺς εἶπε, «Ἐὰν δὲν εἰδῶ εἰς τὰ χέρια του τὸ σημάδι ἀπὸ τὰ καρφιὰ καὶ δὲν βάλω τὸ δάκτυλό μου εἰς τὸ σημάδι ἀπὸ τὰ καρφιὰ καὶ δὲν βάλω τὸ χέρι μου εἰς τὴν πλευράν του, δὲν θὰ πιστέψω».

FRENCH

Le soir de ce même dimanche, les portes de la maison où les disciples se trouvaient [rassemblés] étaient fermées car ils avaient peur des chefs juifs; Jésus vint alors se présenter au milieu d'eux et leur dit: «Que la paix soit avec vous!» Après avoir dit cela, il leur montra ses mains et son côté. Les disciples furent remplis de joie en voyant le Seigneur. STOP

Jésus leur dit de nouveau: «Que la paix soit avec vous! Tout comme le Père m'a envoyé, moi aussi je vous envoie.» Après ces paroles, il souffla sur eux et leur dit: «Recevez le Saint-Esprit! Ceux à qui vous pardonnerez les péchés, ils leur seront pardonnés; ceux à qui vous les retiendrez, ils leur seront retenus.» STOP

Thomas appelé Didyme, l'un des douze, n'était pas avec eux lorsque Jésus vint. Les autres disciples lui dirent donc: «Nous avons vu le Seigneur.» Mais il leur dit: «Si je ne vois pas dans ses mains la marque des clous, si je n'y mets pas mon doigt et si je ne mets pas ma main dans son côté, je ne croirai pas.»

ITALIAN

Quella sera stessa, cioè quella domenica, dopo che le porte della casa dove stavano i discepoli erano state sbarrate per paura dei Giudei, ecco che Gesù stava in mezzo a loro. "Pace a voi!" li saluto, detto questo mostro loro le mani ed il fianco. Che gioia per i discepoli rivedere il loro Signore! STOP

Gesù ripeté: "Pace a voi! Come il Padre ha mandato me, anch'io mando voi". Poi soffio su di loro, dicendo: "Ricevete lo Spirito Santo. A chi perdonerete i peccati, saranno perdonati, a chi non li perdonerete, non saranno perdonati". STOP

Quando Gesù si presento a loro, Tommaso detto il "Gemello", uno dei dodici, non era presente. Gli altri gli riferirono: "Abbiamo visto il Signore!" Quello pero rispose: "Se non vedo nelle sue mani il segno dei chiodi e non ci metto dentro il dito e non tocco con la mano il suo fianco, non ci credero!"

SPANISH

Cuando llegó la noche de aquel mismo día, el primero de la semana, estando las puertas cerradas en el lugar donde los discípulos estaban reunidos por miedo de los judíos, vino Jesús, y puesto en medio, les dijo: Paz a vosotros. Y cuando les hubo dicho esto, les mostró las manos y el costado. Y los discípulos se regocijaron viendo al Señor. **STOP**

Entonces Jesús les dijo otra vez: Paz a vosotros. Como me envió el Padre, así también yo os envío. Y habiendo dicho esto, sopló, y les dijo: Recibid el Espíritu Santo. A quienes remitiereis los pecados, les son remitidos; y a quienes se los retuviereis, les son retenidos. **STOP**

Pero Tomás, uno de los doce, llamado Dídimo, no estaba con ellos cuando Jesús vino. Le dijeron, pues, los otros discípulos: Al Señor hemos visto. El les dijo: Si no viere en sus manos la señal de los clavos, y metiere mi dedo en el lugar de los clavos, y metiere mi mano en su costado, no creeré.

PORTUGESE

Ao cair da tarde daquele primeiro dia da semana, estando os discípulos reunidos a portas trancadas, por medo dos judeus, Jesus entrou, pôs-se no meio deles e disse: «Paz seja com vocês!» Tendo dito isso, mostrou-lhes as mãos e o lado. Os discípulos alegraram-se quando viram o Senhor. **STOP**

Novamente Jesus disse: «Paz seja com vocês! Assim como o Pai me enviou, eu os envio». E com isso, soprou sobre eles e disse: «Recebam o Espírito Santo. Se perdoarem os pecados de alguém, estarão perdoados; se não os perdoarem, não estarão perdoados». **STOP**

Tomé (chamado Dídimo), um dos Doze, não estava com os discípulos quando Jesus veio. Os outros discípulos lhe disseram: «Vimos o Senhor!» Mas ele lhes disse: «Se eu não vir as marcas dos pregos nas suas mãos, não colocar o meu dedo onde estavam os pregos e não puser a minha mão no seu lado, não crerei».

GERMAN

Am Abend dieses ersten Tages der Woche, als die Jünger aus Furcht vor den Juden die Türen verschlossen hatten, kam Jesus, trat in ihre Mitte und sagte zu ihnen: Friede sei mit euch! Nach diesen Worten zeigte er ihnen seine Hände und seine Seite. Da freuten sich die Jünger, dass sie den Herrn sahen. **STOP**

Jesus sagte noch einmal zu ihnen: Friede sei mit euch! Wie mich der Vater gesandt hat, so sende ich euch. Nachdem er das gesagt hatte, hauchte er sie

an und sprach zu ihnen: Empfangt den Heiligen Geist! Wem ihr die Sünden vergebt, dem sind sie vergeben; wem ihr die Vergebung verweigert, dem ist sie verweigert. STOP

Thomas, genannt Didymus, einer der Zwölf, war nicht bei ihnen, als Jesus kam. Die anderen Jünger sagten zu ihm: Wir haben den Herrn gesehen. Er entgegnete ihnen: Wenn ich nicht die Male der Nägel an seinen Händen sehe und wenn ich meinen Finger nicht in die Male der Nägel und meine Hand nicht in seine Seite lege, glaube ich nicht.

FINNISH

Samana päivänä, viikon ensimmäisenä, opetuslapset olivat illalla koolla lukittujen ovien takana, sillä he pelkäsivät juutalaisia. Yhtäkkiä Jeesus seisoi heidän keskellään ja sanoi: "Rauha teille!" Tämän sanottuaan hän näytti heille kätensä ja kylkensä. Ilo valtasi opetuslapset, kun he näkivät Herran. STOP

Jeesus sanoi uudelleen: "Rauha teille! Niin kuin Isä on lähettänyt minut, niin lähetän minä teidät." Sanottuaan tämän hän puhalsi heitä kohti ja sanoi: "Ottakaa Pyhä Henki. Jolle te annatte synnit anteeksi, hänelle ne ovat anteeksi annetut. Jolta te kiellätte anteeksiannon, hän ei saa syntejään anteeksi." STOP

Yksi kahdestatoista opetuslapsesta, Tuomas, josta käytettiin myös nimeä Didymos, ei ollut muiden joukossa, kun Jeesus tuli. Toiset opetuslapset kertoivat hänelle: "Me näimme Herran." Mutta Tuomas sanoi: "En usko. Jos en itse näe naulanjälkiä hänen käsissään ja pistä sormeani niihin ja jos en pistä kättäni hänen kylkeensä, minä en usko."

SWEDISH

På kvällen samma dag, den första i veckan, satt lärjungarna bakom reglade dörrar av rädsla för judarna. Då kom Jesus och stod mitt ibland dem och sade till dem: "Frid åt er alla." Sedan visade han dem sina händer och sin sida. Lärjungarna blev glada när de såg Herren. STOP

Jesus sade till dem igen: "Frid åt er alla. Som Fadern har sänt mig sänder jag er." Sedan andades han på dem och sade: "Ta emot helig ande. Om ni förlåter någon hans synder, så är de förlåtna, och om ni binder någon i hans synder, så är han bunden." STOP

En av de tolv, Tomas, som kallades Tvillingen, hade inte varit med när Jesus kom. De andra lärjungarna sade nu till honom: "Vi har sett Herren", men han sade: "Om jag inte får se spikhålen i hans händer och sticka fingret i spikhålen och sticka handen i hans sida tror jag det inte."

DANISH

Da det nu var Aften på den samme Dag, den første Dag i Ugen, og Dørene der, hvor Disciplene opholdt sig, vare lukkede af Frygt for Jøderne, kom Jesus og stod midt iblandt dem, og han siger til dem: "Fred være med eder!" Og som han sagde dette, viste han dem

sine Hænder og sin Side. Så bleve Disciplene glade, da de så Herren. STOP

Jesus sagde da atter til dem: "Fred være med eder! Ligesom Faderen har udsendt mig, således sender også jeg eder." Og da han havde sagt dette, åndede han på dem, og han siger til dem: "Modtager den Helligånd! Hvem I forlade Synderne, dem ere de forladte, og hvem I nægte Forladelse, dem er den nægtet." STOP

Men Thomas, hvilket betyder Tvilling, en af de tolv, var ikke hos dem, da Jesus kom. De andre Disciple sagde da til ham: "Vi have set Herren." Men han sagde til dem: "Uden jeg får set Naglegabet i hans Hænder og stikker min Finger i Naglegabet og stikker min Hånd i hans Side, vil jeg ingenlunde tro."

ICELANDIC

Um kvöldið þennan fyrsta dag vikunnar voru lærisveinarnir saman og höfðu læst dyrum af ótta við Gyðinga. Þá kom Jesús, stóð mitt á meðal þeirra og sagði við þá: "Friður sé með yður!" Þegar hann hafði þetta mælt, sýndi hann þeim hendur sínar og síðu. Lærisveinarnir urðu glaðir, er þeir sáu Drottin. STOP

Þá sagði Jesús aftur við þá: "Friður sé með yður. Eins og faðirinn hefur sent mig, eins sendi ég yður." Og er hann hafði sagt þetta, andaði hann á þá og sagði: "Meðtakið heilagan anda. Og er hann hafði sagt þetta, andaði hann á þá og sagði: Meðtakið heilagan anda." STOP

En einn af þeim tólf, Tómas, nefndur tvíburi, var ekki með þeim, þegar Jesús kom. Hinir lærisveinarnir sögðu honum: „Vér höfum séð Drottin.`` En hann svaraði: „Sjái ég ekki naglaförin í höndum hans og geti sett fingur minn í naglaförin og lagt hönd mína í síðu hans, mun ég alls ekki trúa.``

ALBANIAN

Pastaj në mbrëmje të po asaj dite, dita e parë e javës, ndërsa dyert e vendit ku qenë mbledhur dishepujt ishin të mbyllura nga frika e Judenjve, erdhi Jezusi dhe u prezantua në mes tyre dhe u tha atyre: ''Paqja me ju!'' Dhe, si i tha këto, u tregoi atyre duart e veta dhe brinjën. Dishepujt pra, kur e panë Zotin, u gëzuan. STOP

Pastaj Jezusi u tha atyre përsëri: ''Paqja me ju! Sikurse më ka dërguar mua Ati, ashtu unë po ju dërgoj ju''. Dhe, si tha këto fjalë, hukati mbi ta dhe tha: ''Merrni Frymën e Shenjtë! Kujt do t'ia falni mëkatet, do t'i jenë falur, kujt do t'ia mbani, do t'i jenë mbajtur''. STOP

Por Thomai, i quajtur Binjaku, një nga të dymbëdhjetët, nuk ishte me ta kur erdhi Jezusi. Dishepujt e tjerë, pra, i thanë: ''Kemi parë Zotin''. Por ai u tha atyre: ''Po nuk e pashë në duart e tij shenjën e gozhdave, dhe po nuk e vura gishtin tim te shenja e gozhdëve dhe dorën time në brinjën e tij, unë nuk do të besoj''.

TURKISH

Haftanın o ilk günü akşam olunca, öğrencilerin Yahudilerden korkusu nedeniyle bulundukları yerin kapıları kapalıyken İsa geldi, ortalarında durup onlara, «Size esenlik olsun!» dedi. Bunu söyledikten sonra onlara ellerini ve böğrünü gösterdi. Öğrenciler Rab'bi görünce sevindiler. STOP

İsa yine onlara, «Size esenlik olsun!» dedi. «Baba beni gönderdiği gibi, ben de sizigönderiyorum.» Bunu söyledikten sonra onların üzerine üfleyerek, «Kutsal Ruh'u alın!» dedi. «Kimin günahlarını bağışlarsanız, bağışlanmış olur; kimin günahlarını bağışlamazsanız, bağışlanmamış kalır.» STOP

Onikilerden biri, İkiz diye anılan Tomas, İsa geldiğinde onlarla birlikte değildi. Öbür öğrenciler ona, «Biz Rab'bi gördük!» dediler. Tomas ise, «O'nun ellerinde çivilerin izini görmedikçe, çivilerin izine parmağımla dokunmadıkça ve elimi böğrüne sokmadıkça inanmam» dedi.

SWAHILI

Ilikuwa jioni ya siku hiyo ya Jumapili. Wanafunzi walikuwa wamekutana pamoja ndani ya nyumba, na milango ilikuwa imefungwa kwa sababu waliwaogopa viongozi wa Wayahudi. Basi, Yesu akaja, akasimama kati yao, akawaambia, "Amani kwenu!" Alipokwisha sema hayo, akawaonyesha mikono yake na ubavu wake. Basi, hao wanafunzi wakafurahi mno kumwona Bwana.

Yesu akawaambia tena, "Amani kwenu! Kama vile Baba alivyonituma mimi, nami nawatuma ninyi." Alipokwisha sema hayo, akawapulizia na kuwaambia, "Pokeeni Roho Mtakatifu. Mkiwasamehe watu dhambi zao, wamesamehewa; msipowaondolea, hawasamehewi."

JAPANESE

その日，すなわち週の初めの日の 夕方のことであった．弟子たちがいた 所では，ユダヤ人を恐れて 戸がしめてあったが，イエス が來られ，彼らの 中に 立って 言われた．平安があなたがたにあるように．こう 言ってイエス は，その 手とわき 腹を 彼らに 示された．弟子たちは，主を 見て 喜んだ．STOP

イエス はもう 一度，彼らに言われた．平安があなたがたにあるように．父がわたしを 遣わしたように，わたしもあなたがたを 遣わします．そして，こう 言われると，彼らに 息を 吹きかけて 言われた．聖靈を 受けなさい．あなたがたがだれかの 罪を 赦すなら，その 人の 罪は 赦され，あなたがたがだれかの 罪をそのまま 殘すなら，それはそのまま 殘ります．STOP

十二弟子のひとりで，デドモと 呼ばれるトマス は，イエス が 來られたときに，彼らといっしょにいなかった．それで，ほかの 弟子たちが 彼に「私たちは主を 見た．」と 言った．しかし，トマス は 彼らに「私は，その 手

に釘の跡を見、私の指を釘の ところに差し入れ、また私の手 をそのわきに差し入れてみなけ れば、決して信じません．と言 った．

CHINESE

那日（就是七日的第一日 ）晚上、門徒所在的地方、 因怕猶太人、門都關了．耶 穌來站在當中、對他們說、 願你們平安。說了這話、 就把手和肋旁、指給他們看 ．門徒看見主、就喜樂了． **STOP**

耶穌又對他們說、願你們 平安．父怎樣差遣了我、我 也照樣差遣你們。說了這話 、就向他們吹一口氣、說、 你們受聖靈。你們赦免誰的 罪、誰的罪就赦免了．你們 留下誰的罪、誰的罪就留下 了。**STOP**

那十二個門徒中、有稱為 低土馬的多馬．耶穌來的時 候、他沒有和他們同在．那 些門徒就對他說、我們已經 看見主了。多馬卻說、我非 看見他手上的釘痕、用指頭 探入那釘痕、又用手探入他 的肋旁、我總不信。

KOREAN

이 날 곧 안식 후 첫 날 저녁 때에 제자들이 유대인들을 두려워 하여 모인 곳에 문들

을 닫 았 더 니 예 수 께 서 오 사 가 운 데 서 서 가 라 사 대 ' 너 희 에 게 평 강 이 있 을 지 어 다 !' 이 말 씀 을 하 시 고 손 과 옆 구 리 를 보 이 시 니 제 자 들 이 주 를 보 고 기 뻐 하 더 라. **STOP**

예 수 께 서 또 가 라 사 대 ' 너 희 에 게 평 강 이 있 을 지 어 다 ! 아 버 지 께 서 나 를 보 내 신 것 같 이 나 도 너 희 를 보 내 노 라' 이 말 씀 을 하 시 고 저 희 를 향 하 사 숨 을 내 쉬 며 가 라 사 대 ' 성 령 을 받 으 라 ! 너 희 가 뉘 죄 든 지 사 하 면 사 하 여 질 것 이 요 뉘 죄 든 지 그 대 로 두 면 그 대 로 있 으 리 라' 하 시 니 라. **STOP**

열 두 제 자 중 에 하 나 인 디 두 모 라 하 는 도 마 는 예 수 오 셨 을 때 에 함 께 있 지 아 니 한 지 라 다 른 제 자 들 이 그 에 게 이 르 되 ' 우 리 가 주 를 보 았 노 라' 하 니 도 마 가 가 로 되 ' 내 가 그 손 의 못 자 국 을 보 며 내 손 가 락 을 그 못 자 국 에 넣 으 며 내 손 을 그 옆 구 리 에 넣 어 보 지 않 고 는 믿 지 아 니 하 겠 노 라' 하 니 라.

ΤΕΛΟΣ
ΚΑΙ ΤΩ ΘΕΩ ΔΟΞΑ

www.ingramcontent.com/pod-product-compliance
Lightning Source LLC
Chambersburg PA
CBHW031716230426
43669CB00007B/164